U0896093

中指控股

CHINA INDEX HOLDINGS

中指控股（China Index Holdings Ltd）历经20余年发展，于2019年6月11日在美国纳斯达克证券交易所成功上市，致力于以大数据和创新技术赋能中国地产行业，拥有近千位优秀的数据研发和专业分析师，分支机构遍布中国近40个主要城市。

基于二十多年来积累的海量房、地、人、企等详实数据，中指控股整合空间、宏观、移动、规划、POI等多维信息，构建扎实的数据底层，打造开发云、土地云、项目云、物业云为基础的中指云服务平台，为行业提供数据分析、SaaS工具、研究及市场推广、行业顾问咨询等多项专业服务。全方位服务房地产开发商、金融机构、经纪公司、物业公司及上下游服务企业，为合作伙伴提供高效解决方案，赋能行业健康可持续发展。

北京中指信息技术研究院

Beijing China Index Academy

北京中指信息技术研究院（Beijing China Index Academy，简称“中指研究院”）是中指控股（China Index Holdings Ltd）历时最长的下属研究机构。

中指研究院建立了庞大的数据库——CREIS中指数据库，涵盖土地、住宅及商用物业、企业、宏观经济等数据。基于长期深厚的数据积累，中指研究院的研究成果已成为房地产及上下游相关行业的重要决策参考，出版的专著填补了多项行业研究空白；研究成果在中国房地产行业产生了深远的影响。

中指控股（CIH）
中指研究院总部
地址：北京市丰台区郭公庄中街20号院A座
邮编：100070
电话：010-56319200
传真：010-56319191

中指控股CIH

中国房地产指数系统（CREIS）

中国房地产指数系统（China Real Estate Index System，简称CREIS）是一套以价格指数形式来反映全国各主要城市房地产市场运行状况和发展趋势的指标体系和分析方法。它由国务院发展研究中心、中国房地产开发集团等于1994年发起，1995年通过部级评审，2005年再次通过由国务院发展研究中心、建设部、国土资源部、中国银监会、清华大学和北京大学等单位的著名专家学者组成的鉴定委员会的学术鉴定。

中国房地产指数系统（CREIS）目前覆盖全国主要城市，定期发布中国主要城市房地产价格指数，包括新房价格指数（综合指数、住宅指数、写字楼指数、商铺指数）、百城新建住宅价格指数、百城二手住宅价格指数及租赁价格指数等。2010年起，中国房地产指数系统启动“百城价格指数”研究，每月发布100个城市新建住宅价格指数，成为中国覆盖范围广、城市数量多的房屋价格指数系统。2020年7月，每月发布100个城市二手住宅价格指数，进一步丰富“百城价格指数”体系。

中指控股CIH

中国房地产TOP10研究组

为了促进中国房地产行业健康持续发展，2003年1月，由国务院发展研究中心企业研究所、清华大学房地产研究所和中指研究院三家机构正式发起成立中国房地产TOP10研究组，致力于对中国规模大、效益佳、品牌优的房地产企业群体进行研究。2019年9月，研究组特邀国务院发展研究中心设立的国内唯一具有企业评价资质的国家级社团法人——中国企业评价协会作为研究主办单位之一，全面升级中国房地产相关研究工作。

研究组本着客观、公正、准确、全面的基本原则，排除主观因素的影响，以客观数据为唯一依据，充分借鉴国外TOP10研究的理论框架和操作实务，结合中国房地产发展特点，开展TOP10系列研究工作。旨在发掘中国房地产优秀企业群体，打造中国房地产品牌，引领房地产业平稳健康发展。中国房地产TOP10研究组办公室设于北京中指信息技术研究院。

系列成果报告

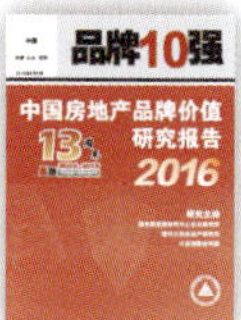

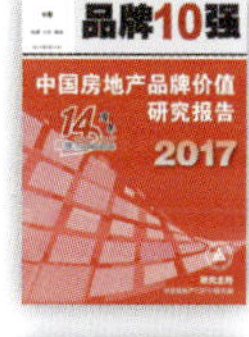

CREIS中指数据

全行业覆盖 颗粒度细 可追溯期长

中指研究院基于强大的数据基础和技术能力，建立了中国历时长、信息全、覆盖范围广的CREIS中指数据库，被发改委和国家统计局指定为数据第二轨。

中指数据二十年来，持续扩大数据覆盖面，服务了中国95%以上的房地产品牌企业，以及国内外主流金融机构、高校和房地产上下游企业，是企业市场研究和投资决策的重要基础。

20年+	2300城	2800城	50城	194城
数据沉淀	土地覆盖	宏观经济覆盖	地块航拍	新房成交
230万宗	40万	5万	1.2亿	3800万
地块档案	住宅项目	商办项目	企业数据	POI位置信息

通过数据API接口服务，赋能企业数字化升级

助力企业快速搭建自有数据平台

- 海量的数据底层，通过丰富的标准数据API接口服务，实现用户按需调取
- 帮助企业打通数据链路，助力企业科学决策

丰富的数据应用场景拓展

- 提供行业用户典型使用场景的数据结论输出，辅助用户高效获取高价值信息
- 灵活支持在标准产品基础上进行二次开发，可快速部署上线，无须大量开发工作

数据服务

土地	住宅	商办	行业	宏观	POI	信令	潜客
城市规划	项目信息	项目信息	经营动态	宏观经济	教育	居住人口	购房偏好
地块信息	成交量价	品牌信息	财务状况	开发经营	医疗	工作人口	工作地
出让文件	供应库存	租户数据	新闻舆情	指数研究	交通	迁徙数据	居住地
四至标点	精装部品	大宗交易	招标资讯	政策法规	商业	消费偏好	
地块航拍		租赁交易					

01 开发云

集中国房地产数据与工具之大成

提供的服务

开发云全面整合中指大数据和SaaS分析工具，依托2300城230万+土地信息、40万+住宅项目、5万+商办项目以及人口、潜客、交通、配套等数据。通过开发云强大的综合查询、灵活的多维度统计分析等功能，用户可以实现宏观–中观–微观的数据逐层下钻，查看土地–项目–企业联动信息，辅助用户进行更加客观、科学、精细化的决策。

地块研判

- 全国2300城土地推出成交信息实时查询
- 多维度全面分析土地推出、成交等数据情况
- 土地标书、航拍、竞价记录等信息360°扫描
- 全面掌握土地周边配套、区位、竞品情况

项目监测

- 全量查询城市项目信息，支持单套房产交易状态查看
- 交易数据可按户型、面积、价格等维度快捷交叉分析
- 项目周边竞品项目、全市潜在竞品项目数据快速对比
- 实现跨城市项目、土地数据的一张表统计分析与下载

城市选择

提供大批量、快捷的全国及各城市开发经营、指数研究、宏观经济、交易数据的提取与下载功能，全面掌握宏观市场形势及房地产市场变化。

企业研究

一键查询目标企业的拿地布局、项目分布情况，掌握标杆房企的经营数据、财务数据、融资信息，快速对比分析企业的货值与房产销售表现。

数据中心

提供人口客群、产业数据、配套资源、宏观数据、政策法规、城市规划6大类数据的查询、统计与分析。

解决的问题

全栈数据赋能企业科学布局、精准拿地、把握营销节奏

科学布局 | 基于4个层面19个指标分析城市吸引力，对目标城市给出定量得分，提出城市布局投资策略建议

精准拿地 | 从地块区位、配套、规划、负面要素四个方面评价地块投资价值，可按既定策略标注地块，拿地决策领先一步

营销节奏 | 基于市场供求、销售去化、产品结构、客户画像等数据，动态监测市场、把握市场竞争强度

02

土地云

投资决策SaaS工具

提供的服务

土地云（citymap.fang.com）是在中指研究院积累多年传统数据+新兴数据的基础上，深入研究用户应用场景形成的SaaS决策工具。目前可支持全国125城监测研究，内嵌多维度应用场景决策工具，为房企判断城市进入、分析板块/土地价值、高质量精准拿地，提供平台级服务支持。

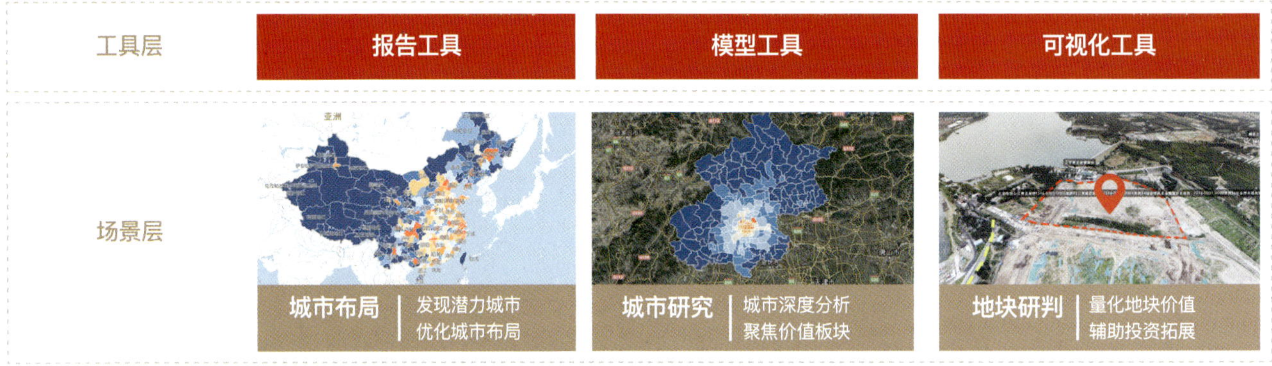

城市地图系统定制服务

城市地图系统定制服务是依托中指研究院积累多年的数据基础、头部房企定制项目经验、以及不断迭代升级的标准SaaS工具，结合房企客户个性化需求和独特的研判模型，为其量身打造的城市地图定制产品，应用场景可涵盖城市研究、板块研究、地块测评、智慧定位、营销看板、报告生成等多个维度，支持房企内部多业务部门的横向拉通和多管控层级的纵向拉通。

经典案例

中海城市地图：中指研究院自2017年与中海地产总部携手，历经5年为其打造了中海城市地图决策平台，研发了城市投资模型和基于土地的投资价值量化分析模型，提升科学投资决策的效率和能力，现已成为辅助中海各区域公司进行板块价值研究、城市资源分布以及地块可研分析等工作的城市地图系统。2022年6月，该系统通过中科合创(北京)科技成果评价中心的成果评价并达到国际先进水平。

金茂城市深耕地图：中指研究院为金茂地产总部打造了金茂城市深耕地图系统，定位于决策辅助、业务研究工具，建立数据中台，整合第三方数据和中国金茂自有数据，集成城市/板块/地块研判、智慧定位、营销看板三大功能，将城市地图、客户地图两图合一，支持个性化管理、移动端查看、一键生成报告等。

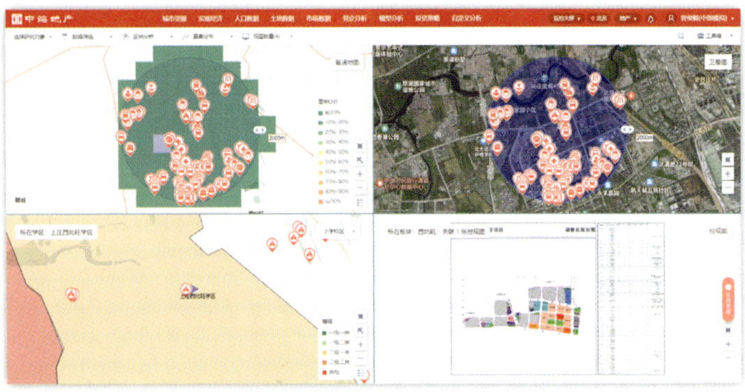

定制版中海城市地图

定制版金茂城市深耕地图

03 项目云

提供的服务

项目云是专为地产项目打造的数据化工具产品，结合中指多年数据积累及行业研究经验，产品针对营销环节，围绕竞品监测、客群分析等维度，为项目营销人员及团队提供数据监测SaaS工具。用户通过自主添加竞品项目，及时掌握竞品销售动态，并结合城市周期性波动趋势，精准把握营销节奏，抢占市场先机。同时支持一键生成、导出竞品监测报告，为营销人员制定策略及高效管理提供工具支持。

解决的问题

竞品实时监测 | 高效获取竞品项目最新销售政策、优惠活动、供应规模、来访认购及成交备案等数据。通过竞品项目对比分析，及时调整本案推售策略。

挖掘潜在客群 | 通过客群地图，及时掌握项目所在板块客群对产品价格、面积及户型的偏好，并对客群特征进行描摹，为项目营销拓客提供数据支持。

研判市场趋势 | 基于中指研究院多年的行业研究经验，通过分析城市房地产市场量价、供求关系及库存数据，并结合政策预警模型及城市周期模型，及时把握市场变化趋势。

一键生成报告 | 用户自定义选择竞品楼盘，可一键生成并导出竞品监测报告，助力营销团队高效决策。

助力楼盘推广 | 项目云产品通过建立楼盘评估模型支持生成楼盘价值分析报告，可作为营销道具一键转发，助力项目推广。

产品的优势

数据优势

覆盖全国100个城市在售及待售新房项目。数据维度包括城市规划及宏观数据，POI及潜客数据，以及土地、新房、二手房交易及监测数据等，底层数据精细至每一套房、每一宗地，满足企业对于竞品的动态监测需求。

模型优势

对城市各类政策进行结构化处理，并通过市场热度变化、城市基本面变化、外部环境变化构建政策预警模型，预判城市政策走向。同时，结合城市所处阶段及市场供求关系进行趋势预判，帮助房企精准把握市场周期性机会。

功能优势

项目云从营销团队业务场景出发，为营销管理者、市场前策、项目策划等多角色提供全面的功能支持，从宏观城市数据及政策预警，到中观板块客群热力地图，再到微观竞品数据实时监控，形成全场景业务流程闭环，同时支持一键生成竞品监测报告及楼盘价值分析报告，协助营销团队高效决策，助力项目营销推广。

04 物业云

提供的服务

物业云是为物业服务企业量身打造的智慧服务平台，秉持“数据赋能企业科学决策，技术提升企业服务能力”的宗旨，为物业服务企业提供“智慧物业+智慧物联+智慧经营+智慧决策（中指数据·物业版）+智慧采购+智慧人力”的一站式解决方案，助力物业服务企业快速实现智慧化转型。

智慧物业　智慧物联　智慧经营

智慧决策　智慧采购　智慧人力

物业云

找项目　聚焦两大应用场景　找数据

新增项目

动态统计最新成交土地项目，多维度筛选查询地块详细信息，帮助用户紧抓新增项目拓展机会

合约到期项目

监测存量项目合约到期时间，获取项目详细数据(建筑面积、物业费、配套设施等)，助力用户快速筛选更具价值的拓展标的

招标项目

整合全国物业招投标项目(重点收集办公、学校、医院等非住业态)，提供实时有效的信息服务；收录近3年物业中标数据，为用户提前介入拟招标项目提供精准信息渠道

六大核心功能模块

40万+合约到期项目

24.4万+新增项目

每日1000+招标信息

20万+物业企业

物业企业

收录历年物业百强报告数据、上市物企业务财务数据、存量项目监测数据、收并购数据等，满足用户快速查询数据与对标等决策需求

报告工具

通过模块组合，结合用户个性化需求，一键生成自动化报告，涵盖市场监测、竞品对标等内容，帮助用户更好地应用数据，快速输出定制化报告

行业资讯

实时更新上市企业舆情和公告，收录行业最新政策法规，为用户把握行业动态、研判政策走向提供全方位支撑

05 中指地产企业研究与推广

中指研究院建立了具有权威性和影响力的企业评价标准体系

2003年由国务院发展研究中心企业研究所、清华大学房地产研究所和中指研究院三家机构正式发起成立中国房地产TOP10研究组，致力于对中国规模大、效益佳、品牌优的房地产企业进行研究。2019年研究组特邀国务院发展研究中心设立的、国内唯一具有企业评价资质的国家级社团法人——中国企业评价协会作为研究主办单位之一，全面升级中国房地产相关研究工作。

中国房地产百强企业研究（2004年至今）—— 企业综合实力与行业地位认证

中指研究院百强企业研究，发掘综合实力强、经营稳健以及具备较强社会责任感的优秀企业，相关研究成果已成为评判房地产企业经营实力及行业地位的重要依据。

中国房地产品牌价值研究（2004年至今）—— 量化品牌价值、彰显企业软实力

品牌彰显投资价值，品牌增强发展动力。中指研究院客观量化企业品牌价值，综合评价企业品牌实力，促进企业无形资产的保值增值，助力企业提升品牌建设水平。

中国房地产上市公司研究（2003年至今）—— 资本市场的投资参考

中指研究院挖掘成长质量佳、投资价值大的优秀上市企业，为投资者提供科学全面的投资参考依据。相关研究成果成为投资者评判上市公司综合实力、发掘证券市场投资机会的重要标准。

与时俱进，开展相关领域的理论研究与实践探索

● 轻资产代建研究

中国房地产行业专业化、市场化、精细化趋势日趋明显。房地产代建作为房地产行业轻资产化的重要方向，有更广阔的发展空间。中指研究院在2017年就研究撰写了《中国房地产代建行业发展蓝皮书》，填补了中国房地产代建服务研究的空白，2020年中指院助力绿城管理成为港股代建第一股。

● 产业+地产

中指研究院已经开展了近10余年产业园区、产业新城领域专项研究，构架相关评价指标体系、调研产业新城、产业园区实践案例，形成了《中国产业新城运营理论与实践》等专著。

资本市场–上市行业顾问服务

中指研究院拥有多年房地产、商管、代建、策划代理、物业等研究经验与数据积累，帮助企业实现资本价值，丰富的上市行业顾问经验得到资本市场及企业的广泛认可。先后推动港股代建第一股“绿城管理”、商业运营服务第一股“星盛商业”、物业第一股“彩生活”等成功登陆资本市场。

06 中指物业研究与推广

权威评价物业服务水平及行业地位

物业服务百强企业研究（2008年至今）—— 认证企业综合实力与行业地位

中指研究院自2008年起，开展“物业服务百强企业研究”，科学评价企业综合实力，发掘一批服务水平优、业主满意度高的优秀物业服务企业，相关研究成果已成为评判物业服务企业综合实力及行业地位的重要标准。

物业服务品牌价值研究（2011年至今）—— 沉淀企业“软实力”

作为典型的服务行业，物业服务企业更需要品牌的力量。中指研究院进行深入研究，客观量化企业品牌价值，剖析优秀品牌的成功要素，积极探索品牌可持续发展之路，为企业定位品牌、规划品牌、管理品牌提供科学依据。

物业服务上市公司研究（2015年至今）—— 资本市场的投资参考

中指研究院深入研究物业服务上市公司经营规律，发掘成长质量佳、投资价值大的优秀上市公司，扩大上市公司在机构投资者中的影响力，拓宽融资渠道，同时也为投资者提供科学全面的投资参考依据。

专业解决企业发展痛点难点

中指研究院针对企业痛点、难点，输出定制化顾问咨询服务，为不同规模、类型的物业服务企业发展提供针对性建议，包含对标研究、发展战略规划、品牌战略规划、非住宅业态研究及多种经营研究等。

资本市场一揽子服务

上市行业顾问

基于多年的专业深耕与深厚的数据积累，我们充分发掘了物业服务企业及生态链相关服务商的优势与核心竞争力，并进行充分论证，为企业赴港上市提供了有力支撑。截至2022年7月，港交所主板市场已有56家物业服务上市公司，其中39家是由中指研究院担任行业顾问并提供相关服务，占比高达70%。并助力商业运营服务第一股“星盛商业”成功登陆资本市场。

其他资本市场服务

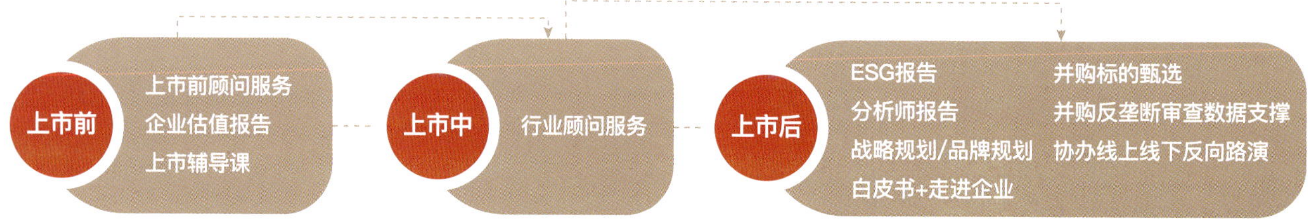

07 中指调查

房地产客户满意度调查

两大核心产品

客户满意度调查

以第三方视角量化客户全生命周期产品与服务满意度，挖掘企业在产品和服务方面的优势及需改进因素，为企业持续改进产品和服务质量提供科学依据，培养和持续提升新老顾客的品牌忠诚度。

神秘客暗访调查

以潜在消费者或真实消费者体验为中心，对产品与服务标准的落地情况进行监测，用"顾客"体验推动案场服务与社区物业服务标准有效落地，帮助企业提升客户满意程度。

服务优势

完善的理论体系

最早将满意度引入中国房地产行业，构建了中国房地产顾客满意度理论体系，并出版专著《中国房地产顾客满意度指数系统理论与实践》。

行业普查，建立权威数据库

连续十五年组织全国唯一、公益满意度普查，覆盖全国200多个城市、300多家房企，成功建立了独家数据信息资源库，形成了全国、行业、城市各层面的满意度权威评价标准。

丰富的行业及企业经验

发起成立"中国房地产客户关系专业委员会"，整合房地产客服领域专家、企业、数据资源构建常态化互动交流平台，促进行业满意度理论及标准的持续优化。

强大的智能平台支持

CREIS中指·云调研系统贯穿于客户满意度调研的全流程：问卷创建-数据采集-实时质控-BI统计-AI报告，为企业提供一站式客户满意度数据采集与服务提升解决方案。

经典案例

满意度调研： 依托科学的满意度研究模型、专业的调查团队、丰富的地产研究经验，中指研究院先后为恒大、碧桂园、万科、保利、融创、中海、华润、招商、绿城、绿地、龙湖、荣盛、正荣、龙光、四川蓝光、杭州滨江、富力、长城、彩生活、雅生活、万达等房地产开发企业及物业企业提供满意度调查服务。近三年由中指院实施客户满意度的房地产百强企业近70家。

城市调研顾问咨询

城市研究四大核心服务模块

都市圈
以都市圈整体为研究对象，针对既定区域进行投资潜力分析
适合：全国性企业或区域深耕类企业

城市
针对既定城市进行价值分析，形成具有指导性的城市投资布局建议
适合：进行全国拓展或区域优化企业

板块
通过对各板块规划、轨交、供求等资源及市场的分析确定优势板块
适合：城市深耕企业

项目
通过概况、城市潜力 、定位、测算等进行可研定位，确定开发策略
适合：已经或即将摘地企业

市场研究两大核心服务模块

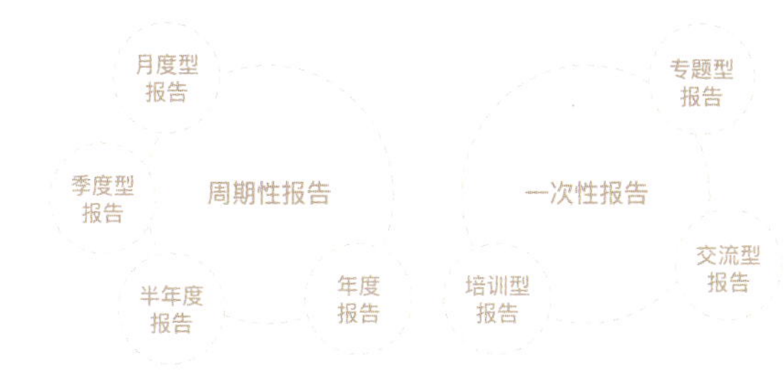

城市更新四大核心服务模块

标准化定期报告	深度定制服务	影响力服务	平台增值服务
月度、季度、半年度、年度	白皮书、企业/项目测评	企业推介、软文推广	行业交流、项目考察

2022 中国物业服务优秀企业

企业名称		
绿城物业服务集团有限公司	中天城投集团物业管理有限公司	大华集团上海物业管理有限公司
保利物业服务股份有限公司	成都嘉诚新悦物业管理集团有限公司	深圳历思联行物业管理有限公司
中海物业管理有限公司	青岛海尚海生活服务集团有限公司	中电建物业管理有限公司
融创物业服务集团有限公司	厦门合嘉源生活服务集团有限责任公司	北京网信物业管理有限公司
华润万象生活有限公司	世邦泰和（上海）物业管理有限公司	重庆两江新区物业管理有限公司
深圳市金地物业管理有限公司	德信盛全物业服务有限公司	北京瑞赢酒店物业管理有限公司
金科智慧服务集团股份有限公司	北京亿展资产管理有限公司	苏新美好生活服务股份有限公司
龙湖智创生活集团	东吴服务产业集团（江苏）有限公司	河南正弘物业管理有限公司
长城物业集团股份有限公司	浙江佳源物业服务集团有限公司	宋都服务集团有限公司
新城悦服务集团有限公司	龙城城市运营服务集团有限公司	金服物业服务集团有限公司
河南建业新生活服务有限公司	深圳市莲花物业管理有限公司	绿都智慧生活服务有限公司
上海永升物业管理有限公司	重庆新鸥鹏物业管理（集团）有限公司	江西燕兴物业管理有限公司
深圳市前海龙光智慧服务控股有限公司	北京中铁慧生活科技服务有限公司	融汇悦生活集团有限公司
远洋服务控股有限公司	深圳市特发服务股份有限公司	北京金泰物业管理有限公司
佳兆业美好集团(佳兆业物业管理(深圳)有限公司)	贵州宏立城物业服务有限公司	北京兴业源物业管理股份有限公司
新大正物业集团股份有限公司	宝石花物业管理有限公司	北京万通鼎安国际物业服务有限公司
幸福基业物业服务有限公司	山东绿地泉物业服务有限公司	惠之美生活服务集团有限公司
南都物业服务集团股份有限公司	康桥悦生活服务集团有限公司	广西华保盛物业服务集团有限公司
山东省诚信行物业管理有限公司	河北隆泰物业服务有限责任公司	中湘美好城市运营服务股份有限公司
卓越商企服务集团有限公司	建发物业服务集团有限公司	中冶置业集团物业服务有限公司
山东明德物业管理集团有限公司	海南物管集团股份有限公司	厦门国贸城市服务集团股份有限公司
杭州滨江物业管理有限公司	新希望物业服务集团有限公司	北京北大资源物业经营管理集团有限公司
鲁能集团有限公司	阳光恒昌物业服务股份有限公司	泛海物业管理有限公司
上海高地物业管理有限公司	和泓服务集团有限公司	成都嘉善商务服务管理有限公司
金茂物业服务发展股份有限公司	厦门联发（集团）物业服务有限公司	中信泰富（上海）物业管理有限公司
彩生活服务集团有限公司	上海新湖绿城物业服务有限公司	深圳市莱蒙物业服务有限公司
鑫苑科技服务集团有限公司	重庆新隆信物业管理有限公司	中节能物业管理有限公司
金融街物业股份有限公司	大悦城控股集团物业服务有限公司	浙江大家物业服务集团有限公司
荣万家生活服务股份有限公司	重庆加州物业服务有限公司	福建南方物业管理有限公司
江苏银河物业管理有限公司	力高健康生活有限公司	绿城绿发生活服务集团有限公司
财信智慧生活服务集团有限公司	上海复医天健医疗服务产业股份有限公司	贵州绿地物业管理有限责任公司
重庆天骄爱生活服务股份有限公司	深圳星河智善生活股份有限公司	上海复瑞物业管理有限公司
东原仁知城市运营服务集团股份有限公司	四川悦华置地物业管理有限公司	青岛天泰爱家物业服务有限公司
融信服务集团股份有限公司	合能生活服务集团	武汉小竹物业管理有限公司
华发物业管理服务有限公司	华侨城物业（集团）有限公司	北京晟邦物业管理有限公司
新力物业集团有限公司	上海光明生活服务集团有限公司	长春赢时物业服务股份有限公司
中铁建物业管理有限公司	潍坊恒信物业管理有限公司	河南亚新物业服务有限公司
深业物业集团有限公司	鲁商生活服务股份有限公司	江苏金枫物业服务有限责任公司
北京京城佳业物业服务股份有限公司	永旺永乐（江苏）物业服务有限公司	湘诚现代城市运营服务股份有限公司
华宇优家智慧生活服务集团有限公司	重庆海源怡生活服务集团有限公司	深圳德诚物业服务有限公司
路劲物业服务集团有限公司	众安智慧生活服务有限公司	武汉城市东方物业服务有限公司

续表

企业名称		
西安天朗物业管理有限公司	重庆世纪金马智慧生活服务有限公司	重庆高远物业管理有限公司
湖南中建物业服务有限公司	苏州工业园区圆融商业物业管理有限公司	四川滨江鼎信物业服务有限公司
深圳天安智慧园区运营有限公司	北京长峰新联工程管理有限责任公司	河南今典物业服务有限公司
苏州市会议中心物业管理股份有限公司	深圳市华创生活股份有限公司	三和佳（成都）物业服务有限公司
银丰智慧物业服务集团有限公司	苏州工业园区建屋物业发展有限公司	中新苏州和乔物业服务有限公司
杭州新天地园区运营服务有限公司	一爱城市建设服务有限公司	深圳市城投物业管理有限公司
海南珠江格瑞物业管理有限公司	中建智地物业服务有限公司	深圳力合物业管理有限公司
重庆新速达物业服务集团有限公司	陕西德杰物业管理有限公司	重庆通邑物业管理有限公司
武汉天源物业管理有限责任公司	四川圣诚物业服务有限公司	湖南天臻物业管理有限公司
武汉百步亭花园物业管理有限公司	广西兴进物业服务集团有限责任公司	苏州工业园区综保物业管理有限公司
金鹏祥和物业管理有限公司	上海科箭物业服务有限公司	贵阳欣和逸居物业管理有限公司
上海证大物业管理有限公司	安徽明运后勤管理服务有限责任公司	广西金地盛物业服务有限责任公司
浙江彩虹物业服务集团有限公司	重庆康田智慧生活服务有限公司	武汉万嘉弘泰物业服务有限公司
苏州市天翔物业管理有限公司	兰州瑞岭物业服务有限公司	苏州沿江物业管理有限公司
上海漕河泾开发区物业管理有限公司	西安高科物业管理有限责任公司	广西安信物业服务有限公司
武汉嘉信物业管理有限公司	国信健康生活服务（长春）集团有限公司	江苏洁霸物业管理有限公司
石榴物业服务集团有限公司	深圳市恒基物业管理有限公司	重庆诺富特物业管理有限公司
北京北控物业管理有限责任公司	深圳市万厦世纪物业管理有限公司	成都优居物业服务有限公司
中建壹品物业运营有限公司	国瑞智慧服务集团有限公司	河南玖邻好生活服务有限公司
葛洲坝物业管理有限公司	中交物业有限公司	北京亦庄城市服务集团有限公司
阳光大地物业服务集团有限公司	抱朴物业集团（深圳抱朴物业服务有限公司）	浙江浙商物业服务有限公司
厦门唐人嘉物业服务有限公司	湘潭金世纪物业发展有限公司	重庆秦渝物业管理有限公司
深圳市鸿荣源物业服务有限公司	东投美城物业服务（集团）有限公司	湖北联投城市运营有限公司
浙江金昌物业服务有限公司	浙江新成物业管理有限公司	天成物业服务有限公司
厦门住总物业管理有限公司	贵州一桓物业管理有限责任公司	索克科技服务股份有限公司
江苏雨润物业服务有限公司	浙江宜居物业管理有限公司	许昌恒达物业管理有限公司
南昌恒兴物业管理有限公司	湖南水清木华物业管理有限公司	北京丰汇物业管理有限责任公司
上海生乐物业管理有限公司	深圳市午越物业管理有限公司	昌建服务集团有限公司
西安紫薇物业管理有限公司	北京东亚时代物业管理有限公司	河南金豫智慧物业服务有限公司
浙江中大普惠物业有限公司	邦佳创美物业管理有限公司	中铁建物业管理有限公司贵阳分公司
浙江鸿城物业股份有限公司	成都和顺物业服务有限责任公司	河北安信联行物业股份有限公司
浙江华鸿嘉信物业管理有限公司	重庆国强物业服务有限公司	湖北楚天中大物业管理有限公司
武汉福赛德物业管理有限公司	深圳市赤湾物业管理有限公司	北京中关村鸿嘉物业服务有限公司
西安锦天物业管理服务有限公司	泸州市佳乐资产管理股份有限公司	龙祥物业管理有限公司
万怡物业服务有限公司	河南约翰物业服务有限公司	洛阳中成物业管理有限公司
绿益物业服务集团有限公司	浙江金成生活服务集团有限公司	天津市天房物业管理有限公司
长沙城市物业发展有限公司	上海爱家物业管理有限公司	武汉一品行物业有限公司
上海新金桥物业经营管理有限公司	北京中际北视物业管理有限公司	武汉缘安居物业管理有限公司
泽信乐家（北京）物业集团有限公司	山东儒辰生活服务有限公司	绿城科技集团有限公司
成都优品道物业管理有限公司	天津华厦物业管理发展有限公司	浙江绿城新零售科技集团有限公司
四川汇德智慧生活服务集团有限公司	青岛诚辉物业管理有限公司	

2022 中国房地产关联优秀企业

企业名称		
中南高科产业集团	西部证券	申万菱信基金管理有限公司
中骏商管智慧服务控股有限公司	华西证券股份有限公司	汇添富基金
上海中建东孚资产管理有限公司	中航信托股份有限公司	华金资产管理（深圳）有限公司
成都圣瑞商业管理有限公司	长安国际信托股份有限公司	大家祥驰资产管理集团有限公司
苏州新建元控股集团有限公司	兴业国际信托有限公司	蔚然控股
苏州恒泰控股集团有限公司	山东省国际信托股份有限公司	中冀投资
苏州圆融发展集团有限公司	爱建信托	淳石资本
武汉城建置业发展有限公司	中原信托有限公司	中锝润浥资产
中新苏州工业园区发展集团股份有限公司	华宝信托	北京翰德东辉资产管理有限公司
苏州苏高新集团有限公司	上海国际信托有限公司	北京麒麟天成资产管理有限公司
同策房产咨询股份有限公司	广东粤财信托有限公司	睿远基金
新联康（中国）有限公司	厦门国际信托有限公司	洛德基金
成都正合地产顾问股份有限公司	信保（天津）股权投资基金管理有限公司	远东宏信（宏杰资产）
交通银行	中城投资	上海东证期货有限公司
兴业银行股份有限公司	中国人保资产管理有限公司	光大理财
上海银行	平安资产管理有限责任公司	兴银理财有限责任公司
平安集团	太平洋资产管理有限责任公司	平安普惠
利安人寿	五牛控股	杭州老板电器股份有限公司
国泰君安证券	平安不动产	九牧厨卫股份有限公司
华泰证券股份有限公司	招商基金管理有限公司	奥的斯电梯管理（上海）有限公司
东方证券股份有限公司	华夏基金管理有限公司	摩恩（上海）厨卫有限公司
光大证券股份有限公司	光大发展投资有限公司	吉博力（上海）贸易有限公司
平安证券	保利（横琴）资本管理有限公司	北京应维科技服务有限公司
兴业证券股份有限公司	华泰资产管理有限公司	天津锋物科技有限公司
东吴证券股份有限公司	嘉实基金管理有限公司	深圳市思源计算机软件股份有限公司

CHINA REAL ESTATE INDUSTRY
STATISTICS YEARBOOK 2022

中国房地产行业

统计年鉴 2022

中指研究院　编著

图书在版编目（CIP）数据

中国房地产行业统计年鉴. 2022 / 中指研究院编著. —北京：企业管理出版社，2022.9

ISBN 978-7-5164-2650-0

Ⅰ. ①中… Ⅱ. ①中… Ⅲ. ①房地产业—中国—2022—年鉴
Ⅳ. ①F299.233-54

中国版本图书馆CIP数据核字（2022）第111924号

书　　名：中国房地产行业统计年鉴2022
作　　者：中指研究院
责任编辑：郑小希　杨向辉
书　　号：ISBN 978-7-5164-2650-0
出版发行：企业管理出版社
地　　址：北京市海淀区紫竹院南路17号　　邮编：100048
网　　址：http：//www.emph.cn
电　　话：编辑部（010）68414643　发行部（010）68701816
电子信箱：qiguan1961@163.com
印　　刷：三河市东方印刷有限公司
经　　销：新华书店
规　　格：210毫米×297毫米　16开本　52.25（彩插1）印张　1325千字
版　　次：2022年10月第1版　2022年10月第1次印刷
定　　价：500.00元

编委会名单

前 言

2022年是中国房地产市场相对困难的一年，房地产投资增速创多年新低，地产企业盈利能力下行，消费者购房需求持续收缩。国际大环境的不确定性，以及俄乌冲突、新冠肺炎疫情反复等，也为房地产行业带来诸多不利因素。近期房地产行业相关支持政策不断加码，多个城市出台放松楼市调控政策。在此背景下，中国房地产市场的走势将会如何？为了及时准确反映中国房地产市场的发展状况，中指研究院编辑出版了《中国房地产行业统计年鉴》。

中指研究院从1999年便与国家统计局合作编辑出版《中国房地产统计年鉴》。2020年起，中指研究院深挖已运行二十多年的CREIS中指数据库，结合国家统计局等官方数据，以更为丰富全面的数据指标体系，独立编辑出版了《中国房地产行业统计年鉴2020》《中国房地产行业统计年鉴2021》和《中国房地产行业统计年鉴2022》，帮助大家有效、透彻地分析房地产投资、开发、交易等运作过程，给行业内提供一个全面客观研究房地产市场的辅助工具。

《中国房地产行业统计年鉴2022》是中指研究院在长期对房地产市场跟踪调查的基础上，反复核对、认真编排后推出的，分为土地篇、住宅市场篇、企业篇、政策篇和报告篇五个部分。与以往相比，《中国房地产行业统计年鉴2022》在住宅市场篇进一步丰富了精装市场、价格指数以及七普人口等数据类型，在报告篇增加了十余篇反映最新市场趋势的报告，以更加多元的角度反映市场最新变化。

（一）土地篇

土地是民生之本，也是房地产企业的生命线。土地市场被称为房地产市场的“晴雨表”。土地篇收录了全国300城土地的推出和成交情况统计数据，包括推出和成交的宗数、建设用地面积、规划建筑面积、楼面均价等重要指标，全面反映重点城市的土地市场概况。

（二）住宅市场篇

房地产开发过程中，从立项、规划、建设到销售，积累了大量数据，这些数据背后蕴含着巨大价值。住宅市场篇收录了2021年全国、省市和重点城市的开发经营数据，以及新房和二手房住宅市场的年度和月度供求统计数据。

今年的住宅市场篇进一步丰富了数据维度：我们系统梳理了中指研究院在全国148个城市实地调研的精装房数据，以月度城市统计的维度展现给读者。今年我们也首次将中指研究院运营的各类指数纳入年鉴。中国房地产指数系统（CREIS）创立于1994年，中指研究院在此基础上衍生出一系列房地产相关指数，本次收入了全国100个城市的新房和二手房的价格指数，以及重点城市的商办指数。

（三）企业篇

企业篇整理收录了中国标杆房地产企业 2021 年的财务和运营数据，以及 2021 年度企业销售和拿地排行，帮助用户了解品牌地产企业布局战略与市场重心，综合判断上市房地产企业盈利及抗风险能力。物业服务企业是房地产行业最后一个重要环节，本篇也收录了中国目前在香港和 A 股上市的物业服务企业的最新在管面积及财务数据等重要基础信息。

（四）政策篇

房地产政策关乎国民经济增长的大局，又与广大民众安居乐业息息相关，因此从政策的制定到实施均受社会各方面的关注。中指研究院系统梳理了 2021 年全国 100 个主要城市十几类重要政策，包含宏观经济政策、金融财政政策、住房与土地政策、区域发展政策、市场调控监管政策、住房保障政策、公积金政策、土地政策、城市规划政策、人口与人才政策、物业管理行业政策等。

（五）报告篇

报告篇收录了中国房地产 TOP10 研究组 2022 年对于房地产企业的研究成果，包括中国房地产百强企业研究、中国房地产上市公司研究和中国物业服务百强企业研究等，帮助读者清晰地了解中国房地产和上下游企业的综合实力和市场表现。2022 年，中指研究院系统梳理最新的房地产企业研究、市场研究及物业行业研究报告，对报告篇进行了丰富和充实，以更丰富的维度反映市场趋势。

中指研究院是房地产专业研究机构，基于二十多年来积累的海量房、地、人、企等详实数据，整合空间、宏观、移动、规划、POI 等多维信息，构建扎实的数据底层，致力于以大数据和创新技术赋能中国房地产市场。中指研究院拥有近千位优秀的数据研发工程师和专业分析师，分支机构遍布中国主要城市，并于 2019 年 6 月在美国纳斯达克股票交易所成功上市。

《中国房地产行业统计年鉴 2022》的成功出版，要感谢中指研究院年鉴编辑部的全体成员，他们持续对庞大的房地产统计数据进行收集、整理、计算、分类，形成了中指数据库比较完备的数据体系和中国房地产指数系统资料库。还要感谢兄弟单位房天下，在我们进行数据采集、整理和分析当中给予了大力支持。正是因为有了房天下全国机构作为后盾，本年鉴的数据完整性才得到保障。鉴于所载内容涉及面广，数据量浩大，如有遗漏和不足，敬请读者及业内人士谅解，并提出宝贵意见，我们会在编写下一年度《中国房地产行业统计年鉴》时予以修正。

中指研究院院长　莫天全

2022 年 8 月

目 录

土 地 篇

住宅市场篇

企业篇

政 策 篇

报 告 篇

附　录：指标说明

土地篇

第一章　2021年全国300城土地推出情况

1-1　2021年全国300城土地推出统计

城市	推出土地宗数（宗）	推出建设用地面积（万平方米）	推出规划建筑面积（万平方米）	推出土地均价（元/平方米）	推出楼面均价（元/平方米）
一线城市					
北京市	156	904.91	1635.48	36637	20322
上海市	494	2215.62	4657.29	14192	6741
广州市	317	1401.69	4509.68	22659	7042
深圳市	116	618.83	1579.29	23919	9372
二线城市					
长春市	384	2295.89	3473.16	4116	2665
长沙市	238	1359.64	3361.39	7467	3020
成都市	345	1654.78	3962.94	10740	4483
重庆市	288	1775.20	2951.67	7423	4446
大连市	184	714.56	963.21	3764	2758
福州市	132	456.95	899.32	13618	6919
贵阳市	230	1383.10	3669.25	6743	2544
哈尔滨市	94	526.65	888.16	4559	2719
海口市	104	216.83	492.09	7541	3307
杭州市	463	1765.11	4570.64	19490	7527
合肥市	156	937.47	1567.77	9205	5212
呼和浩特市	80	298.10	562.79	5285	2800
济南市	658	2760.10	5013.94	3827	2107
昆明市	133	561.27	966.48	3074	1747
兰州市	68	257.04	576.66	2648	1108
南昌市	68	391.15	801.24	4586	2239
南京市	388	1431.29	3020.10	15659	7421
南宁市	196	886.64	2357.35	5092	1915
宁波市	224	845.27	1831.07	10559	4859
青岛市	624	1817.65	3506.89	6086	3154
三亚市	34	92.24	168.55	8100	4456
沈阳市	294	1682.55	2690.57	5977	3532
石家庄市	264	829.29	2092.17	4604	1825
苏州市	314	1365.10	2953.42	10318	4769
太原市	198	808.38	2004.22	3793	1529
天津市	339	2171.51	3651.51	6530	3879
温州市	128	561.43	1514.76	12995	4816
乌鲁木齐市	199	1171.78	1392.66	1627	1369

1-1 续表 1

城市	推出土地宗数（宗）	推出建设用地面积（万平方米）	推出规划建筑面积（万平方米）	推出土地均价（元 / 平方米）	推出楼面均价（元 / 平方米）
无锡市	153	633.26	1196.19	14514	7684
武汉市	353	2305.67	4839.78	9672	4608
西安市	413	1918.40	4232.39	6834	2977
西宁市	38	214.25	479.92	6291	2809
厦门市	70	286.56	778.56	29162	10734
银川市	60	424.74	661.50	3030	1946
郑州市	216	1271.52	3597.73	7585	2681
三四线城市					
安康市	104	350.73	704.83	1507	750
安庆市	75	538.46	671.27	1430	1147
安顺市	213	789.12	1127.30	1751	1225
安阳市	27	170.51	280.47	2387	1451
鞍山市	39	146.28	160.66	830	755
百色市	133	229.80	520.92	1515	668
包头市	81	533.37	466.38	1098	1218
宝鸡市	226	871.15	1458.56	1263	742
保定市	228	797.11	1874.61	4301	1824
北海市	31	149.45	322.17	3201	1485
本溪市	42	126.24	130.19	1350	1304
蚌埠市	69	369.41	468.76	1924	1687
滨州市	304	1023.26	1598.16	2029	1292
沧州市	53	200.29	330.35	3656	2217
常德市	158	504.00	941.15	2336	1251
常州市	271	1101.83	2365.17	8082	3768
朝阳市	62	293.69	405.90	1093	791
潮州市	33	125.89	413.85	1681	511
郴州市	90	386.76	780.34	1773	879
承德市	36	118.98	180.21	1899	1371
池州市	84	379.58	481.00	1108	837
崇左市	36	306.59	367.96	390	325
滁州市	95	594.18	962.17	2483	1534
大庆市	31	209.92	163.42	247	318
丹东市	34	145.10	252.04	2380	1370
德阳市	153	476.64	690.00	1343	896
德州市	125	325.96	527.89	2783	1718

1-1　续表 2

城市	推出土地宗数（宗）	推出建设用地面积（万平方米）	推出规划建筑面积（万平方米）	推出土地均价（元 / 平方米）	推出楼面均价（元 / 平方米）
东莞市	126	576.69	1642.08	11938	4193
东营市	163	725.23	755.49	842	805
鄂尔多斯市	30	140.81	181.58	592	459
鄂州市	153	545.23	1056.39	3136	1618
佛山市	211	950.29	2846.85	10241	3418
抚顺市	29	91.78	111.06	1061	902
阜新市	31	122.74	154.39	465	370
阜阳市	53	436.99	729.83	2388	1414
赣州市	238	859.65	1640.84	1862	971
广元市	29	129.19	246.78	3451	1806
贵港市	139	531.60	757.63	1092	767
桂林市	49	261.06	474.89	1770	984
邯郸市	239	866.29	1315.76	1997	1302
河源市	67	204.36	570.28	1846	661
菏泽市	388	1517.12	3178.12	2964	1480
鹤壁市	51	357.30	375.38	706	671
鹤岗市	1	0.54	0.38	5	7
衡水市	160	496.98	811.83	1483	909
葫芦岛市	54	194.74	270.44	943	677
湖州市	288	1118.09	1996.07	2447	1369
怀化市	56	234.63	479.60	1786	883
淮安市	159	874.52	1616.65	3135	1696
淮北市	50	330.78	425.85	782	607
淮南市	56	222.04	301.48	1600	1068
黄石市	85	315.68	504.45	1927	1204
惠州市	221	835.28	2195.13	2690	1022
鸡西市	14	50.58	36.55	97	133
吉林市	57	240.44	284.77	1566	1322
济宁市	125	509.84	755.04	3840	2593
嘉兴市	91	329.45	704.42	6608	3091
江门市	114	542.80	1223.03	4090	1576
焦作市	38	161.33	262.54	2229	1370
揭阳市	21	96.65	262.92	2121	780
金华市	129	506.14	1116.11	6255	2837
锦州市	18	87.29	117.62	1462	1085
荆门市	183	813.84	991.48	570	468

1-1　续表 3

城市	推出土地宗数（宗）	推出建设用地面积（万平方米）	推出规划建筑面积（万平方米）	推出土地均价（元 / 平方米）	推出楼面均价（元 / 平方米）
荆州市	125	801.24	958.78	487	404
景德镇市	63	253.19	499.69	5109	2589
九江市	149	760.06	992.38	1618	1239
开封市	132	505.12	868.52	2081	1203
拉萨市	4	7.66	11.60	4258	2811
廊坊市	68	263.26	571.32	3944	1817
乐山市	95	358.82	728.70	1160	574
丽江市	37	103.78	156.89	719	579
丽水市	63	245.97	382.48	5466	3515
连云港市	86	566.15	710.01	1937	1545
聊城市	161	711.82	1381.94	3797	1956
临沂市	155	673.04	1209.61	3928	2186
柳州市	177	778.51	1672.82	2401	1115
六盘水市	203	642.64	1259.38	1608	824
龙岩市	67	223.24	451.32	3590	1770
泸州市	57	295.54	637.89	1991	922
六安市	168	675.73	862.47	1168	884
洛阳市	161	758.28	1444.75	4058	2130
漯河市	76	317.42	576.79	1965	1082
马鞍山市	39	213.53	352.43	3333	2019
茂名市	82	341.66	963.09	2908	1029
眉山市	211	687.46	1100.50	2321	1392
梅州市	47	174.40	290.96	1484	890
绵阳市	127	574.44	1346.73	2197	927
牡丹江市	10	41.06	86.88	1661	785
南充市	70	331.92	529.34	2111	1339
南平市	53	259.25	609.90	2004	852
南通市	360	1650.59	2810.26	5204	3062
南阳市	81	303.83	615.07	2598	1283
内江市	55	344.31	621.01	2066	1090
宁德市	31	134.54	313.02	4786	2057
攀枝花市	42	222.10	365.02	1917	1166
平顶山市	29	148.52	269.44	2173	1108
萍乡市	93	301.00	688.16	1870	818
莆田市	39	208.87	469.74	5437	2533
濮阳市	55	257.13	410.97	2722	1694
普洱市	36	123.13	188.50	2431	1588

1-1　续表4

城市	推出土地宗数（宗）	推出建设用地面积（万平方米）	推出规划建筑面积（万平方米）	推出土地均价（元/平方米）	推出楼面均价（元/平方米）
齐齐哈尔市	47	237.58	231.11	828	851
钦州市	136	778.79	1697.34	1278	582
秦皇岛市	128	491.25	729.22	2540	1711
清远市	117	338.85	937.90	2221	803
衢州市	116	516.36	646.92	3548	2832
曲靖市	57	286.45	491.74	2712	1555
泉州市	51	208.57	461.44	3432	1551
日照市	191	789.98	974.50	2070	1678
三明市	68	234.30	603.75	1335	518
汕头市	110	276.95	1008.80	5797	1591
汕尾市	41	147.62	439.01	4770	1604
商洛市	11	22.10	54.07	2971	1214
商丘市	82	461.99	1166.43	2708	1072
上饶市	373	974.85	1658.36	1991	1170
韶关市	118	593.39	965.78	1257	772
绍兴市	178	745.33	1340.88	6608	3673
十堰市	135	387.89	620.81	1210	760
朔州市	46	186.91	241.52	789	610
松原市	21	78.70	76.43	633	651
宿迁市	106	790.10	972.28	1533	1246
宿州市	79	372.28	600.32	2111	1286
随州市	69	203.24	297.10	834	580
台州市	109	518.97	1172.28	4790	2121
泰安市	90	376.32	546.62	3233	2226
泰州市	74	371.14	664.90	5990	3343
唐山市	224	1034.32	1584.94	1595	1005
铁岭市	6	13.98	16.33	528	452
通化市	23	132.63	113.56	643	751
威海市	390	1672.71	2321.75	1886	1357
潍坊市	230	1074.52	2305.61	2730	1270
乌兰察布市	11	86.27	85.09	455	461
芜湖市	211	1002.83	1312.61	1372	1043
咸阳市	121	641.30	1411.99	5067	2089
湘潭市	72	396.34	811.18	3051	1491
襄阳市	127	570.11	909.64	2820	1718
新乡市	51	225.40	498.34	2378	1077

1-1 续表 5

城市	推出土地宗数（宗）	推出建设用地面积（万平方米）	推出规划建筑面积（万平方米）	推出土地均价（元/平方米）	推出楼面均价（元/平方米）
信阳市	44	189.49	361.37	3078	1624
徐州市	219	1034.03	1719.73	3595	2161
宣城市	110	361.17	490.19	1998	1382
烟台市	147	881.00	1153.48	2325	1773
盐城市	106	513.25	984.93	6896	3592
扬州市	139	605.85	1036.48	5814	3398
阳江市	78	166.70	264.25	1825	1151
伊春市	9	48.83	38.40	290	344
宜宾市	112	764.56	1189.46	2828	1645
宜昌市	117	694.73	1107.35	2435	1527
宜春市	109	535.93	804.58	1462	974
鹰潭市	89	252.57	425.74	1915	1136
营口市	125	440.96	585.42	1481	1115
玉溪市	33	117.42	232.85	2777	1401
岳阳市	206	945.30	1280.05	1958	1446
云浮市	29	101.71	133.16	559	427
湛江市	88	636.15	1224.49	2009	1044
张家界市	53	275.00	528.68	1636	851
漳州市	133	414.98	1051.36	2927	1155
肇庆市	174	551.07	1258.27	1903	834
镇江市	67	271.74	543.53	3757	1878
中山市	71	360.14	1050.50	6436	2207
舟山市	57	201.11	358.76	4628	2594
珠海市	76	355.62	847.97	6205	2602
株洲市	155	650.50	1359.11	2998	1435
淄博市	193	728.87	1347.71	3128	1691
自贡市	66	274.40	388.75	1919	1377
遵义市	466	1784.38	3425.64	1489	767
县及县级市					
保亭黎族苗族自治县	8	8.79	5.44	975	1576
滨海县	71	266.65	386.26	2433	1679
常熟市	101	376.58	656.53	3974	2279
长沙县	108	481.57	1108.04	5073	2205
长兴县	242	549.63	759.93	2155	1559
崇州市	32	73.67	181.18	2044	831

1-1 续表 6

城市	推出土地宗数（宗）	推出建设用地面积（万平方米）	推出规划建筑面积（万平方米）	推出土地均价（元 / 平方米）	推出楼面均价（元 / 平方米）
淳安县	34	54.30	69.76	2707	2107
慈溪市	133	373.04	722.69	3373	1741
丹阳市	111	272.65	502.71	4335	2351
当涂县	52	190.63	259.75	966	718
德清县	125	345.59	571.89	3208	1939
东港市	57	122.23	167.33	703	513
东台市	43	232.35	280.25	3789	3141
都江堰市	34	120.56	232.10	5181	2691
恩施土家族苗族自治州	188	253.67	469.04	958	518
肥东县	59	244.99	278.29	7712	3919
肥西县	36	159.70	246.57	5492	3361
盖州市	50	113.06	215.71	841	441
高碑店市	61	47.13	103.96	2088	947
固安县	51	161.47	266.05	2882	1749
海安市	167	285.80	537.60	4602	2447
海宁市	109	361.09	827.85	3478	1517
海盐县	57	211.82	382.21	2887	1600
惠安县	79	277.37	678.47	2646	1082
惠东县	32	127.71	268.02	1584	755
嘉善县	81	229.75	571.98	4274	1717
建德市	59	146.82	246.86	3044	1810
建湖县	61	146.19	243.88	2291	1373
江阴市	70	367.02	484.30	4526	3430
胶州市	159	463.45	806.73	1563	898
晋江市	112	307.08	763.92	3666	1474
靖江市	70	328.39	562.63	2055	1199
昆山市	91	292.73	574.41	5929	3022
莱西市	91	379.39	487.43	799	622
莱州市	33	193.48	214.61	2063	1393
临海市	40	174.96	335.23	3516	1835
陵水黎族自治县	5	18.70	39.82	4225	1984
浏阳市	209	675.70	1431.14	1397	660
龙口市	59	1177.28	699.61	628	1057
龙门县	44	103.71	339.67	875	267
闽侯县	29	95.94	194.46	9321	4599

1-1 续表 7

城市	推出土地宗数（宗）	推出建设用地面积（万平方米）	推出规划建筑面积（万平方米）	推出土地均价（元 / 平方米）	推出楼面均价（元 / 平方米）
南安市	48	204.88	559.51	2841	1040
宁海县	66	234.92	551.94	1760	749
沛县	74	248.65	462.39	2781	1496
彭州市	44	127.29	248.70	2152	1102
邳州市	114	445.01	784.87	3148	1785
平度市	87	244.38	307.73	1021	811
平湖市	82	239.91	382.85	3198	2003
蒲江县	38	92.86	212.85	1838	802
普宁市	20	25.04	56.39	1124	499
启东市	134	388.63	593.27	4025	2636
潜江市	92	358.91	899.12	1484	592
荣成市	200	366.25	544.54	2234	1502
如东县	131	476.05	866.06	3980	2188
瑞安市	56	147.29	378.00	8377	3264
嵊州市	77	217.46	544.61	2509	1002
太仓市	88	246.93	499.94	6137	3031
泰兴市	87	341.31	716.09	3766	1795
天门市	96	170.29	183.71	238	221
桐庐县	58	115.37	184.26	3433	2145
桐乡市	109	240.47	670.38	3218	1154
瓦房店市	41	189.08	164.11	590	694
文安县	73	208.98	412.21	1805	915
文昌市	33	107.01	163.08	1597	1048
仙桃市	79	389.75	581.30	936	627
香河县	18	50.68	89.01	2554	1455
象山县	99	313.55	534.36	1247	732
新沂市	111	280.04	348.71	1137	913
兴化市	42	154.65	272.99	2658	1506
宜兴市	92	332.91	396.07	2529	2125
义乌市	154	424.20	962.43	14773	6512
永登县	162	1273.54	1406.90	771	698
余姚市	113	498.49	957.88	2175	1132
张家港市	142	533.87	1343.02	2974	1182
诸暨市	118	247.18	391.76	3558	2245
庄河市	11	30.84	44.81	612	441

数据来源：中指数据库监测。

1-2　2021年全国300城土地推出宗数统计

单位：宗

城市	1月	2月	3月	4月	5月	6月	7月	8月	9月	10月	11月	12月	汇总
一线城市													
北京市	17	2	3	34	5	4	3	7	52	8	0	21	156
上海市	93	20	11	14	19	70	34	19	21	62	74	57	494
广州市	21	17	24	66	17	16	13	12	64	12	45	10	317
深圳市	2	4	3	0	10	2	33	4	26	5	20	7	116
二线城市													
长春市	12	22	17	72	17	107	13	17	7	8	20	72	384
长沙市	24	3	6	21	35	18	16	16	11	35	18	35	238
成都市	30	13	11	13	6	55	10	30	90	3	21	63	345
重庆市	27	12	7	66	11	8	11	14	53	7	14	58	288
大连市	9	11	12	7	8	45	23	4	28	16	8	13	184
福州市	9	13	1	0	33	1	2	7	21	1	1	43	132
贵阳市	3	12	16	8	32	17	6	11	33	14	3	75	230
哈尔滨市	5	9	5	4	6	6	9	11	15	12	2	10	94
海口市	6	0	6	3	5	6	2	3	4	12	19	38	104
杭州市	46	11	1	75	51	11	36	36	59	29	41	67	463
合肥市	4	3	9	8	2	29	8	0	28	6	37	22	156
呼和浩特市	2	0	0	12	3	10	0	11	0	0	10	32	80
济南市	28	49	23	9	134	4	15	119	34	27	167	49	658
昆明市	8	10	10	16	14	15	7	7	12	13	9	12	133
兰州市	18	0	2	15	5	0	0	8	2	3	2	13	68
南昌市	3	5	4	8	2	10	5	6	5	6	11	3	68
南京市	48	20	36	14	56	11	15	15	69	5	85	14	388
南宁市	17	9	11	9	7	16	5	23	16	22	18	43	196
宁波市	18	34	11	11	39	15	6	5	18	7	50	10	224
青岛市	28	28	27	25	77	9	16	121	116	25	29	123	624
三亚市	3	0	6	2	2	6	1	2	0	2	4	6	34
沈阳市	2	6	16	55	5	28	5	49	46	10	8	64	294
石家庄市	4	14	11	15	11	27	40	14	17	44	14	53	264
苏州市	33	16	24	8	72	11	7	30	43	4	56	10	314
太原市	10	10	6	15	19	32	10	24	21	7	4	40	198
天津市	29	19	17	70	14	5	30	21	74	8	20	32	339
温州市	12	7	6	16	5	11	20	21	8	5	5	12	128
乌鲁木齐市	3	0	19	0	26	14	37	8	12	26	33	21	199
无锡市	5	3	22	22	4	7	30	9	4	31	10	6	153

1-2　续表 1　单位：宗

城市	1月	2月	3月	4月	5月	6月	7月	8月	9月	10月	11月	12月	汇总
武汉市	22	7	13	9	26	82	18	10	68	12	10	76	353
西安市	12	10	45	51	22	40	15	12	57	60	15	74	413
西宁市	1	8	1	3	0	4	0	1	2	2	13	3	38
厦门市	5	2	4	2	8	11	2	3	8	4	1	20	70
银川市	2	3	6	0	1	17	0	5	1	1	9	15	60
郑州市	8	21	7	0	55	9	5	7	1	30	25	48	216
三四线城市													
安康市	6	3	10	19	4	5	6	8	19	14	2	8	104
安庆市	6	8	0	9	5	8	3	5	9	3	10	9	75
安顺市	16	8	14	4	7	11	18	3	24	10	16	82	213
安阳市	1	3	0	3	0	0	2	3	3	2	3	7	27
鞍山市	15	1	3	1	6	2	0	1	0	2	1	7	39
百色市	16	3	3	3	5	11	6	4	3	3	24	52	133
包头市	7	8	5	2	17	6	4	6	2	12	0	12	81
宝鸡市	6	5	54	1	24	7	23	20	13	17	13	43	226
保定市	4	11	23	19	26	20	1	39	13	9	15	48	228
北海市	0	0	0	3	3	2	3	0	0	3	10	7	31
本溪市	1	0	1	4	1	1	4	0	4	2	21	3	42
蚌埠市	1	0	12	1	7	6	8	6	5	2	8	13	69
滨州市	16	28	13	10	3	17	6	13	11	24	84	79	304
沧州市	7	6	7	1	0	7	7	0	1	5	3	9	53
常德市	17	12	4	8	8	24	2	10	1	4	27	41	158
常州市	31	8	20	18	13	7	28	31	24	33	25	33	271
朝阳市	4	3	8	6	7	4	0	6	5	10	2	7	62
潮州市	0	0	9	0	0	2	2	2	4	4	4	6	33
郴州市	6	7	4	3	5	19	4	1	3	14	13	11	90
承德市	8	0	4	1	2	6	2	1	1	2	2	7	36
池州市	3	5	6	9	6	7	9	3	7	6	8	15	84
崇左市	0	8	6	8	0	4	3	1	1	0	1	4	36
滁州市	4	1	17	4	5	8	17	2	6	2	9	20	95
大庆市	3	0	2	2	4	2	1	1	1	3	5	7	31
丹东市	1	1	2	1	0	1	0	0	6	4	5	13	34
德阳市	21	1	16	5	1	1	11	12	1	30	39	15	153
德州市	30	5	0	4	1	11	9	10	0	12	9	34	125
东莞市	19	14	3	22	11	8	11	12	3	12	4	7	126
东营市	12	8	10	9	10	6	39	10	8	17	21	13	163

1-2　续表 2　　单位：宗

城市	1月	2月	3月	4月	5月	6月	7月	8月	9月	10月	11月	12月	汇总
鄂尔多斯市	1	3	1	1	2	2	3	2	4	1	3	7	30
鄂州市	22	18	8	11	9	13	25	8	5	4	21	9	153
佛山市	11	13	12	23	16	28	22	21	24	14	11	16	211
抚顺市	3	0	0	4	0	7	4	1	3	1	1	5	29
阜新市	0	0	0	0	1	2	0	0	8	0	0	20	31
阜阳市	1	4	5	4	2	7	5	5	2	7	4	7	53
赣州市	3	8	16	19	10	22	48	42	6	11	9	44	238
广元市	4	1	8	1	6	1	2	0	0	1	5	0	29
贵港市	4	8	8	4	7	8	4	9	5	9	12	61	139
桂林市	5	2	2	5	2	2	6	1	3	2	8	11	49
邯郸市	1	19	12	9	38	8	26	3	63	14	8	38	239
河源市	2	7	18	11	7	8	6	0	1	0	2	5	67
菏泽市	36	9	15	13	16	4	13	32	51	48	57	94	388
鹤壁市	0	2	11	0	0	7	0	0	0	16	0	15	51
鹤岗市	0	0	1	0	0	0	0	0	0	0	0	0	1
衡水市	5	13	15	5	10	23	7	14	17	8	30	13	160
葫芦岛市	9	1	8	2	1	5	0	13	7	0	5	3	54
湖州市	13	36	55	23	26	10	21	15	17	16	19	37	288
怀化市	2	2	5	0	4	5	1	3	8	4	5	17	56
淮安市	9	4	6	31	15	17	16	4	11	5	9	32	159
淮北市	13	2	1	2	3	4	4	0	8	6	3	4	50
淮南市	9	0	9	4	4	0	2	0	5	3	2	18	56
黄石市	6	6	0	14	6	11	1	6	0	4	21	10	85
惠州市	16	21	19	22	13	29	14	18	11	16	26	16	221
鸡西市	0	0	0	0	3	0	0	2	5	0	0	4	14
吉林市	11	5	0	4	10	6	0	9	0	0	0	12	57
济宁市	12	1	1	16	4	27	8	12	2	6	14	22	125
嘉兴市	5	10	16	7	18	0	3	16	4	5	5	2	91
江门市	4	4	5	9	10	8	4	5	3	5	12	45	114
焦作市	3	0	2	1	1	0	0	0	5	3	1	22	38
揭阳市	0	0	1	3	0	0	0	4	0	1	7	5	21
金华市	13	4	5	17	20	14	10	6	10	8	7	15	129
锦州市	2	0	1	2	0	1	0	0	7	1	2	2	18
荆门市	18	21	12	16	20	9	19	9	3	18	5	33	183
荆州市	13	9	10	9	14	3	3	7	13	9	11	24	125
景德镇市	4	0	0	0	0	0	8	7	4	5	12	23	63

1-2 续表 3 单位：宗

城市	1月	2月	3月	4月	5月	6月	7月	8月	9月	10月	11月	12月	汇总
九江市	7	16	8	0	17	15	13	17	11	11	5	29	149
开封市	0	2	1	15	12	4	1	6	19	19	40	13	132
拉萨市	4	0	0	0	0	0	0	0	0	0	0	0	4
廊坊市	0	0	8	2	2	13	6	0	18	0	9	10	68
乐山市	4	10	6	7	2	7	7	11	3	4	8	26	95
丽江市	0	8	3	3	0	0	2	8	3	5	0	5	37
丽水市	2	10	0	3	6	6	5	6	7	5	5	8	63
连云港市	2	1	18	7	10	13	0	5	0	6	7	17	86
聊城市	15	18	13	12	14	14	9	10	18	10	21	7	161
临沂市	27	10	12	13	1	15	11	11	10	7	14	24	155
柳州市	10	10	32	8	5	25	5	11	25	15	5	26	177
六盘水市	16	4	2	11	7	2	14	23	19	37	28	40	203
龙岩市	6	2	4	9	1	2	4	4	10	8	3	14	67
泸州市	4	1	0	4	7	3	1	3	7	3	15	9	57
六安市	27	15	20	12	13	3	13	6	7	5	25	22	168
洛阳市	13	4	18	14	16	17	11	10	17	10	11	20	161
漯河市	0	17	3	10	1	5	4	10	6	4	2	14	76
马鞍山市	0	3	1	3	1	3	3	9	5	1	3	7	39
茂名市	2	6	3	1	3	1	3	7	3	5	18	30	82
眉山市	5	0	3	20	16	23	21	23	8	20	37	35	211
梅州市	1	2	2	8	2	3	16	1	2	3	1	6	47
绵阳市	10	6	1	18	8	14	8	2	27	10	11	12	127
牡丹江市	2	0	0	1	0	3	0	0	3	0	0	1	10
南充市	6	0	9	0	18	2	2	0	7	10	6	10	70
南平市	3	5	3	5	1	0	14	3	3	8	5	3	53
南通市	23	18	36	25	39	66	16	12	10	37	32	46	360
南阳市	1	4	4	4	6	0	6	18	6	6	1	25	81
内江市	2	1	3	1	1	4	4	5	6	2	16	10	55
宁德市	0	1	2	0	4	9	1	1	0	1	6	6	31
攀枝花市	4	0	0	0	0	3	3	3	0	4	1	24	42
平顶山市	0	11	0	1	0	1	8	2	0	0	0	6	29
萍乡市	1	4	7	9	7	7	9	3	9	23	3	11	93
莆田市	5	4	2	3	2	4	2	6	4	1	5	1	39
濮阳市	1	0	6	7	6	2	2	4	13	1	5	8	55
普洱市	0	1	0	1	9	2	2	0	6	1	8	6	36
齐齐哈尔市	0	3	2	2	0	4	4	0	5	7	8	12	47

1-2 续表 4 单位：宗

城市	1月	2月	3月	4月	5月	6月	7月	8月	9月	10月	11月	12月	汇总
钦州市	11	3	1	10	0	5	1	10	7	10	45	33	136
秦皇岛市	7	9	0	15	6	6	10	8	10	6	21	30	128
清远市	0	8	0	2	0	15	8	28	8	10	15	23	117
衢州市	6	4	11	5	13	10	11	11	16	7	7	15	116
曲靖市	18	2	6	3	1	5	0	3	1	1	4	13	57
泉州市	10	0	1	6	5	0	1	1	1	2	6	18	51
日照市	5	5	6	17	10	28	23	12	21	14	18	32	191
三明市	5	3	4	4	4	1	3	1	11	11	10	11	68
汕头市	16	11	9	12	9	8	13	12	6	1	3	10	110
汕尾市	0	0	9	1	0	0	5	4	0	2	1	19	41
商洛市	0	0	2	0	0	0	3	3	0	0	2	1	11
商丘市	9	5	3	7	15	8	15	1	4	3	3	9	82
上饶市	37	16	25	23	52	97	19	17	18	16	15	38	373
韶关市	7	0	14	5	9	10	6	11	7	11	2	36	118
绍兴市	29	9	19	18	20	18	12	13	11	6	10	13	178
十堰市	19	2	0	3	18	5	4	13	21	6	24	20	135
朔州市	4	5	5	1	3	4	2	3	7	1	5	6	46
松原市	0	3	8	1	3	1	0	3	1	0	1	0	21
宿迁市	10	0	4	16	19	3	23	7	4	7	2	11	106
宿州市	0	0	6	8	12	11	9	7	6	7	9	4	79
随州市	5	8	3	6	2	8	3	3	0	22	6	3	69
台州市	11	3	12	8	6	6	9	12	12	14	6	10	109
泰安市	7	1	17	2	10	12	3	5	4	7	7	15	90
泰州市	5	8	7	4	5	10	6	8	2	3	2	14	74
唐山市	31	6	14	12	13	22	7	16	19	9	24	51	224
铁岭市	0	0	0	0	0	1	0	0	2	0	0	3	6
通化市	1	0	1	1	1	5	7	2	1	0	0	4	23
威海市	29	17	6	28	20	29	28	32	37	29	55	80	390
潍坊市	20	15	20	10	7	10	10	13	19	22	24	60	230
乌兰察布市	5	0	5	0	0	0	0	0	0	0	1	0	11
芜湖市	15	26	20	24	13	10	18	15	9	26	30	5	211
咸阳市	6	0	0	9	1	12	0	21	13	8	17	34	121
湘潭市	1	9	1	7	5	12	6	9	1	7	3	11	72
襄阳市	18	7	8	2	2	20	4	8	5	20	6	27	127
新乡市	4	5	1	2	0	3	4	2	1	12	12	5	51
信阳市	4	1	1	0	5	9	2	7	3	5	1	6	44
徐州市	41	10	11	23	9	31	6	6	6	5	59	12	219

1-2　续表5　　单位：宗

城市	1月	2月	3月	4月	5月	6月	7月	8月	9月	10月	11月	12月	汇总
宣城市	10	3	13	2	12	1	5	9	19	7	7	22	110
烟台市	11	7	4	7	16	6	16	19	8	7	21	25	147
盐城市	5	11	9	15	15	8	12	11	6	1	5	8	106
扬州市	3	5	1	20	3	23	6	15	3	5	22	33	139
阳江市	5	3	2	0	4	13	7	1	5	8	12	18	78
伊春市	0	1	1	1	0	0	2	0	0	2	1	1	9
宜宾市	6	2	19	3	11	2	8	21	7	10	4	19	112
宜昌市	3	7	4	14	1	5	8	5	17	7	13	33	117
宜春市	7	11	0	11	1	3	13	8	4	6	23	22	109
鹰潭市	5	7	6	3	8	0	12	9	9	1	16	13	89
营口市	15	2	17	6	11	1	23	4	12	14	2	18	125
玉溪市	3	0	1	0	0	2	0	6	0	9	4	8	33
岳阳市	15	6	12	12	3	21	14	4	10	17	6	86	206
云浮市	4	2	1	1	4	3	2	0	3	2	0	7	29
湛江市	2	4	4	4	5	5	9	7	4	7	25	12	88
张家界市	1	0	0	0	5	3	4	5	4	4	13	14	53
漳州市	4	1	12	8	19	10	13	6	6	14	17	23	133
肇庆市	8	6	9	11	10	34	9	10	9	5	21	42	174
镇江市	0	1	15	0	12	3	7	7	6	3	1	12	67
中山市	10	2	1	12	4	9	1	0	4	12	1	15	71
舟山市	6	4	0	1	7	10	0	3	11	5	4	6	57
珠海市	10	10	9	1	7	6	2	1	6	6	11	7	76
株洲市	6	13	5	10	12	13	11	4	8	4	16	53	155
淄博市	17	7	16	4	10	4	7	12	18	13	34	51	193
自贡市	8	1	0	8	6	7	3	7	0	10	2	14	66
遵义市	39	8	26	12	35	25	17	5	8	23	98	170	466
县及县级市													
保亭黎族苗族自治县	1	2	0	0	3	0	0	0	0	0	2	0	8
滨海县	1	5	14	6	7	2	2	0	9	2	17	6	71
常熟市	8	7	8	14	12	11	3	4	7	4	9	14	101
长沙县	13	4	2	2	13	13	9	5	16	9	16	6	108
长兴县	34	20	30	41	14	17	7	7	8	15	31	18	242
崇州市	3	5	1	0	1	5	0	4	0	1	2	10	32
淳安县	3	1	0	3	6	1	7	3	4	1	5	0	34
慈溪市	19	10	3	16	3	27	16	5	11	13	4	6	133

1-2　续表 6　　　　单位：宗

城市	1 月	2 月	3 月	4 月	5 月	6 月	7 月	8 月	9 月	10 月	11 月	12 月	汇总
丹阳市	20	0	5	4	15	7	15	9	0	1	12	23	111
当涂县	4	4	5	3	4	2	0	6	7	2	9	6	52
德清县	5	11	6	16	13	21	19	10	9	6	6	3	125
东港市	1	7	15	0	9	19	0	0	4	0	0	2	57
东台市	1	7	1	4	6	4	3	0	3	5	1	8	43
都江堰市	0	0	0	3	5	2	0	5	0	0	0	19	34
恩施土家族苗族自治州	108	11	1	19	25	0	14	1	1	2	4	2	188
肥东县	11	1	1	0	1	6	15	8	0	14	0	2	59
肥西县	1	0	1	4	0	3	9	5	7	0	0	6	36
盖州市	4	4	0	0	0	0	20	0	0	0	16	6	50
高碑店市	1	0	5	12	0	3	0	27	2	6	0	5	61
固安县	0	0	3	5	0	17	5	6	6	3	2	4	51
海安市	27	18	22	12	18	9	2	9	18	14	9	9	167
海宁市	7	8	2	6	15	12	8	7	17	6	6	15	109
海盐县	1	2	7	3	6	4	7	3	3	3	3	15	57
惠安县	1	1	4	0	0	3	6	2	0	2	39	21	79
惠东县	2	0	0	5	1	2	3	8	3	1	2	5	32
嘉善县	5	5	5	7	8	7	6	1	11	4	3	19	81
建德市	3	4	1	2	22	11	3	4	6	1	2	0	59
建湖县	2	1	3	1	8	6	6	4	0	5	0	25	61
江阴市	13	1	8	9	6	9	5	1	0	3	6	9	70
胶州市	29	5	1	2	14	23	24	1	17	1	4	38	159
晋江市	2	8	11	7	12	15	1	0	11	21	11	13	112
靖江市	18	0	17	0	4	8	0	1	1	9	11	1	70
昆山市	4	0	12	8	5	1	16	2	0	10	16	17	91
莱西市	0	17	2	8	0	0	8	22	8	6	7	13	91
莱州市	1	5	2	3	2	1	3	1	1	0	14	0	33
临海市	10	0	3	1	5	0	0	4	0	7	4	6	40
陵水黎族自治县	2	0	0	1	0	0	0	0	1	1	0	0	5
浏阳市	7	7	1	9	38	12	7	11	34	30	38	15	209
龙口市	5	7	10	8	0	1	6	1	2	9	3	7	59
龙门县	5	12	2	1	7	4	1	2	0	3	7	0	44
闽侯县	0	3	4	2	5	3	5	0	1	1	1	4	29
南安市	2	10	1	0	2	3	6	4	3	3	5	9	48
宁海县	10	4	6	3	4	2	8	3	7	11	4	4	66

1-2　续表 7　　单位：宗

城市	1月	2月	3月	4月	5月	6月	7月	8月	9月	10月	11月	12月	汇总
沛县	0	1	1	7	1	15	3	2	0	0	22	22	74
彭州市	7	1	0	0	13	0	3	0	6	1	5	8	44
邳州市	2	0	27	1	5	6	1	1	10	13	7	41	114
平度市	1	0	11	7	3	7	5	5	11	0	9	28	87
平湖市	5	8	2	7	14	8	7	4	4	5	3	15	82
蒲江县	5	0	3	1	10	4	0	0	11	0	0	4	38
普宁市	0	0	2	2	0	0	7	0	7	0	2	0	20
启东市	16	13	2	13	9	13	8	3	17	2	15	23	134
潜江市	3	0	16	7	7	12	1	4	2	12	14	14	92
荣成市	0	0	21	8	13	12	27	7	2	25	24	61	200
如东县	34	5	14	12	2	7	1	2	15	7	14	18	131
瑞安市	2	7	5	2	1	8	6	11	6	3	3	2	56
嵊州市	8	0	1	17	9	3	7	7	7	7	4	7	77
太仓市	9	0	16	9	17	2	3	8	0	6	7	11	88
泰兴市	6	14	2	4	2	8	15	0	11	10	10	5	87
天门市	12	6	1	19	13	2	5	2	9	5	9	13	96
桐庐县	4	5	5	13	7	6	4	2	4	0	5	3	58
桐乡市	12	19	8	3	10	14	7	8	1	4	7	16	109
瓦房店市	3	0	3	2	0	7	0	4	2	5	1	14	41
文安县	14	0	15	0	0	18	0	18	0	0	0	8	73
文昌市	2	2	6	6	1	2	3	1	2	0	6	2	33
仙桃市	13	10	1	9	5	10	3	1	4	6	16	1	79
香河县	0	6	0	2	2	0	0	5	0	0	3	0	18
象山县	11	20	19	13	0	2	3	8	4	1	6	12	99
新沂市	3	9	12	6	8	35	2	4	1	9	19	3	111
兴化市	11	1	3	4	5	0	4	0	2	1	6	5	42
宜兴市	17	10	17	8	2	1	3	8	6	3	2	15	92
义乌市	13	7	39	23	12	9	6	19	9	5	3	9	154
永登县	9	4	9	0	10	24	22	23	9	7	20	25	162
余姚市	13	14	1	4	13	6	21	8	18	2	8	5	113
张家港市	11	14	16	15	22	7	9	14	8	11	10	5	142
诸暨市	21	17	6	12	3	20	7	3	2	6	20	1	118
庄河市	5	0	0	2	0	1	0	0	3	0	0	0	11

数据来源：中指数据库监测。

1-3　2021年全国300城土地推出建设用地面积统计

单位：万平方米

城市	1月	2月	3月	4月	5月	6月	7月	8月	9月	10月	11月	12月	汇总
一线城市													
北京市	147.62	13.39	26.41	199.28	50.47	10.67	16.67	23.42	275.73	42.31	0	98.94	904.91
上海市	415.95	65.61	89.89	45.64	42.72	376.86	118.25	36.01	104.37	306.14	332.33	281.84	2215.62
广州市	54.67	82.61	106.16	326.89	99.56	35.39	65.56	28.94	302.52	29.22	192.72	77.46	1401.69
深圳市	8.93	7.36	3.58	0	56.33	3.89	98.11	76.67	93.15	159.36	92.58	18.86	618.83
二线城市													
长春市	54.78	80.08	62.05	616.24	39.01	852.38	75.49	77.27	13.71	25.00	122.97	276.91	2295.89
长沙市	161.23	10.03	22.44	17.60	297.38	142.63	59.50	82.44	65.71	236.88	45.90	217.89	1359.64
成都市	147.79	37.01	54.11	34.04	35.33	323.24	63.00	115.72	432.24	15.95	109.32	287.04	1654.78
重庆市	170.39	69.21	30.48	479.73	57.73	42.70	43.55	47.64	326.88	34.22	49.20	423.46	1775.20
大连市	46.88	31.67	34.28	15.94	18.94	167.22	84.20	12.51	146.37	74.61	49.16	32.78	714.56
福州市	37.20	58.39	3.33	0	103.34	11.87	11.31	10.64	94.03	5.88	2.36	118.59	456.95
贵阳市	8.31	77.07	136.41	36.80	199.40	108.24	72.83	64.54	159.25	58.77	2.76	458.71	1383.10
哈尔滨市	11.98	45.74	9.55	14.53	38.40	32.50	97.07	73.94	76.72	73.36	2.47	50.38	526.65
海口市	9.27	0	16.46	2.92	14.13	20.65	5.03	2.68	7.65	25.53	50.46	62.05	216.83
杭州市	131.48	52.71	3.68	334.81	91.14	41.06	155.38	204.67	271.29	74.07	103.73	301.10	1765.11
合肥市	14.47	7.63	40.14	28.40	98.90	186.13	57.16	0	169.77	25.42	194.99	114.46	937.47
呼和浩特市	22.56	0	0	63.52	24.50	21.13	0	55.74	0	0	42.92	67.73	298.10
济南市	122.86	204.10	141.10	51.82	447.16	17.82	143.31	424.20	128.08	196.64	634.11	248.91	2760.10
昆明市	193.50	31.38	46.11	75.09	24.80	19.67	8.91	14.76	41.38	53.41	21.31	30.94	561.27
兰州市	59.25	0	7.62	61.78	12.75	0	0	34.93	7.42	3.67	9.61	60.03	257.04
南昌市	24.94	36.56	12.05	44.78	32.12	47.77	28.11	53.54	40.96	23.33	38.52	8.46	391.15
南京市	150.40	52.99	89.45	44.45	306.13	26.65	28.82	20.46	293.96	23.04	360.54	34.41	1431.29
南宁市	87.36	44.56	88.72	40.02	32.38	97.60	30.55	112.58	64.77	85.94	109.54	92.62	886.64
宁波市	89.73	111.44	35.36	74.27	156.30	60.78	17.82	16.45	34.71	19.96	194.24	34.21	845.27
青岛市	77.53	83.47	74.93	35.83	256.50	24.49	43.70	364.53	396.48	53.29	46.47	360.42	1817.65
三亚市	5.30	0	3.17	3.33	6.25	20.03	0.71	8.03	0	1.68	10.49	33.25	92.24
沈阳市	9.49	17.59	74.67	445.55	52.17	179.65	44.52	302.18	260.62	28.88	18.53	248.70	1682.55
石家庄市	8.69	40.77	59.57	55.10	16.67	58.63	130.37	59.58	54.27	149.33	45.50	150.81	829.29
苏州市	105.40	37.62	84.50	27.60	404.74	90.65	25.62	101.61	181.87	7.00	271.51	26.97	1365.10
太原市	77.28	38.81	8.96	82.29	78.41	173.07	27.57	96.86	37.06	36.69	20.30	131.06	808.38
天津市	93.98	103.66	175.00	441.99	104.58	28.38	155.09	84.66	403.71	189.25	107.62	283.60	2171.51
温州市	50.48	27.74	28.90	85.42	37.22	30.23	130.77	89.41	22.11	2.29	29.60	27.25	561.43
乌鲁木齐市	7.48	0	77.29	0	145.33	88.42	464.84	21.91	38.23	83.20	119.99	125.10	1171.78
无锡市	31.05	7.03	80.54	105.09	11.65	25.18	135.93	27.79	8.85	138.21	41.71	20.24	633.26

1-3 续表 1 单位：万平方米

城市	1月	2月	3月	4月	5月	6月	7月	8月	9月	10月	11月	12月	汇总
武汉市	136.07	74.53	113.62	68.55	123.62	555.87	99.48	39.24	471.89	67.02	35.04	520.75	2305.67
西安市	106.49	57.48	227.35	218.36	58.29	198.82	74.44	52.00	291.05	266.81	83.32	283.98	1918.40
西宁市	1.18	33.54	8.24	3.14	0	18.73	0	11.82	5.12	2.32	124.01	6.15	214.25
厦门市	13.82	7.18	19.18	4.83	32.32	49.46	10.40	5.42	21.07	60.24	1.17	61.46	286.56
银川市	30.11	15.41	71.86	0	5.08	87.12	0	45.21	2.67	6.43	70.93	89.91	424.74
郑州市	28.24	91.28	25.77	0	263.46	28.58	21.86	279.23	1.17	199.50	108.68	223.76	1271.52
三四线城市													
安康市	40.96	1.48	39.39	15.10	3.35	33.54	5.26	32.39	70.94	43.41	21.69	43.20	350.73
安庆市	45.89	118.06	0	37.43	17.99	48.18	10.22	34.70	35.56	32.22	60.02	98.20	538.46
安顺市	21.80	17.52	32.89	9.92	16.97	21.66	29.90	12.04	57.53	30.69	109.87	428.33	789.12
安阳市	9.67	21.51	0	17.44	0	0	8.22	10.98	53.88	19.18	3.99	25.64	170.51
鞍山市	59.79	1.66	4.86	10.06	8.80	23.30	0	6.07	0	9.48	4.32	17.95	146.28
百色市	50.50	1.09	5.16	3.16	3.71	14.44	10.67	5.70	12.64	1.33	11.47	109.92	229.80
包头市	74.95	23.04	22.19	7.27	50.81	71.78	10.09	32.74	10.73	119.62	0	110.14	533.37
宝鸡市	23.89	16.83	220.06	0.46	68.51	38.96	108.67	57.87	33.57	51.64	46.28	204.41	871.15
保定市	5.03	25.94	126.10	96.68	73.68	54.78	1.49	218.24	29.36	23.87	39.63	102.32	797.11
北海市	0	0	0	15.67	17.48	8.92	8.10	0	0	19.17	58.56	21.56	149.45
本溪市	2.47	0	4.28	3.93	2.86	3.41	17.14	0	14.42	21.64	42.52	13.58	126.24
蚌埠市	6.51	0	55.12	2.27	36.36	25.57	29.11	50.84	25.19	37.79	28.77	71.87	369.41
滨州市	55.30	68.25	43.71	28.02	14.65	30.72	23.04	30.44	30.80	60.83	337.45	300.03	1023.26
沧州市	21.42	7.15	38.10	7.84	0	38.08	17.22	0	6.43	14.71	12.03	37.31	200.29
常德市	25.64	27.61	6.00	27.38	43.11	77.62	10.75	32.59	3.14	22.14	62.43	165.58	504.00
常州市	104.07	19.31	97.54	85.75	37.54	7.46	112.54	142.15	58.51	128.03	122.39	186.52	1101.83
朝阳市	2.70	16.41	29.59	20.04	26.44	25.63	0	25.39	31.87	79.20	8.65	27.76	293.69
潮州市	0	0	25.23	0	0	1.41	4.14	15.51	16.59	30.55	13.27	19.19	125.89
郴州市	22.61	17.23	25.37	11.29	14.86	82.58	14.52	29.90	10.27	43.41	76.67	38.07	386.76
承德市	30.17	0	15.55	2.67	7.22	18.19	10.60	0.74	0.24	12.39	8.90	12.32	118.98
池州市	6.38	16.34	42.53	35.10	36.06	17.16	55.24	7.76	28.99	13.69	70.63	49.70	379.58
崇左市	0	42.34	46.88	79.03	0	22.48	62.98	20.20	0.04	0	5.29	27.35	306.59
滁州市	14.00	10.42	84.30	38.44	12.84	40.91	107.07	4.99	48.52	21.96	65.29	145.46	594.18
大庆市	26.96	0	0.94	7.04	18.00	0.83	1.80	1.38	3.03	14.35	90.46	45.11	209.92
丹东市	1.85	3.46	14.40	5.72	0	2.33	0	0	17.94	24.71	23.07	51.63	145.10
德阳市	43.18	0.76	20.17	17.44	17.00	9.17	72.22	66.68	0.58	121.89	45.58	61.97	476.64
德州市	58.82	13.66	0	16.16	8.11	55.91	38.46	45.91	0	37.93	32.13	18.86	325.96
东莞市	98.71	73.12	22.56	38.22	31.76	62.36	63.55	51.64	7.28	38.01	30.83	58.64	576.69
东营市	90.40	19.25	36.26	74.51	45.04	21.63	139.60	36.03	32.39	60.66	95.20	74.27	725.23

1-3　续表 2　　　　单位：万平方米

城市	1 月	2 月	3 月	4 月	5 月	6 月	7 月	8 月	9 月	10 月	11 月	12 月	汇总
鄂尔多斯市	0.82	22.18	0.36	0.59	6.56	11.82	5.86	11.76	15.43	3.31	23.54	38.57	140.81
鄂州市	52.67	78.39	34.97	16.00	30.59	59.14	92.41	63.75	17.60	2.32	71.63	25.75	545.23
佛山市	67.50	65.69	67.45	81.24	57.84	137.02	113.57	82.71	88.03	69.70	58.83	60.71	950.29
抚顺市	30.36	0	0	19.69	0	17.62	5.91	0.96	1.75	1.74	1.48	12.26	91.78
阜新市	0	0	0	0	6.68	38.20	0	0	22.21	0	0	55.65	122.74
阜阳市	25.92	9.73	36.80	52.32	14.56	58.32	12.11	39.03	47.87	56.44	16.54	67.34	436.99
赣州市	2.36	17.91	31.85	197.95	44.50	107.95	142.79	89.59	17.06	59.28	26.04	122.39	859.65
广元市	4.80	10.04	31.55	0.32	19.94	13.26	10.68	0	0	11.36	27.25	0	129.19
贵港市	10.93	22.37	14.34	12.83	9.70	20.20	15.59	30.99	23.90	27.82	47.93	295.01	531.60
桂林市	30.80	3.31	9.62	33.02	28.68	23.03	30.18	0.59	6.50	7.78	44.82	42.73	261.06
邯郸市	5.33	57.66	47.72	53.55	95.20	35.89	79.77	5.87	146.91	38.57	38.01	261.82	866.29
河源市	2.27	13.95	9.20	37.60	40.26	30.01	8.23	0	19.42	0	24.42	19.00	204.36
菏泽市	98.15	33.39	42.66	29.87	28.68	12.71	63.56	168.55	106.92	276.90	260.88	394.85	1517.12
鹤壁市	0	24.05	60.44	0	0	33.22	0	0	0	85.53	0	154.05	357.30
鹤岗市	0	0	0.54	0	0	0	0	0	0	0	0	0	0.54
衡水市	12.00	32.07	50.37	12.11	26.77	77.92	21.52	50.34	37.01	30.70	96.29	49.88	496.98
葫芦岛市	29.67	5.33	14.65	8.12	2.59	9.12	0	41.75	36.85	0	26.88	19.78	194.74
湖州市	54.45	128.30	292.38	70.66	74.80	32.14	84.10	81.02	59.26	48.08	91.89	101.00	1118.09
怀化市	5.77	12.69	14.37	0	12.67	32.28	2.67	15.50	39.53	17.73	18.89	62.54	234.63
淮安市	42.07	5.03	59.67	81.98	57.48	92.87	76.71	27.86	45.09	20.26	72.95	292.56	874.52
淮北市	74.53	15.58	33.10	0.86	16.09	7.83	64.88	0	19.98	49.84	21.00	27.08	330.78
淮南市	25.92	0	29.10	11.51	15.00	0	5.33	0	17.73	13.19	8.05	96.21	222.04
黄石市	26.75	19.02	0	36.32	54.19	56.48	3.49	21.39	0	7.21	65.05	25.79	315.68
惠州市	49.95	142.96	81.46	79.90	50.07	125.63	60.99	47.14	29.08	55.66	68.36	44.09	835.28
鸡西市	0	0	0	0	10.83	0	0	2.27	20.60	0	0	16.88	50.58
吉林市	50.46	17.28	0	36.14	20.02	13.74	0	56.88	0	0	0	45.92	240.44
济宁市	63.33	4.29	4.60	68.05	24.00	85.59	40.83	37.73	16.99	30.85	37.05	96.54	509.84
嘉兴市	15.29	26.33	60.97	18.70	79.45	0	9.39	64.64	20.75	7.85	12.96	13.13	329.45
江门市	39.86	21.68	21.69	43.57	55.58	24.11	19.04	14.13	15.89	22.77	41.34	223.14	542.80
焦作市	10.22	0	13.99	0.95	2.11	0	0	0	19.74	17.37	4.47	92.46	161.33
揭阳市	0	0	0.32	14.19	0	0	0	9.71	0	13.82	30.82	27.78	96.65
金华市	24.06	7.87	6.96	59.97	82.16	64.58	64.02	17.21	78.01	50.92	15.57	34.82	506.14
锦州市	2.55	0	0.13	15.56	0	1.07	0	0	34.24	2.36	20.52	10.85	87.29
荆门市	96.34	66.28	34.66	44.87	45.09	36.60	72.28	30.27	10.26	77.82	35.81	263.55	813.84
荆州市	65.69	44.94	97.00	87.13	121.80	12.81	9.56	31.39	57.62	55.05	36.86	181.39	801.24
景德镇市	25.92	0	0	0	0	0	10.32	18.99	14.67	23.75	64.43	95.11	253.19

1-3 续表 3 单位：万平方米

城市	1月	2月	3月	4月	5月	6月	7月	8月	9月	10月	11月	12月	汇总
九江市	55.76	95.21	34.48	0	65.36	43.74	41.01	93.41	63.17	37.61	10.49	219.81	760.06
开封市	0	6.53	1.19	81.66	36.92	27.01	3.60	23.97	69.77	66.41	151.39	36.66	505.12
拉萨市	7.66	0	0	0	0	0	0	0	0	0	0	0	7.66
廊坊市	0	0	28.02	12.08	5.60	66.24	25.44	0	59.67	0	27.86	38.35	263.26
乐山市	10.66	30.41	51.04	76.73	3.56	29.11	22.00	31.40	19.78	12.97	18.29	52.87	358.82
丽江市	0	14.04	2.45	16.08	0	0	2.64	20.00	6.72	25.54	0	16.32	103.78
丽水市	1.41	47.97	0	9.56	32.07	10.22	34.07	20.80	21.15	25.48	18.75	24.49	245.97
连云港市	7.75	2.64	124.82	22.60	75.26	132.10	0	16.48	0	30.37	71.99	82.14	566.15
聊城市	50.65	68.64	42.40	42.38	84.51	46.36	54.36	43.74	60.79	57.77	113.02	47.20	711.82
临沂市	118.51	53.13	45.71	38.06	6.52	76.89	49.60	48.65	38.60	40.80	75.66	80.91	673.04
柳州市	40.20	13.93	119.23	40.07	44.14	118.41	57.23	29.17	89.59	76.53	38.19	111.81	778.51
六盘水市	42.10	8.51	7.61	51.24	50.06	25.74	35.53	73.74	45.07	86.28	95.84	120.91	642.64
龙岩市	30.43	14.24	20.13	28.20	1.12	12.32	8.70	14.19	32.81	22.23	8.00	30.88	223.24
泸州市	29.65	6.53	0	12.70	31.82	20.28	1.36	1.91	11.74	4.99	59.47	115.10	295.54
六安市	59.90	74.58	106.37	18.49	22.14	22.37	46.75	46.97	72.59	18.25	95.40	91.93	675.73
洛阳市	57.18	13.20	80.75	90.04	64.83	62.97	18.01	25.65	94.58	60.37	48.82	141.87	758.28
漯河市	0	94.48	12.37	37.61	3.47	15.27	13.78	41.87	25.66	25.42	5.76	41.73	317.42
马鞍山市	0	27.49	3.90	29.75	2.47	14.02	14.97	55.96	14.41	1.75	10.53	38.28	213.53
茂名市	7.94	23.77	61.59	1.75	3.93	0.32	19.52	21.62	6.57	29.72	50.08	114.84	341.66
眉山市	45.37	0	8.82	11.03	49.43	47.65	75.37	44.23	31.00	101.58	147.70	125.27	687.46
梅州市	0.27	2.59	1.70	44.41	6.56	2.54	64.08	9.87	14.86	10.19	4.00	13.32	174.40
绵阳市	24.35	65.22	3.41	101.58	18.86	53.69	43.37	14.16	135.88	42.21	25.35	46.36	574.44
牡丹江市	11.16	0	0	0.30	0	13.76	0	0	13.26	0	0	2.58	41.06
南充市	2.89	0	42.75	0	61.36	17.44	10.42	0	84.62	39.58	21.30	51.54	331.92
南平市	17.85	20.25	20.42	3.79	1.69	0	55.63	14.32	10.14	51.71	19.21	44.25	259.25
南通市	98.93	119.68	189.96	114.66	146.33	332.74	70.81	49.64	45.75	213.21	72.50	196.41	1650.59
南阳市	10.76	9.27	7.25	5.50	4.89	0	11.89	108.23	13.43	23.35	57.36	51.92	303.83
内江市	1.82	11.64	19.65	5.80	6.67	15.99	24.41	14.04	40.15	19.89	125.86	58.37	344.31
宁德市	0	9.61	3.32	0	27.84	33.10	0.95	1.39	0	7.98	31.28	19.07	134.54
攀枝花市	21.46	0	0	0	0	30.62	4.15	22.13	0	40.23	15.89	87.62	222.10
平顶山市	0	52.83	0	1.41	0	7.33	31.90	7.15	0	0	0	47.91	148.52
萍乡市	6.96	10.92	44.94	41.40	23.79	17.00	16.89	3.51	51.51	66.45	4.89	12.74	301.00
莆田市	25.57	33.61	6.52	13.85	2.45	6.92	21.22	19.80	52.71	2.50	21.06	2.67	208.87
濮阳市	4.46	0	41.35	30.66	20.52	7.12	3.36	9.03	47.13	1.78	42.48	49.24	257.13
普洱市	0	10.80	0	1.72	19.82	8.76	8.76	0	25.32	4.47	24.98	18.52	123.13
齐齐哈尔市	0	16.06	8.56	0.69	0	7.12	42.96	0	26.47	20.80	31.98	82.95	237.58

1-3　续表 4　　　　单位：万平方米

城市	1月	2月	3月	4月	5月	6月	7月	8月	9月	10月	11月	12月	汇总
钦州市	51.29	25.75	6.78	54.88	0	19.97	7.72	110.57	39.50	52.93	293.20	116.20	778.79
秦皇岛市	15.93	46.95	0	48.85	23.93	23.23	24.65	64.03	12.79	22.02	92.71	116.15	491.25
清远市	0	23.80	0	14.97	0	21.38	6.15	82.40	26.75	28.48	70.32	64.59	338.85
衢州市	9.12	13.33	58.19	19.93	63.98	61.65	78.22	36.82	29.63	24.38	29.45	91.64	516.36
曲靖市	115.96	4.09	24.53	9.26	1.51	32.99	0	25.40	4.85	17.09	32.22	18.54	286.45
泉州市	8.82	0	2.98	31.83	15.08	0	10.57	6.69	14.96	15.30	44.82	57.53	208.57
日照市	29.09	17.13	31.68	78.54	63.83	106.57	59.22	52.65	82.12	52.31	85.35	131.48	789.98
三明市	6.62	2.71	8.72	3.10	17.02	2.44	16.30	4.78	66.13	27.82	17.69	60.96	234.30
汕头市	46.66	17.41	19.06	15.63	22.93	26.50	48.82	17.22	31.85	1.78	3.96	25.14	276.95
汕尾市	0	0	39.44	9.26	0	0	8.46	7.19	0	7.33	0.85	75.08	147.62
商洛市	0	0	2.10	0	0	0	7.87	2.83	0	0	4.73	4.56	22.10
商丘市	56.47	16.52	22.08	28.60	71.50	46.09	56.08	8.58	18.63	26.61	38.23	72.60	461.99
上饶市	109.64	40.09	49.94	40.57	114.41	113.18	62.87	52.34	80.86	105.84	43.09	162.01	974.85
韶关市	12.88	0	23.04	22.37	26.66	16.50	69.17	67.47	73.80	25.51	13.50	242.50	593.39
绍兴市	66.84	73.81	82.06	91.37	51.95	58.29	72.89	63.25	38.29	9.93	47.34	89.31	745.33
十堰市	56.02	1.72	0	3.16	40.54	9.70	3.14	70.64	57.90	30.62	58.87	55.59	387.89
朔州市	4.64	17.19	23.36	1.05	4.02	17.61	14.52	37.37	18.02	4.14	20.18	24.80	186.91
松原市	0	13.50	24.35	5.09	10.22	0.07	0	14.71	8.95	0	1.81	0	78.70
宿迁市	99.10	0	51.93	113.40	170.10	22.67	174.60	29.40	62.48	24.23	5.88	36.31	790.10
宿州市	0	0	37.55	47.77	27.29	60.94	56.48	27.38	33.80	11.72	28.24	41.11	372.28
随州市	19.03	19.15	0.65	29.90	7.24	15.36	9.10	1.48	0	85.32	6.78	9.25	203.24
台州市	51.17	16.39	14.98	53.52	26.47	56.79	62.18	51.46	40.97	70.09	47.19	27.76	518.97
泰安市	36.88	14.80	66.56	22.79	40.92	33.90	5.91	23.11	13.96	49.77	22.54	45.18	376.32
泰州市	12.92	20.38	21.57	38.42	28.07	41.07	24.82	32.40	13.48	1.91	6.57	129.53	371.14
唐山市	105.49	25.28	68.44	34.51	35.94	156.10	36.45	31.17	131.55	96.40	66.01	247.00	1034.32
铁岭市	0	0	0	0	0	4.30	0	0	2.73	0	0	6.95	13.98
通化市	41.69	0	0.78	3.29	7.32	11.14	16.96	5.06	1.22	0	0	45.17	132.63
威海市	92.99	55.04	27.96	96.95	94.11	117.58	124.53	116.97	184.71	110.02	269.38	382.47	1672.71
潍坊市	88.73	54.83	92.89	35.76	44.65	55.96	47.62	39.71	72.98	98.75	153.06	289.57	1074.52
乌兰察布市	23.49	0	58.81	0	0	0	0	0	0	0	3.97	0	86.27
芜湖市	76.51	141.18	93.26	127.23	69.21	94.51	102.50	26.66	47.06	62.95	109.83	51.92	1002.83
咸阳市	42.87	0	0	56.62	8.94	46.77	0	103.49	38.95	49.69	104.67	189.29	641.30
湘潭市	1.31	39.59	4.11	23.80	22.71	78.89	44.27	47.14	2.56	49.82	21.93	60.22	396.34
襄阳市	66.28	37.11	29.80	9.98	10.10	116.86	17.35	42.37	21.05	73.10	33.48	112.63	570.11
新乡市	17.01	18.89	2.22	11.34	0	7.63	29.50	21.83	5.66	37.18	36.94	37.21	225.40
信阳市	17.82	3.38	7.91	0	20.51	25.55	12.76	34.43	12.48	14.85	5.79	34.01	189.49
徐州市	142.69	14.31	99.01	118.72	59.45	152.01	27.11	28.45	19.00	9.60	299.76	63.92	1034.03

1-3 续表 5

单位：万平方米

城市	1月	2月	3月	4月	5月	6月	7月	8月	9月	10月	11月	12月	汇总
宣城市	14.06	6.85	59.97	10.98	55.73	22.44	6.68	15.26	45.44	35.08	12.43	76.25	361.17
烟台市	82.98	55.87	18.69	18.42	78.73	40.85	129.27	122.36	29.02	36.64	109.89	158.30	881.00
盐城市	27.95	41.35	37.40	67.60	64.08	26.92	37.59	56.70	30.87	29.23	57.61	35.93	513.25
扬州市	16.03	18.13	3.10	84.78	6.69	81.87	21.43	98.12	8.43	11.94	101.01	154.33	605.85
阳江市	3.57	3.61	3.45	0	15.19	25.47	33.29	0.95	7.69	16.84	28.32	28.33	166.70
伊春市	0	0.54	1.59	4.18	0	0	38.72	0	0	3.18	0.32	0.30	48.83
宜宾市	56.67	20.80	121.52	12.31	57.94	27.05	62.65	98.28	19.07	154.71	15.71	117.85	764.56
宜昌市	13.30	13.95	34.40	42.62	3.27	20.34	32.14	10.54	55.41	33.20	39.38	396.18	694.73
宜春市	15.05	22.93	0	61.42	3.34	6.84	36.30	40.23	23.87	24.53	119.46	181.97	535.93
鹰潭市	20.54	17.43	19.08	15.66	35.49	0	22.95	34.46	17.46	2.32	37.95	29.23	252.57
营口市	66.51	6.00	95.31	7.04	28.41	1.80	62.50	11.14	52.45	58.24	3.87	47.66	440.96
玉溪市	4.44	0	17.40	0	0	3.65	0	14.95	0	42.45	10.58	23.95	117.42
岳阳市	102.54	7.26	38.14	25.77	39.52	99.28	72.35	26.34	91.58	134.78	21.14	286.61	945.30
云浮市	3.46	12.03	8.76	5.01	17.61	2.99	8.91	0	6.76	3.06	0	33.12	101.71
湛江市	4.61	6.25	20.84	16.86	14.63	8.12	61.99	9.41	15.74	48.01	386.88	42.82	636.15
张家界市	2.38	0	0	0	14.09	32.05	21.83	19.68	23.47	17.24	61.01	83.25	275.00
漳州市	18.70	4.34	38.24	30.30	60.18	35.54	24.06	17.56	18.93	41.64	56.95	68.54	414.98
肇庆市	36.13	28.43	36.16	31.45	27.43	83.50	52.51	20.05	22.86	20.01	65.91	126.63	551.07
镇江市	0	4.94	40.66	0	21.43	24.29	18.81	23.10	37.27	17.78	6.30	77.16	271.74
中山市	49.33	7.91	3.01	25.38	7.54	135.79	25.59	0	9.79	34.20	0.13	61.47	360.14
舟山市	15.86	7.63	0	0.55	12.48	95.99	0	15.14	23.69	13.31	2.73	13.73	201.11
珠海市	36.33	63.59	13.88	6.68	30.92	74.23	29.60	5.72	14.37	27.40	28.72	24.18	355.62
株洲市	13.02	40.45	24.67	40.76	55.79	57.45	69.25	6.93	38.61	25.09	62.67	215.82	650.50
淄博市	97.68	14.97	41.96	20.92	20.22	10.61	11.64	28.82	76.74	37.78	151.38	216.17	728.87
自贡市	22.20	2.00	0	53.87	22.37	20.11	14.47	21.82	0	27.78	1.31	88.47	274.40
遵义市	136.89	36.14	116.26	51.23	15.82	95.23	64.42	49.51	9.87	68.05	432.33	708.64	1784.38
县及县级市													
保亭黎族苗族自治县	2.53	0.19	0	0	3.04	0	0	0	0	0	3.03	0	8.79
滨海县	1.62	64.98	24.75	18.28	28.31	3.63	1.97	0	34.69	4.71	59.67	24.03	266.65
常熟市	36.22	32.35	38.46	27.45	34.34	44.53	33.36	3.34	17.88	11.00	26.34	71.31	376.58
长沙县	35.40	14.36	7.33	3.13	120.16	40.73	46.27	29.77	39.09	52.50	58.58	34.25	481.57
长兴县	64.79	39.75	31.05	70.93	46.16	79.76	10.70	33.75	35.79	44.30	74.87	17.78	549.63
崇州市	11.79	8.32	6.04	0	2.26	18.27	0	10.87	0	1.42	1.66	13.02	73.67
淳安县	5.17	5.37	0	2.71	11.98	0.42	13.14	2.26	9.37	0.85	3.03	0	54.30
慈溪市	69.74	54.04	14.32	36.47	35.44	57.47	28.72	19.70	40.71	6.77	2.24	7.42	373.04

1-3　续表6　　单位：万平方米

城市	1月	2月	3月	4月	5月	6月	7月	8月	9月	10月	11月	12月	汇总
丹阳市	54.56	0	8.39	14.18	30.53	9.08	26.12	18.76	0	0.37	44.40	66.26	272.65
当涂县	9.85	12.33	8.59	3.51	14.50	1.65	0	19.60	35.52	8.94	47.84	28.30	190.63
德清县	15.24	14.50	9.51	39.85	32.75	83.35	38.95	49.69	13.69	15.75	16.70	15.63	345.59
东港市	2.85	13.64	25.24	0	21.59	45.27	0	0	8.87	0	0	4.76	122.23
东台市	0.37	27.72	3.55	25.89	36.49	22.83	24.80	0	10.38	14.32	3.83	62.16	232.35
都江堰市	0	0	0	15.43	9.91	7.06	0	26.02	0	0	0	62.14	120.56
恩施土家族苗族自治州	124.74	38.57	5.86	5.20	31.58	0	22.77	0.24	2.00	1.87	13.29	7.55	253.67
肥东县	22.79	11.99	18.16	0	0.09	35.38	18.55	38.54	0	26.40	0	73.10	244.99
肥西县	17.31	0	10.10	17.69	0	2.55	35.52	19.66	30.02	0	0	26.85	159.70
盖州市	4.87	14.94	0	0	0	0	20.91	0	0	0	47.76	24.58	113.06
高碑店市	2.31	0	16.06	8.39	0	3.21	0	2.83	3.05	9.45	0	1.84	47.13
固安县	0	0	6.56	15.51	0	62.44	10.57	26.15	17.43	5.30	2.08	15.44	161.47
海安市	20.58	17.31	50.92	16.62	16.08	19.74	30.35	14.59	55.74	20.20	8.80	14.87	285.80
海宁市	19.62	14.84	6.03	17.74	49.48	83.36	18.80	9.24	27.71	25.42	26.02	62.83	361.09
海盐县	1.28	6.44	26.75	17.08	21.02	13.00	14.09	9.50	8.09	33.17	11.48	49.91	211.82
惠安县	2.34	9.69	16.63	0	0	11.78	21.21	0.73	0	13.01	136.76	65.22	277.37
惠东县	4.43	0	0	6.72	12.49	13.38	14.99	39.97	3.81	4.16	9.22	18.53	127.71
嘉善县	39.32	5.46	8.09	32.40	26.34	13.37	18.69	1.08	29.60	7.39	7.48	40.54	229.75
建德市	9.30	13.58	6.56	4.41	55.86	25.57	0.39	9.44	15.21	0.09	6.41	0	146.82
建湖县	8.00	0.92	5.42	2.19	29.78	6.88	29.68	11.72	0	2.08	0	49.53	146.19
江阴市	83.85	2.18	21.38	18.84	38.47	59.32	38.35	2.00	0	8.17	44.79	49.66	367.02
胶州市	70.94	9.12	4.34	9.14	50.47	54.20	82.29	2.13	38.18	0.39	27.81	114.41	463.45
晋江市	10.37	7.05	48.80	12.01	31.40	24.42	5.87	0	23.03	51.91	27.88	64.35	307.08
靖江市	89.94	0	80.05	0	17.01	19.46	0	23.44	1.03	42.73	53.07	1.67	328.39
昆山市	6.18	0	19.98	33.83	14.34	5.35	71.25	10.54	0	54.36	39.66	37.24	292.73
莱西市	0	59.44	14.82	49.30	0	0	42.05	92.02	36.57	41.83	15.87	27.49	379.39
莱州市	0.09	14.01	1.48	6.78	93.35	1.74	59.82	2.46	1.20	0	12.56	0	193.48
临海市	41.35	0	14.88	10.00	5.05	0	0	30.05	0	9.08	16.61	47.92	174.96
陵水黎族自治县	8.50	0	0	1.64	0	0	0	0	2.99	5.57	0	0	18.70
浏阳市	25.99	25.08	6.05	22.93	103.77	27.55	27.51	31.77	111.97	138.82	105.59	48.69	675.70
龙口市	6.48	22.95	18.53	6.99	0	97.50	394.88	2.43	4.03	13.66	354.54	255.29	1177.28
龙门县	7.95	21.16	16.63	13.09	2.84	18.23	0.21	1.16	0	14.28	8.16	0	103.71
闽侯县	0	18.34	7.89	10.03	7.85	15.97	15.02	0	0.94	0.81	0.66	18.42	95.94
南安市	19.79	21.60	0.90	0	2.40	24.28	26.54	16.82	13.36	21.94	22.08	35.17	204.88
宁海县	13.84	22.07	20.35	29.94	16.27	11.30	13.07	8.48	61.51	12.75	13.93	11.40	234.92

1-3　续表 7　　　　单位：万平方米

城市	1 月	2 月	3 月	4 月	5 月	6 月	7 月	8 月	9 月	10 月	11 月	12 月	汇总
沛县	0	0.26	1.32	33.15	1.04	34.86	4.95	3.32	0	0	93.29	76.44	248.65
彭州市	19.11	0.18	0	0	40.43	0	13.56	0	14.04	2.93	18.80	18.24	127.29
邳州市	6.21	0	78.71	4.79	14.23	33.61	4.84	5.44	27.99	38.70	20.15	210.35	445.01
平度市	2.33	0	19.18	25.68	11.79	15.88	9.89	9.13	34.37	0	24.69	91.42	244.38
平湖市	19.61	10.76	5.93	43.19	48.23	16.82	21.25	7.37	6.22	13.07	2.67	44.80	239.91
蒲江县	6.52	0	8.91	1.53	25.34	10.84	0	0	27.78	0	0	11.94	92.86
普宁市	0	0	1.87	2.86	0	0	14.72	0	1.16	0	4.44	0	25.04
启东市	20.11	34.11	1.32	55.74	21.30	28.74	21.68	5.39	61.65	37.60	23.84	77.16	388.63
潜江市	11.16	0	70.50	26.71	15.36	51.16	0.89	10.68	5.20	63.59	51.77	51.89	358.91
荣成市	0	0	23.98	18.90	55.17	13.32	49.63	37.12	1.97	47.47	42.06	76.63	366.25
如东县	20.77	4.87	45.65	41.40	3.04	32.91	9.93	33.41	81.47	25.91	111.25	65.45	476.05
瑞安市	3.60	35.21	7.86	19.65	1.52	10.29	5.08	31.37	6.18	9.89	11.70	4.93	147.29
嵊州市	21.49	0	1.00	49.71	19.85	4.36	22.63	11.88	46.86	1.52	20.40	17.77	217.46
太仓市	12.39	0	59.75	16.91	42.26	8.50	9.65	13.43	0	19.39	22.86	41.79	246.93
泰兴市	16.10	47.83	34.11	13.77	8.43	30.67	42.26	0	37.75	38.87	43.14	28.37	341.31
天门市	11.27	10.92	0.41	44.85	14.20	3.95	7.52	6.61	20.68	8.98	13.88	27.01	170.29
桐庐县	5.94	10.97	17.82	11.51	21.83	10.25	10.86	3.67	5.58	0	10.10	6.86	115.37
桐乡市	22.31	45.83	14.42	7.41	17.96	26.65	30.01	15.69	1.72	11.38	13.54	33.54	240.47
瓦房店市	2.60	0	45.63	6.47	0	18.82	0	2.69	7.98	13.67	4.03	87.20	189.08
文安县	43.31	0	47.87	0	0	45.03	0	39.12	0	0	0	33.65	208.98
文昌市	8.85	4.08	19.99	22.44	3.36	7.97	9.08	3.34	4.89	0	16.59	6.41	107.01
仙桃市	83.70	16.96	3.74	15.99	49.08	89.75	12.69	2.87	13.37	31.36	55.43	14.79	389.75
香河县	0	23.01	0	4.81	3.44	0	0	8.83	0	0	10.60	0	50.68
象山县	28.81	68.42	37.53	38.44	0	5.33	8.21	48.31	9.20	0.39	21.54	47.35	313.55
新沂市	10.30	10.07	12.55	21.40	46.85	7.38	11.02	8.68	6.72	19.37	104.86	20.84	280.04
兴化市	39.18	14.28	18.21	3.05	9.75	0	21.54	0	4.41	0.43	11.90	31.89	154.65
宜兴市	51.44	58.68	60.87	24.21	2.32	2.42	16.16	24.35	23.10	8.16	1.01	60.18	332.91
义乌市	38.49	35.60	47.07	30.69	27.82	45.39	42.47	32.10	56.55	35.79	14.60	17.61	424.20
永登县	27.66	15.37	57.97	0	114.85	388.49	160.29	171.56	88.59	22.88	181.65	44.22	1273.54
余姚市	25.71	59.90	11.09	13.39	25.04	24.70	188.34	17.74	40.13	8.24	30.05	54.15	498.49
张家港市	29.15	80.30	40.57	43.06	74.25	13.66	30.52	104.76	30.85	34.60	32.96	19.18	533.87
诸暨市	50.48	29.83	8.72	18.81	8.19	57.25	27.79	23.11	6.62	6.11	9.61	0.67	247.18
庄河市	21.56	0	0	0.76	0	4.09	0	0	4.43	0	0	0	30.84

数据来源：中指数据库监测。

1-4　2021 年全国 300 城土地推出规划建筑面积统计

单位：万平方米

城市	1月	2月	3月	4月	5月	6月	7月	8月	9月	10月	11月	12月	汇总
一线城市													
北京市	205.31	19.57	41.33	402.62	77.23	18.33	22.75	37.85	548.02	80.69	0	181.78	1635.48
上海市	898.76	152.77	174.63	96.05	137.65	760.00	259.88	92.52	180.01	627.02	703.02	574.99	4657.29
广州市	164.58	263.46	352.92	1074.31	205.45	130.40	147.51	91.34	995.48	191.11	601.93	291.19	4509.68
深圳市	40.05	40.88	12.87	0	151.56	11.19	342.32	71.50	315.23	158.43	376.31	58.97	1579.29
二线城市													
长春市	93.42	114.23	88.18	996.88	53.80	1506.61	63.60	57.89	9.60	17.99	133.91	337.05	3473.16
长沙市	387.90	55.01	49.62	37.09	807.47	249.48	132.84	164.82	174.54	678.81	102.52	521.29	3361.39
成都市	342.51	83.35	138.32	107.52	103.54	758.04	196.80	329.95	938.47	35.00	261.04	668.39	3962.94
重庆市	288.50	105.95	50.30	783.68	106.90	71.87	74.67	74.52	528.42	63.00	67.04	736.81	2951.67
大连市	70.76	55.62	65.00	31.44	34.19	230.36	134.66	19.90	143.15	93.68	42.32	42.13	963.21
福州市	68.87	126.10	3.33	0	188.72	21.37	24.42	16.20	192.79	10.58	4.71	242.21	899.32
贵阳市	17.63	169.40	324.69	121.72	500.68	281.00	229.67	192.35	387.20	165.53	7.33	1272.04	3669.25
哈尔滨市	22.54	91.36	18.52	17.57	90.95	55.35	173.35	109.78	158.75	75.12	2.08	72.81	888.16
海口市	13.78	0	25.41	9.50	48.31	25.19	11.72	6.84	21.72	53.27	122.06	154.31	492.09
杭州市	349.60	208.71	5.52	850.94	215.03	107.61	386.85	496.38	674.49	198.75	328.40	748.35	4570.64
合肥市	28.93	9.15	86.53	62.19	99.30	325.31	79.63	0	351.71	42.92	348.96	133.14	1567.77
呼和浩特市	58.66	0	0	140.54	41.59	20.42	0	102.50	0	0	82.05	117.03	562.79
济南市	184.37	295.57	297.98	43.19	973.56	27.42	240.07	853.49	193.29	278.95	1263.93	362.13	5013.94
昆明市	58.85	35.35	115.07	157.63	84.34	66.94	20.93	35.92	111.37	160.17	64.17	55.73	966.48
兰州市	108.24	0	19.82	140.37	50.86	0	0	46.14	21.52	6.32	35.41	147.98	576.66
南昌市	59.08	62.36	22.84	89.24	67.39	124.58	61.96	92.14	89.70	37.32	75.14	19.48	801.24
南京市	318.02	97.89	135.41	93.07	732.51	58.33	74.38	36.25	637.49	68.31	705.37	63.07	3020.10
南宁市	225.23	108.51	231.91	81.38	69.68	290.78	82.64	288.00	175.35	252.04	307.09	244.74	2357.35
宁波市	164.57	214.16	86.69	204.14	346.47	112.76	34.67	28.38	72.79	34.71	460.34	71.40	1831.07
青岛市	154.80	128.91	136.37	57.51	430.42	36.56	56.66	869.27	901.63	76.49	76.48	581.80	3506.89
三亚市	15.00	0	4.19	7.06	14.93	27.65	0.37	8.67	0	8.59	33.07	49.03	168.55
沈阳市	22.11	19.97	98.80	705.42	83.87	317.32	56.40	572.85	384.83	29.16	19.86	379.99	2690.57
石家庄市	17.61	106.37	112.13	138.76	38.56	149.75	334.33	126.64	148.90	402.93	133.83	382.37	2092.17
苏州市	239.52	94.66	194.41	73.76	808.66	150.56	53.88	280.85	393.26	12.53	587.65	63.68	2953.42
太原市	166.23	95.92	36.59	188.30	210.89	351.55	78.43	247.60	120.17	113.94	35.33	359.27	2004.22
天津市	138.84	171.96	284.77	795.36	178.99	40.58	247.88	148.64	729.77	339.67	142.37	432.70	3651.51
温州市	143.97	67.72	49.00	243.87	94.51	87.37	335.85	266.19	81.13	4.65	68.96	71.55	1514.76
乌鲁木齐市	16.19	0	82.97	0	155.17	178.39	518.60	25.59	46.93	112.69	148.36	107.77	1392.66
无锡市	62.97	13.59	154.79	187.04	21.14	49.65	238.19	51.23	12.23	268.01	86.36	51.01	1196.19

1-4 续表 1 单位：万平方米

城市	1月	2月	3月	4月	5月	6月	7月	8月	9月	10月	11月	12月	汇总
武汉市	264.59	93.92	236.94	135.51	172.61	1288.86	139.17	66.18	1043.75	105.56	54.25	1238.44	4839.78
西安市	217.41	94.23	414.21	516.39	110.81	524.38	206.71	90.18	584.46	611.34	117.89	744.40	4232.39
西宁市	0.83	79.80	28.83	5.20	0	43.67	0	27.18	12.30	2.51	262.55	17.05	479.92
厦门市	30.60	20.01	53.65	13.83	90.75	144.94	31.20	22.60	67.89	121.88	3.51	177.70	778.56
银川市	22.82	20.41	99.69	0	5.08	176.92	0	46.57	5.33	7.72	116.52	160.43	661.50
郑州市	70.13	281.33	78.73	0	808.59	71.48	22.95	836.66	1.17	572.63	279.11	574.94	3597.73
三四线城市													
安康市	90.69	4.35	109.20	21.07	11.40	65.89	7.88	50.51	148.61	63.98	42.78	88.45	704.83
安庆市	104.20	113.63	0	74.94	24.47	53.97	11.42	34.70	37.47	32.22	72.22	112.03	671.27
安顺市	27.79	30.75	34.91	9.09	16.56	28.06	42.58	15.20	79.41	72.79	98.87	671.28	1127.30
安阳市	24.17	53.78	0	54.54	0	0	13.74	7.01	36.72	26.53	7.51	56.47	280.47
鞍山市	54.81	3.31	3.40	25.14	15.53	18.64	0	0.61	0	16.54	7.78	14.90	160.66
百色市	143.67	3.34	7.78	2.78	6.86	12.67	11.17	11.27	36.58	1.55	15.49	267.77	520.92
包头市	20.69	23.54	41.16	5.09	74.92	51.16	8.83	23.66	6.64	106.77	0	103.92	466.38
宝鸡市	27.01	28.23	274.81	0.37	142.54	64.61	110.00	150.18	88.14	101.21	82.42	389.03	1458.56
保定市	12.80	52.67	325.72	225.72	102.58	123.65	3.73	552.08	62.40	23.77	117.49	272.00	1874.61
北海市	0	0	0	39.57	33.39	20.54	22.61	0	0	36.73	118.78	50.55	322.17
本溪市	1.23	0	3.42	5.45	2.29	3.75	20.87	0	14.13	12.88	56.89	9.28	130.19
蚌埠市	6.51	0	72.11	5.00	51.64	33.12	45.75	62.30	30.76	45.35	35.25	80.97	468.76
滨州市	121.05	88.97	97.54	47.80	17.69	41.91	50.35	34.15	37.72	71.69	515.77	473.53	1598.16
沧州市	20.76	7.99	66.67	17.25	0	73.22	16.16	0	6.43	26.69	24.40	70.79	330.35
常德市	46.11	39.33	12.99	31.29	75.37	161.63	19.57	70.26	3.14	43.13	107.11	331.22	941.15
常州市	215.76	41.12	211.52	161.95	66.59	17.20	231.12	306.40	144.08	266.45	290.41	412.55	2365.17
朝阳市	2.90	17.91	51.38	27.90	68.00	63.44	0	36.49	25.50	52.24	12.47	47.67	405.90
潮州市	0	0	106.02	0	0	6.76	3.31	34.79	73.68	71.66	45.61	72.02	413.85
郴州市	49.92	18.37	24.09	23.05	25.96	202.88	20.37	35.88	16.79	65.34	199.45	98.24	780.34
承德市	51.55	0	19.00	2.67	14.44	29.46	15.89	0.74	0.24	15.25	8.90	22.07	180.21
池州市	11.29	16.79	47.49	43.19	43.28	17.83	66.29	9.31	34.79	16.87	103.52	70.36	481.00
崇左市	0	37.35	55.87	67.16	0	43.21	69.40	30.30	0.04	0	15.86	48.77	367.96
滁州市	16.79	12.50	133.92	51.30	21.54	56.66	197.82	9.42	85.00	37.43	106.75	233.03	962.17
大庆市	13.48	0	1.23	5.93	15.12	0.54	1.52	1.38	2.97	11.96	70.33	38.96	163.42
丹东市	3.15	5.19	28.95	14.86	0	2.33	0	0	19.80	46.19	40.49	91.08	252.04
德阳市	71.25	0.53	40.99	23.95	25.50	27.52	83.14	83.81	1.17	162.73	74.10	95.32	690.00
德州市	73.49	30.70	0	39.29	8.11	55.91	38.46	127.89	0	45.29	79.67	29.06	527.89
东莞市	281.11	246.50	50.92	110.69	108.65	137.12	249.11	142.73	15.35	131.91	93.72	74.28	1642.08
东营市	95.65	22.00	44.99	82.68	54.85	20.93	115.31	41.97	26.59	57.48	114.98	78.07	755.49

1-4　续表 2　　单位：万平方米

城市	1月	2月	3月	4月	5月	6月	7月	8月	9月	10月	11月	12月	汇总
鄂尔多斯市	0.57	16.22	0.29	1.42	13.13	14.18	8.59	21.18	21.99	3.31	18.19	62.51	181.58
鄂州市	95.42	135.27	62.84	21.00	60.55	124.25	154.75	96.31	58.95	2.41	178.47	66.17	1056.39
佛山市	212.34	191.90	199.96	249.93	165.79	382.17	361.19	248.30	264.42	204.11	172.08	194.67	2846.85
抚顺市	34.87	0	0	19.69	0	32.98	3.55	1.63	2.98	2.96	0.89	11.52	111.06
阜新市	0	0	0	0	13.37	63.24	0	0	19.44	0	0	58.35	154.39
阜阳市	28.52	11.68	71.79	119.37	31.50	118.40	18.01	79.64	62.73	67.38	19.65	101.16	729.83
赣州市	3.08	31.92	59.60	375.93	95.99	229.24	235.43	179.47	33.60	109.04	50.04	237.50	1640.84
广元市	5.62	10.04	56.26	0.10	26.21	13.26	32.86	0	0	34.07	68.36	0	246.78
贵港市	27.65	24.86	28.59	26.51	17.68	16.24	29.33	34.00	83.65	43.10	105.54	320.50	757.63
桂林市	58.35	4.96	16.37	61.91	29.13	33.66	67.70	0.65	13.79	8.59	89.91	89.87	474.89
邯郸市	3.20	96.32	86.03	102.48	110.79	50.62	96.30	7.48	219.43	55.12	57.27	430.71	1315.76
河源市	6.77	24.27	20.44	87.67	100.79	77.78	25.11	0	77.69	0	97.69	52.08	570.28
菏泽市	188.14	46.88	105.56	33.03	51.31	27.98	145.55	372.85	243.85	617.56	713.82	631.60	3178.12
鹤壁市	0	24.18	81.76	0	0	36.73	0	0	0	86.49	0	146.21	375.38
鹤岗市	0	0	0.38	0	0	0	0	0	0	0	0	0	0.38
衡水市	20.62	43.27	101.33	11.97	33.24	157.02	55.74	95.49	43.15	50.39	123.25	76.37	811.83
葫芦岛市	34.57	3.20	27.42	19.68	8.02	7.30	0	54.42	53.74	0	26.50	35.61	270.44
湖州市	102.20	218.20	574.08	118.15	153.88	52.73	152.91	131.79	119.65	75.28	138.55	158.65	1996.07
怀化市	12.13	21.90	36.56	0	30.89	40.03	8.01	24.21	85.19	38.09	42.85	139.75	479.60
淮安市	78.99	4.37	134.68	128.45	117.70	199.25	147.16	56.23	83.54	24.46	114.53	527.30	1616.65
淮北市	86.14	12.50	37.41	0.69	18.12	10.33	78.66	0	33.83	67.47	25.20	55.50	425.85
淮南市	47.90	0	34.92	13.60	38.32	0	4.53	0	25.78	16.02	16.09	104.34	301.48
黄石市	60.46	29.10	0	69.90	56.05	79.30	3.49	21.68	0	10.63	120.79	53.06	504.45
惠州市	153.40	234.21	268.13	207.74	122.98	291.77	187.79	165.60	83.60	171.69	186.50	121.72	2195.13
鸡西市	0	0	0	0	7.07	0	0	2.17	15.49	0	0	11.81	36.55
吉林市	47.40	11.84	0	22.47	29.14	26.17	0	57.60	0	0	0	90.15	284.77
济宁市	83.70	5.58	9.66	95.36	30.62	123.29	73.62	64.41	16.99	53.24	38.96	159.62	755.04
嘉兴市	34.73	55.89	157.70	38.47	149.49	0	19.01	132.18	35.91	16.85	28.04	36.15	704.42
江门市	99.20	61.38	55.84	121.72	139.90	76.58	61.14	36.58	44.51	56.45	114.56	355.18	1223.03
焦作市	12.08	0	16.79	1.14	5.28	0	0	0	22.93	28.67	10.29	165.36	262.54
揭阳市	0	0	0.97	29.72	0	0	0	26.83	0	6.91	123.29	75.20	262.92
金华市	53.23	19.51	13.72	124.15	178.31	143.75	145.01	39.64	177.10	120.44	34.16	67.09	1116.11
锦州市	2.24	0	0.03	9.95	0	2.14	0	0	62.11	8.29	19.19	13.68	117.62
荆门市	107.10	72.74	35.87	49.45	71.21	24.30	81.68	33.76	11.76	96.06	41.85	365.69	991.48
荆州市	65.69	42.96	97.00	87.13	160.40	19.13	20.32	45.03	66.74	78.21	49.46	226.72	958.78
景德镇市	51.44	0	0	0	0	0	17.99	36.39	29.34	47.75	127.25	189.52	499.69

1-4 续表 3 单位：万平方米

城市	1月	2月	3月	4月	5月	6月	7月	8月	9月	10月	11月	12月	汇总
九江市	100.57	138.16	45.08	0	83.43	57.49	53.39	113.34	90.14	51.05	14.52	245.21	992.38
开封市	0	10.59	2.35	109.43	67.89	19.71	3.60	36.18	96.02	107.55	345.35	69.85	868.52
拉萨市	11.60	0	0	0	0	0	0	0	0	0	0	0	11.60
廊坊市	0	0	63.49	19.78	11.21	176.58	46.00	0	126.02	0	62.99	65.24	571.32
乐山市	27.56	61.48	106.93	155.25	6.42	61.52	53.73	63.60	42.78	26.06	33.88	89.47	728.70
丽江市	0	26.49	3.95	28.16	0	0	8.25	35.62	9.50	27.90	0	17.03	156.89
丽水市	2.91	56.20	0	18.35	53.37	11.38	63.53	24.23	37.33	44.65	28.08	42.45	382.48
连云港市	12.11	3.96	129.55	20.24	91.06	189.36	0	24.36	0	57.07	54.78	127.52	710.01
聊城市	53.96	142.46	87.57	72.53	131.21	90.34	139.04	90.59	136.09	136.17	203.07	98.90	1381.94
临沂市	203.06	79.31	70.02	83.36	7.83	131.50	79.36	82.66	81.16	66.66	154.46	170.25	1209.61
柳州市	85.81	33.27	303.44	78.29	70.23	276.03	25.90	62.07	205.56	187.16	78.31	266.75	1672.82
六盘水市	79.28	25.58	26.63	63.14	74.89	50.84	55.35	179.57	65.91	148.08	198.46	291.67	1259.38
龙岩市	61.50	31.36	41.54	49.08	2.24	24.63	11.73	29.21	63.15	51.15	16.81	68.93	451.32
泸州市	65.22	13.05	0	27.39	73.17	41.65	10.18	3.72	24.89	9.43	118.66	250.52	637.89
六安市	86.80	95.62	117.28	23.03	26.05	34.54	65.80	60.24	112.27	21.90	104.38	114.56	862.47
洛阳市	136.73	36.16	204.79	188.91	127.07	152.01	16.82	50.18	172.15	87.61	93.85	178.49	1444.75
漯河市	0	168.55	29.69	53.98	10.41	22.86	18.87	83.27	29.94	54.44	5.76	99.02	576.79
马鞍山市	0	46.10	6.62	42.31	2.47	16.82	30.22	74.49	21.45	3.85	14.24	93.86	352.43
茂名市	23.82	74.48	154.02	4.38	16.07	1.05	59.20	62.52	18.19	89.30	136.85	323.21	963.09
眉山市	47.69	0	6.20	10.99	75.08	86.78	105.97	93.45	54.83	134.66	268.14	216.69	1100.50
梅州市	0.22	5.49	2.15	53.33	20.35	3.20	101.07	7.90	25.30	27.65	6.00	38.30	290.96
绵阳市	50.42	195.11	8.53	169.40	49.60	152.88	104.98	35.85	317.07	106.41	47.40	109.07	1346.73
牡丹江市	20.74	0	0	0.09	0	30.24	0	0	27.29	0	0	8.52	86.88
南充市	2.85	0	91.26	0	128.31	38.38	9.72	0	111.47	35.15	35.54	76.66	529.34
南平市	29.55	50.32	61.27	3.33	1.52	0	145.85	41.25	20.36	87.75	35.94	132.76	609.90
南通市	178.12	201.27	282.77	147.04	215.49	651.80	144.57	73.56	86.09	365.10	100.63	363.82	2810.26
南阳市	23.67	31.49	26.76	26.73	15.07	0	24.27	221.20	15.30	28.30	86.04	116.23	615.07
内江市	1.82	29.10	15.85	14.49	15.33	30.13	36.21	22.39	80.09	22.79	242.94	109.86	621.01
宁德市	0	28.82	8.30	0	67.93	74.57	2.84	2.50	0	18.36	66.37	43.34	313.02
攀枝花市	43.60	0	0	0	0	39.46	2.81	51.66	0	55.38	15.89	156.22	365.02
平顶山市	0	120.82	0	2.53	0	18.32	79.05	10.26	0	0	0	38.46	269.44
萍乡市	5.57	11.78	58.78	129.53	52.72	69.49	58.49	3.51	51.46	168.44	21.99	56.41	688.16
莆田市	37.13	69.00	16.49	32.15	9.12	18.13	63.44	42.98	92.47	5.51	80.11	3.21	469.74
濮阳市	0.80	0	69.65	76.74	21.93	10.70	4.02	9.40	66.47	1.78	55.72	93.77	410.97
普洱市	0	16.19	0	2.57	31.48	14.01	14.01	0	32.50	7.15	34.83	35.75	188.50
齐齐哈尔市	0	16.02	13.76	0.09	0	7.31	34.63	0	19.47	20.73	45.14	73.96	231.11

1-4　续表 4　　　　单位：万平方米

城市	1 月	2 月	3 月	4 月	5 月	6 月	7 月	8 月	9 月	10 月	11 月	12 月	汇总
钦州市	116.38	28.27	13.57	73.52	0	53.13	11.59	180.81	106.87	133.29	705.02	274.89	1697.34
秦皇岛市	23.89	52.56	0	71.35	42.42	35.58	29.01	74.66	14.76	33.03	138.18	213.77	729.22
清远市	0	76.30	0	29.91	0	57.05	12.30	226.32	77.40	75.95	217.58	165.09	937.90
衢州市	10.90	15.40	88.92	25.38	71.60	97.81	89.44	35.35	45.31	39.57	34.30	92.95	646.92
曲靖市	237.30	9.68	19.67	8.34	1.51	75.11	0	17.78	14.56	11.96	51.06	44.77	491.74
泉州市	21.91	0	8.04	60.49	32.33	0	26.41	16.71	29.91	28.82	75.09	161.72	461.44
日照市	26.55	20.79	32.42	73.98	55.06	160.00	75.73	67.81	113.10	54.64	108.86	185.57	974.50
三明市	17.36	5.88	14.22	10.29	40.02	7.33	48.36	9.56	173.04	82.43	41.34	153.92	603.75
汕头市	161.70	68.19	73.66	58.33	82.16	94.32	183.57	62.94	114.06	5.34	16.17	88.36	1008.80
汕尾市	0	0	115.47	27.79	0	0	21.15	20.06	0	19.83	2.22	232.50	439.01
商洛市	0	0	2.14	0	0	0	24.09	4.05	0	0	9.64	14.15	54.07
商丘市	130.65	18.29	49.63	72.54	208.87	141.07	170.12	5.15	48.89	79.83	64.09	177.32	1166.43
上饶市	190.15	67.60	84.88	65.22	200.10	180.03	110.30	76.62	126.22	198.26	67.86	291.12	1658.36
韶关市	26.80	0	39.92	22.37	58.11	24.83	86.77	156.78	75.64	48.66	13.50	412.40	965.78
绍兴市	111.60	143.23	154.47	191.50	109.31	104.85	144.79	94.47	64.80	17.61	79.30	124.96	1340.88
十堰市	83.08	2.58	0	3.16	71.61	21.12	4.89	118.74	100.15	56.96	76.58	81.92	620.81
朔州市	5.46	15.26	31.57	1.31	2.30	23.67	41.16	38.08	20.13	4.14	17.61	40.83	241.52
松原市	0	14.10	21.32	2.55	5.24	0.08	0	13.41	16.11	0	3.62	0	76.43
宿迁市	110.86	0	40.55	118.51	255.03	31.71	222.08	48.52	65.98	26.61	5.94	46.47	972.28
宿州市	0	0	48.70	83.71	37.87	124.29	83.50	45.02	55.35	10.87	37.71	73.30	600.32
随州市	36.27	19.22	1.54	49.53	14.35	30.39	19.62	3.13	0	104.71	7.05	11.29	297.10
台州市	82.52	43.10	38.61	107.26	74.73	141.40	150.39	91.79	74.02	179.65	122.61	66.20	1172.28
泰安市	56.89	29.61	84.20	16.80	40.20	59.49	6.67	33.42	20.76	80.93	38.03	79.62	546.62
泰州市	20.83	25.37	43.38	55.25	55.57	73.30	47.74	55.70	23.59	2.39	12.33	249.45	664.90
唐山市	201.33	46.24	113.46	47.07	66.48	195.71	65.25	42.62	132.03	114.39	112.30	448.07	1584.94
铁岭市	0	0	0	0	0	3.44	0	0	1.91	0	0	10.98	16.33
通化市	29.18	0	2.26	2.30	5.12	14.26	19.24	3.54	1.22	0	0	36.44	113.56
威海市	102.73	81.04	33.31	135.22	101.52	179.13	173.52	185.22	230.67	164.54	375.90	558.97	2321.75
潍坊市	174.76	130.55	211.63	57.85	94.61	119.15	104.17	51.99	151.70	284.46	485.38	439.36	2305.61
乌兰察布市	21.18	0	53.97	0	0	0	0	0	0	0	9.93	0	85.09
芜湖市	90.22	179.09	139.72	194.31	80.53	104.41	150.17	32.63	59.26	88.85	136.47	56.96	1312.61
咸阳市	52.34	0	0	109.01	17.89	114.81	0	180.30	104.11	154.00	220.91	458.63	1411.99
湘潭市	2.63	71.31	10.69	52.71	41.23	155.91	126.78	105.79	6.40	98.42	32.89	106.40	811.18
襄阳市	117.59	65.72	50.96	11.65	22.61	163.42	29.18	43.90	34.13	96.12	64.21	210.14	909.64
新乡市	44.45	49.97	6.67	31.64	0	7.63	63.75	33.11	5.66	73.23	93.58	88.65	498.34
信阳市	17.52	3.72	23.72	0	31.60	53.14	20.04	51.39	34.45	39.06	14.48	72.24	361.37
徐州市	271.72	29.15	119.09	191.31	80.79	293.39	48.63	31.80	20.03	17.99	537.71	78.14	1719.73

1-4 续表 5 单位：万平方米

城市	1月	2月	3月	4月	5月	6月	7月	8月	9月	10月	11月	12月	汇总
宣城市	12.30	8.22	80.86	15.83	91.83	26.92	7.42	17.24	65.59	40.61	12.43	110.94	490.19
烟台市	84.53	78.78	21.09	21.62	103.06	53.32	144.38	149.28	49.73	53.41	162.04	232.25	1153.48
盐城市	54.59	90.39	85.42	117.40	144.40	65.56	75.53	110.78	47.62	35.08	94.93	63.23	984.93
扬州市	32.14	36.51	6.19	123.20	13.37	142.08	43.03	159.14	13.89	21.45	181.83	263.64	1036.48
阳江市	4.83	5.41	4.30	0	16.30	18.95	43.12	0.90	11.66	22.67	49.56	86.54	264.25
伊春市	0	0.81	0.00	6.28	0	0	30.97	0	0	0	0.19	0.15	38.40
宜宾市	110.21	65.98	174.67	26.86	125.75	47.45	62.45	186.38	36.53	180.40	21.19	151.58	1189.46
宜昌市	24.66	24.42	68.45	65.11	3.27	39.64	34.37	11.24	80.75	81.72	52.55	621.17	1107.35
宜春市	23.05	25.98	0	85.56	3.34	12.70	77.42	60.78	47.74	35.31	156.56	276.15	804.58
鹰潭市	39.27	29.10	30.54	26.19	53.24	0	41.53	64.60	26.52	3.70	58.98	52.06	425.74
营口市	106.39	10.52	157.68	14.76	33.47	1.08	100.16	10.07	74.52	29.78	3.26	43.72	585.42
玉溪市	4.38	0	31.32	0	0	5.84	0	20.06	0	101.23	10.58	59.43	232.85
岳阳市	160.19	20.86	66.30	41.61	23.25	147.96	105.48	36.04	76.41	155.61	19.57	426.77	1280.05
云浮市	6.24	12.77	17.52	3.50	17.61	2.99	8.91	0	13.20	3.06	0	47.35	133.16
湛江市	4.61	12.50	40.23	36.13	40.27	32.31	166.94	24.60	42.18	88.07	613.13	123.51	1224.49
张家界市	2.86	0	0	0	15.00	64.10	25.99	58.23	51.81	25.34	126.69	158.65	528.68
漳州市	49.84	13.02	89.72	68.29	166.07	83.17	63.29	47.21	40.98	102.85	136.98	189.95	1051.36
肇庆市	78.71	46.68	99.60	72.82	67.19	204.11	113.43	40.06	71.16	37.04	145.56	281.92	1258.27
镇江市	0	9.88	91.53	0	41.69	48.59	37.61	44.40	73.72	35.57	12.60	147.96	543.53
中山市	189.18	24.15	10.53	88.82	26.38	284.40	89.89	0	30.71	111.52	0.33	194.59	1050.50
舟山市	31.03	12.36	0	0.55	29.60	146.44	0	32.90	52.21	23.58	4.79	25.31	358.76
珠海市	88.20	133.58	50.15	14.69	70.19	114.22	88.80	8.58	46.70	67.17	97.10	68.58	847.97
株洲市	29.09	75.60	57.76	55.19	133.62	125.26	115.49	15.21	95.93	34.71	125.77	495.49	1359.11
淄博市	94.95	19.75	76.98	46.39	29.48	27.41	13.34	51.40	127.64	60.04	321.28	479.04	1347.71
自贡市	34.22	1.40	0	41.78	34.81	37.65	27.51	25.84	0	55.64	1.96	127.95	388.75
遵义市	244.08	29.70	230.91	66.22	30.80	165.06	145.64	93.67	9.55	99.78	999.81	1310.43	3425.64
县及县级市													
保亭黎族苗族自治县	2.03	0.11	0	0	2.39	0	0	0	0	0	0.91	0	5.44
滨海县	1.62	82.09	24.88	27.24	41.76	2.23	1.63	0	32.45	10.82	121.71	39.82	386.26
常熟市	68.25	47.49	63.16	39.35	61.19	71.38	74.00	8.08	26.68	21.30	45.73	129.93	656.53
长沙县	64.37	26.19	13.60	5.64	313.23	89.23	94.87	62.57	71.62	150.64	137.93	78.15	1108.04
长兴县	101.38	56.68	55.33	102.80	59.16	104.83	8.27	35.94	49.92	54.20	100.78	30.66	759.93
崇州市	23.59	20.28	3.62	0	9.02	52.43	0	30.67	0	2.56	4.99	34.00	181.18
淳安县	10.31	1.77	0	3.29	18.82	0.57	19.08	3.87	8.28	2.70	1.06	0	69.76
慈溪市	135.47	107.77	27.47	72.73	70.96	107.79	53.87	36.12	81.14	13.85	3.90	11.62	722.69

1-4　续表 6　　　　单位：万平方米

城市	1月	2月	3月	4月	5月	6月	7月	8月	9月	10月	11月	12月	汇总
丹阳市	102.37	0	10.65	30.09	61.97	9.08	51.50	36.35	0	0.37	85.03	115.29	502.71
当涂县	13.16	20.21	12.86	7.48	22.28	2.22	0	21.51	52.13	9.39	58.87	39.64	259.75
德清县	28.59	24.24	16.23	72.92	53.93	107.04	67.53	91.19	23.67	23.34	28.48	34.75	571.89
东港市	6.27	14.81	28.45	0	23.69	70.76	0	0	19.39	0	0	3.96	167.33
东台市	0.37	41.09	2.13	40.93	51.24	40.36	36.76	0	23.63	23.04	9.57	11.13	280.25
都江堰市	0	0	0	23.14	9.91	7.41	0	60.29	0	0	0	131.35	232.10
恩施土家族苗族自治州	264.12	61.17	12.90	6.62	46.70	0	40.50	0.00	2.00	7.30	20.19	7.55	469.04
肥东县	22.95	11.99	41.15	0	0.10	55.07	21.17	43.86	0	30.33	0	51.68	278.29
肥西县	40.43	0	12.12	20.96	0	4.35	49.24	35.40	50.97	0	0	33.10	246.57
盖州市	10.87	35.34	0	0	0	0	27.43	0	0	0	120.69	21.38	215.71
高碑店市	4.61	0	43.28	19.45	0	3.21	0	2.86	4.15	21.95	0	4.45	103.96
固安县	0	0	14.10	18.31	0	115.92	17.49	47.27	24.72	7.14	2.50	18.60	266.05
海安市	32.88	22.07	130.16	34.40	19.66	32.14	30.35	39.91	128.47	39.26	9.29	19.01	537.60
海宁市	35.21	38.12	9.17	44.13	104.62	203.11	41.31	22.33	58.66	52.32	61.92	156.96	827.85
海盐县	2.18	14.16	59.09	22.58	38.28	28.57	28.65	15.81	7.34	47.16	27.09	91.31	382.21
惠安县	5.85	18.42	42.83	0	0	20.01	54.93	0.91	0	38.59	344.41	152.51	678.47
惠东县	7.04	0	0	15.50	17.49	26.77	20.55	139.88	1.49	5.83	24.20	9.26	268.02
嘉善县	90.70	11.62	19.71	82.82	86.87	29.21	35.58	3.77	72.76	19.41	18.15	101.39	571.98
建德市	17.72	24.87	9.84	9.35	83.31	49.95	0.39	14.81	27.26	0.11	9.26	0	246.86
建湖县	12.93	0.92	5.76	4.38	55.53	10.94	55.27	11.72	0	1.45	0	84.99	243.88
江阴市	100.99	3.70	27.66	34.04	50.15	81.20	52.64	3.00	0	9.10	54.92	66.90	484.30
胶州市	117.72	20.79	6.51	10.94	84.09	99.02	126.21	3.20	62.67	0.78	54.11	220.71	806.73
晋江市	19.54	13.44	140.58	27.11	81.83	72.20	11.73	0	59.32	111.31	66.86	159.99	763.92
靖江市	188.16	0	151.65	0	22.62	21.40	0	25.79	1.03	66.24	82.42	3.33	562.63
昆山市	7.05	0	38.70	64.89	20.85	12.29	124.20	21.07	0	139.15	67.12	79.08	574.41
莱西市	0	91.19	19.69	63.36	0	0	47.81	127.05	42.35	47.74	17.02	31.22	487.43
莱州市	0.47	21.88	3.50	10.43	96.31	3.83	63.23	3.72	1.08	0	10.17	0	214.61
临海市	68.48	0	30.39	20.01	9.31	0	0	55.05	0	18.85	31.65	101.51	335.23
陵水黎族自治县	18.74	0	0	7.55	0	0	0	0	2.39	11.14	0	0	39.82
浏阳市	56.81	53.76	7.26	42.86	207.29	54.48	55.01	62.13	266.04	277.22	247.15	101.11	1431.14
龙口市	17.40	58.07	33.57	12.27	0	19.50	202.51	2.43	8.40	25.32	177.27	142.88	699.61
龙门县	24.93	71.87	58.22	45.83	8.78	65.43	0.32	3.83	0	33.37	27.09	0	339.67
闽侯县	0	34.99	16.96	20.17	15.68	21.94	32.01	0	3.29	2.84	2.12	44.45	194.46
南安市	43.55	55.93	2.61	0	7.20	71.93	65.15	43.83	47.64	65.06	62.24	94.38	559.51
宁海县	23.54	64.05	38.81	89.83	41.26	11.36	26.91	11.76	170.26	32.83	17.87	23.45	551.94

1-4 续表 7 单位：万平方米

城市	1月	2月	3月	4月	5月	6月	7月	8月	9月	10月	11月	12月	汇总
沛县	0	0.32	4.63	59.77	1.25	84.43	14.02	6.72	0	0	108.02	183.24	462.39
彭州市	57.32	0.27	0	0	64.29	0	11.39	0	25.88	2.93	44.66	41.96	248.70
邳州市	17.17	0	80.52	7.18	31.56	88.50	10.17	6.53	26.45	92.72	43.28	380.80	784.87
平度市	2.33	0	24.50	20.84	14.28	23.72	12.70	14.37	55.58	0	25.55	113.83	307.73
平湖市	31.39	20.04	11.53	46.09	73.99	34.60	48.49	12.09	11.55	19.48	3.92	69.70	382.85
蒲江县	8.94	0	19.34	2.29	59.82	26.58	0	0	60.07	0	0	35.81	212.85
普宁市	0	0	4.68	4.04	0	0	36.84	0	2.60	0	8.25	0	56.39
启东市	30.10	38.04	1.58	81.61	27.69	42.15	29.33	5.39	98.35	39.43	49.41	150.18	593.27
潜江市	30.04	0	146.74	48.08	32.93	96.42	1.60	17.60	9.37	141.90	186.90	187.54	899.12
荣成市	0	0	27.79	18.99	66.83	13.95	78.73	54.77	1.97	74.37	52.16	154.98	544.54
如东县	33.52	9.73	98.07	82.18	3.79	54.16	21.55	60.14	147.46	53.82	195.80	105.83	866.06
瑞安市	4.92	67.54	24.38	55.93	3.95	36.03	17.55	76.42	15.02	25.14	37.72	13.40	378.00
嵊州市	50.03	0	2.49	114.33	48.67	10.80	51.30	27.66	115.38	3.22	75.99	44.74	544.61
太仓市	24.79	0	127.40	38.37	85.07	21.26	20.47	27.24	0	28.59	45.31	81.45	499.94
泰兴市	22.65	98.35	68.23	23.21	13.59	68.88	88.61	0	86.64	90.16	99.21	56.56	716.09
天门市	16.31	11.66	0.41	44.85	13.81	3.95	7.52	6.61	28.72	8.98	13.88	27.01	183.71
桐庐县	14.32	13.63	36.87	19.75	27.99	14.47	16.83	4.41	5.52	0	16.45	14.02	184.26
桐乡市	58.34	149.24	33.34	25.92	48.88	48.61	74.68	54.92	4.31	23.81	46.81	101.53	670.38
瓦房店市	3.43	0	38.07	3.88	0	12.21	0	3.35	13.56	13.67	4.03	71.90	164.11
文安县	108.03	0	52.51	0	0	112.54	0	94.34	0	0	0	44.78	412.21
文昌市	8.23	4.08	29.07	32.75	2.69	15.95	8.90	3.34	2.97	0	39.24	15.86	163.08
仙桃市	117.72	24.75	3.74	18.63	108.47	157.75	18.74	4.31	17.21	26.54	76.05	7.40	581.30
香河县	0	32.84	0	8.85	6.87	0	0	20.08	0	0	20.37	0	89.01
象山县	57.47	94.85	48.26	68.97	0	7.67	16.43	86.15	17.07	0.58	42.20	94.71	534.36
新沂市	18.42	12.02	12.41	37.77	47.70	14.46	12.13	8.68	16.80	20.20	125.11	23.00	348.71
兴化市	74.06	28.56	36.42	6.11	15.11	0	43.61	0	8.09	0.73	22.52	37.79	272.99
宜兴市	60.36	70.76	68.00	28.88	2.32	2.42	22.35	35.67	23.36	12.12	1.21	68.61	396.07
义乌市	91.24	91.05	116.64	68.44	43.30	91.74	83.35	92.86	118.67	76.54	45.22	43.39	962.43
永登县	24.63	21.11	118.90	0	107.46	337.09	117.74	166.83	79.83	56.47	331.97	44.87	1406.90
余姚市	41.38	114.65	12.09	24.74	42.91	38.95	392.66	36.12	67.80	11.12	66.08	109.38	957.88
张家港市	79.99	219.05	82.41	97.53	170.98	39.88	89.23	278.32	70.89	86.02	88.75	39.98	1343.02
诸暨市	66.34	44.56	10.46	27.41	10.50	117.68	45.30	37.64	7.87	8.87	14.34	0.80	391.76
庄河市	29.61	0	0	0.11	0	8.59	0	0	6.50	0	0	0	44.81

数据来源：中指数据库监测。

1-5　2021 年全国 300 城土地推出楼面均价统计

单位：元 / 平方米

城市	1 月	2 月	3 月	4 月	5 月	6 月	7 月	8 月	9 月	10 月	11 月	12 月	汇总
一线城市													
北京市	17339	748	1155	26464	1765	1595	985	1123	25241	16110	–	20303	20322
上海市	5824	11799	593	1798	8621	11138	1225	1687	2378	10506	8797	1309	6741
广州市	5789	4119	3197	8676	789	2519	3507	1804	11429	4983	9278	627	7042
深圳市	351	8774	663	–	7405	6226	12563	7443	13497	663	9925	5114	9372
二线城市													
长春市	1508	1619	995	3118	622	2901	668	712	566	584	1667	2387	2665
长沙市	2361	6880	2239	1856	4430	486	1413	1796	843	3744	1642	3146	3020
成都市	4603	1691	2473	1317	1624	4957	681	579	6836	4595	3811	5602	4483
重庆市	2236	2653	1801	5832	1636	494	501	1250	6072	1428	463	5246	4446
大连市	4599	2127	2559	733	7333	1982	3835	1270	835	1956	512	9463	2758
福州市	259	8238	2068	–	7478	197	274	2853	7104	185	168	9572	6919
贵阳市	973	1269	2901	1877	2015	1847	1895	2336	2915	2023	4647	3179	2544
哈尔滨市	2584	2832	3027	312	5778	1439	3474	1763	2747	593	585	1902	2719
海口市	2538	–	4509	4174	1883	2453	716	6244	1073	2248	2273	5273	3307
杭州市	8021	3269	2150	11211	2225	1679	1027	12825	9712	284	283	9675	7527
合肥市	6390	320	5471	1102	382	5890	579	–	6715	1142	6852	–	5212
呼和浩特市	2887	–	–	3017	3313	1664	–	2600	–	–	2986	2554	2800
济南市	1350	1627	1199	503	2918	421	378	2755	341	336	3041	432	2107
昆明市	1609	794	748	1656	3661	1407	1978	637	2795	1073	2564	1865	1747
兰州市	709	–	1171	470	2474	–	–	651	3388	2456	1527	887	1108
南昌市	1630	1767	478	413	1733	2485	3820	3640	572	5415	3056	2977	2239
南京市	4186	5967	1082	680	11929	2063	967	440	9911	1240	6926	845	7421
南宁市	1702	820	1592	853	1425	3109	1014	2023	2264	1699	2025	1990	1915
宁波市	4787	2861	4810	305	8362	618	626	805	1093	927	8300	640	4859
青岛市	3152	1974	1120	746	3247	1219	1147	3973	3532	328	749	3259	3154
三亚市	13255	–	6008	1010	3429	4843	3189	2049	–	10126	2969	3235	4456
沈阳市	–	–	526	4873	–	330	411	4953	3264	412	2495	3353	3532
石家庄市	1872	3708	3759	801	1005	324	302	317	1780	3935	2091	1306	1825
苏州市	5122	398	5356	637	5142	274	238	389	8121	1529	7034	1021	4769
太原市	562	547	2575	1011	1150	1366	2473	2037	1903	1513	2711	1993	1529
天津市	5708	2464	1134	7264	334	392	524	886	7364	418	559	2118	3879
温州市	7216	6170	4657	6854	1216	374	4627	6241	1521	3314	4443	1838	4816
乌鲁木齐市	1576	–	1404	–	1500	2557	865	884	2206	2366	1110	642	1369
无锡市	11684	289	4578	12212	497	286	10744	344	540	10473	317	321	7684

1-5 续表 1

单位：元 / 平方米

城市	1月	2月	3月	4月	5月	6月	7月	8月	9月	10月	11月	12月	汇总
武汉市	2511	2069	5572	1057	640	5878	1236	270	5821	242	463	4825	4608
西安市	1909	6948	1990	1833	3298	4242	1699	1832	1935	5887	1039	2667	2977
西宁市	344	2670	1836	3383	–	2675	–	7826	2571	306	2495	2766	2809
厦门市	1202	1045	6100	191	16261	18925	166	2922	496	348	197	20273	10734
银川市	503	554	798	–	334	1979	–	1203	65	285	2792	2800	1946
郑州市	3391	3508	5580	–	4853	1890	639	107	651	267	5207	3845	2681
三四线城市													
安康市	864	570	1085	420	520	1123	371	290	613	702	652	665	750
安庆市	1348	429	–	3259	769	503	331	313	1143	310	1450	1058	1147
安顺市	1051	895	525	1513	851	675	768	737	952	729	425	1559	1225
安阳市	2014	1285	–	1396	–	–	1292	1276	1248	881	3015	1674	1451
鞍山市	817	1897	194	134	991	94	–	3371	–	1395	2272	424	755
百色市	634	629	880	2463	565	363	289	718	703	1743	602	686	668
包头市	1360	351	2332	383	1577	502	276	417	–	1169	–	1390	1218
宝鸡市	1742	283	386	351	641	497	433	256	263	1604	1239	986	742
保定市	1609	1950	2050	2063	1439	1538	1680	2050	881	631	1308	1752	1824
北海市	–	–	–	3147	729	2259	2224	–	–	1005	874	1823	1485
本溪市	1116	–	498	1088	497	1528	1564	–	1309	811	1471	927	1304
蚌埠市	271	–	–	–	–	–	–	2444	–	–	3954	335	1687
滨州市	1820	2285	1528	918	159	957	836	325	1114	926	1219	1308	1292
沧州市	486	542	2315	3525	–	2348	538	–	686	2408	2594	2686	2217
常德市	965	214	763	773	916	1669	169	923	236	1890	1631	1288	1251
常州市	1068	471	1135	5096	2831	997	4275	5322	288	5906	2119	6081	3768
朝阳市	1693	1491	1292	386	493	432	–	1223	345	584	548	1270	791
潮州市	–	–	221	–	–	1810	1647	701	127	713	255	1028	511
郴州市	504	524	942	1010	1031	1105	1039	255	332	821	865	936	879
承德市	–	–	659	530	–	2080	–	581	624	495	647	2070	1371
池州市	1586	–	456	804	137	144	112	117	144	571	1497	1289	837
崇左市	–	224	396	235	–	476	244	530	226	–	535	231	325
滁州市	142	143	1890	400	759	229	2243	2133	791	1979	2119	1446	1534
大庆市	780	–	1992	188	258	361	248	220	166	193	220	381	318
丹东市	700	97	1099	1709	–	322	–	–	290	888	1964	1739	1370
德阳市	775	6429	1411	579	2400	2500	780	873	900	174	546	1683	896
德州市	702	1631	–	2765	236	300	359	2924	–	1470	2058	2056	1718
东莞市	1466	1455	10324	3054	5886	798	6239	7351	524	11710	390	4152	4193
东营市	815	435	172	150	1371	222	284	436	928	1757	1996	190	805

1-5　续表 2　　　　单位：元 / 平方米

城市	1 月	2 月	3 月	4 月	5 月	6 月	7 月	8 月	9 月	10 月	11 月	12 月	汇总
鄂尔多斯市	243	287	1129	584	617	349	423	356	410	269	494	550	459
鄂州市	1890	1353	1481	645	1421	1571	1911	287	2308	460	2151	1721	1618
佛山市	2043	2288	2773	1345	4891	6911	3050	2532	3306	3408	1685	4757	3418
抚顺市	590	–	–	–	–	1056	480	1302	352	441	480	1036	902
阜新市	–	–	–	–	698	183	–	–	473	–	–	463	370
阜阳市	968	–	1721	1788	1876	1717	1018	1579	1393	181	–	1235	1414
赣州市	87	1442	649	746	467	112	1516	1892	600	176	822	1617	971
广元市	1004	144	1277	11931	257	144	2130	–	–	2671	2868	–	1806
贵港市	1546	380	1190	1155	488	179	848	641	1200	583	767	622	767
桂林市	637	432	432	2005	1813	810	559	1026	225	436	1224	602	984
邯郸市	1463	1019	1307	1328	1029	493	832	390	1447	972	1448	1591	1302
河源市	71	144	1819	381	906	1225	1056	–	100	–	100	1384	661
菏泽市	1229	1003	1134	1716	1540	1139	628	1690	866	1401	1151	2154	1480
鹤壁市	–	595	949	–	–	506	–	–	–	873	–	451	671
鹤岗市	–	–	7	–	–	–	–	–	–	–	–	–	7
衡水市	1104	764	1284	273	607	882	1023	641	728	1218	747	1143	909
葫芦岛市	116	452	942	–	–	–	–	658	685	–	1141	457	677
湖州市	1851	278	850	1210	341	1203	4561	1771	1859	3101	461	1800	1369
怀化市	984	–	939	–	671	590	3405	785	890	607	1001	880	883
淮安市	2786	256	1959	1705	2729	2658	4096	5706	591	764	270	310	1696
淮北市	313	269	357	3718	242	1234	576	–	1293	581	265	1091	607
淮南市	1115	–	212	236	1437	–	247	–	1772	343	2700	1028	1068
黄石市	1927	1107	–	768	681	1351	203	784	–	975	1179	1674	1204
惠州市	1119	539	939	1133	1293	629	1733	325	372	1284	2197	617	1022
鸡西市	–	–	–	–	125	–	–	236	70	–	–	202	133
吉林市	1197	939	–	664	2112	2816	–	1297	–	–	–	929	1322
济宁市	1796	7615	5020	1180	2256	2210	3990	3262	279	4578	430	3090	2593
嘉兴市	634	2376	1014	3670	6582	–	255	4540	3041	299	418	177	3091
江门市	239	1407	212	1106	3129	1323	1259	3319	305	2311	2198	1444	1576
焦作市	1111	–	167	376	2519	–	–	–	575	1304	1924	1568	1370
揭阳市	–	–	2754	606	–	–	–	930	–	1502	193	1664	780
金华市	4442	176	208	5150	4104	5153	1180	274	1880	1224	317	2061	2837
锦州市	279	–	7031	404	–	710	–	–	1228	1838	1050	704	1085
荆门市	505	446	218	819	825	333	451	299	233	767	294	346	468
荆州市	281	243	231	202	581	1595	2163	165	741	204	179	293	404
景德镇市	216	–	–	–	–	–	1952	2842	222	3292	3053	3122	2589

1-5 续表 3

单位：元 / 平方米

城市	1月	2月	3月	4月	5月	6月	7月	8月	9月	10月	11月	12月	汇总
九江市	1797	737	1051	–	765	893	2623	740	1952	2231	1128	1035	1239
开封市	–	871	970	492	2079	584	915	–	1635	1676	1135	729	1203
拉萨市	2811	–	–	–	–	–	–	–	–	–	–	–	2811
廊坊市	–	–	1444	3479	1119	1564	2959	–	1472	–	2024	2146	1817
乐山市	585	212	156	97	2499	981	1346	490	940	285	1214	1042	574
丽江市	–	618	–	–	–	–	368	174	–	616	–	879	579
丽水市	4846	2240	–	5317	2263	373	1285	5804	7048	6364	3808	2486	3515
连云港市	1674	450	735	1333	1340	727	–	200	–	5065	800	2785	1545
聊城市	1211	1580	751	572	1429	1683	2299	2239	2330	3298	2426	1864	1956
临沂市	3135	897	1455	1054	210	1127	1480	1592	2144	2720	3264	2866	2186
柳州市	677	1476	1253	150	389	1868	1126	1446	1037	1472	192	625	1115
六盘水市	789	674	604	1040	1569	176	1063	814	922	751	578	886	824
龙岩市	1326	70	114	3154	132	208	3687	3038	3053	683	2232	2223	1770
泸州市	952	1988	–	155	1186	1968	1874	233	173	1467	1609	403	922
六安市	916	1181	529	1713	255	2119	1012	1332	646	80	177	806	884
洛阳市	1387	2150	2621	2560	915	2923	357	543	2315	4531	887	1777	2130
漯河市	–	1086	1010	988	1455	651	558	1258	758	1843	360	879	1082
马鞍山市	–	2165	2642	1365	402	278	4725	426	1233	5112	502	3230	2019
茂名市	98	681	315	960	1413	2313	2590	455	2062	1171	812	1302	1029
眉山市	254	–	357	260	1090	1932	1247	1062	1063	1370	1566	1649	1392
梅州市	2185	348	202	510	1066	290	473	426	851	1695	291	2216	890
绵阳市	236	193	374	501	2193	652	912	686	2048	1656	355	761	927
牡丹江市	974	–	–	601	–	912	–	–	452	–	–	942	785
南充市	298	–	1285	–	1909	2013	140	–	875	257	1359	1329	1339
南平市	2249	455	56	206	198	–	932	179	1150	1668	2946	51	852
南通市	1939	1562	1359	557	350	6321	1720	243	198	5019	264	3056	3062
南阳市	2336	1480	1903	2059	1230	–	1313	1924	664	473	356	441	1283
内江市	220	918	235	1332	1728	1256	1101	1294	1282	1173	987	1111	1090
宁德市	–	68	161	–	207	3332	225	858	–	5713	2861	1858	2057
攀枝花市	1085	–	–	–	–	2747	303	595	–	1411	63	1019	1166
平顶山市	–	1279	–	597	–	1308	1121	797	–	–	–	386	1108
萍乡市	693	281	453	890	846	800	1117	587	218	830	1109	1253	818
莆田市	164	284	115	2877	28571	2084	91	2097	2057	5064	6449	433	2533
濮阳市	2167	–	1088	1514	419	224	3446	721	1816	–	2770	2031	1694
普洱市	–	198	–	180	2770	3094	3094	–	736	3000	1002	1161	1588
齐齐哈尔市	–	204	732	8120	–	409	432	–	335	1232	1532	859	851

1-5　续表 4　　　　单位：元 / 平方米

城市	1 月	2 月	3 月	4 月	5 月	6 月	7 月	8 月	9 月	10 月	11 月	12 月	汇总
钦州市	436	395	115	152	–	411	129	203	382	552	830	559	582
秦皇岛市	972	433	–	907	1380	867	1349	365	638	1456	2150	2931	1711
清远市	–	594	–	2447	–	562	179	513	1447	2474	251	783	803
衢州市	321	7272	7549	8437	2130	4053	373	1228	610	1914	653	857	2832
曲靖市	2259	331	356	–	360	1643	–	333	1083	339	757	377	1555
泉州市	2459	–	4231	456	855	–	4543	152	126	159	1939	1831	1551
日照市	1290	1093	1397	406	410	1830	2275	3681	1951	420	1119	2158	1678
三明市	216	1243	117	250	1086	47	85	3138	280	499	1404	468	518
汕头市	1846	909	1278	987	2475	1867	2104	1228	1442	581	1167	722	1591
汕尾市	–	–	1854	2580	–	–	177	2080	–	1347	1131	1478	1604
商洛市	–	–	245	–	–	–	741	659	–	–	1582	2073	1214
商丘市	1484	761	1571	1527	823	1013	747	524	1665	633	950	1224	1072
上饶市	1590	1622	655	1331	1132	809	1763	973	857	187	1807	1641	1170
韶关市	527	–	156	238	627	921	564	1086	213	902	238	918	772
绍兴市	5508	202	4215	10738	431	5282	2122	1129	4671	775	484	1634	3673
十堰市	328	124	–	1038	459	988	130	1022	766	1256	614	887	760
朔州市	846	305	338	168	414	385	1444	319	391	284	248	786	610
松原市	–	538	512	633	617	1333	–	458	953	–	1337	–	651
宿迁市	404	–	384	129	2274	530	1707	2329	241	139	107	575	1246
宿州市	–	–	617	770	507	1572	1238	1424	1846	382	1012	1894	1286
随州市	686	325	251	538	1154	347	1318	1955	–	481	219	187	580
台州市	2874	1233	349	1330	663	3574	1869	2613	2805	1634	3434	627	2121
泰安市	1022	187	3094	509	2664	2170	4836	2944	2277	1950	3038	2466	2226
泰州市	222	1051	381	3141	4462	5049	4405	2876	6797	877	3054	3259	3343
唐山市	444	1685	1490	346	5183	1094	719	708	255	1936	1158	708	1005
铁岭市	–	–	–	–	–	321	–	–	334	–	–	514	452
通化市	741	–	962	837	685	1034	1472	530	501	–	–	289	751
威海市	915	1005	1750	1045	1168	1545	1130	1904	825	1568	1186	1679	1357
潍坊市	1410	1566	890	2077	1842	1313	2022	2272	1488	1079	945	1181	1270
乌兰察布市	460	–	347	–	–	–	–	–	–	–	1080	–	461
芜湖市	325	1136	1506	1987	237	207	1578	206	379	1893	359	121	1043
咸阳市	–	–	–	227	1998	2841	–	1519	2839	2782	1534	2322	2089
湘潭市	168	870	2105	1128	2097	1671	1547	1896	1920	1526	428	1358	1491
襄阳市	1466	1759	1725	204	807	1775	2220	658	2974	1933	692	2127	1718
新乡市	1823	987	1870	1745	–	338	548	254	360	198	1359	1694	1077
信阳市	932	375	1007	–	269	1734	951	751	1890	1240	4200	2764	1624
徐州市	1295	1492	645	2653	150	5080	315	202	320	1099	2183	170	2161

1-5 续表 5

单位：元 / 平方米

城市	1月	2月	3月	4月	5月	6月	7月	8月	9月	10月	11月	12月	汇总
宣城市	168	140	625	140	1706	188	188	225	170	–	–	2547	1382
烟台市	1209	2503	1638	1479	1139	1283	1502	1462	1024	1909	2430	2203	1773
盐城市	5600	3119	2877	3739	5955	6965	4814	3014	1506	163	961	1306	3592
扬州市	138	116	135	4009	168	3342	128	3804	5063	125	4412	4005	3398
阳江市	504	600	275	–	798	868	1094	1900	249	1631	1298	1326	1151
伊春市	–	144	–	85	–	–	399	–	–	–	580	655	344
宜宾市	2186	1468	1297	2362	2345	711	686	1632	2853	2377	1087	765	1645
宜昌市	848	1713	707	972	303	698	549	274	3539	2696	311	1520	1527
宜春市	594	371	–	760	225	907	550	752	2153	1021	679	1267	974
鹰潭市	455	861	366	349	1190	–	1572	2082	717	2308	1356	954	1136
营口市	1349	1167	1272	1485	948	480	1038	352	1259	740	249	416	1115
玉溪市	600	–	2270	–	–	1104	–	792	–	1422	614	1340	1401
岳阳市	1262	1587	1604	1311	660	1059	2314	656	720	1482	2314	1602	1446
云浮市	259	344	176	328	275	308	255	–	992	353	–	515	427
湛江市	467	384	1020	921	2481	335	827	1768	1550	1711	918	1015	1044
张家界市	2076	–	–	–	903	134	927	1073	537	1355	878	1019	851
漳州市	168	66	2717	597	1351	2244	156	156	901	2013	204	1161	1155
肇庆市	1457	245	1265	446	267	707	834	492	710	231	581	1221	834
镇江市	–	159	3104	–	218	207	201	189	5033	214	249	2152	1878
中山市	549	4516	364	233	290	4753	5629	–	3956	281	4100	314	2207
舟山市	347	481	–	1800	3866	2464	–	3531	4044	2050	1930	2095	2594
珠海市	3080	1318	1095	14947	5841	266	100	859	3192	5636	675	6336	2602
株洲市	1075	481	719	1152	1377	1777	1226	1795	1474	813	1215	1775	1435
淄博市	496	491	1671	1594	495	1754	704	1188	1495	1155	2017	2044	1691
自贡市	1299	279	–	480	1916	1414	1152	278	–	2027	5000	1338	1377
遵义市	800	754	555	1472	504	683	733	204	1022	606	751	852	767
县及县级市													
保亭黎族苗族自治县	1704	1597	–	–	776	–	–	–	–	–	3391	–	1576
滨海县	269	255	224	1709	2502	555	6601	–	2307	2839	2535	1119	1679
常熟市	879	257	226	2885	2876	1654	4620	178	5259	1906	335	3563	2279
长沙县	2439	1408	1176	788	2809	1900	705	3082	1492	2406	2744	923	2205
长兴县	1307	1972	690	688	3919	1208	764	4162	1000	457	2077	1077	1559
崇州市	2625	49	1250	–	919	829	–	815	–	1250	23	90	831
淳安县	3406	3361	–	320	1267	575	3464	1296	454	1704	1195	–	2107
慈溪市	397	1742	5035	5397	358	423	243	184	4708	329	439	595	1741

1-5　续表 6　　单位：元 / 平方米

城市	1 月	2 月	3 月	4 月	5 月	6 月	7 月	8 月	9 月	10 月	11 月	12 月	汇总
丹阳市	1477	–	344	2637	2876	409	2133	4115	–	486	2557	2504	2351
当涂县	1274	161	1260	700	1650	187	–	194	981	196	548	416	718
德清县	365	556	425	1926	3841	1936	1044	1563	4269	4418	2481	1015	1939
东港市	3300	136	277	–	155	508	–	–	754	–	–	265	513
东台市	247	3290	620	5494	1000	3098	1619	–	5176	2617	8100	2061	3141
都江堰市	–	–	–	3084	108	1515	–	3638	–	–	–	2449	2691
恩施土家族苗族自治州	257	917	1364	518	446	–	1328	–	225	922	746	161	518
肥东县	–	–	2666	–	802	4887	1000	5100	–	7392	–	–	3919
肥西县	4088	–	152	174	–	495	3721	7136	4059	–	–	681	3361
盖州市	696	568	–	–	–	–	463	–	–	–	409	253	441
高碑店市	1181	–	952	645	–	511	–	397	839	1221	–	1388	947
固安县	–	–	2729	739	–	2205	2038	951	1742	751	568	1471	1749
海安市	2448	864	2363	2722	612	5091	265	2858	2431	4323	1887	909	2447
海宁市	839	1163	6746	226	3774	305	2659	419	1463	2912	327	1756	1517
海盐县	6800	239	2103	2445	2965	2382	1236	5654	1220	369	1540	432	1600
惠安县	114	1629	2290	–	–	182	2091	415	–	113	542	1935	1082
惠东县	749	–	–	1537	434	2015	686	209	2851	402	1942	1600	755
嘉善县	3140	440	298	224	1871	2626	1265	1600	2192	245	223	2062	1717
建德市	1198	5445	215	6941	1018	800	303	6084	217	259	249	–	1810
建湖县	1266	205	216	2250	1082	1500	1945	205	–	351	–	1417	1373
江阴市	3913	14811	456	925	3970	5719	144	6800	–	5889	4732	2423	3430
胶州市	153	1992	139	698	588	1065	1180	744	739	224	396	1280	898
晋江市	1458	780	256	509	2519	647	2386	–	770	2471	963	2320	1474
靖江市	568	–	542	–	4619	343	–	284	1530	3391	1692	300	1199
昆山市	259	–	1813	3492	4912	5804	2733	11828	–	2382	1535	3036	3022
莱西市	–	1388	596	575	–	–	298	557	274	295	460	313	622
莱州市	1755	1252	1675	1497	2257	2032	1681	1926	276	–	594	–	1393
临海市	419	–	2720	220	6556	–	–	5046	–	1063	1353	962	1835
陵水黎族自治县	1605	–	–	4800	–	–	–	–	3469	396	–	–	1984
浏阳市	556	747	3000	665	239	847	156	1189	1171	177	770	920	660
龙口市	546	668	959	1383	–	3734	1146	383	1121	734	732	1249	1057
龙门县	240	112	143	150	333	137	1359	157	–	1328	159	–	267
闽侯县	–	211	3805	7189	3966	1532	4043	–	2065	2291	3126	9723	4599
南安市	3272	205	882	–	161	157	161	2263	141	1018	1336	1564	1040
宁海县	1568	381	2386	137	172	432	1423	773	855	222	1597	276	749

1-5 续表 7　　　　单位：元 / 平方米

城市	1 月	2 月	3 月	4 月	5 月	6 月	7 月	8 月	9 月	10 月	11 月	12 月	汇总
沛县	–	179	214	1132	213	1556	708	998	–	–	873	2075	1496
彭州市	33	550	–	–	96	–	1751	–	4093	120	1840	1368	1102
邳州市	431	–	308	900	1790	1870	2214	250	361	3121	2825	1826	1785
平度市	176	–	753	934	145	1498	2237	1672	688	–	191	685	811
平湖市	4002	494	7916	2437	3203	731	1192	531	1187	2583	946	481	2003
蒲江县	70	–	2767	2850	659	1125	–	–	658	–	–	32	802
普宁市	–	–	363	2030	–	–	195	–	2962	–	406	–	499
启东市	1665	3207	928	610	1521	3342	2183	263	1993	447	3245	4783	2636
潜江市	941	–	248	79	473	195	80	169	79	726	965	759	592
荣成市	–	–	1206	366	852	546	1512	1299	330	1510	1479	2148	1502
如东县	473	140	2632	2025	224	619	3320	2653	2418	3771	2619	1086	2188
瑞安市	732	5087	998	4398	939	262	1757	267	2077	9861	6724	1434	3264
嵊州市	649	–	147	2018	163	163	424	216	163	340	1520	2438	1002
太仓市	1808	–	2606	951	4363	120	2555	2134	–	987	7919	2837	3031
泰兴市	1155	675	263	483	297	2714	3440	–	3101	964	2905	430	1795
天门市	280	127	115	122	141	153	129	145	628	128	128	131	221
桐庐县	2058	668	3356	3832	400	4591	1612	908	932	–	380	2852	2145
桐乡市	1511	249	3001	122	1836	1604	1424	147	1346	6701	251	848	1154
瓦房店市	1493	–	433	633	–	604	–	2078	1694	182	390	543	694
文安县	1400	–	572	–	–	988	–	646	–	–	–	533	915
文昌市	576	2760	952	1047	750	1277	793	533	1263	–	988	1210	1048
仙桃市	187	174	207	178	1663	790	141	138	187	248	166	458	627
香河县	–	672	–	2547	2925	–	–	1466	–	–	1734	–	1455
象山县	1000	881	692	301	–	4188	271	1390	317	361	311	217	732
新沂市	980	1163	308	1083	896	2601	3818	144	2100	185	562	190	913
兴化市	1262	139	648	139	346	–	3540	–	1527	613	1187	2384	1506
宜兴市	2027	1013	606	4017	363	462	3937	576	2447	7176	542	3428	2125
义乌市	2794	6161	1313	7403	15947	10057	6914	2596	12784	9569	1659	791	6512
永登县	273	1124	1039	–	308	634	550	639	829	826	862	235	698
余姚市	631	1877	2223	5878	4900	3087	401	697	952	2598	463	306	1132
张家港市	217	679	5557	1931	954	5585	226	741	475	870	296	705	1182
诸暨市	531	2579	685	5300	3859	3456	1921	327	2134	506	603	626	2245
庄河市	404	–	–	303	–	–	–	–	612	–	–	–	441

数据来源：中指数据库监测。

1-6　2021 年全国 300 城土地推出土地均价统计

单位：元 / 平方米

城市	1 月	2 月	3 月	4 月	5 月	6 月	7 月	8 月	9 月	10 月	11 月	12 月	汇总
一线城市													
北京市	24116	1094	1806	53321	2701	2741	1344	1815	50022	30721	–	37300	36637
上海市	12585	27475	1321	3784	27777	22463	2991	4335	4101	21518	18610	2671	14192
广州市	17427	13136	10627	28512	1671	9283	7892	5696	37609	32591	28979	2365	22659
深圳市	1575	48751	2380	–	19923	17880	43832	6941	45675	660	40342	15990	23919
二线城市													
长春市	2262	2049	1471	5298	655	5130	517	537	396	420	1790	3099	4116
长沙市	5680	37738	4950	3912	12027	850	3156	3590	2238	10730	3668	7527	7467
成都市	10681	3842	6321	4219	4761	11624	2129	1650	14842	10083	9101	13044	10740
重庆市	3786	4061	2972	9527	3029	831	860	2196	9819	2629	1190	9160	7423
大连市	12897	3847	4851	963	14389	2721	6621	2021	809	2187	441	12162	3764
福州市	480	17790	2068	–	13656	354	592	4345	14565	333	335	19550	13618
贵阳市	2066	2790	6905	6209	5061	4793	5977	6962	7088	5697	12631	8807	6743
哈尔滨市	4993	5657	5868	377	13685	2450	6204	2617	5683	607	491	2432	4559
海口市	3772	–	6961	13579	6437	2992	1669	15914	3045	4692	5498	13241	7541
杭州市	21329	12944	3225	28492	5254	4400	2556	31104	24146	761	895	24046	19490
合肥市	12773	384	11794	2524	384	10295	807	–	14090	1928	12893	–	9205
呼和浩特市	7505	–	–	6675	5624	1609	–	4781	–	–	5709	4414	5285
济南市	2026	2357	2532	419	6353	648	633	5543	514	477	6062	628	3827
昆明市	679	895	1867	3477	12449	4788	4644	1549	7523	3217	7720	3359	3074
兰州市	1295	–	3045	1042	9868	–	–	1562	9825	4234	5629	2187	2648
南昌市	3862	3015	906	824	3635	6480	8419	6264	1253	8664	5961	6849	4586
南京市	8852	11023	1638	1423	28544	4515	2496	780	21494	3677	13550	1548	15659
南宁市	4387	1996	4162	1735	3067	9262	2742	5176	6129	4982	5676	5258	5092
宁波市	8855	5499	11793	839	18536	1146	1218	1388	2292	1612	19671	1387	10559
青岛市	6294	3049	2039	1197	5448	1820	1487	9475	8032	471	1233	5260	6086
三亚市	38827	–	7950	2144	8186	6686	1658	2214	–	51832	9358	4771	8100
沈阳市	–	–	798	8035	–	584	616	9496	5473	423	3533	5123	5977
石家庄市	3794	9674	7075	2016	2324	826	775	674	4884	10617	6151	3311	4604
苏州市	11639	1002	12323	1704	10273	455	500	1076	17560	2737	15224	2411	10318
太原市	1209	1351	10510	2314	3092	2774	7036	5206	6304	4698	4719	5462	3793
天津市	8436	4087	1845	13083	571	560	841	1644	13312	750	739	3231	6530
温州市	20582	15061	7897	19567	3088	1081	11882	18580	5582	6730	10352	4826	12995
乌鲁木齐市	3413	–	1507	–	1602	5159	965	1032	2708	3204	1373	553	1627
无锡市	23698	559	8799	21735	903	564	18827	634	746	20309	657	808	14514

1-6 续表 1

单位：元 / 平方米

城市	1 月	2 月	3 月	4 月	5 月	6 月	7 月	8 月	9 月	10 月	11 月	12 月	汇总
武汉市	4883	2607	11621	2089	894	13629	1729	455	12876	381	716	11474	9672
西安市	5033	16773	3986	4335	8040	11206	4719	3177	3885	13790	1471	6968	6834
西宁市	241	6353	6425	5615	–	6237	–	18000	6170	330	5281	7669	6291
厦门市	2662	2912	17066	547	45660	55455	499	12182	1599	705	589	58613	29162
银川市	381	733	1107	–	334	4019	–	1239	131	342	4586	4995	3030
郑州市	8421	10812	17045	–	14895	4727	671	319	651	765	13372	9879	7585
三四线城市													
安康市	1914	1674	3008	586	1769	2207	556	452	1284	1035	1285	1362	1507
安庆市	3060	413	–	6525	1045	563	370	313	1205	310	1744	1207	1430
安顺市	1339	1571	557	1387	831	873	1093	931	1314	1729	382	2449	1751
安阳市	5035	3212	–	4367	–	–	2160	815	850	1218	5667	3688	2387
鞍山市	749	3794	136	336	1750	75	–	337	–	2435	4090	352	830
百色市	1804	1931	1328	2164	1044	318	302	1418	2035	2034	813	1672	1515
包头市	566	359	4325	268	2325	358	242	302	–	1043	–	1312	1098
宝鸡市	5450	279	419	281	1128	874	444	664	846	3325	2207	1877	1263
保定市	4263	3900	5322	4822	2003	3497	4201	5187	1873	628	3879	4658	4301
北海市	–	–	–	7947	1393	5204	6210	–	–	1925	1773	4274	3201
本溪市	558	–	398	1509	397	1680	1905	–	1330	483	1968	633	1350
蚌埠市	271	–	–	–	–	–	–	3178	–	–	6722	311	1924
滨州市	3985	3210	3410	1566	192	1305	1826	364	1364	1091	1867	2065	2029
沧州市	470	606	4050	7754	–	4515	505	–	686	4370	5260	5095	3656
常德市	1735	305	1651	884	1602	3476	307	1989	236	3682	2798	2576	2336
常州市	2192	1003	2461	9624	5022	2298	8779	11471	709	12291	5028	13449	8082
朝阳市	1818	1627	2243	537	1267	1069	–	1758	276	385	790	2181	1093
潮州市	–	–	927	–	–	8690	1318	1571	566	1673	876	3860	1681
郴州市	1114	559	895	2062	1800	2716	1458	306	543	1236	2250	2416	1773
承德市	–	–	806	530	–	3370	–	581	624	609	647	3709	1899
池州市	2806	–	509	989	164	173	134	141	173	703	2246	2053	1108
崇左市	–	198	473	200	–	915	269	794	204	–	1606	411	390
滁州市	170	171	3002	534	1274	317	4145	4031	1385	3372	3465	2317	2483
大庆市	390	–	2596	158	217	232	208	220	163	161	171	329	247
丹东市	1190	145	2209	4444	–	322	–	–	320	1660	3448	3068	2380
德阳市	1278	4500	2867	795	3600	7500	898	1097	1800	237	911	3453	1343
德州市	877	3666	–	6722	236	300	359	8146	–	1755	5105	3167	2783
东莞市	4176	4904	23298	8843	20135	1755	24455	20318	1104	40640	1186	5259	11938
东营市	863	497	213	166	1669	311	235	507	762	1665	2410	199	842

1-6　续表2

单位：元/平方米

城市	1月	2月	3月	4月	5月	6月	7月	8月	9月	10月	11月	12月	汇总
鄂尔多斯市	170	210	903	1401	1233	418	619	640	584	269	381	891	592
鄂州市	3425	2334	2661	847	2813	3300	3200	434	7729	479	5361	4422	3136
佛山市	6427	6682	8221	4138	14020	19276	9701	7600	9931	9980	4927	15251	10241
抚顺市	354	–	–	–	–	1975	288	2213	601	750	288	973	1061
阜新市	–	–	–	–	1395	303	–	–	413	–	–	486	465
阜阳市	1065	–	3357	4078	4058	3464	1515	3223	1825	216	–	1856	2388
赣州市	113	2570	1215	1416	1007	238	2554	3789	1182	323	1580	3138	1862
广元市	1175	144	2277	3579	338	144	6555	–	–	8013	7195	–	3451
贵港市	3911	423	2373	2386	889	144	1595	703	4200	903	1688	676	1092
桂林市	1207	648	736	3759	1841	1184	1254	1128	477	482	2456	1214	1770
邯郸市	878	1703	2356	2542	1198	696	1005	497	2161	1389	2182	2709	1997
河源市	212	250	4040	888	2269	3173	3224	–	400	–	400	3793	1846
菏泽市	2356	1409	2806	1897	2754	2508	1437	3760	1217	2303	3223	3445	2964
鹤壁市	–	598	1284	–	–	560	–	–	–	882	–	430	706
鹤岗市	–	–	5	–	–	–	–	–	–	–	–	–	5
衡水市	1804	1031	2584	270	753	1777	2649	1216	848	1999	957	1749	1483
葫芦岛市	93	271	1614	–	–	–	–	878	999	–	1307	822	943
湖州市	3473	473	1668	2024	703	1974	8293	2881	3753	4865	696	2855	2447
怀化市	2070	–	2057	–	1605	735	10215	1225	1919	1304	2270	1967	1786
淮安市	5231	222	4421	2680	5587	5703	7858	11517	1094	923	424	559	3135
淮北市	362	216	403	2974	273	1628	699	–	2221	787	319	2236	782
淮南市	2064	–	255	280	3669	–	210	–	2576	417	5400	1459	1600
黄石市	4355	1705	–	1496	704	1897	203	794	–	1438	2189	3445	1927
惠州市	3437	883	3090	2945	3175	1461	5337	1142	1071	3961	6044	1702	2690
鸡西市	–	–	–	–	81	–	–	225	54	–	–	141	97
吉林市	1124	644	–	413	3074	5363	–	1313	–	–	–	1825	1566
济宁市	2374	9900	10542	1654	2879	3183	7195	5569	279	7900	452	5109	3840
嘉兴市	1440	5044	2622	7549	12385	–	517	9284	5262	642	904	487	6608
江门市	581	3982	546	3091	7876	4203	4042	8595	855	5728	6091	3279	4090
焦作市	1314	–	201	451	6297	–	–	–	668	2152	4425	2805	2229
揭阳市	–	–	8261	1269	–	–	–	2570	–	751	772	4505	2121
金华市	9829	438	410	10662	8907	11471	2672	632	4269	2895	696	3973	6255
锦州市	244	–	1406	259	–	1420	–	–	2227	6469	981	887	1462
荆门市	562	490	226	903	1302	221	509	334	267	947	344	480	570
荆州市	281	228	231	202	774	2381	4598	236	859	290	254	366	487
景德镇市	429	–	–	–	–	–	3404	5446	443	6619	6030	6221	5109

1-6 续表 3

单位：元 / 平方米

城市	1 月	2 月	3 月	4 月	5 月	6 月	7 月	8 月	9 月	10 月	11 月	12 月	汇总
九江市	3241	1070	1374	–	976	1173	3415	898	2786	3028	1601	1155	1618
开封市	–	1413	1911	659	3824	426	915	–	2250	2714	2589	1389	2081
拉萨市	4258	–	–	–	–	–	–	–	–	–	–	–	4258
廊坊市	–	–	3272	5697	2237	4169	5349	–	3108	–	4577	3650	3944
乐山市	1512	429	327	197	4513	2073	3288	993	2032	573	2248	1669	1160
丽江市	–	1483	–	–	–	–	1150	258	–	673	–	917	719
丽水市	10029	2625	–	10206	3767	415	2395	6760	12438	11151	5702	4308	5466
连云港市	2616	675	763	1194	1622	1042	–	295	–	9516	609	4323	1937
聊城市	1290	3280	1551	978	2219	3280	5880	4637	5217	7774	4360	3906	3797
临沂市	5372	1339	2228	2308	252	1928	2368	2704	4509	4445	6663	6030	3928
柳州市	1445	3526	3194	292	526	4355	510	3076	2379	3600	393	1493	2401
六盘水市	1485	2024	2114	1281	2346	347	1656	1981	1348	1276	1196	2121	1608
龙岩市	2680	153	235	5489	263	416	4966	6612	5876	1571	4691	4964	3590
泸州市	2094	3975	–	334	2727	4041	14055	456	368	2772	3213	876	1991
六安市	1327	1589	583	2135	300	3272	1424	1809	1214	96	216	1004	1168
洛阳市	3316	5889	6647	5370	1794	7056	334	1062	4213	6576	1705	2235	4058
漯河市	–	1938	2424	1418	4365	975	764	2501	884	3947	360	2087	1965
马鞍山市	–	3629	4492	1941	402	334	9542	567	1835	11247	679	7919	3333
茂名市	293	2133	789	2400	5774	7632	7853	1315	5711	3519	2254	3664	2908
眉山市	350	–	434	257	1741	3928	1753	2249	1880	1816	2859	2916	2321
梅州市	1748	738	255	612	3304	366	747	341	1449	4599	437	6372	1484
绵阳市	490	579	936	836	5766	1857	2207	1737	5123	4176	664	1791	2197
牡丹江市	1812	–	–	180	–	2004	–	–	931	–	–	3109	1661
南充市	233	–	2743	–	3372	4430	131	–	1153	180	2267	1977	2111
南平市	3724	1131	168	181	178	–	2443	516	2308	2831	5514	154	2004
南通市	3490	2626	2024	681	516	12382	3512	361	373	8595	366	5660	5204
南阳市	5138	5027	7028	10038	3787	–	2680	3933	757	573	534	988	2598
内江市	220	2295	190	3330	3975	2367	1634	2063	2789	1343	2190	2091	2066
宁德市	–	203	402	–	506	7507	676	1545	–	13140	6071	4222	4786
攀枝花市	2205	–	–	–	–	3540	205	1389	–	1942	63	1817	1917
平顶山市	–	2925	–	1074	–	3270	2778	1142	–	–	–	349	2173
萍乡市	554	304	593	2785	1874	3272	3865	587	218	2104	4992	5550	1870
莆田市	148	341	287	6488	8571	5458	272	4550	3608	11141	24535	520	5437
濮阳市	390	–	1833	3788	486	359	4123	751	2561	–	3633	3867	2722
普洱市	–	297	–	270	4399	4950	4950	–	945	4800	1397	2242	2431
齐齐哈尔市	–	204	1178	1037	–	420	348	–	246	1228	2162	766	828

1-6　续表 4　　　　单位：元 / 平方米

城市	1 月	2 月	3 月	4 月	5 月	6 月	7 月	8 月	9 月	10 月	11 月	12 月	汇总
钦州市	989	434	229	227	–	1095	194	332	1032	1391	1997	1322	1278
秦皇岛市	1458	484	–	1324	2445	1328	1588	425	737	2184	3205	5395	2540
清远市	–	1902	–	4890	–	1499	358	1409	4188	6597	778	2000	2221
衢州市	383	8399	11535	10743	2384	6430	427	1179	934	3106	761	869	3548
曲靖市	4624	784	285	–	360	3741	–	233	3249	237	1200	911	2712
泉州市	6108	–	11425	867	1833	–	11358	379	252	300	3249	5146	3432
日照市	1177	1326	1429	382	353	2747	2909	4740	2687	439	1427	3047	2070
三明市	567	2702	191	831	2552	141	252	6277	733	1480	3281	1181	1335
汕头市	6396	3561	4939	3685	8867	6647	7912	4490	5162	1743	4766	2539	5797
汕尾市	–	–	5427	7741	–	–	443	5800	–	3643	2940	4577	4770
商洛市	–	–	250	–	–	–	2269	945	–	–	3222	6428	2971
商丘市	3432	842	3531	3871	2404	3101	2267	314	4368	1900	1593	2990	2708
上饶市	2757	2735	1113	2140	1980	1288	3092	1424	1338	350	2846	2948	1991
韶关市	1097	–	271	238	1366	1387	707	2523	219	1721	238	1561	1257
绍兴市	9196	391	7934	22507	907	9501	4216	1687	7905	1375	811	2287	6608
十堰市	487	186	–	1038	811	2152	203	1673	1324	2337	799	1308	1210
朔州市	995	271	457	209	237	517	4093	325	437	284	222	1294	789
松原市	–	562	448	316	316	1600	–	418	1715	–	2674	–	633
宿迁市	452	–	300	135	3410	741	2172	3843	254	152	108	735	1533
宿州市	–	–	802	1469	703	3205	1864	2342	3023	340	1351	3377	2111
随州市	1308	326	599	830	2289	688	2841	4140	–	591	227	228	834
台州市	4635	3243	900	2666	1871	8899	4520	4661	5069	4189	8922	1496	4790
泰安市	1576	375	3914	375	2617	3807	5453	4258	3385	3172	5127	4346	3233
泰州市	358	1309	766	4518	8834	9010	8473	4943	11899	1099	5733	6277	5990
唐山市	866	2537	2605	488	12958	1375	1399	968	249	2298	2137	1381	1595
铁岭市	–	–	–	–	–	257	–	–	234	–	–	811	528
通化市	518	–	2791	586	479	1323	1670	371	501	–	–	233	643
威海市	1012	1482	2137	1461	1260	2356	1575	3052	1030	2345	1655	2454	1886
潍坊市	2778	3873	2028	3403	3903	2796	4423	2974	3092	3107	2998	1792	2730
乌兰察布市	415	–	319	–	–	–	–	–	–	–	2700	–	455
芜湖市	383	1441	2273	3035	276	229	2350	239	482	2737	449	135	1372
咸阳市	–	–	–	455	3996	6708	–	2647	7587	8621	3675	6508	5067
湘潭市	336	1567	5472	2500	3807	3303	4432	4255	4800	3016	641	2400	3051
襄阳市	3030	3115	2950	238	1807	2859	3734	681	5029	2548	1328	3969	2820
新乡市	4764	2611	5610	4868	–	338	1185	385	360	391	3444	4037	2378
信阳市	916	413	3021	–	355	3608	1495	1121	5216	3262	10500	5871	3078
徐州市	2466	3038	775	4275	204	9804	566	226	338	2060	3915	208	3595

1-6 续表 5 单位：元 / 平方米

城市	1月	2月	3月	4月	5月	6月	7月	8月	9月	10月	11月	12月	汇总
宣城市	168	168	859	168	2958	225	225	225	170	–	–	4068	1998
烟台市	1232	3530	1848	1903	1492	1675	1678	1783	1755	2784	3584	3232	2325
盐城市	10938	6818	6570	6515	13420	16961	9673	5888	2323	195	1584	2299	6896
扬州市	276	233	270	5825	336	5800	257	6170	8346	224	7941	6842	5814
阳江市	681	900	343	–	856	646	1417	1805	377	2196	2271	4051	1825
伊春市	–	216	192	128	–	–	319	–	–	208	348	327	290
宜宾市	4251	4659	1864	5156	5090	1247	679	3096	5466	4354	1508	936	2828
宜昌市	1573	2999	1406	1485	303	1360	587	293	5157	6635	415	2383	2435
宜春市	909	421	–	1058	225	1683	1172	1136	4305	1470	890	1923	1462
鹰潭市	870	1437	585	583	1786	–	2844	3903	1089	3693	2108	1699	1915
营口市	2157	2048	2105	3115	1117	288	1664	318	1789	378	210	382	1481
玉溪市	590	–	4086	–	–	1769	–	1062	–	3391	614	3325	2777
岳阳市	1972	4564	2788	2117	389	1578	3374	898	601	1711	2143	2386	1958
云浮市	467	365	353	230	275	308	255	–	1939	353	–	736	559
湛江市	467	768	1970	1975	6830	1331	2227	4620	4156	3139	1455	2928	2009
张家界市	2491	–	–	–	961	268	1104	3175	1185	1992	1824	1942	1636
漳州市	448	199	6375	1346	3729	5252	411	420	1950	4972	490	3217	2927
肇庆市	3173	402	3483	1033	654	1728	1801	984	2210	428	1282	2719	1903
镇江市	–	317	6988	–	423	414	402	363	9955	429	498	4126	3757
中山市	2104	13787	1275	817	1014	9955	19776	–	12405	916	10250	992	6436
舟山市	679	779	–	1800	9172	3758	–	7674	8914	3631	3384	3862	4628
珠海市	7477	2769	3955	32883	13256	409	300	1288	10370	13818	2281	17972	6205
株洲市	2401	898	1684	1560	3297	3875	2045	3939	3663	1125	2439	4074	2998
淄博市	482	648	3065	3536	722	4531	807	2118	2487	1835	4280	4529	3128
自贡市	2003	195	–	373	2980	2569	2191	190	–	4059	7500	1935	1919
遵义市	1494	620	1103	1902	980	1184	1657	386	988	888	1759	1593	1489
县及县级市													
保亭黎族苗族自治县	1363	958	–	–	610	–	–	–	–	–	1017	–	975
滨海县	269	322	226	2547	3691	341	5463	–	2158	6529	5170	1855	2433
常熟市	1657	377	370	4136	5124	2651	10249	431	7846	3690	581	6493	3974
长沙县	4435	2568	2182	1418	7322	4163	1446	6476	2735	6902	6461	2105	5073
长兴县	2045	2812	1230	997	5024	1588	591	4432	1394	559	2795	1857	2155
崇州市	5250	120	750	–	3675	2379	–	2300	–	2250	70	235	2044
淳安县	6793	1109	–	388	1990	776	5030	2219	401	5402	419	–	2707
慈溪市	771	3474	9658	10762	717	793	456	338	9383	673	766	931	3373

1-6　续表6　　单位：元 / 平方米

城市	1月	2月	3月	4月	5月	6月	7月	8月	9月	10月	11月	12月	汇总
丹阳市	2772	–	436	5595	5839	409	4206	7973	–	486	4897	4357	4335
当涂县	1702	193	1886	1492	2977	252	–	213	1440	205	674	582	966
德清县	685	930	726	3525	6325	2487	1810	2869	7382	6546	4231	2258	3208
东港市	7260	148	312	–	170	795	–	–	1648	–	–	221	703
东台市	247	4878	372	8686	1404	5477	2399	–	11782	4209	20250	369	3789
都江堰市	–	–	–	4627	108	1589	–	8431	–	–	–	5176	5181
恩施土家族苗族自治州	544	1454	3000	658	660	–	2362	194	225	3605	1133	161	958
肥东县	–	–	6043	–	882	9775	1200	10200	–	13305	–	–	7712
肥西县	9551	–	183	206	–	843	5157	15194	8810	–	–	854	5492
盖州市	1556	1345	–	–	–	–	608	–	–	–	1032	220	841
高碑店市	2362	–	2566	1494	–	511	–	402	1141	2837	–	3360	2088
固安县	–	–	5871	873	–	4093	3373	1718	2471	1012	681	1772	2882
海安市	3911	1102	6039	5633	748	8288	265	7815	5603	8403	1992	1162	4602
海宁市	1506	2987	10255	562	7980	744	5845	1012	3096	5992	779	4387	3478
海盐县	11560	525	4644	3232	5400	5235	2515	9408	1106	525	3632	791	2887
惠安县	285	3094	5900	–	–	308	5415	519	–	335	1366	4525	2646
惠东县	1189	–	–	3543	608	4030	941	730	1112	563	5098	800	1584
嘉善县	7241	935	727	572	6172	5735	2409	5600	5388	643	541	5157	4274
建德市	2282	9973	323	14725	1518	1563	303	9543	389	310	360	–	3044
建湖县	2047	205	229	4500	2017	2387	3621	205	–	246	–	2431	2291
江阴市	4713	25179	590	1671	5176	7829	197	10200	–	6555	5801	3264	4526
胶州市	253	4540	209	835	980	1945	1809	1116	1212	449	770	2470	1563
晋江市	2748	1488	737	1149	6565	1912	4772	–	1983	5298	2309	5768	3666
靖江市	1188	–	1027	–	6142	377	–	312	1530	5258	2628	600	2055
昆山市	295	–	3511	6698	7140	13350	4764	23656	–	6099	2598	6447	5929
莱西市	–	2129	792	739	–	–	339	769	317	337	493	355	799
莱州市	9561	1957	5193	2303	6207	4470	3709	2908	248	–	482	–	2063
临海市	694	–	5553	439	12084	–	–	9244	–	2206	2579	2038	3516
陵水黎族自治县	3539	–	–	22080	–	–	–	–	2775	792	–	–	4225
浏阳市	1216	1602	3600	1244	477	1676	311	2324	2782	354	1802	1911	1397
龙口市	1467	1690	1737	2427	–	747	588	383	2340	1360	366	699	628
龙门县	754	381	499	525	1030	491	2039	521	–	3105	528	–	875
闽侯县	–	402	8180	14459	7919	2105	8618	–	7229	8020	10003	23458	9321
南安市	7199	531	2559	–	482	466	396	5898	503	3018	3766	4197	2841
宁海县	2667	1105	4551	412	437	435	2930	1072	2368	571	2048	567	1760

1-6 续表 7　　单位：元 / 平方米

城市	1 月	2 月	3 月	4 月	5 月	6 月	7 月	8 月	9 月	10 月	11 月	12 月	汇总
沛县	–	215	751	2040	256	3769	2005	2020	–	–	1011	4975	2781
彭州市	98	825	–	–	153	–	1470	–	7546	120	4370	3147	2152
邳州市	1192	–	315	1350	3968	4923	4650	300	341	7477	6069	3305	3148
平度市	176	–	962	758	176	2238	2875	2632	1112	–	198	853	1021
平湖市	6405	921	15386	2600	4914	1504	2720	919	2205	3849	1386	748	3198
蒲江县	96	–	6008	4275	1554	2759	–	–	1423	–	–	96	1838
普宁市	–	–	909	2872	–	–	489	–	6650	–	755	–	1124
启东市	2493	3576	1113	894	1977	4902	2953	263	3179	468	6727	9310	4025
潜江市	2533	–	516	143	1014	367	143	278	143	1621	3485	2742	1484
荣成市	–	–	1398	368	1032	571	2398	1917	330	2365	1834	4345	2234
如东县	763	281	5655	4020	279	1018	7204	4775	4377	7835	4610	1757	3980
瑞安市	1001	9760	3095	12517	2442	918	6062	651	5048	25079	21673	3900	8377
嵊州市	1511	–	368	4642	401	403	962	503	402	719	5662	6140	2509
太仓市	3616	–	5557	2157	8781	300	5418	4328	–	1455	15692	5530	6137
泰兴市	1625	1387	525	814	479	6096	7212	–	7116	2237	6680	858	3766
天门市	405	136	115	122	137	153	129	145	872	128	128	131	238
桐庐县	4965	829	6945	6577	513	6588	2498	1090	922	–	619	5833	3433
桐乡市	3952	810	6938	428	4997	2925	3543	515	3365	14014	868	2567	3218
瓦房店市	1974	–	361	380	–	392	–	2588	2877	182	390	407	590
文安县	3492	–	627	–	–	2468	–	1557	–	–	–	709	1805
文昌市	536	2760	1384	1528	600	2554	777	533	768	–	2337	2993	1597
仙桃市	263	254	207	207	3676	1389	207	207	241	210	228	229	936
香河县	–	959	–	4684	5850	–	–	3334	–	–	3333	–	2554
象山县	1994	1221	890	541	–	6021	543	2480	589	541	609	435	1247
新沂市	1752	1389	305	1912	913	5095	4200	144	5250	193	670	209	1137
兴化市	2385	278	1297	278	536	–	7166	–	2797	1041	2247	2825	2658
宜兴市	2378	1222	677	4793	363	462	5443	843	2475	10658	651	3908	2529
义乌市	6623	15755	3251	16508	24818	20325	13569	7511	26828	20464	5138	1949	14773
永登县	243	1544	2130	–	288	550	404	621	747	2039	1575	239	771
余姚市	1015	3593	2424	10860	8398	4868	837	1419	1608	3508	1018	619	2175
张家港市	596	1852	11289	4373	2196	16307	662	1968	1090	2164	797	1469	2974
诸暨市	698	3853	822	7720	4950	7104	3131	532	2539	734	899	751	3558
庄河市	555	–	–	303	–	–	–	–	898	–	–	–	612

数据来源：中指数据库监测。

第二章

2021年全国300城土地成交情况

2-1　2021 年全国 300 城土地成交统计

城市	成交土地宗数（宗）	成交建设用地面积（万平方米）	成交规划建筑面积（万平方米）	成交土地均价（元 / 平方米）	成交楼面均价（元 / 平方米）	土地出让金（亿元）	平均溢价率（%）
一线城市							
北京市	121	698.26	1229.55	33558	19058	2343.26	5.68
上海市	471	2084.80	4360.59	15938	7608	3322.71	3.73
广州市	284	1162.36	3819.71	21716	6607	2524.20	5.12
深圳市	89	524.37	1251.27	21371	8956	1120.65	9.69
二线城市							
长春市	274	1527.20	2260.52	3783	2550	577.67	1.31
长沙市	212	1191.34	2827.58	6912	2912	823.47	4.51
成都市	308	1441.48	3510.76	11198	4595	1614.19	4.53
重庆市	262	1559.03	2583.96	8209	4932	1279.80	19.57
大连市	156	610.27	855.96	4238	3020	258.65	7.01
福州市	104	344.58	657.79	15199	7962	523.72	13.00
贵阳市	174	985.02	2581.60	6494	2478	639.65	3.81
哈尔滨市	82	426.13	639.79	3897	2596	166.08	3.37
海口市	68	159.39	347.15	5657	2597	90.17	7.78
杭州市	431	1530.12	3999.17	20154	7711	3083.75	17.08
合肥市	117	718.33	1221.29	9220	5423	662.31	11.03
呼和浩特市	49	145.50	262.03	4460	2476	64.89	8.07
济南市	579	2288.52	4254.84	3872	2083	886.14	3.44
昆明市	116	499.64	761.94	2446	1556	122.20	4.56
兰州市	55	197.33	460.68	2246	962	44.33	1.76
南昌市	57	342.50	705.22	4813	2337	164.83	18.41
南京市	363	1225.27	2669.27	17256	7921	2114.36	11.13
南宁市	135	660.54	1685.22	4802	1882	317.22	23.21
宁波市	205	750.34	1616.40	10815	5020	811.47	18.13
青岛市	481	1334.01	2403.74	5181	2875	691.18	0.71
三亚市	28	78.42	142.84	9122	5008	71.53	3.17
沈阳市	216	1155.51	1723.87	3899	2614	450.57	5.16
石家庄市	180	551.96	1379.55	4817	1927	265.88	3.42
苏州市	310	1330.53	2893.87	10689	4915	1422.23	4.44
太原市	108	458.31	1107.13	3374	1397	154.61	16.67
天津市	287	1853.92	3101.22	6089	3635	1128.82	5.98
温州市	100	425.62	1112.59	14068	5382	598.74	18.68
乌鲁木齐市	167	973.88	1112.09	1412	1237	137.51	3.05

2-1 续表 1

城市	成交土地宗数（宗）	成交建设用地面积（万平方米）	成交规划建筑面积（万平方米）	成交土地均价（元/平方米）	成交楼面均价（元/平方米）	土地出让金（亿元）	平均溢价率（%）
无锡市	158	635.16	1199.38	14710	7790	934.32	6.72
武汉市	321	2074.75	4234.88	9370	4591	1944.08	6.84
西安市	352	1687.68	3574.47	6531	3084	1102.27	16.65
西宁市	25	165.56	350.47	6301	2976	104.32	5.48
厦门市	60	262.53	708.19	31251	11585	820.43	17.26
银川市	37	261.49	346.77	1555	1173	40.66	21.01
郑州市	200	1197.68	3389.91	7601	2685	910.41	6.69
三四线城市							
安康市	77	224.75	465.41	1784	861	40.09	4.87
安庆市	70	493.06	596.38	1320	1092	65.10	12.44
安顺市	120	407.06	512.31	1062	843	43.21	2.13
安阳市	23	156.85	258.98	2494	1511	39.12	3.11
鞍山市	29	78.05	83.46	613	573	4.78	7.29
百色市	64	98.81	206.91	1252	598	12.37	8.59
包头市	70	439.65	338.14	831	1038	36.52	5.20
宝鸡市	202	716.16	1139.91	914	574	65.45	1.49
保定市	184	647.38	1484.29	4395	1917	284.54	5.11
北海市	25	127.49	267.81	2815	1340	35.88	1.40
本溪市	38	117.36	120.07	1281	1253	15.04	1.39
蚌埠市	59	319.31	416.69	2052	1573	65.53	27.78
滨州市	271	910.83	1407.19	2130	1378	194.00	4.04
沧州市	31	105.31	159.76	3662	2414	38.57	9.63
常德市	112	350.36	635.01	1963	1083	68.76	1.59
常州市	261	1019.54	2216.18	7774	3576	792.55	11.14
朝阳市	53	239.67	298.13	937	754	22.47	0.67
潮州市	28	93.77	337.56	1434	398	13.45	0.01
郴州市	64	261.06	464.78	1583	889	41.33	2.32
承德市	25	76.63	114.65	1837	1228	14.08	0.43
池州市	72	330.96	408.25	877	711	29.02	28.61
崇左市	29	242.43	256.51	321	304	7.79	0.98
滁州市	83	490.13	779.86	3052	1918	149.60	37.99
大庆市	23	174.68	137.51	267	340	4.67	0.28
丹东市	27	111.09	185.31	2052	1230	22.79	0
德阳市	139	416.60	573.09	1084	786	45.18	5.74
德州市	94	272.40	411.44	3101	2053	84.47	19.27

2-1　续表 2

城市	成交土地宗数（宗）	成交建设用地面积（万平方米）	成交规划建筑面积（万平方米）	成交土地均价（元 / 平方米）	成交楼面均价（元 / 平方米）	土地出让金（亿元）	平均溢价率（%）
东莞市	119	546.74	1562.42	11977	4191	654.86	20.05
东营市	146	635.22	663.11	824	786	52.33	11.88
鄂尔多斯市	23	121.90	156.45	608	473	7.41	4.32
鄂州市	87	281.31	475.08	2212	1310	62.21	14.53
佛山市	185	838.73	2574.83	11177	3641	937.48	16.59
抚顺市	21	76.09	95.01	1211	970	9.21	17.25
阜新市	23	73.60	80.27	551	505	4.06	1.59
阜阳市	39	339.11	525.83	2505	1616	84.95	36.77
赣州市	180	689.80	1302.17	1686	887	116.28	11.40
广元市	24	95.54	167.55	3126	1782	29.86	8.43
贵港市	100	299.69	346.84	678	586	20.32	5.08
桂林市	32	156.38	234.68	1040	693	16.26	0.99
邯郸市	196	677.30	983.41	1698	1169	114.97	5.74
河源市	60	164.72	439.93	1765	661	29.07	0.62
菏泽市	228	843.17	1817.66	2607	1210	219.85	1.06
鹤壁市	46	328.75	336.72	676	659	22.21	0.18
鹤岗市	1	0.54	0.38	5	7	0.000	0
衡水市	112	304.49	461.83	1396	920	42.49	7.54
葫芦岛市	45	153.70	214.81	940	673	14.45	3.07
湖州市	274	1009.45	1783.86	2937	1660	296.51	13.26
怀化市	33	135.38	248.08	1453	793	19.66	4.82
淮安市	143	766.74	1425.18	4025	2165	308.60	18.12
淮北市	46	332.56	434.92	1698	1298	56.46	110.76
淮南市	49	191.36	253.94	1552	1035	29.70	2.85
黄石市	72	287.04	469.85	1994	1218	57.23	0.93
惠州市	208	775.55	2024.78	2774	1061	215.13	4.83
鸡西市	11	46.97	40.89	264	303	1.24	0
吉林市	48	204.38	209.53	1134	1106	23.17	0.14
济宁市	114	493.79	740.56	3910	2607	193.10	5.73
嘉兴市	91	333.18	704.34	7960	3765	265.20	21.42
江门市	101	476.97	1063.62	3193	1430	152.28	6.88
焦作市	31	139.30	211.27	1909	1258	26.59	0.02
揭阳市	15	53.73	115.51	1785	830	9.59	6.56
金华市	112	439.65	980.39	7310	3278	321.37	27.81
锦州市	13	60.07	70.57	1275	1085	7.66	12.62
荆门市	150	605.44	689.66	513	450	31.05	1.70

2-1 续表 3

城市	成交土地宗数（宗）	成交建设用地面积（万平方米）	成交规划建筑面积（万平方米）	成交土地均价（元 / 平方米）	成交楼面均价（元 / 平方米）	土地出让金（亿元）	平均溢价率（%）
荆州市	104	708.49	837.55	485	410	34.33	4.88
景德镇市	56	243.71	482.05	5174	2616	126.09	0.78
九江市	136	655.56	845.44	1791	1389	117.44	10.76
开封市	122	463.57	818.93	2234	1264	103.54	1.09
拉萨市	1	3.63	3.63	16334	16334	5.92	0
廊坊市	59	227.57	497.09	3397	1555	77.32	2.70
乐山市	66	270.45	541.86	1244	621	33.64	13.32
丽江市	26	64.53	85.88	621	467	4.01	0.72
丽水市	55	209.92	313.86	5284	3534	110.91	18.96
连云港市	82	548.60	677.99	1964	1589	107.73	14.93
聊城市	124	501.39	887.89	3076	1737	154.24	9.63
临沂市	131	600.93	1077.57	3873	2160	232.72	6.48
柳州市	155	672.55	1407.86	2352	1123	158.21	6.89
六盘水市	137	442.32	818.29	1592	861	70.42	0.37
龙岩市	59	209.77	425.66	4158	2049	87.22	28.62
泸州市	48	264.05	577.35	2072	948	54.72	11.97
六安市	154	593.02	760.28	1399	1091	82.96	33.59
洛阳市	116	525.99	943.28	3032	1691	159.47	3.97
漯河市	60	256.22	399.93	1317	844	33.73	6.55
马鞍山市	38	220.61	353.68	4385	2735	96.74	41.29
茂名市	56	258.23	726.23	2364	841	61.05	1.56
眉山市	166	518.36	823.84	2261	1419	117.20	7.03
梅州市	42	159.76	277.07	1616	932	25.82	1.61
绵阳市	63	267.88	680.96	3376	1328	90.45	18.91
牡丹江市	7	27.62	57.42	1920	924	5.30	18.77
南充市	42	169.39	266.99	2365	1500	40.05	15.22
南平市	47	226.46	548.50	1606	663	36.37	6.16
南通市	340	1520.56	2570.59	5230	3094	795.27	5.23
南阳市	60	213.87	425.91	2530	1270	54.12	21.78
内江市	48	300.56	526.03	1962	1121	58.97	8.37
宁德市	21	81.04	206.90	4453	1744	36.09	7.16
攀枝花市	28	153.30	249.08	1860	1145	28.52	3.48
平顶山市	23	111.97	226.77	2454	1212	27.47	8.70
萍乡市	78	227.85	574.52	2127	844	48.46	0.13
莆田市	35	205.68	508.37	6148	2488	126.46	8.29
濮阳市	43	185.53	305.91	2610	1580	48.41	8.46
普洱市	25	72.76	109.05	1391	928	10.12	0

2-1　续表 4

城市	成交土地宗数（宗）	成交建设用地面积（万平方米）	成交规划建筑面积（万平方米）	成交土地均价（元 / 平方米）	成交楼面均价（元 / 平方米）	土地出让金（亿元）	平均溢价率（%）
齐齐哈尔市	29	142.80	122.30	447	522	6.38	5.28
钦州市	97	484.75	1060.19	1068	488	51.77	0.59
秦皇岛市	78	275.16	359.31	1315	1007	36.19	0.89
清远市	93	264.19	744.55	1678	595	44.34	6.84
衢州市	99	425.23	534.12	3470	2762	147.54	13.80
曲靖市	33	101.39	123.26	726	597	7.36	0.08
泉州市	38	162.10	323.47	3024	1515	49.02	10.09
日照市	155	648.00	780.41	2136	1774	138.42	8.39
三明市	63	219.53	571.78	1492	573	32.76	16.08
汕头市	95	227.99	834.28	6311	1725	143.89	20.72
汕尾市	21	59.51	168.40	4385	1550	26.10	0.99
商洛市	10	19.93	51.91	4536	1742	9.04	40.15
商丘市	65	331.69	833.40	2821	1123	93.57	1.12
上饶市	309	835.24	1415.96	2237	1320	186.87	20.24
韶关市	90	443.01	624.26	849	602	37.60	1.24
绍兴市	164	685.61	1217.50	7767	4374	532.53	20.15
十堰市	98	254.86	398.57	1174	751	29.93	24.52
朔州市	39	174.04	222.73	805	628	14.01	1.74
松原市	12	43.41	51.28	833	705	3.62	0.28
宿迁市	116	978.14	1149.74	1460	1242	142.78	28.51
宿州市	62	273.15	435.24	2413	1514	65.91	47.92
随州市	60	153.28	220.19	965	672	14.80	5.31
台州市	96	441.58	982.92	4995	2244	220.56	19.75
泰安市	68	273.53	357.92	3091	2362	84.54	0.72
泰州市	68	319.29	563.11	6556	3718	209.34	18.75
唐山市	190	816.55	1300.98	1594	1000	130.18	0.46
铁岭市	5	9.68	12.90	648	487	0.63	0
通化市	11	29.13	29.91	899	876	2.62	0
威海市	269	1152.84	1532.54	1860	1399	214.46	0.93
潍坊市	211	943.22	2097.69	3136	1410	295.80	9.63
乌兰察布市	6	26.91	22.63	339	403	0.91	0
芜湖市	192	916.31	1199.12	2105	1609	192.91	50.19
咸阳市	80	425.85	820.34	2710	1407	115.40	0.13
湘潭市	56	319.00	632.26	2800	1413	89.32	0.30
襄阳市	99	465.97	760.66	2668	1634	124.33	2.61
新乡市	39	163.19	336.78	1838	891	30.00	8.26

2-1 续表 5

城市	成交土地宗数（宗）	成交建设用地面积（万平方米）	成交规划建筑面积（万平方米）	成交土地均价（元/平方米）	成交楼面均价（元/平方米）	土地出让金（亿元）	平均溢价率（%）
信阳市	36	148.85	295.90	3167	1593	47.14	1.55
徐州市	204	967.75	1625.44	4761	2834	460.72	32.95
宣城市	78	292.39	405.06	1849	1335	54.07	9.81
烟台市	133	757.16	961.05	2421	1904	183.32	0.50
盐城市	99	483.72	936.65	8926	4608	431.76	29.01
扬州市	149	625.66	1075.24	6546	3809	409.56	15.81
阳江市	64	139.27	205.44	1854	1257	25.82	19.71
伊春市	6	45.35	38.25	296	343	1.34	0
宜宾市	76	404.57	702.60	2969	1710	120.11	9.84
宜昌市	92	524.10	804.47	2060	1342	107.99	1.69
宜春市	85	403.69	577.54	1567	1095	63.24	23.09
鹰潭市	79	207.32	350.22	1881	1113	39.00	16.04
营口市	105	368.58	481.21	1462	1120	53.89	0.27
玉溪市	25	92.97	176.20	2787	1470	25.91	2.13
岳阳市	182	783.48	1065.53	2118	1558	165.97	2.18
云浮市	29	126.94	153.99	425	351	5.40	1.03
湛江市	62	550.16	959.54	1451	832	79.84	8.06
张家界市	34	173.78	350.49	2377	1178	41.30	32.21
漳州市	122	372.17	956.96	2973	1156	110.66	21.29
肇庆市	157	498.82	1142.23	1942	848	96.89	0.36
镇江市	69	296.19	592.43	3671	1835	108.73	5.44
中山市	65	324.95	923.20	6485	2282	210.72	2.43
舟山市	52	182.36	318.20	4649	2664	84.78	6.38
珠海市	73	354.26	846.80	6863	2871	243.12	9.48
株洲市	120	496.31	1015.30	2980	1457	147.91	1.91
淄博市	167	623.74	1117.97	2776	1549	173.13	0.82
自贡市	48	235.74	286.38	1560	1290	36.94	8.02
遵义市	342	1361.39	2659.10	1386	708	188.68	0.17
县及县级市							
保亭黎族苗族自治县	5	6.06	3.30	815	1500	0.49	0.23
滨海县	69	264.26	380.05	2411	1676	63.71	6.46
常熟市	90	311.78	529.77	3144	1850	98.02	4.56
长沙县	89	336.07	712.69	4647	2191	156.17	2.68
长兴县	217	445.86	640.40	2218	1544	98.90	20.18

2-1　续表 6

城市	成交土地宗数（宗）	成交建设用地面积（万平方米）	成交规划建筑面积（万平方米）	成交土地均价（元 / 平方米）	成交楼面均价（元 / 平方米）	土地出让金（亿元）	平均溢价率（%）
崇州市	23	59.20	157.33	2780	1046	16.46	14.62
淳安县	40	57.83	71.94	3121	2509	18.05	15.94
慈溪市	126	349.58	677.96	3692	1904	129.07	31.42
丹阳市	107	257.08	472.92	4357	2368	112.01	1.54
当涂县	48	176.22	234.44	1150	865	20.27	29.04
德清县	113	296.13	486.92	2783	1692	82.40	15.05
东港市	52	98.89	140.57	632	445	6.25	0.01
东台市	34	159.20	264.59	6337	3813	100.87	18.10
都江堰市	32	123.34	207.50	4110	2443	50.70	0
恩施土家族苗族自治州	60	103.14	169.75	1496	908	15.42	7.24
肥东县	57	242.34	275.64	2237	1967	54.21	23.97
肥西县	31	151.62	237.52	5756	3674	87.27	22.74
盖州市	38	73.45	112.40	706	462	5.19	0
高碑店市	51	37.67	80.51	1963	918	7.40	0.52
固安县	46	154.37	249.64	3227	1996	49.82	18.46
海安市	154	257.87	479.65	4627	2488	119.32	11.83
海宁市	101	315.01	714.38	4197	1851	132.21	13.60
海盐县	56	212.54	385.22	3189	1759	67.78	10.91
惠安县	70	250.03	620.75	3246	1308	81.17	21.73
惠东县	26	94.28	227.77	1498	620	14.12	12.91
嘉善县	78	224.12	559.80	4404	1763	98.70	6.52
建德市	59	129.38	218.67	3733	2208	48.29	26.05
建湖县	53	132.69	224.02	2780	1646	36.88	15.70
江阴市	68	357.20	468.63	4704	3585	168.02	4.50
胶州市	140	400.00	686.92	1414	823	56.56	0.02
晋江市	102	271.36	666.80	4218	1717	114.46	14.12
靖江市	68	308.45	525.75	2151	1262	66.34	12.21
昆山市	93	294.16	573.53	6017	3086	177.01	3.20
莱西市	81	345.74	444.41	776	604	26.84	0
莱州市	27	42.98	64.57	2107	1403	9.06	0
临海市	35	154.16	291.53	4288	2268	66.11	24.02
陵水黎族自治县	6	21.14	42.74	4097	2026	8.66	6.59
浏阳市	191	641.73	1362.94	1490	702	95.63	2.83
龙口市	52	711.50	464.61	759	1162	53.98	17.70
龙门县	31	66.47	224.66	535	158	3.56	0.35

2-1 续表 7

城市	成交土地宗数（宗）	成交建设用地面积（万平方米）	成交规划建筑面积（万平方米）	成交土地均价（元/平方米）	成交楼面均价（元/平方米）	土地出让金（亿元）	平均溢价率（%）
闽侯县	24	73.52	140.92	8000	4174	58.82	18.41
南安市	44	182.43	495.46	2832	1043	51.66	8.25
宁海县	64	220.10	508.15	2170	940	47.76	23.21
沛县	74	248.65	462.39	3018	1623	75.03	8.49
彭州市	41	117.27	233.52	1942	975	22.77	0.93
邳州市	106	375.09	675.62	3808	2114	142.82	9.30
平度市	80	223.39	290.73	1060	815	23.69	0.78
平湖市	75	229.15	365.13	3495	2192	80.08	11.49
蒲江县	33	73.65	174.12	1030	435	7.58	0.57
普宁市	16	22.24	48.73	1086	495	2.41	0.09
启东市	130	371.84	572.76	4150	2694	154.32	8.21
潜江市	54	210.95	477.32	837	370	17.65	4.56
荣成市	159	304.37	425.82	1925	1376	58.61	0
如东县	123	390.55	726.54	4792	2576	187.16	8.47
瑞安市	48	118.34	308.97	6942	2659	82.15	19.07
嵊州市	72	214.52	537.59	2850	1137	61.15	12.36
太仓市	84	233.85	475.28	6245	3073	146.05	4.12
泰兴市	85	327.01	686.08	3760	1792	122.96	0.73
天门市	96	186.91	207.99	346	311	6.47	4.08
桐庐县	55	114.41	183.21	4037	2521	46.19	18.46
桐乡市	93	205.72	567.39	4135	1499	85.07	19.04
瓦房店市	38	172.85	150.61	537	616	9.28	0.05
文安县	49	151.00	248.40	1385	842	20.91	0.23
文昌市	20	71.13	107.64	1520	1004	10.81	1.33
仙桃市	75	376.58	564.75	1002	668	37.74	4.30
香河县	16	42.52	71.80	2269	1344	9.65	0.48
象山县	94	291.34	496.70	1343	788	39.13	10.59
新沂市	88	206.02	252.48	1307	1067	26.93	19.07
兴化市	43	153.11	267.71	3572	2043	54.69	43.30
宜兴市	95	362.42	430.76	2762	2324	100.11	16.45
义乌市	128	385.76	879.04	16434	7212	633.96	19.25
永登县	118	850.51	892.61	746	710	63.41	0.71
余姚市	95	385.12	719.26	3167	1696	121.98	24.38
张家港市	137	475.22	1219.05	2763	1077	131.32	3.83
诸暨市	118	244.48	388.03	4270	2690	104.39	19.08
庄河市	10	26.75	36.22	621	458	1.66	3.20

数据来源：中指数据库监测。

2-2　2021年全国300城土地成交宗数统计

单位：宗

城市	1月	2月	3月	4月	5月	6月	7月	8月	9月	10月	11月	12月	汇总
一线城市													
北京市	7	9	2	7	34	4	2	6	7	28	0	15	121
上海市	85	31	10	14	18	69	31	20	21	55	52	65	471
广州市	25	15	28	59	19	9	13	17	29	19	13	38	284
深圳市	2	4	4	0	6	4	7	7	25	4	19	7	89
二线城市													
长春市	13	7	29	53	13	70	13	9	6	0	13	48	274
长沙市	15	16	2	19	6	49	11	15	6	23	13	37	212
成都市	31	14	15	9	8	54	9	19	69	14	9	57	308
重庆市	25	12	6	65	11	8	8	14	39	7	14	53	262
大连市	6	5	13	9	6	21	27	16	26	9	4	14	156
福州市	6	13	1	0	29	1	2	4	15	1	0	32	104
贵阳市	2	6	18	10	29	15	7	4	22	7	7	47	174
哈尔滨市	11	8	4	4	4	5	6	10	9	9	3	9	82
海口市	3	3	5	1	6	6	1	4	0	7	9	23	68
杭州市	58	18	6	4	119	4	28	20	19	49	19	87	431
合肥市	4	1	12	8	2	27	5	1	23	3	13	18	117
呼和浩特市	2	0	0	0	8	8	0	1	0	0	7	23	49
济南市	28	8	50	11	126	6	8	15	93	48	11	175	579
昆明市	9	3	11	20	13	15	5	9	4	13	1	13	116
兰州市	18	1	0	13	8	0	0	2	4	2	1	6	55
南昌市	3	5	4	8	2	10	4	5	5	3	5	3	57
南京市	30	34	26	30	60	10	15	16	51	10	52	29	363
南宁市	16	8	9	8	7	13	5	15	11	20	2	21	135
宁波市	17	22	25	11	37	16	5	6	12	6	37	11	205
青岛市	26	24	27	23	73	8	16	19	105	24	25	111	481
三亚市	1	2	0	6	2	3	2	2	0	2	1	7	28
沈阳市	0	5	15	36	20	26	1	10	47	9	3	44	216
石家庄市	1	11	13	8	9	23	29	11	12	11	20	32	180
苏州市	10	28	26	11	55	33	2	34	42	2	51	16	310
太原市	3	12	6	5	4	13	19	5	13	4	2	22	108
天津市	18	15	33	7	57	6	24	19	52	11	21	24	287
温州市	6	4	11	12	11	9	11	13	5	6	4	8	100
乌鲁木齐市	1	1	17	0	25	13	33	7	9	25	18	18	167
无锡市	9	3	14	28	9	5	2	38	0	9	35	6	158

2-2 续表1

单位：宗

城市	1月	2月	3月	4月	5月	6月	7月	8月	9月	10月	11月	12月	汇总
武汉市	17	11	13	10	9	89	18	8	16	54	9	67	321
西安市	11	7	24	77	6	46	15	11	19	72	16	48	352
西宁市	4	1	6	2	0	3	0	1	0	2	5	1	25
厦门市	6	0	3	3	7	12	0	4	4	6	1	14	60
银川市	1	1	6	2	1	2	9	2	3	1	4	5	37
郑州市	18	7	20	0	4	59	2	4	5	22	22	37	200
三四线城市													
安康市	5	3	2	21	2	1	5	3	18	7	4	6	77
安庆市	7	3	6	7	3	10	2	5	9	2	7	9	70
安顺市	12	1	11	4	8	4	13	3	1	7	2	54	120
安阳市	1	3	0	3	0	0	1	3	3	2	2	5	23
鞍山市	9	4	3	1	1	5	0	1	0	0	0	5	29
百色市	11	0	2	2	2	9	1	5	2	1	6	23	64
包头市	12	2	8	3	9	5	8	1	5	9	0	8	70
宝鸡市	33	3	43	1	20	7	6	35	10	16	6	22	202
保定市	3	4	23	14	18	23	1	35	4	9	14	36	184
北海市	0	0	0	2	1	1	4	0	0	3	9	5	25
本溪市	1	0	1	3	1	1	2	1	1	4	0	23	38
蚌埠市	1	0	12	1	6	6	7	6	4	2	6	8	59
滨州市	9	17	22	7	5	15	4	7	8	28	24	125	271
沧州市	6	4	6	1	0	5	5	0	0	1	2	1	31
常德市	5	2	8	2	10	16	4	4	3	1	23	34	112
常州市	28	15	15	24	7	13	14	25	32	31	19	38	261
朝阳市	5	2	9	6	6	0	2	3	5	0	12	3	53
潮州市	3	0	9	0	0	0	0	2	4	1	2	7	28
郴州市	1	6	7	3	1	7	10	1	0	8	6	14	64
承德市	5	0	4	1	2	4	2	1	1	1	1	3	25
池州市	3	5	5	7	8	6	9	1	8	6	4	10	72
崇左市	1	0	11	10	0	2	0	2	0	1	0	2	29
滁州市	5	1	17	2	8	0	25	1	2	2	4	16	83
大庆市	4	0	0	3	4	1	2	0	1	3	2	3	23
丹东市	2	1	0	3	0	0	1	0	6	2	1	11	27
德阳市	37	1	12	6	1	1	6	12	2	5	47	9	139
德州市	29	0	5	3	2	0	11	16	0	11	0	17	94
东莞市	13	9	15	16	13	7	9	12	6	8	6	5	119
东营市	14	0	17	8	8	0	37	12	1	20	16	13	146

2-2　续表 2

单位：宗

城市	1月	2月	3月	4月	5月	6月	7月	8月	9月	10月	11月	12月	汇总
鄂尔多斯市	1	2	0	1	1	1	3	2	2	1	3	6	23
鄂州市	9	8	14	9	5	3	9	4	4	4	7	11	87
佛山市	8	12	12	20	16	24	16	18	25	9	10	15	185
抚顺市	3	0	0	3	0	3	5	1	0	3	1	2	21
阜新市	0	0	0	0	1	1	0	0	3	0	0	18	23
阜阳市	0	5	4	3	2	3	3	1	2	4	4	8	39
赣州市	3	6	16	18	8	15	41	24	4	5	8	32	180
广元市	2	3	7	1	2	3	2	0	0	0	4	0	24
贵港市	1	3	12	6	5	8	2	4	4	7	1	47	100
桂林市	3	3	3	0	1	2	2	2	3	2	3	8	32
邯郸市	6	13	13	7	33	5	15	1	34	34	6	29	196
河源市	2	1	22	6	9	6	8	2	0	0	2	2	60
菏泽市	8	18	14	9	12	7	8	10	29	20	28	65	228
鹤壁市	0	2	11	0	0	4	0	0	0	15	0	14	46
鹤岗市	0	0	1	0	0	0	0	0	0	0	0	0	1
衡水市	3	4	17	5	6	9	6	10	14	9	16	13	112
葫芦岛市	6	0	9	2	1	5	0	9	4	3	3	3	45
湖州市	13	35	51	20	23	9	21	14	17	16	19	36	274
怀化市	2	1	1	1	1	7	0	2	7	1	1	9	33
淮安市	9	0	10	31	4	22	18	8	7	6	9	19	143
淮北市	13	0	3	0	0	7	4	0	6	6	0	7	46
淮南市	7	0	9	4	4	0	0	2	3	1	1	18	49
黄石市	6	0	4	12	6	9	4	5	0	2	7	17	72
惠州市	13	25	18	20	16	10	24	18	15	10	20	19	208
鸡西市	1	0	0	0	2	1	0	0	0	5	0	2	11
吉林市	9	2	5	0	12	0	5	4	0	0	0	11	48
济宁市	18	1	0	2	17	25	2	8	8	8	12	13	114
嘉兴市	9	3	21	6	16	3	3	15	3	6	2	4	91
江门市	3	4	6	3	8	14	0	4	5	3	8	43	101
焦作市	5	1	2	1	1	0	0	0	1	4	1	15	31
揭阳市	0	0	1	3	0	0	0	4	0	1	0	6	15
金华市	5	11	5	19	14	5	19	3	4	9	7	11	112
锦州市	3	0	0	3	0	1	0	0	2	2	0	2	13
荆门市	11	24	11	13	16	8	19	4	4	9	7	24	150
荆州市	1	16	14	6	5	10	2	7	1	12	10	20	104
景德镇市	4	0	0	0	0	0	3	7	4	4	12	22	56

2–2 续表 3

单位：宗

城市	1月	2月	3月	4月	5月	6月	7月	8月	9月	10月	11月	12月	汇总
九江市	8	3	19	0	12	5	21	9	12	11	8	28	136
开封市	3	1	1	15	1	10	4	7	0	23	48	9	122
拉萨市	1	0	0	0	0	0	0	0	0	0	0	0	1
廊坊市	0	0	7	2	2	8	6	0	18	0	8	8	59
乐山市	4	0	6	10	2	4	6	4	5	2	6	17	66
丽江市	0	3	0	2	0	0	1	4	7	5	0	4	26
丽水市	1	2	8	3	4	4	5	5	3	8	4	8	55
连云港市	0	2	5	21	9	4	9	5	0	4	9	14	82
聊城市	19	10	11	12	12	12	4	6	11	12	7	8	124
临沂市	20	12	9	14	4	10	12	10	8	10	11	11	131
柳州市	9	6	33	8	2	18	8	4	22	15	5	25	155
六盘水市	8	3	6	5	7	2	2	9	35	25	23	12	137
龙岩市	3	4	5	8	1	2	3	3	3	9	5	13	59
泸州市	5	2	0	4	3	3	1	2	2	8	10	8	48
六安市	23	6	24	12	12	3	13	5	4	8	17	27	154
洛阳市	4	5	10	13	8	25	9	1	10	2	11	18	116
漯河市	0	0	12	6	8	0	8	3	6	7	2	8	60
马鞍山市	2	1	3	3	1	1	6	5	5	2	2	7	38
茂名市	2	3	5	0	3	0	2	5	1	6	5	24	56
眉山市	11	4	0	18	5	24	13	21	9	10	20	31	166
梅州市	1	2	1	6	2	1	16	1	2	3	1	6	42
绵阳市	4	6	5	7	2	5	10	1	9	3	7	4	63
牡丹江市	2	0	0	1	0	2	0	0	0	2	0	0	7
南充市	5	0	8	0	15	0	1	1	2	4	3	3	42
南平市	3	3	2	7	1	0	11	4	5	3	3	5	47
南通市	20	21	28	24	26	52	42	18	6	20	43	40	340
南阳市	1	4	4	3	5	0	6	5	3	5	1	23	60
内江市	2	1	3	1	1	3	4	3	2	4	16	8	48
宁德市	0	1	2	0	1	6	2	1	0	0	3	5	21
攀枝花市	4	0	0	0	0	3	3	2	0	1	1	14	28
平顶山市	2	5	3	1	0	1	4	3	0	0	0	4	23
萍乡市	4	2	3	10	7	6	9	2	1	24	3	7	78
莆田市	6	3	3	3	1	4	2	3	1	3	5	1	35
濮阳市	2	0	5	7	6	1	2	2	11	1	0	6	43
普洱市	0	0	0	1	0	5	0	0	5	1	8	5	25
齐齐哈尔市	0	2	0	4	0	3	3	0	3	5	3	6	29

2-2 续表4

单位：宗

城市	1月	2月	3月	4月	5月	6月	7月	8月	9月	10月	11月	12月	汇总
钦州市	13	6	0	10	0	4	1	4	8	7	3	41	97
秦皇岛市	7	0	9	10	4	4	10	6	6	5	5	12	78
清远市	8	0	8	0	2	8	1	15	18	6	14	13	93
衢州市	6	3	9	5	9	7	9	9	13	7	7	15	99
曲靖市	1	2	7	3	1	3	0	2	0	1	4	9	33
泉州市	5	3	1	0	9	0	1	0	1	2	6	10	38
日照市	6	4	5	14	8	25	18	11	13	11	17	23	155
三明市	2	5	5	4	4	1	3	1	9	5	13	11	63
汕头市	11	9	17	11	6	5	7	6	13	2	3	5	95
汕尾市	0	0	3	5	0	0	4	4	0	1	0	4	21
商洛市	0	0	0	2	0	0	3	0	2	0	0	3	10
商丘市	4	7	1	3	13	7	18	1	2	0	3	6	65
上饶市	35	15	21	15	46	66	17	16	15	13	14	36	309
韶关市	6	0	6	13	8	2	9	7	9	3	5	22	90
绍兴市	24	6	18	18	18	15	12	13	10	4	11	15	164
十堰市	14	6	0	1	14	5	4	9	17	6	14	8	98
朔州市	4	3	5	1	1	2	5	1	8	1	3	5	39
松原市	0	1	4	2	0	0	1	1	2	0	1	0	12
宿迁市	25	0	4	3	26	5	12	13	9	7	3	9	116
宿州市	0	0	3	8	13	10	8	1	3	5	7	4	62
随州市	2	3	9	4	0	6	4	4	1	18	6	3	60
台州市	6	8	12	5	7	6	6	6	8	11	12	9	96
泰安市	6	1	2	15	5	10	5	7	1	5	6	5	68
泰州市	2	4	12	4	5	4	9	7	3	1	4	13	68
唐山市	24	9	11	13	12	14	6	8	18	11	18	46	190
铁岭市	0	0	0	0	0	0	0	0	2	0	0	3	5
通化市	2	0	1	0	2	1	2	0	3	0	0	0	11
威海市	28	19	8	16	25	13	9	38	17	12	23	61	269
潍坊市	17	22	9	16	12	9	5	12	13	14	28	54	211
乌兰察布市	0	4	2	0	0	0	0	0	0	0	0	0	6
芜湖市	16	14	27	22	13	10	15	6	13	21	29	6	192
咸阳市	5	0	0	4	4	4	0	11	13	0	19	20	80
湘潭市	2	5	5	0	6	6	8	4	4	5	3	8	56
襄阳市	3	8	9	4	3	4	12	8	2	6	13	27	99
新乡市	2	2	4	0	1	1	4	3	1	12	1	8	39
信阳市	3	0	2	0	3	7	4	2	6	3	3	3	36
徐州市	30	15	17	20	11	29	1	9	4	8	49	11	204

2-2 续表 5 单位：宗

城市	1月	2月	3月	4月	5月	6月	7月	8月	9月	10月	11月	12月	汇总
宣城市	10	5	9	4	7	1	2	4	7	9	0	20	78
烟台市	20	4	8	7	2	15	6	16	12	8	9	26	133
盐城市	7	9	8	16	14	8	10	10	8	2	3	4	99
扬州市	14	3	2	17	7	21	4	8	10	8	22	33	149
阳江市	0	4	5	0	2	4	11	3	3	5	11	16	64
伊春市	0	0	1	1	0	0	0	2	0	1	0	1	6
宜宾市	11	5	14	5	11	1	3	5	12	2	0	7	76
宜昌市	2	2	10	0	14	2	10	1	9	10	10	22	92
宜春市	7	8	0	8	1	2	13	6	2	5	15	18	85
鹰潭市	5	2	6	4	10	0	10	4	8	6	11	13	79
营口市	11	7	13	2	7	7	20	4	10	10	1	13	105
玉溪市	3	0	1	0	0	2	0	6	0	3	7	3	25
岳阳市	21	10	7	14	1	12	15	4	4	9	8	77	182
云浮市	2	5	0	2	2	5	2	0	1	1	2	7	29
湛江市	7	1	4	2	3	8	7	5	3	1	11	10	62
张家界市	2	0	0	0	1	0	5	2	0	1	8	15	34
漳州市	4	1	9	8	6	19	13	3	8	4	20	27	122
肇庆市	6	8	9	9	10	31	9	10	8	4	14	39	157
镇江市	3	0	14	2	10	5	6	3	11	2	1	12	69
中山市	4	8	2	12	2	11	0	0	4	0	13	9	65
舟山市	5	0	4	0	5	11	0	2	9	5	5	6	52
珠海市	8	5	14	3	4	6	4	1	4	8	10	6	73
株洲市	7	0	14	5	12	8	9	4	1	0	4	56	120
淄博市	22	1	6	12	10	5	8	11	10	16	27	39	167
自贡市	10	0	1	7	2	8	1	4	0	5	0	10	48
遵义市	11	21	14	9	8	20	7	4	5	25	66	152	342
县及县级市													
保亭黎族苗族自治县	0	0	0	0	3	0	0	0	0	0	0	2	5
滨海县	2	5	11	6	7	1	2	1	7	4	5	18	69
常熟市	8	5	11	16	10	12	2	2	4	3	12	5	90
长沙县	10	6	5	1	10	12	6	3	15	4	9	8	89
长兴县	18	20	38	4	40	15	4	6	7	10	18	37	217
崇州市	5	0	5	0	1	1	4	1	3	1	2	0	23
淳安县	6	3	1	2	6	1	7	2	6	0	3	3	40
慈溪市	19	10	3	16	3	26	16	5	5	13	4	6	126

2-2　续表6　　　　单位：宗

城市	1月	2月	3月	4月	5月	6月	7月	8月	9月	10月	11月	12月	汇总
丹阳市	17	0	2	3	19	7	5	19	0	0	1	34	107
当涂县	1	2	7	1	3	5	0	4	9	1	10	5	48
德清县	3	7	6	14	13	21	15	9	10	5	6	4	113
东港市	0	5	15	0	8	18	1	0	3	0	0	2	52
东台市	0	6	2	3	5	4	2	2	3	3	3	1	34
都江堰市	1	0	0	3	0	6	1	1	1	0	0	19	32
恩施土家族苗族自治州	1	3	7	10	20	0	9	1	1	2	4	2	60
肥东县	0	12	1	0	0	6	13	9	0	13	1	2	57
肥西县	2	0	1	4	0	3	6	5	3	4	0	3	31
盖州市	0	4	4	0	0	0	16	0	0	0	0	14	38
高碑店市	1	0	5	8	0	3	0	25	2	3	0	4	51
固安县	0	0	3	5	0	13	5	6	6	2	2	4	46
海安市	22	23	24	6	16	6	5	11	11	17	10	3	154
海宁市	5	5	6	6	15	5	10	10	8	11	7	13	101
海盐县	2	1	8	3	6	4	2	7	3	0	6	14	56
惠安县	0	2	4	0	0	2	3	4	1	1	21	32	70
惠东县	5	0	0	0	5	0	2	8	1	4	1	0	26
嘉善县	5	4	5	6	9	7	5	2	7	8	3	17	78
建德市	4	3	4	2	21	7	5	4	5	2	2	0	59
建湖县	2	1	3	1	8	2	10	4	0	5	0	17	53
江阴市	6	7	9	9	4	4	11	1	0	1	6	10	68
胶州市	29	5	1	2	12	18	21	1	16	1	0	34	140
晋江市	3	9	1	17	9	18	1	0	5	16	8	15	102
靖江市	1	17	17	0	1	11	0	1	1	7	11	1	68
昆山市	7	0	11	9	4	1	12	6	1	10	5	27	93
莱西市	0	17	2	8	0	0	7	20	7	5	5	10	81
莱州市	0	4	3	2	2	0	3	1	1	0	11	0	27
临海市	10	0	3	1	4	1	0	3	0	6	3	4	35
陵水黎族自治县	1	2	0	0	1	0	0	0	1	1	0	0	6
浏阳市	4	4	7	10	12	23	0	17	23	42	16	33	191
龙口市	5	0	17	8	0	0	3	1	1	10	2	5	52
龙门县	1	4	9	1	2	3	4	2	0	0	1	4	31
闽侯县	0	1	6	2	4	4	3	1	1	1	0	1	24
南安市	2	1	10	0	2	2	5	5	2	2	5	8	44
宁海县	8	4	7	2	5	2	7	1	9	4	10	5	64

2-2 续表7 单位：宗

城市	1月	2月	3月	4月	5月	6月	7月	8月	9月	10月	11月	12月	汇总
沛县	0	1	0	3	6	9	6	5	0	0	20	24	74
彭州市	7	1	0	0	9	3	1	2	3	4	3	8	41
邳州市	0	2	27	1	3	5	1	1	0	22	6	38	106
平度市	1	0	11	5	3	7	2	5	10	0	8	28	80
平湖市	3	0	7	7	15	9	2	9	2	5	3	13	75
蒲江县	4	0	0	2	9	0	3	0	11	0	0	4	33
普宁市	0	0	2	0	2	0	5	0	5	0	2	0	16
启东市	5	14	14	11	3	17	6	6	11	5	13	25	130
潜江市	3	0	5	14	10	6	0	3	1	5	5	2	54
荣成市	2	0	18	10	11	9	17	11	4	21	18	38	159
如东县	32	10	11	12	3	8	1	2	11	6	11	16	123
瑞安市	0	3	7	3	1	7	6	5	10	3	1	2	48
嵊州市	8	0	1	17	8	2	7	7	7	4	4	7	72
太仓市	9	0	14	11	11	7	2	8	0	1	10	11	84
泰兴市	9	0	16	4	2	8	5	9	3	16	9	4	85
天门市	18	5	5	15	16	4	4	2	7	5	7	8	96
桐庐县	3	2	8	9	5	10	5	0	2	3	3	5	55
桐乡市	7	7	19	4	6	16	5	7	2	2	3	15	93
瓦房店市	2	2	1	4	0	7	0	0	6	1	3	12	38
文安县	6	0	15	0	0	9	0	12	0	0	0	7	49
文昌市	0	3	3	2	4	2	1	1	0	0	0	4	20
仙桃市	13	7	3	8	7	10	3	1	4	3	15	1	75
香河县	0	6	0	2	2	0	0	4	0	0	2	0	16
象山县	11	16	20	13	0	2	3	6	3	3	3	14	94
新沂市	1	3	9	15	9	0	35	2	1	1	9	3	88
兴化市	11	2	4	4	5	0	4	0	0	3	6	4	43
宜兴市	19	3	25	5	6	1	3	1	13	2	1	16	95
义乌市	13	9	30	16	14	8	6	4	15	4	1	8	128
永登县	7	3	3	2	7	16	22	16	7	7	4	24	118
余姚市	8	9	11	1	16	6	9	8	12	7	1	7	95
张家港市	10	4	26	14	16	15	5	8	12	8	12	7	137
诸暨市	14	19	14	12	2	6	21	2	3	1	23	1	118
庄河市	0	5	0	2	0	0	0	0	2	1	0	0	10

数据来源：中指数据库监测。

2-3　2021年全国300城土地成交建设用地面积统计

单位：万平方米

城市	1月	2月	3月	4月	5月	6月	7月	8月	9月	10月	11月	12月	汇总
一线城市													
北京市	42.41	98.67	13.39	46.10	213.97	33.96	2.80	34.01	21.37	123.00	0	68.60	698.26
上海市	384.34	120.79	43.78	45.64	43.00	374.81	105.83	36.46	104.37	251.87	208.38	365.53	2084.80
广州市	66.85	53.58	129.78	281.97	107.20	17.80	41.13	67.76	114.67	35.71	54.31	191.60	1162.36
深圳市	4.41	11.17	5.49	0	36.19	20.14	10.34	81.56	89.88	158.46	67.04	39.69	524.37
二线城市													
长春市	69.43	23.79	106.03	473.37	19.04	497.20	105.80	37.57	6.64	0	44.12	144.20	1527.20
长沙市	101.76	96.58	15.44	20.77	5.77	418.14	21.56	96.51	28.41	139.10	33.66	213.65	1191.34
成都市	167.40	44.68	67.66	25.82	38.09	290.07	98.95	90.96	299.66	43.13	40.23	234.82	1441.48
重庆市	167.38	69.21	24.70	471.65	57.73	42.70	30.75	47.64	216.62	34.22	49.20	347.22	1559.03
大连市	14.87	15.41	48.72	19.26	14.71	81.18	100.77	44.49	141.68	49.79	16.79	62.59	610.27
福州市	29.35	58.12	3.33	0	96.37	11.87	11.31	7.13	49.41	5.88	0	71.82	344.58
贵阳市	1.81	18.61	135.15	86.66	166.70	110.81	40.68	15.62	108.31	28.24	18.74	253.69	985.02
哈尔滨市	35.18	45.47	6.34	15.75	31.76	32.70	38.07	54.76	45.89	49.51	21.48	49.21	426.13
海口市	3.49	5.78	6.28	10.18	14.74	20.65	0.51	7.20	0	22.83	28.50	39.23	159.39
杭州市	160.63	73.38	48.81	8.46	411.74	27.37	105.60	76.42	48.52	179.46	54.24	335.50	1530.12
合肥市	21.90	1.17	47.77	28.40	98.90	182.10	51.03	0.63	132.64	11.30	66.67	75.81	718.33
呼和浩特市	22.56	0	0	0	43.46	17.77	0	1.52	0	0	21.56	38.64	145.50
济南市	89.58	45.11	249.52	60.33	396.79	27.40	69.62	96.16	305.96	220.35	129.39	598.31	2288.52
昆明市	200.90	8.41	40.88	73.54	52.15	15.83	5.40	19.67	1.29	53.41	4.00	24.18	499.64
兰州市	56.22	5.24	0	34.87	43.87	0	0	2.74	11.96	0.67	8.39	33.36	197.33
南昌市	24.94	36.56	12.05	44.78	32.12	47.77	23.78	46.97	40.96	6.20	17.89	8.46	342.50
南京市	98.41	88.58	59.47	73.91	310.05	13.57	41.43	20.92	196.97	26.67	187.54	107.73	1225.27
南宁市	100.71	44.50	78.77	34.27	39.45	76.98	25.43	71.24	31.02	62.00	4.63	91.55	660.54
宁波市	83.23	73.62	68.69	74.27	152.69	60.67	17.00	17.27	14.76	19.01	133.71	35.41	750.34
青岛市	73.88	64.10	74.93	33.58	236.78	22.04	43.70	28.60	349.76	51.90	44.84	309.91	1334.01
三亚市	1.27	4.04	0	4.68	6.25	16.60	1.81	8.03	0	1.68	2.60	31.47	78.42
沈阳市	0	13.01	78.40	303.45	138.27	159.61	1.62	68.64	226.97	29.88	6.17	129.49	1155.51
石家庄市	1.83	31.44	67.35	25.54	28.07	27.12	80.91	41.12	36.41	47.27	41.56	123.33	551.96
苏州市	41.12	70.35	66.76	54.66	241.55	256.49	20.34	122.34	166.81	3.67	250.65	35.80	1330.53
太原市	14.75	62.53	8.96	40.80	10.79	87.69	85.27	20.69	37.57	5.42	9.04	74.79	458.31
天津市	65.61	33.76	233.11	23.69	386.77	23.05	141.10	76.81	291.34	212.19	120.88	245.62	1853.92
温州市	39.31	6.76	37.54	62.03	74.33	27.36	75.96	41.53	19.24	9.20	13.60	18.76	425.62
乌鲁木齐市	2.50	1.14	58.20	0	144.82	72.38	398.82	21.68	27.24	62.28	62.26	122.56	973.88
无锡市	24.92	13.17	45.78	124.48	34.04	14.80	10.38	161.99	0	25.78	159.57	20.24	635.16

2-3 续表 1

单位：万平方米

城市	1月	2月	3月	4月	5月	6月	7月	8月	9月	10月	11月	12月	汇总
武汉市	84.31	91.93	153.36	66.96	40.42	564.09	96.53	52.36	118.19	322.18	33.67	450.75	2074.75
西安市	113.48	49.73	127.37	338.70	18.87	195.65	78.70	38.08	75.78	339.47	90.23	221.62	1687.68
西宁市	34.23	0.74	38.86	1.76	0	15.39	0	11.82	0	2.32	55.52	4.92	165.56
厦门市	16.97	0	14.36	10.18	25.45	56.33	0	12.95	14.74	10.45	53.73	47.37	262.53
银川市	28.78	1.33	75.10	5.51	5.08	2.39	36.51	33.45	10.31	6.43	33.22	23.38	261.49
郑州市	66.59	25.97	83.54	0	19.89	270.54	6.40	21.00	274.78	159.61	88.31	181.06	1197.68
三四线城市													
安康市	40.39	1.48	34.26	15.63	2.91	2.72	18.93	2.77	36.19	3.54	27.64	38.31	224.75
安庆市	45.71	12.22	112.94	34.44	8.61	58.97	6.00	12.25	58.20	9.58	62.39	71.73	493.06
安顺市	22.79	0.47	27.85	6.57	15.78	7.62	10.57	11.90	0.03	7.35	4.27	291.88	407.06
安阳市	9.67	21.51	0	17.44	0	0	3.36	10.98	53.88	19.18	3.59	17.24	156.85
鞍山市	17.94	13.28	4.86	10.06	0.54	8.35	0	6.07	0	0	0	16.96	78.05
百色市	27.83	0	0.99	5.23	1.30	6.04	1.47	10.00	1.33	0.42	8.49	35.71	98.81
包头市	69.72	8.42	23.79	4.21	19.09	24.13	76.93	8.70	29.81	97.00	0	77.85	439.65
宝鸡市	72.69	5.78	205.14	0.46	63.90	38.96	42.00	116.30	22.26	43.58	20.98	84.10	716.16
保定市	14.75	14.58	92.27	59.56	51.74	69.01	1.49	203.82	13.03	17.83	42.38	66.93	647.38
北海市	0	0	0	6.00	13.20	6.42	10.60	0	0	19.17	58.39	13.71	127.49
本溪市	2.47	0	4.28	0.52	2.86	3.41	11.52	0.99	4.63	31.07	0	55.62	117.36
蚌埠市	6.51	0	55.12	2.27	34.81	25.57	27.81	50.84	17.58	37.79	24.08	36.92	319.31
滨州市	21.07	55.10	54.49	21.06	15.25	40.27	12.60	8.03	28.73	69.57	77.78	506.87	910.83
沧州市	19.41	4.37	29.13	7.84	0	23.18	7.22	0	0	6.43	4.76	2.96	105.31
常德市	5.31	5.74	23.88	2.25	29.03	59.56	7.07	13.30	12.98	4.61	20.87	165.75	350.36
常州市	86.43	43.83	82.42	97.67	24.67	20.34	61.47	78.78	134.13	80.44	96.43	212.93	1019.54
朝阳市	5.80	16.23	29.77	20.04	22.97	0	4.39	8.77	31.87	0	87.86	11.98	239.67
潮州市	6.85	0	25.23	0	0	0	0	4.14	16.59	10.50	5.51	24.95	93.77
郴州市	3.12	26.66	12.67	10.76	1.02	15.87	60.49	29.90	0	15.50	31.26	53.81	261.06
承德市	19.94	0	15.55	2.67	7.22	9.62	10.60	0.74	0.24	5.71	2.22	2.13	76.63
池州市	6.30	16.34	36.20	31.40	44.09	14.46	55.24	2.67	27.22	13.69	17.73	65.61	330.96
崇左市	0.20	0	79.60	81.96	0	7.27	0	57.83	0	0.04	0	15.52	242.43
滁州市	30.51	4.15	90.24	13.11	42.65	0	147.98	4.30	12.62	14.78	11.69	118.11	490.13
大庆市	32.28	0	0	7.95	18.00	0.09	2.55	0	3.03	14.35	82.89	13.54	174.68
丹东市	6.08	3.46	0	20.11	0	0	2.33	0	17.94	9.34	6.45	45.38	111.09
德阳市	77.92	0.76	17.77	17.81	17.00	9.17	1.56	102.94	1.94	58.34	80.04	31.35	416.60
德州市	52.51	0	13.66	16.03	8.25	0	55.91	63.81	0	34.69	0	27.55	272.40
东莞市	81.01	33.60	89.89	21.23	40.28	59.35	31.32	55.79	35.58	16.96	38.84	42.90	546.74

2-3　续表 2

单位：万平方米

城市	1月	2月	3月	4月	5月	6月	7月	8月	9月	10月	11月	12月	汇总
东营市	94.13	0	44.89	66.58	41.78	0	123.79	58.62	1.15	72.21	61.95	70.14	635.22
鄂尔多斯市	0.82	21.82	0	0.36	4.97	1.33	5.86	11.76	11.94	3.31	23.54	36.19	121.90
鄂州市	17.11	29.93	48.26	14.45	10.23	29.10	31.92	43.72	19.28	2.32	21.70	13.29	281.31
佛山市	56.31	59.99	73.98	86.25	42.45	122.78	102.75	73.67	75.10	31.76	46.10	67.59	838.73
抚顺市	30.36	0	0	19.61	0	2.34	14.61	0.96	0	1.75	1.48	4.99	76.09
阜新市	0	0	0	0	6.68	10.97	0	0	2.31	0	0	53.64	73.60
阜阳市	0	35.65	30.15	40.00	26.11	22.57	5.29	10.85	41.37	6.36	51.10	69.65	339.11
赣州市	2.36	11.43	31.85	190.64	37.83	78.82	137.42	62.13	5.29	31.73	21.16	79.15	689.80
广元市	3.13	11.71	31.23	0.32	3.12	14.53	15.67	0	0	0	15.83	0	95.54
贵港市	10.04	7.88	31.79	12.02	8.33	20.20	7.22	13.20	11.67	24.31	1.84	151.21	299.69
桂林市	17.47	16.47	11.14	0	19.61	17.73	11.77	8.45	6.50	7.78	11.32	28.13	156.38
邯郸市	23.54	35.60	44.92	44.66	83.92	23.69	58.09	0.09	96.76	58.48	19.43	188.11	677.30
河源市	2.53	0.74	18.51	19.74	54.97	11.93	26.85	2.14	0	0	24.42	2.90	164.72
菏泽市	22.20	38.50	41.09	31.16	29.01	16.99	22.68	57.33	40.57	80.41	153.38	309.87	843.17
鹤壁市	0	24.05	60.44	0	0	17.93	0	0	0	78.88	0	147.45	328.75
鹤岗市	0	0	0.54	0	0	0	0	0	0	0	0	0	0.54
衡水市	5.63	14.75	47.29	12.11	11.13	25.48	10.49	27.98	26.67	31.50	54.90	36.55	304.49
葫芦岛市	9.20	0	19.98	8.12	2.59	9.12	0	28.80	16.38	21.10	18.63	19.78	153.70
湖州市	54.45	126.56	207.66	65.19	66.53	25.48	84.10	79.87	59.26	48.08	91.89	100.39	1009.45
怀化市	5.77	4.38	0.07	4.44	2.81	37.75	0	12.11	29.27	5.58	3.75	29.46	135.38
淮安市	42.07	0	64.70	81.98	19.42	88.48	116.03	30.98	40.02	12.50	72.95	197.61	766.74
淮北市	78.04	0	48.68	0	0	23.92	64.88	0	19.12	49.84	0	48.08	332.56
淮南市	19.19	0	29.10	11.51	15.00	0	0	5.33	9.69	0.18	5.16	96.21	191.36
黄石市	25.32	0	9.71	30.44	45.89	50.28	31.08	16.84	0	6.39	16.72	54.38	287.04
惠州市	34.33	78.58	129.56	91.51	45.74	58.37	84.59	58.63	47.64	29.41	63.99	53.21	775.55
鸡西市	4.38	0	0	0	2.06	8.78	0	0	0	20.60	0	11.16	46.97
吉林市	41.57	7.93	17.28	0	51.33	0	4.67	47.47	0	0	0	34.13	204.38
济宁市	130.39	4.29	0	13.11	77.08	75.78	11.81	45.23	12.51	47.84	31.29	44.45	493.79
嘉兴市	29.22	14.59	67.28	21.46	76.40	4.74	9.39	63.50	16.01	10.97	3.51	16.11	333.18
江门市	12.00	40.25	23.54	12.75	24.68	64.89	0	19.04	17.86	10.98	22.37	228.63	476.97
焦作市	15.46	7.84	13.99	0.95	2.11	0	0	0	0.58	27.78	4.47	66.11	139.30
揭阳市	0	0	0.32	14.19	0	0	0	9.71	0	13.82	0	15.69	53.73
金华市	26.84	18.42	5.27	64.91	55.64	39.25	79.28	13.63	31.42	53.26	35.59	16.13	439.65
锦州市	4.56	0	0	15.69	0	1.07	0	0	11.04	7.18	0	20.52	60.07
荆门市	48.78	90.32	35.02	39.05	31.21	34.18	59.77	9.00	8.83	25.61	45.18	178.49	605.44
荆州市	1.06	70.29	124.53	73.28	52.65	79.87	8.22	30.92	4.70	76.25	36.16	150.55	708.49

2-3 续表 3

单位：万平方米

城市	1月	2月	3月	4月	5月	6月	7月	8月	9月	10月	11月	12月	汇总
景德镇市	25.92	0	0	0	0	0	5.94	18.99	14.67	22.09	64.43	91.67	243.71
九江市	57.36	16.80	93.96	0	32.64	21.38	55.03	32.29	68.66	60.69	24.03	192.73	655.56
开封市	4.89	1.70	4.83	77.11	8.20	23.31	27.01	27.57	0	71.70	189.26	27.99	463.57
拉萨市	3.63	0	0	0	0	0	0	0	0	0	0	0	3.63
廊坊市	0	0	22.20	12.08	5.60	47.61	25.44	0	59.67	0	26.38	28.58	227.57
乐山市	16.75	0	20.93	118.60	3.56	5.63	26.42	7.25	21.13	0.87	15.49	33.82	270.45
丽江市	0	0.42	0	5.06	0	0	1.64	2.80	19.36	25.54	0	9.71	64.53
丽水市	2.46	3.32	44.98	9.56	19.69	13.10	20.10	21.90	4.16	27.95	17.00	25.70	209.92
连云港市	0	7.75	13.85	136.21	68.63	13.70	118.40	16.48	0	19.95	82.41	71.22	548.60
聊城市	70.55	38.84	33.96	51.23	72.51	36.89	11.52	15.75	43.27	45.63	21.22	60.02	501.39
临沂市	81.76	86.59	36.81	44.51	14.68	41.81	79.00	27.37	53.70	44.73	46.02	43.95	600.93
柳州市	43.29	8.22	117.35	40.07	27.85	78.38	78.13	9.76	55.16	69.11	28.56	116.67	672.55
六盘水市	17.10	3.67	16.12	36.34	50.06	25.74	3.57	17.93	106.86	65.19	53.62	46.12	442.32
龙岩市	19.36	13.95	31.49	28.11	1.12	12.32	8.29	12.78	9.19	26.60	15.82	30.74	209.77
泸州市	30.76	8.13	0	12.70	27.05	20.28	1.36	1.23	3.94	11.52	36.03	111.06	264.05
六安市	56.12	26.66	110.83	18.49	14.25	22.37	46.75	37.07	39.47	51.36	58.25	111.38	593.02
洛阳市	16.75	23.29	43.05	80.56	24.50	102.03	16.56	0.55	41.32	10.13	61.52	105.73	525.99
漯河市	0	0	53.70	42.66	34.00	0	26.93	9.99	17.98	36.62	5.76	28.58	256.22
马鞍山市	16.34	13.10	18.29	29.75	2.47	1.83	36.05	28.50	27.43	3.55	4.45	38.85	220.61
茂名市	7.94	12.23	69.15	0	3.93	0	5.50	16.57	2.67	25.49	7.76	107.00	258.23
眉山市	46.51	38.71	0	11.23	20.07	54.58	46.79	41.96	16.82	43.87	104.50	93.31	518.36
梅州市	0.27	2.59	1.51	32.27	6.56	0.23	64.08	9.87	14.86	10.19	4.00	13.32	159.76
绵阳市	4.49	47.25	34.96	41.19	4.85	13.01	42.56	4.60	30.86	16.49	15.52	12.11	267.88
牡丹江市	11.16	0	0	0.30	0	11.18	0	0	0	4.98	0	0	27.62
南充市	2.77	0	28.89	0	53.04	0	2.34	8.08	25.31	14.07	30.00	4.89	169.39
南平市	17.85	11.58	8.66	22.52	1.69	0	46.42	10.93	22.75	19.10	18.53	46.44	226.46
南通市	79.54	154.78	128.13	131.76	69.26	192.75	257.28	85.50	14.45	118.82	129.90	158.38	1520.56
南阳市	10.76	9.27	7.25	4.30	4.72	0	11.89	31.28	8.08	20.87	57.36	48.09	213.87
内江市	1.82	11.64	19.65	5.80	6.67	13.69	24.41	7.90	6.15	32.57	125.86	44.39	300.56
宁德市	0	9.61	3.32	0	22.26	16.52	1.77	1.39	0	0	11.00	15.18	81.04
攀枝花市	21.46	0	0	0	0	30.62	4.15	14.18	0	7.95	15.89	59.05	153.30
平顶山市	1.16	31.98	4.00	1.41	0	7.33	19.03	9.33	0	0	0	37.73	111.97
萍乡市	3.97	4.25	8.36	60.48	23.79	16.05	16.89	2.03	2.02	80.30	4.89	4.81	227.85
莆田市	51.33	18.89	21.23	13.85	2.10	6.92	21.22	5.32	12.52	30.15	19.48	2.67	205.68
濮阳市	6.19	0	37.87	29.57	20.52	5.96	3.36	5.25	38.02	1.78	0	37.00	185.53
普洱市	0	0	0	1.72	0	2.31	0	0	14.52	10.80	24.98	18.44	72.76

2-3　续表 4　　　　　　　　　　　　　　　　　　　　　　　　　单位：万平方米

城市	1月	2月	3月	4月	5月	6月	7月	8月	9月	10月	11月	12月	汇总
齐齐哈尔市	0	16.00	0	9.24	0	6.27	29.67	0	12.46	6.79	7.70	54.66	142.80
钦州市	41.96	42.68	0	55.96	0	15.18	7.72	67.43	32.36	35.18	36.31	149.96	484.75
秦皇岛市	15.93	0	46.95	18.91	29.44	18.29	24.65	51.57	15.89	8.58	14.15	30.81	275.16
清远市	11.76	0	23.80	0	14.97	13.79	1.25	46.40	41.83	11.48	78.06	20.86	264.19
衢州市	9.12	12.95	34.68	19.93	34.45	42.36	64.67	35.18	26.42	24.38	29.45	91.64	425.23
曲靖市	1.48	2.55	26.30	9.26	1.51	9.94	0	8.31	0	4.85	32.22	4.96	101.39
泉州市	5.98	1.52	2.98	0	34.16	0	10.57	0	6.69	27.03	37.75	35.43	162.10
日照市	29.63	13.80	29.83	57.68	55.46	95.91	46.05	46.16	52.50	41.19	79.04	100.77	648.00
三明市	4.01	4.48	9.57	3.10	17.02	2.44	16.30	4.78	63.77	14.35	28.81	50.91	219.53
汕头市	33.64	25.88	29.44	15.30	12.90	16.42	15.07	19.89	23.26	17.84	3.96	14.38	227.99
汕尾市	0	0	19.86	18.65	0	0	5.13	5.53	0	2.33	0	8.02	59.51
商洛市	0	0	0	2.10	0	0	7.87	0	0.66	0	0	9.30	19.93
商丘市	30.16	28.18	5.46	13.79	52.42	44.20	70.65	8.58	7.05	0	17.38	53.81	331.69
上饶市	104.18	44.93	48.21	35.43	99.25	68.07	50.95	51.21	62.09	95.85	26.24	148.82	835.24
韶关市	9.41	0	16.93	28.48	23.20	2.12	64.69	41.57	83.69	3.81	14.13	154.98	443.01
绍兴市	63.30	27.91	78.88	95.23	49.11	47.08	71.11	68.72	37.30	1.91	27.38	117.68	685.61
十堰市	46.17	9.60	0	2.18	32.73	10.28	3.14	36.33	33.43	31.88	35.62	13.49	254.86
朔州市	4.64	13.32	23.36	1.05	0.57	3.45	31.12	1.01	49.65	4.14	18.77	22.95	174.04
松原市	0	0.40	6.73	12.49	0	0	0.07	12.42	9.48	0	1.81	0	43.41
宿迁市	349.48	0	51.93	34.38	122.95	82.16	100.11	88.33	81.84	22.24	10.58	34.14	978.14
宿州市	0	0	22.37	48.45	27.39	57.78	39.66	1.47	20.08	15.06	22.31	18.58	273.15
随州市	6.59	3.28	18.95	18.90	0	11.81	12.35	1.08	0.82	64.17	6.48	8.86	153.28
台州市	36.01	31.56	14.98	31.96	45.27	35.42	39.67	32.59	41.22	55.30	54.83	22.78	441.58
泰安市	22.08	14.80	12.07	68.71	25.43	33.21	9.09	24.75	4.02	28.55	20.40	10.40	273.53
泰州市	4.43	11.48	31.35	34.35	24.78	25.55	25.04	36.28	3.73	0.32	8.15	113.82	319.29
唐山市	96.80	14.22	48.54	41.99	30.17	57.72	28.57	26.23	114.08	100.38	37.83	220.02	816.55
铁岭市	0	0	0	0	0	0	0	0	2.73	0	0	6.95	9.68
通化市	1.38	0	0.78	0	10.61	1.60	8.48	0	6.28	0	0	0	29.13
威海市	132.31	64.32	17.06	74.42	107.84	57.98	49.91	140.43	81.77	42.92	129.10	254.79	1152.84
潍坊市	87.11	90.17	55.29	62.35	52.50	41.62	37.29	41.10	55.99	70.84	128.58	220.40	943.22
乌兰察布市	0	22.63	4.28	0	0	0	0	0	0	0	0	0	26.91
芜湖市	56.99	117.26	110.63	96.52	100.30	54.53	130.99	20.99	37.16	68.28	68.79	53.86	916.31
咸阳市	37.03	0	0	20.42	33.80	17.19	0	42.43	49.22	0	111.92	113.84	425.85
湘潭市	2.13	25.90	17.81	0	23.93	49.57	48.84	18.76	15.23	30.90	31.30	54.64	319.00
襄阳市	36.37	30.48	38.82	23.90	13.44	3.75	72.77	16.76	9.47	24.48	83.10	112.63	465.97
新乡市	4.46	11.22	17.89	0	3.22	3.09	14.04	33.11	5.66	37.18	2.52	30.83	163.19
信阳市	13.03	0	11.28	0	9.18	23.28	9.24	9.79	29.12	9.55	11.10	23.29	148.85

2-3 续表 5　　　　单位：万平方米

城市	1月	2月	3月	4月	5月	6月	7月	8月	9月	10月	11月	12月	汇总
徐州市	79.10	70.14	75.77	123.77	77.45	135.44	13.33	44.67	17.53	17.14	244.23	69.19	967.75
宣城市	16.38	9.34	24.00	33.81	49.12	22.44	1.51	5.96	28.30	29.56	0	71.97	292.39
烟台市	91.36	46.94	53.89	18.42	21.69	56.73	31.76	185.29	31.31	41.92	56.91	120.94	757.16
盐城市	37.77	35.08	31.24	72.25	61.99	22.20	38.21	50.12	32.81	35.34	8.52	58.18	483.72
扬州市	43.41	11.13	7.00	71.52	23.04	72.44	15.76	41.33	64.31	20.37	101.01	154.33	625.66
阳江市	0	2.53	7.05	0	7.81	9.34	23.32	20.53	2.98	6.97	20.96	37.76	139.27
伊春市	0	0	0.54	4.18	0	0	0	38.72	0	1.59	0	0.32	45.35
宜宾市	62.44	32.53	50.21	65.13	44.74	13.46	14.44	47.26	49.90	4.73	0	19.74	404.57
宜昌市	8.27	10.72	42.65	0	45.73	14.78	36.70	1.01	31.30	31.43	27.61	273.92	524.10
宜春市	15.05	17.23	0	50.07	3.34	5.86	36.30	24.47	4.48	17.86	80.86	148.17	403.69
鹰潭市	13.94	9.03	10.19	15.45	47.30	0	18.46	9.79	24.23	12.32	20.11	26.50	207.32
营口市	35.72	32.06	78.03	8.58	15.69	10.87	57.95	7.51	46.07	46.28	6.27	23.56	368.58
玉溪市	4.44	0	17.40	0	0	3.65	0	14.95	0	19.05	18.98	14.49	92.97
岳阳市	97.93	43.62	19.46	34.20	2.57	92.06	65.74	27.45	36.28	42.00	76.55	245.61	783.48
云浮市	28.07	14.85	0	13.77	15.12	5.49	8.91	0	4.06	0.49	3.06	33.12	126.94
湛江市	24.63	1.35	12.64	11.94	8.28	17.03	45.75	9.96	13.23	1.72	351.60	52.04	550.16
张家界市	2.98	0	0	0	2.89	0	38.35	6.81	0	0.47	36.51	85.76	173.78
漳州市	18.70	4.34	20.45	29.44	36.95	43.28	31.36	4.32	30.05	16.24	56.35	80.71	372.17
肇庆市	30.78	33.78	36.16	17.49	27.43	70.93	52.51	20.05	22.59	18.80	49.13	119.18	498.82
镇江市	34.01	0	41.84	3.76	17.89	27.84	11.62	28.75	38.81	8.22	6.30	77.16	296.19
中山市	24.59	43.49	7.91	25.72	3.35	139.98	0	0	9.79	0	34.33	35.78	324.95
舟山市	5.23	0	7.63	0	10.80	95.85	0	9.90	22.00	11.73	5.49	13.73	182.36
珠海市	30.01	20.54	62.85	8.98	12.49	89.70	31.83	5.72	7.84	33.93	28.11	22.26	354.26
株洲市	31.30	0	49.99	14.65	53.97	18.26	65.83	6.54	1.59	0	14.53	239.64	496.31
淄博市	146.17	5.31	9.66	30.77	32.24	8.98	19.36	23.88	53.66	42.99	95.00	155.73	623.74
自贡市	43.11	0	2.00	51.56	7.57	22.65	0.51	13.04	0	16.08	0	79.24	235.74
遵义市	38.08	68.08	65.32	45.87	14.74	56.28	29.03	48.81	5.12	82.84	238.44	668.79	1361.39
县及县级市													
保亭黎族苗族自治县	0	0	0	0	3.04	0	0	0	0	0	0	3.03	6.06
滨海县	6.97	64.98	16.22	14.28	33.11	1.63	3.13	0.84	28.11	11.29	23.42	60.28	264.26
常熟市	25.04	27.18	52.47	35.48	28.83	49.57	6.05	0.91	12.37	4.98	33.81	35.11	311.78
长沙县	21.32	12.78	18.57	2.23	78.01	46.56	21.64	12.62	53.02	16.87	13.33	39.12	336.07
长兴县	40.55	54.26	39.10	16.67	47.53	40.81	15.50	13.80	40.75	13.97	87.06	35.86	445.86
崇州市	16.39	0	8.32	0	2.26	3.98	14.29	3.23	7.64	1.42	1.66	0	59.20
淳安县	3.53	5.17	5.37	2.65	9.60	2.44	12.12	2.09	10.98	0	1.59	2.30	57.83

2-3　续表 6　　　　单位：万平方米

城市	1 月	2 月	3 月	4 月	5 月	6 月	7 月	8 月	9 月	10 月	11 月	12 月	汇总
慈溪市	69.74	54.04	14.32	36.47	35.44	57.01	28.72	19.70	17.71	6.77	2.24	7.42	349.58
丹阳市	39.73	0	3.81	4.57	44.71	9.08	3.52	41.36	0	0	0.37	109.92	257.08
当涂县	0.51	4.08	11.90	1.57	7.22	10.87	0	14.51	40.62	2.24	54.54	28.18	176.22
德清县	4.90	20.46	10.60	18.90	37.52	84.90	13.85	31.79	30.98	7.04	12.60	22.60	296.13
东港市	0	3.40	25.24	0	13.01	44.16	1.11	0	7.21	0	0	4.76	98.89
东台市	0	17.52	10.57	17.80	34.41	17.98	11.47	20.27	10.38	10.67	7.48	0.65	159.20
都江堰市	18.20	0	0	15.43	0	14.16	2.81	6.94	3.65	0	0	62.14	123.34
恩施土家族苗族自治州	1.69	7.77	16.42	2.15	30.99	0	19.17	0.24	2.00	1.87	13.29	7.55	103.14
肥东县	0	34.77	18.16	0	0	33.52	11.03	45.35	0	21.49	4.91	73.10	242.34
肥西县	20.46	0	10.10	17.69	0	2.55	34.44	19.66	9.48	20.54	0	16.69	151.62
盖州市	0	4.87	14.94	0	0	0	16.52	0	0	0	0	37.12	73.45
高碑店市	2.31	0	16.06	6.59	0	3.21	0	2.70	3.05	3.22	0	0.53	37.67
固安县	0	0	6.56	15.51	0	56.80	10.57	26.15	17.43	3.83	2.08	15.44	154.37
海安市	23.66	20.67	37.24	20.36	14.35	19.94	1.53	44.94	42.95	18.25	7.56	6.40	257.87
海宁市	11.12	12.91	11.64	19.23	49.48	39.44	50.07	19.45	9.86	15.09	39.38	37.34	315.01
海盐县	4.50	5.22	27.97	17.08	21.02	13.00	4.46	17.96	8.09	0	44.66	48.57	212.54
惠安县	0	12.04	16.63	0	0	5.11	15.11	12.77	0.38	0.45	76.59	110.97	250.03
惠东县	10.69	0	0	0	17.38	0	12.86	41.86	0.24	7.98	3.28	0	94.28
嘉善县	39.32	4.88	8.09	29.44	29.29	13.37	12.37	7.39	21.71	15.28	7.48	35.50	224.12
建德市	3.13	9.30	13.58	6.60	47.24	16.30	2.07	9.44	6.08	9.23	6.41	0	129.38
建湖县	8.00	0.92	5.42	2.19	29.78	5.26	31.30	11.72	0	2.08	0	36.03	132.69
江阴市	48.79	35.06	23.56	18.84	22.50	23.36	83.80	2.00	0	3.23	47.06	49.01	357.20
胶州市	70.94	9.12	4.34	9.14	39.89	42.36	77.56	2.13	37.79	0.39	0	106.34	400.00
晋江市	3.88	14.41	2.02	58.79	27.39	28.42	5.87	0	16.16	32.31	15.38	66.73	271.36
靖江市	0.50	76.65	80.05	0	5.58	30.88	0	23.44	1.03	35.58	53.07	1.67	308.45
昆山市	10.85	0	18.69	35.12	13.59	0.76	53.58	32.48	1.07	54.36	10.03	63.64	294.16
莱西市	0	59.44	14.82	49.30	0	0	32.05	80.61	35.16	39.83	9.10	25.43	345.74
莱州市	0	10.85	4.30	5.97	2.50	0	4.56	2.46	1.20	0	11.13	0	42.98
临海市	41.35	0	14.88	10.00	4.66	0.39	0	23.20	0	8.92	10.82	39.94	154.16
陵水黎族自治县	2.43	8.50	0	0	1.64	0	0	0	2.99	5.57	0	0	21.14
浏阳市	5.92	20.92	25.08	28.97	37.49	71.64	0	52.61	82.72	175.43	45.26	95.69	641.73
龙口市	6.48	0	41.48	6.99	0	0	107.62	2.43	1.84	15.85	282.29	246.52	711.50
龙门县	1.25	6.69	24.47	13.09	0.31	2.29	15.19	1.16	0	0	0.60	1.42	66.47
闽侯县	0	14.98	11.25	10.03	7.10	16.72	8.53	0.57	0.94	0.81	0	2.58	73.52
南安市	19.79	5.76	16.73	0	2.40	19.26	17.64	25.71	8.61	14.32	22.08	30.11	182.43

2-3 续表 7 单位：万平方米

城市	1月	2月	3月	4月	5月	6月	7月	8月	9月	10月	11月	12月	汇总
宁海县	8.77	16.56	20.89	24.01	17.94	11.30	12.54	1.56	68.43	2.43	24.16	11.51	220.10
沛县	0	0.26	0	11.19	24.33	23.03	11.83	8.27	0	0	54.18	115.55	248.65
彭州市	19.11	0.18	0	0	16.68	19.46	2.32	11.24	11.39	5.58	13.07	18.24	117.27
邳州市	0	6.21	78.71	4.79	8.93	28.77	4.84	5.44	0	66.62	17.60	153.18	375.09
平度市	2.33	0	19.18	21.01	11.79	15.88	5.12	9.13	33.23	0	14.28	91.42	223.39
平湖市	13.49	0	10.43	33.82	58.07	22.28	13.81	14.80	2.49	7.83	7.50	44.63	229.15
蒲江县	5.31	0	0	4.33	19.40	0	4.89	0	27.78	0	0	11.94	73.65
普宁市	0	0	1.87	0	2.86	0	12.05	0	1.02	0	4.44	0	22.24
启东市	7.11	33.75	20.31	47.56	4.80	37.30	16.27	17.80	50.96	40.42	15.01	80.57	371.84
潜江市	9.60	0	11.45	68.17	32.90	20.40	0	7.90	1.78	33.70	22.77	2.30	210.95
荣成市	1.25	0	19.81	21.81	45.27	6.01	32.21	36.63	17.72	32.90	32.77	58.01	304.37
如东县	12.37	23.45	32.64	50.75	3.66	23.34	9.93	33.41	45.73	19.64	105.87	29.76	390.55
瑞安市	0	21.88	12.53	6.40	17.60	8.33	6.97	29.87	5.04	3.18	1.60	4.93	118.34
嵊州市	21.49	0	1.00	49.71	17.12	4.29	22.63	11.88	46.86	1.38	20.40	17.77	214.52
太仓市	12.39	0	48.57	28.08	28.76	21.14	4.10	13.43	0	10.70	27.44	39.24	233.85
泰兴市	19.92	0	81.95	13.77	8.43	30.67	15.16	20.99	16.83	56.95	41.48	20.88	327.01
天门市	39.37	6.28	8.80	38.93	19.05	5.43	6.78	4.99	18.00	8.98	9.65	20.64	186.91
桐庐县	6.64	1.58	27.21	8.34	3.83	28.54	13.70	0	3.91	3.70	8.72	8.23	114.41
桐乡市	11.93	16.97	45.66	8.22	10.35	33.70	16.90	17.91	2.12	4.69	7.84	29.42	205.72
瓦房店市	1.55	1.17	12.15	39.95	0	18.82	0	0	10.67	0.59	8.93	79.02	172.85
文安县	18.57	0	47.87	0	0	18.57	0	34.44	0	0	0	31.55	151.00
文昌市	0	10.77	13.39	11.65	10.79	7.97	4.02	3.34	0	0	0	9.20	71.13
仙桃市	83.70	15.84	1.12	17.11	51.70	89.75	12.69	2.87	13.37	19.44	54.18	14.79	376.58
香河县	0	23.01	0	4.81	3.44	0	0	5.24	0	0	6.02	0	42.52
象山县	28.81	49.28	47.11	31.31	0	5.33	8.21	34.98	15.88	3.39	11.96	55.09	291.34
新沂市	3.13	7.28	9.41	30.71	49.17	0	7.38	3.59	1.06	1.03	77.42	15.85	206.02
兴化市	40.24	2.50	32.49	3.05	9.75	0	21.54	0	0	4.85	11.90	26.80	153.11
宜兴市	75.53	8.95	114.61	11.63	16.96	2.42	16.16	5.65	41.80	7.50	0.29	60.90	362.42
义乌市	29.39	30.23	33.49	58.37	22.66	39.02	32.18	31.30	57.92	27.61	5.69	17.90	385.76
永登县	10.44	12.04	18.43	14.13	60.69	101.80	358.02	123.37	42.90	22.88	36.85	48.95	850.51
余姚市	15.86	46.57	34.27	8.33	30.10	24.70	84.02	16.29	31.90	15.02	6.49	71.57	385.12
张家港市	35.03	6.04	92.70	40.07	51.66	39.83	6.26	50.97	66.46	27.82	34.92	23.46	475.22
诸暨市	23.70	51.35	13.11	18.76	3.53	29.42	58.64	11.33	18.40	5.10	10.48	0.67	244.48
庄河市	0	21.56	0	0.76	0	0	0	0	2.32	2.11	0	0	26.75

数据来源：中指数据库监测。

2-4　2021 年全国 300 城土地成交规划建筑面积统计

单位：万平方米

城市	1月	2月	3月	4月	5月	6月	7月	8月	9月	10月	11月	12月	汇总
一线城市													
北京市	70.75	118.23	19.57	79.48	422.80	53.01	4.21	51.04	40.47	237.30	0	132.69	1229.55
上海市	815.27	276.75	82.40	96.05	140.85	755.91	224.29	92.97	180.01	527.15	436.18	732.78	4360.59
广州市	251.85	157.94	444.83	926.23	228.76	52.93	162.05	141.51	398.26	142.68	237.33	675.32	3819.71
深圳市	22.51	59.57	21.07	0	90.01	61.55	42.27	87.26	296.63	154.12	338.91	77.37	1251.27
二线城市													
长春市	98.28	42.44	165.37	703.22	28.97	863.70	106.29	30.25	4.49	0	38.88	178.64	2260.52
长沙市	209.93	263.74	33.19	46.73	7.01	1005.25	52.79	186.36	52.13	379.92	84.99	505.53	2827.58
成都市	395.93	119.73	166.98	79.65	113.34	651.98	296.84	271.83	646.21	130.22	92.32	545.74	3510.76
重庆市	286.10	105.95	38.73	771.56	106.90	71.87	55.48	74.52	343.82	63.00	67.04	598.97	2583.96
大连市	47.04	26.95	82.29	43.94	29.96	88.39	161.76	82.82	144.40	68.94	15.45	64.03	855.96
福州市	51.77	130.42	3.33	0	176.11	21.37	24.42	10.32	89.71	10.58	0	139.77	657.79
贵阳市	3.27	42.29	291.65	229.55	406.64	330.60	135.29	33.36	303.79	60.91	49.18	695.07	2581.60
哈尔滨市	42.39	91.13	13.14	17.92	77.41	54.36	57.44	79.05	74.29	46.32	21.27	65.07	639.79
海口市	6.77	7.01	10.14	15.27	51.37	25.19	0.43	18.13	0	43.90	65.60	103.35	347.15
杭州市	409.65	219.97	196.87	18.09	1035.30	66.93	267.35	188.88	122.20	440.34	170.47	863.12	3999.17
合肥市	36.33	2.92	95.68	62.19	99.30	309.94	61.24	1.90	280.04	13.66	111.41	146.68	1221.29
呼和浩特市	58.66	0	0	0	89.15	14.71	0	4.26	0	0	38.62	56.62	262.03
济南市	172.61	41.62	414.68	62.56	861.59	47.44	97.98	201.83	606.83	327.88	160.41	1259.43	4254.84
昆明市	39.84	40.08	63.30	182.25	103.13	64.82	20.96	43.89	2.41	160.17	8.00	33.08	761.94
兰州市	106.14	10.49	0	91.13	113.11	0	0	11.28	25.68	0.34	31.89	70.63	460.68
南昌市	59.08	62.36	22.84	89.24	67.39	124.58	52.42	80.33	89.70	9.03	28.75	19.48	705.22
南京市	205.10	178.03	113.76	109.27	757.42	32.18	99.43	37.35	465.93	69.85	419.38	181.58	2669.27
南宁市	256.37	101.12	208.88	74.33	72.36	229.90	71.27	151.22	77.95	185.84	12.91	243.06	1685.22
宁波市	153.32	138.15	152.98	204.14	339.91	115.97	33.02	30.03	37.44	33.94	303.69	73.80	1616.40
青岛市	149.33	90.68	136.37	53.93	416.44	29.95	56.66	42.40	797.11	73.71	74.14	483.02	2403.74
三亚市	3.17	11.83	0	7.98	14.93	20.21	0.81	8.67	0	8.59	5.19	61.46	142.84
沈阳市	0	28.01	100.56	442.29	251.95	269.64	1.62	80.62	337.75	31.37	5.34	174.72	1723.87
石家庄市	5.49	75.71	133.53	62.22	71.74	66.97	204.26	83.46	91.73	133.13	120.23	331.08	1379.55
苏州市	103.47	148.27	186.32	101.89	535.27	457.04	30.51	322.20	363.46	1.68	564.03	79.72	2893.87
太原市	40.34	161.47	36.59	102.22	20.31	209.19	156.48	43.86	97.96	10.76	23.52	204.44	1107.13
天津市	92.21	52.92	370.30	44.05	721.04	24.00	223.14	138.79	530.04	371.30	163.81	369.62	3101.22
温州市	107.25	18.91	94.90	145.16	203.10	75.49	186.90	107.80	60.55	40.37	22.13	50.00	1112.59
乌鲁木齐市	6.25	1.12	64.34	0	155.12	149.52	441.29	24.99	39.24	73.26	57.86	99.12	1112.09
无锡市	49.85	30.37	87.23	226.64	62.68	28.88	20.77	287.35	0	44.72	309.89	51.01	1199.38

2-4 续表 1　　　　单位：万平方米

城市	1月	2月	3月	4月	5月	6月	7月	8月	9月	10月	11月	12月	汇总
武汉市	142.69	193.37	276.68	116.43	97.58	1234.11	144.88	72.71	172.60	704.42	46.85	1032.57	4234.88
西安市	229.70	62.96	231.79	746.83	39.82	469.82	209.54	67.23	105.71	734.02	176.03	501.02	3574.47
西宁市	79.31	0.22	105.38	1.76	0	33.00	0	27.18	0	2.51	73.93	27.17	350.47
厦门市	40.04	0	41.54	29.86	73.58	162.11	0	45.20	46.55	27.40	107.46	134.45	708.19
银川市	20.15	2.67	102.42	11.02	5.08	3.35	74.55	28.22	18.73	7.72	42.47	30.38	346.77
郑州市	182.77	73.57	262.61	0	39.75	836.29	8.81	31.53	821.99	449.08	250.06	433.45	3389.91
三四线城市													
安康市	88.47	4.35	94.24	28.70	10.15	5.43	27.28	3.49	73.37	8.98	30.86	90.10	465.41
安庆市	107.58	10.17	107.01	72.19	11.27	66.92	7.20	12.25	60.12	9.58	62.39	69.70	596.38
安顺市	34.83	0.37	25.36	12.02	11.38	9.97	8.63	11.90	0.03	17.67	8.35	371.79	512.31
安阳市	24.17	53.78	0	54.54	0	0	8.40	7.01	36.72	26.53	7.19	40.63	258.98
鞍山市	15.99	9.12	3.40	25.14	0.97	13.93	0	0.61	0	0	0	14.31	83.46
百色市	76.50	0	1.52	7.43	2.24	4.88	2.94	10.50	1.33	0.50	10.41	88.65	206.91
包头市	12.65	12.81	30.23	2.97	23.93	43.80	56.19	6.96	18.73	77.45	0	52.41	338.14
宝鸡市	88.26	7.16	239.26	0.37	128.54	64.61	35.95	217.63	50.50	77.84	56.86	172.92	1139.91
保定市	37.11	35.53	221.64	150.86	72.32	139.16	3.73	521.07	37.72	17.83	92.15	155.17	1484.29
北海市	0	0	0	14.43	23.76	16.04	27.12	0	0	36.73	118.65	31.09	267.81
本溪市	1.23	0	3.42	0.67	2.29	3.75	14.59	1.19	5.09	21.81	0	66.02	120.07
蚌埠市	6.51	0	72.11	5.00	50.40	33.12	43.94	62.30	22.39	45.35	38.76	36.80	416.69
滨州市	41.38	105.77	91.62	36.37	27.15	52.37	32.05	7.61	37.12	75.55	124.49	775.71	1407.19
沧州市	18.34	5.01	50.53	17.25	0	40.45	7.36	0	0	6.43	9.95	4.44	159.76
常德市	6.87	8.62	37.18	6.85	61.37	109.28	8.76	22.21	28.26	4.61	25.20	315.80	635.01
常州市	192.11	88.02	182.44	188.44	45.51	38.28	122.72	178.62	291.96	184.62	229.62	473.84	2216.18
朝阳市	7.91	17.46	51.83	27.90	64.49	0	3.96	13.31	25.50	0	64.71	21.06	298.13
潮州市	23.92	0	106.02	0	0	0	0	3.31	73.68	21.00	24.78	84.85	337.56
郴州市	3.12	51.83	20.16	12.92	0.71	43.22	109.16	35.88	0	23.69	43.85	120.23	464.78
承德市	32.60	0	19.00	2.67	14.44	14.74	15.89	0.74	0.24	8.56	2.22	3.55	114.65
池州市	9.47	16.79	39.89	38.75	52.91	14.59	66.29	3.20	32.67	16.87	24.91	91.91	408.25
崇左市	0.10	0	84.61	71.09	0	5.21	0	64.25	0	0.04	0	31.22	256.51
滁州市	36.61	4.98	141.04	20.91	57.32	0	254.48	8.60	27.07	17.74	14.03	197.09	779.86
大庆市	18.80	0	0	7.12	15.12	0.09	1.96	0	2.97	11.96	63.77	15.72	137.51
丹东市	3.57	5.19	0	43.81	0	0	2.33	0	19.80	21.14	10.32	79.15	185.31
德阳市	93.96	0.53	39.10	24.39	25.50	27.52	4.28	116.75	3.88	105.93	94.32	36.94	573.09
德州市	62.76	0	30.70	39.09	8.31	0	55.91	112.13	0	42.05	0	60.49	411.44
东莞市	245.77	83.20	279.10	64.29	128.57	133.58	82.46	240.82	90.58	47.30	121.04	45.72	1562.42
东营市	100.53	0	56.37	76.34	51.61	0	110.57	55.53	1.73	57.93	69.20	83.32	663.11

2-4 续表 2

单位：万平方米

城市	1月	2月	3月	4月	5月	6月	7月	8月	9月	10月	11月	12月	汇总
鄂尔多斯市	0.57	15.93	0	0.29	9.94	1.60	8.59	21.18	18.64	3.31	18.19	58.21	156.45
鄂州市	26.62	75.89	59.39	18.58	10.23	72.26	38.19	69.45	35.68	2.41	51.61	14.78	475.08
佛山市	198.04	193.76	216.75	262.78	123.02	339.39	332.82	218.97	233.44	97.29	133.17	225.41	2574.83
抚顺市	34.87	0	0	19.61	0	2.08	29.96	1.63	0	2.98	0.89	2.99	95.01
阜新市	0	0	0	0	13.37	8.77	0	0	1.19	0	0	56.94	80.27
阜阳市	0	40.19	59.50	92.28	57.45	41.46	5.73	21.70	45.77	7.28	61.12	93.36	525.83
赣州市	3.08	20.03	59.60	359.86	82.65	172.12	226.15	123.72	10.06	57.55	40.29	147.06	1302.17
广元市	3.95	11.71	56.16	0.10	5.40	18.52	20.48	0	0	0	51.24	0	167.55
贵港市	8.03	18.52	47.00	21.94	14.76	16.24	6.50	20.99	8.89	37.58	1.65	144.74	346.84
桂林市	17.17	28.46	18.66	0	23.54	18.12	12.74	10.15	13.79	8.59	18.41	65.06	234.68
邯郸市	31.91	55.14	84.43	83.78	98.50	31.44	72.71	0.17	137.40	77.78	22.48	287.67	983.41
河源市	7.83	2.95	37.19	32.70	143.71	25.73	70.10	11.87	0	0	97.69	10.16	439.93
菏泽市	46.05	49.36	62.09	88.25	29.41	31.85	85.02	69.59	69.67	137.96	340.36	808.06	1817.66
鹤壁市	0	24.18	81.76	0	0	20.58	0	0	0	79.84	0	130.36	336.72
鹤岗市	0	0	0.38	0	0	0	0	0	0	0	0	0	0.38
衡水市	13.34	23.13	79.95	11.97	15.78	33.63	9.51	73.82	32.09	51.23	71.60	45.78	461.83
葫芦岛市	7.93	0	30.62	19.68	8.02	7.30	0	32.68	31.33	28.00	13.65	35.61	214.81
湖州市	102.20	215.06	405.75	107.17	141.99	39.39	152.91	127.75	119.65	75.28	138.55	158.16	1783.86
怀化市	12.13	13.58	0.29	9.59	4.21	53.12	0	20.81	49.51	8.92	3.75	72.16	248.08
淮安市	78.99	0	139.05	128.45	18.75	228.05	211.45	62.07	73.79	17.17	114.53	352.86	1425.18
淮北市	96.59	0	49.91	0	0	28.45	78.66	0	33.14	67.47	0	80.71	434.92
淮南市	37.83	0	34.92	13.60	38.32	0	0	4.53	9.69	0.40	10.32	104.34	253.94
黄石市	31.66	0	19.79	64.47	46.30	77.26	56.29	18.49	0	10.05	24.75	120.80	469.85
惠州市	123.73	253.58	171.89	248.78	155.00	71.96	261.69	186.05	149.16	102.71	162.30	137.93	2024.78
鸡西市	10.51	0	0	0	1.81	5.27	0	0	0	15.49	0	7.81	40.89
吉林市	33.82	6.09	11.84	0	40.20	0	10.75	28.48	0	0	0	78.36	209.53
济宁市	205.77	5.58	0	18.17	111.01	101.27	17.19	90.48	13.74	70.23	33.20	73.92	740.56
嘉兴市	60.40	27.89	175.10	44.41	146.02	6.84	19.01	130.37	26.02	20.28	5.62	42.39	704.34
江门市	30.64	106.08	67.64	35.39	71.58	179.47	0	61.13	45.91	30.35	56.78	378.65	1063.62
焦作市	27.38	9.41	16.79	1.14	5.28	0	0	0	0.98	30.52	10.29	109.47	211.27
揭阳市	0	0	0.97	29.72	0	0	0	26.83	0	6.91	0	51.08	115.51
金华市	55.54	42.76	10.46	134.18	115.48	106.72	160.40	29.13	71.37	125.78	87.75	40.81	980.39
锦州市	3.85	0	0	9.97	0	2.14	0	0	15.32	20.10	0	19.19	70.57
荆门市	53.25	100.69	38.61	44.08	39.71	21.88	69.18	10.43	10.33	25.61	44.05	231.85	689.66
荆州市	1.06	68.31	124.53	73.28	93.19	86.19	18.98	45.28	5.64	90.19	37.67	193.23	837.55
景德镇市	51.44	0	0	0	0	0	11.39	36.39	29.34	43.60	127.25	182.64	482.05

2-4 续表 3

单位：万平方米

城市	1月	2月	3月	4月	5月	6月	7月	8月	9月	10月	11月	12月	汇总
九江市	102.17	19.22	141.57	0	45.70	28.27	57.12	50.39	89.34	76.83	35.13	199.71	845.44
开封市	12.08	3.34	7.25	107.76	4.92	48.36	19.71	39.78	0	91.66	425.48	58.60	818.93
拉萨市	3.63	0	0	0	0	0	0	0	0	0	0	0	3.63
廊坊市	0	0	51.85	19.78	11.21	138.42	46.00	0	126.02	0	60.03	43.77	497.09
乐山市	35.95	0	49.92	238.99	6.42	12.05	60.31	16.94	45.24	1.85	27.07	47.11	541.86
丽江市	0	0.78	0	5.06	0	0	5.75	5.05	34.23	27.90	0	7.11	85.88
丽水市	7.37	5.89	52.30	18.35	34.34	16.37	29.94	30.17	3.29	46.63	27.02	42.19	313.86
连云港市	0	12.11	14.81	138.94	77.81	27.12	162.24	24.36	0	35.73	76.12	108.75	677.99
聊城市	71.04	66.17	63.31	89.29	106.69	73.52	25.50	42.59	86.93	111.65	32.54	118.68	887.89
临沂市	153.91	143.42	68.07	75.70	30.96	56.18	148.87	35.45	116.06	70.63	93.99	84.32	1077.57
柳州市	91.36	17.07	302.60	78.29	37.67	190.58	59.07	14.97	126.45	150.25	63.09	276.46	1407.86
六盘水市	20.23	11.60	52.20	48.24	74.89	50.84	12.48	27.50	211.48	101.15	99.30	108.39	818.29
龙岩市	40.13	29.99	64.27	48.84	2.24	24.63	11.60	25.83	18.18	50.67	40.27	68.99	425.66
泸州市	67.67	16.58	0	27.39	63.50	41.65	10.18	2.71	8.20	23.25	72.99	243.24	577.35
六安市	82.89	39.43	121.74	23.03	14.22	34.54	65.80	50.35	49.66	84.51	58.42	135.69	760.28
洛阳市	41.88	49.70	79.35	155.78	74.68	201.40	15.81	2.02	70.63	20.21	84.82	147.00	943.28
漯河市	0	0	89.57	76.49	55.41	0	34.95	26.46	18.34	41.19	5.76	51.75	399.93
马鞍山市	19.61	28.83	23.89	42.31	2.47	2.19	55.52	41.54	37.11	4.22	6.95	89.05	353.68
茂名市	23.82	35.75	180.80	0	16.07	0	17.12	49.00	5.34	75.96	21.42	300.96	726.23
眉山市	50.57	31.03	0	10.48	34.16	95.35	60.35	89.11	29.57	53.24	203.16	166.82	823.84
梅州市	0.22	5.49	1.82	42.70	20.35	0.27	101.07	7.90	25.30	27.65	6.00	38.30	277.07
绵阳市	12.64	137.02	103.17	92.17	7.81	31.11	116.09	11.96	75.16	42.67	23.68	27.47	680.96
牡丹江市	20.74	0	0	0.09	0	21.72	0	0	0	14.86	0	0	57.42
南充市	2.76	0	66.32	0	94.12	0	1.63	8.08	35.30	14.07	39.80	4.89	266.99
南平市	29.55	19.37	30.95	63.08	1.52	0	118.22	31.06	58.17	34.82	23.70	138.06	548.50
南通市	126.52	270.97	189.88	190.35	90.62	285.28	571.42	137.30	27.87	186.76	219.57	274.05	2570.59
南阳市	23.67	31.49	26.76	20.06	14.58	0	24.27	59.16	9.71	20.87	86.04	109.30	425.91
内江市	1.82	29.10	15.85	14.49	15.33	25.54	36.21	16.25	6.15	43.61	242.94	78.73	526.03
宁德市	0	28.82	8.30	0	55.65	45.48	5.13	2.50	0	0	27.42	33.60	206.90
攀枝花市	43.60	0	0	0	0	39.46	2.81	26.25	0	14.31	15.89	106.75	249.08
平顶山市	2.48	102.33	7.18	2.53	0	18.32	42.54	20.05	0	0	0	31.33	226.77
萍乡市	3.97	5.11	11.60	141.02	52.72	68.55	58.49	2.03	2.02	181.96	21.99	25.07	574.52
莆田市	114.42	51.34	34.15	32.15	9.01	18.13	63.44	16.31	22.54	65.39	78.27	3.21	508.37
濮阳市	6.19	0	59.57	76.76	21.93	9.54	4.02	5.62	54.62	1.78	0	65.88	305.91
普洱市	0	0	0	2.57	0	3.46	0	0	16.31	16.19	34.83	35.69	109.05
齐齐哈尔市	0	15.96	0	13.85	0	4.87	26.65	0	12.46	13.73	4.95	29.83	122.30

2-4　续表 4　　　　单位：万平方米

城市	1月	2月	3月	4月	5月	6月	7月	8月	9月	10月	11月	12月	汇总
钦州市	86.91	77.14	0	87.02	0	36.38	11.59	102.47	94.74	115.55	56.26	392.12	1060.19
秦皇岛市	23.89	0	52.56	23.94	46.92	30.64	29.01	55.96	22.86	9.41	18.41	45.72	359.31
清远市	28.70	0	76.30	0	29.91	40.59	2.49	109.73	129.02	27.50	238.84	61.48	744.55
衢州市	10.90	15.21	50.79	25.38	33.40	76.70	81.35	32.71	40.88	39.57	34.30	92.95	534.12
曲靖市	1.48	7.42	22.15	8.34	1.51	5.97	0	5.82	0	14.56	51.06	4.95	123.26
泉州市	13.92	3.87	8.04	0	60.95	0	26.41	0	16.71	56.48	60.87	76.21	323.47
日照市	27.09	17.46	29.83	55.35	46.68	143.12	57.99	60.01	68.43	43.16	102.54	128.76	780.41
三明市	12.86	7.85	16.75	10.29	40.02	7.33	48.36	9.56	166.36	42.02	74.31	136.07	571.78
汕头市	111.79	93.79	112.97	61.22	44.25	58.04	56.90	73.71	87.46	61.54	16.17	56.45	834.28
汕尾市	0	0	61.57	51.57	0	0	12.81	14.39	0	5.83	0	22.23	168.40
商洛市	0	0	0	2.14	0	0	24.09	0	1.89	0	0	23.79	51.91
商丘市	75.38	49.78	16.39	23.20	137.62	131.96	219.29	5.15	19.97	0	52.13	102.52	833.40
上饶市	175.93	79.61	82.05	54.59	172.79	101.30	92.22	75.71	98.65	183.87	34.48	264.75	1415.96
韶关市	20.56	0	33.85	28.43	51.18	2.12	68.69	91.49	101.20	6.06	22.66	198.01	624.26
绍兴市	106.77	55.16	142.79	193.13	102.86	89.27	137.85	104.76	62.68	3.76	48.48	170.01	1217.50
十堰市	68.31	14.41	0	2.18	59.91	17.50	4.89	42.91	49.01	69.49	49.05	20.92	398.57
朔州市	5.46	11.39	31.57	1.31	0.57	1.72	61.50	3.33	49.51	4.14	16.20	36.02	222.73
松原市	0	0.32	6.67	11.95	0	0	0.08	12.42	16.22	0	3.62	0	51.28
宿迁市	361.34	0	40.55	38.15	195.01	105.41	119.83	116.40	93.48	24.63	10.64	44.30	1149.74
宿州市	0	0	31.36	76.79	37.97	117.65	63.31	2.93	25.14	25.97	25.85	28.25	435.24
随州市	12.08	6.18	19.92	29.72	0	26.68	22.04	2.06	2.47	82.40	7.76	8.86	220.19
台州市	46.94	78.68	38.61	60.75	113.35	86.95	102.26	71.66	51.26	144.37	131.87	56.23	982.92
泰安市	27.28	29.61	14.77	77.81	21.62	50.61	19.87	35.39	5.02	29.38	33.76	12.79	357.92
泰州市	8.28	18.52	52.75	41.92	47.54	49.61	40.83	63.71	7.19	0.81	13.92	218.03	563.11
唐山市	185.01	29.48	92.70	54.55	60.71	92.02	43.33	43.55	116.13	112.45	54.24	416.80	1300.98
铁岭市	0	0	0	0	0	0	0	0	1.91	0	0	10.98	12.90
通化市	2.29	0	2.26	0	7.43	3.85	9.33	0	4.76	0	0	0	29.91
威海市	150.16	77.90	15.55	104.77	118.48	82.47	52.74	226.63	105.89	59.42	159.73	378.79	1532.54
潍坊市	158.25	202.57	120.52	137.01	107.48	108.93	35.52	113.29	73.96	223.65	370.47	446.04	2097.69
乌兰察布市	0	19.04	3.59	0	0	0	0	0	0	0	0	0	22.63
芜湖市	66.20	142.73	170.00	155.62	117.84	65.44	171.45	24.30	45.14	96.12	84.99	59.29	1199.12
咸阳市	46.50	0	0	36.61	67.60	48.44	0	97.61	61.56	0	232.71	229.31	820.34
湘潭市	4.92	47.50	34.50	0	42.42	76.96	140.49	53.72	17.89	58.69	54.50	100.66	632.26
襄阳市	36.43	68.43	64.97	33.87	27.62	10.31	114.51	23.59	14.19	30.94	125.67	210.14	760.66
新乡市	10.14	33.62	45.99	0	3.22	3.09	28.27	55.68	5.66	73.23	5.03	72.85	336.78
信阳市	15.63	0	27.44	0	20.27	51.14	16.26	11.14	45.74	26.69	26.85	54.75	295.90
徐州市	146.77	146.12	107.26	181.76	108.02	257.86	19.99	69.54	18.49	25.60	458.70	85.34	1625.44

2-4 续表 5 单位：万平方米

城市	1月	2月	3月	4月	5月	6月	7月	8月	9月	10月	11月	12月	汇总
宣城市	15.58	10.72	32.00	47.11	85.18	26.92	1.79	8.11	36.10	34.89	0	106.66	405.06
烟台市	115.77	35.79	79.84	21.62	43.82	65.38	74.89	146.37	47.73	62.97	70.02	196.86	961.05
盐城市	77.32	78.32	76.01	125.78	138.12	54.14	80.06	95.99	45.43	53.40	9.31	102.77	936.65
扬州市	84.53	22.52	14.00	102.91	39.86	128.19	23.38	83.58	95.46	35.34	181.83	263.64	1075.24
阳江市	0	3.27	9.71	0	6.91	12.27	15.52	12.81	4.59	9.33	19.28	111.74	205.44
伊春市	0	0	0.81	6.28	0	0	0	30.97	0	0	0	0.19	38.25
宜宾市	116.71	83.45	70.07	86.85	82.32	13.46	14.25	116.48	69.28	9.43	0	40.29	702.60
宜昌市	19.63	17.55	80.35	0	68.19	32.85	40.15	1.01	39.29	46.69	38.97	419.79	804.47
宜春市	23.05	20.28	0	63.52	3.34	11.71	77.42	29.27	8.31	28.64	101.26	210.74	577.54
鹰潭市	28.89	13.67	16.86	28.54	70.95	0	33.64	21.95	39.36	20.51	26.86	48.99	350.22
营口市	54.68	40.40	122.62	12.67	20.78	8.95	96.87	6.01	70.57	20.20	5.02	22.44	481.21
玉溪市	4.38	0	31.32	0	0	5.84	0	20.06	0	56.82	16.46	41.32	176.20
岳阳市	147.99	99.51	45.44	46.22	0.77	74.18	109.87	39.77	33.32	50.16	69.78	348.52	1065.53
云浮市	29.68	16.75	0	21.03	15.12	5.49	8.91	0	4.88	1.73	3.06	47.35	153.99
湛江市	38.00	2.70	25.27	20.12	14.69	45.08	146.76	21.44	36.66	3.10	494.35	111.37	959.54
张家界市	3.31	0	0	0	4.34	0	72.93	20.12	0	0.38	89.59	159.83	350.49
漳州市	49.84	13.02	44.83	66.52	102.37	105.06	84.87	7.48	75.21	43.05	155.12	209.60	956.96
肇庆市	68.65	56.74	99.60	38.49	67.19	180.62	113.43	40.06	70.73	34.63	108.25	263.85	1142.23
镇江市	68.02	0	93.89	7.52	34.60	55.67	23.24	57.50	74.99	16.45	12.60	147.96	592.43
中山市	81.32	168.76	24.15	90.01	11.71	299.07	0	0	30.71	0	111.84	105.61	923.20
舟山市	9.76	0	12.36	0	27.08	144.96	0	19.79	48.82	22.58	7.55	25.31	318.20
珠海市	79.89	41.15	147.84	24.51	25.32	153.40	93.76	8.58	33.64	80.23	93.18	65.29	846.80
株洲市	42.97	0	99.89	19.96	103.75	35.85	108.78	8.60	3.98	0	28.93	562.60	1015.30
淄博市	192.11	10.10	9.66	55.85	58.09	17.91	37.82	41.75	78.64	77.21	188.18	350.66	1117.97
自贡市	47.67	0	1.40	36.02	4.94	39.42	0.91	19.68	0	29.23	0	107.10	286.38
遵义市	72.12	103.28	113.41	96.66	29.18	77.50	54.79	91.92	2.60	125.99	595.46	1296.19	2659.10
县及县级市													
保亭黎族苗族自治县	0	0	0	0	2.39	0	0	0	0	0	0	0.91	3.30
滨海县	12.32	82.09	16.34	21.49	39.14	1.63	1.39	0.84	18.06	25.21	44.94	116.59	380.05
常熟市	50.05	44.74	86.78	46.73	52.40	79.50	11.81	1.81	20.63	9.25	60.67	65.40	529.77
长沙县	29.49	23.35	33.87	4.01	199.17	92.18	49.10	24.47	95.32	42.43	24.35	94.93	712.69
长兴县	72.17	72.69	66.67	20.00	80.11	66.74	18.72	16.42	43.86	18.49	110.18	54.35	640.40
崇州市	37.36	0	20.28	0	9.02	9.55	42.88	7.76	22.91	2.56	4.99	0	157.33
淳安县	2.18	10.31	1.77	3.25	15.58	3.29	17.92	2.95	10.93	0	3.64	0.13	71.94
慈溪市	135.47	107.77	27.47	72.73	70.96	107.65	53.87	36.12	36.55	13.85	3.90	11.62	677.96

2-4　续表 6　　　　单位：万平方米

城市	1 月	2 月	3 月	4 月	5 月	6 月	7 月	8 月	9 月	10 月	11 月	12 月	汇总
丹阳市	73.32	0	3.81	6.84	92.06	9.08	3.85	84.00	0	0	0.37	199.59	472.92
当涂县	0.13	4.08	16.84	3.14	13.31	15.53	0	15.77	57.87	2.69	65.57	39.52	234.44
德清县	9.37	37.09	17.82	33.82	63.23	109.05	21.89	58.36	55.32	12.56	21.10	47.30	486.92
东港市	0	4.57	28.45	0	15.11	69.65	1.11	0	17.73	0	0	3.96	140.57
东台市	0	36.18	5.28	37.76	48.54	28.51	25.00	26.32	23.63	13.73	18.87	0.78	264.59
都江堰市	13.95	0	0	23.14	0	13.10	4.22	17.36	4.38	0	0	131.35	207.50
恩施土家族苗族自治州	5.59	14.44	30.06	2.71	44.12	0	35.79	0.00	2.00	7.30	20.19	7.55	169.75
肥东县	0	34.94	41.15	0	0	50.30	15.21	52.04	0	21.49	8.84	51.68	275.64
肥西县	44.22	0	12.12	20.96	0	4.35	48.59	35.40	16.45	34.52	0	20.91	237.52
盖州市	0	10.87	35.34	0	0	0	19.68	0	0	0	0	46.50	112.40
高碑店市	4.61	0	43.28	15.20	0	3.21	0	2.73	4.15	6.17	0	1.17	80.51
固安县	0	0	14.10	18.31	0	101.27	17.49	47.27	24.72	5.37	2.50	18.60	249.64
海安市	26.30	31.31	89.34	54.01	18.07	32.05	1.67	70.26	109.09	28.56	6.25	12.75	479.65
海宁市	23.07	25.04	27.16	43.02	104.62	99.58	118.38	42.34	21.67	34.00	88.32	87.19	714.38
海盐县	9.27	11.49	61.77	22.58	38.28	28.57	9.18	33.88	7.34	0	74.24	88.63	385.22
惠安县	0	24.27	42.83	0	0	15.34	27.88	31.72	0.49	0.89	223.55	253.78	620.75
惠东县	26.11	0	0	0	29.32	0	18.00	141.60	0.84	7.32	4.59	0	227.77
嘉善县	90.70	10.16	19.71	75.43	94.25	29.21	19.80	19.55	53.04	39.13	18.15	90.67	559.80
建德市	6.63	17.72	24.87	9.89	72.96	31.07	4.09	14.81	8.99	18.38	9.26	0	218.67
建湖县	12.93	0.92	5.76	4.38	55.53	9.29	56.92	11.72	0	1.45	0	65.12	224.02
江阴市	58.68	42.31	31.37	34.04	27.55	33.95	110.82	3.00	0	3.39	55.62	67.90	468.63
胶州市	117.72	20.79	6.51	10.94	68.21	71.65	119.59	3.20	61.89	0.78	0	205.65	686.92
晋江市	7.41	28.16	3.63	164.06	68.15	85.87	11.73	0	38.69	72.44	29.50	157.14	666.80
靖江市	0.75	161.58	151.65	0	10.05	33.97	0	25.79	1.03	55.18	82.42	3.33	525.75
昆山市	14.25	0	35.34	68.25	19.34	1.51	88.32	67.09	2.15	139.15	16.61	121.51	573.53
莱西市	0	91.19	19.69	63.36	0	0	35.81	112.15	40.94	43.46	8.44	29.37	444.41
莱州市	0	14.85	10.78	8.96	6.12	0	10.06	3.72	1.08	0	8.99	0	64.57
临海市	68.48	0	30.39	20.01	8.84	0.47	0	44.77	0	18.63	20.06	79.89	291.53
陵水黎族自治县	2.92	18.74	0	0	7.55	0	0	0	2.39	11.14	0	0	42.74
浏阳市	11.74	47.20	53.76	50.12	74.19	141.64	0	99.85	200.33	361.18	116.54	206.38	1362.94
龙口市	17.40	0	91.64	12.27	0	0	29.63	2.43	1.84	31.89	141.14	136.38	464.61
龙门县	1.51	23.43	83.45	45.83	0.55	7.77	52.72	3.83	0	0	0.60	4.98	224.66
闽侯县	0	26.97	24.98	20.17	14.48	23.14	16.39	1.43	3.29	2.84	0	7.23	140.92
南安市	43.55	5.76	52.77	0	7.20	56.86	38.47	70.50	33.41	42.96	62.24	81.74	495.46
宁海县	13.95	42.98	49.29	62.28	46.27	11.36	25.85	1.88	180.15	2.43	47.99	23.73	508.15

2–4 续表 7 单位：万平方米

城市	1 月	2 月	3 月	4 月	5 月	6 月	7 月	8 月	9 月	10 月	11 月	12 月	汇总
沛县	0	0.32	0	30.28	35.37	59.71	24.71	20.74	0	0	76.74	214.52	462.39
彭州市	57.32	0.27	0	0	50.04	11.67	4.64	6.74	21.91	6.91	32.05	41.96	233.52
邳州市	0	17.17	80.52	7.18	21.07	78.33	10.17	6.53	0	119.12	40.48	295.05	675.62
平度市	2.33	0	24.50	19.44	14.28	23.72	8.89	14.37	54.21	0	15.14	113.83	290.73
平湖市	21.65	0	19.81	48.43	79.90	37.88	36.54	24.03	3.35	12.94	11.16	69.44	365.13
蒲江县	7.72	0	0	7.90	47.93	0	14.68	0	60.07	0	0	35.81	174.12
普宁市	0	0	4.68	0	4.04	0	29.42	0	2.36	0	8.25	0	48.73
启东市	9.23	38.90	29.04	70.59	4.80	51.50	21.87	25.45	87.68	41.72	34.58	157.41	572.76
潜江市	21.87	0	26.48	136.66	64.50	41.05	0	12.11	3.21	76.58	85.68	9.19	477.32
荣成市	1.26	0	24.98	20.08	48.01	6.64	54.40	39.64	27.48	46.13	54.51	102.70	425.82
如东县	22.66	40.85	68.84	104.85	6.56	42.81	21.55	60.14	83.14	40.86	184.05	50.22	726.54
瑞安市	0	47.28	27.43	19.90	48.75	27.80	24.75	71.77	14.30	7.17	6.40	13.40	308.97
嵊州市	50.03	0	2.49	114.33	41.85	10.73	51.30	27.66	115.38	3.08	75.99	44.74	537.59
太仓市	24.79	0	105.06	60.72	57.96	46.63	9.37	27.24	0	10.70	55.67	77.15	475.28
泰兴市	29.10	0	166.58	23.21	13.59	68.88	31.81	44.58	35.39	135.49	95.88	41.57	686.08
天门市	55.67	6.28	9.54	38.93	18.66	5.43	6.78	4.99	22.43	8.98	9.65	20.64	207.99
桐庐县	15.23	1.83	48.67	13.66	6.76	38.39	20.24	0	3.95	4.02	14.85	15.62	183.21
桐乡市	37.41	43.98	134.86	28.77	27.23	69.98	51.12	55.47	5.71	11.14	14.24	87.48	567.39
瓦房店市	2.75	0.80	12.15	29.81	0	12.21	0	0	16.91	0.59	8.93	66.46	150.61
文安县	37.09	0	52.51	0	0	36.88	0	81.33	0	0	0	40.58	248.40
文昌市	0	10.15	19.20	11.65	21.10	15.95	4.82	3.34	0	0	0	21.43	107.64
仙桃市	117.72	23.24	1.51	18.44	112.40	157.75	18.74	4.31	17.21	11.87	74.17	7.40	564.75
香河县	0	32.84	0	8.85	6.87	0	0	11.12	0	0	12.12	0	71.80
象山县	57.47	60.39	65.49	58.81	0	7.67	16.43	62.15	29.09	5.98	23.04	110.17	496.70
新沂市	2.19	16.50	10.83	44.12	52.34	0	14.46	3.59	1.06	1.86	89.41	16.13	252.48
兴化市	78.18	2.69	64.97	6.11	15.11	0	43.61	0	0	8.82	22.52	25.69	267.71
宜兴市	86.21	13.01	131.71	13.15	22.19	2.42	22.35	6.79	52.24	10.87	0.34	69.48	430.76
义乌市	72.03	80.27	73.48	147.47	33.15	83.04	61.16	61.15	148.05	62.23	11.38	45.64	879.04
永登县	10.30	14.45	53.43	28.26	45.77	186.36	218.95	79.78	56.98	56.47	99.06	42.79	892.61
余姚市	22.89	87.20	58.03	16.66	50.99	38.95	170.40	34.61	60.86	15.16	11.68	151.84	719.26
张家港市	89.50	15.97	233.47	88.56	143.32	78.27	16.45	150.91	177.70	77.41	98.94	48.54	1219.05
诸暨市	32.00	72.58	15.73	27.34	4.92	41.89	124.22	14.08	31.43	7.65	15.39	0.80	388.03
庄河市	0	29.61	0	0.11	0	0	0	0	4.39	2.11	0	0	36.22

数据来源：中指数据库监测。

2-5 2021年全国300城土地成交楼面均价统计

单位：元/平方米

城市	1月	2月	3月	4月	5月	6月	7月	8月	9月	10月	11月	12月	汇总
一线城市													
北京市	20476	11580	748	1771	26425	1011	1946	1061	1644	26034	–	22056	19058
上海市	6250	15691	627	1799	8570	11625	1270	1772	2378	10713	6018	5964	7608
广州市	3585	10795	1953	10162	850	1171	3385	2800	14558	609	6577	5480	6607
深圳市	1583	6081	568	–	15381	1050	1437	6386	15386	635	11424	2536	8956
二线城市													
长春市	1584	3239	1443	2852	566	3066	665	897	1486	–	742	2400	2550
长沙市	1842	3277	3563	1005	5262	3805	3113	594	398	2438	1664	3152	2912
成都市	5078	925	2470	1079	1795	6016	106	578	7084	3135	6028	6698	4595
重庆市	2349	3624	606	8392	1922	494	524	1250	4873	1428	463	5059	4932
大连市	3950	8052	2738	3707	7774	894	3968	2761	911	1680	548	5563	3020
福州市	269	9382	2068	–	9159	197	274	3558	8495	185	–	11220	7962
贵阳市	777	265	2422	2528	1179	3348	3490	4919	2666	2596	2184	2587	2478
哈尔滨市	2133	2846	3930	282	6556	1532	3827	2094	1395	358	857	2148	2596
海口市	4312	824	5275	4000	2558	4118	11747	2541	–	917	2049	2818	2597
杭州市	12830	6109	3535	967	11929	2736	1000	984	544	6026	328	8993	7711
合肥市	6041	172	6195	1067	382	7227	325	1780	7121	796	6851	4599	5423
呼和浩特市	3712	–	–	–	2660	1100	–	814	–	–	1936	1759	2476
济南市	1218	487	1148	477	3334	572	401	296	2580	345	867	2627	2083
昆明市	498	2455	819	1660	2552	2114	3868	545	4191	1073	371	679	1556
兰州市	816	297	–	614	1276	–	–	1330	1400	21923	1630	609	962
南昌市	1630	1883	478	413	1790	3856	4802	4151	572	3358	2122	2977	2337
南京市	5152	5646	825	1238	13246	3660	744	455	11096	948	7821	524	7921
南宁市	2328	1177	2592	1204	464	4034	2111	413	2113	754	182	1417	1882
宁波市	7707	2997	5048	337	10626	630	652	802	1546	1185	5904	766	5020
青岛市	3261	1373	1120	790	3340	1410	1147	416	3575	314	761	3437	2875
三亚市	14672	13345	–	2990	4224	4768	9997	2053	–	10138	845	3423	5008
沈阳市	–	2089	1284	4551	992	333	338	453	4205	454	340	2817	2614
石家庄市	6006	3546	4510	1266	673	379	291	336	288	4224	2725	1809	1927
苏州市	8803	2948	3809	4974	3774	5457	302	291	7865	4329	7211	1355	4915
太原市	1227	861	2929	228	401	555	1960	1971	2085	706	2769	2117	1397
天津市	7549	2667	2056	410	7049	589	508	838	6291	424	534	2034	3635
温州市	7069	11476	8723	9283	4408	705	1959	11655	884	558	3650	2175	5382
乌鲁木齐市	1480	225	1140	–	1577	2757	816	906	2639	1164	451	379	1237
无锡市	272	13300	9087	11365	394	282	291	9276	–	446	9089	321	7790

2-5 续表 1

单位：元 / 平方米

城市	1 月	2 月	3 月	4 月	5 月	6 月	7 月	8 月	9 月	10 月	11 月	12 月	汇总
武汉市	815	3887	4910	288	1451	6531	1220	264	842	4997	352	4940	4591
西安市	1969	3760	3260	2594	3470	3753	3432	930	1489	3451	3022	3462	3084
西宁市	4432	2901	3021	331	–	2706	–	7826	–	306	271	1811	2976
厦门市	1152	–	577	163	25867	21247	–	1540	498	1039	204	19625	11585
银川市	173	5023	1316	64	334	242	1325	788	1923	285	1760	586	1173
郑州市	2978	3539	4500	–	3632	5143	2490	622	89	229	3904	3406	2685
三四线城市													
安康市	980	578	1201	565	444	326	991	436	666	730	479	857	861
安庆市	1307	403	438	4284	1025	468	308	368	821	370	335	383	1092
安顺市	1249	2291	533	574	538	803	394	1003	631	707	358	867	843
安阳市	2018	1285	–	1404	–	–	1825	1889	1395	937	2603	1806	1511
鞍山市	470	1533	194	134	1762	903	–	3371	–	–	–	415	573
百色市	657	–	580	963	1241	459	345	257	680	3964	407	559	598
包头市	839	1594	2025	244	907	2321	477	461	276	965	–	470	1038
宝鸡市	722	300	376	351	527	456	520	255	298	1378	1639	645	574
保定市	1878	3045	1365	2367	1551	1497	1680	2155	1221	468	1072	2608	1917
北海市	–	–	–	2460	138	2852	1928	–	–	1005	903	2508	1340
本溪市	1116	–	498	292	497	1666	1522	1726	1650	793	–	1360	1253
蚌埠市	271	–	1346	1559	1441	5317	2399	962	1192	238	2169	357	1573
滨州市	1453	2945	938	1301	904	756	805	598	844	973	1380	1371	1378
沧州市	481	559	2998	3606	–	2425	495	–	–	686	3765	3773	2414
常德市	252	124	343	2155	945	1673	220	166	1215	264	880	1118	1083
常州市	1352	392	917	5751	3952	1030	8956	482	5929	428	2226	5602	3576
朝阳市	935	1513	1286	386	380	–	1004	947	345	–	577	1245	754
潮州市	271	–	221	–	–	–	–	1647	127	290	141	946	398
郴州市	577	482	1256	211	449	959	1224	255	–	395	846	1060	889
承德市	1825	–	659	530	1201	2288	264	581	624	356	570	2018	1228
池州市	449	240	927	938	138	177	96	127	139	843	2398	1234	711
崇左市	10788	–	333	238	–	419	–	222	–	226	–	488	304
滁州市	143	140	2816	1280	519	–	2725	3163	1110	140	141	1427	1918
大庆市	617	–	–	491	258	306	342	–	166	193	223	634	340
丹东市	1029	97	–	1306	–	–	322	–	290	742	1641	1610	1230
德阳市	622	8571	1741	573	2400	2500	1597	683	1250	152	229	1254	786
德州市	758	–	1634	4809	255	–	300	2990	–	1559	–	2302	2053
东莞市	924	3759	4187	3561	7746	976	8728	6441	8291	6268	287	2888	4191
东营市	784	–	278	149	2370	–	286	373	1303	1056	1670	741	786

2-5　续表 2　　单位：元 / 平方米

城市	1 月	2 月	3 月	4 月	5 月	6 月	7 月	8 月	9 月	10 月	11 月	12 月	汇总
鄂尔多斯市	243	272	–	1129	532	142	423	356	442	269	494	592	473
鄂州市	1402	2359	262	612	422	2836	253	216	1301	460	1804	293	1310
佛山市	1850	1975	1976	4290	4599	8673	3324	3762	2889	566	666	3606	3641
抚顺市	1128	–	–	288	–	349	1379	1302	–	354	480	510	970
阜新市	–	–	–	–	705	399	–	–	582	–	–	473	505
阜阳市	–	732	2686	2985	2124	2808	164	1365	912	164	183	662	1616
赣州市	87	691	822	718	428	114	1742	1508	1870	206	231	1076	887
广元市	1312	176	1624	12664	874	107	1171	–	–	–	3285	–	1782
贵港市	180	1676	955	1014	501	179	160	319	509	649	160	390	586
桂林市	875	911	432	–	314	1086	1569	312	225	436	848	629	693
邯郸市	997	884	1329	1469	922	577	1181	647	1932	716	431	1071	1169
河源市	86	70	956	447	730	1503	1039	1070	–	–	100	73	661
菏泽市	864	1628	993	1164	1866	1561	1041	470	2111	1149	1551	1058	1210
鹤壁市	–	595	954	–	–	588	–	–	–	917	–	339	659
鹤岗市	–	–	7	–	–	–	–	–	–	–	–	–	7
衡水市	1330	1127	1338	274	738	642	348	721	561	1192	816	954	920
葫芦岛市	351	–	943	642	1036	417	–	756	632	794	428	457	673
湖州市	3186	277	1190	1872	311	1509	4923	1822	1859	3101	461	1798	1660
怀化市	984	1161	773	944	530	752	–	866	673	347	285	859	793
淮安市	3876	–	3094	2451	310	3940	3099	5491	650	141	270	148	2165
淮北市	506	–	336	–	–	1159	1945	–	3122	1200	–	1593	1298
淮南市	1362	–	212	308	1490	–	–	247	231	607	2790	1057	1035
黄石市	565	–	1562	954	315	1482	2124	861	–	999	1208	1304	1218
惠州市	1369	770	1744	963	1153	1397	898	1225	384	461	1356	1283	1061
鸡西市	813	–	–	–	279	72	–	–	–	70	–	241	303
吉林市	938	538	939	–	1249	–	3173	857	–	–	–	981	1106
济宁市	2174	7615	–	3709	1611	2155	3945	4446	379	3555	444	3204	2607
嘉兴市	610	6534	1310	3764	8513	2053	306	4911	3961	720	344	323	3765
江门市	425	992	218	240	2059	2624	–	439	2718	815	1600	1304	1430
焦作市	3063	242	167	376	2519	–	–	–	2630	250	1924	1216	1258
揭阳市	–	–	4200	757	–	–	–	930	–	1502	–	665	830
金华市	4771	6186	312	7035	5412	2655	3139	426	513	1025	1530	321	3278
锦州市	281	–	–	422	–	710	–	–	1624	1155	–	1129	1085
荆门市	352	613	285	882	418	359	494	538	239	394	224	404	450
荆州市	289	294	219	210	961	578	2297	163	278	211	366	287	410
景德镇市	216	–	–	–	–	–	2374	3111	222	3337	3053	3116	2616

2-5 续表 3

单位：元 / 平方米

城市	1 月	2 月	3 月	4 月	5 月	6 月	7 月	8 月	9 月	10 月	11 月	12 月	汇总
九江市	1943	254	944	–	1511	1454	877	4232	534	1830	3523	758	1389
开封市	1642	157	1200	597	517	2366	584	2000	–	1164	1382	671	1264
拉萨市	16334	–	–	–	–	–	–	–	–	–	–	–	16334
廊坊市	–	–	681	3522	1128	932	2981	–	1552	–	2126	1513	1555
乐山市	263	–	284	91	3223	692	1379	2063	923	1754	953	1553	621
丽江市	–	805	–	255	–	–	291	366	386	620	–	579	467
丽水市	4030	3867	3484	9093	3236	231	498	4849	506	4734	3937	2433	3534
连云港市	–	1707	357	1528	1603	2417	658	200	–	5709	1704	1872	1589
聊城市	876	991	1934	296	946	2193	3841	2010	3023	2339	1476	2091	1737
临沂市	2059	2668	2091	802	1123	375	1767	375	2734	2786	3991	2409	2160
柳州市	776	510	1297	152	389	2405	908	198	1480	1108	860	578	1123
六盘水市	1505	974	638	1134	1569	176	601	1302	798	889	660	742	861
龙岩市	3301	137	100	4946	132	208	4303	2781	5421	719	1404	2447	2049
泸州市	946	1633	–	155	1657	2299	1874	160	196	504	1728	378	948
六安市	1297	2276	860	2765	167	3475	1018	2333	805	503	182	472	1091
洛阳市	1177	1384	1716	2799	905	2304	360	3211	424	645	753	1726	1691
漯河市	–	–	1262	296	1251	–	564	1415	390	324	360	1017	844
马鞍山市	295	6021	2272	1365	402	165	5068	625	790	484	719	3717	2735
茂名市	100	539	441	–	1443	–	2777	266	287	820	290	1181	841
眉山市	327	191	–	247	1273	2077	935	1105	1709	1127	1676	1780	1419
梅州市	2185	348	257	546	1198	520	486	426	851	1695	291	2216	932
绵阳市	287	193	165	205	2424	3174	1142	1618	4247	4333	427	1996	1328
牡丹江市	1137	–	–	601	–	1131	–	–	–	325	–	–	924
南充市	4622	–	1404	–	2240	–	125	144	727	144	1357	157	1500
南平市	2253	1134	31	64	198	–	1287	320	430	2016	93	75	663
南通市	3454	2554	1302	636	951	419	7430	1747	172	209	5192	2118	3094
南阳市	4093	1649	2428	2136	1294	–	1412	2151	565	577	356	511	1270
内江市	220	918	236	2046	2772	1663	1223	1838	168	1028	943	1207	1121
宁德市	–	68	161	–	163	4180	1564	858	–	–	3853	1269	1744
攀枝花市	1085	–	–	–	–	2747	303	924	–	853	63	854	1145
平顶山市	1347	1217	3649	597	–	1320	1080	1047	–	–	–	896	1212
萍乡市	211	328	569	793	846	787	1127	901	217	769	1109	1301	844
莆田市	830	1369	1020	4524	11738	3048	99	5614	216	2679	6116	433	2488
濮阳市	415	–	1020	1810	419	224	4005	910	2124	212	–	2006	1580
普洱市	–	–	–	180	–	145	–	–	1271	198	1002	1161	928
齐齐哈尔市	–	204	–	779	–	393	308	–	202	1948	388	283	522

2-5　续表 4　　　　单位：元 / 平方米

城市	1 月	2 月	3 月	4 月	5 月	6 月	7 月	8 月	9 月	10 月	11 月	12 月	汇总
钦州市	454	309	–	146	–	437	129	216	437	606	238	707	488
秦皇岛市	976	–	437	1157	807	940	1356	397	357	371	728	2945	1007
清远市	216	–	595	–	3384	143	187	808	179	259	642	196	595
衢州市	541	11228	7092	9147	1273	5233	370	1005	532	1915	653	857	2762
曲靖市	425	399	333	210	360	375	–	321	–	1083	757	355	597
泉州市	5130	969	5401	–	751	–	4865	–	152	121	412	2138	1515
日照市	1823	1099	1457	393	451	1903	2844	2768	1977	387	1245	2689	1774
三明市	263	1221	107	252	1565	47	85	3829	245	1084	937	372	573
汕头市	467	3630	1334	1401	1955	3354	2460	2353	1726	454	1373	248	1725
汕尾市	–	–	2255	1471	–	–	178	1129	–	180	–	1202	1550
商洛市	–	–	–	245	–	–	1789	–	1158	–	–	1875	1742
商丘市	1449	1062	1157	1346	1337	991	719	524	1590	–	630	1791	1123
上饶市	1425	2648	665	1133	1785	707	2170	969	544	208	1048	1923	1320
韶关市	549	–	119	265	694	239	405	741	647	545	186	750	602
绍兴市	6848	211	5517	10834	443	6617	2657	1269	4903	1892	740	1274	4374
十堰市	386	140	–	1037	709	738	133	565	302	1817	714	586	751
朔州市	881	348	347	170	220	511	1094	759	315	285	245	790	628
松原市	–	2833	759	362	–	–	1333	430	961	–	1337	–	705
宿迁市	273	–	384	91	3387	1996	760	2329	493	138	125	587	1242
宿州市	–	–	1659	464	508	3003	1278	3758	1126	850	174	1838	1514
随州市	852	943	178	1045	–	361	1284	492	2644	568	425	191	672
台州市	5738	1147	349	869	1585	4470	1626	3721	3520	2575	1429	674	2244
泰安市	1927	187	4607	2556	1046	2041	2838	2823	4200	2120	3415	3085	2362
泰州市	220	218	788	6101	1930	6180	5995	2444	7424	193	2916	4115	3718
唐山市	446	3061	1705	300	4491	1026	197	894	261	1953	261	661	1000
铁岭市	–	–	–	–	–	–	–	–	334	–	–	514	487
通化市	1174	–	962	–	732	1475	829	–	522	–	–	–	876
威海市	1155	890	846	1377	1079	1284	434	1560	1497	1187	944	1992	1399
潍坊市	1430	1501	1182	1470	1739	1669	346	2239	1941	1202	1304	1241	1410
乌兰察布市	–	397	433	–	–	–	–	–	–	–	–	–	403
芜湖市	330	1485	3286	3515	201	274	1802	200	290	1829	448	124	1609
咸阳市	445	–	–	1847	237	2355	–	2279	711	–	1372	1527	1407
湘潭市	1020	964	1122	–	978	1502	1568	1577	3171	2117	364	1398	1413
襄阳市	795	820	1381	2522	1199	1841	1850	954	3045	1370	1305	2127	1634
新乡市	2010	1732	1173	–	390	345	145	236	360	199	1755	1680	891
信阳市	808	–	924	–	309	1873	1080	418	791	1733	2347	2989	1593
徐州市	2680	2955	539	5227	144	6957	350	267	344	866	1957	157	2834

2-5 续表 5 单位：元 / 平方米

城市	1月	2月	3月	4月	5月	6月	7月	8月	9月	10月	11月	12月	汇总
宣城市	183	147	705	765	1717	188	187	370	1274	186	–	2535	1335
烟台市	1437	566	2830	1479	2228	848	2175	1007	848	1776	3058	2823	1904
盐城市	6504	5815	4658	6115	7476	6176	4680	3268	956	688	3318	664	4608
扬州市	825	129	95	5220	8417	3146	7215	947	5287	2065	4686	4051	3809
阳江市	–	792	980	–	651	762	1188	760	649	2874	766	1428	1257
伊春市	–	–	144	85	–	–	–	399	–	–	–	580	343
宜宾市	2084	1635	1581	821	2516	158	154	2071	1639	2408	–	1252	1710
宜昌市	991	1895	791	–	948	811	751	302	3540	2800	320	1333	1342
宜春市	601	476	–	1488	225	1067	923	397	3883	1423	586	1356	1095
鹰潭市	1128	130	1981	329	909	–	1762	2088	1888	890	229	908	1113
营口市	970	1258	1371	848	1127	363	1060	415	1307	839	625	531	1120
玉溪市	600	–	2270	–	–	2027	–	792	–	1562	862	1324	1470
岳阳市	1537	1520	2181	1080	1527	708	2172	979	599	1504	1402	1743	1558
云浮市	227	324	–	202	223	435	255	–	210	1452	353	527	351
湛江市	407	961	225	2454	1177	2903	772	353	1484	1001	678	572	832
张家界市	2348	–	–	–	605	–	245	1688	–	24807	1115	1511	1178
漳州市	168	66	3018	535	2978	2325	145	269	137	3092	161	928	1156
肇庆市	1630	251	1265	694	267	737	834	573	708	229	439	1198	848
镇江市	210	–	3262	226	220	207	179	191	5370	224	249	2171	1835
中山市	3510	630	4823	249	342	4641	–	–	3956	–	294	286	2282
舟山市	366	–	549	–	5162	2551	–	375	4112	2450	1500	2097	2664
珠海市	2483	3594	1645	14034	2004	2518	103	859	349	6673	682	6633	2871
株洲市	1049	–	590	936	1126	1722	1043	1068	1860	–	957	1813	1457
淄博市	410	541	440	1639	1348	579	1485	1309	1509	1264	1951	2192	1549
自贡市	1264	–	279	250	346	1435	725	919	–	2479	–	1403	1290
遵义市	945	844	949	319	495	580	193	183	1597	589	527	857	708
县及县级市													
保亭黎族苗族自治县	–	–	–	–	776	–	–	–	–	–	–	3403	1500
滨海县	2345	255	220	3418	996	207	988	12509	459	3859	2937	1900	1676
常熟市	1992	292	228	2795	2916	1938	1473	172	2481	3805	371	4336	1850
长沙县	1108	1966	947	430	2941	1696	1517	1835	2218	3279	1014	2239	2191
长兴县	2003	2039	833	420	773	2226	487	667	4296	686	703	2267	1544
崇州市	1918	–	49	–	919	5600	40	3137	33	1250	23	–	1046
淳安县	4102	5084	3361	318	1768	524	3780	733	654	–	1340	7808	2509
慈溪市	504	2507	7368	6997	709	375	243	184	3209	329	439	595	1904

2–5　续表 6　　单位：元 / 平方米

城市	1月	2月	3月	4月	5月	6月	7月	8月	9月	10月	11月	12月	汇总
丹阳市	1055	–	420	301	2889	409	409	3118	–	–	486	2534	2368
当涂县	160	196	1306	955	3219	571	–	171	910	629	723	527	865
德清县	350	437	426	403	2539	2106	2769	2266	760	470	3183	1799	1692
东港市	–	166	277	–	174	514	138	–	801	–	–	265	445
东台市	–	4145	3024	8808	1045	1239	6351	199	5176	197	7157	233	3813
都江堰市	2035	–	–	3084	–	520	1300	3900	1275	–	–	2449	2443
恩施土家族苗族自治州	864	1102	1828	169	402	–	1029	–	225	922	746	161	908
肥东县	–	207	3399	–	–	4303	322	1662	–	215	7392	334	1967
肥西县	4753	–	152	174	–	1165	4809	7179	620	4010	–	744	3674
盖州市	–	696	568	–	–	–	428	–	–	–	–	340	462
高碑店市	1182	–	957	738	–	517	–	426	844	1312	–	1228	918
固安县	–	–	2760	754	–	2822	2068	976	1776	755	593	1499	1996
海安市	1488	1641	2365	3648	580	6425	436	1738	1874	4148	356	2351	2488
海宁市	903	1317	1042	2001	4515	205	714	2669	544	508	1881	3080	1851
海盐县	1785	239	2224	2569	4044	2519	3367	2866	1222	–	796	455	1759
惠安县	–	1737	4971	–	–	106	4432	188	334	450	495	1238	1308
惠东县	1905	–	–	–	1107	–	1115	213	229	900	441	–	620
嘉善县	3273	708	298	222	1953	2968	2040	551	2918	270	223	1863	1763
建德市	1106	1582	7991	215	1377	1478	357	6111	336	165	249	–	2208
建湖县	1420	205	216	3063	1275	1730	1894	205	–	351	–	2119	1646
江阴市	131	10205	2215	1292	7046	524	3794	6800	–	15000	3832	3100	3585
胶州市	153	1992	139	698	248	763	1149	744	747	224	–	1167	823
晋江市	4920	970	9395	224	4054	611	2386	–	1182	2272	2413	2365	1717
靖江市	1280	636	830	–	12845	333	–	284	1530	2610	1692	300	1262
昆山市	1991	–	558	4377	5272	296	3464	5693	390	2382	289	2435	3086
莱西市	–	1388	596	575	–	–	317	441	275	229	288	317	604
莱州市	–	983	1774	1408	2204	–	1814	1926	276	–	559	–	1403
临海市	419	–	3999	220	9252	564	–	7505	–	1089	1814	397	2268
陵水黎族自治县	811	1802	–	–	5000	–	–	–	3476	396	–	–	2026
浏阳市	499	666	747	1348	191	534	–	486	1364	339	801	892	702
龙口市	546	–	775	1383	–	–	2558	383	460	852	1190	1244	1162
龙门县	2332	106	127	150	1326	218	148	157	–	–	470	204	158
闽侯县	–	210	3404	9881	5215	1475	5980	301	2065	3525	–	10143	4174
南安市	4067	1084	185	–	161	183	184	1468	126	145	1336	1318	1043
宁海县	1178	1108	2590	190	188	494	1559	363	917	453	823	543	940

2-5 续表 7 单位：元 / 平方米

城市	1 月	2 月	3 月	4 月	5 月	6 月	7 月	8 月	9 月	10 月	11 月	12 月	汇总
沛县	–	179	–	2698	665	2380	473	802	–	–	618	1991	1623
彭州市	33	550	–	–	35	289	3600	787	4678	548	1088	1368	975
邳州市	–	431	308	900	2715	2895	4024	250	–	2509	2990	2180	2114
平度市	176	–	753	687	145	1502	2511	1792	701	–	188	685	815
平湖市	5726	–	362	4683	3596	747	1557	472	3401	531	626	481	2192
蒲江县	66	–	–	3064	208	–	32	–	658	–	–	32	435
普宁市	–	–	363	–	2030	–	156	–	2671	–	406	–	495
启东市	1044	1253	5814	589	235	1430	6459	2472	2277	571	3676	4097	2694
潜江市	494	–	978	126	282	188	–	213	80	184	840	849	370
荣成市	371	–	1203	404	557	705	1695	491	1731	1301	1890	1886	1376
如东县	5087	526	3753	2703	147	1025	3320	2653	2219	3001	2768	2004	2576
瑞安市	–	7705	1520	267	6508	336	281	238	2487	421	274	1434	2659
嵊州市	653	–	198	2575	164	213	465	231	163	266	1520	2443	1137
太仓市	1808	–	2724	1759	6871	163	131	2134	–	450	6497	2475	3073
泰兴市	1098	–	506	483	297	2720	2251	4172	1642	2137	2994	449	1792
天门市	546	133	129	121	137	146	130	136	784	128	131	128	311
桐庐县	1798	2915	3619	584	11595	1015	3682	–	691	1067	366	2612	2521
桐乡市	754	2000	968	124	3672	1643	763	1162	1069	7058	7461	1042	1499
瓦房店市	1502	1343	310	509	–	604	–	–	1770	311	267	434	616
文安县	1705	–	575	–	–	1171	–	643	–	–	–	498	842
文昌市	–	989	950	915	1187	1277	438	533	–	–	–	927	1004
仙桃市	187	175	154	192	1635	871	141	138	187	352	167	458	668
香河县	–	676	–	2563	2943	–	–	1738	–	–	994	–	1344
象山县	1052	819	576	295	–	6248	271	2137	226	340	317	229	788
新沂市	206	1096	1323	1629	856	–	3417	144	145	586	733	191	1067
兴化市	2861	258	520	139	396	–	3968	–	–	1485	1391	2507	2043
宜兴市	1401	3505	812	356	8338	462	5239	403	1827	7893	465	3392	2324
义乌市	5318	819	11384	4984	21283	13054	2115	11287	8010	7029	515	1775	7212
永登县	248	1299	1047	1290	522	920	392	386	1090	827	897	251	710
余姚市	634	3689	868	11100	5198	3237	446	424	1117	2511	763	340	1696
张家港市	242	1366	2161	2179	237	4802	372	209	284	215	183	809	1077
诸暨市	635	2256	581	7086	7530	11283	841	435	731	500	607	626	2690
庄河市	–	404	–	1481	–	–	–	–	908	237	–	–	458

数据来源：中指数据库监测。

2-6 2021年全国300城土地成交土地均价统计

单位：元/平方米

城市	1月	2月	3月	4月	5月	6月	7月	8月	9月	10月	11月	12月	汇总
一线城市													
北京市	34157	13876	1094	3054	52216	1578	2929	1593	3113	50226	–	42665	33558
上海市	13257	35952	1527	3786	28069	23444	3026	4518	4101	22422	12597	11955	15938
广州市	13515	31822	6696	33381	1853	3481	13335	5848	50561	2434	28740	19316	21716
深圳市	8086	32424	2178	–	38255	3209	5876	6832	50777	618	57753	4943	21371
二线城市													
长春市	2242	5778	2251	4264	869	5325	669	722	1005	–	654	2973	3783
长沙市	3801	8948	7657	2261	6401	9147	7624	1146	731	6660	4203	7458	6912
成都市	12022	2615	6094	3406	5342	13522	317	1728	15275	9464	13833	15567	11198
重庆市	4015	5548	951	13729	3559	831	946	2196	7740	2629	1190	8765	8209
大连市	12490	14081	4624	8456	15912	973	6370	5140	928	2326	504	5691	4238
福州市	475	21052	2068	–	16738	354	592	5155	15423	333	–	21835	15199
贵阳市	1407	602	5227	6696	2875	9988	11607	10505	7477	5598	5732	7088	6494
哈尔滨市	2571	5704	8148	321	15977	2547	5774	3023	2257	335	849	2841	3897
海口市	8370	999	8519	6000	8916	5023	9750	6400	–	1764	4718	7423	5657
杭州市	32722	18313	14257	2068	29996	6690	2531	2433	1371	14786	1030	23135	20154
合肥市	10019	430	12408	2336	384	12300	390	5340	15034	962	11447	8900	9220
呼和浩特市	9650	–	–	–	5457	911	–	2280	–	–	3468	2578	4460
济南市	2346	449	1907	495	7239	990	564	621	5117	514	1075	5530	3872
昆明市	282	11700	1268	4115	5047	8656	15012	1217	7838	3217	742	929	2446
兰州市	1540	595	–	1604	3289	–	–	5474	3005	10961	6193	1290	2246
南昌市	3862	3213	906	824	3755	10055	10586	7098	1253	4894	3410	6849	4813
南京市	10738	11348	1579	1830	32358	8676	1786	813	26246	2483	17489	883	17256
南宁市	5925	2674	6874	2612	850	12047	5916	877	5309	2260	506	3762	4802
宁波市	14196	5623	11242	926	23655	1204	1266	1394	3922	2115	13409	1596	10815
青岛市	6590	1943	2039	1269	5874	1915	1487	616	8147	446	1258	5357	5181
三亚市	36681	39094	–	5100	10082	5802	4473	2218	–	51896	1691	6686	9122
沈阳市	–	4498	1648	6633	1808	563	338	532	6257	477	294	3801	3899
石家庄市	18017	8539	8942	3085	1719	935	736	683	724	11896	7882	4855	4817
苏州市	22152	6213	10631	9271	8363	9723	452	766	17137	1986	16226	3017	10689
太原市	3356	2224	11955	572	754	1323	3597	4179	5435	1402	7206	5787	3374
天津市	10610	4191	3266	986	13141	613	807	1612	11446	742	723	3061	6089
温州市	19288	32094	22053	21723	12045	1945	4821	30258	2784	2446	5938	5799	14068
乌鲁木齐市	3700	221	1260	–	1689	5695	903	1045	3801	1369	419	306	1412
无锡市	545	30664	17315	20691	725	551	582	16454	–	774	17652	808	14710

2–6 续表 1

单位：元 / 平方米

城市	1月	2月	3月	4月	5月	6月	7月	8月	9月	10月	11月	12月	汇总
武汉市	1379	8177	8858	501	3504	14289	1830	367	1230	10925	490	11317	9370
西安市	3985	4761	5933	5721	7322	9013	9137	1641	2077	7462	5895	7827	6531
西宁市	10268	870	8194	331	–	5801	–	18000	–	330	361	9995	6301
厦门市	2718	–	1668	480	74795	61141	–	5372	1572	2722	408	55702	31251
银川市	121	10047	1795	129	334	339	2705	665	3495	342	2250	761	1555
郑州市	8197	10027	14146	–	7259	15899	3429	933	267	644	11056	8153	7601
三四线城市													
安康市	2148	1699	3302	1037	1550	653	1427	549	1351	1853	535	2017	1784
安庆市	3076	335	415	8979	1342	531	370	368	848	370	335	372	1320
安顺市	1909	1833	485	1051	388	1051	322	1003	637	1700	702	1104	1062
安阳市	5046	3212	–	4390	–	–	4563	1206	951	1296	5207	4259	2494
鞍山市	419	1054	136	336	3171	1506	–	337	–	–	–	350	613
百色市	1806	–	896	1366	2135	371	690	270	680	4757	500	1388	1252
包头市	357	2426	2573	172	1137	4214	348	369	173	771	–	317	831
宝鸡市	876	371	439	281	1060	756	446	477	676	2462	4442	1326	914
保定市	4724	7421	3280	5996	2168	3019	4201	5511	3536	468	2330	6047	4395
北海市	–	–	–	5918	248	7129	4932	–	–	1925	1836	5685	2815
本溪市	558	–	398	380	397	1833	1928	2071	1815	556	–	1614	1281
蚌埠市	271	–	1760	3429	2086	6886	3789	1179	1518	285	3491	356	2052
滨州市	2853	5652	1577	2246	1609	983	2049	566	1091	1057	2209	2099	2130
沧州市	455	639	5200	7933	–	4231	505	–	–	686	7866	5660	3662
常德市	326	185	534	6572	1998	3070	273	277	2646	264	1062	2131	1963
常州市	3006	788	2031	11097	7292	1939	17879	1093	12906	982	5302	12465	7774
朝阳市	1276	1628	2239	537	1068	–	906	1436	276	–	425	2189	937
潮州市	944	–	927	–	–	–	–	1318	566	580	633	3215	1434
郴州市	577	937	1999	253	315	2613	2209	306	–	603	1187	2369	1583
承德市	2984	–	806	530	2401	3505	396	581	624	534	570	3369	1837
池州市	675	246	1021	1157	166	178	115	153	167	1039	3370	1729	877
崇左市	5394	–	354	207	–	300	–	247	–	204	–	981	321
滁州市	171	168	4401	2041	697	–	4686	6325	2382	168	169	2382	3052
大庆市	359	–	–	440	217	306	263	–	163	161	172	736	267
丹东市	604	145	–	2844	–	–	322	–	320	1681	2625	2808	2052
德阳市	750	6000	3832	784	3600	7500	4372	775	2499	276	284	1480	1084
德州市	906	–	3673	11728	257	–	300	5255	–	1890	–	5053	3101
东莞市	2802	9307	12999	10785	24726	2197	22979	27804	21110	17475	893	3078	11977
东营市	838	–	349	171	2928	–	272	353	1954	847	1865	880	824

2-6 续表 2

单位：元 / 平方米

城市	1月	2月	3月	4月	5月	6月	7月	8月	9月	10月	11月	12月	汇总
鄂尔多斯市	170	199	–	903	1064	170	619	640	691	269	381	953	608
鄂州市	2181	5982	323	786	422	7042	303	343	2406	479	4290	325	2212
佛山市	6507	6377	5788	13070	13329	23974	10768	11181	8981	1733	1923	12025	11177
抚顺市	1296	–	–	288	–	311	2827	2213	–	604	288	306	1211
阜新市	–	–	–	–	1410	319	–	–	300	–	–	502	551
阜阳市	–	825	5299	6885	4674	5158	178	2730	1009	188	218	887	2505
赣州市	113	1212	1537	1355	935	248	2923	3004	3555	374	440	1999	1686
广元市	1655	176	2920	3799	1514	136	1530	–	–	–	10630	–	3126
贵港市	144	3938	1412	1851	887	144	144	507	388	1003	144	373	678
桂林市	860	1574	724	–	377	1109	1698	375	477	482	1379	1455	1040
邯郸市	1351	1369	2498	2756	1082	766	1478	1164	2743	952	498	1638	1698
河源市	267	280	1921	741	1907	3242	2714	5942	–	–	400	255	1765
菏泽市	1792	2087	1501	3298	1891	2926	3903	571	3625	1971	3441	2759	2607
鹤壁市	–	598	1290	–	–	675	–	–	–	929	–	301	676
鹤岗市	–	–	5	–	–	–	–	–	–	–	–	–	5
衡水市	3148	1767	2262	271	1045	848	316	1903	675	1938	1064	1194	1396
葫芦岛市	302	–	1445	1557	3213	334	–	858	1208	1054	314	822	940
湖州市	5980	471	2325	3078	664	2333	8951	2914	3753	4865	696	2860	2937
怀化市	2070	3600	3093	2040	795	1058	–	1489	1139	555	285	2103	1453
淮安市	7278	–	6649	3848	299	10155	5648	11004	1199	193	424	264	4025
淮北市	627	–	345	–	–	1378	2357	–	5413	1625	–	2673	1698
淮南市	2703	–	255	364	3807	–	–	210	231	1335	5580	1497	1552
黄石市	706	–	3184	2021	318	2277	3847	946	–	1570	1787	2897	1994
惠州市	4935	2484	2314	2618	3906	1722	2778	3888	1203	1611	3440	3390	2774
鸡西市	1950	–	–	–	245	43	–	–	–	54	–	169	264
吉林市	763	413	644	–	978	–	7299	514	–	–	–	2253	1134
济宁市	3431	9900	–	5141	2321	2879	5741	8895	417	5218	471	5328	3910
嘉兴市	1261	12493	3409	7787	16271	2962	621	10082	6440	1331	550	850	7960
江门市	1086	2614	626	666	5972	7257	–	1410	6987	2253	4063	2168	3193
焦作市	5425	291	201	451	6297	–	–	–	4472	275	4425	2014	1909
揭阳市	–	–	12601	1586	–	–	–	2570	–	751	–	2167	1785
金华市	9872	14359	620	14542	11232	7218	6351	911	1165	2420	3772	811	7310
锦州市	237	–	–	268	–	1420	–	–	2254	3237	–	1055	1275
荆门市	384	683	314	995	532	230	572	623	279	394	219	524	513
荆州市	289	286	219	210	1700	624	5302	238	334	249	381	369	485
景德镇市	429	–	–	–	–	–	4551	5962	444	6586	6030	6207	5174

2-6 续表 3

单位：元 / 平方米

城市	1月	2月	3月	4月	5月	6月	7月	8月	9月	10月	11月	12月	汇总
九江市	3461	290	1423	–	2116	1922	910	6604	695	2317	5149	787	1791
开封市	4052	310	1800	835	310	4909	426	2885	–	1488	3106	1406	2234
拉萨市	16334	–	–	–	–	–	–	–	–	–	–	–	16334
廊坊市	–	–	1591	5768	2255	2709	5390	–	3277	–	4838	2316	3397
乐山市	564	–	676	183	5821	1481	3148	4818	1977	3735	1665	2163	1244
丽江市	–	1489	–	255	–	–	1020	661	683	677	–	425	621
丽水市	12090	6853	4051	17454	5646	288	742	6681	400	7897	6258	3995	5284
连云港市	–	2668	382	1558	1817	4786	902	295	–	10227	1573	2858	1964
聊城市	882	1687	3605	517	1392	4370	8498	5436	6074	5723	2264	4135	3076
临沂市	3876	4420	3867	1365	2368	504	3331	486	5909	4398	8150	4621	3873
柳州市	1638	1059	3350	298	526	5848	687	304	3392	2410	1899	1371	2352
六盘水市	1780	3076	2067	1505	2348	348	2105	1997	1580	1379	1222	1743	1592
龙岩市	6844	294	204	8594	263	416	6020	5620	10724	1370	3574	5492	4158
泸州市	2081	3330	–	334	3890	4720	14055	352	409	1017	3502	828	2072
六安市	1915	3366	944	3445	167	5365	1433	3168	1013	828	183	575	1399
洛阳市	2942	2953	3163	5413	2757	4547	343	11881	725	1287	1038	2400	3032
漯河市	–	–	2105	531	2038	–	733	3749	397	364	360	1841	1317
马鞍山市	354	13247	2969	1941	402	198	7806	911	1069	575	1121	8518	4385
茂名市	300	1576	1153	–	5896	–	8642	787	575	2443	799	3321	2364
眉山市	355	153	–	231	2166	3629	1207	2354	3004	1368	3280	3181	2261
梅州市	1748	738	309	722	3715	624	766	341	1449	4599	437	6372	1616
绵阳市	807	559	486	458	3905	7591	3114	4207	10343	11214	651	4528	3376
牡丹江市	2115	–	–	180	–	2197	–	–	–	969	–	–	1920
南充市	4610	–	3222	–	3976	–	88	144	1014	144	1800	157	2365
南平市	3730	1897	111	179	178	–	3278	908	1099	3675	119	224	1606
南通市	5494	4471	1930	918	1245	621	16502	2805	331	328	8775	3666	5230
南阳市	9005	5602	8965	9989	3995	–	2883	4067	680	577	534	1162	2530
内江市	220	2295	190	5115	6375	3103	1814	3781	168	1376	1820	2141	1962
宁德市	–	203	402	–	407	11505	4546	1545	–	–	9601	2809	4453
攀枝花市	2205	–	–	–	–	3540	205	1710	–	1535	63	1543	1860
平顶山市	2882	3894	6554	1074	–	3300	2413	2250	–	–	–	744	2454
萍乡市	211	394	790	1850	1874	3362	3901	901	217	1743	4992	6783	2127
莆田市	1850	3721	1641	10503	50472	7982	296	17210	388	5811	24573	520	6148
濮阳市	415	–	1604	4700	486	359	4792	975	3052	212	–	3571	2610
普洱市	–	–	–	270	–	217	–	–	1427	297	1397	2247	1391
齐齐哈尔市	–	204	–	1168	–	305	277	–	202	3938	250	155	447

2-6　续表 4　　　　单位：元 / 平方米

城市	1 月	2 月	3 月	4 月	5 月	6 月	7 月	8 月	9 月	10 月	11 月	12 月	汇总
钦州市	941	558	–	227	–	1047	194	328	1279	1990	369	1850	1068
秦皇岛市	1465	–	489	1464	1287	1575	1596	431	514	407	947	4370	1315
清远市	528	–	1907	–	6760	422	375	1910	552	621	1965	579	1678
衢州市	646	13186	10386	11646	1234	9475	465	935	823	3108	761	869	3470
曲靖市	425	1163	281	189	360	225	–	225	–	3249	1200	354	726
泉州市	11938	2468	14583	–	1339	–	12162	–	379	252	664	4598	3024
日照市	1666	1390	1457	378	380	2840	3582	3598	2577	405	1615	3437	2136
三明市	844	2142	187	836	3680	142	252	7657	640	3175	2416	994	1492
汕头市	1552	13156	5120	5609	6705	11850	9287	8719	6489	1567	5611	972	6311
汕尾市	–	–	6989	4067	–	–	444	2939	–	450	–	3333	4385
商洛市	–	–	–	250	–	–	5473	–	3310	–	–	4799	4536
商丘市	3621	1877	3472	2263	3511	2960	2232	314	4502	–	1889	3412	2821
上饶市	2407	4691	1131	1745	3108	1052	3927	1432	864	399	1377	3421	2237
韶关市	1198	–	237	265	1531	239	430	1631	783	868	299	958	849
绍兴市	11551	418	9986	21970	928	12546	5150	1935	8241	3724	1311	1841	7767
十堰市	571	209	–	1037	1298	1256	207	667	443	3961	984	909	1174
朔州市	1036	298	468	211	220	255	2162	2504	314	285	218	1240	805
松原市	–	2266	752	347	–	–	1600	430	1645	–	2674	–	833
宿迁市	283	–	300	101	5373	2561	910	3069	563	152	126	762	1460
宿州市	–	–	2328	735	704	6115	2040	7515	1410	1465	202	2795	2413
随州市	1562	1776	187	1644	–	816	2292	941	7932	729	509	191	965
台州市	7479	2859	900	1651	3968	10975	4192	8181	4377	6723	3437	1664	4995
泰安市	2382	375	5639	2895	889	3109	6204	4035	5250	2181	5651	3794	3091
泰州市	412	352	1326	7445	3703	11998	9774	4293	14311	483	4977	7882	6556
唐山市	853	6344	3255	389	9036	1636	299	1484	266	2188	381	1253	1594
铁岭市	–	–	–	–	–	–	–	–	234	–	–	811	648
通化市	1953	–	2791	–	512	3539	912	–	396	–	–	–	899
威海市	1311	1078	771	1939	1185	1826	459	2517	1938	1643	1168	2961	1860
潍坊市	2599	3372	2577	3230	3561	4369	330	6171	2564	3794	3758	2512	3136
乌兰察布市	–	334	363	–	–	–	–	–	–	–	–	–	339
芜湖市	383	1808	5049	5667	236	328	2359	231	352	2575	554	136	2105
咸阳市	559	–	–	3311	474	6635	–	5242	890	–	2852	3076	2710
湘潭市	2353	1769	2175	–	1734	2333	4510	4515	3725	4021	634	2576	2800
襄阳市	796	1840	2312	3574	2463	5065	2912	1343	4563	1732	1974	3969	2668
新乡市	4574	5191	3016	–	390	345	293	397	360	391	3510	3971	1838
信阳市	970	–	2247	–	682	4115	1901	476	1243	4844	5679	7024	3167
徐州市	4973	6155	763	7675	200	13244	525	416	363	1293	3675	193	4761

2-6 续表 5

单位：元 / 平方米

城市	1月	2月	3月	4月	5月	6月	7月	8月	9月	10月	11月	12月	汇总
宣城市	179	168	940	1066	2978	225	221	503	1625	220	–	3757	1849
烟台市	1821	432	4193	1903	4504	977	5128	796	1292	2667	3763	4595	2421
盐城市	13315	12983	11334	10665	16659	15058	9806	6258	1324	1040	3624	1173	8926
扬州市	1606	261	189	7511	14563	5568	10707	1915	7848	3584	8435	6920	6546
阳江市	–	1021	1351	–	576	1002	791	474	1001	3843	704	4224	1854
伊春市	–	–	216	128	–	–	–	319	–	208	–	348	296
宜宾市	3895	4195	2206	1094	4630	158	152	5105	2276	4804	–	2555	2969
宜昌市	2355	3103	1490	–	1413	1802	821	302	4444	4160	451	2043	2060
宜春市	921	561	–	1888	225	2134	1968	475	7204	2282	733	1928	1567
鹰潭市	2336	198	3275	608	1364	–	3212	4683	3067	1483	305	1679	1881
营口市	1485	1585	2155	1252	1492	299	1772	332	2002	366	500	506	1462
玉溪市	590	–	4086	–	–	3249	–	1062	–	4660	748	3773	2787
岳阳市	2323	3468	5091	1460	458	571	3630	1418	550	1796	1277	2473	2118
云浮市	241	365	–	308	223	435	255	–	252	5082	353	753	425
湛江市	628	1922	450	4134	2088	7684	2477	760	4113	1801	953	1224	1451
张家界市	2605	–	–	–	907	–	465	4986	–	19846	2737	2816	2377
漳州市	448	199	6617	1209	8250	5645	393	467	342	8198	443	2411	2973
肇庆市	3634	421	3483	1528	654	1876	1801	1146	2218	421	967	2652	1942
镇江市	421	–	7321	453	426	413	359	381	10377	447	498	4163	3671
中山市	11608	2443	14726	871	1196	9915	–	–	12405	–	959	843	6485
舟山市	684	–	889	–	12944	3857	–	750	9124	4713	2063	3866	4649
珠海市	6611	7200	3870	38329	4062	4305	304	1288	1497	15779	2261	19454	6863
株洲市	1440	–	1178	1275	2164	3379	1724	1405	4650	–	1905	4257	2980
淄博市	539	1028	440	2974	2429	1154	2901	2289	2212	2270	3864	4935	2776
自贡市	1398	–	195	175	226	2428	1305	1387	–	4508	–	1896	1560
遵义市	1790	1280	1648	673	980	799	364	344	811	895	1317	1665	1386
县及县级市													
保亭黎族苗族自治县	–	–	–	–	610	–	–	–	–	–	–	1021	815
滨海县	4143	322	221	5145	1177	207	439	12509	295	8617	5636	3675	2411
常熟市	3980	480	377	3682	5300	3108	2877	345	4137	7070	666	8077	3144
长沙县	1532	3593	1727	774	7509	3358	3442	3559	3988	8245	1853	5432	4647
长兴县	3565	2731	1420	504	1304	3641	588	794	4624	908	889	3436	2218
崇州市	4374	–	120	–	3675	13440	120	7530	99	2250	70	–	2780
淳安县	2528	10141	1109	388	2869	707	5589	1034	651	–	3064	437	3121
慈溪市	980	5001	14136	13954	1420	707	456	338	6621	673	766	931	3692

2-6　续表 6　　　　单位：元 / 平方米

城市	1月	2月	3月	4月	5月	6月	7月	8月	9月	10月	11月	12月	汇总
丹阳市	1948	–	420	450	5950	409	447	6332	–	–	486	4600	4357
当涂县	40	196	1848	1910	5937	815	–	185	1296	755	869	739	1150
德清县	670	793	716	721	4279	2706	4376	4159	1357	839	5330	3766	2783
东港市	–	223	312	–	202	811	138	–	1970	–	–	221	632
东台市	–	8560	1512	18682	1474	1964	13840	258	11782	254	18048	280	6337
都江堰市	1560	–	–	4627	–	481	1950	9750	1530	–	–	5176	4110
恩施土家族苗族自治州	2850	2048	3347	214	573	–	1922	194	225	3605	1133	161	1496
肥东县	–	208	7704	–	–	6457	443	1907	–	215	13305	236	2237
肥西县	10271	–	183	206	–	1985	6784	12927	1076	6741	–	932	5756
盖州市	–	1556	1345	–	–	–	510	–	–	–	–	426	706
高碑店市	2364	–	2580	1702	–	517	–	431	1148	2509	–	2730	1963
固安县	–	–	5938	891	–	5031	3423	1765	2520	1060	712	1805	3227
海安市	1654	2485	5674	9678	730	10329	476	2717	4760	6490	294	4682	4627
海宁市	1874	2553	2430	4476	9547	517	1688	5810	1196	1144	4219	7192	4197
海盐县	3673	525	4911	3396	7364	5534	6928	5406	1108	–	1324	829	3189
惠安县	–	3504	12804	–	–	319	8181	467	434	901	1445	2832	3246
惠东县	4654	–	–	–	1868	–	1562	720	803	826	618	–	1498
嘉善县	7550	1476	727	569	6285	6482	3265	1459	7129	692	541	4757	4404
建德市	2346	3014	14636	323	2127	2818	705	9585	498	328	360	–	3733
建湖县	2297	205	229	6127	2377	3057	3445	205	–	246	–	3830	2780
江阴市	158	12314	2949	2334	8628	761	5018	10200	–	15750	4529	4295	4704
胶州市	253	4540	209	835	425	1290	1772	1116	1223	449	–	2256	1414
晋江市	9409	1896	16910	626	10086	1846	4772	–	2831	5094	4628	5569	4218
靖江市	1920	1342	1572	–	23121	366	–	312	1530	4047	2628	600	2151
昆山市	2616	–	1055	8505	7504	592	5710	11760	780	6099	479	4649	6017
莱西市	–	2129	792	739	–	–	355	613	321	250	267	366	776
莱州市	–	1346	4445	2112	5406	–	3999	2908	248	–	451	–	2107
临海市	694	–	8165	439	17554	677	–	14485	–	2275	3365	795	4288
陵水黎族自治县	973	3973	–	–	23000	–	–	–	2781	792	–	–	4097
浏阳市	991	1503	1602	2333	377	1055	–	922	3303	697	2062	1924	1490
龙口市	1467	–	1711	2427	–	–	704	383	460	1714	595	688	759
龙门县	2798	371	432	525	2365	740	515	521	–	–	470	717	535
闽侯县	–	379	7559	19874	10633	2041	11487	753	7229	12338	–	28400	8000
南安市	8947	1084	584	–	482	541	402	4026	490	435	3766	3577	2832
宁海县	1875	2875	6109	493	486	497	3214	435	2415	453	1634	1120	2170

2-6 续表 7 单位：元 / 平方米

城市	1月	2月	3月	4月	5月	6月	7月	8月	9月	10月	11月	12月	汇总
沛县	–	215	–	7302	966	6171	987	2011	–	–	875	3697	3018
彭州市	98	825	–	–	106	173	7200	472	9000	678	2669	3147	1942
邳州市	–	1192	315	1350	6405	7884	8450	300	–	4487	6877	4198	3808
平度市	176	–	962	636	176	2244	4359	2820	1144	–	199	853	1060
平湖市	9188	–	688	6707	4948	1271	4118	790	4573	877	931	749	3495
蒲江县	96	–	–	5588	513	–	96	–	1423	–	–	96	1030
普宁市	–	–	909	–	2872	–	381	–	6153	–	755	–	1086
启东市	1355	1444	8314	874	235	1975	8681	3535	3918	590	8468	8004	4150
潜江市	1126	–	2263	253	552	379	–	326	143	419	3159	3397	837
荣成市	374	–	1518	372	591	779	2863	532	2684	1824	3144	3339	1925
如东县	9321	916	7915	5584	263	1880	7204	4775	4033	6242	4813	3381	4792
瑞安市	–	16654	3326	829	18026	1123	998	571	7051	950	1095	3900	6942
嵊州市	1521	–	494	5923	400	532	1055	538	402	596	5662	6151	2850
太仓市	3616	–	5892	3803	13845	360	300	4328	–	450	13184	4867	6245
泰兴市	1605	–	1028	814	479	6108	4723	8860	3453	5083	6920	894	3760
天门市	773	133	140	121	134	146	130	136	976	128	131	128	346
桐庐县	4127	3362	6474	956	20449	1365	5439	–	697	1158	623	4959	4037
桐乡市	2364	5183	2858	433	9659	3411	2310	3599	2873	16759	13540	3098	4135
瓦房店市	2670	923	310	380	–	392	–	–	2805	311	267	365	537
文安县	3404	–	630	–	–	2326	–	1518	–	–	–	641	1385
文昌市	–	932	1362	915	2321	2554	525	533	–	–	–	2160	1520
仙桃市	263	257	208	207	3555	1530	207	207	241	215	229	229	1002
香河县	–	965	–	4713	5885	–	–	3687	–	–	2003	–	2269
象山县	2098	1003	801	555	–	8983	543	3797	414	600	611	458	1343
新沂市	144	2485	1524	2339	911	–	6693	144	145	1055	846	194	1307
兴化市	5560	278	1040	278	614	–	8034	–	–	2703	2633	2404	3572
宜兴市	1599	5097	934	403	10906	462	7243	484	2284	11435	558	3870	2762
义乌市	13036	2174	24974	12594	31136	27779	4019	22049	20474	15842	1030	4527	16434
永登县	244	1558	3037	2580	394	1683	240	250	1448	2041	2411	219	746
余姚市	915	6907	1470	22200	8806	5105	904	900	2132	2534	1373	720	3167
张家港市	619	3609	5444	4816	659	9438	977	620	758	598	518	1675	2763
诸暨市	857	3189	697	10328	10479	16065	1782	540	1250	750	891	751	4270
庄河市	–	555	–	212	–	–	–	–	1719	237	–	–	621

数据来源：中指数据库监测。

2-7　2021 年全国 300 城土地成交溢价率统计

单位：%

城市	1月	2月	3月	4月	5月	6月	7月	8月	9月	10月	11月	12月	汇总
一线城市													
北京市	7.16	23.68	0	0	6.32	0	0	0	0	3.39	–	0.98	5.68
上海市	1.86	9.00	0.01	0.05	0.03	4.87	0	4.42	0	3.19	1.59	2.66	3.73
广州市	7.15	11.25	0	11.23	0	0	0	0	0.81	0	0	0	5.12
深圳市	0	0	0	–	30.90	0	24.02	0	11.95	0	4.42	0	9.69
二线城市													
长春市	0	0	0	3.18	0	0.38	0	0	0.71	–	0	0.02	1.31
长沙市	1.74	4.20	12.50	0	115.74	7.45	1.57	0	0	0	0.03	0.82	4.51
成都市	6.96	11.83	12.82	0	9.45	6.70	0	2.78	2.14	0	0	4.12	4.53
重庆市	5.73	36.64	0	41.87	17.51	0	0	0	0.02	0	0	0.43	19.57
大连市	4.40	42.57	0.04	0	1.83	0	14.23	0	0	0	0	0	7.01
福州市	0	19.97	0	–	18.09	0	0	79.77	12.67	0	–	3.29	13.00
贵阳市	3.92	3.13	4.25	13.58	5.85	1.86	4.71	5.98	2.43	1.92	2.17	1.93	3.81
哈尔滨市	7.21	0.28	0	0	4.26	3.35	10.73	0.30	0.47	0	0	0	3.37
海口市	0	0	0	0	18.81	67.92	0	0	–	0	0	0.82	7.78
杭州市	25.36	23.65	4.98	0	25.67	0	0	3.34	2.10	4.49	0.54	6.89	17.08
合肥市	16.94	0	24.44	0.24	0	19.02	0	1.71	4.51	0.28	8.38	0.55	11.03
呼和浩特市	28.58	–	–	–	0	0.31	–	0	–	–	0	0	8.07
济南市	0	0.10	2.10	2.61	10.57	7.11	0	0	0	0.95	0	0.19	3.44
昆明市	0	0	0	6.93	14.71	0	0	0	0	0	0	0	4.56
兰州市	0.96	0.97	–	0.80	0.40	–	–	0.87	0.29	232.43	0.19	0.47	1.76
南昌市	0	6.58	0	0	3.30	55.16	13.02	15.76	0	0.05	0	0	18.41
南京市	4.29	17.90	3.99	0	17.93	0.51	0	0	5.86	0	3.37	0	11.13
南宁市	20	56.88	56.15	5.58	0	33.48	0	3.79	0.26	0	0	6.22	23.21
宁波市	24.81	27.57	25.12	10.30	24.84	4.18	5.13	0.04	34.82	1.82	0.76	16.57	18.13
青岛市	0	0.31	0	1.49	1.85	0	0	0	0.45	0	0	0.58	0.71
三亚市	–	0.69	–	36.12	23.16	0.54	1.51	0.20	–	0.12	0.23	0.23	3.17
沈阳市	–	–	0	10.20	–	0	0	0	0.80	0	0	0.41	5.16
石家庄市	0	0.87	11.49	11.70	1.40	0.39	0.31	0.86	0.38	0.80	1.16	0.98	3.42
苏州市	9.13	10.57	10.88	13.15	7.54	6.24	0	0.03	1.54	0	0.65	0	4.44
太原市	10.91	38.62	13.74	4.21	0.73	12.74	13.47	18.48	14.96	6.26	8.31	18.73	16.67
天津市	5.63	15.37	11.61	0	10.42	0	0	0	0.65	0	0.54	0	5.98
温州市	30.19	28.10	31.53	28.52	18.28	0.57	6.94	4.77	0.10	1.35	0.06	1.40	18.68
乌鲁木齐市	0	2.03	0	–	6.14	0.40	6.26	7.30	1.37	0.12	1.18	0.94	3.05
无锡市	0	31.61	15.03	12.31	0	0	0	4.05	–	0	0.05	0	6.72

2-7 续表1

单位：%

城市	1月	2月	3月	4月	5月	6月	7月	8月	9月	10月	11月	12月	汇总
武汉市	0	8.03	2.03	0	0.18	16.58	0.02	0	0.03	0.39	0.67	0.02	6.84
西安市	63.46	48.56	27.96	56.69	0	6.78	84.99	2.29	0.06	1.09	0.06	0	16.65
西宁市	0	0	20.51	0	–	0	–	0	–	0	0	0	5.48
厦门市	20.99	–	0	0	29.32	25.39	–	0	0	0	0	2.75	17.26
银川市	0	67.43	50.96	0	0	0	19.92	5.71	6.19	0	0	0	21.01
郑州市	0	9.51	10.68	–	0	10.40	0	0	0	0	1.62	0.92	6.69
三四线城市													
安康市	13.12	1.45	4.77	1.11	3.51	1.14	3.32	2.64	1.20	0.99	0.75	1.78	4.87
安庆市	0.04	0	0	28.22	45.67	0.66	0	0	0.20	0	0	0	12.44
安顺市	0	0	0	0	0	0	0	0	0	0	0	2.88	2.13
安阳市	0.21	0	–	0.53	–	–	0.66	48.06	11.78	6.42	0	0	3.11
鞍山市	0	30.13	0	0	0	0.08	–	0	–	–	–	0	7.29
百色市	6.85	–	4.74	14.51	20.71	36.56	12.18	2.08	8.51	3.88	5.93	8.76	8.59
包头市	0	38.95	2.03	0	0	8.02	0.58	0	0	4.77	–	0	5.20
宝鸡市	2.65	0	2.43	0	0.31	4.85	0	4.84	7.99	0.10	0	1.16	1.49
保定市	0	–	0	0	0.41	5.59	0	3.96	0	0	0	23.62	5.11
北海市	–	–	–	0	0	0.04	2.56	–	–	0	3.52	0	1.40
本溪市	0	–	0	0	0	9.08	0.04	0	0.06	0.12	–	1.70	1.39
蚌埠市	0	–	–	–	–	–	–	55.62	–	–	16.74	3.61	27.78
滨州市	0	0	2.20	0	0	0	0	0	0	0	27.06	3.59	4.04
沧州市	0.35	0.54	26.93	2.30	–	0.17	0.52	–	–	0	0.19	0.24	9.63
常德市	0	0	0.39	0	0	3.32	0	0	0	0.83	0.10	1.38	1.59
常州市	19.38	0.71	47.63	37.35	7.98	0.76	17.20	0.29	13.14	4.29	1.09	0.71	11.14
朝阳市	0	0	0	0	0	–	60.28	0	0	–	0	0	0.67
潮州市	0	–	0	–	–	–	–	0	0.11	0	0	0	0.01
郴州市	0	0	57.24	0	0	0.36	0	0	–	0	0	0	2.32
承德市	–	–	0	0	–	0	–	0	0	0	0	3.69	0.43
池州市	0	–	76.29	8.09	0	0	0	–	0	47.78	26.35	30.38	28.61
崇左市	–	–	0	0.83	–	7.39	–	3.32	–	0	–	0	0.98
滁州市	0	0	56.31	64.32	39.08	–	51.83	36.02	11.50	0	0	1.07	37.99
大庆市	0	–	–	0	0	0	24.02	–	0	0	0	0	0.28
丹东市	0	0	–	0	–	–	0	–	0	0	0	0	0
德阳市	9.01	33.33	18.85	0	0	0	41.86	3.47	88.24	0	0.01	0.03	5.74
德州市	0	–	0.20	73.36	0	–	0	20.41	–	0	–	0	19.27
东莞市	27.84	23.72	33.00	44.15	25.81	5.18	20.16	15.68	11.86	0	0	2.33	20.05
东营市	0	–	0	0	83.25	–	0	0	0	0	0.01	0	11.88

2-7　续表 2

单位：%

城市	1月	2月	3月	4月	5月	6月	7月	8月	9月	10月	11月	12月	汇总
鄂尔多斯市	0	0	–	0	0	0	0	0	4.04	0	0	8.67	4.32
鄂州市	0.05	4.68	0	1.79	1.05	52.65	0	0	0	0	0	0	14.53
佛山市	2.20	14.93	17.23	57.51	13.08	20.75	13.49	12.91	0.70	0.38	0	0	16.59
抚顺市	0	–	–	–	–	0	22.55	0	–	0.48	0	0	17.25
阜新市	–	–	–	–	1.07	0.86	–	–	5.32	–	–	1.78	1.59
阜阳市	–	0	61.37	61.18	21.51	34.97	0	10.30	1.41	0	0	12.65	36.77
赣州市	0	0	26.50	13.03	5.49	14.80	20.50	1.68	0	0	0.43	1.75	11.40
广元市	2.57	1.08	29.00	6.14	3.51	0.51	0.29	–	–	–	1.35	–	8.43
贵港市	0	6.90	18.92	0	0	0	0	0	0	2.87	0	0.01	5.08
桂林市	0	0	0	–	0	0	8.70	0	0	0	0	0	0.99
邯郸市	0	0.73	0	8.43	1.05	0	28.47	0	13.77	0.72	0	0	5.74
河源市	0	0	0	0	0	4.89	0	0	–	–	0	0	0.62
菏泽市	0	0	0	4.63	0	0	14.94	6.16	0	0.08	0	0	1.06
鹤壁市	–	0	0.52	–	–	0	–	–	–	0	–	0	0.18
鹤岗市	–	–	0	–	–	–	–	–	–	–	–	–	0
衡水市	2.15	12.68	22.58	0.17	1.69	1.39	0.67	3.64	0.29	0.64	1.47	7.20	7.54
葫芦岛市	0	–	0	–	–	–	–	12.41	1.04	0	0	0	3.07
湖州市	72.15	0	23.55	43.16	0	0	7.94	1.06	0	0	0	0.11	13.26
怀化市	0	–	0	0	–	24.51	–	0	0	0	0	0.63	4.82
淮安市	39.13	–	62.40	43.60	0	7.94	8.56	2.53	0	0	0	0	18.12
淮北市	39.48	–	0.48	–	–	92.30	237.49	–	120.65	106.53	–	91.14	110.76
淮南市	1.24	–	0	30.37	3.75	–	–	0	0	0	3.33	2.58	2.85
黄石市	10.17	–	0	6.77	0	0	0	0	–	0	0	0.03	0.93
惠州市	0.06	0.10	8.78	13.06	0	16.86	12.17	0	0	0	3.24	0	4.83
鸡西市	0	–	–	–	0	0	–	–	–	0	–	0	0
吉林市	0	0	0	–	0	–	0.74	0	–	–	–	0.10	0.14
济宁市	3.92	0	–	26.93	2.44	9.50	43.51	5.28	0	0.46	0	3.70	5.73
嘉兴市	5.28	41.94	42.17	18.96	28.03	0	20.16	6.75	3.93	0.07	0	0	21.42
江门市	0	10.30	3.51	0	0.24	18.23	–	0	0	0	0	2.83	6.88
焦作市	0	0	0	0	0	–	–	–	0	0.66	0	0	0.02
揭阳市	–	–	52.53	24.99	–	–	–	0	–	0	–	0	6.56
金华市	65.05	56.44	12.88	47.75	19.18	14.94	8.98	1.09	56.61	1.28	0.03	0.33	27.81
锦州市	0	–	–	0	–	0	–	–	35.79	2.20	–	7.55	12.62
荆门市	3.89	1.57	0	0.08	0.97	0	0.12	10.11	0	37.51	0	0.04	1.70
荆州市	0.01	0	0.02	0	12.57	13.17	0	0	0	0	0	0.02	4.88
景德镇市	0	–	–	–	–	–	0	9.48	0.08	0	0	0	0.78

2-7 续表 3

单位：%

城市	1月	2月	3月	4月	5月	6月	7月	8月	9月	10月	11月	12月	汇总
九江市	9.75	0	0	–	26.84	20.38	5.60	39.50	0.21	0	10.47	0	10.76
开封市	0	0	0	18.51	0	0.13	0	0	–	0.02	0.03	0.01	1.09
拉萨市	0	–	–	–	–	–	–	–	–	–	–	–	0
廊坊市	–	–	1.20	1.23	0.80	2.32	0.76	–	5.44	–	3.54	0.88	2.70
乐山市	21.29	–	3.52	4.16	28.97	7.75	12.57	37.69	1.70	0	1.63	18.30	13.32
丽江市	–	1.01	–	–	–	–	1.49	0	–	0.52	–	1.52	0.72
丽水市	7.61	69.73	47.05	71.03	32.25	0	0	4.72	0	1.85	0	0	18.96
连云港市	–	1.97	3.12	78.58	9.29	57.77	11.02	0	–	0	0.63	0	14.93
聊城市	19.18	55.79	15.76	1.44	2.66	21.39	28.62	7.60	2.84	3.59	0	4.09	9.63
临沂市	0	0	15.97	0	6.30	0	8.54	0	21.26	10.35	7.01	0.26	6.48
柳州市	37.40	0	2.72	0	0	17.41	0	0	0	0	0	2.82	6.89
六盘水市	0.13	0	0.03	0.15	0.06	0.22	0	0.17	0.15	0.10	0.11	2.84	0.37
龙岩市	69.98	0.10	0.03	56.28	0	0	34.73	0	4.90	0.01	45.80	10.96	28.62
泸州市	2.80	1.84	–	0	24.52	16.82	0	0	0	0	15.80	5.28	11.97
六安市	36.23	0.34	71.25	61.40	5.54	63.95	0.59	75.12	3.79	0.80	10.39	1.58	33.59
洛阳市	16.42	0.20	11.67	8.13	0	1.47	0.07	0	0	0	0	0	3.97
漯河市	–	–	14.83	0	9.70	–	0	0	0	0	0	0	6.55
马鞍山市	0	82.74	143.59	0	0	0	87.24	11.12	1.38	0	0	12.97	41.29
茂名市	2.15	0	10.30	–	2.11	–	0	0	0	0	0	0.31	1.56
眉山市	0.61	0	–	0	0	25.98	2.31	0.42	1.63	1.69	3.93	6.89	7.03
梅州市	0	0	34.60	0	12.45	0	2.63	0	0	0	0	0	1.61
绵阳市	1.12	0	0	0	0	52.51	26.06	60.70	14.01	24.09	0	0	18.91
牡丹江市	16.72	–	–	0	–	25.56	–	–	–	0	–	–	18.77
南充市	0	–	20.32	–	15.71	–	2.50	0	0	0	14.14	0	15.22
南平市	0.17	0.14	0	5.95	0	–	12.85	41.27	0.81	0.43	0.18	0	6.16
南通市	8.27	20.18	17.63	4.59	0.81	0.06	4.02	13.52	0	0	0.24	1.25	5.23
南阳市	75.25	11.44	27.56	0.94	3.06	–	7.56	25.13	0.92	0.42	0	13.85	21.78
内江市	0	0	0.06	53.61	60.37	34.12	11.04	6.87	–	0	0	0	8.37
宁德市	–	0	0	–	0	14.45	0	0	–	–	0.11	0	7.16
攀枝花市	0	–	–	–	–	0	0	65.36	–	0	0	0	3.48
平顶山市	0	8.81	43.79	0	–	0.92	0.84	8.37	–	–	–	0	8.70
萍乡市	0	0	0	0.01	0	0	0.92	0	0	0	0	0	0.13
莆田市	0.34	–	0.40	48.71	–	46.26	8.84	26.53	0.19	2.40	0.89	0	8.29
濮阳市	0	–	2.57	20.29	0	0	16.23	0	7.57	–	–	1.80	8.46
普洱市	–	–	–	0	–	0	–	–	0	0	0	0	0
齐齐哈尔市	–	0	–	0	–	0	0	–	0	13.59	0	0	5.28

2-7　续表 4　　　　单位：%

城市	1月	2月	3月	4月	5月	6月	7月	8月	9月	10月	11月	12月	汇总
钦州市	0	0	–	0	–	0	0	0	0	4.52	0	0	0.59
秦皇岛市	0.49	–	1.03	0.37	2.64	0	0.50	0.14	0.31	0	10.97	0.14	0.89
清远市	0	–	0.22	–	38.25	5.06	0	0	0	0	0	0	6.84
衢州市	68.63	54.60	21.06	8.41	32.37	6.61	0.33	0.49	0	0.05	0	0	13.80
曲靖市	0.29	0	0.76	–	0	0	–	0	–	0	0	0	0.08
泉州市	52.54	10.15	27.65	–	3.84	–	7.08	–	0	0	1.62	0	10.09
日照市	43.63	0	0	0.14	8.93	8.34	25.34	9.21	2.42	0.36	6.91	3.16	8.39
三明市	0	26.62	0.62	0.62	44.19	0.58	0.17	22.00	0	18.78	17.17	0.23	16.08
汕头市	45.28	25.13	14.39	27.58	21.56	37.15	32.79	1.42	10.36	1.47	17.73	14.89	20.72
汕尾市	–	–	0.73	0.03	–	–	0	10.55	–	0	–	0	0.99
商洛市	–	–	–	0	–	–	141.25	–	42.32	–	–	0.06	40.15
商丘市	0	0	0	0	3.66	0	0	0	1.28	–	0	1.94	1.12
上饶市	7.45	30.37	0.24	6.50	38.47	0.28	18.86	0.01	0.01	29.39	188.27	22.70	20.24
韶关市	0	–	0	0	6.61	0	9.02	0	0.15	0	0	0.01	1.24
绍兴市	22.58	0	25.94	28.05	0.91	8.34	20.46	18.81	1.86	22.39	5.28	0	20.15
十堰市	4.38	1.77	–	0	35.63	7.58	2.20	0.10	7.29	51.12	0.13	18.65	24.52
朔州市	4.11	1.54	2.58	1.36	4.13	6.02	1.79	4.12	1.60	0.43	0.37	0.93	1.74
松原市	–	0	2.01	0	–	–	0	0	0	–	0	–	0.28
宿迁市	22.21	–	0	0	43.30	53.67	0	10.49	0	0	0	0	28.51
宿州市	–	–	87.80	0.76	0.44	89.66	0	25.25	41.67	0.97	23.95	14.66	47.92
随州市	0.24	0	0	0	–	0	9.01	0	10.28	6.85	0.15	0	5.31
台州市	33.18	2.39	0	1.85	30.42	37.85	19.23	23.48	21.56	2.26	16.69	0.62	19.75
泰安市	0	0	0	0.83	0	1.17	5.07	0	0	0	0.44	0	0.72
泰州市	2.24	1.51	5.96	49.10	42.41	22.54	10.08	38.25	5.58	6.85	2.45	11.26	18.75
唐山市	0	0	0.06	0.80	0	4.06	0	0.62	0	0	0.14	0.28	0.46
铁岭市	–	–	–	–	–	–	–	–	0	–	–	0	0
通化市	0	–	0	–	0	0	0	–	0	–	–	–	0
威海市	0.02	0	49.58	0	1.20	0	0.07	0	0	0.01	0	1.85	0.93
潍坊市	10.65	9.86	6.20	6.98	0.01	2.44	0	0.11	1.83	28.99	20.56	7.63	9.63
乌兰察布市	–	0	0	–	–	–	–	–	–	–	–	–	0
芜湖市	2.24	22.34	136.03	44.17	0	0	39.09	0	17.21	16.83	0.53	0	50.19
咸阳市	–	–	–	–	0	0	–	0	2.92	–	0	0	0.13
湘潭市	0	0	0	–	0	2.39	0	0	0	0	0	0	0.30
襄阳市	0	11.03	12.27	0	74.18	0	0.81	0.31	0	0	0	0	2.61
新乡市	0	0.26	24.85	–	0	0	0	0	0	0.16	0	10.85	8.26
信阳市	0	–	0.31	–	0	4.83	0.63	0	0	0	0	1.56	1.55
徐州市	66.14	85.51	0	73.87	0	26.31	0	0	0	0	1.01	0.22	32.95

2-7 续表 5

单位：%

城市	1月	2月	3月	4月	5月	6月	7月	8月	9月	10月	11月	12月	汇总
宣城市	0	0	12.29	28.35	0.66	0	0	–	0	0	–	13.51	9.81
烟台市	0	0	0	0	0	0	0	0	0	0	0	1.66	0.50
盐城市	43.20	63.28	60.90	68.04	21.41	1.42	1.93	0.90	0	0	0	0	29.01
扬州市	0	0.12	0	65.15	95.42	10.91	49.74	19.61	2.60	0	6.22	1.14	15.81
阳江市	–	63.22	115.04	–	0	0	29.38	18.64	304.20	163.05	95.73	2.98	19.71
伊春市	–	–	0	0	–	–	–	0	–	0	–	0	0
宜宾市	0.16	34.60	0	0	14.40	0	2.60	16.72	5.14	0	–	13.11	9.84
宜昌市	0.02	1.53	7.92	–	0.86	0	53.95	0	0	1.02	0.48	0.06	1.69
宜春市	1.28	22.27	–	51.17	0	10.62	67.92	1.93	44.90	18.00	5.65	13.96	23.09
鹰潭市	73.14	0	51.49	1.08	0	–	0	57.60	8.31	0.55	25.25	12.38	16.04
营口市	0	0	0.73	0	0.94	0	0	0	0	0	0	0	0.27
玉溪市	0	–	0	–	–	83.72	–	0	–	0	0	0	2.13
岳阳市	7.82	1.74	0.36	0.75	1.73	19.62	0.49	0.88	0.96	0.69	0.78	0.65	2.18
云浮市	0.01	0	–	0	0	0	0	–	0	0	0	2.26	1.03
湛江市	6.71	0	0.04	52.52	0	29.04	8.17	0	0.55	0	0.03	5.24	8.06
张家界市	0	–	–	–	0	–	0	29.32	–	347.62	25.34	37.15	32.21
漳州市	0	0	44.17	0.28	46.38	27.37	15.65	0	0	0.30	0.32	0.74	21.29
肇庆市	0	0	0	0	0	0	0	16.48	0.40	0	0	0	0.36
镇江市	0	–	7.87	0	0	0.02	0	0	8.31	0	0	0.89	5.44
中山市	0	10.14	6.81	0	0	2.40	–	–	0	–	0.79	0.01	2.43
舟山市	0	–	14.12	–	23.61	6.70	–	0	0	0	0	0.12	6.38
珠海市	0	45.00	15.20	31.30	0	0	0	0	30.97	3.22	0.09	7.71	9.48
株洲市	0	–	0	0	0.14	0.33	0	0	0	–	0	2.76	1.91
淄博市	1.10	0	0	0.33	0	0	0	0	0	2.14	0	1.45	0.82
自贡市	21.96	–	0	0	0	5.24	12.99	0	–	6.05	–	5.84	8.02
遵义市	0	0	0	0	0	0	0	0	0	1.37	0.71	0	0.17
县及县级市													
保亭黎族苗族自治县	–	–	–	–	0	–	–	–	–	–	–	0.38	0.23
滨海县	17.90	0	0	67.18	11.85	0	0	1.95	0	0	0	0.19	6.46
常熟市	6.39	0	0	12.30	2.01	8.11	83.24	0	0	0	0	0	4.56
长沙县	0.28	15.92	0	0	3.26	0	16.42	0	0	0	27.47	0	2.68
长兴县	23.08	32.68	13.86	0	0	41.21	0	0	26.53	0	0	11.66	20.18
崇州市	14.73	–	0	–	0	28.00	0	0.40	0	0	0	–	14.62
淳安县	3.00	49.28	0	0	24.39	0	2.82	0	0	–	0	0	15.94
慈溪市	27.17	43.95	46.36	29.66	98.01	2.28	0	0	4.64	0	0	0	31.42

2-7　续表 6　　单位：%

城市	1月	2月	3月	4月	5月	6月	7月	8月	9月	10月	11月	12月	汇总
丹阳市	6.31	–	0	0	3.26	0	0	1.55	–	–	0	0	1.54
当涂县	0	0	30.58	0	87.58	0	–	0	0	231.37	41.08	26.56	29.04
德清县	0	0	0	0	20.37	11.91	16.68	2.83	0	0	0	106.49	15.05
东港市	–	0	0	–	0	0.01	0	–	0	–	–	0	0.01
东台市	–	23.15	18.17	49.23	0	0	9.83	0	0	0	0	0	18.10
都江堰市	0	–	–	0	–	0	0	0	0	–	–	0	0
恩施土家族苗族自治州	0	0	17.89	0	1.14	–	5.35	0	0	0	0	0	7.24
肥东县	–	–	27.49	–	–	29.91	–	27.26	–	–	0	–	23.97
肥西县	26.79	–	0	0	–	135.38	29.17	30.74	0.02	0	–	9.17	22.74
盖州市	–	0	0	–	–	–	0	–	–	–	–	0	0
高碑店市	0.09	–	0.55	0.22	–	1.22	–	5.05	0.57	0.31	–	0.56	0.52
固安县	–	–	1.14	2.07	–	34.72	1.49	2.72	1.95	2.27	4.51	1.86	18.46
海安市	9.82	0	0	70.07	0	25.25	0	0	0	0	0	0	11.83
海宁市	0	2.17	23.86	26.07	19.63	0	24.08	23.84	0	0	11.70	0.47	13.60
海盐县	0	0	9.98	5.09	36.37	5.72	3.84	3.17	0.19	–	0	5.41	10.91
惠安县	–	37.50	117.04	–	–	0	11.35	1.88	0	0	0	1.91	21.73
惠东县	8.45	–	–	–	18.73	–	55.31	0	0	0	0	–	12.91
嘉善县	4.27	55.61	0	0	12.03	13.02	0.26	0.20	0.73	0	0	9.54	6.52
建德市	6.23	32.09	46.75	0	23.25	27.13	0.07	0.44	3.42	0	0	–	26.05
建湖县	12.22	0	0	36.14	17.81	0	0	0	–	0	–	32.43	15.70
江阴市	0.13	11.42	2.96	39.67	2.69	6.59	1.77	0	–	0	0.04	0	4.50
胶州市	0	0	0	0	0	0	0	0	0.19	0	–	0	0.02
晋江市	145.25	11.58	115.82	8.40	36.58	3.88	0	–	7.15	3.00	20.68	0	14.12
靖江市	0	0	53.02	–	28.45	0	–	0	0	0	0	0	12.21
昆山市	0	–	0	7.83	0	0	7.54	1.92	0	0	0	1.54	3.20
莱西市	–	0	0	0	–	–	0	0	0	0	0	0	0
莱州市	–	0	0	0	–	0	0	0	–	0	–	0	
临海市	0	–	47.05	0	34.56	0	–	24.49	–	3.66	0	4.44	24.02
陵水黎族自治县	–	12.24	–	–	4.17	–	–	–	0.22	0	–	–	6.59
浏阳市	0	14.15	0	34.40	0	6.93	–	0.19	0.04	0	0	0	2.83
龙口市	0	–	0	0	–	–	0	0	0	0	93.48	0	17.70
龙门县	0	0	0	0	9.70	3.67	0	0	–	–	0	0	0.35
闽侯县	–	0.04	28.40	37.45	22.37	0.06	0	0.47	0	53.85	–	1.38	18.41
南安市	24.28	0	29.96	–	0	16.82	0	0.88	0	0	0	0.09	8.25
宁海县	88.19	36.52	36.08	16.76	11.72	14.25	33.04	9.68	7.22	0	14.01	96.49	23.21

2-7 续表 7

单位：%

城市	1月	2月	3月	4月	5月	6月	7月	8月	9月	10月	11月	12月	汇总
沛县	–	0	–	79.99	0	18.71	0	0	–	–	0	0	8.49
彭州市	0	0	–	–	0	0	14.29	0	0	0	0	0	0.93
邳州市	–	0	0	0	50.05	58.65	81.72	0	–	0.02	0	0.02	9.30
平度市	0	–	0	0	0	0.29	0	7.17	0	–	0	0	0.78
平湖市	1.64	–	0	22.46	13.85	0	7.56	0	0	0	0	0	11.49
蒲江县	0	–	–	1.82	0	–	0	–	0	–	–	0	0.57
普宁市	–	–	0	–	0	–	0.44	–	0.02	–	0	–	0.09
启东市	40.38	1.98	40.25	34.24	0	15.45	17.40	0	13.19	0	0.17	0	8.21
潜江市	0.47	–	26.46	0.23	0.54	0.26	–	0.16	0	0	1.61	13.37	4.56
荣成市	0	–	0	0	0	0	0.02	0	0	0	0	0	0
如东县	8.54	30.42	60.51	7.89	0	42.63	0	0	0	0.67	0	0	8.47
瑞安市	–	16.16	12.10	0	29.89	0	0	0	10.57	0	0	0	19.07
嵊州市	0.67	–	34.43	27.59	0	32.08	9.65	7.03	0	0	0	0.18	12.36
太仓市	0	–	6.83	6.18	9.10	0	0	0	–	0	0.03	0	4.12
泰兴市	2.27	–	0	0	0	0.20	11.87	0.11	0	0	0	0	0.73
天门市	3.05	0	0.41	0	0	0	0	0	10.22	0	0	0	4.08
桐庐县	0	0	38.11	0	15.65	19.24	9.55	–	0	0	0	0	18.46
桐乡市	0	38.83	3.68	0	37.74	24.28	38.36	27.62	0.99	3.15	21.16	13.97	19.04
瓦房店市	0.98	0	0	0	–	0	–	–	0	0	0	0	0.05
文安县	0.09	–	0.51	–	–	0.15	–	0.23	–	–	–	0.44	0.23
文昌市	–	0	0	0	5.99	0	0	0.06	–	–	–	0	1.33
仙桃市	0	0	0	0	1.56	10.16	0	0	0	1.21	0	0	4.30
香河县	–	0.57	–	0.62	0.60	–	–	0.18	–	–	0.37	–	0.48
象山县	5.22	0.95	0	0	–	49.21	0	15.88	0	0	0	0	10.59
新沂市	0	0	0.07	75.89	0.67	–	31.37	0	0	0	0	0.33	19.07
兴化市	137.71	0	22.48	0	14.53	–	12.12	–	–	2.34	17.21	8.60	43.30
宜兴市	3.78	55.11	0	0	62.56	0	33.08	0	27.35	0	0	0	16.45
义乌市	60.87	23.27	27.00	38.30	15.55	26.94	19.38	24.09	0.39	0	0	0.01	19.25
永登县	0.07	0.12	1.24	0.07	7.18	0.09	0.76	0.82	0.24	0.07	0.85	1.23	0.71
余姚市	0	50.20	27.55	29.84	24.29	4.87	4.53	5.16	18.01	10.15	0.56	5.42	24.38
张家港市	0	11.69	4.22	1.84	0	6.27	0	0	0	0	0.06	0	3.83
诸暨市	2.78	29.50	0.01	33.40	0	20.62	0	0	0	0	1.08	0	19.08
庄河市	–	0	–	0	–	–	–	–	14.67	0	–	–	3.20

数据来源：中指数据库监测。

2-8 2021年全国300城土地成交出让金统计

单位：亿元

城市	1月	2月	3月	4月	5月	6月	7月	8月	9月	10月	11月	12月	汇总
一线城市													
北京市	144.86	136.91	1.46	14.08	1117.25	5.36	0.82	5.42	6.65	617.78	0	292.67	2343.26
上海市	509.53	434.24	6.69	17.28	120.70	878.73	32.03	16.47	42.80	564.74	262.50	436.99	3322.71
广州市	90.35	170.50	86.90	941.25	19.86	6.20	54.85	39.63	579.79	8.69	156.09	370.10	2524.20
深圳市	3.56	36.23	1.20	0	138.44	6.46	6.07	55.73	456.40	9.79	387.16	19.62	1120.65
二线城市													
长春市	15.56	13.75	23.87	201.85	1.65	264.77	7.07	2.71	0.67	0	2.88	42.88	577.67
长沙市	38.68	86.42	11.82	4.69	3.69	382.47	16.43	11.06	2.08	92.64	14.15	159.34	823.47
成都市	201.25	11.68	41.24	8.79	20.35	392.25	3.14	15.72	457.75	40.82	55.65	365.56	1614.19
重庆市	67.20	38.40	2.35	647.51	20.55	3.55	2.91	10.46	167.67	9.00	5.86	304.35	1279.80
大连市	18.58	21.70	22.53	16.29	23.40	7.90	64.19	22.87	13.15	11.58	0.85	35.62	258.65
福州市	1.40	122.35	0.69	0	161.30	0.42	0.67	3.67	76.20	0.20	0	156.82	523.72
贵阳市	0.25	1.12	70.65	58.03	47.93	110.68	47.22	16.41	80.98	15.81	10.74	179.83	639.65
哈尔滨市	9.04	25.93	5.16	0.51	50.75	8.33	21.98	16.55	10.36	1.66	1.82	13.98	166.08
海口市	2.92	0.58	5.35	6.11	13.14	10.37	0.50	4.61	0	4.03	13.44	29.13	90.17
杭州市	525.60	134.39	69.59	1.75	1235.05	18.31	26.72	18.59	6.65	265.34	5.59	776.18	3083.75
合肥市	21.95	0.05	59.27	6.63	3.80	223.99	1.99	0.34	199.42	1.09	76.33	67.46	662.31
呼和浩特市	21.77	0	0	0	23.72	1.62	0	0.35	0	0	7.48	9.96	64.89
济南市	21.02	2.03	47.59	2.98	287.24	2.71	3.93	5.97	156.57	11.32	13.91	330.87	886.14
昆明市	5.66	9.84	5.18	30.26	26.32	13.71	8.11	2.39	1.01	17.18	0.30	2.25	122.20
兰州市	8.66	0.31	0	5.59	14.43	0	0	1.50	3.60	0.74	5.20	4.30	44.33
南昌市	9.63	11.74	1.09	3.69	12.06	48.03	25.17	33.34	5.13	3.03	6.10	5.80	164.83
南京市	105.68	100.52	9.39	13.52	1003.26	11.78	7.40	1.70	516.97	6.62	328.00	9.51	2114.36
南宁市	59.67	11.90	54.15	8.95	3.35	92.74	15.05	6.25	16.47	14.01	0.23	34.44	317.22
宁波市	118.16	41.40	77.22	6.88	361.18	7.30	2.15	2.41	5.79	4.02	179.30	5.65	811.47
青岛市	48.69	12.45	15.28	4.26	139.08	4.22	6.50	1.76	284.96	2.31	5.64	166.03	691.18
三亚市	4.65	15.78	0	2.39	6.30	9.63	0.81	1.78	0	8.71	0.44	21.04	71.53
沈阳市	0	5.85	12.92	201.28	24.99	8.98	0.05	3.65	142.02	1.42	0.18	49.22	450.57
石家庄市	3.30	26.85	60.22	7.88	4.83	2.54	5.95	2.81	2.64	56.23	32.76	59.88	265.88
苏州市	91.08	43.70	70.97	50.68	202.02	249.39	0.92	9.37	285.86	0.73	406.71	10.80	1422.23
太原市	4.95	13.91	10.72	2.33	0.81	11.60	30.67	8.64	20.42	0.76	6.51	43.28	154.61
天津市	69.61	14.15	76.13	2.34	508.27	1.41	11.39	12.38	333.47	15.75	8.74	75.18	1128.82
温州市	75.82	21.70	82.79	134.75	89.53	5.32	36.62	125.65	5.35	2.25	8.08	10.88	598.74
乌鲁木齐市	0.92	0.03	7.34	0	24.47	41.22	36.02	2.26	10.36	8.53	2.61	3.75	137.51
无锡市	1.36	40.40	79.26	257.57	2.47	0.81	0.60	266.55	0	2.00	281.67	1.64	934.32

2-8 续表 1 单位：亿元

城市	1月	2月	3月	4月	5月	6月	7月	8月	9月	10月	11月	12月	汇总
武汉市	11.62	75.17	135.84	3.35	14.16	806.04	17.67	1.92	14.54	351.99	1.65	510.11	1944.08
西安市	45.23	23.68	75.57	193.76	13.82	176.34	71.91	6.25	15.74	253.33	53.19	173.47	1102.27
西宁市	35.15	0.06	31.84	0.06	0	8.93	0	21.27	0	0.08	2.00	4.92	104.32
厦门市	4.61	0	2.40	0.49	190.33	344.44	0	6.96	2.32	2.85	2.19	263.86	820.43
银川市	0.35	1.34	13.48	0.07	0.17	0.08	9.87	2.22	3.60	0.22	7.47	1.78	40.66
郑州市	54.58	26.04	118.18	0	14.44	430.13	2.19	1.96	7.35	10.29	97.63	147.62	910.41
三四线城市													
安康市	8.67	0.25	11.31	1.62	0.45	0.18	2.70	0.15	4.89	0.66	1.48	7.73	40.09
安庆市	14.06	0.41	4.69	30.92	1.16	3.13	0.22	0.45	4.94	0.35	2.09	2.67	65.10
安顺市	4.35	0.09	1.35	0.69	0.61	0.80	0.34	1.19	0.00	1.25	0.30	32.23	43.21
安阳市	4.88	6.91	0	7.66	0	0	1.53	1.32	5.12	2.49	1.87	7.34	39.12
鞍山市	0.75	1.40	0.07	0.34	0.17	1.26	0	0.20	0	0	0	0.59	4.78
百色市	5.03	0	0.09	0.72	0.28	0.22	0.10	0.27	0.09	0.20	0.42	4.96	12.37
包头市	2.49	2.04	6.12	0.07	2.17	10.17	2.68	0.32	0.52	7.48	0	2.46	36.52
宝鸡市	6.37	0.21	9.01	0.01	6.77	2.94	1.87	5.55	1.51	10.73	9.32	11.15	65.45
保定市	6.97	10.82	30.26	35.71	11.21	20.83	0.63	112.31	4.61	0.83	9.88	40.47	284.54
北海市	0	0	0	3.55	0.33	4.57	5.23	0	0	3.69	10.72	7.80	35.88
本溪市	0.14	0	0.17	0.02	0.11	0.62	2.22	0.20	0.84	1.73	0	8.98	15.04
蚌埠市	0.18	0	9.70	0.78	7.26	17.61	10.54	5.99	2.67	1.08	8.41	1.31	65.53
滨州市	6.01	31.15	8.59	4.73	2.45	3.96	2.58	0.46	3.13	7.35	17.18	106.41	194.00
沧州市	0.88	0.28	15.15	6.22	0	9.81	0.36	0	0	0.44	3.75	1.68	38.57
常德市	0.17	0.11	1.27	1.48	5.80	18.29	0.19	0.37	3.43	0.12	2.22	35.31	68.76
常州市	25.98	3.45	16.74	108.38	17.99	3.94	109.91	8.61	173.11	7.90	51.12	265.43	792.55
朝阳市	0.74	2.64	6.67	1.08	2.45	0	0.40	1.26	0.88	0	3.73	2.62	22.47
潮州市	0.65	0	2.34	0	0	0	0	0.55	0.94	0.61	0.35	8.02	13.45
郴州市	0.18	2.50	2.53	0.27	0.03	4.15	13.36	0.92	0	0.93	3.71	12.75	41.33
承德市	5.95	0	1.25	0.14	1.73	3.37	0.42	0.04	0.02	0.30	0.13	0.72	14.08
池州市	0.43	0.40	3.70	3.63	0.73	0.26	0.64	0.04	0.45	1.42	5.98	11.34	29.02
崇左市	0.11	0	2.82	1.69	0	0.22	0	1.43	0	0.00	0	1.52	7.79
滁州市	0.52	0.07	39.71	2.68	2.97	0	69.35	2.72	3.01	0.25	0.20	28.13	149.60
大庆市	1.16	0	0	0.35	0.39	0.00	0.07	0	0.05	0.23	1.42	1.00	4.67
丹东市	0.37	0.05	0	5.72	0	0	0.08	0	0.57	1.57	1.69	12.74	22.79
德阳市	5.85	0.45	6.81	1.40	6.12	6.88	0.68	7.98	0.48	1.61	2.27	4.64	45.18
德州市	4.76	0	5.02	18.80	0.21	0	1.68	33.53	0	6.56	0	13.92	84.47
东莞市	22.70	31.27	116.85	22.90	99.60	13.04	71.97	155.11	75.10	29.65	3.47	13.20	654.86
东营市	7.88	0	1.57	1.14	12.23	0	3.37	2.07	0.22	6.12	11.55	6.17	52.33

2-8　续表 2　　　　单位：亿元

城市	1月	2月	3月	4月	5月	6月	7月	8月	9月	10月	11月	12月	汇总
鄂尔多斯市	0.01	0.43	0	0.03	0.53	0.02	0.36	0.75	0.82	0.09	0.90	3.45	7.41
鄂州市	3.73	17.90	1.56	1.14	0.43	20.49	0.97	1.50	4.64	0.11	9.31	0.43	62.21
佛山市	36.64	38.26	42.82	112.73	56.58	294.36	110.64	82.37	67.45	5.50	8.86	81.27	937.48
抚顺市	3.93	0	0	0.57	0	0.07	4.13	0.21	0	0.11	0.04	0.15	9.21
阜新市	0	0	0	0	0.94	0.35	0	0	0.07	0	0	2.69	4.06
阜阳市	0	2.94	15.98	27.54	12.20	11.64	0.09	2.96	4.17	0.12	1.12	6.18	84.95
赣州市	0.03	1.39	4.90	25.83	3.54	1.95	40.17	18.66	1.88	1.19	0.93	15.82	116.28
广元市	0.52	0.21	9.12	0.12	0.47	0.20	2.40	0	0	0	16.83	0	29.86
贵港市	0.14	3.10	4.49	2.22	0.74	0.29	0.10	0.67	0.45	2.44	0.03	5.64	20.32
桂林市	1.50	2.59	0.81	0	0.74	1.97	2.00	0.32	0.31	0.37	1.56	4.09	16.26
邯郸市	3.18	4.87	11.22	12.31	9.08	1.82	8.59	0.01	26.54	5.57	0.97	30.82	114.97
河源市	0.07	0.02	3.56	1.46	10.48	3.87	7.29	1.27	0	0	0.98	0.07	29.07
菏泽市	3.98	8.03	6.17	10.28	5.49	4.97	8.85	3.27	14.71	15.85	52.78	85.48	219.85
鹤壁市	0	1.44	7.80	0	0	1.21	0	0	0	7.33	0	4.44	22.21
鹤岗市	0	0	0.000	0	0	0	0	0	0	0	0	0	0.000
衡水市	1.77	2.61	10.70	0.33	1.16	2.16	0.33	5.32	1.80	6.11	5.84	4.37	42.49
葫芦岛市	0.28	0	2.89	1.26	0.83	0.30	0	2.47	1.98	2.22	0.58	1.63	14.45
湖州市	32.56	5.96	48.28	20.07	4.42	5.94	75.28	23.27	22.24	23.39	6.39	28.71	296.51
怀化市	1.19	1.58	0.02	0.91	0.22	3.99	0	1.80	3.33	0.31	0.11	6.20	19.66
淮安市	30.62	0	43.02	31.55	0.58	89.86	65.53	34.09	4.80	0.24	3.10	5.22	308.60
淮北市	4.89	0	1.68	0	0	3.30	15.30	0	10.35	8.10	0	12.85	56.46
淮南市	5.19	0	0.74	0.42	5.71	0	0	0.11	0.22	0.02	2.88	14.40	29.70
黄石市	1.79	0	3.09	6.15	1.46	11.45	11.96	1.59	0	1.00	2.99	15.75	57.23
惠州市	16.94	19.52	29.98	23.96	17.87	10.05	23.50	22.79	5.73	4.74	22.01	18.04	215.13
鸡西市	0.85	0	0	0	0.05	0.04	0	0	0	0.11	0	0.19	1.24
吉林市	3.17	0.33	1.11	0	5.02	0	3.41	2.44	0	0	0	7.69	23.17
济宁市	44.74	4.25	0	6.74	17.89	21.82	6.78	40.23	0.52	24.96	1.48	23.68	193.10
嘉兴市	3.68	18.23	22.93	16.71	124.30	1.40	0.58	64.03	10.31	1.46	0.19	1.37	265.20
江门市	1.30	10.52	1.47	0.85	14.74	47.09	0	2.69	12.48	2.47	9.09	49.57	152.28
焦作市	8.39	0.23	0.28	0.04	1.33	0	0	0	0.26	0.76	1.98	13.32	26.59
揭阳市	0	0	0.41	2.25	0	0	0	2.50	0	1.04	0	3.40	9.59
金华市	26.50	26.45	0.33	94.39	62.50	28.33	50.36	1.24	3.66	12.89	13.43	1.31	321.37
锦州市	0.11	0	0	0.42	0	0.15	0	0	2.49	2.32	0	2.17	7.66
荆门市	1.87	6.17	1.10	3.89	1.66	0.79	3.42	0.56	0.25	1.01	0.99	9.36	31.05
荆州市	0.03	2.01	2.73	1.54	8.95	4.98	4.36	0.74	0.16	1.90	1.38	5.55	34.33
景德镇市	1.11	0	0	0	0	0	2.70	11.32	0.65	14.55	38.85	56.90	126.09

2-8 续表 3 单位：亿元

城市	1月	2月	3月	4月	5月	6月	7月	8月	9月	10月	11月	12月	汇总
九江市	19.85	0.49	13.37	0	6.91	4.11	5.01	21.33	4.77	14.06	12.37	15.17	117.44
开封市	1.98	0.05	0.87	6.44	0.25	11.44	1.15	7.95	0	10.67	58.79	3.93	103.54
拉萨市	5.92	0	0	0	0	0	0	0	0	0	0	0	5.92
廊坊市	0	0	3.53	6.97	1.26	12.90	13.71	0	19.55	0	12.76	6.62	77.32
乐山市	0.94	0	1.42	2.17	2.07	0.83	8.32	3.49	4.18	0.32	2.58	7.31	33.64
丽江市	0	0.06	0	0.13	0	0	0.17	0.19	1.32	1.73	0	0.41	4.01
丽水市	2.97	2.28	18.22	16.69	11.11	0.38	1.49	14.63	0.17	22.07	10.64	10.27	110.91
连云港市	0	2.07	0.53	21.23	12.47	6.55	10.68	0.49	0	20.40	12.97	20.36	107.73
聊城市	6.22	6.55	12.24	2.65	10.09	16.12	9.79	8.56	26.28	26.11	4.80	24.82	154.24
临沂市	31.69	38.27	14.23	6.07	3.48	2.11	26.31	1.33	31.73	19.68	37.51	20.31	232.72
柳州市	7.09	0.87	39.31	1.19	1.46	45.83	5.36	0.30	18.71	16.65	5.42	16.00	158.21
六盘水市	3.04	1.13	3.33	5.47	11.75	0.90	0.75	3.58	16.88	8.99	6.55	8.04	70.42
龙岩市	13.25	0.41	0.64	24.16	0.03	0.51	4.99	7.18	9.86	3.64	5.65	16.88	87.22
泸州市	6.40	2.71	0	0.42	10.52	9.57	1.91	0.04	0.16	1.17	12.61	9.19	54.72
六安市	10.75	8.97	10.47	6.37	0.24	12.00	6.70	11.74	4.00	4.25	1.06	6.41	82.96
洛阳市	4.93	6.88	13.62	43.61	6.76	46.40	0.57	0.65	3.00	1.30	6.38	25.38	159.47
漯河市	0	0	11.30	2.27	6.93	0	1.97	3.75	0.71	1.33	0.21	5.26	33.73
马鞍山市	0.58	17.36	5.43	5.78	0.10	0.04	28.14	2.60	2.93	0.20	0.50	33.10	96.74
茂名市	0.24	1.93	7.97	0	2.32	0	4.76	1.30	0.15	6.23	0.62	35.53	61.05
眉山市	1.65	0.59	0	0.26	4.35	19.81	5.65	9.88	5.05	6.00	34.27	29.69	117.20
梅州市	0.05	0.19	0.05	2.33	2.44	0.01	4.91	0.34	2.15	4.69	0.17	8.49	25.82
绵阳市	0.36	2.64	1.70	1.89	1.89	9.88	13.25	1.94	31.92	18.49	1.01	5.48	90.45
牡丹江市	2.36	0	0	0.01	0	2.46	0	0	0	0.48	0	0	5.30
南充市	1.27	0	9.31	0	21.09	0	0.02	0.12	2.57	0.20	5.40	0.08	40.05
南平市	6.66	2.20	0.10	0.40	0.03	0	15.22	0.99	2.50	7.02	0.22	1.04	36.37
南通市	43.70	69.20	24.72	12.10	8.62	11.96	424.55	23.99	0.48	3.90	114.00	58.05	795.27
南阳市	9.69	5.19	6.50	4.30	1.89	0	3.43	12.72	0.55	1.20	3.06	5.59	54.12
内江市	0.04	2.67	0.37	2.97	4.25	4.25	4.43	2.99	0.10	4.48	22.91	9.50	58.97
宁德市	0	0.20	0.13	0	0.91	19.01	0.80	0.22	0	0	10.56	4.26	36.09
攀枝花市	4.73	0	0	0	0	10.84	0.09	2.43	0	1.22	0.10	9.11	28.52
平顶山市	0.33	12.45	2.62	0.15	0	2.42	4.59	2.10	0	0	0	2.81	27.47
萍乡市	0.08	0.17	0.66	11.19	4.46	5.39	6.59	0.18	0.04	13.99	2.44	3.26	48.46
莆田市	9.50	7.03	3.48	14.55	10.58	5.53	0.63	9.16	0.49	17.52	47.87	0.14	126.46
濮阳市	0.26	0	6.07	13.90	1.00	0.21	1.61	0.51	11.60	0.04	0	13.21	48.41
普洱市	0	0	0	0.05	0	0.05	0	0	2.07	0.32	3.49	4.14	10.12
齐齐哈尔市	0	0.33	0	1.08	0	0.19	0.82	0	0.25	2.68	0.19	0.85	6.38

2–8　续表 4　　　　单位：亿元

城市	1 月	2 月	3 月	4 月	5 月	6 月	7 月	8 月	9 月	10 月	11 月	12 月	汇总
钦州市	3.95	2.38	0	1.27	0	1.59	0.15	2.21	4.14	7.00	1.34	27.74	51.77
秦皇岛市	2.33	0	2.30	2.77	3.79	2.88	3.93	2.22	0.82	0.35	1.34	13.46	36.19
清远市	0.62	0	4.54	0	10.12	0.58	0.05	8.86	2.31	0.71	15.34	1.21	44.34
衢州市	0.59	17.07	36.02	23.21	4.25	40.13	3.01	3.29	2.17	7.58	2.24	7.97	147.54
曲靖市	0.06	0.30	0.74	0.17	0.05	0.22	0	0.19	0	1.58	3.87	0.18	7.36
泉州市	7.14	0.38	4.34	0	4.57	0	12.85	0	0.25	0.68	2.51	16.29	49.02
日照市	4.94	1.92	4.35	2.18	2.11	27.24	16.50	16.61	13.53	1.67	12.76	34.63	138.42
三明市	0.34	0.96	0.18	0.26	6.26	0.03	0.41	3.66	4.08	4.55	6.96	5.06	32.76
汕头市	5.22	34.05	15.08	8.58	8.65	19.46	14.00	17.34	15.10	2.79	2.22	1.40	143.89
汕尾市	0	0	13.88	7.59	0	0	0.23	1.62	0	0.10	0	2.67	26.10
商洛市	0	0	0	0.05	0	0	4.31	0	0.22	0	0	4.46	9.04
商丘市	10.92	5.29	1.90	3.12	18.41	13.08	15.77	0.27	3.18	0	3.28	18.36	93.57
上饶市	25.08	21.08	5.45	6.18	30.85	7.16	20.01	7.34	5.37	3.82	3.61	50.91	186.87
韶关市	1.13	0	0.40	0.75	3.55	0.05	2.78	6.78	6.55	0.33	0.42	14.85	37.60
绍兴市	73.12	1.17	78.77	209.22	4.56	59.07	36.62	13.29	30.73	0.71	3.59	21.67	532.53
十堰市	2.64	0.20	0	0.23	4.25	1.29	0.06	2.42	1.48	12.63	3.50	1.23	29.93
朔州市	0.48	0.40	1.09	0.02	0.01	0.09	6.73	0.25	1.56	0.12	0.41	2.85	14.01
松原市	0	0.09	0.51	0.43	0	0	0.01	0.53	1.56	0	0.48	0	3.62
宿迁市	9.88	0	1.56	0.35	66.06	21.04	9.11	27.11	4.61	0.34	0.13	2.60	142.78
宿州市	0	0	5.21	3.56	1.93	35.33	8.09	1.10	2.83	2.21	0.45	5.19	65.91
随州市	1.03	0.58	0.35	3.11	0	0.96	2.83	0.10	0.65	4.68	0.33	0.17	14.80
台州市	26.93	9.02	1.35	5.28	17.96	38.87	16.63	26.66	18.04	37.18	18.84	3.79	220.56
泰安市	5.26	0.56	6.81	19.89	2.26	10.33	5.64	9.99	2.11	6.23	11.53	3.95	84.54
泰州市	0.18	0.40	4.16	25.57	9.18	30.66	24.48	15.57	5.34	0.02	4.06	89.72	209.34
唐山市	8.26	9.02	15.80	1.63	27.26	9.44	0.85	3.89	3.03	21.97	1.44	27.57	130.18
铁岭市	0	0	0	0	0	0	0	0	0.06	0	0	0.56	0.63
通化市	0.27	0	0.22	0	0.54	0.57	0.77	0	0.25	0	0	0	2.62
威海市	17.35	6.93	1.32	14.43	12.78	10.59	2.29	35.35	15.85	7.05	15.08	75.44	214.46
潍坊市	22.63	30.40	14.25	20.14	18.70	18.18	1.23	25.36	14.36	26.87	48.31	55.36	295.80
乌兰察布市	0	0.76	0.16	0	0	0	0	0	0	0	0	0	0.91
芜湖市	2.18	21.20	55.85	54.70	2.37	1.79	30.90	0.49	1.31	17.58	3.81	0.73	192.91
咸阳市	2.07	0	0	6.76	1.60	11.41	0	22.24	4.38	0	31.92	35.02	115.40
湘潭市	0.50	4.58	3.87	0	4.15	11.56	22.02	8.47	5.67	12.42	1.98	14.07	89.32
襄阳市	2.89	5.61	8.97	8.54	3.31	1.90	21.19	2.25	4.32	4.24	16.40	44.71	124.33
新乡市	2.04	5.82	5.40	0	0.13	0.11	0.41	1.31	0.20	1.46	0.88	12.24	30.00
信阳市	1.26	0	2.54	0	0.63	9.58	1.76	0.47	3.62	4.62	6.30	16.36	47.14
徐州市	39.34	43.17	5.78	94.99	1.55	179.38	0.70	1.86	0.64	2.22	89.75	1.34	460.72

2-8 续表 5

单位：亿元

城市	1月	2月	3月	4月	5月	6月	7月	8月	9月	10月	11月	12月	汇总
宣城市	0.29	0.16	2.26	3.60	14.63	0.50	0.03	0.30	4.60	0.65	0	27.04	54.07
烟台市	16.64	2.03	22.59	3.51	9.77	5.54	16.28	14.74	4.05	11.18	21.41	55.58	183.32
盐城市	50.29	45.54	35.40	77.06	103.26	33.43	37.47	31.37	4.34	3.68	3.09	6.82	431.76
扬州市	6.97	0.29	0.13	53.72	33.55	40.33	16.87	7.91	50.48	7.30	85.21	106.79	409.56
阳江市	0	0.26	0.95	0	0.45	0.94	1.84	0.97	0.30	2.68	1.48	15.95	25.82
伊春市	0	0	0.01	0.05	0	0	0	1.23	0	0.03	0	0.01	1.34
宜宾市	24.32	13.65	11.08	7.13	20.71	0.21	0.22	24.13	11.36	2.27	0	5.04	120.11
宜昌市	1.95	3.33	6.35	0	6.46	2.66	3.01	0.03	13.91	13.07	1.25	55.96	107.99
宜春市	1.39	0.97	0	9.45	0.08	1.25	7.14	1.16	3.23	4.08	5.93	28.57	63.24
鹰潭市	3.26	0.18	3.34	0.94	6.45	0	5.93	4.58	7.43	1.83	0.61	4.45	39.00
营口市	5.31	5.08	16.82	1.07	2.34	0.32	10.27	0.25	9.22	1.70	0.31	1.19	53.89
玉溪市	0.26	0	7.11	0	0	1.18	0	1.59	0	8.88	1.42	5.47	25.91
岳阳市	22.75	15.13	9.91	4.99	0.12	5.26	23.86	3.89	2.00	7.54	9.78	60.74	165.97
云浮市	0.68	0.54	0	0.42	0.34	0.24	0.23	0	0.10	0.25	0.11	2.49	5.40
湛江市	1.55	0.26	0.57	4.94	1.73	13.09	11.33	0.76	5.44	0.31	33.50	6.37	79.84
张家界市	0.78	0	0	0	0.26	0	1.78	3.40	0	0.94	9.99	24.15	41.30
漳州市	0.84	0.09	13.53	3.56	30.49	24.43	1.23	0.20	1.03	13.31	2.50	19.46	110.66
肇庆市	11.19	1.42	12.60	2.67	1.79	13.30	9.46	2.30	5.01	0.79	4.75	31.61	96.89
镇江市	1.43	0	30.63	0.17	0.76	1.15	0.42	1.10	40.27	0.37	0.31	32.12	108.73
中山市	28.55	10.63	11.65	2.24	0.40	138.80	0	0	12.15	0	3.29	3.02	210.72
舟山市	0.36	0	0.68	0	13.98	36.97	0	0.74	20.08	5.53	1.13	5.31	84.78
珠海市	19.84	14.79	24.32	34.40	5.07	38.62	0.97	0.74	1.17	53.54	6.36	43.30	243.12
株洲市	4.51	0	5.89	1.87	11.68	6.17	11.35	0.92	0.74	0	2.77	102.02	147.91
淄博市	7.88	0.55	0.42	9.15	7.83	1.04	5.62	5.47	11.87	9.76	36.71	76.85	173.13
自贡市	6.03	0	0.04	0.90	0.17	5.66	0.07	1.81	0	7.25	0	15.02	36.94
遵义市	6.82	8.71	10.77	3.09	1.44	4.50	1.06	1.68	0.42	7.42	31.41	111.38	188.68
县及县级市													
保亭黎族苗族自治县	0	0	0	0	0.19	0	0	0	0	0	0	0.31	0.49
滨海县	2.89	2.09	0.36	7.34	3.90	0.03	0.14	1.05	0.83	9.73	13.20	22.15	63.71
常熟市	9.97	1.31	1.98	13.06	15.28	15.40	1.74	0.03	5.12	3.52	2.25	28.35	98.02
长沙县	3.27	4.59	3.21	0.17	58.58	15.64	7.45	4.49	21.15	13.91	2.47	21.25	156.17
长兴县	14.46	14.82	5.55	0.84	6.20	14.86	0.91	1.10	18.84	1.27	7.74	12.32	98.90
崇州市	7.17	0	0.10	0	0.83	5.35	0.17	2.43	0.08	0.32	0.01	0	16.46
淳安县	0.89	5.24	0.60	0.10	2.75	0.17	6.77	0.22	0.71	0	0.49	0.10	18.05
慈溪市	6.83	27.02	20.24	50.89	5.03	4.03	1.31	0.67	11.73	0.46	0.17	0.69	129.07

2-8　续表 6　　　　　　　　　　　　　　　　　　　　　　单位：亿元

城市	1月	2月	3月	4月	5月	6月	7月	8月	9月	10月	11月	12月	汇总
丹阳市	7.74	0	0.16	0.21	26.60	0.37	0.16	26.19	0	0	0.02	50.57	112.01
当涂县	0.00	0.08	2.20	0.30	4.28	0.89	0	0.27	5.26	0.17	4.74	2.08	20.27
德清县	0.33	1.62	0.76	1.36	16.06	22.97	6.06	13.22	4.20	0.59	6.72	8.51	82.40
东港市	0	0.08	0.79	0	0.26	3.58	0.02	0	1.42	0	0	0.10	6.25
东台市	0	15.00	1.60	33.26	5.07	3.53	15.87	0.52	12.23	0.27	13.51	0.02	100.87
都江堰市	2.84	0	0	7.14	0	0.68	0.55	6.77	0.56	0	0	32.16	50.70
恩施土家族苗族自治州	0.48	1.59	5.49	0.05	1.78	0	3.68	0.00	0.04	0.67	1.51	0.12	15.42
肥东县	0	0.72	13.99	0	0	21.64	0.49	8.65	0	0.46	6.53	1.72	54.21
肥西县	21.02	0	0.18	0.37	0	0.51	23.37	25.41	1.02	13.85	0	1.56	87.27
盖州市	0	0.76	2.01	0	0	0	0.84	0	0	0	0	1.58	5.19
高碑店市	0.55	0	4.14	1.12	0	0.17	0	0.12	0.35	0.81	0	0.14	7.40
固安县	0	0	3.89	1.38	0	28.58	3.62	4.62	4.39	0.41	0.15	2.79	49.82
海安市	3.91	5.14	21.13	19.70	1.05	20.60	0.07	12.21	20.45	11.85	0.22	3.00	119.32
海宁市	2.08	3.30	2.83	8.61	47.24	2.04	8.45	11.30	1.18	1.73	16.61	26.85	132.21
海盐县	1.65	0.27	13.74	5.80	15.48	7.20	3.09	9.71	0.90	0	5.91	4.03	67.78
惠安县	0	4.22	21.29	0	0	0.16	12.36	0.60	0.02	0.04	11.06	31.42	81.17
惠东县	4.98	0	0	0	3.25	0	2.01	3.01	0.02	0.66	0.20	0	14.12
嘉善县	29.69	0.72	0.59	1.68	18.41	8.67	4.04	1.08	15.48	1.06	0.40	16.89	98.70
建德市	0.73	2.80	19.87	0.21	10.05	4.59	0.15	9.05	0.30	0.30	0.23	0	48.29
建湖县	1.84	0.02	0.12	1.34	7.08	1.61	10.78	0.24	0	0.05	0	13.80	36.88
江阴市	0.77	43.18	6.95	4.40	19.41	1.78	42.05	2.04	0	5.09	21.31	21.05	168.02
胶州市	1.80	4.14	0.09	0.76	1.69	5.46	13.74	0.24	4.62	0.02	0	23.99	56.56
晋江市	3.65	2.73	3.41	3.68	27.63	5.25	2.80	0	4.57	16.46	7.12	37.16	114.46
靖江市	0.10	10.28	12.58	0	12.91	1.13	0	0.73	0.16	14.40	13.95	0.10	66.34
昆山市	2.84	0	1.97	29.87	10.20	0.04	30.59	38.19	0.08	33.15	0.48	29.58	177.01
莱西市	0	12.65	1.17	3.64	0	0	1.14	4.94	1.13	1.00	0.24	0.93	26.84
莱州市	0	1.46	1.91	1.26	1.35	0	1.82	0.72	0.03	0	0.50	0	9.06
临海市	2.87	0	12.15	0.44	8.18	0.03	0	33.60	0	2.03	3.64	3.17	66.11
陵水黎族自治县	0.24	3.38	0	0	3.77	0	0	0	0.83	0.44	0	0	8.66
浏阳市	0.59	3.15	4.02	6.76	1.41	7.56	0	4.85	27.32	12.23	9.33	18.41	95.63
龙口市	0.95	0	7.10	1.70	0	0	7.58	0.09	0.08	2.72	16.80	16.96	53.98
龙门县	0.35	0.25	1.06	0.69	0.07	0.17	0.78	0.06	0	0	0.03	0.10	3.56
闽侯县	0	0.57	8.50	19.93	7.55	3.41	9.80	0.04	0.68	1.00	0	7.33	58.82
南安市	17.71	0.62	0.98	0	0.12	1.04	0.71	10.35	0.42	0.62	8.31	10.77	51.66
宁海县	1.64	4.76	12.76	1.18	0.87	0.56	4.03	0.07	16.53	0.11	3.95	1.29	47.76

2-8 续表 7 单位：亿元

城市	1月	2月	3月	4月	5月	6月	7月	8月	9月	10月	11月	12月	汇总
沛县	0	0.01	0	8.17	2.35	14.21	1.17	1.66	0	0	4.74	42.72	75.03
彭州市	0.19	0.02	0	0	0.18	0.34	1.67	0.53	10.25	0.38	3.49	5.74	22.77
邳州市	0	0.74	2.48	0.65	5.72	22.68	4.09	0.16	0	29.89	12.11	64.31	142.82
平度市	0.04	0	1.85	1.34	0.21	3.56	2.23	2.58	3.80	0	0.28	7.80	23.69
平湖市	12.39	0	0.72	22.68	28.73	2.83	5.69	1.17	1.14	0.69	0.70	3.34	80.08
蒲江县	0.05	0	0	2.42	1.00	0	0.05	0	3.95	0	0	0.11	7.58
普宁市	0	0	0.17	0	0.82	0	0.46	0	0.63	0	0.34	0	2.41
启东市	0.96	4.87	16.88	4.16	0.11	7.37	14.13	6.29	19.96	2.38	12.71	64.49	154.32
潜江市	1.08	0	2.59	1.72	1.82	0.77	0	0.26	0.03	1.41	7.19	0.78	17.65
荣成市	0.05	0	3.01	0.81	2.67	0.47	9.22	1.95	4.76	6.00	10.30	19.37	58.61
如东县	11.53	2.15	25.84	28.34	0.10	4.39	7.16	15.95	18.45	12.26	50.95	10.06	187.16
瑞安市	0	36.43	4.17	0.53	31.73	0.94	0.69	1.71	3.56	0.30	0.18	1.92	82.15
嵊州市	3.27	0	0.05	29.44	0.69	0.23	2.39	0.64	1.89	0.08	11.55	10.93	61.15
太仓市	4.48	0	28.62	10.68	39.82	0.76	0.12	5.81	0	0.48	36.17	19.10	146.05
泰兴市	3.20	0	8.43	1.12	0.40	18.73	7.16	18.60	5.81	28.95	28.70	1.87	122.96
天门市	3.04	0.08	0.12	0.47	0.25	0.08	0.09	0.07	1.76	0.12	0.13	0.26	6.47
桐庐县	2.74	0.53	17.61	0.80	7.83	3.90	7.45	0	0.27	0.43	0.54	4.08	46.19
桐乡市	2.82	8.80	13.05	0.36	10.00	11.49	3.90	6.45	0.61	7.86	10.62	9.11	85.07
瓦房店市	0.41	0.11	0.38	1.52	0	0.74	0	0	2.99	0.02	0.24	2.88	9.28
文安县	6.32	0	3.02	0	0	4.32	0	5.23	0	0	0	2.02	20.91
文昌市	0	1.00	1.82	1.07	2.50	2.04	0.21	0.18	0	0	0	1.99	10.81
仙桃市	2.20	0.41	0.02	0.35	18.38	13.73	0.26	0.06	0.32	0.42	1.24	0.34	37.74
香河县	0	2.22	0	2.27	2.02	0	0	1.93	0	0	1.21	0	9.65
象山县	6.05	4.94	3.77	1.74	0	4.79	0.45	13.28	0.66	0.20	0.73	2.52	39.13
新沂市	0.05	1.81	1.43	7.18	4.48	0	4.94	0.05	0.02	0.11	6.55	0.31	26.93
兴化市	22.37	0.07	3.38	0.08	0.60	0	17.31	0	0	1.31	3.13	6.44	54.69
宜兴市	12.08	4.56	10.70	0.47	18.50	0.11	11.71	0.27	9.55	8.58	0.02	23.57	100.11
义乌市	38.31	6.57	83.65	73.51	70.56	108.39	12.93	69.02	118.59	43.74	0.59	8.10	633.96
永登县	0.26	1.88	5.60	3.64	2.39	17.14	8.59	3.08	6.21	4.67	8.89	1.07	63.41
余姚市	1.45	32.17	5.04	18.49	26.50	12.61	7.60	1.47	6.80	3.81	0.89	5.16	121.98
张家港市	2.17	2.18	50.46	19.30	3.40	37.59	0.61	3.16	5.04	1.66	1.81	3.93	131.32
诸暨市	2.03	16.38	0.91	19.37	3.70	47.27	10.45	0.61	2.30	0.38	0.93	0.05	104.39
庄河市	0	1.20	0	0.02	0	0	0	0	0.40	0.05	0	0	1.66

数据来源：中指数据库监测。

2-9 2021年全国土地成交地块成交总价排行榜

排名	宗地名称	城市	规划用途	成交总价（万元）	规划建筑面积（平方米）	建设用地面积（平方米）	楼面价（元/平方米）	溢价率（%）
1	黄浦区豫园社区210F-01、210G-01、211J-01、211J-02、211K-04、211K-05、211K-06、211L-01、213A-01、213B-01地块及210F-02、213A-02、211K-01、211K-02、211L-02、211L-03地下空间地块	上海市	商业用地、住宅用地	1760000.00	196500.00	125144.00	89567	0
2	杭州未来科技城三站换乘综合体项目地块	杭州市	城镇住宅用地（普通商品房）/商业用地、商务用地、住宅用地、公共交通场站用地	1116120.00	677778.00	190387.00	16467	29.91
3	虹口区四川北路街道HK193-02、HK193-03，北外滩街道HK300-02、HK300-03	上海市	居住用地、商办、餐饮旅馆业用地	1113534.00	247979.00	58025.00	44904	0
4	静安区灵石社区N070403单元095a-02、095b-01地块	上海市	住宅用地、商业用地、办公用地	1051310.00	203320.00	71019.00	51707	8.39
5	白云区白云新城云港城地块	广州市	商业/商务/服务设施用地、绿地与广场用地、二类居住用地	1018748.00	506000.00	114444.00	20133	0
6	湖里区06-08五缘湾片区高林北路与金宝路交叉口西南侧	厦门市	城镇住宅用地（二类居住，保障性租赁住房、零售商业用地、其他商服用地	996000.00	254740.00	72476.00	39099	7.33
7	普陀区万里社区W060701单元X101-01、X102-02、X103-01地块（237坊地块）	上海市	住宅用地、商业用地、办公用地	991000.00	322864.00	147870.00	30694	0
8	申花单元GS0407-B1/B2/S2-15、GS0407-R21/B1/B2-14、GS0407-R21-13地块	杭州市	普通商品住房用地、商业商务用地	943325.00	488343.00	162781.00	19317	9.90
9	湖里区06-08五缘湾片区环岛干道与通屿二路交叉口东南侧	厦门市	城镇住宅用地〔二类居住，租赁住房（公寓）〕、零售商业用地、其他商服用地、公用设施用地	929000.00	350000.00	97512.00	26543	0

2-9 续表 1 单位：亿元

排名	宗地名称	城市	规划用途	成交总价（万元）	规划建筑面积（平方米）	建设用地面积（平方米）	楼面价（元/平方米）	溢价率（%）
10	思明区03-06半兰山片区洪莲路与蔡岭路交叉口东南侧	厦门市	城镇住宅用地（普通住宅）、零售商业用地、其他商服用地、公用设施用地、教育用地（幼儿园）	923000.00	187000.00	53813.00	49358	24.73
11	虹口区北外滩街道HK321-01、HK321-02（部分地下）（北外滩91街坊）地块	上海市	商业用地、办公用地、餐饮旅馆用地	910600.00	350152.00	12733.00	26006	0.02
12	临平新城鼎湖社区地块	杭州市	城镇住宅用地（普通商品房）/住宅用地、商务用地、商业用地、服务设施用地	910390.00	814283.00	248257.00	11180	29.98
13	玄武区红山街道丹霞路以北、恒嘉路以东地块	南京市	Rb商住混合用地R2二类居住用地Bb商办混合用地	889000.00	710058.00	214519.00	12520	23.82
14	广州市黄埔区HP-WC-01地块	广州市	商务兼容商业用地	884000.00	998615.00	62806.00	8852	0
15	余杭组团YH-18单元杭腾未来社区地块	杭州市	住宅用地、商业商务用地	882448.00	591994.00	181038.00	14906	0
16	南山区招商街道兴海大道与赤湾路交汇处西北角	深圳市	住宅用地，教育用地，文化体育用地	870200.00	350630.00	122205.00	24818	0
17	桂湾片区三开发单元03街坊	深圳市	住宅用地	866525.00	210040.00	51350.00	41255	15.00
18	武昌区临江大道与张之洞路交叉口（武船厂区一期A包）	武汉市	住宅用地、商服用地、教育用地	829100.00	543800.00	204771.00	15246	0
19	海珠区赤沙车辆段地块	广州市	公共交通场站兼容二类居住、商业商务、中小学和城市道路用地，公共交通场站用地	823430.00	304000.00	110924.00	27087	0
20	中山翠亨新区起步区东五围	中山市	二类居住用地、商业商务用地、文化设施用地、中小学用地、公园绿地、城市道路	819063.88	1553435.00	668974.00	5273	3.94
21	杨浦区定海社区N090603单元N3-01、N4-02、N5-02、N6-01地块（大桥街道119、120街坊）	上海市	街巷商办、租赁住房、文体用地	811818.00	359212.00	125524.00	22600	0
22	四堡七堡单元JG1402-32地块	杭州市	城镇住宅用地（普通商品房）/住宅（设配套公建）用地	808506.00	179915.00	71966.00	44938	29.88

2-9　续表 2　　　　单位：亿元

排名	宗地名称	城市	规划用途	成交总价（万元）	规划建筑面积（平方米）	建设用地面积（平方米）	楼面价（元 / 平方米）	溢价率（%）
23	武昌区临江大道与鹦鹉洲长江大桥交叉口（武船厂区一期 B 包）	武汉市	住宅用地、商服用地	800700.00	507500.00	102683.00	15777	0
24	东湖新技术开发区高新二路以南、光谷三路以西	武汉市	住宅用地、商服用地	721350.00	346821.00	146929.00	20799	103.28
25	番禺区南站核心区 TOD 项目地块	广州市	住宅用地、商业商务用地	708200.00	917350.00	261025.00	7720	0
26	北京市朝阳区东坝车辆基地综合利用项目 1101-A002-3 地块 R2 二类居住用地	北京市	R2 二类居住用地	707000.00	137000.00	76682.00	51606	0
27	雨花台区数字大道以南、兴梅路以东地块	南京市	R2 二类居住用地、Bb 商办混合用地	706000.00	747638.00	235494.00	9443	0
28	南山区西丽街道	深圳市	商业用地、二类居住用地	690000.00	281750.00	21370.00	24490	44.96
29	北京市大兴区西红门镇 DX04-0102-6011、6014 地块 R2 二类居住用地（配建“保障性租赁住房”）	北京市	R2 二类居住用地	685000.00	178292.00	71317.00	38420	0
30	北京市朝阳区豆各庄乡孙家坡村 1306-638 地块 F1 住宅混合公建用地	北京市	F1 住宅混合公建用地	682000.00	242377.00	85059.00	28138	15.01
31	郑政东出〔2021〕8 号（网）、郑政东出〔2021〕9 号（网）	郑州市	商务金融用地、零售商业、餐饮、旅馆用地、城镇住宅用地、交通服务场站用地	678000.00	699220.00	127131.00	9697	55.50
32	顺义新城第 23 街区新国展三期项目（原 22 街区南部）22-02-007-1、22-02-007-2 地块 R2 二类居住用地	北京市	R2 二类居住用地	677700.00	262859.00	105144.00	25782	35.00
33	滨江云谷未来社区一期地块	温州市	城镇住宅用地（普通商品房）/ 零售商业用地、餐饮用地、旅馆用地、商务金融用地、娱乐用地	650500.00	394650.00	115733.00	16483	29.97
34	普陀区石泉社区 W060402 单元 B3-2 地块	上海市	住宅用地	645200.00	76495.00	38247.00	84346	36.15

2-9 续表 3 单位：亿元

排名	宗地名称	城市	规划用途	成交总价（万元）	规划建筑面积（平方米）	建设用地面积（平方米）	楼面价（元 / 平方米）	溢价率（%）
35	顺德区陈村镇建设大厦西侧地块	佛山市	商业用地、住宅用地	645029.00	288866.00	90266.00	22330	106.72
36	石景山区衙门口棚户区改造土地开发项目1615-708地块二类居住用地、1612-734地块基础教育用地	北京市	二类居住用地、基础教育用地	644000.00	110813.00	41609.00	58116	4.55
37	青浦区西虹桥沪青平公路北侧48-06A地块	上海市	普通商品房	639470.00	170212.00	77369.00	37569	9.85
38	海淀区海淀镇树村棚户区改造B-1北地块R2二类居住用地	北京市	R2二类居住用地	637000.00	92371.00	57021.00	68961	2.58
39	宝安区松岗街道	深圳市	住宅用地、教育用地	632900.00	510854.00	331460.00	12389	0
40	花都区北站东广场一期及广花公路西二地块	广州市	二类居住用地（R2）、商业用地兼容商务用地（B1/B2）	632535.00	640692.00	182011.00	9873	0
41	荔湾区广钢新城AF040234地块、AF040406地块	广州市	二类居住用地（R2）、商业用地（B1）	632392.00	220629.00	50911.00	28663	0.32
42	大兴区大兴新城核心区H组团DX00-0106-001a、001b地块R2二类居住用地、A334基础教育用地	北京市	R2二类居住用地、A334基础教育用地	625000.00	192900.00	94974.00	32400	5.04
43	丰台区长辛店镇张郭庄村A区FT00-0203-6145、FT00-0203-6159地块R2二类居住用地	北京市	R2二类居住用地	620000.00	171121.00	74400.00	36232	5.08
44	浦口区江浦街道浦滨路以北、河滨路以东地块	南京市	Rb商住混合用地	606000.00	563550.00	230526.00	10753	12.22
45	浦东新区浦兴社区Y000901单元02-01A地块	上海市	住宅用地、商业用地、办公用地	601382.00	252347.00	66060.00	23832	0.20
46	运河新城单元GS1003-R21-22地块	杭州市	城镇住宅用地（普通商品房）/住宅（设配套公建）用地	596959.00	235346.00	84052.00	25365	6.23
47	黄埔区长岭居外环路C线以西，长贤路以南	广州市	二类居住用地（R2），服务设施用地（R22）	590387.00	337751.00	116545.00	17480	0
48	相城区元和街道相城大道西、纪元路两侧	苏州市	城镇住宅－普通商品住房	577737.16	460130.00	171052.00	12556	11.10

2-9　续表 4　　　　单位：亿元

排名	宗地名称	城市	规划用途	成交总价（万元）	规划建筑面积（平方米）	建设用地面积（平方米）	楼面价（元/平方米）	溢价率（%）
49	江汉区解放大道与青年路交汇处（汉口饭店片）	武汉市	住宅用地、商服用地	576912.00	340000.00	38513.00	16968	0
50	武汉经济技术开发区 1MA 地块	武汉市	住宅用地、商服用地、文化用地	576622.00	800554.00	261329.00	7203	0

数据来源：中指数据库监测。

住宅市场篇

第三章　2021年房地产开发投资情况

3-1　2017—2021 年全国房地产开发投资

单位：万平方米、亿元、元 / 平方米

指标	2017 年	2018 年	2019 年	2020 年	2021 年
完成投资额	109799	120165	132194	141443	147602
住宅完成投资额	75148	85124	97071	104446	111173
办公楼完成投资额	6761	5997	6163	6494	5974
商业用房完成投资额	15640	14167	13226	13076	12445
其他完成投资额	12249	14876	15735	17427	18010
本年资金来源小计	156053	166407	178609	193115	201132
国内贷款	25242	24132	25229	26676	23296
利用外资	168	114	176	192	107
自筹资金	50872	55755	58158	63377	65428
其他资金来源	79770	86406	95046	102870	112301
本年购置土地面积	25508	29321	25822	25536	21590
施工房屋面积	781484	822300	893821	926759	975387
住宅施工房屋面积	536444	569987	627673	655558	690319
办公楼施工房屋面积	36015	35842	37252	37084	37730
商业用房施工房屋面积	105232	102629	100389	93198	90677
新开工房屋面积	178654	209537	227154	224433	198895
住宅新开工房屋面积	128098	153485	167463	164329	146379
办公楼新开工房屋面积	6140	6102	7084	6604	5224
商业用房新开工房屋面积	20484	19995	18936	18012	14106
竣工房屋面积	101486	94421	95942	91218	101412
住宅竣工房屋面积	71815	66016	68011	65910	73016
办公楼竣工房屋面积	4007	3884	3923	3042	3376
商业用房竣工房屋面积	12670	11259	10814	8621	8718
销售面积	169408	171465	171558	176086	179433
住宅销售面积	144789	147760	150144	154878	156532
办公楼销售面积	4756	4366	3723	3334	3375
商业用房销售面积	12838	11933	10173	9288	9046
商品房屋销售额	133701	149614	159725	173613	181930
住宅销售额	110240	126374	139440	154567	162730
办公楼销售额	6441	6278	5329	5047	4701
商业用房销售额	13253	13010	11141	9889	9692
销售价格	7892	8726	9310	9860	10139
住宅销售价格	7614	8553	9287	9980	10396
办公楼销售价格	13543	14379	14314	15138	13932
商业用房销售价格	10323	10903	10952	10646	10715

数据来源：国家统计局。

3-2 2021年全国房地产开发投资

单位：万平方米、亿元

指标	1~2月	1~3月	1~4月	1~5月	1~6月	1~7月	1~8月	1~9月	1~10月	1~11月	1~12月
商品房施工面积	770629	798394	818513	839962	873251	891880	909992	928065	942859	959654	975387
住宅施工面积	542503	563125	578028	593318	617480	631072	644336	656884	667801	679540	690319
办公楼施工面积	31802	32326	32778	33212	34256	34823	35271	35993	36378	37126	37730
商业用房施工面积	76346	77887	79375	80962	83296	84677	86002	87465	88536	89648	90677
商品房新开工面积	17037	36163	53905	74349	101288	118948	135502	152944	166736	182820	198895
住宅新开工面积	12736	27057	40335	55515	75515	88474	100765	113374	123481	135017	146379
办公楼新开工面积	452	863	1270	1733	2425	2948	3316	3847	4145	4713	5224
商业用房新开工面积	1266	2530	3782	5160	6977	8317	9486	10778	11878	12936	14106
商品房竣工面积	13525	19122	22736	27583	36481	41782	46739	51013	57290	68754	101412
住宅竣工面积	9862	13888	16551	19880	26254	30125	33771	36816	41415	49582	73016
办公楼竣工面积	439	641	757	947	1245	1413	1556	1662	1851	2217	3376
商业用房竣工面积	1214	1764	2073	2559	3402	3832	4230	4632	5134	6054	8718
商品房销售面积	17363	36007	50305	66383	88635	101648	114193	130332	143041	158131	179433
现房销售面积	2112	4201	5781	7496	10234	11832	13344	15603	17335	19641	23313
期房销售面积	15251	31806	44524	58888	78401	89816	100849	114729	125706	138490	156121
住宅销售面积	15609	32332	45203	59693	79081	90598	101607	115432	126419	139156	156532
住宅现房销售面积	1548	3043	4215	5480	7503	8636	9691	11271	12452	13976	16357
住宅期房销售面积	14062	29289	40988	54213	71578	81962	91916	104161	113967	125180	140175
办公楼销售面积	259	575	771	1013	1418	1676	1901	2257	2508	2827	3375
办公楼现房销售面积	92	190	240	314	418	508	574	677	756	856	992
办公楼期房销售面积	167	386	531	699	1000	1168	1327	1580	1752	1971	2382
商业用房销售面积	754	1525	2126	2789	3868	4473	5059	5972	6651	7530	9046
商业用房现房销售面积	257	492	676	853	1141	1320	1509	1785	1979	2258	2770
商业用房期房销售面积	497	1033	1451	1937	2726	3153	3550	4187	4672	5272	6275
商品房待售面积	52425	51858	51436	51026	51079	50864	50580	50285	50203	50165	51023
住宅商品房待售面积	24693	24134	23711	23312	23132	22862	22605	22420	22379	22280	22761
办公楼待售面积	3772	3702	3687	3674	3740	3714	3701	3662	3716	3702	3795
商业用房待售面积	12665	12680	12740	12733	12780	12799	12808	12747	12746	12720	12767
土地购置面积	1453	2301	3301	4396	7021	8764	10733	13730	15824	18287	21590
土地购置费	3071	7803	12367	17487	22760	26617	30704	35083	38868	42225	43505
房地产开发投资额	13986	27576	40240	54318	72179	84895	98060	112568	124934	137314	147602
住宅开发投资额	10387	20624	30162	40750	54244	63980	73971	84906	94327	103587	111173
90平方米以下住宅投资额	1960	3840	5635	7581	10182	11997	13743	15719	17408	19149	20567

3-2　续表 1　　单位：万平方米、亿元

指标	1~2 月	1~3 月	1~4 月	1~5 月	1~6 月	1~7 月	1~8 月	1~9 月	1~10 月	1~11 月	1~12 月
140 平方米以上住宅投资额	1672	3270	4683	6367	8399	9857	11432	13142	14605	16088	17323
办公楼开发投资额	675	1190	1694	2208	2910	3383	3890	4446	4908	5438	5974
商业用房投资额	1251	2397	3443	4591	6054	7133	8226	9423	10492	11520	12445
商品房销售额	19151	38378	53609	70534	92931	106430	119047	134795	147185	161667	181930
现房销售额	2259	4231	5788	7362	9673	11176	12481	14277	15825	17659	20616
期房销售额	16892	34147	47821	63171	83259	95254	106566	120518	131360	144007	161314
住宅销售额	17526	35055	49010	64570	84633	96747	108062	121957	132902	145597	162730
住宅现房销售额	1756	3232	4449	5678	7420	8507	9473	10736	11791	13110	15100
住宅期房销售额	15770	31824	44560	58892	77213	88239	98589	111221	121112	132487	147630
办公楼销售额	401	874	1164	1485	1980	2405	2738	3179	3526	3950	4701
办公楼现房销售额	143	307	390	490	623	776	858	982	1132	1271	1474
办公楼期房销售额	258	567	775	995	1357	1629	1881	2197	2394	2679	3227
商业用房销售额	831	1628	2310	3025	4216	4869	5511	6437	7164	8075	9692
商业用房现房销售额	254	479	654	823	1112	1290	1459	1718	1921	2168	2687
商业用房期房销售额	578	1150	1656	2202	3105	3579	4051	4719	5243	5907	7005
资金来源合计	30560	47465	63542	81380	102898	118970	134364	151486	166597	183362	201132
国内贷款	5201	7222	9043	10873	13465	15402	16918	18770	20148	21640	23296
利用外资	10	11	17	25	42	44	53	59	72	90	107
自筹资金	8268	13015	17167	22686	30153	35533	40773	47212	52617	59378	65428
定金及预收款	11002	17759	24362	31738	39625	45398	50997	56689	62040	67156	73946
个人按揭贷款	4961	7843	10738	13400	16355	18953	21490	24124	26678	29633	32388

数据来源：国家统计局。

3–3　2017—2021 年全国各地区房地产开发投资额

单位：亿元

省份	2017 年	2018 年	2019 年	2020 年	2021 年
北京	3693	3873	3838	3939	4139
上海	3857	4033	4231	4699	5035
天津	2233	2424	2728	2609	2770
重庆	3980	4249	4439	4352	4355
广东	12076	14412	15852	17313	17466
浙江	8227	9945	10683	11414	12389
江西	2014	2175	2239	2378	2529
安徽	5612	5974	6670	7042	7263
黑龙江	816	944	958	983	936
江苏	9629	10982	12009	13171	13477
广西	2683	3004	3814	3846	3734
福建	4794	4940	5673	6027	6196
吉林	910	1176	1316	1461	1541
内蒙古	890	883	1042	1176	1234
海南	2053	1715	1336	1342	1380
河南	7090	7015	7465	7782	7874
河北	4824	4476	4347	4601	5024
山西	1166	1377	1657	1830	1945
陕西	3102	3535	3904	4404	4441
西藏	40	93	130	165	142
湖南	3426	3946	4445	4880	5428
湖北	4575	4693	5112	4889	6122
四川	5150	5698	6573	7315	7832
山东	6637	7553	8615	9450	9820
辽宁	2290	2599	2834	2979	2901
云南	2786	3247	4151	4505	4310
贵州	2201	2349	2991	3419	3383
甘肃	945	1116	1258	1356	1526
新疆	1038	1033	1074	1261	1501
青海	409	352	406	421	443
宁夏	653	450	403	433	467

数据来源：国家统计局。

3-4　2021年全国各地区房地产开发投资额

单位：亿元

省份	1~2月	1~3月	1~4月	1~5月	1~6月	1~7月	1~8月	1~9月	1~10月	1~11月	1~12月
北京	386	773	1092	1507	2043	2448	2814	3233	3558	3913	4139
上海	740	1072	1430	1824	2245	2669	3110	3570	4033	4499	5035
天津	243	622	887	1207	1611	1839	2033	2281	2445	2624	2770
重庆	443	882	1268	1664	2167	2475	2844	3291	3547	3958	4355
广东	1797	3209	4576	6162	8168	9644	11223	12975	14468	16045	17466
浙江	1396	2444	3470	4592	6037	7083	8176	9424	10518	11613	12389
江西	268	500	724	961	1211	1465	1740	2006	2197	2364	2529
安徽	784	1498	2234	3025	3835	4522	5206	5865	6365	6815	7263
黑龙江	2	33	85	179	346	443	544	703	808	894	936
江苏	1801	3221	4483	5835	7246	8407	9431	10596	11678	12709	13477
广西	343	800	1148	1500	2046	2287	2549	2867	3114	3413	3734
福建	735	1467	2020	2634	3320	3844	4261	4871	5319	5840	6196
吉林	18	69	184	436	654	862	1073	1294	1431	1515	1541
内蒙古	18	80	177	300	472	627	801	967	1098	1193	1234
海南	136	279	373	477	604	704	805	937	1075	1215	1380
河南	574	1326	2068	2893	3730	4374	4983	5689	6383	7102	7874
河北	196	654	1052	1522	2423	2897	3404	3934	4343	4750	5024
山西	78	251	406	584	915	1110	1290	1513	1671	1816	1945
陕西	283	642	966	1401	2022	2386	2825	3245	3653	4123	4441
西藏	0.7	10	22	44	73	88	99	110	120	137	142
湖南	459	850	1365	1805	2420	2818	3346	3923	4431	4932	5428
湖北	477	1006	1529	2090	2943	3431	4049	4631	5149	5644	6122
四川	923	1642	2313	2993	3870	4507	5221	5920	6608	7242	7832
山东	924	1863	2715	3652	4847	5771	6616	7560	8465	9276	9820
辽宁	138	485	770	1088	1602	1848	2121	2434	2635	2790	2901
云南	396	890	1286	1698	2224	2565	2903	3264	3611	3970	4310
贵州	360	738	1015	1259	1522	1706	2074	2407	2745	3125	3383
甘肃	39	132	242	399	628	790	962	1163	1311	1446	1526
新疆	16	60	162	310	533	754	941	1181	1360	1471	1501
青海	0.3	25	78	129	201	258	310	361	405	438	443
宁夏	12	55	102	151	224	274	309	355	393	441	467

数据来源：国家统计局。

3-5 2017—2021年全国各地区房地产商品房竣工面积

单位：万平方米

省份	2017年	2018年	2019年	2020年	2021年
北京	1467	1558	1343	1546	1984
上海	3388	3116	2670	2878	2740
天津	2023	2092	1656	1634	1893
重庆	5056	4083	5069	3774	4196
广东	8196	7615	9956	7764	8043
浙江	6884	5190	5739	6693	6387
江西	1854	2032	2231	2239	2517
安徽	4748	4488	5674	5101	7013
黑龙江	1651	1203	1204	1438	968
江苏	9582	8536	9369	11151	9141
广西	1856	2193	2038	2129	2433
福建	4267	3739	2882	3804	4042
吉林	1479	1520	1222	965	845
内蒙古	1714	1416	951	841	1052
海南	1267	1187	1302	687	475
河南	6202	6655	6571	5413	6842
河北	3416	2390	2680	2367	2523
山西	1970	1408	2739	1481	2639
陕西	2392	1525	1782	1746	1770
西藏	44	50	19	28	88
湖南	4084	4161	3975	3964	4604
湖北	3220	2774	2559	2647	3398
四川	5621	5635	4580	4546	4379
山东	8429	10513	10179	9326	11374
辽宁	2788	2274	1818	1848	2339
云南	2420	1447	1844	1638	2541
贵州	1172	1280	955	862	916
甘肃	848	752	674	881	1463
新疆	1680	1183	1117	902	1502
青海	441	320	133	154	160
宁夏	1329	1214	1011	772	1144

数据来源：国家统计局。

3-6　2021 年全国各地区房地产商品房竣工面积

单位：万平方米

省份	1~2 月	1~3 月	1~4 月	1~5 月	1~6 月	1~7 月	1~8 月	1~9 月	1~10 月	1~11 月	1~12 月
北京	255	320	389	415	589	681	748	759	868	1176	1984
上海	185	331	461	1117	1354	1635	1701	1871	1994	2324	2740
天津	195	330	353	394	556	668	739	932	1069	1240	1893
重庆	929	1196	1397	1619	1983	2213	2439	2633	2767	3301	4196
广东	1182	1637	1921	2443	3181	3705	4079	4436	4868	5660	8043
浙江	608	1065	1421	1730	2497	3051	3339	3568	4019	4527	6387
江西	451	567	646	731	936	1056	1127	1209	1318	1474	2517
安徽	965	1368	1373	1538	1953	2213	2547	2775	3114	4326	7013
黑龙江	1	49	115	157	209	289	427	533	610	807	968
江苏	1851	2562	2884	3208	3941	4624	5117	5255	5898	6577	9141
广西	378	583	635	746	972	1097	1150	1223	1384	1557	2433
福建	762	1027	1191	1347	1647	1823	2201	2395	2591	2962	4042
吉林	96	170	195	280	404	431	492	549	633	743	845
内蒙古	67	112	163	234	381	470	504	520	618	753	1052
海南	147	111	122	135	180	207	210	213	239	346	475
河南	635	915	1201	1435	2512	2826	3057	3334	3716	4277	6842
河北	63	192	239	299	411	475	640	719	815	1313	2523
山西	57	120	192	244	473	659	695	725	1039	1336	2639
陕西	333	391	475	649	704	753	783	877	991	1263	1770
西藏	1	1	9	13	19	24	24	35	55	67	88
湖南	929	1191	1421	1654	2157	2330	2596	2896	3211	3639	4604
湖北	610	916	1004	1222	1423	1593	1710	1871	2045	2405	3398
四川	930	1257	1564	1730	2122	2384	2673	2897	3119	3449	4379
山东	1048	1480	1703	2058	2738	2901	3363	3905	4268	5886	11374
辽宁	273	461	711	947	1307	1392	1489	1613	1856	2031	2339
云南	258	383	494	588	803	904	970	1113	1276	1710	2541
贵州	123	133	139	185	237	273	322	350	368	400	916
甘肃	20	35	59	94	144	243	419	513	972	1209	1463
新疆	111	149	180	252	404	511	736	828	1052	1226	1502
青海	21	23	23	23	29	33	36	37	56	91	160
宁夏	39	46	54	96	215	319	406	428	464	679	1144

数据来源：国家统计局。

3-7 2017—2021年全国各地区房地产商品房施工面积

单位：万平方米

省份	2017年	2018年	2019年	2020年	2021年
北京	12413	12963	12515	13919	14055
上海	15362	14672	14803	15740	16628
天津	8796	10324	11453	12035	12628
重庆	25961	27227	27987	27368	26893
广东	72492	79935	86825	91642	94248
浙江	41236	44537	49605	56725	58819
江西	18807	20739	23557	23581	25220
安徽	39169	41128	43591	44975	46813
黑龙江	10328	10588	11441	11262	10741
江苏	59464	62673	65687	67889	68480
广西	22690	25399	29807	32184	34176
福建	31940	32826	34140	34557	34667
吉林	11887	12080	12404	12341	13062
内蒙古	15815	15054	15889	15311	16395
海南	9567	9575	9222	8589	8939
河南	49942	54686	57567	58438	62688
河北	30318	28172	29853	31408	35681
山西	16473	16950	19549	21938	24930
陕西	23630	24618	27728	28358	29978
西藏	230	359	764	945	945
湖南	31691	35782	40045	40757	42661
湖北	30510	31316	33825	35419	37741
四川	41295	44066	49114	50756	54249
山东	63563	69063	75767	79792	82772
辽宁	25907	24217	23787	24003	25424
云南	21085	21800	26314	25801	29148
贵州	20385	21953	27775	26923	28750
甘肃	9153	9429	10977	11328	13198
新疆	11597	11575	12970	14268	16454
青海	2937	2549	2922	2944	3399
宁夏	6837	6048	5937	5563	5607

数据来源：国家统计局。

3-8　2021年全国各地区房地产商品房施工面积

单位：万平方米

省份	1~2月	1~3月	1~4月	1~5月	1~6月	1~7月	1~8月	1~9月	1~10月	1~11月	1~12月
北京	12278	12550	12632	12875	13082	13334	13408	13510	13626	13815	14055
上海	12431	12751	13130	13459	13879	14536	14711	15317	15662	15923	16628
天津	9204	10672	11000	11328	11539	11740	11899	12297	12416	12597	12628
重庆	23096	23598	24021	24235	24680	25054	25596	26093	26341	26670	26893
广东	79310	80370	81827	83456	85353	86677	87897	89716	90885	92632	94248
浙江	43721	45794	46280	47915	51228	52212	53568	55098	55950	57740	58819
江西	20293	21024	21650	22344	23003	23465	23884	24330	24642	24995	25220
安徽	37330	38115	39424	40661	41782	42524	43378	44160	44756	45805	46813
黑龙江	8992	9031	9149	9414	9829	10010	10137	10380	10591	10672	10741
江苏	52393	54511	56021	57969	59993	62553	63941	64598	65928	67006	68480
广西	26658	30006	30567	30958	31867	32066	32737	33133	33419	33666	34176
福建	28858	29611	30287	30958	31770	32369	33081	33602	33970	34475	34667
吉林	9695	9194	10099	10808	11450	11854	12353	12798	12950	13116	13062
内蒙古	11205	12456	13660	14080	14786	15233	15836	15975	16206	16228	16395
海南	7646	7779	7850	8082	8220	8316	8390	8505	8675	8801	8939
河南	49538	51324	52945	54693	56564	57775	58688	59790	60628	61675	62688
河北	26090	27191	27907	29099	31107	32066	33022	33665	34328	34787	35681
山西	17404	19291	20519	21274	22053	22848	23182	23777	24129	24499	24930
陕西	24824	25329	25666	26424	27097	27765	28034	28466	28863	29503	29978
西藏	774	836	849	898	937	950	877	888	907	926	945
湖南	33015	33600	35170	34779	37508	37950	38879	39737	40522	41691	42661
湖北	28913	30863	31940	32423	33680	33873	34996	35743	36311	37150	37741
四川	43974	45477	46419	47580	48932	49611	50443	51356	52175	53135	54249
山东	66409	67787	68071	69370	73584	75422	77299	78568	80457	81754	82772
辽宁	20806	21542	21979	22457	23344	23764	24081	24503	24794	24975	25424
云南	23117	23928	24705	25702	26441	26819	27249	27677	28150	28588	29148
贵州	24249	24919	25523	25792	26198	26519	26943	27499	27921	28497	28750
甘肃	9383	9670	9844	10410	11136	11496	11895	12407	12753	13069	13198
新疆	11854	11722	11605	12513	13907	14693	14984	15725	16048	16300	16454
青海	2607	2795	2903	2963	3056	3136	3245	3273	3306	3357	3399
宁夏	4562	4658	4871	5043	5244	5250	5360	5482	5550	5607	5607

数据来源：国家统计局。

3-9　2017—2021 年全国各地区房地产商品房销售额

单位：亿元

省份	2017 年	2018 年	2019 年	2020 年	2021 年
北京	2796	2377	3371	3657	4486
上海	4027	4752	5204	6047	6789
天津	2272	2007	2274	2114	2323
重庆	4558	5273	5129	5071	5391
广东	18793	18742	19748	22573	22320
浙江	12340	14090	14352	17145	19052
江西	3593	4220	4710	5223	5894
安徽	5866	7077	6824	7346	8143
黑龙江	1460	1320	1268	1064	858
江苏	13067	14527	16260	19409	21361
广西	3017	3827	4366	4251	3672
福建	5705	6579	6939	7498	8217
吉林	1135	1452	1581	1382	1291
内蒙古	957	1114	1244	1365	1215
海南	2714	2083	1276	1232	1559
河南	7129	8055	9010	9364	8658
河北	4628	4035	4139	4950	5053
山西	1357	1611	1632	1886	2171
陕西	2661	3407	3960	4375	4146
西藏	35	53	97	84	122
湖南	4461	5354	5578	5947	6041
湖北	6259	7531	7752	6088	7250
四川	6757	8532	9667	10394	10797
山东	8097	10066	10271	11066	12156
辽宁	2772	2967	3049	3366	3066
云南	2561	3407	3846	3970	2963
贵州	2241	2921	3184	3224	3244
甘肃	890	922	1019	1293	1345
新疆	793	863	1034	1146	1377
青海	296	290	367	383	294
宁夏	464	518	574	698	675

数据来源：国家统计局。

3-10　2021年全国各地区房地产商品房销售额

单位：亿元

省份	1~2月	1~3月	1~4月	1~5月	1~6月	1~7月	1~8月	1~9月	1~10月	1~11月	1~12月
北京	451	870	1236	1560	2070	2527	2812	3251	3545	3841	4486
上海	1163	1697	2033	2424	3249	3832	4348	4866	5416	5906	6789
天津	193	423	649	893	1185	1380	1585	1752	1934	2100	2323
重庆	494	1183	1632	2284	3031	3432	3754	4266	4540	4896	5391
广东	3029	5318	7288	9250	11461	13146	14548	16414	17973	19812	22320
浙江	2460	4801	6696	8745	11268	12410	13767	15386	16497	17809	19052
江西	460	1119	1531	2001	2769	3187	3572	4162	4637	5094	5894
安徽	1015	1976	2735	3504	4447	5064	5659	6409	6864	7432	8143
黑龙江	30	102	170	247	334	408	493	588	662	765	858
江苏	2409	4614	6626	8894	11665	13272	14522	16290	17571	19031	21361
广西	376	824	1089	1458	1934	2144	2354	2695	2949	3195	3672
福建	919	1988	2629	3424	4476	5072	5582	6232	6748	7359	8217
吉林	70	155	259	381	570	650	780	920	1018	1129	1291
内蒙古	47	155	306	438	593	701	837	930	1028	1109	1215
海南	175	296	405	527	680	834	970	1096	1205	1353	1559
河南	592	1470	2236	3050	4215	4881	5381	6153	6743	7524	8658
河北	240	663	968	1444	2119	2513	3005	3418	3782	4251	5053
山西	102	312	507	684	955	1178	1346	1578	1725	1906	2171
陕西	340	732	932	1253	1714	2032	2424	2752	3025	3752	4146
西藏	7	17	23	31	44	58	85	98	112	117	122
湖南	543	1143	1593	2028	2886	3276	3644	4171	4623	5163	6041
湖北	568	1258	1866	2493	3310	3837	4255	4802	5451	6100	7250
四川	1338	2531	3367	4363	5534	6209	6947	7882	8632	9562	10797
山东	851	2137	3209	4349	5995	6957	7914	9202	9952	10852	12156
辽宁	260	574	839	1138	1593	1852	2101	2350	2569	2766	3066
云南	391	732	1006	1293	1629	1863	2076	2265	2459	2671	2963
贵州	357	722	940	1190	1515	1697	1927	2159	2510	2841	3244
甘肃	90	219	309	429	628	758	886	1024	1111	1234	1345
新疆	82	182	278	411	593	719	847	979	1110	1237	1377
青海	29	41	68	97	143	163	195	218	245	261	294
宁夏	69	124	184	251	326	380	431	487	551	601	675

数据来源：国家统计局。

3-11 2017—2021年全国各地区房地产商品房销售价格

单位：元/平方米

省份	2017年	2018年	2019年	2020年	2021年
北京	32140	34143	35905	37665	40526
上海	23804	26890	30677	33798	36102
天津	15331	16055	15380	16172	16182
重庆	6792	8067	8402	8255	8699
广东	11776	13073	14262	15141	15930
浙江	12855	14443	15304	16726	19070
江西	6150	6805	7293	7757	7678
安徽	6375	7050	7393	7705	7784
黑龙江	6471	6901	7529	7121	6365
江苏	9195	10774	11637	12581	12906
广西	5834	6159	6505	6318	5944
福建	9746	10589	10748	11348	11779
吉林	6021	7001	7452	7544	7030
内蒙古	4628	5548	6194	6674	6535
海南	11837	14546	15383	16394	17541
河南	5355	5758	6311	6641	6521
河北	7203	7683	7834	8212	8239
山西	5619	6822	6896	7023	6775
陕西	6840	8273	8998	9828	9733
西藏	6626	7202	7578	9000	8645
湖南	5228	5795	6127	6302	6574
湖北	7675	8495	9012	9241	9130
四川	6217	6988	7448	7840	7885
山东	6319	7481	8070	8338	8517
辽宁	6681	7542	8249	8993	8930
云南	5919	7517	7954	8173	7634
贵州	4771	5637	5980	5807	5807
甘肃	5709	5780	5977	6572	6047
新疆	4965	5944	5999	5835	5740
青海	6001	6472	7643	8160	7623
宁夏	4544	5044	5685	6375	6655

数据来源：国家统计局。

3-12　2021 年全国各地区房地产商品房销售价格

单位：元 / 平方米

省份	1~2 月	1~3 月	1~4 月	1~5 月	1~6 月	1~7 月	1~8 月	1~9 月	1~10 月	1~11 月	1~12 月
北京	37789	40200	41493	41100	42344	41868	41671	41817	41126	40970	40526
上海	49301	42823	39609	40410	39015	39265	39765	37694	36826	37150	36102
天津	17359	16590	16749	16875	16592	16581	16443	16382	16342	16138	16182
重庆	7688	8539	8630	8976	9032	9057	9035	8955	8834	8844	8699
广东	16305	16354	16374	16161	16191	16163	16054	16042	15856	15826	15930
浙江	18414	18458	18388	18480	18491	18623	18717	18933	19011	19118	19070
江西	7563	7698	7657	7568	7656	7683	7648	7599	7614	7663	7678
安徽	8206	8101	8302	8154	7927	7945	7897	7912	7880	7820	7784
黑龙江	7575	7347	7287	7170	6950	6930	6764	6603	6590	6562	6365
江苏	13827	13315	13542	13636	13591	13475	13422	13385	13244	13134	12906
广西	6239	6395	6319	6330	6110	6135	6117	6002	5995	5949	5944
福建	12759	12449	12443	12317	12245	12155	12082	12021	11989	11901	11779
吉林	7214	7211	7105	7152	7172	7071	7117	7018	7125	7043	7030
内蒙古	6230	6086	6715	6589	6705	6631	6750	6724	6651	6574	6535
海南	18120	18125	18321	18809	18231	18172	18121	18045	17952	17689	17541
河南	6588	6622	6757	6827	6772	6734	6683	6673	6635	6584	6521
河北	7403	7583	7627	7947	8167	8268	8251	8100	8166	8194	8239
山西	7175	6988	7085	7064	6977	7058	7010	6967	6978	6876	6775
陕西	8855	9746	9579	9601	9822	9631	9902	9917	9955	9814	9733
西藏	8548	8736	8488	8200	8385	8349	8248	8465	8556	8582	8645
湖南	6493	6511	6493	6576	6566	6607	6638	6617	6581	6575	6574
湖北	8781	9493	9726	9808	9753	9683	9671	9577	9490	9351	9130
四川	7884	7872	7954	8082	7881	7886	7855	7845	7872	7887	7885
山东	8332	8459	8591	8661	8543	8578	8618	8509	8506	8508	8517
辽宁	8989	9146	9207	9267	9387	9369	9290	9198	9114	8993	8930
云南	7841	7903	8106	8122	8054	8037	7975	7849	7813	7709	7634
贵州	5415	5680	5608	5553	5608	5573	5571	5550	5655	5702	5807
甘肃	6271	6225	6224	6296	6328	6314	6338	6220	6221	6130	6047
新疆	5565	5570	5688	5775	5810	5766	5773	5777	5776	5758	5740
青海	8062	7790	7743	7517	7836	7941	7696	7723	7771	7709	7623
宁夏	6345	6310	6355	6608	6841	6841	6753	6700	6778	6724	6655

数据来源：国家统计局。

3-13 2017—2021年全国各地区房地产商品房销售面积

单位：万平方米

省份	2017年	2018年	2019年	2020年	2021年
北京	870	696	939	971	1107
上海	1692	1767	1696	1789	1880
天津	1482	1250	1479	1307	1435
重庆	6711	6536	6105	6143	6198
广东	15959	14336	13847	14908	14011
浙江	9600	9755	9378	10250	9991
江西	5842	6201	6459	6733	7676
安徽	9201	10038	9229	9534	10461
黑龙江	2256	1913	1684	1494	1348
江苏	14211	13484	13973	15427	16552
广西	5171	6213	6712	6729	6178
福建	5854	6213	6456	6607	6976
吉林	1885	2074	2122	1831	1836
内蒙古	2068	2008	2008	2046	1859
海南	2293	1432	829	752	889
河南	13314	13990	14278	14101	13277
河北	6426	5252	5283	6028	6133
山西	2416	2361	2366	2685	3204
陕西	3890	4119	4401	4452	4260
西藏	53	73	128	93	141
湖南	8532	9239	9104	9437	9189
湖北	8155	8865	8602	6588	7941
四川	10869	12211	12979	13258	13693
山东	12813	13455	12727	13272	14273
辽宁	4148	3935	3696	3743	3434
云南	4327	4532	4835	4857	3881
贵州	4697	5182	5323	5553	5586
甘肃	1560	1596	1705	1968	2224
新疆	1598	1452	1724	1964	2399
青海	494	448	481	470	386
宁夏	1021	1026	1010	1095	1014

数据来源：国家统计局。

3-14　2021年全国各地区房地产商品房销售面积

单位：万平方米

省份	1~2月	1~3月	1~4月	1~5月	1~6月	1~7月	1~8月	1~9月	1~10月	1~11月	1~12月
北京	119	217	298	379	489	604	675	777	862	938	1107
上海	236	396	513	600	833	976	1093	1291	1471	1590	1880
天津	111	255	388	529	714	832	964	1069	1183	1301	1435
重庆	642	1385	1891	2544	3355	3789	4155	4764	5139	5537	6198
广东	1858	3252	4451	5724	7079	8133	9062	10232	11335	12519	14011
浙江	1336	2601	3641	4732	6094	6664	7355	8127	8678	9315	9991
江西	608	1453	1999	2644	3617	4148	4671	5477	6090	6648	7676
安徽	1237	2439	3295	4297	5610	6373	7166	8100	8711	9504	10461
黑龙江	40	139	233	345	480	588	729	890	1005	1165	1348
江苏	1742	3466	4893	6522	8583	9849	10820	12170	13267	14490	16552
广西	603	1288	1723	2303	3166	3495	3847	4491	4918	5370	6178
福建	720	1597	2113	2780	3656	4173	4620	5184	5628	6184	6976
吉林	97	215	364	533	795	919	1097	1312	1429	1603	1836
内蒙古	76	255	456	664	885	1057	1240	1384	1546	1686	1859
海南	97	163	221	280	373	459	535	607	671	765	889
河南	899	2219	3309	4468	6224	7247	8052	9221	10162	11428	13277
河北	324	875	1269	1817	2594	3040	3642	4220	4631	5188	6133
山西	142	447	716	968	1369	1669	1920	2265	2472	2772	3204
陕西	384	751	973	1305	1746	2109	2448	2776	3038	3823	4260
西藏	8.5	19	27	38	53	70	103	115	131	136	141
湖南	836	1755	2454	3084	4396	4958	5490	6304	7024	7853	9189
湖北	647	1326	1919	2542	3393	3963	4400	5013	5744	6523	7941
四川	1697	3215	4233	5398	7022	7874	8844	10048	10966	12124	13693
山东	1021	2526	3736	5021	7018	8111	9183	10815	11700	12755	14273
辽宁	289	628	911	1228	1697	1976	2262	2555	2819	3076	3434
云南	499	926	1241	1592	2022	2318	2603	2886	3147	3465	3881
贵州	660	1271	1676	2142	2701	3045	3460	3890	4438	4982	5586
甘肃	143	351	497	681	993	1201	1399	1647	1787	2013	2224
新疆	147	327	488	712	1020	1246	1466	1694	1921	2148	2399
青海	36	52	88	129	182	205	254	283	316	338	386
宁夏	108	197	289	380	476	556	638	727	813	894	1014

数据来源：国家统计局。

3-15 2017—2021年全国各地区房地产商品房新开工面积

单位：万平方米

省份	2017年	2018年	2019年	2020年	2021年
北京	2362	2321	2073	3007	1896
上海	2618	2687	3063	3441	3846
天津	2335	2479	2545	2162	1885
重庆	5680	7386	6725	5948	4873
广东	16776	19144	18437	18408	16097
浙江	10117	12879	12731	15875	12305
江西	4954	5801	5863	5302	5282
安徽	11399	10850	11117	11786	10435
黑龙江	2220	2495	2446	2222	1738
江苏	13739	16821	16227	17673	16873
广西	4912	6059	8219	7878	5329
福建	5529	7205	6398	6638	6439
吉林	1908	2478	2947	2662	3121
内蒙古	2360	3024	3706	3288	2912
海南	2110	1945	1220	1065	1341
河南	13629	14678	15837	14114	13653
河北	8417	8390	9453	10232	9069
山西	3306	3873	4879	5796	4348
陕西	4279	5452	6431	5797	5970
西藏	61	193	417	223	222
湖南	8236	11128	11933	10916	10168
湖北	7772	8495	8709	8453	7844
四川	11522	14094	15325	13940	11494
山东	14425	18732	22659	20204	16572
辽宁	3807	3962	4143	4404	4598
云南	4017	4738	8019	7538	6462
贵州	3311	5689	7240	5441	4528
甘肃	2375	2443	3307	3534	3370
新疆	2579	2391	3033	4526	4035
青海	714	514	866	923	791
宁夏	1188	995	1186	1039	1397

数据来源：国家统计局。

3-16　2021 年全国各地区房地产商品房新开工面积

单位：万平方米

省份	1~2 月	1~3 月	1~4 月	1~5 月	1~6 月	1~7 月	1~8 月	1~9 月	1~10 月	1~11 月	1~12 月
北京	84	374	497	721	909	1153	1227	1317	1429	1658	1896
上海	277	445	806	1250	1709	2014	2277	2744	3045	3329	3846
天津	107	351	479	781	873	1012	1149	1508	1621	1787	1885
重庆	599	1099	1586	2005	2489	2820	3363	3867	4146	4527	4873
广东	1679	2878	4184	5714	7883	9072	10260	11857	12959	14540	16097
浙江	836	1781	2473	3808	5498	6410	7559	8784	9693	11141	12305
江西	597	1221	1700	2421	3015	3445	3844	4261	4568	4930	5282
安徽	1369	2334	3305	4486	5522	6311	7164	7919	8513	9512	10435
黑龙江	–	43	177	441	840	1014	1144	1386	1585	1671	1738
江苏	2008	3840	5183	6709	8813	10536	11787	13091	14189	15330	16873
广西	818	1450	1937	2346	3152	3521	3937	4307	4596	4828	5329
福建	677	1468	2117	2668	3485	4068	4772	5288	5632	6120	6439
吉林	66	164	471	934	1574	1963	2404	2845	2978	3143	3121
内蒙古	3.19	121	465	844	1435	1799	2349	2476	2709	2874	2912
海南	132	260	373	481	614	717	805	920	1091	1179	1341
河南	1208	2710	4153	5749	7447	8734	9640	10728	11591	12607	13653
河北	234	1009	1748	2734	4324	5321	6221	7024	7782	8276	9069
山西	157	569	943	1400	2087	2547	2959	3353	3632	3976	4348
陕西	602	1127	1460	2201	3051	3684	4043	4578	4887	5475	5970
西藏	–	40	60	100	136	149	157	168	186	206	222
湖南	817	1715	2787	3377	4824	5696	6482	7251	8207	9206	10168
湖北	836	1592	2414	2988	3921	4479	5331	5961	6512	7247	7844
四川	1317	2751	3653	4974	6246	6936	7713	8626	9441	10377	11494
山东	1337	2997	4514	6292	8735	10570	11715	13130	14272	15474	16572
辽宁	158	759	1199	1680	2554	2971	3287	3734	4017	4203	4598
云南	676	1377	2226	3046	3798	4188	4616	5053	5518	5956	6462
贵州	358	895	1244	1540	1870	2244	2637	3085	3505	4086	4528
甘肃	40	287	651	977	1516	1832	2218	2610	2940	3238	3370
新疆	4.8	135	421	781	1738	2315	2745	3235	3552	3855	4035
青海	9	196	304	363	454	525	632	659	696	746	791
宁夏	32	174	375	539	775	902	1063	1178	1246	1320	1397

数据来源：国家统计局。

3-17 2021年全国部分重点城市商品房施工面积

单位：万平方米

地区	1~2月	1~3月	1~4月	1~5月	1~6月	1~7月	1~8月	1~9月	1~10月	1~11月	1~12月
一线城市											
北京	12278	12550	12632	12875	13082	13334	13408	13510	13626	13815	14055
上海	12431	12751	13130	13459	13879	14536	14711	15317	15662	15923	16628
广州	10561	10784	10745	–	11482	11531	11742	12034	12148	12550	12751
深圳	8777	8525	8967	9187	9328	9495	9528	9832	9889	10168	10497
二线城市											
重庆	23096	23598	24021	24235	24680	25054	25596	26093	26341	26670	26893
贵阳	7148	7344	7428	7492	7571	7617	7718	7851	8036	8141	8357
海口	3006	3009	3104	3180	3188	3197	3209	3226	3253	3335	3369
杭州	9561	9828	9999	10095	11467	11761	12231	12436	12703	13036	13291
合肥	6527	6459	6701	7058	7280	7409	7463	7564	7684	8028	8285
南京	6460	6695	7182	7493	7767	7873	7964	8142	8283	8414	8597
南宁	9996	10236	10301	–	10741	–	–	11005	–	–	11247
青岛	11012	11170	11001	11044	11797	11885	12310	12526	12592	12793	13012
三亚	1200	1230	1227	1301	1332	1353	1360	1396	1434	1448	1460
沈阳	6460	6651	6938	–	–	7503	7569	7722	7805	7823	–
苏州	10366	10693	10756	10847	11019	11447	11688	11516	11623	11802	11921
天津	9204	10672	11000	11328	11539	11740	11899	12297	12416	12597	12628
温州	4807	4942	4870	5226	5503	5838	5940	6039	6070	6541	6724
无锡	4309	4620	4852	5003	5089	5432	5590	5798	5897	6028	6076
银川	3069	3092	3218	3340	3492	3463	3574	3631	3658	3704	3705
郑州	17324	17712	18125	18557	19320	19423	19605	19884	–	–	–
三四线城市											
北海	1476	1492	1539	–	–	–	–	–	–	–	–
滁州	3018	3173	3303	3467	3587	3690	3790	3874	3936	4044	4078
佛山	8150	8342	8465	8671	8861	8977	9103	9205	9265	9364	9439
阜阳	5015	5081	5260	5314	–	5456	5585	5689	5761	5874	6047
淮北	1114	1152	1159	1211	1270	1300	1317	1354	1388	1410	1414
淮南	1229	1212	1278	1313	1351	1356	1404	1399	1416	1408	1464
黄山	744	783	796	831	839	829	840	846	859	887	895
惠州	8261	8110	7950	7993	7990	8076	8272	8693	8722	8937	9292
济宁	3944	4114	4126	4441	4550	4614	4711	4672	4885	4970	5064
嘉兴	4162	4318	4475	4699	4993	5084	5143	5288	5380	5543	5616

3-17　续表 1　　单位：万平方米

地区	1~2 月	1~3 月	1~4 月	1~5 月	1~6 月	1~7 月	1~8 月	1~9 月	1~10 月	1~11 月	1~12 月
丽水	1539	1650	1793	1849	1855	1944	1991	2022	2048	2131	2063
临沂	5652	5713	5645	5752	6320	6316	6431	6857	7111	7229	7367
龙岩	1501	1547	1579	1648	1683	1687	1745	1783	1812	1844	1856
南平	1614	1689	1710	1763	1883	1910	1939	1973	1987	2004	2021
宁德	1497	1560	1588	1593	1648	1704	1730	1737	1747	1755	1788
莆田	2346	2513	2576	2585	2621	2674	2693	2782	2792	2831	2797
齐齐哈尔	816	817	817	853	923	961	974	980	992	993	1003
衢州	857	911	911	976	1015	1048	1055	1078	1193	1248	1265
泉州	6176	6360	6515	6633	6833	6961	7111	7237	7353	7484	7601
三明	1506	1530	1572	1622	1709	1752	1837	1849	1869	1891	1887
汕头	2544	2668	2723	2772	2933	2953	3018	3115	3294	3391	3418
绍兴	4116	4353	4429	4593	4645	4704	4836	4935	4974	5086	5170
泰州	1776	1820	1840	1901	2014	2050	2078	2085	2119	2142	2220
唐山	2737	3068	2947	3014	3509	3497	3696	3762	3748	3816	3894
铜陵	996	1000	1013	1043	1052	1101	1101	1069	1139	1151	1165
威海	2978	3146	3188	3278	3360	3333	3390	3438	3472	3522	3577
新乡	2026	2069	2135	2201	2485	2507	2548	2592	2650	2742	2836
宣城	1698	1733	1789	1830	1892	1923	1972	1988	2025	2034	2079
宜宾	2057	2143	2194	2266	2309	2326	2411	2470	2535	2569	2659
岳阳	2258	2356	2438	2317	2532	2558	2605	2689	2778	2800	2887
漳州	4027	4079	4170	4254	4320	4351	4459	4522	4571	4605	4629
中山	3647	3720	3863	3915	3982	4068	4101	4217	4290	–	4343
珠海	3635	3741	3740	3792	3811	3813	3856	3870	3893	3946	4010

数据来源：国家统计局。

3-18 2021年全国部分重点城市商品房新开工面积

单位：万平方米

地区	1~2月	1~3月	1~4月	1~5月	1~6月	1~7月	1~8月	1~9月	1~10月	1~11月	1~12月
一线城市											
北京	84	374	497	721	909	1153	1227	1318	1429	1658	1896
上海	277	445	806	1250	1709	2014	2277	2744	3045	3329	3846
广州	143	349	446	–	–	–	–	–	–	–	–
深圳	115	115	157	–	–	–	–	–	–	–	–
二线城市											
重庆	599	1099	1586	2005	2489	2820	3363	3867	4146	4527	4873
贵阳	111	316	375	–	–	–	–	–	–	–	–
海口	30	84	124	142	147	155	182	198	226	277	311
杭州	85	122	229	481	828	1075	1451	1610	1876	2207	2447
合肥	148	238	343	677	844	972	1026	1127	1247	1591	1825
南京	262	489	696	906	1102	1228	1330	1479	1620	1755	1958
南宁	247	431	496	–	913	–	–	1151	–	–	1364
青岛	162	335	511	728	1109	1271	1445	1661	1759	1959	2180
三亚	27	55	57	55	89	109	120	156	192	200	218
沈阳	67	323	530	–	–	1071	1136	1301	1386	1404	–
苏州	371	672	908	1071	1409	1763	1973	2214	2319	2529	2728
天津	107	351	479	781	873	1012	1149	1508	1621	1787	1885
温州	89	181	311	–	–	–	–	–	–	–	–
无锡	149	313	491	–	–	–	–	–	–	–	–
银川	23	92	217	339	529	–	–	790	817	–	945
郑州	190	493	827	1220	1911	2136	2341	2616	–	–	–
三四线城市											
北海	22	39	79	–	–	–	–	–	–	–	–
滁州	114	262	337	414	533	637	736	815	876	985	1018
佛山	159	201	328	457	690	788	896	1022	1083	1186	1266
阜阳	201	286	447	–	–	–	–	–	–	–	–
淮北	74	112	166	218	276	306	323	360	394	416	420
淮南	52	72	101	–	–	–	–	–	–	–	–
黄山	35	75	89	124	133	140	151	156	170	198	210
惠州	288	474	699	–	–	–	–	–	–	–	–
济宁	81	241	435	–	–	–	–	–	–	–	–
嘉兴	105	169	260	433	651	742	806	951	1043	1205	1293

3-18　续表 1　　　　单位：万平方米

地区	1~2 月	1~3 月	1~4 月	1~5 月	1~6 月	1~7 月	1~8 月	1~9 月	1~10 月	1~11 月	1~12 月
丽水	30	141	152	207	260	326	387	413	452	511	501
临沂	142	362	471	663	922	1136	1258	1433	1549	1659	1799
龙岩	41	103	134	203	238	260	317	356	384	417	429
南平	12	86	107	152	191	218	247	281	295	312	329
宁德	70	129	157	162	225	266	302	309	318	327	367
莆田	58	223	285	294	330	384	402	492	501	540	549
齐齐哈尔	–	1	1	37	107	144	157	163	175	175	186
衢州	40	66	66	125	158	211	237	241	304	344	–
泉州	117	326	444	–	–	–	–	–	–	–	–
三明	30	50	88	130	216	259	345	356	376	398	412
汕头	33	141	195	245	406	426	475	573	751	850	885
绍兴	71	241	313	477	540	602	741	840	879	987	1074
泰州	56	115	135	195	266	305	326	362	396	419	497
唐山	12	67	223	–	–	–	–	–	–	–	–
铜陵	38	43	53	83	92	141	141	127	154	166	180
威海	28	193	225	–	–	–	–	–	–	–	–
新乡	83	125	192	258	387	410	451	494	555	647	726
宣城	46	83	125	166	228	259	308	324	361	371	415
宜宾	87	173	225	–	–	–	–	–	–	–	–
岳阳	43	72	155	162	249	297	343	428	517	538	630
漳州	120	184	263	–	–	–	–	–	–	–	–
中山	55	125	179	–	–	–	–	–	–	–	–
珠海	31	144	174	–	–	–	–	–	–	–	–

数据来源：国家统计局。

3-19 2021年全国部分重点城市商品房竣工面积

单位：万平方米

地区	1~2月	1~3月	1~4月	1~5月	1~6月	1~7月	1~8月	1~9月	1~10月	1~11月	1~12月
一线城市											
北京	255	320	389	415	589	681	748	759	868	1176	1984
上海	185	331	461	1117	1354	1635	1701	1871	1994	2324	2740
广州	149	188	207	223	289	314	326	413	423	581	1093
深圳	31	46	82	154	281	290	318	323	342	380	675
二线城市											
重庆	929	1196	1397	1619	1983	2213	2439	2633	2767	3301	4196
贵阳	15	15	15	28	38	63	63	85	85	85	349
海口	78	33	39	41	41	54	54	54	54	146	189
杭州	93	177	295	422	754	845	934	975	1102	1198	1373
合肥	261	391	283	323	398	445	507	564	650	1340	1897
南京	214	220	292	305	380	410	517	546	590	661	1136
南宁	85	211	217	–	253	–	–	298	–	–	977
青岛	171	245	314	352	427	455	535	570	587	818	1657
三亚	24	24	24	24	24	31	31	31	31	31	89
沈阳	105	179	371	–	–	–	–	–	–	–	–
苏州	277	352	357	471	611	660	729	717	775	819	1239
天津	195	330	353	394	556	668	739	932	1069	1240	1893
温州	47	47	77	–	–	–	–	–	–	–	–
无锡	127	375	394	419	471	521	556	591	756	799	1037
银川	17	17	25	59	110	147	204	220	247	439	666
郑州	140	193	241	258	551	563	605	637	–	–	–
三四线城市											
北海	19	26	29	–	–	–	–	–	–	–	–
滁州	64	91	107	155	182	185	211	216	249	317	642
佛山	85	116	120	177	218	223	245	245	262	290	433
阜阳	129	153	160	–	–	–	–	–	–	–	–
淮北	19	38	38	38	40	44	45	58	61	62	62
淮南	3	3	3	3	25	25	33	33	33	49	106
黄山	44	52	53	54	59	66	68	78	91	118	131
惠州	142	192	210	305	346	409	434	453	507	551	767
济宁	42	66	72	82	99	101	111	130	134	238	773
嘉兴	68	169	220	237	291	331	337	356	391	440	620

3-19　续表 1　　单位：万平方米

地区	1~2 月	1~3 月	1~4 月	1~5 月	1~6 月	1~7 月	1~8 月	1~9 月	1~10 月	1~11 月	1~12 月
丽水	37	40	54	54	59	77	81	81	127	145	159
临沂	97	112	116	134	184	208	255	316	338	545	1016
龙岩	65	65	66	78	88	93	140	153	173	200	322
南平	28	60	67	67	91	98	98	103	120	155	197
宁德	4	18	25	52	61	61	66	66	71	80	157
莆田	46	59	73	82	88	114	133	133	156	157	196
齐齐哈尔	–	36	53	54	67	68	72	88	100	104	106
衢州	10	10	10	13	9	37	31	45	54	70	83
泉州	218	305	334	341	428	476	566	598	636	688	1080
三明	81	100	101	101	114	136	136	136	136	159	210
汕头	19	69	69	92	95	105	173	203	247	280	321
绍兴	117	146	159	–	–	–	–	–	–	–	–
泰州	48	59	64	64	66	79	89	97	119	147	222
唐山	16	56	76	74	85	97	133	143	146	152	287
铜陵	13	36	52	52	77	89	118	118	151	151	206
威海	76	125	125	136	286	303	351	399	437	503	736
新乡	30	47	57	64	111	118	122	129	131	160	319
宣城	23	68	85	96	101	117	119	127	152	153	296
宜宾	52	67	76	76	93	93	105	145	145	155	248
岳阳	37	46	52	64	93	100	110	137	147	171	242
漳州	162	195	195	209	272	278	359	379	430	525	594
中山	35	96	120	121	154	182	203	209	214	–	349
珠海	49	50	82	93	99	128	132	145	160	219	317

数据来源：国家统计局。

3-20 2021年全国部分重点城市商品房销售面积

单位：万平方米

地区	1~2月	1~3月	1~4月	1~5月	1~6月	1~7月	1~8月	1~9月	1~10月	1~11月	1~12月
一线城市											
北京	119	217	298	379	489	604	675	777	862	938	1107
上海	236	396	513	600	833	976	1093	1291	1471	1590	1880
广州	216	383	519	667	847	954	1051	1217	1335	1503	1736
深圳	115	189	253	302	360	419	467	541	608	685	821
二线城市											
重庆	642	1385	1891	2544	3355	3789	4155	4764	5139	5537	6198
贵阳	112	228	315	391	507	582	654	734	964	1168	1425
海口	50	82	109	137	183	236	278	317	349	416	485
杭州	297	516	732	967	1217	1399	1565	1739	1873	2058	2236
合肥	200	389	552	690	891	1022	1149	1366	1498	1664	1837
南京	152	293	439	593	813	889	962	1121	1202	1317	1511
南宁	142	305	392	522	765	842	917	1118	1207	1277	1494
青岛	92	286	446	637	899	1027	1143	1298	1398	1497	1645
三亚	11	20	30	41	54	66	75	82	94	97	127
沈阳	101	201	295	382	546	645	–	–	–	–	–
苏州	295	501	728	981	1248	1449	1608	1810	1944	2091	2275
天津	111	255	388	529	714	832	964	1069	1183	1301	1435
温州	97	219	297	418	599	620	688	777	802	850	886
无锡	101	287	399	614	865	959	1051	1163	1239	1353	1551
银川	71	128	183	249	317	371	413	463	511	558	642
郑州	151	423	711	1000	1450	1619	1687	1924	2056	2257	2699
三四线城市											
北海	25	69	95	119	170	181	196	249	261	279	315
滁州	115	218	323	500	790	870	959	1042	1113	1198	1295
佛山	210	430	636	822	1001	1210	1342	1479	1618	1776	1963
阜阳	125	255	335	429	563	657	736	856	939	1020	1128
淮北	34	59	75	113	136	159	183	216	236	256	281
淮南	43	71	99	133	160	184	214	223	242	267	306
黄山	24	45	56	76	107	116	129	153	162	185	210
惠州	195	356	496	642	822	920	1010	1146	1285	1491	1620
济宁	103	251	347	441	597	703	768	932	1014	1097	1231
嘉兴	150	304	417	524	683	726	773	828	853	882	932

3-20 续表 1

单位：万平方米

地区	1~2 月	1~3 月	1~4 月	1~5 月	1~6 月	1~7 月	1~8 月	1~9 月	1~10 月	1~11 月	1~12 月
丽水	51	107	134	178	212	231	258	277	299	321	332
临沂	121	259	393	555	710	819	961	1147	1267	1432	1623
龙岩	37	93	123	161	205	226	251	276	295	320	361
南平	32	68	104	173	206	226	242	263	279	333	384
宁德	40	86	118	146	178	219	255	285	305	321	358
莆田	72	171	208	248	315	346	370	390	411	443	480
齐齐哈尔	4	11	22	34	47	58	73	88	99	110	127
衢州	30	63	63	97	136	146	158	169	180	191	205
泉州	182	379	480	626	816	952	1057	1191	1307	1439	1611
三明	39	91	117	148	195	225	249	274	293	317	354
汕头	41	74	112	160	228	283	338	422	448	468	502
绍兴	138	304	468	605	766	810	847	900	952	1025	1122
泰州	106	197	281	358	478	552	600	695	748	831	982
唐山	31	88	127	188	269	295	363	425	448	510	582
铜陵	34	96	110	126	164	178	196	221	246	256	283
威海	55	92	134	172	230	263	297	356	390	438	518
新乡	58	112	154	214	325	369	421	477	528	630	735
宣城	44	100	137	180	250	296	333	372	398	429	468
宜宾	83	189	240	296	359	405	456	523	590	696	774
岳阳	48	94	135	172	265	309	347	411	461	497	562
漳州	84	152	214	286	383	438	482	547	592	642	696
中山	88	147	212	268	326	374	425	467	504	551	602
珠海	62	132	189	240	300	331	358	393	429	463	496

数据来源：国家统计局。

3-21 2021年全国部分重点城市房地产开发投资额

单位：亿元

地区	1~2月	1~3月	1~4月	1~5月	1~6月	1~7月	1~8月	1~9月	1~10月	1~11月	1~12月
一线城市											
北京	386	773	1092	1507	2043	2448	2814	3233	3558	3913	4139
上海	740	1072	1430	1824	2245	2669	3110	3570	4033	4499	5035
广州	378	652	882	1180	1663	2006	2364	2740	3054	3380	3626
深圳	326	499	788	1042	1304	1559	1809	2101	2393	2702	3013
二线城市											
重庆	443	882	1268	1664	2167	2475	2844	3291	3547	3958	4355
贵阳	140	291	379	–	–	–	–	–	–	–	–
海口	44	105	141	177	216	246	283	318	347	399	452
杭州	390	686	975	1308	1763	2054	2387	2734	3061	3370	3628
合肥	187	296	439	612	775	919	1062	1195	1286	1374	1466
南京	343	643	954	1280	1557	1725	1937	2181	2377	2592	2720
南宁	147	307	413	512	736	845	–	1041	1133	1250	1360
青岛	123	297	473	696	1021	1183	1349	1502	1650	1834	1982
三亚	37	71	95	119	158	185	209	253	305	340	383
沈阳	64	196	349	–	–	783	908	1043	1128	1183	–
苏州	371	710	961	1213	1570	1856	2085	2351	2599	2828	2870
天津	243	622	887	1207	1611	1839	2033	2281	2445	2624	2770
温州	146	263	411	546	712	838	963	1075	1184	1363	1441
无锡	141	326	469	607	781	958	1084	1224	1339	1467	1568
银川	9	38	73	108	161	197	219	247	272	307	326
郑州	246	572	845	–	1543	–	–	2299	2549	2791	3089
三四线城市											
北海	18	29	42	58	88	93	–	120	128	135	145
滁州	56	119	171	233	297	359	421	481	527	565	588
佛山	181	427	587	816	1063	1290	1533	1761	1968	2179	2343
阜阳	96	189	293	394	486	571	655	742	820	868	945
淮北	18	39	58	83	115	140	162	186	209	230	238
淮南	23	44	69	94	129	154	180	197	227	246	271
黄山	20	47	65	86	106	119	134	150	164	179	193
惠州	154	270	371	479	621	724	835	981	1087	1215	1323
济宁	51	126	174	246	287	346	401	462	536	571	585
嘉兴	144	214	295	409	530	617	714	832	921	1013	1060

3-21　续表 1　　单位：亿元

地区	1~2 月	1~3 月	1~4 月	1~5 月	1~6 月	1~7 月	1~8 月	1~9 月	1~10 月	1~11 月	1~12 月
丽水	31	62	94	120	144	180	206	245	273	305	332
临沂	72	151	211	274	343	395	447	520	582	646	704
龙岩	22	55	69	94	117	138	163	202	222	239	251
南平	16	38	52	68	91	107	120	143	169	205	232
宁德	37	66	83	101	137	164	190	219	240	259	275
莆田	56	128	161	200	243	280	302	321	350	385	409
齐齐哈尔	0.05	2	6	14	34	45	51	60	66	70	71
衢州	28	50	74	90	116	133	145	167	198	228	254
泉州	95	201	285	375	489	556	618	719	801	883	963
三明	26	43	54	–	–	–	–	–	–	–	–
汕头	33	80	121	159	223	274	323	400	452	464	485
绍兴	107	191	309	382	486	585	679	787	887	986	1027
泰州	61	91	126	164	205	214	236	267	295	320	354
唐山	32	83	157	–	–	–	–	–	–	–	–
铜陵	17	36	53	69	87	99	111	121	140	155	167
威海	36	73	106	138	177	213	243	282	316	355	382
新乡	31	70	102	147	196	204	236	266	304	342	371
宣城	19	53	810271	114	147	176	207	236	256	278	297
宜宾	54	89	123	147	191	227	263	297	–	–	–
岳阳	26	47	68	85	108	125	146	169	192	215	237
漳州	96	188	260	–	–	–	462	512	543	574	586
中山	73	111	157	199	245	282	328	408	450	485	520
珠海	127	248	324	452	621	722	820	911	1006	1114	1162

数据来源：国家统计局。

3-22　2021年全国部分重点城市商品房销售额

单位：亿元

地区	1~2月	1~3月	1~4月	1~5月	1~6月	1~7月	1~8月	1~9月	1~10月	1~11月	1~12月
一线城市											
北京	451	870	1236	1560	2070	2527	2812	3251	3545	3841	4486
上海	1163	1697	2033	2424	3249	3832	4348	4866	5416	5906	6789
广州	623	1118	1509	–	–	–	–	–	–	–	–
深圳	720	1202	1534	–	–	–	–	–	–	–	–
二线城市											
重庆	494	1183	1632	2284	3031	3432	3754	4266	4540	4896	5391
贵阳	107	212	296	357	466	525	590	659	863	1040	1296
海口	85	142	188	235	313	397	465	521	572	679	767
杭州	850	1474	2079	2763	3473	4003	4495	5028	5450	6051	6589
合肥	291	561	809	1008	1285	1476	1640	1928	2084	2255	2458
南京	428	777	1178	1564	2152	2352	2540	3014	3224	3540	4064
南宁	132	279	361	483	666	739	806	928	1004	1066	1240
青岛	128	408	629	896	1275	1449	1612	1815	1943	2079	2267
三亚	35	62	93	138	176	216	249	275	302	312	397
沈阳	117	238	352	–	–	–	–	–	–	–	–
苏州	619	1038	1494	–	–	–	–	–	–	–	–
天津	193	423	649	893	1185	1380	1585	1752	1934	2100	2323
温州	184	406	549	–	–	–	–	–	–	–	–
无锡	178	492	685	–	–	–	–	–	–	–	–
银川	51	92	134	189	251	295	324	358	392	434	491
郑州	168	445	748	1051	1467	1650	1730	1964	–	–	–
三四线城市											
北海	16	44	61	77	110	116	125	150	156	167	185
滁州	78	148	218	315	439	494	549	603	642	683	733
佛山	339	637	961	–	–	–	–	–	–	–	–
阜阳	88	176	234	297	385	445	495	568	623	678	742
淮北	23	41	55	82	98	114	132	158	171	184	200
淮南	28	45	64	85	102	116	135	142	153	169	192
黄山	16	30	39	56	81	87	97	113	119	136	157
惠州	241	442	609	780	999	1118	1232	1386	1551	1779	1932
济宁	74	172	251	316	416	489	538	651	707	762	859
嘉兴	230	452	611	787	1031	1109	1174	1258	1298	1338	1404

3-22　续表 1

单位：亿元

地区	1~2 月	1~3 月	1~4 月	1~5 月	1~6 月	1~7 月	1~8 月	1~9 月	1~10 月	1~11 月	1~12 月
丽水	90	170	209	276	319	342	375	403	443	475	498
临沂	100	206	315	445	573	666	774	–	–	–	–
龙岩	31	81	109	145	186	204	224	241	254	271	295
南平	25	48	73	116	139	155	169	183	196	233	266
宁德	37	75	104	130	159	200	239	271	291	307	336
莆田	59	154	194	239	298	327	352	375	395	437	472
齐齐哈尔	2	6	13	20	27	33	41	48	55	61	67
衢州	42	100	100	151	211	226	246	264	281	299	322
泉州	172	345	432	–	–	–	–	–	–	–	–
三明	36	75	94	118	156	182	200	221	235	257	293
汕头	41	76	113	158	225	281	335	414	439	458	514
绍兴	206	469	723	924	1162	1223	1278	1384	1463	1595	1734
泰州	106	186	280	356	491	566	615	701	740	798	926
唐山	22	67	97	150	217	244	291	341	359	409	474
铜陵	19	48	57	–	–	–	–	–	–	–	–
威海	42	72	102	–	–	–	–	–	–	–	–
新乡	33	72	88	122	188	214	246	286	308	371	432
宣城	29	67	91	121	165	197	222	247	263	283	306
宜宾	56	122	158	–	–	–	–	–	–	–	–
岳阳	29	57	81	104	159	187	208	244	270	285	319
漳州	83	150	216	291	385	433	477	535	576	619	664
中山	106	182	265	342	424	487	546	594	642	–	738
珠海	153	329	483	–	–	–	–	–	–	–	–

数据来源：国家统计局。

第四章

2020年第七次全国人口普查数据

4-1　全国各地/各地城市户数

单位：户

地区	合计	城市_合计	家庭户	城市_家庭户	集体户	城市_集体户	平均家庭户规模（人/户）	城市_平均家庭户规模（人/户）
全国	522689264	221320851	494157423	202764700	28531841	18556151	2.62	2.49
北京	9137928	7439664	8230792	6690435	907136	749229	2.31	2.30
天津	5464620	4376812	4867116	3849509	597504	527303	2.40	2.34
河北	26355634	8007995	25429609	7513689	926025	494306	2.75	2.63
山西	13384751	4981821	12746142	4616210	638609	365611	2.52	2.53
内蒙古	9974153	3836659	9483957	3586072	490196	250587	2.35	2.37
辽宁	18168393	11263547	17467111	10672010	701282	591537	2.29	2.19
吉林	9961655	4381757	9426822	4088980	534833	292777	2.34	2.25
黑龙江	13707216	6282686	13024687	5814838	682529	467848	2.22	2.13
上海	10466847	8165874	9644628	7521925	822219	643949	2.32	2.38
江苏	31922656	15073781	29910849	13771191	2011807	1302590	2.60	2.60
浙江	26880850	13813994	25008606	12575815	1872244	1238179	2.35	2.34
安徽	22888078	6125474	21910377	5663611	977701	461863	2.61	2.58
福建	15306514	6519000	14371078	5951707	935436	567293	2.68	2.57
江西	14791970	4414818	14072847	4042797	719123	372021	2.94	2.89
山东	37045463	14217381	35184241	13073475	1861222	1143906	2.70	2.71
河南	33224985	8770708	31782693	8130055	1442292	640653	2.86	2.78
湖北	21019329	8973972	19931045	8206395	1088284	767577	2.65	2.60
湖南	23892020	6765698	22878336	6185217	1013684	580481	2.67	2.60
广东	46691647	30821964	42469178	27382359	4222469	3439605	2.63	2.38
广西	16865333	5129446	16215014	4744710	650319	384736	2.87	2.69
海南	3200027	1290895	2961646	1148204	238381	142691	3.06	2.77
重庆	12627668	6083611	12040234	5652181	587434	431430	2.45	2.56
四川	32205094	11605081	30756120	10700636	1448974	904445	2.51	2.49
贵州	13265872	3522330	12696585	3252662	569287	269668	2.81	2.73
云南	15861557	4761268	15146831	4342471	714726	418797	2.88	2.42
西藏	1089496	328955	1014090	282848	75406	46107	3.19	2.06
陕西	14975672	6139042	14211344	5640394	764328	498648	2.53	2.39
甘肃	8769671	2731953	8422836	2551450	346835	180503	2.77	2.47
青海	2079275	837123	1965893	766028	113382	71095	2.79	2.43
宁夏	2661882	1155063	2535074	1084791	126808	70272	2.65	2.50
新疆	8803008	3502479	8351642	3262035	451366	240444	2.81	2.51

数据来源：国家统计局。

4-2 全国各地/各地城市人口数

单位：人

地区	合计	城市_合计	男	城市_男	女	城市_女	性别比（女=100）	城市_性别比（女=100）
全国	1409778724	575170855	721416394	291791475	688362330	283379380	104.80	102.97
北京	21893095	17751681	11195390	8937161	10697705	8814520	104.65	101.39
天津	13866009	10933092	7144949	5610161	6721060	5322931	106.31	105.40
河北	74610235	22129595	37679003	11010407	36931232	11119188	102.02	99.02
山西	34915616	13197637	17805148	6588788	17110468	6608849	104.06	99.70
内蒙古	24049155	9446419	12275274	4714495	11773881	4731924	104.26	99.63
辽宁	42591407	25572477	21263529	12626419	21327878	12946058	99.70	97.53
吉林	24073453	10291703	12018319	5028946	12055134	5262757	99.69	95.56
黑龙江	31850088	14439398	15952468	7113464	15897620	7325934	100.35	97.10
上海	24870895	19873080	12875211	10113562	11995684	9759518	107.33	103.63
江苏	84748016	40269267	43031586	20382260	41716430	19887007	103.15	102.49
浙江	64567588	33083792	33680008	17165183	30887580	15918609	109.04	107.83
安徽	61027171	16329087	31103394	8142601	29923777	8186486	103.94	99.46
福建	41540086	17105023	21466757	8780310	20073329	8324713	106.94	105.47
江西	45188635	13560075	23318533	6906564	21870102	6653511	106.62	103.80
山东	101527453	39456975	51432931	19843195	50094522	19613780	102.67	101.17
河南	99365519	25973215	49832349	12913127	49533170	13060088	100.60	98.87
湖北	57752557	24657421	29694718	12494860	28057839	12162561	105.83	102.73
湖南	66444864	18916669	33995673	9472504	32449191	9444165	104.77	100.30
广东	126012510	76387659	66873646	40817255	59138864	35570404	113.08	114.75
广西	50126804	14787980	25916169	7458144	24210635	7329836	107.04	101.75
海南	10081232	3761478	5345081	1967828	4736151	1793650	112.86	109.71
重庆	32054159	16343989	16202133	8083520	15852026	8260469	102.21	97.86
四川	83674866	30431679	42289718	15030432	41385148	15401247	102.19	97.59
贵州	38562148	10126125	19705293	5086734	18856855	5039391	104.50	100.94
云南	47209277	12355559	24420924	6236029	22788353	6119530	107.16	101.90
西藏	3648100	835302	1913588	447902	1734512	387400	110.32	115.62
陕西	39528999	15656134	20226490	7925444	19302509	7730690	104.79	102.52
甘肃	25019831	7095181	12700948	3565095	12318883	3530086	103.10	100.99
青海	5923957	2124083	3033846	1081946	2890111	1042137	104.97	103.82
宁夏	7202654	2988589	3668938	1488244	3533716	1500345	103.83	99.19
新疆	25852345	9290491	13354380	4758895	12497965	4531596	106.85	105.02

数据来源：国家统计局。

4-3　全国各地 / 各地城市家庭户人口数

单位：人

地区	合计	城市＿合计	男	城市＿男	女	城市＿女	性别比（女 =100）	城市＿性别比（女 =100）
全国	1292809300	504276519	654052851	251510982	638756449	252765537	102.39	99.50
北京	19014338	15394356	9436296	7536552	9578042	7857804	98.52	95.91
天津	11668540	9011361	5829455	4465085	5839085	4546276	99.84	98.21
河北	69871266	19758196	35078326	9728026	34792940	10030170	100.82	96.99
山西	32138952	11678197	16184258	5771407	15954694	5906790	101.44	97.71
内蒙古	22296184	8500366	11229242	4196041	11066942	4304325	101.47	97.48
辽宁	39914651	23359821	19800387	11419772	20114264	11940049	98.44	95.64
吉林	22103381	9214553	10995039	4464035	11108342	4750518	98.98	93.97
黑龙江	28934500	12381218	14424561	6049161	14509939	6332057	99.41	95.53
上海	22347586	17884745	11244075	8863108	11103511	9021637	101.27	98.24
江苏	77644026	35793195	38754626	17715592	38889400	18077603	99.65	98.00
浙江	58830838	29377913	30143079	14950458	28687759	14427455	105.07	103.63
安徽	57272157	14638587	28929853	7210026	28342304	7428561	102.07	97.06
福建	38462277	15270274	19624877	7711168	18837400	7559106	104.18	102.01
江西	41329294	11671059	21164113	5880515	20165181	5790544	104.95	101.55
山东	94868062	35429499	47675937	17610241	47192125	17819258	101.03	98.83
河南	90744073	22621633	45213105	11147027	45530968	11474606	99.30	97.15
湖北	52773775	21345951	26844608	10622692	25929167	10723259	103.53	99.06
湖南	61121055	16098951	31103853	7964959	30017202	8133992	103.62	97.92
广东	111671837	65293291	58021641	33952063	53650196	31341228	108.15	108.33
广西	46498718	12779710	23974087	6415579	22524631	6364131	106.43	100.81
海南	9060930	3185994	4759294	1637928	4301636	1548066	110.64	105.80
重庆	29477069	14465156	14744701	7048937	14732368	7416219	100.08	95.05
四川	77093057	26634361	38672981	12980496	38420076	13653865	100.66	95.07
贵州	35719520	8868313	18195997	4435200	17523523	4433113	103.84	100.05
云南	43695762	10504649	22435081	5249393	21260681	5255256	105.52	99.89
西藏	3237287	581692	1660644	300225	1576643	281467	105.33	106.66
陕西	35975425	13481831	18199386	6720981	17776039	6760850	102.38	99.41
甘肃	23345176	6302326	11746896	3132819	11598280	3169507	101.28	98.84
青海	5493942	1861075	2777444	928280	2716498	932795	102.24	99.52
宁夏	6709343	2716247	3381503	1342020	3327840	1374227	101.61	97.66
新疆	23496279	8171999	11807506	4061196	11688773	4110803	101.02	98.79

数据来源：国家统计局。

4-4 全国各地 / 各地城市集体户人口数

单位：人

地区	合计	城市＿合计	男	城市＿男	女	城市＿女	性别比（女 =100）	城市＿性别比（女 =100）
全国	116969424	70894336	67363543	40280493	49605881	30613843	135.80	131.58
北京	2878757	2357325	1759094	1400609	1119663	956716	157.11	146.40
天津	2197469	1921731	1315494	1145076	881975	776655	149.15	147.44
河北	4738969	2371399	2600677	1282381	2138292	1089018	121.62	117.76
山西	2776664	1519440	1620890	817381	1155774	702059	140.24	116.43
内蒙古	1752971	946053	1046032	518454	706939	427599	147.97	121.25
辽宁	2676756	2212656	1463142	1206647	1213614	1006009	120.56	119.94
吉林	1970072	1077150	1023280	564911	946792	512239	108.08	110.28
黑龙江	2915588	2058180	1527907	1064303	1387681	993877	110.11	107.09
上海	2523309	1988335	1631136	1250454	892173	737881	182.83	169.47
江苏	7103990	4476072	4276960	2666668	2827030	1809404	151.29	147.38
浙江	5736750	3705879	3536929	2214725	2199821	1491154	160.78	148.52
安徽	3755014	1690500	2173541	932575	1581473	757925	137.44	123.04
福建	3077809	1834749	1841880	1069142	1235929	765607	149.03	139.65
江西	3859341	1889016	2154420	1026049	1704921	862967	126.36	118.90
山东	6659391	4027476	3756994	2232954	2902397	1794522	129.44	124.43
河南	8621446	3351582	4619244	1766100	4002202	1585482	115.42	111.39
湖北	4978782	3311470	2850110	1872168	2128672	1439302	133.89	130.07
湖南	5323809	2817718	2891820	1507545	2431989	1310173	118.91	115.06
广东	14340673	11094368	8852005	6865192	5488668	4229176	161.28	162.33
广西	3628086	2008270	1942082	1042565	1686004	965705	115.19	107.96
海南	1020302	575484	585787	329900	434515	245584	134.81	134.33
重庆	2577090	1878833	1457432	1034583	1119658	844250	130.17	122.54
四川	6581809	3797318	3616737	2049936	2965072	1747382	121.98	117.31
贵州	2842628	1257812	1509296	651534	1333332	606278	113.20	107.46
云南	3513515	1850910	1985843	986636	1527672	864274	129.99	114.16
西藏	410813	253610	252944	147677	157869	105933	160.22	139.41
陕西	3553574	2174303	2027104	1204463	1526470	969840	132.80	124.19
甘肃	1674655	792855	954052	432276	720603	360579	132.40	119.88
青海	430015	263008	256402	153666	173613	109342	147.69	140.54
宁夏	493311	272342	287435	146224	205876	126118	139.62	115.94
新疆	2356066	1118492	1546874	697699	809192	420793	191.16	165.81

数据来源：国家统计局。

4–5　全国各地 / 各地城市户口登记状况

单位：人

分类	地区	合计	城市_合计	男	城市_男	女	城市_女
居住本乡、镇、街道，户口在本乡、镇、街道	全国	909355782	248426191	461560857	122739171	447794925	125687020
	北京	8277744	6275250	4118314	3098157	4159430	3177093
	天津	7310748	5029950	3652601	2485716	3658147	2544234
	河北	54629087	11210506	27644247	5536437	26984840	5674069
	山西	21916766	5735049	11093415	2834874	10823351	2900175
	内蒙古	12500329	3251673	6371165	1602456	6129164	1649217
	辽宁	26642879	12753695	13367516	6251852	13275363	6501843
	吉林	13265835	3868137	6756383	1900344	6509452	1967793
	黑龙江	20048102	7393602	10106942	3613497	9941160	3780105
	上海	9520384	7600736	4740065	3782215	4780319	3818521
	江苏	54425819	20763164	27053201	10199462	27372618	10563702
	浙江	33789547	13391204	16907513	6578120	16882034	6813084
	安徽	42641509	7150743	21858266	3564700	20783243	3586043
	福建	24314795	6666795	12260613	3256617	12054182	3410178
	江西	31481837	6177541	16219487	3097643	15262350	3079898
	山东	73129703	20662857	36813787	10223100	36315916	10439757
	河南	73422951	12824633	36673897	6324303	36749054	6500330
	湖北	39068462	11143394	20158777	5618676	18909685	5524718
	湖南	48634947	8462242	25008720	4204243	23626227	4257999
	广东	64370531	26193433	32652666	12984770	31717865	13208663
	广西	36614566	6247394	19102481	3113150	17512085	3134244
	海南	6531174	1413288	3470683	724720	3060491	688568
	重庆	18879708	6254716	9613722	3060248	9265986	3194468
	四川	55583401	12390184	28317964	6057352	27265437	6332832
	贵州	26709127	3895407	13796512	1949858	12912615	1945549
	云南	34771204	5208070	17955234	2566579	16815970	2641491
	西藏	2597456	266323	1311594	132034	1285862	134289
	陕西	26145959	6979934	13248734	3433348	12897225	3546586
	甘肃	17603083	3041512	8887928	1507874	8715155	1533638
	青海	3827791	896868	1928036	436774	1899755	460094
	宁夏	3820865	1207925	1919323	584104	1901542	623821
	新疆	16879473	4069966	8551071	2015948	8328402	2054018

4-5 续表1

单位：人

分类	地区	合计	城市_合计	男	城市_男	女	城市_女
居住本乡、镇、街道，户口在外乡、镇、街道，离开户口登记地半年以上	全国	492762506	323487793	255896268	167434625	236866238	156053168
	北京	13409576	11286299	6977849	5748420	6431727	5537879
	天津	6479695	5834438	3455513	3091170	3024182	2743268
	河北	19775641	10852189	9923785	5439074	9851856	5413115
	山西	12891174	7413064	6655644	3728882	6235530	3684182
	内蒙古	11462961	6154293	5858767	3090865	5604194	3063428
	辽宁	15670121	12651030	7760506	6296748	7909615	6354282
	吉林	10350683	6258092	5033163	3050432	5317520	3207660
	黑龙江	11549584	6990445	5721373	3473151	5828211	3517294
	上海	15134258	12075336	8036541	6242148	7097717	5833188
	江苏	29979948	19322446	15793646	10089794	14186302	9232652
	浙江	30107815	19454456	16424000	10466564	13683815	8987892
	安徽	18099918	9113788	9098260	4545344	9001658	4568444
	福建	16464611	10206105	8798376	5405660	7666235	4800445
	江西	13520934	7327320	7004148	3782878	6516786	3544442
	山东	28026762	18632571	14417484	9537089	13609278	9095482
	河南	25639605	13054477	12993565	6541805	12646040	6512672
	湖北	18476561	13425245	9425843	6830865	9050718	6594380
	湖南	17575847	10384897	8865460	5232988	8710387	5151909
	广东	60635086	49618272	33711847	27539974	26923239	22078298
	广西	13238781	8451951	6678931	4301682	6559850	4150269
	海南	3498161	2330637	1849608	1233943	1648553	1096694
	重庆	13096435	10053333	6549022	5006151	6547413	5047182
	四川	27823204	17952455	13828619	8928543	13994585	9023912
	贵州	11694763	6179364	5828497	3111466	5866266	3067898
	云南	12209314	7090798	6342780	3640070	5866534	3450728
	西藏	1031132	564530	591209	313313	439923	251217
	陕西	13267095	8617180	6913899	4461443	6353196	4155737
	甘肃	7352465	4027986	3779111	2044714	3573354	1983272
	青海	2070660	1217443	1092431	640006	978229	577437
	宁夏	3362670	1771385	1739397	899390	1623273	871995
	新疆	8867046	5175968	4746994	2720053	4120052	2455915

4-5　续表 2

单位：人

分类	地区	合计	城市_合计	男	城市_男	女	城市_女
居住本乡、镇、街道，户口待定	全国	4030308	1727130	2042663	901971	1987645	825159
	北京	74458	62186	38844	31672	35614	30514
	天津	33553	29069	17806	15567	15747	13502
	河北	135403	42087	67322	23029	68081	19058
	山西	84391	36587	42598	18825	41793	17762
	内蒙古	61321	31074	32788	16840	28533	14234
	辽宁	50940	31889	26273	17201	24667	14688
	吉林	30954	15035	16131	7876	14823	7159
	黑龙江	46767	26199	24022	13511	22745	12688
	上海	51385	39543	26779	20688	24606	18855
	江苏	189316	100947	95576	52429	93740	48518
	浙江	180655	101906	93801	53294	86854	48612
	安徽	229538	43644	114115	22425	115423	21219
	福建	213777	78664	110254	41798	103523	36866
	江西	154915	44207	76496	20864	78419	23343
	山东	205941	88065	104244	46438	101697	41627
	河南	213066	62694	105210	31403	107856	31291
	湖北	150219	56952	78363	30546	71856	26406
	湖南	184557	54215	92920	28235	91637	25980
	广东	700586	415921	359835	218575	340751	197346
	广西	218258	69998	104686	36188	113572	33810
	海南	41684	15390	20729	8325	20955	7065
	重庆	51718	23354	25592	11911	26126	11443
	四川	182133	59905	90278	30662	91855	29243
	贵州	136087	45131	66527	22784	69560	22347
	云南	167066	47515	84454	25085	82612	22430
	西藏	19289	4414	10664	2541	8625	1873
	陕西	84341	44920	44829	24054	39512	20866
	甘肃	48263	17869	23953	8679	24310	9190
	青海	23004	8743	11862	4708	11142	4035
	宁夏	13287	5738	6909	3080	6378	2658
	新疆	53436	23269	28803	12738	24633	10531

4-5 续表 3

单位：人

分类	地区	合计	城市_合计	男	城市_男	女	城市_女
原住本乡、镇、街道，现在港澳台或国外工作学习	全国	3630128	1529741	1916606	715708	1713522	814033
	北京	131317	127946	60383	58912	70934	69034
	天津	42013	39635	19029	17708	22984	21927
	河北	70104	24813	43649	11867	26455	12946
	山西	23285	12937	13491	6207	9794	6730
	内蒙古	24544	9379	12554	4334	11990	5045
	辽宁	227467	135863	109234	60618	118233	75245
	吉林	425981	150439	212642	70294	213339	80145
	黑龙江	205635	29152	100131	13305	105504	15847
	上海	164868	157465	71826	68511	93042	88954
	江苏	152933	82710	89163	40575	63770	42135
	浙江	489571	136226	254694	67205	234877	69021
	安徽	56206	20912	32753	10132	23453	10780
	福建	546903	153459	297514	76235	249389	77224
	江西	30949	11007	18402	5179	12547	5828
	山东	165047	73482	97416	36568	67631	36914
	河南	89897	31411	59677	15616	30220	15795
	湖北	57315	31830	31735	14773	25580	17057
	湖南	49513	15315	28573	7038	20940	8277
	广东	306307	160033	149298	73936	157009	86097
	广西	55199	18637	30071	7124	25128	11513
	海南	10213	2163	4061	840	6152	1323
	重庆	26298	12586	13797	5210	12501	7376
	四川	86128	29135	52857	13875	33271	15260
	贵州	22171	6223	13757	2626	8414	3597
	云南	61693	9176	38456	4295	23237	4881
	西藏	223	35	121	14	102	21
	陕西	31604	14100	19028	6599	12576	7501
	甘肃	16020	7814	9956	3828	6064	3986
	青海	2502	1029	1517	458	985	571
	宁夏	5832	3541	3309	1670	2523	1871
	新疆	52390	21288	27512	10156	24878	11132

数据来源：国家统计局。

4-6　全国各地/各地城市户口登记地在外乡镇街道的人口状况

单位：人

分类	地区	合计	城市_合计	男	城市_男	女	城市_女
合计	全国	492762506	323487793	255896268	167434625	236866238	156053168
	北京	13409576	11286299	6977849	5748420	6431727	5537879
	天津	6479695	5834438	3455513	3091170	3024182	2743268
	河北	19775641	10852189	9923785	5439074	9851856	5413115
	山西	12891174	7413064	6655644	3728882	6235530	3684182
	内蒙古	11462961	6154293	5858767	3090865	5604194	3063428
	辽宁	15670121	12651030	7760506	6296748	7909615	6354282
	吉林	10350683	6258092	5033163	3050432	5317520	3207660
	黑龙江	11549584	6990445	5721373	3473151	5828211	3517294
	上海	15134258	12075336	8036541	6242148	7097717	5833188
	江苏	29979948	19322446	15793646	10089794	14186302	9232652
	浙江	30107815	19454456	16424000	10466564	13683815	8987892
	安徽	18099918	9113788	9098260	4545344	9001658	4568444
	福建	16464611	10206105	8798376	5405660	7666235	4800445
	江西	13520934	7327320	7004148	3782878	6516786	3544442
	山东	28026762	18632571	14417484	9537089	13609278	9095482
	河南	25639605	13054477	12993565	6541805	12646040	6512672
	湖北	18476561	13425245	9425843	6830865	9050718	6594380
	湖南	17575847	10384897	8865460	5232988	8710387	5151909
	广东	60635086	49618272	33711847	27539974	26923239	22078298
	广西	13238781	8451951	6678931	4301682	6559850	4150269
	海南	3498161	2330637	1849608	1233943	1648553	1096694
	重庆	13096435	10053333	6549022	5006151	6547413	5047182
	四川	27823204	17952455	13828619	8928543	13994585	9023912
	贵州	11694763	6179364	5828497	3111466	5866266	3067898
	云南	12209314	7090798	6342780	3640070	5866534	3450728
	西藏	1031132	564530	591209	313313	439923	251217
	陕西	13267095	8617180	6913899	4461443	6353196	4155737
	甘肃	7352465	4027986	3779111	2044714	3573354	1983272
	青海	2070660	1217443	1092431	640006	978229	577437
	宁夏	3362670	1771385	1739397	899390	1623273	871995
	新疆	8867046	5175968	4746994	2720053	4120052	2455915

4-6 续表 1

单位：人

分类	地区	合计	城市_合计	男	城市_男	女	城市_女
本县（市、区）	全国	188482738	104277143	92306229	51053975	96176509	53223168
	北京	2645576	2410697	1284195	1173681	1361381	1237016
	天津	1394231	1316014	675575	640039	718656	675975
	河北	9890013	4884412	4790490	2387889	5099523	2496523
	山西	6608356	3139613	3280826	1543713	3327530	1595900
	内蒙古	4777803	2103158	2342163	1025797	2435640	1077361
	辽宁	6179523	4657511	2997112	2273632	3182411	2383879
	吉林	4471973	2903253	2145764	1398610	2326209	1504643
	黑龙江	4984589	2681360	2423734	1312415	2560855	1368945
	上海	2407413	2210469	1160948	1062009	1246465	1148460
	江苏	9497224	6064771	4568261	2914524	4928963	3150247
	浙江	8144363	5062559	3964695	2459185	4179668	2603374
	安徽	8752125	3865139	4232237	1874523	4519888	1990616
	福建	5470570	2549491	2711061	1254548	2759509	1294943
	江西	8146687	3831396	4104830	1934753	4041857	1896643
	山东	13924684	8542799	6917532	4223327	7007152	4319472
	河南	13947671	6115172	6916312	3010695	7031359	3104477
	湖北	8353749	5559461	4136222	2751191	4217527	2808270
	湖南	8710949	4146296	4304709	2053597	4406240	2092699
	广东	9842695	6908534	4827451	3387888	5015244	3520646
	广西	5746470	2807712	2788598	1390355	2957872	1417357
	海南	1006606	617328	494216	309227	512390	308101
	重庆	6309328	4383704	3087032	2142898	3222296	2240806
	四川	11693450	6038060	5624103	2910982	6069347	3127078
	贵州	5672166	2216589	2754769	1087143	2917397	1129446
	云南	4466572	1836984	2163588	887986	2302984	948998
	西藏	253054	113110	127121	56107	125933	57003
	陕西	5970286	3010673	2971269	1492019	2999017	1518654
	甘肃	3864201	1826403	1883927	892251	1980274	934152
	青海	831098	332829	407452	161644	423646	171185
	宁夏	1484809	753153	735118	369451	749691	383702
	新疆	3034504	1388493	1484919	671896	1549585	716597

4-6　续表 2　　　　单位：人

分类	地区	合计	城市_合计	男	城市_男	女	城市_女
本省其他县（市、区）	全国	179442615	130890566	91900917	66326251	87541698	64564315
	北京	2345582	2095577	1148174	1019778	1197408	1075799
	天津	1550648	1483082	757929	724015	792719	759067
	河北	6730356	4306061	3368368	2134554	3361988	2171507
	山西	4662300	3278058	2378104	1606920	2284196	1671138
	内蒙古	4998738	3206711	2513708	1587113	2485030	1619598
	辽宁	6643290	5614422	3248628	2751423	3394662	2862999
	吉林	4877239	2776522	2374099	1347701	2503140	1428821
	黑龙江	5735819	3713201	2849420	1834415	2886399	1878786
	上海	2247193	2053136	1086502	984868	1160691	1068268
	江苏	10174114	7133954	5334244	3701031	4839870	3432923
	浙江	5776998	4509125	2989456	2293196	2787542	2215929
	安徽	7797284	4555390	3993526	2281272	3803758	2274118
	福建	6104165	4614980	3239196	2422295	2864969	2192685
	江西	4095233	2804533	2167783	1459745	1927450	1344788
	山东	9973071	7326000	5120476	3729438	4852595	3596562
	河南	10418288	6246994	5352011	3136562	5066277	3110432
	湖北	7873198	6210231	4066184	3177198	3807014	3033033
	湖南	7287335	5251827	3715317	2640027	3572018	2611800
	广东	21170281	17849756	11372715	9546476	9797566	8303280
	广西	6132927	4734648	3108714	2393317	3024213	2341331
	海南	1403412	1015914	711040	517204	692372	498710
	重庆	4593532	3918075	2291110	1930578	2302422	1987497
	四川	13539713	10121491	6791279	5032567	6748434	5088924
	贵州	4876051	3291273	2417274	1641577	2458777	1649696
	云南	5512348	3772839	2823353	1878420	2688995	1894419
	西藏	370957	221048	182547	105707	188410	115341
	陕西	5363097	4123184	2811278	2126430	2551819	1996754
	甘肃	2722616	1786592	1434808	911364	1287808	875228
	青海	822258	579711	422723	290661	399535	289050
	宁夏	1202742	645121	609520	316780	593222	328341
	新疆	2441830	1651110	1221431	803619	1220399	847491

4-6 续表 3

单位：人

分类	地区	合计	城市_合计	男	城市_男	女	城市_女
省外	全国	124837153	88320084	71689122	50054399	53148031	38265685
	北京	8418418	6780025	4545480	3554961	3872938	3225064
	天津	3534816	3035342	2022009	1727116	1512807	1308226
	河北	3155272	1661716	1764927	916631	1390345	745085
	山西	1620518	995393	996714	578249	623804	417144
	内蒙古	1686420	844424	1002896	477955	683524	366469
	辽宁	2847308	2379097	1514766	1271693	1332542	1107404
	吉林	1001471	578317	513300	304121	488171	274196
	黑龙江	829176	595884	448219	326321	380957	269563
	上海	10479652	7811731	5789091	4195271	4690561	3616460
	江苏	10308610	6123721	5891141	3474239	4417469	2649482
	浙江	16186454	9882772	9469849	5714183	6716605	4168589
	安徽	1550509	693259	872497	389549	678012	303710
	福建	4889876	3041634	2848119	1728817	2041757	1312817
	江西	1279014	691391	731535	388380	547479	303011
	山东	4129007	2763772	2379476	1584324	1749531	1179448
	河南	1273646	692311	725242	394548	548404	297763
	湖北	2249614	1655553	1223437	902476	1026177	753077
	湖南	1577563	986774	845434	539364	732129	447410
	广东	29622110	24859982	17511681	14605610	12110429	10254372
	广西	1359384	909591	781619	518010	577765	391581
	海南	1088143	697395	644352	407512	443791	289883
	重庆	2193575	1751554	1170880	932675	1022695	818879
	四川	2590041	1792904	1413237	984994	1176804	807910
	贵州	1146546	671502	656454	382746	490092	288756
	云南	2230394	1480975	1355839	873664	874555	607311
	西藏	407121	230372	281541	151499	125580	78873
	陕西	1933712	1483323	1131352	842994	802360	640329
	甘肃	765648	414991	460376	241099	305272	173892
	青海	417304	304903	262256	187701	155048	117202
	宁夏	675119	373111	394759	213159	280360	159952
	新疆	3390712	2136365	2040644	1244538	1350068	891827

数据来源：国家统计局。

4-7　全国各地/各地城市分年龄、性别的人口

单位：人

分类	地区	合计	男	女	城市_合计	城市_男	城市_女
0~14岁	全国	253383938	134593579	118790359	90209689	47871214	42338475
	北京	2591507	1347428	1244079	2152936	1119766	1033170
	天津	1868056	982798	885258	1436681	755366	681315
	河北	15088968	7987692	7101276	3988280	2098901	1889379
	山西	5709895	2947885	2762010	2217079	1145960	1071119
	内蒙古	3377673	1755715	1621958	1358017	703950	654067
	辽宁	4737939	2462505	2275434	2935576	1523326	1412250
	吉林	2818723	1462296	1356427	1215474	630935	584539
	黑龙江	3286466	1698587	1587879	1466864	757941	708923
	上海	2436296	1274548	1161748	2042937	1066753	976184
	江苏	12891948	6875004	6016944	5972581	3178819	2793762
	浙江	8681781	4610126	4071655	4580804	2433255	2147549
	安徽	11742682	6328307	5414375	2758303	1480567	1277736
	福建	8025225	4351341	3673884	3123545	1689224	1434321
	江西	9922364	5410062	4512302	2640883	1440732	1200151
	山东	19062638	10290814	8771824	7260188	3871156	3389032
	河南	22988954	12250009	10738945	5097033	2724438	2372595
	湖北	9420477	5093283	4327194	3670084	1978195	1691889
	湖南	12969522	6924049	6045473	3300381	1757625	1542756
	广东	23749882	12748616	11001266	12324718	6658889	5665829
	广西	11842501	6320997	5521504	2941099	1581728	1359371
	海南	2013725	1100562	913163	708678	392043	316635
	重庆	5098363	2661076	2437287	2446697	1268831	1177866
	四川	13471112	6991606	6479506	4298833	2226600	2072233
	贵州	9242038	4932335	4309703	2029252	1084826	944426
	云南	9237474	4819773	4417701	1943320	1010368	932952
	西藏	894865	456195	438670	118736	60855	57881
	陕西	6852205	3593653	3258552	2586339	1357905	1228434
	甘肃	4853543	2531993	2321550	1184435	622014	562421
	青海	1232956	635206	597750	334592	173335	161257
	宁夏	1468004	762583	705421	548284	286397	261887
	新疆	5806156	2986535	2819621	1527060	790514	736546

4-7 续表 1 单位：人

分类	地区	合计	男	女	城市_合计	城市_男	城市_女
15~34 岁	全国	363618337	190763416	172854921	175403645	90482346	84921299
	北京	6391776	3366799	3024977	5249278	2707333	2541945
	天津	3774122	2019301	1754821	3077471	1633757	1443714
	河北	17990585	9220755	8769830	6341648	3171234	3170414
	山西	9237865	4737027	4500838	3977327	1956823	2020504
	内蒙古	5561819	2889078	2672741	2631040	1323659	1307381
	辽宁	9204717	4736938	4467779	6175062	3133126	3041936
	吉林	5318824	2706864	2611960	2517594	1254454	1263140
	黑龙江	6825628	3513354	3312274	3479998	1753262	1726736
	上海	7171467	3858875	3312592	5749336	3024887	2724449
	江苏	21215731	11208773	10006958	11830213	6166933	5663280
	浙江	17479196	9442472	8036724	10485485	5561955	4923530
	安徽	15192314	7883175	7309139	4851205	2420584	2430621
	福建	10917035	5756885	5160150	5386045	2802653	2583392
	江西	11474048	6068217	5405831	4227301	2163188	2064113
	山东	23305426	12083297	11222129	10821680	5499584	5322096
	河南	25262633	12908900	12353733	8004872	3972202	4032670
	湖北	14153963	7480368	6673595	7310190	3759789	3550401
	湖南	15590823	8119164	7471659	5569648	2762126	2807522
	广东	40820320	22540203	18280117	27775579	15356719	12418860
	广西	12233944	6411506	5822438	4639940	2327368	2312572
	海南	2893512	1578872	1314640	1226243	643661	582582
	重庆	8203511	4222489	3981022	5069697	2526777	2542920
	四川	20804965	10719115	10085850	9426345	4665441	4760904
	贵州	10363756	5277792	5085964	3388869	1675852	1713017
	云南	12994131	6848985	6145146	4251352	2128119	2123233
	西藏	1202746	646812	555934	321003	172021	148982
	陕西	10521126	5477395	5043731	5116730	2604262	2512468
	甘肃	6330904	3211159	3119745	2140493	1069128	1071365
	青海	1670863	862808	808055	638068	328797	309271
	宁夏	2060475	1050712	1009763	937298	460470	476828
	新疆	7450112	3915326	3534786	2786635	1456182	1330453

4-7　续表 2

单位：人

分类	地区	合计	男	女	城市_合计	城市_男	城市_女
35~54 岁	全国	427357445	217861887	209495558	182292191	92302199	89989992
	北京	6983683	3631401	3352282	5649060	2877108	2771952
	天津	4159273	2161028	1998245	3275005	1695768	1579237
	河北	21376898	10735687	10641211	6711425	3317524	3393901
	山西	10741194	5523508	5217686	4162615	2083390	2079225
	内蒙古	8321863	4296409	4025454	3198157	1602964	1595193
	辽宁	13651391	6866298	6785093	8248096	4091419	4156677
	吉林	8139246	4112008	4027238	3490675	1720814	1769861
	黑龙江	11308692	5754371	5554321	5001798	2502171	2499627
	上海	7715288	4056002	3659286	6049176	3100257	2948919
	江苏	25671737	12804367	12867370	12681749	6316644	6365105
	浙江	21473451	11175279	10298172	11108921	5763145	5345776
	安徽	18038373	9004897	9033476	5152605	2525375	2627230
	福建	13256693	6779782	6476911	5542729	2815483	2727246
	江西	13263563	6674251	6589312	4017469	1994490	2022979
	山东	30172884	15201562	14971322	12370648	6212347	6158301
	河南	26568682	13007142	13561540	7586406	3716821	3869585
	湖北	17529413	8922099	8607314	7744441	3891364	3853077
	湖南	19548237	9904311	9643926	5886027	2925866	2960161
	广东	38889070	20486271	18402799	25205569	13411617	11793952
	广西	14453080	7562266	6890814	4536774	2286364	2250410
	海南	3038992	1614566	1424426	1177709	611399	566310
	重庆	9383073	4687527	4695546	5000977	2463562	2537415
	四川	25230228	12675173	12555055	9602355	4739770	4862585
	贵州	10778788	5550009	5228779	2969933	1504200	1465733
	云南	14783983	7788955	6995028	3836645	1973832	1862813
	西藏	1067092	578455	488637	289164	160044	129120
	陕西	11725792	5991559	5734233	4699499	2378489	2321010
	甘肃	7707294	3906339	3800955	2243426	1132567	1110859
	青海	1921577	997319	924258	716562	368623	347939
	宁夏	2260711	1156116	1104595	955847	479045	476802
	新疆	8197204	4256930	3940274	3180729	1639737	1540992

4-7 续表 3 单位：人

分类	地区	合计	男	女	城市_合计	城市_男	城市_女
55~74 岁	全国	298379320	148187807	150191513	105598046	51525105	54072941
	北京	4877281	2388261	2489020	3844067	1858966	1985101
	天津	3400166	1680967	1719199	2626019	1294875	1331144
	河北	16965895	8319247	8646648	4247177	2051760	2195417
	山西	7725503	3905519	3819984	2367741	1188814	1178927
	内蒙古	5759325	2865080	2894245	1875613	913755	961858
	辽宁	12556383	6112305	6444078	6818240	3286428	3531812
	吉林	6647497	3229099	3418398	2573663	1216325	1357338
	黑龙江	8845431	4293738	4551693	3746083	1791205	1954878
	上海	6160366	3082066	3078300	4951886	2447693	2504193
	江苏	19898624	9897929	10000695	7996507	3920013	4076494
	浙江	13899583	7038404	6861179	5796547	2892409	2904138
	安徽	12570951	6281613	6289338	2895109	1413456	1481653
	福建	7683972	3835381	3848591	2579725	1259299	1320426
	江西	8641308	4325514	4315794	2235155	1108800	1126355
	山东	23719417	11593611	12125806	7509655	3616042	3893613
	河南	19971946	9701384	10270562	4347705	2095116	2252589
	湖北	13787351	6913128	6874223	5001401	2450131	2551270
	湖南	14809632	7427772	7381860	3473864	1710176	1763688
	广东	18538523	9340272	9198251	9430814	4663721	4767093
	广西	9193973	4601069	4592904	2229034	1071549	1157485
	海南	1709063	870792	838271	539550	271611	267939
	重庆	7382685	3701432	3681253	3150003	1523237	1626766
	四川	18981957	9477703	9504254	5751257	2765379	2985878
	贵州	6535620	3216339	3319281	1426624	682927	743697
	云南	8341737	4141061	4200676	1916481	935127	981354
	西藏	413800	204855	208945	93181	49555	43626
	陕西	8598753	4320956	4277797	2677980	1322322	1355658
	甘肃	5033177	2539406	2493771	1247415	615458	631957
	青海	915350	457858	457492	354594	176170	178424
	宁夏	1177018	589051	587967	451245	219163	232082
	新疆	3637033	1835995	1801038	1443711	713623	730088

4-7 续表4

单位：人

分类	地区	合计	男	女	城市_合计	城市_男	城市_女
75~94岁	全国	66101006	29703121	36397885	21347472	9493212	11854260
	北京	1032166	454761	577405	842692	368368	474324
	天津	652775	296287	356488	508453	226666	281787
	河北	3150486	1403142	1747344	830894	366935	463959
	山西	1486083	685827	800256	467565	211519	256046
	内蒙古	1016418	463592	552826	379174	168045	211129
	辽宁	2403874	1070306	1333568	1373684	583194	790490
	吉林	1128765	499410	629355	486706	203119	283587
	黑龙江	1556013	680486	875527	732586	303628	428958
	上海	1356697	594785	761912	1054762	466411	588351
	江苏	4994753	2223848	2770905	1760363	790769	969594
	浙江	2992215	1399465	1592750	1095797	508636	587161
	安徽	3436254	1591715	1844539	663520	299570	363950
	福建	1631735	735826	895909	466027	211475	254552
	江西	1862326	832065	1030261	432727	196996	235731
	山东	5194470	2244959	2949511	1475205	638284	836921
	河南	4501297	1946888	2554409	923761	400120	523641
	湖北	2825703	1274148	1551555	917928	410597	507331
	湖南	3488336	1607946	1880390	679463	314123	365340
	广东	3935991	1734779	2201212	1622979	717446	905533
	广西	2360409	1008338	1352071	434182	188811	245371
	海南	412737	176453	236284	106631	48292	58339
	重庆	1962098	920513	1041585	666272	297094	369178
	四川	5115415	2399485	2715930	1331124	624054	707070
	贵州	1627618	723860	903758	308291	137629	170662
	云南	1833714	815668	1018046	403020	186584	216436
	西藏	68748	27011	41737	13048	5361	7687
	陕西	1814097	836124	977973	568423	259278	309145
	甘肃	1088736	509477	579259	277415	124955	152460
	青海	181867	80126	101741	79744	34777	44967
	宁夏	234962	109813	125149	95293	42878	52415
	新疆	754248	356018	398230	349743	157598	192145

4–7 续表 5

单位：人

分类	地区	合计	男	女	城市 _ 合计	城市 _ 男	城市 _ 女
95 岁及以上	全国	938678	306584	632094	319812	117399	202413
	北京	16682	6740	9942	13648	5620	8028
	天津	11617	4568	7049	9463	3729	5734
	河北	37403	12480	24923	10171	4053	6118
	山西	15076	5382	9694	5310	2282	3028
	内蒙古	12057	5400	6657	4418	2122	2296
	辽宁	37103	15177	21926	21819	8926	12893
	吉林	20398	8642	11756	7591	3299	4292
	黑龙江	27858	11932	15926	12069	5257	6812
	上海	30781	8935	21846	24983	7561	17422
	江苏	75223	21665	53558	27854	9082	18772
	浙江	41362	14262	27100	16238	5783	10455
	安徽	46597	13687	32910	8345	3049	5296
	福建	25426	7542	17884	6952	2176	4776
	江西	25026	8424	16602	6540	2358	4182
	山东	72618	18688	53930	19599	5782	13817
	河南	72007	18026	53981	13438	4430	9008
	湖北	35650	11692	23958	13377	4784	8593
	湖南	38314	12431	25883	7286	2588	4698
	广东	78724	23505	55219	28000	8863	19137
	广西	42897	11993	30904	6951	2324	4627
	海南	13203	3836	9367	2667	822	1845
	重庆	24429	9096	15333	10343	4019	6324
	四川	71189	26636	44553	21765	9188	12577
	贵州	14328	4958	9370	3156	1300	1856
	云南	18238	6482	11756	4741	1999	2742
	西藏	849	260	589	170	66	104
	陕西	17026	6803	10223	7163	3188	3975
	甘肃	6177	2574	3603	1997	973	1024
	青海	1344	529	815	523	244	279
	宁夏	1484	663	821	622	291	331
	新疆	7592	3576	4016	2613	1241	1372

数据来源：国家统计局。

4-8　全国各地/各地城市家庭户规模

单位：户、%

分类	地区	户数	比重	城市_户数	城市_比重
一人户	全国	125490007	25.39	55830333	27.53
	北京	2463325	29.93	1984729	29.67
	天津	1167393	23.99	965605	25.08
	河北	5082767	19.99	1624247	21.62
	山西	3057920	23.99	1062609	23.02
	内蒙古	2209731	23.30	810368	22.60
	辽宁	4647274	26.61	3145194	29.47
	吉林	2313775	24.54	1094495	26.77
	黑龙江	3806499	29.23	1884249	32.40
	上海	2736214	28.37	2015302	26.79
	江苏	6975663	23.32	3067551	22.28
	浙江	7713848	30.84	3996925	31.78
	安徽	5183087	23.66	1229333	21.71
	福建	3925247	27.31	1814201	30.48
	江西	3071115	21.82	900373	22.27
	山东	7056119	20.05	2616506	20.01
	河南	6985186	21.98	1816949	22.35
	湖北	4706405	23.61	1908641	23.26
	湖南	5796689	25.34	1641080	26.53
	广东	14109849	33.22	10256757	37.46
	广西	4075139	25.13	1364068	28.75
	海南	663799	22.41	318824	27.77
	重庆	3526142	29.29	1444217	25.55
	四川	8836045	28.73	2924056	27.33
	贵州	3032510	23.88	798364	24.54
	云南	3456738	22.82	1381118	31.80
	西藏	336840	33.22	137679	48.68
	陕西	3863271	27.18	1724395	30.57
	甘肃	1909342	22.67	672109	26.34
	青海	498970	25.38	217302	28.37
	宁夏	537492	21.20	241736	22.28
	新疆	1745613	20.90	771351	23.65

4-8 续表 1 单位：户、%

分类	地区	户数	比重	城市_户数	城市_比重
二人户	全国	146690059	29.68	60297841	29.74
	北京	2727924	33.14	2207884	33.00
	天津	1727332	35.49	1369562	35.58
	河北	7970304	31.34	2325134	30.95
	山西	4052452	31.79	1413763	30.63
	内蒙古	3565544	37.60	1259670	35.13
	辽宁	6444633	36.90	3835491	35.94
	吉林	3496744	37.09	1487409	36.38
	黑龙江	4721066	36.25	2051316	35.28
	上海	3332304	34.55	2490774	33.11
	江苏	9635959	32.22	4276759	31.06
	浙江	8098038	32.38	3891487	30.94
	安徽	6790657	30.99	1758586	31.05
	福建	3776762	26.28	1494653	25.11
	江西	3564176	25.33	1005880	24.88
	山东	11230306	31.92	3741613	28.62
	河南	8496727	26.73	2128519	26.18
	湖北	5840677	29.30	2409434	29.36
	湖南	6332392	27.68	1683988	27.23
	广东	10298011	24.25	7006726	25.59
	广西	3845306	23.71	1100490	23.19
	海南	648854	21.91	264608	23.05
	重庆	3644792	30.27	1654690	29.28
	四川	9159406	29.78	3249613	30.37
	贵州	3313502	26.10	849998	26.13
	云南	3743328	24.71	1217562	28.04
	西藏	180079	17.76	72742	25.72
	陕西	4126025	29.03	1633751	28.97
	甘肃	2390297	28.38	778687	30.52
	青海	492672	25.06	238418	31.12
	宁夏	791806	31.23	347297	32.02
	新疆	2251984	26.96	1051337	32.23

4-8　续表 2　　　　单位：户、%

分类	地区	户数	比重	城市 _ 户数	城市 _ 比重
三人户	全国	103700982	20.99	45309073	22.35
	北京	1787020	21.71	1516511	22.67
	天津	1209181	24.84	980544	25.47
	河北	5515397	21.69	1831788	24.38
	山西	2966829	23.28	1209283	26.20
	内蒙古	2389562	25.20	1044616	29.13
	辽宁	4180433	23.93	2640844	24.75
	吉林	2292234	24.32	1056014	25.83
	黑龙江	2969241	22.80	1350961	23.23
	上海	2159011	22.39	1835700	24.40
	江苏	6499826	21.73	3400163	24.69
	浙江	4783169	19.13	2510069	19.96
	安徽	4768002	21.76	1459465	25.77
	福建	2794833	19.45	1156565	19.43
	江西	2841228	20.19	853987	21.12
	山东	7673801	21.81	3339806	25.55
	河南	6502612	20.46	1839688	22.63
	湖北	4589950	23.03	2070816	25.23
	湖南	4767652	20.84	1356710	21.93
	广东	6999483	16.48	4356361	15.91
	广西	3263580	20.13	974678	20.54
	海南	589414	19.90	225470	19.64
	重庆	2437753	20.25	1291442	22.85
	四川	6087228	19.79	2312101	21.61
	贵州	2580003	20.32	705806	21.70
	云南	3161675	20.87	864631	19.91
	西藏	139821	13.79	36856	13.03
	陕西	3047409	21.44	1228239	21.78
	甘肃	1808686	21.47	607120	23.80
	青海	410938	20.90	168937	22.05
	宁夏	593704	23.42	280871	25.89
	新疆	1891307	22.65	803031	24.62

4-8 续表 3

单位：户、%

分类	地区	户数	比重	城市_户数	城市_比重
四人户	全国	65100986	13.17	24517009	12.09
	北京	736163	8.94	596439	8.91
	天津	511932	10.52	371537	9.65
	河北	3942333	15.50	1072861	14.28
	山西	1766944	13.86	645492	13.98
	内蒙古	950775	10.03	356556	9.94
	辽宁	1438393	8.23	743437	6.97
	吉林	866072	9.19	315411	7.71
	黑龙江	1054009	8.09	368506	6.34
	上海	815316	8.45	680786	9.05
	江苏	3718062	12.43	1723277	12.51
	浙江	2484481	9.93	1260197	10.02
	安徽	2972819	13.57	771368	13.62
	福建	2047208	14.25	831404	13.97
	江西	2277494	16.18	682996	16.89
	山东	5790216	16.46	2197037	16.81
	河南	5109476	16.08	1350295	16.61
	湖北	2625213	13.17	1057743	12.89
	湖南	3308914	14.46	888923	14.37
	广东	5189548	12.22	3036779	11.09
	广西	2462519	15.19	711060	14.99
	海南	521817	17.62	182125	15.86
	重庆	1370388	11.38	715407	12.66
	四川	3570933	11.61	1248799	11.67
	贵州	1942394	15.30	511894	15.74
	云南	2366552	15.62	517119	11.91
	西藏	120796	11.91	19258	6.81
	陕西	1892842	13.32	682153	12.09
	甘肃	1194718	14.18	320502	12.56
	青海	275803	14.03	83466	10.90
	宁夏	384377	15.16	158439	14.61
	新疆	1392479	16.67	415743	12.74

4-8　续表 4　　　　单位：户、%

分类	地区	户数	比重	城市_户数	城市_比重
五人户及以上	全国	53175389	10.76	16810444	8.30
	北京	516360	6.27	384872	5.76
	天津	251278	5.16	162261	4.23
	河北	2918808	11.47	659659	8.78
	山西	901997	7.08	285063	6.17
	内蒙古	368345	3.87	114862	3.20
	辽宁	756378	4.32	307044	2.88
	吉林	457997	4.85	135651	3.32
	黑龙江	473872	3.64	159806	2.75
	上海	601783	6.24	499363	6.64
	江苏	3081339	10.29	1303441	9.47
	浙江	1929070	7.71	917137	7.29
	安徽	2195812	10.03	444859	7.85
	福建	1827028	12.71	654884	11.01
	江西	2318834	16.48	599561	14.82
	山东	3433799	9.76	1178513	9.02
	河南	4688692	14.75	994604	12.22
	湖北	2168800	10.87	759761	9.25
	湖南	2672689	11.69	614516	9.94
	广东	5872287	13.82	2725736	9.96
	广西	2568470	15.84	594414	12.52
	海南	537762	18.16	157177	13.71
	重庆	1061159	8.81	546425	9.66
	四川	3102508	10.09	966067	9.03
	贵州	1828176	14.38	386600	11.89
	云南	2418538	15.97	362041	8.35
	西藏	236554	23.32	16313	5.76
	陕西	1281797	9.02	371856	6.59
	甘肃	1119793	13.30	173032	6.78
	青海	287510	14.62	57905	7.56
	宁夏	227695	8.98	56448	5.21
	新疆	1070259	12.81	220573	6.76

数据来源：国家统计局。

4-9 全国各地/各地城市家庭户的住房间数和面积

地区	平均每户住房建筑面积（平方米/户）	城市_平均每户住房建筑面积（平方米/户）	平均每户住房间数（间/户）	城市_平均每户住房间数（间/户）	人均住房建筑面积（平方米/人）	城市_人均住房建筑面积（平方米/人）	人均住房间数（间/人）	城市_人均住房间数（间/人）
全国	111.18	92.17	3.20	2.50	41.76	36.52	1.20	0.99
北京	81.28	77.64	2.30	2.11	34.89	33.41	0.99	0.91
天津	85.54	82.41	2.38	2.08	35.45	34.97	0.98	0.88
河北	105.60	100.77	3.32	2.70	38.08	38.08	1.20	1.02
山西	92.57	93.75	2.91	2.51	36.16	36.61	1.14	0.98
内蒙古	83.58	88.25	2.23	2.19	34.96	36.76	0.93	0.91
辽宁	80.28	77.90	2.29	2.09	34.70	35.24	0.99	0.95
吉林	80.63	78.58	2.22	2.03	33.84	34.33	0.93	0.89
黑龙江	76.86	76.97	2.14	2.06	33.95	35.49	0.95	0.95
上海	75.96	73.86	2.04	1.98	32.28	30.58	0.87	0.82
江苏	123.67	107.65	3.10	2.72	46.80	40.75	1.17	1.03
浙江	111.27	88.37	2.73	2.34	46.16	36.96	1.13	0.98
安徽	122.42	98.88	3.25	2.64	46.08	37.70	1.22	1.01
福建	133.63	93.93	3.46	2.57	48.72	35.86	1.26	0.98
江西	164.48	115.46	4.18	2.97	54.96	39.36	1.40	1.01
山东	106.36	103.07	3.31	2.79	39.13	37.68	1.22	1.02
河南	134.26	117.41	4.21	3.14	46.50	41.81	1.46	1.12
湖北	127.77	109.00	3.35	2.77	47.31	41.18	1.24	1.05
湖南	129.18	110.15	3.82	2.99	47.52	41.77	1.40	1.14
广东	91.21	72.06	2.81	2.22	33.84	29.59	1.04	0.91
广西	136.56	103.78	4.01	2.92	46.88	38.08	1.38	1.07
海南	106.01	90.19	2.87	2.47	33.98	32.03	0.92	0.88
重庆	104.43	89.91	3.09	2.53	41.96	34.79	1.24	0.98
四川	111.28	93.19	3.25	2.58	43.63	37.01	1.27	1.02
贵州	123.49	100.03	3.97	2.87	43.10	36.26	1.38	1.04
云南	125.53	100.68	3.57	2.82	42.61	41.08	1.21	1.15
西藏	159.16	107.26	4.04	3.31	44.88	51.33	1.14	1.58
陕西	111.69	95.90	3.02	2.44	43.44	39.72	1.17	1.01
甘肃	96.48	87.13	3.78	2.38	34.15	34.79	1.34	0.95
青海	102.85	100.79	3.15	2.55	35.61	40.79	1.09	1.03
宁夏	97.38	96.16	2.66	2.44	36.10	37.90	0.98	0.96
新疆	93.11	91.07	2.93	2.58	32.52	36.07	1.02	1.02

注：本表数据为居住在普通住宅的家庭户。

数据来源：国家统计局。

第五章

2021年全国主要城市新房市场统计

5-1 2021年全国主要城市商品房供求全年汇总统计

城市	销售套数（套）	销售面积（万平方米）	销售价格（元/平方米）	销售额（亿元）	批准上市套数（套）	批准上市面积（万平方米）	可售套数（套）	可售面积（万平方米）	销供比
一线城市									
北京市	168035	1471.83	37742	5555.01	137395	1109.74	334551	2439.11	1.33
上海市	254755	2238.70	32531	7282.81	173215	1510.98	138687	2774.48	1.48
广州市	207056	1679.83	32772	5505.04	162524	1612.39	422874	1984.48	1.04
深圳市	68039	647.22	61577	3985.42	83867	786.18	78303	720.29	0.82
二线城市									
长春市	74613	815.46	9246	753.94	92086	966.78	181799	1958.92	0.84
成都市	427749	3127.57	13581	4247.62	343267	2569.92	1459231	8033.12	1.22
重庆市	334263	2554.15	11861	3029.64	352893	2540.84	450970	4208.91	1.01
大连市	57554	564.47	16229	916.05	59298	611.92	185420	2598.36	0.92
福州市	143587	1123.12	17472	1962.35	180182	1180.87	543701	3073.36	0.95
杭州市 *	170911	1952.70	32997	6443.28	129695	1546.63	71200	912.77	1.26
合肥市	148113	1267.41	13395	1697.64	141662	957.07	397740	2016.22	1.32
济南市	253314	2029.07	13580	2755.55	250591	1959.42	697773	3892.48	1.04
兰州市	82501	894.47	9485	848.45	124598	1541.38	219069	2994.71	0.58
宁波市	255033	1861.58	18274	3401.86	228077	1696.41	–	–	1.10
青岛市	156194	1749.64	15006	2625.54	176090	1935.87	347230	3975.60	0.90
三亚市	12676	139.81	32685	456.97	–	–	–	–	–
沈阳市	142413	1568.71	11063	1735.42	113203	1205.40	296177	3119.40	1.30
苏州市 *	107727	1239.70	24819	3076.85	91636	1056.81	142608	1607.20	1.17
无锡市	65435	731.29	20946	1531.74	65415	712.23	96026	1139.16	1.03
厦门市	76428	623.46	27052	1686.60	87773	647.73	250274	1680.61	0.96
西安市	148397	1322.85	16264	2151.45	173722	1474.99	297779	2575.25	0.90
郑州市	147870	1649.95	12701	2095.52	160090	1660.77	–	2486.29	0.99
三四线城市									
沧州市	24282	271.16	10858	294.42	8011	101.27	–	–	2.68
常熟市	16412	193.01	16926	326.70	23506	256.82	32264	382.66	0.75
常州市	72161	861.58	15853	1365.87	75758	893.21	103830	1226.11	0.96
池州市	10599	100.91	7426	74.93	6529	68.26	21889	144.84	1.48
佛山市	199414	1517.29	15953	2420.59	223636	1690.49	469008	2484.37	0.90
固安县	5587	57.74	11626	67.13	–	–	–	–	–
衡水市	26980	257.16	8392	215.80	32576	251.47	–	–	1.02
淮北市	17636	196.33	9604	188.57	–	–	21402	423.11	–
淮南市	29110	303.91	6406	194.70	16539	183.41	21224	208.62	1.65

5-1 续表 1

城市	销售套数（套）	销售面积（万平方米）	销售价格（元/平方米）	销售额（亿元）	批准上市套数（套）	批准上市面积（万平方米）	可售套数（套）	可售面积（万平方米）	销供比
黄石市	13160	156.78	7604	119.21	11948	138.63	18567	220.98	1.13
惠州市	111851	1144.68	11645	1333.01	123121	1257.27	200592	1923.17	0.91
湖州市	105681	756.82	13586	1028.20	–	–	150377	791.86	–
江阴市	20506	285.90	15237	407.04	19591	248.72	–	–	1.15
昆山市	32401	356.51	18994	676.46	30565	333.27	29736	323.15	1.07
廊坊市	18109	186.95	14237	266.14	–	–	–	–	–
丽水市	25240	283.51	15727	445.86	17145	185.39	54617	535.66	1.53
柳州市	51575	341.38	–	–	51633	334.44	–	–	1.02
六安市	23109	250.45	8130	203.62	17799	198.76	53010	567.42	1.26
南平市	4803	40.39	6640	26.84	–	–	8292	93.85	–
宁德市	8849	100.11	11155	111.67	3146	38.17	–	–	2.62
莆田市	34835	308.70	–	–	60056	427.28	27768	414.86	0.72
泉州市	132678	1102.00	9334	1028.66	136160	931.65	239062	1276.37	1.18
衢州市	8825	123.22	17877	220.28	–	–	–	–	–
三明市	12058	91.86	9381	86.16	20818	148.19	21325	115.25	0.62
韶关市	17930	162.78	6504	105.86	–	–	60786	383.51	–
绍兴市	17288	221.05	23971	529.86	18455	217.47	30347	404.81	1.02
宿州市	28416	320.59	6587	211.17	24098	268.01	–	–	1.20
泰安市	21237	252.61	9657	243.96	20679	253.35	54604	657.75	1.00
太仓市	30129	285.00	16946	482.98	21520	210.75	44946	344.80	1.35
泰州市	14575	183.77	14021	257.65	16452	204.97	17590	201.17	0.90
铜陵市	12204	122.88	7117	87.47	14448	127.86	56244	509.08	0.96
芜湖市	34131	399.16	11887	474.47	24393	277.87	30619	438.07	1.44
香河县	8860	89.25	13424	119.78	–	–	–	–	–
孝感市	17202	190.59	7354	140.15	–	–	–	–	–
盐城市	31329	376.72	–	–	38128	465.77	–	–	0.81
扬州市	20786	229.60	15965	366.55	23381	196.40	100404	620.52	1.17
宜兴市	14238	184.28	14215	261.99	15417	184.75	32341	407.19	1.00
岳阳市	16188	185.84	9143	169.91	–	–	32970	337.94	–
张家港市	15763	190.25	15429	293.54	22393	243.80	30917	356.35	0.78
肇庆市	91464	713.28	5871	418.79	–	–	–	–	–
镇江市	51610	605.58	11898	720.55	43815	616.35	112412	1215.01	0.98
中山市	97766	726.51	13857	1006.71	83145	554.43	302800	1502.75	1.31
舟山市	13444	142.77	16665	237.93	13778	135.57	24333	–	1.05
珠海市	63394	628.10	25912	1627.55	49108	533.46	107661	1221.33	1.18

数据来源：中指数据库监测。

备注：杭州数据包含萧山余杭；苏州数据包含吴江。

5-2　2021年全国主要城市商品房成交套数统计

单位：套

城市	1月	2月	3月	4月	5月	6月	7月	8月	9月	10月	11月	12月	汇总
一线城市													
北京市	15158	8250	14384	12739	9342	16529	17390	14881	14063	14791	15359	15149	168035
上海市	23316	11855	24423	21988	16623	25091	19754	23065	21216	18983	22988	25453	254755
广州市	22128	14377	17251	20058	16019	13027	14080	13742	15190	14811	18390	27983	207056
深圳市	9829	4069	6813	5258	4454	4744	4385	7062	4607	5281	6191	5346	68039
二线城市													
长春市	7162	2804	6929	6681	6040	7222	6802	6121	6030	5650	5785	7387	74613
成都市	31639	18210	32566	35982	28355	31143	34053	34473	33399	23943	28851	95135	427749
重庆市	26878	17188	26984	33911	37920	29897	26389	21990	23816	21733	36920	30637	334263
大连市	2749	2781	5417	6637	5632	6882	7553	5164	3352	3852	2913	4622	57554
福州市	7938	8687	7691	15704	14587	15499	13190	13745	10884	12111	12602	10949	143587
杭州市 *	10462	11003	16030	14782	31771	15652	10677	18514	12271	10728	9880	9141	170911
合肥市	13450	8954	12416	13351	8340	8864	13740	16538	15646	10408	9128	17278	148113
济南市	22153	12642	23717	25115	20464	25668	20644	20702	25083	18261	18244	20621	253314
兰州市	11414	3918	9530	6793	8070	8346	6677	6128	6060	6781	3180	5604	82501
宁波市	35492	12848	22661	28804	22936	24473	18961	18748	16728	20976	16570	15836	255033
青岛市	12445	6341	16226	15216	13520	16209	13572	15279	13275	10688	10775	12648	156194
三亚市	1192	841	1211	894	1038	1515	1825	1006	739	1062	583	770	12676
沈阳市	15268	4895	6677	9936	7910	16793	14035	8391	9269	10053	11091	28095	142413
苏州市 *	9206	5149	10170	9866	11621	14636	10501	7414	8768	5217	6988	8191	107727
无锡市	4816	3380	6365	6340	6476	10141	7517	4897	4902	3224	3509	3868	65435
厦门市	6021	4351	8156	6676	9299	11280	5026	6744	3377	3696	4457	7345	76428
西安市	16361	8055	11387	11764	14559	9813	12749	13842	15435	8480	10606	15346	148397
郑州市	4113	4405	8830	23912	20232	18735	13716	7528	11172	12467	10817	11943	147870
三四线城市													
沧州市	3180	1473	2090	2311	2337	1861	1787	1702	1731	1310	1394	3106	24282
常熟市	1117	947	2015	1794	2067	1494	1143	1027	1249	918	1032	1609	16412
常州市	7093	3828	9388	6509	7371	8374	8079	5431	5215	3409	2689	4775	72161
池州市	764	1141	1311	1049	1025	903	800	867	800	662	543	734	10599
佛山市	17428	9820	21195	18963	16999	18246	16572	13359	12035	18040	13381	23376	199414
固安县	375	303	472	594	505	641	486	522	477	510	266	436	5587
衡水市	1857	1377	3161	2441	1936	2995	2946	2357	2144	1835	2129	1802	26980
淮北市	1324	1870	1777	1696	2115	1681	1445	1640	1207	976	1026	879	17636
淮南市	–	–	2816	2808	2947	3075	3661	3447	3223	1710	2019	3404	29110
黄石市	1142	866	1591	1518	1453	1307	1075	996	784	839	893	696	13160

5-2 续表 1 单位：套

城市	1月	2月	3月	4月	5月	6月	7月	8月	9月	10月	11月	12月	汇总
惠州市	14071	6483	12205	12541	10800	10446	11254	10006	6198	5341	6470	6036	111851
湖州市	8070	3408	10144	13467	15083	10552	7019	8572	7116	7465	5293	9492	105681
江阴市	2182	1344	2235	2537	2589	3426	1501	531	1123	720	980	1338	20506
昆山市	3304	1714	2499	3343	3037	3704	3837	2807	3228	2209	2027	692	32401
廊坊市	1241	631	1260	1584	1700	2059	1611	1424	1313	1433	1623	2230	18109
丽水市	3513	4185	3370	2651	2129	274	267	268	2808	1640	1002	3133	25240
柳州市	3422	3204	4720	3425	3490	4557	3729	3592	5346	5269	5637	5184	51575
六安市	1930	1540	3457	3048	1420	1892	2126	2170	1639	1273	1461	1153	23109
南平市	268	304	342	262	382	349	329	453	563	578	452	521	4803
宁德市	–	–	377	1132	855	927	885	1546	1019	1091	273	744	8849
莆田市	2796	2616	3870	3194	2842	3959	3006	2749	1231	2576	3191	2805	34835
泉州市	10789	9064	13599	12330	11459	16403	12027	12894	8188	8838	7767	9320	132678
衢州市	798	1080	1313	1175	505	505	717	402	438	580	566	746	8825
三明市	2165	368	495	829	1302	1002	2477	741	658	874	685	462	12058
韶关市	1590	1094	1600	1320	1483	1404	1410	1196	1236	1888	1390	2319	17930
绍兴市	1597	1370	1776	1891	2716	1416	921	546	806	1128	1586	1535	17288
宿州市	3054	2723	4759	2525	2577	2174	2379	1480	2195	1626	1180	1744	28416
泰安市	1849	1496	3037	1611	1984	2106	1714	1696	1608	1371	1401	1364	21237
太仓市	1536	1589	2333	2651	2909	2696	2869	3447	3099	2077	2381	2542	30129
泰州市	1568	620	1946	2043	1547	1374	1260	665	979	1084	436	1053	14575
铜陵市	833	1076	1215	829	1153	979	1197	824	1415	1090	841	752	12204
芜湖市	2849	3464	5968	4688	4497	2968	2468	1918	1594	1355	1139	1223	34131
香河县	561	213	660	762	1304	1075	677	817	761	701	690	639	8860
孝感市	1617	1381	1901	1466	1208	1534	1252	1205	1375	1885	1086	1292	17202
盐城市	4372	3170	4710	2572	1291	5953	1280	1128	1062	1403	1578	2810	31329
扬州市	2381	1827	2932	2126	2256	1908	2362	50	1042	865	1463	1574	20786
宜兴市	1383	914	1825	1466	1285	1614	1732	1129	785	900	603	602	14238
岳阳市	1315	1243	1638	1547	1625	2091	1992	1121	998	1029	777	812	16188
张家港市	1102	800	1967	2199	2002	1420	1335	918	1111	806	1011	1092	15763
肇庆市	7348	5663	8807	6122	5812	5752	5370	6709	6359	9126	16062	8334	91464
镇江市	4267	3054	6408	5135	4815	4960	3626	2804	3111	3838	4087	5505	51610
中山市	13773	4410	9343	8250	9567	7871	8196	6211	8493	6240	7250	8162	97766
舟山市	821	811	1302	1520	1485	1082	906	853	645	641	760	2618	13444
珠海市	6427	3665	6009	7238	5983	5450	5408	4439	5238	4805	4071	4661	63394

数据来源：中指数据库监测。

备注：杭州数据包含萧山余杭；苏州数据包含吴江。

惠州数据为惠州城区数据。

5-3 2021年全国主要城市商品房成交面积统计

单位：万平方米

城市	1月	2月	3月	4月	5月	6月	7月	8月	9月	10月	11月	12月	汇总
一线城市													
北京市	122.57	72.66	141.05	122.25	85.71	152.17	150.15	121.57	120.78	111.16	136.70	135.07	1471.83
上海市	224.86	107.87	206.95	188.57	139.73	213.70	186.72	210.33	174.30	173.28	189.02	223.37	2238.70
广州市	183.88	119.73	145.34	150.82	142.37	129.79	126.34	101.66	116.09	115.87	148.85	199.09	1679.83
深圳市	93.04	37.12	61.37	49.47	37.86	46.60	37.92	71.42	42.43	51.05	58.70	60.23	647.22
二线城市													
长春市	81.24	29.97	74.51	69.58	62.69	78.45	76.02	67.96	63.82	61.09	63.45	86.67	815.46
成都市	260.05	163.66	288.13	313.98	208.44	232.58	257.90	252.40	281.18	166.29	214.45	488.51	3127.57
重庆市	198.81	148.25	227.46	287.81	355.63	259.72	215.04	155.88	149.37	155.69	204.72	195.79	2554.15
大连市	27.99	26.92	56.20	66.95	55.56	67.64	69.66	51.04	32.91	37.29	30.36	41.94	564.47
福州市	67.61	70.19	68.13	123.56	116.52	123.46	104.16	108.09	84.36	88.83	89.66	78.55	1123.12
杭州市 *	115.52	121.46	176.35	162.68	367.96	177.35	112.50	216.72	142.86	120.77	117.21	121.33	1952.70
合肥市	120.12	87.33	119.70	122.28	68.68	69.95	117.36	143.47	130.26	79.00	69.74	139.52	1267.41
济南市	178.39	112.75	209.82	225.17	168.61	216.56	165.77	162.74	179.85	129.44	127.00	152.97	2029.07
兰州市	123.48	44.61	104.06	76.06	83.60	89.92	70.77	68.16	64.19	73.04	34.73	61.87	894.47
宁波市	257.19	100.24	163.27	181.34	177.92	172.87	140.07	142.84	118.86	142.21	123.10	141.65	1861.58
青岛市	139.51	75.19	183.41	175.53	155.17	174.28	152.51	164.80	142.55	114.31	122.15	150.24	1749.64
三亚市	12.69	9.64	13.26	9.80	11.52	16.63	19.45	11.00	8.54	11.79	6.59	8.90	139.81
沈阳市	172.41	52.20	68.59	121.21	87.37	182.57	150.34	89.59	87.92	104.69	114.67	337.15	1568.71
苏州市 *	107.62	62.73	121.13	110.75	134.61	165.17	115.21	83.73	101.64	63.52	82.06	91.54	1239.70
无锡市	54.00	36.33	69.90	68.80	72.21	116.00	85.35	53.94	53.69	37.95	39.16	43.97	731.29
厦门市	52.76	33.80	61.05	49.99	82.15	74.83	47.16	56.98	29.07	32.28	39.49	63.90	623.46
西安市	146.74	70.49	99.78	104.17	123.96	85.69	117.83	133.74	151.18	80.96	101.48	106.84	1322.85
郑州市	46.59	50.69	97.04	256.96	226.96	214.45	152.14	82.93	121.45	137.76	123.20	139.78	1649.95
三四线城市													
沧州市	35.09	17.05	23.45	26.72	25.93	20.99	23.43	19.23	18.88	15.11	15.76	29.52	271.16
常熟市	13.23	11.38	23.45	21.41	24.57	16.96	13.32	11.70	14.09	11.10	12.67	19.13	193.01
常州市	81.71	47.04	114.00	77.33	87.76	101.82	96.08	64.46	65.68	39.44	31.29	54.96	861.58
池州市	8.01	11.07	13.23	9.79	10.82	8.85	8.03	7.96	6.38	6.56	4.26	5.96	100.91
佛山市	144.70	83.36	183.67	146.50	141.50	131.90	138.93	95.28	85.24	115.40	101.16	149.64	1517.29
固安县	3.34	3.84	4.94	5.97	5.01	6.60	4.82	6.04	4.82	5.19	2.63	4.56	57.74
衡水市	19.23	14.32	29.36	24.36	19.92	26.76	27.82	21.58	19.66	17.93	19.55	16.67	257.16
淮北市	14.88	21.21	19.79	18.35	23.10	17.57	16.08	19.57	13.72	10.99	11.05	10.02	196.33
淮南市	–	–	29.35	29.22	28.59	32.76	37.87	38.43	37.37	19.18	19.94	31.21	303.91
黄石市	13.43	10.32	17.95	17.13	17.39	15.58	13.17	12.04	9.55	10.97	10.96	8.29	156.78

5–3 续表 1 单位：万平方米

城市	1月	2月	3月	4月	5月	6月	7月	8月	9月	10月	11月	12月	汇总
惠州市	146.67	67.41	124.54	128.59	109.18	107.67	121.98	92.85	61.21	55.61	66.68	62.28	1144.68
湖州市	59.17	25.35	56.94	104.14	115.70	76.89	46.92	67.97	50.67	52.34	38.88	61.84	756.82
江阴市	28.07	19.02	28.37	33.21	32.19	61.57	17.74	7.34	20.52	8.09	14.26	15.54	285.90
昆山市	38.33	18.96	27.21	35.81	33.22	39.37	40.68	31.12	34.69	27.63	21.67	7.84	356.51
廊坊市	13.39	6.38	12.93	16.08	17.69	21.71	16.05	14.33	12.99	14.64	17.56	23.20	186.95
丽水市	39.23	48.96	38.24	28.57	22.58	2.84	2.61	2.63	32.63	19.64	10.48	35.11	283.51
柳州市	27.21	24.26	35.26	24.83	29.35	33.61	23.56	25.91	28.09	30.24	26.51	32.55	341.38
六安市	20.76	17.12	37.70	33.59	15.31	19.70	23.84	22.55	17.66	13.41	16.61	12.19	250.45
南平市	2.11	2.95	3.15	2.49	3.26	3.00	2.89	3.38	4.46	4.34	3.93	4.43	40.39
宁德市	–	–	4.00	10.50	8.90	9.60	9.24	16.38	13.54	16.24	3.07	8.64	100.11
莆田市	22.40	25.94	39.21	30.19	27.14	38.79	28.07	24.26	9.33	18.15	24.19	21.03	308.70
泉州市	97.69	80.34	121.82	103.30	98.66	130.66	93.04	97.57	75.26	71.62	61.77	70.28	1102.00
衢州市	9.40	13.13	16.06	20.70	9.36	14.47	7.87	4.79	5.59	6.17	6.28	9.41	123.22
三明市	20.25	3.60	4.24	4.15	10.33	7.31	18.54	5.44	3.62	6.85	3.79	3.74	91.86
韶关市	13.56	11.27	16.11	12.96	14.71	11.82	12.05	11.38	12.29	17.01	12.15	17.46	162.78
绍兴市	20.85	16.82	22.47	24.93	32.81	16.24	11.08	6.49	13.69	14.66	20.17	20.84	221.05
宿州市	38.60	32.50	55.56	29.28	29.68	25.03	24.21	16.35	23.78	19.50	13.40	12.70	320.59
泰安市	22.00	16.98	35.19	19.04	23.17	25.17	20.39	20.90	20.07	16.67	16.80	16.23	252.61
太仓市	14.29	15.67	22.33	26.94	28.81	25.55	28.31	28.03	28.33	19.68	22.96	24.11	285.00
泰州市	20.73	7.58	24.87	27.14	19.03	17.22	15.58	8.20	11.67	13.10	5.34	13.33	183.77
铜陵市	9.86	11.16	11.99	9.91	9.43	9.98	12.52	8.00	11.63	14.17	7.24	6.98	122.88
芜湖市	32.74	40.60	71.68	55.27	51.63	35.22	28.56	22.61	18.57	15.24	12.97	14.10	399.16
香河县	6.40	2.17	6.16	7.48	12.25	10.72	7.25	8.31	7.81	7.07	7.02	6.59	89.25
孝感市	17.59	14.90	20.89	16.61	13.53	16.59	13.88	14.76	15.24	21.09	11.37	14.14	190.59
盐城市	52.75	37.96	57.02	30.53	13.25	83.34	15.27	12.38	11.70	15.27	14.71	32.53	376.72
扬州市	24.32	21.41	34.14	24.13	23.90	22.12	27.42	0.40	10.20	10.22	16.85	14.51	229.60
宜兴市	18.16	12.58	23.10	18.17	16.94	20.67	22.44	14.80	11.07	11.56	7.33	7.46	184.28
岳阳市	16.08	14.62	18.76	17.80	18.90	24.50	22.23	12.43	11.00	12.27	8.67	8.59	185.84
张家港市	14.17	9.06	23.65	25.71	25.79	16.82	18.76	11.16	12.50	8.76	11.44	12.43	190.25
肇庆市	69.92	53.75	76.39	50.16	47.80	39.68	41.09	60.88	48.31	58.44	106.06	60.79	713.28
镇江市	48.96	36.39	75.79	60.91	57.90	58.13	42.97	32.75	37.81	44.54	47.58	61.84	605.58
中山市	112.53	32.31	74.35	70.86	65.30	66.22	58.16	46.16	57.55	39.25	50.77	53.06	726.51
舟山市	8.53	8.19	14.74	16.95	15.13	11.32	9.96	8.46	6.74	6.29	7.34	29.13	142.77
珠海市	63.36	35.97	60.93	72.61	58.40	56.36	55.53	44.64	50.54	46.41	39.64	43.71	628.10

数据来源：中指数据库监测。

备注：杭州数据包含萧山余杭；苏州数据包含吴江。

5-4　2021年全国主要城市商品房成交价格统计

单位：元/平方米

城市	1月	2月	3月	4月	5月	6月	7月	8月	9月	10月	11月	12月	汇总
一线城市													
北京市	37028	37906	38345	40682	39520	40567	37355	36074	38046	34025	38206	34951	37742
上海市	43922	38004	32852	27672	31070	32640	31495	31697	27324	35143	28313	30297	32531
广州市	32839	30132	30400	31217	32297	32734	37146	32540	31692	31254	31499	37376	32772
深圳市	57044	57978	59540	60471	63495	60693	60328	84498	64265	55725	53382	57935	61577
二线城市													
长春市	9605	9413	9515	9626	9208	9954	9082	8767	8921	9058	9015	8760	9246
成都市	13916	14477	15434	15354	13673	13547	13929	13082	13912	12373	14357	10803	13581
重庆市	11369	12101	12197	12320	13649	13353	12389	12017	11102	10490	8772	10088	11861
大连市	16185	15981	16115	16221	15733	17083	15472	17108	16496	16671	15671	15848	16229
福州市	18250	16939	19164	17060	18204	18086	18481	17574	16578	15762	15254	18357	17472
杭州市 *	30249	30309	31077	31138	34893	34023	30031	36611	35249	32992	32299	30657	32997
合肥市	15960	14473	14573	14680	13923	15028	14701	11383	10400	13544	13180	11081	13395
济南市	11825	13432	13616	13519	14159	13946	14040	13835	13399	13781	13835	13685	13580
兰州市	9284	9204	8987	9976	9451	9151	9413	9217	9892	10226	9254	10071	9485
宁波市	16277	20597	19789	20012	19698	18352	17923	18075	18436	19996	16909	14273	18274
青岛市	14114	14721	14443	14727	15347	15642	15610	14740	14890	14543	15282	15819	15006
三亚市	30922	32137	33190	28926	29293	34836	33679	33023	34102	30673	36777	35228	32685
沈阳市	11636	11230	10720	10597	11095	11755	10689	10885	8846	9519	9072	12546	11063
苏州市 *	26304	26126	25035	24642	24731	23688	25545	25386	24666	25771	24314	22807	24819
无锡市	18574	19417	19599	20286	20603	22833	22334	21233	20961	20742	20399	21473	20946
厦门市	27003	29405	27007	27734	30640	27418	24105	26835	26270	24455	27719	23941	27052
西安市	16855	16901	16459	16164	15777	16736	15376	16575	16640	16435	16590	14748	16264
郑州市	15612	16534	15688	12525	12641	12797	12533	12756	12152	11588	11304	11490	12701
三四线城市													
沧州市	10916	11391	10532	10745	11112	11206	11704	11318	10889	11098	10377	9512	10858
常熟市	17788	17362	17023	17886	17337	16877	16149	16399	16126	16020	16523	16644	16926
常州市	15412	15132	14770	15922	16791	16419	15945	15657	16298	15553	16781	15958	15853
池州市	7529	7469	7423	7283	6700	7738	7525	6557	9032	7524	8392	6811	7426
佛山市	14754	15687	15564	16243	16763	17293	17150	15281	14228	15807	15618	16150	15953
固安县	11553	10923	12167	11822	12089	11793	11549	11277	11379	11373	11939	11591	11626
衡水市	8247	8292	8005	8109	8312	8863	8690	8233	8273	8365	8445	8895	8392
淮北市	9571	8912	10329	9785	8520	8658	10090	10153	11194	10766	8576	9349	9604
淮南市	–	–	6366	6254	6577	5743	5358	6866	7667	7145	5909	6187	6406

5-4 续表 1 单位：元 / 平方米

城市	1月	2月	3月	4月	5月	6月	7月	8月	9月	10月	11月	12月	汇总
黄石市	8057	7094	6948	7322	7688	7472	8399	7679	7766	7645	7800	7713	7604
惠州市	11638	11479	11232	11526	11844	11801	12202	10978	12055	12141	11278	11750	11645
湖州市	11774	14639	13905	13592	13682	14445	11158	14510	14758	12697	14674	13269	13586
江阴市	13408	15372	14885	15459	14714	15437	16119	15529	15925	12950	14811	18364	15237
昆山市	18579	19181	19475	19108	19025	19344	18882	19049	18750	17609	20101	19746	18994
廊坊市	14273	13324	14455	14802	15166	15312	14526	13559	14999	14728	12715	12870	14237
丽水市	17222	17963	16230	14841	14582	13525	13143	13633	14569	17002	15252	12878	15727
六安市	7707	8095	8204	7460	7873	8295	8061	8295	8546	8591	8507	8773	8130
南平市	7661	7500	7761	7425	7267	6829	7319	7186	6112	6150	4568	5748	6640
宁德市	–	–	12231	10897	11138	11132	11038	11923	11095	9245	13081	12688	11155
泉州市	9537	9150	9316	9238	9382	9031	9059	9059	9306	9627	10226	9629	9334
衢州市	15944	20401	17617	14950	16723	20739	19183	18025	20486	19250	18226	16071	17877
三明市	10803	7990	7998	5396	8093	8706	11302	9189	6576	10368	7766	7191	9381
韶关市	6733	6692	6762	6795	6686	6741	6644	6724	6445	5876	5684	6422	6504
绍兴市	23813	23089	24261	24039	25240	22043	24026	22345	18317	23495	26032	26482	23971
宿州市	6088	6031	6397	6633	6377	6588	7026	7107	7132	7282	7537	6142	6587
泰安市	9803	9226	9313	9739	9850	9616	10342	10345	9392	9621	9418	9221	9657
太仓市	17772	19077	18087	18154	17147	16046	17558	16647	15904	15771	15997	16101	16946
泰州市	13373	12421	12464	13297	13530	14218	14994	16085	16199	14414	13965	16082	14021
铜陵市	7340	7005	7033	7756	6797	7298	7277	7010	7360	6872	6300	7171	7117
芜湖市	11661	11731	12154	12196	11221	13003	11897	11583	11011	11405	11635	12308	11887
香河县	9725	10230	9803	9300	14774	14774	14916	14548	14530	14849	14505	14376	13424
孝感市	7283	7650	6932	7157	7433	7232	7138	7485	7374	7312	7784	7823	7354
扬州市	14330	15207	14920	16648	16707	17023	16980	9525	14758	17275	16005	16443	15965
宜兴市	12866	13697	13874	13301	13611	14193	14508	16070	15165	15538	15510	13800	14215
岳阳市	9181	8993	9027	9346	9234	9103	8925	9804	9369	8230	8524	10313	9143
张家港市	15278	16067	16327	16250	14784	15837	13577	14679	15495	15134	15264	16275	15429
肇庆市	6372	6144	6236	6623	6361	5513	5365	6225	5822	5763	5104	5295	5871
镇江市	11460	11348	11678	11722	12348	11776	12100	11578	12606	13199	10728	12268	11898
中山市	13992	12934	13564	13724	13689	14455	14177	14167	15050	13599	13480	12813	13857
舟山市	16854	15900	16321	16622	16855	17206	19534	17206	17080	17595	18411	14840	16665
珠海市	25816	25203	25452	25699	25130	26390	27094	25982	25989	26024	26789	25481	25912

数据来源：中指数据库监测。

备注：杭州数据包含萧山余杭；苏州数据包含吴江。

5-5　2021年全国主要城市商品房成交金额统计

单位：亿元

城市	1月	2月	3月	4月	5月	6月	7月	8月	9月	10月	11月	12月	汇总
一线城市													
北京市	453.84	275.41	540.84	497.34	338.72	617.31	560.90	438.55	459.51	378.22	522.28	472.09	5555.01
上海市	987.63	409.96	679.86	521.81	434.15	697.51	588.08	666.70	476.27	608.94	535.18	676.72	7282.81
广州市	603.84	360.76	441.83	470.83	459.82	424.84	469.32	330.79	367.91	362.14	468.84	744.12	5505.04
深圳市	530.74	215.21	365.40	299.15	240.39	282.83	228.76	603.48	272.68	284.48	313.35	348.94	3985.42
二线城市													
长春市	78.03	28.21	70.89	66.97	57.73	78.09	69.04	59.58	56.94	55.33	57.20	75.93	753.94
成都市	361.89	236.92	444.69	482.08	285.01	315.08	359.23	330.18	391.18	205.74	307.89	527.73	4247.62
重庆市	226.02	179.40	277.43	354.59	485.40	346.80	266.42	187.32	165.83	163.32	179.59	197.52	3029.64
大连市	45.30	43.02	90.57	108.60	87.42	115.55	107.77	87.32	54.29	62.16	47.58	66.47	916.05
福州市	123.40	118.90	130.58	210.80	212.11	223.29	192.51	189.96	139.85	140.01	136.76	144.19	1962.36
杭州市 *	349.45	368.14	548.04	506.55	1283.91	603.40	337.83	793.41	503.57	398.43	378.59	371.96	6443.28
合肥市	191.72	126.39	174.44	179.51	95.62	105.12	172.53	163.32	135.48	106.99	91.91	154.61	1697.64
济南市	210.95	151.44	285.70	304.42	238.73	302.01	232.74	225.15	240.98	178.37	175.71	209.35	2755.55
兰州市	114.63	41.06	93.52	75.88	79.01	82.29	66.62	62.82	63.49	74.69	32.13	62.31	848.45
宁波市	418.62	206.46	323.10	362.90	350.48	317.25	251.05	258.18	219.13	284.37	208.15	202.17	3401.86
青岛市	196.92	110.69	264.89	258.50	238.14	272.61	238.07	242.91	212.26	166.23	186.67	237.65	2625.54
三亚市	39.24	30.98	44.01	28.35	33.75	57.93	65.51	36.32	29.12	36.15	24.25	31.36	456.97
沈阳市	200.61	58.62	73.53	128.44	96.93	214.61	160.70	97.52	77.78	99.66	104.03	422.99	1735.42
苏州市 *	283.08	163.88	303.25	272.90	332.92	391.26	294.31	212.55	250.71	163.70	199.52	208.77	3076.85
无锡市	100.30	70.54	137.00	139.56	148.78	264.86	190.61	114.53	112.55	78.71	79.88	94.42	1531.74
厦门市	142.48	99.39	164.89	138.65	251.71	205.17	113.68	152.89	76.37	78.93	109.46	152.98	1686.60
西安市	247.33	119.13	164.22	168.38	195.57	143.41	181.17	221.68	251.56	133.06	168.36	157.58	2151.45
郑州市	72.73	83.80	152.23	321.85	286.91	274.43	190.69	105.79	147.59	159.64	139.26	160.60	2095.52
三四线城市													
沧州市	38.31	19.42	24.70	28.71	28.81	23.52	27.42	21.77	20.56	16.77	16.35	28.08	294.42
常熟市	23.53	19.76	39.92	38.29	42.59	28.62	21.51	19.19	22.72	17.79	20.93	31.85	326.70
常州市	125.92	71.18	168.38	123.12	147.36	167.18	153.20	100.93	107.04	61.34	52.51	87.71	1365.87
池州市	6.03	8.26	9.82	7.13	7.25	6.85	6.04	5.22	5.76	4.94	3.57	4.06	74.93
佛山市	213.48	130.77	285.86	237.96	237.19	228.10	238.27	145.60	121.28	182.42	158.00	241.66	2420.59
固安县	3.86	4.20	6.01	7.05	6.05	7.79	5.56	6.81	5.49	5.90	3.13	5.28	67.13
衡水市	15.86	11.87	23.50	19.75	16.56	23.71	24.17	17.77	16.27	15.00	16.51	14.83	215.80
淮北市	14.25	18.90	20.44	17.96	19.68	15.21	16.23	19.87	15.36	11.83	9.48	9.36	188.57
淮南市	–	–	18.68	18.28	18.80	18.81	20.29	26.38	28.66	13.71	11.78	19.31	194.70

5-5 续表 1

单位：亿元

城市	1月	2月	3月	4月	5月	6月	7月	8月	9月	10月	11月	12月	汇总
黄石市	10.82	7.32	12.47	12.54	13.37	11.64	11.06	9.24	7.42	8.39	8.55	6.39	119.21
惠州市	170.70	77.38	139.88	148.22	129.32	127.06	148.84	101.93	73.79	67.51	75.20	73.18	1333.01
湖州市	69.67	37.11	79.17	141.55	158.30	111.07	52.35	98.63	74.78	66.46	57.06	82.05	1028.20
江阴市	37.64	29.24	42.23	51.33	47.36	95.04	–	11.40	32.67	10.47	21.13	28.53	407.04
昆山市	71.21	36.36	52.99	68.42	63.20	76.16	76.81	59.28	65.05	48.65	42.85	15.48	676.46
廊坊市	19.11	8.50	18.69	23.81	26.82	33.24	23.31	19.43	19.49	21.56	22.33	29.85	266.14
丽水市	67.55	87.95	62.05	42.41	32.93	3.84	3.43	3.58	47.54	33.39	15.98	45.21	445.86
六安市	16.00	13.86	30.93	25.06	12.05	16.34	19.22	18.71	15.10	11.52	14.13	10.70	203.62
南平市	1.62	2.21	2.44	1.85	2.37	2.05	2.12	2.43	2.73	2.67	1.80	2.55	26.84
宁德市	–	–	4.89	11.44	9.91	10.69	10.19	19.53	15.02	15.02	4.02	10.96	111.67
泉州市	93.17	73.51	113.49	95.42	92.56	118.00	84.29	88.39	70.04	68.95	63.17	67.67	1028.66
衢州市	14.98	26.78	28.29	30.94	15.66	30.00	15.10	8.63	11.45	11.88	11.45	15.12	220.28
三明市	21.88	2.87	3.39	2.24	8.36	6.36	20.95	5.00	2.38	7.10	2.94	2.69	86.16
韶关市	9.13	7.54	10.89	8.81	9.83	7.96	8.00	7.65	7.92	10.00	6.91	11.22	105.86
绍兴市	49.64	38.83	54.52	59.94	82.82	35.80	26.61	14.50	25.07	34.44	52.51	55.18	529.86
宿州市	23.50	19.60	35.54	19.42	18.93	16.49	17.01	11.62	16.96	14.20	10.10	7.80	211.17
泰安市	21.56	15.67	32.78	18.55	22.83	24.20	21.09	21.62	18.85	16.03	15.82	14.96	243.96
太仓市	25.39	29.89	40.39	48.90	49.39	41.00	49.71	46.66	45.06	31.03	36.73	38.83	482.98
泰州市	27.72	9.41	31.00	36.08	25.74	24.48	23.37	13.19	18.90	18.88	7.45	21.43	257.65
铜陵市	7.24	7.82	8.43	7.69	6.41	7.29	9.11	5.61	8.56	9.74	4.56	5.01	87.47
芜湖市	38.18	47.63	87.11	67.41	57.93	45.79	33.97	26.19	20.44	17.38	15.09	17.35	474.47
香河县	6.22	2.22	6.04	6.96	18.10	15.84	10.81	12.09	11.35	10.50	10.18	9.47	119.78
孝感市	12.81	11.40	14.48	11.88	10.06	12.00	9.91	11.04	11.24	15.42	8.85	11.06	140.15
扬州市	34.85	32.55	50.94	40.17	39.93	37.65	46.56	0.38	15.05	17.65	26.96	23.86	366.55
宜兴市	23.37	17.24	32.04	24.17	23.06	29.34	32.55	23.79	16.79	17.97	11.38	10.29	261.99
岳阳市	14.76	13.15	16.94	16.63	17.45	22.30	19.84	12.19	10.30	10.10	7.39	8.86	169.91
张家港市	21.65	14.55	38.62	41.78	38.13	26.64	25.47	16.38	19.37	13.26	17.47	20.22	293.54
肇庆市	44.55	33.03	47.64	33.22	30.41	21.88	22.04	37.90	28.12	33.68	54.13	32.19	418.79
镇江市	56.10	41.30	88.51	71.40	71.50	68.45	52.00	37.92	47.67	58.79	51.05	75.86	720.55
中山市	157.46	41.78	100.85	97.25	89.39	95.72	82.46	65.39	86.61	53.38	68.44	67.98	1006.71
舟山市	14.37	13.02	24.06	28.17	25.50	19.47	19.46	14.56	11.51	11.07	13.52	43.22	237.93
珠海市	163.58	90.65	155.09	186.61	146.75	148.72	150.45	116.00	131.35	120.78	106.19	111.38	1627.55

数据来源：中指数据库监测。

备注：杭州数据包含萧山余杭；苏州数据包含吴江。

5-6　2021 年全国主要城市商品房批准上市套数统计

单位：套

城市	1 月	2 月	3 月	4 月	5 月	6 月	7 月	8 月	9 月	10 月	11 月	12 月	汇总
一线城市													
北京市	16034	7520	7058	7483	9850	8543	12197	8796	19206	7951	12217	20540	137395
上海市	9925	3413	11752	15374	11800	23118	22592	7411	4470	22882	20494	19984	173215
广州市	11299	5527	4571	12850	12113	11623	9898	15744	27853	14047	19833	17166	162524
深圳市	5014	2963	1494	5666	2387	8558	9401	5512	15092	6618	11533	9629	83867
二线城市													
长春市	2267	4197	4704	8897	9284	14080	9365	8367	14885	3783	6444	5813	92086
成都市	13669	12917	18422	45858	28321	20661	27306	29108	42135	22208	33389	49273	343267
重庆市	28011	13628	30416	29845	24597	34673	26281	25480	30386	28698	43092	37786	352893
大连市	1132	1681	543	6951	4206	8932	14220	6761	2846	3139	4241	4646	59298
福州市	10556	9619	13982	16372	13851	20421	14234	14805	17256	10359	21745	16982	180182
杭州市 *	16958	4171	6969	10080	9814	11989	7785	19245	14460	9638	8674	9912	129695
合肥市	10872	4357	8090	12625	10791	10958	12427	14589	19663	10475	7072	19743	141662
济南市	7420	10803	18624	28847	23545	35260	21069	27747	29841	13867	10326	23242	250591
兰州市	15297	7356	5816	10647	11236	9880	11617	12063	17786	11231	3136	8533	124598
宁波市	18471	2761	25618	26288	14250	14704	21505	19302	29465	13022	24850	17841	228077
青岛市	13218	8181	17931	18029	12598	15689	13880	18684	19430	10554	15183	12713	176090
沈阳市	9715	3058	7526	16152	16366	14135	14312	11347	7047	5436	5469	2640	113203
苏州市 *	3018	1713	8768	11055	7837	10422	6440	6934	14299	7097	6869	7184	91636
无锡市	2827	3325	8583	5353	8077	8887	6983	4820	3233	5154	3855	4318	65415
厦门市	1377	5105	8582	6528	4643	6666	9036	6114	4991	5034	13773	15924	87773
西安市	12395	4922	15481	9468	5233	14496	15806	36609	15655	11480	15585	16592	173722
郑州市	5195	1977	3123	14357	11275	31868	13824	12326	24186	10755	15257	15947	160090
三四线城市													
沧州市	767	148	0	2401	91	474	3	1437	686	107	1683	214	8011
常熟市	2325	306	1667	3561	1894	1004	1284	4280	3938	384	1305	1558	23506
常州市	8563	3787	8095	11918	6064	5383	4625	4842	8924	3652	5229	4676	75758
池州市	1243	136	579	525	1049	476	547	406	798	117	653	–	6529
佛山市	13803	7689	16387	25546	22644	21730	17776	18475	28288	14193	17124	19981	223636
衡水市	2668	1047	1942	5225	1943	4169	3491	1912	4302	2246	2594	1037	32576
淮南市	1350	414	828	2497	918	1469	1152	1020	3383	1039	1066	1403	16539
黄石市	551	628	810	1557	1034	877	1732	752	885	757	464	1901	11948
惠州市	6712	2336	15215	23964	4237	10055	10869	6092	19852	6083	8913	8793	123121
江阴市	2150	328	1179	4714	1549	2634	802	2419	829	968	1696	323	19591

5-6 续表 1 单位：套

城市	1月	2月	3月	4月	5月	6月	7月	8月	9月	10月	11月	12月	汇总
昆山市	1114	2240	2892	3303	3114	24	5667	1010	2926	2289	2975	3011	30565
丽水市	4431	1238	1798	5099	556	389	0	0	118	100	–	3416	17145
柳州市	2452	1582	4081	4913	4431	5524	2923	3408	7397	5664	5010	4248	51633
六安市	2063	2474	189	1479	1175	844	1950	1321	2171	727	1233	2173	17799
宁德市	–	–	281	708	85	219	170	620	442	118	257	246	3146
莆田市	3731	2813	4070	8965	4776	4543	4168	7568	5974	6384	5008	2056	60056
泉州市	5189	8516	9453	11717	12501	8020	16185	7201	15035	4779	16429	21135	136160
三明市	4072	384	183	650	1861	2153	4773	503	2480	1848	961	950	20818
绍兴市	1773	38	854	2566	1265	2204	820	2050	2897	1085	1887	1016	18455
宿州市	2957	1333	1598	3118	1160	1522	1736	1959	2211	925	1231	4348	24098
泰安市	1494	755	1230	1643	2473	2866	1295	3363	2117	327	826	2290	20679
太仓市	1770	188	1339	3205	4667	724	1506	3250	1537	2319	289	726	21520
泰州市	1465	1702	353	1623	1354	1070	1828	671	1523	2493	768	1602	16452
铜陵市	1602	1424	1102	1038	525	706	1569	216	3134	532	2386	214	14448
芜湖市	2458	940	2551	3421	2519	996	2351	1270	1587	2959	1591	1750	24393
盐城市	3747	1378	3003	1382	1485	6315	4072	4556	2124	4588	2611	2867	38128
扬州市	1502	2743	620	2080	755	2002	1393	36	1142	688	1716	8704	23381
宜兴市	1029	571	1785	443	937	1628	1779	1986	2576	640	552	1491	15417
张家港市	1218	353	2463	3460	2286	2144	1713	2446	2410	522	1716	1662	22393
镇江市	3398	1687	4445	4691	3459	6045	3957	3836	3318	2897	1146	4936	43815
中山市	7550	4295	8584	10513	4206	5251	6475	5298	9997	3374	10213	7389	83145
舟山市	646	127	1050	2108	3316	613	758	944	1140	1493	119	1464	13778
珠海市	6159	2526	3868	4149	3827	4268	3571	3152	5684	4795	2975	4134	49108

数据来源：中指数据库监测。

备注：杭州数据包含萧山余杭；苏州数据包含吴江。

5-7 2021年全国主要城市商品房批准上市面积统计

单位：万平方米

城市	1月	2月	3月	4月	5月	6月	7月	8月	9月	10月	11月	12月	汇总
一线城市													
北京市	110.10	66.13	61.31	79.42	68.93	66.59	81.28	70.73	163.06	98.44	114.49	129.26	1109.74
上海市	88.61	48.62	72.69	126.84	91.31	205.95	188.01	69.01	47.83	184.06	198.89	189.14	1510.98
广州市	129.77	47.72	45.73	133.87	130.48	108.16	108.21	149.41	258.71	141.48	188.73	170.13	1612.39
深圳市	53.18	22.88	12.68	51.76	31.30	64.98	79.22	53.27	135.35	67.49	111.34	102.73	786.18
二线城市													
长春市	32.77	33.03	49.41	104.91	95.45	151.46	98.80	87.13	147.17	44.91	62.09	59.64	966.78
成都市	92.85	107.02	159.13	307.25	147.35	133.61	203.46	219.22	329.97	220.66	260.44	388.97	2569.92
重庆市	193.42	83.70	234.92	240.61	200.05	297.20	206.33	182.58	219.41	191.94	228.56	262.13	2540.84
大连市	16.30	18.40	7.59	78.79	40.42	83.58	128.27	63.15	31.71	31.27	55.78	56.67	611.92
福州市	85.37	63.31	89.88	109.74	89.46	129.68	96.90	85.49	104.44	77.91	137.16	111.52	1180.86
杭州市 *	208.65	48.60	88.57	106.78	107.58	122.16	80.85	252.52	162.39	122.13	113.39	133.01	1546.63
合肥市	76.46	38.98	63.96	58.17	82.30	65.38	89.81	125.27	126.02	57.12	51.29	122.32	957.07
济南市	72.92	68.35	145.13	249.67	182.70	263.51	173.30	237.93	205.48	109.68	72.22	178.54	1959.42
兰州市	167.95	96.21	54.66	159.79	120.49	129.83	158.92	155.47	224.60	121.22	41.43	110.80	1541.38
宁波市	147.88	25.61	163.70	178.74	103.61	146.17	125.99	135.10	208.69	92.99	247.79	120.15	1696.41
青岛市	153.79	85.75	188.45	188.97	145.47	164.01	152.13	201.75	213.22	110.98	170.71	160.65	1935.87
沈阳市	88.99	29.53	75.99	176.00	183.28	152.89	133.36	132.00	67.43	69.03	67.08	29.83	1205.40
苏州市 *	37.14	19.16	104.12	121.06	93.19	111.73	75.21	81.20	169.31	71.57	87.11	86.01	1056.81
无锡市	31.75	29.50	91.10	61.64	85.08	101.36	76.08	45.44	43.46	53.04	42.75	51.03	712.23
厦门市	17.61	49.09	82.18	60.80	31.99	40.43	69.77	42.84	25.84	35.70	85.87	105.61	647.73
西安市	104.73	38.46	124.00	95.83	65.29	125.38	143.10	334.23	130.86	64.34	124.57	124.20	1474.99
郑州市	47.12	23.22	30.68	134.59	131.01	327.76	148.28	128.43	250.61	108.56	161.33	169.17	1660.77
三四线城市													
沧州市	9.48	1.50	0.00	27.14	1.26	6.47	3.47	18.12	9.46	1.49	20.41	2.48	101.27
常熟市	24.35	3.59	19.33	40.57	20.75	11.27	13.88	41.80	42.05	5.03	17.51	16.68	256.82
常州市	100.10	49.91	105.91	145.40	76.14	62.95	47.73	60.15	103.50	36.71	51.36	53.35	893.21
池州市	13.23	1.48	6.26	4.61	11.10	5.12	6.04	4.25	8.53	1.18	6.44	–	68.26
佛山市	133.54	53.79	123.06	231.20	168.01	179.19	118.96	141.53	208.07	91.44	102.76	138.95	1690.49
衡水市	17.77	9.22	16.06	39.37	18.00	33.37	22.92	15.34	32.20	16.53	22.19	8.51	251.47
淮南市	15.22	4.61	11.93	28.87	11.15	17.99	11.82	10.55	35.61	10.63	12.08	12.95	183.41
黄石市	5.07	7.15	9.83	19.23	11.30	10.88	19.71	9.44	10.15	9.00	5.75	21.13	138.63
惠州市	70.47	23.91	158.00	240.87	41.33	102.39	118.68	57.56	203.34	64.58	84.99	91.14	1257.27
江阴市	24.59	2.09	16.20	55.76	19.27	34.30	10.02	29.27	20.90	12.45	18.71	5.16	248.72

5-7 续表 1

单位：万平方米

城市	1月	2月	3月	4月	5月	6月	7月	8月	9月	10月	11月	12月	汇总
昆山市	13.68	23.26	32.45	34.49	35.49	0.34	55.73	9.98	33.50	23.60	37.81	32.95	333.27
丽水市	50.96	13.12	16.79	53.59	6.80	4.37	0.00	0.00	1.47	1.08	–	37.21	185.39
柳州市	24.85	9.11	33.71	30.12	18.33	35.12	20.39	22.18	46.74	27.36	37.65	28.88	334.44
六安市	22.81	28.08	2.33	12.86	12.03	9.33	21.52	15.10	25.56	9.85	15.01	24.31	198.76
宁德市	–	–	3.27	7.78	0.83	2.26	1.90	7.66	5.32	2.10	3.50	3.54	38.17
莆田市	38.22	23.16	19.22	62.14	27.39	30.89	42.90	63.32	50.40	26.10	28.30	15.26	427.28
泉州市	21.11	53.11	51.93	115.10	101.37	51.69	108.45	52.12	106.96	27.15	96.73	145.93	931.65
三明市	30.47	3.14	1.28	4.91	11.22	15.30	30.50	3.86	18.76	14.05	7.72	6.97	148.19
绍兴市	12.59	0.71	11.10	31.70	14.22	28.46	12.14	22.77	36.52	14.03	24.55	8.67	217.47
宿州市	35.40	16.50	16.76	34.13	13.82	16.50	19.30	22.60	26.10	10.70	13.90	42.30	268.01
泰安市	18.05	9.99	16.25	23.68	30.45	34.62	16.94	29.84	29.02	4.45	11.60	28.48	253.35
太仓市	18.36	2.13	14.24	32.00	28.70	8.28	14.89	35.12	18.61	24.35	3.17	10.90	210.75
泰州市	20.28	19.39	5.45	21.99	16.09	11.88	25.01	7.81	21.36	27.29	10.27	18.15	204.97
铜陵市	11.50	13.39	5.67	10.35	5.81	8.37	12.25	3.67	28.53	7.52	17.88	2.92	127.86
芜湖市	27.63	10.54	29.31	38.62	29.62	10.36	27.09	13.01	18.32	34.37	21.19	17.82	277.87
盐城市	42.67	16.11	37.35	16.73	17.85	72.81	57.38	57.91	26.59	54.80	33.29	32.28	465.77
扬州市	17.95	35.02	7.26	24.71	9.90	24.01	15.47	0.63	13.80	8.35	21.15	18.13	196.40
宜兴市	13.56	7.16	19.61	4.07	13.01	20.57	22.05	22.44	30.51	7.50	6.24	18.03	184.75
张家港市	12.20	3.49	29.43	37.68	24.47	23.75	17.80	25.59	27.29	6.51	18.38	17.20	243.80
镇江市	36.17	22.31	51.85	152.88	43.05	69.06	44.85	46.42	40.02	35.63	13.99	60.13	616.35
中山市	44.39	26.36	63.92	60.05	41.50	45.05	50.36	44.01	67.79	25.52	48.73	36.75	554.43
舟山市	7.37	0.90	11.42	19.71	19.84	6.27	8.91	10.91	10.91	19.95	3.84	15.55	135.57
珠海市	59.88	26.89	42.60	45.04	39.74	46.94	45.21	39.77	51.75	44.31	34.08	57.24	533.46

数据来源：中指数据库监测。

备注：杭州数据包含萧山余杭；苏州数据包含吴江。

5-8　2021 年全国主要城市商品房可售套数统计

单位：套

城市	1月	2月	3月	4月	5月	6月	7月	8月	9月	10月	11月	12月
一线城市												
北京市	331965	331826	324135	326082	316693	316569	308380	309840	325832	313537	328679	334551
上海市	142980	139080	136099	132909	138021	140494	136735	128361	130957	130154	133903	138687
广州市	348023	351608	350975	352922	356708	361425	370175	372403	403536	408603	419322	422874
深圳市	78872	77060	69457	68173	65614	67496	68907	68198	72640	72332	77676	78303
二线城市												
长春市	151478	151405	149440	151437	155884	161084	169340	169456	182872	181881	180908	181799
成都市	1497326	1492135	1471008	1481224	1498234	1488496	1488641	1472720	1500242	1501726	1505093	1459231
重庆市	406421	412106	415545	412055	399425	404357	407560	411217	417838	424916	431439	450970
大连市	183822	182581	178020	178366	177252	179596	184122	186609	186357	186985	182890	185420
福州市	475910	482627	483536	486606	502169	508519	511583	515865	532333	531234	542523	543701
杭州市 *	118080	108828	100305	96525	74735	71324	70094	73439	77311	69202	73643	71200
合肥市	356065	390777	388496	389578	394048	396740	396238	398790	399652	400698	393577	397740
济南市	674458	675742	662043	663493	666502	665426	673180	683246	686691	697763	697380	697773
兰州市	169806	173815	176737	182334	185735	187563	193084	199394	210964	215887	215895	219069
青岛市	320205	324092	324277	326435	328667	331165	326180	332076	333900	338974	348190	347230
沈阳市	332815	325835	324354	328350	335527	335352	333588	334719	332410	328039	321872	296177
苏州市 *	134931	132315	132596	134610	133227	132370	131853	132732	138931	140756	142169	142608
无锡市	93808	93830	95748	94944	96275	95106	94623	94647	93252	95265	95435	96026
厦门市	238655	234578	236610	237399	234662	232582	242479	235590	237973	239549	242742	250274
西安市	310692	309868	258497	257844	257827	262510	265567	288334	288554	291554	296533	297779
三四线城市												
常熟市	26038	25415	25142	27027	25201	24577	24994	27965	31944	31705	31986	32264
常州市	91622	92467	92405	98127	98485	96018	93156	92603	97246	98774	102386	103830
池州市	23937	23308	22706	23194	22542	22339	22398	22258	22355	22164	22341	21889
佛山市	440585	439940	439547	439177	435521	442861	449482	454022	462845	465285	462607	469008
淮北市	16650	16676	17292	17481	17771	17789	17834	18301	18910	19025	19058	21402
黄石市	18700	18236	18456	18752	18643	18546	19419	19329	19109	18627	18555	18567
惠州市	181354	178060	182756	195428	194069	197300	210640	207017	220752	208118	197378	200592
昆山市	30848	31413	31700	31726	31812	28202	29850	27674	27485	27164	27986	29736
丽水市	51280	50355	51117	51969	–	–	–	48993	50499	51379	51343	54617
六安市	56978	57152	54681	52620	53697	52802	52842	51607	52882	52370	51869	53010
南平市	8144	7968	8140	8477	8326	8252	8560	9340	9254	8944	8647	8292

5-8 续表 1

单位：套

城市	1 月	2 月	3 月	4 月	5 月	6 月	7 月	8 月	9 月	10 月	11 月	12 月
莆田市	84908	30715	29471	29800	30032	28921	28844	28387	28671	28689	27923	27768
泉州市	253493	255659	252630	251852	251356	217624	252603	246381	248916	250033	258419	239062
三明市	12541	12576	12209	14925	15419	18647	19606	19500	20241	20212	20589	21325
韶关市	43202	42643	42592	43008	44020	46839	47318	50736	60408	61620	76041	60786
绍兴市	23756	22644	21816	22863	23832	25614	25947	22747	29441	29413	29796	30347
泰安市	51188	50410	48533	47874	49522	50702	51322	53474	54346	53886	53404	54604
太仓市	56524	55369	53747	54393	53600	51980	50444	49142	48140	48205	46590	44946
泰州市	16293	16712	15298	14875	14943	13966	14507	14663	15596	16753	16935	17590
铜陵市	52742	53347	53889	54138	53686	53572	54111	53582	53798	53736	55303	56244
芜湖市	35397	32833	29878	29505	28793	27131	27844	27557	27682	29290	29843	30619
扬州市	97461	98415	97055	97589	96859	97077	97185	97185	98145	99014	99925	100404
宜兴市	32481	30806	30427	29173	28862	28847	29633	30569	32991	32849	33666	32341
岳阳市	36520	31187	34730	34960	35579	35120	35032	34318	32718	32710	33338	32970
张家港市	24670	24216	24542	25812	26090	26537	26905	28495	29800	29531	30314	30917
镇江市	117324	116072	112108	112228	110117	110504	110976	112599	113469	112010	109767	112412
中山市	327288	325482	322562	322500	320075	317185	313237	310958	310931	308257	305554	302800
舟山市	23995	23355	23759	24652	25916	25821	25363	25931	26125	26538	26321	24333
珠海市	105299	104998	104506	102371	101273	101580	102414	104200	105361	107304	105927	107661

数据来源：中指数据库监测。

备注：杭州数据包含萧山余杭；苏州数据包含吴江。

5-9 2021年全国主要城市商品房可售面积统计

单位：万平方米

城市	1月	2月	3月	4月	5月	6月	7月	8月	9月	10月	11月	12月
一线城市												
北京市	2461.81	2447.15	2382.89	2406.89	2342.95	2330.60	2276.56	2288.16	2376.43	2303.07	2432.23	2439.11
上海市	2789.46	2751.43	2718.76	2680.20	2731.80	2762.19	2731.92	2643.39	2666.38	2656.30	2707.21	2774.48
广州市	2331.15	2297.16	2250.38	2282.99	2297.68	2302.98	2343.96	1766.67	1951.03	1970.15	1975.65	1984.48
深圳市	730.33	705.22	634.33	624.60	608.30	612.32	627.59	600.26	645.77	644.22	697.58	720.29
二线城市												
长春市	1685.70	1688.27	1659.18	1688.81	1734.22	1795.09	1868.52	1849.71	1987.18	1967.15	1956.38	1958.92
成都市	8209.70	8153.64	7982.74	7978.99	8041.49	7911.30	7930.39	7809.34	8013.14	8087.33	8132.65	8033.12
重庆市	3915.16	3901.80	3909.99	3869.26	3721.79	3761.89	3773.61	3802.18	3872.79	3911.11	3941.29	4208.91
大连市	2554.33	2542.90	2498.84	2512.06	2501.26	2520.70	2561.15	2580.34	2579.75	2585.79	2546.20	2598.36
福州市	2771.01	2807.14	2797.11	2817.32	2896.54	2923.12	2937.95	2944.22	3020.91	3017.53	3083.03	3073.36
杭州市 *	1404.25	1299.54	1220.29	1173.79	905.81	868.79	858.91	901.04	954.54	877.46	939.93	912.77
合肥市	1914.50	2119.95	2086.73	2026.95	2058.27	2056.26	2035.74	2044.43	2034.48	2026.41	1990.19	2016.22
济南市	3793.80	3790.00	3667.58	3651.23	3687.05	3660.43	3703.71	3788.99	3816.01	3864.46	3875.20	3892.48
兰州市	2168.76	2238.22	2336.91	2444.04	2484.52	2526.56	2627.21	2726.57	2885.64	2937.97	2944.67	2994.71
青岛市	3698.27	3733.07	3714.61	3734.18	3751.61	3779.95	3725.90	3787.15	3811.99	3865.62	3979.50	3975.60
沈阳市	3363.49	3296.06	3268.06	3153.98	3492.39	3492.68	3472.31	3503.54	3483.01	3455.93	3406.74	3119.40
苏州市 *	1534.07	1498.90	1498.58	1524.08	1505.24	1492.40	1482.88	1492.56	1565.52	1575.69	1594.82	1607.20
无锡市	1130.26	1124.03	1139.55	1137.63	1149.34	1135.66	1126.94	1119.37	1112.15	1126.92	1130.80	1139.16
厦门市	1642.86	1626.11	1654.33	1668.55	1657.86	1613.85	1671.55	1617.52	1621.99	1618.81	1634.14	1680.61
西安市	2666.95	2656.46	2314.81	2306.65	2306.29	2345.98	2371.25	2571.74	2551.42	2534.80	2557.89	2575.25
郑州市	2486.72	2448.53	2382.18	2259.81	2163.86	2277.17	2273.30	2318.79	2447.95	2418.76	2456.90	2486.29
三四线城市												
常熟市	319.85	312.61	308.37	327.65	308.09	300.16	304.06	334.88	376.54	376.99	382.34	382.66
常州市	1097.99	1114.60	1122.04	1196.85	1204.79	1170.26	1120.66	1111.43	1160.43	1173.62	1206.07	1226.11
池州市	161.08	155.00	149.05	153.45	147.38	145.95	147.04	146.12	148.54	146.14	148.52	144.84
佛山市	2298.43	2278.72	2216.28	2224.15	2195.81	2261.60	2297.31	2317.91	2392.72	2422.00	2394.89	2484.37
淮北市	384.24	384.41	384.66	386.34	388.25	388.42	387.23	392.15	395.99	396.66	396.40	423.11
黄石市	221.27	215.37	218.54	221.74	220.08	219.23	229.18	228.23	230.46	223.36	220.92	220.98
惠州市	1798.01	1766.58	1815.78	1935.54	1918.00	1956.57	2073.88	2033.89	2157.34	2023.50	1907.04	1923.17
昆山市	333.11	338.22	342.29	341.82	344.23	305.71	317.18	293.75	293.28	287.48	302.77	323.15
丽水市	542.64	528.62	535.95	548.93	–	–	–	500.48	515.94	534.24	549.84	535.66
六安市	599.53	606.99	577.82	554.97	564.33	555.56	555.86	543.92	559.40	555.68	553.50	567.42

5-9 续表 1 单位：万平方米

城市	1 月	2 月	3 月	4 月	5 月	6 月	7 月	8 月	9 月	10 月	11 月	12 月
南平市	91.31	89.41	91.51	95.24	93.70	93.27	96.58	104.72	104.06	100.87	97.62	93.85
莆田市	554.95	450.84	434.10	437.91	441.59	428.02	428.11	420.12	424.33	425.36	416.58	414.86
泉州市	1125.93	1475.35	1418.57	1408.99	1389.41	886.65	1374.08	1036.93	1353.49	1005.56	1377.16	1276.37
三明市	68.19	67.97	65.03	75.66	76.36	90.62	95.68	95.10	102.92	106.79	111.01	115.25
韶关市	333.41	324.59	322.20	308.08	314.19	326.23	325.09	342.10	406.41	403.62	543.56	383.51
绍兴市	326.36	314.09	304.61	316.29	326.65	353.60	360.27	313.06	400.47	400.13	406.51	404.81
泰安市	607.38	601.05	581.74	577.92	596.90	609.87	619.10	634.94	649.80	646.20	642.58	657.75
太仓市	435.37	424.25	410.06	416.53	411.25	397.54	381.80	370.47	365.36	371.22	355.95	344.80
泰州市	188.19	190.69	174.23	168.79	169.27	157.05	165.26	166.36	179.77	190.93	194.22	201.17
铜陵市	493.76	500.66	496.68	498.63	496.27	496.00	497.54	493.99	496.80	494.31	503.53	509.08
芜湖市	507.19	476.12	439.17	427.93	419.78	398.78	412.42	402.31	403.90	422.24	431.58	438.07
扬州市	584.29	598.16	564.05	574.14	568.65	572.08	574.07	574.07	586.26	597.03	610.52	620.52
宜兴市	423.94	403.90	395.09	379.19	375.98	376.39	376.59	392.12	420.31	417.47	425.86	407.19
岳阳市	370.67	305.47	351.76	354.05	362.73	360.49	357.75	349.40	334.95	335.56	339.23	337.94
张家港市	300.31	294.71	298.53	310.60	309.30	314.36	315.13	330.21	345.06	343.10	351.32	356.35
镇江市	1294.28	1281.95	1236.23	1237.21	1216.38	1223.51	1226.08	1247.17	1254.91	1243.61	1210.72	1215.01
中山市	1591.01	1583.68	1567.99	1571.54	1567.44	1547.21	1521.56	1506.77	1531.90	1523.04	1514.07	1502.75
珠海市	1148.91	1147.36	1145.34	1128.90	1120.64	1122.97	1145.89	1165.37	1174.07	1193.74	1185.62	1221.33

数据来源：中指数据库监测。

备注：杭州数据包含萧山余杭；苏州数据包含吴江。

5-10　2021年全国主要城市商品房销供比统计

城市	1月	2月	3月	4月	5月	6月	7月	8月	9月	10月	11月	12月	汇总
一线城市													
北京市	1.11	1.10	2.30	1.54	1.24	2.29	1.85	1.72	0.74	1.13	1.19	1.04	1.33
上海市	2.54	2.22	2.85	1.49	1.53	1.04	0.99	3.05	3.64	0.94	0.95	1.18	1.48
广州市	1.42	2.51	3.18	1.13	1.09	1.20	1.17	0.68	0.45	0.82	0.79	1.17	1.04
深圳市	1.75	1.62	4.84	0.96	1.21	0.72	0.48	1.34	0.31	0.76	0.53	0.59	0.82
二线城市													
长春市	2.48	0.91	1.51	0.66	0.66	0.52	0.77	0.78	0.43	1.36	1.02	1.45	0.84
成都市	2.80	1.53	1.81	1.02	1.41	1.74	1.27	1.15	0.85	0.75	0.82	1.26	1.22
重庆市	1.03	1.77	0.97	1.20	1.78	0.87	1.04	0.85	0.68	0.81	0.90	0.75	1.01
大连市	1.72	1.46	7.40	0.85	1.37	0.81	0.54	0.81	1.04	1.19	0.54	0.74	0.92
福州市	0.79	1.11	0.76	1.13	1.30	0.95	1.07	1.26	0.81	1.14	0.65	0.70	0.95
杭州市 *	0.55	2.50	1.99	1.52	3.42	1.45	1.39	0.86	0.88	0.99	1.03	0.91	1.26
合肥市	1.57	2.24	1.87	2.10	0.83	1.07	1.31	1.15	1.03	1.38	1.36	1.14	1.32
济南市	2.45	1.65	1.45	0.90	0.92	0.82	0.96	0.68	0.88	1.18	1.76	0.86	1.04
兰州市	0.74	0.46	1.90	0.48	0.69	0.69	0.45	0.44	0.29	0.60	0.84	0.56	0.58
宁波市	1.74	3.91	1.00	1.01	1.72	1.18	1.11	1.06	0.57	1.53	0.50	1.18	1.10
青岛市	0.91	0.88	0.97	0.93	1.07	1.06	1.00	0.82	0.67	1.03	0.72	0.94	0.90
沈阳市	1.94	1.77	0.90	0.69	0.48	1.19	1.13	0.68	1.30	1.52	1.71	11.30	1.30
苏州市 *	2.90	3.27	1.16	0.91	1.44	1.48	1.53	1.03	0.60	0.89	0.94	1.06	1.17
无锡市	1.70	1.23	0.77	1.12	0.85	1.14	1.12	1.19	1.24	0.72	0.92	0.86	1.03
厦门市	3.00	0.69	0.74	0.82	2.57	1.85	0.68	1.33	1.13	0.90	0.46	0.61	0.96
西安市	1.40	1.83	0.80	1.09	1.90	0.68	0.82	0.40	1.16	1.26	0.81	0.86	0.90
郑州市	0.99	2.18	3.16	1.91	1.73	0.65	1.03	0.65	0.48	1.27	0.76	0.83	0.99
三四线城市													
沧州市	3.70	11.33	–	0.98	20.53	3.25	6.76	1.06	2.00	10.14	0.77	11.90	2.68
常熟市	0.54	3.17	1.21	0.53	1.18	1.50	0.96	0.28	0.34	2.21	0.72	1.15	0.75
常州市	0.82	0.94	1.08	0.53	1.15	1.62	2.01	1.07	0.63	1.07	0.61	1.03	0.96
池州市	0.61	7.50	2.11	2.12	0.97	1.73	1.33	1.87	0.75	5.56	0.66	–	1.48
佛山市	1.08	1.55	1.49	0.63	0.84	0.74	1.17	0.67	0.41	1.26	0.98	1.08	0.90
衡水市	1.08	1.55	1.83	0.62	1.11	0.80	1.21	1.41	0.61	1.08	0.88	1.96	1.02
淮南市	–	–	2.46	1.01	2.56	1.83	3.20	3.64	1.05	1.80	1.65	2.41	1.65
黄石市	2.65	1.44	1.83	0.89	1.54	1.43	0.67	1.28	0.94	1.22	1.91	0.39	1.13
惠州市	2.08	2.82	0.79	0.53	2.64	1.05	1.03	1.61	0.30	0.86	0.78	0.68	0.91
江阴市	1.14	9.12	1.75	0.60	1.67	1.80	1.77	0.25	0.98	0.65	0.76	3.01	1.15

5-10 续表 1

城市	1月	2月	3月	4月	5月	6月	7月	8月	9月	10月	11月	12月	汇总
昆山市	2.80	0.82	0.84	1.04	0.94	114.64	0.73	3.12	1.04	1.17	0.57	0.24	1.07
丽水市	0.77	3.73	2.28	0.53	3.32	0.65	–	–	22.20	18.19	–	0.94	1.53
柳州市	1.10	2.66	1.05	0.82	1.60	0.96	1.16	1.17	0.60	1.11	0.70	1.13	1.02
六安市	0.91	0.61	16.19	2.61	1.27	2.11	1.11	1.49	0.69	1.36	1.11	0.50	1.26
宁德市	–	–	1.22	1.35	10.72	4.25	4.86	2.14	2.55	7.73	0.88	2.44	2.62
莆田市	0.59	1.12	2.04	0.49	0.99	1.26	0.65	0.38	0.19	0.70	0.85	1.38	0.72
泉州市	4.63	1.51	2.35	0.90	0.97	2.53	0.86	1.87	0.70	2.64	0.64	0.48	1.18
三明市	0.66	1.15	3.32	0.84	0.92	0.48	0.61	1.41	0.19	0.49	0.49	0.54	0.62
绍兴市	1.66	23.77	2.02	0.79	2.31	0.57	0.91	0.28	0.37	1.04	0.82	2.40	1.02
宿州市	1.09	1.97	3.32	0.86	2.15	1.52	1.25	0.72	0.91	1.82	0.96	0.30	1.20
泰安市	1.22	1.70	2.17	0.80	0.76	0.73	1.20	0.70	0.69	3.75	1.45	0.57	1.00
太仓市	0.78	7.34	1.57	0.84	1.00	3.09	1.90	0.80	1.52	0.81	7.24	2.21	1.35
泰州市	1.02	0.39	–	1.23	1.18	1.45	0.62	1.05	0.55	0.48	0.52	0.73	0.90
铜陵市	0.86	0.83	2.12	0.96	1.62	1.19	1.02	2.18	0.41	1.88	0.40	2.39	0.96
芜湖市	1.19	3.85	2.45	1.43	1.74	3.40	1.05	1.74	1.01	0.44	0.61	0.79	1.44
盐城市	1.24	2.36	1.53	1.83	0.74	1.14	0.27	0.21	0.44	0.28	0.44	1.01	0.81
扬州市	1.35	0.61	4.70	0.98	2.41	0.92	1.77	0.63	0.74	1.22	0.80	0.80	1.17
宜兴市	1.34	1.76	1.18	4.47	1.30	1.00	1.02	0.66	0.36	1.54	1.17	0.41	1.00
张家港市	1.16	2.59	0.80	0.68	1.05	0.71	1.05	0.44	0.46	1.35	0.62	0.72	0.78
镇江市	1.35	1.63	1.46	0.40	1.34	0.84	0.96	0.71	0.94	1.25	3.40	1.03	0.98
中山市	2.54	1.23	1.16	1.18	1.57	1.47	1.15	1.05	0.85	1.54	1.04	1.44	1.31
舟山市	1.16	9.05	1.29	0.86	0.76	1.81	1.12	0.78	0.62	0.32	1.91	1.87	1.05
珠海市	1.06	1.34	1.43	1.61	1.47	1.20	1.23	1.12	0.98	1.05	1.16	0.76	1.18

数据来源：中指数据库监测。

备注：杭州数据包含萧山余杭；苏州数据包含吴江。

5-11　2021 年全国主要城市商品房出清周期统计

单位：月

城市	1月	2月	3月	4月	5月	6月	7月	8月	9月	10月	11月	12月
一线城市												
北京市	18.75	19.46	18.35	18.04	18.84	20.08	18.87	17.76	18.94	18.63	18.41	18.87
上海市	13.41	14.25	14.21	13.87	14.54	15.32	15.71	13.84	14.37	14.51	14.16	14.39
广州市	12.99	12.88	13.42	13.62	14.28	15.85	17.27	13.31	15.26	16.15	16.05	14.74
深圳市	10.54	10.56	9.51	9.53	10.37	11.29	13.93	11.82	13.56	13.45	13.58	13.43
二线城市												
长春市	17.48	20.07	22.21	23.23	25.53	27.17	28.66	25.86	28.49	28.78	28.57	28.05
成都市	34.79	37.32	36.45	32.36	33.20	32.36	32.49	30.16	31.09	34.69	34.74	29.02
重庆市	15.87	16.82	16.75	16.23	14.51	15.27	15.16	15.19	16.32	18.17	20.74	23.46
大连市	49.83	53.09	51.32	50.35	51.04	50.20	44.81	42.18	45.03	49.39	52.88	59.23
福州市	30.73	31.92	34.61	33.11	31.92	30.80	29.09	27.43	27.46	28.95	30.90	33.31
杭州市 *	13.59	12.39	10.31	9.01	5.17	4.65	4.61	4.45	4.85	4.63	6.36	6.59
合肥市	16.70	18.51	17.57	16.86	18.86	20.98	20.87	19.12	18.72	19.97	19.58	17.81
济南市	28.37	28.48	25.00	23.18	22.51	19.76	20.23	19.79	20.47	22.67	23.69	25.45
兰州市	23.83	27.51	27.19	28.78	29.70	29.06	33.61	33.21	38.25	39.20	44.08	48.21
青岛市	22.48	24.61	23.68	22.77	23.12	25.11	24.40	22.59	23.70	25.67	27.43	28.18
沈阳市	26.36	30.72	31.73	29.94	34.29	30.62	31.46	30.04	29.07	29.52	28.01	21.16
苏州市 *	14.70	14.99	14.92	14.48	13.37	12.76	12.54	12.26	13.21	14.24	15.65	17.93
无锡市	18.17	20.21	20.14	19.24	19.02	16.33	15.07	14.41	14.83	16.13	17.57	21.76
厦门市	32.89	33.04	30.65	29.75	26.68	27.31	28.74	26.08	28.61	30.12	35.04	37.51
西安市	19.71	21.73	18.94	18.48	18.75	22.31	23.64	23.20	21.36	21.93	22.88	22.33
郑州市	23.68	25.40	25.05	18.79	15.30	15.93	13.66	13.50	15.83	15.51	17.72	19.70
三四线城市												
常熟市	21.02	20.59	17.90	18.35	16.19	16.22	16.43	18.03	22.14	24.66	28.73	27.99
常州市	13.65	15.47	15.23	15.62	14.97	13.78	12.83	12.32	14.12	15.47	18.15	20.91
池州市	18.75	16.83	14.37	15.77	14.12	14.18	14.28	14.94	17.19	18.04	21.19	22.21
佛山市	14.00	14.61	13.86	14.41	14.81	16.32	16.69	16.60	19.42	20.52	21.51	21.74
淮北市	19.46	19.09	18.25	17.85	17.70	20.28	20.01	20.55	21.91	23.55	26.73	31.18
黄石市	13.80	14.32	14.63	15.20	15.72	14.33	15.02	14.69	16.30	17.02	18.35	20.40
惠州市	9.86	11.51	12.73	14.44	15.47	17.16	18.87	17.82	20.83	22.13	22.61	25.05
昆山市	13.28	14.19	14.54	13.30	12.45	9.51	9.75	8.50	8.19	8.34	–	11.85
丽水市	18.28	16.35	15.71	15.76	–	–	–	30.82	33.70	38.66	46.60	31.18
六安市	27.29	27.33	23.13	21.54	22.80	23.12	22.65	21.37	25.30	29.64	29.19	32.04

5-11 续表 1 单位：月

城市	1月	2月	3月	4月	5月	6月	7月	8月	9月	10月	11月	12月
南平市	27.09	26.53	26.99	29.76	30.32	32.96	32.63	34.56	32.02	28.33	26.60	24.00
莆田市	21.46	17.76	14.92	15.18	14.92	13.98	13.56	13.43	16.13	17.51	17.50	19.91
泉州市	10.95	14.37	13.21	13.38	13.30	8.41	13.13	9.64	13.57	10.64	15.59	16.31
三明市	6.36	6.91	6.95	8.88	9.14	10.91	11.91	11.42	12.51	12.30	14.63	16.46
韶关市	20.01	20.79	21.25	22.52	22.57	24.35	24.72	25.98	32.43	30.55	42.53	27.95
绍兴市	15.94	16.60	16.23	15.89	14.04	15.82	17.38	16.48	22.83	25.28	29.63	27.94
泰安市	19.49	20.90	20.17	23.07	25.13	25.85	26.54	26.48	30.28	30.68	32.13	35.53
太仓市	33.08	30.37	26.71	23.06	20.09	17.86	15.52	13.90	13.21	14.03	13.97	13.66
泰州市	10.59	11.76	9.78	8.66	8.26	8.08	8.90	8.91	10.91	13.51	16.39	17.96
铜陵市	48.50	48.75	48.13	48.55	47.95	47.74	45.94	47.91	48.47	45.10	47.55	50.45
芜湖市	16.89	14.79	11.03	9.70	8.85	8.33	8.75	9.11	11.44	14.74	19.45	23.46
扬州市	20.21	21.56	19.58	20.21	20.57	22.88	22.49	26.07	32.52	38.00	42.02	46.76
宜兴市	21.70	20.72	19.64	19.18	19.67	20.60	19.84	20.26	24.23	25.69	29.07	32.73
岳阳市	17.51	15.49	17.97	19.33	19.92	19.55	18.37	18.29	18.81	19.87	22.35	26.97
张家港市	15.63	16.72	16.44	16.22	15.02	16.37	15.79	16.25	18.69	21.95	26.53	28.48
镇江市	23.00	23.65	21.92	21.49	21.17	21.71	22.15	22.78	25.92	27.22	27.54	27.25
中山市	19.29	21.22	20.85	21.03	22.22	22.02	24.86	23.72	25.23	27.47	28.56	29.57
珠海市	19.35	20.26	19.49	18.08	18.09	19.38	20.23	20.06	20.84	22.97	24.27	26.12

数据来源：中指数据库监测。

备注：杭州数据包含萧山余杭；苏州数据包含吴江。

5-12　2021年全国主要城市商品住宅成交统计

城市	销售套数（套）	销售面积（万平方米）	销售价格（元/平方米）	销售额（亿元）
北海市	18771	156.32	7125	111.38
长沙市	103358	1353.84	12156	1645.73
贵阳市	61704	694.68	9790	680.07
哈尔滨市	29968	310.59	11804	366.63
海口市	54194	564.10	16675	940.61
呼和浩特市	44165	515.94	10998	567.42
昆明市	55124	676.74	14955	1012.08
南昌市	31552	358.11	13725	491.49
南京市 *	113105	1326.76	29779	3950.98
南宁市	73141	774.18	11990	928.22
石家庄市	36404	419.17	13979	585.95
太原市	57252	704.44	11344	799.13
天津市	115207	1245.86	17201	2143.00
温州市	80214	942.84	19437	1832.61
武汉市	199018	2280.48	15950	3637.44
西宁市	31185	357.47	10044	359.06
银川市	29240	364.68	8455	308.35
安庆市	12237	146.62	8687	127.37
鞍山市	10038	104.91	6219	65.24
保定市	22237	246.14	10271	252.82
宝鸡市	24364	299.73	5773	173.02
常德市	18626	219.83	6215	136.62
郴州市	16037	185.71	6456	119.92
东莞市	41281	478.21	27570	1318.44
东营市	13072	187.79	7902	148.40
鄂州市	26770	290.75	–	–
抚州市	4741	54.77	9041	49.52
赣州市	57610	718.25	8166	586.55
衡阳市	21334	261.91	6287	164.65
菏泽市	29017	378.73	6178	233.97
嘉兴市	17489	217.07	15139	328.62
吉林市	14492	154.16	6993	107.81
金华市	21619	220.31	14898	328.21
济宁市	25290	322.25	9536	307.29
九江市	16331	182.98	8263	151.20
连云港市	55075	694.27	8515	591.19
洛阳市	23956	274.86	9405	258.51

5–12 续表 1

城市	销售套数（套）	销售面积（万平方米）	销售价格（元/平方米）	销售额（亿元）
泸州市	24898	266.02	6430	171.05
马鞍山市	14220	163.98	10803	177.15
茂名市	20213	247.58	6974	172.65
梅州市	27156	355.84	5942	211.45
绵阳市	28129	299.23	8816	263.79
南充市	39375	377.89	6689	252.76
南通市	37831	441.46	17237	760.96
南阳市	22160	245.41	6551	160.76
平顶山市	20186	230.46	6487	149.49
日照市	16582	203.91	10438	212.85
商丘市	30311	363.93	6417	233.53
汕头市	37658	450.31	9530	429.13
宿迁市	24346	300.56	9851	296.09
唐山市	50262	564.16	9292	524.21
襄阳市	26341	306.61	–	–
新乡市	48211	737.14	7047	519.44
许昌市	16735	208.64	6830	142.51
徐州市	126967	1522.21	9349	1423.16
烟台市	27617	320.90	11591	371.95
宜昌市	18053	220.15	–	–
永州市	7066	90.14	6028	54.34
运城市	12576	156.60	6374	99.81
漳州市	28291	297.06	11912	353.85
湛江市	37253	408.34	10084	411.74
驻马店市	18987	233.72	6343	148.24
淄博市	47591	596.21	9111	543.23
遵义市	18496	212.16	5777	122.56

数据来源：中指数据库监测。

备注：南京数据包含溧水高淳。

5-13　2021 年全国主要城市商品住宅成交套数统计

单位：套

城市	1月	2月	3月	4月	5月	6月	7月	8月	9月	10月	11月	12月	汇总
北海市	2650	1407	1968	2651	2152	1812	644	1144	836	873	970	1664	18771
长沙市	10126	5977	12766	10252	12893	10024	8242	6202	6668	5644	6184	8380	103358
贵阳市	4093	3236	6390	5235	5064	7850	4486	4295	5063	5931	5216	4845	61704
哈尔滨市	2946	1305	3380	4188	3749	2797	1698	1810	3611	1949	1380	1155	29968
海口市	4103	1921	3963	4672	4186	4902	4874	6692	5428	3696	5547	4210	54194
呼和浩特市	3084	1459	2064	2605	2576	3122	4014	5747	9061	2798	2415	5220	44165
昆明市	4856	2989	6370	5970	5847	5024	4259	3924	3312	3898	3737	4938	55124
南昌市	3254	2985	3785	4173	2654	1699	2610	2837	1912	2538	886	2219	31552
南京市 *	8536	6167	14644	14272	13157	16742	8190	4953	5897	5346	6201	9000	113105
南宁市	7929	3893	6744	8804	7829	8738	6687	6426	4815	3653	4142	3481	73141
石家庄市	398	2024	4109	4208	4385	5331	4304	2306	2162	1782	2529	2866	36404
太原市	6771	2491	7064	5289	5636	6147	5638	5293	5041	7882	–	–	57252
天津市	9187	5168	9202	11748	12070	11387	10281	8943	8180	8887	8816	11338	115207
温州市	7340	7079	7748	7351	8466	7486	6010	4797	5709	6040	9367	2821	80214
武汉市	17563	8554	18500	21527	21054	18038	15867	11022	14463	11618	15560	25252	199018
西宁市	2646	1389	2015	1436	1486	1480	2168	2765	4138	3362	3313	4987	31185
银川市	2877	1625	2871	2802	2247	3227	3418	1953	2697	2485	2027	1011	29240
安庆市	1026	869	1749	1044	968	556	1499	492	779	1359	882	1014	12237
鞍山市	685	640	1117	964	1522	1307	1329	1144	–	1088	242	–	10038
保定市	2037	1545	2234	2141	1626	1457	1661	2483	1655	1744	2040	1614	22237
宝鸡市	3828	1872	2773	2488	2263	1798	1598	1974	1284	1382	1117	1987	24364
常德市	2282	1870	1828	1705	1790	1668	1626	882	932	1627	1043	1373	18626
郴州市	1100	1234	1620	1552	1550	1920	1308	1266	1217	1224	854	1192	16037
东莞市	7758	1934	2301	2665	3614	4980	4065	2565	2446	4091	1662	3200	41281
东营市	1422	772	1572	1538	1763	1361	821	735	966	722	939	461	13072
鄂州市	1863	787	2354	2309	1227	4833	2008	1471	5516	1788	880	1734	26770
抚州市	376	418	490	794	388	96	576	280	433	51	369	470	4741
赣州市	1597	1566	1884	1735	1556	7484	12186	5219	5789	6159	4939	7496	57610
衡阳市	1506	2556	2394	1945	2112	1283	1131	1683	1231	2237	1071	2185	21334
菏泽市	3185	2554	4700	2953	2660	2337	2356	1945	987	2047	1782	1511	29017
嘉兴市	3533	1373	1539	1441	1028	1353	1175	1931	772	399	710	2235	17489
吉林市	1023	511	1088	1297	1267	2053	1911	1524	785	1237	978	818	14492
金华市	3681	1717	2555	1319	1768	1576	2143	2217	2085	745	768	1045	21619
济宁市	3027	2302	3274	3466	2863	2915	1741	1989	1594	2119	–	–	25290
九江市	1086	1024	2171	1745	2503	1072	1160	1032	751	1393	1300	1094	16331
连云港市	7273	6750	6797	3937	4982	4301	4444	4532	2774	2981	2436	3868	55075

5-13　续表1　　　　单位：套

城市	1月	2月	3月	4月	5月	6月	7月	8月	9月	10月	11月	12月	汇总
洛阳市	3633	2136	2796	2661	2450	916	1907	1826	1331	1456	1541	1303	23956
泸州市	1354	3532	1343	1923	2011	1954	1668	1766	2637	2687	1958	2065	24898
马鞍山市	1232	2229	1053	818	523	1599	1035	1230	1844	405	804	1448	14220
茂名市	1779	2392	2395	1599	1797	1527	1395	1876	1154	1850	1170	1279	20213
梅州市	1843	2886	2909	2285	2627	1985	2044	2655	1268	2946	1736	1972	27156
绵阳市	3104	2050	3935	3668	3264	2220	1868	1933	1623	1502	1539	1423	28129
南充市	3341	6625	4117	2740	2927	2093	3027	2990	2379	2872	3228	3036	39375
南通市	4949	5713	6241	5135	4205	4059	2306	1178	976	1638	528	903	37831
南阳市	2295	1448	2698	2992	2294	2072	2065	1874	1180	1076	1136	1030	22160
平顶山市	1584	849	1681	1370	1027	3772	4038	880	1005	1684	918	1378	20186
日照市	1661	1097	1356	1344	1054	3175	1791	1520	1360	874	775	575	16582
商丘市	3009	3246	3698	3149	2958	2990	3055	1740	1199	2013	1729	1525	30311
汕头市	2572	1988	3015	2701	2086	4557	5313	3583	2857	3529	2606	2851	37658
宿迁市	3153	2217	3191	2273	2998	3683	1538	963	1373	704	1199	1054	24346
唐山市	2168	1273	2200	2193	2304	6581	8070	5865	4410	5628	3896	5674	50262
襄阳市	3277	1567	3340	2848	2401	2212	2080	1916	2034	1202	2231	1233	26341
新乡市	1332	1094	1610	1233	1271	4529	7114	4308	6814	5269	6741	6896	48211
许昌市	2260	949	2023	1673	2653	1267	1302	866	831	771	894	1246	16735
徐州市	14070	12356	13554	12036	8547	14221	9334	6631	10261	12102	7405	6450	126967
烟台市	2143	1344	3287	2867	3312	2067	2402	1771	1848	2355	1654	2567	27617
宜昌市	1628	1213	1915	1613	1779	1871	1378	1093	1598	1898	979	1088	18053
永州市	552	585	821	872	290	976	1142	698	491	639	–	–	7066
运城市	–	–	1332	1671	1170	1359	1325	1452	1147	733	1101	1286	12576
漳州市	742	788	1652	1703	1593	4616	4658	3422	3053	2363	1744	1957	28291
湛江市	4545	5291	6457	4039	4549	3083	2751	1532	909	932	1042	2123	37253
驻马店市	1782	1651	2113	2384	2221	1422	1794	1304	977	1261	1037	1041	18987
淄博市	3719	2526	4438	4301	4069	4370	4066	3507	3799	5047	4683	3066	47591
遵义市	2122	1809	2631	2049	2164	–	–	–	1630	1097	2974	2020	18496

数据来源：中指数据库监测。

备注：南京数据包含溧水高淳。

5-14 2021年全国主要城市商品住宅成交面积统计

单位：万平方米

城市	1月	2月	3月	4月	5月	6月	7月	8月	9月	10月	11月	12月	汇总
北海市	21.24	11.90	15.99	20.75	18.02	15.60	5.37	10.08	7.23	7.71	8.57	13.86	156.32
长沙市	131.28	75.93	159.35	128.85	161.63	133.65	108.72	81.40	86.55	74.89	84.04	127.55	1353.84
贵阳市	47.84	36.85	74.32	61.79	58.40	82.40	51.88	49.69	50.17	66.07	59.82	55.45	694.68
哈尔滨市	30.74	13.72	35.16	42.81	38.64	29.89	17.35	18.39	37.69	19.74	14.30	12.16	310.59
海口市	41.80	20.20	41.00	48.10	43.16	54.38	51.16	67.15	57.09	37.95	55.68	46.43	564.10
呼和浩特市	36.91	17.31	24.71	31.10	30.38	37.31	50.60	69.58	100.47	32.40	28.07	57.10	515.94
昆明市	60.02	36.60	78.02	72.72	71.36	61.26	51.44	47.02	40.59	47.93	47.64	62.14	676.74
南昌市	39.02	34.53	43.26	45.30	29.97	18.01	30.32	31.86	21.32	28.59	9.96	25.97	358.11
南京市 *	102.25	72.83	174.30	166.77	154.40	193.18	94.09	57.87	68.92	62.22	72.89	107.04	1326.76
南宁市	86.51	43.03	73.99	93.70	81.34	89.66	71.20	65.68	51.90	38.86	40.97	37.34	774.18
石家庄市	4.45	23.79	48.25	49.15	50.46	59.83	47.91	26.63	25.09	20.65	29.63	33.33	419.17
太原市	80.58	31.78	83.83	64.01	67.72	75.21	68.35	65.48	65.01	102.47	–	–	704.44
天津市	99.78	57.36	98.29	126.56	129.12	121.39	109.01	99.35	90.25	95.60	96.54	122.61	1245.86
温州市	85.55	85.23	92.87	88.41	96.24	85.39	70.18	57.09	68.43	75.63	104.39	33.43	942.84
武汉市	201.76	99.77	212.19	246.94	242.90	213.68	184.05	126.57	169.89	130.26	171.01	281.46	2280.48
西宁市	29.02	15.68	22.78	16.61	16.95	16.88	24.18	32.61	46.76	36.78	39.48	59.74	357.47
银川市	34.94	20.21	35.84	35.01	28.24	40.39	43.57	24.32	33.48	30.81	25.53	12.34	364.68
安庆市	12.26	10.47	21.08	12.41	11.63	6.59	17.99	5.99	9.41	16.05	10.24	12.50	146.62
鞍山市	7.33	6.61	12.13	10.01	16.19	13.59	13.09	12.01	–	11.62	2.33	–	104.91
保定市	22.27	16.84	24.17	23.42	18.27	15.84	18.44	28.36	18.40	19.20	23.16	17.77	246.14
宝鸡市	47.35	22.58	33.25	30.28	27.82	22.47	19.87	24.73	15.94	16.93	14.22	24.29	299.73
常德市	26.34	21.74	21.79	19.90	21.14	19.99	19.12	10.16	11.26	19.32	12.44	16.63	219.83
郴州市	12.25	14.53	18.64	16.64	18.06	21.79	15.19	14.94	14.81	14.58	9.95	14.33	185.71
东莞市	89.51	24.31	28.03	30.80	39.47	54.88	45.90	30.10	27.90	50.38	20.40	36.53	478.21
东营市	21.29	12.03	23.17	22.95	25.72	17.62	12.06	10.88	15.31	9.96	10.04	6.76	187.79
鄂州市	21.26	8.80	25.55	25.78	13.84	49.50	21.90	17.10	58.30	18.82	10.00	19.90	290.75
抚州市	4.25	4.77	5.72	8.43	4.34	1.17	6.51	3.15	4.99	0.58	5.35	5.51	54.77
赣州市	20.68	20.34	23.02	21.15	18.72	92.82	154.71	67.01	72.43	76.38	60.80	90.19	718.25
衡阳市	18.40	31.79	29.44	23.82	25.69	16.17	13.69	20.69	14.96	27.65	13.23	26.38	261.91
菏泽市	41.45	33.06	60.96	38.32	34.84	30.35	30.65	25.43	12.77	26.75	24.46	19.69	378.73
嘉兴市	40.83	16.43	18.01	17.39	13.76	17.52	14.63	23.45	10.38	5.88	8.84	29.95	217.07
吉林市	10.79	5.27	11.74	14.17	13.66	21.84	20.51	16.34	8.40	12.96	10.01	8.47	154.16
金华市	39.01	19.01	29.20	15.07	19.56	15.89	21.62	22.64	22.88	7.61	7.82	–	220.31
济宁市	39.18	28.71	41.86	45.70	36.17	36.66	22.66	25.26	20.75	25.30	–	–	322.25
九江市	12.54	11.75	24.78	19.61	26.99	12.01	13.49	12.12	8.62	14.96	15.04	11.07	182.98
连云港市	91.76	83.99	85.67	49.75	63.25	54.84	56.12	57.15	35.09	37.60	31.69	47.36	694.27

5-14　续表 1　　单位：万平方米

城市	1月	2月	3月	4月	5月	6月	7月	8月	9月	10月	11月	12月	汇总
洛阳市	39.61	24.47	31.90	29.72	27.84	10.91	21.77	21.84	16.10	17.20	18.41	15.09	274.86
泸州市	14.96	38.54	14.55	20.52	21.35	20.84	17.30	19.21	28.61	27.65	20.94	21.55	266.02
马鞍山市	14.14	26.64	12.61	9.41	6.07	17.78	11.64	13.94	22.17	4.48	8.81	16.29	163.98
茂名市	21.77	28.74	29.12	19.67	21.54	18.61	16.78	23.56	14.23	22.94	14.29	16.33	247.58
梅州市	24.06	37.14	37.75	29.62	34.17	26.30	26.43	34.97	17.13	38.43	22.91	26.93	355.84
绵阳市	32.82	21.07	41.19	38.09	33.32	23.36	20.63	20.81	17.70	16.82	17.45	15.97	299.23
南充市	31.51	62.22	39.42	25.89	27.98	20.92	29.53	28.14	24.20	28.27	30.81	29.00	377.89
南通市	57.61	63.17	72.14	59.72	48.31	48.61	28.61	13.53	11.39	20.45	6.37	11.55	441.46
南阳市	26.22	16.15	30.73	34.23	24.58	22.86	22.50	20.54	13.40	12.28	12.18	9.74	245.41
平顶山市	18.16	9.57	19.60	15.41	11.70	41.77	47.50	10.45	11.56	17.10	11.31	16.33	230.46
日照市	21.25	13.53	16.06	16.64	13.16	38.55	21.70	18.97	16.35	10.70	9.85	7.15	203.91
商丘市	36.14	39.48	44.55	37.39	35.65	36.24	37.05	21.00	11.61	24.72	20.96	19.15	363.93
汕头市	30.93	24.13	36.36	32.89	24.94	52.90	66.42	42.30	32.92	40.34	32.10	34.08	450.31
宿迁市	38.97	27.42	39.30	28.40	36.33	44.70	18.88	12.42	17.22	8.55	15.19	13.18	300.56
唐山市	24.46	14.93	24.95	24.86	27.37	74.63	91.00	66.80	49.93	59.08	43.50	62.65	564.16
襄阳市	37.30	18.15	38.81	33.50	28.16	26.13	24.55	22.62	23.60	14.08	25.97	13.74	306.61
新乡市	16.71	13.69	19.51	14.99	15.53	63.87	143.82	77.21	87.25	75.44	109.47	99.65	737.14
许昌市	27.76	12.10	25.05	20.69	32.29	15.72	16.13	10.92	10.59	9.89	11.42	16.08	208.64
徐州市	169.07	149.47	163.83	143.06	100.46	171.65	112.52	78.52	120.07	144.86	88.08	80.62	1522.21
烟台市	25.39	15.86	38.12	32.96	38.29	24.43	27.19	20.35	21.70	27.35	19.44	29.82	320.90
宜昌市	19.86	14.79	23.42	19.20	21.30	22.47	17.18	13.81	19.26	22.68	12.60	13.58	220.15
永州市	6.97	7.40	10.41	10.48	3.53	13.70	14.40	8.94	6.10	8.21	–	–	90.14
运城市	–	–	16.74	20.99	14.35	17.24	16.62	18.17	14.24	9.10	13.49	15.66	156.60
漳州市	8.01	8.56	17.72	17.84	16.40	48.46	48.37	35.99	32.59	24.81	18.41	19.90	297.06
湛江市	49.82	57.92	70.52	43.17	49.66	33.88	30.53	17.09	10.09	10.35	11.55	23.76	408.34
驻马店市	21.84	20.05	25.50	29.16	27.40	17.54	22.06	16.31	12.27	15.72	13.02	12.85	233.72
淄博市	46.11	31.05	54.74	51.85	52.08	56.48	51.82	45.37	47.63	63.42	57.31	38.35	596.21
遵义市	24.31	20.80	30.71	24.04	24.31	–	–	–	18.88	12.77	35.08	21.26	212.16

数据来源：中指数据库监测。

备注：南京数据包含溧水高淳。

5-15 2021年全国主要城市商品住宅成交价格统计

单位：元/平方米

城市	1月	2月	3月	4月	5月	6月	7月	8月	9月	10月	11月	12月	汇总
北海市	6813	6781	6992	7117	7280	7647	7733	7868	7409	7243	6788	6501	7125
长沙市	11186	11571	10957	11090	11632	12898	12338	12909	12663	12257	12269	14850	12156
贵阳市	9844	10470	10319	10264	10547	9746	9676	9150	9659	9293	8349	10265	9790
哈尔滨市	10309	10494	9971	9942	9533	14345	13111	13455	14271	13346	13247	13670	11804
海口市	17369	17562	17669	18078	17323	18134	18119	15734	14901	13201	15904	16729	16675
呼和浩特市	10611	11042	10640	10852	11092	11588	10677	12374	10485	11465	11378	10094	10998
昆明市	14882	15492	15701	15739	15883	15581	14553	14735	13940	13222	14624	13928	14955
南昌市	13730	13406	13511	12504	14019	14227	14612	14939	13936	12952	13319	14245	13725
南京市*	28557	29647	31769	30564	30853	29964	27404	27118	26977	26884	29850	31661	29779
南宁市	11672	12054	11730	10263	11191	12286	12737	13036	12898	13094	12611	12166	11990
石家庄市	12692	14607	12416	12964	12833	14790	14693	14712	14677	14977	14670	14376	13979
太原市	10638	11285	11066	11387	10984	11336	11513	10837	11776	12300	–	–	11344
天津市	16878	17166	16819	17260	17403	18272	17371	17416	17411	16612	16638	16878	17201
温州市	17329	18612	19159	20428	19381	22470	20278	19567	21176	21054	16504	17465	19437
武汉市	16039	16059	15809	16931	16716	17374	16088	15878	14343	15464	16067	14419	15950
西宁市	8894	9592	10182	10096	10687	10133	10063	10498	9955	8802	10811	10522	10044
银川市	8172	8316	8381	8408	8210	8829	9447	8277	8387	8191	8347	7073	8455
安庆市	8528	8274	8308	8275	8197	9012	9353	9426	9073	8995	8615	8580	8687
鞍山市	5056	5340	5240	5300	5515	6545	6887	7665	–	7648	6122	–	6219
保定市	6786	7361	8381	8450	8282	12063	12194	11990	12129	12070	11882	12128	10271
宝鸡市	5206	5146	5249	5314	5261	6324	6115	6168	6369	6119	6426	7125	5773
常德市	6405	6525	6562	6538	6374	5755	5931	6188	6428	6018	5868	5708	6215
郴州市	6197	6243	6264	6282	6077	6356	6315	6044	7237	6896	6921	6977	6456
东莞市	29560	29186	23929	24553	24847	26943	26935	26906	26820	30410	23265	31246	27570
东营市	7093	7410	7080	7342	6707	8918	9338	9299	8772	9244	7983	9079	7902
抚州市	9065	9425	8803	10818	9368	10440	8030	7791	8764	9182	8772	8105	9041
赣州市	11387	11188	10694	10319	10285	8043	7276	7921	7875	8054	7990	7441	8166
衡阳市	5886	6139	6127	6041	6099	5955	6531	6430	6583	6569	6633	6649	6287
菏泽市	5828	5638	5868	5974	5922	6224	6930	7098	6336	6370	6478	6467	6178
嘉兴市	14842	14197	12885	14179	14317	14272	14531	14927	16789	15435	16754	18213	15139
吉林市	6491	6973	6133	6550	7383	7136	7173	7178	7208	7211	7155	7046	6993
金华市	15358	17993	15986	14188	12800	18132	14051	11487	13364	16451	16254	17548	14898
济宁市	9159	9176	9158	9557	9814	9774	10416	9603	9492	9552	–	–	9536
九江市	8224	8432	8380	8095	7864	9158	8370	8342	8589	8439	8127	7619	8263
连云港市	8488	7744	8080	7837	7870	8676	8663	9687	9370	9406	8344	9293	8515
洛阳市	8919	8701	9194	8905	8794	9328	9113	9859	9944	10938	10783	10207	9405

5-15 续表 1 单位：元 / 平方米

城市	1 月	2 月	3 月	4 月	5 月	6 月	7 月	8 月	9 月	10 月	11 月	12 月	汇总
泸州市	6393	6207	6203	6182	6108	6757	6400	6481	6594	6647	6720	6442	6430
马鞍山市	9776	10954	9525	10028	9658	10870	11860	12156	9959	12062	12082	11436	10803
茂名市	7285	7096	7165	7272	7079	6884	7008	6931	6579	6263	6846	7086	6974
梅州市	6235	6341	6147	6076	6178	5980	6028	5686	6571	5411	5459	5380	5942
绵阳市	8415	7868	8317	8473	8440	8976	9223	9522	9522	9655	9841	9317	8816
南充市	6337	6460	6584	6622	6785	6697	6612	6416	6714	6834	6900	7617	6689
南通市	13576	17830	18035	14087	15840	20153	19543	17863	18886	20556	19916	21756	17237
南阳市	5753	7003	5802	5638	6640	6675	7305	6644	6815	8140	7098	8001	6551
平顶山市	5579	6019	6070	5968	6055	6416	7723	6472	6391	5878	6301	6499	6487
日照市	10767	9899	8394	8817	9008	11688	11178	10949	10723	10476	10653	10158	10438
商丘市	6305	6404	6253	6411	6734	6432	6437	6457	6441	6372	6420	6387	6417
汕头市	9586	9176	9756	9968	9925	9691	9092	9742	9580	8681	10009	9615	9530
宿迁市	10069	9338	9256	9519	9631	10624	9951	11004	9600	9271	9714	10379	9851
唐山市	9358	9463	10141	10073	11173	8618	9587	8987	8701	8526	9499	9503	9292
新乡市	6718	6635	6984	7177	7611	8154	7502	6322	7672	7111	6591	6162	7047
许昌市	6400	6696	6534	6693	6658	6779	6905	7174	6904	7251	7442	7662	6830
徐州市	11186	8965	9435	9222	8761	10496	8865	8961	8194	8385	9775	9953	9349
烟台市	11654	11748	11512	11671	11915	12071	12269	11957	11144	10622	11442	11098	11591
永州市	6680	6032	6061	5815	5885	6496	5729	5961	5840	5731	–	–	6028
运城市	–	–	6654	6262	6376	6545	6710	6497	6279	6347	6161	5825	6374
漳州市	13924	14303	14169	13896	14365	11001	11048	11425	11019	11124	11863	11955	11912
湛江市	9572	9483	9497	9593	9549	9294	9285	14290	14040	13822	12639	10944	10084
驻马店市	5986	5939	6063	6062	6075	6703	6757	6826	6717	6554	6670	6574	6343
淄博市	9757	9160	9284	9068	9207	9474	8730	9330	9350	8466	8695	9091	9111
遵义市	5814	5712	6071	6025	5991	–	–	–	5896	5737	5340	5486	5777

数据来源：中指数据库监测。

备注：南京数据包含溧水高淳。

5-16 2021年全国主要城市商品住宅成交金额统计

单位：亿元

城市	1月	2月	3月	4月	5月	6月	7月	8月	9月	10月	11月	12月	汇总
北海市	14.47	8.07	11.18	14.77	13.12	11.93	4.15	7.93	5.36	5.58	5.81	9.01	111.38
长沙市	146.85	87.86	174.59	142.89	188.01	172.38	134.15	105.08	109.60	91.79	103.12	189.41	1645.73
贵阳市	47.09	38.58	76.69	63.42	61.59	80.31	50.20	45.47	48.45	61.40	49.95	56.92	680.07
哈尔滨市	31.69	14.40	35.06	42.56	36.83	42.88	22.75	24.75	53.79	26.35	18.95	16.62	366.63
海口市	72.60	35.48	72.44	86.96	74.77	98.61	92.70	105.65	85.08	50.09	88.56	77.67	940.61
呼和浩特市	39.17	19.11	26.30	33.75	33.70	43.23	54.02	86.10	105.34	37.14	31.93	57.63	567.42
昆明市	89.32	56.70	122.50	114.45	113.35	95.45	74.86	69.28	56.59	63.37	69.67	86.54	1012.08
南昌市	53.57	46.29	58.45	56.64	42.01	25.63	44.30	47.60	29.71	37.03	13.26	37.00	491.49
南京市*	291.98	215.92	553.72	509.73	476.36	578.85	257.83	156.93	185.93	167.27	217.56	338.90	3950.98
南宁市	100.98	51.87	86.80	96.17	91.02	110.15	90.69	85.61	66.95	50.88	51.67	45.43	928.22
石家庄市	5.64	34.76	59.91	63.72	64.76	88.49	70.39	39.17	36.82	30.92	43.46	47.91	585.95
太原市	85.73	35.86	92.77	72.89	74.38	85.25	78.69	70.96	76.56	126.04	–	–	799.13
天津市	168.40	98.46	165.31	218.44	224.70	221.80	189.35	173.03	157.14	158.81	160.62	206.94	2143.00
温州市	148.24	158.63	177.93	180.62	186.52	191.88	142.30	111.70	144.90	159.22	172.28	58.39	1832.61
武汉市	323.60	160.23	335.46	418.08	406.03	371.26	296.10	200.97	243.66	201.44	274.76	405.85	3637.44
西宁市	25.81	15.04	23.20	16.77	18.11	17.10	24.33	34.23	46.55	32.37	42.69	62.86	359.06
银川市	28.56	16.81	30.04	29.44	23.19	35.66	41.16	20.13	28.08	25.24	21.31	8.73	308.35
安庆市	10.46	8.66	17.52	10.27	9.54	5.94	16.82	5.64	8.54	14.44	8.82	10.72	127.37
鞍山市	3.71	3.53	6.35	5.30	8.93	8.89	9.02	9.20	–	8.88	1.43	–	65.24
保定市	15.11	12.39	20.25	19.79	15.13	19.11	22.48	34.00	22.32	23.17	27.52	21.55	252.82
宝鸡市	24.65	11.62	17.45	16.09	14.64	14.21	12.15	15.25	10.15	10.36	9.14	17.31	173.02
常德市	16.87	14.19	14.30	13.01	13.47	11.50	11.34	6.29	7.24	11.62	7.30	9.49	136.62
郴州市	7.59	9.07	11.68	10.46	10.98	13.85	9.60	9.03	10.72	10.05	6.89	10.00	119.92
东莞市	264.58	70.96	67.07	75.63	98.07	147.87	123.62	81.00	74.82	153.21	47.47	114.14	1318.44
东营市	15.10	8.92	16.40	16.85	17.25	15.71	11.27	10.12	13.43	9.20	8.01	6.14	148.40
抚州市	3.85	4.49	5.03	9.12	4.06	1.22	5.23	2.45	4.38	0.53	4.69	4.47	49.52
赣州市	23.55	22.75	24.62	21.82	19.25	74.66	112.57	53.08	57.04	61.52	48.58	67.11	586.55
衡阳市	10.83	19.52	18.04	14.39	15.67	9.63	8.94	13.30	9.85	18.16	8.78	17.54	164.65
菏泽市	24.15	18.64	35.77	22.89	20.64	18.89	21.24	18.05	8.09	17.04	15.84	12.73	233.97
嘉兴市	60.60	23.33	23.21	24.66	19.70	25.00	21.26	35.00	17.43	9.07	14.81	54.55	328.62
吉林市	7.00	3.67	7.20	9.28	10.09	15.58	14.72	11.73	6.06	9.35	7.16	5.97	107.81
金华市	59.91	34.20	46.68	21.38	25.04	28.81	30.38	26.01	30.57	12.52	12.71	–	328.21
济宁市	35.89	26.35	38.34	43.67	35.50	35.83	23.60	24.25	19.69	24.17	–	–	307.29
九江市	10.31	9.91	20.77	15.88	21.23	11.00	11.29	10.11	7.41	12.63	12.22	8.44	151.20
连云港市	77.89	65.04	69.22	38.99	49.78	47.58	48.62	55.37	32.88	35.37	26.44	44.01	591.19
洛阳市	35.32	21.29	29.33	26.47	24.48	10.18	19.83	21.53	16.01	18.82	19.85	15.40	258.51

5-16 续表 1 单位：亿元

城市	1月	2月	3月	4月	5月	6月	7月	8月	9月	10月	11月	12月	汇总
泸州市	9.57	23.92	9.03	12.68	13.04	14.08	11.07	12.45	18.87	18.38	14.07	13.89	171.05
马鞍山市	13.83	29.18	12.01	9.43	5.86	19.32	13.81	16.95	22.08	5.41	10.64	18.63	177.15
茂名市	15.86	20.39	20.87	14.30	15.25	12.81	11.76	16.33	9.36	14.37	9.78	11.57	172.65
梅州市	15.00	23.55	23.20	18.00	21.11	15.73	15.93	19.88	11.26	20.79	12.51	14.49	211.45
绵阳市	27.62	16.57	34.25	32.27	28.12	20.97	19.03	19.81	16.86	16.24	17.17	14.88	263.79
南充市	19.97	40.20	25.95	17.14	18.99	14.01	19.53	18.05	16.25	19.32	21.26	22.09	252.76
南通市	78.21	112.63	130.11	84.13	76.53	97.95	55.90	24.16	21.51	42.03	12.68	25.12	760.96
南阳市	15.09	11.31	17.83	19.30	16.32	15.26	16.43	13.65	9.13	10.00	8.65	7.79	160.76
平顶山市	10.13	5.76	11.90	9.20	7.08	26.80	36.68	6.76	7.39	10.05	7.13	10.61	149.49
日照市	22.88	13.40	13.48	14.67	11.86	45.05	24.25	20.77	17.53	11.21	10.49	7.26	212.85
商丘市	22.78	25.28	27.86	23.97	24.00	23.31	23.85	13.56	7.48	15.75	13.46	12.23	233.53
汕头市	29.65	22.14	35.47	32.79	24.76	51.26	60.39	41.21	31.54	35.02	32.13	32.77	429.13
宿迁市	39.24	25.60	36.38	27.04	34.99	47.49	18.79	13.67	16.53	7.93	14.76	13.67	296.09
唐山市	22.89	14.12	25.30	25.05	30.59	64.32	87.24	60.03	43.45	50.37	41.32	59.53	524.21
新乡市	11.23	9.08	13.63	10.76	11.82	52.08	107.89	48.81	66.93	53.65	72.15	61.41	519.44
许昌市	17.77	8.10	16.37	13.85	21.50	10.65	11.14	7.83	7.31	7.17	8.50	12.32	142.51
徐州市	189.13	133.99	154.58	131.93	84.19	176.97	97.74	68.44	98.38	121.46	86.10	80.24	1423.16
烟台市	29.59	18.63	43.88	38.47	45.62	29.49	33.36	24.34	24.18	29.05	22.25	33.09	371.95
永州市	4.65	4.46	6.31	6.09	2.08	8.90	8.25	5.33	3.56	4.71	–	–	54.34
运城市	–	–	11.14	13.14	9.15	11.28	11.15	11.81	8.94	5.77	8.31	9.12	99.81
漳州市	11.15	12.24	25.10	24.79	23.56	53.32	53.43	41.12	35.91	27.60	21.84	23.79	353.85
湛江市	47.69	54.93	66.97	41.41	47.42	31.49	28.35	24.42	14.16	14.30	14.60	26.00	411.74
驻马店市	13.08	11.91	15.46	17.68	16.65	11.76	14.90	11.13	8.24	10.30	8.68	8.45	148.24
淄博市	44.99	28.45	50.82	47.02	47.95	53.51	45.24	42.33	44.53	53.69	49.83	34.87	543.23
遵义市	14.14	11.88	18.64	14.48	14.57	–	–	–	11.13	7.33	18.73	11.66	122.56

数据来源：中指数据库监测。

备注：南京数据包含溧水高淳。

5-17　2021 年全国部分城市商品住宅批准上市套数统计

单位：套

城市	1 月	2 月	3 月	4 月	5 月	6 月	7 月	8 月	9 月	10 月	11 月	12 月	汇总
长沙市	4563	3781	9215	10831	8447	9182	10008	7038	8724	8453	10146	12648	103036
南京市 *	9079	2004	9117	13900	10986	12816	5867	0	20184	8163	13428	11743	117287
温州市	11965	2517	7855	4116	7975	6796	7266	6267	7468	3885	9367	4989	80466
武汉市	12456	4704	23374	26227	20119	17633	13803	17586	24162	12142	17048	16574	205828
东莞市	5432	1821	2550	2380	4902	6699	3573	4291	4193	3627	2575	–	42043
鄂州市	3603	616	3408	3428	1298	2617	1901	755	1673	647	1546	771	22263
梅州市	3022	2984	453	2294	1052	4620	3373	2268	2437	1298	2352	2661	28814
新乡市	2098	1599	1713	–	1287	3865	4165	4436	3946	2757	4644	3664	34174
徐州市	8034	5374	5242	11515	10203	8759	10458	13498	11632	7399	7552	7896	107562
烟台市	1493	817	3091	5774	3842	4562	1749	2199	5405	550	2006	4925	36413
永州市	1537	742	602	839	1539	1800	2586	1552	1167	309	655	461	13789
运城市	–	1376	204	1550	498	441	956	254	557	1687	206	208	7937
湛江市	5586	3319	7858	6149	3098	3753	4536	1258	4124	254	1465	2047	43447

数据来源：中指数据库监测。

备注：南京数据包含溧水高淳。

5-18 2021年全国部分城市商品住宅批准上市面积统计

单位：万平方米

城市	1月	2月	3月	4月	5月	6月	7月	8月	9月	10月	11月	12月	汇总
长沙市	56.76	48.28	117.60	139.54	114.95	122.60	126.95	99.32	116.73	115.77	150.31	181.01	1389.82
南京市 *	105.48	22.62	100.45	166.05	123.68	142.24	71.95	0.00	233.93	95.30	168.19	158.21	1388.10
天津市	126.47	60.81	87.05	105.88	128.37	133.56	121.33	71.03	116.72	122.67	67.50	79.54	1220.93
温州市	137.73	30.14	89.49	49.20	89.47	77.48	84.00	74.00	89.11	44.79	104.39	58.24	928.03
武汉市	136.77	47.62	271.36	308.08	238.55	196.31	153.43	198.33	274.86	142.38	203.18	191.73	2362.60
东莞市	61.89	21.21	29.83	21.12	53.79	70.22	46.12	50.18	46.08	40.12	30.93	–	471.48
鄂州市	41.10	6.60	39.30	37.10	13.40	29.30	18.00	8.90	18.90	6.78	13.30	8.10	240.78
梅州市	41.34	37.55	5.57	30.55	13.55	62.22	44.10	29.05	32.20	17.27	30.06	32.91	376.37
襄阳市	–	–	–	–	–	19.51	20.15	15.36	23.63	–	–	–	78.65
新乡市	20.73	18.81	21.46	–	15.13	54.20	70.72	56.19	54.88	38.00	60.55	47.92	458.60
徐州市	98.59	62.73	60.30	137.60	123.90	108.36	123.82	161.51	142.91	90.75	98.76	96.58	1305.81
烟台市	16.99	10.48	33.44	66.18	44.40	52.99	20.12	23.62	61.94	6.07	24.15	51.12	411.50
宜昌市	9.81	4.61	21.34	24.87	15.58	41.53	10.46	6.97	23.44	8.90	9.96	10.45	187.93
永州市	20.15	11.86	7.31	11.38	19.47	24.99	31.67	18.14	16.34	3.89	8.31	5.65	179.18
运城市	–	17.57	2.37	19.79	6.67	4.88	11.94	3.61	6.65	16.99	2.79	2.68	95.94
湛江市	61.09	36.77	77.37	70.02	33.23	42.75	48.76	14.28	45.58	2.89	16.64	21.36	470.74

数据来源：中指数据库监测。

备注：南京数据包含溧水高淳。

5-19　2021 年全国部分城市商品住宅可售套数统计

单位：套

城市	1 月	2 月	3 月	4 月	5 月	6 月	7 月	8 月	9 月	10 月	11 月	12 月
长沙市	64112	62549	61333	62181	61440	58459	58161	56641	55811	56692	59167	61213
南京市 *	62761	58513	58296	57401	57527	56967	56893	54579	63455	67657	73208	74063
南宁市	81171	77129	74521	81037	79655	84171	88582	89736	92419	91065	92443	90895
温州市	58771	53402	52032	49596	52047	50927	52734	53953	55534	54245	55734	58279
武汉市	140571	135963	141423	146723	145923	144846	140273	149530	159985	162151	168028	167786
东莞市	28073	25944	26092	26329	28031	27936	28917	31298	31395	32105	33963	30763
东营市	9571	9284	11242	11092	11312	11038	10797	10524	10476	10275	10230	10109
鄂州市	12801	12627	13679	14788	14849	12633	12526	11810	7967	6351	7017	6054
襄阳市	–	–	–	–	–	18972	19831	20171	23961	–	–	–
烟台市	54160	61823	61478	63338	63045	66403	66653	64988	68458	69750	69620	70546
宜昌市	15589	15889	15692	17323	16387	18305	18968	19019	18989	18695	17439	17116

数据来源：中指数据库监测。

备注：南京数据包含溧水高淳。

5-20　2021 年全国部分城市商品住宅可售面积统计

单位：万平方米

城市	1 月	2 月	3 月	4 月	5 月	6 月	7 月	8 月	9 月	10 月	11 月	12 月
长沙市	734.96	716.63	702.06	715.59	713.01	675.94	670.32	656.34	648.56	663.59	702.14	732.06
南京市 *	749.17	710.72	705.90	696.70	699.25	690.76	695.80	670.56	763.61	803.36	874.55	886.65
南宁市	901.68	858.55	812.36	885.29	871.81	916.19	968.16	988.69	1013.93	1001.52	1018.56	995.58
天津市	2157.94	2161.38	2150.72	2130.60	2130.45	2142.60	2154.93	2126.61	2153.07	2180.15	2151.11	2108.05
温州市	745.92	678.28	659.39	630.38	657.70	645.21	665.13	679.42	701.08	683.01	694.85	723.76
武汉市	1762.62	1704.47	1769.71	1827.83	1822.24	1796.06	1740.88	1842.98	1962.86	1992.49	2063.31	2059.12
东营市	153.61	149.25	187.55	185.20	186.33	183.48	178.69	174.75	171.94	169.49	167.45	164.10
鄂州市	133.50	131.30	145.00	156.30	155.80	135.60	131.70	123.50	84.00	68.00	71.20	59.40
襄阳市	–	–	–	–	–	227.66	239.65	243.56	287.50	–	–	–
烟台市	632.36	719.80	710.82	735.31	732.00	772.88	773.15	753.99	793.72	805.53	804.41	813.16
宜昌市	185.07	187.69	184.15	203.67	192.99	215.20	222.60	223.36	222.02	220.40	201.94	199.20

数据来源：中指数据库监测。

备注：南京数据包含溧水高淳。

5-21 2021年全国部分城市商品住宅销供比统计

城市	1月	2月	3月	4月	5月	6月	7月	8月	9月	10月	11月	12月	汇总
长沙市	2.31	1.57	1.36	0.92	1.41	1.09	0.86	0.82	0.74	0.65	0.56	0.70	0.97
南京市 *	0.97	3.22	1.74	1.00	1.25	1.36	1.31	–	0.29	0.65	0.43	0.68	1.73
天津市	0.79	0.94	1.13	1.20	1.01	0.91	0.90	1.40	0.77	0.78	1.43	1.54	1.02
温州市	0.62	2.83	1.04	1.80	1.08	1.10	0.84	0.77	0.77	1.69	1.00	0.57	1.02
武汉市	1.48	2.10	0.78	0.80	1.02	1.09	1.20	0.64	0.62	0.91	0.84	1.47	0.97
东莞市	1.45	1.15	0.94	1.46	0.73	0.78	1.00	0.60	0.61	1.26	0.66	–	1.01
鄂州市	0.52	1.33	0.65	0.70	1.03	1.69	1.22	1.92	3.08	2.78	0.75	2.46	1.21
梅州市	0.58	0.99	6.78	0.97	2.52	0.42	0.60	1.20	0.53	2.23	0.76	0.82	0.95
襄阳市	–	–	–	–	–	1.34	1.22	1.47	1.00	–	–	–	1.16
宜昌市	2.03	3.21	1.10	0.77	1.37	0.54	1.64	1.98	0.82	2.55	1.26	1.30	1.17
永州市	0.35	0.62	1.42	0.92	0.18	0.55	0.45	0.49	0.37	2.11	–	–	0.50

数据来源：中指数据库监测。

备注：南京数据包含溧水高淳。

5-22 2021年全国部分城市商品住宅出清周期统计

单位：月

城市	1月	2月	3月	4月	5月	6月	7月	8月	9月	10月	11月	12月
长沙市	4.81	5.03	4.77	4.99	4.93	5.13	5.24	5.09	5.55	6.16	7.40	7.80
南京市 *	7.73	7.56	6.38	5.66	5.31	4.80	4.88	4.79	6.23	7.64	9.55	11.49
南宁市	10.78	11.83	11.86	12.23	11.74	11.74	12.83	12.47	13.42	15.07	17.06	19.52
天津市	18.57	20.13	20.78	19.96	19.77	20.33	20.15	18.66	19.12	20.29	21.09	20.62
温州市	7.07	6.43	6.28	6.07	6.25	7.25	7.70	8.32	9.03	9.05	9.04	10.61
武汉市	7.51	7.85	8.13	8.40	8.41	8.85	8.71	9.02	9.95	11.20	12.44	11.62
东营市	3.27	3.75	4.91	5.35	7.56	8.96	9.44	9.33	9.87	11.11	13.24	15.14
鄂州市	6.60	6.76	7.06	7.14	8.14	5.62	5.44	4.82	2.70	2.27	2.43	2.44
襄阳市	–	–	–	–	–	7.50	8.50	8.41	10.88	–	–	–
宜昌市	8.11	8.78	8.44	9.55	9.34	10.67	11.28	11.42	11.77	11.33	11.22	12.06

数据来源：中指数据库监测。

备注：南京数据包含溧水高淳。

第六章

2021年全国主要城市存量房市场统计

6-1　2021 年全国部分城市二手房供求全年汇总统计

城市	成交套数（套）	成交面积（平方米）	参考成交价（元/平方米）	成交金额（万元）	套均面积（平方米/套）
北京	173864	15719080	60925	95768533.08	90.41
上海	253226	20623419	51600	106417448.21	81.44
广州	94643	8764948	33994	29795791.44	92.61
深圳	39156	3369683	66129	22283252.15	86.06
重庆	135777	12259245	13625	16703365.98	90.29
杭州	61432	5972692	36316	21690266.64	97.22
合肥	67241	6351393	18932	12024242.89	94.46
南京	92849	8169334	30227	24693668.11	87.99
武汉	85062	8358523	19047	15920184.82	98.26
郑州	39195	3884408	15958	6198712.49	99.10

6-2　2021 年全国部分城市二手房月度供求套数统计

单位：套

城市	1月	2月	3月	4月	5月	6月	7月	8月	9月	10月	11月	12月	统计
北京	15633	11680	19893	17732	16750	18872	14675	12866	9829	10087	11255	14592	173864
上海	40128	16363	33064	19614	21204	27047	23076	17092	11294	12866	14393	17085	253226
广州	10828	7387	10917	11198	7624	7714	8284	7884	5654	4899	5716	6538	94643
深圳	6417	3828	6166	4370	2667	2867	2831	1943	1690	1651	2256	2470	39156
重庆	11109	7320	13410	16723	15894	13238	12926	10266	8592	7374	9389	9536	135777
杭州	7866	3735	9039	7786	8069	6916	5168	3372	2363	1779	2347	2992	61432
合肥	8427	4450	13141	9643	6302	4798	4403	3641	2774	2662	3466	3534	67241
南京	8050	5523	7345	8334	8233	11551	8924	6773	8392	5531	7234	6959	92849
武汉	7742	4091	7289	9586	8680	9310	8729	6304	5115	4910	6552	6754	85062
郑州	3693	2306	2798	3658	3366	5299	4627	2422	2850	2537	2749	2890	39195

6–3 2021年全国部分城市二手房月度供求成交面积统计

单位：万平方米

城市	1月	2月	3月	4月	5月	6月	7月	8月	9月	10月	11月	12月	统计
北京	145	105	179	165	155	171	131	115	88	86	102	130	1572
上海	332	134	266	155	169	222	185	142	93	105	117	143	2062
广州	104	70	102	105	71	68	73	72	52	45	53	60	876
深圳	53	31	51	38	23	25	25	17	15	15	20	23	337
重庆	99	65	119	149	143	120	118	95	78	67	85	88	1226
杭州	78	38	88	76	78	66	50	33	23	17	22	29	597
合肥	80	42	124	91	60	46	42	35	26	25	32	34	635
南京	70	48	64	72	72	103	79	60	74	49	64	63	817
武汉	75	40	70	92	84	94	83	63	50	49	67	67	836
郑州	35	22	27	35	33	54	46	24	29	25	28	29	388

6–4 2021年全国部分城市二手房月度供求参考成交价统计

单位：元/平方米

城市	1月	2月	3月	4月	5月	6月	7月	8月	9月	10月	11月	12月	统计
北京	60064	59882	59026	59020	59982	61140	62264	63391	63288	60590	61504	63237	60925
上海	51541	50005	49012	50556	53158	52859	53055	50544	52661	52372	52040	52947	51600
广州	33623	33709	32788	33400	35454	32845	36097	33231	33622	33944	34972	35500	33994
深圳	73433	75322	63824	63825	63572	61162	61880	61471	61555	64220	65687	66110	66129
重庆	12570	12631	12745	13034	13743	13197	14446	14353	14361	14344	14301	14379	13625
杭州	34927	35248	34478	34282	37394	37308	37467	36380	37513	38921	40149	39787	36316
合肥	18428	18276	18337	17069	18395	19991	19932	20012	20415	20233	21605	20689	18932
南京	29958	30722	30169	30019	29668	30925	30538	30768	29429	29590	30025	30684	30227
武汉	18470	18478	18334	18621	18780	20092	19375	19352	19435	20309	18553	18820	19047
郑州	15667	15769	16000	16228	16265	15894	16106	16276	16141	15935	15420	15716	15958

6–5　2021 年全国部分城市二手房月度供求成交金额统计

单位：亿元

城市	1 月	2 月	3 月	4 月	5 月	6 月	7 月	8 月	9 月	10 月	11 月	12 月	合计
北京	868	627	1057	977	928	1045	818	731	556	523	626	821	9577
上海	1710	671	1304	784	900	1171	981	720	488	548	608	757	10642
广州	349	237	336	351	253	225	263	240	174	153	187	213	2980
深圳	393	237	326	244	149	152	153	105	92	94	130	154	2228
重庆	125	82	151	194	197	158	171	137	111	96	122	127	1670
杭州	273	133	302	261	292	247	187	120	86	66	89	114	2169
合肥	147	76	227	156	110	92	83	70	53	51	69	70	1202
南京	209	147	193	217	214	318	241	184	218	144	191	194	2469
武汉	139	74	128	172	158	190	162	123	97	99	124	127	1592
郑州	56	35	43	58	53	85	74	40	47	40	43	46	620

6–6　2021 年全国部分城市二手房月度供求套均面积统计

单位：平方米 / 套

城市	1 月	2 月	3 月	4 月	5 月	6 月	7 月	8 月	9 月	10 月	11 月	12 月	统计
北京	92.44	89.61	90.01	93.33	92.4	90.59	89.54	89.58	89.4	85.53	90.41	89.01	90.41
上海	82.68	82.03	80.44	79.05	79.84	81.9	80.16	83.33	82.01	81.31	81.16	83.73	81.44
广州	95.83	95	93.78	93.9	93.43	88.67	87.98	91.64	91.48	92.22	93.4	91.72	92.61
深圳	83.31	82.02	82.92	87.51	88.09	86.63	87.09	88.18	87.99	89.02	87.62	94.28	86.06
重庆	89.38	88.45	88.51	89.01	89.99	90.34	91.5	92.92	90.21	90.95	90.82	92.49	90.29
杭州	99.22	101.13	97.06	97.89	96.75	95.7	96.35	97.57	96.9	95.09	94.16	95.71	97.22
合肥	94.76	93.91	94.02	94.74	94.53	95.86	94.53	95.48	93.89	94.61	91.56	95.27	94.46
南京	86.76	86.41	87.22	86.93	87.65	88.91	88.49	88.23	88.07	88.18	87.83	90.62	87.99
武汉	97.43	97.7	96.12	96.17	96.97	101.5	95.57	100.52	97.47	98.86	102.18	99.79	98.26
郑州	95.93	97	96.32	96.91	97.23	101	99.02	100.91	102.84	98.77	101.47	102	99.1

6-7 2021年全国主要城市精装修市场统计

城市	推出精装楼盘数（个）	精装修套数（套）	装修标准（元/平方米）	参考成交价（元/平方米）
一线城市				
北京市	77	69477	3015	58298
上海市	101	81272	2781	50166
广州市	126	147591	2506	32837
深圳市	72	73503	2745	56508
二线城市				
长春市	70	78435	1652	11897
长沙市	113	112814	2081	13900
成都市	148	111914	2354	19564
重庆市	81	80942	2127	18388
大连市	59	53279	1942	18800
福州市	15	11703	2193	28520
贵阳市	19	17491	1658	10486
哈尔滨市	20	18868	1780	12495
海口市	7	6906	2200	22314
杭州市	131	127173	2982	30402
合肥市	18	17822	2148	17749
呼和浩特市	8	7054	1585	11836
济南市	30	23172	2148	16824
昆明市	75	71942	1910	15973
兰州市	7	8108	1586	9837
南昌市	76	85337	1939	12550
南京市	144	127974	2620	28960
南宁市	52	62741	2025	12992
宁波市	71	56474	2462	29482
青岛市	76	71035	2150	18584
三亚市	29	28534	2431	30207
沈阳市	89	87512	2000	15248
石家庄市	33	30237	2097	16501
苏州市	113	99241	2265	26557
太原市	45	60018	1754	13153
天津市	59	54388	2281	24947
温州市	28	18575	1904	23579
乌鲁木齐市	9	7501	1500	9156
无锡市	92	88044	2300	22907

6–7　续表 1

城市	推出精装楼盘数（个）	精装修套数（套）	装修标准（元/平方米）	参考成交价（元/平方米）
武汉市	113	135484	2368	20758
西安市	89	98959	2232	18251
厦门市	45	40815	2379	35158
银川市	4	2236	1700	10100
郑州市	65	79556	2097	16100
三四线城市				
巴中市	1	350	900	4300
包头市	6	8984	1400	7000
保定市	1	1100	1200	8000
保山市	2	686	1200	12500
北海市	10	9717	1410	8490
沧州市	2	2950	1050	8888
常州市	41	40762	2628	22937
崇左市	1	500	700	5000
滁州市	2	6126	1150	5800
大理市	2	808	1050	11400
大同市	3	3047	1267	30800
儋州市	1	1000	2000	11300
东莞市	51	46574	2247	29843
鄂尔多斯市	1	1148	1500	10600
鄂州市	1	2000	1500	8000
佛山市	108	132534	2062	19857
赣州市	4	4376	2000	11965
桂林市	2	5536	1500	9894
邯郸市	5	3864	1660	11200
汉中市	1	600	1000	6800
河源市	2	2214	1500	8500
菏泽市	3	1700	1100	6500
衡水市	3	2878	1233	7333
湖州市	5	4784	2400	17060
淮安市	5	5310	1600	14245
黄冈市	2	5457	700	5750
黄石市	1	1008	800	6000
惠州市	26	29506	1685	13637
吉安市	1	1137	1000	7000
吉林市	1	450	1200	7000

6-7 续表 2

城市	推出精装楼盘数（个）	精装修套数（套）	装修标准（元 / 平方米）	参考成交价（元 / 平方米）
济宁市	9	4947	1700	11111
嘉兴市	12	7641	2167	17076
江门市	16	14476	1644	10513
金华市	7	5920	2257	23500
晋中市	3	2916	1733	11167
九江市	2	2794	1350	8600
开封市	3	5157	1267	9000
廊坊市	7	5691	1814	16514
乐山市	2	2814	1500	8200
丽水市	3	1677	2333	23000
聊城市	14	16640	1450	10209
临沂市	12	12049	1854	15275
柳州市	1	1190	1100	7300
洛阳市	4	4736	2000	13075
吕梁市	1	1000	1500	6300
眉山市	1	1200	1200	7800
梅州市	2	1257	1250	6400
南通市	43	42784	2265	20699
南阳市	1	740	1500	12000
宁德市	4	2545	1625	14270
攀枝花市	2	2550	800	6600
莆田市	1	452	2000	16000
钦州市	4	1985	1200	6650
秦皇岛市	9	6839	1278	13493
清远市	2	1469	1250	7825
衢州市	3	2445	2000	22233
汕头市	1	794	1500	7300
商丘市	2	611	900	5150
上饶市	1	950	1500	7800
韶关市	3	2453	1333	6433
绍兴市	32	23660	2360	22693
台州市	7	3716	1743	16829
泰安市	1	630	1000	6800
唐山市	14	11217	1664	13650
天水市	1	886	1500	10000
威海市	8	5666	1613	10114

6-7　续表 3

城市	推出精装楼盘数（个）	精装修套数（套）	装修标准（元 / 平方米）	参考成交价（元 / 平方米）
潍坊市	8	4250	1313	7750
渭南市	1	600	1500	6700
芜湖市	7	5840	2029	17429
新乡市	1	1805	1200	8600
信阳市	2	1657	1500	7700
徐州市	46	48108	1918	15127
烟台市	40	41755	1650	11604
扬州市	33	33048	2125	17882
阳江市	2	2669	1050	5650
阳泉市	1	500	1500	6500
宜昌市	5	6554	1540	10260
营口市	1	3248	800	6300
岳阳市	2	3209	1450	7000
湛江市	38	44551	1436	10747
张家口市	3	1458	1833	8700
漳州市	2	729	1750	18300
长治市	2	1800	1150	11150
肇庆市	3	2741	1267	7667
镇江市	10	11145	1780	12756
中山市	76	82277	1852	16852
舟山市	11	8771	2209	17491
珠海市	39	33374	2228	26547
株洲市	1	1000	2000	11000
淄博市	6	5165	1550	9550
县及县级市				
常熟市	7	6827	2086	21886
澄迈县	1	400	2000	13000
都江堰市	1	939	1800	12000
恩平市	3	2384	1167	6567
恩施土家族苗族自治州	3	1674	1300	6400
海门市	2	2130	2500	17494
鹤山市	11	12191	1400	8182
江阴市	6	3355	2667	24517
开平市	3	2272	1500	7200
昆山市	22	26684	2058	20194

6-7 续表 4

城市	推出精装楼盘数（个）	精装修套数（套）	装修标准（元 / 平方米）	参考成交价（元 / 平方米）
平湖市	1	908	2000	18500
启东市	3	1696	1833	11833
琼海市	1	1369	2200	12000
台山市	1	1170	1200	5600
太仓市	13	11114	2154	21262
万宁市	1	996	1300	18000
西双版纳傣族自治州	1	400	1000	7800
宜兴市	6	3121	2300	20100
张家港市	7	7271	2257	15643
涿州市	1	1104	1500	8500

数据来源：中指数据库监测。

6-8　2021年全国主要城市精装楼盘推出统计

单位：个

城市	1月	2月	3月	4月	5月	6月	7月	8月	9月	10月	11月	12月	汇总
一线城市													
北京市	8	3	3	7	6	2	3	8	5	5	7	20	77
上海市	10	5	10	8	1	10	8	4	10	9	6	20	101
广州市	13	9	6	13	10	9	9	10	12	7	12	16	126
深圳市	11	7	4	0	2	4	2	4	7	6	15	10	72
二线城市													
长春市	3	4	1	12	0	4	9	8	12	5	4	8	70
长沙市	12	5	11	6	6	8	13	3	7	11	10	21	113
成都市	8	8	6	19	7	2	0	12	14	32	17	23	148
重庆市	13	3	4	3	7	4	2	2	11	12	6	14	81
大连市	3	2	3	3	1	4	3	2	12	13	4	9	59
福州市	0	1	0	0	1	0	0	2	5	6	0	0	15
贵阳市	0	2	0	3	2	2	6	0	0	2	2	0	19
哈尔滨市	2	1	0	2	1	0	3	2	1	4	3	1	20
海口市	3	0	2	0	0	0	0	0	0	0	0	2	7
杭州市	38	5	24	1	25	5	12	1	6	8	5	1	131
合肥市	4	0	2	0	0	3	2	1	3	0	2	1	18
呼和浩特市	0	1	0	1	0	1	1	0	0	2	1	1	8
济南市	2	4	0	1	1	10	4	3	5	0	0	0	30
昆明市	4	1	0	3	1	10	6	6	17	18	4	5	75
兰州市	2	0	0	0	0	0	1	0	0	1	1	2	7
南昌市	6	3	5	4	4	4	6	8	11	7	6	12	76
南京市	9	12	10	22	16	6	1	7	22	31	2	6	144
南宁市	3	3	4	3	4	5	9	2	4	3	7	5	52
宁波市	3	3	8	10	1	2	2	1	11	21	2	7	71
青岛市	9	0	4	7	8	5	8	4	14	3	3	11	76
三亚市	3	3	0	1	0	0	1	1	0	7	7	6	29
沈阳市	5	2	3	16	0	14	7	13	9	8	7	5	89
石家庄市	3	1	1	2	3	3	1	6	1	7	3	2	33
苏州市	6	7	5	18	1	2	8	22	14	18	0	12	113
太原市	10	1	2	11	2	9	1	3	0	3	2	1	45
天津市	3	1	0	0	2	2	2	4	7	13	4	21	59
温州市	1	0	7	0	0	3	0	0	5	0	0	12	28
乌鲁木齐市	1	0	2	0	0	0	0	2	2	0	0	2	9

6-8 续表 1

城市	1 月	2 月	3 月	4 月	5 月	6 月	7 月	8 月	9 月	10 月	11 月	12 月	汇总
无锡市	13	1	6	7	0	11	8	0	21	16	4	5	92
武汉市	14	6	3	16	9	13	5	1	12	15	7	12	113
西安市	8	4	1	6	4	1	6	9	21	20	2	7	89
厦门市	3	2	1	5	4	0	2	2	6	13	3	4	45
银川市	0	0	1	0	0	1	0	0	1	1	0	0	4
郑州市	4	2	3	8	0	10	8	6	6	6	3	9	65
三四线城市													
巴中市	0	0	1	0	0	0	0	0	0	0	0	0	1
包头市	2	1	0	3	0	0	0	0	0	0	0	0	6
保定市	0	0	0	0	0	0	1	0	0	0	0	0	1
保山市	0	0	0	0	0	0	0	2	0	0	0	0	2
北海市	0	1	0	0	0	0	0	0	1	4	4	0	10
沧州市	0	1	0	1	0	0	0	0	0	0	0	0	2
常州市	3	1	4	1	7	2	6	3	2	1	6	5	41
崇左市	0	0	0	0	0	0	1	0	0	0	0	0	1
滁州市	0	0	2	0	0	0	0	0	0	0	0	0	2
大理市	0	0	0	0	0	0	0	1	0	0	0	1	2
大同市	0	0	1	0	1	0	0	1	0	0	0	0	3
儋州市	0	1	0	0	0	0	0	0	0	0	0	0	1
东莞市	8	5	2	3	0	4	2	4	2	7	5	9	51
鄂尔多斯市	0	0	0	0	0	0	0	1	0	0	0	0	1
鄂州市	0	0	1	0	0	0	0	0	0	0	0	0	1
佛山市	5	5	5	12	11	12	7	16	7	10	10	8	108
赣州市	0	0	0	0	0	0	0	0	3	0	0	1	4
桂林市	1	0	0	0	0	0	0	0	0	0	1	0	2
邯郸市	0	0	1	0	1	0	1	2	0	0	0	0	5
汉中市	0	0	0	0	0	0	0	1	0	0	0	0	1
河源市	0	1	0	0	0	0	1	0	0	0	0	0	2
菏泽市	0	0	0	0	0	0	1	0	0	0	0	2	3
衡水市	0	1	0	0	0	0	0	1	0	1	0	0	3
湖州市	0	0	0	0	1	0	0	3	0	0	0	1	5
淮安市	0	0	3	0	0	0	0	1	0	0	0	1	5
黄冈市	0	0	2	0	0	0	0	0	0	0	0	0	2
黄石市	0	0	1	0	0	0	0	0	0	0	0	0	1
惠州市	4	2	0	1	0	1	0	1	3	8	5	1	26

6–8　续表 2

城市	1 月	2 月	3 月	4 月	5 月	6 月	7 月	8 月	9 月	10 月	11 月	12 月	汇总
吉安市	0	1	0	0	0	0	0	0	0	0	0	0	1
吉林市	0	0	0	0	0	0	0	1	0	0	0	0	1
济宁市	0	0	1	0	0	0	0	2	0	4	0	2	9
嘉兴市	1	1	1	2	0	0	0	0	1	0	0	6	12
江门市	0	0	3	0	0	0	0	6	1	3	2	1	16
金华市	0	3	1	0	1	0	0	2	0	0	0	0	7
晋中市	0	0	1	0	0	0	2	0	0	0	0	0	3
九江市	0	0	1	0	0	1	0	0	0	0	0	0	2
开封市	1	0	1	0	0	0	1	0	0	0	0	0	3
廊坊市	0	0	1	0	0	2	1	1	0	1	1	0	7
乐山市	0	0	1	0	0	0	1	0	0	0	0	0	2
丽水市	0	1	0	0	1	0	0	0	0	0	0	1	3
聊城市	4	1	1	0	3	0	2	0	3	0	0	0	14
临沂市	0	1	1	0	0	1	3	0	0	5	0	1	12
柳州市	0	0	0	0	0	1	0	0	0	0	0	0	1
洛阳市	0	0	0	0	0	0	1	2	0	0	0	1	4
吕梁市	0	0	1	0	0	0	0	0	0	0	0	0	1
眉山市	0	0	0	1	0	0	0	0	0	0	0	0	1
梅州市	0	0	2	0	0	0	0	0	0	0	0	0	2
南通市	5	1	4	3	2	3	6	0	7	6	1	5	43
南阳市	0	0	1	0	0	0	0	0	0	0	0	0	1
宁德市	0	0	0	0	0	0	0	0	0	0	0	4	4
攀枝花市	0	0	1	0	0	0	1	0	0	0	0	0	2
莆田市	0	0	0	0	0	0	0	0	0	0	0	1	1
钦州市	0	0	0	0	3	0	1	0	0	0	0	0	4
秦皇岛市	1	1	1	2	1	0	0	1	1	0	1	0	9
清远市	0	0	0	0	0	0	0	0	1	1	0	0	2
衢州市	0	0	0	0	1	0	1	0	0	0	0	1	3
汕头市	0	0	1	0	0	0	0	0	0	0	0	0	1
商丘市	0	0	0	0	1	0	0	1	0	0	0	0	2
上饶市	0	0	1	0	0	0	0	0	0	0	0	0	1
韶关市	0	0	0	0	1	0	0	0	0	0	0	2	3
绍兴市	5	1	1	1	5	1	3	1	7	5	0	2	32
台州市	0	2	3	0	0	0	0	1	0	0	0	1	7
泰安市	0	0	0	0	0	0	0	0	0	0	0	1	1
唐山市	3	2	0	0	0	1	2	2	0	0	1	3	14

6-8 续表 3

城市	1 月	2 月	3 月	4 月	5 月	6 月	7 月	8 月	9 月	10 月	11 月	12 月	汇总
天水市	0	0	0	0	0	0	0	1	0	0	0	0	1
威海市	1	0	0	1	0	1	0	3	0	2	0	0	8
潍坊市	0	1	0	0	0	1	0	0	2	0	4	0	8
渭南市	0	0	0	0	0	0	0	1	0	0	0	0	1
芜湖市	0	0	1	3	0	0	0	0	0	0	0	3	7
新乡市	0	0	0	0	0	0	0	1	0	0	0	0	1
信阳市	0	0	1	0	1	0	0	0	0	0	0	0	2
徐州市	0	1	2	0	0	6	7	6	5	13	4	2	46
烟台市	3	6	0	6	5	2	5	0	4	1	4	4	40
扬州市	3	2	6	1	1	3	2	0	2	2	2	9	33
阳江市	0	0	1	0	1	0	0	0	0	0	0	0	2
阳泉市	0	0	0	0	0	0	0	0	0	1	0	0	1
宜昌市	0	0	0	0	0	0	1	1	1	0	2	0	5
营口市	0	0	1	0	0	0	0	0	0	0	0	0	1
岳阳市	1	0	0	1	0	0	0	0	0	0	0	0	2
湛江市	6	1	13	0	5	0	4	3	0	0	0	6	38
张家口市	0	1	0	0	1	0	0	0	0	1	0	0	3
漳州市	0	0	1	0	0	0	1	0	0	0	0	0	2
长治市	0	0	0	0	0	0	0	2	0	0	0	0	2
肇庆市	0	0	1	0	0	0	0	0	0	1	0	1	3
镇江市	0	0	0	0	0	0	0	2	0	3	4	1	10
中山市	6	0	2	8	3	6	11	2	9	2	10	17	76
舟山市	0	0	0	0	0	0	0	0	6	0	0	5	11
珠海市	1	2	1	2	1	1	0	2	10	14	3	2	39
株洲市	0	1	0	0	0	0	0	0	0	0	0	0	1
淄博市	0	0	0	0	0	0	0	0	5	1	0	0	6
县及县级市													
常熟市	2	0	0	0	0	0	0	0	1	2	0	2	7
澄迈县	0	1	0	0	0	0	0	0	0	0	0	0	1
都江堰市	0	0	0	0	0	0	1	0	0	0	0	0	1
恩平市	0	0	0	0	1	0	2	0	0	0	0	0	3
恩施土家族苗族自治州	1	1	0	0	0	0	1	0	0	0	0	0	3
海门市	0	0	1	0	1	0	0	0	0	0	0	0	2
鹤山市	4	0	2	0	1	0	1	2	0	0	0	1	11
江阴市	0	0	0	0	0	0	0	3	0	2	0	1	6

6–8　续表

城市	1月	2月	3月	4月	5月	6月	7月	8月	9月	10月	11月	12月	汇总
开平市	0	0	1	0	0	0	1	1	0	0	0	0	3
昆山市	2	0	2	0	3	2	1	4	1	3	1	3	22
平湖市	0	0	0	0	1	0	0	0	0	0	0	0	1
启东市	1	0	0	0	0	1	0	0	0	1	0	0	3
琼海市	0	0	1	0	0	0	0	0	0	0	0	0	1
台山市	1	0	0	0	0	0	0	0	0	0	0	0	1
太仓市	2	0	1	0	0	0	0	0	3	2	0	5	13
万宁市	0	1	0	0	0	0	0	0	0	0	0	0	1
西双版纳傣族自治州	0	0	0	0	0	0	0	1	0	0	0	0	1
宜兴市	0	0	0	0	0	0	0	0	4	2	0	0	6
张家港市	1	0	0	3	0	0	1	2	0	0	0	0	7
涿州市	0	0	0	0	0	0	1	0	0	0	0	0	1

数据来源：中指数据库监测。

6-9　2021年全国主要城市精装房推出套数统计

单位：套

城市	1月	2月	3月	4月	5月	6月	7月	8月	9月	10月	11月	12月	汇总
一线城市													
北京市	8667	4135	2099	7963	4410	1924	1738	7854	3506	2564	6563	18054	69477
上海市	8379	2800	7690	6165	597	7281	6033	2608	9471	7474	6418	16356	81272
广州市	28101	11999	5426	12420	8937	8582	8448	9556	14009	7847	14038	18228	147591
深圳市	17329	6611	2357	0	1644	3060	1817	2865	6786	6404	13146	11484	73503
二线城市													
长春市	4909	8513	1300	12135	0	3959	12896	7438	11020	3580	6216	6469	78435
长沙市	8538	5062	8948	7475	5263	8059	10307	1829	8033	13178	11403	24719	112814
成都市	7778	4453	4751	17816	5352	1573	0	7898	9319	20200	18480	14294	111914
重庆市	9388	4851	2659	8492	6892	3706	2360	1292	11575	10220	5208	14299	80942
大连市	732	1364	2985	4652	1016	6324	1233	2405	8398	12341	2828	9001	53279
福州市	0	1575	0	0	969	0	0	1159	4836	3164	0	0	11703
贵阳市	0	2050	0	4288	3300	1382	2809	0	0	1862	1800	0	17491
哈尔滨市	5288	374	0	1416	516	0	1736	1534	600	3562	3543	299	18868
海口市	3058	0	3050	0	0	0	0	0	0	0	0	798	6906
杭州市	38938	4797	17152	426	25339	4517	13707	692	5269	7906	7798	632	127173
合肥市	3667	0	1472	0	0	2354	2893	460	3796	0	1922	1258	17822
呼和浩特市	0	1000	0	720	0	566	460	0	0	2022	1194	1092	7054
济南市	1383	2674	0	1600	432	6657	2338	3489	4599	0	0	0	23172
昆明市	6413	300	0	3560	992	10037	6921	3920	16140	12931	6121	4607	71942
兰州市	4250	0	0	0	0	0	559	0	0	1199	700	1400	8108
南昌市	9482	3225	3550	3523	4381	4218	7397	10355	13498	7056	5176	13476	85337
南京市	15721	8232	10046	12210	14801	5289	1480	7135	18257	28236	1241	5326	127974
南宁市	8716	3122	3016	3201	2977	3764	11168	1150	5891	3027	10365	6344	62741
宁波市	2385	2909	6647	9665	2000	2842	1169	368	7878	15903	644	4064	56474
青岛市	12378	0	4078	5873	7936	3639	7309	2668	13122	1731	1830	10471	71035
三亚市	2672	2122	0	864	0	0	2829	300	0	6468	8307	4972	28534
沈阳市	3556	3288	2226	20951	0	11734	5768	12055	12880	6459	5828	2767	87512
石家庄市	3500	324	687	3455	4340	1871	1500	5309	756	5389	2053	1053	30237
苏州市	4624	7539	2659	18784	1028	1008	6267	19750	12105	16525	0	8952	99241
太原市	12921	1200	1432	17793	3620	10110	1539	4159	0	3544	2273	1427	60018
天津市	2510	559	0	0	1268	1775	1223	5304	6174	10958	5328	19289	54388
温州市	1190	0	3894	0	0	3113	0	0	2834	0	0	7544	18575
乌鲁木齐市	870	0	2681	0	0	0	0	1018	1600	0	0	1332	7501

6-9　续表 1

城市	1月	2月	3月	4月	5月	6月	7月	8月	9月	10月	11月	12月	汇总
无锡市	15741	1909	4019	7768	0	11513	8006	0	18663	10324	3544	6557	88044
武汉市	22560	8798	3478	23304	13302	11419	5047	1500	10594	14956	7338	13188	135484
西安市	11007	5537	1300	6982	3838	348	6806	7909	25680	19604	2330	7618	98959
厦门市	3187	2006	735	3451	2617	0	1780	1238	4960	9531	2886	8424	40815
银川市	0	0	217	0	0	259	0	0	600	1160	0	0	2236
郑州市	3505	3796	3166	12413	0	12585	10077	5581	6897	6195	5122	10219	79556
三四线城市													
巴中市	0	0	350	0	0	0	0	0	0	0	0	0	350
包头市	4358	1299	0	3327	0	0	0	0	0	0	0	0	8984
保定市	0	0	0	0	0	0	1100	0	0	0	0	0	1100
保山市	0	0	0	0	0	0	0	686	0	0	0	0	686
北海市	0	2746	0	0	0	0	0	0	941	2997	3033	0	9717
沧州市	0	800	0	2150	0	0	0	0	0	0	0	0	2950
常州市	3303	324	2566	1047	7545	2316	5970	4218	1462	1038	5611	5362	40762
崇左市	0	0	0	0	0	0	500	0	0	0	0	0	500
滁州市	0	0	6126	0	0	0	0	0	0	0	0	0	6126
大理市	0	0	0	0	0	0	0	145	0	0	0	663	808
大同市	0	0	763	0	1134	0	0	1150	0	0	0	0	3047
儋州市	0	1000	0	0	0	0	0	0	0	0	0	0	1000
东莞市	10905	3929	1323	2862	0	4487	1506	1804	982	6822	3642	8312	46574
鄂尔多斯市	0	0	0	0	0	0	0	1148	0	0	0	0	1148
鄂州市	0	0	2000	0	0	0	0	0	0	0	0	0	2000
佛山市	6442	7631	5021	19145	12628	14506	3865	22026	6537	12929	12431	9373	132534
赣州市	0	0	0	0	0	0	0	0	2252	0	0	2124	4376
桂林市	4536	0	0	0	0	0	0	0	0	0	1000	0	5536
邯郸市	0	0	680	0	324	0	358	2502	0	0	0	0	3864
汉中市	0	0	0	0	0	0	0	600	0	0	0	0	600
河源市	0	1200	0	0	0	0	1014	0	0	0	0	0	2214
菏泽市	0	0	0	0	0	0	500	0	0	0	0	1200	1700
衡水市	0	1924	0	0	0	0	0	98	0	856	0	0	2878
湖州市	0	0	0	0	914	0	0	2953	0	0	0	917	4784
淮安市	0	0	3623	0	0	0	0	800	0	0	0	887	5310
黄冈市	0	0	5457	0	0	0	0	0	0	0	0	0	5457
黄石市	0	0	1008	0	0	0	0	0	0	0	0	0	1008

6–9　续表 2

城市	1 月	2 月	3 月	4 月	5 月	6 月	7 月	8 月	9 月	10 月	11 月	12 月	汇总
惠州市	6040	3500	0	1120	0	1331	0	708	2160	7749	5782	1116	29506
吉安市	0	1137	0	0	0	0	0	0	0	0	0	0	1137
吉林市	0	0	0	0	0	0	0	450	0	0	0	0	450
济宁市	0	0	628	0	0	0	0	999	0	2358	0	962	4947
嘉兴市	660	550	652	1524	0	0	0	0	540	0	0	3715	7641
江门市	0	0	2705	0	0	0	0	5534	724	2243	1395	1875	14476
金华市	0	2175	1261	0	942	0	0	1542	0	0	0	0	5920
晋中市	0	0	1074	0	0	0	1842	0	0	0	0	0	2916
九江市	0	0	1397	0	0	1397	0	0	0	0	0	0	2794
开封市	2200	0	1652	0	0	0	1305	0	0	0	0	0	5157
廊坊市	0	0	800	0	0	1787	1200	471	0	433	1000	0	5691
乐山市	0	0	1828	0	0	0	986	0	0	0	0	0	2814
丽水市	0	1119	0	0	160	0	0	0	0	0	0	398	1677
聊城市	6832	364	800	0	2009	0	584	0	6051	0	0	0	16640
临沂市	0	1000	300	0	0	1077	3099	0	0	5284	0	1289	12049
柳州市	0	0	0	0	0	1190	0	0	0	0	0	0	1190
洛阳市	0	0	0	0	0	0	1363	2803	0	0	0	570	4736
吕梁市	0	0	1000	0	0	0	0	0	0	0	0	0	1000
眉山市	0	0	0	1200	0	0	0	0	0	0	0	0	1200
梅州市	0	0	1257	0	0	0	0	0	0	0	0	0	1257
南通市	6344	930	3979	3084	1183	2239	6326	0	6380	6567	1252	4500	42784
南阳市	0	0	740	0	0	0	0	0	0	0	0	0	740
宁德市	0	0	0	0	0	0	0	0	0	0	0	2545	2545
攀枝花市	0	0	1350	0	0	0	1200	0	0	0	0	0	2550
莆田市	0	0	0	0	0	0	0	0	0	0	0	452	452
钦州市	0	0	0	0	1719	0	266	0	0	0	0	0	1985
秦皇岛市	600	797	939	2957	282	0	0	482	182	0	600	0	6839
清远市	0	0	0	0	0	0	0	0	400	1069	0	0	1469
衢州市	0	0	0	0	700	0	435	0	0	0	0	1310	2445
汕头市	0	0	794	0	0	0	0	0	0	0	0	0	794
商丘市	0	0	0	0	390	0	0	221	0	0	0	0	611
上饶市	0	0	950	0	0	0	0	0	0	0	0	0	950
韶关市	0	0	0	0	600	0	0	0	0	0	0	1853	2453
绍兴市	2896	1072	144	1517	6238	1050	1617	674	4102	3073	0	1277	23660
台州市	0	1598	1054	0	0	0	0	858	0	0	0	206	3716
泰安市	0	0	0	0	0	0	0	0	0	0	0	630	630

6-9　续表 3

城市	1月	2月	3月	4月	5月	6月	7月	8月	9月	10月	11月	12月	汇总
唐山市	2593	506	0	0	0	500	800	1200	0	0	1908	3710	11217
天水市	0	0	0	0	0	0	0	886	0	0	0	0	886
威海市	701	0	0	1200	0	1398	0	2102	0	265	0	0	5666
潍坊市	0	602	0	0	0	1267	0	0	666	0	1715	0	4250
渭南市	0	0	0	0	0	0	0	600	0	0	0	0	600
芜湖市	0	0	1123	1300	0	0	0	0	0	0	0	3417	5840
新乡市	0	0	0	0	0	0	0	1805	0	0	0	0	1805
信阳市	0	0	509	0	1148	0	0	0	0	0	0	0	1657
徐州市	0	800	1536	0	0	6938	4599	9496	4785	12763	4340	2851	48108
烟台市	2496	8068	0	7005	4230	2410	5492	0	2392	1162	3957	4543	41755
扬州市	5227	1712	6884	1637	310	1856	1463	0	1498	3385	1248	7828	33048
阳江市	0	0	1300	0	1369	0	0	0	0	0	0	0	2669
阳泉市	0	0	0	0	0	0	0	0	0	500	0	0	500
宜昌市	0	0	0	0	0	0	2565	624	460	0	2905	0	6554
营口市	0	0	3248	0	0	0	0	0	0	0	0	0	3248
岳阳市	2200	0	0	1009	0	0	0	0	0	0	0	0	3209
湛江市	9348	888	10879	0	9033	0	3117	4691	0	0	0	6595	44551
张家口市	0	758	0	0	300	0	0	0	0	400	0	0	1458
漳州市	0	0	186	0	0	0	543	0	0	0	0	0	729
长治市	0	0	0	0	0	0	0	1800	0	0	0	0	1800
肇庆市	0	0	950	0	0	0	0	0	0	800	0	991	2741
镇江市	0	0	0	0	0	0	0	2384	0	1796	4938	2027	11145
中山市	3986	0	3911	11709	3613	5586	11032	2362	6492	1398	11611	20577	82277
舟山市	0	0	0	0	0	0	0	0	4776	0	0	3995	8771
珠海市	575	650	400	1667	900	979	0	3538	6163	12117	5754	631	33374
株洲市	0	1000	0	0	0	0	0	0	0	0	0	0	1000
淄博市	0	0	0	0	0	0	0	0	4765	400	0	0	5165
县及县级市													
常熟市	2347	0	0	0	0	0	0	0	612	2898	0	970	6827
澄迈县	0	400	0	0	0	0	0	0	0	0	0	0	400
都江堰市	0	0	0	0	0	0	939	0	0	0	0	0	939
恩平市	0	0	0	0	500	0	1884	0	0	0	0	0	2384
恩施土家族苗族自治州	766	514	0	0	0	0	394	0	0	0	0	0	1674
海门市	0	0	930	0	1200	0	0	0	0	0	0	0	2130
鹤山市	5865	0	1522	0	1475	0	588	2242	0	0	0	499	12191

6-9 续表 4

城市	1 月	2 月	3 月	4 月	5 月	6 月	7 月	8 月	9 月	10 月	11 月	12 月	汇总
江阴市	0	0	0	0	0	0	0	2741	0	397	0	217	3355
开平市	0	0	700	0	0	0	568	1004	0	0	0	0	2272
昆山市	2199	0	2239	0	5667	1564	1215	6673	1345	1484	1168	3130	26684
平湖市	0	0	0	0	908	0	0	0	0	0	0	0	908
启东市	896	0	0	0	0	300	0	0	0	500	0	0	1696
琼海市	0	0	1369	0	0	0	0	0	0	0	0	0	1369
台山市	1170	0	0	0	0	0	0	0	0	0	0	0	1170
太仓市	2328	0	844	0	0	0	0	0	2141	1562	0	4239	11114
万宁市	0	996	0	0	0	0	0	0	0	0	0	0	996
西双版纳傣族自治州	0	0	0	0	0	0	0	400	0	0	0	0	400
宜兴市	0	0	0	0	0	0	0	0	1659	1462	0	0	3121
张家港市	2314	0	0	2800	0	0	516	1641	0	0	0	0	7271
涿州市	0	0	0	0	0	0	1104	0	0	0	0	0	1104

数据来源：中指数据库监测。

6–10　2021 年全国主要城市精装房装修标准统计

单位：元 / 平方米

城市	1 月	2 月	3 月	4 月	5 月	6 月	7 月	8 月	9 月	10 月	11 月	12 月	统计
一线城市													
北京市	2438	2000	3000	4564	3500	3750	3833	2938	2600	2500	2714	2885	3060
上海市	2600	2600	2370	3125	2500	3525	2563	2500	2620	2522	2500	3050	2706
广州市	2177	1978	2083	3735	2923	2000	2552	2270	2250	2357	2417	2700	2453
深圳市	2409	3286	1975	0	5000	2563	2750	3250	2500	2500	2800	2700	2885
二线城市													
长春市	2000	1625	1500	1383	0	1713	1667	1725	1742	1540	1825	1688	1673
长沙市	1875	2000	2355	2384	2113	1653	2154	2000	2114	1791	1870	2352	2055
成都市	2000	2288	3117	2980	2529	3000	0	2271	2336	2109	2388	2043	2460
重庆市	2115	2167	2425	1567	2071	2444	1500	2500	2182	1908	2167	2264	2109
大连市	1833	2500	2067	1917	2500	1550	2167	1350	1933	1854	2175	2022	1989
福州市	0	2000	0	0	2000	0	0	2250	2440	2033	0	0	2145
贵阳市	0	1750	0	1033	2000	1900	1517	0	0	2250	1750	0	1743
哈尔滨市	1900	1800	0	1550	2500	0	2000	1300	1500	1950	1833	1000	1733
海口市	1833	0	2200	0	0	0	0	0	0	0	0	2750	2261
杭州市	2887	2460	3042	3150	3460	3960	2958	3000	2750	2375	1940	2500	2873
合肥市	2225	0	1850	0	0	3123	1600	2000	2000	0	2000	1500	2037
呼和浩特市	0	1200	0	1080	0	1200	1500	0	0	1850	2500	1500	1547
济南市	1750	1800	0	1400	2000	2014	2375	2567	2600	0	0	0	2063
昆明市	1700	2000	0	1433	1800	1625	1717	2000	1894	2022	2300	2400	1899
兰州市	1750	0	0	0	0	0	1500	0	0	2000	1500	1300	1610
南昌市	2167	1833	2848	1163	2000	1625	2217	1875	2200	1643	1583	1833	1916
南京市	2289	3125	2020	2710	3252	3750	2000	2114	2318	2413	2500	2867	2613
南宁市	2000	2000	2800	1150	3000	1512	2233	2000	2200	1567	1757	1840	2005
宁波市	1833	3000	1550	2283	1500	2635	3250	2500	2800	2500	2500	3000	2446
青岛市	2167	0	2325	2814	1613	2160	2000	2525	2436	1833	1800	1827	2136
三亚市	2233	2267	0	1500	0	0	2500	3000	0	2000	2357	3250	2388
沈阳市	1900	1500	1900	1938	0	2113	1814	2000	1944	2250	2071	2100	1957
石家庄市	1767	2000	1800	2500	1733	2000	3000	2250	2500	2243	1833	1850	2123
苏州市	2333	1914	1920	2765	2000	2850	2125	2155	2100	2222	0	2308	2245
太原市	1920	1800	1850	1505	2500	1733	3000	1733	0	1400	1600	1500	1867
天津市	2333	2000	0	0	2750	2000	2000	2375	2271	2423	2000	2248	2240
温州市	3000	0	1843	0	0	2000	0	0	1580	0	0	1958	2076
乌鲁木齐市	2000	0	1250	0	0	0	0	1500	1500	0	0	1500	1550

6-10 续表 1

城市	1月	2月	3月	4月	5月	6月	7月	8月	9月	10月	11月	12月	统计
无锡市	2131	1800	2400	2136	0	2509	2425	0	2273	2331	2125	2440	2257
武汉市	2071	1750	2167	2244	2644	2468	1660	1500	2017	2233	2829	3542	2260
西安市	1900	1825	2500	1938	2738	3300	2333	2389	2255	2295	2000	2143	2301
厦门市	2333	1900	2000	2890	3050	0	2000	2250	2283	2362	2233	2000	2300
银川市	0	0	2200	0	0	1100	0	0	1500	2000	0	0	1700
郑州市	2225	1500	2000	2150	0	1845	2035	2417	2000	2500	2167	2056	2081
三四线城市													
巴中市	0	0	900	0	0	0	0	0	0	0	0	0	900
包头市	1800	1200	0	1200	0	0	0	0	0	0	0	0	1400
保定市	0	0	0	0	0	0	1200	0	0	0	0	0	1200
保山市	0	0	0	0	0	0	0	1200	0	0	0	0	1200
北海市	0	1500	0	0	0	0	0	0	1500	1425	1350	0	1444
沧州市	0	1000	0	1100	0	0	0	0	0	0	0	0	1050
常州市	2067	3500	2925	2500	2590	2250	3873	1833	3000	1500	2583	1900	2543
崇左市	0	0	0	0	0	0	700	0	0	0	0	0	700
滁州市	0	0	1150	0	0	0	0	0	0	0	0	0	1150
大理市	0	0	0	0	0	0	0	600	0	0	0	1500	1050
大同市	0	0	1500	0	800	0	0	1500	0	0	0	0	1267
儋州市	0	2000	0	0	0	0	0	0	0	0	0	0	2000
东莞市	2288	2000	2250	3200	0	2000	2250	2000	1850	2143	2400	2333	2247
鄂尔多斯市	0	0	0	0	0	0	0	1500	0	0	0	0	1500
鄂州市	0	0	1500	0	0	0	0	0	0	0	0	0	1500
佛山市	2640	1780	2140	3000	2245	2083	1771	1831	1886	1550	1830	1938	2058
赣州市	0	0	0	0	0	0	0	0	2167	0	0	1500	1833
桂林市	1800	0	0	0	0	0	0	0	0	0	1200	0	1500
邯郸市	0	0	800	0	2000	0	1500	2000	0	0	0	0	1575
汉中市	0	0	0	0	0	0	0	1000	0	0	0	0	1000
河源市	0	1000	0	0	0	0	2000	0	0	0	0	0	1500
菏泽市	0	0	0	0	0	0	1500	0	0	0	0	900	1200
衡水市	0	1500	0	0	0	0	0	1000	0	1200	0	0	1233
湖州市	0	0	0	0	2500	0	0	2167	0	0	0	3000	2556
淮安市	0	0	1500	0	0	0	0	1500	0	0	0	2000	1667
黄冈市	0	0	700	0	0	0	0	0	0	0	0	0	700
黄石市	0	0	800	0	0	0	0	0	0	0	0	0	800
惠州市	1400	2000	0	2000	0	1200	0	1800	1667	1650	1800	2000	1724

6-10　续表 2

城市	1月	2月	3月	4月	5月	6月	7月	8月	9月	10月	11月	12月	统计
吉安市	0	1000	0	0	0	0	0	0	0	0	0	0	1000
吉林市	0	0	0	0	0	0	0	1200	0	0	0	0	1200
济宁市	0	0	1500	0	0	0	0	1500	0	2000	0	1400	1600
嘉兴市	2000	2000	1200	3500	0	0	0	0	1800	0	0	2000	2083
江门市	0	0	1833	0	0	0	0	1633	1500	1667	1500	1500	1606
金华市	0	1933	3000	0	3000	0	0	2000	0	0	0	0	2483
晋中市	0	0	1200	0	0	0	2000	0	0	0	0	0	1600
九江市	0	0	1500	0	0	1200	0	0	0	0	0	0	1350
开封市	1500	0	800	0	0	0	1500	0	0	0	0	0	1267
廊坊市	0	0	1500	0	0	1600	1500	3000	0	2000	1500	0	1850
乐山市	0	0	1500	0	0	0	1500	0	0	0	0	0	1500
丽水市	0	3000	0	0	1500	0	0	0	0	0	0	2500	2333
聊城市	1675	1300	1500	0	1167	0	1500	0	1433	0	0	0	1429
临沂市	0	1300	3000	0	0	1550	2000	0	0	1780	0	1500	1855
柳州市	0	0	0	0	0	1100	0	0	0	0	0	0	1100
洛阳市	0	0	0	0	0	0	2000	1750	0	0	0	2500	2083
吕梁市	0	0	1500	0	0	0	0	0	0	0	0	0	1500
眉山市	0	0	0	1200	0	0	0	0	0	0	0	0	1200
梅州市	0	0	1250	0	0	0	0	0	0	0	0	0	1250
南通市	2600	1800	1800	1838	2500	1927	2500	0	2300	2250	2000	2500	2183
南阳市	0	0	1500	0	0	0	0	0	0	0	0	0	1500
宁德市	0	0	0	0	0	0	0	0	0	0	0	1625	1625
攀枝花市	0	0	800	0	0	0	800	0	0	0	0	0	800
莆田市	0	0	0	0	0	0	0	0	0	0	0	2000	2000
钦州市	0	0	0	0	1100	0	1500	0	0	0	0	0	1300
秦皇岛市	1200	2000	1200	1150	1500	0	0	1000	800	0	1500	0	1294
清远市	0	0	0	0	0	0	0	0	1000	1500	0	0	1250
衢州市	0	0	0	0	2000	0	2000	0	0	0	0	2000	2000
汕头市	0	0	1500	0	0	0	0	0	0	0	0	0	1500
商丘市	0	0	0	0	1200	0	0	600	0	0	0	0	900
上饶市	0	0	1500	0	0	0	0	0	0	0	0	0	1500
韶关市	0	0	0	0	1500	0	0	0	0	0	0	1250	1375
绍兴市	2140	2000	1800	3300	2800	2380	2667	1600	2221	2240	0	2500	2332
台州市	0	1650	1700	0	0	0	0	1800	0	0	0	2000	1788
泰安市	0	0	0	0	0	0	0	0	0	0	0	1000	1000
唐山市	2333	1400	0	0	0	1500	1250	1650	0	0	1500	1567	1600

6-10 续表 3

城市	1月	2月	3月	4月	5月	6月	7月	8月	9月	10月	11月	12月	统计
天水市	0	0	0	0	0	0	0	1500	0	0	0	0	1500
威海市	2000	0	0	1100	0	1500	0	1833	0	1400	0	0	1567
潍坊市	0	1200	0	0	0	1300	0	0	1100	0	1450	0	1263
渭南市	0	0	0	0	0	0	0	1500	0	0	0	0	1500
芜湖市	0	0	2200	1667	0	0	0	0	0	0	0	2333	2067
新乡市	0	0	0	0	0	0	0	1200	0	0	0	0	1200
信阳市	0	0	1500	0	1500	0	0	0	0	0	0	0	1500
徐州市	0	1800	1750	0	0	1833	2093	1917	1900	1892	1875	2100	1907
烟台市	1933	1917	0	1467	1600	1500	1500	0	1300	2200	1750	1750	1692
扬州市	1833	2000	1900	1820	2000	2067	2000	0	2500	2100	2250	2389	2078
阳江市	0	0	900	0	1200	0	0	0	0	0	0	0	1050
阳泉市	0	0	0	0	0	0	0	0	0	1500	0	0	1500
宜昌市	0	0	0	0	0	0	2000	1500	1500	0	1350	0	1588
营口市	0	0	800	0	0	0	0	0	0	0	0	0	800
岳阳市	1800	0	0	1100	0	0	0	0	0	0	0	0	1450
湛江市	1450	1200	1523	0	1414	0	1575	1267	0	0	0	1283	1387
张家口市	0	1500	0	0	2000	0	0	0	0	2000	0	0	1833
漳州市	0	0	1500	0	0	0	2000	0	0	0	0	0	1750
长治市	0	0	0	0	0	0	0	1150	0	0	0	0	1150
肇庆市	0	0	800	0	0	0	0	0	0	1500	0	1500	1267
镇江市	0	0	0	0	0	0	0	2000	0	2067	1400	2000	1867
中山市	1933	0	2350	1719	2007	1783	1864	1850	1967	1250	1690	1924	1849
舟山市	0	0	0	0	0	0	0	0	2383	0	0	2000	2192
珠海市	2000	1900	2000	2195	3000	5000	0	2250	1820	2179	2667	2750	2524
株洲市	0	2000	0	0	0	0	0	0	0	0	0	0	2000
淄博市	0	0	0	0	0	0	0	0	1560	1500	0	0	1530
县及县级市													
常熟市	2100	0	0	0	0	0	0	0	2000	2100	0	2100	2075
澄迈县	0	2000	0	0	0	0	0	0	0	0	0	0	2000
都江堰市	0	0	0	0	0	0	1800	0	0	0	0	0	1800
恩平市	0	0	0	0	800	0	1350	0	0	0	0	0	1075
恩施土家族苗族自治州	1200	1200	0	0	0	0	1500	0	0	0	0	0	1300
海门市	0	0	3000	0	2000	0	0	0	0	0	0	0	2500
鹤山市	1425	0	1250	0	1500	0	2000	1350	0	0	0	1000	1421
江阴市	0	0	0	0	0	0	0	2500	0	2750	0	3000	2750

6–10　续表 4

城市	1 月	2 月	3 月	4 月	5 月	6 月	7 月	8 月	9 月	10 月	11 月	12 月	统计
开平市	0	0	1500	0	0	0	1500	1500	0	0	0	0	1500
昆山市	2100	0	2000	0	2500	2192	2000	1750	2000	2067	2000	2000	2061
平湖市	0	0	0	0	2000	0	0	0	0	0	0	0	2000
启东市	2000	0	0	0	0	1500	0	0	0	2000	0	0	1833
琼海市	0	0	2200	0	0	0	0	0	0	0	0	0	2200
台山市	1200	0	0	0	0	0	0	0	0	0	0	0	1200
太仓市	2000	0	1800	0	0	0	0	0	2067	2250	0	2300	2083
万宁市	0	1300	0	0	0	0	0	0	0	0	0	0	1300
西双版纳傣族自治州	0	0	0	0	0	0	0	1000	0	0	0	0	1000
宜兴市	0	0	0	0	0	0	0	0	2500	1900	0	0	2200
张家港市	2000	0	0	2667	0	0	1800	2000	0	0	0	0	2117
涿州市	0	0	0	0	0	0	1500	0	0	0	0	0	1500

数据来源：中指数据库监测。

第七章

2021年中国房地产百城价格指数

7-1 2021年百城新建住宅与二手住宅价格指数

项目		1月	2月	3月	4月	5月	6月	7月	8月	9月	10月	11月	12月
新建住宅	百城平均价格（元/平方米）	15853	15884	15916	15952	16006	16063	16120	16152	16175	16189	16183	16180
	环比涨跌幅	0.37%	0.20%	0.20%	0.23%	0.34%	0.36%	0.35%	0.20%	0.14%	0.09%	–0.04%	–0.02%
	同比涨跌幅	3.56%	4.01%	4.07%	4.05%	4.08%	3.89%	3.81%	3.51%	3.40%	3.08%	2.72%	2.44%
	百城价格中位数（元/平方米）	9974	9974	9966	9983	10015	10054	10106	10119	10134	10132	10128	10072
二手住宅	百城平均价格（元/平方米）	15542	15585	15654	15732	15810	15888	15956	16011	16032	16026	16013	15999
	环比涨跌幅	0.32%	0.28%	0.44%	0.50%	0.50%	0.49%	0.43%	0.34%	0.13%	–0.04%	–0.08%	–0.09%
	同比涨跌幅	3.22%	3.30%	3.48%	3.58%	3.64%	3.84%	4.26%	4.44%	4.38%	4.04%	3.66%	3.27%
	百城价格中位数（元/平方米）	11770	11760	11781	11784	11860	11872	11909	11905	11904	11908	11912	11930

数据来源：中指数据 CREIS。

7–2 2021年百城新建住宅价格指数环比涨跌幅

单位：%

城市	1月	2月	3月	4月	5月	6月	7月	8月	9月	10月	11月	12月
一线城市												
北京	–0.06	0.14	0.07	0.13	0.34	0.26	0.19	0.14	0.19	0.36	–0.02	–0.03
上海	0.80	–0.12	0.19	0.07	0.45	0.62	0.89	0.09	0.21	–0.19	–0.16	–0.17
广州	0.56	1.80	1.07	0.38	0.22	0.73	0.26	0.14	–0.08	0	0.04	0.38
深圳	–0.08	0.28	0.06	0.19	0.07	0.16	–0.26	0.09	–0.23	–0.26	–0.15	0.05
二线城市												
北海	–0.20	0.02	–0.02	–0.21	0.14	–0.15	–0.10	–0.04	–0.17	–0.11	–0.37	–0.31
长春	0.14	0.14	–0.02	–0.29	0.14	–0.02	0.25	–0.41	0.03	–0.26	–0.28	–0.04
长沙	0.76	0.42	0.13	0.40	0.53	0.63	0.28	0.26	–0.02	0.25	–0.08	0.51
成都	0.77	0.30	0.59	0.83	0.64	0.41	0.30	0.65	0.61	0.57	–0.10	–0.09
重庆（主城区）	0.50	0.25	0.65	0.46	0.66	0.68	0.55	0.28	–0.06	0.57	0.14	0.10
大连	–0.08	0.08	0.40	0.51	0.16	0.33	0.44	0.40	–0.14	–0.16	–0.09	–0.16
福州	–0.09	0.39	0.23	0.07	0.06	0.14	0.05	–0.05	0.04	–0.02	0.01	0.41
贵阳	–0.01	0.43	0.07	0.01	0.04	–0.13	–0.10	–0.09	0.44	0.27	–0.20	–0.03
哈尔滨	–0.29	–0.23	–0.02	0.02	–0.19	–0.25	–0.24	–0.02	0.04	0.01	–0.12	–0.12
海口	0.31	–0.12	0.21	0.10	0.55	0.42	0.34	0.61	–0.30	0.14	0.05	0.10
杭州	0.51	0.47	0.41	0.01	0.09	0.89	0.08	0.49	–0.07	–0.09	0	–0.08
合肥	0.34	0.18	0.13	0.08	0.02	0.12	0.28	0.15	0.34	–0.30	0.04	0.16
呼和浩特	0.32	0.43	–0.19	0.21	0.37	0.34	0.49	0.36	–0.18	–0.59	0.08	0.06
济南	0.28	0.15	0.03	–0.10	0.49	0.36	1.00	1.49	0.02	–0.07	0.04	–0.02
昆明	0.24	0.14	0.06	0.24	–0.15	0.43	0.17	0.36	0.18	–0.36	–0.26	–0.26
兰州	–0.04	0.08	0.11	0.26	–0.17	0.42	0.01	0.16	0.38	0.43	–0.12	0
南昌	0.14	0.28	0.05	0.07	0.02	0.01	–0.02	0.28	–0.02	–0.14	–0.13	–0.25
南京	0.77	0.49	0.03	0.32	0.50	0.05	0.23	–0.07	0.51	–0.01	–0.15	0.05
南宁	0.04	0.09	0.07	0.57	0.62	0.29	0.44	0.38	0.41	–0.60	–0.11	–0.33
宁波	1.05	0.19	0.02	0.27	0.78	0.11	0.45	0.41	0.50	0.26	–0.09	0.40
青岛	0.13	0.10	0.07	–0.13	0.33	0.32	0.54	0.13	0.32	0.27	0.08	–0.07
三亚	–0.32	0.21	0.08	–0.10	0.40	–0.14	0.15	0.22	0.14	0.12	–0.07	–0.69
厦门	0.02	0.13	0.07	0.35	–0.02	–0.18	0.14	–0.10	0.03	0	0.05	0.08
沈阳	0.11	–0.10	–0.01	0.14	0.60	0.39	0.46	0.37	0.16	0.13	–0.09	–0.42
石家庄	–0.08	0.20	–0.02	–0.20	–0.04	–0.02	0.17	0.18	–0.13	0.18	–0.01	–0.09
苏州	0.11	0.05	0.04	0.44	0.24	0.60	0.16	0.53	0.06	0.11	0	0.17
太原	0.11	0.11	–0.15	0.20	0.05	0.38	0.57	–0.11	0.13	–0.17	0.03	–0.69
天津	0.08	–0.06	–0.04	0.10	0.09	0.36	0.17	0.01	–0.20	0.05	0.05	0.06
温州	–0.15	0.23	0.08	0.08	–0.25	0.75	0.33	–0.13	–0.39	0.34	–0.10	–0.25

7-2　续表1

单位：%

城市	1月	2月	3月	4月	5月	6月	7月	8月	9月	10月	11月	12月
乌鲁木齐	−0.02	0.42	0.01	0.12	0.16	0.13	0.04	0.04	0.28	−0.19	0.04	−0.18
无锡	0	0.17	0.84	0.85	0.52	0.99	0.44	0.38	0.03	0.38	0	0.28
武汉	0.09	−0.02	0.11	0.54	0.07	0.23	0.04	−0.19	−0.40	0.42	0.11	0.16
西安	0.06	0.53	0.27	1.08	0.65	0.59	1.47	1.58	1.24	0.61	0.63	0.26
西宁	0.23	0.27	0.31	0.44	0.38	0.31	0.27	0.15	0.13	0.19	0.13	−0.17
银川	0.16	0.59	0.56	0.26	0.62	0.15	0.46	0.35	0.53	0.20	0.09	0.30
郑州	0.42	0.24	0.57	0.27	0.08	0.21	0	0.08	0.10	0.11	−0.03	−0.31
三四线城市												
包头	0.28	0	−0.02	0.40	0.53	0.22	−0.17	0.06	0.08	0.18	−0.08	0.22
保定	−0.37	−0.34	0.24	0.04	−0.16	−0.06	0.17	−0.22	0.11	0.03	−0.03	0.06
常熟	0.29	0.33	−0.25	−0.21	0.71	0.09	0.25	0.25	0.29	0.19	−0.06	−0.13
常州	0.82	0.57	0.10	1.48	0.37	0.32	0.35	0.77	0.57	0.02	0.47	0
德州	−0.64	−0.36	0.37	0.03	−0.13	0.57	0.13	0.06	0.21	−0.56	−0.04	−0.04
东莞	1.60	0.64	0.60	0.80	0.59	0.39	0.39	0.13	−0.01	0.01	0.17	0.42
东营	0.40	0.22	0.32	0.02	0.02	0.08	0.08	−0.23	0.05	0.10	0	0.08
佛山	0.83	0.04	0.57	1.04	0.87	0.81	1.02	0.01	0.14	0.09	−0.02	−0.26
阜阳	−0.36	−0.44	−0.07	0.48	0.40	0.65	0.24	0.04	0.37	−0.03	0	−0.31
赣州	0.07	−0.16	0.15	0	0.23	0.17	−0.06	0.12	0.12	0.15	0.01	−0.07
桂林	−0.23	−0.26	0.21	0.29	0.56	−0.26	−0.09	0	0.08	−0.03	−0.09	−0.02
邯郸	−0.03	0.25	0.10	0.10	0.20	0.65	0.47	0.43	0.03	0.44	−0.21	−0.09
菏泽	−0.16	−0.18	0.02	0.04	0.04	0	0.29	−0.16	−0.62	0.16	0.02	−0.13
衡水	−0.16	−0.35	0.08	0.48	−0.01	0.43	0.28	0.03	−0.15	0.28	−0.07	−0.34
湖州	0.22	−0.07	0.48	0.62	0.32	−0.07	0.13	0.17	0.62	−0.17	0.04	−0.40
淮安	0.06	0	0.21	0	0.48	0.19	0.46	0.25	0	0.27	0	−0.05
惠州	0.71	0.36	0.27	0.36	0.60	0.30	0.06	0.20	0.50	0.22	−0.01	−0.31
济宁	0.35	0.38	0.25	0.42	0.49	0.54	0.69	0.62	0.31	0.85	−0.07	0.20
嘉兴	0.59	0.69	0.05	0.22	0.83	0.69	0.18	−0.02	0.33	0.40	0	−0.05
江门	0.29	−0.14	0.57	0.53	0.15	0.12	−0.35	0.29	0.01	−0.39	−0.06	0.12
江阴	−0.32	−0.15	0.19	0.21	0.81	0.33	0.67	0.20	−0.15	0.14	−0.08	0.08
金华	1.16	0.60	0.87	0.51	0.35	0.70	0.63	0.30	0.69	0.14	−0.05	0.25
昆山	−0.05	0.25	0.04	0.37	0	0.09	−0.20	−0.19	−0.06	0.34	−0.09	0.23
廊坊	−0.33	−0.45	−0.28	−0.30	−0.20	−0.10	−0.06	−0.09	−0.24	−0.60	−0.28	−0.76
连云港	0.62	0.09	0.50	0.34	0.39	0	0	0.44	0.04	0.18	0	0.26
聊城	0.44	0.27	0.38	0.17	0.38	0.54	0.13	0.37	0.45	0.25	0	0.07
临沂	0.52	0.47	0.09	0.19	0.26	0.29	0.52	0.34	0.18	0.19	0	−0.13
柳州	−0.25	−0.54	0.21	0.09	0.08	−0.27	0.09	−0.03	0.02	−0.19	−0.04	0.05
洛阳	−0.31	−0.15	0.05	−0.05	−0.25	0.07	0.37	0.63	0.12	0.09	−0.20	0.07

7–2 续表 2 单位：%

城市	1月	2月	3月	4月	5月	6月	7月	8月	9月	10月	11月	12月
马鞍山	0.60	0	0	0.18	0.16	0.12	0.35	0.50	0.05	0.04	0	–0.11
绵阳	0.40	0.37	0.16	0.19	0.54	0.04	–0.10	0.03	0	0.14	0	0.01
南通	0.64	0.25	0.19	0.71	1.25	0.86	0.26	0.35	–0.37	–0.02	0.03	0.12
秦皇岛	–0.07	0.19	0.05	–0.08	–0.10	–0.06	0.18	–0.51	0.10	0.28	–0.06	–0.10
泉州	–0.35	0.47	–0.14	0.23	0.05	0	0.09	–0.03	0.09	0	–0.03	0.03
汕头	0.18	–0.02	–0.16	0.24	0.02	0.12	–0.05	–0.16	–0.04	–0.07	0	–0.04
绍兴	0.37	–0.20	0.13	0.97	0.64	0.53	0.15	–0.01	–0.04	0.29	0.02	0.03
宿迁	0.56	0	0.07	0.40	0.52	0.32	0.39	0.16	0.39	0.26	0	–0.23
台州	–0.15	0.04	0.32	0.04	0.62	0.47	0	0.25	0.16	0.06	0	–0.04
泰州	0.69	0.22	–0.04	0.07	0.54	0.60	–0.12	0.43	0.38	0.51	–0.02	0
唐山	–0.11	–0.15	0.23	–0.18	0.16	0.66	0.42	0	–0.03	0.57	–0.01	–0.03
威海	0.29	0	0.39	0.11	0	–0.32	0.16	–0.02	0.08	0	–0.30	–0.36
潍坊	0.24	0	0.04	–0.04	0.51	0.28	0.27	–0.03	–0.01	0.12	0.10	–0.03
芜湖	0.19	0.26	0.20	0.22	0.16	0.50	0.06	0.12	0.03	0.17	0.08	–0.09
湘潭	0.06	–0.16	0.02	–0.02	–0.06	0.20	–0.02	–0.04	0.06	0.20	–0.04	–0.24
新乡	0.42	0.17	0.05	–0.02	0.03	0.59	–0.10	0.43	0.48	0.36	–0.02	–0.02
徐州	0.94	0.99	0.67	0.58	0.93	1.20	0.58	1.51	0.83	0.04	0.15	0.79
烟台	0.15	–0.04	–0.30	0.02	–0.30	0.29	0.14	–0.28	0.55	0.66	–0.06	–0.30
盐城	0	0.41	0.17	0	0	0.48	0.25	0.84	0.64	0.20	0	0.09
扬州	1.24	0.15	0.19	0.17	–0.16	0.38	0.63	0.10	0.23	0.95	–0.01	0.76
宜昌	–0.04	0.06	0.12	0.32	–0.01	0.46	–0.06	–0.14	–0.50	0.21	–0.06	–0.38
湛江	0.02	0.47	–0.03	0.19	0.27	–0.42	0.17	–0.38	–0.02	–0.46	0	–0.28
张家港	–0.02	0	–0.12	0.32	0.37	–0.40	–0.07	0.34	–0.27	0.21	0.12	–0.42
张家口	–0.12	–0.44	–0.24	–0.62	–0.36	–0.15	–0.26	–0.23	–0.19	–0.04	–0.13	–0.11
漳州	–0.02	0.06	0.08	–0.05	0.13	0.05	–0.13	0.21	0.17	–0.07	0.04	–0.29
肇庆	–0.05	0.03	–0.29	–0.26	0.07	–0.15	–0.23	–0.26	–0.22	–0.32	–0.03	–0.27
镇江	0.58	–0.06	–0.19	–0.16	0.04	0.02	–0.06	–0.15	0.31	0.58	–0.08	–0.18
中山	0.26	1.25	1.48	0.10	0.68	0.33	0.56	0.17	–0.43	0.46	0.03	–0.32
珠海	–0.12	0.35	–0.12	0.31	0.23	0.31	–0.07	0.36	–0.02	0.46	–0.03	0.14
株洲	0.29	0.29	–0.10	–0.10	0.44	–0.10	0.31	0.11	–0.03	–0.05	0.03	–0.27
淄博	0.10	–0.17	0.10	–0.03	0.09	–0.29	0.08	0.12	0.32	–0.18	–0.03	0.22

数据来源：中指数据 CREIS。

7-3　2021年百城新建住宅价格指数同比涨跌幅

单位：%

城市	1月	2月	3月	4月	5月	6月	7月	8月	9月	10月	11月	12月
一线城市												
北京	1.87	2.36	2.35	2.61	2.97	3.05	2.85	2.49	2.78	2.36	1.81	1.72
上海	5.81	5.56	5.49	4.90	4.33	3.67	4.56	3.92	4.17	3.53	2.99	2.70
广州	5.91	7.91	9.18	9.22	9.26	9.72	8.09	7.47	7.28	6.71	6.51	5.62
深圳	−0.45	−0.41	−0.38	−0.23	−0.12	0.01	−0.23	−0.45	−0.45	−0.53	−0.37	−0.08
二线城市												
北海	−1.26	−0.37	−0.28	−0.44	−0.23	−0.62	−0.99	−0.98	−1.14	−1.06	−1.26	−1.52
长春	1.84	2.24	2.58	2.24	3.34	2.69	2.08	0.98	0.55	−0.13	−0.55	−0.63
长沙	3.35	3.94	4.63	4.88	5.19	5.59	5.35	5.17	4.87	4.50	4.29	4.15
成都	6.72	7.51	7.19	7.19	7.66	7.52	7.23	7.18	7.22	7.18	6.52	5.63
重庆（主城区）	4.23	5.25	5.86	5.81	6.05	6.22	5.87	5.28	5.12	5.20	5.41	4.88
大连	1.10	1.62	1.80	1.49	1.85	1.98	1.83	2.10	2.36	2.13	2.08	1.71
福州	−1.23	−0.35	0.51	0.15	0.25	0.27	0.43	0.21	1.04	0.74	0.66	1.24
贵阳	2.23	2.64	2.37	2.32	1.80	1.38	0.76	0.47	0.88	1.25	1.04	0.72
哈尔滨	−0.16	−0.10	0.69	0.87	1.10	0.57	−0.22	−0.84	−0.82	−0.84	−1.22	−1.40
海口	3.22	3.87	3.75	3.73	3.91	4.50	4.32	4.60	4.20	3.37	2.82	2.44
杭州	9.19	9.78	8.65	8.44	7.43	7.28	6.35	5.79	4.87	4.60	3.64	2.75
合肥	2.90	3.84	4.03	4.04	3.99	3.49	2.89	2.58	2.38	1.94	1.62	1.54
呼和浩特	3.48	4.44	4.25	4.63	4.17	3.66	3.33	3.65	3.14	2.34	2.15	1.70
济南	2.44	3.17	3.51	3.52	3.70	3.68	4.98	5.94	5.18	4.47	4.05	3.70
昆明	3.25	3.91	3.84	3.64	3.32	2.97	1.91	1.77	1.41	0.99	1.21	0.78
兰州	1.07	1.89	2.87	2.85	2.64	3.01	2.33	1.89	1.78	2.37	1.90	1.54
南昌	0.72	1.23	1.30	1.75	1.87	1.65	1.47	1.65	1.26	0.81	0.77	0.28
南京	5.81	6.98	6.85	7.10	7.16	6.28	5.51	5.13	5.06	4.42	3.38	2.75
南宁	1.62	2.81	2.78	3.47	4.10	3.66	3.51	3.05	2.72	2.37	2.49	1.90
宁波	6.95	7.11	6.72	6.56	7.41	6.12	4.68	4.42	4.40	3.96	3.92	4.42
青岛	0.81	1.36	1.35	1.26	1.50	1.73	2.16	1.91	2.15	2.36	2.39	2.14
三亚	0.86	1.14	0.95	−0.02	0.54	0.31	0.48	0.61	0.88	1.18	0.88	0
厦门	−0.41	0.26	0.35	1.20	1.02	0.96	1.20	0.40	0.52	0.84	0.59	0.59
沈阳	4.07	3.98	3.50	2.93	3.41	3.27	2.94	3.10	2.59	2.25	2.15	1.76
石家庄	4.31	4.49	4.20	3.40	3.06	2.90	2.71	2.33	1.40	1.01	0.37	0.15
苏州	3.02	3.32	3.08	3.15	2.85	3.32	3.18	3.31	3.00	2.97	2.48	2.54
太原	2.55	3.61	3.47	3.27	3.17	3.12	3.31	2.65	2.23	2.14	1.73	0.46
天津	−0.32	0.03	0.32	0.51	0.69	1.12	1.36	1.42	1.11	1.09	0.77	0.68
温州	2.76	3.07	2.62	2.01	1.02	0.91	0.94	0.73	0.85	1.02	1.02	0.53

7-3 续表1

单位：%

城市	1月	2月	3月	4月	5月	6月	7月	8月	9月	10月	11月	12月
乌鲁木齐	1.64	2.47	2.34	2.66	2.84	2.27	2.23	1.86	2.38	1.57	1.21	0.84
无锡	6.19	6.47	6.66	7.01	6.66	6.84	6.82	7.01	6.47	6.24	5.45	4.97
武汉	4.76	5.17	5.27	5.91	5.77	5.19	4.38	3.32	1.94	1.84	1.83	1.17
西安	6.71	7.22	7.22	6.97	6.93	7.00	8.13	9.06	9.53	9.14	9.37	9.33
西宁	4.15	4.48	4.80	4.49	4.78	4.78	4.41	3.82	3.57	3.40	3.08	2.67
银川	7.00	7.39	7.49	7.34	7.47	7.10	6.76	6.32	5.27	4.97	4.60	4.36
郑州	2.53	3.34	3.48	3.94	3.43	2.86	2.54	2.26	2.19	2.14	2.32	1.76
三四线城市												
包头	3.37	3.81	3.24	2.97	3.15	3.60	3.06	2.33	2.15	2.04	1.69	1.71
保定	0.86	0.77	0.33	0	−0.38	0.21	0.24	−0.11	−0.13	−0.11	−0.62	−0.52
常熟	2.95	3.77	3.12	2.57	3.44	3.18	2.83	2.78	2.48	2.32	2.25	1.75
常州	6.63	7.16	7.16	7.60	7.26	6.93	6.62	6.59	6.47	6.33	6.36	5.98
德州	−0.12	−0.22	−0.45	−0.87	−0.58	−0.33	−0.71	−0.65	−0.75	−0.83	−0.37	−0.42
东莞	10.95	11.13	11.11	12.26	12.46	12.24	10.96	10.67	9.55	7.81	6.77	5.87
东营	1.65	1.86	2.21	2.44	2.25	2.32	2.04	1.63	1.37	1.18	1.50	1.14
佛山	1.12	2.09	2.75	4.08	4.88	5.63	6.68	6.48	6.89	6.41	6.22	5.25
阜阳	--	--	--	--	--	0.21	0.13	1.01	1.46	1.03	1.36	0.97
赣州	−0.62	−1.03	−2.10	−1.36	−0.96	−1.03	−1.51	0.35	0.76	1.09	0.98	0.73
桂林	−2.70	−2.21	−1.60	−0.65	−0.02	0.11	−0.51	0.02	0.06	0.42	0.24	0.17
邯郸	4.55	5.08	5.50	5.48	5.28	5.88	5.04	4.41	3.55	3.93	3.06	2.37
菏泽	−1.87	−2.02	−1.89	−2.21	−2.09	−1.56	−1.27	−1.42	−1.67	−1.08	−0.76	−0.69
衡水	−3.10	−2.15	−1.83	−0.54	−0.30	−0.09	0	−0.13	−0.61	0	0.31	0.49
湖州	1.09	1.13	1.66	2.34	2.58	2.55	3.11	3.01	3.59	2.91	2.90	1.89
淮安	2.27	2.24	2.54	2.96	3.06	2.87	2.77	2.92	2.92	2.76	2.10	1.90
惠州	5.97	6.62	6.67	6.76	7.29	6.88	6.12	5.59	5.11	4.41	3.92	3.32
济宁	--	--	--	--	--	5.25	5.18	5.72	5.28	5.64	4.90	5.12
嘉兴	7.23	7.83	7.46	6.51	7.12	6.48	6.57	5.96	5.59	4.84	4.15	3.98
江门	4.42	5.06	5.03	6.56	5.84	5.07	3.90	3.44	2.66	2.28	1.56	1.14
江阴	5.51	5.33	5.26	4.55	4.74	4.22	4.12	3.85	3.11	2.63	2.22	1.94
金华	7.60	8.24	9.19	9.73	10.10	10.32	9.08	8.78	8.71	7.77	6.81	6.33
昆山	0.78	1.46	1.74	2.19	2.02	2.25	1.93	1.04	0.71	0.98	0.61	0.73
廊坊	2.06	1.71	1.35	1.10	0.31	0.29	−0.13	−0.89	−1.77	−2.76	−3.28	−3.63
连云港	3.12	3.11	2.12	2.20	2.35	2.37	2.01	2.81	2.98	2.81	2.79	2.91
聊城	1.08	1.25	1.35	1.57	1.79	2.80	2.47	2.44	3.01	3.10	3.76	3.52
临沂	--	--	--	--	--	4.31	4.94	4.24	3.74	3.66	3.42	2.95
柳州	0.71	0.04	0.56	0.40	0.75	−0.26	−0.15	−0.89	−0.81	−0.71	−1.05	−0.80

7-3　续表 2　　　　　单位：%

城市	1月	2月	3月	4月	5月	6月	7月	8月	9月	10月	11月	12月
洛阳	−1.50	−1.47	−1.66	−1.54	−1.74	−1.23	−0.95	−0.52	−0.47	−0.16	−0.32	0.45
马鞍山	2.83	2.97	2.97	2.33	2.74	2.09	2.64	2.91	2.55	2.40	2.40	1.91
绵阳	3.52	4.13	4.27	3.58	3.38	2.96	2.70	2.54	2.34	2.52	2.17	1.79
南通	4.21	4.04	4.34	5.18	6.30	6.85	6.74	6.59	5.83	5.16	4.59	4.34
秦皇岛	2.34	2.88	2.86	2.68	2.36	1.53	1.53	0.36	0.07	0.21	−0.06	−0.20
泉州	0.70	1.42	1.27	1.57	1.49	1.28	0.95	0.73	0.29	0.36	0.32	0.40
汕头	−0.24	−0.02	−0.17	−0.20	0.14	−0.21	−0.27	−0.44	−0.41	−0.42	−0.17	0.03
绍兴	6.02	5.83	5.19	5.22	5.11	4.69	3.91	2.83	2.47	2.69	3.01	2.93
宿迁	0.23	0.14	0.04	0.25	1.41	2.80	3.24	3.08	3.33	3.51	3.25	2.88
台州	2.80	2.76	3.10	3.11	3.67	3.96	3.29	2.79	2.22	2.21	2.24	1.76
泰州	3.05	3.20	3.16	2.99	3.28	3.46	2.68	3.28	3.67	4.19	3.91	3.30
唐山	5.00	4.80	4.50	3.42	3.12	2.94	2.67	2.22	2.10	2.53	2.00	1.53
威海	1.91	2.84	2.68	2.40	2.09	1.87	2.23	1.81	1.26	1.01	0.77	0.02
潍坊	1.74	3.09	3.52	2.88	3.33	3.13	3.12	2.51	1.93	1.80	1.60	1.45
芜湖	2.42	2.70	2.98	3.10	3.48	3.86	3.05	3.07	2.70	2.31	2.05	1.93
湘潭	0.13	0.68	0.50	0.31	0.41	0.63	0.52	0.33	0	0.50	0.07	−0.04
新乡	−0.68	0.58	0.63	0.16	0.28	1.39	1.48	1.49	1.78	3.16	2.82	2.42
徐州	6.31	7.88	9.03	8.97	9.92	10.19	9.98	10.75	10.73	9.27	8.74	9.60
烟台	2.41	2.29	2.47	2.24	1.75	1.47	1.38	1.05	0.79	1.23	1.15	0.52
盐城	1.13	1.30	1.46	1.64	1.59	1.54	1.88	2.48	2.83	2.66	3.15	3.12
扬州	5.98	5.96	5.93	5.75	4.85	4.76	4.57	3.81	3.88	4.68	4.64	4.71
宜昌	0.79	1.09	1.14	1.35	1.56	1.54	1.34	0.91	−0.03	0.01	0.40	−0.04
湛江	1.53	2.09	2.62	2.38	2.54	1.56	1.71	1.27	1.50	0.70	0.26	−0.48
张家港	0.91	1.25	0.92	1.55	1.74	0.79	0.45	0.68	0.37	0.42	0.72	0.05
张家口	--	--	--	--	--	−5.30	−5.51	−4.60	−3.71	−3.63	−3.29	−2.85
漳州	--	--	--	--	--	0.48	0.49	0.31	0.09	0.17	0.26	0.17
肇庆	--	--	--	--	--	−2.73	−1.81	−1.89	−1.67	−1.85	−2.01	−1.97
镇江	1.31	1.61	1.38	1.23	1.20	0.48	0.50	0.28	0.51	1.05	0.93	0.65
中山	1.67	3.49	5.24	5.20	6.13	6.63	7.33	7.10	5.71	5.83	5.01	4.65
珠海	1.23	2.26	2.66	2.04	2.31	1.81	1.50	1.30	1.54	1.49	1.65	1.83
株洲	0.34	1.48	1.33	1.65	1.71	1.56	1.75	1.64	1.54	1.65	1.44	0.83
淄博	0.26	0.81	0.94	0.63	0.89	0.68	0.44	0.08	0.27	0.28	0.30	0.33

注：2020 年 6 月，百城新建住宅价格指数基于市场活跃度对城市样本进行更新：6 个城市（日照、吉林、鞍山、宝鸡、营口、鄂尔多斯）市场活跃度下降，选择市场更为活跃、更具代表性的城市（临沂、济宁、肇庆、漳州、张家口、阜阳）进行替换。所以，临沂、济宁、肇庆、漳州、张家口、阜阳 6 个城市 2021 年 1–5 月没有同比数据。

数据来源：中指数据 CREIS。

7-4 2021年百城新建住宅价格指数样本平均价格

单位：元 / 平方米

城市	1月	2月	3月	4月	5月	6月	7月	8月	9月	10月	11月	12月
一线城市												
北京	43529	43589	43621	43676	43825	43939	44023	44085	44168	44327	44316	44302
上海	50558	50495	50589	50623	50850	51166	51622	51666	51777	51681	51597	51510
广州	23162	23580	23833	23923	23975	24150	24212	24247	24228	24227	24237	24328
深圳	54170	54320	54353	54454	54493	54581	54439	54490	54367	54223	54142	54171
二线城市												
北海	8089	8091	8089	8072	8083	8071	8063	8060	8046	8037	8007	7982
长春	9289	9302	9300	9273	9286	9284	9307	9269	9272	9248	9222	9218
长沙	9011	9049	9061	9097	9145	9203	9229	9253	9251	9274	9267	9314
成都	11940	11976	12047	12147	12225	12275	12312	12392	12468	12539	12527	12516
重庆（主城区）	11309	11337	11411	11463	11539	11617	11681	11714	11707	11774	11790	11802
大连	13577	13588	13643	13712	13734	13780	13841	13896	13876	13854	13842	13820
福州	16962	17028	17068	17080	17091	17115	17123	17115	17121	17117	17118	17188
贵阳	6964	6994	6999	7000	7003	6994	6987	6981	7012	7031	7017	7015
哈尔滨	9769	9747	9745	9747	9728	9704	9681	9679	9683	9684	9672	9660
海口	15024	15006	15038	15053	15136	15199	15251	15344	15298	15319	15326	15342
杭州	28447	28581	28699	28703	28729	28984	29007	29149	29129	29103	29104	29081
合肥	13556	13581	13598	13609	13612	13628	13666	13686	13732	13691	13696	13718
呼和浩特	8542	8579	8563	8581	8613	8642	8684	8715	8699	8648	8655	8660
济南	11621	11638	11642	11630	11687	11729	11846	12022	12024	12015	12020	12018
昆明	11240	11256	11263	11290	11273	11321	11340	11381	11401	11360	11331	11301
兰州	9040	9047	9057	9081	9066	9104	9105	9120	9155	9194	9183	9183
南昌	12725	12760	12766	12775	12778	12779	12776	12812	12810	12792	12775	12743
南京	24065	24182	24190	24268	24389	24401	24457	24440	24564	24562	24526	24539
南宁	11132	11142	11150	11214	11284	11317	11367	11410	11457	11388	11375	11338
宁波	18614	18649	18653	18704	18849	18870	18954	19032	19127	19177	19159	19236
青岛	13457	13471	13481	13464	13509	13552	13625	13643	13687	13724	13735	13726
三亚	24508	24560	24580	24556	24654	24619	24656	24710	24744	24773	24755	24585
厦门	29013	29052	29073	29174	29168	29115	29156	29128	29137	29138	29153	29177
沈阳	9836	9826	9825	9839	9898	9937	9983	10020	10036	10049	10040	9998
石家庄	11906	11930	11928	11904	11899	11897	11917	11939	11923	11945	11944	11933
苏州	17797	17806	17814	17893	17936	18044	18073	18168	18178	18198	18198	18229
太原	10111	10122	10107	10127	10132	10171	10229	10218	10231	10214	10217	10146
天津	14921	14912	14906	14921	14935	14989	15015	15016	14986	14993	15001	15010

7–4　续表 1　　　　单位：元 / 平方米

城市	1月	2月	3月	4月	5月	6月	7月	8月	9月	10月	11月	12月
温州	19669	19714	19730	19745	19695	19842	19908	19883	19806	19873	19853	19803
乌鲁木齐	8129	8163	8164	8174	8187	8198	8201	8204	8227	8211	8214	8199
无锡	13481	13504	13617	13733	13804	13941	14002	14055	14059	14112	14112	14151
武汉	13134	13131	13146	13217	13226	13257	13262	13237	13184	13240	13255	13276
西安	10875	10933	10962	11080	11152	11218	11383	11563	11706	11777	11851	11882
西宁	7308	7328	7351	7383	7411	7434	7454	7465	7475	7489	7499	7486
银川	6387	6425	6461	6478	6518	6528	6558	6581	6616	6629	6635	6655
郑州	12299	12329	12399	12433	12443	12469	12469	12479	12492	12506	12502	12463
三四线城市												
包头	6433	6433	6432	6458	6492	6506	6495	6499	6504	6516	6511	6525
保定	8944	8914	8935	8939	8925	8920	8935	8915	8925	8928	8925	8930
常熟	15264	15314	15276	15244	15352	15366	15404	15442	15487	15516	15506	15486
常州	12354	12424	12436	12620	12667	12708	12752	12850	12923	12925	12986	12986
德州	6696	6672	6697	6699	6690	6728	6737	6741	6755	6717	6714	6711
东莞	18547	18666	18778	18929	19040	19114	19188	19213	19212	19214	19246	19326
东营	5968	5981	6000	6001	6002	6007	6012	5998	6001	6007	6007	6012
佛山	13398	13403	13480	13620	13738	13849	13990	13992	14012	14024	14021	13985
阜阳	7529	7496	7491	7527	7557	7606	7624	7627	7655	7653	7653	7629
赣州	8213	8200	8212	8212	8231	8245	8240	8250	8260	8272	8273	8267
桂林	6597	6580	6594	6613	6650	6633	6627	6627	6632	6630	6624	6623
邯郸	6877	6894	6901	6908	6922	6967	7000	7030	7032	7063	7048	7042
菏泽	5499	5489	5490	5492	5494	5494	5510	5501	5467	5476	5477	5470
衡水	6666	6643	6648	6680	6679	6708	6727	6729	6719	6738	6733	6710
湖州	11129	11121	11174	11243	11279	11271	11286	11305	11375	11356	11360	11315
淮安	6214	6214	6227	6227	6257	6269	6298	6314	6314	6331	6331	6328
惠州	10991	11031	11061	11101	11168	11201	11208	11230	11286	11311	11310	11275
济宁	7720	7749	7768	7801	7839	7881	7935	7984	8009	8077	8071	8087
嘉兴	12828	12916	12922	12950	13058	13148	13172	13169	13213	13266	13266	13260
江门	8441	8429	8477	8522	8535	8545	8515	8540	8541	8508	8503	8513
江阴	10385	10369	10389	10411	10495	10530	10601	10622	10606	10621	10612	10620
金华	12049	12121	12227	12289	12332	12418	12496	12534	12621	12639	12633	12665
昆山	15733	15772	15778	15837	15837	15852	15821	15791	15782	15835	15820	15856
廊坊	12273	12218	12184	12147	12123	12111	12104	12093	12064	11992	11958	11867
连云港	7578	7585	7623	7649	7679	7679	7679	7713	7716	7730	7730	7750
聊城	6562	6580	6605	6616	6641	6677	6686	6711	6741	6758	6758	6763
临沂	9561	9606	9615	9633	9658	9686	9736	9769	9787	9806	9806	9793

7-4 续表 2

单位：元 / 平方米

城市	1月	2月	3月	4月	5月	6月	7月	8月	9月	10月	11月	12月
柳州	9271	9221	9240	9248	9255	9230	9238	9235	9237	9219	9215	9220
洛阳	8127	8115	8119	8115	8095	8101	8131	8182	8192	8199	8183	8189
马鞍山	7374	7374	7374	7387	7399	7408	7434	7471	7475	7478	7478	7470
绵阳	6830	6855	6866	6879	6916	6919	6912	6914	6914	6924	6924	6925
南通	14226	14262	14289	14390	14570	14696	14734	14786	14731	14728	14733	14750
秦皇岛	9615	9633	9638	9630	9620	9614	9631	9582	9592	9619	9613	9603
泉州	8789	8830	8818	8838	8842	8842	8850	8847	8855	8855	8852	8855
汕头	10806	10804	10787	10813	10815	10828	10823	10806	10802	10794	10794	10790
绍兴	15842	15811	15831	15985	16087	16172	16196	16195	16189	16236	16240	16245
宿迁	5547	5547	5551	5573	5602	5620	5642	5651	5673	5688	5688	5675
台州	13591	13597	13640	13645	13730	13794	13794	13828	13850	13858	13858	13852
泰州	8084	8102	8099	8105	8149	8198	8188	8223	8254	8296	8294	8294
唐山	8543	8530	8550	8535	8549	8605	8641	8641	8638	8687	8686	8683
威海	8984	8984	9019	9029	9029	9000	9014	9012	9019	9019	8992	8960
潍坊	6706	6706	6709	6706	6740	6759	6777	6775	6774	6782	6789	6787
芜湖	8459	8481	8498	8517	8531	8574	8579	8589	8592	8607	8614	8606
湘潭	5456	5447	5448	5447	5444	5455	5454	5452	5455	5466	5464	5451
新乡	5723	5733	5736	5735	5737	5771	5765	5790	5818	5839	5838	5837
徐州	9169	9260	9322	9376	9463	9577	9633	9778	9859	9863	9878	9956
烟台	9279	9275	9247	9249	9221	9248	9261	9235	9286	9347	9341	9313
盐城	8307	8341	8355	8355	8355	8395	8416	8487	8541	8558	8558	8566
扬州	13005	13024	13049	13071	13050	13100	13182	13195	13225	13351	13350	13451
宜昌	7783	7788	7797	7822	7821	7857	7852	7841	7802	7818	7813	7783
湛江	10715	10765	10762	10782	10811	10766	10784	10743	10741	10692	10692	10662
张家港	11036	11036	11023	11058	11099	11055	11047	11085	11055	11078	11091	11044
张家口	8611	8573	8552	8499	8468	8455	8433	8414	8398	8395	8384	8375
漳州	11105	11112	11121	11115	11129	11135	11120	11143	11162	11154	11158	11126
肇庆	7289	7291	7270	7251	7256	7245	7228	7209	7193	7170	7168	7149
镇江	9508	9502	9484	9469	9473	9475	9469	9455	9484	9539	9531	9514
中山	10300	10429	10583	10594	10666	10701	10761	10779	10733	10782	10785	10751
珠海	21480	21555	21530	21596	21646	21713	21698	21777	21772	21873	21867	21898
株洲	6158	6176	6170	6164	6191	6185	6204	6211	6209	6206	6208	6191
淄博	7815	7802	7810	7808	7815	7792	7798	7807	7832	7818	7816	7833

数据来源：中指数据 CREIS。

7-5 2021年百城新建住宅价格指数样本价格中位数

单位：元/平方米

城市	1月	2月	3月	4月	5月	6月	7月	8月	9月	10月	11月	12月
一线城市												
北京	47000	47500	47500	47500	48321	45000	45000	47250	48000	50000	50000	50000
上海	42250	42222	42000	42000	42500	42639	44057	44113	44900	44800	44067	44000
广州	25000	26000	26000	25000	25000	25000	25000	24750	25000	25000	25000	25000
深圳	57000	56600	56950	55000	57000	57000	57000	57000	57000	55690	55380	56000
二线城市												
北海	7500	7500	7500	8700	8700	8600	8500	8500	8000	8000	8000	8000
长春	9000	9000	9000	10000	10000	10000	9750	9666	9700	10500	10500	10500
长沙	9400	9500	9500	9500	9700	9800	9800	9800	9990	10800	10800	10800
成都	11500	11500	11600	12500	12350	12500	12400	12500	12400	13500	13000	13000
重庆（主城区）	11050	11050	11078	11475	11711	11475	11475	11475	11724	12325	12325	12671
大连	12500	12500	12900	11750	12000	12000	12000	12750	12746	12746	12500	12500
福州	17500	17500	17000	17458	17479	17500	17500	17500	17500	17750	17750	17500
贵阳	7225	7225	7225	7225	7225	6989	6970	7140	7225	7246	7225	7225
哈尔滨	9403	9403	9453	9934	9884	9650	9750	9700	9800	11500	11500	11135
海口	15300	15200	15250	15500	16000	16500	16500	16500	16500	16500	16500	16394
杭州	25200	29800	30000	26800	27400	28310	28100	28100	28520	28520	28520	28800
合肥	13000	13000	13000	13500	13450	13200	13200	13500	13500	14000	14000	14000
呼和浩特	8000	8900	8800	8000	7500	7300	8700	8500	11300	11000	11150	11300
济南	13199	13625	13650	14000	13500	14000	14000	14000	14000	14500	14500	14350
昆明	11000	11000	11000	12000	12000	11800	12000	12000	13000	13350	13000	13000
兰州	8700	8850	8850	8500	8500	8700	8500	8500	8600	9150	9000	8600
南昌	12500	12500	12500	12800	12700	12600	12550	12500	12500	12500	12500	12500
南京	25560	25600	25800	25680	25832	25800	25999	25700	25800	25600	25489	25700
南宁	11000	12000	12000	12000	12000	12000	12000	12000	12000	12000	12000	12000
宁波	17650	18100	18100	18154	19000	19192	18000	19728	19999	19999	19999	20000
青岛	12000	12500	12000	12750	12500	12500	12500	12500	12500	12850	12750	12500
三亚	26000	26000	25750	25480	25500	25000	26666	26000	26000	26000	26000	25500
厦门	33000	33000	33000	32500	32000	32000	32000	32000	32000	32000	32000	32000
沈阳	9100	9150	9200	10500	10500	10500	10500	10250	10000	11800	11900	11000
石家庄	11500	11500	11800	13000	13000	12900	12800	12800	12550	13000	13000	13000
苏州	21633	21567	21052	22764	22856	22928	23000	23000	23000	24500	24500	24000
太原	10000	10300	10000	10500	10500	10500	10500	10650	10500	10500	10800	10650
天津	14265	14400	14500	15000	15500	15500	15400	15500	15400	16000	16000	15700

7-5 续表 1 单位：元 / 平方米

城市	1月	2月	3月	4月	5月	6月	7月	8月	9月	10月	11月	12月
温州	19697	19565	19315	19109	19706	19422	19506	19175	19169	19715	19136	19035
乌鲁木齐	8500	8500	8500	9000	9000	9000	9000	8900	8800	8550	8550	8500
无锡	14100	14200	14500	16000	16000	16000	16000	16000	19500	19000	19000	19000
武汉	12500	12618	12600	13117	13033	13200	13200	13200	13228	13500	13500	13396
西安	10500	10513	10800	10304	10500	10873	12000	12000	14265	14500	14015	14000
西宁	7000	8600	8300	8600	8600	8600	10000	10000	10000	10300	9750	9750
银川	6800	7500	7500	7500	7500	7500	7500	7500	7500	7500	7500	7500
郑州	14000	14000	14200	14000	14000	14000	14000	14250	14000	14300	14200	14000
三四线城市												
包头	6300	6600	6650	6800	6800	6925	6850	6850	7300	7500	7400	7400
保定	8525	8500	8800	9500	9000	9100	9000	9000	8600	9200	9200	9000
常熟	14500	15750	16000	16000	16350	16100	16200	16000	16000	17500	17000	17500
常州	13450	140000	14000	14000	14150	14000	14300	14400	14400	16300	16500	16500
德州	6727	7000	7000	7388	7000	7150	7150	7300	6880	6900	6900	6890
东莞	19500	22000	22500	22750	22750	23625	23000	23000	24750	25000	25000	25000
东营	5700	5700	5840	6399	7100	6750	7440	6550	6250	6000	6000	7100
佛山	14500	14600	14500	14500	14700	14500	14500	14500	14500	16000	16000	15150
阜阳	7500	7550	7550	7500	7500	7500	7500	7500	7500	7500	7500	7500
赣州	7800	7800	7800	7980	8000	7980	7940	7900	8000	8000	7990	8000
桂林	6000	6000	5850	5800	5900	5900	5800	5800	5800	6000	6000	6000
邯郸	6825	6850	6850	7000	7000	7300	7500	7150	7000	8900	8800	8700
菏泽	5600	5600	5600	5600	5600	5500	5500	5500	5475	5500	5500	5500
衡水	6000	6000	5890	5900	5900	6000	6220	6100	6000	6000	6000	6000
湖州	11000	12000	12000	12000	12250	12000	12000	12000	12000	12000	12000	12000
淮安	6800	6900	6800	7228	7000	6600	6723	6536	6521	8071	8071	8071
惠州	12500	12639	12500	12550	12600	12700	12700	12643	12750	13050	13000	13249
济宁	8000	8000	8000	8100	8100	8100	8150	8050	8550	8500	8400	8300
嘉兴	12475	12900	12800	12900	13000	13500	13500	13500	14000	13800	13800	13500
江门	9200	9100	9453	9453	9300	9300	9353	9405	9500	10000	10000	10000
江阴	10000	10000	9700	10150	10300	10000	10550	10150	10650	11000	10000	10550
金华	11000	13250	14500	14250	14000	14000	14000	13500	13000	17500	17750	15000
昆山	16150	17218	17200	16750	16250	16250	16000	15750	15500	16000	15800	16000
廊坊	12500	12175	12300	12000	12000	12000	12000	12000	12000	12000	12000	12000
连云港	6600	7425	7705	7800	7450	7450	7100	7000	7000	7000	7000	7000
聊城	6100	8200	8500	7900	7450	7900	6000	6000	6000	6000	6050	6050
临沂	8500	8500	8500	8500	8500	8500	9000	9000	9000	9100	9500	9500

7-5　续表 2

单位：元 / 平方米

城市	1 月	2 月	3 月	4 月	5 月	6 月	7 月	8 月	9 月	10 月	11 月	12 月
柳州	8500	8700	8700	8800	8900	8900	8900	8900	8900	8900	8900	8850
洛阳	7500	7500	7400	7500	7500	7500	7500	7500	7500	7500	7500	7500
马鞍山	7000	7800	7800	7500	7500	7500	7500	7750	7750	8150	8150	8300
绵阳	6650	6800	6980	6980	7000	6890	6800	6500	6500	8500	8600	8600
南通	17000	19700	19400	20255	21900	21800	21110	21055	21355	21110	21110	21355
秦皇岛	9250	9300	9500	9900	9900	9900	9900	9800	10000	10000	10000	10000
泉州	8000	8015	8000	8000	8000	8000	8000	8000	8000	8175	8175	8000
汕头	11000	11000	11000	11000	11000	11000	11000	11000	11000	11000	11000	11000
绍兴	15000	15000	15000	15000	15000	15000	15000	15000	15500	15500	15500	15500
宿迁	5350	6300	6600	6450	6700	6100	9300	9150	10700	10050	10050	9550
台州	13000	13000	13000	14000	14000	14000	14100	14000	14000	14000	14000	14000
泰州	7275	8000	8650	8000	8000	8050	8000	8250	8000	8050	7600	8300
唐山	7800	7800	7800	8800	8800	8800	8500	8500	8500	9250	9250	9400
威海	7800	8900	9000	8800	8800	8590	9400	9300	9500	9500	9500	9500
潍坊	6850	6850	6800	7600	7600	7800	7800	7700	7615	7800	7800	7800
芜湖	11900	11705	11300	10900	10200	9300	9250	9250	9250	12137	12200	12825
湘潭	5200	5200	5200	5750	5750	5800	5800	5800	5750	5800	5800	5642
新乡	5500	5950	6000	6500	6500	6550	6750	6600	6500	6550	6500	6500
徐州	8900	8905	8900	8900	8700	8800	8800	8900	8900	9100	9150	9150
烟台	8500	8500	8500	9000	8850	8910	8855	8800	8900	9240	9200	9000
盐城	8500	8500	8500	8580	8580	8500	7800	7550	7800	7900	7500	7500
扬州	13000	13500	13500	13900	13550	13500	13500	13500	13500	13940	13980	14000
宜昌	7300	7400	7300	8000	8000	7900	7800	7800	7800	7800	7800	7750
湛江	10500	11250	11800	11800	11800	11789	11800	11800	11800	11716	11716	11777
张家港	11250	11250	11150	11500	11500	11500	11500	11500	11500	11500	11500	11500
张家口	8100	8200	8200	8000	8000	7875	7950	8000	7800	7650	7600	7650
漳州	11950	12000	12000	12000	12250	12000	12000	12000	12000	12300	12300	12300
肇庆	7300	7300	7300	7200	7200	7200	7200	7200	7150	7000	6900	6888
镇江	10000	10000	10000	10000	10000	10000	10000	10000	9725	10000	10000	10000
中山	12500	13000	13500	13750	14000	14000	14000	14000	14000	13500	13500	13125
珠海	24000	24000	24500	25000	25000	25000	24250	24000	24000	24750	24750	24000
株洲	5900	6200	6200	6200	6200	6200	6400	6400	6600	6600	6600	6600
淄博	7875	7900	7825	7900	7900	7825	7815	7850	7850	7815	7815	7815

数据来源：中指数据 CREIS。

7-6 2021年百城二手住宅价格指数环比涨跌幅

单位：%

城市	1月	2月	3月	4月	5月	6月	7月	8月	9月	10月	11月	12月
一线城市												
北京	0.70	0.50	0.83	1.12	1.27	1.01	1.01	0.99	0.79	0.32	0.03	0.20
上海	1.33	1.58	1.86	2.30	2.05	1.92	0.68	-0.05	-0.13	-0.05	-0.04	0.15
广州	0.66	0.72	0.77	1.34	1.44	1.42	1.24	0.92	-0.08	-0.18	-0.06	0.28
深圳	1.70	1.06	0.71	-0.50	-0.42	-0.56	-0.43	-0.09	-0.26	-0.35	-0.18	-0.38
二线城市												
北海	-0.37	-0.33	-0.53	-0.78	-0.80	-0.04	-0.34	-0.56	-0.61	-0.71	-0.76	-0.62
长春	-0.32	-0.60	-0.17	-0.26	-0.06	0.42	0.17	0.15	-0.40	-0.35	-0.44	-0.35
长沙	0.33	-0.03	0.23	0.39	0.53	0.25	0.44	0.62	0.16	0.01	0.10	0.69
成都	0.65	0.75	0.79	0.93	1.33	0.63	0.27	0.23	0.32	-0.08	-0.01	-0.32
重庆（主城区）	0.09	0.19	0.12	0.34	0.71	1.24	1.20	1.27	0.25	-0.05	-0.09	-0.02
大连	0.04	-0.32	0.70	0.63	0.43	0.42	0.61	0.68	0.17	0.12	-0.17	0.39
福州	0.24	0.02	0.29	0.51	0.33	0.39	0.42	0.41	-0.12	0.20	-0.20	-0.38
贵阳	-0.24	0.06	0	-0.26	-0.13	0.06	-0.17	-0.06	-0.34	-0.13	-0.35	-0.38
哈尔滨	-0.26	-0.07	-0.32	-0.16	-0.11	-0.05	-0.17	-0.51	-0.52	-0.20	-0.65	-0.49
海口	0.01	0.38	0.14	0.63	0.64	0.57	0.92	1.32	1.14	0.95	0.77	0.60
杭州	0.62	0.48	0.71	1.20	0.82	1.16	1.07	0.98	0.72	0.42	0.38	0.57
合肥	0.37	0.29	0.40	0.79	0.65	0.83	0.52	0.90	0.69	0.44	0.25	0.03
呼和浩特	0.26	0.03	-0.19	-0.78	-0.26	-0.05	0.11	0.21	-0.02	-0.01	-0.11	-0.10
济南	0.18	-0.15	0.23	0.66	0.58	0.43	0.44	0.39	0.16	-0.19	0.01	-0.38
昆明	0.05	-0.05	0.11	0.29	0.14	0.28	-0.06	-0.03	0.06	-0.04	-0.11	-0.13
兰州	-0.25	-0.27	0.14	-0.02	0.05	-0.25	0.24	0.06	-0.18	-0.03	-0.05	-0.13
南昌	-0.02	0.15	-0.15	0.13	0.29	0.24	0.24	0.13	0.04	-0.01	-0.10	-0.16
南京	0.43	0.17	0.38	0.46	0.52	0.42	0.55	0.37	0.34	0.30	-0.04	0.49
南宁	0.24	0.22	0.20	0.46	0.14	0.09	0.15	0.15	-0.02	-0.31	-0.52	-0.66
宁波	1.05	0.64	1.02	1.16	1.01	0.79	0.66	0.27	-0.01	-0.29	-0.38	-0.68
青岛	-0.21	-0.02	0.35	0.20	0.13	0.48	-0.09	0.38	0.29	0.04	-0.14	-0.30
三亚	-0.05	0.23	0.29	0.25	-0.15	-0.39	-0.29	0.16	-0.08	0.37	0.59	-0.01
厦门	0.24	-0.07	0.57	0.59	0.39	0.38	0.82	0.86	0.54	0.50	0.46	0.40
沈阳	-0.47	-0.02	0.29	0.31	0.39	0.00	0.04	0.18	-0.22	-0.28	-0.45	-0.47
石家庄	-0.17	-0.15	-0.23	-0.16	-0.25	-0.10	-0.10	0.25	-0.52	-0.68	-1.05	-0.10
苏州	0	-0.22	0.33	0.06	0.49	0.18	0.25	1.13	-0.01	-0.26	-0.44	0.54
太原	-0.39	-0.06	-0.21	-0.03	-0.14	0.02	-0.28	-0.12	-0.38	-0.50	-0.55	-0.57
天津	-0.31	-0.04	0.02	0.04	-0.16	0.03	-0.08	0.16	-0.07	-0.22	-0.23	-0.04

7-6 续表1

单位：%

城市	1月	2月	3月	4月	5月	6月	7月	8月	9月	10月	11月	12月
温州	0.09	0.12	0.36	0.35	0.17	0.47	0.47	0.42	0.34	−0.07	−0.06	−0.35
乌鲁木齐	−0.28	0.16	0.24	−0.24	0.31	0.04	0.02	−0.18	−0.18	−0.19	−0.01	−0.05
无锡	0.58	0.26	1.01	0.90	0.68	0.62	0.72	0.24	0.56	−0.25	0.09	−0.45
武汉	−0.10	0.14	0.23	0.27	0.28	0.35	0.60	0.37	0.52	−0.01	−0.12	−0.04
西安	0.80	0.72	1.00	1.58	1.69	1.89	1.84	−0.60	0.10	−0.11	−0.12	−0.50
西宁	0	0	0	0	0	0	0.38	0	0	0.27	−0.10	−0.03
银川	0.35	0.22	0.22	0.84	1.53	0.91	1.04	1.16	0.73	0.34	−0.24	−0.58
郑州	−0.30	0.02	0.09	0.26	0.42	0.54	0.12	0.02	0.14	0.09	−0.13	−0.28
三四线城市												
包头	0.55	−0.11	−0.07	0.01	−0.03	0.58	0.34	0.28	0.13	0.23	−0.15	−0.41
保定	−0.14	−0.32	−0.06	−0.15	0.07	0.14	0	−0.20	−0.03	0.05	0.06	−0.91
常熟	−0.09	−0.07	0.27	0.23	0.39	0.01	−0.15	−0.06	−0.37	−0.81	−0.39	−0.34
常州	0.50	0.35	0.66	0.82	0.88	0.78	0.71	0.72	0.56	0.09	−0.04	−0.03
德州	0.22	0.08	0.88	0.14	0.30	0.47	0.42	0.25	0.21	0.24	−0.04	−0.30
东莞	1.73	1.07	1.56	1.91	1.56	1.41	1.04	0.44	−0.10	−0.23	−0.12	0.10
东营	0	0	0	0	0	0	0	0	0	−0.28	0.11	0.15
佛山	0.03	0.21	0.01	−0.04	0.40	0.59	0.76	0.91	0.47	−0.08	−0.04	0.06
阜阳	−0.95	−0.71	−0.34	−0.14	−0.77	0.62	−0.21	−0.17	−0.71	−0.31	−0.23	−0.20
赣州	0.22	−0.12	−0.03	0.33	−0.02	0.83	0.48	0.93	0.03	0.30	0.31	0.22
桂林	−0.01	−0.36	−0.12	0.15	0.08	0.22	0.24	0.25	−0.15	−0.99	−0.06	−0.45
邯郸	−0.15	−0.01	−0.06	0.05	−0.04	−0.13	−0.56	−0.01	0.15	0.04	−0.03	−0.20
菏泽	−0.24	0.06	−0.82	−0.82	0.38	−0.01	−0.05	−0.51	−0.68	−0.13	0.02	0.24
衡水	−0.19	−0.18	0.38	−0.33	−0.06	0.31	0.25	−0.01	0.18	−0.14	−0.26	−0.30
湖州	0.25	0.63	0.80	1.10	0.53	−0.13	−0.03	0.16	−0.05	−0.21	−0.05	−0.26
淮安	1.82	1.60	1.96	1.62	1.09	0.87	0.99	−0.20	0.06	−0.01	0.12	0.26
惠州	0.24	0.11	0.56	0.75	0.49	0.52	0.34	0.21	0.10	0.08	−0.32	−0.13
济宁	0.60	0.18	0.76	0.37	0.50	0.47	0.13	0.15	0.05	0.60	0.19	−0.08
嘉兴	−0.02	0.13	0.11	0.13	−0.12	0.03	−0.06	−0.13	−0.06	0.16	0.01	0.38
江门	0.08	0	−0.01	0.10	0.19	0.07	0.13	0.17	0.03	−0.28	−0.25	−0.61
江阴	0.01	0.11	0.17	0.17	0.29	0.49	0.53	0.08	0	0.02	0.01	0
金华	0.52	0.38	0.97	1.10	1.12	1.35	1.60	1.14	0.54	−0.10	−0.08	−0.34
昆山	0.41	0.44	0.76	1.50	1.32	1.40	1.53	1.28	1.36	0.59	0.60	0.76
廊坊	−0.10	0.20	0.05	−0.07	−0.03	0.05	0.47	0.08	0	−0.24	0.12	−0.77
连云港	0.65	1.33	1.46	2.19	1.95	1.41	1.38	0.85	0.19	0.44	0.37	−0.17
聊城	−0.16	0.13	0.11	−0.22	−0.01	0.38	0.81	0.35	0.18	−0.22	0.07	0
临沂	−0.37	−0.03	0.04	0.11	0.05	0.06	0.05	−0.41	−0.01	0.07	−0.07	0.04

7-6 续表 2

单位：%

城市	1月	2月	3月	4月	5月	6月	7月	8月	9月	10月	11月	12月
柳州	−0.42	0.01	−0.24	−0.10	−0.20	−0.38	0.27	−0.04	−0.38	−0.72	−0.92	−0.59
洛阳	−0.04	0.11	−0.03	0.11	0.28	0.28	−0.10	−0.16	−0.32	−0.43	−0.74	−0.58
马鞍山	0.59	1.10	1.21	2.28	1.84	1.73	0.97	0.31	0.35	0.07	0.17	0.32
绵阳	0.06	0.09	−0.15	−0.23	0.44	0.11	0.27	0.58	0.36	0.19	0.21	−0.46
南通	0.37	0.24	0.20	0.30	0.04	0.26	−0.25	−0.53	−0.72	−1.05	−1.00	−1.15
秦皇岛	0.62	0.19	−0.42	−0.52	−0.21	−0.23	−0.23	−0.09	0.17	−0.82	−0.35	−0.70
泉州	0.87	0.45	1.36	0.38	0.73	0.62	0.39	0.25	0.89	0.78	0.43	0.82
汕头	0.57	0.27	0.62	0.41	0.29	0.19	0.31	0.60	0.06	0.09	−0.05	−0.57
绍兴	0.28	0.09	0.02	−0.04	−0.13	0.03	0.07	0.08	0.02	0.05	−0.05	−0.01
宿迁	0	0	0	0	0	0.14	0	0	0	0	−0.01	−0.04
台州	0.53	0.28	0.13	0.24	0.90	0.71	0.80	0.98	0.70	0.47	0	0.26
泰州	0.21	0.42	0.31	1.08	0.97	0.61	0.65	0.77	0.65	0.38	0.27	−0.19
唐山	−0.59	−0.47	−0.32	−0.54	−0.24	0.22	−0.30	−0.46	−0.83	−1.39	−1.21	−0.89
威海	−0.30	−0.10	−0.08	−0.14	0.10	−0.14	0.07	−0.13	−0.37	−0.33	0	−0.31
潍坊	−0.42	0.07	0.09	0.35	0.24	0.06	−0.08	−0.09	−0.31	−0.40	−0.17	−0.35
芜湖	0.16	0.16	0.40	0.86	0.58	0.86	1.20	0.94	0.60	0.46	−0.04	0.05
湘潭	−0.12	−0.34	0.00	0.94	0.56	−0.32	0.62	0.84	0.19	0.22	−0.72	−1.13
新乡	−0.50	0.01	0.13	−0.37	−0.09	−0.26	−0.57	−0.28	−0.42	−0.76	0	−0.38
徐州	0.60	0.61	0.75	1.24	0.95	1.24	1.00	0.52	−0.18	−0.92	−0.89	−0.26
烟台	−0.03	−0.12	0.09	0.28	−0.07	−0.03	−0.11	0.14	−0.08	−0.07	−0.36	−0.64
盐城	1.75	1.06	1.60	0.93	1.15	1.23	1.04	0.33	0.40	0.16	−0.02	−0.09
扬州	0.01	0.11	0.33	0.75	0.57	0.45	0.76	0.57	0.47	0.23	0.04	0.07
宜昌	0.10	0.13	−0.70	−0.11	0.54	0.67	0.20	−0.68	−0.79	−0.30	−0.40	−0.74
湛江	0.13	0.20	0.18	0.26	0.45	−0.05	0.20	0.40	−0.11	−0.19	0.20	−0.42
张家港	0.10	−0.07	0.24	0.36	−0.07	0.71	0.37	0	−0.43	−0.64	−0.28	−0.31
张家口	−1.01	−0.78	−0.40	−0.25	0.06	−0.03	−0.17	−0.04	−0.16	−0.15	−0.15	0.10
漳州	−0.17	0.34	−0.06	0.04	0.24	0.42	0.75	−0.12	0.44	−0.48	−0.47	−0.04
肇庆	0.03	−0.26	−0.10	−0.67	0.20	−0.02	−0.67	0.11	−0.45	−0.75	−0.31	−0.15
镇江	−0.20	−0.01	0.21	0.45	0.41	0.59	0.70	0.58	0.35	0.10	−0.20	−0.50
中山	−0.04	−0.05	0.19	0.23	0.34	0.03	−0.18	0.21	0.27	−0.50	−0.14	−0.28
珠海	0.30	0.22	0.42	0.82	0.68	0.55	0.74	0.77	0.45	0.10	0.12	0.17
株洲	−0.45	0.12	0.19	0.12	0.03	0.37	0.19	−0.17	−0.34	−0.34	−0.03	−0.12
淄博	0.02	0.02	0.32	−0.21	−0.06	−0.04	−0.35	0.06	0.22	−0.19	0.03	−0.07

数据来源：中指数据 CREIS。

7-7　2021年百城二手住宅价格指数同比涨跌幅

单位：%

城市	1月	2月	3月	4月	5月	6月	7月	8月	9月	10月	11月	12月
一线城市												
北京	1.82	1.98	2.83	3.76	4.71	5.54	6.77	7.96	8.69	9.00	9.01	9.10
上海	8.13	8.92	10.94	12.90	14.17	15.82	16.39	16.11	15.55	14.51	13.09	12.18
广州	3.81	4.48	5.05	6.27	7.57	8.21	10.19	11.28	10.75	10.01	9.26	8.78
深圳	20.15	19.39	17.99	15.02	12.10	9.85	8.94	7.56	6.20	4.07	2.20	0.28
二线城市												
北海	−5.85	−5.76	−6.26	−6.70	−6.65	−6.62	−6.53	−6.49	−7.30	−6.54	−6.64	−6.28
长春	0.31	−0.46	−1.03	−1.79	−2.06	−1.38	−1.45	−1.26	−1.35	−1.66	−1.99	−2.20
长沙	1.76	1.75	1.85	1.87	1.70	1.31	2.16	3.00	3.16	3.17	3.12	3.77
成都	6.32	7.09	7.67	7.43	7.83	7.73	8.08	8.03	7.92	7.23	6.56	5.61
重庆（主城区）	0.57	0.86	0.89	1.15	1.69	2.29	3.97	5.51	5.83	5.74	5.46	5.38
大连	3.76	3.14	3.71	3.59	3.20	3.30	3.88	4.36	4.18	3.89	3.48	3.77
福州	0	0.25	0.21	0.81	1.10	1.30	1.89	2.33	2.23	2.52	2.40	2.13
贵阳	−2.99	−2.72	−2.50	−2.42	−1.91	−1.70	−2.02	−1.90	−2.18	−1.95	−1.89	−1.92
哈尔滨	0.56	0.58	0.26	−0.81	−0.78	−0.68	−1.47	−2.52	−2.87	−2.77	−3.20	−3.45
海口	−0.85	−0.33	−0.05	1.30	4.00	4.97	5.43	5.71	6.18	7.13	7.76	8.39
杭州	5.89	5.93	5.98	6.53	6.46	7.08	8.35	9.21	9.62	9.55	9.37	9.51
合肥	4.32	4.57	4.76	5.01	5.04	6.29	6.29	6.96	7.24	7.24	6.85	6.34
呼和浩特	1.55	1.88	1.85	0.52	−0.12	0.69	0.68	0.20	−0.23	−0.17	−0.32	−0.90
济南	−0.27	−0.30	−0.07	0.19	0.75	0.76	1.75	2.60	2.97	2.78	2.73	2.37
昆明	2.76	2.13	1.91	1.90	1.36	1.25	1.29	1.28	1.12	1.00	0.75	0.49
兰州	0.59	0.01	0.15	−0.38	−0.84	−0.35	−0.68	−0.60	−0.93	−0.90	−0.67	−0.68
南昌	0.68	0.43	0.28	−0.16	−0.15	−0.36	0.40	0.55	0.62	0.76	0.90	0.77
南京	5.34	5.24	5.22	5.02	4.79	4.82	5.27	5.42	5.30	4.98	4.32	4.48
南宁	2.46	2.09	2.29	2.03	1.64	1.15	1.62	1.91	1.92	1.41	0.86	0.13
宁波	13.87	13.81	14.04	13.62	13.08	14.18	13.99	12.95	11.56	9.52	7.27	5.34
青岛	−1.35	−1.34	−1.21	−1.28	−1.34	−1.34	−0.74	0.12	0.82	1.00	1.17	1.11
三亚	−0.19	−0.03	0.25	0.67	0.65	−0.01	−0.12	0.10	−0.30	0.41	0.87	0.92
厦门	1.22	1.27	1.85	2.49	2.20	1.99	2.94	3.74	4.47	5.07	5.52	5.81
沈阳	2.80	1.85	2.14	1.48	0.67	−0.24	0.38	0.64	0.51	0.13	−0.41	−0.71
石家庄	−1.14	−1.49	−1.72	−2.01	−2.51	−3.02	−2.68	−2.17	−2.48	−2.78	−3.31	−3.22
苏州	−0.13	−0.64	−0.31	−0.97	−0.98	−1.28	−0.64	1.07	1.29	1.43	1.25	2.06
太原	−1.45	−1.24	−1.45	−1.35	−1.06	−0.44	−1.06	−1.14	−1.29	−1.89	−2.46	−3.17
天津	−1.10	−1.63	−1.60	−1.81	−2.36	−2.84	−2.38	−1.82	−1.48	−1.38	−1.24	−0.89

7-7 续表 1 单位：%

城市	1 月	2 月	3 月	4 月	5 月	6 月	7 月	8 月	9 月	10 月	11 月	12 月
温州	3.36	3.28	3.31	3.32	3.10	3.36	3.39	3.42	3.58	3.21	2.94	2.35
乌鲁木齐	1.56	1.59	1.84	1.73	1.35	0.98	1.14	0.98	1.23	0.56	0.29	−0.34
无锡	9.17	8.79	9.25	8.84	7.50	6.90	7.75	7.70	7.61	6.55	6.12	5.06
武汉	0.22	−0.70	−0.31	0.25	1.00	1.11	1.97	2.21	2.53	2.46	2.37	2.50
西安	6.06	6.68	7.49	8.53	9.45	10.87	13.15	12.39	12.02	10.94	9.93	8.56
西宁	0.85	1.12	1.12	0.71	0.69	0.20	0.58	0.08	0.58	0.86	0.55	0.52
银川	7.22	7.00	6.94	7.23	7.28	8.24	8.34	8.95	9.54	9.09	8.14	6.72
郑州	−1.38	−1.55	−1.76	−1.81	−1.70	−1.72	−0.90	−0.21	0.20	0.66	0.98	0.99
三四线城市												
包头	2.57	2.18	2.10	1.91	1.72	2.38	2.15	1.95	1.93	2.20	1.85	1.34
保定	−3.95	−3.56	−3.61	−3.27	−2.64	−2.41	−2.43	−2.25	−2.00	−1.46	−0.99	−1.48
常熟	−3.93	−3.20	−2.94	−2.42	−1.79	−1.83	−1.22	−1.18	−1.28	−1.65	−1.12	−1.36
常州	7.77	7.65	7.80	7.71	7.49	8.15	8.30	8.36	8.30	7.44	6.77	6.16
德州	−1.13	−1.18	−0.31	−0.23	−0.05	−0.29	1.34	2.10	2.59	3.05	3.27	2.89
东莞	19.33	19.42	19.39	19.57	19.25	19.59	20.18	19.22	17.49	15.23	12.95	10.85
东营	0.23	0.23	0.23	0.01	0.01	0	−0.05	−0.01	0	−0.28	−0.17	−0.02
佛山	1.34	0.82	0.83	0.14	0.41	0.11	1.52	3.30	4.25	3.75	3.47	3.33
阜阳	−2.76	−3.31	−3.55	−3.37	−3.52	−3.10	−3.70	−3.58	−3.91	−3.90	−3.93	−4.04
赣州	5.00	4.75	4.43	4.13	3.72	4.24	4.19	4.87	4.60	4.62	4.15	3.55
桂林	0.17	−0.53	−0.65	−0.47	−0.35	−0.87	−0.26	0.11	0.22	−1.11	−1.02	−1.23
邯郸	0.11	−0.07	−0.21	−0.33	−0.70	−1.21	−1.34	−1.62	−1.37	−1.15	−0.79	−0.94
菏泽	−3.54	−2.60	−3.80	−5.15	−5.00	−5.36	−5.32	−5.75	−6.27	−5.28	−3.76	−2.58
衡水	−0.90	−0.63	−0.41	−1.23	−2.07	−1.85	−1.63	−1.38	−1.03	−0.76	−0.33	−0.35
湖州	0.77	1.00	1.81	2.78	2.77	2.13	2.70	2.57	2.69	2.44	2.35	2.75
淮安	13.38	15.22	17.15	18.25	17.44	17.64	17.80	16.71	15.48	14.05	12.42	10.63
惠州	2.66	2.71	2.95	3.32	4.03	5.01	5.00	5.02	4.91	4.32	3.51	2.98
济宁	2.74	2.29	2.88	3.23	3.30	3.69	4.68	4.69	4.49	4.56	4.67	4.00
嘉兴	1.27	1.04	0.85	0.18	0.44	0.70	0.67	0.48	0.05	−0.01	0.20	0.54
江门	−1.03	−0.74	−0.75	−0.89	−0.96	−1.49	−0.84	−0.32	0.14	0.16	0.03	−0.38
江阴	3.66	2.86	2.23	1.71	1.48	1.67	2.38	1.93	1.76	1.46	1.70	1.87
金华	5.09	5.43	6.21	7.35	8.33	9.39	10.60	11.11	11.17	10.71	9.92	8.50
昆山	2.63	2.85	3.48	4.84	6.30	8.11	9.23	10.38	11.51	11.98	12.30	12.63
廊坊	−1.40	−1.33	−1.28	−1.21	−1.11	−1.03	−0.49	−0.25	0.20	0.17	0.57	−0.25
连云港	5.54	6.90	8.37	10.66	12.34	13.09	14.05	14.38	14.66	14.70	14.04	12.70
聊城	1.13	1.16	1.34	0.96	0.86	1.17	1.45	1.48	1.42	1.48	1.34	1.42
临沂	0.21	−0.45	−0.40	−0.45	−0.67	−1.33	−0.44	−0.71	−0.78	−0.83	−0.75	−0.50

7-7　续表 2　　　单位：%

城市	1月	2月	3月	4月	5月	6月	7月	8月	9月	10月	11月	12月
柳州	−0.87	−0.57	−0.80	−0.76	−0.82	−1.15	−0.82	−0.86	−1.16	−2.49	−3.31	−3.64
洛阳	2.42	2.38	2.16	1.84	1.30	1.65	1.09	0.70	0.07	−0.36	−1.21	−1.63
马鞍山	7.81	8.55	9.08	10.89	12.61	14.18	14.57	13.88	13.70	12.93	11.71	11.49
绵阳	1.27	1.30	1.19	0.71	0.80	0.47	1.19	2.16	2.53	2.67	2.39	1.49
南通	8.12	7.79	7.42	6.40	5.65	5.44	5.07	3.46	2.01	0.13	−1.63	−3.27
秦皇岛	3.20	2.90	1.97	0.68	−0.15	−0.98	−0.42	−0.22	−0.47	−1.70	−1.85	−2.58
泉州	5.42	5.56	6.75	6.74	7.08	8.50	7.80	7.67	8.52	8.78	8.33	8.24
汕头	3.66	3.89	4.25	4.30	3.92	4.13	4.23	4.80	4.60	4.25	3.58	2.81
绍兴	3.55	3.52	3.05	3.26	2.21	1.76	1.71	1.32	1.03	0.65	0.55	0.43
宿迁	4.77	3.48	2.60	1.93	1.59	1.98	1.27	0.57	0.25	0.27	0.13	0.09
台州	5.42	5.35	5.48	5.33	5.56	6.09	5.98	5.99	6.43	6.39	6.28	6.15
泰州	0.28	0.83	1.08	1.81	2.36	3.48	4.07	5.09	5.65	6.16	6.38	6.29
唐山	6.12	5.22	4.43	2.81	1.49	1.66	0.35	−1.22	−2.45	−4.32	−5.82	−6.81
威海	−0.92	−1.00	−0.84	−0.64	0.14	1.25	1.15	0.34	−0.36	−0.99	−1.86	−1.71
潍坊	−0.08	−0.10	−0.01	0.08	−0.26	−1.22	−0.49	−0.21	−0.21	−0.65	−0.77	−1.00
芜湖	1.97	2.09	2.46	3.20	3.76	4.45	5.28	6.22	6.87	7.11	6.85	6.40
湘潭	−2.35	−2.20	−1.58	−0.66	−0.38	−0.88	0.90	2.07	2.27	2.38	1.84	0.70
新乡	−1.08	−0.73	−0.60	−0.36	−0.36	−0.77	−1.24	−1.77	−2.27	−3.49	−3.65	−3.43
徐州	6.86	7.45	8.13	8.80	9.41	11.73	12.09	11.57	10.41	7.59	5.82	4.73
烟台	−1.11	−0.98	−0.85	−0.14	0.30	1.21	0.43	−0.14	−0.32	−0.24	−0.41	−1.00
盐城	12.73	13.45	14.54	14.94	15.79	16.66	16.96	16.00	15.27	13.79	11.93	9.94
扬州	1.56	1.58	1.92	2.36	2.67	3.56	3.68	4.10	4.53	4.65	4.59	4.44
宜昌	−2.19	−1.38	−2.07	−2.29	−1.29	−0.93	−0.49	−1.05	−1.99	−1.99	−2.00	−2.10
湛江	0.79	0.85	1.03	1.21	1.52	1.18	1.33	1.94	1.87	1.77	1.67	1.24
张家港	−0.61	−0.40	−0.15	0.01	0.02	0.85	1.10	0.98	0.74	0.35	0.31	−0.06
张家口	−8.07	−7.84	−8.20	−7.50	−7.03	−6.59	−5.99	−5.30	−4.44	−4.05	−3.71	−2.93
漳州	−0.62	−0.07	0.41	0.62	1.04	1.40	1.68	1.54	2.05	1.40	0.77	0.91
肇庆	−3.51	−3.19	−2.25	−2.20	−1.63	−1.19	−2.01	−1.84	−2.49	−2.81	−3.17	−3.01
镇江	0.23	−0.03	−0.04	0.48	0.28	0.28	1.49	2.44	3.20	3.72	3.31	2.51
中山	−0.40	−0.15	0.03	0.30	0.84	0.91	0.74	1.03	1.48	0.79	0.37	0.08
珠海	1.68	1.52	1.94	2.71	3.50	3.89	4.81	5.49	5.75	5.60	5.54	5.45
株洲	−2.52	−1.55	−1.37	−1.12	−1.25	−1.24	−0.95	−0.48	−0.57	−0.73	−0.44	−0.42
淄博	0.82	0.65	0.97	0.18	−0.06	−0.41	−0.68	−0.72	−0.56	−0.26	−0.14	−0.26

数据来源：中指数据 CREIS。

7-8 2021年百城二手住宅价格指数样本平均价格

单位：元/平方米

城市	1月	2月	3月	4月	5月	6月	7月	8月	9月	10月	11月	12月
一线城市												
北京	67751	68087	68653	69422	70303	71012	71727	72437	73009	73240	73263	73407
上海	56283	57171	58232	59573	60794	61961	62385	62352	62269	62237	62211	62307
广州	35649	35905	36181	36666	37192	37721	38189	38542	38510	38441	38418	38526
深圳	76259	77067	77612	77227	76901	76474	76146	76077	75880	75614	75478	75191
二线城市												
北海	6597	6575	6540	6489	6437	6434	6412	6376	6337	6292	6244	6205
长春	9947	9887	9870	9844	9838	9879	9896	9911	9871	9836	9793	9759
长沙	11406	11402	11428	11473	11534	11562	11613	11685	11704	11705	11717	11798
成都	17983	18118	18261	18432	18677	18794	18844	18887	18948	18933	18931	18870
重庆（主城区）	13298	13324	13340	13385	13480	13648	13812	13988	14023	14016	14004	14001
大连	15751	15701	15811	15911	15980	16047	16145	16255	16283	16303	16275	16339
福州	28252	28257	28340	28486	28581	28692	28813	28930	28896	28954	28895	28785
贵阳	8995	9000	9000	8977	8965	8971	8956	8951	8921	8909	8878	8844
哈尔滨	10713	10706	10672	10655	10643	10637	10619	10565	10510	10489	10421	10370
海口	14176	14231	14251	14341	14433	14515	14649	14843	15012	15154	15271	15363
杭州	34922	35091	35340	35762	36054	36473	36864	37225	37492	37648	37790	38006
合肥	17045	17095	17164	17300	17412	17556	17647	17806	17929	18008	18053	18059
呼和浩特	10836	10840	10820	10735	10707	10702	10714	10737	10735	10734	10722	10711
济南	18130	18103	18144	18264	18369	18447	18529	18602	18632	18596	18597	18526
昆明	14444	14437	14453	14495	14515	14555	14546	14541	14549	14543	14527	14508
兰州	12361	12328	12345	12343	12349	12319	12349	12357	12335	12331	12325	12309
南昌	13305	13324	13304	13322	13361	13393	13425	13442	13447	13445	13431	13410
南京	34967	35028	35160	35323	35506	35654	35849	35981	36104	36214	36198	36377
南宁	12746	12774	12799	12857	12875	12887	12906	12926	12924	12884	12817	12732
宁波	26798	26971	27247	27563	27840	28059	28243	28319	28315	28233	28126	27935
青岛	23116	23111	23191	23236	23266	23379	23358	23446	23515	23524	23492	23421
三亚	28337	28402	28483	28554	28512	28400	28318	28364	28342	28446	28615	28613
厦门	49961	49928	50211	50506	50702	50892	51308	51747	52028	52290	52529	52738
沈阳	12689	12686	12723	12762	12811	12812	12817	12840	12812	12776	12718	12658
石家庄	15037	15015	14980	14956	14919	14903	14888	14925	14848	14747	14592	14577
苏州	27213	27153	27242	27259	27393	27443	27511	27823	27819	27747	27625	27774
太原	11654	11647	11622	11618	11602	11604	11572	11558	11514	11457	11394	11329
天津	25226	25216	25222	25231	25192	25200	25181	25222	25204	25148	25090	25079

7-8 续表 1

单位：元 / 平方米

城市	1 月	2 月	3 月	4 月	5 月	6 月	7 月	8 月	9 月	10 月	11 月	12 月
温州	23994	24023	24110	24195	24236	24351	24466	24569	24653	24635	24620	24534
乌鲁木齐	9092	9107	9129	9108	9136	9140	9142	9126	9110	9093	9092	9087
无锡	17958	18004	18186	18349	18473	18588	18721	18766	18871	18824	18841	18757
武汉	18591	18617	18659	18709	18761	18826	18939	19009	19108	19106	19083	19075
西安	15370	15481	15635	15883	16152	16456	16759	16659	16675	16656	16636	16553
西宁	9828	9828	9828	9828	9828	9828	9865	9865	9865	9892	9882	9879
银川	7127	7143	7159	7219	7329	7396	7473	7560	7615	7641	7623	7579
郑州	15776	15779	15794	15835	15902	15987	16006	16010	16032	16046	16025	15980
三四线城市												
包头	7882	7873	7867	7868	7866	7911	7938	7960	7970	7988	7976	7943
保定	10595	10561	10555	10539	10547	10561	10561	10540	10537	10542	10548	10452
常熟	14949	14939	14980	15015	15074	15076	15054	15045	14990	14868	14810	14760
常州	16515	16572	16681	16818	16966	17099	17221	17345	17442	17458	17451	17445
德州	8639	8646	8722	8734	8760	8801	8838	8860	8879	8900	8896	8869
东莞	20106	20322	20640	21033	21361	21663	21888	21985	21964	21913	21887	21908
东营	8779	8779	8779	8779	8779	8779	8779	8779	8779	8754	8764	8777
佛山	13782	13810	13812	13807	13862	13944	14050	14178	14244	14232	14227	14236
阜阳	8332	8273	8245	8234	8170	8221	8204	8190	8132	8107	8088	8072
赣州	11523	11510	11507	11546	11544	11639	11695	11804	11807	11843	11880	11906
桂林	8056	8027	8017	8029	8035	8052	8071	8091	8079	7999	7994	7958
邯郸	9266	9265	9260	9265	9261	9249	9197	9196	9210	9214	9211	9193
菏泽	6312	6316	6264	6212	6235	6234	6231	6199	6157	6149	6150	6165
衡水	7930	7916	7946	7920	7915	7940	7960	7959	7973	7962	7941	7917
湖州	9579	9639	9716	9823	9875	9862	9859	9875	9870	9849	9844	9818
淮安	11001	11177	11396	11581	11707	11809	11926	11902	11909	11908	11922	11953
惠州	10555	10567	10626	10705	10757	10813	10850	10873	10884	10893	10858	10844
济宁	9592	9610	9683	9718	9767	9813	9826	9841	9846	9905	9924	9916
嘉兴	11462	11477	11489	11504	11490	11493	11486	11471	11464	11482	11483	11527
江门	8619	8619	8618	8627	8643	8649	8660	8675	8678	8654	8632	8579
江阴	11635	11647	11667	11686	11720	11777	11839	11848	11848	11850	11851	11851
金华	17820	17887	18060	18259	18463	18712	19013	19230	19334	19314	19298	19233
昆山	16513	16586	16713	16963	17187	17428	17695	17922	18166	18274	18384	18523
廊坊	12223	12247	12253	12244	12240	12247	12304	12314	12314	12284	12299	12204
连云港	11130	11278	11443	11693	11921	12089	12256	12360	12384	12438	12484	12463
聊城	10321	10334	10345	10322	10321	10360	10444	10481	10500	10477	10484	10484
临沂	11061	11058	11063	11075	11080	11086	11091	11045	11044	11052	11044	11048

7-8 续表 2 单位：元 / 平方米

城市	1月	2月	3月	4月	5月	6月	7月	8月	9月	10月	11月	12月
柳州	9292	9293	9271	9262	9243	9208	9233	9229	9194	9128	9044	8991
洛阳	9760	9771	9768	9779	9806	9833	9823	9807	9776	9734	9662	9606
马鞍山	8836	8933	9041	9248	9418	9581	9674	9704	9738	9745	9762	9793
绵阳	8888	8896	8883	8863	8902	8912	8936	8988	9020	9037	9056	9014
南通	16814	16854	16888	16939	16946	16990	16947	16857	16735	16559	16393	16204
秦皇岛	10378	10398	10354	10300	10278	10255	10231	10222	10239	10155	10119	10048
泉州	15028	15095	15300	15359	15471	15567	15627	15666	15805	15928	15996	16127
汕头	11576	11607	11679	11727	11761	11783	11819	11890	11897	11908	11902	11834
绍兴	17262	17278	17281	17275	17252	17258	17270	17284	17287	17296	17288	17287
宿迁	10319	10319	10319	10319	10319	10333	10333	10333	10333	10333	10332	10328
台州	15468	15511	15531	15568	15708	15819	15946	16102	16215	16291	16291	16333
泰州	10918	10964	10998	11117	11225	11293	11366	11454	11528	11572	11603	11581
唐山	12001	11944	11905	11841	11813	11839	11804	11750	11653	11491	11352	11251
威海	9248	9239	9231	9218	9228	9215	9221	9209	9175	9145	9145	9117
潍坊	7481	7486	7493	7519	7537	7542	7536	7529	7506	7476	7463	7437
芜湖	12117	12137	12186	12291	12362	12468	12617	12735	12812	12871	12866	12872
湘潭	5278	5260	5260	5309	5339	5322	5355	5400	5410	5422	5383	5322
新乡	7811	7812	7822	7793	7786	7766	7722	7700	7668	7610	7610	7581
徐州	13144	13224	13324	13489	13617	13786	13924	13997	13972	13843	13720	13684
烟台	11886	11872	11882	11916	11907	11904	11891	11908	11898	11890	11847	11771
盐城	12914	13051	13260	13383	13537	13704	13846	13891	13946	13969	13966	13953
扬州	15262	15278	15329	15445	15533	15603	15721	15810	15884	15920	15927	15938
宜昌	9019	9031	8968	8958	9006	9066	9084	9022	8951	8924	8888	8822
湛江	9413	9432	9449	9473	9515	9510	9529	9567	9556	9538	9557	9517
张家港	12724	12714	12745	12791	12781	12871	12918	12918	12862	12780	12744	12704
张家口	8366	8301	8268	8247	8252	8249	8235	8232	8219	8207	8195	8203
漳州	13524	13571	13563	13568	13601	13658	13761	13745	13806	13740	13676	13670
肇庆	7382	7363	7356	7306	7320	7319	7270	7278	7245	7191	7169	7158
镇江	9076	9075	9094	9135	9173	9227	9292	9346	9379	9388	9369	9322
中山	10632	10627	10647	10672	10708	10712	10693	10715	10744	10690	10675	10645
珠海	22979	23030	23126	23315	23473	23601	23776	23959	24067	24090	24119	24160
株洲	5866	5873	5884	5891	5893	5915	5926	5916	5896	5876	5874	5867
淄博	9787	9789	9820	9800	9794	9790	9756	9762	9783	9764	9767	9760

数据来源：中指数据 CREIS。

7-9　2021 年百城二手住宅价格指数样本价格中位数

单位：元 / 平方米

城市	1月	2月	3月	4月	5月	6月	7月	8月	9月	10月	11月	12月
一线城市												
北京	61910	61502	61926	62840	63219	63609	64317	65912	66036	66827	67157	67323
上海	54009	55157	58361	57637	58919	59740	61208	59993	60021	59856	59821	59704
广州	32642	32691	33085	33333	33839	34137	34769	34976	34924	34854	34803	34783
深圳	70395	73543	71663	71296	70755	70175	69731	68567	68567	68567	68272	68453
二线城市												
北海	6249	6221	6201	6242	6189	6151	6043	6067	6012	5938	5804	5788
长春	9434	9328	9315	9294	9216	9292	9348	9367	9252	9230	9180	9168
长沙	10913	10883	10879	10913	10999	10959	11046	11063	11038	11019	11036	11126
成都	16809	16955	16990	17044	17283	17389	17506	17492	17481	17500	17539	17418
重庆（主城区）	12820	12878	12859	12949	13021	13178	13359	13479	13539	13522	13526	13544
大连	14893	14654	14868	15020	15069	15119	15288	15368	15221	15303	15164	15176
福州	25544	25488	25679	25781	25821	25835	25875	26162	26004	26103	25988	26061
贵阳	8395	8440	8445	8429	8382	8384	8394	8396	8316	8283	8183	8177
哈尔滨	9786	9843	9817	9831	9767	9797	9784	9675	9632	9659	9642	9370
海口	13736	13774	13750	13806	13842	14039	14110	14375	14465	14525	14525	14664
杭州	33179	33145	33587	33781	34048	34238	34538	34667	34958	35118	35278	35606
合肥	15781	15829	15900	15835	15981	16047	16021	16225	16332	16409	16503	16557
呼和浩特	10744	10791	10752	10544	10524	10544	10526	10462	10423	10466	10468	10470
济南	16633	16651	16611	16655	16860	16884	16968	17289	17214	17025	16982	16938
昆明	13261	13281	13342	13250	13340	13375	13406	13282	13340	13386	13363	13367
兰州	12143	12083	12119	12102	12133	12083	12102	12099	12083	12083	12083	12069
南昌	12477	12474	12424	12385	12385	12329	12478	12433	12457	12444	12420	12477
南京	32704	32218	32182	32398	32718	32713	32912	33039	33071	33092	33037	33153
南宁	11693	11718	11710	11735	11729	11724	11712	11754	11754	11674	11673	11575
宁波	26906	27028	27366	27757	27857	28050	28013	28145	28128	28078	27879	27851
青岛	20605	20592	20659	20583	20447	20519	20351	20452	20554	20462	20446	20312
三亚	26374	26467	26799	26912	27186	26904	26872	27049	27230	27194	27624	27783
厦门	49554	49286	49554	49563	50080	49872	50184	50793	50941	51376	51417	51832
沈阳	11775	11790	11860	11856	11908	11823	11763	11857	11741	11661	11673	11673
石家庄	15028	14976	14991	14930	14913	14859	14910	14898	14741	14636	14494	14496
苏州	24767	24329	24473	24397	24498	24493	24606	24917	24751	24500	24293	24449
太原	11149	11168	11134	11126	11086	11083	10999	10957	10921	10861	10732	10657
天津	21702	21651	21771	21641	21469	21442	21401	21392	21229	21031	20989	20824

7-9 续表 1 单位：元 / 平方米

城市	1月	2月	3月	4月	5月	6月	7月	8月	9月	10月	11月	12月
温州	23153	23188	23283	23395	23579	23579	23774	23859	24053	23936	23951	23724
乌鲁木齐	8196	8196	8181	8196	8209	8223	8284	8229	8229	8181	8196	8145
无锡	16916	16988	17054	17373	17501	17510	17539	17431	17613	17627	17553	17681
武汉	17795	17807	17819	17820	17829	17815	17768	17902	17868	17769	17728	17683
西安	14243	14213	14303	14486	14689	14924	15131	15052	15031	15010	14874	14811
西宁	9246	9246	9246	9246	9246	9246	9246	9246	9246	9257	9761	9761
银川	6846	6807	6778	6790	6860	6948	6917	7001	7091	7086	7051	7066
郑州	14078	14023	14035	14017	14087	14186	14134	14079	14117	14098	14120	14066
三四线城市												
包头	7920	7842	7845	7790	7781	7921	7954	7989	7998	7997	7912	7864
保定	9942	9830	9917	9900	9836	9921	9892	9846	9805	9787	9768	9705
常熟	14400	14346	14362	14541	14720	14790	14740	14880	14466	14394	14163	13966
常州	15038	15073	15202	15281	15354	15544	15699	15810	15961	15948	15920	15843
德州	8551	8551	8585	8690	8666	8558	8606	8622	8704	8744	8741	8746
东莞	18963	19048	19099	19166	19345	19643	19852	19492	19547	19431	19391	19432
东营	8333	8333	8333	8333	8333	8333	8333	8333	8333	8847	8673	8716
佛山	13197	13117	13128	13117	13124	13255	13389	13426	13476	13487	13407	13343
阜阳	8145	8022	8061	8061	7988	8061	8061	8061	8061	8061	8061	8037
赣州	11909	11765	11662	11569	11707	11698	11844	12142	12244	12364	12364	12364
桂林	7295	7235	7100	7163	7132	7224	7152	7198	7224	7143	7156	7159
邯郸	9588	9569	9569	9569	9569	9569	9512	9508	9508	9508	9518	9508
菏泽	6098	6082	6164	6082	6082	6000	6000	6000	5929	5881	6091	6099
衡水	7852	7828	7854	7890	7939	7999	8021	7946	7947	7978	7853	7933
湖州	9208	9282	9406	9429	9475	9576	9560	9644	9505	9404	9474	9459
淮安	9807	10092	10846	10315	10516	10548	10773	10752	10766	10793	10802	10806
惠州	9460	9488	9544	9588	9578	9623	9684	9623	9598	9642	9585	9603
济宁	9167	9137	9328	9334	9545	9576	9545	9576	9576	9695	9695	9695
嘉兴	10817	10821	10847	10847	10833	10833	10760	10794	10743	10796	10826	10784
江门	8807	8773	8784	8757	8745	8695	8698	8681	8678	8623	8663	8622
江阴	10455	10455	10663	10663	10737	10863	10877	10952	10929	10957	10957	10957
金华	17822	17715	17660	18122	18232	18542	18808	18961	19064	19051	19047	18815
昆山	15340	15319	15329	15692	15866	16066	16333	16324	16446	16519	16560	16575
廊坊	11748	11789	11789	11789	11789	11789	11789	11789	11789	11789	11789	11835
连云港	10292	10241	10404	10634	11428	10846	11120	11077	11317	11301	11508	11372
聊城	10252	10321	10330	10177	10177	10181	10261	10285	10285	10285	10285	10285
临沂	10095	10095	10095	10229	10095	10091	10126	10073	10067	10067	10091	10091

7–9　续表 2　　　　单位：元 / 平方米

城市	1月	2月	3月	4月	5月	6月	7月	8月	9月	10月	11月	12月
柳州	8674	8697	8764	8762	8750	8696	8729	8750	8713	8705	8571	8554
洛阳	9453	9469	9265	9308	9221	9384	9323	9337	9225	9188	9103	9116
马鞍山	8840	8913	9040	9213	9347	9347	9310	9310	9389	9389	9413	9413
绵阳	8887	8950	8876	8735	8773	8777	8745	9094	9074	9050	9007	8971
南通	15991	16241	16297	16186	16178	16194	16194	16182	16103	16001	15746	15498
秦皇岛	10775	10817	10549	10714	10576	10678	10551	10514	10693	10482	10339	10307
泉州	14242	14495	14609	14567	14667	14681	14681	14775	14932	15000	14973	15148
汕头	11322	11319	11419	11321	11366	11379	11318	11471	11429	11540	11553	11387
绍兴	17048	17048	17048	17048	16967	16967	17016	17016	17016	17016	17016	17016
宿迁	9794	9794	9794	9794	9794	9812	9812	9812	9812	9812	9794	9794
台州	14969	14949	14949	14969	15185	15012	15000	15000	14969	15000	15126	15126
泰州	10860	10830	10809	11047	11127	11138	11201	11166	11199	11128	11128	11204
唐山	11620	11687	11642	11378	11409	11454	11400	11345	11284	11186	10930	10775
威海	9293	9240	9257	9231	9242	9232	9240	9240	9147	9124	9074	9072
潍坊	7280	7297	7296	7351	7299	7271	7300	7277	7273	7243	7230	7222
芜湖	12418	12480	12760	12621	12689	12760	12942	13087	13047	13044	13004	12984
湘潭	5156	5057	5134	5621	5156	5102	5212	5424	5276	5276	5283	5200
新乡	7922	7922	8018	7975	7968	7803	7754	7826	7785	7695	7553	7558
徐州	12668	12760	12853	12967	13086	13173	13399	13411	13376	13295	13067	13056
烟台	11073	11042	11125	10994	11030	10890	10882	10806	10828	10936	10876	10766
盐城	12276	12456	12854	12945	12965	13008	13171	13257	13224	13214	13208	13208
扬州	14226	14268	14301	14429	14504	14481	14584	14571	14640	14624	14755	14773
宜昌	8547	8547	8546	8582	8621	8687	8705	8584	8524	8524	8518	8452
湛江	9423	9375	9471	9498	9452	9596	9525	9587	9443	9433	9407	9326
张家港	12436	12498	12496	12267	12429	12528	12429	12425	12381	12321	12475	12502
张家口	8436	8440	8322	8370	8347	8337	8337	8337	8337	8337	8337	8337
漳州	13041	13046	13046	13146	12838	12938	13096	13096	13146	13135	12786	12970
肇庆	7177	7177	7143	7086	7177	7021	6981	7025	6981	6981	6951	6981
镇江	8587	8633	8727	8743	8776	8761	8818	8870	8788	8772	8750	8753
中山	10000	10031	10100	10040	10080	10041	10024	10022	10114	10114	10071	10069
珠海	22429	22654	22670	22770	22993	23057	23184	23286	23430	23491	23596	23385
株洲	5788	5831	5847	5853	5847	5910	5928	5847	5815	5815	5827	5807
淄博	9638	9638	9638	9474	9420	9420	9474	9474	9474	9746	9779	9573

数据来源：中指数据 CREIS。

7-10 2021年重点城市写字楼租金指数

城市	商圈	样本平均租金（元/平方米/天）				样本租金中位数（元/平方米/天）				平均租金环比涨跌幅（%）			
		一季度	二季度	三季度	四季度	一季度	二季度	三季度	四季度	一季度	二季度	三季度	四季度
重点城市写字楼租金指数		4.76	4.75	4.76	4.77	/	/	/	/	0.02	−0.10	0.13	0.16
北京	金融街商圈	15.25	15.14	15.26	15.32	15.88	15.88	15.96	16.23	−0.81	−0.76	0.81	0.37
	CBD商圈	9.10	9.04	9.09	9.12	7.75	7.99	7.86	8.23	0.56	−0.67	0.54	0.30
	燕莎商圈	7.65	7.69	7.71	7.74	6.97	7.01	7.23	7.38	−1.31	0.44	0.33	0.31
	亚运村商圈	7.38	7.33	7.38	7.39	6.87	6.79	6.88	6.88	−0.12	−0.59	0.60	0.17
	中关村商圈	7.37	7.40	7.34	7.36	6.57	6.21	6.33	6.03	0.12	0.35	−0.74	0.27
	望京商圈	7.16	7.22	7.28	7.34	6.70	6.86	6.70	6.74	−0.19	0.77	0.87	0.77
	丽泽桥商圈	5.76	5.76	5.70	5.67	5.80	5.67	5.54	5.80	0.40	−0.11	−0.97	−0.47
	上地商圈	5.36	5.40	5.39	5.40	5.44	5.80	5.72	5.34	0.02	0.76	−0.26	0.30
	科技园区商圈	4.52	4.47	4.50	4.52	4.69	4.89	4.85	4.59	−1.25	−1.21	0.80	0.43
上海	陆家嘴商圈	8.23	8.21	8.19	8.20	6.72	7.30	7.09	7.32	0.03	−0.28	−0.17	0.12
	南京西路商圈	7.46	7.46	7.47	7.50	6.15	6.37	6.07	6.09	0.79	0	0.12	0.41
	静安寺商圈	6.90	6.96	6.98	6.94	5.70	5.64	5.90	5.76	−0.37	0.97	0.17	−0.54
	徐家汇商圈	6.28	6.22	6.26	6.26	5.19	5.17	5.13	5.05	0.19	−0.87	0.54	0.10
	淮海中路商圈	5.85	5.88	5.87	5.87	6.52	6.52	6.53	6.49	0.50	0.56	−0.26	0.07
	人民广场商圈	5.80	5.81	5.82	5.83	6.68	6.55	6.66	6.74	0.35	0.15	0.23	0.16
	中山公园商圈	5.71	5.66	5.63	5.65	5.16	5.09	5.07	5.04	−1.03	−0.82	−0.51	0.30
	虹桥商圈	5.47	5.50	5.55	5.55	4.86	4.93	4.93	4.99	−1.22	0.44	0.88	0.07
	南京东路商圈	5.36	5.37	5.33	5.29	5.81	5.80	5.81	5.71	0.50	0.11	−0.71	−0.72
	北外滩商圈	5.24	5.20	5.16	5.18	5.12	5.02	4.91	4.78	0.28	−0.82	−0.84	0.46
	漕河泾商圈	4.33	4.37	4.42	4.41	4.34	3.63	4.29	4.25	0.95	0.99	1.09	−0.16
	张江商圈	4.15	4.16	4.16	4.16	3.85	3.91	3.84	3.95	0.57	0.19	−0.13	0.15
	五角场商圈	3.74	3.76	3.78	3.79	3.68	3.64	3.86	3.85	0.69	0.65	0.60	0.15
广州	珠江新城商圈	5.12	5.14	5.13	5.14	4.51	4.63	4.69	4.81	0.23	0.32	−0.13	0.15
	天河北商圈	4.65	4.66	4.67	4.66	4.10	4.05	4.15	4.11	0.36	0.25	0.03	−0.14
	琶洲商圈	3.79	3.80	3.78	3.78	3.71	3.70	3.56	3.54	0.52	0.45	−0.65	0.04
	体育中心商圈	3.80	3.73	3.73	3.72	3.73	3.63	3.63	3.48	0.38	−1.87	−0.09	−0.39
	环市东商圈	3.37	3.39	3.41	3.41	3.42	3.56	3.51	3.51	−1.33	0.56	0.46	−0.05
	北京路商圈	3.02	2.98	2.99	2.98	2.88	2.88	2.81	2.75	−0.83	−1.29	0.25	−0.43
深圳	福田中心区商圈	6.23	6.24	6.25	6.25	5.74	6.05	5.53	5.52	−0.31	0.14	0.17	0.13
	后海商圈	6.24	6.19	6.15	6.13	6.22	6.05	6.44	6.47	0.09	−0.80	−0.69	−0.39
	地王商圈	5.71	5.76	5.77	5.78	5.36	5.31	5.26	5.46	0.43	0.82	0.28	0.10
	车公庙商圈	4.66	4.69	4.64	4.64	4.03	4.03	4.02	4.12	0.20	0.63	−0.98	−0.12
	前海商圈	3.96	3.97	4.01	4.01	3.23	3.17	3.13	3.11	0.55	0.15	0.88	0.19
	宝安中心区商圈	3.81	3.81	3.81	3.81	4.09	3.98	4.14	4.12	0.24	0.18	−0.07	0.06
	南山中心区商圈	3.73	3.71	3.70	3.72	4.02	3.95	3.62	3.62	−0.41	−0.58	−0.17	0.34
	龙岗中心城商圈	3.63	3.62	3.65	3.67	2.71	3.28	3.33	3.33	−0.28	−0.13	0.76	0.39

7-10　续表 1

城市	商圈	样本平均租金（元 / 平方米 / 天）				样本租金中位数（元 / 平方米 / 天）				平均租金环比涨跌幅（%）			
		一季度	二季度	三季度	四季度	一季度	二季度	三季度	四季度	一季度	二季度	三季度	四季度
重庆	江北嘴商圈	2.53	2.53	2.54	2.54	2.37	2.33	2.41	2.50	-0.40	0.17	0.41	0.13
	解放碑商圈	2.27	2.27	2.25	2.23	2.21	2.21	2.18	2.14	0.09	0.11	-1.07	-0.67
	加州新牌坊商圈	2.21	2.21	2.22	2.22	2.33	2.27	2.21	2.23	0.27	0.04	0.50	0.05
	观音桥商圈	2.16	2.16	2.14	2.14	2.14	2.14	2.10	2.06	0.08	-0.45	-0.62	-0.22
	杨家坪商圈	2.12	2.12	2.13	2.14	1.97	2.21	2.21	2.20	0.12	0.07	0.37	0.19
	南坪商圈	1.94	1.94	1.94	1.94	1.28	1.65	1.53	1.80	-0.14	0	0.11	-0.14
杭州	武林商圈	4.71	4.70	4.73	4.74	4.75	4.16	4.00	4.12	0	-0.21	0.77	0.25
	黄龙商圈	3.75	3.72	3.72	3.73	3.76	3.76	3.73	3.72	-0.39	-0.62	-0.11	0.30
	钱江新城商圈	3.64	3.64	3.67	3.69	3.56	3.48	3.51	3.59	0.36	-0.03	0.79	0.68
	西溪商圈	3.29	3.29	3.27	3.26	3.24	3.23	3.28	3.30	-0.47	-0.08	-0.58	-0.27
	申花商圈	3.24	3.23	3.21	3.20	2.99	2.99	2.97	2.91	-0.30	-0.22	-0.63	-0.22
	钱江世纪城商圈	2.18	2.19	2.18	2.19	1.93	2.14	2.09	2.07	-0.83	0.23	-0.19	0.32
成都	春熙路商圈	3.64	3.60	3.58	3.56	3.73	3.67	3.67	3.59	0.29	-1.03	-0.64	-0.53
	东大街商圈	2.91	2.92	2.94	2.94	2.78	2.83	2.90	2.96	0.67	0.41	0.39	0.08
	人民南路商圈	2.74	2.72	2.69	2.67	2.39	2.39	2.33	2.34	0.23	-0.65	-1.19	-0.68
	金融城商圈	2.61	2.60	2.59	2.60	2.52	2.52	2.50	2.50	-0.03	-0.01	-0.41	0.14
	大源商圈	2.30	2.30	2.28	2.28	2.17	2.16	2.22	2.23	-0.08	-0.36	-0.76	0.04
天津	小白楼街商圈	3.98	3.98	3.98	4.00	4.10	3.98	4.06	3.99	-1.45	-0.14	0.12	0.43
	劝业场街商圈	2.85	2.84	2.84	2.85	2.47	2.82	2.55	2.56	-0.11	-0.12	-0.10	0.38
	友谊路商圈	2.44	2.46	2.44	2.44	2.26	2.58	2.60	2.38	-0.69	0.79	-0.60	-0.19
	华苑商圈	1.29	1.29	1.29	1.29	1.40	1.49	1.63	1.62	-1.51	-0.27	0.12	0.08
南京	新街口商圈	2.87	2.87	2.88	2.88	2.42	2.47	2.43	2.31	-0.52	-0.16	0.41	0.09
	珠江路商圈	2.74	2.73	2.72	2.72	2.31	2.27	2.26	2.26	0.01	-0.30	-0.47	0.12
	奥体商圈	2.66	2.68	2.69	2.69	2.36	2.45	2.49	2.56	-1.45	0.77	0.40	-0.01
武汉	中北路商圈	3.07	3.08	3.07	3.07	2.85	2.88	2.94	2.97	0.30	0.24	-0.11	-0.22
	武昌中心商圈	2.71	2.70	2.72	2.71	2.80	2.59	2.74	2.76	0.20	-0.16	0.80	-0.38
	武广万松园商圈	2.19	2.19	2.20	2.20	1.74	1.73	1.82	1.88	0.05	-0.12	0.39	0.15
	光谷商圈	2.14	2.14	2.15	2.14	2.17	2.20	2.15	2.19	0.02	0.07	0.15	-0.24
	金融港商圈	1.91	1.91	1.91	1.92	1.73	1.17	1.19	1.13	-0.49	0.07	0.17	0.27
苏州	湖西商圈	2.51	2.51	2.50	2.50	2.36	2.36	2.21	2.30	-1.21	-0.05	-0.62	0.21
	湖东商圈	2.28	2.26	2.27	2.27	2.21	2.12	2.09	2.25	0.77	-1.09	0.60	-0.07
	狮山商圈	2.22	2.20	2.20	2.20	2.01	1.62	1.56	1.58	0.72	-0.69	-0.16	0.07
青岛	五四广场商圈	4.27	4.19	4.19	4.20	4.26	4.00	4.12	3.98	0.35	-1.98	-0.04	0.17
	中央商务区商圈	2.95	2.92	2.92	2.93	2.93	2.90	2.85	2.94	0.20	-0.94	0.20	0.13
	崂山区政府商圈	2.45	2.46	2.46	2.47	1.84	2.62	3.08	3.08	-0.18	0.31	0.26	0.25
	海尔路商圈	2.44	2.44	2.44	2.45	2.37	2.00	2.00	2.09	-0.04	-0.19	0.31	0.04
长沙	五一广场商圈	3.92	3.95	3.93	3.93	3.92	2.75	2.76	2.76	0.18	0.63	-0.52	0
	伍家岭商圈	2.94	2.95	2.97	2.97	2.94	2.94	3.03	3.02	0.03	0.45	0.55	0.13
	芙蓉广场商圈	2.54	2.53	2.53	2.54	2.53	2.50	2.51	2.48	0.28	-0.23	0	0.11
	南湖路商圈	2.59	2.56	2.53	2.53	2.83	2.77	2.72	2.78	0.30	-1.22	-0.96	-0.14

7-10 续表 2

城市	商圈	样本平均租金（元 / 平方米 / 天）				样本租金中位数（元 / 平方米 / 天）				平均租金环比涨跌幅（%）			
		一季度	二季度	三季度	四季度	一季度	二季度	三季度	四季度	一季度	二季度	三季度	四季度
南昌	红谷滩中心区商圈	1.82	1.80	1.77	1.76	1.76	1.76	1.69	1.68	-1.28	-1.18	-1.30	-0.77
海口	国兴商圈	3.93	3.95	3.92	3.91	3.96	3.97	3.93	3.91	0.47	0.37	-0.60	-0.30
	滨海大道商圈	3.08	3.08	3.10	3.10	3.08	3.08	3.10	3.10	0.38	0	0.63	0
	国贸商圈	2.26	2.26	2.25	2.25	2.26	2.26	2.25	2.25	-0.44	0	-0.10	-0.19

数据来源：中指数据 CREIS。

7-11　2021 年百街商铺租金指数

城市	商业街道	样本平均租金（元 / 平方米 / 天）		样本租金中位数（元 / 平方米 / 天）		平均租金环比涨跌幅（%）	
		上半年	下半年	上半年	下半年	上半年	下半年
百大商业街商铺租金指数		24.90	24.82	/	/	-0.24	-0.32
北京	南锣鼓巷	91.24	90.69	90.78	90.23	-0.59	-0.61
	王府井大街	59.10	59.78	58.90	59.58	-1.32	1.16
	五道口商业街	47.65	47.47	49.08	48.90	1.00	-0.36
	后海酒吧街	47.43	47.08	46.13	45.79	0	-0.73
	西单商业街	39.45	39.45	34.41	34.41	1.06	0
	苏州街餐饮一条街	24.24	24.26	23.85	23.87	0	0.08
	亚运村商业街	13.65	13.67	12.86	12.88	0	0.16
	新街口商业街	13.74	13.16	15.14	14.50	-7.57	-4.19
	簋街	8.67	8.81	8.48	8.62	1.31	1.70
	好运街	8.16	8.28	8.76	8.89	0	1.47
上海	城隍庙商业街	98.87	99.66	100.05	100.84	1.65	0.79
	南京西路商业街	46.99	47.75	46.42	47.17	-3.60	1.63
	南京东路步行街	42.71	42.71	44.47	44.47	4.05	0
	田子坊	37.02	35.69	39.55	38.13	-3.42	-3.60
	天钥桥路休闲餐饮街	33.88	33.88	31.89	31.89	1.72	0
	上海老街	32.08	32.08	29.88	29.88	0	0
	淮海中路商业街	32.35	31.98	32.95	32.58	3.25	-1.12
	新天地	24.77	24.64	26.60	26.46	0.80	-0.52
	七宝老街	17.42	17.09	17.04	16.71	-2.42	-1.91
	四川北路商业街	16.69	16.77	16.90	16.98	1.00	0.47
	南翔老街	5.56	5.50	6.41	6.34	-4.68	-1.10
广州	天河又一城	56.49	55.27	56.78	55.56	-3.92	-2.16
	北京路步行街	36.46	37.37	34.38	35.24	-3.15	2.50
	上下九步行街	33.81	33.38	32.93	32.52	0	-1.26
深圳	东门步行街	91.98	90.91	91.60	90.52	2.96	-1.17
	深圳湾步行大街	62.85	64.62	63.53	65.32	2.22	2.83
	华强北步行街	56.74	57.34	57.03	57.64	1.33	1.06
成都	春熙路	21.52	21.52	21.71	21.71	0.52	0
	建设路	13.48	13.28	12.50	12.31	-2.36	-1.54
	宽窄巷子	8.84	8.84	8.64	8.64	0	0
	一品天下	6.73	6.76	6.63	6.66	1.85	0.50
武汉	江汉路步行街	42.18	42.11	44.45	44.38	0.35	-0.16
	楚河汉街	28.65	29.53	28.25	29.12	5.80	3.07
	光谷步行街	27.58	27.77	28.24	28.44	2.88	0.70
	武汉天地商业街	11.46	11.48	12.37	12.40	0	0.18
	万松园商业街	5.68	5.72	5.50	5.53	1.49	0.60
	汉正街	5.19	5.14	6.03	5.96	2.17	-1.03

7-11 续表 1

城市	商业街道	样本平均租金（元 / 平方米 / 天）		样本租金中位数（元 / 平方米 / 天）		平均租金环比涨跌幅（%）	
		上半年	下半年	上半年	下半年	上半年	下半年
天津	滨江道商业街	47.73	47.55	46.04	45.87	2.20	-0.37
	古文化街	20.41	20.35	20.78	20.72	-3.04	-0.26
	五大道商业街	13.81	13.88	12.70	12.76	-3.57	0.51
	南市食品街	13.60	13.47	14.37	14.23	1.47	-0.93
	小白楼商业街	11.21	11.24	10.64	10.67	-3.53	0.29
	南京路	7.24	7.35	8.38	8.50	5.30	1.43
	和平路金街	6.14	6.06	7.83	7.72	1.00	-1.34
	鼓楼	4.37	4.39	3.88	3.90	3.08	0.58
杭州	武林路	13.87	13.86	13.98	13.97	0.91	-0.06
	河坊街	13.88	13.73	12.30	12.17	0.23	-1.10
南京	老门东	5.47	5.44	6.07	6.04	0.02	-0.49
苏州	观前街	55.36	55.36	53.69	53.69	0.28	0
	斜塘老街	12.15	12.42	13.43	13.72	7.14	2.20
	石路步行街	9.72	9.79	9.35	9.42	2.20	0.79
	龙湖狮山金街	6.33	6.38	6.96	7.02	3.73	0.83
青岛	台东步行街	45.04	45.33	42.45	42.72	-0.55	0.65
	李村商业街	17.02	16.98	15.32	15.28	2.41	-0.27
	闽江路商业街	4.73	4.62	5.77	5.63	-4.81	-2.36
重庆	解放碑商业街	46.17	46.11	45.97	45.91	1.10	-0.14
	三峡广场商业街	21.60	21.52	23.18	23.09	-1.07	-0.37
	南坪商业街	19.37	19.41	18.72	18.76	-2.99	0.18
	杨家坪商业街	17.14	17.23	17.83	17.92	0.91	0.50
	观音桥商业街	16.77	16.88	16.68	16.79	-1.60	0.67
长沙	坡子街	20.32	20.51	21.56	21.76	-0.77	0.96
	黄兴路步行街	12.04	11.80	12.85	12.60	-0.95	-1.96
南昌	胜利路步行街	5.28	5.21	5.98	5.90	-0.83	-1.37
海口	骑楼老街	20.21	20.03	21.27	21.08	-2.18	-0.91
	中山路	14.70	14.71	15.41	15.42	-0.95	0.05
	得胜沙步行街	12.67	12.68	10.83	10.84	-1.21	0.11
	解放西路	6.63	6.63	6.53	6.53	-0.40	0.05

数据来源：中指数据 CREIS。

7-12　2021 年百 MALL 商铺租金指数

城市	商圈	样本平均租金（元 / 平方米 / 天）		样本租金中位数（元 / 平方米 / 天）		平均租金环比涨跌幅（%）	
		上半年	下半年	上半年	下半年	上半年	下半年
百大商圈（购物中心）商铺租金指数		26.84	26.93	/	/	0.31	0.32
北京	王府井商圈	71.92	73.02	75.66	76.80	0.75	1.52
	朝外大街商圈	51.07	51.11	64.98	65.02	–0.18	0.07
	远大路商圈	49.80	49.80	50.30	50.30	0.18	0
	中关村商圈	45.60	46.21	43.09	43.68	0.82	1.35
	三里屯商圈	46.01	46.17	44.99	45.15	0	0.36
	西单商圈	42.98	43.06	46.76	46.85	–0.30	0.18
	东直门商圈	41.51	41.51	43.69	43.69	0.45	0
	崇文门商圈	30.02	30.02	31.30	31.30	0.50	0
	公主坟商圈	29.81	29.90	32.08	32.18	0.28	0.32
	总部基地商圈	21.25	21.36	21.83	21.95	0.37	0.53
	鲁谷商圈	15.09	15.11	14.99	15.01	0.18	0.15
	黄村商圈	14.95	14.96	14.75	14.76	–0.09	0.06
上海	淮海路商圈	66.59	66.89	63.04	63.33	0.67	0.46
	南京西路商圈	66.07	65.92	63.87	63.73	1.01	–0.23
	徐家汇商圈	53.57	53.57	60.54	60.54	–0.78	0
	静安寺商圈	49.44	49.64	48.58	48.77	–0.60	0.39
	豫园商圈	47.69	47.84	48.27	48.42	0	0.30
	人民广场商圈	44.66	44.72	49.81	49.88	1.51	0.14
	曹家渡商圈	42.65	42.70	41.46	41.50	–1.00	0.11
	南方商城商圈	24.82	24.93	23.36	23.46	0.36	0.43
	长寿路商圈	24.34	24.36	23.50	23.52	–1.50	0.08
	大宁商圈	24.02	24.02	19.62	19.62	–1.55	0
	不夜城商圈	23.03	23.11	17.57	17.63	–0.28	0.35
	中山公园商圈	18.05	18.05	16.84	16.84	0.28	0
	五角场商圈	16.78	16.80	17.16	17.18	–0.24	0.12
	川沙商圈	16.76	16.77	13.03	13.04	–0.60	0.07
	八佰伴商圈	14.88	14.72	14.50	14.34	0.32	–1.08
	陆家嘴商圈	13.34	13.39	13.64	13.68	0	0.33
	天山商圈	12.68	12.68	13.17	13.17	–0.92	0
	控江路商圈	12.60	12.64	13.40	13.44	0	0.34
	四川北路商圈	12.20	12.21	12.50	12.51	0.05	0.10
	真如商圈	12.08	12.08	14.61	14.61	0.04	0
	虹桥商圈	11.50	11.50	11.12	11.12	–0.05	–0.04
	七宝商圈	11.45	11.44	14.93	14.92	–0.07	–0.12

7-12 续表 1

城市	商圈	样本平均租金（元 / 平方米 / 天）		样本租金中位数（元 / 平方米 / 天）		平均租金环比涨跌幅（%）	
		上半年	下半年	上半年	下半年	上半年	下半年
广州	天河路商圈	58.57	58.89	58.16	58.48	0.57	0.54
	北京路商圈	37.29	37.43	36.02	36.15	0.45	0.37
	珠江新城商圈	36.97	37.01	37.69	37.72	-0.48	0.09
	东圃商圈	35.39	35.47	36.50	36.59	0.47	0.24
	西关商圈	31.41	31.48	33.11	33.19	0	0.24
	市桥商圈	19.19	19.11	18.60	18.52	0.36	-0.41
深圳	东门商圈	67.02	67.92	64.71	65.59	2.92	1.35
	南山中心区商圈	59.59	61.24	54.83	56.35	2.83	2.78
	福田中心区商圈	57.83	58.71	61.60	62.54	2.49	1.53
	华强商圈	28.45	28.82	29.55	29.94	1.80	1.32
成都	春熙路商圈	36.94	36.97	38.04	38.08	0.27	0.09
	盐市口商圈	27.94	27.99	29.65	29.71	0.22	0.18
	建设路商圈	26.18	26.22	24.44	24.49	-0.32	0.18
	新南天地商圈	17.59	17.63	16.18	16.22	0.07	0.25
武汉	徐东商圈	18.40	18.43	17.59	17.61	1.33	0.15
	王家湾商圈	13.22	13.20	11.93	11.91	-0.73	-0.11
	街道口商圈	12.62	12.70	12.22	12.29	0	0.57
	中南 / 中北路商圈	11.95	11.95	11.85	11.85	-0.59	0
	古田商圈	9.76	9.82	10.27	10.34	2.58	0.62
	后湖商圈	9.66	9.81	8.96	9.09	2.50	1.48
	钟家村商圈	7.40	7.40	9.86	9.86	3.02	0
天津	友谊路商圈	54.75	54.84	54.16	54.24	0.37	0.15
	南市商圈	36.83	36.83	35.58	35.58	-2.20	0
	劝业场商圈	35.74	35.45	33.43	33.17	-1.18	-0.79
	小白楼商圈	33.00	33.09	43.94	44.05	2.47	0.27
	八里台商圈	18.83	18.79	17.73	17.69	0.22	-0.22
	中北镇商圈	13.92	13.92	16.21	16.21	-0.30	0
	鼓楼街商圈	12.47	12.47	11.00	11.00	-2.60	0
	梅江商圈	8.91	8.95	9.01	9.05	0.70	0.42
杭州	武林商圈	52.66	52.99	54.37	54.71	2.04	0.63
	湖滨商圈	24.42	24.67	24.71	24.96	0.45	1.00
	钱江新城商圈	23.70	24.22	16.85	17.23	3.12	2.23
	申花商圈	21.99	21.86	19.21	19.09	-0.77	-0.62
	吴山商圈	19.08	19.28	18.58	18.78	-0.59	1.05
	滨江商圈	13.95	14.05	15.14	15.25	-0.91	0.69
	北干商圈	11.95	11.95	10.95	10.95	1.03	0
	西溪商圈	9.85	9.86	10.66	10.67	1.46	0.09
	新天地运河商圈	8.10	8.11	10.25	10.26	2.87	0.09
南京	新街口商圈	36.26	36.35	36.37	36.45	2.57	0.23

7-12　续表 2

城市	商圈	样本平均租金（元 / 平方米 / 天）		样本租金中位数（元 / 平方米 / 天）		平均租金环比涨跌幅（%）	
		上半年	下半年	上半年	下半年	上半年	下半年
苏州	石路商圈	15.98	15.96	15.88	15.86	–0.48	–0.16
	湖西商圈	10.61	10.65	16.88	16.94	0.46	0.37
	狮山路商圈	9.47	9.51	10.07	10.12	0.10	0.44
	观前街商圈	7.48	7.57	15.56	15.76	1.61	1.25
青岛	新都心商圈	21.28	21.55	22.58	22.87	1.63	1.28
	香港中路商圈	18.32	18.45	18.73	18.86	0.42	0.69
	李村商圈	14.22	14.25	13.83	13.85	0.12	0.18
	市北 CBD 商圈	10.06	10.08	7.82	7.83	–0.20	0.20
	浮山后商圈	9.21	9.17	9.41	9.37	–0.42	–0.47
重庆	观音桥商圈	33.80	33.73	33.70	33.63	0.42	–0.20
	解放碑商圈	31.25	31.20	31.06	31.00	0.42	–0.18
	大坪商圈	22.46	22.40	24.13	24.06	0.37	–0.26
	南坪商圈	21.08	21.13	23.49	23.54	1.07	0.22
	三峡广场商圈	18.69	18.61	20.91	20.83	0	–0.41
	杨家坪商圈	8.15	8.12	9.92	9.88	0.98	–0.38
长沙	五一广场商圈	44.56	44.02	45.03	44.48	–3.81	–1.22
南昌	红谷滩中心商圈	15.87	15.87	11.83	11.83	0	0
	八一商圈	15.34	15.30	18.59	18.55	0	–0.22
海口	滨海国贸商圈	14.06	14.13	16.57	16.65	0	0.50
	万达广场商圈	10.96	11.06	11.17	11.27	0.87	0.90
	解放西商圈	10.04	10.02	10.44	10.42	–0.35	–0.24
	西海岸商圈	5.41	5.42	5.10	5.11	0.75	0.30

数据来源：中指数据 CREIS。

企业篇

第八章　中国主要房地产企业经营情况统计

8-1　2021 年沪深上市房企流动资产

单位：元人民币

企业简称	2021 年第一季度	2021 年第二季度	2021 年第三季度	2021 年第四季度
*ST 海航（600221）	68540214000	71086641000	71213185000	29975474000
*ST 银亿（000981）	8341630745	8045044849	8252324652	10550473211
ST 海投（000616）	237567854	215929500	189470440	89635700
ST 泰禾（000732）	171569368171	173034661178	174781450741	171663561258
ST 云城（600239）	48726175027	28510256668	23706084336	20017510566
宝鹰股份（002047）	11604638154	12080130037	11988086944	9682287144
保利发展（600048）	1190662163909	1250742317923	1264182212330	1247341849671
北辰实业（601588）	68674596749	69630163479	64030809787	65238412380
北汽蓝谷（600733）	27763482817	29141346560	26946339920	24917679082
滨江集团（002244）	166682104041	170193817888	179704848642	189974897691
财信发展（000838）	17690292898	16455955436	16163989613	14213062589
城建发展（600266）	119082842549	116087314973	124650135951	121377982385
城投控股（600649）	54997357277	57403509974	61077091596	57226861819
大东方（600327）	4285975396	4682125446	4149878711	4111312056
大龙地产（600159）	3951512804	3999594288	4091487793	3888012305
大名城（600094）	31099645370	31120928755	33008031941	33743380088
大悦城（000031）	153564167046	161082639704	169920011466	157562406093
迪马股份（600565）	74730499140	80154540619	78698604080	72621160106
电子城（600658）	13640906724	13072697699	14229144824	15875147560
东百集团（600693）	4254206715	4253393915	3753719805	3876903745
东湖高新（600133）	17493386906	18379698355	19016838624	18216965297
东望时代（600052）	2289497551	2220159266	2165698066	1925606115
东旭蓝天（000040）	13190670092	13044659711	13045693043	12802492310
泛海控股（000046）	127507801875	119631632242	70347515861	62398166350
凤凰股份（600716）	5434959079	5403154804	5334519390	533 6324947
福星股份（000926）	41233747701	41890616248	38200538513	39251903595
格力地产（600185）	31268628873	27673146348	26156563424	25558408672
格力电器（000651）	241952922303	226647956767	212392144003	225849652179
葛洲坝（退市）（600068）	146677477533	144778419730	148775651480	148606859389
冠城大通（600067）	19113996277	19706260994	19769654872	18369488430
光大嘉宝（600622）	14458443134	13785935390	14323780972	13439763687
光明地产（600708）	79846197955	83367539770	81141349325	70991543000
广宇发展（000537）	66722805382	71634745851	69496442704	81040773830
广宇集团（002133）	15624496766	15961043275	16845578459	18237611333
海宁皮城（002344）	2389085744	3188341799	3196536026	2947997509
合肥城建（002208）	17360630930	18004486024	17308271831	21000347810
黑牡丹（600510）	28427775696	27965782678	27789094504	29603471497

8-1 续表

单位：元人民币

企业简称	2021 年第一季度	2021 年第二季度	2021 年第三季度	2021 年第四季度
华发股份（600325）	309506798486	314492297218	315239294384	312687100130
华丽家族（600503）	2366654665	2317643159	2291620548	2239122692
华侨城 A（000069）	372686723593	390553091406	387987486501	386664497583
华夏幸福（600340）	433619412177	424429929145	414511122581	392470413958
华鑫股份（600621）	26516623697	29732148807	32524706203	32737208722
华远地产（600743）	56599076629	57887921698	59562575762	52737864422
皇庭国际（000056）	1104685421	1185589925	1170668310	1317900554
济南高新（600807）	2538493830	2383225756	2338829850	3611611239
嘉凯城（000918）	7859712447	7803072013	7672091601	7497938104
建发股份（600153）	461461705031	539242236930	605272891513	550683465001
金地集团（600383）	347926833757	357341574437	372012138297	365099271204
金科股份（000656）	338431061534	346905801909	344038771876	319072318511
金融街（000402）	116235502277	118456071651	121049056955	114511296780
金隅集团（601992）	182823460298	170251649150	174576884686	169958731337
津滨发展（000897）	6788781271	6993468010	6767392015	6580938238
京东方 A（000725）	133268435860	141832174095	163506886171	161158991152
京能置业（600791）	17665090956	18135371169	19477090009	20382572067
京投发展（600683）	35496847778	36921715039	36089947542	36431595925
开立医疗（300633）	1350094148	1292489015	1224831530	2132276123
莱茵体育（000558）	650749733	333605559	302660207	231151455
蓝光发展（600466）	247397702725	206473663783	192079778054	161811329547
鲁商发展（600223）	59870018647	60093166960	60944162067	58670112673
绿地控股（600606）	1245275873766	1224633423792	1220340097451	1290530186868
绿景退（000502）	119760487	170908752	160815634	192148271
美好置业（000667）	20877423693	21402978611	20877858784	18310963851
纳思达（002180）	13176333483	13499321966	14014689221	19081486952
南京高科（600064）	16828320376	17436683661	16890039730	16616033139
南京公用（000421）	5514512064	5423198899	6495645364	9035294676
南山控股（002314）	38466970213	40451197660	47282175140	42754990634
派斯林（600215）	2670404455	2588502520	2573706007	1656423155
浦东金桥（600639）	12720789678	12485464114	12926884096	14320461297
栖霞建设（600533）	19141345003	19215585966	19117322690	20073337954
荣安地产（000517）	65101757540	70641096723	77205902394	76650915479
荣丰控股（000668）	2341907121	2284894212	2132980149	3199105717
荣盛发展（002146）	271713282937	268979849752	264461420977	264777627663
软控股份（002073）	6685186229	7328247878	7664291010	8099255696
三湘印象（000863）	7702879737	6214196045	6064845185	5457770680

8-1　续表 2

单位：元人民币

企业简称	2021 年第一季度	2021 年第二季度	2021 年第三季度	2021 年第四季度
沙河股份（000014）	2226670288	2381377695	2559679903	2227983492
厦门国贸（600755）	134386508170	95126655332	97094074422	80495211683
杉杉股份（600884）	15661718119	20619490855	15894072203	18977713258
上海爱旭（600732）	5184576660	5305632413	6627226985	7421819315
上海临港（600848）	25713762850	23543899161	23877088947	24817526801
上实发展（600748）	37509034040	38789991654	39310848799	33699367338
深康佳 A（000016）	25583402264	25987537230	26802682014	20601718246
深深房 A（000029）	4376784841	5430688030	5413819079	5360566559
深物业 A（000011）	10735396474	11447530389	11971996846	12519398687
深振业 A（000006）	12286074946	14823724288	15840238701	19570826046
世荣兆业（002016）	6604529431	6491055220	6422185704	5911730573
市北高新（600604）	11312271885	9219311018	9999544733	10715104759
首开股份（600376）	271479155032	276264503196	271634121990	263723078497
顺发恒业（000631）	7134247196	7709488865	7876649360	8076036092
顺丰控股（002352）	51762816968	58091005018	87149150937	94112124000
宋都股份（600077）	40453128333	43650009103	43007497460	42538382881
苏宁环球（000718）	12447614479	12017338187	12173856528	11824900689
苏州高新（600736）	48271708439	44279788084	44764518633	47678339138
太阳纸业（002078）	11388036217	12000446098	11964525316	11250500784
天保基建（000965）	10296232590	10682966964	11102055899	10838346625
天房发展（600322）	20523324777	20805286399	20886022953	16897760209
天健集团（000090）	44723542567	46216808148	50319266162	51022888622
天津松江（600225）	6078274654	3427307531	3723846909	3513559731
退市华业（600240）	3495775315	3527778668	3022844538	–
退市美都（600175）	3234812939	3319916854	3134645332	3165060946
退市中房（600890）	159206255	153565791	146796420	161609620
外高桥（600648）	19072588143	21125380634	20441990630	21912759909
万科 A（000002）	1584331740126	1632249742416	1634575545750	1600268307292
万通发展（600246）	5754690593	5484518216	5458225906	5214718311
万业企业（600641）	4722808128	4652286142	4778503582	5621956907
万泽股份（000534）	637605904	606787446	590433661	663389004
闻泰科技（600745）	22467192704	23478621659	31445015335	30445602073
卧龙地产（600173）	7123302721	6248189619	6402948690	6384559049
香江控股（600162）	21374863696	21831183714	21407782365	22996213391
小商品城（600415）	9955089338	8519960751	9042930685	8899237780
新光退（002147）	5695074215	4778114006	4338148215	4122114975
新湖中宝（600208）	76411081980	74565835748	77338323671	77070922656

8-1 续表

单位：元人民币

企业简称	2021 年第一季度	2021 年第二季度	2021 年第三季度	2021 年第四季度
新华联（000620）	27853919683	27612376509	26537893925	23315714899
新黄浦（600638）	18960236705	19013679813	18802123156	18323902604
信达地产（600657）	87249760199	85455416821	82332139728	67001059118
学大教育（000526）	2270008044	1475735197	1435847338	1129511042
雅戈尔（600177）	41429932472	43635362111	32728017167	36839155978
亚泰集团（600881）	32091473207	29501568700	29657575604	29780996697
亚通股份（600692）	2235110125	2578963091	2340025977	1996912057
阳光城（000671）	307331100430	302596210454	314977141171	305402224291
阳光股份（000608）	208866209	180062551	161776364	173576470
渝开发（000514）	6730277889	6986164745	7475552588	7189937030
圆通速递（600233）	8271609395	7992626649	7961833009	12636926554
粤宏远 A（000573）	1864599097	1704028317	1682162089	1354358602
粤泰股份（600393）	11564131309	12282509735	11971843446	11703688840
张江高科（600895）	11696029751	12101811293	12946266728	12855361109
招商蛇口（001979）	600962572661	656241907529	683382684046	653058081961
中储股份（600787）	11365988463	12186591231	12700121733	9962782528
中迪投资（000609）	3687567544	3530671280	3576709135	2728454478
中国宝安（000009）	21148749457	21917044313	22845856811	23879391962
中国建筑（601668）	1635596387000	1696394750000	1729024021000	1714055249000
中国交建（601800）	597909636304	648856331283	653859326832	567344811121
中国铁建（601186）	880957058000	913679426000	947515272000	908399727000
中国武夷（000797）	22353857440	21874700564	22003322812	19461401075
中国中铁（601390）	777015839000	802230816000	823713636000	800787896000
中国中冶（601618）	409395164000	430832698000	447444681000	412315644000
中航高科（600862）	5004446320	5322084843	5814241751	4783473349
中弘退（000979）	22880599638	22887745659	22891538693	–
中华企业（600675）	34077496003	35212305053	37420708805	32789811329
中交地产（000736）	115590920768	130284215926	138497480556	131425235631
中南建设（000961）	297045185779	308001169343	286043722668	300666645085
中天金融（000540）	83602545333	76828768639	80417830810	70133817179
中原高速（600020）	6358984966	5605525249	5416345940	6135385101
中洲控股（000042）	37296099036	37198982948	37974866082	36024170988

退市华业（600240）于 2020 年 2 月 5 日退市，对外披露了 2021 年度财务数据。
葛洲坝（600068）于 2021 年 9 月 13 日退市，对外披露了 2021 年度财务数据。
退市中房（600890）于 2022 年 6 月 16 日退市，2021 年度财务数据正常披露。
退市美都（600175）于 2020 年 8 月 14 日退市，对外披露了 2021 年度财务数据。
绿景退（000502）于 2022 年 6 月 27 日退市，2021 年度财务数据正常披露。
新光退（002147）于 2022 年 6 月 23 日退市，2021 年度财务数据正常披露。
中弘退（000979）于 2018 年 12 月 28 日退市，对外披露了 2021 年度财务数据。
数据来源：企业公告。

8-2a　2021年香港上市房企流动资产（港币）

单位：元港币

企业简称	2021年第二季度	2021年第四季度
百仕达控股（1168）	4506482000	3069395000
保利置业集团（0119）	177076102000	207684816000
合生创展集团（0754）	241758025000	230497173000
恒基地产（0012）	139562000000	139177000000
恒隆集团（0010）	19222000000	23506000000
华南城（1668）	62780267000	-
嘉华国际（0173）	42477289000	37746041000
嘉里建设（0683）	51178064000	52019578000
九龙仓集团（0004）	71817000000	74178000000
莱蒙国际（3688）	17664181000	16292779000
路劲（1098）	83872563000	67855142000
上海证大（0755）	7038281000	6553910000
上实城市开发（0563）	44257159000	43613745000
深圳控股（0604）	85624446000	99570373000
太阳城集团（1383）	-	2716659000
汤臣集团（0258）	10329777000	11095129000
天安（0028）	17032191000	15746654000
五矿地产（0230）	68531384000	69049534000
香港兴业国际（0480）	11615900000	-
新鸿基地产（0016）	234440000000	242833000000
新世界发展（0017）	194977700000	208064700000
信和置业（0083）	81056296153	74808371628
沿海家园（1124）	9489440000	-
渝太地产（0075）	11355655000	14538932000
长实集团（1113）	189352000000	234121000000
中信股份（0267）	4084915000000	4240683000000
中渝置地（1224）	7980093000	7038246000

数据来源：企业公告。

8-2b 2021年香港上市房企流动资产（人民币）

单位：元人民币

企业简称	2021年第二季度	2021年第四季度
SOHO中国（0410）	5189057000	4621723000
宝龙地产（1238）	136660430000	148498560000
北大资源（0618）	34574711000	-
碧桂园（2007）	1766568000000	1713937000000
大发地产（6111）	33108477000	33884795000
大唐集团控股（2117）	50292017000	52371140000
当代置业（1107）	83176212000	-
德信中国（2019）	102330123000	104427362000
复星国际（0656）	323342016000	342758990000
富力地产（2777）	302730726000	282397988000
港龙中国地产（6968）	50210060000	53676935000
合景泰富集团（1813）	145844644000	125613660000
恒达集团控股（3616）	9477443000	9940806000
恒大汽车（0708）	111580758000	-
恒盛地产（0845）	28418961000	25279979000
弘阳地产（1996）	100743343000	102164901000
花样年控股（1777）	79991692000	-
华润置地（1109）	602684227000	615272738000
佳源国际控股（2768）	72476041000	67575390000
佳兆业集团（1638）	244570875000	-
建业地产（0832）	138441340000	121211020000
金辉控股（9993）	169496312000	163474648000
金轮天地控股（1232）	9555074000	7971185000
景瑞控股（1862）	54716915000	52152316000
朗诗地产（0106）	17499473000	21957925000
力高集团（1622）	88767668000	83203953000
领地控股（6999）	61985135000	57568775000
龙光集团（3380）	235090827000	223376520000
龙湖集团（0960）	667108591000	644388188000
绿城中国（3900）	428152494000	458254451000
绿地香港（0337）	154328213000	147537015000
美的置业（3990）	260628722000	250470207000
明发集团（0846）	56290084000	53744261000
融创中国（1918）	910258227000	-
融信中国（3301）	217884128000	217867609000

8-2b　续表 1　　　　单位：元人民币

企业简称	2021 年第二季度	2021 年第四季度
瑞安房地产（0272）	36078000000	37138000000
三盛控股（2183）	54798995000	55769726000
三巽集团（6611）	17536903000	16689343000
上坤地产（6900）	35277350000	34549112000
上置集团（1207）	5669662000	5120540000
时代中国控股（1233）	184474425000	156074398000
世茂集团（0813）	486150320000	–
首创置业（退市）（2868）	170651200000	–
太阳城集团（1383）	2927301000	–
天山发展控股（2118）	25645102000	–
天誉置业（0059）	25684961000	25886527000
祥生控股集团（2599）	165679121000	138469867000
新城发展（1030）	444489933000	392887823000
新力控股集团（2103）	92520256000	–
旭辉控股集团（0884）	363240776000	351526976000
雅居乐集团（3383）	228903732000	217860802000
阳光 100 中国（2608）	42412000000	–
亿达中国（3639）	20364158000	19596650000
银城国际控股（1902）	39651826000	33934521000
禹洲集团（1628）	145952665000	142166939000
远洋集团（3377）	193485969000	212733219000
越秀地产（0123）	245008603000	262803546000
正荣地产（6158）	226321320000	226811001000
中电光谷（0798）	10930758000	12320873000
中国奥园（3883）	278189794000	–
中国海外发展（0688）	661905052000	648956804000
中国恒大（3333）	1952593000000	–
中国金茂（0817）	255399417000	205911288000
中国新城市（1321）	5985108000	5933227000
中骏集团控股（1966）	112294703000	138339390000
中梁控股（2772）	265905513000	238418788000
众安集团（0672）	37951807000	43408732000

首创置业（2868）于 2021 年 9 月 30 日退市，对外披露了 2021 年度财务数据。

数据来源：企业公告。

8-3　2021年沪深上市房企资产

单位：元人民币

企业简称	2021年第一季度	2021年第二季度	2021年第三季度	2021年第四季度
*ST海航（600221）	224113514000	217698241000	213452162000	143254576000
*ST银亿（000981）	22488048961	21992885114	22163731136	21516198962
ST海投（000616）	5533025839	5744864153	5810115520	5534849262
ST泰禾（000732）	219420426912	220766754839	222752242767	219123942629
ST云城（600239）	78355776186	50493169879	45437308333	40223042912
宝鹰股份（002047）	12194023846	12748940430	12726280493	10648920527
保利发展（600048）	1314170268881	1382621705882	1399882859172	1399933052853
北辰实业（601588）	80704955026	82166340503	76841980238	79704970124
北汽蓝谷（600733）	42644470091	44020835322	41902687228	39080883212
滨江集团（002244）	182225731494	188721738289	198837293160	211725797389
财信发展（000838）	18254097146	16940835113	16882671258	14778358917
城建发展（600266）	136006145515	134235412698	142247328696	139294718935
城投控股（600649）	65655355067	68232830838	72107132630	68901650022
大东方（600327）	7650232565	8094020726	7935577379	8253970596
大龙地产（600159）	4311409975	4361573629	4446833697	4272132923
大名城（600094）	36822266255	36915260224	38892149188	39951032556
大悦城（000031）	204596959555	213921888257	224098680936	212727104515
迪马股份（600565）	85714748492	93289107471	92799071024	85873346843
电子城（600658）	19199938921	18492365345	19747611451	21476621464
东百集团（600693）	13768182468	14034633988	14244536648	14729069494
东湖高新（600133）	26452180239	27448074169	28667601088	28906726525
东望时代（600052）	3637735285	3552868906	3708250903	3635116599
东旭蓝天（000040）	26180814042	26403450216	26556839171	26152927015
泛海控股（000046）	174464482717	170820268233	122982423153	110245216017
凤凰股份（600716）	7890322023	7920347365	7768358306	7865394161
福星股份（000926）	51587437758	52253887682	48366193341	48548279242
格力地产（600185）	38479711340	34663034115	33085012896	32793502605
格力电器（000651）	306181004587	311890823614	286085295349	319598183780
葛洲坝（退市）（600068）	263570930701	269799062580	276618834010	280766399978
冠城大通（600067）	24515322898	25123531117	25186235536	23892388218
光大嘉宝（600622）	35279675924	35145807575	35706908394	35375893088
光明地产（600708）	84173885301	87976871728	85272821255	75216709626
广宇发展（000537）	74625439425	79559227254	79112103062	82243958299
广宇集团（002133）	17156089057	18146189429	19111510004	19776536244
海宁皮城（002344）	10915258157	11808344406	11725093782	11909969271
合肥城建（002208）	18824325300	19487097550	18789245179	22557331292
黑牡丹（600510）	33879109199	33390890475	33097563720	34827583943

8-3　续表 1　　单位：元人民币

企业简称	2021 年第一季度	2021 年第二季度	2021 年第三季度	2021 年第四季度
华发股份（600325）	340590001030	347352648895	352192053281	355057033213
华丽家族（600503）	5343616761	5327477918	5334278305	5049755776
华侨城 A（000069）	462475622582	482157215897	481214434291	480061024488
华夏幸福（600340）	482715453369	474583737073	465700066840	440964154092
华鑫股份（600621）	28235829891	30883731922	33778079649	34242267064
华远地产（600743）	61536471272	62095696985	63419577924	56251816093
皇庭国际（000056）	12061306834	12137531448	12111312734	10926030630
济南高新（600807）	4946501635	4838489148	4842867475	6181940698
嘉凯城（000918）	13955807752	13702236325	13439630336	12794007710
建发股份（600153）	502852534787	581022420187	650820547135	602459131679
交通银行（601328）	11173220000000	11413960000000	11472623000000	11665757000000
金地集团（600383）	429077235001	442158600643	462186133193	462809510230
金科股份（000656）	388336300002	395634307126	394370825141	371361860926
金融街（000402）	166204044667	168348655708	170116624321	164780382803
金隅集团（601992）	290493610923	278663432333	283376466168	286356810442
津滨发展（000897）	7237958324	7498818484	7343973679	6943056593
京东方 A（000725）	427658157566	435476169633	453872086509	449726980355
京能置业（600791）	18485219193	18878753705	20228043967	21309311381
京投发展（600683）	47008913194	48292640943	47057718425	46803933078
开立医疗（300633）	2148709521	2091275146	2052742927	3020357778
莱茵体育（000558）	2132991167	2038308637	1981024775	1915243884
蓝光发展（600466）	266443239463	220592549936	204387225225	174595652320
鲁商发展（600223）	62269432977	62775587719	63628537355	61415459283
绿地控股（600606）	1418727413084	1399683578605	1394318108048	1469097908742
绿景退（000502）	223964790	410028178	396380846	345462361
美好置业（000667）	27609779504	28095610765	27455186455	24782522323
纳思达（002180）	37588065752	37739674551	38236531464	43585062644
南京高科（600064）	31569406171	32342305801	32927692458	33029444750
南京公用（000421）	10994700918	10929841430	11909375996	14175600543
南山控股（002314）	57850581350	61801903093	70315657775	71246208903
派斯林（600215）	2807042325	2774279715	3692137418	3404201005
浦东金桥（600639）	29121031764	29467826638	30528734976	33267839283
栖霞建设（600533）	22314094025	22301280023	22230401824	23154403552
荣安地产（000517）	71346011789	77449204864	84088162139	83411545976
荣丰控股（000668）	2572039151	2827379262	3007250716	3846493192
荣盛发展（002146）	294303835998	293553016417	290324443398	292775437886
软控股份（002073）	9099096703	9772664881	10262413064	10867289080
三湘印象（000863）	9219270882	7704210557	7618782942	7088520738

8-3 续表 2

单位：元人民币

企业简称	2021 年第一季度	2021 年第二季度	2021 年第三季度	2021 年第四季度
沙河股份（000014）	2375980622	2531058741	2709127656	2538868020
厦门国贸（600755）	154359841497	113927853697	115914348195	97745760336
厦门银行（601187）	286575786000	307419309918	319759665000	329494574406
杉杉股份（600884）	34572035765	36821466380	35825243754	40288469004
上海爱旭（600732）	15018273854	15171213283	16922319065	17900242752
上海临港（600848）	46120698432	45722810930	46945905590	49264749900
上实发展（600748）	44019837991	45384700622	45870409593	39574493270
深康佳 A（000016）	51058825130	51648378528	53000401444	39874520771
深深房 A（000029）	5155621820	6204351776	6181890175	6182498050
深物业 A（000011）	12455805632	13283680708	13943431527	14581897152
深振业 A（000006）	16052084462	18761613820	19816739639	23601034833
世荣兆业（002016）	7486424461	7408451499	7406738176	6919293896
市北高新（600604）	19254634560	19690104279	20423803324	21158502440
首开股份（600376）	315532246843	321553408424	318260274264	314317983359
顺发恒业（000631）	7898709311	8764658146	8909558247	9090496519
顺丰控股（002352）	124062632383	133393058170	190568702880	209899982000
宋都股份（600077）	44605864681	48191550221	47587255997	47341785030
苏宁环球（000718）	16027923500	15586360563	15885650375	15435144729
苏州高新（600736）	60697926512	57477573122	58143567305	61567222488
太阳纸业（002078）	38824524319	41361214804	42390828940	42737472318
天保基建（000965）	12068501474	12496648472	12999611729	12849548126
天房发展（600322）	23233509604	23185541779	23186648195	18916960811
天健集团（000090）	50612733227	53530481239	57240191687	59824016392
天津松江（600225）	10405668851	7023319207	7291145225	6724159453
退市华业（600240）	6016408867	6045287254	5531982555	–
退市美都（600175）	4821013818	4918076762	4367043524	4206756891
退市中房（600890）	242319852	236057334	232218279	248887102
外高桥（600648）	37923774194	40430093121	40305475723	43108820895
万科 A（000002）	1907860492719	1955046076840	1967403013064	1938638128699
万通发展（600246）	11095541845	11327263532	11122072688	10860197753
万业企业（600641）	7696171894	7652991771	7834956806	9166819576
万泽股份（000534）	2094752857	2016906746	2031268799	2117454697
闻泰科技（600745）	58638356186	61742161853	71635857240	72575882492
卧龙地产（600173）	8043254387	7187957646	7362833571	7376892697
香江控股（600162）	27642916868	28785132729	28288648190	29641483198
小商品城（600415）	29165481585	29713907698	30731502259	31014635513
新光退（002147）	11142696946	10106614719	9535157085	8678185938
新湖中宝（600208）	133412105754	130649078234	133575537981	132496876636

8-3　续表 3　　　　单位：元人民币

企业简称	2021 年第一季度	2021 年第二季度	2021 年第三季度	2021 年第四季度
新华联（000620）	49811662911	49453211887	46667935164	43115873473
新黄浦（600638）	21988090339	22061683961	21905510524	21441169625
信达地产（600657）	99566106956	98818696367	98663354756	86921743163
学大教育（000526）	5236813716	4473890495	4463908182	3463433289
雅戈尔（600177）	80594559601	84246125093	73944339377	80223992026
亚泰集团（600881）	58504962788	56715427893	56946375118	56376627326
亚通股份（600692）	2756058435	3122731882	2889755667	2631368460
阳光城（000671）	360267501827	358209417922	374376602174	358270770162
阳光股份（000608）	5779992011	5741490247	5701682544	5621701742
渝开发（000514）	7977673058	8268987307	8713545253	8387673159
圆通速递（600233）	27200802526	27771023736	29008823874	34222305365
粤宏远 A（000573）	3090919388	2927238743	2821515313	2507820530
粤泰股份（600393）	14157075279	14574543142	14244926491	14034659395
张江高科（600895）	32682792499	35838353658	35643373733	37251343772
招商蛇口（001979）	768133101705	829664226147	861846360738	856203347398
中储股份（600787）	23550017803	24516626031	25367068782	23185447006
中迪投资（000609）	3850075741	3719287560	3756891429	2916220825
中国宝安（000009）	32232577933	33050831986	34365441991	37073195203
中国建筑（601668）	2282487601000	2351232414000	2368667704000	2388249126000
中国交建（601800）	1359997208041	1438972935415	1490622933319	1390837091747
中国平安（601318）	9751371000000	9887668000000	10079460000000	10142026000000
中国铁建（601186）	1278537294000	1335538926000	1366874249000	1352970006000
中国武夷（000797）	24125846224	23656838191	23766681614	21245850097
中国中铁（601390）	1264599965000	1297234779000	1350991993000	1361726183000
中国中冶（601618）	528299505000	557589338000	576421078000	543470147000
中航高科（600862）	7119538633	7409434374	7885185611	6922835469
中弘退（000979）	30462961136	30469202350	30470602828	-
中华企业（600675）	47520741794	48929792833	51157796172	54184620614
中交地产（000736）	120270814778	136909388801	145701310044	141962471759
中南建设（000961）	360237670132	372985121787	350939695732	367976521814
中天金融（000540）	149528713135	155883625990	160008077241	154547804051
中原高速（600020）	48194604416	46967839095	46422239837	46817424618
中洲控股（000042）	42627371598	42430928083	43288580779	41438074441

退市华业（600240）于 2020 年 2 月 5 日退市，对外披露了 2021 年度财务数据。
葛洲坝（600068）于 2021 年 9 月 13 日退市，对外披露了 2021 年度财务数据。
退市中房（600890）于 2022 年 6 月 16 日退市，2021 年度财务数据正常披露。
退市美都（600175）于 2020 年 8 月 14 日退市，对外披露了 2021 年度财务数据。
绿景退（000502）于 2022 年 6 月 27 日退市，2021 年度财务数据正常披露。
新光退（002147）于 2022 年 6 月 23 日退市，2021 年度财务数据正常披露。
中弘退（000979）于 2018 年 12 月 28 日退市，对外披露了 2021 年度财务数据。
数据来源：企业公告。

8-4a 2021年香港上市房企总资产（港币）

单位：元港币

企业简称	2021年第二季度	2021年第四季度
百仕达控股（1168）	12659162000	12258858000
保利置业集团（0119）	216990388000	235691336000
合生创展集团（0754）	333359630000	346233856000
恒基地产（0012）	488017000000	550304000000
恒隆集团（0010）	228773000000	238021000000
华南城（1668）	125969065000	–
嘉华国际（0173）	85508922000	78497598000
嘉里建设（0683）	200323864000	200055556000
九龙仓集团（0004）	278364000000	253700000000
莱蒙国际（3688）	27880013000	28373809000
廖创兴企业（0194）	15510431000	16183872000
路劲（1098）	118108785000	108235731000
上海证大（0755）	14668264000	13537545000
上实城市开发（0563）	71815043000	71874828000
深圳控股（0604）	151705862000	162765871000
太阳城集团（1383）	–	8331831000
汤臣集团（0258）	19749495000	20534605000
天安（0028）	45867853000	47192471000
五矿地产（0230）	76509990000	77173244000
香港兴业国际（0480）	44400200000	–
新鸿基地产（0016）	779489000000	796419000000
新世界发展（0017）	616490300000	627077400000
信和置业（0083）	188362918813	181715197278
沿海家园（1124）	10144313000	–
渝太地产（0075）	13320475000	15950621000
长实集团（1113）	535432000000	556711000000
中信股份（0267）	10230358000000	10685521000000
中渝置地（1224）	35713650000	31962760000

数据来源：企业公告。

8-4b　2021 年香港上市房企总资产（人民币）

单位：元人民币

企业简称	2021 年第二季度	2021 年第四季度
SOHO 中国（0410）	71109770000	70446515000
宝龙地产（1238）	217429361000	245056453000
北大资源（0618）	36606327000	–
碧桂园（2007）	2017463000000	1948365000000
大发地产（6111）	39547430000	41107676000
大唐集团控股（2117）	59660130000	61098501000
当代置业（1107）	98435586000	–
德信中国（2019）	113918687000	117306734000
复星国际（0656）	778856141000	806372141000
富力地产（2777）	424552471000	405876188000
港龙中国地产（6968）	52537193000	56028274000
合景泰富集团（1813）	243121548000	232899219000
恒达集团控股（3616）	9807784000	10299986000
恒大汽车（0708）	165090335000	–
恒盛地产（0845）	53816085000	51126780000
弘阳地产（1996）	129607849000	132748834000
花样年控股（1777）	109621934000	–
华润置地（1109）	921565371000	949804264000
佳源国际控股（2768）	89751483000	84862792000
佳兆业集团（1638）	319111753000	–
建业地产（0832）	161328069000	145806652000
金辉控股（9993）	197422139000	191647312000
金轮天地控股（1232）	17274842000	13839323000
景瑞控股（1862）	66751788000	63249743000
朗诗地产（0106）	24332633000	27883353000
力高集团（1622）	94474086000	89306972000
领地控股（6999）	69488208000	64434601000
龙光集团（3380）	289795263000	285947388000
龙湖集团（0960）	873446145000	875651107000
绿城中国（3900）	480079188000	521043625000
绿地香港（0337）	173744550000	168745840000
美的置业（3990）	289817643000	288519853000
明发集团（0846）	76195032000	73745719000
融创中国（1918）	1205453179000	–
融信中国（3301）	246609711000	245439839000
瑞安房地产（0272）	109699000000	113896000000

8-4b　续表 1

单位：元人民币

企业简称	2021 年第二季度	2021 年第四季度
三盛控股（2183）	60087865000	60266761000
三巽集团（6611）	18011047000	17211165000
上坤地产（6900）	42265345000	40375546000
上置集团（1207）	14137883000	14080475000
时代中国控股（1233）	211462787000	198393048000
世茂集团（0813）	626567824000	–
首创置业（退市）（2868）	213401790000	–
太阳城集团（1383）	8096940000	–
天山发展控股（2118）	28032944000	–
天誉置业（0059）	30348913000	30776471000
祥生控股集团（2599）	172656419000	145743132000
新城发展（1030）	578851110000	540108900000
新力控股集团（2103）	112038159000	–
旭辉控股集团（0884）	439990918000	432749532000
雅居乐集团（3383）	330391276000	316559739000
阳光 100 中国（2608）	58556124000	–
亿达中国（3639）	44611813000	43223115000
银城国际控股（1902）	47411031000	43199283000
禹洲集团（1628）	178698379000	174380908000
远洋集团（3377）	266599424000	281252042000
越秀地产（0123）	297229407000	313854885000
正荣地产（6158）	250345843000	253841606000
中电光谷（0798）	19214356000	21307720000
中国奥园（3883）	316154630000	–
中国海外发展（0688）	858340350000	869906698000
中国恒大（3333）	2377575000000	–
中国金茂（0817）	440089105000	412002304000
中国新城市（1321）	15611203000	15504840000
中骏集团控股（1966）	178209396000	195012986000
中梁控股（2772）	293537393000	267178006000
众安集团（0672）	49613416000	57240309000

首创置业（2868）于 2021 年 9 月 30 日退市，对外披露了 2021 年度财务数据。

数据来源：企业公告。

8-5　2021 年沪深上市房企流动负债

单位：元人民币

企业简称	2021 年第一季度	2021 年第二季度	2021 年第三季度	2021 年第四季度
*ST 海航（600221）	186529241000	181040776000	181791816000	23093299000
*ST 银亿（000981）	14171154984	13979275328	14476742540	15952652575
ST 海投（000616）	400978020	417773481	417463719	145151312
ST 泰禾（000732）	135209314188	169518929112	171357227580	144714012824
ST 云城（600239）	65625393434	39074990026	33016645357	27594791395
宝鹰股份（002047）	7949020437	8371673299	8397562407	7986161993
保利发展（600048）	756094000291	798117843558	801019158727	818817124905
北辰实业（601588）	36884663325	38687761390	37194490219	38222833635
北汽蓝谷（600733）	20807299660	18112579913	16281148211	19069187350
滨江集团（002244）	117223496614	122260022969	130634365420	141815468838
财信发展（000838）	12555251235	12169475705	12909883543	11672647781
城建发展（600266）	49498162538	50795481803	55320057798	58174172150
城投控股（600649）	25539919369	29012073908	33089126073	26932650317
大东方（600327）	2939767660	3770626307	3080589800	3854841262
大龙地产（600159）	1816239318	1863597294	1931070080	1670660117
大名城（600094）	15045446032	15031746066	17073686013	19949732845
大悦城（000031）	97345567246	105639249033	108248204840	103302536240
迪马股份（600565）	54090444420	59321877657	58955582343	56247839971
电子城（600658）	5782028464	5246543181	7282292796	9711454747
东百集团（600693）	4120793746	4182749560	4491115479	5276371419
东湖高新（600133）	10902535893	11898602338	12782844321	12710265238
东望时代（600052）	145583695	81450593	112829886	106930985
东旭蓝天（000040）	11128845358	11076809567	12121577994	10932620513
泛海控股（000046）	108338408465	105120115694	77678792336	80666680542
凤凰股份（600716）	1158259944	1117779372	1112048807	1294896847
福星股份（000926）	29556586827	31761586059	29054329639	28296757148
格力地产（600185）	15721079250	13416611779	11388003307	11618681769
格力电器（000651）	184396915152	203092429495	179930014398	197101385429
葛洲坝（退市）（600068）	127593635242	120442700321	125681097783	126659849892
冠城大通（600067）	10605591516	10604717497	13017242928	13553242061
光大嘉宝（600622）	10548205543	11191037865	10673932168	10821653322
光明地产（600708）	52275389000	55823141398	52134939059	45034464077
广宇发展（000537）	25690556876	26937587035	29338184262	66682397637
广宇集团（002133）	10239519299	10790089335	11411149090	11900173952
海宁皮城（002344）	2033387805	2273416452	2155657857	2289813979
合肥城建（002208）	9800577976	10688653364	9566300853	12803976113
黑牡丹（600510）	17686560891	17061422220	16629428309	17533288041

8–5 续表 1 单位：元人民币

企业简称	2021 年第一季度	2021 年第二季度	2021 年第三季度	2021 年第四季度
华发股份（600325）	169332651663	161591322375	165747544692	152807066644
华丽家族（600503）	1112534421	1087117211	1066029103	1273547019
华侨城 A（000069）	226962402380	241024465804	239926326770	242240609986
华夏幸福（600340）	292570165722	311639621539	321835331239	363986865532
华鑫股份（600621）	17675926716	20593292864	21738515920	23315357683
华远地产（600743）	38392666621	36897878446	39425381311	34649320035
皇庭国际（000056）	4717984046	4956255618	4970026910	5236205496
济南高新（600807）	2842253894	2935558391	3020379121	4313893720
嘉凯城（000918）	8612260605	8699272592	8595389745	9729228844
建发股份（600153）	307004019341	374289917699	426734291628	356235982731
金地集团（600383）	243871835714	250804768850	265899391553	258077909015
金科股份（000656）	245743925547	247687412631	245693240316	241392573062
金融街（000402）	55175320930	58000142776	52783049830	50834202445
金隅集团（601992）	122273217966	118433707104	123180841759	119733796128
津滨发展（000897）	5679352062	5936568064	5343417610	4967223513
京东方 A（000725）	103310048722	103251922234	102947933991	103362338402
京能置业（600791）	8106941621	9005441385	12285097508	14018998979
京投发展（600683）	15407478496	23627575485	22590287071	19739979658
开立医疗（300633）	653631946	539389438	469872482	555833288
莱茵体育（000558）	388285245	346851843	321782730	316862458
蓝光发展（600466）	171688084797	169601804297	163617446121	152721315255
鲁商发展（600223）	51714854675	51507883557	54179587345	51092743768
绿地控股（600606）	1011325468584	1004816383434	1006513979276	1154833133457
绿景退（000502）	35985345	111854374	65765830	71750630
美好置业（000667）	13770971408	14205945368	13565977980	17346176201
纳思达（002180）	12997405778	12591709277	12654325135	13063988952
南京高科（600064）	15138678429	15526337106	15405145055	15204272281
南京公用（000421）	4009316872	3832749422	5228332349	8286661029
南山控股（002314）	22421039577	25358901769	29094810214	34605554390
派斯林（600215）	283698930	271109100	1684950273	1308959668
浦东金桥（600639）	11091860395	11603872968	11663772056	14830324005
栖霞建设（600533）	12663247560	12514515011	11992773210	12767114263
荣安地产（000517）	46504840381	50916891491	59050688087	57124632232
荣丰控股（000668）	1539350834	1812638144	2034596099	1966254939
荣盛发展（002146）	191818851382	188383227391	191710846714	212965224694
软控股份（002073）	4086150155	4686293779	5049739381	5083196539
三湘印象（000863）	3139999807	1977649160	2269924482	1983313513

8-5　续表 2　　　　单位：元人民币

企业简称	2021 年第一季度	2021 年第二季度	2021 年第三季度	2021 年第四季度
沙河股份（000014）	1284406277	1441457069	1559800016	1411372172
厦门国贸（600755）	106175335773	74970902520	76254049094	59217523996
杉杉股份（600884）	10913113551	13924372134	11380066093	13308794232
上海爱旭（600732）	6549477359	7081561440	8513598791	9655930219
上海临港（600848）	16353303579	14833547713	14555735521	15679743229
上实发展（600748）	19105640842	20481789841	23079398173	17998035165
深康佳 A（000016）	26198702490	29153143822	29495672802	23168316041
深深房 A（000029）	1389536036	2051703293	2001258627	1945518321
深物业 A（000011）	4757530173	5398934930	5953049070	6327952072
深振业 A（000006）	4111344724	6185599129	6771517509	9242449329
世荣兆业（002016）	3059001870	3116930127	3053042682	2233582102
市北高新（600604）	6246701872	9066134332	6418298390	6065507167
首开股份（600376）	139581898073	137223252139	138742410235	128047497439
顺发恒业（000631）	1206320803	2069631997	2222496232	2565348456
顺丰控股（002352）	47563233785	54863621299	93591895554	76021629000
宋都股份（600077）	31770770871	35741434129	35856614622	37073047412
苏宁环球（000718）	6133171038	5259697233	4663569061	4760240413
苏州高新（600736）	27494331625	26702569419	26735856171	24744969519
太阳纸业（002078）	15137168220	16287254362	15572730016	17875015012
天保基建（000965）	6205577508	6756618463	7254072940	6612327027
天房发展（600322）	14620832925	14413413664	14774703169	13824422403
天健集团（000090）	28408264074	31841362073	36285045180	37110108787
天津松江（600225）	12454920723	9891612600	10014651015	4236294243
退市华业（600240）	6614679942	6729088157	6296453126	-
退市美都（600175）	2916595684	3002921241	2607022545	2607232318
退市中房（600890）	17411109	17660080	18752787	32569215
外高桥（600648）	15429254716	20726119745	21032640285	20382465707
万科 A（000002）	1346920073596	1380851941342	1377665222453	1311446467339
万通发展（600246）	1472429258	1413328487	1401005107	1329795441
万业企业（600641）	561912859	514225539	473088383	1090727286
万泽股份（000534）	558280981	514540620	506071611	579640890
闻泰科技（600745）	19964630148	22352836717	23163204487	23727401393
卧龙地产（600173）	4745024100	3770062883	3872843499	3829427875
香江控股（600162）	16920451378	17621376747	17694415233	18166285979
小商品城（600415）	10964158645	11829664584	13925159461	15105912872
新光退（002147）	4652669582	4406776895	4454110539	5130058928
新湖中宝（600208）	61594208271	59528901025	64900722076	62727527581

8–5 续表 3　　单位：元人民币

企业简称	2021 年第一季度	2021 年第二季度	2021 年第三季度	2021 年第四季度
新华联（000620）	30110037656	28446147720	27339524686	29165117548
新黄浦（600638）	12231068108	10722344170	9743123736	13554883912
信达地产（600657）	47961001822	46181378200	47797626243	36579960189
学大教育（000526）	3779134208	2912161609	2926946993	2673719226
雅戈尔（600177）	43690389176	47768100674	35623821943	39251906732
亚泰集团（600881）	37235185351	35517097462	34283536208	35356334864
亚通股份（600692）	1638085342	1871283087	1528831466	1317115163
阳光城（000671）	222279568210	228427185264	253633497891	269942380045
阳光股份（000608）	1039987590	873765978	817380679	878460602
渝开发（000514）	3556354229	3758992527	3824656728	3413107524
圆通速递（600233）	8468469193	9274380194	9696561481	10137409269
粤宏远 A（000573）	1172676534	1158301453	1030389325	755560960
粤泰股份（600393）	6233059486	6264515417	6175493205	9112677441
张江高科（600895）	9528410281	10344012436	8249577222	8765296718
招商蛇口（001979）	390021283544	427312206294	440862444705	428078501736
中储股份（600787）	9649074777	10348250653	9657169443	6689354153
中迪投资（000609）	1825497140	1730147744	2009149515	1920675293
中国宝安（000009）	11981363983	12739613899	13325049201	15427100564
中国建筑（601668）	1243889507000	1287877465000	1285645823000	1274618036000
中国交建（601800）	591867590714	658916502641	681570833772	599156063432
中国铁建（601186）	784994143000	823854718000	833513562000	832081325000
中国武夷（000797）	13868681590	13763495767	13834812505	12390337108
中国中铁（601390）	739818121000	778336827000	789812622000	787860302000
中国中冶（601618）	347466093000	377844403000	387203909000	358889666000
中航高科（600862）	2225116109	2510712571	2834117751	1893999129
中弘退（000979）	31194362182	31582557651	32058146449	–
中华企业（600675）	16308124136	14336595018	12277575075	16921344140
中交地产（000736）	51597652536	63701223930	74663813041	77268282045
中南建设（000961）	249007738352	262549140128	248990814640	283825364707
中天金融（000540）	46287996027	47306406512	54381932033	65997644743
中原高速（600020）	8781879860	5264524255	5527793134	6939383628
中洲控股（000042）	20008744666	19443860098	19805247237	18609915354

退市华业（600240）于 2020 年 2 月 5 日退市，对外披露了 2021 年度财务数据。
葛洲坝（600068）于 2021 年 9 月 13 日退市，对外披露了 2021 年度财务数据。
退市中房（600890）于 2022 年 6 月 16 日退市，2021 年度财务数据正常披露。
退市美都（600175）于 2020 年 8 月 14 日退市，仍对外披露了 2021 年度财务数据。
绿景退（000502）于 2022 年 6 月 27 日退市，2021 年度财务数据正常披露。
新光退（002147）于 2022 年 6 月 23 日退市，2021 年度财务数据正常披露。
中弘退（000979）于 2018 年 12 月 28 日退市，对外披露了 2021 年度财务数据。
数据来源：企业公告。

8-6a 2021 年香港上市房企流动负债（港币）

单位：元港币

企业简称	2021 年第二季度	2021 年第四季度
百仕达控股（1168）	2012551000	2251006000
保利置业集团（0119）	106847858000	125553127000
合生创展集团（0754）	120302752000	129024861000
恒基地产（0012）	51545000000	63247000000
恒隆集团（0010）	18808000000	19451000000
华南城（1668）	51001268000	–
嘉华国际（0173）	22156672000	14008628000
嘉里建设（0683）	23874005000	22442764000
九龙仓集团（0004）	51198000000	38573000000
莱蒙国际（3688）	12528934000	12851033000
路劲（1098）	56191574000	40106596000
上海证大（0755）	11201626000	14021221000
上实城市开发（0563）	27069230000	36356973000
深圳控股（0604）	59729125000	69501387000
太阳城集团（1383）	–	2017404000
汤臣集团（0258）	4762078000	5155090000
天安（0028）	10702769000	10965426000
五矿地产（0230）	39386150000	39194773000
香港兴业国际（0480）	5283500000	–
新鸿基地产（0016）	76085000000	73199000000
新世界发展（0017）	155479200000	149561300000
信和置业（0083）	33580542044	17965728139
沿海家园（1124）	4834526000	–
渝太地产（0075）	8934540000	11150543000
长实集团（1113）	69524000000	78515000000
中信股份（0267）	7730716000000	8066408000000
中渝置地（1224）	11897030000	9721532000

数据来源：企业公告。

8-6b 2021年香港上市房企流动负债（人民币）

单位：元人民币

企业简称	2021年第二季度	2021年第四季度
SOHO中国（0410）	5914239000	6960706000
宝龙地产（1238）	100388677000	120755127000
北大资源（0618）	38086348000	–
碧桂园（2007）	1469637000000	1378905000000
大发地产（6111）	21688189000	26129080000
大唐集团控股（2117）	41413043000	42509789000
当代置业（1107）	66179279000	–
德信中国（2019）	74081609000	79723241000
复星国际（0656）	305536915000	337773502000
富力地产（2777）	229279392000	228859107000
港龙中国地产（6968）	38510901000	38776636000
合景泰富集团（1813）	119811126000	111005340000
恒达集团控股（3616）	7857014000	8015258000
恒大汽车（0708）	124580061000	–
恒盛地产（0845）	45369088000	47401294000
弘阳地产（1996）	72073536000	74216683000
花样年控股（1777）	49633416000	–
华润置地（1109）	456600302000	464627187000
佳源国际控股（2768）	47749148000	42430054000
佳兆业集团（1638）	134152426000	–
建业地产（0832）	126438011000	115840123000
金辉控股（9993）	119647497000	115447087000
金轮天地控股（1232）	9540277000	9285916000
景瑞控股（1862）	39458687000	38761524000
朗诗地产（0106）	11989109000	17083989000
力高集团（1622）	63061447000	61292231000
领地控股（6999）	49028737000	44968715000
龙光集团（3380）	151983868000	155125799000
龙湖集团（0960）	471895479000	446542909000
绿城中国（3900）	287218556000	312389726000
绿地香港（0337）	134494799000	132483394000
美的置业（3990）	199054544000	198771425000
明发集团（0846）	52036225000	47791238000
融创中国（1918）	754960792000	–
融信中国（3301）	145285375000	157280878000
瑞安房地产（0272）	28831000000	34149000000

8-6b　续表 1　　单位：元人民币

企业简称	2021 年第二季度	2021 年第四季度
三盛控股（2183）	38326267000	42583225000
三巽集团（6611）	15372546000	14356365000
上坤地产（6900）	25711650000	26866888000
上置集团（1207）	5218327000	4353541000
时代中国控股（1233）	122030064000	108989163000
世茂集团（0813）	334421516000	–
首创置业（退市）（2868）	92491577000	–
太阳城集团（1383）	1503142000	–
天山发展控股（2118）	22883777000	–
天誉置业（0059）	16173926000	19855977000
祥生控股集团（2599）	128763778000	111406230000
新城发展（1030）	403543689000	369392328000
新力控股集团（2103）	75427780000	–
旭辉控股集团（0884）	247638768000	223739669000
雅居乐集团（3383）	172829218000	163444509000
阳光 100 中国（2608）	30212829000	–
亿达中国（3639）	26888180000	26065637000
银城国际控股（1902）	31109312000	28954499000
禹洲集团（1628）	89806812000	86387868000
远洋集团（3377）	126231125000	128665433000
越秀地产（0123）	161094439000	182620792000
正荣地产（6158）	149714874000	171533565000
中电光谷（0798）	8063109000	9128049000
中国奥园（3883）	200134427000	–
中国海外发展（0688）	312079317000	293900585000
中国恒大（3333）	1572759000000	–
中国金茂（0817）	244341901000	201244879000
中国新城市（1321）	3567241000	5659449000
中骏集团控股（1966）	95916652000	112859707000
中梁控股（2772）	227452613000	210471158000
众安集团（0672）	24259916000	30848800000

首创置业（2868）于 2021 年 9 月 30 日退市，对外披露了 2021 年度财务数据。

数据来源：企业公告。

8-7 2021年沪深上市房企负债

单位：元人民币

企业简称	2021年第一季度	2021年第二季度	2021年第三季度	2021年第四季度
*ST海航（600221）	254068812000	245748243000	244623903000	132288003000
*ST银亿（000981）	16644902500	16367623721	16816359221	17539449575
ST海投（000616）	408866724	597797873	599640671	536197847
ST泰禾（000732）	199758425332	202690484319	204521651368	204329587506
ST云城（600239）	77102664586	48542509772	42909485277	37731120558
宝鹰股份（002047）	7949020437	8475898211	8498834629	8085844921
保利发展（600048）	1033694005883	1078345466334	1090957312764	1097018591450
北辰实业（601588）	60658763495	62810577551	57554629973	60395599305
北汽蓝谷（600733）	32106490136	28995371104	27710493408	27396038234
滨江集团（002244）	153412568506	157988817122	167892561343	174338866780
财信发展（000838）	15400843449	14054987346	14018133054	12852694381
城建发展（600266）	108170792150	106441113359	114528900985	110677301955
城投控股（600649）	44153435121	46046969221	50594268368	46638126915
大东方（600327）	3911871257	4534280228	4270731431	4335970456
大龙地产（600159）	1816239318	1864194508	1943314594	1670660117
大名城（600094）	22947250187	23072128230	25069439205	26827478275
大悦城（000031）	158432304205	164433614648	172396281148	160635926686
迪马股份（600565）	67779983873	73179278832	72877352498	68466050518
电子城（600658）	12038357083	11421647137	12885176571	14227360906
东百集团（600693）	9822379914	10029779253	10219731911	10701738336
东湖高新（600133）	19335976898	19911776411	20971262044	20667745041
东望时代（600052）	260673375	191625790	258631277	237714505
东旭蓝天（000040）	14081077840	14419360088	14557182375	14570905645
泛海控股（000046）	139427008938	136288114604	97992598351	96472281179
凤凰股份（600716）	2075136615	2053004025	1941123007	2096249172
福星股份（000926）	39312830670	39998239089	36071990536	36130364934
格力地产（600185）	29821209417	25765099662	24024736602	23907952497
格力电器（000651）	191551539072	211855028650	192059395589	211672732614
葛洲坝（退市）（600068）	180097516603	182571337856	196814077400	195943239851
冠城大通（600067）	15195696381	15841442922	15945332675	15683316945
光大嘉宝（600622）	25473079090	25301883917	25832434707	25865945043
光明地产（600708）	69565818909	73384046564	71266141370	61445503182
广宇发展（000537）	58335066212	63150663461	64739336961	68307204948
广宇集团（002133）	12972163545	13660572749	14543698236	15037873424
海宁皮城（002344）	3082639359	3886006406	3766941788	3759457304
合肥城建（002208）	12445157217	12694876404	11960701009	15447274379
黑牡丹（600510）	23332271745	22775966105	22387700461	24093177724

8-7 续表 1 单位：元人民币

企业简称	2021 年第一季度	2021 年第二季度	2021 年第三季度	2021 年第四季度
华发股份（600325）	274195107762	277457846420	278146381410	259165779484
华丽家族（600503）	1456344047	1428590161	1429891717	1363257546
华侨城 A（000069）	350507163183	367973517695	363771687100	359275000732
华夏幸福（600340）	395150884839	392341133107	387736631125	417137505294
华鑫股份（600621）	21136156574	23841126145	26416307282	26882381135
华远地产（600743）	51568469143	51691915602	52751212839	45822465219
皇庭国际（000056）	7224421245	7326295554	7302716993	7541496160
济南高新（600807）	4356440866	4350752466	4424102373	5541098334
嘉凯城（000918）	11774169816	11811162086	11687753447	11772267475
建发股份（600153）	405281847103	474422950373	533575679672	465541176259
交通银行（601328）	10271124000000	10478045000000	10515763000000	10688521000000
金地集团（600383）	333851822817	345453132319	361884366360	352602677703
金科股份（000656）	315041089295	318074191806	315889549382	293629601633
金融街（000402）	125956731947	128862734117	130127342769	122184708084
金隅集团（601992）	196190183218	185206939032	189714597037	190823004007
津滨发展（000897）	5691681643	5943850026	5350699572	4973074173
京东方 A（000725）	249799465086	249581211432	242218687459	232853836888
京能置业（600791）	14711474440	15150300453	16534813184	17081326984
京投发展（600683）	38531111260	40035064954	37079685919	35644169194
开立医疗（300633）	759531187	627402912	552736979	665176397
莱茵体育（000558）	925860962	872857894	831161118	799154496
蓝光发展（600466）	219422660654	198086724197	184577261779	167623701409
鲁商发展（600223）	55743669676	56246759888	57446512828	54915669577
绿地控股（600606）	1254281068297	1233863759793	1222822043557	1305215016365
绿景退（000502）	37834878	161587171	115463607	77377752
美好置业（000667）	20971964743	21746035298	21424206548	21217978666
纳思达（002180）	24595133055	24661966152	24659626112	25209050518
南京高科（600064）	16876424416	17354687451	17372434158	17052804969
南京公用（000421）	7102891917	7020044181	7967847464	10105734211
南山控股（002314）	46048063993	49610742984	53857193852	53650047448
派斯林（600215）	288222046	275198291	2301363719	2008130518
浦东金桥（600639）	18299589209	18586798816	18982842237	20754946742
栖霞建设（600533）	17769015513	17803484214	17690137333	18639276067
荣安地产（000517）	56688474560	62586680544	69026755895	68610286983
荣丰控股（000668）	1539350834	1812638144	2034596099	1986813585
荣盛发展（002146）	238872067634	235322764608	231628140654	247357418105
软控股份（002073）	4575127091	5197159865	5648793074	6146125221
三湘印象（000863）	4496142243	3351809580	3170898871	2858296808

8–7 续表 2 单位：元人民币

企业简称	2021 年第一季度	2021 年第二季度	2021 年第三季度	2021 年第四季度
沙河股份（000014）	1431594915	1600280036	1795698188	1545268783
厦门国贸（600755）	119843588868	80639569509	80359480966	62201393979
厦门银行（601187）	264762919000	285434595761	297210914000	306229296015
杉杉股份（600884）	20445375241	22307890635	20290064826	20938094457
上海爱旭（600732）	9083788691	9503634543	11077513351	12318236255
上海临港（600848）	28067535429	27441436549	27830432388	29286694906
上实发展（600748）	30256883022	31575716001	32996384077	28451444215
深康佳 A（000016）	40315314115	41054515073	42606243233	29673571423
深深房 A（000029）	1407163978	2069550802	2018574886	1955168881
深物业 A（000011）	8468131521	9078963298	9632476386	10050806687
深振业 A（000006）	7929855068	10778473856	11646658927	15416658976
世荣兆业（002016）	3353962374	3117834346	3053945537	2242648225
市北高新（600604）	10970301510	11445330684	12223377291	12710461512
首开股份（600376）	253278859445	256320370655	253532308122	247290757155
顺发恒业（000631）	1720394195	2508683559	2620948144	2788086808
顺丰控股（002352）	66957516634	76087269506	121663442354	111984735000
宋都股份（600077）	38871960575	42328309437	41941722463	41939209673
苏宁环球（000718）	7059289586	6271322808	6694094396	6347810398
苏州高新（600736）	45177498548	42161963981	43064060739	45999970682
太阳纸业（002078）	21415577377	23016505482	23172134910	23923544193
天保基建（000965）	6732950995	7210715433	7687760305	7414759227
天房发展（600322）	20673421838	20695350732	20731663090	17863788366
天健集团（000090）	38704430970	41911066565	45631163430	46997495225
天津松江（600225）	13962736218	10555153577	10673009345	4749969393
退市华业（600240）	15154513500	15393897949	15087612516	–
退市美都（600175）	3331263012	3379705649	2969933610	2784632547
退市中房（600890）	17411109	17660080	18752787	34401240
外高桥（600648）	26328730359	28989337849	28742105616	31140604228
万科 A（000002）	1552428487851	1591325317457	1592472568518	1545865352174
万通发展（600246）	3746681305	3644917258	3612627772	3451703721
万业企业（600641）	801292843	777403907	723696688	1535957177
万泽股份（000534）	1036704723	988554127	977886409	1017964343
闻泰科技（600745）	28771052715	30415387731	37858010072	38059872455
卧龙地产（600173）	4760748806	3787110342	3890906993	3846653817
香江控股（600162）	21963596012	23045878795	22568959424	22037082380
小商品城（600415）	15260116450	15627907188	16198237540	16383793420
新光退（002147）	11479480816	10122965584	8855204187	8248899734
新湖中宝（600208）	94450414640	90490648120	92965893711	91734549338

8–7　续表 3

单位：元人民币

企业简称	2021 年第一季度	2021 年第二季度	2021 年第三季度	2021 年第四季度
新华联（000620）	42035620968	41955828274	40178067745	38778245578
新黄浦（600638）	17494450073	17456297937	17409254590	16917849448
信达地产（600657）	75193570636	74268245003	74116944403	62274959872
学大教育（000526）	4277489116	3411772303	3467792365	3047949715
雅戈尔（600177）	50199846270	54337541041	41601119250	46052334918
亚泰集团（600881）	40772426673	38590187512	38759480182	40134602969
亚通股份（600692）	1804272306	2174525841	1934515369	1651118640
阳光城（000671）	299589390151	299650897596	316048036693	316160261137
阳光股份（000608）	2161539285	2106368357	2050082192	1959594766
渝开发（000514）	4164470036	4447686519	4923627994	4370379645
圆通速递（600233）	9283722429	10061696872	10953903165	11163843943
粤宏远 A（000573）	1451345711	1280774156	1152326670	833459634
粤泰股份（600393）	8971646859	9476611466	9358922170	9856102279
张江高科（600895）	17620077302	20270997477	20901982044	22743721760
招商蛇口（001979）	512445349063	563666173040	584193991138	579448161394
中储股份（600787）	11313721039	12146277349	12632014300	9955196969
中迪投资（000609）	2649064279	2564973773	2635663781	2053401215
中国宝安（000009）	18656936959	18881424828	19137249581	21414358734
中国建筑（601668）	1690755647000	1750203103000	1752175174000	1748546817000
中国交建（601800）	997426931147	1069136500918	1112613335183	999482954720
中国平安（601318）	8746630000000	8858754000000	9030080000000	9064303000000
中国铁建（601186）	960922835000	1009802322000	1032606528000	1006477010000
中国武夷（000797）	18197189819	17773197689	17886186339	15636260076
中国中铁（601390）	936098308000	963887695000	1004745201000	1003383600000
中国中冶（601618）	385119989000	413238900000	425007950000	392082388000
中航高科（600862）	2466159104	2733083940	3025455638	2042749416
中弘退（000979）	31956789092	32345484561	32821073359	–
中华企业（600675）	30300396024	31355348211	33456563051	37165567764
中交地产（000736）	105776505570	120329680199	128880577827	124016505053
中南建设（000961）	309716773622	320732255299	298519336870	325182187293
中天金融（000540）	127519468783	133699244656	138602211774	143404421206
中原高速（600020）	35951689680	34546420165	33902642422	34415587786
中洲控股（000042）	34609679861	34071440739	34908218816	33209646687

退市华业（600240）于 2020 年 2 月 5 日退市，对外披露了 2021 年度财务数据。

葛洲坝（600068）于 2021 年 9 月 13 日退市，对外披露了 2021 年度财务数据。

退市中房（600890）于 2022 年 6 月 16 日退市，2021 年度财务数据正常披露。

退市美都（600175）于 2020 年 8 月 14 日退市，对外披露了 2021 年度财务数据。

绿景退（000502）于 2022 年 6 月 27 日退市，2021 年度财务数据正常披露。

新光退（002147）于 2022 年 6 月 23 日退市，2021 年度财务数据正常披露。

中弘退（000979）于 2018 年 12 月 28 日退市，对外披露了 2021 年度财务数据。

数据来源：企业公告。

8-8a 2021年香港上市房企总负债（港币）

单位：元港币

企业简称	2021年第二季度	2021年第四季度
百仕达控股（1168）	3178558000	3172066000
保利置业集团（0119）	175364729000	189172522000
合生创展集团（0754）	223442204000	233204687000
恒基地产（0012）	142105000000	198125000000
恒隆集团（0010）	67184000000	73534000000
华南城（1668）	83692051000	-
嘉华国际（0173）	39220964000	33282164000
嘉里建设（0683）	71867105000	67742430000
九龙仓集团（0004）	108527000000	87323000000
莱蒙国际（3688）	17627316000	18003976000
廖创兴企业（0194）	2481866000	2949461000
路劲（1098）	84308592000	72437351000
上海证大（0755）	14660015000	15329881000
上实城市开发（0563）	46158808000	49163406000
深圳控股（0604）	94635347000	108395991000
太阳城集团（1383）	-	3505063000
汤臣集团（0258）	6305314000	6696170000
天安（0028）	18395258000	18980755000
五矿地产（0230）	55285950000	54055333000
香港兴业国际（0480）	17315000000	-
新鸿基地产（0016）	190568000000	196793000000
新世界发展（0017）	317856100000	322885000000
信和置业（0083）	40508070298	24906597654
沿海家园（1124）	6174430000	-
渝太地产（0075）	11630026000	14314832000
长实集团（1113）	166105000000	170436000000
中信股份（0267）	9121462000000	9519931000000
中渝置地（1224）	15072359000	13522337000

数据来源：企业公告。

8-8b 2021年香港上市房企总负债（人民币）

单位：元人民币

企业简称	2021年第二季度	2021年第四季度
SOHO中国（0410）	33246179000	33346751000
宝龙地产（1238）	159773354000	182649001000
北大资源（0618）	38302090000	–
碧桂园（2007）	1739787000000	1647738000000
大发地产（6111）	29672983000	32510450000
大唐集团控股（2117）	50339488000	50893514000
当代置业（1107）	86256252000	–
德信中国（2019）	93872843000	95239229000
复星国际（0656）	585877068000	603158243000
富力地产（2777）	331778229000	315382717000
港龙中国地产（6968）	43609150000	45750522000
合景泰富集团（1813）	181203743000	171399911000
恒达集团控股（3616）	8292365000	8454526000
恒大汽车（0708）	153014669000	–
恒盛地产（0845）	49661526000	49638474000
弘阳地产（1996）	99384781000	101002979000
花样年控股（1777）	83007299000	–
华润置地（1109）	655515795000	657728290000
佳源国际控股（2768）	63661128000	59977149000
佳兆业集团（1638）	237662141000	–
建业地产（0832）	148576407000	133063331000
金辉控股（9993）	159322061000	154075607000
金轮天地控股（1232）	12435138000	10908828000
景瑞控股（1862）	55644839000	52012751000
朗诗地产（0106）	18241547000	22302091000
力高集团（1622）	79630355000	73048062000
领地控股（6999）	59686053000	53602573000
龙光集团（3380）	219019650000	218133274000
龙湖集团（0960）	672793962000	653773499000
绿城中国（3900）	390461358000	413397775000
绿地香港（0337）	150961832000	145142348000
美的置业（3990）	246744438000	240710232000
明发集团（0846）	57428847000	54286855000
融创中国（1918）	997121762000	–
融信中国（3301）	193920557000	193158889000
瑞安房地产（0272）	61786000000	64718000000

8-8b 续表 1

单位：元人民币

企业简称	2021 年第二季度	2021 年第四季度
三盛控股（2183）	52147963000	53175055000
三巽集团（6611）	16244880000	14605884000
上坤地产（6900）	34754729000	32523440000
上置集团（1207）	9798874000	9597066000
时代中国控股（1233）	170602946000	155738236000
世茂集团（0813）	463633175000	–
首创置业（退市）（2868）	173096719000	–
太阳城集团（1383）	3295498000	–
天山发展控股（2118）	25875010000	–
天誉置业（0059）	24921926000	25156763000
祥生控股集团（2599）	153092828000	128790776000
新城发展（1030）	490910526000	442689564000
新力控股集团（2103）	91804279000	–
旭辉控股集团（0884）	343462689000	325349739000
雅居乐集团（3383）	240424255000	227128462000
阳光 100 中国（2608）	46754332000	–
亿达中国（3639）	32016916000	31022374000
银城国际控股（1902）	42206403000	37985514000
禹洲集团（1628）	138766853000	132986271000
远洋集团（3377）	195558428000	204804673000
越秀地产（0123）	227547780000	239488136000
正荣地产（6158）	203304982000	212899095000
中电光谷（0798）	11245103000	12802397000
中国奥园（3883）	262863651000	–
中国海外发展（0688）	517093365000	512800344000
中国恒大（3333）	1966534000000	–
中国金茂（0817）	333258597000	305208676000
中国新城市（1321）	9625900000	9771245000
中骏集团控股（1966）	138643187000	152305875000
中梁控股（2772）	259576395000	231695144000
众安集团（0672）	37188518000	45310225000

首创置业（2868）于 2021 年 9 月 30 日退市，对外披露了 2021 年度财务数据。

数据来源：企业公告。

8-9　2021 年沪深上市房企营业收入

单位：元人民币

企业简称	2021 年第一季度	2021 年第二季度	2021 年第三季度	2021 年第四季度
*ST 海航（600221）	7733004000	18333571000	27257131000	34002019000
*ST 银亿（000981）	1032220241	2143908221	2988990240	3976285255
ST 海投（000616）	9429912	19874917	26438676	35520188
ST 泰禾（000732）	396778223	662294963	1581705960	4911127344
ST 云城（600239）	888822553	1694396366	3218241089	6047321260
宝鹰股份（002047）	982286208	2388452378	3555533058	4669446321
保利发展（600048）	25054589433	89913999296	138387057795	285047979600
北辰实业（601588）	6554010341	10244781888	17193994904	22094296248
北汽蓝谷（600733）	830323802	2436972182	6097931827	8696826071
滨江集团（002244）	7429918622	19386744067	24435850322	37976356467
财信发展（000838）	500718339	2145342285	2778430926	5054680257
城建发展（600266）	2561736576	10763232214	12727421641	24184267659
城投控股（600649）	1223564918	2203778874	2992765452	9193004447
大东方（600327）	2146729589	4248596040	6069759295	6904813131
大龙地产（600159）	192559018	473093545	653615802	1701426139
大名城（600094）	1574864199	4202834115	5297877268	7661224597
大悦城（000031）	6891125245	14248381892	22128783134	42614497359
迪马股份（600565）	3859581065	6231044270	11247896341	20463211064
电子城（600658）	248742080	524116317	774474760	1964529766
东百集团（600693）	511823831	980266375	1399614818	1894616020
东湖高新（600133）	2147889863	5760780013	8597935780	12139934702
东望时代（600052）	3417556	25923613	57147028	233458453
东旭蓝天（000040）	584504377	1712689335	2815921579	3876723010
泛海控股（000046）	3575530556	4122826449	6306125345	8439913256
凤凰股份（600716）	314852218	372239635	398266017	441032200
福星股份（000926）	1870545058	3195773768	8408328199	12543502446
格力地产（600185）	1724833464	3391313262	6169351814	7133106865
格力电器（000651）	33189408214	91052071946	138134680783	187868874893
葛洲坝（退市）（600068）	21712906117	54378801956	79645093457	130134995749
冠城大通（600067）	2121486232	4428058442	6402394149	9457218836
光大嘉宝（600622）	548955283	1293805060	2394349269	4094561570
光明地产（600708）	5305109497	9310317493	12718744861	25879734544
广宇发展（000537）	4539934180	9899755618	12910218095	16235778610
广宇集团（002133）	1184654587	3411886087	4413312859	7363672621
海宁皮城（002344）	299910795	656523449	957352014	1434766941
合肥城建（002208）	3237877693	4556893681	6015494554	7557057959
黑牡丹（600510）	2237233486	5066108109	6908665744	9826675068

8-9 续表 1 单位：元人民币

企业简称	2021 年第一季度	2021 年第二季度	2021 年第三季度	2021 年第四季度
华发股份（600325）	6369868701	20773118651	28669506961	51408000000
华丽家族（600503）	450204491	476401179	508878015	524830765
华侨城 A（000069）	8546502164	23013987527	49444778538	102583650894
华夏幸福（600340）	7949020411	21067967211	28422467237	43180812903
华鑫股份（600621）	34097777	64882306	98872478	130326641
华远地产（600743）	1507130457	3203850519	5468741458	13693323722
皇庭国际（000056）	190812481	368668457	552981706	754410363
济南高新（600807）	247945505	476240649	779977781	1281549835
嘉凯城（000918）	360955666	682923987	937083847	1373561283
建发股份（600153）	107091598973	290811991263	471144196139	707844495989
交通银行（601328）	68344000000	133895000000	199970000000	269390000000
金地集团（600383）	7244333620	34115046257	53649101740	99232000000
金科股份（000656）	12398059536	43973469323	63683363300	112309671076
金融街（000402）	1513763339	5473150118	9666336351	24155313629
金隅集团（601992）	22939237496	57713656876	87405261814	123634448112
津滨发展（000897）	289551324	422720797	2105272989	2254431751
京东方 A（000725）	49655379519	107285327026	163278349727	219309799505
京能置业（600791）	31716238	849876011	1047908385	2132805344
京投发展（600683）	1684677227	2041547549	3775782625	6765910303
开立医疗（300633）	281786273	642732132	940129298	1444597628
莱茵体育（000558）	35749221	71990257	107396370	140695416
蓝光发展（600466）	6854010485	11930606245	14855632098	20115833462
鲁商发展（600223）	1705274996	4067445394	6349215017	12363270871
绿地控股（600606）	132591146635	282695970868	426766813866	534933449500
绿景退（000502）	3798936	11738068	109252461	172627791
美好置业（000667）	286072937	745098603	1929892615	3559957401
纳思达（002180）	4857117617	9907320247	15024843096	22791658470
南京高科（600064）	1963548757	3618031408	4188376474	4918628734
南京公用（000421）	1077093921	1756072535	2356790325	3588708109
南山控股（002314）	847530286	4100121000	5204474875	11180201472
派斯林（600215）	60999415	137176308	1101478023	1421498143
浦东金桥（600639）	408974929	1177829095	1725732849	4617151586
栖霞建设（600533）	1999900484	2494252277	2911590844	3187954501
荣安地产（000517）	3382742102	9097490193	11575564871	18181354592
荣丰控股（000668）	22044465	36493418	51393606	252258987
荣盛发展（002146）	11898611537	34223501208	45918012757	47243953560
软控股份（002073）	598470525	1857961138	3322966485	5454796037
三湘印象（000863）	1073668731	2619593558	2777144758	3006282839

8–9　续表 2　　单位：元人民币

企业简称	2021 年第一季度	2021 年第二季度	2021 年第三季度	2021 年第四季度
沙河股份（000014）	8091266	17873992	24345467	641736449
厦门国贸（600755）	90861773995	247264341809	358045884213	464755642091
厦门银行（601187）	1156464000	2415742121	3855748000	5315526697
杉杉股份（600884）	3999264002	9946665453	15711728862	20699382624
上海爱旭（600732）	3007444244	6867750319	11197948078	15470502691
上海临港（600848）	1257790674	3417072923	4790885544	6271921300
上实发展（600748）	1590425679	4025463572	5107839631	10269130755
深康佳 A（000016）	9822169119	21810161873	31626746379	49106513670
深深房 A（000029）	415282353	694598218	966663824	1320790648
深物业 A（000011）	891026733	2540865139	3181490688	4491965644
深振业 A（000006）	918286858	1473670565	2302271042	3088570523
世荣兆业（002016）	249661409	659626172	1133914130	2380482132
市北高新（600604）	119849039	279117442	518605654	1114107381
首开股份（600376）	10913824938	33317607276	43929920623	67802259765
顺发恒业（000631）	41586708	120591696	215337457	271980038
顺丰控股（002352）	42620063962	88343929824	135860538479	207186647000
宋都股份（600077）	971617804	2988169083	4704442330	7498219048
苏宁环球（000718）	790410710	1690158974	2437217857	2993844726
苏州高新（600736）	834753884	1817020333	5322293257	11895140956
太阳纸业（002078）	7643476872	15813200801	23714818647	31996643206
天保基建（000965）	50085570	104770288	546956984	2540236606
天房发展（600322）	137462834	485613446	1010915950	4665236632
天健集团（000090）	4135568229	7761653379	11696123482	23269331871
天津松江（600225）	47396834	167523315	557032742	814009457
退市华业（600240）	5457738	6730354	535593739	–
退市美都（600175）	692458600	1041401794	1600261163	1976152210
退市中房（600890）	84086	168171	2193271	2692856
外高桥（600648）	2158459459	3847771935	5470313260	8883861500
万科 A（000002）	62264095939	167110935245	271485774926	452797773974
万通发展（600246）	271373659	458906049	655380236	813288074
万业企业（600641）	415101732	608889259	646251714	879907257
万泽股份（000534）	138801271	280044177	469317731	656255550
闻泰科技（600745）	11991336492	24768946394	38645796431	52728649531
卧龙地产（600173）	483250331	1974586790	2183916522	2503287910
香江控股（600162）	960723672	1831936122	3561505870	5704314008
小商品城（600415）	773146503	2072627727	4125847465	6033843000
新光退（002147）	435287742	951166379	1339766089	1756210963
新湖中宝（600208）	2136593244	7441899073	8989312427	16891296007

8-9 续表 3 单位：元人民币

企业简称	2021 年第一季度	2021 年第二季度	2021 年第三季度	2021 年第四季度
新华联（000620）	574394697	1919444605	3830664588	8598781556
新黄浦（600638）	186371497	913988953	1482578713	3586081119
信达地产（600657）	1363768778	4876395093	8104495475	22105282753
学大教育（000526）	691802387	1581968399	2152156646	2529427416
雅戈尔（600177）	1899838533	3850922900	10042104901	13606863114
亚泰集团（600881）	2953664336	9757450174	15980230398	19653209474
亚通股份（600692）	189887672	513279214	892414422	1506058019
阳光城（000671）	7522692680	29932211960	41332808602	42526483703
阳光股份（000608）	66111439	178796397	335661430	567554916
渝开发（000514）	42721826	138945044	195787505	1186854732
圆通速递（600233）	8960388674	19495032139	30541639423	45154953607
粤宏远 A（000573）	279580949	644894368	959400468	1211711620
粤泰股份（600393）	163733640	265756635	430021077	888733028
张江高科（600895）	1271864138	1475030357	1685600356	2094328460
招商蛇口（001979）	12672233510	44656752776	81757575014	160643413000
中储股份（600787）	13175934276	33126399243	53423922465	75232639716
中迪投资（000609）	12405284	38006866	53103658	784646415
中国宝安（000009）	3701038124	8020873382	12166549242	17553419113
中国建筑（601668）	404730157000	936715963000	1337047568000	1891338970000
中国交建（601800）	151927555778	340627261025	516216641112	685638999783
中国平安（601318）	340308000000	635649000000	904629000000	1180444000000
中国铁建（601186）	233954738000	488514865000	735474689000	1020010179000
中国武夷（000797）	803733026	2864494505	4151285155	8666738972
中国中铁（601390）	236241102000	496605714000	767925918000	1070417452000
中国中冶（601618）	94423385000	251003187000	349487686000	500571647000
中航高科（600862）	990583412	1933925543	2850209198	3807624171
中弘退（000979）	11364121	20823844	28184020	–
中华企业（600675）	803411331	6627728625	8122705480	9596898644
中交地产（000736）	2052604793	4949257973	5985970554	14542468951
中南建设（000961）	14349333656	38481508197	61084129042	79210505938
中天金融（000540）	4054543581	4980983288	5874021733	5738083266
中原高速（600020）	1431456178	3022923799	4176673818	5606615817
中洲控股（000042）	1828255747	3956478523	6002082033	8676138938

退市华业（600240）于 2020 年 2 月 5 日退市，对外披露了 2021 年度财务数据。
葛洲坝（600068）于 2021 年 9 月 13 日退市，对外披露了 2021 年度财务数据。
退市中房（600890）于 2022 年 6 月 16 日退市，2021 年度财务数据正常披露。
退市美都（600175）于 2020 年 8 月 14 日退市，对外披露了 2021 年度财务数据。
绿景退（000502）于 2022 年 6 月 27 日退市，2021 年度财务数据正常披露。
新光退（002147）于 2022 年 6 月 23 日退市，2021 年度财务数据正常披露。
中弘退（000979）于 2018 年 12 月 28 日退市，对外披露了 2021 年度财务数据。
数据来源：企业公告。

8-10a　2021年香港上市房企主营业务收入（港币）

单位：元港币

企业简称	2021年第二季度	2021年第四季度
百仕达控股（1168）	213117000	432226000
保利置业集团（0119）	14074060000	36512543000
合生创展集团（0754）	16074329000	30734196000
恒基地产（0012）	8792000000	23527000000
恒隆集团（0010）	5275000000	10919000000
华南城（1668）	6166251000	–
嘉华国际（0173）	2510912000	16217700000
嘉里建设（0683）	6374122000	15326764000
九龙仓集团（0004）	12337000000	22378000000
莱蒙国际（3688）	293806000	638957000
路劲（1098）	4949038000	24677949000
上海证大（0755）	430793000	740993000
上实城市开发（0563）	4577400000	11015088000
深圳控股（0604）	19403841000	32050306000
太阳城集团（1383）	–	340437000
汤臣集团（0258）	398292000	779066000
天安（0028）	519703000	2574680000
五矿地产（0230）	4925839000	12885638000
香港兴业国际（0480）	1966500000	–
新鸿基地产（0016）	46070000000	85262000000
新世界发展（0017）	35577300000	68233200000
信和置业（0083）	4097517736	24545345720
沿海家园（1124）	3496000	–
渝太地产（0075）	544263000	1224263000
长实集团（1113）	24264000000	62094000000
中信股份（0267）	220712000000	452163000000
中渝置地（1224）	343484000	648051000

数据来源：企业公告。

8-10b 2021年香港上市房企主营业务收入（人民币）

单位：元人民币

企业简称	2021年第二季度	2021年第四季度
SOHO中国（0410）	804992000	1741739000
宝龙地产（1238）	20730092000	39902461000
北大资源（0618）	4811655000	–
碧桂园（2007）	234930000000	523064000000
大发地产（6111）	5245645000	5911260000
大唐集团控股（2117）	3306534000	11254171000
当代置业（1107）	9543392000	–
德信中国（2019）	13071024000	23109068000
复星国际（0656）	70405793000	161291184000
富力地产（2777）	39493138000	76400881000
港龙中国地产（6968）	4858839000	10368685000
合景泰富集团（1813）	12973848000	23844720000
恒达集团控股（3616）	742536000	2767678000
恒大汽车（0708）	6923244000	–
恒盛地产（0845）	329849000	3317582000
弘阳地产（1996）	12964452000	26666979000
花样年控股（1777）	10951694000	–
华润置地（1109）	73741795000	212108358000
佳源国际控股（2768）	9363917000	18946856000
佳兆业集团（1638）	30065363000	–
建业地产（0832）	20356906000	41958757000
金辉控股（9993）	16066445000	40025826000
金轮天地控股（1232）	1246306000	1782495000
景瑞控股（1862）	5099478000	–
朗诗地产（0106）	3536704000	8076070000
力高集团（1622）	9130911000	20396008000
领地控股（6999）	4311908000	15054693000
龙光集团（3380）	35165316000	78292624000
龙湖集团（0960）	60615215000	223375477000
绿城中国（3900）	36134812000	100240064000
绿地香港（0337）	13448853000	33926923000
美的置业（3990）	33038573000	73703098000
明发集团（0846）	9688044000	16416421000
融创中国（1918）	95816336000	–
融信中国（3301）	21739463000	33284014000
瑞安房地产（0272）	11977000000	17555000000

8-10b　续表 1　　　　单位：元人民币

企业简称	2021 年第二季度	2021 年第四季度
三盛控股（2183）	5131755000	9906486000
三巽集团（6611）	2165956000	5616646000
上坤地产（6900）	1522574000	8340071000
上置集团（1207）	149304000	779581000
时代中国控股（1233）	13638443000	43635218000
世茂集团（0813）	73401274000	–
首创置业（退市）（2868）	10597678000	–
太阳城集团（1383）	148770000	–
天山发展控股（2118）	600784000	–
天誉置业（0059）	4683172000	7662876000
祥生控股集团（2599）	15893961000	43719028000
新城发展（1030）	79802227000	169537320000
新力控股集团（2103）	11218932000	–
旭辉控股集团（0884）	36373349000	107834741000
雅居乐集团（3383）	38587759000	73027763000
阳光 100 中国（2608）	3395282000	–
亿达中国（3639）	1819311000	5395065000
银城国际控股（1902）	3788625000	8746959000
禹洲集团（1628）	12008100000	27071241000
远洋集团（3377）	20512993000	64247332000
越秀地产（0123）	24236131000	57378861000
正荣地产（6158）	16011103000	36992368000
中电光谷（0798）	1600741000	4530568000
中国奥园（3883）	32509667000	–
中国海外发展（0688）	107879151000	242240783000
中国恒大（3333）	222690000000	–
中国金茂（0817）	28455594000	90059934000
中国新城市（1321）	547108000	871066000
中骏集团控股（1966）	20386569000	37737447000
中梁控股（2772）	32905598000	76114160000
众安集团（0672）	1982203000	4968682000

首创置业（2868）于 2021 年 9 月 30 日退市，对外披露了 2021 年度财务数据。
数据来源：企业公告。

8-11　2021年沪深上市房企利润总额

单位：元人民币

企业简称	2021年第一季度	2021年第二季度	2021年第三季度	2021年第四季度
*ST海航（600221）	-3332664000	-974093000	-3944466000	4049466000
*ST银亿（000981）	-207155748	-479727236	-796215517	-2687536369
ST海投（000616）	2324776	23061455	88087530	77693658
ST泰禾（000732）	-428740043	-885113698	-824568579	-3473015149
ST云城（600239）	-617217541	187431725	-99470697	-962041340
宝鹰股份（002047）	24991005	67583039	8488361	-1935344470
保利发展（600048）	5119867726	19075359101	25065566467	50001382900
北辰实业（601588）	457873716	550233014	635372496	565248276
北汽蓝谷（600733）	-842186873	-1794671525	-2617927224	-5179870083
滨江集团（002244）	659629243	2769264657	3172747715	6737209320
财信发展（000838）	-33233475	78115431	63487286	-900212613
城建发展（600266）	-168779168	452467557	634250702	1421318321
城投控股（600649）	235347472	855809839	1049537449	1444360170
大东方（600327）	135721459	209468150	646291385	892888480
大龙地产（600159）	52080456	106372782	123958549	267244497
大名城（600094）	276186650	326728821	306431338	-301495590
大悦城（000031）	894079529	1931088378	3101229791	2920681573
迪马股份（600565）	468334589	588371693	644492611	-1754681772
电子城（600658）	-133928344	-228500136	-336467294	110145894
东百集团（600693）	69462858	148896813	179620653	258594784
东湖高新（600133）	80537360	332379763	471380981	862182152
东望时代（600052）	-430829	-22886059	-46161083	-91973545
东旭蓝天（000040）	-84020743	-194494171	-175791982	-563859845
泛海控股（000046）	431280496	-42803592	-1108027111	-13090004139
凤凰股份（600716）	17254525	56542207	91989911	45416386
福星股份（000926）	96243952	223593594	376639146	636045275
格力地产（600185）	303908665	603603964	826549306	460801177
格力电器（000651）	3963278177	10975720718	18486589063	26803237499
葛洲坝（退市）（600068）	1366019614	3171653681	4883045832	7687777407
冠城大通（600067）	73224030	187655940	166654073	-818404305
光大嘉宝（600622）	3678845	80903689	179347545	465500985
光明地产（600708）	48191758	200836141	292999348	1090088029
广宇发展（000537）	581168370	1267566582	-975730951	-1165870749
广宇集团（002133）	15654230	202916830	197272362	445155930
海宁皮城（002344）	125551529	274607296	343033287	454238679
合肥城建（002208）	545252138	859689134	919217941	1125560212
黑牡丹（600510）	422416430	765360164	1072039351	1207268691

8-11 续表 1 单位：元人民币

企业简称	2021 年第一季度	2021 年第二季度	2021 年第三季度	2021 年第四季度
华发股份（600325）	1002079577	3175227921	3836949134	6510000000
华丽家族（600503）	143185707	155590529	167928232	118319836
华侨城 A（000069）	1302230167	3107063227	7467741475	10490578917
华夏幸福（600340）	−4551451581	−10648049046	−15589653287	−45520507218
华鑫股份（600621）	107577117	249679737	646905742	655725361
华远地产（600743）	68054499	168966998	169936796	−575986646
皇庭国际（000056）	8429383	−12785694	−9778982	−1534314531
济南高新（600807）	−63756216	−131958082	−160853685	51720327
嘉凯城（000918）	−174641670	−444667746	−586350912	−1338334133
建发股份（600153）	1144967209	4445736642	5208917443	15802050958
交通银行（601328）	24966000000	46588000000	69419000000	93959000000
金地集团（600383）	1111651892	3407656644	6470893719	15824000000
金科股份（000656）	859417941	6147916877	7724095795	8578592276
金融街（000402）	792786684	1035201086	1731825583	2698501091
金隅集团（601992）	634911454	4414725528	6370266618	7880514537
津滨发展（000897）	32475915	47388854	680808777	668183303
京东方 A（000725）	7226610120	18692254982	29527155193	34619640378
京能置业（600791）	−33119727	67818704	51194047	129089512
京投发展（600683）	230267368	299294694	235544784	662489060
开立医疗（300633）	41157117	115551492	141636573	254210626
莱茵体育（000558）	−12889195	−51518469	−67432129	−100494590
蓝光发展（600466）	767813528	−5078725908	−7134470260	−14916287219
鲁商发展（600223）	143632643	394198344	642404193	643730954
绿地控股（600606）	7084813164	15789554902	21577317706	20767490700
绿景退（000502）	−4899626	−7770398	−8904022	−21586500
美好置业（000667）	−163620418	−422289896	−741063719	−3054468738
纳思达（002180）	379298664	758898811	1185970598	2005726238
南京高科（600064）	638644569	1673241802	2264126958	2679208900
南京公用（000421）	51342771	74955762	71470435	217319923
南山控股（002314）	−67686372	474117034	426574992	1181908864
派斯林（600215）	48472002	76141118	130607990	120899410
浦东金桥（600639）	166338473	556135387	764335394	2133793725
栖霞建设（600533）	378004810	459160982	467984621	458364521
荣安地产（000517）	285814571	986467874	1025661040	1649222607
荣丰控股（000668）	−9819133	−32757770	−58157609	391097038
荣盛发展（002146）	1211298343	4112894707	4697011357	−4193344168
软控股份（002073）	6450206	39230087	80988325	140132971
三湘印象（000863）	85271928	240720042	370449499	136746058

8-11 续表 2

单位：元人民币

企业简称	2021 年第一季度	2021 年第二季度	2021 年第三季度	2021 年第四季度
沙河股份（000014）	-12099996	-27506583	-40298342	68412751
厦门国贸（600755）	847726633	3625630204	4282767004	5100919566
厦门银行（601187）	580503000	1160072016	1649010000	2361858473
杉杉股份（600884）	429649247	1101312767	4021244159	4674213332
上海爱旭（600732）	97982852	-70177766	-124732916	-244759926
上海临港（600848）	603942155	1527763490	2152761112	2464904900
上实发展（600748）	234472323	732182308	843524258	1544935557
深康佳 A（000016）	69411244	175020189	-87116427	1571245380
深深房 A（000029）	119550631	180024034	222610312	286404206
深物业 A（000011）	272891231	862869570	980147375	1314044087
深振业 A（000006）	365543275	505699621	735412310	753004144
世荣兆业（002016）	100910012	289767014	454755738	957249440
市北高新（600604）	-61174398	-72250027	-108013385	208475316
首开股份（600376）	457834340	2667255331	2763655851	4090827116
顺发恒业（000631）	26696402	57045227	113499647	135699927
顺丰控股（002352）	-1129032828	1093149031	2545947769	7133681000
宋都股份（600077）	48778383	173638948	121243869	-185735130
苏宁环球（000718）	367027483	790843562	1005171075	906970149
苏州高新（600736）	67320799	83769494	462653487	682263386
太阳纸业（002078）	1362772486	2703627022	3312226578	3379104271
天保基建（000965）	-51127556	-102735647	-57524096	188855647
天房发展（600322）	-35079533	-98437257	-133034307	-1550544158
天健集团（000090）	1230269630	1817482948	2007065774	2777821331
天津松江（600225）	-246594650	-433957412	-284100427	820735017
退市华业（600240）	-214964375	-426942369	-633961635	-
退市美都（600175）	132282328	15331057	-62357773	11158698
退市中房（600890）	-6196949	-12708437	-17322904	-29384135
外高桥（600648）	409152164	618047767	798806108	1338828700
万科 A（000002）	4108071318	22080868650	33101303560	52222631203
万通发展（600246）	-13634662	471115424	271011929	227890767
万业企业（600641）	261031703	363211310	397287220	497010058
万泽股份（000534）	50481170	81868401	110267395	119391454
闻泰科技（600745）	771027490	1449043308	2287845261	2972428632
卧龙地产（600173）	164776162	456080875	546706686	623825178
香江控股（600162）	56711181	120515445	384210990	372831392
小商品城（600415）	429542079	1059821158	1496874966	1676153000
新光退（002147）	-110882104	310241354	1008984168	888450999
新湖中宝（600208）	499012276	2263407797	2325420896	2850697639

8-11　续表 3　　　　单位：元人民币

企业简称	2021 年第一季度	2021 年第二季度	2021 年第三季度	2021 年第四季度
新华联（000620）	-370950911	-659064285	-1624241929	-3357351867
新黄浦（600638）	49461794	133528673	139872524	184629141
信达地产（600657）	350977588	681908387	878474680	1466568304
学大教育（000526）	12916960	140892217	81890642	-510754787
雅戈尔（600177）	740020498	1976117700	4569188657	6187163333
亚泰集团（600881）	-343231249	109281419	183848787	-1427542231
亚通股份（600692）	5981938	12376547	23665135	55238186
阳光城（000671）	893011086	3427312343	5384282972	-7170547316
阳光股份（000608）	3419413	9241374	54750119	134387804
渝开发（000514）	-30851757	-36478125	-50668402	242657148
圆通速递（600233）	490008576	826725563	1219448933	2766932505
粤宏远 A（000573）	77696654	130061940	169106643	185455765
粤泰股份（600393）	29328349	-50837243	-237467257	-954317336
张江高科（600895）	716465085	2207631432	1079147041	872556391
招商蛇口（001979）	1518713834	8509379578	12447617894	22842599600
中储股份（600787）	76064079	208297854	731168745	988832339
中迪投资（000609）	-40394674	-83793277	-116878812	-381889280
中国宝安（000009）	445970086	1381289548	1904200888	2158455871
中国建筑（601668）	18556791000	51725913000	72486529000	100886235000
中国交建（601800）	6951677838	15144363275	23074818024	28744020825
中国平安（601318）	38653000000	78821000000	113703000000	139580000000
中国铁建（601186）	7014369000	16892880000	24477797000	35151419000
中国武夷（000797）	47926039	156576779	209049140	382297368
中国中铁（601390）	8737444000	17724766000	27144365000	37586179000
中国中冶（601618）	4054158000	8030832000	10589213000	14012179000
中航高科（600862）	283625275	459154684	679301447	705755727
中弘退（000979）	-397609301	-801289264	-1275477584	-
中华企业（600675）	152670316	2099656359	2282047283	2052989720
中交地产（000736）	94688664	582266808	524851344	1522377589
中南建设（000961）	1225943996	2653108261	4110468148	-2774983118
中天金融（000540）	309709312	535093814	-706902160	-11730151893
中原高速（600020）	386149991	827105223	993534100	943144816
中洲控股（000042）	-110437432	368826516	362719483	151818171

退市华业（600240）于 2020 年 2 月 5 日退市，对外披露了 2021 年度财务数据。
葛洲坝（600068）于 2021 年 9 月 13 日退市，对外披露了 2021 年度财务数据。
退市中房（600890）于 2022 年 6 月 16 日退市，2021 年度财务数据正常披露。
退市美都（600175）于 2020 年 8 月 14 日退市，对外披露了 2021 年度财务数据。
绿景退（000502）于 2022 年 6 月 27 日退市，2021 年度财务数据正常披露。
新光退（002147）于 2022 年 6 月 23 日退市，2021 年度财务数据正常披露。
中弘退（000979）于 2018 年 12 月 28 日退市，对外披露了 2021 年度财务数据。
数据来源：企业公告。

8-12a 2021年香港上市房企除税前利润（港币）

单位：元港币

企业简称	2021年第二季度	2021年第四季度
百仕达控股（1168）	-48293000	356248000
保利置业集团（0119）	4297001000	8071680000
合生创展集团（0754）	6907124000	16296858000
恒基地产（0012）	7247000000	15378000000
恒隆集团（0010）	3980000000	7266000000
华南城（1668）	1411741000	-
嘉华国际（0173）	1424315000	5090122000
嘉里建设（0683）	5723155000	14226097000
九龙仓集团（0004）	2576000000	9237000000
莱蒙国际（3688）	177414000	187588000
廖创兴企业（0194）	260219000	668703000
路劲（1098）	1083907000	4274226000
上海证大（0755）	-347525000	-2163004000
上实城市开发（0563）	1318398000	3661442000
深圳控股（0604）	5655574000	3647978000
太阳城集团（1383）	-	-623063000
汤臣集团（0258）	298608000	588500000
天安（0028）	608352000	2622843000
五矿地产（0230）	626472000	1063934000
香港兴业国际（0480）	845600000	-
新鸿基地产（0016）	18115000000	36676000000
新世界发展（0017）	4838600000	10365500000
信和置业（0083）	1858256361	13005401328
沿海家园（1124）	-547549000	-
渝太地产（0075）	-131200000	-200616000
长实集团（1113）	13928000000	30061000000
中信股份（0267）	69137000000	121141000000
中渝置地（1224）	240827000	-93053000

数据来源：企业公告。

8-12b　2021年香港上市房企除税前利润（人民币）

单位：元人民币

企业简称	2021年第二季度	2021年第四季度
SOHO中国（0410）	488249000	264792000
宝龙地产（1238）	7743952000	12147777000
北大资源（0618）	-802238000	-
碧桂园（2007）	37245000000	68949000000
大发地产（6111）	758022000	-188625000
大唐集团控股（2117）	514260000	1708442000
当代置业（1107）	1594340000	-
德信中国（2019）	2145347000	3614173000
复星国际（0656）	8780421000	24652880000
富力地产（2777）	5555516000	-5929666000
港龙中国地产（6968）	698133000	1503803000
合景泰富集团（1813）	3793289000	4881066000
恒达集团控股（3616）	118320000	539979000
恒大汽车（0708）	-4791918000	-
恒盛地产（0845）	-1459366000	-3858436000
弘阳地产（1996）	1725647000	3124812000
花样年控股（1777）	1097731000	-
华润置地（1109）	24830453000	60365758000
佳源国际控股（2768）	3108088000	4582949000
佳兆业集团（1638）	5042709000	-
建业地产（0832）	2064072000	3346857000
金辉控股（9993）	3183415000	6465631000
金轮天地控股（1232）	-32308000	-2080440000
景瑞控股（1862）	682534000	1040258000
朗诗地产（0106）	-309192000	-506910000
力高集团（1622）	1987274000	3856890000
领地控股（6999）	393014000	1236150000
龙光集团（3380）	9172505000	14835600000
龙湖集团（0960）	13871046000	47626774000
绿城中国（3900）	5922433000	12555302000
绿地香港（0337）	3027052000	6288582000
美的置业（3990）	4411726000	8719520000
明发集团（0846）	2425672000	3756126000
融创中国（1918）	17610200000	-
融信中国（3301）	1628757000	2472599000
瑞安房地产（0272）	4036000000	5671000000

8-12b 续表 1

单位：元人民币

企业简称	2021 年第二季度	2021 年第四季度
三盛控股（2183）	646559000	1141971000
三巽集团（6611）	285858000	445417000
上坤地产（6900）	−38035000	421909000
上置集团（1207）	−122427000	28241000
时代中国控股（1233）	3310124000	9140653000
世茂集团（0813）	16373896000	–
首创置业（退市）（2868）	677504000	–
太阳城集团（1383）	148681000	–
天山发展控股（2118）	−75804000	–
天誉置业（0059）	868374000	683447000
祥生控股集团（2599）	1606368000	1639921000
新城发展（1030）	8760663000	21397129000
新力控股集团（2103）	1783604000	–
旭辉控股集团（0884）	7046048000	18227603000
雅居乐集团（3383）	11361700000	16896829000
阳光 100 中国（2608）	−111614000	–
亿达中国（3639）	609898000	−247272000
银城国际控股（1902）	453183000	680195000
禹洲集团（1628）	2133220000	3162528000
远洋集团（3377）	3920448000	9797114000
越秀地产（0123）	5801273000	10842437000
正荣地产（6158）	2389480000	2326437000
中电光谷（0798）	176751000	1084883000
中国奥园（3883）	6084376000	–
中国海外发展（0688）	32528050000	63129661000
中国恒大（3333）	17914000000	–
中国金茂（0817）	7742090000	12714270000
中国新城市（1321）	−14638000	−277024000
中骏集团控股（1966）	4179861000	5735925000
中梁控股（2772）	4277146000	7624121000
众安集团（0672）	230997000	226011000

首创置业（2868）于 2021 年 9 月 30 日退市，对外披露了 2021 年度财务数据。
数据来源：企业公告。

8-13 2021年沪深上市房企净利润

单位：元人民币

企业简称	2021年第一季度	2021年第二季度	2021年第三季度	2021年第四季度
*ST海航（600221）	−2946283000	−967772000	−3966485000	4047200000
*ST银亿（000981）	−181935348	−408853136	−676771668	−2738764207
ST海投（000616）	2324776	18279950	83306025	72912153
ST泰禾（000732）	−388903776	−897189397	−733259504	−4051948091
ST云城（600239）	−607891970	163507570	−200610003	−986586441
宝鹰股份（002047）	19526498	60129166	5408798	−1656834086
保利发展（600048）	3837083975	14687531166	19415675038	–
北辰实业（601588）	317107842	229350959	239527362	99161554
北汽蓝谷（600733）	−844494163	−1811287412	−2634544308	−5169879621
滨江集团（002244）	484866426	1972028311	2269976203	4920863567
财信发展（000838）	−33895073	57515337	36205774	−897791011
城建发展（600266）	−122767171	562930685	524517390	927432993
城投控股（600649）	170502273	577026557	746188273	897338459
大东方（600327）	110220453	153070498	422692825	670145586
大龙地产（600159）	35668458	79377083	85517065	183470768
大名城（600094）	215392441	243517138	229792269	−329004105
大悦城（000031）	489837641	1161482135	1840352473	767424050
迪马股份（600565）	394946284	521974257	562331418	−1918091739
电子城（600658）	−108337872	−207395058	−248479028	77237163
东百集团（600693）	46249493	105383322	125539178	177846732
东湖高新（600133）	60963783	272670960	368222874	703315955
东望时代（600052）	−2772975	−18591769	22885359	−29571257
东旭蓝天（000040）	−83238629	−199238911	−184580770	−603720653
泛海控股（000046）	−20375839	−301204374	−1810190448	−13087643028
凤凰股份（600716）	22868553	53430584	86527077	34971993
福星股份（000926）	71885530	153896459	221252566	356349452
格力地产（600185）	227410292	468383389	638914506	314643278
格力电器（000651）	3452575863	9490816428	15689349584	22831893633
葛洲坝（退市）（600068）	972621277	2197754644	3405092748	5242317128
冠城大通（600067）	33474668	103760208	59568350	−942009579
光大嘉宝（600622）	−27290355	11404095	73225778	223452224
光明地产（600708）	4964855	42775557	94661992	465572652
广宇发展（000537）	421398160	950461431	−937774641	–
广宇集团（002133）	11042810	174755512	176750601	372281654
海宁皮城（002344）	96357795	209586526	249984433	330929808
合肥城建（002208）	378220328	675602581	701925606	–
黑牡丹（600510）	308635478	601926427	828379669	852722055

8-13 续表 1 单位：元人民币

企业简称	2021 年第一季度	2021 年第二季度	2021 年第三季度	2021 年第四季度
华发股份（600325）	733567893	2366051978	2821377701	–
华丽家族（600503）	109009299	120931015	134409525	87956758
华侨城 A（000069）	932021863	2365882281	5467709135	7151816808
华夏幸福（600340）	–3738300847	–9220455462	–13077475046	–39836092672
华鑫股份（600621）	80061561	181154766	490106301	497989811
华远地产（600743）	17998311	75869083	20586899	–953688373
皇庭国际（000056）	3357931	–22291764	–24931917	–1257957076
济南高新（600807）	–64775587	–134278816	–163030337	40923542
嘉凯城（000918）	–169505503	–439825718	–578156498	–1305492897
建发股份（600153）	865165193	3355861065	4005445096	10963102930
交通银行（601328）	22312000000	42873000000	65492000000	88939000000
金地集团（600383）	969501959	2899654796	5705337658	–
金科股份（000656）	682309136	4866310746	6075264413	6688289764
金融街（000402）	480331073	655624351	1131317996	1581177163
金隅集团（601992）	412198960	3219510732	4570564290	5212718250
津滨发展（000897）	21170600	29862376	508168026	485282977
京东方 A（000725）	6302085303	16431829944	25526641173	30431668974
京能置业（600791）	–34657210	29436802	1981653	55705273
京投发展（600683）	129034944	200474118	130904856	332789298
开立医疗（300633）	36131550	109048665	139359648	247244612
莱茵体育（000558）	–13523659	–54461537	–70945429	–104104131
蓝光发展（600466）	581845498	–4990734612	–7004068782	–14350770627
鲁商发展（600223）	92736543	315918195	496566708	393798125
绿地控股（600606）	4815997556	10991436787	15140011568	–
绿景退（000502）	–4899626	–7828933	–9161398	–22358405
美好置业（000667）	–164653330	–423258056	–741853616	–3208772148
纳思达（002180）	279694622	565707361	918641258	1596465874
南京高科（600064）	592047645	1483238066	2003424077	2402285309
南京公用（000421）	35758313	55180277	43240043	167747176
南山控股（002314）	–86545582	374119236	345921453	936808547
派斯林（600215）	37156976	59082005	114514071	131459773
浦东金桥（600639）	118546023	423239020	572047335	–
栖霞建设（600533）	265258595	330403401	345313194	355161780
荣安地产（000517）	212733104	817044977	859095072	1159362610
荣丰控股（000668）	–9206838	–27154037	–48240538	279606504
荣盛发展（002146）	892795063	2905034434	3494416078	–5002727727
软控股份（002073）	–1886952	25432692	67236375	126468069
三湘印象（000863）	47628091	149619731	244998203	27536531

8-13　续表 2　　单位：元人民币

企业简称	2021 年第一季度	2021 年第二季度	2021 年第三季度	2021 年第四季度
沙河股份（000014）	-9387192	-21381127	-31180365	48989404
厦门国贸（600755）	695538557	2521117246	3131670288	3763593568
厦门银行（601187）	542348000	1086632094	1538618000	2212913529
杉杉股份（600884）	358587209	877467308	2959674155	3570326443
上海爱旭（600732）	100651299	-23712081	-45763597	-115803607
上海临港（600848）	445483141	1150416270	1619515091	-
上实发展（600748）	169678471	517606363	589304792	576913026
深康佳 A（000016）	18735170	90756920	-128645561	806700826
深深房 A（000029）	87960757	132182935	161823842	217599670
深物业 A（000011）	206682087	668626056	763218717	986758701
深振业 A（000006）	284231226	406154293	588195041	553490185
世荣兆业（002016）	82399028	240554094	383639144	707492175
市北高新（600604）	-61206379	-74662072	-116067776	129612345
首开股份（600376）	195034377	1684462636	1826523885	2095852060
顺发恒业（000631）	21112090	44589775	87725291	101587702
顺丰控股（002352）	-1155053932	415790328	1264616469	3919213000
宋都股份（600077）	28895949	88078199	1759440	-448812175
苏宁环球（000718）	269238601	615642441	734458335	611962294
苏州高新（600736）	32946885	52564139	338703146	479214973
太阳纸业（002078）	1111710132	2237871287	2777097512	2966675859
天保基建（000965）	-49707440	-99324881	-73406496	49530979
天房发展（600322）	-35805299	-105702019	-140907960	-1751597033
天健集团（000090）	921502256	1297284724	1401001019	1951649681
天津松江（600225）	-246875556	-425603033	-275413710	797203324
退市华业（600240）	-214964375	-425470438	-632489704	-
退市美都（600175）	91239125	27256640	-55021171	-2652861
退市中房（600890）	-6196949	-12708437	-17640199	-29384135
外高桥（600648）	335981313	449350248	573393870	-
万科 A（000002）	2507050676	16173518848	24604349453	38069527018
万通发展（600246）	-24470894	436211073	265890903	180099921
万业企业（600641）	200120394	280509386	302520507	376948644
万泽股份（000534）	41444609	58566781	78947152	88870830
闻泰科技（600745）	651886702	1209844211	1974220193	2512916077
卧龙地产（600173）	124118839	347608948	418688222	477000524
香江控股（600162）	2059155	40226507	221139598	62832141
小商品城（600415）	374982753	847244391	1205054409	-
新光退（002147）	-121161978	258022107	954325871	686094846
新湖中宝（600208）	495246744	1989344842	2012554948	2284143308

8-13 续表 3 单位：元人民币

企业简称	2021 年第一季度	2021 年第二季度	2021 年第三季度	2021 年第四季度
新华联（000620）	-397267916	-713368003	-1768507644	-3816116044
新黄浦（600638）	35971625	117527943	119357357	145289424
信达地产（600657）	268583342	416155302	494894291	844858273
学大教育（000526）	4673439	109161800	42328835	-538809588
雅戈尔（600177）	585791410	1644667485	3784697165	5135758745
亚泰集团（600881）	-367523570	28832364	34770960	-1594159196
亚通股份（600692）	4155042	8596957	15631213	45214501
阳光城（000671）	478570843	2259078365	3215414372	-7492854860
阳光股份（000608）	-5503840	3608873	30149760	82812734
渝开发（000514）	-22087629	-13989864	-24279136	202309508
圆通速递（600233）	389211948	674656652	1002412272	2187496011
粤宏远 A（000573）	64051783	109351719	131850565	136196250
粤泰股份（600393）	15134430	-60704039	-250523918	-946071487
张江高科（600895）	534131889	1664099329	825875965	-
招商蛇口（001979）	1036253095	5826412198	8724499705	-
中储股份（600787）	55246386	158839433	542762358	805677508
中迪投资（000609）	-37286212	-84180531	-117266670	-375678098
中国宝安（000009）	353809542	1105748662	1518199060	1759125767
中国建筑（601668）	14301462000	40081508000	55691180000	77732492000
中国交建（601800）	5673972244	12308029010	18633863516	23496305340
中国平安（601318）	33011000000	67963000000	97548000000	121802000000
中国铁建（601186）	5640943000	14098555000	20771169000	29315202000
中国武夷（000797）	26644243	85582134	103308706	154263275
中国中铁（601390）	7021209000	14350642000	22281090000	30469515000
中国中冶（601618）	3038068000	6590907000	8530086000	11607194000
中航高科（600862）	237203338	383970186	568700001	591277697
中弘退（000979）	-397609301	-801289264	-1275477584	-
中华企业（600675）	102780873	1430424826	1515583948	1181918467
中交地产（000736）	22143913	271328301	175384415	739216726
中南建设（000961）	917446289	2028493328	3128480531	-3305649238
中天金融（000540）	306746046	463315571	-426735072	-10619087225
中原高速（600020）	358412877	642229157	770641838	743321198
中洲控股（000042）	-178180677	196345938	217266647	65332438

退市华业（600240）于 2020 年 2 月 5 日退市，对外披露了 2021 年度财务数据。
葛洲坝（600068）于 2021 年 9 月 13 日退市，对外披露了 2021 年度财务数据。
退市中房（600890）于 2022 年 6 月 16 日退市，2021 年度财务数据正常披露。
退市美都（600175）于 2020 年 8 月 14 日退市，对外披露了 2021 年度财务数据。
绿景退（000502）于 2022 年 6 月 27 日退市，2021 年度财务数据正常披露。
新光退（002147）于 2022 年 6 月 23 日退市，2021 年度财务数据正常披露。
中弘退（000979）于 2018 年 12 月 28 日退市，对外披露了 2021 年度财务数据。
数据来源：企业公告。

8-14a　2021 年香港上市房企净利润（港币）

单元：港币

企业简称	2021 年第二季度	2021 年第四季度
百仕达控股（1168）	-114434000	190711000
保利置业集团（0119）	1663180000	2480863000
合生创展集团（0754）	5631617000	9759179000
恒基地产（0012）	6549000000	13195000000
恒隆集团（0010）	1508000000	2589000000
华南城（1668）	656721000	-
嘉华国际（0173）	776278000	3354877000
嘉里建设（0683）	3773188000	10358011000
九龙仓集团（0004）	1038000000	6019000000
莱蒙国际（3688）	96647000	33432000
廖创兴企业（0194）	232673000	427302000
路劲（1098）	325132000	1028245000
上海证大（0755）	-342133000	-2070423000
上实城市开发（0563）	54029000	572328000
深圳控股（0604）	1393043000	-2721886000
太阳城集团（1383）	-	-258265000
汤臣集团（0258）	131832000	283448000
天安（0028）	366052000	1430348000
五矿地产（0230）	61406000	89209000
香港兴业国际（0480）	508000000	-
新鸿基地产（0016）	13578000000	26686000000
新世界发展（0017）	1013000000	1171600000
信和置业（0083）	1286638929	9646036990
沿海家园（1124）	-462617000	-
渝太地产（0075）	-81863000	-120977000
长实集团（1113）	8355000000	21241000000
中信股份（0267）	44175000000	70222000000
中渝置地（1224）	230576000	490079000

数据来源：企业公告。

8-14b 2021年香港上市房企净利润（人民币）

单位：元人民币

企业简称	2021年第二季度	2021年第四季度
SOHO中国（0410）	340300000	-131098000
宝龙地产（1238）	3907789000	5992099000
北大资源（0618）	-921204000	-
碧桂园（2007）	14996000000	26797000000
大发地产（6111）	200684000	-480401000
大唐集团控股（2117）	244370000	726438000
当代置业（1107）	447609000	-
德信中国（2019）	630185000	941456000
复星国际（0656）	4062181000	10089922000
富力地产（2777）	3080198000	-8848053000
港龙中国地产（6968）	156937000	480936000
合景泰富集团（1813）	2752572000	3057726000
恒达集团控股（3616）	48687000	306913000
恒大汽车（0708）	-4786897000	-
恒盛地产（0845）	-1427058000	-4086367000
弘阳地产（1996）	739311000	1245840000
花样年控股（1777）	152755000	-
华润置地（1109）	13125377000	32401239000
佳源国际控股（2768）	1979789000	2419877000
佳兆业集团（1638）	3002904000	-
建业地产（0832）	729124000	604914000
金辉控股（9993）	1825266000	3274774000
金轮天地控股（1232）	-76299000	-1980195000
景瑞控股（1862）	295306000	393813000
朗诗地产（0106）	-445677000	-777504000
力高集团（1622）	533521000	883963000
领地控股（6999）	73851000	488449000
龙光集团（3380）	6181928000	10021297000
龙湖集团（0960）	7419311000	23853686000
绿城中国（3900）	2418363000	4469175000
绿地香港（0337）	1426623000	2155140000
美的置业（3990）	2154935000	3743557000
明发集团（0846）	1204978000	1882657000
融创中国（1918）	11989112000	-
融信中国（3301）	684511000	1295048000
瑞安房地产（0272）	1082000000	1636000000

8-14b　续表 1　　单位：元人民币

企业简称	2021 年第二季度	2021 年第四季度
三盛控股（2183）	625917000	598876000
三巽集团（6611）	61959000	2991000
上坤地产（6900）	53861000	250057000
上置集团（1207）	−116221000	38142000
时代中国控股（1233）	1628877000	3260190000
世茂集团（0813）	6282755000	–
首创置业（退市）（2868）	226348000	–
太阳城集团（1383）	320028000	–
天山发展控股（2118）	−89596000	–
天誉置业（0059）	197627000	−284209000
祥生控股集团（2599）	532332000	−215363000
新城发展（1030）	2914918000	8590624000
新力控股集团（2103）	763974000	–
旭辉控股集团（0884）	3602520000	7612919000
雅居乐集团（3383）	5290297000	6712036000
阳光 100 中国（2608）	−359868000	–
亿达中国（3639）	271442000	2934000
银城国际控股（1902）	80418000	141551000
禹洲集团（1628）	856783000	862094000
远洋集团（3377）	1009770000	2729143000
越秀地产（0123）	2300418000	3588929000
正荣地产（6158）	1166138000	809005000
中电光谷（0798）	109184000	640203000
中国奥园（3883）	2088644000	–
中国海外发展（0688）	20778666000	40155361000
中国恒大（3333）	14383000000	–
中国金茂（0817）	4301004000	4689944000
中国新城市（1321）	−72239000	−295136000
中骏集团控股（1966）	2377072000	3070022000
中梁控股（2772）	1381961000	2702567000
众安集团（0672）	12430000	73132000

首创置业（2868）于 2021 年 9 月 30 日退市，对外披露了 2021 年度财务数据。

数据来源：企业公告。

8-15 2021年沪深上市房企经营活动产生的现金流量净额

单位：元人民币

企业简称	2021年第一季度	2021年第二季度	2021年第三季度	2021年第四季度
*ST海航（600221）	647983000	1831913000	2376606000	677262000
*ST银亿（000981）	−194092692	−259752801	−266802441	−257848341
ST海投（000616）	101098692	86601250	71373438	49737816
ST泰禾（000732）	−627164784	−899338890	−1186955497	529130864
ST云城（600239）	1046330521	20827547965	25621542683	27377429885
宝鹰股份（002047）	211847113	211620912	526634099	165093689
保利发展（600048）	−30049616181	−24812009178	−18754252816	10551217228
北辰实业（601588）	474336331	3876211325	4378136639	6937977114
北汽蓝谷（600733）	1219408863	974657938	3052418206	4985342191
滨江集团（002244）	−637196768	−942234831	500824729	839419096
财信发展（000838）	548166988	1539400781	2010014553	2891453946
城建发展（600266）	−4264465382	−1211258395	−271381498	3091898687
城投控股（600649）	−5004226468	−11278505991	−11207164692	−12678714608
大东方（600327）	182410302	360625787	432118207	644296084
大龙地产（600159）	−13421659	172571013	113829401	228693382
大名城（600094）	198636289	944915768	3590013581	6533716478
大悦城（000031）	−1782061908	−7792985283	−8524411637	−8464132339
迪马股份（600565）	−2104989018	−4689977941	−5349273934	−2340920855
电子城（600658）	−592772400	−384335750	580276824	2479662143
东百集团（600693）	47542159	83955333	21274580	409916768
东湖高新（600133）	−319476112	−543417718	−197620389	668169369
东望时代（600052）	−246116139	−251656585	−218291271	−183497406
东旭蓝天（000040）	21118569	245265045	298476157	257751864
泛海控股（000046）	3451455866	3649006110	7342614336	10625318974
凤凰股份（600716）	−144593738	−211953473	−255612310	−127182249
福星股份（000926）	923619979	3296742349	4015671968	5078956277
格力地产（600185）	1223265919	2620401782	2677712648	3459723607
格力电器（000651）	−4265483022	−6071219912	6461831242	1894363259
葛洲坝（退市）（600068）	−3739907479	−2821654804	−3771324846	6929042086
冠城大通（600067）	13624307	4111053	537134455	2185660618
光大嘉宝（600622）	702524946	1949886672	3141599668	3901926776
光明地产（600708）	−101755906	1671605067	1525302922	6127350800
广宇发展（000537）	−164254691	−1819081964	633059729	143866532
广宇集团（002133）	350494924	794561447	672847635	−554564589
海宁皮城（002344）	240945404	606672077	507463363	660198055
合肥城建（002208）	1746269299	1346594484	−32920778	−2605343515
黑牡丹（600510）	−1141764834	−266822533	−750451116	−1819479243

8-15　续表 1　　　　单位：元人民币

企业简称	2021 年第一季度	2021 年第二季度	2021 年第三季度	2021 年第四季度
华发股份（600325）	5356197270	20150105326	26652320925	36060713137
华丽家族（600503）	-197886746	-241157695	-290365552	-271520126
华侨城 A（000069）	-3144657158	988235599	1363718777	19237911899
华夏幸福（600340）	-2565929233	-4767005081	-4892963491	-2646103151
华鑫股份（600621）	-378175170	-1332899797	-1031271121	-721028978
华远地产（600743）	-109559160	1414091354	5257861797	7347263356
皇庭国际（000056）	25203966	218902442	322636254	408371501
济南高新（600807）	-113292145	-143158821	8025834	-557578700
嘉凯城（000918）	161990636	253461038	385607415	511417776
建发股份（600153）	-40750482159	-51698048532	-57697094396	408941264
交通银行（601328）	-82366000000	-112743000000	-136018000000	-34775000000
金地集团（600383）	-5134168544	-10026235414	-758792941	9399534863
金科股份（000656）	-2336735859	2514319763	7430613827	14204064821
金融街（000402）	4610608870	4266284031	2307623651	3893007416
金隅集团（601992）	1132135346	10575088436	8238260061	13733868710
津滨发展（000897）	260697436	464126723	976746799	1269666727
京东方 A（000725）	14522832708	32745188339	44751381483	62270556324
京能置业（600791）	230734081	1147071246	2081399103	2185861040
京投发展（600683）	1031335731	3742522307	5483308127	7538629979
开立医疗（300633）	-921952	78039797	80280961	302989916
莱茵体育（000558）	-24914475	-8376591	12908605	6750147
蓝光发展（600466）	1638018231	520921544	415067814	-107778440
鲁商发展（600223）	248589678	3443553610	4803700841	6848228116
绿地控股（600606）	11870249816	28598072988	49053504303	62232569505
绿景退（000502）	-6450727	2842253	-32693812	-8402528
美好置业（000667）	510579549	1083349411	1348359560	1544692180
纳思达（002180）	-86421161	460837745	1044314805	2856819210
南京高科（600064）	-508625519	-496373283	-173025544	501491273
南京公用（000421）	120858955	459646040	1362717862	1044227384
南山控股（002314）	-494872118	4949973280	2945930973	3012097751
派斯林（600215）	31935445	38239233	-199166609	-187599370
浦东金桥（600639）	-670387108	-388446064	-89476098	1081724894
栖霞建设（600533）	1054287786	2087088116	2848183312	2808019937
荣安地产（000517）	-2536543461	-3836778147	-6511671265	-403539350
荣丰控股（000668）	6830913	370296046	492408969	114140038
荣盛发展（002146）	-5007313613	1247235857	6249717262	16915150922
软控股份（002073）	30911023	75796260	120922119	252585944
三湘印象（000863）	209884815	187389620	186260795	171121222

8-15 续表 2 单位：元人民币

企业简称	2021 年第一季度	2021 年第二季度	2021 年第三季度	2021 年第四季度
沙河股份（000014）	-24972594	-22201961	-60126915	-72482012
厦门国贸（600755）	-15016891959	-3020349928	-566834441	7877577963
厦门银行（601187）	-20282299000	-20788815654	-19988588000	-21957145928
杉杉股份（600884）	-1028518945	-1551957852	-874526559	-364495067
上海爱旭（600732）	-871687849	306455994	121164771	458753757
上海临港（600848）	-701261918	-200330256	274344752	108266150
上实发展（600748）	-2964718250	-3969814041	-4002817921	-3553149888
深康佳 A（000016）	-529240794	-1284761222	-1442234383	808756394
深深房 A（000029）	303456192	-285540751	-1264096375	-1205952108
深物业 A（000011）	83213088	1137570781	-543010578	-1813313009
深振业 A（000006）	309582993	-3538095975	-3684622623	-3874666593
世荣兆业（002016）	-302574009	-269627145	-195558990	-212149847
市北高新（600604）	-367530720	-378657683	-587714838	-450986517
首开股份（600376）	2046841431	9803948951	9489935644	7403408176
顺发恒业（000631）	244389641	1042224700	1219120501	1495496556
顺丰控股（002352）	-1248576892	4331632843	8933441168	15357605000
宋都股份（600077）	181170669	-80298002	836562512	2796561973
苏宁环球（000718）	-1151781	57760815	441280632	376841266
苏州高新（600736）	-375284985	2145300086	1209775134	-2547476013
太阳纸业（002078）	1936201905	2662533940	3176114737	4929375799
天保基建（000965）	-608007303	61472940	416931160	1005679282
天房发展（600322）	389342883	1161879157	1734381490	2236516829
天健集团（000090）	1761055042	2710710007	1791096917	1071994238
天津松江（600225）	-1142746189	-796267282	-629971133	-636133552
退市华业（600240）	24886074	79092422	106981911	-
退市美都（600175）	-56313182	-44943001	-42134364	-41522753
退市中房（600890）	-12759370	-17953290	-21136106	-27201132
外高桥（600648）	-1668088302	65763869	797607636	3533436403
万科 A（000002）	16879434478	6781560274	1219687037	4113160948
万通发展（600246）	-172124803	-112422239	43608351	55693016
万业企业（600641）	-45788331	-166212607	-218290709	358924004
万泽股份（000534）	46101428	30674776	74991746	136667739
闻泰科技（600745）	-394833185	-830502717	-1090212251	1749198638
卧龙地产（600173）	-300817988	104339936	260551021	198895697
香江控股（600162）	-634134038	-802867214	-527509433	490883430
小商品城（600415）	-267130288	166735825	1220010629	2033082508
新光退（002147）	69387289	255101551	435256942	555564742
新湖中宝（600208）	2387550698	5151483494	6637506236	14560445371

8-15 续表 3

单位：元人民币

企业简称	2021 年第一季度	2021 年第二季度	2021 年第三季度	2021 年第四季度
新华联（000620）	252695214	426624518	773405272	2866592139
新黄浦（600638）	93787406	1226393571	957383003	1614383137
信达地产（600657）	337787507	2933482818	7483726179	2711787987
学大教育（000526）	333303914	84376131	164723085	-86974234
雅戈尔（600177）	129201055	1338781325	2985424115	1062075357
亚泰集团（600881）	423935454	-745820541	-1693805097	-820608813
亚通股份（600692）	-36729202	121640664	-131362440	-166013209
阳光城（000671）	146578329	7992548130	20788828039	9163777936
阳光股份（000608）	-21198258	21115274	49913473	214267234
渝开发（000514）	71351949	77535554	387316998	460955172
圆通速递（600233）	-374805462	857217876	1639599518	4068128151
粤宏远 A（000573）	50958445	94859970	148789316	119316162
粤泰股份（600393）	72845058	-49717647	-107806003	158145106
张江高科（600895）	-29718141	-1196611983	-1369126255	-427946016
招商蛇口（001979）	-13304998037	2773610615	8343223833	25977012146
中储股份（600787）	-1530668372	-1112229047	496780544	1802066694
中迪投资（000609）	-32124226	30043707	48231718	146470067
中国宝安（000009）	240313176	164895605	-83707237	-279272691
中国建筑（601668）	-45781170000	-49744103000	-43357923000	14361321000
中国交建（601800）	-33908744094	-64610375982	-58522439352	-12642685470
中国平安（601318）	64872000000	19466000000	49730000000	90116000000
中国铁建（601186）	-50135350000	-56186368000	-48231132000	-7303911000
中国武夷（000797）	143763784	-77269946	349675033	755405499
中国中铁（601390）	-29835219000	-58878538000	-49821085000	13069466000
中国中冶（601618）	-12987113000	-8565449000	-2035781000	17640008000
中航高科（600862）	-231677628	-73092217	157524522	381831526
中弘退（000979）	-6288391	-12140817	-7323136	-
中华企业（600675）	-10649728	107103067	-537276168	2870195777
中交地产（000736）	-3310650691	-11571694762	-13399625963	-4451995693
中南建设（000961）	1853678445	2411565440	1392375873	16771980470
中天金融（000540）	11511285723	16265512346	15425650649	15299760639
中原高速（600020）	765096391	1720355759	2608884708	2837521852
中洲控股（000042）	-108455836	-128535873	-270443046	143889921

退市华业（600240）于 2020 年 2 月 5 日退市，对外披露了 2021 年度财务数据。
葛洲坝（600068）于 2021 年 9 月 13 日退市，对外披露了 2021 年度财务数据。
退市中房（600890）于 2022 年 6 月 16 日退市，2021 年度财务数据正常披露。
退市美都（600175）于 2020 年 8 月 14 日退市，对外披露了 2021 年度财务数据。
绿景退（000502）于 2022 年 6 月 27 日退市，2021 年度财务数据正常披露。
新光退（002147）于 2022 年 6 月 23 日退市，2021 年度财务数据正常披露。
中弘退（000979）于 2018 年 12 月 28 日退市，对外披露了 2021 年度财务数据。
数据来源：企业公告。

8-16a 2021年香港上市房企经营活动产生的现金流量净额（港币）

单位：元港币

企业简称	2021年第二季度	2021年第四季度
百仕达控股（1168）	41003000	6647000
保利置业集团（0119）	-8201398000	-7342687000
合生创展集团（0754）	8065320000	21467016000
恒基地产（0012）	-1741000000	685000000
恒隆集团（0010）	230000000	3043000000
华南城（1668）	4940091000	-
嘉华国际（0173）	1801408000	7410449000
嘉里建设（0683）	2860814000	5478813000
九龙仓集团（0004）	-6726000000	2554000000
莱蒙国际（3688）	493823000	221647000
廖创兴企业（0194）	118363000	169607000
路劲（1098）	6583416000	6410642000
上海证大（0755）	-118785000	3055000
上实城市开发（0563）	-2351605000	-1338376000
深圳控股（0604）	-432891000	-7325270000
太阳城集团（1383）	-	-6899000
汤臣集团（0258）	-261511000	83596000
天安（0028）	-227598000	819826000
五矿地产（0230）	3975235000	2767793000
香港兴业国际（0480）	-4633400000	-
新鸿基地产（0016）	15960000000	15656000000
新世界发展（0017）	410800000	8113100000
信和置业（0083）	205857444	2218310578
沿海家园（1124）	-151609000	-
渝太地产（0075）	1364914000	1407737000
长实集团（1113）	-2758000000	25358000000
中信股份（0267）	-226732000000	-40694000000
中渝置地（1224）	102376000	340971000

数据来源：企业公告。

8-16b　2021 年香港上市房企经营活动产生的现金流量净额（人民币）

单位：元人民币

企业简称	2021 年第二季度	2021 年第四季度
SOHO 中国（0410）	68193000	56259000
宝龙地产（1238）	-5296966000	1943098000
北大资源（0618）	-179332000	-
碧桂园（2007）	10379000000	10855000000
大发地产（6111）	-753847000	-917807000
大唐集团控股（2117）	941506000	931826000
当代置业（1107）	633196000	-
德信中国（2019）	1544018000	5404557000
复星国际（0656）	-1038392000	-3286076000
富力地产（2777）	7933100000	-
港龙中国地产（6968）	-3334030000	-3935111000
合景泰富集团（1813）	2097162000	-21817000
恒达集团控股（3616）	-63932000	-170649000
恒大汽车（0708）	2780879000	-
恒盛地产（0845）	-258847000	-
弘阳地产（1996）	-1881257000	366277000
花样年控股（1777）	-4299698000	-
华润置地（1109）	-14154683000	7028263000
佳源国际控股（2768）	-374544000	5982034000
佳兆业集团（1638）	10848666000	-
建业地产（0832）	-3339134000	780864000
金辉控股（9993）	1183961000	2766719000
金轮天地控股（1232）	1272965000	1023420000
景瑞控股（1862）	-262240000	-
朗诗地产（0106）	-2782567000	-3193907000
力高集团（1622）	1643418000	1302045000
领地控股（6999）	4437978000	5522395000
龙光集团（3380）	1672401000	-
龙湖集团（0960）	9554338000	28532206000
绿城中国（3900）	-7002549000	5861093000
绿地香港（0337）	3666911000	-
美的置业（3990）	-7515305000	3207180000
明发集团（0846）	1556266000	1008680000
融创中国（1918）	11718887000	-
融信中国（3301）	-123289000	-
瑞安房地产（0272）	1365000000	10159000000

8-16b 续表 1 单位：元人民币

企业简称	2021 年第二季度	2021 年第四季度
三盛控股（2183）	4414659000	–
三巽集团（6611）	998715000	1085815000
上坤地产（6900）	-1571413000	-904352000
上置集团（1207）	-37613000	-267878000
时代中国控股（1233）	-1238282000	128974000
世茂集团（0813）	8489733000	–
首创置业（退市）（2868）	9720237000	–
太阳城集团（1383）	-114481000	–
天山发展控股（2118）	717299000	–
天誉置业（0059）	1078210000	-1462858000
祥生控股集团（2599）	75572000	9816896000
新城发展（1030）	-7844495000	15596135000
新力控股集团（2103）	6077054000	–
旭辉控股集团（0884）	4480369000	4837322000
雅居乐集团（3383）	827377000	929863000
阳光 100 中国（2608）	753365000	–
亿达中国（3639）	1273352000	2046744000
银城国际控股（1902）	1484925000	2838753000
禹洲集团（1628）	-3819349000	1778951000
远洋集团（3377）	-3249619000	-7943505000
越秀地产（0123）	448908000	-4675707000
正荣地产（6158）	1593537000	11725899000
中电光谷（0798）	-281561000	155680000
中国奥园（3883）	2021829000	–
中国海外发展（0688）	3511678000	22564735000
中国恒大（3333）	-14831000000	–
中国金茂（0817）	10409913000	4438092000
中国新城市（1321）	-547709000	813019000
中骏集团控股（1966）	-6946432000	-3689198000
中梁控股（2772）	2280939000	18051179000
众安集团（0672）	-1580890000	-268888000

首创置业（2868）于 2021 年 9 月 30 日退市，对外披露了 2021 年度财务数据。
数据来源：企业公告。

8-17　2021年沪深上市房企投资活动产生的现金流量净额

单位：元人民币

企业简称	2021年第一季度	2021年第二季度	2021年第三季度	2021年第四季度
*ST海航（600221）	588722000	213905000	87651000	-1537091000
*ST银亿（000981）	-181555226	-168923814	-314257152	-395764131
ST海投（000616）	-217882687	-246367039	-263042542	-248652850
ST泰禾（000732）	333710850	475263497	463280301	346806742
ST云城（600239）	146721246	2761029159	3289337878	3441982205
宝鹰股份（002047）	-2889118	-127200307	-196340155	-197025328
保利发展（600048）	-4153793265	-8346729186	-20592251880	-19986582721
北辰实业（601588）	-163547348	-533693517	-1059580602	-2077988399
北汽蓝谷（600733）	-156209997	-248867100	-1380265769	-2329955378
滨江集团（002244）	-1151947387	-4378506558	-6271214739	-8760325496
财信发展（000838）	-284646813	-321320643	-354872474	24734612
城建发展（600266）	-47717289	-33039279	-15052139	653093573
城投控股（600649）	-218647208	-744385898	-1055242267	1732094798
大东方（600327）	168841536	133083693	121700778	572770923
大龙地产（600159）	708054	614749	797671	438815
大名城（600094）	647433724	647651952	643424098	591268261
大悦城（000031）	-319766914	-1333647671	-2593915226	-5495806455
迪马股份（600565）	878800499	889653104	206275288	181204279
电子城（600658）	-116754365	-162072805	-179683599	-292340961
东百集团（600693）	-199993194	-413472718	-763793693	-1129257846
东湖高新（600133）	-525334225	-722340207	-1103708908	-1746744468
东望时代（600052）	16087885	17982028	-130248046	-409844118
东旭蓝天（000040）	36695225	-306340970	-501257801	-213683952
泛海控股（000046）	250812193	342606793	-12558194679	-13120624656
凤凰股份（600716）	6318919	-893723764	-613198344	-19803423
福星股份（000926）	49086920	83038118	73126092	72655334
格力地产（600185）	-9689350	561269683	-31378744	-22763906
格力电器（000651）	-605921069	5716517864	22393649108	29751983559
葛洲坝（退市）（600068）	-3397994104	-8673217907	-12389856807	-13361376097
冠城大通（600067）	178790772	96103327	80624803	333728407
光大嘉宝（600622）	-100778846	-80429790	-180663895	-33988242
光明地产（600708）	694277461	1562491214	1916912686	1133183827
广宇发展（000537）	-834004374	-907904709	-1137262263	-1233638970
广宇集团（002133）	-127652199	-658769893	-465888337	-123199884
海宁皮城（002344）	-452135976	-29233105	-185806365	-48299142
合肥城建（002208）	7398210	28070589	-142677043	-176278465
黑牡丹（600510）	-48473017	-44141794	-56129330	-74801557

8-17 续表 1

单位：元人民币

企业简称	2021 年第一季度	2021 年第二季度	2021 年第三季度	2021 年第四季度
华发股份（600325）	-11295194071	-16752485211	-25165244736	-43985554734
华丽家族（600503）	1590234	7245634	5352063	5018139
华侨城 A（000069）	-2461182633	-2276245370	-4745071379	-3944707568
华夏幸福（600340）	203909437	234645110	1397097745	923950041
华鑫股份（600621）	-4605329	51919069	707076477	821635859
华远地产（600743）	-19539968	155019546	492981587	488121974
皇庭国际（000056）	8965265	-2372012	-2663127	-25149930
济南高新（600807）	-120709404	-247912947	-352235741	-327694254
嘉凯城（000918）	-45691236	-49020900	-52471661	-34717819
建发股份（600153）	-10631097959	-13357311930	-17304011789	-9476517200
交通银行（601328）	39060000000	8964000000	-26663000000	-75548000000
金地集团（600383）	-1244306076	-5313202749	-8142870906	-9554824157
金科股份（000656）	-1314730130	-2252995374	-2283377344	-1794492443
金融街（000402）	1708499833	1865210096	3520539405	4075512411
金隅集团（601992）	-297198228	-212166415	221215567	-6403132115
津滨发展（000897）	13204410	13592193	-52646052	-377167980
京东方 A（000725）	-18673355799	-21314532961	-25905397952	-40712628786
京能置业（600791）	7533616	14822192	14767856	-106297333
京投发展（600683）	117446200	409571903	887958790	1486336272
开立医疗（300633）	-7240612	123561888	64616234	71534119
莱茵体育（000558）	-10934604	-41759584	-51746568	-53201005
蓝光发展（600466）	1383601449	3161045632	2754289709	2639496873
鲁商发展（600223）	-59264663	-238894175	-273222404	-451811472
绿地控股（600606）	-4639376598	-8773140911	-7391630808	3551703856
绿景退（000502）	2783285	46129969	45344616	31437488
美好置业（000667）	363635047	315489435	327346592	423472613
纳思达（002180）	91688652	-371623588	-1138728470	-723506944
南京高科（600064）	75594567	-538172653	203241346	111081159
南京公用（000421）	-120115496	-159773720	-107353523	-37001237
南山控股（002314）	-1145022373	-3495238515	-3655191440	-10295728242
派斯林（600215）	-92989242	206069465	-440579945	880917314
浦东金桥（600639）	1039751278	731069298	530311900	-513175897
栖霞建设（600533）	-219274845	-489933177	-788830786	16314739
荣安地产（000517）	-2198902844	-1405236723	-1098560224	-977188023
荣丰控股（000668）	-	-204599	-160760070	508499233
荣盛发展（002146）	-313615924	-2168591117	992581530	-2357173133
软控股份（002073）	-1344362972	-1059683427	-839091412	-657841146
三湘印象（000863）	309139253	342032020	713150989	773946823

8-17　续表 2

单位：元人民币

企业简称	2021 年第一季度	2021 年第二季度	2021 年第三季度	2021 年第四季度
沙河股份（000014）	-19398	-380137	-577452	-19435091
厦门国贸（600755）	-5966175863	-10416712368	-6410835472	-551990862
厦门银行（601187）	3380005000	2711089443	7636741000	3135415293
杉杉股份（600884）	-2229282033	-3497050450	-3073645691	-3540263961
上海爱旭（600732）	-316593837	-567843128	-873648060	-981811713
上海临港（600848）	-155939843	-391856159	-1250232224	-850599898
上实发展（600748）	511167286	319775933	624192377	741158417
深康佳 A（000016）	-1801820740	-1785387038	-2053591456	-2684952627
深深房 A（000029）	-182616	-1750516694	-951251423	-951766391
深物业 A（000011）	-7912884	-12868420	-16727398	-69569293
深振业 A（000006）	520955272	1614174786	1642557999	1668853132
世荣兆业（002016）	305061040	366090907	575170092	424522971
市北高新（600604）	-25132161	149710499	122856723	63796210
首开股份（600376）	-1540460956	-2037766935	-2789848309	-4076269894
顺发恒业（000631）	14967816	320214981	336969065	336070045
顺丰控股（002352）	-9152646874	-10892398614	-23383637538	-17131227000
宋都股份（600077）	49864649	-210606856	-198827689	-472909122
苏宁环球（000718）	228394370	331225135	363185052	328516938
苏州高新（600736）	-1030834666	-878077209	-1509961823	-516181350
太阳纸业（002078）	-2038255130	-4237836031	-6083031850	-7225693058
天保基建（000965）	-1779742	-2487666	-3475712	-142181730
天房发展（600322）	-101017	-165828	-179575	-217732
天健集团（000090）	43758756	-230139547	-347167506	-462705566
天津松江（600225）	-13082722	-367319299	-377767487	-287109944
退市华业（600240）	362700	762640	1102640	-
退市美都（600175）	4651417	10237637	13301292	14939648
退市中房（600890）	-9336	601550	-3062699	-3962621
外高桥（600648）	-25793769	-25178723	-2189539184	-1590902543
万科 A（000002）	871680755	-6958308136	-27562068579	-26280786183
万通发展（600246）	19191944	350145388	607576364	589190088
万业企业（600641）	138178430	-160663831	3906959	173492200
万泽股份（000534）	-85502866	-100286121	-144599504	-76212994
闻泰科技（600745）	-278510925	-3217701152	-4819978499	-5944765813
卧龙地产（600173）	39341819	536852977	531239584	499430436
香江控股（600162）	-16444544	-545545383	-556444193	-561155752
小商品城（600415）	1315446944	-36162086	-337230660	1650766979
新光退（002147）	-23739251	-1952010	19747171	-14010946
新湖中宝（600208）	3271216126	3940194121	4704996870	4846769560

8-17 续表 3

单位：元人民币

企业简称	2021 年第一季度	2021 年第二季度	2021 年第三季度	2021 年第四季度
新华联（000620）	-16836718	-57776265	-4900359	83166401
新黄浦（600638）	-95893860	70496464	-56013812	17982088
信达地产（600657）	322551795	-4071827416	-11274197491	-9027112754
学大教育（000526）	-337472554	-364555658	-256364953	-131559300
雅戈尔（600177）	-35475048	-557321955	-477319953	257737217
亚泰集团（600881）	-28642299	43141438	-70047812	302552867
亚通股份（600692）	-14783214	-40725894	-51128126	-65256900
阳光城（000671）	915286731	-2016228934	-8393435364	-1022575358
阳光股份（000608）	-1985340	-2811859	-3969273	-3785398
渝开发（000514）	-2294916	4268671	3540966	3325485
圆通速递（600233）	-949816041	-2078411760	-3499462016	-7126720957
粤宏远 A（000573）	104082696	165294061	198584037	325282092
粤泰股份（600393）	-59515473	-83174068	-108213507	-109100357
张江高科（600895）	-96851361	-632531706	-290099325	-1669275718
招商蛇口（001979）	1644279611	-15155429828	-16945411278	-24276516492
中储股份（600787）	-180207870	-387701159	-504621485	-786350459
中迪投资（000609）	23012042	143566194	143705742	143815742
中国宝安（000009）	-743676752	601532381	-521102961	-71709750
中国建筑（601668）	-7627694000	-11700809000	-23234273000	-32444421000
中国交建（601800）	-22963762162	-22428409496	-43922304996	-52816437161
中国平安（601318）	-18635000000	30224000000	56755000000	27933000000
中国铁建（601186）	-17773596000	-28536473000	-45706445000	-61070185000
中国武夷（000797）	-7870949	10077126	-10808908	-92939400
中国中铁（601390）	-18560612000	-26095208000	-45703287000	-77458226000
中国中冶（601618）	3218464000	-7039963000	-9743936000	-12567230000
中航高科（600862）	-52480318	2814068	76701594	64204575
中弘退（000979）	250000	189873	-426057	-
中华企业（600675）	1348099333	1464465320	1461317583	-4918910759
中交地产（000736）	-473873770	-1791943630	-1737143883	-4160168018
中南建设（000961）	-2585212407	-4897508140	-3174352491	-2985466343
中天金融（000540）	-8177076916	-16295005593	-14604396150	-15618121842
中原高速（600020）	-178295659	-157743994	-155686331	-79709105
中洲控股（000042）	-17371625	-20312750	-22650771	-23469170

退市华业（600240）于 2020 年 2 月 5 日退市，对外披露了 2021 年度财务数据。
葛洲坝（600068）于 2021 年 9 月 13 日退市，对外披露了 2021 年度财务数据。
退市中房（600890）于 2022 年 6 月 16 日退市，2021 年度财务数据正常披露。
退市美都（600175）于 2020 年 8 月 14 日退市，对外披露了 2021 年度财务数据。
绿景退（000502）于 2022 年 6 月 27 日退市，2021 年度财务数据正常披露。
新光退（002147）于 2022 年 6 月 23 日退市，2021 年度财务数据正常披露。
中弘退（000979）于 2018 年 12 月 28 日退市，对外披露了 2021 年度财务数据。
数据来源：企业公告。

8-18a 2021 年香港上市房企投资活动产生的现金流量净额（港币）

单位：元港币

企业简称	2021 年第二季度	2021 年第四季度
百仕达控股（1168）	-1124860000	-818069000
保利置业集团（0119）	-615461000	2610642000
合生创展集团（0754）	-4917723000	-8020763000
恒基地产（0012）	7896000000	-50044000000
恒隆集团（0010）	-1820000000	-1440000000
华南城（1668）	-212933000	-
嘉华国际（0173）	228484000	-197630000
嘉里建设（0683）	-926315000	8297363000
九龙仓集团（0004）	-8925000000	11314000000
莱蒙国际（3688）	388735000	304258000
廖创兴企业（0194）	-220781000	83341000
路劲（1098）	-1790922000	-5238039000
上海证大（0755）	95096000	86858000
上实城市开发（0563）	-456567000	3379914000
深圳控股（0604）	-58171000	494337000
太阳城集团（1383）	-	-430000
汤臣集团（0258）	1214499000	1435748000
天安（0028）	-630814000	-1188676000
五矿地产（0230）	-764412000	-587635000
香港兴业国际（0480）	-123400000	-
新鸿基地产（0016）	-3325000000	-9560000000
新世界发展（0017）	-77500000	4575100000
信和置业（0083）	-10174601475	4245125127
沿海家园（1124）	44250000	-
渝太地产（0075）	-61959000	20081000
长实集团（1113）	-1981000000	-3771000000
中信股份（0267）	-148665000000	-267453000000
中渝置地（1224）	-2081190000	-2023791000

数据来源：企业公告。

8-18b 2021年香港上市房企投资活动产生的现金流量净额（人民币）

单位：元人民币

企业简称	2021年第二季度	2021年第四季度
SOHO中国（0410）	1002136000	757408000
宝龙地产（1238）	-6883180000	-22863173000
北大资源（0618）	-181000	-
碧桂园（2007）	-6429000000	-18042000000
大发地产（6111）	-1411365000	-2767470000
大唐集团控股（2117）	-1695119000	-1431709000
当代置业（1107）	-1663436000	-
德信中国（2019）	-3126421000	-4184984000
复星国际（0656）	-1908771000	-572190000
富力地产（2777）	-1966207000	-
港龙中国地产（6968）	-1339139000	-1384717000
合景泰富集团（1813）	-5546559000	-34087962000
恒达集团控股（3616）	-487814000	-282206000
恒大汽车（0708）	-4158630000	-
恒盛地产（0845）	250382000	-
弘阳地产（1996）	287008000	-2586795000
花样年控股（1777）	2335199000	-
华润置地（1109）	-7757416000	-27802742000
佳源国际控股（2768）	-2065257000	-4786107000
佳兆业集团（1638）	-8539499000	-
建业地产（0832）	-697726000	-2105399000
金辉控股（9993）	-2265105000	-3291113000
金轮天地控股（1232）	-583681000	206956000
景瑞控股（1862）	-3860047000	-
朗诗地产（0106）	613928000	636289000
力高集团（1622）	-2657337000	-2055676000
领地控股（6999）	-2092633000	-2340878000
龙光集团（3380）	-6529629000	-
龙湖集团（0960）	-12475258000	-48732139000
绿城中国（3900）	-26718270000	-30720897000
绿地香港（0337）	-3437624000	-
美的置业（3990）	11192667000	3439596000
明发集团（0846）	-269514000	103362000
融创中国（1918）	-32889959000	-
融信中国（3301）	-795106000	-
瑞安房地产（0272）	865000000	-1415000000

8-18b　续表 1　　　　单位：元人民币

企业简称	2021 年第二季度	2021 年第四季度
三盛控股（2183）	-105515000	-
三巽集团（6611）	19151000	17099000
上坤地产（6900）	-2334345000	-3674888000
上置集团（1207）	-146033000	-21408000
时代中国控股（1233）	-11231289000	-22321688000
世茂集团（0813）	-10871125000	-
首创置业（退市）（2868）	-2183429000	-
太阳城集团（1383）	-324166000	-
天山发展控股（2118）	-24063000	-
天誉置业（0059）	-1640729000	400695000
祥生控股集团（2599）	-2480722000	-3932413000
新城发展（1030）	-9166439000	-21719566000
新力控股集团（2103）	-765906000	-
旭辉控股集团（0884）	-10525977000	-12449500000
雅居乐集团（3383）	-9845324000	-16283670000
阳光 100 中国（2608）	-219386000	-
亿达中国（3639）	908706000	1576395000
银城国际控股（1902）	-2934741000	-3744885000
禹洲集团（1628）	981866000	-325232000
远洋集团（3377）	-5649038000	-12683096000
越秀地产（0123）	-9731202000	-6519492000
正荣地产（6158）	-3461051000	-7512516000
中电光谷（0798）	94278000	305797000
中国奥园（3883）	21238377000	-
中国海外发展（0688）	-3607627000	-14465394000
中国恒大（3333）	-19618000000	-
中国金茂（0817）	-17836346000	-11796524000
中国新城市（1321）	210612000	447899000
中骏集团控股（1966）	-12693000	1279696000
中梁控股（2772）	-5549845000	-6186203000
众安集团（0672）	-331988000	-1309734000

首创置业（2868）于 2021 年 9 月 30 日退市，对外披露了 2021 年度财务数据。

数据来源：企业公告。

8-19 2021年沪深上市房企筹资活动产生的现金流量净额

单位：元人民币

企业简称	2021年第一季度	2021年第二季度	2021年第三季度	2021年第四季度
*ST海航（600221）	-282977000	-52204000	-249232000	1640287000
*ST银亿（000981）	161847525	91128954	199936799	1485382950
ST海投（000616）	-8419963	-9479512	-21153138	-24589009
ST泰禾（000732）	-193981870	-222246186	-224641212	-1571186720
ST云城（600239）	-1293561229	-24120943932	-29549685930	-31572003730
宝鹰股份（002047）	-183367482	-19563593	-401800471	-85417352
保利发展（600048）	25349142464	42963456222	25941790810	34457779943
北辰实业（601588）	-2307643329	-2964205552	-4622100329	-2731076374
北汽蓝谷（600733）	-1188876065	1718987098	451521796	-243969174
滨江集团（002244）	-1285192251	4866020404	4290579067	10530847640
财信发展（000838）	-1061190907	-1773676141	-2670317197	-3700509579
城建发展（600266）	3853935846	-909741753	1934095449	-159429644
城投控股（600649）	-145071597	-1079268575	1699974491	-3943095360
大东方（600327）	85823564	162900872	-149444956	-528092924
大龙地产（600159）	–	-73079362	-81248546	-81248546
大名城（600094）	-812932803	-592976659	-1899290976	-3883375770
大悦城（000031）	3381991445	3613378092	3567994294	7262516999
迪马股份（600565）	874916285	2438950551	3165624543	83820398
电子城（600658）	132076803	-1335273986	-1851176298	-2385300034
东百集团（600693）	262391276	364117366	599579657	549841356
东湖高新（600133）	-407957567	685636879	651958312	261462430
东望时代（600052）	49705524	663955524	998928207	1574453901
东旭蓝天（000040）	-40473127	98282013	256977553	55941170
泛海控股（000046）	-3801610150	-7462199440	-9423487057	-11983389805
凤凰股份（600716）	-454286905	-470530088	-567023125	-582342622
福星股份（000926）	-2259386872	-4402437074	-5945468160	-5233675006
格力地产（600185）	328719277	-4786016149	-4134492392	-5497612036
格力电器（000651）	6550566229	6142534070	-27815855233	-25330583890
葛洲坝（退市）（600068）	5380917087	5080205617	7622392613	5716763857
冠城大通（600067）	-155839619	90704188	-395423552	-1916503941
光大嘉宝（600622）	-304263270	-1492611221	-1820000829	-2739596007
光明地产（600708）	-1462517131	-1876563107	-5651445369	-8535399625
广宇发展（000537）	-924849632	2037980620	305327788	2035580491
广宇集团（002133）	445657347	339829941	262438598	1432311078
海宁皮城（002344）	-207516211	-9098883	-135988101	-132465518
合肥城建（002208）	384207069	697713960	38007249	2476093067
黑牡丹（600510）	415762278	-122590846	-929968311	384554483

8-19　续表 1　　　　单位：元人民币

企业简称	2021 年第一季度	2021 年第二季度	2021 年第三季度	2021 年第四季度
华发股份（600325）	3005663818	12482636631	5319732924	15026506450
华丽家族（600503）	−5743856	−20336614	−13498269	−129450858
华侨城 A（000069）	−6375167426	−5771987875	−8175181824	−7895562000
华夏幸福（600340）	−6919755341	−8816593961	−9351538471	−10902202260
华鑫股份（600621）	219027929	1685832639	2607837229	1613083789
华远地产（600743）	−946198204	−1970690180	−4749895476	−7042099896
皇庭国际（000056）	−113104858	−267619402	−370960963	−466079494
济南高新（600807）	193959624	181452977	156309322	829923552
嘉凯城（000918）	−229719896	−390403384	−518685670	−652915266
建发股份（600153）	51789482351	71720813962	87139730919	43269040491
交通银行（601328）	−3416000000	78123000000	78460000000	1306000000
金地集团（600383）	6462783041	14030124945	9438752035	10545069063
金科股份（000656）	−1565437866	−6536041218	−18187763402	−27298548426
金融街（000402）	−5951391391	−6552122183	−8951578479	−8995304794
金隅集团（601992）	−3519093118	−18802537226	−17115336743	−14210323484
津滨发展（000897）	−18126680	−41367705	−60236480	−543685208
京东方 A（000725）	1705426031	−12633974318	−5149197635	−12181869553
京能置业（600791）	−311252969	−880485287	−961187467	−797050633
京投发展（600683）	−3342426629	−5610645885	−8374205759	−8986342152
开立医疗（300633）	−144002842	−325032161	−407018744	357325947
莱茵体育（000558）	−4661268	−117908678	−150629730	−185563774
蓝光发展（600466）	−5594293903	−23286947438	−25303738418	−27592134823
鲁商发展（600223）	−1293164503	−3536352571	−5455934462	−6789247453
绿地控股（600606）	−19565524411	−36969902335	−68864691907	−90292142186
绿景退（000502）	–	−35294438	−45863311	−47398010
美好置业（000667）	−1673463182	−2502310224	−2856783682	−2968444212
纳思达（002180）	−837336831	−969505401	−1116377717	635266295
南京高科（600064）	−91856080	697054594	123236123	−1100965706
南京公用（000421）	−117353719	−348029692	−629533743	−142471455
南山控股（002314）	2308546885	2224332344	6424114535	9124298338
派斯林（600215）	–	−51698885	647855917	−1307651265
浦东金桥（600639）	−137655616	−166660315	−261813945	−483265031
栖霞建设（600533）	−240739031	−1262240244	−2076613102	−2883669493
荣安地产（000517）	3873866682	5119696828	6439116661	2870155390
荣丰控股（000668）	−24228698	−361696415	−263680026	−338735193
荣盛发展（002146）	653660918	−763235925	−11437509515	−24286465286
软控股份（002073）	536853170	510742787	283361162	644373160
三湘印象（000863）	−26768677	−540748840	−904785760	−1401614383

8-19 续表 2

单位：元人民币

企业简称	2021 年第一季度	2021 年第二季度	2021 年第三季度	2021 年第四季度
沙河股份（000014）	-64463902	-62794487	3956992	-120063033
厦门国贸（600755）	18463910393	8517393754	2788418940	-9999671361
厦门银行（601187）	8159527000	2966144482	3039732000	8608240343
杉杉股份（600884）	4946712725	7203459476	7280561005	10047371157
上海爱旭（600732）	722000676	76665450	219630648	212185058
上海临港（600848）	3701542774	2358844017	2507758704	789376534
上实发展（600748）	915405330	1201488021	827153751	1018144266
深康佳 A（000016）	2716695160	3939565440	5212196615	3564857390
深深房 A（000029）	-	243164282	243164282	101348553
深物业 A（000011）	-46683113	-338997821	-386860067	-485038612
深振业 A（000006）	453236020	1301940981	1425172609	2947178442
世荣兆业（002016）	-6867972	-118885464	-205068227	-316876851
市北高新（600604）	469058269	357955597	1029027610	1034029344
首开股份（600376）	-4434701341	-4219162579	-11858036742	-7730656275
顺发恒业（000631）	176831702	-176616735	-284106397	-520852698
顺丰控股（002352）	5826203304	7324694756	17093949683	21219926000
宋都股份（600077）	448447359	1182879197	-138169970	-1539860784
苏宁环球（000718）	-172737449	-427527769	-600206160	-1147761568
苏州高新（600736）	773370591	-900016952	295749541	5634976000
太阳纸业（002078）	496684057	1603085376	3023353784	2796128486
天保基建（000965）	732405061	173530695	-136060849	-728642146
天房发展（600322）	-669495326	-1497558572	-2055868955	-2418192670
天健集团（000090）	-638367330	-1972744172	-917225518	-1077552801
天津松江（600225）	1173017185	1166895984	1076717115	1314400007
退市华业（600240）	-33725037	-76337940	-112821539	-
退市美都（600175）	-	-243	-317418	-6458250
退市中房（600890）	-	0	-	-
外高桥（600648）	-305311160	-363942062	-842175432	-571767595
万科 A（000002）	-14766827440	1512851231	-20631633511	-23103767491
万通发展（600246）	-253895818	-390696359	-421910456	-533975425
万业企业（600641）	38350433	39460331	160245220	177820394
万泽股份（000534）	-80735006	-122166850	-155768604	-128693873
闻泰科技（600745）	-1017042246	1409041125	8672061524	7910087236
卧龙地产（600173）	-	-106428645	-106428645	-106420645
香江控股（600162）	686707701	984841460	495760774	-480082420
小商品城（600415）	350122224	-204351191	-515799601	-1701935201
新光退（002147）	-21178620	-237119966	-399087823	-420097955
新湖中宝（600208）	-4847891776	-8887588798	-10345977941	-17526612201

8-19　续表 3

单位：元人民币

企业简称	2021 年第一季度	2021 年第二季度	2021 年第三季度	2021 年第四季度
新华联（000620）	−420371138	−580019355	−1169013091	−2891310365
新黄浦（600638）	488745427	−214936973	−362599472	−965707711
信达地产（600657）	1477156536	−749047707	−5077500259	−4106583800
学大教育（000526）	739658703	156064167	90651547	100401600
雅戈尔（600177）	−668619280	564395731	−4674545972	−1894114668
亚泰集团（600881）	−411299530	1592020464	1737525073	325894463
亚通股份（600692）	−60463049	78011120	166274726	97597765
阳光城（000671）	−1904149271	−12886671523	−31906709196	−35158199741
阳光股份（000608）	−130105542	−189013519	−216749019	−343199872
渝开发（000514）	45866015	47535781	66578643	−213520536
圆通速递（600233）	868977599	558872052	1234807414	4504373306
粤宏远 A（000573）	−45292011	−321545640	−335124271	−652062431
粤泰股份（600393）	−15947135	336932214	249403649	−310813694
张江高科（600895）	168424085	1791779208	2160761866	2285837453
招商蛇口（001979）	−1726702739	7354169682	−3510891229	−11161393317
中储股份（600787）	1428829207	2153417742	546175356	−230404122
中迪投资（000609）	−17436865	−170537780	−234061574	−313316337
中国宝安（000009）	−640178153	−647796278	−575192826	94744007
中国建筑（601668）	34890855000	65536133000	53983880000	52482968000
中国交建（601800）	49549790908	90981000000	92459886375	42204000000
中国平安（601318）	−28189000000	−19582000000	−66801000000	−136412000000
中国铁建（601186）	19497089000	37700935000	53435074000	10602080000
中国武夷（000797）	−89128215	−277368686	−780625513	−1148389920
中国中铁（601390）	32575886000	64419017000	81480674000	67365359000
中国中冶（601618）	5519334000	14125446000	12421378000	−16236483000
中航高科（600862）	13317500	−30049556	−162863984	−402134944
中弘退（000979）	500000	500000	1000000	−
中华企业（600675）	−813357539	1808425498	5050693899	4854113935
中交地产（000736）	11401045336	18909355325	18128953765	10473610227
中南建设（000961）	−2065570649	−384210579	−4689586301	−23670217950
中天金融（000540）	−606475065	−985193737	−2706992916	−2301858773
中原高速（600020）	283164360	−1459306280	−2527230727	−2559968538
中洲控股（000042）	−1371643359	−1771227495	−1393584501	−1612334866

退市华业（600240）于 2020 年 2 月 5 日退市，对外披露了 2021 年度财务数据。
葛洲坝（600068）于 2021 年 9 月 13 日退市，对外披露了 2021 年度财务数据。
退市中房（600890）于 2022 年 6 月 16 日退市，2021 年度财务数据正常披露。
退市美都（600175）于 2020 年 8 月 14 日退市，对外披露了 2021 年度财务数据。
绿景退（000502）于 2022 年 6 月 27 日退市，2021 年度财务数据正常披露。
新光退（002147）于 2022 年 6 月 23 日退市，2021 年度财务数据正常披露。
中弘退（000979）于 2018 年 12 月 28 日退市，对外披露了 2021 年度财务数据。
数据来源：企业公告。

8-20a 2021年香港上市房企筹资活动产生的现金流量净额（港币）

单位：元港币

企业简称	2021年第二季度	2021年第四季度
百仕达控股（1168）	778444000	1035671000
保利置业集团（0119）	−1323914000	−2973868000
合生创展集团（0754）	8318026000	−12149772000
恒基地产（0012）	−1573000000	52051000000
恒隆集团（0010）	−385000000	1819000000
华南城（1668）	−2677788000	−
嘉华国际（0173）	−3790016000	−6899222000
嘉里建设（0683）	−3436818000	−13576875000
九龙仓集团（0004）	18815000000	−7414000000
莱蒙国际（3688）	−579209000	−1133781000
廖创兴企业（0194）	18321000	−268522000
路劲（1098）	2704311000	−2304883000
上海证大（0755）	−1942000	−32478000
上实城市开发（0563）	2280726000	2354106000
深圳控股（0604）	3109953000	9524871000
太阳城集团（1383）	−	−355000
汤臣集团（0258）	−838905000	−879690000
天安（0028）	249437000	−94543000
五矿地产（0230）	1636510000	537452000
香港兴业国际（0480）	4928900000	−
新鸿基地产（0016）	−21774000000	−16896000000
新世界发展（0017）	−12911400000	−17905100000
信和置业（0083）	−251771715	−1155982876
沿海家园（1124）	263886000	−
渝太地产（0075）	−1530288000	−991500000
长实集团（1113）	−10921000000	−17807000000
中信股份（0267）	223051000000	208155000000
中渝置地（1224）	1300785000	506695000

数据来源：企业公告。

8-20b　2021年香港上市房企筹资活动产生的现金流量净额（人民币）

单位：元人民币

企业简称	2021年第二季度	2021年第四季度
SOHO中国（0410）	58756000	-455078000
宝龙地产（1238）	9367334000	15101270000
北大资源（0618）	-56477000	-
碧桂园（2007）	-3102000000	-12904000000
大发地产（6111）	2333122000	845823000
大唐集团控股（2117）	2919592000	1348587000
当代置业（1107）	3828155000	-
德信中国（2019）	3519600000	208919000
复星国际（0656）	6718737000	-3658481000
富力地产（2777）	-18838362000	-
港龙中国地产（6968）	3217886000	3077119000
合景泰富集团（1813）	5443231000	1226355000
恒达集团控股（3616）	236173000	179840000
恒大汽车（0708）	549667000	-
恒盛地产（0845）	169016000	-
弘阳地产（1996）	3171828000	3735184000
花样年控股（1777）	4229005000	-
华润置地（1109）	27800380000	40198418000
佳源国际控股（2768）	3764442000	-1495859000
佳兆业集团（1638）	-4980000	-
建业地产（0832）	-7675835000	-15335461000
金辉控股（9993）	-939434000	-8941934000
金轮天地控股（1232）	-561309000	-1729548000
景瑞控股（1862）	-2187000	-
朗诗地产（0106）	994062000	1505018000
力高集团（1622）	2651060000	-1526223000
领地控股（6999）	-772935000	-3060799000
龙光集团（3380）	4692980000	-
龙湖集团（0960）	24895607000	31298358000
绿城中国（3900）	30741541000	33821899000
绿地香港（0337）	-975122000	-
美的置业（3990）	1088211000	1059860000
明发集团（0846）	-766473000	-1019499000
融创中国（1918）	23571939000	-
融信中国（3301）	2356835000	-
瑞安房地产（0272）	-2324000000	-5892000000

8-20b 续表 1 单位：元人民币

企业简称	2021 年第二季度	2021 年第四季度
三盛控股（2183）	-3599172000	-
三巽集团（6611）	-819468000	-1095450000
上坤地产（6900）	4801897000	4160826000
上置集团（1207）	37466000	-19847000
时代中国控股（1233）	1107673000	3411646000
世茂集团（0813）	16155000000	-
首创置业（退市）（2868）	-6795999000	-
太阳城集团（1383）	151812000	-
天山发展控股（2118）	-764733000	-
天誉置业（0059）	1126600000	417320000
祥生控股集团（2599）	-889100000	-13870460000
新城发展（1030）	11193395000	-6116079000
新力控股集团（2103）	-2253419000	-
旭辉控股集团（0884）	7276734000	2935072000
雅居乐集团（3383）	13644471000	-3746872000
阳光 100 中国（2608）	-2286962000	-
亿达中国（3639）	-2379024000	-3752176000
银城国际控股（1902）	1161754000	-1184593000
禹洲集团（1628）	-2924547000	-10378511000
远洋集团（3377）	2616335000	3222829000
越秀地产（0123）	10098713000	15793414000
正荣地产（6158）	1462628000	-24872853000
中电光谷（0798）	-519017000	-430676000
中国奥园（3883）	-12237196000	-
中国海外发展（0688）	9587578000	14425614000
中国恒大（3333）	-37446000000	-
中国金茂（0817）	2648938000	-1707305000
中国新城市（1321）	270527000	-651253000
中骏集团控股（1966）	5102536000	1126966000
中梁控股（2772）	5566292000	-17519506000
众安集团（0672）	1849361000	2023152000

首创置业（2868）于 2021 年 9 月 30 日退市，对外披露了 2021 年度财务数据。
数据来源：企业公告。

8-21　2021年中国房地产企业权益拿地金额TOP100

单位：亿元

排名	企业全称	权益拿地金额
1	保利发展控股集团股份有限公司	1287.15
2	碧桂园控股有限公司	1148.86
3	万科企业股份有限公司	1148.69
4	中国海外发展有限公司	1147.03
5	华润置地有限公司	996.72
6	绿城中国控股有限公司	910.66
7	招商局蛇口工业区控股股份有限公司	802.31
8	龙湖集团控股有限公司	799.04
9	建发房地产集团有限公司	706.89
10	中国铁建股份有限公司	628.67
11	融创中国控股有限公司	546.73
12	金地（集团）股份有限公司	518.10
13	中国金茂控股集团有限公司	509.94
14	越秀地产股份有限公司	432.61
15	中国中铁股份有限公司	427.77
16	杭州滨江房产集团股份有限公司	397.55
17	新城发展控股有限公司	381.88
18	卓越置业集团有限公司	354.94
19	中海宏洋地产集团有限公司	325.34
20	龙光集团有限公司	318.97
21	美的置业控股有限公司	297.53
22	旭辉控股（集团）有限公司	297.16
23	武汉城市建设集团有限公司	270.71
24	大华（集团）有限公司	264.88
25	融信中国控股有限公司	263.38
26	中骏集团控股有限公司	261.44
27	绿地控股集团股份有限公司	257.48
28	深圳市地铁集团有限公司	241.80
29	保利置业集团有限公司	238.85
30	中交地产股份有限公司	237.24
31	北京首都开发股份有限公司	232.09
32	深圳华侨城股份有限公司	209.99
33	正荣地产集团有限公司	195.03
34	南通城市建设集团有限公司	190.69
35	大连万达集团股份有限公司	187.13
36	中梁控股集团有限公司	186.25
37	德信中国控股有限公司	183.04
38	京投发展股份有限公司	175.30
39	大悦城控股集团股份有限公司	169.94

8-21 续表 1 单位：亿元

排名	企业全称	权益拿地金额
40	厦门国贸集团股份有限公司	169.83
41	金辉控股（集团）有限公司	166.31
42	北京金隅集团股份有限公司	160.66
43	仁恒置地集团有限公司	156.50
44	祥生控股（集团）有限公司	156.34
45	四川新希望房地产开发有限公司	155.20
46	上海城投控股股份有限公司	152.37
47	宝龙地产控股有限公司	151.68
48	佳源国际控股有限公司	151.39
49	联发集团有限公司	151.10
50	远洋集团控股有限公司	142.56
51	荣安地产股份有限公司	140.75
52	杭州市城建开发集团有限公司	139.14
53	珠海华发实业股份有限公司	134.10
54	上海中建东孚投资发展有限公司	132.66
55	深圳控股有限公司	129.53
56	中国建筑一局（集团）有限公司	128.95
57	金科地产集团股份有限公司	124.14
58	溧阳市城市建设发展集团有限公司	123.49
59	中冶置业集团有限公司	120.05
60	深圳市鹏瑞地产开发有限公司	117.87
61	广州地铁集团有限公司	116.96
62	中国电建地产集团有限公司	116.72
63	知识城（广州）投资集团有限公司	115.89
64	深圳市新南山控股（集团）股份有限公司	115.31
65	上海地产（集团）有限公司	113.36
66	苏州新区高新技术产业股份有限公司	111.59
67	中国葛洲坝集团股份有限公司	109.80
68	西安高科集团有限公司	106.57
69	港中旅房地产开发有限公司	106.46
70	阳光城集团股份有限公司	105.58
71	香港置地有限公司	103.81
72	象屿地产集团有限公司	102.20
73	粤海控股集团有限公司	101.87
74	成都轨道交通集团有限公司	100.09
75	济南城市建设集团有限公司	99.20
76	华鸿嘉信控股集团有限公司	98.35
77	成都兴城人居地产投资集团股份有限公司	96.17
78	中国建筑第三工程局有限公司	94.61
79	中信泰富有限公司	93.56

8-21　续表 2

单位：亿元

排名	企业全称	权益拿地金额
80	重庆康田置业（集团）有限公司	93.47
81	安徽伟星置业有限公司	93.30
82	厦门轨道交通集团有限公司	92.90
83	南京颐居建设有限公司	92.05
84	荣盛房地产发展股份有限公司	90.63
85	温州时代集团大地房地产开发有限公司	90.28
86	上海港城开发（集团）有限公司	89.18
87	江苏中南建设集团股份有限公司	88.37
88	苏州苏高新集团有限公司	88.00
89	杭州市地铁集团有限责任公司	85.28
90	金融街控股股份有限公司	84.46
91	瑞安房地产有限公司	82.63
92	中天控股集团有限公司	82.61
93	佳兆业集团控股有限公司	82.43
94	福州城市建设投资集团有限公司	81.74
95	上海信乐彼成文化咨询有限公司	81.18
96	中国建筑股份有限公司	79.44
97	中国冶金科工股份有限公司	79.22
98	伟星集团有限公司	75.49
99	江苏天目湖控股集团有限公司	73.96
100	广东海伦堡地产集团有限公司	73.21

数据来源：企业公告、中指数据库。

8-22　2021年中国房地产企业权益拿地面积TOP100

单位：万平方米

排名	企业全称	权益拿地面积
1	碧桂园控股有限公司	3012.93
2	保利发展控股集团股份有限公司	1652.57
3	万科企业股份有限公司	1495.59
4	中国铁建股份有限公司	1253.42
5	中国中铁股份有限公司	1054.69
6	龙湖集团控股有限公司	1005.32
7	新城发展控股有限公司	972.57
8	华润置地有限公司	943.86
9	大连万达集团股份有限公司	753.84
10	绿城中国控股有限公司	750.17
11	中国金茂控股集团有限公司	675.37
12	招商局蛇口工业区控股股份有限公司	674.42
13	中国海外发展有限公司	670.29
14	金地（集团）股份有限公司	665.75
15	融创中国控股有限公司	636.38
16	建发房地产集团有限公司	612.24
17	中海宏洋地产集团有限公司	551.88
18	绿地控股集团股份有限公司	551.40
19	中梁控股集团有限公司	442.15
20	旭辉控股（集团）有限公司	435.65
21	中骏集团控股有限公司	412.42
22	济南城市建设集团有限公司	402.14
23	漳州市九龙江集团有限公司	330.65
24	龙光集团有限公司	327.14
25	中国恒大集团	312.36
26	美的置业控股有限公司	311.79
27	建业地产股份有限公司	310.72
28	金科地产集团股份有限公司	301.50
29	越秀地产股份有限公司	292.46
30	宝龙地产控股有限公司	290.22
31	四川邦泰置业有限公司	288.36
32	卓越置业集团有限公司	276.07
33	中交地产股份有限公司	271.62
34	阳光大地置业集团有限公司	249.26
35	德信中国控股有限公司	247.55
36	江苏中南建设集团股份有限公司	246.72
37	中国葛洲坝集团股份有限公司	237.65
38	中国冶金科工股份有限公司	237.34
39	大华（集团）有限公司	234.17

8-22　续表 1

单位：万平方米

排名	企业全称	权益拿地面积
40	金辉控股（集团）有限公司	233.95
41	深圳华侨城股份有限公司	232.75
42	东投地产集团有限公司	231.55
43	杭州滨江房产集团股份有限公司	230.48
44	眉山环天发展有限公司	228.75
45	南通城市建设集团有限公司	228.26
46	建安投资控股集团有限公司	221.86
47	郑州航空港区航程置业有限公司	218.05
48	武汉城市建设集团有限公司	217.02
49	广东海伦堡地产集团有限公司	210.60
50	中国石油天然气集团有限公司	206.43
51	溧阳市城市建设发展集团有限公司	206.12
52	潍坊滨海投资发展有限公司	204.61
53	西安高科集团有限公司	201.90
54	远洋集团控股有限公司	201.45
55	醴陵市渌江城市投资运营有限公司	199.41
56	安徽乐行城市建设集团有限公司	198.73
57	融信中国控股有限公司	194.95
58	尉氏县金财投资集团有限公司	187.61
59	邳州市润城资产经营集团有限公司	186.80
60	九巨龙房地产开发集团有限公司	186.69
61	珠海格力电器股份有限公司	184.90
62	佳源国际控股有限公司	183.89
63	山西建设投资集团有限公司	183.37
64	保利置业集团有限公司	182.85
65	岳阳市城市建设投资集团有限公司	180.23
66	大悦城控股集团股份有限公司	175.86
67	安徽伟星置业有限公司	174.67
68	荣盛房地产发展股份有限公司	173.03
69	南山集团有限公司	172.85
70	商丘市古城保护开发建设有限公司	166.64
71	正荣地产集团有限公司	164.27
72	阳光城集团股份有限公司	163.96
73	成都冶金实验厂有限公司	161.93
74	衡阳市城市建设投资有限公司	161.83
75	上海璞泰来新能源科技股份有限公司	161.53
76	重庆高新开发建设投资集团有限公司	160.75
77	成都轨道交通集团有限公司	160.02
78	深圳市地铁集团有限公司	158.61
79	潍坊恒信建设集团有限公司	157.94

8-22 续表 2

单位：万平方米

排名	企业全称	权益拿地面积
80	重庆市迪马实业股份有限公司	154.20
81	祥生控股（集团）有限公司	153.62
82	息烽县城市建设投资有限公司	151.79
83	四川新希望房地产开发有限公司	149.25
84	星河控股集团有限公司	148.53
85	河南正商置业有限公司	146.92
86	宜昌城市建设投资控股集团有限公司	144.95
87	响水县灌江控股集团有限公司	143.68
88	眉山市东坡发展投资有限公司	143.05
89	重庆市永川区兴永建设发展有限公司	142.37
90	湛江市基础设施建设投资集团有限公司	142.29
91	重庆海成实业（集团）有限公司	141.60
92	淄博市房屋建设综合开发有限公司	139.80
93	如东县金鑫交通工程建设投资有限公司	138.58
94	联发集团有限公司	137.65
95	安徽中丞控股集团有限公司	137.20
96	渭南市城市投资集团有限公司	137.19
97	恒力集团有限公司	136.94
98	重庆市涪陵区新城区开发（集团）有限公司	136.92
99	乳山市财金资产运营有限公司	135.43
100	杭州市城建开发集团有限公司	134.71

数据来源：企业公告、中指数据库。

8-23　2017—2021 年中国房地产企业发布销售金额排行榜

单位：亿元

排名	企业全称	2017 年	2018 年	2019 年	2020 年	2021 年
1	万科企业股份有限公司	5298.80	6069.50	6308.40	7041.50	6277.70
2	融创中国控股有限公司	3620.10	4608.30	5562.10	5752.60	5973.60
3	碧桂园控股有限公司	5508.00	5018.80	5522.00	5706.60	5580.00
4	保利发展控股集团股份有限公司	3092.27	4048.17	4618.48	5028.48	5349.28
5	中国海外发展有限公司	2320.70	3012.40	3771.68	4284.19	4416.38
6	中国恒大集团	5009.60	5513.40	6010.60	7232.50	4386.40
7	招商局蛇口工业区控股股份有限公司	1127.79	1705.84	2204.74	2776.08	3268.34
8	华润置地有限公司	1521.00	2106.81	2425.00	2850.35	3157.30
9	龙湖集团控股有限公司	1560.80	2006.40	2425.00	2706.10	2900.90
10	金地（集团）股份有限公司	1408.10	1623.30	2106.00	2426.80	2867.20
11	世茂房地产控股有限公司	1007.70	1761.76	2600.70	3003.10	2697.27
12	绿城中国控股有限公司	1033.00	1012.00	1354.00	2147.00	2658.00
13	旭辉控股（集团）有限公司	1040.00	1520.00	2006.00	2310.00	2472.50
14	中国金茂控股集团有限公司	693.00	1280.00	1608.07	2311.00	2356.03
15	新城发展控股有限公司	1264.72	2210.98	2708.01	2509.63	2337.74
16	江苏中南建设集团股份有限公司	963.00	1466.10	1960.50	2238.30	1973.90
17	金科地产集团股份有限公司	630.00	1188.00	1860.00	2233.00	1877.00
18	中梁控股集团有限公司	–	–	1525.00	1688.00	1718.00
19	融信中国控股有限公司	502.35	1218.80	1413.17	1551.73	1555.18
20	正荣地产集团有限公司	701.53	1080.00	1307.08	1419.01	1456.43
21	美的置业控股有限公司	–	790.00	1012.30	1261.60	1452.90
22	龙光集团有限公司	434.20	718.00	960.22	1206.90	1401.80
23	雅居乐集团控股有限公司	897.10	1026.70	1179.70	1381.90	1390.20
24	远洋集团控股有限公司	705.60	1095.10	1300.30	1310.40	1362.60
25	荣盛房地产发展股份有限公司	679.30	1015.63	1153.56	1270.97	1331.54
26	广州富力地产股份有限公司	818.60	1310.60	1381.90	1387.90	1201.90
27	越秀地产股份有限公司	408.69	577.83	721.14	957.63	1151.51
28	禹洲集团控股有限公司	403.06	560.06	751.15	1049.67	1050.17
29	中骏集团控股有限公司	332.47	513.58	805.01	1015.37	1045.31
30	合景泰富集团控股有限公司	287.00	655.00	861.00	1036.00	1038.36
31	北京首都开发股份有限公司	691.90	1007.27	1013.44	1074.55	1012.69
32	宝龙地产控股有限公司	208.82	410.36	603.50	815.51	1012.27
33	佳兆业集团控股有限公司	447.14	700.59	881.20	1068.96	967.50
34	时代中国控股有限公司	416.29	605.95	783.60	1003.81	955.90
35	金辉控股（集团）有限公司	–	–	–	972.00	947.20
36	中国奥园集团股份有限公司	455.90	913.00	1180.60	1330.10	875.70
37	弘阳地产集团有限公司	–	473.38	651.50	865.00	872.23
38	新力控股（集团）有限公司	–	710.81	914.23	–	814.88
39	德信中国控股有限公司	–	396.00	450.77	635.30	739.80

8–23 续表 1

单位：亿元

排名	企业全称	2017 年	2018 年	2019 年	2020 年	2021 年
40	建业地产股份有限公司	304.15	536.75	1011.50	–	680.52
41	阳光城集团股份有限公司	–	1628.56	2110.31	2180.11	641.11
42	保利置业集团有限公司	379.00	408.00	432.00	521.00	566.00
43	力高地产集团有限公司	131.97	219.86	274.12	409.75	517.57
44	花样年控股集团有限公司	201.64	301.73	362.10	492.07	465.94
45	首创置业有限公司	558.50	706.40	808.10	708.60	402.70
46	当代置业（中国）有限公司	221.86	321.57	362.03	422.10	353.88
47	合生创展集团有限公司	92.28	149.75	212.58	358.34	347.52
48	佳源国际控股有限公司	–	–	–	308.28	338.14
49	绿地香港控股有限公司	301.11	379.25	484.58	545.35	330.00
50	大发地产集团有限公司	–	125.24	210.17	303.20	295.65
51	景瑞控股有限公司	183.73	252.36	251.59	255.07	270.11
52	深圳控股有限公司	115.00	164.53	167.98	–	190.93
53	阳光 100 中国控股有限公司	106.08	120.96	103.38	–	32.21

数据来源：企业公告、中指数据库。

8-24　2017—2021年中国房地产企业发布销售面积排行榜

单位：万平方米

排名	企业全称	2017年	2018年	2019年	2020年	2021年
1	碧桂园控股有限公司	6066.00	5416.00	6237.00	6733.00	6642.00
2	中国恒大集团	5029.90	5243.50	5846.30	8085.60	5378.90
3	融创中国控股有限公司	2203.30	3056.20	3828.50	4102.10	4141.80
4	万科企业股份有限公司	3595.20	4037.70	4112.20	4667.50	3807.80
5	保利发展控股集团股份有限公司	2242.37	2766.11	3123.12	3409.19	3333.01
6	新城发展控股有限公司	928.28	1812.06	2432.00	2348.85	2354.72
7	金科地产集团股份有限公司	843.00	1342.00	1905.00	2240.00	1997.00
8	中国海外发展有限公司	1446.00	1593.45	1794.42	1917.31	1890.44
9	龙湖集团控股有限公司	1016.70	1236.30	1423.80	1616.20	1708.90
10	华润置地有限公司	957.32	1198.93	1324.83	1418.73	1664.90
11	世茂房地产控股有限公司	606.22	1068.70	1465.62	1712.56	1535.60
12	江苏中南建设集团股份有限公司	–	1144.40	1540.70	1685.30	1468.60
13	招商局蛇口工业区控股股份有限公司	570.01	827.35	1169.44	1243.53	1464.47
14	旭辉控股（集团）有限公司	629.17	956.94	1203.55	1538.51	1448.75
15	中梁控股集团有限公司	–	–	1485.10	1350.60	1427.80
16	金地（集团）股份有限公司	766.70	877.80	1079.00	1194.80	1377.20
17	中国金茂控股集团有限公司	–	501.20	748.44	1129.08	1320.46
18	美的置业控股有限公司	–	790.70	1002.30	1111.40	1250.50
19	荣盛房地产发展股份有限公司	635.57	983.40	1098.07	1174.45	1218.26
20	雅居乐集团控股有限公司	735.70	797.70	891.10	1025.00	971.80
21	建业地产股份有限公司	458.42	743.33	1434.55	–	954.47
22	广州富力地产股份有限公司	632.42	1018.01	1254.76	1153.09	941.46
23	绿城中国控股有限公司	444.00	398.00	522.00	825.00	924.00
24	正荣地产集团有限公司	379.54	644.30	843.95	889.75	880.24
25	龙光集团有限公司	242.60	440.10	691.50	745.20	797.00
26	中国奥园集团股份有限公司	449.00	886.30	1168.50	–	786.40
27	远洋集团控股有限公司	371.10	516.87	634.66	706.35	767.35
28	中骏集团控股有限公司	191.46	414.89	632.47	736.78	746.96
29	融信中国控股有限公司	238.69	562.41	654.77	725.09	733.67
30	宝龙地产控股有限公司	156.20	282.16	376.75	532.73	641.06
31	力高地产集团有限公司	124.60	248.80	258.76	475.62	587.51
32	金辉控股（集团）有限公司	–	–	–	692.00	579.00
33	佳兆业集团控股有限公司	278.63	383.66	464.21	616.46	564.88
34	合景泰富集团控股有限公司	180.10	396.60	492.00	–	544.00
35	禹洲集团控股有限公司	238.10	370.27	497.12	626.46	529.41
36	弘阳地产集团有限公司	–	352.85	490.50	591.56	516.51
37	时代中国控股有限公司	282.20	373.30	534.70	673.10	514.20
38	越秀地产股份有限公司	222.01	276.89	349.05	379.31	417.68
39	阳光城集团股份有限公司	–	1266.38	1713.27	1528.52	404.21

8–24 续表 1 单位：万平方米

排名	企业全称	2017 年	2018 年	2019 年	2020 年	2021 年
40	当代置业（中国）有限公司	178.57	303.60	338.07	406.90	355.01
41	北京首都开发股份有限公司	295.04	377.56	411.50	381.55	352.55
42	德信中国控股有限公司	–	234.00	246.20	311.40	349.20
43	保利置业集团有限公司	264.40	224.20	236.00	283.00	313.80
44	花样年控股集团有限公司	191.00	269.89	320.84	–	297.98
45	绿地香港控股有限公司	227.14	327.52	327.20	428.58	282.58
46	佳源国际控股有限公司	–	–	–	274.34	269.17
47	大发地产集团有限公司	–	78.58	155.11	204.51	181.11
48	首创置业有限公司	240.00	306.30	316.30	292.70	174.20
49	景瑞控股有限公司	101.08	116.15	120.85	115.77	143.30
50	合生创展集团有限公司	72.77	129.68	165.24	162.70	95.18
51	深圳控股有限公司	56.39	57.14	48.80	–	66.68
52	阳光 100 中国控股有限公司	86.74	94.76	78.74	–	29.49

数据来源：企业公告、中指数据库。

8–25　2021 年中国房地产企业发布销售金额排行榜

单位：亿元

排名	企业全称	1 月	2 月	3 月	4 月	5 月	6 月	7 月	8 月	9 月	10 月	11 月	12 月
1	万科企业股份有限公司	715	452	628	498	576	676	515	370	361	420	432	636
2	融创中国控股有限公司	352	333	479	547	708	789	494	451	467	510	367	478
3	碧桂园控股有限公司	403	466	527	528	574	533	543	452	457	458	414	226
4	保利发展控股集团股份有限公司	431	320	492	512	594	503	422	469	360	500	380	367
5	中国海外发展有限公司	324	282	462	381	415	622	227	303	246	332	336	487
6	中国恒大集团	581	302	648	681	639	716	438	381	–	–	–	–
7	招商局蛇口工业区控股股份有限公司	246	172	305	294	310	443	203	204	233	165	253	440
8	华润置地有限公司	242	175	261	332	251	387	230	202	221	201	204	452
9	龙湖集团控股有限公司	195	158	249	221	295	308	190	201	202	259	226	397
10	金地（集团）股份有限公司	243	174	270	317	285	340	256	190	212	165	174	241
11	世茂房地产控股有限公司	200	170	305	252	291	310	221	240	226	203	167	112
12	绿城中国控股有限公司	166	188	214	238	239	313	146	287	212	209	251	195
13	旭辉控股(集团)有限公司	162	145	260	265	269	261	209	200	160	162	165	215
14	中国金茂控股集团有限公司	201	202	225	240	233	200	175	144	138	201	177	220
15	新城发展控股有限公司	166	125	206	208	242	230	169	177	185	221	201	208
16	江苏中南建设集团股份有限公司	136	111	237	201	202	203	177	142	129	165	126	145
17	金科地产集团股份有限公司	142	153	196	162	196	172	166	124	152	154	126	134
18	中梁控股集团有限公司	138	170	172	141	137	192	120	120	121	122	122	163
19	融信中国控股有限公司	123	119	155	144	139	148	159	110	125	132	97	102
20	正荣地产集团有限公司	112	134	154	147	145	131	120	115	101	98	99	100
21	美的置业控股有限公司	–	232	160	139	161	135	105	82	161	101	81	97
22	龙光集团有限公司	160	121	129	110	116	100	100	109	98	118	111	131
23	雅居乐集团控股有限公司	110	155	130	113	101	144	82	85	101	110	120	139
24	远洋集团控股有限公司	55	45	110	95	103	115	104	105	163	162	151	155
25	荣盛房地产发展股份有限公司	58	67	130	93	114	129	90	116	111	113	128	181
26	广州富力地产股份有限公司	114	91	101	97	122	126	83	94	105	107	83	80
27	越秀地产股份有限公司	89	46	114	78	81	65	51	127	60	105	133	201
28	禹洲集团控股有限公司	78	58	86	92	104	110	97	90	90	97	75	74
29	中骏集团控股有限公司	81	71	108	101	105	124	80	81	75	76	75	68
30	合景泰富集团控股有限公司	68	46	103	129	113	103	81	72	53	94	76	101
31	北京首都开发股份有限公司	–	–	141	120	116	150	104	84	79	74	63	82
32	宝龙地产控股有限公司	68	83	95	85	94	105	94	85	66	72	83	81
33	佳兆业集团控股有限公司	83	92	134	113	118	99	101	79	57	82	10	–
34	时代中国控股有限公司	83	36	84	80	90	81	79	68	69	89	107	91
35	金辉控股（集团）有限公司	78	82	91	90	107	110	84	62	30	70	68	76
36	中国奥园集团股份有限公司	101	79	120	111	115	150	96	104	–	–	–	–
37	弘阳地产集团有限公司	63	52	80	72	129	95	69	60	49	71	50	81
38	深圳华侨城股份有限公司	64	58	63	77	101	84	51	96	69	45	46	70
39	新力控股（集团）有限公司	81	78	114	76	119	120	101	82	22	8	9	6

8-25 续表 1

单位：亿元

排名	企业全称	1月	2月	3月	4月	5月	6月	7月	8月	9月	10月	11月	12月
40	德信中国控股有限公司	45	40	105	68	79	93	44	58	39	52	58	59
41	建业地产股份有限公司	30	30	105	54	76	95	23	53	54	30	27	104
42	阳光城集团股份有限公司	139	167	181	155	–	–	–	–	–	–	–	–
43	保利置业集团有限公司	27	29	47	55	52	103	26	25	41	45	48	68
44	力高地产集团有限公司	26	29	38	35	49	57	29	29	75	47	37	65
45	花样年控股集团有限公司	23	35	45	56	60	62	51	40	36	21	18	18
46	祥生控股（集团）有限公司	–	–	–	–	–	99	56	57	34	41	55	65
47	首创置业有限公司	42	49	86	75	55	97	–	–	–	–	–	–
48	当代置业（中国）有限公司	24	32	36	36	41	44	42	41	35	10	6	8
49	合生创展集团有限公司	28	27	48	47	32	31	32	18	25	61	–	–
50	佳源国际控股有限公司	26	23	29	17	31	42	25	26	30	30	34	24
51	绿地香港控股有限公司	18	13	34	35	37	51	22	31	29	22	16	22
52	大发地产集团有限公司	36	34	38	54	46	–	30	25	22	–	–	11
53	景瑞控股有限公司	28	11	45	40	29	34	25	13	18	8	8	10
54	银城国际控股有限公司	21	–	28	36	27	38	10	13	24	15	13	11
55	大唐集团控股有限公司	–	–	27	50	51	61	34	–	–	--	–	–
56	深圳控股有限公司	22	9	8	7	11	14	11	2	4	55	9	38
57	亿达中国控股有限公司	2	3	4	6	4	8	3	3	3	3	4	2
58	阳光 100 中国控股有限公司	3	2	3	4	7	3	2	1	2	2	1	3

数据来源：企业公告、中指数据库。

8-26　2021年中国房地产企业发布销售面积排行榜

单位：万平方米

排名	企业全称	1月	2月	3月	4月	5月	6月	7月	8月	9月	10月	11月	12月
1	碧桂园控股有限公司	456	526	594	594	651	630	650	550	576	595	531	289
2	中国恒大集团	656	347	785	814	782	918	544	534	–	–	–	–
3	融创中国控股有限公司	224	218	328	383	512	531	351	322	337	362	278	297
4	万科企业股份有限公司	399	276	430	309	383	396	307	219	228	258	254	350
5	保利发展控股集团股份有限公司	210	208	300	331	389	233	313	312	248	318	227	245
6	新城发展控股有限公司	189	130	191	175	219	183	155	182	210	249	213	258
7	金科地产集团股份有限公司	140	156	179	148	195	187	141	125	191	201	144	190
8	中国海外发展有限公司	142	113	189	149	176	282	103	135	110	126	139	228
9	龙湖集团控股有限公司	117	96	145	122	174	172	115	116	126	141	133	252
10	华润置地有限公司	119	110	145	206	141	242	130	106	113	126	125	101
11	世茂房地产控股有限公司	113	97	172	142	163	174	124	136	128	118	102	67
12	江苏中南建设集团股份有限公司	102	80	170	144	149	146	129	103	95	134	100	117
13	招商局蛇口工业区控股股份有限公司	98	76	140	132	134	191	87	82	99	78	126	222
14	旭辉控股（集团）有限公司	99	92	149	150	159	148	101	113	92	108	103	134
15	中梁控股集团有限公司	111	124	138	123	113	146	95	96	105	118	116	144
16	金地（集团）股份有限公司	101	69	127	147	130	179	122	90	98	100	80	135
17	中国金茂控股集团有限公司	141	116	116	169	119	91	119	64	60	98	89	139
18	美的置业控股有限公司	–	210	132	108	128	108	81	74	147	97	75	90
19	荣盛房地产发展股份有限公司	42	59	113	76	97	137	96	108	101	100	118	170
20	雅居乐集团控股有限公司	73	82	93	72	73	92	52	58	73	87	100	118
21	建业地产股份有限公司	44	50	146	80	98	125	31	73	73	49	36	150
22	广州富力地产股份有限公司	83	73	76	73	91	90	61	65	95	98	77	60
23	绿城中国控股有限公司	56	54	77	85	93	114	61	81	72	66	90	75
24	正荣地产集团有限公司	65	80	94	90	90	79	73	69	60	60	61	60
25	龙光集团有限公司	48	54	76	65	86	61	62	74	64	84	70	53
26	中国奥园集团股份有限公司	85	70	113	95	97	137	88	102	–	–	–	–
27	远洋集团控股有限公司	31	25	61	51	57	59	55	59	103	87	84	96
28	中骏集团控股有限公司	48	44	58	67	71	84	58	61	76	60	51	70
29	融信中国控股有限公司	64	59	77	71	61	72	76	56	55	44	48	52
30	宝龙地产控股有限公司	44	54	61	56	58	67	57	51	40	46	53	55
31	力高地产集团有限公司	31	38	41	40	50	68	35	36	82	52	42	73
32	金辉控股（集团）有限公司	49	45	62	51	53	61	54	45	13	53	40	52
33	佳兆业集团控股有限公司	48	56	80	70	74	53	59	45	31	43	6	–
34	合景泰富集团控股有限公司	30	26	52	67	64	49	41	38	29	50	43	56
35	新力控股（集团）有限公司	53	51	76	54	77	78	65	55	16	5	6	2
36	禹洲集团控股有限公司	44	32	46	50	58	53	46	43	39	47	34	37
37	弘阳地产集团有限公司	40	36	46	41	72	55	44	29	32	39	33	50
38	时代中国控股有限公司	42	19	42	43	47	42	37	32	37	49	71	53
39	越秀地产股份有限公司	31	17	39	31	30	31	20	41	21	41	45	71

8-26 续表 1　　单位：万平方米

排名	企业全称	1月	2月	3月	4月	5月	6月	7月	8月	9月	10月	11月	12月
40	阳光城集团股份有限公司	85	101	102	117	–	–	–	–	–	–	–	–
41	深圳华侨城股份有限公司	32	28	32	41	53	41	27	33	25	31	21	35
42	当代置业（中国）有限公司	24	31	37	36	37	43	41	42	37	10	9	8
43	北京首都开发股份有限公司	–	–	47	32	38	49	31	32	26	27	28	41
44	德信中国控股有限公司	21	17	52	33	43	39	20	29	16	25	27	28
45	保利置业集团有限公司	15	13	29	27	27	69	18	15	18	19	30	37
46	花样年控股集团有限公司	14	18	26	30	43	42	32	30	25	17	9	12
47	绿地香港控股有限公司	12	12	25	24	31	37	18	35	29	20	16	24
48	祥生控股（集团）有限公司	–	–	–	–	–	66	42	37	21	27	40	45
49	佳源国际控股有限公司	21	21	28	17	29	27	18	21	17	24	26	21
50	大唐集团控股有限公司	–	–	26	49	50	60	33	–	–	–	–	–
51	大发地产集团有限公司	22	25	23	31	28	–	19	13	10	–	–	8
52	首创置业有限公司	19	22	38	35	29	32	–	–	–	–	–	–
53	景瑞控股有限公司	14	6	24	19	14	19	16	6	10	5	4	6
54	银城国际控股有限公司	7	–	14	17	19	17	6	5	10	8	7	6
55	合生创展集团有限公司	9	7	14	12	8	7	8	4	7	19	–	–
56	深圳控股有限公司	9	4	5	3	7	6	4	1	2	6	4	14
57	亿达中国控股有限公司	2	2	4	3	3	6	3	2	3	3	5	3
58	阳光 100 中国控股有限公司	3	2	4	3	6	2	2	1	2	2	1	3

数据来源：企业公告、中指数据库。

第九章

中国上市物业服务企业经营情况统计

9-1　上市物业服务企业 2017—2021 年合约面积

单位：百万平方米

公司名称	2017 年	2018 年	2019 年	2020 年	2021 年
彩生活（01778）	404.27	542.30	550.10	551.66	–
中海物业（02669）	–	–	–	–	–
中奥到家（01538）	66.70	70.45	71.97	72.00	72.28
绿城服务（02869）	378.00	362.50	445.60	534.80	651.80
祈福生活服务（03686）	6.91	9.62	9.66	9.71	9.65
浦江中国（01417）	–	–	–	–	–
雅生活服务（03319）	126.10	229.80	356.24	522.60	663.07
碧桂园服务（06098）	329.50	505.00	684.70	905.70	1437.90
新城悦服务（01755）	67.81	112.20	152.77	203.10	278.85
佳兆业美好（02168）	29.67	32.19	53.80	77.30	126.89
旭辉永升服务（01995）	33.37	65.55	110.56	181.20	270.80
奥园健康（03662）	–	–	–	–	–
滨江服务（03316）	13.70	20.78	26.81	35.50	49.78
和泓服务（06093）	7.20	8.16	8.20	22.50	46.10
鑫苑服务（01895）	21.97	26.33	37.03	53.00	63.04
银城生活服务（01922）	14.02	22.30	30.76	42.80	61.94
保利物业（06049）	184.46	361.54	498.12	567.20	656.26
时代邻里（09928）	19.82	27.71	49.29	81.70	132.02
华发物业服务（00982）	–	–	24.50	27.60	38.60
宝龙商业（09909）	18.40	21.71	28.40	34.60	44.01
兴业物联（09916）	–	–	4.10	4.80	10.60
烨星集团（01941）	6.36	6.84	7.26	11.00	14.18
建业新生活（09983）	34.12	70.35	114.70	186.60	236.80
金融街物业（01502）	14.15	17.47	21.37	28.10	36.20
弘阳服务（01971）	12.23	15.79	27.58	39.90	52.60
正荣服务（06958）	16.21	24.87	37.00	87.40	104.06
卓越商企服务（06989）	13.10	20.10	33.20	44.70	56.80
第一服务控股（02107）	11.36	17.84	25.72	37.30	74.02
世茂服务（00873）	45.68	60.39	100.87	201.10	308.00
合景悠活（03913）	15.30	21.20	29.60	53.40	277.90
金科服务（09666）	139.10	189.77	248.56	277.20	359.80
融创服务（01516）	57.44	96.90	157.71	264.00	358.00
恒大物业（06666）	326.69	422.54	505.12	565.00	–
佳源服务（01153）	26.14	32.87	38.80	49.70	62.70
华润万象生活（01209）	66.91	97.25	118.09	142.90	210.82
远洋服务（06677）	35.61	50.43	59.40	71.10	105.86

9-1 续表 1　　　　单位：百万平方米

公司名称	2017 年	2018 年	2019 年	2020 年	2021 年
建发物业（02156）	20.33	28.40	34.69	47.20	73.90
荣万家（02146）	56.84	63.43	77.44	90.20	–
宋都服务（09608）	–	–	10.01	11.30	12.10
新希望服务（03658）	–	9.72	11.93	15.32	26.38
越秀服务（06626）	–	27.10	33.12	46.09	58.38
中骏商管（00606）	–	17.90	22.50	36.60	46.08
朗诗绿色生活（01965）	–	14.36	21.76	23.66	31.97
领悦服务集团（02165）	–	14.24	27.93	36.24	37.10
德信服务集团（02215）	–	28.28	31.11	38.03	46.36
融信服务（02207）	–	20.79	27.56	38.20	44.57
康桥悦生活（02205）	–	20.95	29.60	39.03	53.10
星盛商业（06668）	1.62	2.07	2.97	3.28	3.90
京城佳业（02210）	–	28.71	31.33	30.96	34.08
力高健康生活（02370）	–	9.92	13.39	20.09	24.50
方圆生活服务（09978）	–	–	–	–	16.10
金茂服务（00816）	–	21.86	30.79	40.53	57.60
东原仁知服务（02352）	–	11.20	19.80	35.50	42.90
德商产投服务（02270）	–	–	–	–	9.53
南都物业（603506）	38.85	55.43	60.61	70.02	75.92
新大正（002968）	60.10	62.72	70.00	80.00	–
招商积余（001914）	–	–	–	–	3050.00
特发服务（300917）	16.21	20.88	23.17	–	–

数据来源：企业公告。

9-2　上市物业服务企业 2017—2021 年管理面积

单位：百万平方米

公司名称	2017 年	2018 年	2019 年	2020 年	2021 年
彩生活（01778）	293.60	363.20	359.70	361.10	–
中海物业（02669）	128.30	140.90	151.40	182.30	260.00
中奥到家（01538）	54.56	56.91	65.35	65.60	66.14
绿城服务（02869）	137.80	170.40	212.40	250.50	304.10
祈福生活服务（03686）	–	–	–	–	–
浦江中国（01417）	4.91	5.45	6.59	–	–
雅生活服务（03319）	78.34	138.12	233.99	374.80	488.88
碧桂园服务（06098）	122.76	181.51	276.10	377.00	765.74
新城悦服务（01755）	36.28	42.89	60.15	101.00	153.53
佳兆业美好（02168）	24.01	26.87	46.21	57.50	90.27
旭辉永升服务（01995）	26.48	40.24	65.15	102.00	171.04
奥园健康（03662）	8.57	10.43	15.08	42.20	–
滨江服务（03316）	8.60	11.63	14.37	20.00	29.95
和泓服务（06093）	5.91	6.35	6.64	17.90	33.98
鑫苑服务（01895）	13.68	15.66	20.06	34.67	37.41
银城生活服务（01922）	10.77	15.46	26.08	39.10	58.76
保利物业（06049）	106.18	190.52	286.95	380.10	465.31
时代邻里（09928）	16.00	18.80	38.43	68.80	105.51
华发物业服务（00982）	–	–	13.20	16.70	20.30
宝龙商业（09909）	15.65	16.58	18.49	23.00	27.66
兴业物联（09916）	1.22	1.61	2.40	3.10	6.60
烨星集团（01941）	3.75	4.58	4.92	7.60	11.82
建业新生活（09983）	20.36	25.69	56.98	100.00	135.88
金融街物业（01502）	13.19	16.41	19.86	24.70	33.50
弘阳服务（01971）	9.07	9.90	15.75	27.00	36.39
正荣服务（06958）	9.45	12.60	22.94	41.30	70.98
卓越商企服务（06989）	11.36	14.55	23.53	32.00	41.20
第一服务控股（02107）	7.09	10.56	13.69	19.10	52.06
世茂服务（00873）	42.62	44.95	68.17	146.10	240.50
合景悠活（03913）	10.87	11.77	18.35	41.60	206.12
金科服务（09666）	62.38	89.74	120.53	156.20	237.86
融创服务（01516）	19.99	28.56	52.96	135.10	214.74
恒大物业（06666）	138.35	185.41	237.86	300.00	–
佳源服务（01153）	14.03	19.21	26.14	31.50	41.90
华润万象生活（01209）	61.16	77.73	92.09	106.60	164.05
远洋服务（06677）	29.50	37.30	40.53	45.50	73.48

9-2 续表 1

单位：百万平方米

公司名称	2017 年	2018 年	2019 年	2020 年	2021 年
建发物业（02156）	15.81	18.76	20.67	25.60	33.04
荣万家（02146）	36.21	41.58	50.31	59.70	-
宋都服务（09608）	3.17	3.82	5.95	8.20	9.17
新希望服务（03658）	-	5.02	6.54	10.20	16.21
越秀服务（06626）	-	17.45	19.60	29.82	38.90
中骏商管（00606）	-	10.60	11.80	16.20	22.41
朗诗绿色生活（01965）	-	9.07	15.03	17.35	23.45
领悦服务集团（02165）	-	8.01	14.18	20.22	20.80
德信服务集团（02215）	-	18.82	20.65	24.91	31.11
融信服务（02207）	-	10.57	15.88	19.93	28.88
康桥悦生活（02205）	-	8.73	12.25	15.72	23.50
星盛商业（06668）	-	-	-	-	-
京城佳业（02210）	-	25.78	28.72	29.08	31.64
力高健康生活（02370）	-	5.95	7.41	13.48	15.80
方圆生活服务（09978）	-	-	-	-	10.90
金茂服务（00816）	-	10.22	12.66	17.65	36.40
东原仁知服务（02352）	-	7.53	11.87	21.05	28.20
德商产投服务（02270）	-	0.53	0.79	3.83	4.87
南都物业（603506）	-	-	-	-	-
新大正（002968）	-	-	-	-	-
招商积余（001914）	-	122.21	152.66	190.90	281.03
特发服务（300917）	15.66	20.52	22.74	25.29	-

数据来源：企业公告。

9-3　上市物业服务企业 2017—2021 年营业总收入

单位：亿元人民币

公司名称	2017 年	2018 年	2019 年	2020 年	2021 年
彩生活（01778）	16.29	36.14	38.45	35.96	–
中海物业（02669）	33.58	41.55	54.66	65.45	76.79
中奥到家（01538）	9.78	10.23	15.19	17.52	18.74
绿城服务（02869）	51.40	67.10	85.82	101.06	125.66
祈福生活服务（03686）	3.65	3.42	3.97	4.21	4.31
浦江中国（01417）	3.63	3.92	4.82	7.64	8.86
雅生活服务（03319）	17.61	33.77	51.27	100.26	140.80
碧桂园服务（06098）	31.22	46.75	96.45	156.00	288.43
新城悦服务（01755）	8.66	11.50	20.24	28.66	43.51
佳兆业美好（02168）	6.69	8.96	12.62	17.30	26.66
旭辉永升服务（01995）	7.25	10.76	18.78	31.20	47.03
奥园健康（03662）	4.36	6.19	9.01	14.08	–
滨江服务（03316）	3.49	5.09	7.02	9.60	13.99
和泓服务（06093）	1.96	2.24	2.48	4.16	7.67
鑫苑服务（01895）	2.97	3.93	5.34	6.54	7.70
银城生活服务（01922）	3.06	4.68	6.96	9.62	13.51
保利物业（06049）	32.40	42.29	59.67	80.37	107.83
时代邻里（09928）	5.19	6.96	10.81	17.58	27.20
华发物业服务（00982）	1.91	2.47	5.27	10.86	12.60
宝龙商业（09909）	9.73	12.00	16.20	19.21	24.64
兴业物联（09916）	0.76	1.31	1.84	2.13	2.82
烨星集团（01941）	1.92	2.51	2.74	2.61	3.37
建业新生活（09983）	4.61	6.94	17.54	26.54	35.99
金融街物业（01502）	7.57	8.75	9.97	11.31	13.20
弘阳服务（01971）	2.57	3.49	5.03	7.68	11.30
正荣服务（06958）	2.73	4.56	7.16	11.03	13.36
卓越商企服务（06989）	9.47	12.23	18.36	25.25	34.67
第一服务控股（02107）	3.79	4.96	6.25	7.72	11.20
世茂服务（00873）	10.43	13.29	24.89	50.26	84.26
合景悠活（03913）	4.63	6.59	11.25	15.17	32.55
金科服务（09666）	10.47	15.24	23.28	33.59	59.68
融创服务（01516）	11.12	18.42	28.27	46.23	79.04
恒大物业（06666）	43.99	59.03	73.33	105.09	–
佳源服务（01153）	2.10	3.31	4.55	6.15	8.21
华润万象生活（01209）	31.29	44.32	58.68	67.79	88.75
远洋服务（06677）	12.13	16.10	18.30	20.23	29.66

9–3 续表 1 单位：亿元人民币

公司名称	2017 年	2018 年	2019 年	2020 年	2021 年
建发物业（02156）	4.47	6.09	8.01	10.29	15.57
荣万家（02146）	7.09	8.79	12.51	18.07	24.75
宋都服务（09608）	0.84	1.33	2.22	2.57	3.16
新希望服务（03658）	–	2.58	3.81	5.88	9.25
越秀服务（06626）	–	7.63	8.96	11.68	19.18
中骏商管（00606）	–	3.97	5.75	8.05	12.30
朗诗绿色生活（01965）	–	3.10	4.33	6.01	7.37
领悦服务集团（02165）	–	1.69	2.80	4.28	5.41
德信服务集团（02215）	–	3.98	5.13	6.92	8.70
融信服务（02207）	2.64	4.14	5.18	7.50	9.91
康桥悦生活（02205）	–	2.29	3.63	5.76	7.84
星盛商业（06668）	2.78	3.29	3.87	4.42	5.72
京城佳业（02210）	–	9.18	10.45	10.91	12.25
力高健康生活（02370）	–	1.24	1.81	2.22	3.54
方圆生活服务（09978）	1.66	2.29	2.56	2.77	5.71
金茂服务（00816）	–	5.75	7.88	9.44	15.16
东原仁知服务（02352）	–	3.87	5.59	7.67	11.93
德商产投服务（02270）	–	0.64	0.69	1.28	2.53
南都物业（603506）	8.20	10.59	12.44	14.13	15.93
新大正（002968）	7.68	8.86	10.55	13.18	20.88
招商积余（001914）	58.93	66.56	60.78	86.35	105.91
特发服务（300917）	5.08	6.99	8.91	11.09	16.91

中海物业（02669）、华发物业服务（00982）对外披露财务数据为港币。本表以 2021 年 12 月 31 日中间价汇率换算为人民币。

数据来源：企业公告。

9-4　上市物业服务企业 2017—2021 年毛利润

单位：亿元人民币

公司名称	2017 年	2018 年	2019 年	2020 年	2021 年
彩生活（01778）	7.31	12.82	13.55	12.08	–
中海物业（02669）	8.02	8.49	10.90	11.95	13.35
中奥到家（01538）	2.97	2.82	4.03	4.42	4.33
绿城服务（02869）	9.46	11.98	15.47	19.23	23.31
祈福生活服务（03686）	1.52	1.66	1.76	1.84	1.95
浦江中国（01417）	0.67	0.67	0.74	1.17	1.27
雅生活服务（03319）	5.91	12.90	18.83	29.73	38.69
碧桂园服务（06098）	10.36	17.62	30.52	53.00	88.64
新城悦服务（01755）	2.42	3.39	6.00	8.81	13.42
佳兆业美好（02168）	2.04	2.77	3.78	5.28	7.89
旭辉永升服务（01995）	1.83	3.09	5.55	9.80	13.00
奥园健康（03662）	1.48	2.09	3.37	4.81	–
滨江服务（03316）	0.90	1.35	1.97	2.97	4.50
和泓服务（06093）	0.66	0.80	0.84	1.49	2.64
鑫苑服务（01895）	1.01	1.34	2.02	2.64	2.66
银城生活服务（01922）	0.51	0.68	1.12	1.62	2.19
保利物业（06049）	5.81	8.51	12.11	14.99	20.15
时代邻里（09928）	1.30	1.90	3.05	5.31	7.42
华发物业服务（00982）	0.87	1.13	2.29	3.03	3.41
宝龙商业（09909）	2.53	3.26	4.28	5.95	8.22
兴业物联（09916）	0.38	0.62	0.79	0.87	0.94
烨星集团（01941）	0.68	0.82	0.94	0.63	0.90
建业新生活（09983）	1.05	1.61	5.76	8.61	11.83
金融街物业（01502）	1.46	1.62	1.91	2.44	2.63
弘阳服务（01971）	0.58	0.70	1.27	2.14	3.20
正荣服务（06958）	0.70	1.21	2.44	3.83	4.28
卓越商企服务（06989）	2.33	2.94	4.33	6.64	9.60
第一服务控股（02107）	1.23	1.65	2.18	2.67	3.35
世茂服务（00873）	2.87	3.90	8.38	15.78	24.70
合景悠活（03913）	1.04	1.83	4.20	6.39	12.26
金科服务（09666）	2.81	3.91	6.36	9.97	18.46
融创服务（01516）	2.33	4.24	7.20	12.75	24.91
恒大物业（06666）	4.33	7.23	17.55	40.06	–
佳源服务（01153）	0.46	0.79	1.09	1.87	2.58
华润万象生活（01209）	4.07	6.65	9.42	18.27	27.59
远洋服务（06677）	2.51	3.23	3.77	5.11	8.25

9-4 续表 1 单位：亿元人民币

公司名称	2017 年	2018 年	2019 年	2020 年	2021 年
建发物业（02156）	1.17	1.41	1.83	2.52	3.89
荣万家（02146）	1.20	1.51	2.29	5.08	8.37
宋都服务（09608）	0.25	0.38	0.65	0.78	1.15
新希望服务（03658）	–	1.10	1.60	2.47	3.77
越秀服务（06626）	–	1.98	2.43	4.03	6.71
中骏商管（00606）	–	1.37	2.12	3.57	5.81
朗诗绿色生活（01965）	–	0.83	1.01	1.61	1.86
领悦服务集团（02165）	–	0.45	0.86	1.45	1.55
德信服务集团（02215）	–	0.95	1.45	2.36	2.99
融信服务（02207）	0.60	1.14	1.67	2.16	2.78
康桥悦生活（02205）	–	0.54	1.11	1.77	2.04
星盛商业（06668）	1.39	1.70	2.01	2.49	3.30
京城佳业（02210）	–	1.91	2.07	2.26	2.73
力高健康生活（02370）	–	0.26	0.56	0.77	1.16
方圆生活服务（09978）	–	–	–	–	1.39
金茂服务（00816）	–	1.15	1.52	2.35	4.70
东原仁知服务（02352）	–	0.89	1.33	2.16	3.09
德商产投服务（02270）	–	0.38	0.36	0.63	1.03
南都物业（603506）	2.00	2.34	2.79	3.08	3.63
新大正（002968）	1.64	1.88	2.23	2.82	3.90
招商积余（001914）	12.51	13.07	11.10	11.75	14.58
特发服务（300917）	1.11	1.47	1.66	2.30	2.83

中海物业（02669）、华发物业服务（00982）对外披露财务数据为港币。本表以 2021 年 12 月 31 日中间价汇率换算为人民币。

数据来源：企业公告。

9-5　上市物业服务企业 2017—2021 年营业利润

单位：亿元人民币

公司名称	2017 年	2018 年	2019 年	2020 年	2021 年
彩生活（01778）	5.45	10.63	10.77	10.85	–
中海物业（02669）	4.38	5.72	7.64	5.75	8.02
中奥到家（01538）	1.56	1.53	2.48	2.64	–
绿城服务（02869）	4.85	5.16	6.44	11.69	9.60
祈福生活服务（03686）	0.84	1.05	1.30	1.64	1.27
浦江中国（01417）	0.27	0.20	0.12	0.37	–
雅生活服务（03319）	3.98	10.71	17.13	26.61	32.29
碧桂园服务（06098）	5.81	10.39	20.38	38.27	54.48
新城悦服务（01755）	1.06	2.29	3.96	6.55	7.51
佳兆业美好（02168）	0.98	1.12	2.09	3.37	–
旭辉永升服务（01995）	1.04	1.33	3.30	6.00	9.57
奥园健康（03662）	1.09	1.10	2.30	3.73	–
滨江服务（03316）	0.78	0.95	1.40	2.76	–
和泓服务（06093）	0.26	0.31	0.42	0.23	–
鑫苑服务（01895）	0.96	1.18	1.41	1.85	1.94
银城生活服务（01922）	0.30	0.47	0.71	1.16	–
保利物业（06049）	3.02	4.59	6.70	9.22	9.68
时代邻里（09928）	0.55	0.91	1.53	3.27	–
华发物业服务（00982）	–0.02	–0.02	0.15	1.20	1.84
宝龙商业（09909）	1.54	2.31	2.94	4.79	5.77
兴业物联（09916）	0.26	0.46	0.47	0.61	–
烨星集团（01941）	0.49	0.53	0.44	0.32	0.45
建业新生活（09983）	1.02	1.18	3.24	5.74	9.16
金融街物业（01502）	–6.45	–7.54	1.44	1.94	1.78
弘阳服务（01971）	0.40	0.46	0.79	1.12	1.79
正荣服务（06958）	0.32	0.58	1.59	2.65	2.66
卓越商企服务（06989）	1.83	2.05	3.31	4.98	7.78
第一服务控股（02107）	0.56	0.72	1.07	1.25	–
世茂服务（00873）	1.79	2.03	5.28	10.38	–
合景悠活（03913）	0.58	1.05	2.49	4.44	–
金科服务（09666）	1.35	2.05	4.57	7.76	13.61
融创服务（01516）	1.40	1.76	3.62	8.33	18.32
恒大物业（06666）	–41.62	–55.43	–59.78	–70.64	–
佳源服务（01153）	0.38	0.64	0.79	1.21	1.54
华润万象生活（01209）	5.16	5.72	4.97	11.35	18.73
远洋服务（06677）	1.82	3.19	4.68	5.08	5.51

9-5 续表 1

单位：亿元人民币

公司名称	2017 年	2018 年	2019 年	2020 年	2021 年
建发物业（02156）	0.43	0.57	0.78	1.30	1.83
荣万家（02146）	0.74	1.21	1.41	3.75	–
宋都服务（09608）	0.18	0.29	0.45	0.48	–
新希望服务（03658）	–	0.53	0.82	1.35	2.06
越秀服务（06626）	–	1.35	2.01	3.08	5.09
中骏商管（00606）	–	0.51	1.07	2.23	3.61
朗诗绿色生活（01965）	–	0.75	0.92	1.28	0.80
领悦服务集团（02165）	–	0.19	0.46	0.89	–
德信服务集团（02215）	–	0.48	0.82	2.39	1.42
融信服务（02207）	0.12	0.50	1.02	1.22	–
康桥悦生活（02205）	–	0.35	0.89	1.50	–
星盛商业（06668）	0.61	1.03	1.27	1.83	2.77
京城佳业（02210）	–	0.43	0.46	0.70	–
力高健康生活（02370）	–	0.15	0.39	0.55	0.57
方圆生活服务（09978）	0.18	0.34	0.35	0.30	–
金茂服务（00816）	–	0.27	0.31	0.99	2.37
东原仁知服务（02352）	–	0.29	0.15	0.86	1.38
德商产投服务（02270）	–	0.34	0.31	0.45	–
南都物业（603506）	1.03	1.33	1.75	1.96	2.35
新大正（002968）	0.88	1.04	1.24	1.55	1.99
招商积余（001914）	3.01	12.20	4.02	5.99	7.45
特发服务（300917）	0.53	0.75	0.89	1.43	2.35

中海物业（02669）、华发物业服务（00982）对外披露财务数据为港币。本表以 2021 年 12 月 31 日中间价汇率换算为人民币。

数据来源：企业公告。

9-6　上市物业服务企业 2017—2021 年净利润

单位：亿元人民币

公司名称	2017 年	2018 年	2019 年	2020 年	2021 年
彩生活（01778）	3.21	4.85	4.99	5.02	–
中海物业（02669）	2.09	2.87	3.92	4.79	6.54
中奥到家（01538）	0.91	0.96	1.09	1.32	1.06
绿城服务（02869）	3.87	4.83	4.77	7.10	8.46
祈福生活服务（03686）	0.56	0.73	0.96	1.29	0.81
浦江中国（01417）	0.36	0.25	0.18	0.26	0.39
雅生活服务（03319）	2.90	8.01	12.31	17.54	23.08
碧桂园服务（06098）	4.02	9.23	16.71	26.86	40.33
新城悦服务（01755）	0.73	1.50	2.82	4.52	5.25
佳兆业美好（02168）	0.71	0.54	1.64	2.22	0.57
旭辉永升服务（01995）	0.76	1.01	2.24	3.90	6.17
奥园健康（03662）	0.70	0.78	1.62	2.50	–
滨江服务（03316）	0.58	0.70	1.15	2.20	3.22
和泓服务（06093）	0.22	0.17	0.14	0.56	0.86
鑫苑服务（01895）	0.69	0.76	0.81	1.31	1.23
银城生活服务（01922）	0.21	0.27	0.33	0.67	0.89
保利物业（06049）	2.19	3.28	4.91	6.74	8.46
时代邻里（09928）	0.34	0.64	0.96	2.33	3.08
华发物业服务（00982）	–	–	0.03	0.25	1.25
宝龙商业（09909）	0.79	1.33	1.79	3.05	4.38
兴业物联（09916）	0.19	0.34	0.35	0.44	0.55
烨星集团（01941）	0.36	0.37	0.26	0.21	0.31
建业新生活（09983）	0.23	0.19	2.34	4.27	6.20
金融街物业（01502）	0.79	0.87	1.05	1.04	1.38
弘阳服务（01971）	0.29	0.33	0.59	0.70	1.28
正荣服务（06958）	0.20	0.40	1.05	1.72	1.75
卓越商企服务（06989）	1.09	1.26	1.79	3.25	5.10
第一服务控股（02107）	0.40	0.51	0.77	0.95	0.35
世茂服务（00873）	1.09	1.46	3.85	6.93	11.30
合景悠活（03913）	0.44	0.80	1.85	3.23	6.75
金科服务（09666）	1.14	1.62	3.74	6.18	10.57
融创服务（01516）	0.43	0.98	2.70	6.26	12.76
恒大物业（06666）	1.07	2.39	9.30	26.48	–
佳源服务（01153）	0.18	0.36	0.50	0.65	1.00
华润万象生活（01209）	3.88	4.23	3.65	8.18	17.25
远洋服务（06677）	1.04	1.37	2.07	2.58	4.39

9-6 续表 1

单位：亿元人民币

公司名称	2017 年	2018 年	2019 年	2020 年	2021 年
建发物业（02156）	0.31	0.48	0.68	1.06	1.59
荣万家（02146）	0.42	0.75	1.10	2.64	–
宋都服务（09608）	0.14	0.21	0.35	0.33	0.55
新希望服务（03658）	–	0.41	0.64	1.10	1.66
越秀服务（06626）	–	0.45	0.91	1.99	3.60
中骏商管（00606）	–	0.27	0.70	1.56	2.81
朗诗绿色生活（01965）	–	0.25	0.34	0.66	0.58
领悦服务集团（02165）	–	0.12	0.32	0.65	0.71
德信服务集团（02215）	–	0.22	0.49	0.97	0.98
融信服务（02207）	0.07	0.34	0.72	0.85	1.12
康桥悦生活（02205）	–	0.22	0.60	0.88	0.84
星盛商业（06668）	0.41	0.66	0.85	1.27	1.85
京城佳业（02210）	–	0.37	0.38	0.58	0.83
力高健康生活（02370）	–	0.11	0.28	0.40	0.32
方圆生活服务（09978）	–0.07	0.30	0.22	0.11	0.20
金茂服务（00816）	–	0.17	0.23	0.77	1.78
东原仁知服务（02352）	–	0.29	0.26	0.85	1.29
德商产投服务（02270）	–	0.31	0.31	0.43	0.33
南都物业（603506）	0.75	0.96	1.20	1.45	1.63
新大正（002968）	0.71	0.89	1.05	1.32	1.66
招商积余（001914）	–0.35	8.24	2.70	4.09	5.13
特发服务（300917）	0.37	0.55	0.68	1.08	1.12

中海物业（02669）、华发物业服务（00982）对外披露财务数据为港币。本表以 2021 年 12 月 31 日中间价汇率换算为人民币。

数据来源：企业公告。

9-7　上市物业服务企业 2017—2021 年营业总收入同比增长率

单位：%

公司名称	2017 年	2018 年	2019 年	2020 年	2021 年
彩生活（01778）	21.36	121.87	6.40	-6.46	-
中海物业（02669）	1.85	23.73	30.83	19.75	44.27
中奥到家（01538）	53.91	4.65	48.53	15.32	6.92
绿城服务（02869）	38.10	30.54	27.90	17.75	24.35
祈福生活服务（03686）	11.67	-6.50	16.08	6.15	2.35
浦江中国（01417）	17.47	7.97	22.76	58.62	15.94
雅生活服务（03319）	41.46	91.78	51.84	95.54	40.43
碧桂园服务（06098）	32.37	49.76	106.30	61.75	84.89
新城悦服务（01755）	51.10	32.73	72.49	41.62	51.78
佳兆业美好（02168）	24.12	33.86	40.87	37.11	54.12
旭辉永升服务（01995）	51.12	48.33	74.55	66.13	50.75
奥园健康（03662）	64.25	41.94	45.56	56.32	-
滨江服务（03316）	54.59	45.87	37.77	36.81	45.69
和泓服务（06093）	15.97	14.50	10.61	67.50	84.38
鑫苑服务（01895）	30.17	32.56	35.75	22.43	17.82
银城生活服务（01922）	34.54	52.88	48.77	38.27	40.47
保利物业（06049）	26.37	30.52	41.08	34.70	34.16
时代邻里（09928）	39.19	34.06	55.42	62.62	54.67
华发物业服务（00982）	19.25	29.28	4.44	14.08	42.45
宝龙商业（09909）	29.26	23.37	34.99	18.56	28.25
兴业物联（09916）	60.90	72.27	40.50	15.79	32.12
烨星集团（01941）	64.42	31.12	8.92	-4.45	28.85
建业新生活（09983）	31.88	50.69	152.80	51.31	35.58
金融街物业（01502）	-	-100.00	13.92	13.43	11.85
弘阳服务（01971）	-	35.72	44.13	52.66	47.16
正荣服务（06958）	-	67.23	56.96	53.97	21.13
卓越商企服务（06989）	-	29.13	50.10	37.53	37.30
第一服务控股（02107）	-	30.67	26.06	23.55	44.43
世茂服务（00873）	-	27.51	87.24	101.91	67.65
合景悠活（03913）	-	42.24	70.66	34.88	114.57
金科服务（09666）	-	45.54	52.74	44.31	77.01
融创服务（01516）	-	65.68	53.53	63.49	70.88
恒大物业（06666）	-	34.18	24.22	43.31	-
佳源服务（01153）	-	57.89	37.32	35.22	33.40
华润万象生活（01209）	-	41.61	32.41	15.52	30.93
远洋服务（06677）	-	32.75	13.62	10.59	46.57

9-7 续表 1

单位：%

公司名称	2017 年	2018 年	2019 年	2020 年	2021 年
建发物业（02156）	–	36.14	31.66	28.36	51.34
荣万家（02146）	–	20.07	38.66	40.96	36.69
宋都服务（09608）	–	58.35	67.34	15.39	23.19
新希望服务（03658）	–	–	47.52	54.59	57.24
越秀服务（06626）	–	–	17.51	30.31	64.24
中骏商管（00606）	–	–	44.89	40.17	52.75
朗诗绿色生活（01965）	–	–	39.55	38.85	22.68
领悦服务集团（02165）	–	–	65.65	52.94	26.39
德信服务集团（02215）	–	–	28.91	34.99	25.73
融信服务（02207）	–	56.58	25.33	44.75	32.05
康桥悦生活（02205）	–	–	58.48	58.63	36.13
星盛商业（06668）	–	18.21	17.83	14.11	29.47
京城佳业（02210）	–	–	13.90	4.32	12.29
力高健康生活（02370）	–	–	45.49	22.59	59.89
方圆生活服务（09978）	56.43	37.60	11.96	7.98	106.49
金茂服务（00816）	–	–	37.22	19.77	60.51
东原仁知服务（02352）	–	–	44.55	37.14	55.64
德商产投服务（02270）	–	–	8.05	85.08	98.01
南都物业（603506）	41.85	29.18	17.55	13.58	12.70
新大正（002968）	23.49	15.41	19.05	25.01	58.40
招商积余（001914）	–6.88	12.94	–8.68	42.07	22.42
特发服务（300917）	37.21	37.71	27.50	24.40	52.54

数据来源：企业公告。

9-8　上市物业服务企业 2017—2021 年营业利润同比增长率

单位：%

公司名称	2017 年	2018 年	2019 年	2020 年	2021 年
彩生活（01778）	62.61	75.79	–5.66	0.23	–
中海物业（02669）	26.56	27.53	36.29	22.50	33.70
中奥到家（01538）	482.50	0.10	24.46	11.98	–
绿城服务（02869）	16.25	6.53	24.73	50.61	29.55
祈福生活服务（03686）	77.44	21.29	27.43	24.39	6.72
浦江中国（01417）	–23.58	–27.54	–38.50	208.68	–
雅生活服务（03319）	83.48	170.14	56.85	46.07	37.35
碧桂园服务（06098）	21.75	74.17	95.27	83.69	62.92
新城悦服务（01755）	61.68	92.47	81.03	63.66	29.71
佳兆业美好（02168）	14.95	13.55	87.06	50.82	–
旭辉永升服务（01995）	124.00	27.45	148.48	81.56	51.42
奥园健康（03662）	76.88	8.06	105.87	52.86	–
滨江服务（03316）	164.14	22.66	46.14	81.29	–
和泓服务（06093）	18.28	37.14	–23.16	221.04	–
鑫苑服务（01895）	74.67	19.05	21.32	58.65	–8.06
银城生活服务（01922）	–5.68	33.34	36.19	98.53	–
保利物业（06049）	45.48	51.78	45.97	37.64	40.90
时代邻里（09928）	48.29	77.71	66.01	121.68	–
华发物业服务（00982）	108.56	153.11	–42.03	47.16	53.74
宝龙商业（09909）	39.80	51.93	23.91	55.20	35.76
兴业物联（09916）	71.95	72.45	3.21	29.59	–
烨星集团（01941）	96.57	3.65	–14.91	–24.51	–
建业新生活（09983）	63.55	14.37	181.20	67.75	63.86
金融街物业（01502）	–	–799.01	20.67	43.22	–3.26
弘阳服务（01971）	–	13.76	73.78	37.79	101.12
正荣服务（06958）	–	92.39	180.21	59.10	–
卓越商企服务（06989）	–	12.03	61.26	50.22	–
第一服务控股（02107）	–	28.17	48.28	16.59	–
世茂服务（00873）	–	32.65	180.16	72.13	–
合景悠活（03913）	–	82.23	136.48	78.31	–
金科服务（09666）	–	51.65	121.21	69.20	89.03
融创服务（01516）	–	25.81	106.37	125.30	123.96
恒大物业（06666）	–	–31.30	–8.87	–15.11	–
佳源服务（01153）	–	77.62	41.60	47.78	43.93
华润万象生活（01209）	–	10.81	–13.19	128.61	81.84
远洋服务（06677）	–	89.09	63.03	1.44	13.37

9-8 续表 1

单位：%

公司名称	2017 年	2018 年	2019 年	2020 年	2021 年
建发物业（02156）	69.57	34.33	37.82	72.41	60.53
荣万家（02146）	–	84.25	49.66	114.73	–
宋都服务（09608）	–	60.17	57.75	–5.90	–
新希望服务（03658）	–	–	52.92	69.38	59.69
越秀服务（06626）	–	–	63.24	58.41	93.54
中骏商管（00606）	–	–	110.58	108.32	60.44
朗诗绿色生活（01965）	–	–	58.36	18.09	–5.88
领悦服务集团（02165）	–	–	129.48	99.37	–
德信服务集团（02215）	–	–	107.88	233.87	11.81
融信服务（02207）	–	358.57	113.71	22.84	–
康桥悦生活（02205）	–	–	172.93	68.43	–
星盛商业（06668）	–	68.85	23.30	44.09	51.37
京城佳业（02210）	–	–	6.98	52.17	–
力高健康生活（02370）	–	–	160.00	41.03	3.64
方圆生活服务（09978）	–10.00	88.89	2.94	–14.29	–
金茂服务（00816）	–	–	14.81	219.35	139.39
东原仁知服务（02352）	–	–	–48.28	473.33	60.47
德商产投服务（02270）	–	–	–8.82	45.16	–
南都物业（603506）	22.47	28.46	31.91	11.75	20.15
新大正（002968）	151.30	18.28	19.44	25.62	28.17
招商积余（001914）	6.35	305.00	–67.09	49.11	24.38
特发服务（300917）	30.85	42.22	18.28	61.29	8.49

数据来源：企业公告。

9-9　上市物业服务企业 2017—2021 年归属母公司股东的净利润同比增长率

单位：%

公司名称	2017 年	2018 年	2019 年	2020 年	2021 年
彩生活（01778）	70.76	51.26	2.79	0.63	–
中海物业（02669）	29.15	31.07	33.40	30.15	40.55
中奥到家（01538）	1518.60	6.12	12.99	21.13	–19.18
绿城服务（02869）	35.70	24.73	–1.22	48.81	19.12
祈福生活服务（03686）	125.08	29.04	31.82	34.37	–36.99
浦江中国（01417）	15.99	–29.27	–29.93	47.23	47.24
雅生活服务（03319）	80.32	176.48	53.64	42.55	31.58
碧桂园服务（06098）	23.93	129.79	80.97	60.78	50.16
新城悦服务（01755）	69.40	104.88	85.35	60.41	16.15
佳兆业美好（02168）	22.93	–25.10	203.20	35.42	–74.41
旭辉永升服务（01995）	127.51	31.50	122.68	74.39	58.06
奥园健康（03662）	70.10	12.03	107.92	54.10	–
滨江服务（03316）	158.12	22.75	63.42	91.44	46.55
和泓服务（06093）	16.74	–22.79	–18.32	308.59	52.94
鑫苑服务（01895）	167.52	9.61	6.86	61.28	–6.54
银城生活服务（01922）	–12.66	32.73	21.18	103.15	31.82
保利物业（06049）	50.77	49.68	49.34	37.31	25.56
时代邻里（09928）	69.05	87.96	51.62	141.51	32.41
华发物业服务（00982）	101.19	–89.53	–87.54	–61.28	410.95
宝龙商业（09909）	24.87	69.66	33.95	70.80	43.62
兴业物联（09916）	67.85	77.50	2.78	23.68	25.34
烨星集团（01941）	104.45	2.93	–29.95	–19.99	48.38
建业新生活（09983）	112.96	–16.83	1101.55	82.34	45.24
金融街物业（01502）	–	9.61	20.87	–0.74	31.28
弘阳服务（01971）	–	14.90	79.02	18.10	83.45
正荣服务（06958）	–	95.16	165.97	62.92	1.71
卓越商企服务（06989）	–	15.31	41.93	82.06	56.96
第一服务控股（02107）	–	28.31	51.94	22.69	–61.69
世茂服务（00873）	–	34.39	163.02	80.21	63.08
合景悠活（03913）	–	80.49	132.03	74.75	108.88
金科服务（09666）	–	44.36	131.42	68.53	71.45
融创服务（01516）	–	128.84	174.55	131.83	113.86
恒大物业（06666）	–	124.35	289.10	184.66	–
佳源服务（01153）	–	94.98	40.36	30.29	53.58
华润万象生活（01209）	–	8.90	–13.71	124.07	110.95

9-9 续表 1

单位：%

公司名称	2017 年	2018 年	2019 年	2020 年	2021 年
远洋服务（06677）	–	31.67	50.56	24.76	70.40
建发物业（02156）	–	55.56	42.53	55.64	50.19
荣万家（02146）	–	94.90	42.68	132.93	–
宋都服务（09608）	–	49.58	68.23	–7.07	67.27
新希望服务（03658）	–	–	55.58	71.70	51.13
越秀服务（06626）	–	–	100.90	118.04	80.55
中骏商管（00606）	–	–	155.59	122.31	80.19
朗诗绿色生活（01965）	–	–	34.59	92.80	–11.03
领悦服务集团（02165）	–	–	168.85	103.23	8.28
德信服务集团（02215）	–	–	120.90	96.76	1.06
融信服务（02207）	–	418.11	96.59	21.47	36.22
康桥悦生活（02205）	–	–	175.89	46.87	–5.09
星盛商业（06668）	–	61.91	27.75	49.87	45.79
京城佳业（02210）	–	–	2.89	51.60	43.91
力高健康生活（02370）	–	–	163.58	41.96	–18.86
方圆生活服务（09978）	–143.35	553.23	–26.40	–50.76	85.06
金茂服务（00816）	–	–	29.38	240.89	130.77
东原仁知服务（02352）	–	–	–11.57	230.05	51.95
德商产投服务（02270）	–	–	–1.12	38.29	–22.10
南都物业（603506）	18.85	22.69	24.09	21.01	18.06
新大正（002968）	160.45	24.66	18.60	25.61	26.57
招商积余（001914）	–6.74	468.85	–66.59	52.03	17.25
特发服务（300917）	16.89	48.93	26.12	52.01	13.14

数据来源：企业公告。

9-10　上市物业服务企业 2017—2021 年总资产净利率

单位：%

公司名称	2017 年	2018 年	2019 年	2020 年	2021 年
彩生活（01778）	7.39	6.59	5.13	5.10	–
中海物业（02669）	10.01	11.30	13.70	13.35	13.56
中奥到家（01538）	7.75	7.46	6.71	6.63	4.99
绿城服务（02869）	10.38	10.19	6.89	6.58	6.17
祈福生活服务（03686）	17.62	18.21	19.01	20.43	11.13
浦江中国（01417）	11.44	6.72	4.21	4.70	4.80
雅生活服务（03319）	13.14	16.34	14.75	15.02	13.52
碧桂园服务（06098）	13.52	20.52	18.78	12.36	8.23
新城悦服务（01755）	10.42	12.71	15.03	16.41	12.05
佳兆业美好（02168）	5.23	4.77	13.96	13.58	2.71
旭辉永升服务（01995）	12.76	9.16	11.27	10.93	10.34
奥园健康（03662）	15.48	14.55	17.20	12.72	–
滨江服务（03316）	18.52	14.92	13.07	16.23	20.19
和泓服务（06093）	10.09	6.84	4.87	12.25	9.64
鑫苑服务（01895）	19.06	14.55	10.77	12.17	8.94
银城生活服务（01922）	7.80	7.95	6.12	8.03	8.38
保利物业（06049）	11.90	14.08	9.69	7.92	8.22
时代邻里（09928）	5.00	2.81	3.74	11.21	10.41
华发物业服务（00982）	0.15	0.01	0.88	4.41	18.05
宝龙商业（09909）	4.23	6.79	6.78	8.02	9.13
兴业物联（09916）	21.26	21.17	17.24	13.46	11.33
烨星集团（01941）	18.26	15.58	10.19	6.13	6.85
建业新生活（09983）	1.73	1.46	16.79	14.93	13.34
金融街物业（01502）	10.91	11.75	12.13	7.72	7.64
弘阳服务（01971）	20.98	16.46	14.70	8.47	10.44
正荣服务（06958）	2.79	5.02	15.27	13.71	7.77
卓越商企服务（06989）	10.93	10.57	9.08	8.69	10.20
第一服务控股（02107）	7.36	8.37	11.06	9.82	2.76
世茂服务（00873）	5.13	5.50	11.36	9.57	7.58
合景悠活（03913）	3.69	6.60	11.63	10.44	14.62
金科服务（09666）	4.57	4.96	9.11	9.77	11.13
融创服务（01516）	2.07	5.29	13.79	8.22	9.66
恒大物业（06666）	2.88	5.01	13.99	21.60	–
佳源服务（01153）	10.42	8.64	6.69	7.31	9.27
华润万象生活（01209）	10.01	8.79	5.68	6.25	8.48
远洋服务（06677）	8.31	4.90	4.86	7.11	12.69

9–10 续表 1

单位：%

公司名称	2017 年	2018 年	2019 年	2020 年	2021 年
建发物业（02156）	1.93	3.15	4.56	8.01	8.59
荣万家（02146）	2.07	3.56	5.52	14.34	14.37
宋都服务（09608）	13.63	15.29	18.19	13.15	14.20
新希望服务（03658）	–	7.09	6.74	11.50	15.93
越秀服务（06626）	–	1.68	3.22	7.41	9.53
中骏商管（00606）	–	2.05	5.75	14.05	13.44
朗诗绿色生活（01965）	–	2.46	3.38	8.20	7.97
领悦服务集团（02165）	–	7.34	15.23	23.71	16.06
德信服务集团（02215）	–	7.08	12.99	21.85	11.67
融信服务（02207）	4.15	17.50	23.39	21.14	14.25
康桥悦生活（02205）	–	8.72	17.62	13.25	8.24
星盛商业（06668）	–	16.44	22.48	34.44	19.74
京城佳业（02210）	–	–	2.52	3.65	4.85
力高健康生活（02370）	–	–	21.07	15.16	8.57
方圆生活服务（09978）	–6.24	19.44	11.39	5.07	5.99
金茂服务（00816）	–	–	1.15	3.74	10.19
东原仁知服务（02352）	–	–	2.74	10.97	14.72
德商产投服务（02270）	–	–	44.30	35.49	12.25
南都物业（603506）	10.90	8.91	8.15	8.63	8.76
新大正（002968）	22.18	20.05	14.07	11.85	12.39
招商积余（001914）	–0.17	5.09	1.81	2.49	2.74
特发服务（300917）	13.11	17.05	15.90	13.68	9.53

数据来源：企业公告。

9-11　上市物业服务企业2017—2021年净资产收益率

单位：%

公司名称	2017年	2018年	2019年	2020年	2021年
彩生活（01778）	20.17	14.85	14.23	12.21	–
中海物业（02669）	36.68	40.70	40.76	38.22	38.22
中奥到家（01538）	20.62	18.23	17.51	17.62	12.40
绿城服务（02869）	21.31	22.76	18.79	14.84	12.23
祈福生活服务（03686）	23.58	25.14	26.59	28.53	15.21
浦江中国（01417）	26.95	11.51	7.75	11.00	14.50
雅生活服务（03319）	33.08	23.24	21.20	25.90	24.89
碧桂园服务（06098）	32.92	50.14	43.77	26.94	15.89
新城悦服务（01755）	62.66	30.11	31.70	41.02	29.47
佳兆业美好（02168）	26.54	13.18	27.99	23.17	4.57
旭辉永升服务（01995）	37.07	17.58	21.87	19.32	16.82
奥园健康（03662）	73.03	66.18	33.47	26.61	–
滨江服务（03316）	70.28	48.09	25.39	28.09	36.09
和泓服务（06093）	29.69	20.51	11.28	23.90	20.75
鑫苑服务（01895）	50.21	36.06	20.05	19.32	14.36
银城生活服务（01922）	49.02	43.94	34.05	45.51	42.62
保利物业（06049）	63.73	63.42	17.19	12.00	13.05
时代邻里（09928）	147.54	88.68	19.28	17.78	17.38
华发物业服务（00982）	0.20	0.02	1.86	166.04	–
宝龙商业（09909）	137.70	81.73	19.66	16.31	19.01
兴业物联（09916）	34.53	32.87	29.91	20.22	15.88
烨星集团（01941）	76.89	53.30	31.62	13.39	12.36
建业新生活（09983）	–	17.23	96.26	27.87	21.95
金融街物业（01502）	–	37.73	33.86	14.36	12.50
弘阳服务（01971）	–	97.96	45.75	15.53	17.40
正荣服务（06958）	–	115.48	127.24	23.27	12.40
卓越商企服务（06989）	–	56.27	53.04	18.18	15.39
第一服务控股（02107）	–	18.15	27.56	21.15	5.49
世茂服务（00873）	–	17.73	51.92	20.74	15.09
合景悠活（03913）	–	49.81	63.27	19.34	21.01
金科服务（09666）	–	57.18	91.83	16.05	14.22
融创服务（01516）	–	–400.41	137.75	12.45	14.04
恒大物业（06666）	–	35.33	72.72	45.32	–
佳源服务（01153）	–	73.86	39.84	20.06	18.14
华润万象生活（01209）	–	86.21	42.98	12.12	13.09
远洋服务（06677）	–	31.68	44.95	21.06	19.82

9-11 续表 1

单位：%

公司名称	2017 年	2018 年	2019 年	2020 年	2021 年
建发物业（02156）	–	90.20	57.93	36.58	22.52
荣万家（02146）	–	63.70	40.87	52.03	30.73
宋都服务（09608）	–	124.07	77.04	32.77	25.74
新希望服务（03658）	–	11.13	16.14	38.62	30.21
越秀服务（06626）	–	26.59	42.49	45.59	20.28
中骏商管（00606）	–	9.76	22.53	36.11	19.00
朗诗绿色生活（01965）	–	19.31	35.13	68.60	23.82
领悦服务集团（02165）	–	31.30	46.36	66.17	31.15
德信服务集团（02215）	–	22.68	39.61	85.75	21.55
融信服务（02207）	88.54	149.97	91.96	98.90	30.21
康桥悦生活（02205）	–	69.46	135.26	86.84	20.61
星盛商业（06668）	33.52	42.69	76.51	131.67	28.87
京城佳业（02210）	–	9.34	9.18	13.96	15.43
力高健康生活（02370）	–	39.43	68.43	52.95	28.60
方圆生活服务（09978）	–12.11	32.45	18.92	8.12	13.48
金茂服务（00816）	–	21.95	24.13	98.27	145.57
东原仁知服务（02352）	–	43.15	26.64	59.60	63.09
德商产投服务（02270）	–	66.27	73.02	72.61	20.29
南都物业（603506）	26.41	14.37	15.78	16.70	18.36
新大正（002968）	32.06	32.85	13.86	15.43	18.21
招商积余（001914）	3.60	17.69	3.59	5.24	6.05
特发服务（300917）	27.61	28.42	25.67	12.63	13.64

数据来源：企业公告。

9-12　上市物业服务企业 2017—2021 年资产负债率

单位：%

公司名称	2017 年	2018 年	2019 年	2020 年	2021 年
彩生活（01778）	60.80	67.65	56.78	55.77	–
中海物业（02669）	75.79	68.26	64.27	64.74	63.31
中奥到家（01538）	55.78	54.82	61.05	56.93	55.06
绿城服务（02869）	51.89	55.00	65.33	45.62	48.73
祈福生活服务（03686）	28.12	27.15	29.62	27.40	26.34
浦江中国（01417）	41.62	38.11	47.76	49.15	62.15
雅生活服务（03319）	41.29	24.48	30.70	38.05	36.03
碧桂园服务（06098）	55.65	57.81	53.71	48.21	42.57
新城悦服务（01755）	76.76	44.14	56.04	57.47	53.33
佳兆业美好（02168）	74.36	51.99	46.75	35.04	42.04
旭辉永升服务（01995）	65.16	39.54	50.45	35.35	35.43
奥园健康（03662）	80.56	74.89	38.95	58.42	–
滨江服务（03316）	71.45	66.48	39.64	42.88	42.21
和泓服务（06093）	63.75	69.22	46.37	46.64	49.92
鑫苑服务（01895）	60.64	58.66	37.73	36.21	38.71
银城生活服务（01922）	82.61	81.10	82.47	80.07	75.96
保利物业（06049）	81.05	72.84	32.34	33.86	38.15
时代邻里（09928）	95.02	97.05	40.09	33.49	40.85
华发物业服务（00982）	34.61	37.31	69.65	135.04	114.68
宝龙商业（09909）	94.49	89.44	48.65	52.09	51.29
兴业物联（09916）	33.79	36.84	47.22	26.48	30.39
烨星集团（01941）	76.16	66.35	69.26	45.45	43.66
建业新生活（09983）	92.57	92.65	73.92	36.06	39.32
金融街物业（01502）	66.66	69.01	59.20	37.25	38.06
弘阳服务（01971）	87.44	81.00	59.72	34.96	39.51
正荣服务（06958）	98.01	93.65	75.80	29.97	41.50
卓越商企服务（06989）	78.54	73.73	82.14	33.95	31.66
第一服务控股（02107）	53.43	49.25	61.58	44.36	50.40
世茂服务（00873）	81.08	60.95	93.46	38.19	50.97
合景悠活（03913）	89.97	83.57	79.75	29.21	29.71
金科服务（09666）	89.76	92.10	87.66	15.20	25.95
融创服务（01516）	103.56	98.50	78.08	24.87	35.60
恒大物业（06666）	84.97	86.36	76.20	41.78	–
佳源服务（01153）	102.30	84.53	81.01	44.93	48.87
华润万象生活（01209）	91.90	88.39	85.47	34.67	35.67
远洋服务（06677）	70.28	87.79	89.41	33.67	36.42

9-12　续表 1　　单位：%

公司名称	2017 年	2018 年	2019 年	2020 年	2021 年
建发物业（02156）	96.81	95.90	88.58	62.20	60.53
荣万家（02146）	96.49	90.96	79.17	65.88	46.88
宋都服务（09608）	74.85	95.38	61.08	58.29	36.48
新希望服务（03658）	–	36.42	67.88	75.42	35.99
越秀服务（06626）	–	93.20	90.96	68.45	39.77
中骏商管（00606）	–	78.85	68.14	51.89	20.15
朗诗绿色生活（01965）	–	86.13	93.61	79.16	56.88
领悦服务集团（02165）	–	70.68	55.30	61.38	36.09
德信服务集团（02215）	–	67.66	66.49	80.13	30.55
融信服务（02207）	96.44	83.94	71.68	86.90	39.77
康桥悦生活（02205）	–	87.41	85.29	81.47	38.20
星盛商业（06668）	59.56	52.22	87.92	63.00	20.50
京城佳业（02210）	–	69.19	68.79	73.83	61.54
力高健康生活（02370）	–	71.11	62.70	66.75	58.33
方圆生活服务（09978）	39.35	40.60	38.88	35.40	54.85
金茂服务（00816）	–	95.90	94.57	97.70	84.99
东原仁知服务（02352）	–	93.97	83.45	78.92	73.23
德商产投服务（02270）	–	33.55	45.33	53.43	33.16
南都物业（603506）	64.89	51.86	54.45	52.17	54.48
新大正（002968）	42.81	45.96	24.15	30.77	32.08
招商积余（001914）	75.94	63.09	51.51	49.09	48.85
特发服务（300917）	53.85	47.79	44.83	26.50	35.45

数据来源：企业公告。

9-13　上市物业服务企业2017—2021年流动比率

单位：%

公司名称	2017年	2018年	2019年	2020年	2021年
彩生活（01778）	1.64	1.26	1.34	1.24	–
中海物业（02669）	1.36	1.36	1.47	1.45	1.48
中奥到家（01538）	1.40	1.26	1.12	1.09	1.28
绿城服务（02869）	1.37	1.31	1.25	1.84	1.60
祈福生活服务（03686）	3.45	3.63	3.47	3.20	3.93
浦江中国（01417）	2.00	2.18	1.42	1.25	1.27
雅生活服务（03319）	1.38	3.47	2.55	1.87	1.98
碧桂园服务（06098）	1.75	1.49	1.59	1.64	1.26
新城悦服务（01755）	1.22	2.20	1.69	1.61	1.62
佳兆业美好（02168）	1.33	1.97	1.99	2.78	1.89
旭辉永升服务（01995）	1.39	2.41	1.52	2.48	2.19
奥园健康（03662）	1.21	1.26	1.97	1.42	–
滨江服务（03316）	1.34	1.46	2.28	2.13	2.08
和泓服务（06093）	1.31	1.25	1.76	1.72	1.22
鑫苑服务（01895）	1.63	1.39	2.36	2.56	2.01
银城生活服务（01922）	1.26	1.07	1.12	1.13	1.14
保利物业（06049）	1.17	1.25	3.01	2.84	2.42
时代邻里（09928）	0.84	1.66	2.15	2.24	1.94
华发物业服务（00982）	2.01	2.05	1.21	0.65	0.79
宝龙商业（09909）	0.78	0.91	2.15	2.20	2.26
兴业物联（09916）	2.94	2.70	2.11	3.91	3.38
烨星集团（01941）	1.29	1.48	1.39	2.08	1.89
建业新生活（09983）	2.35	1.66	1.34	2.74	2.51
金融街物业（01502）	1.40	1.35	1.63	2.68	2.60
弘阳服务（01971）	1.06	1.18	1.57	2.70	1.96
正荣服务（06958）	3.28	2.75	1.08	3.26	1.64
卓越商企服务（06989）	1.17	1.26	1.05	3.49	3.06
第一服务控股（02107）	1.66	1.66	1.51	2.16	1.67
世茂服务（00873）	1.71	1.82	0.94	2.09	1.66
合景悠活（03913）	1.10	1.17	1.11	3.15	1.89
金科服务（09666）	1.15	1.14	1.19	6.56	3.76
融创服务（01516）	0.92	0.97	1.21	3.73	2.25
恒大物业（06666）	1.15	1.13	1.29	2.37	–
佳源服务（01153）	0.92	1.15	1.14	2.07	1.85
华润万象生活（01209）	0.87	0.91	1.00	3.23	2.64
远洋服务（06677）	1.31	0.73	0.67	2.69	2.57

9-13 续表 1

单位：%

公司名称	2017 年	2018 年	2019 年	2020 年	2021 年
建发物业（02156）	4.93	3.94	3.18	1.56	1.60
荣万家（02146）	1.06	1.10	1.21	1.46	2.00
宋都服务（09608）	1.51	0.85	1.44	1.54	2.59
新希望服务（03658）	–	2.76	3.39	1.23	2.88
越秀服务（06626）	–	1.73	1.60	1.21	3.01
中骏商管（00606）	–	1.25	1.44	1.88	4.93
朗诗绿色生活（01965）	–	2.68	1.76	1.22	1.68
领悦服务集团（02165）	–	1.24	1.49	1.36	2.56
德信服务集团（02215）	–	1.20	1.35	1.19	3.20
融信服务（02207）	1.00	1.15	1.37	1.12	2.50
康桥悦生活（02205）	–	1.11	1.13	1.69	2.41
星盛商业（06668）	1.80	2.15	1.17	1.77	5.73
京城佳业（02210）	–	1.22	1.19	1.24	1.52
力高健康生活（02370）	–	1.37	1.56	1.23	1.28
方圆生活服务（09978）	2.55	2.48	2.71	3.05	1.62
金茂服务（00816）	–	1.09	1.09	1.11	1.11
东原仁知服务（02352）	–	1.12	1.18	1.00	1.13
德商产投服务（02270）	–	2.92	2.18	1.71	2.89
南都物业（603506）	1.30	1.58	1.41	1.33	1.69
新大正（002968）	1.75	1.81	3.56	2.64	2.62
招商积余（001914）	1.15	1.51	1.43	0.97	1.27
特发服务（300917）	1.36	1.69	1.91	3.58	2.72

数据来源：企业公告。

9-14 上市物业服务企业 2017—2021 年总资产周转率

单位：%

公司名称	2017 年	2018 年	2019 年	2020 年	2021 年
彩生活（01778）	0.38	0.49	0.40	0.37	–
中海物业（02669）	1.10	1.17	1.39	1.25	1.30
中奥到家（01538）	0.84	0.79	0.94	0.88	0.89
绿城服务（02869）	1.38	1.41	1.24	0.94	0.92
祈福生活服务（03686）	1.14	0.86	0.79	0.67	0.59
浦江中国（01417）	1.16	1.04	1.14	1.37	1.10
雅生活服务（03319）	0.80	0.69	0.61	0.86	0.82
碧桂园服务（06098）	1.05	1.04	1.08	0.72	0.59
新城悦服务（01755）	1.23	0.97	1.08	1.04	1.00
佳兆业美好（02168）	0.49	0.80	1.07	1.06	1.27
旭辉永升服务（01995）	1.21	0.98	0.95	0.87	0.79
奥园健康（03662）	0.97	1.15	0.95	0.72	–
滨江服务（03316）	1.12	1.08	0.80	0.71	0.88
和泓服务（06093）	0.90	0.91	0.88	0.90	0.86
鑫苑服务（01895）	0.81	0.75	0.71	0.61	0.56
银城生活服务（01922）	1.16	1.36	1.29	1.15	1.28
保利物业（06049）	1.76	1.81	1.18	0.94	1.05
时代邻里（09928）	0.77	0.31	0.42	0.85	0.92
华发物业服务（00982）	0.83	0.78	1.08	1.30	1.49
宝龙商业（09909）	0.52	0.61	0.62	0.50	0.51
兴业物联（09916）	0.84	0.81	0.90	0.66	0.59
烨星集团（01941）	0.97	1.06	1.08	0.77	0.75
建业新生活（09983）	0.34	0.52	1.26	0.93	0.78
金融街物业（01502）	2.08	1.18	1.15	0.84	0.73
弘阳服务（01971）	3.76	1.74	1.25	0.93	0.92
正荣服务（06958）	0.75	0.58	1.04	0.88	0.60
卓越商企服务（06989）	1.90	1.03	0.93	0.67	0.69
第一服务控股（02107）	1.41	0.81	0.89	0.80	0.87
世茂服务（00873）	0.98	0.50	0.74	0.69	0.57
合景悠活（03913）	0.77	0.55	0.71	0.49	0.71
金科服务（09666）	0.84	0.46	0.57	0.53	0.63
融创服务（01516）	1.07	0.99	1.44	0.61	0.60
恒大物业（06666）	2.38	1.24	1.10	0.86	–
佳源服务（01153）	2.38	0.80	0.61	0.69	0.76
华润万象生活（01209）	1.61	0.92	0.91	0.52	0.44
远洋服务（06677）	1.93	0.58	0.43	0.56	0.86

9–14　续表 1　　单位：%

公司名称	2017 年	2018 年	2019 年	2020 年	2021 年
建发物业（02156）	0.56	0.40	0.54	0.78	0.84
荣万家（02146）	0.70	0.42	0.63	0.98	0.89
宋都服务（09608）	1.64	0.97	1.15	1.03	0.82
新希望服务（03658）	–	0.89	0.40	0.62	0.89
越秀服务（06626）	–	0.56	0.32	0.43	0.51
中骏商管（00606）	–	0.59	0.47	0.73	0.59
朗诗绿色生活（01965）	–	0.60	0.43	0.75	1.01
领悦服务集团（02165）	–	2.08	1.33	1.56	1.23
德信服务集团（02215）	–	2.52	1.35	1.56	1.04
融信服务（02207）	3.36	2.14	1.70	1.86	1.26
康桥悦生活（02205）	–	1.83	1.06	0.86	0.77
星盛商业（06668）	–	0.82	1.04	1.20	0.61
京城佳业（02210）	–	–	0.69	0.69	0.72
力高健康生活（02370）	–	–	1.37	0.85	0.95
方圆生活服务（09978）	1.56	1.48	1.32	1.29	1.70
金茂服务（00816）	–	–	0.40	0.46	0.87
东原仁知服务（02352）	–	–	0.60	0.99	1.36
德商产投服务（02270）	–	–	0.99	1.07	0.93
南都物业（603506）	1.18	0.98	0.84	0.84	0.82
新大正（002968）	2.39	2.01	1.41	1.18	1.55
招商积余（001914）	0.29	0.41	0.41	0.53	0.64
特发服务（300917）	1.81	2.16	2.10	1.40	1.37

数据来源：企业公告。

9-15　上市物业服务企业2017—2021年存货周转率

单位：%

公司名称	2017年	2018年	2019年	2020年	2021年
彩生活（01778）	182.95	389.76	597.66	645.59	-
中海物业（02669）	523.59	141.26	19.21	10.44	10.00
中奥到家（01538）	866.05	663.60	614.39	186.65	121.89
绿城服务（02869）	60.89	26.31	22.37	23.96	26.26
祈福生活服务（03686）	16.79	15.49	25.18	20.07	14.29
浦江中国（01417）	2836.69	1705.38	1802.47	3307.22	-
雅生活服务（03319）	56.18	128.08	235.50	451.92	541.72
碧桂园服务（06098）	361.76	399.60	588.56	136.56	115.01
新城悦服务（01755）	62.10	131.21	148.22	141.05	131.30
佳兆业美好（02168）	-	-	-	-	-
旭辉永升服务（01995）	23.18	2871.92	-	-	958.85
奥园健康（03662）	2725.30	4824.49	1544.51	1410.52	-
滨江服务（03316）	703.34	923.59	29.82	15.52	12.01
和泓服务（06093）	6336.88	3129.52	1886.69	1880.04	2823.58
鑫苑服务（01895）	-	-	-	-	-
银城生活服务（01922）	302.08	533.70	776.96	278.81	230.90
保利物业（06049）	2086.74	100.07	84.74	134.94	173.29
时代邻里（09928）	169.23	281.17	294.23	412.08	1089.94
华发物业服务（00982）	-	-	611.42	523.09	133.20
宝龙商业（09909）	-	-	-	-	-
兴业物联（09916）	-	554.48	850.56	-	-
烨星集团（01941）	-	-	-	-	-
建业新生活（09983）	-	-	227.48	254.89	182.61
金融街物业（01502）	-	-	-	-	-
弘阳服务（01971）	18099.18	12139.52	13909.11	19086.69	168.98
正荣服务（06958）	-	-	-	-	-
卓越商企服务（06989）	-	-	-	805.75	513.19
第一服务控股（02107）	481.88	230.45	247.44	577.18	986.80
世茂服务（00873）	-	-	5.97	12.68	22.29
合景悠活（03913）	-	-	-	-	-
金科服务（09666）	267.63	292.97	316.35	213.90	210.73
融创服务（01516）	33.27	38.85	32.69	54.32	109.46
恒大物业（06666）	-	-	-	-	-
佳源服务（01153）	1025.15	1660.26	676.17	619.80	1088.86
华润万象生活（01209）	73.63	52.70	46.53	32.81	36.61
远洋服务（06677）	14.78	13.29	11.03	11.73	14.31

9-15 续表 1

单位：%

公司名称	2017 年	2018 年	2019 年	2020 年	2021 年
建发物业（02156）	437.16	409.75	250.02	279.76	162.13
荣万家（02146）	31.19	41.62	62.91	57.50	–
宋都服务（09608）	–	3532.37	1013.54	735.99	755.42
新希望服务（03658）	–	1783.55	3508.56	1993.51	1937.39
越秀服务（06626）	–	978.01	1033.09	964.99	1302.24
中骏商管（00606）	–	–	–	–	–
朗诗绿色生活（01965）	–	422.00	287.55	244.07	359.40
领悦服务集团（02165）	–	–	–	131.50	179.16
德信服务集团（02215）	–	50.79	27.18	31.75	74.71
融信服务（02207）	–	–	–	–	–
康桥悦生活（02205）	–	–	–	–	–
星盛商业（06668）	–	–	–	–	–
京城佳业（02210）	–	–	–	217.08	151.47
力高健康生活（02370）	–	–	–	–	–
方圆生活服务（09978）	–	–	–	–	–
金茂服务（00816）	–	71.79	107.09	132.70	215.08
东原仁知服务（02352）	–	4.21	6.61	9.87	16.79
德商产投服务（02270）	–	–	–	–	–
南都物业（603506）	1131.67	1184.04	140.91	92.61	108.40
新大正（002968）	1549.00	1516.01	1617.22	697.27	–
招商积余（001914）	0.81	1.55	2.89	4.62	–
特发服务（300917）	163.96	236.93	269.75	266.72	–

数据来源：企业公告。

9-16 上市物业服务企业 2017—2021 年净利润 / 营业总收入

单位：%

公司名称	2017 年	2018 年	2019 年	2020 年	2021 年
彩生活（01778）	21.53	14.34	13.93	15.07	–
中海物业（02669）	9.15	9.78	9.96	10.81	10.45
中奥到家（01538）	10.16	10.45	8.81	8.60	7.05
绿城服务（02869）	7.63	6.94	5.50	7.33	7.09
祈福生活服务（03686）	15.71	21.27	24.16	30.58	18.83
浦江中国（01417）	9.96	6.69	4.25	4.84	5.98
雅生活服务（03319）	17.05	24.01	25.19	19.68	18.22
碧桂园服务（06098）	14.11	19.98	17.82	17.83	15.08
新城悦服务（01755）	10.59	14.19	14.91	17.06	12.84
佳兆业美好（02168）	10.68	5.97	13.24	13.27	2.55
旭辉永升服务（01995）	10.54	9.32	13.26	14.19	14.73
奥园健康（03662）	16.04	12.65	18.11	17.97	–
滨江服务（03316）	16.48	13.82	16.37	22.94	23.23
和泓服务（06093）	11.16	7.52	5.56	14.42	14.17
鑫苑服务（01895）	23.40	19.34	15.34	20.17	16.11
银城生活服务（01922）	6.48	5.79	4.78	7.30	7.02
保利物业（06049）	6.93	7.95	8.43	8.66	8.08
时代邻里（09928）	6.58	9.22	8.82	13.47	12.29
华发物业服务（00982）	0.18	0.91	1.15	2.22	12.18
宝龙商业（09909）	8.08	11.11	11.02	16.00	17.80
兴业物联（09916）	25.34	26.11	19.10	20.41	19.36
烨星集团（01941）	18.57	14.82	9.46	7.94	9.27
建业新生活（09983）	–0.75	–2.56	12.98	16.60	18.16
金融街物业（01502）	10.92	10.46	11.37	10.23	11.42
弘阳服务（01971）	11.17	9.45	11.35	9.55	12.24
正荣服务（06958）	7.44	8.66	15.24	15.88	13.30
卓越商企服务（06989）	14.40	12.80	12.72	14.10	15.79
第一服务控股（02107）	11.03	10.68	13.42	13.20	3.00
世茂服务（00873）	10.43	11.00	15.45	14.41	14.68
合景悠活（03913）	9.53	12.09	16.45	21.33	21.02
金科服务（09666）	10.86	10.76	16.08	18.85	18.04
融创服务（01516）	3.86	5.34	9.55	13.54	17.19
恒大物业（06666）	2.42	4.05	12.69	25.19	–
佳源服务（01153）	8.75	10.80	11.04	11.38	12.70
华润万象生活（01209）	12.41	9.54	6.22	12.06	19.45
远洋服务（06677）	8.66	8.94	11.22	12.98	14.88

9-16 续表 1

单位：%

公司名称	2017 年	2018 年	2019 年	2020 年	2021 年
建发物业（02156）	7.26	7.97	8.52	10.39	10.34
荣万家（02146）	5.91	8.52	8.82	14.60	–
宋都服务（09608）	16.63	15.71	15.84	12.80	17.36
新希望服务（03658）	–	15.92	16.83	18.66	17.93
越秀服务（06626）	–	6.20	10.40	17.44	19.27
中骏商管（00606）	–	8.78	13.45	20.18	23.26
朗诗绿色生活（01965）	–	9.98	7.93	10.91	7.91
领悦服务集团（02165）	–	8.33	12.63	16.41	13.89
德信服务集团（02215）	–	5.65	9.86	15.28	12.64
融信服务（02207）	2.47	8.17	13.79	11.34	12.06
康桥悦生活（02205）	–	9.48	16.58	15.95	11.30
星盛商业（06668）	17.31	23.71	24.68	28.87	32.14
京城佳业（02210）	–	4.51	4.89	6.31	6.87
力高健康生活（02370）	–	8.95	16.49	19.86	11.33
方圆生活服务（09978）	–3.99	13.16	8.75	4.22	5.12
金茂服务（00816）	–	3.04	2.87	8.17	11.81
东原仁知服务（02352）	–	7.51	4.58	11.02	10.93
德商产投服务（02270）	–	49.08	44.91	33.54	13.00
南都物业（603506）	9.20	9.06	9.67	10.28	10.64
新大正（002968）	9.29	10.00	9.97	10.01	7.97
招商积余（001914）	–0.59	12.38	4.44	4.73	4.27
特发服务（300917）	7.22	7.91	7.59	9.77	6.93

数据来源：企业公告。

9-17　上市物业服务企业2017—2021年营业总成本/营业总收入

单位：%

公司名称	2017年	2018年	2019年	2020年	2021年
彩生活（01778）	55.14	64.51	64.75	66.42	–
中海物业（02669）	76.10	79.57	80.05	81.73	82.61
中奥到家（01538）	69.63	72.42	73.45	74.80	76.90
绿城服务（02869）	81.59	82.15	81.97	80.97	81.45
祈福生活服务（03686）	58.51	51.35	55.56	56.35	54.83
浦江中国（01417）	81.59	82.82	84.60	84.65	85.70
雅生活服务（03319）	66.46	61.80	63.28	70.35	72.52
碧桂园服务（06098）	66.83	62.32	68.35	66.03	69.27
新城悦服务（01755）	72.04	70.52	70.36	69.27	69.17
佳兆业美好（02168）	69.47	69.07	70.01	69.50	70.41
旭辉永升服务（01995）	74.78	71.28	70.42	68.60	72.36
奥园健康（03662）	65.95	66.27	62.58	65.81	–
滨江服务（03316）	74.21	73.51	71.93	69.04	67.86
和泓服务（06093）	66.27	64.14	66.11	64.19	65.55
鑫苑服务（01895）	65.91	66.04	62.21	60.58	65.44
银城生活服务（01922）	83.30	85.48	83.92	83.12	83.78
保利物业（06049）	82.08	79.87	79.71	81.35	81.32
时代邻里（09928）	75.05	72.62	71.77	69.80	72.72
华发物业服务（00982）	54.36	54.40	56.61	72.10	72.90
宝龙商业（09909）	73.96	72.85	73.56	69.05	66.65
兴业物联（09916）	49.77	52.47	57.28	59.31	66.69
烨星集团（01941）	64.59	67.46	65.47	75.72	73.39
建业新生活（09983）	77.14	76.85	67.15	67.58	67.12
金融街物业（01502）	80.76	81.53	80.80	78.42	80.10
弘阳服务（01971）	77.43	80.01	74.66	72.09	71.65
正荣服务（06958）	74.23	73.49	65.86	65.23	67.95
卓越商企服务（06989）	75.35	75.94	76.39	73.71	72.32
第一服务控股（02107）	67.48	66.71	65.18	65.36	70.05
世茂服务（00873）	72.48	70.64	66.33	68.61	70.69
合景悠活（03913）	77.50	72.24	62.68	57.91	62.34
金科服务（09666）	73.21	74.35	72.69	70.31	69.06
融创服务（01516）	79.01	76.98	74.52	72.41	68.48
恒大物业（06666）	90.16	87.75	76.07	61.88	–
佳源服务（01153）	78.18	76.18	76.11	69.58	68.54
华润万象生活（01209）	86.98	84.98	83.94	73.05	68.92
远洋服务（06677）	79.28	79.94	79.41	74.73	72.19

9-17 续表 1

单位：%

公司名称	2017 年	2018 年	2019 年	2020 年	2021 年
建发物业（02156）	73.83	76.85	77.11	75.53	74.99
荣万家（02146）	83.05	82.81	81.72	71.92	–
宋都服务（09608）	70.25	71.74	70.84	69.67	63.78
新希望服务（03658）	–	57.39	58.09	57.95	59.28
越秀服务（06626）	–	74.11	72.84	65.47	65.03
中骏商管（00606）	–	65.45	63.05	55.72	52.78
朗诗绿色生活（01965）	–	73.35	76.64	73.25	74.76
领悦服务集团（02165）	–	73.08	69.20	66.18	71.35
德信服务集团（02215）	–	76.09	71.74	65.95	65.64
融信服务（02207）	77.45	72.52	67.74	71.17	71.90
康桥悦生活（02205）	–	76.42	69.40	69.33	73.98
星盛商业（06668）	50.11	48.29	48.21	43.74	42.25
京城佳业（02210）	–	79.16	80.18	79.23	77.74
力高健康生活（02370）	–	78.99	69.08	65.34	67.33
方圆生活服务（09978）	0.00	0.00	0.00	0.00	75.74
金茂服务（00816）	–	79.98	80.78	75.13	68.99
东原仁知服务（02352）	–	77.09	76.27	71.83	74.11
德商产投服务（02270）	–	40.35	48.12	51.01	59.17
南都物业（603506）	88.33	90.32	88.34	88.17	77.23
新大正（002968）	88.81	88.77	88.81	89.67	81.33
招商积余（001914）	107.65	100.71	93.65	94.33	86.24
特发服务（300917）	89.90	88.99	90.39	87.98	83.25

数据来源：企业公告。

9-18　2021年香港上市物业服务企业营业收入

单位：亿元人民币

公司名称	2021年年中	2021年年末
彩生活（01778）	17.92	-
中海物业（02669）	34.94	76.79
中奥到家（01538）	9.32	18.74
绿城服务（02869）	55.96	125.66
祈福生活服务（03686）	2.12	4.31
浦江中国（01417）	4.30	8.86
雅生活服务（03319）	62.47	140.80
碧桂园服务（06098）	115.60	288.43
新城悦服务（01755）	18.77	43.51
佳兆业美好（02168）	13.25	26.66
旭辉永升服务（01995）	20.59	47.03
奥园健康（03662）	10.03	-
滨江服务（03316）	5.91	13.99
和泓服务（06093）	3.08	7.67
鑫苑服务（01895）	3.37	7.70
银城生活服务（01922）	5.88	13.51
保利物业（06049）	51.53	107.83
时代邻里（09928）	11.62	27.20
华发物业服务（00982）	5.42	12.60
宝龙商业（09909）	11.71	24.64
兴业物联（09916）	1.33	2.82
烨星集团（01941）	1.59	3.37
建业新生活（09983）	15.64	35.99
金融街物业（01502）	6.04	13.20
弘阳服务（01971）	5.29	11.30
正荣服务（06958）	6.84	13.36
卓越商企服务（06989）	16.53	34.67
第一服务控股（02107）	5.09	11.20
世茂服务（00873）	42.34	84.26
合景悠活（03913）	12.29	32.55
金科服务（09666）	25.86	59.68
融创服务（01516）	33.19	79.04
恒大物业（06666）	78.73	-
佳源服务（01153）	3.87	8.21
华润万象生活（01209）	40.14	88.75
远洋服务（06677）	13.85	29.66

9-18 续表 1

单位：亿元人民币

公司名称	2021 年年中	2021 年年末
建发物业（02156）	6.65	15.57
荣万家（02146）	12.91	-
宋都服务（09608）	1.39	3.16
新希望服务（03658）	4.03	9.25
越秀服务（06626）	9.58	19.18
中骏商管（00606）	5.79	12.30
朗诗绿色生活（01965）	3.23	7.37
领悦服务集团（02165）	2.55	5.41
德信服务集团（02215）	4.56	8.70
融信服务（02207）	4.89	9.91
康桥悦生活（02205）	3.97	7.84
星盛商业（06668）	2.57	5.72
京城佳业（02210）	-	12.25
力高健康生活（02370）	1.74	3.54
方圆生活服务（09978）	2.64	5.71
金茂服务（00816）	-	15.16
东原仁知服务（02352）	-	11.93
德商产投服务（02270）	-	2.53

数据来源：企业公告。

9-19 2021 年 A 股上市物业服务企业营业总收入

单位：亿元人民币

企业名称	2021 年第一季度	2021 年第二季度	2021 年第三季度	2021 年第四季度
南都物业（603506）	3.74	7.64	11.70	15.93
新大正（002968）	4.26	8.96	14.43	20.88
招商积余（001914）	22.11	47.79	75.91	105.91
特发服务（300917）	3.83	7.73	12.22	16.91

数据来源：企业公告。

9-20　2021年香港上市物业服务企业毛利润

单位：亿元人民币

公司名称	2021年年中	2021年年末
彩生活（01778）	5.84	–
中海物业（02669）	5.61	13.35
中奥到家（01538）	2.43	4.33
绿城服务（02869）	11.23	23.31
祈福生活服务（03686）	0.87	1.95
浦江中国（01417）	0.60	1.27
雅生活服务（03319）	18.74	38.69
碧桂园服务（06098）	38.60	88.64
新城悦服务（01755）	5.75	13.42
佳兆业美好（02168）	4.32	7.89
旭辉永升服务（01995）	6.16	13.00
奥园健康（03662）	3.47	–
滨江服务（03316）	1.95	4.50
和泓服务（06093）	1.11	2.64
鑫苑服务（01895）	1.21	2.66
银城生活服务（01922）	0.98	2.19
保利物业（06049）	10.31	20.15
时代邻里（09928）	3.50	7.42
华发物业服务（00982）	1.60	3.41
宝龙商业（09909）	3.83	8.22
兴业物联（09916）	0.52	0.94
烨星集团（01941）	0.52	0.90
建业新生活（09983）	5.02	11.83
金融街物业（01502）	1.34	2.63
弘阳服务（01971）	1.53	3.20
正荣服务（06958）	2.38	4.28
卓越商企服务（06989）	4.89	9.60
第一服务控股（02107）	1.71	3.35
世茂服务（00873）	12.55	24.70
合景悠活（03913）	5.43	12.26
金科服务（09666）	8.40	18.46
融创服务（01516）	10.29	24.91
恒大物业（06666）	29.39	–
佳源服务（01153）	1.22	2.58
华润万象生活（01209）	12.93	27.59
远洋服务（06677）	4.41	8.25

9-20 续表 1

单位：亿元人民币

公司名称	2021 年年中	2021 年年末
建发物业（02156）	1.76	3.89
荣万家（02146）	4.50	-
宋都服务（09608）	0.48	1.15
新希望服务（03658）	1.72	3.77
越秀服务（06626）	3.43	6.71
中骏商管（00606）	2.86	5.81
朗诗绿色生活（01965）	0.76	1.86
领悦服务集团（02165）	0.80	1.55
德信服务集团（02215）	1.66	2.99
融信服务（02207）	1.44	2.78
康桥悦生活（02205）	1.12	2.04
星盛商业（06668）	1.46	3.30
京城佳业（02210）	-	2.73
力高健康生活（02370）	0.60	1.16
方圆生活服务（09978）	0.54	1.39
金茂服务（00816）	-	4.70
东原仁知服务（02352）	-	3.09
德商产投服务（02270）	-	1.03

数据来源：企业公告。

9-21 2021 年 A 股上市物业服务企业毛利润

单位：亿元人民币

企业名称	2021 年第一季度	2021 年第二季度	2021 年第三季度	2021 年第四季度
南都物业（603506）	0.95	1.81	2.84	3.63
新大正（002968）	0.84	1.73	2.63	3.90
招商积余（001914）	2.92	6.47	9.72	14.58
特发服务（300917）	0.63	1.28	1.97	2.83

数据来源：企业公告。

9-22　2021 年香港上市物业服务企业营业利润

单位：亿元人民币

公司名称	2021 年年中	2021 年年末
彩生活（01778）	4.12	–
中海物业（02669）	3.32	8.02
中奥到家（01538）	1.17	–
绿城服务（02869）	5.28	9.60
祈福生活服务（03686）	0.61	1.27
浦江中国（01417）	0.15	–
雅生活服务（03319）	14.29	32.29
碧桂园服务（06098）	25.29	54.48
新城悦服务（01755）	3.97	7.51
佳兆业美好（02168）	3.10	–
旭辉永升服务（01995）	3.75	9.57
奥园健康（03662）	2.55	–
滨江服务（03316）	1.72	–
和泓服务（06093）	0.49	–
鑫苑服务（01895）	0.89	1.94
银城生活服务（01922）	0.67	–
保利物业（06049）	5.75	9.68
时代邻里（09928）	2.22	–
华发物业服务（00982）	0.95	1.84
宝龙商业（09909）	2.84	5.77
兴业物联（09916）	0.35	–
烨星集团（01941）	0.32	0.45
建业新生活（09983）	3.30	9.16
金融街物业（01502）	1.11	1.78
弘阳服务（01971）	0.87	1.79
正荣服务（06958）	1.39	2.66
卓越商企服务（06989）	3.86	7.78
第一服务控股（02107）	0.82	–
世茂服务（00873）	7.92	–
合景悠活（03913）	3.97	–
金科服务（09666）	6.49	13.61
融创服务（01516）	6.94	18.32
恒大物业（06666）	24.98	–
佳源服务（01153）	0.88	1.54
华润万象生活（01209）	8.77	18.73
远洋服务（06677）	3.30	5.51

9-22 续表 1

单位：亿元人民币

公司名称	2021 年年中	2021 年年末
建发物业（02156）	1.05	1.83
荣万家（02146）	3.35	-
宋都服务（09608）	0.31	-
新希望服务（03658）	0.71	2.06
越秀服务（06626）	2.55	5.09
中骏商管（00606）	2.04	3.61
朗诗绿色生活（01965）	0.24	0.80
领悦服务集团（02165）	0.46	-
德信服务集团（02215）	0.92	1.42
融信服务（02207）	0.93	-
康桥悦生活（02205）	0.78	-
星盛商业（06668）	1.13	2.77
京城佳业（02210）	-	-
力高健康生活（02370）	0.28	0.57
方圆生活服务（09978）	0.16	-
金茂服务（00816）	-	2.37
东原仁知服务（02352）	-	1.38
德商产投服务（02270）	-	-

数据来源：企业公告。

9-23 2021 年 A 股上市物业服务企业营业利润

单位：亿元人民币

企业名称	2021 年第一季度	2021 年第二季度	2021 年第三季度	2021 年第四季度
南都物业（603506）	0.48	1.28	1.85	2.35
新大正（002968）	0.42	0.86	1.37	1.99
招商积余（001914）	1.62	3.62	5.50	7.45
特发服务（300917）	0.38	0.77	1.15	1.56

数据来源：企业公告。

9-24　2021 年香港上市物业服务企业净利润

单位：亿元人民币

公司名称	2021 年年中	2021 年年末
彩生活（01778）	2.50	–
中海物业（02669）	3.20	6.54
中奥到家（01538）	0.69	1.06
绿城服务（02869）	5.47	8.46
祈福生活服务（03686）	0.41	0.81
浦江中国（01417）	0.23	0.39
雅生活服务（03319）	11.42	23.08
碧桂园服务（06098）	21.13	40.33
新城悦服务（01755）	2.86	5.25
佳兆业美好（02168）	2.09	0.57
旭辉永升服务（01995）	2.83	6.17
奥园健康（03662）	1.78	–
滨江服务（03316）	1.45	3.22
和泓服务（06093）	0.35	0.86
鑫苑服务（01895）	0.64	1.23
银城生活服务（01922）	0.40	0.89
保利物业（06049）	4.91	8.46
时代邻里（09928）	1.53	3.08
华发物业服务（00982）	0.68	1.25
宝龙商业（09909）	2.03	4.38
兴业物联（09916）	0.37	0.55
烨星集团（01941）	0.27	0.31
建业新生活（09983）	2.60	6.20
金融街物业（01502）	0.76	1.38
弘阳服务（01971）	0.60	1.28
正荣服务（06958）	1.01	1.75
卓越商企服务（06989）	2.71	5.10
第一服务控股（02107）	0.65	0.35
世茂服务（00873）	5.78	11.10
合景悠活（03913）	3.15	6.75
金科服务（09666）	5.30	10.57
融创服务（01516）	6.06	12.76
恒大物业（06666）	19.35	–
佳源服务（01153）	0.60	1.00
华润万象生活（01209）	8.06	17.25
远洋服务（06677）	2.61	4.39

9-24 续表 1

单位：亿元人民币

公司名称	2021 年年中	2021 年年末
建发物业（02156）	0.87	1.59
荣万家（02146）	2.47	-
宋都服务（09608）	0.23	0.55
新希望服务（03658）	0.59	1.66
越秀服务（06626）	1.78	3.60
中骏商管（00606）	1.51	2.81
朗诗绿色生活（01965）	0.14	0.58
领悦服务集团（02165）	0.36	0.71
德信服务集团（02215）	0.65	0.98
融信服务（02207）	0.66	1.12
康桥悦生活（02205）	0.51	0.84
星盛商业（06668）	0.83	1.85
京城佳业（02210）	-	0.83
力高健康生活（02370）	0.14	0.32
方圆生活服务（09978）	0.11	0.20
金茂服务（00816）	-	1.78
东原仁知服务（02352）	-	1.29
德商产投服务（02270）	-	0.33

数据来源：企业公告。

9-25 2021 年 A 股上市物业服务企业净利润

单位：亿元人民币

企业名称	2021 年第一季度	2021 年第二季度	2021 年第三季度	2021 年第四季度
南都物业（603506）	0.33	0.85	1.35	1.63
新大正（002968）	0.36	0.74	1.17	1.66
招商积余（001914）	1.17	2.48	3.82	5.13
特发服务（300917）	0.27	0.56	0.85	1.12

数据来源：企业公告。

9-26　2021年香港上市物业服务企业经营活动产生的现金流量净额

单位：亿元人民币

公司名称	2021年年中	2021年年末
彩生活（01778）	5.39	–
中海物业（02669）	–3.16	5.12
中奥到家（01538）	–0.33	0.34
绿城服务（02869）	0.51	10.19
祈福生活服务（03686）	0.47	0.89
浦江中国（01417）	–0.29	0.34
雅生活服务（03319）	9.62	26.45
碧桂园服务（06098）	5.03	34.07
新城悦服务（01755）	0.41	7.55
佳兆业美好（02168）	0.93	–
旭辉永升服务（01995）	4.25	8.37
奥园健康（03662）	1.50	–
滨江服务（03316）	0.96	2.42
和泓服务（06093）	0.21	2.07
鑫苑服务（01895）	–0.85	–0.30
银城生活服务（01922）	–0.79	1.20
保利物业（06049）	6.26	14.49
时代邻里（09928）	0.16	0.55
华发物业服务（00982）	–0.11	1.20
宝龙商业（09909）	4.44	9.71
兴业物联（09916）	0.26	0.84
烨星集团（01941）	–0.01	–0.38
建业新生活（09983）	3.15	1.78
金融街物业（01502）	0.18	1.18
弘阳服务（01971）	0.35	2.02
正荣服务（06958）	0.85	1.96
卓越商企服务（06989）	5.14	8.10
第一服务控股（02107）	0.01	0.01
世茂服务（00873）	2.50	–
合景悠活（03913）	2.81	2.74
金科服务（09666）	6.73	4.45
融创服务（01516）	1.32	–3.87
恒大物业（06666）	19.19	–
佳源服务（01153）	0.51	1.03
华润万象生活（01209）	7.72	22.90
远洋服务（06677）	2.88	5.10

9–26 续表 1

单位：亿元人民币

公司名称	2021 年年中	2021 年年末
建发物业（02156）	–0.13	8.87
荣万家（02146）	1.32	–
宋都服务（09608）	–0.33	–0.07
新希望服务（03658）	1.60	2.36
越秀服务（06626）	4.66	9.98
中骏商管（00606）	1.39	4.63
朗诗绿色生活（01965）	–0.92	–0.01
领悦服务集团（02165）	0.39	0.01
德信服务集团（02215）	0.28	–
融信服务（02207）	–0.22	0.06
康桥悦生活（02205）	0.82	0.64
星盛商业（06668）	0.46	2.00
京城佳业（02210）	–	–0.86
力高健康生活（02370）	–0.09	0.35
方圆生活服务（09978）	–0.70	–0.18
金茂服务（00816）	–	3.47
东原仁知服务（02352）	–	1.36
德商产投服务（02270）	–	0.17

数据来源：企业公告。

9–27 2021 年 A 股上市物业服务企业经营活动产生的现金流量净额

单位：亿元人民币

企业名称	2021 年第一季度	2021 年第二季度	2021 年第三季度	2021 年第四季度
南都物业（603506）	–0.39	0.48	0.22	1.91
新大正（002968）	–1.51	–1.59	–1.34	0.72
招商积余（001914）	–7.12	–4.39	–2.81	7.03
特发服务（300917）	–0.28	1.26	0.88	1.75

数据来源：企业公告。

9–28　2021 年香港上市物业服务企业投资活动产生的现金流量净额

单位：亿元人民币

公司名称	2021 年年中	2021 年年末
彩生活（01778）	3.61	–
中海物业（02669）	−7.46	−1.75
中奥到家（01538）	−0.74	−0.42
绿城服务（02869）	−3.24	−3.02
祈福生活服务（03686）	0.11	−0.43
浦江中国（01417）	0.31	0.16
雅生活服务（03319）	−2.95	−44.10
碧桂园服务（06098）	−71.87	−250.92
新城悦服务（01755）	−1.43	−5.91
佳兆业美好（02168）	−1.39	–
旭辉永升服务（01995）	−4.41	−9.17
奥园健康（03662）	−0.43	–
滨江服务（03316）	0.33	0.66
和泓服务（06093）	−0.77	−2.23
鑫苑服务（01895）	1.52	0.63
银城生活服务（01922）	−0.68	−0.59
保利物业（06049）	−8.54	−8.58
时代邻里（09928）	−1.30	−1.76
华发物业服务（00982）	−2.41	−2.41
宝龙商业（09909）	−0.06	−20.82
兴业物联（09916）	0.00	−0.50
烨星集团（01941）	−0.36	−0.70
建业新生活（09983）	2.80	2.46
金融街物业（01502）	−0.33	−0.14
弘阳服务（01971）	−1.09	−0.99
正荣服务（06958）	−4.95	−8.66
卓越商企服务（06989）	−0.64	−4.12
第一服务控股（02107）	−1.76	−1.92
世茂服务（00873）	−2.81	–
合景悠活（03913）	−1.38	−27.96
金科服务（09666）	−8.61	−12.99
融创服务（01516）	−10.98	−13.30
恒大物业（06666）	−8.46	–
佳源服务（01153）	−1.78	−4.08
华润万象生活（01209）	15.71	14.19
远洋服务（06677）	−0.02	−0.56

9-28 续表 1

单位：亿元人民币

公司名称	2021 年年中	2021 年年末
建发物业（02156）	0.06	-0.03
荣万家（02146）	-6.82	-
宋都服务（09608）	-0.27	-0.04
新希望服务（03658）	1.55	1.44
越秀服务（06626）	1.51	1.38
中骏商管（00606）	4.36	3.98
朗诗绿色生活（01965）	-0.01	-0.97
领悦服务集团（02165）	0.18	0.18
德信服务集团（02215）	0.01	-
融信服务（02207）	-0.03	-0.06
康桥悦生活（02205）	3.57	2.67
星盛商业（06668）	-5.83	-6.67
京城佳业（02210）	-	2.20
力高健康生活（02370）	0.09	0.03
方圆生活服务（09978）	0.35	-0.23
金茂服务（00816）	-	10.76
东原仁知服务（02352）	-	-0.78
德商产投服务（02270）	-	-0.08

数据来源：企业公告。

9-29 2021 年 A 股上市物业服务企业投资活动产生的现金流量净额

单位：亿元人民币

企业名称	2021 年第一季度	2021 年第二季度	2021 年第三季度	2021 年第四季度
南都物业（603506）	0.61	0.23	0.21	2.80
新大正（002968）	-1.03	-0.30	-0.87	-0.48
招商积余（001914）	0.08	0.04	-0.08	-2.94
特发服务（300917）	-4.00	-4.32	-5.06	-5.20

数据来源：企业公告。

9-30　2021年香港上市物业服务企业筹资活动产生的现金流量净额

单位：亿元人民币

公司名称	2021年年中	2021年年末
彩生活（01778）	-6.40	-
中海物业（02669）	-0.09	-1.72
中奥到家（01538）	-0.38	-0.51
绿城服务（02869）	-1.26	-7.79
祈福生活服务（03686）	-0.07	-0.38
浦江中国（01417）	-0.17	0.03
雅生活服务（03319）	24.51	11.03
碧桂园服务（06098）	132.56	182.98
新城悦服务（01755）	8.73	4.68
佳兆业美好（02168）	-0.03	-
旭辉永升服务（01995）	-1.52	9.08
奥园健康（03662）	-0.84	-
滨江服务（03316）	-1.33	-2.08
和泓服务（06093）	1.30	1.16
鑫苑服务（01895）	0.30	-0.18
银城生活服务（01922）	-1.44	-0.90
保利物业（06049）	-0.93	-3.40
时代邻里（09928）	-0.05	-1.02
华发物业服务（00982）	2.31	0.41
宝龙商业（09909）	-0.89	-3.62
兴业物联（09916）	-0.03	-0.03
烨星集团（01941）	-0.01	-0.02
建业新生活（09983）	-1.94	-3.61
金融街物业（01502）	-0.08	-0.88
弘阳服务（01971）	-0.01	-0.60
正荣服务（06958）	0.43	-0.30
卓越商企服务（06989）	-2.24	-6.39
第一服务控股（02107）	-0.05	-0.40
世茂服务（00873）	-1.41	-
合景悠活（03913）	0.00	8.42
金科服务（09666）	-3.28	-9.90
融创服务（01516）	-0.18	-23.21
恒大物业（06666）	3.27	-
佳源服务（01153）	0.74	0.42
华润万象生活（01209）	-1.96	-3.22
远洋服务（06677）	-0.85	-0.93

10-30 续表 1

单位：亿元人民币

公司名称	2021 年年中	2021 年年末
建发物业（02156）	-0.07	4.92
荣万家（02146）	9.98	-
宋都服务（09608）	1.48	1.37
新希望服务（03658）	6.46	6.13
越秀服务（06626）	15.80	16.89
中骏商管（00606）	-1.63	15.70
朗诗绿色生活（01965）	-0.41	2.28
领悦服务集团（02165）	-0.65	1.88
德信服务集团（02215）	-0.04	-
融信服务（02207）	-0.06	5.16
康桥悦生活（02205）	-4.44	0.80
星盛商业（06668）	8.12	7.72
京城佳业（02210）	-	2.07
力高健康生活（02370）	-0.40	-0.52
方圆生活服务（09978）	-0.07	-0.07
金茂服务（00816）	-	-11.41
东原仁知服务（02352）	-	-0.42
德商产投服务（02270）	-	1.32

数据来源：企业公告。

9-31 2021 年 A 股上市物业服务企业筹资活动产生的现金流量净额

单位：亿元人民币

企业名称	2021 年第一季度	2021 年第二季度	2021 年第三季度	2021 年第四季度
南都物业（603506）	-	-0.57	-0.69	-0.72
新大正（002968）	-	-0.53	-0.31	-0.33
招商积余（001914）	0.49	-3.02	-3.23	-6.43
特发服务（300917）	-0.05	-0.41	-0.44	-0.55

数据来源：企业公告。

9-32　2021 年香港上市物业服务企业流动资产合计

单位：亿元人民币

公司名称	2021 年年中	2021 年年末
彩生活（01778）	60.12	-
中海物业（02669）	44.20	51.42
中奥到家（01538）	15.97	14.12
绿城服务（02869）	90.81	92.78
祈福生活服务（03686）	5.37	5.65
浦江中国（01417）	4.50	4.93
雅生活服务（03319）	134.80	134.11
碧桂园服务（06098）	345.17	312.00
新城悦服务（01755）	44.70	43.36
佳兆业美好（02168）	19.99	16.55
旭辉永升服务（01995）	40.23	53.29
奥园健康（03662）	20.49	-
滨江服务（03316）	14.32	14.82
和泓服务（06093）	6.10	6.86
鑫苑服务（01895）	12.81	11.42
银城生活服务（01922）	7.47	9.54
保利物业（06049）	91.27	99.91
时代邻里（09928）	19.50	22.41
华发物业服务（00982）	6.84	6.32
宝龙商业（09909）	41.24	42.62
兴业物联（09916）	4.70	5.26
烨星集团（01941）	4.45	3.82
建业新生活（09983）	41.67	45.85
金融街物业（01502）	17.73	17.53
弘阳服务（01971）	9.00	9.76
正荣服务（06958）	17.25	14.43
卓越商企服务（06989）	45.34	45.13
第一服务控股（02107）	11.29	10.69
世茂服务（00873）	93.69	147.89
合景悠活（03913）	39.01	27.00
金科服务（09666）	93.26	94.56
融创服务（01516）	113.33	102.19
恒大物业（06666）	197.55	-
佳源服务（01153）	9.88	10.09
华润万象生活（01209）	147.25	160.30
远洋服务（06677）	32.04	34.47

10-32 续表 1

单位：亿元人民币

公司名称	2021 年年中	2021 年年末
建发物业（02156）	12.00	25.11
荣万家（02146）	32.53	–
宋都服务（09608）	4.09	4.61
新希望服务（03658）	13.17	13.52
越秀服务（06626）	39.18	46.41
中骏商管（00606）	10.69	29.98
朗诗绿色生活（01965）	4.01	8.10
领悦服务集团（02165）	2.36	5.37
德信服务集团（02215）	5.37	12.09
融信服务（02207）	4.65	11.33
康桥悦生活（02205）	4.36	9.84
星盛商业（06668）	12.45	13.20
京城佳业（02210）	–	15.61
力高健康生活（02370）	2.54	2.74
方圆生活服务（09978）	3.48	3.74
金茂服务（00816）	–	12.49
东原仁知服务（02352）	–	7.76
德商产投服务（02270）	–	3.53

数据来源：企业公告。

9-33 2021 年 A 股上市物业服务企业流动资产合计

单位：亿元人民币

企业名称	2021 年第一季度	2021 年第二季度	2021 年第三季度	2021 年第四季度
南都物业（603506）	12.73	13.76	14.17	16.83
新大正（002968）	9.33	9.42	9.89	11.33
招商积余（001914）	56.61	58.68	62.26	58.32
特发服务（300917）	10.24	11.59	11.73	12.56

数据来源：企业公告。

9-34　2021 年香港上市物业服务企业总资产

单位：亿元人民币

公司名称	2021 年年中	2021 年年末
彩生活（01778）	100.26	-
中海物业（02669）	47.64	55.32
中奥到家（01538）	24.70	21.87
绿城服务（02869）	139.66	143.75
祈福生活服务（03686）	7.51	7.64
浦江中国（01417）	6.95	9.51
雅生活服务（03319）	194.67	201.81
碧桂园服务（06098）	515.91	668.13
新城悦服务（01755）	48.83	54.10
佳兆业美好（02168）	23.37	22.20
旭辉永升服务（01995）	52.67	72.66
奥园健康（03662）	26.35	-
滨江服务（03316）	15.73	16.85
和泓服务（06093）	8.72	11.74
鑫苑服务（01895）	13.99	14.93
银城生活服务（01922）	8.80	11.35
保利物业（06049）	103.66	111.38
时代邻里（09928）	29.69	32.69
华发物业服务（00982）	7.43	6.99
宝龙商业（09909）	48.78	50.72
兴业物联（09916）	4.77	5.32
烨星集团（01941）	4.69	4.70
建业新生活（09983）	45.11	50.37
金融街物业（01502）	18.67	18.80
弘阳服务（01971）	12.91	13.43
正荣服务（06958）	28.62	25.19
卓越商企服务（06989）	52.37	50.72
第一服务控股（02107）	14.05	13.58
世茂服务（00873）	123.63	189.05
合景悠活（03913）	43.55	50.02
金科服务（09666）	95.86	104.39
融创服务（01516）	142.11	134.68
恒大物业（06666）	227.10	-
佳源服务（01153）	11.85	12.27
华润万象生活（01209）	199.00	215.92
远洋服务（06677）	35.11	38.28

10-34　续表 1

单位：亿元人民币

公司名称	2021 年年中	2021 年年末
建发物业（02156）	12.57	26.13
荣万家（02146）	33.69	–
宋都服务（09608）	4.37	4.88
新希望服务（03658）	14.54	14.91
越秀服务（06626）	44.36	51.31
中骏商管（00606）	11.04	30.59
朗诗绿色生活（01965）	4.27	8.48
领悦服务集团（02165）	2.87	5.88
德信服务集团（02215）	5.59	12.37
融信服务（02207）	4.87	11.55
康桥悦生活（02205）	4.82	11.35
星盛商业（06668）	13.22	14.32
京城佳业（02210）	–	18.31
力高健康生活（02370）	3.40	3.89
方圆生活服务（09978）	3.98	4.54
金茂服务（00816）	–	13.59
东原仁知服务（02352）	–	9.64
德商产投服务（02270）	–	3.73

数据来源：企业公告。

9-35　2021 年 A 股上市物业服务企业总资产

单位：亿元人民币

企业名称	2021 年第一季度	2021 年第二季度	2021 年第三季度	2021 年第四季度
南都物业（603506）	19.70	20.84	21.08	21.15
新大正（002968）	12.03	12.10	13.11	14.54
招商积余（001914）	161.50	163.60	167.10	67.70
特发服务（300917）	11.19	12.61	12.70	13.61

数据来源：企业公告。

9-36　2021 年香港上市物业服务企业流动负债合计

单位：亿元人民币

公司名称	2021 年年中	2021 年年末
彩生活（01778）	42.08	-
中海物业（02669）	30.46	34.69
中奥到家（01538）	14.74	11.06
绿城服务（02869）	56.75	57.89
祈福生活服务（03686）	1.79	1.44
浦江中国（01417）	3.38	3.89
雅生活服务（03319）	68.11	67.57
碧桂园服务（06098）	187.08	247.91
新城悦服务（01755）	24.37	26.81
佳兆业美好（02168）	8.51	8.76
旭辉永升服务（01995）	19.86	24.38
奥园健康（03662）	12.77	-
滨江服务（03316）	7.01	7.11
和泓服务（06093）	3.23	5.61
鑫苑服务（01895）	4.91	5.67
银城生活服务（01922）	6.38	8.37
保利物业（06049）	37.51	41.36
时代邻里（09928）	9.97	11.53
华发物业服务（00982）	9.21	7.98
宝龙商业（09909）	18.82	18.85
兴业物联（09916）	1.17	1.56
烨星集团（01941）	2.08	2.02
建业新生活（09983）	15.71	18.25
金融街物业（01502）	7.41	6.74
弘阳服务（01971）	4.66	4.97
正荣服务（06958）	12.22	8.80
卓越商企服务（06989）	15.77	14.73
第一服务控股（02107）	6.48	6.42
世茂服务（00873）	51.47	89.10
合景悠活（03913）	11.55	14.31
金科服务（09666）	20.88	25.16
融创服务（01516）	40.04	45.46
恒大物业（06666）	99.26	-
佳源服务（01153）	5.23	5.47
华润万象生活（01209）	53.45	60.79
远洋服务（06677）	12.27	13.39

10-36 续表 1

单位：亿元人民币

公司名称	2021 年年中	2021 年年末
建发物业（02156）	7.42	15.66
荣万家（02146）	15.24	–
宋都服务（09608）	1.56	1.78
新希望服务（03658）	5.40	4.69
越秀服务（06626）	16.30	15.43
中骏商管（00606）	4.84	6.08
朗诗绿色生活（01965）	3.73	4.82
领悦服务集团（02165）	1.99	2.10
德信服务集团（02215）	3.96	3.75
融信服务（02207）	3.58	4.54
康桥悦生活（02205）	3.37	4.07
星盛商业（06668）	2.28	2.30
京城佳业（02210）	–	10.26
力高健康生活（02370）	1.82	2.14
方圆生活服务（09978）	1.96	2.31
金茂服务（00816）	–	11.28
东原仁知服务（02352）	–	6.86
德商产投服务（02270）	–	1.22

数据来源：企业公告。

9-37　2020 年 A 股上市物业服务企业流动负债合计

单位：亿元人民币

企业名称	2021 年第一季度	2021 年第二季度	2021 年第三季度	2021 年第四季度
南都物业（603506）	9.34	10.33	10.25	9.95
新大正（002968）	3.02	2.96	3.24	4.33
招商积余（001914）	41.46	47.22	49.81	46.05
特发服务（300917）	2.63	4.15	3.91	4.61

数据来源：企业公告数据。

9-38　2021 年香港上市物业服务企业总负债

单位：亿元人民币

公司名称	2021 年年中	2021 年年末
彩生活（01778）	54.36	-
中海物业（02669）	30.87	35.02
中奥到家（01538）	15.04	12.04
绿城服务（02869）	68.71	70.04
祈福生活服务（03686）	2.29	2.01
浦江中国（01417）	3.56	5.91
雅生活服务（03319）	73.18	72.70
碧桂园服务（06098）	210.91	284.39
新城悦服务（01755）	24.85	28.85
佳兆业美好（02168）	9.08	9.33
旭辉永升服务（01995）	20.69	25.75
奥园健康（03662）	14.87	-
滨江服务（03316）	7.01	7.11
和泓服务（06093）	3.44	5.86
鑫苑服务（01895）	5.01	5.78
银城生活服务（01922）	6.60	8.62
保利物业（06049）	38.47	42.49
时代邻里（09928）	11.84	13.35
华发物业服务（00982）	9.27	8.03
宝龙商业（09909）	25.74	26.02
兴业物联（09916）	1.23	1.62
烨星集团（01941）	2.08	2.05
建业新生活（09983）	16.79	19.80
金融街物业（01502）	7.71	7.15
弘阳服务（01971）	5.03	5.31
正荣服务（06958）	14.56	10.45
卓越商企服务（06989）	18.42	16.06
第一服务控股（02107）	6.90	6.84
世茂服务（00873）	53.27	96.36
合景悠活（03913）	11.87	14.86
金科服务（09666）	21.11	27.10
融创服务（01516）	41.67	47.95
恒大物业（06666）	107.96	-
佳源服务（01153）	6.03	6.00
华润万象生活（01209）	69.31	77.03
远洋服务（06677）	12.62	13.94

10-38 续表 1 单位：亿元人民币人民币

公司名称	2021 年年中	2021 年年末
建发物业（02156）	7.55	15.81
荣万家（02146）	15.54	-
宋都服务（09608）	1.56	1.78
新希望服务（03658）	6.08	5.37
越秀服务（06626）	17.05	20.41
中骏商管（00606）	4.86	6.16
朗诗绿色生活（01965）	3.73	4.82
领悦服务集团（02165）	2.01	2.12
德信服务集团（02215）	3.98	3.75
融信服务（02207）	3.63	4.59
康桥悦生活（02205）	3.42	4.34
星盛商业（06668）	2.94	2.94
京城佳业（02210）	-	11.27
力高健康生活（02370）	2.00	2.27
方圆生活服务（09978）	2.11	2.49
金茂服务（00816）	-	11.55
东原仁知服务（02352）	-	7.06
德商产投服务（02270）	-	1.24

数据来源：企业公告。

9-39 2021 年 A 股上市物业服务企业总负债

单位：亿元人民币

企业名称	2021 年第一季度	2021 年第二季度	2021 年第三季度	2021 年第四季度
南都物业（603506）	10.95	11.96	11.74	11.52
新大正（002968）	3.12	3.06	3.85	4.66
招商积余（001914）	77.67	80.11	82.33	81.90
特发服务（300917）	2.85	4.41	4.20	4.82

数据来源：企业公告。

9-40　中国物业服务百强企业经营数据

		2017年	2018年	2019年	2020年	2021年	
管理规模	管理面积均值	3163.83	3718.13	4278.83	4878.72	5692.98	万平方米
	在管项目数量均值	178.00	192	212	244	256	个
	单个项目管理面积均值	17.77	19.37	20.18	19.99	22.24	万平方米
	百强企业市场份额	32.42	38.85	43.61	49.71	52.31	%
	TOP10企业市场份额	11.60	11.35	9.22	10.56	12.84	%
	TOP10管理面积均值	21588.21	23918.48	22077.68	26439.90	35491.00	万平方米
	TOP11~30管理面积均值	4976.96	6363.54	8021.24	–	–	万平方米
	TOP31~50管理面积均值	1988.74	2324.44	2638.24	–	–	万平方米
	TOP51~100管理面积均值	1167.68	1260.51	1355.68	–	–	万平方米
	进入城市数量均值	28	29	31	34	35	个
	单位城市项目均数	6.35	6.64	6.84	7.18	7.31	个
	单个城市管理面积均值	112.99	128.21	138.27	143.49	162.66	万平方米
	单体超过100万平方米的项目数量	285.00	382	486	–	–	个
	单体在50~100万平方米的项目数量	1596.00	2046	2288	–	–	个
经营绩效	营业收入均值	74209.92	88617.59	104015.43	117339.37	134013.29	万元
	基础物业服务收入	60703.71	71326.86	81704.92	91442.57	102157.64	万元
	多种经营服务收入	13506.21	17290.65	22310.13	25896.80	31855.65	万元
	基础物业服务收入占比	81.80	80.49	78.55	77.93	76.23	%
	多种经营服务收入占比	18.20	19.51	21.45	22.07	23.77	%
	TOP10营业收入	37.08	48.83	56.76	71.77	107.78	亿元
	TOP11~30营业收入	13.25	16.73	21.42	–	–	亿元
	TOP31~50营业收入	4.75	5.57	6.41	–	–	亿元
	TOP51~100营业收入	2.77	2.99	3.25	–	–	亿元
	净利润均值	5733.65	7221.40	9112.36	10454.94	12166.52	万元
	基础物业服务净利润均值	3343.87	4022.68	4904.45	5405.40	6000.54	万元
	多种经营净利润均值	2389.78	3198.72	4207.92	5049.54	6165.98	万元
	净利润率	7.73	8.15	8.76	8.91	9.08	%
	基础物业服务净利润占比	58.32	55.70	53.82	51.70	49.32	%
	多种经营净利润占比	41.68	44.30	46.18	48.30	50.68	%
	TOP10净利润	28521.56	44199.88	66071.47	105852.48	141403.00	万元
	TOP11~30净利润	10162.32	13758.77	18449.13	–	–	万元
	TOP31~50净利润	3458.81	4275.78	5090.74	–	–	万元
	TOP51~100净利润	1789.33	2087.79	2338.74	–	–	万元
	营业成本均值	57653.69	67743.08	79029.08	88567.76	100358.97	万元
	营业成本率	77.69	76.44	75.98	75.48	74.89	%
	毛利润	16556.23	20874.43	24985.96	28771.61	33654.32	万元
	毛利率	22.31	23.56	24.02	24.52	25.11	%
	单盘收入均值	416.91	461.55	490.64	480.90	523.49	万元

9–40 续表 1

		2017 年	2018 年	2019 年	2020 年	2021 年	
经营绩效	单位面积收入均值	23.46	23.83	24.31	24.05	23.54	元 / 平方米
	人均在管面积	5912.97	6990.94	8182.33	–	–	平方米
	人均产值	13.99	15.15	19.89	–	–	万元
	人均净利润	1.08	1.23	1.74	–	–	万元
	人员成本	55.84	57.84	59.09	58.32	58.39	%
	物业共用部分共用设施设备日常运行和维护成本	10.03	9.80	9.70	9.75	9.74	%
	清洁卫生成本	8.14	7.74	7.48	8.53	8.46	%
	秩序维护成本	4.89	4.66	4.55	4.01	4.21	%
	办公成本	3.41	3.09	2.89	2.99	2.82	%
	绿化养护成本	2.38	2.16	2.06	2.06	2.26	%
	物业共用部分共用设施设备及公众责任保险成本	0.93	0.91	0.88	0.85	0.93	%
	其他成本	14.38	13.80	13.35	13.49	13.19	%
服务质量	收缴率	94.14	93.75	93.06	93.57	94.23	%
	续约率	98.48	98.26	98.35	98.39	98.4	%
	绿化外包项目比例	43.14	43.34	43.49	–	–	%
	秩序维护外包项目比例	24.68	24.90	24.92	–	–	%
	清洁外包项目比例	60.25	60.38	60.50	–	–	%
	设备维修保养外包项目比例	36.84	37.01	36.88	–	–	%
	本科及以上人员占比	9.85	10.46	10.98	11.23	11.82	%
	大专人员占比	18.24	19.76	21.42	22.77	22.86	%
	中专人员占比	22.23	22.53	22.85	22.68	22.08	%
	高中及以下人员占比	49.68	47.25	44.75	43.32	43.24	%
发展潜力	合同储备项目个数均值	64.00	70	95	105	112	个
	合同储备项目面积均值	925.36	1029.07	1685.07	1830.51	1990.65	万平方米
	TOP10 储备面积	3264.23	10105.62	20300.61	17091.33	24238.86	万平方米
	TOP11~30 储备面积	679.56	1103.46	2200.78	2764.41	–	万平方米
	TOP31~50 储备面积	262.01	494.36	775.25	968.69	–	万平方米
	TOP51~100 储备面积	155.01	304.54	330.06	361.01	–	万平方米
	TOP10 储备项目个数	175.23	634.37	1044	1082	1105	个
	TOP11~30 储备项目个数	62.35	74.95	121	127	–	个
	TOP31~50 储备项目个数	32.78	34.48	49	52	–	个
	TOP51~100 储备项目个数	25.60	25.71	26	27.00	–	个
社会责任	百强企业员工数	106.10	117.01	127.60	148.32	150.06	万人
	外包岗位数	46.92	51.76	55.15	59.02	–	万人
	员工工资	5.54	6.04	6.45	–	–	万元 / 年
	捐赠总额	17.20	–	–	–	–	万元
	保障房项目数量	711.00	797.00	894.00	–	–	个
	保障房在管物业总面积	14325.40	15776.56	17519.87	–	–	万平方米

数据来源：中指研究院。

政策篇

第十章　2021年房地产及相关政策

10-1　2021 年宏观经济政策

时间	地区	政策内容	政策来源
1 月 11 日	全国	2020 年 12 月份，全国居民消费价格同比上涨 0.2%，环比上涨 0.7%。2020 年全年，全国居民消费价格比上年上涨 2.5%。 2020 年 12 月份，全国工业生产者出厂价格同比下降 0.4%，环比上涨 1.1%；工业生产者购进价格同比持平，环比上涨 1.5%。2020 年全年，工业生产者出厂价格比上年下降 1.8%，工业生产者购进价格下降 2.3%。	国家统计局发布 2020 年 12 月居民消费价格指数和工业生产者出厂价格
1 月 15 日	全国	各线城市商品住宅销售价格环比涨幅总体稳定，同比涨幅有扩有落。	国家统计局公布 2020 年 12 月份 70 个大中城市商品住宅销售价格变动情况
1 月 18 日	全国	2020 年 1 ~ 12 月份，全国房地产开发投资 141443 亿元，比上年增长 7.0%，增速比 1 ~ 11 月份提高 0.2 个百分点，比上年回落 2.9 个百分点。商品房销售面积 176086 万平方米，比上年增长 2.6%，增速比 1 ~ 11 月份提高 1.3 个百分点，上年为下降 0.1%。商品房销售额 173613 亿元，增长 8.7%，增速比 1 ~ 11 月份提高 1.5 个百分点，比上年提高 2.2 个百分点。房地产开发企业到位资金 193115 亿元，比上年增长 8.1%，增速比 1 ~ 11 月份提高 1.5 个百分点，比上年提高 0.5 个百分点。	国家统计局公布 2020 年 1 ~ 12 月份全国房地产开发投资和销售情况
1 月 18 日	全国	国家统计局公布 2020 年经济社会发展主要目标任务完成情况：一、粮食产量再创新高，生猪生产持续较快恢复；二、工业生产持续发展，高技术制造业和装备制造业较快增长；三、服务业逐步恢复，现代服务业增势良好；四、市场销售较快恢复，消费升级类商品销售增速加快；五、固定资产投资稳步回升，高技术产业和社会领域投资增长较快；六、对外贸易实现正增长，贸易结构持续优化；七、居民消费价格涨幅回落，工业生产者价格下降；八、就业形势总体稳定，城镇调查失业率回落至上年水平；九、居民收入增长与经济增长基本同步，城乡居民人均收入比继续缩小。	国家统计局公布 2020 年经济社会发展主要目标任务完成情况
1 月 19 日	全国	据初步统计，2020 年四季度我国 GDP 为 29.6 万亿元，按不变价格计算，比上年同期增长 6.5%。2020 年我国 GDP 为 101.6 万亿元，按不变价格计算，比上年同期增长 2.3%。	国家统计局发布 2020 年四季度和全年国内生产总值（GDP）初步核算结果
1 月 19 日	全国	国家发改委举行 1 月份例行新闻发布会。会上表示：①继续实施积极的财政政策和稳健的货币政策，保持对经济恢复的必要支持力度，兼顾当前和长远，统筹宏观和微观，把握好政策时度效，确保经济稳定恢复态势，而不会出现“政策悬崖”。②推进要素市场化配置改革。深化土地管理制度改革，推动经营性土地要素市场化配置。统筹协调推进土地、劳动力、资本、技术、数据等要素市场化改革。③实施城市更新行动，推进城镇老旧小区改造，支持保障性租赁住房建设，加强城市防洪排涝设施建设。	国家发改委举行 1 月份例行新闻发布会
1 月 31 日	全国	主要内容：一、夯实市场体系基础制度：（1）全面完善产权保护制度。（2）全面实施市场准入负面清单制度。（3）全面完善公平竞争制度。二、推进要素资源高效配置：（4）推动经营性土地要素市场化配置。（5）推动劳动力要素有序流动。（6）促进资本市场健康发展。（7）发展知识、技术和数据要素市场。三、改善提升市场环境和质量：（8）提升商品和服务质量。（9）强化消费者权益保护。（10）强化市场基础设施建设。四、实施高水平市场开放：（11）有序扩大服务业市场开放。（12）推动规则等制度型开放。五、完善现代化市场监管机制：（13）推进综合协同监管。（14）加强重点领域监管。（15）健全依法诚信的自律机制和监管机制。（16）健全社会监督机制。（17）加强对监管机构的监督。（18）维护市场安全和稳定。	中共中央办公厅、国务院办公厅印发《建设高标准市场体系行动方案》
2 月 10 日	全国	2021 年 1 月份，全国居民消费价格同比下降 0.3%，环比上涨 1.0%。 2021 年 1 月份，全国工业生产者出厂价格同比上涨 0.3%，环比上涨 1.0%；工业生产者购进价格同比上涨 0.9%，环比上涨 1.4%。	国家统计局发布 2021 年 1 月居民消费价格和工业生产者出厂价格

10–1 续表

时间	地区	政策内容	政策来源
2月24日	全国	部长王文涛表示：今年的外贸形势仍然严峻复杂，新冠肺炎疫情还有不确定性，同时，供应链、产业链方面影响稳定的因素仍然在发展。今年目标是坚决稳住外贸外资的基本盘，重点实施优进优出计划、贸易产业融合计划和贸易畅通计划。	国新办新闻发布会（商务部）
3月10日	全国	2021年2月份，全国居民消费价格同比下降0.2%，环比上涨0.6%。1～2月平均，全国居民消费价格比去年同期下降0.3%。 2021年2月份，全国工业生产者出厂价格同比上涨1.7%，环比上涨0.8%；工业生产者购进价格同比上涨2.4%，环比上涨1.2%。1～2月平均，工业生产者出厂价格比去年同期上涨1.0%，工业生产者购进价格上涨1.6%。	国家统计局发布2021年2月居民消费价格指数和工业生产者出厂价格
3月15日	全国	2021年2月份，各线城市商品住宅销售价格环比涨幅有升有降，同比涨幅较上月有所上升。	国家统计局公布2021年2月份70个大中城市商品住宅销售价格变动情况
3月17日	全国	国务院副总理韩正表示：要解决好大城市住房突出问题，大力增加保障性租赁住房供给，持续加强房地产市场调控。要调整优化产业结构，继续推进重点行业去产能，提升产业链水平，维护产业链供应链安全。	国家发展改革委座谈会
3月15日	全国	1～2月份，全国房地产开发投资13986亿元，同比增长38.3%；比2019年1～2月份增长15.7%，两年平均增长7.6%。商品房销售面积17363万平方米，同比增长1.05倍；比2019年1～2月份增长23.1%，两年平均增长11.0%。商品房销售额19151亿元，增长1.33倍；比2019年1～2月份增长49.6%，两年平均增长22.3%。房地产开发企业到位资金30560亿元，同比增长51.2%；比2019年1～2月份增长24.7%，两年平均增长11.7%。	国家统计局公布2021年1～2月份全国房地产开发投资和销售情况
4月9日	全国	2021年3月份，全国居民消费价格同比上涨0.4%，环比下降0.5%。一季度，全国居民消费价格与去年同期持平。 2021年3月份，全国工业生产者出厂价格同比上涨4.4%，环比上涨1.6%；工业生产者购进价格同比上涨5.2%，环比上涨1.8%。1～3月平均，工业生产者出厂价格比去年同期上涨2.1%，工业生产者购进价格上涨2.8%。	国家统计局发布2021年3月居民消费价格指数和工业生产者出厂价格
4月13日	全国	王一鸣表示，财政政策要保持必要的支持力度，特别是今年结构性减税政策要加快落地，货币政策要保持流动性合理充裕，既要避免信用收缩，也要避免通胀预期强化，对美联储可能的政策调整要加强观察。	央行货币政策委员会委员王一鸣对经济情况做主题演讲
4月16日	全国	2021年3月份，各线城市商品住宅销售价格环比涨幅与上月相比变动幅度不大，同比涨幅继续上升。	国家统计局公布2021年3月份70个大中城市商品住宅销售价格变动情况
4月16日	全国	一季度GDP为249310亿元同比增长18.3%；第二产业增加值为92623亿元，同比增长24.4%；第三产业增加值为145355亿元，同比增长15.6%。 消费需求持续恢复。随着扩内需促消费政策成效显现，消费需求不断释放，消费市场持续回暖，推动经济供需循环日益畅通。 投资需求稳定增长。各地区积极扩大有效投资，稳步推进"两新一重"建设，投资延续恢复性增长态势，为经济增长提供重要支撑。	一季度经济统计数据报告
4月16日	全国	1～3月份，全国房地产开发投资27576亿元，同比增长25.6%；比2019年1～3月份增长15.9%，两年平均增长7.6%。商品房销售面积36007万平方米，同比增长63.8%；比2019年1～3月份增长20.7%，两年平均增长9.9%。商品房销售额38378亿元，增长88.5%；比2019年1～3月份增长41.9%，两年平均增长19.1%。房地产开发企业到位资金47465亿元，同比增长41.4%；比2019年1～3月份增长21.9%，两年平均增长10.4%。	国家统计局公布2021年1～3月份全国房地产开发投资和销售情况

10-1　续表 2

时间	地区	政策内容	政策来源
5 月 7 日	全国	①我国现阶段 GDP 潜在增长率在 5.8% 左右，当前经济仍处在恢复过程中，今年 GDP 增速大概率前高后低，经济增长正向潜在增长率逼近，边际放缓也是正常表现；②外部输入性通胀压力有所加大，但我国通胀水平总体可控，全年 CPI 涨幅将明显低于 3% 左右的预期目标。	国家统计局副局长接受经济日报采访
5 月 11 日	全国	2021 年 4 月份，全国居民消费价格同比上涨 0.9%，环比下降 0.3%。1 ~ 4 月平均，全国居民消费价格比去年同期上涨 0.2%。 2021 年 4 月份，全国工业生产者出厂价格同比上涨 6.8%，环比上涨 0.9%；工业生产者购进价格同比上涨 9.0%，环比上涨 1.3%。1 ~ 4 月平均，工业生产者出厂价格比去年同期上涨 3.3%，工业生产者购进价格上涨 4.3%。	国家统计局发布 2021 年 4 月居民消费价格指数和工业生产者出厂价格
5 月 11 日	全国	①人口规模：全国总人口 14.12 亿人，其中广东、山东人口超过 1 亿人；②人口增量：全国总人口较 2010 年增长 7206 万人，增长 5.38%；③年龄结构：65 岁以上人口为 1.91 亿人，占比 13.5%，较 2010 年提升 4.63 个百分点，而 15 ~ 59 岁人口占比下降 6.79 个百分点；④家庭结构：全国平均家庭户规模持续下降，为 2.62 人（2010 年为 3.1 人）；⑤城镇化：常住人口城镇化率占 72.2%，较 2010 年上升 10.55 个百分点。	第七次全国人口普查主要数据情况
5 月 17 日	全国	各线城市新建商品住宅销售价格环比涨幅略有扩大，二手住宅环比涨幅变动不大；同比涨幅延续扩大态势，二手住宅同比涨幅有升有落。	国家统计局公布 2021 年 4 月份 70 个大中城市商品住宅销售价格变动情况
5 月 27 日	全国	1 ~ 4 月全国规模以上工业企业实现利润 25943.5 亿元。同比增长 1.06 倍，较 2019 年同期增长 49.6%，两年平均增长 22.3%。工业企业效益状况保持平稳较快恢复态势，但需警惕国外疫情和国际环境错综复杂，部分消费品行业盈利状况尚未恢复至疫情前水平。	2021 年 1 ~ 4 月份全国规模以上工业企业利润数据
5 月 17 日	全国	1 ~ 4 月份，全国房地产开发投资 40240 亿元，同比增长 21.6%；比 2019 年 1 ~ 4 月份增长 17.6%，两年平均增长 8.4%。商品房销售面积 50305 万平方米，同比增长 48.1%；比 2019 年 1 ~ 4 月份增长 19.5%，两年平均增长 9.3%。商品房销售额 53609 亿元，增长 68.2%；比 2019 年 1 ~ 4 月份增长 37.0%，两年平均增长 17.0%。房地产开发企业到位资金 63542 亿元，同比增长 35.2%；比 2019 年 1 ~ 4 月份增长 21.1%，两年平均增长 10.1%。	国家统计局公布 2021 年 1 ~ 4 月份全国房地产开发投资和销售情况
6 月 9 日	全国	2021 年 5 月份，全国居民消费价格同比上涨 1.3%，环比下降 0.2%。1 ~ 5 月平均，全国居民消费价格比去年同期上涨 0.4%。 2021 年 5 月份，全国工业生产者出厂价格同比上涨 9.0%，环比上涨 1.6%；工业生产者购进价格同比上涨 12.5%，环比上涨 1.9%。1 ~ 5 月平均，工业生产者出厂价格比去年同期上涨 4.4%，工业生产者购进价格上涨 5.9%。	国家统计局发布 2021 年 5 月居民消费价格指数和工业生产者出厂价格
6 月 16 日	全国	1 ~ 5 月份，全国房地产开发投资 54318 亿元，同比增长 18.3%；比 2019 年 1 ~ 5 月份增长 17.9%，两年平均增长 8.6%。商品房销售面积 66383 万平方米，同比增长 36.3%；比 2019 年 1 ~ 5 月份增长 19.6%，两年平均增长 9.3%。商品房销售额 70534 亿元，增长 52.4%；比 2019 年 1 ~ 5 月份增长 36.2%，两年平均增长 16.7%。房地产开发企业到位资金 81380 亿元，同比增长 29.9%；比 2019 年 1 ~ 5 月份增长 22.0%，两年平均增长 10.5%。	国家统计局公布 2021 年 1 ~ 5 月份全国房地产开发投资和销售情况
6 月 17 日	全国	一线城市新建商品住宅销售价格涨幅略升，二手住宅涨幅回落。二三线城市商品住宅销售价格环比涨幅回落或与上月相同，同比涨幅基本稳定。	国家统计局公布 2021 年 5 月份 70 个大中城市商品住宅销售价格变动情况
7 月 1 日	全国	7 月 1 日，最新公布 6 月财新中国制造业 PMI 为 51.3，比 5 月份下降 0.7 点，这也是最近三个月的最低值，6 月我国制造业增长速度减缓。	国家统计局公布 6 月财新中国制造业 PMI 为 51.3

10-1 续表 3

时间	地区	政策内容	政策来源
7月5日	全国	《城镇储户调查报告》显示，对下季房价，25.5% 的居民预期“上涨”，52.3% 的居民预期“基本不变”，10.0% 的居民预期“下降”，12.2% 的居民“看不准”。 《银行家调查报告》显示，第二季度银行家宏观经济热度指数为 45.9%，比上季上升 3.5 个百分点。贷款总体需求指数为 70.5%，比上季降低 6.9 个百分点，比上年同期降低 5.2 个百分点。其中，基础设施贷款需求指数为 65.1%，比上季降低 5.2 个百分点；房地产企业贷款需求指数为 48.1%，比上季降低 5.0 个百分点。	中国人民银行发布《2021 年第二季度城镇储户问卷调查报告》《2021 年第二季度银行家问卷调查报告》调查报告
7月9日	全国	2021 年上半年社会融资规模增量累计为 17.74 万亿元，比上年同期少 3.13 万亿元，比 2019 年同期多 3.12 万亿元。 6 月末社会融资规模存量为 301.56 万亿元，同比增长 11%。 上半年人民币贷款增加 12.76 万亿元，同比多增 6677 亿元。分部门看，住户贷款增加 4.58 万亿元，企（事）业单位贷款增加 8.37 万亿元，非银行业金融机构贷款减少 1832 亿元。 广义货币（M2）余额 231.78 万亿元，同比增长 8.6%，增速比上月末高 0.3 个百分点，比上年同期低 2.5 个百分点；狭义货币（M1）余额 63.75 万亿元，同比增长 5.5%，增速分别比上月末和上年同期低 0.6 个和 1 个百分点；流通中货币（M0）余额 8.43 万亿元，同比增长 6.2%。	中国人民银行发布 2021 年上半年社会融资规模增量统计数据报告
7月9日	全国	2021 年 6 月份，全国居民消费价格同比上涨 1.1%，环比下降 0.4%。上半年，全国居民消费价格比去年同期上涨 0.5%。 2021 年 6 月份，全国工业生产者出厂价格同比上涨 8.8%，环比上涨 0.3%；工业生产者购进价格同比上涨 13.1%，环比上涨 0.8%。上半年，工业生产者出厂价格比去年同期上涨 5.1%，工业生产者购进价格上涨 7.1%。	国家统计局发布 2021 年 6 月居民消费价格指数和工业生产者出厂价格
7月12日	全国	7 月 12 日，中共中央政治局常委、国务院总理李克强主持召开经济形势专家和企业家座谈会，分析当前经济形势，就做好下一步经济工作听取意见建议。要统筹今年下半年和明年经济运行，着力保持在合理区间。针对国内外环境变化和市场主体需求，保持宏观政策连续性稳定性，坚持不搞“大水漫灌”，同时增强前瞻性精准性，加强区间调控，坚持就业优先。积极的财政政策、稳健的货币政策要继续聚焦支持实体经济和促进就业，近期实行的降准措施要体现结构性，更加注重支持中小微企业、劳动密集型行业，帮助缓解融资难题。	国务院总理李克强主持召开经济专家和企业家座谈会
7月15日	全国	1 ~ 6 月份，全国房地产开发投资 72179 亿元，同比增长 15.0%；比 2019 年 1 ~ 6 月份增长 17.2%，两年平均增长 8.2%。商品房销售面积 88635 万平方米，同比增长 27.7%；比 2019 年 1 ~ 6 月份增长 17.0%，两年平均增长 8.1%。商品房销售额 92931 亿元，增长 38.9%；比 2019 年 1 ~ 6 月份增长 31.4%，两年平均增长 14.7%。房地产开发企业到位资金 102898 亿元，同比增长 23.5%；比 2019 年 1 ~ 6 月份增长 21.1%，两年平均增长 10.0%。	国家统计局公布 2021 年 1 ~ 6 月份全国房地产开发投资和销售情况
7月15日	全国	各线城市商品住宅销售价格环比涨幅保持稳定，同比涨幅稳中趋落。	国家统计局公布 2021 年 6 月份 70 个大中城市商品住宅销售价格变动情况
8月9日	全国	2021 年 7 月份，全国居民消费价格同比上涨 1.0%，环比上涨 0.3%。1 ~ 7 月平均，全国居民消费价格比去年同期上涨 0.6%。 2021 年 7 月份，全国工业生产者出厂价格同比上涨 9.0%，环比上涨 0.5%；工业生产者购进价格同比上涨 13.1%，环比上涨 0.9%。1 ~ 7 月平均，工业生产者出厂价格比去年同期上涨 5.7%，工业生产者购进价格上涨 7.9%。	国家统计局发布 2021 年 7 月居民消费价格指数和工业生产者出厂价格

10-1　续表 4

时间	地区	政策内容	政策来源
8月16日	全国	1～7月份，全国房地产开发投资84895亿元，同比增长12.7%；比2019年1～7月份增长16.5%，两年平均增长8.0%。商品房销售面积101648万平方米，同比增长21.5%；比2019年1～7月份增长14.5%，两年平均增长7.0%。商品房销售额106430亿元，增长30.7%；比2019年1～7月份增长28.0%，两年平均增长13.1%。房地产开发企业到位资金118970亿元，同比增长18.2%；比2019年1～7月份增长19.2%，两年平均增长9.2%。	国家统计局公布2021年1～7月份全国房地产开发投资和销售情况
8月16日	全国	各线城市新建商品住宅和二手住宅销售价格环比涨幅回落或转降，同比涨幅回落或与上月相同。	国家统计局公布2021年7月份70个大中城市商品住宅销售价格变动情况
9月9日	全国	2021年8月份，全国居民消费价格同比上涨0.8%，环比上涨0.1%。1～8月平均，全国居民消费价格比去年同期上涨0.6%。 2021年8月份，全国工业生产者出厂价格同比上涨9.5%，环比上涨0.7%；工业生产者购进价格同比上涨13.6%，环比上涨0.8%。1～8月平均，工业生产者出厂价格比去年同期上涨6.2%，工业生产者购进价格上涨8.6%。	国家统计局发布2021年8月居民消费价格指数和工业生产者出厂价格
9月15日	全国	1～8月份，全国房地产开发投资98060亿元，同比增长10.9%；比2019年1～8月份增长15.9%，两年平均增长7.7%。商品房销售面积114193万平方米，同比增长15.9%；比2019年1～8月份增长12.1%，两年平均增长5.9%。商品房销售额119047亿元，增长22.8%；比2019年1～8月份增长24.8%，两年平均增长11.7%。房地产开发企业到位资金134364亿元，同比增长14.8%；比2019年1～8月份增长18.1%，两年平均增长8.7%。	国家统计局公布2021年1～8月份全国房地产开发投资和销售情况
9月15日	全国	各线城市新建商品住宅和二手住宅销售价格环比涨幅回落或继续下降，同比涨幅回落。	国家统计局公布2021年8月份70个大中城市商品住宅销售价格变动情况
10月14日	全国	2021年9月份，全国居民消费价格同比上涨0.7%，环比持平。1～9月平均，全国居民消费价格比去年同期上涨0.6%。 2021年9月份，全国工业生产者出厂价格同比上涨10.7%，环比上涨1.2%；工业生产者购进价格同比上涨14.3%，环比上涨1.1%。1～9月平均，工业生产者出厂价格比去年同期上涨6.7%，工业生产者购进价格上涨9.3%。	国家统计局发布2021年9月居民消费价格指数和工业生产者出厂价格
10月18日	全国	今年上半年，我国经济保持了稳定恢复的态势。进入三季度以后，国内外风险挑战增多，全球疫情扩散蔓延，世界经济恢复势头有所放缓，国际大宗商品价格高位运行，国内部分地区受到疫情、汛情的多重冲击，经济转型调整压力有所显现。面对复杂局面，在党中央的坚强领导下，各地区各部门统筹疫情防控和经济社会发展，有力有效实施宏观政策，国民经济保持了恢复态势，主要宏观指标处于合理区间，就业基本稳定，民生继续改善，结构调整稳步推进，质量效益持续提升，为实现全年经济社会发展目标打下了良好基础。	国家统计局新闻发言人就2021年前三季度国民经济运行情况答记者问
10月19日	全国	今年前三季度国内生产总值823131亿元，同比增长9.8%。分季度看，一季度同比增长18.3%，二季度同比增长7.9%，三季度同比增长4.9%。	2021年三季度国内生产总值（GDP）初步核算结果
10月18日	全国	1～9月份，全国房地产开发投资112568亿元，同比增长8.8%；比2019年1～9月份增长14.9%，两年平均增长7.2%。商品房销售面积130332万平方米，同比增长11.3%；比2019年1～9月份增长9.4%，两年平均增长4.6%。商品房销售额134795亿元，增长16.6%；比2019年1～9月份增长20.9%，两年平均增长10.0%。房地产开发企业到位资金151486亿元，同比增长11.1%；比2019年1～9月份增长16.0%，两年平均增长7.7%。	国家统计局公布2021年1～9月份全国房地产开发投资和销售情况

10-1 续表 5

时间	地区	政策内容	政策来源
10月20日	全国	各线城市新建商品住宅和二手住宅销售价格环比持平或下降，同比涨幅持续回落。	国家统计局公布2021年9月份70个大中城市商品住宅销售价格变动情况
11月10日	全国	2021年10月份，全国居民消费价格同比上涨1.5%，环比上涨0.7%。1 ~ 10月平均，全国居民消费价格比上年同期上涨0.7%。 2021年10月份，全国工业生产者出厂价格同比上涨13.5%，环比上涨2.5%；工业生产者购进价格同比上涨17.1%，环比上涨2.6%。1 ~ 10月平均，工业生产者出厂价格比上年同期上涨7.3%，工业生产者购进价格上涨10.1%。	国家统计局发布2021年10月居民消费价格指数和工业生产者出厂价格
11月15日	全国	各线城市新建商品住宅和二手住宅销售价格环比呈略降态势，同比涨幅继续回落。	国家统计局公布2021年10月份70个大中城市商品住宅销售价格变动情况
11月16日	全国	稳定宏观经济运行，坚持不搞“大水漫灌”，继续面向市场主体需求制定实施宏观政策，适时出台实施更大力度的组合式减税降费举措，深化放管服改革，更大激发市场主体活力和发展内生动力，帮助市场主体特别是量大面广的中小微企业渡过难关。	国务院总理李克强出席世界经济论坛全球企业家特别对话会
11月22日	全国	会议中分析经济形势，研究做好经济社会发展工作。国务院总理李克强表示，今年以来，我国发展遇到的新挑战交织叠加、超出预期。全国上下认真贯彻党中央、国务院决策部署，实施助企纾困政策与深化改革并举，有效应对大宗商品价格上涨、电力煤炭供应紧张、严重洪涝灾害等影响经济运行的突出问题，经济在攻坚克难中继续平稳发展。要坚持以习近平新时代中国特色社会主义思想为指导，认真贯彻党的十九届六中全会精神，坚持稳中求进工作总基调，按照立足新发展阶段、贯彻新发展理念、构建新发展格局、推动高质量发展的要求，强化“六稳”“六保”特别是保就业保民生保市场主体，落实好岁末年初筹划的跨周期调节举措，加强能源、电力保障，推进改革开放，推进工业化城镇化进程，继续做好常态化疫情防控，防范化解风险，推动经济在爬坡过坎中持续健康发展。	国务院总理李克强在上海主持召开部分地方政府主要负责人座谈会
11月15日	全国	1 ~ 10月份，全国房地产开发投资124934亿元，同比增长7.2%；比2019年1 ~ 10月份增长14.0%，两年平均增长6.8%。商品房销售面积143041万平方米，同比增长7.3%；比2019年1 ~ 10月份增长7.3%，两年平均增长3.6%。商品房销售额147185亿元，增长11.8%；比2019年1 ~ 10月份增长18.3%，两年平均增长8.8%。商品房销售额147185亿元，增长11.8%；比2019年1 ~ 10月份增长18.3%，两年平均增长8.8%。	国家统计局公布2021年1 ~ 10月份全国房地产开发投资和销售情况
12月9日	全国	2021年11月份，全国居民消费价格同比上涨2.3%，环比上涨0.4%。1 ~ 11月平均，全国居民消费价格比上年同期上涨0.9%。 2021年11月份，全国工业生产者出厂价格同比上涨12.9%，环比持平；工业生产者购进价格同比上涨17.4%，环比上涨1.0%。1 ~ 11月平均，工业生产者出厂价格比去年同期上涨7.9%，工业生产者购进价格上涨10.7%。	国家统计局发布2021年11月居民消费价格指数和工业生产者出厂价格
12月14日	全国	会议指出，按照中央经济工作会议部署安排，明年要继续实施积极的财政政策，积极的财政政策要提升效能，更加注重精准、可持续。要更好发挥职能作用，积极推出有利于经济稳定的政策举措，继续做好“六稳”“六保”工作，持续改善民生，着力稳定宏观经济大盘，推动经济运行在合理区间，保持社会大局稳定。会议要求，要准确把握稳字当头、稳中求进的要求，围绕落实党中央决策部署提升财政政策效能，强化预算编制、审核和支出管理，统筹财政资源，保证财政支出强度，加快支出进度，全过程实施财政资金绩效评价，并加强与货币政策协同配合，确保宏观政策稳健有效。	财政部党组会议传达学习中央经济工作会议精神

10-1　续表 6

时间	地区	政策内容	政策来源
12 月 15 日	全国	1 ~ 11 月份，全国房地产开发投资 137314 亿元，同比增长 6.0%；比 2019 年 1 ~ 11 月份增长 13.2%，两年平均增长 6.4%。商品房销售面积 158131 万平方米，同比增长 4.8%；比 2019 年 1 ~ 11 月份增长 6.2%，两年平均增长 3.1%。商品房销售额 161667 亿元，增长 8.5%；比 2019 年 1 ~ 11 月份增长 16.3%，两年平均增长 7.8%。房地产开发企业到位资金 183362 亿元，同比增长 7.2%；比 2019 年 1 ~ 11 月份增长 14.2%，两年平均增长 6.9%。	国家统计局公布 2021 年 1 ~ 11 月份全国房地产开发投资和销售情况
12 月 15 日	全国	各线城市新建商品住宅和二手住宅销售价格环比总体下降，同比涨幅持续回落。	国家统计局公布 2021 年 11 月份 70 个大中城市商品住宅销售价格变动情况
12 月 17 日	全国	经最终核实，2020 年，GDP 现价总量为 1013567 亿元，比初步核算数减少了 2419 亿元；按不变价格计算，比上年增长 2.2%，比初步核算数下降 0.1 个百分点。其中，第一产业最终核实数为 78031 亿元，比初步核算数增加了 277 亿元；按不变价格计算，比上年增长 3.1%；第二产业最终核实数为 383562 亿元，比初步核算数减少了 693 亿元；按不变价格计算，比上年增长 2.5%；第三产业最终核实数为 551974 亿元，比初步核算数减少了 2003 亿元；按不变价格计算，比上年增长 1.9%。	2020 年国内生产总值最终核实的公告

10-2 2021年金融财政政策

时间	地区	政策内容	政策来源
1月4日	全国	会议指出:(一)稳健的货币政策要灵活精准、合理适度。(二)继续发挥好结构性货币政策工具和信贷政策精准滴灌作用，构建金融有效支持小微企业等实体经济的体制机制。(三)落实碳达峰碳中和重大决策部署，完善绿色金融政策框架和激励机制。(四)加快完善宏观审慎政策框架，将主要金融活动、金融机构、金融市场和金融基础设施纳入宏观审慎管理。(五)持续防范化解金融风险，加强互联网平台公司金融活动的审慎监管。(六)深化金融市场和金融机构改革，落实房地产长效机制，实施好房地产金融审慎管理制度。	央行召开2021年工作会议
1月4日	全国	《通知》中提及放宽对部分资本项目人民币收入使用限制。境内机构资本项目人民币收入(包括外商直接投资资本金、跨境融资及境外上市募集资金调回)在符合下列规定的情形下，在国家有关部门批准的经营范围内使用：不得直接或间接用于企业经营范围之外或国家法律法规禁止的支出；除另有明确规定外，不得直接或间接用于证券投资；除经营范围中有明确许可的情形外，不得用于向非关联企业发放贷款；不得用于建设、购买非自用房地产(房地产企业除外)。	央行联合发改委、外汇局等5部门发布《关于进一步优化跨境人民币政策 支持稳外贸稳外资的通知》
1月8日	全国	央行行长易纲谈2021年金融热点问题时，指出2021年货币政策要“稳”字当头，保持好正常货币政策空间的可持续性；要构筑与更高水平开放相适应的监管框架和风险防控体系。完善跨境资本流动监测，提高金融监管的专业性和有效性，维护好金融稳定。	央行行长易纲接受新华社记者采访
1月11日	上海	会议强调，为加快构建双循环发展新格局提供有力有效的金融支持。一是保持“稳”字当头，全面落实好稳健的货币政策灵活精准、合理适度的工作要求。二是发挥好各类结构性货币政策工具精准滴灌作用，推动上海地区信贷结构优化调整，持续加大对科技创新、小微企业和绿色发展等重点领域信贷支持。三是继续深化利率市场化改革，巩固贷款实际利率下降成果。四是稳妥实施好房地产贷款集中度管理要求，合理控制房地产贷款规模。五是加大调研力度，做好流动性监测。	央行上海总部召开2021年上海货币信贷工作会议
1月12日	全国	报告主要内容：①广义货币增长10.1%，狭义货币增长8.6%。M2余额218.68万亿元，同比增长10.1%，增速比上月末低0.6个百分点，比上年同期高1.4个百分点；狭义货币(M1)余额62.56万亿元，同比增长8.6%，增速比上月末低1.4个百分点，比上年同期高4.2个百分点。②全年人民币贷款增加19.63万亿元，外币贷款增加802亿美元。全年人民币贷款增加19.63万亿元，同比多增2.82万亿元，其中住户中长期贷款总价5.95万亿元。③全年人民币存款增加19.65万亿元，外币存款增加1315亿美元。全年人民币存款增加19.65万亿元，同比多增4.28万亿元。其中，住户存款增加11.3万亿元。④12月份银行间人民币市场同业拆借月加权平均利率为1.3%，质押式债券回购月加权平均利率为1.36%。⑤国家外汇储备余额3.22万亿美元。	央行发布《2020年金融统计数据报告》
1月15日	全国	央行副行长陈雨露在国新办新闻发布会上表示：2021年，稳健的货币政策会更加灵活精准、合理适度，继续保持对经济恢复必要的支持力度。人民银行会坚持稳字当头，不急转弯，根据疫情防控和经济社会发展的阶段性特征，灵活把握货币政策的力度、节奏和重点，保持货币供应量和社会融资规模增速同名义经济增速基本匹配，以适度货币增长支持经济持续恢复和高质量发展。 央行金融市场司司长表示，在房地产金融调控方面，重点开展以下几方面工作：一是加强房地产金融调控，牵头各部门加强对各类资金流入房地产的情况监测，引导商业银行房地产贷款合理增长，推动金融资源更多流向制造业、小微企业等重点领域和薄弱环节。二是实施房地产金融审慎管理制度，形成重点房地产企业资金监测和管理规则等。三是完善住房租赁金融政策，近期将就相关政策公开征求社会意见。	央行副行长陈雨露在国新办新闻发布会

10–2　续表 1

时间	地区	政策内容	政策来源
1 月 20 日	全国	财政部部长刘昆在全国财政工作会议上的讲话上表示，2021 年财政工作的主要任务：一、精准有效实施积极的财政政策，推动经济运行保持在合理区间。二、强化财税政策支持和引导，坚定实施扩大内需战略。三、推动创新发展和产业升级，提高经济质量效益和核心竞争力。四、坚持尽力而为、量力而行，加强基本民生保障。五、完善财政支农政策，支持全面推进乡村振兴。六、坚持资金投入同污染防治攻坚任务相匹配，大力推动绿色发展。七、做好重点领域风险防范化解工作，确保财政经济稳健运行、可持续。八、坚持系统集成、协同高效，加快建立现代财税体制。九、健全制度机制，进一步强化财政管理和监督。十、深化对外财经务实合作，拓展国际合作新空间。	财政部部长刘昆在全国财政工作会议讲话
1 月 22 日	全国	银保监会在国新办举行发布会，银保监会首席风险官肖远企提到：对（贷款）集中度的监管，不光是针对房地产行业的企业，还有对所有行业的企业，从银行的交易对手来看，从行业、从单一企业或单一集团，一直就有集中度监管的规定。这个集中度是跟它的风险资产暴露和净资本挂钩的。今后银保监会还是要根据一直以来的集中度管理规定和这次发的通知的要求，密切监控银行业对房地产的融资，确保房地产融资平稳有序。 同时，肖远企透露，在房地产领域，银保监会建立房地产融资全方位、全口径的统计体系。如果银行房地产风险暴露金额超过了净资本一定的比例，必须采取有关措施。银保监会也密切关注观察不同地区、不同城市房价变化的情况，因城施策，与其他部门和地方政府一起采取相应的措施。此外，肖远企还指出，“贷款新规”对按揭贷款这一块应该影响不大，按揭贷款是非常分散的，无论是从规模还是从范围，在集中度里面影响都不是太大。	银保监会在国新办举行发布会
2 月 4 日	全国	会议强调，存款利率定价具有较强的外部性，存款市场竞争秩序事关广大人民群众的切身利益。存款基准利率作为整个利率体系的“压舱石”，要长期保留。 必须贯彻落实金融为民的初心使命，持续强化存款管理。督促地方法人银行回归服务当地的本源，不得以各种方式开办异地存款。 继续加强对不规范存款创新产品的监测管理，维护存款市场竞争秩序，守护好老百姓的钱袋子。	央行召开加强存款管理工作电视电话会议
2 月 8 日	全国	《金融时报》刊文称，当前已不应过度关注央行操作数量，否则可能对货币政策取向产生误解，重点关注的应当是央行公开市场操作利率、MLF 利率等政策利率指标，以及市场基准利率在一段时间内的运行情况。	央行旗下《金融时报》刊文
2 月 9 日	全国	① M2：余额 221.3 万亿元，同比增长 9.4%，增速比上月低 0.7 个百分点，比去年同期高 1 个百分点；②人民币贷款：增加 3.58 万亿元，同比多增 2252 亿元。	央行发布 2021 年 1 月金融统计数据报告
2 月 9 日	全国	2021 年 1 月末，社会融资规模存量为 289.7 万亿元，同比增长 13%。其中，对实体经济发放的人民币贷款余额为 175.4 万亿元，同比增长 13.1%。 2021 年 1 月，社会融资规模增量为 5.2 万亿元，比上年同期多 1207 亿元。其中，对实体经济发放的人民币贷款增加 3.8 万亿元，同比多增 3258 亿元。	央行发布《2021 年 1 月社会融资规模存量 / 增量统计数据报告》
2 月 20 日	全国	中国人民银行授权全国银行间同业拆借中心公布，2021 年 2 月 20 日贷款市场报价利率（LPR）为：1 年期 LPR 为 3.85%，5 年期以上 LPR 为 4.65%。本次报价与上个月均保持不变。目前，LPR 已连续 10 个月不变。	全国银行间同业拆借中心公布 2 月 LPR

10–2 续表 2

时间	地区	政策内容	政策来源
3月3日	全国	近年来金融杠杆率明显下降，金融资产盲目扩张得到根本扭转，金融体系内部空转的同业资产占比大幅度下降。2017—2020年，银行业和保险业总资产年均增速分别为8.3%、11.4%，较2009—2016年平均增速下降一半。此外，疫情发生以来，各国都采取了积极财政政策和极度宽松的货币政策，但现在副作用开始显现。欧美发达国家的金融市场和实体经济严重背道而驰，担心这一情况迟早会被迫调整。目前来看，外国资本流入的规模和速度还在可控范围内。	银保监会主席郭树清接受采访
3月5日	全国	财政政策保持基本稳定，不急转弯；要抓实化解地方政府隐性债务风险工作，坚决遏制隐性债务增量。2021年全国财政预算赤字规模为3.57万亿元，同比减少1900亿元；赤字率拟按3.2%安排，较上年预算赤字率3.6%稍低。中央对地方的转移支付比去年略有增加，规模超过8.3万亿元；中央本级财政支出连续两年负增长，节省资金用于增加对地方的转移支付。	财政部部长刘昆接受采访
3月6日	全国	加大政策对冲，将赤字率从2.8%提高至3.6%以上，赤字规模达到3.76万亿元，同比增加1万亿元；中央财政赤字27800亿元，同比增加9500亿元；地方财政赤字9800亿元，同比增加500亿元。发行抗疫特别国债1万亿元。全年新增减税降费超2.6万亿元，助企纾困成效显著。	财政部发布2020年中国财政政策执行情况报告
3月10日	全国	① M2：余额223.6万亿元，同比增长10.1%，增速分别比上月末和上年同期高0.7个和1.3个百分点；② 2月份人民币贷款增加1.36万亿元，同比多增4529亿元；③ 2月份人民币存款增加1.15万亿元，同比多增1294亿元。	央行发布2021年2月金融统计数据报告
3月21日	全国	中国有较大的货币政策调控空间。中国货币政策始终保持在正常区间，工具手段充足，利率水平适中。我们需要珍惜和用好正常的货币政策空间，保持政策的连续性、稳定性和可持续性。同时，实现碳中和需要巨量投资，要以市场化的方式，引导金融体系提供所需要的投融资支持。对于实现碳达峰和碳中和的资金需求，规模级别都是百万亿人民币，政府资金只能覆盖很小一部分，缺口要靠市场资金弥补。这就需要建立、完善绿色金融政策体系，引导和激励金融体系以市场化的方式支持绿色投融资活动。	央行行长易纲于中国发展高层论坛圆桌会
3月23日	全国	3月，中国1年期贷款市场报价利率（LPR）为3.85%，预期为3.85%，上月为3.85%。5年期贷款市场报价利率为4.65%，预期为4.65%，上月为4.65%。	央行公布3月LPR
4月7日	全国	"十四五"期间将进一步完善综合与分类相结合的个人所得税制度，积极稳妥推进房地产税立法和改革。 按照"十四五"规划纲要要求，将进一步完善现代税收制度，要健全地方税、直接税体系，优化税制结构，建立健全有利于高质量发展、社会公平、市场统一的税收制度体系。 健全直接税体系，逐步提高直接税比重。健全以所得税和财产税为主体的直接税体系，逐步提高其占税收收入的比重，有效发挥直接税筹集财政收入、调节收入分配和稳定宏观经济的作用，夯实社会治理基础。	国新办举行贯彻落实"十四五"规划纲要，加快建立现代财税体制发布会
4月12日	全国	3月末，广义货币（M2）余额227.65万亿元，同比增长9.4%；狭义货币（M1）余额61.61万亿元，同比增长7.1%；流通中货币（M0）余额8.65万亿元，同比增长4.2%。	一季度金融统计数据报告

10-2　续表 3

时间	地区	政策内容	政策来源
4 月 15 日	全国	坚决遏制地方政府隐性债务增量，稳妥化解债务存量，防范化解地方政府债务风险。 用好地方政府专项债券，坚持“资金跟着项目走”，做深做实项目储备，提高项目成熟度。 坚持房子是用来住的、不是用来炒的定位，不把房地产作为短期刺激经济的手段，加强房地产市场调控，不断完善政策工具箱，促进房地产市场平稳健康发展。 加大政策支持力度，切实增加保障性租赁住房供给，解决好大城市住房突出问题。 完善监管体制机制，依法依规处置地方中小金融机构风险，守住不发生系统性金融风险的底线。 确保养老金按时足额发放，稳步有序推进基本养老保险全国统筹，做好社会保险费和非税收入划转税务部门征收工作。	省部级干部建立现代财税金融体制专题研讨班座谈会
4 月 21 日	全国	一般公共预算收入情况。1 ~ 3 月累计，全国一般公共预算收入中央一般公共预算收入 26902 亿元，同比增长 27.2%；地方一般公共预算本级收入 30213 亿元，同比增长 21.7%。 土地和房地产相关税收中，契税 2038 亿元，同比增长 68.2%；土地增值税 2060 亿元，同比增长 40.5%；房产税 551 亿元，同比下降 9%；耕地占用税 295 亿元，同比下降 0.5%；城镇土地使用税 393 亿元，同比下降 16.9%。国内增值税 18561 亿元，同比增长 23.9%。城市维护建设税 1507 亿元，同比增长 30%。印花税 1301 亿元，同比增长 69.3%。	一季度财政收支情况
5 月 12 日	全国	4 月末，广义货币（M2）余额 226.21 万亿元，同比增长 8.1%，增速分别比上月末和上年同期低 1.3 个和 3 个百分点；狭义货币（M1）余额 60.54 万亿元，同比增长 6.2%，增速比上月末低 0.9 个百分点，比上年同期高 0.7 个百分点。	《2021 年 4 月金融统计数据报告》
5 月 6 日	全国	财政部部长刘昆在经济日报撰文提到，推动构建新发展格局，促进高质量发展，必须加快建立现代财税体制；将完善和健全税收制度体系，逐步提高直接税比重，积极稳妥推进房地产税立法和改革。	财政部部长经济日报撰文
5 月 11 日	全国	一季度，我国稳健的货币政策灵活精准、合理适度，保持了连续性、稳定性、可持续性，预期管理科学有效，保持对经济恢复的必要支持力度，金融风险有效防控，金融服务实体经济质量和效率逐步提升，为经济高质量发展提供了适宜的货币金融环境。房地产方面：牢牢坚持“房住不炒”的定位，保持房地产金融政策的连续性、一致性、稳定性，实施好房地产金融审慎管理制度，加大住房租赁金融支持力度。	《2021 年第一季度中国货币政策执行报告》
5 月 11 日	全国	财政部联合四部门召开房地产税改革试点工作座谈会，听取部分城市政府负责同志及部分专家学者对房地产税改革试点工作的意见。	房地产税改革试点工作座谈会
5 月 22 日	全国	中国人民银行副行长李波在会上表示，要充分发挥宏观审慎政策结构性靶向调控的作用，针对房地产金融、跨境资本流动、债券市场等特定领域的潜在风险，及时采取宏观审慎措施，防范系统性风险。李波建议，要强化“双支柱”调控框架的协调配合，继续推动货币政策调控框架从数量性调控为主向价格性调控为主转变，增强货币政策操作的规则性和透明度。同时，在宏观审慎政策方面，充分发挥宏观审慎政策结构性靶向调控的作用，针对房地产金融、跨境资本流动、债券市场等特定领域的潜在风险，及时采取宏观审慎措施，防范系统性风险。要深入研究货币政策与宏观审慎政策的交互机制，厘清不同政策工具的作用方向，机理和适用条件，探索“双支柱”调控框架下的政策协调。	2021 清华五道口全球金融论坛

10–2 续表 4

时间	地区	政策内容	政策来源
5月29日	全国	中国银保监会副主席梁涛表示，金融杠杆率明显下降，金融资产盲目扩张得到了根本扭转，银行业不良资产的认定和处置大步推进，影子银行得到有序的拆解，金融违法犯罪行为受到了严厉惩处，不法经济隐含的风险逐步化解，外部风险冲击应对有效，房地产金融泡沫化势头得到遏制，地方政府的债务风险基本控制。	国际金融论坛2021年春季会议
6月1日	全国	为加强金融机构外汇流动性管理，中国人民银行5月31日宣布，自6月15日起，上调金融机构外汇存款准备金率2个百分点，即外汇存款准备金率由现行的5%提高到7%。	央行上调外汇存款准备金率2个百分点
6月4日	全国	将由自然资源部门负责征收的国有土地使用权出让收入、矿产资源专项收入、海域使用金、无居民海岛使用金四项政府非税收入（以下简称四项政府非税收入），全部划转给税务部门负责征收。自然资源部（本级）按照规定负责征收的矿产资源专项收入、海域使用金、无居民海岛使用金，同步划转税务部门征收。 先试点后推开。自2021年7月1日起，选择在河北、内蒙古、上海、浙江、安徽、青岛、云南（省、自治区、直辖市、计划单列市）以省（区、市）为单位开展征管职责划转试点，探索完善征缴流程、职责分工等，为全面推开划转工作积累经验。暂未开展征管划转试点地区要积极做好四项政府非税收入征收划转准备工作，自2022年1月1日起全面实施征管划转工作。 除本通知规定外，四项政府非税收入的征收范围、对象、标准、减免、分成、使用、管理等政策，继续按照现行规定执行。	财政部、自然资源部、税务总局、人民银行联合发布《关于将国有土地使用权出让收入、矿产资源专项收入、海域使用金、无居民海岛使用金四项政府非税收入划转税务部门征收有关问题的通知》
6月10日	全国	货币政策要与新发展阶段相适应，坚持稳字当头，坚持实施正常的货币政策，尤其是注重跨周期的供求平衡，把握好政策的力度和节奏。目前国内利率水平虽比主要发达经济体高一些，但在发展中国家和新兴经济体中仍相对较低，总体保持在适宜的水平，有利于各市场的稳定健康发展。要继续深化利率市场化改革，释放贷款市场报价利率改革潜力。要继续完善以市场供求为基础、参考一篮子货币进行调节、有管理的浮动汇率制度，促进内外平衡，保持人民币汇率在合理均衡水平上的基本稳定。	易纲行长在第十三届陆家嘴论坛上的欢迎辞和主题演讲
6月10日	全国	那些炒作外汇、黄金及其他商品期货的人很难有机会发家致富，正像押注房价永远不会下跌的人最终会付出沉重代价一样。	郭树清书记在2021年陆家嘴论坛上的发言
6月10日	全国	中央企业所属融资租赁公司应当严格执行国家宏观调控政策，模范遵守行业监管要求，规范开展售后回租，不得变相发放贷款。强化资金投向管理，严禁违规投向违反国家防范重大风险政策和措施的领域，严禁违规要求或接受地方政府提供各种形式的担保。	关于进一步促进中央企业所属融资租赁公司健康发展和加强风险防范的通知
6月17日	全国	6月17日，财政部公布1～5月财政收支情况。1～5月累计，全国一般公共预算收入96454亿元，同比增长24.2%；全国一般公共预算支出93553亿元，同比增长3.6%。全国财政“三保”等重点支出增长较快，教育支出增长12.1%，社会保障和就业支出增长6.6%，卫生健康支出增长4.7%。1～5月土地出让收入累计同比23.9%，较1～4月下降11.1个百分点。	财政部公布1～5月财政收支情况
6月22日	全国	中国人民银行授权全国银行间同业拆借中心公布，2021年6月21日贷款市场报价利率（LPR）为：1年期LPR为3.85%，5年期以上LPR为4.65%。1年期、5年期已经连续两个月维持不变。	全国银行间同业拆借中心公布LPR
6月25日	全国	①当前我国经济运行稳中加固、稳中向好，但国内外环境依然复杂严峻。要加强国内外经济形势的研判分析，加强国际宏观经济政策协调；②稳健的货币政策要灵活精准、合理适度，把握好政策时度效，保持流动性合理充裕，保持货币供应量和社会融资规模增速同名义经济增速基本匹配；③保持宏观杠杆率基本稳定，增强经济发展韧性。	央行二季度例会

10–2 续表 5

时间	地区	政策内容	政策来源
6月30日	全国	据财联社消息，央行已将“三道红线”试点房企商票数据纳入其监控范围，要求相关房企将商票数据每月上报。消息称，房企商票数据目前暂未纳入“三道红线”计算指标，未来极有可能被纳入。倘若商票数据被纳入“三道红线”中有息负债指标计算，未来房企降负债压力将进一步加大。	央行已将“三道红线”试点房企商票数据纳入其监控范围
7月8日	全国	对纳税凭证、纳税信息和退税作出规定。土地、房屋权属转移方面，征收契税的土地、房屋权属，具体为土地使用权、房屋所有权。因共有不动产份额变化、因共有人增加或者减少以及因人民法院、仲裁委员会的生效法律文书或者监察机关出具的监察文书等因素，发生土地、房屋权属转移的情形，承受方应当依法缴纳契税。	财政部发布《关于贯彻实施契税法若干事项执行口径的公告》
7月13日	全国	中国人民银行调查统计司司长、新闻发言人阮健弘在国新办新闻发布会上表示，从中长期投资的投向结构看，金融对制造业、基础设施业，除房地产以外的服务业等重点领域的支持力度稳固，信贷投放结构持续优化。 根据最新数据，6月末人民币房地产贷款余额是50.8万亿元，同比增长9.5%，增速比上年末回落了2.2个百分点。6月末人民币房地产贷款余额比年初增加2.4万亿元，占同期各项贷款增量18.9%，同比少增5699亿元。 其中，房地产开发贷款余额是12.4万亿元，同比增长2.8%，增速比上年末回落了3.4个百分点。	国新办新闻发布会
7月13日	全国	中国人民银行新闻发言人、调查统计司司长阮健弘在国新办2021年上半年金融统计数据新闻发布会上公布了央行在今年上半年所做的几项工作和市场情况。 据了解，今年上半年，国内金融总量适度增长，流动性合理充裕；保持了宏观杠杆率基本稳定取得显著成效；实体经济综合融资成本稳中有降；金融对高质量发展的支持力度加大。 期内也进一步完善房地产金融调控机制，围绕稳地价、稳房价、稳预期，构建房地产金融调控长效机制。	国新办新发布会
7月15日	全国	为支持实体经济发展，促进综合融资成本稳中有降，中国人民银行决定于2021年7月15日下调金融机构存款准备金率0.5个百分点（不含已执行5%存款准备金率的金融机构）。 本次下调后，金融机构加权平均存款准备金率为8.9%。	中国人民银行
7月20日	全国	7月20日，中国人民银行将一年期和五年期贷款市场报价利率（LPR）分别维持在3.85%和4.65%，已连续15个月保持不变。	人民银行LPR报价
7月20日	全国	财政部预算司副司长项中新表示，2021年，财政部积极发挥政府规范举债对宏观经济平稳运行的促进作用。指导地方做好项目储备和前期准备等工作，会同发改委从项目成熟度、合规性和融资收益平衡等角度，加强对地方申报专项债券项目的把关，要求各地围绕党中央、国务院确定的重点领域和国家重大战略做好项目储备，按照“资金跟着项目走”的原则，积极支持符合条件的重点项目建设。明确不安排用于租赁住房建设以外的土地储备项目，不安排一般房地产项目，不安排产业项目。 他表示，实施专项债券项目穿透式监测。通过完善信息化手段，对专项债券项目实行穿透式监测，及时掌握项目资金使用、建设进度、运营管理等情况，实现对专项债券项目全生命周期、常态化风险监控，防范法定债券风险。强化专项债券项目绩效管理。印发专项债券项目资金绩效管理办法，对专项债券资金预算执行进度和绩效目标实施情况进行“双监控”，细化“借、用、管、还”全链条管理举措。	财政部2021年上半年财政收支情况新闻发布会
7月22日	全国	7月22日，央行表示经过加快建立健全房地产金融管理长效机制，“三线四档”规则试点房地产企业核心经营财务指标明显改善，银行业金融机构房地产贷款、个人住房贷款集中度稳步降低。下一步，将继续围绕稳地价、稳房价、稳预期目标，持续完善房地产金融管理长效机制。	中国人民银行

10–2 续表 6

时间	地区	政策内容	政策来源
8月20日	全国	分别维持在3.85%和4.65%不变，均为连续16个月维持不变。	中国央行公布一年期和五年期贷款市场报价利率（LPR）
8月3日	全国	部署下半年工作：执行好稳健的货币信贷政策，继续稳妥实施好房地产金融审慎管理，推动金融、房地产同实体经济均衡发展。	人民银行上海总部召开2021年下半年工作会议
8月5日	全国	会议总结上半年工作，分析当前形势，安排下半年重点任务。会议强调，要毫不松懈地防范化解金融风险。按照"一行一策""一地一策"原则，加快高风险机构处置。严格执行"三线四档"和房地产贷款集中度要求，防止银行保险资金绕道违规流入房地产市场。	银保监会召开全系统2021年年中工作座谈会暨纪检监察工作座谈会
8月9日	全国	①牢牢坚持房子是用来住的、不是用来炒的定位，坚持不将房地产作为短期刺激经济的手段，坚持稳地价、稳房价、稳预期，保持房地产金融政策的连续性、一致性、稳定性，实施好房地产金融审慎管理制度，加大住房租赁金融支持力度；②坚持正常的货币政策，搞好跨周期政策设计，根据国内经济形势和物价走势把握好政策力度和节奏，处理好经济发展和防范风险的关系，维护经济大局总体平稳，增强经济发展韧性。	《2021年第二季度中国货币政策执行报告》
8月18日	全国	明确债券发行应符合国家宏观经济发展和产业政策，匹配实体经济需求。限制高杠杆企业过度发债，强化对债券募集资金的管理，禁止结构化发债行为。	人民银行、国家发展改革委、财政部、银保监会、证监会和外汇局六部门联合发布《关于推动公司信用类债券市场改革开放高质量发展的指导意见》
8月30日	全国	夫妻因离婚分割共同财产发生土地、房屋权属变更的，免征契税；城镇职工按规定第一次购买公有住房的，免征契税。已购公有住房经补缴土地出让价款成为完全产权住房的，免征契税。	财政部关于契税法实施后有关优惠政策衔接问题的公告
9月10日	全国	广义货币（M2）余额231.23万亿元，同比增长8.2%，增速分别比上月末和上年同期低0.1个和2.2个百分点；狭义货币（M1）余额62.67万亿元，同比增长4.2%，增速分别比上月末和上年同期低0.7个和3.8个百分点。	8月金融统计数据
9月12日	全国	发挥财税政策调节功能。发挥资源税、环境保护税等生态环境保护相关税费以及土地、矿产、海洋等自然资源资产收益管理制度的调节作用。实施政府绿色采购政策，建立绿色采购引导机制，加大绿色产品采购力度，支持绿色技术创新和绿色建材、绿色建筑发展。	中共中央办公厅、国务院办公厅印发《关于深化生态保护补偿制度改革的意见》
9月22日	全国	1年期LPR为3.85%，5年期以上LPR为4.65%。自2020年4月以来，LPR已连续17个月保持不变。	9月贷款市场报价利率（LPR）
9月7日	全国	始终坚持"房子是用来住的，不是用来炒的"定位，围绕"稳地价、稳房价、稳预期"目标，持续完善房地产金融监管机制，防范房地产贷款过度集中，促进金融与房地产良性循环。 一是管好房地产信贷闸门。坚持房地产开发贷款、个人按揭贷款审慎监管标准，严格落实房地产贷款集中度管理制度。二是遏制"经营贷"违规流入房地产领域。经营贷违规流入房地产专项排查已基本完成，对发现的违规问题督促建立台账，逐项整改至"清零销号"。三是严惩违法违规。连续三年开展全国性房地产专项检查，基本覆盖所有热点城市，对发现的违规行为"零容忍"，对违规问题依法严肃问责。四是落实差别化房地产信贷政策。配合地方政府"因城施策"做好房地产调控，运用调控工具，稳地价、稳房价、稳预期。五是金融支持住房租赁市场。指导银行保险机构加大对保障性租赁住房支持，推动保险资金支持长租市场发展，会同人民银行推进房地产投资信托基金（REITs）试点。	银保监会：防范房地产贷款过度集中，推动保险资金支持长租市场发展

10–2　续表 7

时间	地区	政策内容	政策来源
9 月 27 日	全国	会议强调，坚持稳中求进工作总基调，稳字当头，深化供给侧结构性改革，加快构建新发展格局，坚持扩大内需战略，扎实做好“六稳”工作，全面落实“六保”任务，灵活精准实施货币政策，加强与财政、产业、监管政策之间的协调，统筹金融支持实体经济与防风险，保持经济运行在合理区间，推动经济高质量发展。同时，会议指出要“维护房地产市场的健康发展，维护住房消费者的合法权益”。	中国人民银行货币政策委员会 2021 年第三季度例会
9 月 29 日	全国	会议强调，金融部门要认真贯彻落实党中央、国务院决策部署，围绕“稳地价、稳房价、稳预期”目标，准确把握和执行好房地产金融审慎管理制度，坚持房子是用来住的、不是用来炒的定位，坚持不将房地产作为短期刺激经济的手段，持续落实好房地产长效机制，加快完善住房租赁金融政策体系。	人民银行、银保监会联合召开房地产金融工作座谈会
10 月 14 日	全国	9 月末，广义货币（M2）余额 234.28 万亿元，同比增长 8.3%，增速比上月末高 0.1 个百分点，比上年同期低 2.6 个百分点；狭义货币（M1）余额 62.46 万亿元，同比增长 3.7%，增速分别比上月末和上年同期低 0.5 个和 4.4 个百分点。	央行公布 2021 年前三季度金融统计数据
10 月 15 日	全国	会中对恒大债务风险化解、房地产金融政策等房地产相关的热点问题作出回应。 对于恒大集团债务风险情况，央行金融市场司司长邹澜表示，“恒大集团的问题在房地产行业是个别现象。近年来公司经营管理不善，未能根据市场形势变化审慎经营，反而盲目多元化扩张，造成经营和财务严重恶化，最终爆发风险”。 对于房地产行业贷款情况，邹澜表示，“部分金融机构对于 30 家试点房企‘三线四档’融资管理规则存在一些误解，人民银行、银保监会已于 9 月底召开房地产金融工作座谈会，保持房地产信贷平稳有序投放”，“少数城市房价上涨过快，个人住房贷款投放受到一些约束，但房价上涨速度得到遏制、房价回稳后，这些城市房贷供需关系也将回归正常”。 对于房地产行业整体情况，邹澜表示，“经过近几年的房地产宏观调控，尤其是房地产长效机制建立后，国内房地产市场的地价、房价、预期保持平稳，大多数房地产企业经营稳健，财务指标良好，房地产行业总体是健康的”。	人民银行举行 2021 年第三季度金融统计数据发布会
10 月 20 日	全国	针对房地产市场近况，国务院副总理刘鹤表示，“目前房地产市场出现了个别问题，但风险总体可控，合理的资金需求正在得到满足，房地产市场健康发展的整体态势不会改变”。 关于恒大事件，央行行长易纲表示，“总体而言，恒大风险是个案风险，恒大事件对金融行业的外溢性可控”。 针对房地产金融贷款方面，央行副行长潘功胜表示，“金融机构和金融市场风险偏好过度收缩的行为逐步得以矫正，融资行为和金融市场价格正逐步恢复正常”。 关于下一步房地产金融方向，潘功胜重申“两个维护”，表示“下一步，金融部门将积极配合住房城乡建设部和地方政府坚定地维护房地产市场的健康发展，维护住房消费者的合法权益”。	2021 金融街论坛年会
10 月 21 日	全国	银保监会统计信息与风险监测部负责人刘忠瑞在强调“房住不炒”定位、明确“三稳”目标的前提下，对银保监会主要工作进行了五方面的阐述，重点包括积极落实房贷集中度政策、保障刚需群体信贷需求、配合各地做好房地产调控、严管房贷领域的违法违规行为、加大对租赁住房的金融支持。在保障刚需信贷方面，银保监会强调，在贷款首付比例和利率方面对首套房购房者予以支持。目前，银行个人住房贷款中有 90% 以上都是首套房贷款。	三季度银行业保险业数据信息暨监管重点工作发布会

10–2 续表 8

时间	地区	政策内容	政策来源
10月23日	全国	为积极稳妥推进房地产税立法与改革，引导住房合理消费和土地资源节约集约利用，促进房地产市场平稳健康发展，第十三届全国人民代表大会常务委员会第三十一次会议决定，授权国务院在部分地区开展房地产税改革试点工作。 本次试点地区的房地产税征税对象为居住用和非居住用等各类房地产，土地使用权人、房屋所有权人为房地产税的纳税人。国务院制定房地产税试点具体办法，试点地区人民政府制定具体实施细则，国务院将按照积极稳妥的原则，统筹考虑深化试点与统一立法、促进房地产市场平稳健康发展等情况确定试点地区。 本决定授权的试点期限为五年，自国务院试点办法印发之日起算。试点过程中，国务院应当及时总结试点经验，在授权期限届满的六个月以前，向全国人民代表大会常务委员会报告试点情况，需要继续授权的，可以提出相关意见，由全国人民代表大会常务委员会决定。条件成熟时，及时制定法律。	全国人民代表大会常务委员会授权国务院在部分地区开展房地产税改革试点工作
10月26日	全国	会议指出，将继续在外债备案登记、资金出境等方面满足企业合理合规的外债置换和偿付需求，同时要求企业不断优化外债结构，共同维护企业自身信誉和市场整体秩序。此次会议，在于落实满足房地产合理资金需求，支持房企融资，维护中资海外债信誉。	发展改革委外资司会同外汇局资本司召开房地产企业外债座谈会
11月10日	全国	M2同比增长8.7%，增速较9月提升0.4个百分点；M1同比增长2.8%，增速较9月回落0.9个百分点；新增人民币贷款8262亿，同比多增1364亿，增速11.9%；人民币贷款余额190.29万亿元，同比增长11.9%；社会融资规模新增1.59万亿，同比多增1970亿，社融增速为10%，与9月份持平。	央行公布10月份金融统计数据
11月12日	全国	加快推动金融法治建设，提升金融服务保障和金融消费权益保护水平，坚决遏制金融服务业领域的垄断和资本无序扩张，维护房地产市场平稳健康发展。	人民银行党委召开会议认真传达学习党的十九届六中全会精神
11月12日	全国	要毫不松懈地防范化解金融风险，平衡好稳增长和防风险的关系，坚决守住不发生系统性金融风险底线。稳地价、稳房价、稳预期，遏制房地产金融化泡沫化倾向，健全房地产调控长效机制，促进房地产业稳定健康发展。	银保监会召开党委（扩大）会议传达学习贯彻党的十九届六中全会精神
11月19日	全国	央行指出，目前房地产市场风险总体可控，房地产市场健康发展的整体态势不会改变。总的来看，既要坚定信心，又要正视困难，将改革和调控、短期和长期、内部均衡和外部均衡结合起来，集中精力办好自己的事，努力实现高质量发展。 同时，牢牢坚持房子是用来住的、不是用来炒的定位，坚持不将房地产作为短期刺激经济的手段，坚持稳地价、稳房价、稳预期，保持房地产金融政策的连续性、一致性、稳定性，实施好房地产金融审慎管理制度，加大住房租赁金融支持力度，配合相关部门和地方政府共同维护房地产市场的平稳健康发展，维护住房消费者的合法权益。	2021年第三季度中国货币政策执行报告
12月3日	全国	该新闻发言人表示，我们关注到恒大集团对一笔境外债券未能履行担保义务，这是市场经济中的个案现象。我们相信境内外监管部门会依法公平公正地处理相关事宜。恒大集团全部债务中金融债务占比约三分之一，结构比较分散，其金融投资数额很小。因此，这不会对中国银行业保险业的正常运行造成任何负面影响。金融监管部门依法保护消费者、投资者和经营者正当权益的原则立场不会有任何改变。中国金融的市场化、法治化和国际化改革开放取向不会有任何改变。 中国银保监会表示，将认真贯彻国家有关政策，在落实房地产金融审慎管理的前提下，指导银行保险机构做好对房地产和建筑业的金融服务。现阶段，要根据各地不同情况，重点满足首套房、改善性住房按揭需求，合理发放房地产开发贷款、并购贷款，加大保障性租赁住房支持力度，促进房地产行业和市场平稳健康发展。	中国银保监会新闻发言人就恒大集团未能履行境外债担保义务问题答记者问

10-2　续表 9

时间	地区	政策内容	政策来源
12 月 4 日	全国	国务院总理李克强表示，中国将继续统筹疫情防控和经济社会发展，实施稳定的宏观政策，加强针对性和有效性，继续实施稳健的货币政策，保持流动性合理充裕，围绕市场主体需求制定政策，适时降准，加大对实体经济特别是中小微企业的支持力度，确保经济平稳健康运行。	国务院总理李克强会见国际货币基金组织总裁格奥尔基耶娃，提出“适时降准”
12 月 6 日	全国	央行表示，为支持实体经济发展，促进综合融资成本稳中有降，中国人民银行决定于 2021 年 12 月 15 日下调金融机构存款准备金率 0.5 个百分点（不含已执行 5% 存款准备金率的金融机构）。本次下调后，金融机构加权平均存款准备金率为 8.4%。	中国人民银行决定于 2021 年 12 月 15 日下调金融机构存款准备金率
12 月 9 日	全国	12 月 9 日，央行发布 2021 年 11 月金融统计数据报告。 数据显示，11 月末，广义货币（M2）余额 235.6 万亿元，同比增长 8.5%，增速分别比上月末和上年同期低 0.2 个和 2.2 个百分点；狭义货币（M1）余额 63.75 万亿元，同比增长 3%，增速比上月末高 0.2 个百分点，比上年同期低 7 个百分点；流通中货币（M0）余额 8.74 万亿元，同比增长 7.2%。当月净投放现金 1348 亿元。	2021 年 11 月金融统计数据报告
12 月 9 日	全国	为加强金融机构外汇流动性管理，央行决定自 12 月 15 日起，上调金融机构外汇存款准备金率 2 个百分点，即外汇存款准备金率由现行的 7% 提高到 9%。	中国人民银行决定自 12 月 15 日上调金融机构外汇存款准备金率 2 个百分点
12 月 14 日	全国	会议强调，明年要着重抓好以下工作任务：一是稳健的货币政策要灵活适度，保持流动性合理充裕；二是持续改进金融服务实体经济质效；三是坚持防范化解金融风险；四是深化金融供给侧结构性改革，坚持房子是用来住的、不是用来炒的定位，稳妥实施好房地产金融审慎管理制度，加快完善住房租赁金融政策体系，因城施策促进房地产业良性循环和健康发展。	人民银行党委扩大会议，传达学习中央经济工作会议精神
12 月 15 日	全国	财政部部长刘昆在对《草案》作说明时指出，党中央、国务院高度重视房地产税立法与改革工作。2011 年，经国务院同意，上海市、重庆市开展了个人住房房产税改革试点。2013 年以来，根据党的十八届三中全会关于“加快房地产税立法并适时推进改革”的要求，全国人大常委会预算工委、财政部会同有关方面积极推进房地产税立法工作，取得阶段性成果。由于房地产市场全国差异很大，实际情况十分复杂，建议“先深化地方试点、再国家统一立法”，由全国人大常委会依法授权国务院在部分地区开展房地产税改革试点工作，为稳妥推进改革试点提供法律保障。	对《关于授权国务院在部分地区开展房地产税改革试点工作的决定（草案）》的说明
12 月 16 日	全国	财政部表示，一是完善常态化监测机制；二是坚决遏制隐性债务增量；三是稳妥化解隐性债务存量；四是推动平台公司市场化转型；五是健全监督问责机制。下一步，财政部将会同有关部门健全依法从严遏制新增隐性债务、稳妥化解存量隐性债务的体制机制，有效防范化解重大风险，坚决不留后患，牢牢守住不发生系统性风险的底线。	国新办举行国务院政策例行吹风会，介绍加强和完善地方政府专项债券管理有关情况
12 月 16 日	全国	易纲在总结中强调，金融部门要加大跨周期调节力度，统筹考虑今明两年衔接，保持流动性合理充裕，保持货币供应量和社会融资规模增速同名义经济增速基本匹配，遵循市场化、法治化、国际化原则，增强信贷总量增长的稳定性，稳步优化信贷结构，保持企业综合融资成本稳中有降态势，不断增强服务实体经济能力。	金融机构货币信贷形势分析座谈会
12 月 17 日	全国	据财政部公布，1 ~ 11 月累计，全国一般公共预算收入 169489 亿元，同比下降 5.3%。其中，中央一般公共预算收入 78173 亿元，同比下降 9.2%；地方一般公共预算本级收入 91316 亿元，同比下降 1.7%。全国税收收入 144227 亿元，同比下降 3.7%；非税收入 25262 亿元，同比下降 13.7%。	2021 年 11 月财政收支情况

10–2 续表 10

时间	地区	政策内容	政策来源
12 月 20 日	全国	2021 年 12 月 20 日贷款市场报价利率（LPR）为：1 年期 LPR 为 3.8%，5 年期以上 LPR 为 4.65%。此前一年期 LPR 已连续 19 个月维持在 3.85% 不变，五年期 LPR 则连续 20 个月维持不变。	中国人民银行授权全国银行间同业拆借中心下调 1 年期 LPR 为 3.8%
12 月 21 日	全国	鼓励银行业金融机构按照依法合规、风险可控、商业可持续的原则，稳妥有序开展房地产项目并购贷款业务，重点支持优质的房地产企业兼并收购出险和困难的大型房地产企业的优质项目。该《通知》包括六方面核心内容，除前述的鼓励并购出险和困难房企的优质项目外，还包括加大债券融资的支持力度，支持优质房企在银行间市场注册发行债务融资工具，募集资金用于重点房地产企业风险处置项目的兼并收购；提高并购的服务效率，加快重点房地产企业项目并购贷款的审批流程，提升全流程服务效率；在风险管理方面，强调了金融机构应按照“穿透原则”评估项目的合规性，同时，加强并购贷款的风险控制和贷后管理，做好资金用途的监控。	央行银保监会联合发布《关于做好重点房地产企业风险处置项目并购金融服务的通知》
12 月 26 日	全国	会议指出，维护住房消费者合法权益，更好满足购房者合理住房需求，促进房地产市场健康发展和良性循环。推进金融高水平双向开放，提高开放条件下经济金融管理能力和防控风险能力。	中国人民银行货币政策委员会 2021 年第四季度（总第 95 次）例会
12 月 27 日	全国	会议要求，坚持推动金融风险防范化解。继续按照稳定大局、统筹协调、分类施策、精准拆弹的方针，稳妥有序做好重点机构风险处置化解工作，发挥存款保险制度和行业保障基金在风险处置中的作用。坚持规范与发展并重，依法加强对资本和平台企业监管，持续做好头部网络金融平台整改工作。稳妥实施好房地产金融审慎管理制度，更好满足购房者合理住房需求，促进房地产业良性循环和健康发展。	2022 年中国人民银行工作会议以视频形式召开
12 月 27 日	全国	会议在谈到 2022 年十项重点工作时提出，要加强风险防控，牢牢守住不发生系统性风险的底线。持续防范化解地方政府隐性债务风险，对化债不实、新增隐性债务的要严肃问责，完善防范化解隐性债务风险长效机制。支持建设高质量教育体系，推进卫生健康体系建设，提高社会保障水平，完善住房保障体系，推动文化体育事业发展。	全国财政工作视频会议在北京召开
12 月 27 日	全国	易纲表示：前期，个别房企由于自身经营不善、盲目多元化扩张等因素导致风险暴露。个别房企出险后，有关部门和地方政府已积极采取措施，稳妥有序化解风险，满足居民和房地产企业的正常融资需求，市场预期正在逐步改善。房地产市场的结构性调整，有利于形成房地产新发展模式，实现房地产业的良性循环和健康发展。	中国人民银行行长易纲就金融领域热点问题接受新华社记者采访
12 月 27 日	全国	会议在总结 2021 年财政工作时表示，有七大成果，其中第六项成果是深入推进财税体制改革，深化预算管理制度改革，做好房地产税试点准备工作，规范财务审计秩序，财政管理监督进一步加强。	全国财政工作视频会议召开

10–3　2021年住房与土地政策

时间	地区	政策内容	政策来源
1月6日	全国	住房和城乡建设部部长王蒙徽接受新华社记者采访，谈“房住不炒”等热点问题。如何促进房地产市场平稳健康发展问题，落实五项“实招”：一是完善政策协同机制，建立住房与土地、金融联动机制，加强住宅用地管理，完善房地产金融宏观审慎管理体系；二是健全部省市联动管控机制，加强对重点城市的指导，实施精准调控；三是建立监测预警和评价考核机制；四是完善舆情监测和舆论引导机制；五是完善市场监管机制，开展整治房地产市场秩序专项行动，维护群众合法权益。 如何解决好大城市住房突出问题：首先，要加快构建以保障性租赁住房和共有产权住房为主体的住房保障体系；其次，在人口净流入的大城市重点发展政策性租赁住房；再次，在规范发展住房租赁市场方面，要推动出台《住房租赁条例》，加快完善长租房政策；最后，要支持人口净流入的大城市发展共有产权住房，供应范围以面向户籍人口为主，逐步扩大到常住人口。 建设怎样的城市问题：当前我国城镇化率已经超过60%，步入城镇化较快发展的中后期，城市发展进入城市更新的重要时期，由大规模增量建设转为存量提质改造和增量结构调整并重。实施城市更新行动的内涵，是推动城市结构优化、功能完善和品质提升，转变城市开发建设方式；路径是开展城市体检，统筹城市规划建设管理；目标是建设宜居、绿色、韧性、智慧、人文城市。 乡村建设怎么干问题：首先要全面开展乡村建设评价工作，深入查找存在的突出问题，加快补齐短板。其次要着力提高农房品质。再次要加大农村污水垃圾治理力度，持续改善农村人居环境。此外，还要加强县城基础设施和公共服务设施建设，提高县城服务能力和水平，推动建立以县域为单元统筹城乡的发展体系、服务体系、治理体系。	住建部部长王蒙徽接受媒体采访
1月20日	全国	住房与城乡建设部发布公告披露，根据各地上报情况汇总，2020年全国新开工改造城镇老旧小区4.03万个，惠及居民约736万户。2019年7月，国务院办公厅确定2020年新开工改造城镇老旧小区3.9万个，按此计算，2020年全国新开工改造城镇老旧小区个数已经超额完成预定目标。	2020年超额完成老旧小区改造工作
3月4日	全国	倪虹强调，要坚持问题导向，加强市场监测分析，及时发现问题，及时采取有针对性的措施，引导好预期，坚决遏制投机炒房。要完善调控机制，加强住房和人口、土地、金融政策协同，形成政策合力。要以稳地价、稳房价、稳预期为目标，增强工作积极性、主动性、创造性，确保房地产市场平稳运行。要大力发展保障性租赁住房，完善长租房政策，加大土地、财税、金融支持力度，增加保障性租赁住房和长租房供给，多渠道解决外来务工人员和新就业大学生住房问题。	住建部赴杭州、无锡调研
3月5日	全国	预期2021年GDP增长6%以上；城镇新增就业1100万人以上，城镇调查失业率5.5%左右；居民消费价格涨幅3%左右；进出口量稳质升，国际收支基本平衡；居民收入稳步增长。 宏观政策方面，要保持宏观政策连续性稳定性可持续性，促进经济运行在合理区间。 要保障好群众住房需求。坚持房子是用来住的、不是用来炒的定位，稳地价、稳房价、稳预期。解决好大城市住房突出问题，在住房保障方面，政府工作报告表示，解决好大城市住房突出问题，通过增加土地供应、安排专项资金、集中建设等办法，切实增加保障性租赁住房和共有产权住房供给。在住房租赁方面，政府工作报告表示，规范发展长租房市场，降低租赁住房税费负担，尽最大努力帮助新市民、青年人等缓解住房困难。 深入推进以人为核心的新型城镇化战略，加快农业转移人口市民化，常住人口城镇化率提高到65%，发展壮大城市群和都市圈，推进以县城为重要载体的城镇化建设，实施城市更新行动，完善住房市场体系和住房保障体系，提升城镇化发展质量。政府投资更多向惠及面广的民生项目倾斜，新开工改造城镇老旧小区5.3万个，提升县城公共服务水平。	政府工作报告

10-3 续表 1

时间	地区	政策内容	政策来源
3 月 13 日	全国	坚持房子是用来住的、不是用来炒的定位，加快建立多主体供给、多渠道保障、租购并举的住房制度，让全体人民住有所居、职住平衡。 坚持因地制宜、多策并举，夯实城市政府主体责任，稳定地价、房价和预期。建立住房和土地联动机制，加强房地产金融调控，发挥住房税收调节作用，支持合理自住需求，遏制投资投机性需求。 加快培育和发展住房租赁市场，有效盘活存量住房资源，有力有序扩大城市租赁住房供给，完善长租房政策，逐步使租购住房在享受公共服务上具有同等权利。加快住房租赁法规建设，加强租赁市场监管，保障承租人和出租人合法权益。有效增加保障性住房供给，完善住房保障基础性制度和支持政策。以人口流入多、房价高的城市为重点，扩大保障性租赁住房供给，着力解决困难群体和新市民住房问题。单列租赁住房用地计划，探索利用集体建设用地和企事业单位自有闲置土地建设租赁住房，支持将非住宅房屋改建为保障性租赁住房。完善土地出让收入分配机制，加大财税、金融支持力度。因地制宜发展共有产权住房。处理好基本保障和非基本保障的关系，完善住房保障方式，健全保障对象、准入门槛、退出管理等政策。改革完善住房公积金制度，健全缴存、使用、管理和运行机制。	“十四五”规划纲要和 2035 年远景目标纲要
4 月 9 日	全国	要求切实提高政治站位，充分认识房地产市场平稳健康发展的重要性，牢牢把握房子是用来住的、不是用来炒的定位，不将房地产作为短期刺激经济的手段。 要完善人口、土地与住房联动机制，加强与人口落户、义务教育等相关政策的统筹协调，强化二手房交易管理，提高房地产市场调控的系统性、整体性、协同性。 人口流入多的大城市要大力发展保障性租赁住房，规范发展长租房市场，单列租赁住房用地计划，探索利用集体建设用地和企事业单位自有闲置土地建设租赁住房，降低租赁住房税费负担。 5 个城市表示，认真落实城市主体责任，密切监测市场变化，对苗头性、倾向性问题果断出手，确保实现稳地价、稳房价、稳预期目标。	住建部约谈广州、合肥、宁波、东莞、南通 5 城负责人
4 月 13 日	全国	副部长倪虹指出，要求大力发展保障性租赁住房，城市人民政府要把发展保障性租赁住房，解决新市民、青年人住房问题列入重要议事日程。 人口流入多、房价较高的城市，要科学确定“十四五”保障性租赁住房建设目标和政策措施，落实年度建设计划，由政府给予土地、财税、金融等政策支持，引导多主体投资、多渠道供给。 积极利用集体建设用地、企事业单位自有闲置土地、产业园区配套用地和存量闲置房屋建设和改建保障性租赁住房，坚持小户型、低租金，尽最大努力帮助新市民、青年人特别是从事基本公共服务人员等群体缓解住房困难。	住建部召开 6 个城市座谈会
7 月 7 日	深圳	发布《深圳市住房发展 2021 年度实施计划》，公示了 2020 年商品住房、公共住房、租赁住房完成情况及 2021 年实施计划。在保障与措施方面，继续严格落实“新深八条”调控政策，严格执行限购、限售、限贷、限价、限户型“五限”政策，确保各项调控措施落实到位。	深圳发布《深圳市住房发展 2021 年度实施计划》
7 月 9 日	深圳	7 月 9 日，深圳市规划和自然资源局起草《关于进一步加大居住用地供应的若干措施》（征求意见稿），提出：①确保 2035 年全市常住人口人均住房面积达 40 平方米以上，年度居住用地供应量原则上不低于建设用地供应总量的 30%；②提高居住用地比例，增加住房及公共配套设施供给；③可申请将部分或全部商业建筑面积调整为居住用途，其中商品住房面积可占 30%，其余面积作为出售的公共住房。	深圳发布《关于进一步加大居住用地供应的若干措施》（征求意见稿）

10–3　续表 2

时间	地区	政策内容	政策来源
7 月 19 日	青岛	规划提出："十四五"时期，全市要新增城镇住房 70 万套左右，到 2025 年末城镇人均住房建筑面积达到 36.2 平方米，租赁住房套数占全部住房套数的比例提升至 15% 以上。主要的政策措施包括：优化住宅用地供应和管理，围绕"三稳"目标实施地价房价联动管理机制。完善住房税收体系；健全住房金融政策。	青岛发布《青岛市"十四五"住房发展规划》
7 月 22 日	全国	7 月 22 日，中共中央政治局常委、国务院副总理韩正出席加快发展保障性租赁住房和进一步做好房地产市场调控工作电视电话会议并讲话，韩正指出，要高度重视房地产工作中的新情况新问题，坚持房子是用来住的、不是用来炒的定位，不把房地产作为短期刺激经济的手段，全面落实稳地价、稳房价、稳预期的房地产长效机制，促进房地产市场平稳健康发展。城市政府要切实落实主体责任，不断完善和用好政策工具箱。要牢牢抓住住房地产金融这个关键，严格房地产企业"三线四档"融资管理和金融机构房地产贷款集中度管理。要加快完善"稳地价"工作机制，优化土地竞拍规则，建立有效的企业购地资金审查制度。要持续规范房地产市场秩序，切实管好中介等市场机构，坚决查处市场乱象。	韩正：从实际出发加快发展保障性租赁住房全面落实房地产长效机制
9 月 1 日	全国	一、完善公开内容。要严格按照部制定的存量住宅用地信息公开样式表格（详见附件）公开信息，准确完整地列出每个住宅用地项目的具体位置、土地面积、开发企业等信息，不得缺项漏项，不得使用名称简称。鼓励在此基础上进一步丰富公开内容。要将拟公开的存量住宅用地逐宗在城区现状底图上清晰标出分布位置，方便查找；现状底图要有明显的区位要素，易于辨识。二、明晰公开路径。各地要在城市自然资源主管部门门户网站首页开设"住宅用地信息公开"专栏，避免多层嵌套，方便公众查询。三、按时更新信息。每季度初 10 日内要完成存量住宅用地信息更新，并作醒目提示。有条件的地区要实现公开信息的月度更新。	自然资源部办公厅发布关于进一步规范存量住宅用地信息公开工作的函

10–4 2021年区域发展政策

时间	地区	政策内容	政策来源
1月27日	广州	广州等七市举行城际铁路项目建设工作会议，将加快广州与周边城市城际铁路建设，包括28号线（佛山－广州－东莞）、18号线南延段及北延段（广州－中山及珠海、广州东－花都）等10个项目，建设里程656公里，总投资额3585亿元。	广州等大湾区七市举行城际铁路项目建设工作会议
2月18日	上海	国务院发布关于同意《虹桥国际开放枢纽建设总体方案》的批复，提出要认真落实《长江三角洲区域一体化发展规划纲要》有关要求，紧扣“一体化”和“高质量”两个关键，着力建设国际化中央商务区，着力构建国际贸易中心新平台，着力提高综合交通管理水平，着力提升服务长三角和联通国际能力，以高水平协同开放引领长三角一体化发展。	国务院发布关于同意《虹桥国际开放枢纽建设总体方案》的批复
2月20日	全国	①加大财政金融支持力度。中央财政在安排革命老区转移支付、地方政府专项债券时，对革命老区所在省份予以倾斜支持。鼓励政策性金融机构结合职能定位和业务范围加大对革命老区支持力度。②促进大中城市协调发展，支持革命老区重点城市承接产业转移。③将研究制定支持革命老区巩固拓展脱贫攻坚成果、基础设施建设、红色旅游等重点领域实施方案等。④优化土地资源配置，支持革命老区重点城市开展城镇低效用地再开发。	国务院印发《关于新时代支持革命老区振兴发展的意见》
2月24日	全国	规划到2035年，基本建成便捷顺畅、经济高效、绿色集约、智能先进、安全可靠的现代化高质量国家综合立体交通网。实现国际国内互联互通、全国主要城市立体畅达、县级节点有效覆盖，有力支撑“全国123出行交通圈”和“全球123快货物流圈”。 规划到2035年，国家综合立体交通网实体线网总规模合计70万公里左右，建设面向世界的京津冀、长三角、粤港澳大湾区、成渝地区双城经济圈4大国际性综合交通枢纽集群，并将加快建设20个左右国际性综合交通枢纽城市以及80个左右全国性综合交通枢纽城市。	中共中央、国务院印发《国家综合立体交通网规划纲要》
2月25日	全国	主要内容：①支持成渝科创中心建设，加快成都国家新一代人工智能创新发展试验区建设；②支持西安全国重要科研和文教中心建设；③研究进一步加大高新技术企业税收优惠力度，支持西部优质企业通过“新三板”、科创板上市融资。	科技部正式印发《关于加强科技创新促进新时代西部大开发形成新格局的实施意见》
6月10日	全国	到2025年，浙江省推动高质量发展建设共同富裕示范区取得明显实质性进展。经济发展质量效益明显提高，人均地区生产总值达到中等发达经济体水平，基本公共服务实现均等化；城乡区域发展差距、城乡居民收入和生活水平差距持续缩小，低收入群体增收能力和社会福利水平明显提升，以中等收入群体为主体的橄榄型社会结构基本形成，全省居民生活品质迈上新台阶；国民素质和社会文明程度达到新高度，美丽浙江建设取得新成效，治理能力明显提升，人民生活更加美好；推动共同富裕的体制机制和政策框架基本建立，形成一批可复制可推广的成功经验。 到2035年，浙江省高质量发展取得更大成就，基本实现共同富裕。人均地区生产总值和城乡居民收入争取达到发达经济体水平，城乡区域协调发展程度更高，收入和财富分配格局更加优化，法治浙江、平安浙江建设达到更高水平，治理体系和治理能力现代化水平明显提高，物质文明、政治文明、精神文明、社会文明、生态文明全面提升，共同富裕的制度体系更加完善	《关于支持浙江高质量发展建设共同富裕示范区的意见》
6月29日	浙江	提出到2025年，浙江数字经济发展将达到世界先进水平，数字经济增加值占GDP比重为60%左右，规上数字经济核心产业营业收入达3.5万亿元，关键业务环节全面数字化的规上企业比例提高至80%。	浙江省关于印发浙江省数字经济发展“十四五”规划的通知

10-4　续表 1

时间	地区	政策内容	政策来源
7 月 2 日	全国	一是抓住主要矛盾，扎实有序推进非首都功能疏解。二是培育增长新极，助力北京两翼高标准高质量规划建设。三是强化协同合作，不断提高京津冀金融服务一体化水平。四是聚焦重点领域，引导银行保险机构持续加大交通、生态、产业升级、冬奥等重点领域金融支持。五是开展先试先行，探索自贸试验区、服务业扩大开放综合示范区金融创新，复制推广成功经验。	银保监会：研究部署推动京津冀协同发展工作
8 月 12 日	上海	提出要完善租购并举的住房体系，注重职住平衡，加大住房供应力度；到 2025 年，累计新增规划住房建筑总量约 1600 万平方米，累计新增各类住房约 20 万套。	上海市印发《中国（上海）自由贸易试验区临港新片区发展“十四五”规划》
9 月 5 日	全国	方案明确，横琴粤澳深度合作区实施范围为横琴岛“一线”和“二线”之间的海关监管区域，总面积约 106 平方公里。其中，横琴与澳门之间设为“一线”，实施开放政策，简化申报程序和要素，除明确规定货物外其他免（保）税进入；横琴与境内其他地区之间设为“二线”，实施管住政策，对合作区内生产或加工货物，符合条件下经“二线”进入内地免征进口关税；从内地经“二线”进入合作区货物实行退税。为促进澳门经济适度多元的新产业，符合条件的产业企业减按 15% 的税率征收企业所得税；对在合作区工作的境内外高端人才和紧缺人才，其个人所得税负超过 15% 的部分予以免征。	中共中央、国务院印发《横琴粤澳深度合作区建设总体方案》
9 月 6 日	全国	打造粤港澳大湾区全面深化改革创新试验平台，建设高水平对外开放门户枢纽。方案主要内容如下：1. 沿海南北向扩展发展空间，总面积扩展至 120.56 平方公里；2. 打造全面深化改革创新试验平台，加快科技发展体制机制改革创新；3. 建设高水平对外开放门户枢纽，扩大金融业对外开放；4. 到 2035 年，高水平对外开放体制机制更加完善，营商环境达到世界一流水平。	中共中央、国务院发布《全面深化前海深港现代服务业合作区改革开放方案》
9 月 23 日	全国	国务院批复同意《推进资源型地区高质量发展“十四五”实施方案》，强调综合运用投资、财税、金融、土地等政策，在项目建设、资金投入、体制机制创新等方面给予积极支持。	国务院批复同意《推进资源型地区高质量发展“十四五”实施方案》
11 月 26 日	全国	为深入贯彻落实党中央、国务院决策部署，进一步支持城市副中心高质量发展，规划建设北京城市副中心，秉持承接疏解、错位发展，改革创新、试点示范，协同联动、一体发展的基本原则。牢牢抓住疏解北京非首都功能这个“牛鼻子”，有序承接符合城市副中心发展定位的功能疏解和人口转移，提升对首都功能的服务保障能力，实现以副辅主、主副共兴，与河北雄安新区各有分工、互为促进，有效解决北京“大城市病”问题。	国务院发布关于支持北京城市副中心高质量发展的意见
11 月 18 日	无锡	无锡进一步完善房地产市场长效机制，“十四五”期间，新房、二手房成交均价年波动幅度控制在合理区间，至 2025 年实现房价涨幅与居民收入增长相适应；进一步优化住房供应体系，“十四五”期间，市区计划新增各类住房供应约 39.3 万套，其中新增城镇商品住宅 35 万套左右，城镇人均住房面积提升至 50.2 平方米。	无锡发布《无锡市市区“十四五”城镇住房发展规划》
12 月 17 日	全国	国务院称原则同意《江苏沿海地区发展规划（2021—2025 年）》，该《规划》实施要着力推动江苏沿海地区经济高质量发展，着力塑造滨海城乡特色风貌，着力夯实绿色发展生态本底，着力完善现代基础设施体系，着力培育双向开放新优势，不断提高区域综合实力、竞争力和带动力，积极融入共建“一带一路”和长江经济带发展，在长三角一体化进程中拓展新空间、展现新作为。	国务院同意《江苏沿海地区发展规划（2021—2025 年）》

10-5 2021年市场调控监管政策

时间	地区	政策内容	政策来源
1月1日	北京	北京银行业协会印发《北京市银行业协会个人住房贷款业务自律公约》，自2021年1月1日起生效实施。公约从内控制度、风险管理、尽职调查、差别化住房信贷政策执行、合作机构监督、公平竞争、优质服务等七个方面对银行的个人住房贷款业务提出自律要求，同时也对银行开展的关于个人商业用房贷款业务做出了自律要求。《公约》指出：对首付款资金来源进行实质性审核，不得使用“首付贷”等金融产品加杠杆、挪用其他个人类贷款资金或信用卡融资用于支付首付款；银行不得向房地产开发商、房地产中介机构（含关联机构）及工作人员支付或变相支付财物从而获取交易机会或竞争优势。	《北京市银行业协会个人住房贷款业务自律公约》
1月4日	佛山	佛山市自然资源局顺德分局发布《顺德区深入推进城市更新（“三旧”改造）工作实施细则的补充意见》。《意见》包括：①探索改造权公开交易改造模式；②调整优化了联动改造的有关规定；③补充旧村居、旧城镇改造的相关规定；④补充了地价计收及收储补偿标准等。	佛山市自然资源局顺德分局发布《顺德区深入推进城市更新（“三旧”改造）工作实施细则的补充意见》
1月5日	全国	据财联社报道，从多个信源处独家获悉，近日住建部、央行召集重点房企举行座谈会，与会房企除了去年9月已参与融资新规试点房企，亦包括部分去年未参与试点的房企。此举意味着房企融资“三条红线”试点有望扩围。	住建部、央行召集重点房企举行座谈会
1月7日	广州	近期广州市住建部门按照工作计划，深入开展房地产市场秩序专项整治行动，严厉打击哄抬房价和虚假房源、虚假广告、虚假销售等违法违规行为，进一步整顿和规范房地产市场秩序，切实维护购房群众合法权益。	广州房地产市场秩序专项整治行动
1月8日	郑州	郑州市人民政府发布《关于加强土地出让管理工作的意见》，《意见》要求：①实现商品房销售价格与土地价格挂钩，确保全市年度宅地价格变化幅度控制5%以内；②分类适配土地竞买规则，对宅地采取“限地价、竞自持”方式出让或熔断后摇号确定竞得人；③年度土地供应计划要分解形成季度供应计划等。	郑州市人民政府发布《关于加强土地出让管理工作的意见》
1月8日	全国	住房和城乡建设部印发《关于加强城市地下市政基础设施建设的指导意见》，坚持以人民为中心，坚持新发展理念，落实高质量发展要求，统筹发展和安全，加强城市地下市政基础设施体系化建设，加快完善管理制度规范，补齐规划建设和安全管理短板，推动城市治理体系和治理能力现代化，提高城市安全水平和综合承载能力，满足人民群众日益增长的美好生活需要。《意见》提出，各地要根据地下空间实际状况和城市未来发展需要，立足于城市地下市政基础设施高效安全运行和空间集约利用，合理部署各类设施的空间和规模。《意见》要求，严格落实城市地下市政基础设施建设管理中的权属单位主体责任和政府属地责任、有关行业部门监管责任，建立健全责任考核和责任追究制度。	住房和城乡建设部印发《关于加强城市地下市政基础设施建设的指导意见》
1月11日	郑州	郑州市委发布《关于制定郑州市国民经济和社会发展第十四个五年规划和二〇三五年远景目标的建议》。《建议》指出，要逐步降低经济对房地产的依赖度，增强产业体系抗冲击能力；坚持“房子是用来住的、不是用来炒的”定位，把握好房地产供给与需求之间的关系，加快完善多主体供给、多渠道保障、租购并举的住房制度，促进住房供需平衡、适配协调和职住平衡，稳定住房价格，满足多样化需求，促进房地产市场平稳健康发展。	郑州市委发布《关于制定郑州市国民经济和社会发展第十四个五年规划和二〇三五年远景目标的建议》

10-5　续表 1

时间	地区	政策内容	政策来源
1 月 11 日	深圳	深圳市住房和建设局发布《深圳 2020 年度房地产管理工作数据盘点》。数据显示，为缓解深圳市住房供应紧张局面，2020 年深圳市进一步加大商品住房建设力度，共完成新开工商品住房建筑面积 1236 万平方米，为历年之最，同比增长 160%；商品住房用地供应 227.53 公顷，完成 2020 年度实施计划的 182%。	深圳市住建局发布《深圳 2020 年度房地产管理工作数据盘点》
1 月 11 日	南平	南平市人民政府办公室发布《关于进一步促进房地产市场平稳健康发展的通知》。《通知》提出，要加强商品住房价格监管，要求对房价变化较大的项目，及时约谈房地产开发企业负责人，对无正当理由的，暂停该项目网签备案办理，责令企业限期整改。房价上涨过快的县（市、区），要采取限涨幅、控房价的调控措施，坚决遏制房价上涨态势。	南平市人民政府办公室发布《关于进一步促进房地产市场平稳健康发展的通知》
1 月 12 日	广州	广州市住建局发布《广州市房屋交易监督管理办法（修订征求意见稿）》。主要内容包括：新房篇：未取得预售证，不得以认购、排号等方式收取定金；商品房按备案价销售，不得额外收取装修款；房地产开发企业拒绝或者限制住房公积金贷款支付购房款的，将受重罚，罚款由此前的 1 万元提升到 5 万元；开发商需在银行开设预售款专用账户，接受银行监督，若出现烂尾，未尽责银行或承担赔偿责任；新增公示配建保障房情况、周边污染情况需要公示；严防“货不对板”，改变已售房屋状况需通知预购人。二手房篇：二手房交易，中介需要提供房屋状况说明书。	广州市住建局发布《广州市房屋交易监督管理办法（修订征求意见稿）》
1 月 19 日	深圳	深圳市住建局发布《关于明确〈关于进一步促进我市房地产市场平稳健康发展的通知〉若干问题的函》，对深圳楼市“7 15 新政”进行补充：①家庭购买商品房，只能登记在具备购房资格成员名下（此前只要求一人有名额，其他联名人无购房资格也可以联名登记），目前已暂停夫妻婚内更名；②高层次人才可凭认定证书购买首套房，无需提供社保个税证明，购买二套则需遵守限购政策。	深圳市住建局发布《关于明确〈关于进一步促进我市房地产市场平稳健康发展的通知〉若干问题的函》
1 月 19 日	无锡	无锡市住建局发布《关于完善我市市区新建成品住房装修工作的通知》，主要内容：①推行基本装修和升级装修分类管理，按规申请价格备案；②基本装修的价格按建面计算，价格标准应控制在 1500 ~ 2000 元 / 平方米之间的合理范围内；③房企不得捂盘惜盘和只提供升级装修方案，不得强迫或变相要求购房者选择升级装修方案。	无锡市住建局发布《关于完善我市市区新建成品住房装修工作的通知》
1 月 21 日	上海	上海市住建委、房管局等八个部门联合印发《关于促进本市房地产市场平稳健康发展的意见》，主要内容：①对夫妻离异 3 年内购买商品住房的，其拥有住房套数按离异前家庭总套数计算；②个人对外销售住房增值税征免年限从 2 年提高至 5 年；③新房公证摇号选房优先满足“无房家庭”自住购房需求；④优化土地供应结构，增加宅地供应，对郊区轨道交通站点周边、五大新城（南汇、松江、嘉定、青浦、奉贤新城）加大供应力度。	上海市住建委、房管局等八个部门联合印发《关于促进本市房地产市场平稳健康发展的意见》
1 月 22 日	合肥	合肥市多部门发布《关于严厉打击哄抬房价等违规行为切实规范我市房地产市场秩序的通告》。《通告》指出，近期，合肥市个别小区业主擅自成立所谓“房价指导委员会”，并通过微信群等社交平台发布集体涨价言论，涉嫌恶意炒作房价。该行为严重背离中央关于坚持“房子是用来住的，不是用来炒的”定位，对我市房地产市场健康发展造成不良社会影响。	合肥市多部门发布《关于严厉打击哄抬房价等违规行为切实规范我市房地产市场秩序的通告》
1 月 23 日	深圳	深圳市住房和建设局发布《关于进一步加强我市商品住房购房资格审查和管理的通知》，主要内容：①加强购房意向登记管理；②严格审查购房人资格；③严格履行告知义务；④严厉打击违规行为。通过以上四个方面，进一步促进房地产市场平稳健康发展。	深圳市住建局发布《关于进一步加强我市商品住房购房资格审查和管理的通知》

10–5 续表 2

时间	地区	政策内容	政策来源
1 月 26 日	北京	北京市规划和自然资源委员会发布《关于暂停北京市海淀区海淀镇树村棚户区改造 B–1 南地块 R2 二类居住用地等 3 宗地块国有建设用地使用权出让挂牌交易的公告》。该公告的发布，意味着新的“限地价、竞政府持有商品住宅产权份额、竞高标准商品住宅建设方案”土地出让方式仍有需要完善改进的地方，目前正对此类住房销售、管理等要求进行进一步完善。	北京市规划和自然资源委员会发布《关于暂停北京市海淀区海淀镇树村棚户区改造 B–1 南地块 R2 二类居住用地等 3 宗地块国有建设用地使用权出让挂牌交易的公告》
1 月 27 日	成都	成都市住房和城乡建设局 27 日发布通告称，近期，成都市个别小区业主成立房价沟通群扬言抱团涨价，涉嫌恶意炒作二手房价格，对成都市房地产市场平稳健康发展带来不良社会影响。1 月 25 日，成都市住建局、成都市网信办对涉嫌组建微信群鼓动集体涨价、恶意炒作房价的当事人进行约谈并要求及时整改。	成都发布《关于严厉打击哄抬房价等违规行为切实维护房地产市场正常秩序的通告》
1 月 27 日	杭州	杭州市房地产市场平稳健康发展领导小组办公室发布《关于进一步加强房地产市场调控的通知》。进一步加强住房限购：落户本市未满 5 年的，在本市限购范围内限购 1 套住房；将本市限购范围内住房赠与他人的，赠与人须满 3 年方可购买限购范围内住房；受赠人家庭须符合本市住房限购政策（不含遗赠）。 进一步加强住房限售：本市限购范围内，新建商品住房项目公证摇号公开销售中签率小于或等于 10% 的，自取得不动产证之日起 5 年内不得转让；以优先购买方式取得的热点商品住房，自取得不动产证之日起 5 年内不得转让。 进一步加强税收调节：本市限购范围内，个人住房转让增值税征免年限由 2 年调整为 5 年。 完善无房家庭认定标准：2018 年 4 月 4 日后转让本市限购范围内住房的，在本市限购范围内无自有住房记录满 3 年，可认定为无房家庭。 完善高层次人才优先购房政策：本通知发布之日起，高层次人才转让本市限购范围内住房的，须在本市限购范围内无自有住房记录满 3 年方可享受高层次人才优先购房。	杭州市房地产市场平稳健康发展领导小组办公室发布《关于进一步加强房地产市场调控的通知》
1 月 28 日	北京	近日，近日北京市、区住房城乡建设委、市房地产中介行业协会多次约谈北京市主要经纪机构负责人，要求各经纪机构及从业人员严格遵守相关法律法规，严格落实“房住不炒”调控要求，不得渲染、炒作房屋成交信息，不得鼓动引导出售方随意提高报价，不得在微信朋友圈、自媒体渠道发布制造购房恐慌情绪的文章，不得参与“经营贷”“首付贷”“消费贷”等任何违法违规的房地产金融活动。	北京市区住建部门多次约谈和持续检查房地产中介机构
1 月 29 日	上海	①严格执行房地产贷款业务各项规制要求，严格落实差别化住房信贷政策，严格审查个人住房贷款最低首付比、偿债收入比、限贷等要求。②严格实施房地产贷款集中度管理，加强对房地产贷款占比、个人住房贷款占比的管理。③严格审核首付款资金来源和偿债能力。审慎评估借款人还款意愿、还款能力，严格控制借款人住房贷款的月房贷支出与收入比、月所有债务支出与收入比。④严格加强借款人资格审查和信用管理。严格审批个人住房贷款。⑤严格个人住房贷款发放管理。重点支持借款人购买首套中小户型自住住房的贷款需求，且只能对购买主体结构已封顶住房的个人发放住房贷款。利用贷款购买的商业用房应为已竣工验收的房屋。⑥切实加强信贷资金用途管理。防止消费类贷款、经营性贷款等信贷资金违规挪用于房地产领域。⑦严格房产中介机构业务合作管理。⑧全面开展风险排查。各商业银行要根据通知要求，完善内控制度，强化对房地产市场和房地产金融风险的监测、分析和评估。对 2020 年 6 月份以来发放的消费类贷款、经营性贷款以及个人住房贷款进行全面自查，并于 2021 年 2 月 28 日前向上海银保监局报送自查和整改报告。	上海银保监局发布《关于进一步加强个人住房信贷管理工作的通知》

10-5　续表 3

时间	地区	政策内容	政策来源
1月30日	上海	主要内容：促进房地产市场平稳健康发展。稳妥实施房地产市场调控“一城一策”常态长效机制，保持新建项目供应量、供应结构、供应节奏合理有序，持续抑制投机炒房，坚决防范化解房地产市场风险。加大住房供应力度，增加住宅用地供应，加快商品住房项目建设和上市；优化住房供应结构，加强区域协调，坚持以中小套型普通商品房供应为主，分区分类完善户型比例要求。加快完善长租房政策，规范发展租赁住房市场，加快推进住房租赁立法，健全市场规则明晰、政府监管有力、权益保障充分的住房租赁法规制度规范。多主体多渠道增加租赁住房供应，发挥各类市场主体作用，加大对城市运行基础服务人员宿舍型租赁住房的供应力度，到2025年形成租赁住房供应40万套（包括间、宿舍床位）以上。进一步发挥住房公积金制度作用，推进长三角住房公积金一体化发展。	上海发布《上海市国民经济和社会发展第十四个五年规划和二〇三五年远景目标纲要》
2月2日	全国	建立积极应对人口老龄化重点联系城市机制，争取到2022年在全国发展一批创新活跃、经济社会发展与人口老龄化进程相适应的地区，培育一批带动性强、经济社会效益俱佳的健康养老产业集群，形成一批特色鲜明、行之有效的创新模式和典型经验，探索一批普遍适用、务实管用的应对人口老龄化政策举措。 建立联系机制工作方案：①促进服务体系创新；②促进体制机制创新；③促进要素支持创新；④促进业态模式创新；⑤促进适老环境创新。	发改委等三部门发布《关于建立积极应对人口老龄化重点联系城市机制的通知》
2月2日	广州	一是严格遵守中介居间服务的各项政策规定，杜绝违规行为发生；二是努力提高中介经营服务标准、规范水平；三是中介机构及从业人员要严肃对待近期个别楼盘业主盘哄抬房价情况，不参与不炒作，共同维护广州中介市场的平稳健康发展。	广州市房屋交易监管中心副主任对规范中介机构经营行为提出三点要求
2月3日	北京	对多家自媒体进行集中约谈，强调做到“四不得”：不得背离“房住不炒”定位；不得渲染个别成交案例、局部区域价格波动来炒作市场行情；不得通过各种方式制造购房恐慌情绪；不得臆测调控政策走向或趋势。	北京市住建委、市网信办、北京银保监局三部门联合召开约谈会
2月3日	杭州	杭州市住房保障和房产管理局会同人民银行杭州中心支行和浙江银保监局，将督促房地产开发企业严格审查购房家庭冻资情况，指导相关金融机构规范管理，确保冻资账户为购房家庭成员名下账户。如发现存在不规范冻资行为的，企业将取消其摇号资格。	杭州市住保房管局发布消息
2月5日	杭州	要求自媒体在发布文章时，要坚持以客观事实为依据，做到八个不得：不得背离“房住不炒”定位；不得以个别成交案例、局部区域价格波动来炒作市场行情；不得发布不实房地产市场运行数据；不得发布未经核实的不良信息；不得使用夸张标题发布与文章内容严重不符的信息；不得诱导和助推各类信贷资金违规进入房地产市场；不得通过各种方式制造购房恐慌情绪；不得臆测房地产政策走向和趋势。	杭州市住保房管局联合市委网信办等单位开展自媒体约谈会
2月8日	深圳	为促进二手住房市场信息透明，理性交易，经市政府同意，建立二手住房成交参考价格发布机制，形成全市住宅小区二手住房成交参考价格。未来将定期在深圳市住房和建设局官方网站、微信公众号和深圳市房地产信息平台等网络平台发布。	深圳市住建局发布《关于建立二手住房成交参考价格发布机制的通知》
2月10日	北京	①严格实施贷前调查：加强客户资质和信用状况审核，关注客户获得经营性贷款借款人资格的时间，审慎发放仅以企业实际控制人身份申请的个人经营性贷款。②切实加强支付管理：严格执行受托支付制度，对借款人受托支付对象的资质和背景情况予以关注，防止信贷资金转入与借款人经营活动无关的账户。③尽职落实贷后管理。④完善合同约束机制。⑤审慎开展第三方合作。	北京银保监局、人行营业管理部发布《关于加强个人经营性贷款管理 防范信贷资金违规流入房地产市场的通知》

10–5 续表 4

时间	地区	政策内容	政策来源
2 月 19 日	广州	据媒体消息，广州排查房抵经营贷违规流入楼市的情况，特别是在同一年内申请经营贷、个人按揭贷款的客户。	广州银行业排查同年申请经营贷 + 按揭客户
2 月 22 日	广州	对广东省辖内（除深圳外）第三档（中资小型银行和非县域农合机构）银行房地产贷款占比上限和个人住房贷款占比上限分别提高 2 个百分点至 24.5% 和 19.5%。 对广东省辖内（除深圳外）第四档（县域农合机构）银行房地产贷款占比上限和个人住房贷款占比上限分别提高 2.5 个百分点至 20% 和 15%。	央行广州分行、广东银保监局发布《关于做好广东省地方法人银行金融机构房地产贷款集中度管理工作有关事项的通知》
2 月 22 日	海南	对海南省辖内第三档（中资小型银行和非县域农合机构）银行房地产贷款占比上限和个人住房贷款占比上限分别提高 2.5 个百分点至 25% 和 20%。	人民银行联合海南银保监局发布《关于实施海南省地方法人银行业金融机构房地产贷款集中度管理要求的通知》
2 月 22 日	浙江	明确延长现行房产税、城镇土地使用税优惠政策，2020 年浙江省出台的房产税、城镇土地使用税减免政策执行期延续至 2021 年 6 月 30 日。此外，明确四大行业和小微企业自用房产采用退坡方式减免房土两税。即对住宿餐饮、文体娱乐、交通运输、旅游四大行业企业和符合条件的小微企业的自用房产、土地免征房产税、城镇土地使用税，2021 年第一季度按 100% 减免，第二季度按 50% 减免。	浙江省财政厅、国家税务总局浙江省税务局发布《关于延续实施应对疫情影响房产税、城镇土地使用税减免政策的通知》
2 月 23 日	杭州	对浙江省辖内第四档（县域农合机构）银行房地产贷款占比上限和个人住房贷款占比上限分别提高 1 个百分点至 18.5% 和 13.5%。 对浙江省辖内第五档（村镇银行）银行房地产贷款占比上限和个人住房贷款占比上限分别提高 2 个百分点至 14.5% 和 9.5%。	人民银行杭州中心支行、浙江银保监局近日发布《关于贯彻落实银行业金融机构房地产贷款集中度管理要求的通知》
2 月 23 日	上海	对上海市辖内第三档（中资小型银行和非县域农合机构）银行房地产贷款占比上限和个人住房贷款占比上限分别提高 2 个百分点至 24.5% 和 19.5%。 对上海市辖内第五档（村镇银行）银行房地产贷款占比上限和个人住房贷款占比上限分别提高 1.5 个百分点至 14% 和 9%。	人民银行上海分行和上海银保监局下发辖内地方法人银行业金融机构房地产贷款集中度的通知
2 月 23 日	辽宁	对辽宁省辖内第三档（中资小型银行和非县域农合机构）、第四档（县域农合机构）和第五档（村镇银行）银行个人住房贷款占比上限分别提高 1 个百分点、2 个百分点和 1 个百分点至 18.5%、14.5% 和 8.5%；房地产贷款占比上限保持不变。	辽宁发布《银行业金融机构房地产贷款集中度管理具体要求》
2 月 23 日	四川	对四川省内第四档（县域农合机构）银行个人住房贷款占比上限提高 1.5 个百分点至 14%，房地产贷款占比上限不变。	人民银行成都分行、银监会四川监管局发文
2 月 23 日	收到	对山东省辖内第三档（中资小型银行和非县域农合机构）银行房地产贷款占比上限提高 2.5 个百分点至 25%，个人住房贷款占比上限不变。	山东银保监局发文
2 月 23 日	深圳	深圳建行、农行明确将二手住房成交参考价格作为按揭贷款参考依据，此前已有光大银行深圳分行响应该政策。	深圳建行、农行将官方发布的二手住房成交参考价格作为按揭贷款的参考依据
2 月 23 日	深圳	要求：地产经纪机构在门店、网站及相关网络平台发布的二手住房挂牌价格是否超出二手住房成交参考价格；房地产经纪人员通过微信、QQ 等网络平台发布的二手住房价格是否超出二手住房成交参考价格。	深圳市住建局发布《深圳市住房和建设局关于开展房地产经纪机构二手住房成交参考价格应用情况专项检查的工作方案》

10-5　续表 5

时间	地区	政策内容	政策来源
2 月 27 日	东莞	调整商品住房限购年限。①非本市户籍居民家庭在本市购买第二套商品住房（新建商品住房或二手商品住房），须在购房之日前四年内在本市逐月连续缴纳社保满三年。②夫妻离异的，任何一方自离异之日起两年内购买商品住房的，其拥有住房套数按离异前家庭总套数计算。③新入户居民家庭购买第一套新建商品住房的，须在本市落户满半年、且在购房前两年内逐月连续缴纳社保满半年。 进一步加强房地产金融管理。①居民家庭名下在本市无住房且无住房贷款记录（含商业性住房贷款和公积金住房贷款，下同）的，购买普通住房首付款比例不低于 30%，购买非普通住房首付款比例不低于 40%。②居民家庭名下在本市无住房但有已结清的住房贷款记录，或在本市拥有 1 套住房且住房贷款已结清的，购买普通住房首付款比例不低于 40%，购买非普通住房首付款比例不低于 60%。③居民家庭拥有 1 套住房且住房贷款未结清的，购买普通住房首付款比例不低于 50%，购买非普通住房首付款比例不低于 60%。④对拥有 2 套及以上住房的居民家庭，暂停发放商业性个人住房贷款。 加强新建商品住房价格指导与监管，强化房地联动调控机制，完善房地产市场监测及信息公开工作，持续规范房地产市场秩序。	东莞市住建局发布《关于进一步加强房地产市场调控的通知（东建〔2021〕6 号》
3 月 3 日	上海	强化住宅用地供应管理。及时公布住宅用地供应计划和存量住宅用地信息。①深化完善房价地价联动机制。②严格新建商品住房价格备案管理。③强化商品住房交易管理。④进一步加强房地产中介管理。⑤严格规范企业购买商品住房。⑥实施住房限售。	上海市发布《关于进一步加强本市房地产市场管理的通知》
3 月 4 日	无锡	为进一步贯彻落实《市政府办公室关于进一步促进我市房地产市场平稳健康发展的通知》的工作要求，规范房地产市场秩序，促进房地产市场平稳健康发展，出台《关于规范我市二手房交易秩序的通知》，主要内容如下：①开展房地产市场秩序整顿工作。②规范二手房信息发布行为。③建立二手住房价格信息发布机制。	无锡市公布《关于规范我市二手房交易秩序的通知》
3 月 9 日	海南	为严厉打击房地产市场违法违规行为，规范房地产市场秩序，防范房地产市场风险，营造海南自由贸易港良好的营商环境，根据省政府的统一部署，海南省制定该方案。整治重点内容有：①购房人规避限购政策骗取购房资格。②开发商违规销售商品房。开发商未取得商品房预售许可进行销售，以认购、预定等方式向买受人收取或变相收取定金、预定款等行为。③中介机构和人员违规乱象。④商品房销售现场管理无序。	海南省发布《海南省 2021 年房地产市场专项整治工作方案》
3 月 12 日	北京	通知主要内容有：①多主体、多渠道增加有效供应，扩大保障性租赁住房覆盖面。计划安排租赁住宅用地 300 公顷，其中集租房、公租房各 150 公顷，较 2020 年分别增加 100 公顷、70 公顷。②构建“房地联动、一地一策”机制，房地产精准调控向纵深推进。③将房价引导前置到土地出让环节，以土地基准地价为基础、结合各区域市场情况进行测算。	北京市发布《持续推进住房供给侧结构性改革，2021 年精准施策再加力的通知》
3 月 16 日	西安	为进一步规范房地产市场秩序，促进我市房地产市场平稳健康发展，按照中央“房住不炒”的定位精神，结合我市实际，现将有关事项通知如下：一、加强购房资格核验。二、加强购房资金核验。三、规范商品房销售秩序。四、规范存量房交易秩序。五、规范涉房信息发布行为。六、加大检查监督力度。	西安市发布《关于进一步规范房地产市场秩序有关问题的通知》

10–5 续表 6

时间	地区	政策内容	政策来源
3 月 16 日	嘉兴	《通知》主要内容有：①非本市户籍居民家庭，在本市范围内限购 1 套住房。即非本市户籍居民家庭，在嘉兴任何一个县（市）、区已拥有 1 套及以上住房的，限购新建商品住房和二手住房。②非本市户籍的顶尖人才、高端人才，凭有关部门证明不列入我市限购范围之内。③在本市范围内已拥有 1 套及以上住房的本市户籍居民家庭，在嘉兴任何一个县（市）、区新购买住房，自取得不动产证之日起 2 年内不得转让。④非本市户籍居民家庭，在嘉兴任何一个县（市）、区购买住房，自取得不动产证之日起 2 年内不得转让。	嘉兴市发布《关于加强我市市区新建成品住房销售管理工作的通知》
3 月 18 日	深圳	深圳银保监局与人民银行深圳市中心支行联合发布《关于辖内银行经营性贷款有关问题的通报》，要求辖内银行对经营贷违规进入楼市等现象进一步强化管理。《通报》称，下一步金融主管部门将按照“常抓、常查、常管”工作总基调，不定期通报发现的典型问题，严厉查处发现的违法违规行为，持续严格防范信贷资金违规流入房地产领域。	深圳市出台《关于辖内银行经营性贷款有关问题的通报》
3 月 18 日	武汉	主要内容有：①明确预售申报形象进度和规模要求，15 层以上建筑达到总层数的 1/3 且不少于七层，预售规模不得小于栋，总建面≥ 20 万平方米，不得超过五次申请预售证，总建面＜ 20 万平方米，不得超三次申请预售证；②取得预售许可后须在 10 日内一次性公开销售全部房源，倡导采取摇号方式；③加强价格管理，应严格执行“一房一价”销售规定，不得超过房管部门备案价格。	武汉市发布《关于进一步加强新建商品房销售全过程监管的通知（征求意见稿）》
3 月 22 日	成都	成都发布《关于进一步促进房地产市场平稳健康发展的通知》，主要内容：①中心城区商品住宅用地全面实施“限房价、定品质、竞地价”出让；②超过“三道红线”的房企禁止参与土拍；③法拍房纳入限购范围且限售 3 年；④“人房比”超 3 倍的项目限售 5 年（原 3 年）；⑤建立二手住房成交参考价格发布机制，经纪机构不得受理及对外发布明显高于所在楼盘合理成交价格的挂牌价格；⑥调整限贷政策，首付要求无房无贷 30%，无房有贷已结清或有房无贷已结清等 40%，非普通住房首付 50%；⑦对“借名买房”（代持）等行为，将采取限制网签备案、购房登记等措施。	成都市发布《关于进一步促进房地产市场平稳健康发展的通知》
3 月 22 日	全国	倪虹近日带队赴四川省成都市和陕西省西安市调研督导房地产工作时强调，城市政府要根据人口流入情况，切实增加住宅用地供应，管控资金风险，建立“人、房、地、钱”联动机制，从源头上稳定预期。要针对房地产市场存在的突出问题，及时采取措施，精准、精细调控，严肃查处房地产中介、助贷机构的违法违规行为，坚决遏制投机炒房。	住建部赴成都和西安调研督导
3 月 26 日	全国	住房和城乡建设部与江西省政府通过视频会议进行了会商，要求江西省和南昌市切实提高政治站位，牢牢把握房子是用来住的、不是用来炒的定位，不将房地产作为短期刺激经济的手段，坚持房地产调控不动摇，确保实现稳地价、稳房价、稳预期目标，努力解决好大城市住房突出问题。住房和城乡建设部已将南昌市列入房地产市场监测重点城市名单，加强对南昌市房地产市场的监督管理，南昌市要坚决落实主体责任，江西省也要落实好监督和指导责任。据悉，住房和城乡建设部即日已派出督导组赴南昌市现场督导。	住建部督导南昌市房地产市场调控

10-5　续表 7

时间	地区	政策内容	政策来源
3 月 26 日	全国	中国银保监会办公厅、住房和城乡建设部办公厅、中国人民银行办公厅联合印发了《关于防止经营用途贷款违规流入房地产领域的通知》。《通知》从加强借款人资质核查、加强信贷需求审核、加强贷款期限管理、加强贷款抵押物管理、加强贷中贷后管理、加强银行内部管理等方面，督促银行业金融机构进一步强化审慎合规经营，严防经营用途贷款违规流入房地产领域。同时要求进一步加强中介机构管理，建立违规行为“黑名单”，加大处罚问责力度并定期披露。《通知》的发布和实施，是牢牢坚持“房子是用来住的，不是用来炒的”定位，促进房地产市场平稳健康发展，提升金融服务实体经济质效的重要举措。下一步，银保监会、住房和城乡建设部以及人民银行将密切沟通协作，联合做好《通知》贯彻落实工作，坚决打击经营用途贷款违规流入房地产领域的违法违规行为。	银保监会、央行、住建部发布《关于防止经营用途贷款违规流入房地产领域的通知》
3 月 27 日	湖州	为贯彻落实党中央、国务院决策部署和省委、省政府工作要求，坚持“房住不炒”定位，落实“稳地价、稳房价、稳预期”目标，进一步促进我市房地产市场平稳健康发展，湖州市发布以下通知：①强化区县主体责任。以区县为单位，制定“一城一策”，因城施策。②增加土地供应量，实行集中供地。科学安排住宅用地供应，及时公布出地计划。③加快住宅项目建设。④提高商品房预售条件。对分期申请预售的住宅项目，单次申领预售建筑面积不少于 3 万平方米，项目申领预售批次不超过 4 次。⑤实行住房限购。在中心城市范围内，连续缴纳社保未满 6 个月的非本市户籍居民家庭，限购一套住房。⑥强化住房金融监管。⑦加强房地产市场整治。加强部门联合执法。⑧营造公开健康的社会舆论。	湖州市出台《关于进一步促进我市房地产市场平稳健康发展的通知》
3 月 31 日	西安	主要内容包括：①建立完善房地联动机制。每年一季度，发布本年度住宅用地供应计划和存量住宅用地信息，稳定土地市场预期。全市商品住宅用地供应总量年均增长 20% 以上。②加强住房交易管理。新迁入市民在限购区购买商品住房或二手房，需落户满 1 年，且在本市连续缴纳 12 个月的社保或个人所得税；限购区内商品住房买卖合同网签备案满 5 年且已办理《不动产权证书》、二手住房《不动产权证书》办理满 5 年的方可上市交易；将“刚需家庭”无住房转让记录的年限要求调整为购房前 48 个月。③严格住房金融监管。④整治规范市场秩序。⑤加大住房保障力度。⑥夯实调控主体责任。	西安发布《关于建立房地联动机制促进房地产市场平稳健康发展的通知》
4 月 2 日	广州	①进一步加强住宅用地供应和监管。②全面加强新建商品住房价格备案管理。③进一步做好分类指导和精准施策。④进一步加强房地产金融管理。⑤进一步强化房地产市场监管。⑥严格规范房地产市场信息发布。	广州市《关于进一步促进房地产市场平稳健康发展的意见》
4 月 3 日	北京	主要精准打击“借学区房等炒作房价”等违规行为，针对群众反映强烈的房地产经纪机构炒作学区房行为，对海淀区万柳、翠微，西城区德胜、金融街，东城区交道口等价格快速上涨区域进行专项执法检查。北京市住建委制定了 2021 年房地产市场执法检查工作安排，将重点查处“无证售房”“不实宣传”“合同欺诈和不平等条款”“违反预售资金监管”“捆绑销售和违规分销”“信贷资金违规使用”“借学区房等炒作房价”“违规工改住、商改住销售”“发布虚假网络房源”九方面问题。	北京市住建委会同相关部门开展房地产经纪机构专项执法检查
4 月 6 日	合肥	①稳定增加居住用地供应。②实行市区学区内成套住房入学年限政策。③深化住房限购措施。④实行市区热点楼盘“摇号 + 限售”政策。⑤从严调控商品住房价格。⑥加强住房贷款审慎管理⑦加大租赁住房建设力度。⑧严厉打击各种房地产市场乱象。	合肥市发布《关于进一步促进我市房地产市场平稳健康发展的通知》

10-5 续表 8

时间	地区	政策内容	政策来源
4月6日	全国	深度融合数字家庭产品应用与工程设计，强化宜居住宅和新型城市基础设施建设，提升数字家庭产品消费服务供给能力，提高便民服务水平，适应消费升级趋势和疫情防控常态化要求，不断满足人民日益增长的美好生活需要。 明确数字家庭服务功能。满足居民获得家居产品智能化服务的需求，满足居民线上获得社会化服务的需求，满足居民线上申办政务服务的需求。 强化数字家庭工程设施建设。加强智能信息综合布线，强化智能产品在住宅中的设置，强化智能产品在社区配套设施中的设置。 完善数字家庭系统。加强数字家庭系统基础平台建设，加强与相关平台对接，推进智能家居产品跨企业互联互通和质量保障，强化网络和数字安全保障。	住建部等多部门发布《关于加快发展数字家庭 提高居住品质的指导意见》
4月7日	徐州	实行土地供应“两集中”；建立土拍熔断机制；严格价格备案管理。 开展房地产领域非法金融活动专项整治；开展房地产市场虚假宣传专项整治。 切实提升公积金服务效能；合理平衡成品住房比例；加快完善住房保障体系建设。	徐州市住建局印发《进一步促进市区房地产市场平稳健康发展的若干措施》
4月7日	上海	对于违规获取首付款资金、存在造假行为等申请个人住房贷款的借款人，应拒绝其房贷申请，并作为失信行为信息报送上海市公共信用信息服务平台； 对于经营贷、消费贷等信贷资金违规挪用于房地产领域的，应及时采取实质性管控措施； 加强银行员工管理，强化员工法制合规教育，在开展业务中正面引导借款人合法合规使用信贷资金； 对于存在违规行为的银行员工，应予以内部问责或纪律处分等。	上海市银保监局为防控经营贷、消费贷违规流入房地产市场提出要求
4月11日	东莞	①要切实提高政治站位。②要加快推进住房保障体系建设。③要加快制定“一城一策”方案。④要严格落实调控主体责任。⑤要加快完善相关监管机制。⑥要重拳整治房地产市场乱象。⑦要加强舆论宣传引导。	东莞市住建局落实“一城一策”调控要求
4月13日	惠州	惠州市住建局开展2021年房地产市场抽查，重点整顿“首付贷”“低首付”，以及信息公开规范等问题。 显示违规行为主要集中于基础信息材料公示不规范、样板房设置不规范、认购合同条款不合理、不利信息未公示和涉嫌“首付贷”问题等。	惠州市住建局公布《关于房地产市场检查情况的通报》
4月13日	全国	促进农业转移人口有序有效融入城市，增强城市群和都市圈承载能力，转变超大特大城市发展方式，提升城市建设与治理现代化水平，推进以县城为重要载体的城镇化建设，加快推进城乡融合发展。 促进农业转移人口有序有效融入城市，协同推进户籍制度改革和城镇基本公共服务常住人口全覆盖，提高农业转移人口市民化质量。 提升城市群和都市圈承载能力，增强中心城市对周边地区辐射带动能力，培育发展现代化都市圈，增强城市群人口经济承载能力，形成都市圈引领城市群、城市群带动区域高质量发展的空间动力系统。 促进大中小城市和小城镇协调发展，统筹城市布局的规模经济效益和生态健康安全需要，促进城市合理分工、协调联动，优化城镇规模结构。 加快建设现代化城市，顺应城市发展新理念、新趋势，建设宜居、创新、智慧、绿色、人文、韧性城市，推进城市现代化试点示范，使城市成为人民高品质生活的空间。 提升城市治理水平，优化城市空间治理，加强基层社会治理。 加快推进城乡融合发展，促进人才入乡就业创业。	发改委印发《2021年新型城镇化和城乡融合发展重点任务》

10–5　续表 9

时间	地区	政策内容	政策来源
4 月 14 日	河南	控制房地产贷款增速，确保房地产贷款集中度保持合理水平； 加强全口径管理，将通过同业投资、理财投资、委托贷款等渠道流入房地产领域的资金统一纳入监测范围； 严厉打击“零首付”“首付贷”等行为，严防各类资金变相流入房地产。	河南省发布《关于推动辖内股份制银行高质量发展的实施意见》
4 月 16 日	合肥	市区范围内当期登记购房人数与可售房源数之比大于（含等于）1.5 的楼盘，房地产开发企业应采取委托公证机构公证摇号方式公开销售。 摇号选房应坚持刚需购房人优先原则。 房地产开发企业取得商品房预售许可证之前应制定公证摇号公开销售方案，方案应包括房源数量、公证机构名称、摇号方式及相关流程等内容。 房地产开发企业在开盘销售前应制定购房登记规则，明确购房登记起止时间、地点（登记网址）、条件。 房地产开发企业自取得商品房预售许可证之日起 10 日内，一次性公开当期准售房源，并适时组织购房人登记，登记期限不少于 3 日。 购房登记截止后，房地产开发企业应按照刚需购房人和普通购房人分类编制《登记摇号名册》，在销售现场公示后送达公证机构，同时报市住房保障和房产管理局、市司法局。公示时间不少于 2 日。 房地产开发企业在公证机构的监督下，按摇号产生的选房排序结果依序组织选房。 房地产开发企业应当在公证摇号选房结束之日起 10 日内，将摇号排序和选房结果公证书及放弃选房人名单、放弃签约人名单报送市住房保障和房产管理局。	合肥市住建局发布《关于新建商品住房公证摇号公开销售有关事项的通知》
4 月 16 日	宁波	扩大限购区域，从严审核购房资格。扩大住房限购区域同时执行限售政策。申请购买限购区域的，家庭住房情况核查范围扩大为市六区。企业等法人及非法人组织暂停在限购区域内购买住房。 规范房源核验发布，同步匹配同类房源近期网签价格区间。建立热点学区二手住房交易参考价格发布机制，落实交易参考价格在金融信贷等应用。 加大住宅用地供应，2021 年市区计划供应住宅用地面积在近 5 年平均供应土地面积基础上增加 12% 以上。 严格落实差别化住房信贷政策，支持居民购买首套自住住房需求，抑制利用信贷资金投资投机行为。 加强房地产开发企业销售管理，严厉打击违规行为。 健全完善房地产市场调控工作评价考核机制，严格落实房地产调控“一县一策”工作任务。	宁波市发布《关于进一步加强房地产市场调控促进房地产市场平稳健康发展的通知》
4 月 16 日	上海	继 3 月份集中上市 33 个楼盘后，4 月 25 日，上海房地产交易中心网站“网上房地产”公示，将集中上市第二批新建房地产商品房，共 47 个项目 13969 套房源，目前已完成价格备案。	上海市发布二手房指导价制度
4 月 20 日	北京	对“经营贷”业务的审核资质已经有所调整，包括个人背景和交易背景的真实性，可能涉及工资记录、缴税记录以及公司流水需达经营贷 30% 等详细多维指标。 用途违规将强制收回，如贷款客户提供不了合同发票，或者很明显能看出来确实和当时的合同用途不一致的，那银行就会要求收回贷款。 北京、上海、广东、深圳等多地展开清查行动，严格落实贷后管理。	北京市“经营贷”全面从严

10–5 续表 10

时间	地区	政策内容	政策来源
4 月 21 日	广州	进一步加强房地产工作统筹协调。充分发挥市住房和房地产工作协调领导小组作用。 加大保障性住房供应力度。加大商品住宅用地公开出让配建保障性住房的力度，配建保障性住房数量原则上不少于户籍中等偏下收入住房困难家庭年新增轮候户数。 加快发展住房租赁市场。通过新建、配建、改建等多种方式，多渠道增加租赁住房供给。 强化人才购房政策管理。享受市辖区人才政策人士，购买商品住房时，须提供在人才认定所在区连续缴纳个人所得税或社会保险的缴纳证明。 调整增值税征免年限将 9 个区个人销售住房增值税征免年限从 2 年提高至 5 年。	广州市《关于完善我市房地产市场平稳健康发展政策的通知》
4 月 21 日	广州 佛山	明确今年及“十四五”期间的重点工作及发展“路线图”，并签署了《中共广州市委组织部、中共佛山市委组织部广佛人才全域同城化合作协议》。 广佛两地将探索建立统一的规划委员会，实现规划统一编制、统一实施，探索推进土地、人口等统一管理。	广佛全域同城化党政联席会议
4 月 21 日	全国	做好公租房保障，会同相关部门继续对大城市新筹集公租房给予中央补助，指导各地实行实物保障和货币补贴并举，不断加大对城镇住房、收入困难家庭的保障力度，对城镇低保、低收入住房困难家庭应保尽保。 稳步推进棚户区改造，指导各地坚持因地制宜、量力而行，严格把好棚户区改造范围和标准，科学确定城镇棚户区改造计划任务，让困难群众早日搬进新居。并继续实施农村危房改造和地震高烈度设防地区农房抗震改造。	发改委印发《国家基本公共服务标准（2021 年版）》
4 月 22 日	北京	新房销售方面重点整治：①无证售房。②不实宣传。③合同欺诈和不平等条款。④预售资金违规存取。⑤捆绑销售和违规分销。⑥违规“工改住”、“商改住”销售。 存量房销售方面重点整治：①借学区房等炒作房价。②信贷资金违规购房。 住房租赁方面重点整治：①房屋租赁合同备案。②违法群租房、短租房。③群众投诉反映集中租赁中介。	北京市住建委发布《关于进一步加强房地产市场秩序整治工作的通知》
4 月 22 日	福建	自 2020 年三季度以来，厦门银保监局持续开展经营贷款等信贷资金违规流入房市滚动排查工作。目前，已累计排查疑点贷款 5016 笔，金额 41.99 亿元，查实违规贷款 697 笔，涉及金额 5.84 亿元。 排查中发现的主要违规行为包括贷款资金流入开发商或卖方账户用于购房、普惠性贷款用于归还按揭贷款套利、贷款用于归还小贷公司等搭桥资金“置换”按揭贷款等。	福建省厦门市 10 部门联动开展集中整治二手房市场专项行动
4 月 23 日	南通	调整用地出让方式。全市普通商品住房用地均采取“控房价、控地价”方式供应，严格控制土地溢价率。对居住与商业、办公等混合类用地，可采取“控房价、竞地价”方式。 加强房价备案管理。全面实行商品住房最高备案价及片区指导价制度，完善以成本为基础的价格备案指导工作细则，2021 年 1 月 1 日后取得销售许可的项目统一按照调整后的备案规则重新测算核定。	江苏省南通市施行房地产“双控”调控新政
4 月 23 日	上海	①坚持统筹谋划，编制实施住房发展“十四五”规划。②坚持租购并举，着力解决大城市住房突出问题。③坚持协调发展，持续完善住房保障体系。④坚持增存并重，着力提升居住品质。⑤坚持共享共治，着力提升住宅小区综合治理效能。⑥坚持守住底线，着力防范化解各类风险隐患。⑦坚持数字赋能，推进房管领域数字化转型。	上海市房管局 2021 年工作计划

10-5 续表 11

时间	地区	政策内容	政策来源
4 月 23 日	长沙	长沙将建立法拍房精准限购名录库，对热点区域、楼盘法拍房进行限制，八方小区等热点楼盘法拍房已纳入限购范围，竞买人须具长沙购房资格。	长沙法拍房纳入限购
4 月 29 日	东莞	①按照重点监测城市的标准要求，加强房地产市场监测分析。②新建商品住房项目应根据可售楼面地价、合理建安成本等因素，合理制定新建商品住房销售价格。③从严控制在售项目价格涨幅。④加强对辖区新建商品住房项目的巡查监督，督促企业申请办理预售。⑤企业应严格执行商品房销售明码标价制度，一次性公开全部准售房源及每套房屋价格。	东莞市发布《关于进一步加强新建商品住房销售价格指导的通知》
4 月 29 日	嘉兴	分批集中出让住宅用地，加大土地供应量。扩大热点区域的土地供应，实行住宅用地分批次集中出让。 推行“公证摇号”，对市区范围新出让土地的新建商品住房项目，意向购房人数大于开盘销售房源数的，开盘销售全部采取公证摇号排序选房的销售方式。 进一步严格商品住房限购管理。暂停向在全市范围内拥有 3 套及以上住房的本市户籍居民家庭出售市区范围内商品住房。 加强商品住房销售价格管理。同一项目内同建筑类型每批次销售备案均价不得高于前一批次备案均价。 加强房地产市场整治。进一步加大整顿和规范房地产市场秩序的力度。 营造公开健康的社会舆论。规范房地产信息发布，严肃处理不实言论。	嘉兴市发布《关于进一步促进嘉兴市房地产市场平稳健康发展有关事项的通知》
5 月 6 日	合肥	合肥市将通过楼盘表对房屋交易与产权各项业务进行管理，新房相关的备案交易等所有信息“一‘表’打尽”。 实现商品房楼盘表业务办理材料“全程电子化”。建立楼盘表将为房产、公安、民政、法院、教育等城市管理信息的高度共享互联互通做好准备。对市民来说，可以保障房屋交易安全。 房地产开发企业应当在新建商品房销售前、竣工验收后以幢（栋）为单位分别申请建立预售和现房楼盘表。	合肥市新建商品房楼盘表管理办法
5 月 6 日	佛山	重点抽查群众投诉多、房价波动大、物价备案变更频繁的新建商品住房项目，特别是限购区域媒体高度关注的“高价盘”“热销盘”。 检查组相继抽查了热点区域的六个在售项目，指出了上述项目近期调价单元较多、涨幅较大、影响房价预期的问题，要求进一步排查整改。	佛山市住建局组织开展“五一”期间稳房价专项检查工作
5 月 6 日	深圳	深圳建行将于今日起调整房贷利率首套房贷款利率执行 LPR+45BP（相当于 5.10%），二套房贷执行 LPR+95BP（相当于 5.60%），相比之前分别上调 15BP 和 35BP。	深圳建行今起上调首套及二套房房贷利率
5 月 7 日	北京	①精减登记受理要件，居民家庭购房资格通过联网审核的，在申请不动产权登记受理环节，不再核验居民家庭购房资格证明材料。②加强事中事后监管，各区房屋交易管理部门每月抽查一定比例的购房资格申请材料。③提高联网审核效率，利用大数据强化审核数据监测分析。	北京发布《关于进一步简化购房资格审核程序的通知》

10–5 续表 12

时间	地区	政策内容	政策来源
5 月 7 日	绍兴	①切实加大住宅用地供应，严格净地出让，确保房地产企业拿地后可马上开发建设，防止出现由于净地不净引起土地出让纠纷，造成土地闲置。 ②试行公证摇号公开销售，采用“限房价、限地价”方式出让的住宅用地项目，意向购房数与可售房源数比值过大的楼盘，实行公证摇号公开销售；市区范围内部分供需紧张的区域，试行公证摇号公开销售，在试点基础上适时在市区范围内推广。 ③提高预售许可条件，申请商品住房预售许可时，6 层及以下建筑工程形象进度须达到地上主体结构的二分之一以上；7 ~ 11（含）层建筑工程形象进度须达到地上主体结构的三分之一以上；11 层以上建筑工程形象进度须达到地上主体结构的四分之一以上。 ④建立健全房地联动机制，实行地价房价联动机制，将房价引导前置到土地出让环节。 ⑤加强房地产市场秩序整治，全市范围内集中开展房地产市场专项整治行动，重点打击捂盘惜售、价外加价、捆绑销售、违规收取佣金等扰乱市场秩序的违法违规行为。	绍兴发布《关于进一步促进绍兴市房地产市场平稳健康发展的通知》
5 月 8 日	成都	①优化选房排序，扩大公证摇号排序选房基数。②明确剩余及退出房源销售规则，增加普通购房家庭购房机会。③加强监管监测，严查各种违法违规行为。	成都发布《关于进一步完善商品住房公证摇号排序选房有关规定的通知》
5 月 10 日	宁波	宁波市先行发布宁波市实验小学、海曙外国语学校、宁波大学附属学校等 9 个热点学区范围内 112 个小区的二手住房交易参考价格。	宁波发布部分热点学区二手房交易参考价格
5 月 11 日	全国	①对楼龄 30 年及以上的步梯房，最高按揭成数不超过 5 成；楼龄 30 年以下的步梯房或者楼龄 30 年及以上的电梯房，最高按揭成数不超过 6 成，优质客户除外。 ②收窄跨区办理二手房贷款业务范围，城区行不得跨区办理部分近远郊二手房贷款业务。	农业银行广州分行下发个人住房贷款新政通知
5 月 14 日	广州	在房屋买卖、交易过程中，要重点注意以下事项： 应查证开发商是否已办理商品房屋的预售许可或不动产登记手续，是否已办理车位的不动产登记及车位租售方案备案手续。 已取得合法销售条件的商品房屋、车位，购买前要充分了解所购商品房屋、车位的功能性质、土地使用起止年限、产权是否清晰无争议、是否存在抵押或查封等限制情况。 在签订认购协议或商品房买卖合同前，应充分审查自身是否具备购房条件，全面评估经济能力，仔细查阅内容条款，明确双方的权利和义务。	广州发布《购房风险提示》
5 月 14 日	上海	上海银保监局开出多张罚单，其中因违规发放贷款流入房地产市场，平安银行、广发银行、民生银行等多家银行遭处罚。	上海银保监局开出多张罚单
5 月 18 日	海口	已取得商品房预售许可证或现房备案的项目，开发企业须于 5 月 18 日前一次性公开销售全部可售房源。 已取得商品房预售许可证或现房备案的项目，购房人预订商品房后，未在规定时间内签订买卖合同的，预订予以解除，解除的房源应当及时公开销售。	海口发布《关于清理房地产开发项目可售房源的通知》
5 月 18 日	全国	①租赁住房：扩大保障性租赁住房供给，完善长租房政策；②投资：进一步完善支持社会资本参与政策，规范有序推广 PPP 模式，发挥政府资金引导带动作用；③融资：加大融资支持力度，支持民营企业债转股、发行债券等，稳妥开展基础设施领域 REITs 试点；④支持民营企业参与国家重大战略；⑤做好民营经济发展示范工作等。	发改委 5 月新闻发布会

10-5　续表 13

时间	地区	政策内容	政策来源
5 月 18 日	湖州	实行房地联动。在细化网格、合理确定地价的基础上，对热点区域实行“限房价、限地价、竞配建、竞自持”的房地联动机制。 实行住房限售。在中心城市范围内，新购买的住房，自取得不动产权证满 2 年后方可转让。 推行公证摇号销售。中心城市范围内，对购房意向登记数大于本期可售房源数的，实行公证摇号销售。采用“限房价、限地价”方式出让的住宅用地项目全部实行公证摇号销售。 严格合同更名管理。商品住房在办理网签合同后，除在父母、配偶、子女之间更名外，其他不得更名。 强化住房保障。各区县要通过出让土地配建、集中建设等方式，加大保障性住房的建设力度。 加强房地产市场整治。重点打击虚假宣传、哄抬房价、信贷资金违规入市等违法违规行为。	湖州发布《关于进一步加强我市房地产市场调控的通知》
5 月 21 日	广州	加强对该区房地产中介机构及房地产金融管理，防止经营用途贷款违规流入房地产领域，坚决打击“两违”和小产权房非法销售行为。	广州发布《广州市花都区住房和城乡建设局关于进一步加强房地产中介机构管理的通知》
5 月 21 日	宁波	海曙、江北、镇海、北仑、鄞州、奉化区（简称“市六区”）内国有土地上住房被征收人，以及集体土地上住宅被拆迁人在限购区域内购买住房，应当申请家庭住房情况核查。 市六区内国有土地上住房被征收人，以及集体土地上住宅被拆迁人以无房家庭名义优先认购新建商品住房的，所购住房自取得不动产权证书之日起限售 5 年。	宁波发布《关于明确在住房征收货币补偿安置工作中执行限购限售政策有关事项的通知》
5 月 21 日	苏州	限制严重失信企业参加国有建设用地使用权挂牌竞价出让活动。 参与竞买我市商住、住宅用地的竞买人、竞买人直接绝对控股的子公司不得参与同一商住或住宅地块竞买；由同一自然人、法人或其他组织直接绝对控股的公司不得参与同一商住或住宅地块竞买。 禁止失信人在其失信行为发生后三年内参加苏州市区国有建设用地使用权挂牌竞价出让活动。	苏州发布《关于严格落实竞买要求的通告》
5 月 24 日	西安	未在西安市住房租赁交易服务平台进行开业申报及资金监管的住房租赁企业，不得在网络信息平台发布租赁房源信息。 个人发布租赁房源的，发布房源套数不得超过 10 套（间）。 通过各网络信息平台发布的租赁房源，必须经西安市住房租赁交易服务平台进行房屋权属核验及备案获取房源核验码。 各住房租赁企业提供权属核验的房源应与实际发布的房源一致。	西安发布《关于规范住房租赁房源发布行为的通知》
5 月 25 日	福州	明确创新型产业用地：①严禁建造公寓、住宅、商铺；②出让起始价按 50% 工业和 50% 办公基准地价确定，且不低于自持比例修正后的市场估价；③销售项目自持比例不低于 15%。	福州发布《闽侯县创新型产业用地管理导则》
5 月 26 日	泉州	坚持房住不炒。各经纪机构在居间服务中，不得将业主房源介绍给“炒房客”，不得引导业主签订带有约定“过户到指定第三方”“全权委托公证”“包销分成”等带炒房性质的合同条款。 严格房源发布。不得为“炒房客”发布房源，包括通过网络平台、微信、朋友圈等线上和橱窗、“现场带看”等线下发布房源形式。	泉州发布《关于房地产经纪机构规范执业的提醒告诫函》
5 月 26 日	海南	对房地产市场网络虚假宣传等行为开展集中整治，共约谈租赁企业和中介机构 744 家，停业整顿 83 家，取消备案 44 家。	海南省住建厅发文，继续巩固房地产调控成果，深入开展房地产市场整治

10–5 续表 14

时间	地区	政策内容	政策来源
5 月 27 日	深圳	发布调控规范新房价格：①预、现售住宅和公寓的批准销售价格原则上不得超过上一年度至今同地段、同类型新房的网签价格；②两次申请备案时间未超过一年的分期开发项目，原则上按照前期备案价批复；③预售转现售的项目原则上备案价不得上调；④精装价格区间限制为 3000 ~ 6000 元 / 平方米。	《深圳市住房和建设局关于进一步规范新建商品住房和商务公寓销售价格指导工作的通知》
5 月 28 日	上海	在上海已取得产证，已网签备案，已取得新房入围获得认购资格等 3 种情况，在购买二手房查询名下套数中，均认定为购房套数。购房者已经获得一手房认购资格的，也将被认定为购房套数。	上海发布限购套数最新规定，将从严执行住房限购政策
5 月 28 日	成都	为提高二手住房市场信息透明度，促进市场理性交易，确保房地产市场平稳健康发展，建立二手住房成交参考价格发布机制。 成都市城市建设发展研究院利用大数据手段，经调查分析，形成成都市区域板块二手住房成交参考价，并在成都市住房和城乡建设局官方网站、微信公众号、成都住房租赁交易服务平台等网络平台发布。	《成都市住房和城乡建设局关于建立二手住房成交参考价格发布机制的通知》
5 月 28 日	惠州	2018 年 12 月 1 日以前已出让但未完善土地手续需重新出具规划条件的居住用地。 同时规定，在用地分类方面，2020 年 11 月 17 日以前已出让但未完善土地手续及新挂牌出让的用地，按新《国土空间调查、规划、用途管制用地用海分类指南（试行）》执行。	惠州《惠阳区居住用地规划管理的若干实施意见（征求意见稿）》
5 月 29 日	南京	“无房家庭”须南京本市户籍、全市范围内无自有住房之外，还需满足 2 年内无自有住房登记信息、交易记录以及在南京连续缴纳 12 个月社保等条件。	南京《关于进一步优化无房家庭购房工作通知》
5 月 31 日	杭州	杭州多家银行调整房贷利率，调整后首套房利率 5.4%，二套房 5.5%。	杭州多家银行上调房贷利率首套房 5.4% 二套房 5.5%
6 月 1 日	成都	5 月 28 日，成都市城市建设发展研究院发布了全市 201 个住宅小区的二手住房成交参考价格，文件提出要求房地产销售服务人员要及时将挂牌价格高于对应小区参考价格的存量房源予以下架。近期主管部门及协会将会对全市二手住房挂牌价格发布情况进行随机抽检。	成都《关于规范我市二手住房挂牌价格发布行为的通知》
6 月 3 日	绍兴	市区（越城区、柯桥区、上虞区）商品住房价格实行网格化管控。各区根据区域实际，科学划分网格，合理设定网格控价。 完善房价地价联动机制。在既有住宅“限地价、竞配建”出让方式的基础上，进一步完善房价地价联动机制。 在市区范围内实行限购，本市户籍居民限购 3 套（拆迁安置房除外）；非本市户籍居民限购 1 套。 提高限售年限。在市区新购买的住房（含新建商品住房和二手住房），须取得不动产权证书满 3 年后方可转让，购买时间以交易合同网签时间为准。	绍兴《关于进一步促进绍兴市房地产市场平稳健康发展的通知》
6 月 3 日	天津	新建商品房预售资金监管期限，自核发商品房销售许可证开始，至办理竣工验收备案后止。 本市经济适用住房、限价商品住房、还迁安置住房或购房人无需向开发企业支付房价款的项目不纳入资金监管范围。 本次修订拟缩短预售资金监管期限，为缓解企业资金压力，考虑项目竣工验收备案后已满足入住条件且工程款已基本支付完毕，拟将解除监管节点前移，由“完成不动产首次登记”调整为“完成竣工验收备案”。同时，扩大不纳入资金监管项目范围，按照房地产市场实际情况，明确本市经济适用住房、限价商品住房、还迁安置住房或购房人无需向开发企业支付房价款的项目不纳入资金监管范围。	天津市新建商品房预售资金监管办法（征求意见稿）

10-5　续表 15

时间	地区	政策内容	政策来源
6 月 3 日	深圳	深圳市地方金融监管局分别对富德、企联、金赢信、大信、亚联财等 5 家小贷公司进行了监管约谈。 深圳市地方金融监管局指出，各公司应对照各项监管要求进行全面自查整改，重点自查与房地产中介机构、按揭服务公司等各类涉房地产中介机构的合作情况，一旦发现信贷资金违规流入房地产市场，应及时采取措施，提前收回相关贷款。如发现有公司员工违规参与或合谋提供虚假资料套取信贷资金的情况或可疑线索，应从严处理，并及时向市地方金融监管局报告。	深圳《市地方金融监管局对部分小额贷款公司进行监管约谈》
6 月 3 日	天津	天津银保监局会同人民银行天津分行、天津市住房与城乡建设委员会组建联合工作机制，有序推进相关违规行为排查工作。 提示广大居民，经营用途贷款等信贷资金不得违规用于购房、结清房贷、偿还其他渠道垫付的房款。 房地产企业、房地产中介机构不得提供房抵经营贷等金融产品资源和服务，不得诱导购房人违规使用经营用途贷款资金。如违规使用经营用途贷款资金，借款人可能面临提前还款、核减授信额度和上报征信记录等风险。	天津银保监局、人民银行天津分行、天津市住建委联合向社会发布经营用途贷款违规流入房地产领域风险提示
6 月 4 日	湖州	一、严格更名管理。新建商品住房在办理合同网签后，经买卖双方协商一致，除在父母、配偶、子女之间更名外，其他情形不得更名。实行公证摇号销售的项目，不得更名。 二、严格退房管理。新建商品住房在办理合同网签后，经买卖双方协商一致退房的，该房源须按原合同价格进行公示，并采用摇号、抽签等方式公开销售。	湖州《关于进一步加强中心城市商品住房合同管理有关事项的通知》
6 月 7 日	成都	对新建商品住宅的建设品质进行了明确细致的要求，不仅涵盖共用部分、室内空间的建设要求，对于室外环境的植物配置、铺装、配套设施、给水排水及住宅智能化也进行了技术管理规定，切实保证建筑品质，维护购房人的合法权益。	《成都市新建商品住宅技术管理规定（第一版）》
6 月 7 日	西安	未取得《商品房预售许可证》的，不得进行商品房预售。 开发企业在取得商品房预售许可前，向购房人收取或变相收取定金、预订款、诚意金等费用属违法违规行为，会损害购房人利益。	西安市住房和城乡建设局通告
6 月 15 日	无锡	要求江阴、宜兴两市做好调控政策储备，与市区同步推进房地产市场调控工作，提出：①要联手金融监管部门采取措施，严查经营贷、消费贷违规流入房地产市场；②要构建多维度住房保障体系；③对遏制学区房炒作做出进一步明确要求。	无锡《市县联动、促进房地产市场平稳健康发展》
6 月 21 日	广州市天河区	天河区发文收紧限价，要求：①网签备案价不接受政府指导意见的项目暂不发预售证；②严格执行“明码标价”“一房一价”，不得以“捆绑销售”“双合同”或者附加条件、抵扣房价等限定方式变相实行价外加价。	广州天河区发布《关于进一步促进房地产市场平稳健康发展的通知》
6 月 25 日	合肥	6 月 25 日起至 12 月底，安徽省合肥市将在全市范围内开展房地产领域突出问题专项整治行动，重点整治房地产企业开发经营、房地产中介经营服务、住房租赁企业经营服务、涉房网络传播等方面存在的突出问题。	合肥开展房地产领域突出问题专项整治行动
6 月 28 日	南京	告知开具购房证明相关流程时应明确若发现存在弄虚作假、虚报瞒报行为，将在 2 年或 1 年内不予受理本人和家庭成员的购房证明申请。	南京市住房保障和房产局发布《关于调整购房证明开具工作的通告》
7 月 1 日	全国	2021 年 7 月 1 日起，各地住房和城乡建设部门停止受理房地产开发企业三级、四级资质的核定申请和暂定资质备案申请。自 2021 年 7 月 1 日至新的房地产开发企业资质管理规定实施之日止，房地产开发企业三级、四级、暂定资质证书有效期届满的，有效期统一延长至新的房地产开发企业资质管理规定实施之日，资质证书无需换发。	《住房和城乡建设部房地产市场监管司关于做好房地产开发企业资质审批制度改革有关工作的函》

10–5 续表 16

时间	地区	政策内容	政策来源
7月2日	杭州	杭州中国工商银行上调杭州二套房贷利率为6%，而此前首套和二套房贷利率分别为5.6%和5.7%。 这一最新利率，不光针对二手房，也针对新房。这也是2018年之后，杭州主流银行二套房贷利率首次站上6%。	杭州工行上调二套房贷利率为6%
7月5日	嘉兴	通知提出，房地产开发企业未取得商品住房预售许可或现售备案的，不得向购房人收取任何费用；同时，商品住房销售严格实行购房实名制，认购后不得擅自变更购房人。	嘉兴公布关于进一步规范商品住房销售管理的通知
7月6日	北京市西城区	会议提到，下一步，区房管局将严格管理房地产经纪机构，坚决杜绝炒作学区房现象，并将依据相关部门的处理结果和移转线索，对相关机构及人员进行严肃处理。	北京市西城区房屋管理局组织辖区内链家、我爱我家、21世纪不动产、麦田、中原等主要房地产经纪机构于7月4日召开工作会，就房地产经纪机构积极配合教改政策落地提出工作要求
7月7日	全国	要求严把超高层建筑审查关。其中，对100米以上建筑应严格执行超限高层建筑工程抗震设防审批制度，与城市规模、空间尺度相适宜，与消防救援能力相匹配；严格限制新建250米以上建筑，确需建设的，要结合消防等专题论证进行建筑方案审查，并报住房城乡建设部备案；不得新建500米以上超高层建筑。	国家发展改革委印发《关于加强基础设施建设项目管理确保工程安全质量的通知》
7月8日	北京	规范新房销售行为，样板间要按预售方案设置。	北京关于公开征求《关于进一步规范新建商品住房销售行为的通知》意见建议的公告
7月8日	西安	西安市房产交易管理中心以住宅小区为单位，充分参考二手住房网签成交价格、评估价格等因素，经调查分析，形成二手住房成交参考价格。	西安市住房和城乡建设局发布《关于建立二手住房成交参考价格发布机制的通知》
7月9日	上海	上海在已实施房源挂牌核验的基础上，增加价格信息的核验。上海市房地产交易管理部门将以市场真实价格为依据，对每套房源进行核验，没有通过价格核验的房源不得对外发布。	上海通知，未通过价格核验二手房源不得对外发布
7月9日	东莞	不再将土地出让文件中约定需无偿配建并移交政府的房屋、设施，及根据相关法律法规、建设用地出让条件等要求配建的配套设施及社区公共服务用房的土地成本和建安成本分摊计入房价。	东莞发布《关于新建商品住房项目销售价格申报有关事项的通知》
7月12日	太原	7月12日，山西省太原市教育局印发《关于做好2021年普通中小学招生入学工作的通知》：为防止学区房炒作，今年起，太原市将实行房产地址“学位限定”，即自登记入学之年起，同一套住宅6年内只能享有学区内小学1个学位，3年内只能享有学区内初中1个学位（符合国家生育政策的除外）。	太原发布《关于做好2021年普通中小学招生入学工作的通知》
7月13日	温州	7月13日，温州市住建局向温州市房地产估价师与经纪人协会、各房地产经纪机构及相关从业人员下发了《关于严禁炒作学区房，恶意哄抬房价行为的通知》。规范和加强房地产经纪机构管理，坚持“房住不炒”，严禁炒作学区房。	温州发布《关于严禁炒作学区房，恶意哄抬房价行为的通知》
7月15日	南京	建立全市统一在线报名平台，核发预售许可（现售备案证）的商品住房项目，申购人须通过“宁小通”平台报名。热盘集中供应限报1盘，非集中供应的项目，申购人可参加多项目报名。	南京发布《关于规范购买新建商品住房报名工作的通知》

10–5　续表 17

时间	地区	政策内容	政策来源
7 月 20 日	衢州	①优化供地节奏，扩大热点地区土地供应；②在智慧新城、老城区范围内新出让地块，对 144 平方米以下新建商品房自网签日起限售 5 年；③严格落实商品房价格备案制度，实行网格化管控，分批预售项目续推不涨；④“限房价”项目登记人数大于供应房源 2 倍的实行公证摇号；⑤市区新出让所有土地原则上实行“限房价、限地价、竞配建”；⑥严格更名管理，网签后非直系亲属不得更名；⑦审查购房首付资金来源，严防消费贷款、个人经营性贷款等违规用于购房；⑧加强市场整治，严厉打击违规行为，加强政策宣传解读和舆情监测。	浙江衢州发布《关于进一步规范市区房地产市场秩序的通知》
7 月 21 日	海南	倡议提出，海南省各房地产企业及行业从业人员应坚持“房住不炒”的主基调，严格遵照执行现行限购政策。严格执行“一房一价”，拒绝无证销售、捆绑销售、价外加价、阴阳合同，收取或变相收取认筹金、定金等行为。严格执行海南省限购等调控政策。对商品住宅项目进行销售和宣传时，要明确告知购房人购买商品住宅，应符合海南省限购政策规定；对商业、办公、Loft、公寓等非住宅类房地产项目进行销售和宣传时，一律不得使用“不限购”“不限贷”等广告信息误导购房人购房。	海南省倡议房地产企业及行业从业人员严格执行现行限购政策，规范广告宣传
7 月 22 日	全国	7 月 22 日，住建部房地产市场监管司司长张其光表示，要会同有关部门，进一步落实城市政府主体责任，强化省级政府的监督指导责任，对调控工作不力、房价上涨过快的城市要坚决予以问责。下一步还将加强房地产金融管控，完善房地产企业“三线四档”融资管理规则，落实银行房地产贷款集中度管理，坚决查处经营贷、消费贷、信用贷违规用于购房。着力建立房地联动机制，推广北京市的做法，限房价、控地价、提品质，建立购地企业资格审查制度，建立购地资金审查和清退机制。 张其光介绍，住建部等八部门日前还下发了通知，要求对房地产开发、交易、租赁、物业等各个环节进行违法违规行为的查处，维护群众合法利益。	住建部：对调控工作不力、房价上涨过快的城市要坚决予以问责
7 月 23 日	全国	7 月 23 日，住建部、国家发改委、公安部、自然资源部、国税总局、国家市场监督管理总局、银保监会、国家互联网信息办公室等 8 个部门联合发布关于持续整治规范房地产市场秩序的通知。主要内容有： 1. 主要目标：力争用 3 年左右时间，实现房地产市场秩序明显好转。违法违规行为得到有效遏制，监管制度不断健全，监管信息系统基本建立，部门齐抓共管工作格局逐步形成，群众信访投诉量显著下降。 2. 主要针对房地产开发、房屋买卖、住房租赁、物业服务等过程或领域中的违法违规行为进行整治，如房地产开发企业违法违规开工建设，房企发布虚假违法房地产广告及虚假房源信息，存在“高进低出”“长收短付”等高风险经营行为，未按照物业服务合同约定内容和标准提供服务等。 3. 依法有效开展整治工作：全面排查问题线索，建立整治工作台账，发挥部门协同作用，持续加大惩处力度。 4. 建立制度化常态化整治机制：切实加强组织领导，强化监督评价考核，正确引导社会舆情。	住建部等八部门：持续规范房地产市场整治房企各种违法违规行
7 月 23 日	绍兴	绍兴发布《关于加强二手住房市场监管的通知》，规范二手住房房源挂牌行为，加强对二手住房挂牌价格的管控，及时下架挂牌价格明显高于所在楼盘合理成交价格的异常房源；建立二手住房成交参考价格发布机制，在重点、热点区域先行试点，并适时在全市范围内推广；商业银行应严格按照二手住房成交参考价格发放住房贷款；严厉打击中介机构违法违规行为，不得以“学区房”名义炒作房价，不得诱导小区业主参与哄抬房价；建立健全常态化信息发布机制；严厉打击各种炒作行为。	绍兴发布《关于加强二手住房市场监管的通知》
7 月 24 日	上海	通过赠与方式转让住房的，受赠人应符合国家和本市住房限购政策；该住房 5 年内仍记入赠与人拥有住房套数。同时，强化住房交易登记管理，将赠与住房转让纳入房屋交易核验范围，对赠与当事人不符合住房限购政策的，不予办理交易登记手续。	上海：加强赠与住房审核受赠人应符合住房限购政策

10–5 续表 18

时间	地区	政策内容	政策来源
7月27日	无锡	无锡市房地产市场管理和监测中心在调查分析基础上，形成二手住房成交参考价格，并在无锡市住房和城乡建设局门户网站、微信公众号、无锡房地产市场网等平台发布。	无锡市住房和城乡建设局发布建立二手住房成交参考价格发布机制的通知
7月27日	合肥	将《关于新建商品住房公证摇号公开销售有关事项的通知》（合房〔2021〕17号）第五条“登记购房人自当期登记之日起至摇号选房结果公示止，不得参加其他项目的购房摇号登记”调整为“摇号资格公示结束，未获得选房资格的登记购房人（不含递补选房资格购房人）可参加其他项目的购房摇号登记”。	合肥市住房保障和房产管理局、合肥市司法局发布通知，将缩短新房摇号资格锁定时间
7月27日	济南	该《通知》针对近期济南市房地产市场存在的问题，进一步明确商品房销售相关监管事项，规范商品房销售市场秩序。	济南住房和城乡建设局发布关于进一步明确新建商品房销售管理有关问题的通知
7月27日	河南	河南省个人购买住房缴纳契税适用《财政部国家税务总局住房城乡建设部关于调整房地产交易环节契税营业税优惠政策的通知》，即对个人购买家庭唯一住房，面积为90平方米及以下的，减按1%的税率征收契税；面积为90平方米以上的，减按1.5%的税率征收契税。对个人购买家庭第二套改善性住房，面积为90平方米及以下的，减按1%的税率征收契税；面积为90平方米以上的，减按2%的税率征收契税。	河南省契税征管按照《河南省契税实施办法》执行，现行契税税率为4%
7月28日	广州	将加强对房地产中介服务机构、房地产网络信息发布平台房源信息的检查力度，严厉查处发布虚假信息、制造市场恐慌、扰乱房地产市场秩序的行为。	广州市住房和城乡建设局发布《广州市住房和城乡建设局关于进一步规范房源信息发布的通知》
7月28日	上海	7月28日，上海银保监局开出17张罚单，涉罚金共计910万元。被罚者包含了中国银行、工商银行、农业银行、建设银行、交通银行五大行。 其中建设银行被罚410万元，主要违法违规事实均涉及房地产市场。建行共收到8张罚单，涉及旗下八家分支机构，其违法违规事实主要是个人消费贷款违规用于购房或流入楼市。	上海银保监局开出17张罚单，五大行均在被罚之列
7月28日	南京	南京市住房保障和房产局发布通知，规范疫情期间房地产相关企业经营，管控群体性活动，暂停开展公证摇号、集中选房等活动。 各开发企业、经纪机构、租赁服务企业积极采取网上咨询、房源展示、电话问询等方式，最大限度为群众提供服务。	南京市住房保障和房产局发布通知，规范疫情期间房地产相关企业经营，管控群体性活动，暂停开展公证摇号、集中选房等活动
7月28日	武汉	有意购房者需要先申请购房资格，提交购房资格认定申请材料，获得资格认定反馈后，在有效期60日内，意向购房人可凭有效的认定结果，进行购房意向登记和合同网签备案。	武汉市住房保障房管局发布关于加强购房资格管理工作的通知
7月28日	深圳	在全市范围内对房地产中介机构及相关从业人员开展规范经营专项整治工作。 各房地产中介机构应加强人员管理措施，对下辖从业人员宣导落实“房住不炒”原则，加强培训，规范各类项目的宣传口径，不得隐瞒、提供虚假信息。	深圳市房地产中介协会发布《关于开展房地产中介机构规范经营专项整治工作的通知》
7月30日	全国	要坚持房子是用来住的、不是用来炒的定位，稳地价、稳房价、稳预期，促进房地产市场平稳健康发展。加快发展租赁住房，落实用地、税收等支持政策。 推进基本养老保险全国统筹，落实“三孩”生育政策，完善生育、养育、教育等政策配套。	中共中央总书记习近平主持召开中共中央政治局会议

10-5　续表 19

时间	地区	政策内容	政策来源
8 月 2 日	东莞	正式出台房地产调控新政“莞八条”，包含稳控住宅用地出让价格优化土地竞拍规则、强化住房限购措施、加强房地产金融管理、加强房地产税收监管和调节力度、建立二手房成交指导价制度、加强商品住房销售监管、持续规范房地产市场秩序、完善住房保障体系建设等 8 项内容。	东莞市住建局官网发布《关于进一步做好房地产市场调控工作的通知》
8 月 2 日	金华	主要内容：①市区新房及二手房限售三年；②限房价项目和意向登记人数大于当期批售房源数的新上市项目，实行公证摇号销售，优先满足“无房家庭”“引进人才”首套购房需求；③加强二手住宅价格监管，市区试点发布二手交易参考价格；④加大宅地供应；⑤严格更名管理。	金华市住建局发布《关于进一步促进我市房地产市场平稳健康发展的通知》
8 月 5 日	北京	公告指出，夫妻离异的，原家庭在离异前拥有住房套数不符合本市商品住房的限购政策规定的，自离异之日起 3 年内，任何一方均不得在本市购买商品住房。	北京市住建委发布《关于进一步完善商品住房限购政策的公告》
8 月 5 日	杭州	限购加码：①落户未满 5 年需满足限购范围内连续 2 年社保限购 1 套（原不限社保）；②非本市户籍家庭，需满足限购范围内连续 48 个月社保 / 个税（原 3 年起）；③落户临安区、建德市、桐庐县、淳安县未满 5 年的，需落户满 2 年且满足连续社保 24 个月。公证摇号加码：扩大摇号范围，刚需倾斜加码，社保排序未入围者在摇号结果公示后方可登记其他项目。加强销售管理：市区公证摇号过程中，存在虚假信息、瞒报、干扰公证摇号等，3 年内暂停其购房资格（原 1 年）。	杭州市发布《关于进一步加强房地产市场调控的通知》
8 月 5 日	成都	①若受赠人具备购房资格，则赠与行为属于一次交易，视为发生过住房转让，赠与的住房计入受赠人家庭住房总套数审核购房资格；②若受赠人不具备购房资格，则赠与的住房自产权登记之日起 5 年内，仍计入赠与人家庭住房总套数审核购房资格。	成都市出台《关于加强赠与管理和优化购房资格复核顺位相关事宜的通知》
8 月 7 日	衢州	《通知》主要包括实行限购管理、扩大限售范围、加强税收调节、建立二手住房成交参考价格发布机制及规范二手住房房源 5 个方面。	衢州市房地产市场持续健康发展协调小组办公室发布《关于进一步促进市区房地产市场平稳健康发展的通知》
8 月 8 日	上海	从有关部门获悉，上海二手房申请房贷将参考合同网签价、银行评估价、涉税评估价，执行“三价就低”原则作为贷款申请房价标准。	上海二手房贷款新规：合同网签价、银行评估价、涉税评估价“三价就低”
8 月 9 日	天津	提示广大购房群众在购买商品房过程中，要加强风险防范意识和法律维权意识。	天津市住房和城乡建设委员会发布《天津市商品房交易风险提示》
8 月 9 日	惠州	①临深区域大亚湾、惠阳非本地户籍限购一套；②实行“限房价、限地价、竞配建、竞品质”等土地出让方式；③管控高价盘价格，对半年内成交平均折扣率低于 95 折楼盘的未推售房源备案价格进行调降；④超出“三道红线”以及存在重大失信行为的房企不得参加土拍；⑤严格执行新购住房三年限售。	惠州发布《关于进一步促进我市房地产市场平稳健康发展的通知》
8 月 9 日	徐州	通知明确房地产开发企业对其投资建设的住宅项目交付负主体责任。	徐州市住房和城乡建设局发布关于《徐州市城市房地产开发住宅项目交付管理办法》公开征求意见的通知
8 月 10 日	全国	除增建必要的公共服务设施外，不大规模新增建设规模，不突破老城区原有密度强度，不增加资源环境承载压力。严格控制老城区改扩建、新建建筑规模和建设强度，原则上更新单元（片区）或项目内拆建比不宜大于 2。不大规模、强制性搬迁居民，改变社会人口结构，割断人、地和文化的关系。不大规模、短时间拆迁城中村等城市连片旧区，导致住房租赁市场供需失衡，加剧新市民、低收入困难群众租房困难。	《关于在实施城市更新行动中防止大拆大建问题的通知（征求意见稿）》

10–5 续表 20

时间	地区	政策内容	政策来源
8月10日	杭州	《通知》明确，房地产中介机构及从业人员不得发布包括炒作学区房及以个别成交案例、局部区域价格波动炒作市场行情等信息。包括发布背离“房住不炒”定位、不利于房地产市场平稳健康发展的信息，臆测房地产政策走向和趋势及未经核实的其他相关信息。	杭州市下发《关于规范房地产中介机构及从业人员信息发布的通知》
8月11日	义乌	①土地端：增加热点区域、中低价住宅用地供应，宅地出让时明确品质具体要求；②市场端：实行房地价联动，根据周边区域房价确定新建商品住宅销售备案价格；③客户端：推行公证摇号，制定“刚需优先户”规则，调整限售政策从网签满2年变为取证满3年，以及严格更名管理。	义乌发布楼市调控新政，进一步加强义乌房地产市场调控
8月12日	武汉	主要内容包括：①优化全装修设计；②实行施工总承包管理；③强化施工过程管控；④落实质量信息公示及分户验收制度；⑤严把竣工验收关；⑥加强预售管理；⑦规范销售公示；⑧签订合同时应明确主要装修材料等内容，及时将已售的房屋预签约并网签备案。	武汉发布《市住房保障房管局市城建局关于规范全装修商品住宅建设和销售管理工作的实施意见（征求意见稿）》
8月16日	北京	包括规范设置交付样板间、规范新建商品住房销售推广、落实交付前房屋质量查验制度、压实开发企业主体责任、其他等五部分内容。	北京住建委印发《关于进一步规范新建商品住房销售行为的通知》
8月16日	大连	自文件印发之日起，新签订商品房网签备案合同的商品住房需自网签备案之日起满5年方可上市交易；新办理《不动产权证书》的二手住房需取得《不动产权证书》满3年方可上市交易。	大连市发布《大连市人民政府办公室关于进一步加强房地产市场调控和监管工作的通知》
8月16日	全国	下阶段各地区各部门坚持房住不炒，持续稳地价、稳房价、稳预期，继续完善“多主体供应、多渠道保障、租购并举”的住房制度，房地产市场有望保持平稳发展。	国新办举行7月国民经济运行情况发布会
8月17日	佛山	修订稿提出，单次收取租金超过3个月的，或单次收取押金超过1个月的，住房租赁企业应当将收取的租金、押金纳入监管账户，并通过监管账户向房屋权利人支付租金、向承租人退还押金。	佛山市发布关于征求《关于进一步加强房地产经纪机构和住房租赁企业租赁业务监管的意见（修订稿）》意见的公告
8月18日	杭州	杭州市住房保障和房产管理局消息，“个人自主挂牌房源”功能正式上线杭州市“二手房交易监管服务平台”，标志着杭州的二手房自主交易有了更规范、更安全、更便捷、更完善的线上官方新渠道。	杭州市二手房交易监管服务平台正式上线“个人自主挂牌房源”功能
8月23日	银川	《通知》实施落实“房子是用来住的、不是用来炒的”定位，共分为八个部分，通过更为严格的调控手段，进一步使银川市房地产市场逐步调整到理性状态。其中包括：稳房价，降增速，杜绝以赠送面积或其他形式抬高房价行为；加快二手房交易平台建设，提高二手房房源信息透明度；控地价，降成本；建立和完善房地联动调控机制；加强住房用地供应管理；科学配置和建设公建设施；完善价格形成机制；降低房地产开发成本。	银川市住房和城乡建设局联合其他十一家政府部门出台《关于促进我市房地产市场平稳健康发展的通知》
8月24日	北京	《北京市住房租赁条例（征求意见稿）》共6章81条，对长租公寓监管、租金贷、网络房源发布、群租房等热点问题予以规范。其中特别提出，当租金快速上涨时，主管部门可以采取措施调控住房租赁市场。	北京市住建委起草的《北京市住房租赁条例（征求意见稿）》，面向社会公开征求意见
8月24日	合肥	自2021年8月25日起，暂停市区范围内拥有2套及以上住房的本市户籍居民家庭在合肥市部分学区范围内购买二手住房。此外，建立热点学区二手房交易指导价发布机制，以住宅小区为单元，委托专业机构参照近两年实际成交均价，综合评定交易指导价，适时对外发布，引导市场预期。	合肥发布关于扩大二手住房限购范围等相关通知

10-5　续表 21

时间	地区	政策内容	政策来源
8 月 24 日	温州	①建立房价地价联动机制。通过“限房价、限溢价、竞地价”等房价地价联动措施，合理确定土地起拍价，严格控制溢价率和楼面地价。②新建商品住房项目应合理制定新建商品住房销售价格，并向市区商品住房销售价格会商指导小组申请价格指导。③加强新出让地块居住建筑品质管理，建筑品质要求相关内容需纳入地块项目管理合同。④严格控制房价涨幅，该项目前一批次预售的房源去化率达到 30% 方可申请后续批次住宅预售价格指导。⑤建立二手住房交易参考价格发布机制，重点对热点住宅小区二手住房交易价格进行监测。⑥对项目当期参加摇号的人数和开盘房源套数比例达到 2 ： 1 及以上的楼盘，必须采取公证机构主持的公开摇号方式。	温州市城乡住房工作协调委员会办公室发布《关于进一步加强商品住宅销售管理的通知》
8 月 27 日	上海	此次调整后，认购比最高的楼盘达到了 1 ： 2.5，这意味着将有更多购房者可入围新房摇号。项目认购比（认购组数 / 准售房源套数）高于入围比（入围组数 / 准售房源套数）的，触发计分排序规则；所有项目中凡是认购比高于 1.3 的，继续实行“5 年限售”政策。	上海市房地产交易中心官网“网上房地产”发布公告，第四批次集中上市的新建商品住房房源中，部分项目的认购入围比有所调整
8 月 30 日	全国	通知指出，严格控制大规模拆除。除违法建筑和经专业机构鉴定为危房且无修缮保留价值的建筑外，不大规模、成片集中拆除现状建筑，原则上城市更新单元（片区）或项目内拆除建筑面积不应大于现状总建筑面积的 20%。提倡分类审慎处置既有建筑，推行小规模、渐进式有机更新和微改造。	住房和城乡建设部发布关于在实施城市更新行动中防止大拆大建问题的通知
8 月 31 日	全国	①始终坚持房子是用来住的、不是用来炒的定位，这是做好房地产市场调控的根本遵循。以此为出发点，不断地扎紧房地产市场调控制度的笼子，特别是扎紧防止“炒”的方面，切实防范和化解市场风险。②落实城市主体责任。督促城市政府不把房地产作为短期刺激经济的手段，多策并举，促进房地产市场平稳健康发展。③建立人、房、地、钱四位一体的联动新机制，因城施策，因地制宜，坚持从实际出发，不搞“一刀切”。同时，建立了监测预警和评价考核新机制，常态化开展月度监测、季度评价、年度考核，加强房地产市场监管，整治房地产市场秩序。④住房保障体系的建设是非常关注的一个重点问题。党中央、国务院高度重视解决人民群众的住房问题，加快完善住房保障体系是完善群众基本住房需求的一个重要措施。	国务院新闻办公室举行“努力实现全体人民住有所居”新闻发布会
8 月 31 日	西安	①扩大住房限购、限售范围，将西咸新区沣西新城高桥街道、马王街道纳入限购、限售范围。②强化住房限购措施，夫妻离异的，离异前家庭在限购区域拥有 2 套及以上商品住房，离异后一年内任何一方均不得在限购区域购买商品住房。③严格住宅用地出让，优化住宅用地出让方式，严控住宅用地溢价率，不以竞新增配建方式提高实际地价，通过多种方式确定土地出让竞得人。④加强房地产金融管理，严格房地产企业“三线四档”融资管理和金融机构房地产贷款集中度管理，严格审核购房人首付资金来源，防范消费贷、经营贷、信用贷等违规流入房地产市场。⑤完善住房保障体系建设，加快发展保障性租赁住房，完善以公共租赁住房、保障性租赁住房和共有产权住房为主体的住房保障体系。⑥规范房地产市场秩序，聚焦解决房地产开发、房屋买卖、住房租赁、物业服务等领域人民群众反映强烈、社会关注度高的突出问题，持续开展整治。	西安市人民政府办公厅关于进一步促进房地产市场平稳健康发展的通知
9 月 22 日	全国	经济日报发文表示楼市调控应注意满足刚需，相关部门需在调控范围内对购房人群作出区分，并探索在持有环节做文章，尽可能防止“误伤”刚需群体。	经济日报刊文《楼市调控应注意满足刚需》
9 月 2 日	广州	规范人脸识别设施使用，各房企、中介机构不得随意使用人脸识别设施收集市民身份信息，不得泄露、买卖市民身份信息。	广州发布《关于规范使用人脸识别设施的通知》

10-5 续表 22

时间	地区	政策内容	政策来源
9月2日	三亚	要求：①已备案未网签项目须重新价格备案，不得超过该项目近期网签价格；②初次申报备案项目的均价不得超过同地段、同品质、同类型项目近期网签价格；③价格备案时企业须承诺不超出备案价格销售、捆绑销售等；④经核准价格备案项目，原则上1年内不得上调并须在售楼部公示价目表及备案文件等。	三亚发布《关于进一步加强商品房销售价格备案管理的通知》
9月3日	芜湖	从加大非中心城区住宅用地供应量；完善房价地价联动机制；严格新建商品住房备案管理；加强对学位政策落实情况的督查力度；谋划多种方式相结合的入学政策；优化教师资源配置；严厉查处学区炒作房价行为；加强新建商品住房预售监管；对符合购销比要求的新房项目采用公证摇号方式销售；加强房地产市场联合执法检查力度；严格落实金融机构房地产贷款集中度管理要求；完善保障性租赁住房基础制度等方面推出楼市新政。	芜湖发布《关于进一步促进我市房地产市场平稳健康发展的通知》
9月7日	苏州	明确住房公积金管理中心正式承接房屋交易管理职能。由该中心具体负责本市房屋交易资格的审核确认及处理房屋交易资格审查投诉事项，负责办理本市房屋转让合同、抵押合同的网签备案管理，承担本市房屋交易管理信息平台的运行维护。自2021年9月13日起，该中心将首批推出房屋交易资格审查、房屋买卖合同网签备案以及出具购房资格证明等业务“全程网办”。	深圳发布《深圳市住房和建设局关于我市房屋交易管理业务调整的通告》
9月10日	苏州	重点整治房地产开发、房屋买卖、住房租赁、物业服务等领域。房地产开发，房地产开发企业无资质或超等级开发；强制交付未达到竣工交付条件的房屋等。房屋买卖，发布虚假违法房地产广告，发布虚假房源信息；捂盘惜售，囤积房源；挪用交易监管资金等。住房租赁，未提交开业报告即开展经营；未按规定如实完整报送相关租赁信息等。物业服务，未按照物业服务合同约定内容和标准提供服务；未按规定公示物业服务收费项目标准、业主共有部分的经营与收益情况、维修资金使用情况等相关信息等。	苏州发布《关于持续整治规范房地产市场秩序的实施方案》
9月13日	长春	主要内容涉及：①第三次集中供地以棚改用地、租赁住房用地为主；②从预售资金、物业维修资金、贷款担保保证金等方面纾解开发企业资金压力；③为首次90平方米以下购房的人才和农民提供购房补贴；④主城区开展公积金组合贷款试点，购房人家庭成员（包括父母、子女、配偶）缴存公积金的，可共同使用公积金贷款，但仅限2人共同还贷；⑤加大非住宅去化力度，允许未开工或在建商业项目将办公用房设置居住功能；⑥规范市场秩序，对房地产开发、房屋买卖、住房租赁和物业服务等四个方面开展联合执法检查。	长春发布《购房补贴和购房消费券办理流程》
9月18日	厦门	深化房价地价联动机制，商住用地综合采用限房价、限地价、定配建、定品质、摇号等房地联动出让方式。加强商品住房价格管理，实行新建商品住房项目价格备案复核，严格控制上市销售项目备案价格过快上涨。加强住房限购限售管理，在继续执行现有限购政策的基础上，参与竞买“法拍房”的人员，应当事先确定在本市具有购房资格。在岛内新购买的一手住房，需取得产权证后满5年方可上市交易。加强住房金融管理，严格执行“认房又认贷”的差别化住房贷款政策，根据市场形势变化，适时适度调整住房贷款最低首付款比例、最低贷款利率。银行业金融机构应严格评估借款人的还款能力，防范通过虚假收入证明、虚假流水、虚假交易骗取贷款；严格审查购房资金来源，监控消费贷款、个人经营性贷款资金去向，防止挪用非住房类贷款用于购房。	厦门发布《关于进一步加强房地产市场调控的通知》
9月22日	沈阳	《通知》提出，房地产中介机构在居间代理二手房买卖过程中，不得以学区房名义挂牌二手房；不得以明显高于市场价格或政府公布的交易参考价格挂牌二手房；不得组织出售方联合抬高报价；不得协助交易双方签订阴阳合同。	沈阳发布《关于规范房地产销售宣传的通知》

10–5　续表 23

时间	地区	政策内容	政策来源
9月22日	江西	《方案》确定，通过三年整治行动，人民群众反映强烈的房地产开发、房屋买卖、住房租赁、物业服务领域市场乱象得到有效治理，房地产企业合法合规经营意识及从业人员服务意识大幅增强，房地产领域投诉率明显降低，群众住房消费中的获得感、满意度显著提高，江西房地产市场秩序明显好转，监管有力、行业自律、主体诚信、行为规范、运行有序的房地产市场环境进一步形成。	江西省发布《江西省持续整治规范房地产市场秩序三年行动方案》
9月22日	重庆	重庆市房地产开发项目预售资金首付款监管全部按照预售总额35%核定；不再执行此前有关文件明确的降低预售资金监管比例的规定。并规定一个自然年度提前使用次数不超过3次，每次使用金额不超过监管账户余额的1/3。	重庆发布《关于加强房地产开发项目预售资金监管的通知》
9月22日	惠州	个人（不包括个体工商户）转让二手住宅的个人所得税核定征收率调整为1%，转让二手非住宅的个人所得税核定征收率调整为1.5%。同时，个人（包括个体工商户）转让二手非住宅的土地增值税核定征收率调整为5%。	惠州发布《关于调整惠州市个人二手房转让个人所得税、土地增值税核定征收率的公告（征求意见稿）》
9月23日	西安	房地产经纪机构受托发布住房租赁房源信息的，须通过“西安市房地产经纪机构开户和二手房交易管理系统”（以下简称“交易系统”）进行房屋权属核验及备案获取房源核验码。未经交易系统房屋权属核验及备案获取房源核验码的房源，各网络信息平台不得发布。	西安发布《关于推进经纪机构租赁房源核验及租赁合同网签备案工作的通知》
9月23日	张家口	所有项目，不得超出备案价格对外销售。已取得预售许可的项目不得低于成本进行销售，新取得预售许可的项目不得低于备案价格的85%进行销售。	张家口发布《关于进一步加快完善房地产长效机制的通知》
9月24日	深圳	要求竞买企业的股东不得违规向其提供借款、转贷、担保或其他相关融资便利等作为购地资金。同时，竞买企业不得直接或间接使用金融机构各类融资资金作为购地资金；购地资金不得使用产业链上下游关联企业借款或预付款，不得使用其他自然人、法人、非法人组织的借款，不得使用参与竞买企业控制的非房地产企业融资等。	深圳发布《深圳市地方金融监督管理局等六部门关于加强商品住房用地土地购置资金来源核查要求的通知》
9月26日	海口	明确房地产中介机构在居间代理买卖过程中不得以学区房名义挂牌二手房；不得虚标房价或发布虚假房源信息；不得组织出售方联合抬高报价；不得协助交易双方签订“阴阳”合同。另外，对网络自媒体在房地产销售宣传方面提出要求。网络自媒体不得散布与国家“房住不炒”大政方针相违背的观点；不得炒作或配合房地产开发企业和房地产中介机构炒作学区房等话题；不得片面和歪曲解读房地产调控政策；不得编造和传播虚假信息，欺骗、误导消费者。	海口发布《关于规范房地产销售宣传的通知》
10月8日	东莞	东莞市住房城乡建设局在二手住房网签交易价格基础上，形成二手住房交易参考价格。要求房地产经纪机构、房地产网络信息发布平台等应对挂牌房源开展对照自查，不得受理及通过线上和线下渠道对外发布明显高于本市二手住房交易参考价格的挂牌价格。二手住房交易涉及的相关机构，应将二手住房交易参考价格作为开展业务的参考依据之一。	东莞市住房和城乡建设局发布《关于建立二手住房交易参考价格发布机制的通知》
10月9日	江西	《规划》指出，要建立健全住房租赁信息服务和监管系统平台，逐步推动房屋租赁合同网上登记备案。鼓励通过新增用地专门建设租赁住房，在新建商品住房项目中配建租赁住房，利用整幢既有房屋用于出租，将商业办公用房、工业厂房等非住宅依法依规改造为租赁住房等方式，多渠道增加租赁住房供应。	江西省发布《江西省“十四五”消费升级发展规划》
10月10日	哈尔滨	实施意见共16条，在为房企减负上实施意见提出了包括降低预售许可标准、加快预售资金返还、降低土地增值税预征率、支持房企促销活动、降低房企拿地成本等政策。在提升购房需求上，实施意见提出对人才、新市民给予购房补贴，放宽二手房公积金贷款房龄年限和降低公寓居住成本等政策。	哈尔滨市多部门联合发布《关于促进哈尔滨市房地产市场平稳健康发展的实施意见》

10-5 续表 24

时间	地区	政策内容	政策来源
10月11日	烟台	一、加强商品房现售备案管理。房地产开发企业应当在商品房现售前将符合商品房现售条件的有关材料报送当地住建部门备案，并取得《商品房现售备案证明》。二、完善商品房销售方案。商品房销售方案包括：企业基本情况、项目基本情况等内容。三、强化备案内容公示。房地产开发企业应将《商品房现售备案证明》在商品房销售场所醒目位置与其他相关证明同时公示，现场公示内容应与网上公示内容、对外宣传信息同步相符。四、严格管理商品房现售行为。各区市住建部门要对房地产开发企业及房地产开发项目开展监督检查。	烟台住建局官网发布《关于加强商品房现售管理的通知》
10月12日	绍兴	《通知》明确规定镜湖新区范围内出让土地的新建住宅，全部实行全装修和成品交付。全装修标准不低于1500元/平方米，不高于2000元/平方米。高于2000元/平方米以上部分，可用升级包形式，开发商不得强迫购买者选择升级包装修方案；所有全装修住宅房源均应提供基本装修方案，开发企业可根据市场需求及产品定位，提供若干升级包装修方案供购房者选择。	绍兴发布《关于进一步加强全装修交付标准住宅样板房管理工作的通知》
10月12日	海南	要求遏制将商业、办公类项目变相改造为具备长期居住功能的“类住宅”建筑的行为。加强商办类项目房屋性质、最小销售面积等预售方案的审核把关，对不符合预售管理要求的，严禁发放预售许可证。商办类项目可产权分割销售最小单元建筑面积不得小于300平方米。	海南省发布《关于加强商业、办公类建设项目全过程管理的意见》
10月13日	广东	《通知》覆盖商品房交易中涉及的13个风险，内容包括：房地产开发企业未取得《商品房预售许可证》，擅自销售商品房，并向购房者收取购房款、认筹金、定金、预订款等款项；房地产开发企业提供的商品房预售资金监管银行和监管账户与商品房预售许可证公示信息不一致；房地产开发企业要求购房者将购房款转入非商品房预售款专用账户等。并要求房地产开发项目公司在销售现场醒目位置予以公示。	广东省发布《关于进一步做好商品房交易风险提示的通知》
10月14日	西安	西安市住房和城乡建设局发布第二批住宅小区二手住房成交参考价格，其范围涉及西安市曲江新区、高新区、雁塔区、长安区等13个区域，合计共103个小区。据悉，此次西安公布成交参考价“打折”情况占多数。其最高参考价为2.58万元/平方米，最低参考价1.2万元/平方米，高新区此次公布了25个成交参考价的小区、曲江新区则公布了21个。	西安发布第二批二手住房成交参考价
10月14日	孝感	强调严格执行明码标价，一房一价。通知明确，所有房企都须严格执行明码标价，一房一价，所有项目不得超出备案价格对外销售。同时规定，楼盘在取得商品房预售许可后，拟销售价格（实际成交价格）调整幅度超过备案价10%的浮动，包括各种销售打折促销，均需要重新备案。	湖北孝感发布《关于进一步规范新建商品房预（销）售价格备案工作的通知》
10月19日	济南	提出集体建设用地可以建设村民（安置）住宅小区（含配套设施）；公益事业、公共设施项目；工业仓储、商业、旅游、娱乐等经营性项目；县级以上人民政府研究确定的保障性公共租赁住房等重大（重点）项目和其他符合规定的建设项目。	济南市人民政府办公厅印发《关于济南市集体建设用地管理办法（试行）的通知》
10月19日	临沂市临沭县	自9月份起对全县10家房地产开发公司在售的28个楼盘项目开展了联合执法检查，做到检查全覆盖。针对虚假宣传、房产信息公示不全不准、执行标准要求不符等问题，先后下发《责令限期整改通知书》9份，明令要求限期整改到位。对检查发现的整改不到位、违规提前收取售房订金、违规售房、违规交房等12起违规行为，及时进行了行政处罚，总处罚金额412万元，有效遏制了各类违规行为的发生和发展。	山东临沭针对当地房地产行业一系列乱象进行处理整治
10月20日	嘉兴市海盐县	房地产开发企业未取得《商品房预售许可证》，擅自销售商品房，并向购房者收取购房款、认筹金、定金、预订款等款项的即是风险；房地产开发企业只签订认购协议、线下商品房买卖合同且不及时网签的即是风险；房地产开发企业或房地产经纪机构承诺学区、入户等政策的即是风险等购房交易风险提示内容。	浙江省嘉兴市海盐县住房和城乡建设局发布20条购房交易风险提示

10-5　续表 25

时间	地区	政策内容	政策来源
10 月 20 日	义乌	降低预售条件。一是取消原有每批次间隔时间不少于 3 个月的规定。二是总建筑面积在 4 万平方米以下的，须一次性申请预售；总建筑面积在 4 万平方米（含本数）以上申请分批次办理预售许可的，每批次的建筑面积不低于 2 万平方米（末次除外）。 调整“公证摇号”政策。一是容积率≤ 1.2 的商品住宅小区以及建筑层数≤ 3 层的商品住宅，可以不采用公证摇号排序选房的开盘销售方式。二是原定“所有新取得预售许可（含现售）商品房项目的住宅销售，实行公证摇号”，现改为经公证处公证，登记人数与当期预售房源数相比大于等于 1 的，实行公证摇号。	义乌市房地产市场平稳健康发展领导小组办公室发布《关于调整部分房地产市场调控政策的通知》
10 月 21 日	青岛	《细则》提出，监管账户是预售资金收存的唯一账户，预售人销售商品房时，应当将预售资金监管相关规定告知承购人，并将承办银行、监管账号等信息在商品房销售场所显著位置公示和记载于《商品房预售合同》。承购人须将全部预付购房款直接存入监管账户。预售人不得直接收存购房款，不得提供任何其他预售资金收存账户。	青岛市住房和城乡建设局起草《青岛市商品房预售资金监管暂行实施细则》
10 月 25 日	山西	指出将深入开展整治规范房地产市场秩序三年行动，协同推进健全房地产长效管理机制，加强房地产市场监管，深化房地产领域“放管服效”改革。	山西省发布《山西省整治规范房地产市场秩序三年行动实施方案》
10 月 26 日	上海	上海市房地产交易中心官网“网上房地产”发布公告称，即日起，购房者可以在“一网通办”开通存量房买卖双方未通过中介交易网上签订合同（简称“手拉手交易网签”）服务，方便人民群众存量房买卖合同自助网上签约。对于网上办理有困难的，仍可到房屋所在区房地产交易中心窗口申请线下办理。	上海二手房交易开通线上便民服务 购房双方可以网上自助签约
10 月 28 日	湖南	《意见》中提出，严格控制非住宅商品房用地增量、加快盘活非住宅商品房用地存量、控制非住宅商品房供应、促进非住宅商品房租售、鼓励非住宅商品房自持、降低非住宅商品房交易成本、降低公寓居民用户使用成本、加大金融支持力度、建立监测监管平台、落实属地主体责任等十条措施。	湖南省多部门联合出台《关于推进非住宅商品房去库存的若干意见》
11 月 2 日	广东	决定自公布之日起施行，对《广东省房产税施行细则》等省政府规章的部分条款予以修改。	广东省发布《广东省人民政府关于废止和修改部分省政府规章的决定》
11 月 3 日	成都	《通知》指出，需优化预售款支取条件，预售商品房项目的监管分户账内资金达到监管额度后，开发企业可申请支取多余部分资金，申请支取的多余部分资金可用于农民工工资支付。提供升级装修方案的预售成品住宅项目，根据购房人选择升级装修情况，将每套已售房源升级装修价款总额的 50% 且与开发企业信用关联后纳入监管，并按规定节点进行支取。	成都发布《成都市房地产市场平稳健康发展领导小组办公室关于进一步明确商品房预售款监管有关事项的通知》
11 月 4 日	北京	《办法》提出：①预售资金由监管银行重点监管，银行与相关单位共享网签信息等，动态掌握销售情况和入账资金；②监管额度每平方米不低于 5000 元，具体根据企业信用水平、经营状况等综合确定；③预售项目存在重大风险时，区住建部应全面接管监管账户，实施封闭管理，优先用于工程建设。	北京发布《北京市商品房预售资金监督管理办法》（2021 年修订）向社会公开征求意见的公告
11 月 5 日	长春	内容包括：一、允许房地产开发企业在土地使用权或在建建筑物抵押期间办理商品房预售许可证及进行商品房预售。二、允许房地产开发企业在取得商品房预售许可证后对未预售商品房进行在建建筑物抵押。三、允许房地产开发企业在办理不动产首次登记后对未售的商品房进行抵押权登记。四、允许房地产开发企业在限制上市交易的期限届满或抵押权注销后将自留房状态变更为商品房备案状态。	长春发布《关于办理在建建筑物抵押、商品房预售等业务的通知》

10–5 续表 26

时间	地区	政策内容	政策来源
11月7日	石家庄	按照“新项目新办法、老项目老办法”的原则，2021年11月8日后出让的房地产开发项目（不包括纳入房地产解遗、烂尾楼、专项整治台账和纳入历史遗留的城中村、旧城改造台账项目），传统建筑预售许可形象进度由设计总层数的三分之一提高至主体封顶。	石家庄发布《关于调整石家庄市商品房项目预售许可形象进度的公告》
11月8日	浙江	聚焦人民群众反映强烈的难点和痛点问题，开展房地产市场秩序联合整治，力争用3年左右时间，有效遏制房地产领域违法违规行为，不断健全监管制度，基本建立监管信息系统，逐步形成部门齐抓共管工作格局，实现房地产市场秩序明显好转，群众信访投诉数量显著减少。	浙江省发布《浙江省房地产市场秩序整治规范专项行动方案》
11月9日	漳州	细则明确商品房预售资金指购房人依商品房买卖合同约定应支付的定金、首付款、分期付款、一次性付款、银行按揭贷款、住房公积金贷款等全部房价款。商品房买卖合同应明确约定预售资金全部直接缴入商品房预售资金监管专用账户。预售人应当按照施工完成节点及规定额度申请支取监管额度内资金。	福建漳州发布《市直管项目商品房预售资金监管实施细则》
11月10日	辽宁	要求各地以问题为导向，重点整治房地产开发、房屋买卖、住房租赁、物业服务等领域人民群众反映强烈、社会关注度高的突出问题，维护房地产市场平稳健康发展。	辽宁省发布《辽宁省持续整治规范房地产市场秩序行动方案》
11月15日	厦门	①采用装配式建筑方式建设的商品房、安置型商品房预售的，项目工程形象进度要求由预售主管部门制定，报市人民政府批准后实施。 ②商品房预售方案中除预售项目容积率及商品房户型、结构、楼层、用途之外的其他内容依法发生变更的，预售人应当自变更之日起10日内向预售主管部门备案，并在商品房预售现场的显著位置予以公开。 ③预售人或者预购人应当在房屋网签备案系统签订商品房买卖合同之日起30日内办理商品房买卖合同备案。预售主管部门应当自受理申请之日起5日内完成备案工作。 ④商品房预售资金应当全部存入预售资金监管专用账户，纳入监管。商品房预售资金监管专用账户内初始留存资金额度按照预售项目工程造价及风险金（工程造价的20%）核定，后续留存资金额度按照预售项目的工程形象进度确定，以保证项目竣工。 ⑤预售商品房竣工交付，取得监理单位、施工单位共同出具的未欠工程款证明，预售人可以向受托机构申请撤销商品房预售资金监管。	厦门发布《厦门市商品房预售管理规定（修订草案征求意见稿）》
11月16日	东莞	市属企业土地整备开发须遵循的原则：一、政府主导，产业优先，鼓励与镇街、村组集体、更新基金合作，通过“工改居商”项目收益反哺连片“工改工”。二、自主经营，市场运作。三、权责清晰，规范合理。此外，操作规范提到，更新单元需引入改造主体实施连片“工改工”、产城融合改造、旧村改造项目；因反哺连片“工改工”而实施的“工改居商”项目及经市政府批准同意的项目可采用市属企业土地整备开发进行更新改造。值得注意的是，市属企业土地整备开发项目无须配建安居房；须按有关规定签订实施监管协议，落实回迁安置、公建配套建设等责任。	东莞发布《东莞市城市更新市属企业土地整备开发操作规范（试行）》
11月19日	深圳	要求各房地产经纪机构、分支机构及人员：应用新版网签系统的房地产经纪机构须办理电子签章；房地产经纪人员须先行通过“广东省统一身份认证平台”进行身份认证，严禁各房地产经纪机构、经纪人员以“返佣”“定金”等不正当方式诱导消费者，或通过暴力、胁迫等手段迫使消费者签订委托合同。一旦被举报查实，违规机构及个人将被暂停系统使用权限，同时不良行为记录计入诚信档案。	深圳发布《关于新版二手房交易网签系统上线的通知》
11月20日	天津	会议中提出要求，规范降价行为，房价降幅5%，上报区住建委；房价降幅10%，上报市住建委；房价降幅15%，禁止销售，关闭网签；大型促销活动，详细情况，必须报备区住建委。	天津住建委约谈各房企，发布“限跌令”
11月22日	海口	存量房无论是个人还是通过中介交易，须先向政府部门申请核验房源，获得房源核验码后才能发布并交易。同时，“房源核验码”可线上办理。	海口发布关于海口二手房交易相关提示

10-5　续表 27

时间	地区	政策内容	政策来源
11 月 23 日	成都	第一，提高房地产审批效率。强化并联审批，统一市区两级办事流程，实行价格指导、预售许可、开盘销售等全流程限时办结，将总体审批时限压缩三分之一以上。 第二，鼓励项目加快上市销售。建立房地产项目上市调度机制，全面梳理年内可达到预售条件的房地产项目，建立清单逐一进行服务指导，对在土地出让合同约定的销售时限内提前上市的项目予以信用激励。 第三，提高预售资金监管使用效率。企业信用等级为 A 级及以上的，可使用外地银行保函替代相应下浮的监管额度。在项目主体结构工程完成四分之三以及主体结构封顶两个节点，监管额度内预售资金支取比例上限分别提高 5%；项目并联竣工验收备案后，监管额度内预售资金支取比例可达到 95%。另外，规范区（市）县节点支取审核流程，进一步压缩办理时限，5 个工作日内完成审核。 第四，协调金融机构加大支持力度。协调金融机构增加房地产信贷投放额度，加快发放速度，保障房地产企业和刚需购房人群的合理资金需求，给予重点企业开发贷款展期、降息。	成都发布《关于精准应对疫情冲击全力实现年度目标的通知》
11 月 23 日	西安	《公告》针对已办理商品房买卖合同网签备案，但未进行所有权首次登记的商品房。《公告》明确，对于商品房所有权转移登记，商品房所有权首次登记时开发企业已提交转移登记申请的项目，购房人可委托开发企业代为申请办理商品房所有权转移登记，也可由购房人自行申请办理。	西安发布《关于推行购房人自行申请办理商品房所有权转移登记的公告》
11 月 23 日	西宁	从 11 月 22 日起，新购买的住房（含新建商品住房和二手房），自取得不动产权证满 2 年后方可转让，房地产经纪机构不得为不符合转让条件的住房提供经纪服务。网络媒体不得配合房地产经纪机构炒作“学区房”，平台展示的房源信息不得含有“学区”“学位”等内容。	西宁发布《关于严禁炒作“学区房”有关问题的通知》
11 月 24 日	全国	文章强调，坚持房子是用来住的、不是用来炒的定位，因城施策、分类指导，着力稳地价、稳房价、稳预期，落实好房地产市场长效机制，顺应居民高品质住房需求，更好解决居民住房问题，促进房地产行业平稳健康发展和良性循环。	国务院副总理刘鹤在人民日报发表题为《必须实现高质量发展（学习贯彻党的十九届六中全会精神）》的文章
11 月 26 日	厦门	方案提出，整治重点涉及房地产开发、房屋买卖、住房租赁、物业服务等四方面，力争用 3 年左右时间实现房地产市场秩序明显好转。整治重点包括房地产开发企业违法违规开工建设；未按施工图设计文件开发建设；未按房屋买卖合同约定如期交付；房屋渗漏、开裂、空鼓等质量问题突出；未按完整居住社区建设标准建设配套设施；发布虚假违法房地产广告，发布虚假房源信息；捂盘惜售，囤积房源；挪用交易监管资金；套取或协助套取“经营贷”“消费贷”等非个人住房贷款用于购房。	厦门发布《厦门市持续整治规范房地产市场秩序工作方案》
12 月 1 日	石家庄	《办法》指出，预售资金监管机制实行差异化监管，根据房地产开发企业信用信息记录，经监管机构申报、市住建局批准可调整相应资金监管额度：房地产开发企业有“良好行为”“不良行为”信用信息记录的，监管资金比例额度分别调整为监管资金总额的 80% 和 110%。房地产开发企业被列入“黑名单”的，监管资金比例额度调整为监管资金总额的 120%。 《办法》提出，对从事房地产开发三年以上、服从行业管理、积极解决购房人合理诉求的房地产开发企业，可通过银行保函方式替代同等金额的重点监管资金。对于新成立的房地产开发企业，由其控股公司（成立三年以上）出具股权证明并承诺承担连带责任的，也可申请保函方式。	石家庄发布《石家庄市新建商品房预售资金监管办法（征求意见稿）》

10-5 续表 28

时间	地区	政策内容	政策来源
12 月 3 日	洛阳	《意见》明确，经济适用住房购买不满 5 年的，不得直接上市交易或取得完全产权。如购房人因特殊原因确需出售，由政府按原出售价格扣除折旧费后回购。	河南洛阳发布《关于进一步加强城市区经济适用住房上市交易管理的意见》
12 月 6 日	全国	会议强调，要推进保障性住房建设，支持商品房市场更好满足购房者的合理住房需求，促进房地产业健康发展和良性循环。 会议表示，明年经济工作要稳字当头、稳中求进。宏观政策要稳健有效，继续实施积极的财政政策和稳健的货币政策。积极的财政政策要提升效能，更加注重精准、可持续。稳健的货币政策要灵活适度，保持流动性合理充裕。	中共中央政治局会议
12 月 8 日	南京	12 月 8 日，据南京市房屋租赁服务监管平台披露，《南京市住房租赁企业信用管理办法（试行）》已正式发布并将于 2022 年 1 月 1 日起实施，未来南京的住房租赁企业将被评定为 4 个信用等级，A 级住房租赁企业将优先享有代办房源核验、合同网签备案等房产业务。	南京发布《南京市住房租赁企业信用管理办法（试行）》
12 月 8 日	成都	为了切实解决人民群众急难愁盼的问题，不断规范发展住房租赁市场，“成都住房租赁交易服务平台”已全新上线。	成都住房租赁交易官方平台全新上线
12 月 9 日	西安	将限价商品房上市交易有关规定调整为：“限价商品房自购买合同网签备案之日起 5 年内，不得上市交易、不得购买其他住房。网签备案满 5 年，可购买其他住房。网签备案满 5 年且取得《不动产权证书》上市交易的，按普通商品房交易相关规定办理。网签备案未满 5 年，因特殊原因确需转让的，经市住房保障部门批准，按照原购买价格并考虑折旧和物价水平等因素回购，继续作为限价商品房使用。”	西安发布《关于调整限价商品房上市交易有关条款的通知》
12 月 9 日	嘉兴	开展房地产市场秩序联合整治，力争用 3 年左右时间，有效遏制房地产领域违法违规行为。	嘉兴发布《嘉兴市房地产市场秩序整治规范专项行动方案》
12 月 11 日	全国	中央财经委员会办公室副主任韩文秀、国家发展改革委副主任兼国家统计局局长宁吉喆等就近日召开的中央经济工作会议进行了权威解读。其中关于房地产行业，权威人士均做出相关诠释。 宁吉喆表示，要加强居民基本住房保障。房地产是支柱产业，住房更是居民的消费。韩文秀表示，房地产业规模大、链条长、牵涉面广，在国民经济中，在全社会固定资产投资、地方财政收入、金融机构贷款总额中都占有相当高的份额，对于经济金融稳定和风险防范具有重要的系统性影响。	2021—2022 中国经济年会
12 月 13 日	衡阳	衡阳市财政局、衡阳市住房和城乡建设局联合发布《衡阳市城区新建商品住房和地下车位财政购房补贴实施方案》，对在 2021 年 12 月 1 日 ~ 2022 年 5 月 31 日期间购买新建商品住房或地下车位的购房人，最高补贴所交契税的 80%。	湖南衡阳发布《衡阳市城区新建商品住房和地下车位财政购房补贴实施方案》
12 月 15 日	全国	房地产方面，付凌晖称今年以来，各地坚持购租并举、因城施策，促进房地产市场健康发展，成效逐步显现，部分城市房地产价格较快上涨的势头得到了抑制。从全国来看，房地产市场总体稳定，商品房销售和投资保持增长，增势有所减缓。但也要看到，部分城市受人口流出、经济发展困难等多重因素影响，房地产市场下行压力有所增加，一些前期依靠高负债盲目扩张的房地产企业债务风险上升。尽管存在这些问题，房地产行业稳定发展仍然具备较多有利条件，比如经过市场调整，市场参与者更加理性，房地产长效机制也在逐步完善。下阶段，还是要按照中央要求，坚持“房住不炒”的定位，坚持购租并举，加快发展长租房市场，推进保障性住房建设，支持商品房市场更好满足购房者合理住房需求，因城施策，促进房地产业良性循环和健康发展，更好满足人民群众生活需要。	国新办举行国务院政策例行吹风会

10-5　续表 29

时间	地区	政策内容	政策来源
12 月 17 日	桂林	《通知》明确，以发放消费券的形式奖励农业、工业、建筑业、批零住餐业、营利性服务业、房地产业、金融业、交通运输业、建安投资和固定资产投资等九大类行业。当中，有两项关于房地产行业的奖励措施，奖励对象为房地产开发企业和购买五城区新建商品房的购房者。一是给予房地产开发企业经营贡献奖励，对 2021 年 12 月 1 日至 12 月 31 日，五城区单个楼盘销售面积排序最高发放 30 万元消费券。二是给予购买五城区新建商品房的购房者补贴，在 2021 年 12 月 1 日至 12 月 31 日期间，购买桂林市秀峰区、叠彩区、象山区、七星区、雁山区新建商品房的，按成交合同额的 1% 发放消费券补贴购房者。	广西桂林发布《桂林市加大重点行业扶持力度冲刺四季度经济工作若干奖励措施的通知》
12 月 17 日	镇江	《办法》明确，自 2022 年 1 月 15 日起，镇江市区（京口、润州、镇江高新区）国有土地存量房进行交易时，交易双方当事人可根据自愿原则，将房屋交易资金委托给资金托管银行，通过由政府搭建的存量房交易资金监管平台进行监管。交易双方在完成房屋所有权转移登记后，由资金托管银行按照协议约定将监管的交易资金划转给出卖方。	镇江发布《镇江市市区存量房交易资金监管暂行办法》
12 月 17 日	湖南	湖南将建立交房与交证联动机制，确保完成工程竣工验收备案即具备办理首次登记条件；在完成工程竣工验收备案后 20 个工作日内，实现购房人“收房即拿证”。并提出，2021 年年底前，凡是有新建商品房项目的市州本级、县市区，至少确定 1 个项目探索开展“交房即交证”。	湖南省发布《湖南省推进新建商品房“交房即交证”改革实施方案》
12 月 17 日	贵州	以房地产领域矛盾突出的重点问题整顿为突破口，以长效机制建立为着力点，使房地产开发销售、房地产中介服务、住房租赁、物业服务等环节的市场乱象得到了有效遏制，违法违规房地产开发企业、房地产中介机构、住房租赁企业、物业服务企业等受到了严肃查处，规范房地产市场秩序的长效机制不断健全，房地产市场秩序明显好转，人民群众满意度明显提升。	贵州省发布《贵州省房地产市场乱象专项整治行动方案》
12 月 19 日	全国	《规定》要求，人民法院组织的司法拍卖房产活动，受房产所在地限购政策约束的竞买人申请参与竞拍的，人民法院不予准许。人民法院组织司法拍卖房产活动时，发布的拍卖公告载明竞买人必须具备购房资格及其相应法律后果等内容，竞买人申请参与竞拍的，应当承诺具备购房资格及自愿承担法律后果。	《关于人民法院司法拍卖房产竞买人资格若干问题的规定》
12 月 23 日	湖州	《通知》指出，严禁在监管账户外收取购房款，保护资金安全，防范化解房地产风险，保障购房者合法权益，维护房地产市场秩序。明确预售资金监管额度核定标准。房地产开发企业申报预售资金监管额度时，工程预算清册（毛坯）造价低于 4500 元 / 平方米，按 4500 元 / 平方米计算。预售资金监管额度不得低于监管项目工程预算清册总额的 130%。严禁提前、超额支付监管资金。开发企业、施工单位要严格按照施工合同约定申报支付工程款，监理单位要严格审核签证，监管银行要根据监管项目工程形象进度表、各阶段资金使用计划等，严格审核房地产开发企业资金使用申请。	湖州发布《进一步加强商品房预售资金监管工作的通知》
12 月 26 日	全国	在新华社对住建部长的采访中，王蒙徽表示，房地产业规模大、链条长、涉及面广，对经济金融稳定和风险防范具有重要的系统性影响。房地产长效机制实施以来，在各方面共同努力下，我国房地产市场运行总体平稳，坚持“房子是用来住的、不是用来炒的”定位已成为社会共识。王蒙徽表示，2022 年，将坚持稳字当头、稳中求进，立足新发展阶段，完整、准确、全面贯彻新发展理念，加快构建新发展格局，着力在“增信心、防风险、稳增长、促改革、强作风”上下功夫，努力推动住房和城乡建设事业高质量发展。	住建部王蒙徽：坚决有力处置个别头部房企项目逾期交付风险

10–5 续表 30

时间	地区	政策内容	政策来源
12 月 27 日	荆门	《意见》对荆门中心城区土地供应、房地产开发建设、租售交易、市场监管等 22 项工作作了明确规定。其中包括，对中心城区房地产开发实行土地和商品房供应总量控制；进一步优化土地供给，对地段偏僻、基础设施不完善、去化较差的地区减少房地产开发用地供给；加强对房地产开发用地竞买人的资格和信用审查，严格市场准入；新出让土地商品住房开发项目，要按照住宅计容建筑面积 3% 的比例配建公租房，不得随意减配和免配；大力发展租赁住房市场，支持住房租赁企业以收购、长期租用、委托经营等方式，筹集企事业单位和个人等社会闲置房源，进行统一运营管理；对毕业 5 年内，并承诺在中心城区连续最低工作服务年限不少于 5 年，且未享受荆门市住房保障优惠政策的大学生（含博士生、全日制硕士研究生、大学本科生、专科生），从《意见》施行之日起一年内，在中心城区首次购买唯一新建商品住房、网签商品住房买卖合同、取得契税完税证明的，以家庭为单位一次性给予购房补贴；从《意见》施行之日起一年内，对居民首次在中心城区购买新建商业用房以及地下车位、取得契税完税证明的，按照商品房买卖合同成交额的 1.5% 给予一次性购房补贴，补贴金额最高不超过 5 万元；中心城区商品房申请预售，除需达到国家相关标准外，工程形象进度也应达到相应要求，预售许可的最低规模不得小于栋，鼓励现房销售。	荆门发布《关于促进中心城区房地产市场持续健康发展的若干意见》

10–6　2021 年住房保障政策

时间	地区	政策内容	政策来源
1 月 7 日	中山	主要内容：（一）培育市场供应主体：发展住房租赁企业；鼓励房地产开发企业开展住房租赁业务；规范住房租赁中介机构；支持和规范个人出租住房；规范城中村住房租赁。（二）鼓励住房租赁消费：完善住房租赁支持政策；明确各方权利义务。（三）完善公共租赁住房：推进公租房货币化；提高公租房运营保障能力。（四）支持租赁住房建设：鼓励新建租赁住房；允许改建房屋用于租赁。（五）加大政策支持力度：落实税收优惠；提供金融支持；完善供地方式。（六）加强住房租赁监管：健全住房租赁法规制度；落实主体责任；加强行业管理。	中山市住建局发布征求《中山市加快培育和发展住房租赁市场实施方案（修订稿）》（征求意见稿）意见的通知
1 月 13 日	北京	主要内容：明确租赁住房分住宅型、宿舍型和公寓型三种，不应布置在地下室，原则上要求住宅型以 90 平方米以下中小户型为主，人均使用面积宿舍型≥ 4 平方米，公寓型≥ 5 平方米。	北京市住建委发布《北京市租赁住房建设导则（试行）》（征求意见稿）
1 月 27 日	宁波	《实施意见》从增加房源供给、培育市场供应主体、加大政策支持力度、加强租赁住房监管等四大方面提出了具体措施，重点推进。其中，增加房源供给包括：提供租赁住房用地；允许改建房屋用于租赁；集中配建租赁住房；盘活存量闲置房源；配建高端租赁住房。政策支持包括：完善住房租赁政策支持；加大财政资金支持力度；加大税收政策支持力度；加大金融政策支持力度。 总体目标：计划到 2022 年底，全市新增各类租赁住房不少于 13 万套（间），培育房源 1000 套（间）或面积 3 万平方米以上的专业化住房租赁企业 20 家以上。	宁波市人民政府办公厅出台《关于加快培育和发展住房租赁市场的实施意见》
2 月 1 日	深圳	（1）探索存量房屋改建租赁住房新模式。（2）个人在政府租赁平台签约，2023 年底前税收综合征收率为 0%。（3）大力推进公共服务均等化，优化租赁住房积分入学政策，逐步推进租房积分入户政策与购房享受同等待遇，优化租房积分入学政策。（4）优化完善住房租赁行业监管措施：一是强化住房租赁企业信息公示义务，在企业年度报告基础上，建立住房租赁企业年报制度；二是建立住房租赁资金监管制度；三是建立住房租赁行业诚信管理制度，制定信用评价办法，依托市租赁平台，对住房租赁企业和从事住房租赁经纪服务的房地产经纪机构及其从业人员实行信用评价管理。	深圳市住建局发布《关于进一步促进我市住房租赁市场平稳健康发展的若干措施》（征求意见稿）
2 月 1 日	深圳	《通知》要求，对通过受托经营、转租方式从事住房租赁经营的住房租赁企业收取承租人押金及周期租金总额超过 4 个月租金数额的部分资金，由银行进行监管或者由租赁企业提供相应价值的银行保函担保。 金融机构与承租人签订贷款协议后，应以备案的住房租赁合同为依据发放贷款，将贷款拨付至承租人个人账户，且发放贷款的频率应与借款人支付租金的频率匹配。	深圳市住建局发布《关于开展住房租赁资金监管的通知》（征求意见稿）
2 月 2 日	北京	一、住房租赁企业向承租人预收的租金数额原则上不得超过 3 个月租金，收、付租金的周期应当匹配。二、住房租赁企业向承租人收取的押金应当通过北京房地产中介行业协会建立的专用账户托管，收取的押金数额不得超过 1 个月租金。三、银行业金融机构、小额贷款公司等机构不得将承租人申请的“租金贷”资金拨付给住房租赁企业。四、住房租赁企业出资对租赁住房进行装修的，应当取得房屋产权人书面同意。住房租赁企业提前解除合同的，应依据合同约定履行各方责任，不得强制收取装修费用。	北京市住建委等五部门联合发布《关于规范本市住房租赁企业经营活动的通知》

10–6 续表 1

时间	地区	政策内容	政策来源
2 月 4 日	上海	加强住房租赁市场主体管理：（1）严格经营范围登记管理；（2）严格开业报告和备案管理；（3）严格从业人员管理。住房租赁经营机构、房地产经纪机构应当自行或委托第三方，加强对雇（聘）用从业人员的政策法规、职业道德和专业知识培训。 加强租赁房源信息发布管理：真实发布房源信息；推行房源信息核验；落实网络平台责任；动态监管房源发布。 加强住房租赁合同网签备案管理：强化合同网签备案；推行合同示范文本；提高网签备案效率。 加强住房租赁交易服务管理：规范租赁服务收费；规范租金支付周期；规范机构业务合作。 加强住房租赁交易资金监管：开立资金监管账户；签订账户监管协议；严格资金收付要求；严控租金贷款业务。 加强租赁房屋安全管理，加强住房租赁公共服务平台建设。 严厉打击住房租赁市场乱象：建立完善市场乱象发现机制；建立完善行业纠纷调处机制；建立完善投诉举报处置机制；建立完善属地矛盾化解机制；建立完善行政执法联动机制；建立完善行业信用监管机制；充分发挥舆论监督引导作用。 加强住房租赁管理制度保障：强化体制保障；明确部门职责；落实属地责任；强化行业自律。	上海市住房和城乡建设管理委员会等十部门共同制定《关于进一步整顿规范本市住房租赁市场秩序的实施意见》
2 月 22 日	广州	主要内容：加强从业主体管理；加强房源信息管理；加强租赁资金监管；加强租赁合同管理；落实网络平台责任；规范租赁服务；保障房屋安全；落实纠纷调处机制等方面。 其中，加强租赁资金监管具体包括：（1）本市行政区域内的住房租赁企业应当在广州市的商业银行中开立全市唯一的住房租赁资金“政银企”三方监管账户，并通过该监管账户收取租金及押金。（2）鼓励采取“押一付一”“押二付一”等交易方式。	广州市住建局发布《关于进一步加强住房租赁市场管理的通知》征求稿
2 月 22 日	北京	本次修订按照《北京城市总体规划（2016 年—2035 年）》将“城六区”统一调整为“中心城区”，涉及到共有产权住房项目的选址、住区环境、公共服务设施配置指标、住房设计、住房面积、住房层高等 11 个方面。 将中心城区共有产权房的套型面积上限由 90 平方米放宽至 100 平方米，其他区新建项目套型总建筑面积原则上不超过 120 平方米。明确共有产权房项目容积率上限（中心城区 2.8、非中心 2.5）；非中心城区允许开发建设单位按市场调查合理确定共有产权房项目中大套型的比例。	北京市住建委发布《关于修订<北京市共有产权住房规划设计宜居建设导则（试行）>的通知（2020 年度）》（征求意见稿）
2 月 23 日	宁波	①明确租赁住房试点专项资金使用范围，包含支持租赁房源筹集建设、扶持专业化租赁机构等四项工作；②明确奖补标准，对配套完善的新建租赁社区按住房建面给予 1000 元 / 平方米奖补，对其他新建类项目给予 800 元 / 平方米奖补等。	宁波住建局、财政局出台《宁波市中央财政支持住房租赁市场发展试点专项资金管理办法（试行）办法》
4 月 3 日	全国	下达保障性安居工程 2021 年第二批中央预算内投资计划 422.33 亿元，用于支持城镇老旧小区改造和棚户区改造配套基础设施建设。 东北地区的投资力度较大。用于黑龙江 2021 年第二批城镇老旧小区改造配套基础设施建设的投资 33.77 亿元，辽宁省 28.98 亿元，吉林省 25.97 亿元。 四川省投资 19.06 亿元，新疆维吾尔自治区 16.21 亿元，山东、内蒙古、浙江、山西、陕西、河北、湖北等均超过 10 亿元。	发改委、住建部下达保障性安居工程第二批中央预算
4 月 7 日	北京	北京市住房和城乡建设委员会公布《第二批租赁行业重点关注企业名单》，结合日常监管和信访投诉处理情况，梳理出第二批共 42 家企业名单。 第二批住房租赁行业重点关注企业包括北京鹏基伟业房地产经纪有限公司、北京租好房物业有限公司、北京荣城物业管理有限公司、北京惠连万家房地产经纪有限公司、城城不动产管理有限公司北京分公司等。	北京市住建委公布《第二批租赁行业重点关注企业名单》

10-6　续表 2

时间	地区	政策内容	政策来源
4 月 13 日	广州	调研组要求，大力发展保障性租赁住房和长租房，有效扩大供给，切实解决好大城市住房突出问题；加大力度推进直管公房改造的政策性租赁住房分配工作；尽快建立健全租赁住房改造和消防验收标准，通过存量建筑改造等方式新增筹集一批租赁住房房源。	广东省住建厅厅长张少康赴广州市调研政策性租赁住房和长租房工作
4 月 16 日	北京	取得市场租房补贴资格的家庭（以下简称“补贴家庭”）自行到市场租赁住房，与出租人签订住房租赁合同时须使用《北京市住房租赁合同》（示范文本）。 依规办理住房租赁登记备案通过后，可简化市场租房补贴领取手续。 补贴家庭（重残家庭除外）租赁申请人及家庭成员父母、子女或户籍所在地地址的住房，区住房保障管理部门不予发放市场租房补贴。 住房租赁企业应将出租的房屋合同信息录入北京市住房租赁监管平台备案。 各区住房保障管理部门可自行委托银行作为市场租房补贴代发银行。	北京市发布《关于进一步规范市场租房补贴发放管理等问题的通知（征求意见稿）》
4 月 22 日	北京	多种方式引入社会资本参与。①社会资本可通过提供专业化物业服务方式参与。②社会资本可通过“改造 + 运营 + 物业”方式参与。③社会资本可通过提供专业服务方式参与。④鼓励社会资本作为实施主体参与老旧小区改造。	北京市住建委发布《关于引入社会资本参与老旧小区改造的意见》
5 月 24 日	全国	住房和城乡建设部于 5 月 12 日、14 日分别在沈阳、广州召开发展保障性租赁住房工作座谈会，北京、上海、广州、深圳等 40 个城市人民政府负责人分两批参加。 40 个城市将大力发展保障性租赁住房，促进解决新市民、青年人住房困难问题列入重要议事日程。由政府给予政策支持，引导多主体投资、多渠道供给，坚持小户型、低租金，重点利用存量土地和房屋建设保障性租赁住房，包括利用农村集体建设用地、企事业单位自有闲置土地、产业园区配套用地和存量闲置房屋建设，适当利用新供应国有建设用地建设，落实了一批保障性租赁住房项目，提出了保障性租赁住房 2021 年计划。	《发展保障性租赁住房工作座谈会》
6 月 2 日	全国	准确把握融资租赁公司功能定位。融资租赁公司要切实回归租赁本源，立足集团主业和产业链供应链上下游，实现健康持续发展。 严格规范融资租赁公司业务开展。规范开展售后回租，不得变相发放贷款；规范租赁物管理，严格限制以“不能变现的财产作为租赁物”，重视租赁物的风险缓释作用；严禁违规要求或接受地方政府提供各种形式的担保。 着力推动融资租赁公司优化整合。中央企业原则上只能控股 1 家融资租赁公司。对于业务协同、基本停业的租赁公司应当坚决整合或退出；对风险较大、投资效益低、服务主业效果不明显的及时清理退出。 持续加强融资租赁公司管理管控。强化“三重一大”事项管控，杜绝“内部人控制”。 不断加强融资租赁公司风险防范。要将融资租赁公司管理纳入集团公司全面风险管理体系；定期组织开展风险排查，发生可能引发系统性风险的重大风险隐患和风险事件应当在 24 小时内向国资委报告。 加大融资租赁公司风险处置力度。对于逾期的项目，涉及金额较大、承租人资不抵债等情况的，进行展期或续签应当重新履行决策程序；对于已经展期或续签的项目，应当采取特别管控措施，不得视同正常项目管理；对于已经出现风险的项目，不得简单进行账务核销处理，不得将不良资产非洁净出表或虚假出表。 建立健全融资租赁公司问责机制；建立健全融资租赁公司责任追究工作机制，完善问题线索移交查处制度；对违反规定、未履行或未正确履行职责造成国有资产损失或其他严重不良后果的企业有关人员，建立追责问责档案。	《保障性租赁住房中央预算内投资专项管理暂行办法》

10-6 续表 3

时间	地区	政策内容	政策来源
6 月 18 日	全国	1 ~ 5 月份，全国新开工改造城镇老旧小区 2.29 万个，占年度目标任务的 42.4%，较 4 月末增加 17.8 个百分点。	住建部在《政府工作报告》中公布老旧小区改造情况
6 月 21 日	深圳	申报项目房源范围：自 2019 年 1 月 1 日以来，在我市通过新建、改建、盘活存量等方式筹集建设的，用于满足居民日常居住需求且已建成的租赁型住房，包括市场化租赁住房、出租型人才住房、出租型安居型商品房、稳租金商品房、产业园区配套宿舍等，不包括公共租赁住房。 房源录入时间：自 2021 年 6 月 21 日起，可登入租赁平台（网址：http://jigou.shenzhenzjj.com）“房屋租赁管理”业务模块，并按要求通过系统对接或人工录入方式录入申报项目房源信息及上传相关材料。录入完成后，网格管理部门即协助我局开展项目房源的材料审核及现场检查工作，经网格管理部门核验并通过的房源方可纳入专项资金申报范围。 房源录入方式：已建立房屋租赁管理信息系统的企业，应当根据 4 月 12 日发布的《深圳市住房和建设局关于深圳市住房租赁监管服务平台房源信息录入功能模块上线有关事项的通知》有关要求优先采用系统对接方式向租赁平台传送房源信息；未建立房屋租赁管理信息系统的企业，可直接登入租赁平台“房屋租赁管理”业务模块人工录入房源信息，也可借助已与租赁平台实现对接的第三方网络交易平台传送房源信息。	深圳《关于 2021 年度第二批发展住房租赁市场中央财政专项资金企业补助申报项目房源信息录入及核验有关事项的通知》
7 月 2 日	全国	就加快发展保障性租赁住房，促进解决好大城市住房突出问题，提出加快保障性租赁住房的意见。 坚持房子是用来住的、不是用来炒的定位，突出住房的民生属性，扩大保障性租赁住房供给，缓解住房租赁市场结构性供给不足，推动建立多主体供给、多渠道保障、租购并举的住房制度。	国务院办公厅发布关于加快发展保障性租赁住房的意见
7 月 7 日	上海	7 月 7 日，上海市委副书记、市长龚正调研上海市房地产市场有关工作时指出，要继续绷紧房地产调控这根弦，做好今年后续住房用地供应，加强商品住房销售全过程监管，大力发展租赁住房。	上海市委副书记龚正：完善调控常态长效机制大力发展租赁住房
7 月 7 日	厦门	方案规定，商业、办公、工业、仓储、科研教育等非住宅类存量房屋，符合条件的可申请改建为保障性租赁住房，不变更土地使用性质、土地使用年限，不补缴土地价款。	厦门发布《存量非住宅类房屋临时改建为保障性租赁住房实施方案》
7 月 7 日	全国	《关于加快发展保障性租赁住房的意见》解决了非居住存量住房改建保障性租赁住房面临土地、规划、审批等方面的困难。 具体而言，明确了非居住存量房屋改建为保障性租赁住房的审批程序。有利于降低保障性租赁住房的建设成本。提出，商改租、工改租这些改建的保障性租赁住房，在用作保障性租赁住房期间不变更土地使用性质，不补缴土地价款。对商改租、工改租非居住存量房屋改建的保障性租赁住房，明确了可以落实税收优惠政策和民用水电气价格等问题。 《关于加快发展保障性租赁住房的意见》第一次明确了国家层面的住房保障体系的顶层设计。 曹金彪介绍，从保障性租赁住房的出发点来说，是在公租房之外解决新市民和青年人的住房困难的一个新制度。保障性租赁住房以人口净流入的大城市为重点，主要利用存量土地和存量房屋，合理确定保障性租赁住房的建设目标，采取多种方式来增加供给，缓解新市民、青年人的住房困难。	住房保障司司长曹金彪：非存量住房改建保障性租赁住房获政策支持
7 月 7 日	全国	7 月 7 日，在加快发展保障性租赁住房有关情况国务院政策例行吹风会上，住房和城乡建设部副部长倪虹表示，经过多年发展，我国累计建设各类保障性住房和棚改安置住房 8000 多万套。 倪虹表示，随着城镇化进程的加速和流动人口规模的扩大，需加快完善以公租房、保障性租赁住房和共有产权住房为主体的住房保障体系。	住建部副部长倪虹：突出住房民生属性扩大保障性租赁住房供给

10–6　续表 4

时间	地区	政策内容	政策来源
7 月 10 日	南京	南京出台《南京市共有产权保障性住房交易实施细则》，明确了共有产权保障性住房的买卖、继承、析产、赠与等处分住房产权的具体做法。《实施细则》明确，对 2020 年前受理并按照程序购买的共有产权保障性住房自首次购房发票记载时间起满五年，符合相关条件的可买卖和申请办理赠与。买卖价格不得低于公有产权人委托第三方评估机构出具的年度指导价。	南京市共有产权保障性住房交易实施细则
7 月 14 日	上海	上海市房管局召开租赁住房建设工作推进会议会议强调，要明确开工计划，2020 年底前已签订土地出让合同的新建租赁住房项目，原则上应于 2021 年内实现开工；2021 年内新签订土地出让合同的项目，原则上最迟于 2022 年 6 月前实现开工。	上海房管局：2020 年底前签订的新建租赁住房项目今年内要开工
7 月 20 日	全国	7 月 20 日，国务院办公厅发布《关于印发全国深化“放管服”改革着力培育和激发市场主体活力电视电话会议重点任务分工方案的通知》（以下简称为《方案》）。 《方案》明确了五方面 25 项重点任务，提到要保障好基本民生，尽力而为、量力而行，重点加强义务教育、基本医疗、基本住房等保障，完善失业保障、灵活就业人员基本权益保障等制度，逐步提高保障水平，织密织牢社会保障“安全网”。其中，《方案》指出，增加保障性租赁住房和共有产权住房供给，规范发展长租房市场，降低租赁住房税费负担，尽最大努力帮助新市民、青年人等缓解住房困难。	《关于印发全国深化“放管服”改革着力培育和激发市场主体活力电视电话会议重点任务分工方案的通知》
7 月 21 日	杭州	明确共有产权保障住房的定义和保障对象；约定购买共有产权保障住房享有与购买商品住房同等的公共服务权益；共有产权保障住房购房家庭取得不动产证满 5 年的，可向代持机构提出一次性增购政府份额的申请，增购后住房性质转为商品住房，权利性质调整为出让，但需满 10 年后，方可上市交易。	杭州发布《杭州市共有产权保障住房管理办法（征求意见稿）》
7 月 27 日	厦门	《意见》鼓励产业集中区、交通枢纽区周边的村镇集体经济组织利用集体预留发展用地，通过自建、联营、入股等多种方式建设保障性租赁住房。	厦门市人民政府办公厅印发《关于加快发展保障性租赁住房的意见》
8 月 18 日	北京	主要内容有：①公租房备案资格轮候期间 2 年有效，家庭取得备案资格每满 24 个月并提前 1 个月应当到户籍所在地街道或乡镇住房保障窗口申报家庭情况。②对未成年子女数量较多的轮候家庭，在公租房配租方面给予适当政策倾斜。③公租房、市场租房补贴、保障性租赁住房制度有效衔接，实现中低收入群体、收入超过公租房准入标准的中低收入无房群体、新市民、青年人等不同收入群体梯度保障。	北京市住建委印发《关于加强公共租赁住房资格复核及分配管理的通知》
8 月 24 日	东莞	东莞市政府印发《东莞市三限房（共有产权住房）建设和分配试点方案》。方案指出，东莞拟在长安、虎门、凤岗、塘厦、大朗等 5 镇试点建设“三限房”项目。承购人按房产总价的 50% 出资购买 50% 产权。交付一定年限后，经市政府同意，可获得完全产权。	东莞市政府印发《东莞市三限房（共有产权住房）建设和分配试点方案》
9 月 2 日	全国	一是要提高对发展保障性租赁住房重要性的认识，认清住房保障工作的新使命主要是解决符合条件的新市民、青年人等群体的住房困难问题，新方式是加快建立多主体供给、多渠道保障、租购并举的住房制度，新目标是确立起保障性租赁住房的政策制度；二是切实把保障性租赁住房作为“十四五”住房建设的重点；三是要确保政策落地见效，推动建立“两多一并”的制度。	全国住房保障工作座谈会
9 月 2 日	郑州	省委常委、市委书记、市委财经委员会主任徐立毅主持会议并讲话。支持和鼓励重大贡献企业利用自有工业土地建设人才租赁住房；在符合相关政策前提下，科学制定产业配套住房建设计划，依法严格规范产业配套住房产权管理。	郑州审议《中共郑州市委财经委员会议事规则（暂行）》《中共郑州市委财经委员会办公室工作细则（暂行）》，研究企业人才住房建设等工作

10-6 续表 5

时间	地区	政策内容	政策来源
9月3日	厦门	规程明确，存量非住宅类房屋是指厦门市行政辖区内经合法批建并已取得土地房屋权证的商业、办公、旅馆、厂房、仓储、科研教育等非住宅类存量房屋。其中，商办类房屋应以地块、楼栋（梯）或独立楼层为申请单元，厂房、仓储类应以地块、楼栋为申请单元，旅馆、科研教育类应以地块为申请单元。	厦门发布《存量非住宅类房屋临时改建为保障性租赁住房操作规程》
9月7日	全国	发改委和住建部提出要加强城镇老旧小区改造配套设施建设与排查处理安全隐患相结合工作，强化项目全过程管理，加强项目储备和资金保障，强化事中事后监管，完善长效管理机制，节约集约规范用好中央预算内投资，加快推进城镇老旧小区改造配套设施建设，切实提高人民群众安全感、获得感、幸福感。	发改委和住建部发布关于加强城镇老旧小区改造配套设施建设的通知
9月9日	全国	计划指出，加快完善以公租房、保障性租赁住房和共有产权住房为主体的住房保障体系。公租房实行实物保障和货币补贴并举，对低保低收入住房困难家庭应保尽保；推进保障性租赁住房建设，帮助新市民、青年人等群体缓解住房困难问题。发展共有产权住房，帮助有一定支付能力又买不起商品住房的群体拥有产权住房。	国家人权行动计划：完善住房保障体系发展共有产权住房
9月9日	武汉	明确保障对象、户型结构（30 ~ 50平方米为主）和租金标准（不高于类似市场租赁住房租金的85%），要求国有企业带头开展保障性租赁住房运营工作，加强对建设、出租和运营管理的全过程监管，明确保障性租赁住房不得上市销售或变相销售。此外，成立工作领导小组统筹协调工作并在土地、财政、金融和税收方面对保障性租赁住房提供支持，中心城区新建商品住房按不低于住宅面积6%的比例配建保障性租赁住房，不再配建其他租赁住房。	武汉住建局公开征求《武汉市人民政府关于加快发展保障性租赁住房的实施意见（征求意见稿）》意见
9月10日	广州	指出，到2025年，全面完成66万套保障性住房建设筹集任务（含公租房3万套、保障性租赁住房60万套、共有产权住房3万套）；逐步提高户籍中等偏下收入住房困难家庭的住房保障标准，帮助新市民、青年人等缓解住房困难。加大用地保障力度，推动多渠道供应土地，确保“十四五”期间年度商品住宅用地出让配建保障性住房建筑面积总体上不低于总出让住宅建筑面积的10%。已完成红线储备的保障性住房历史储备用地，符合国土空间规划管控要求的，列入保障性住房项目清单。	广州市政府办公厅发布《关于进一步加强住房保障工作的意见》
9月10日	浙江	人口净流入的大城市，新增保障性租赁住房供应套数占新增住房供应套数的比例力争达到30%以上；其他重点发展城市，新增保障性租赁住房供应套数占新增住房供应套数的比例力争达到15%以上。	浙江省发布住建厅《关于加快发展保障性租赁住房的指导意见（征求意见稿）》
9月27日	杭州	重点明确了“十四五”期间，杭州年度租赁住房用地供应面积占出让住宅用地供应面积的比例达到10%以上，新增保障性租赁住房套数占新增住房供应套数的比例力争达到30%以上。明确保障性租赁住房主要面向一定区域内无房新市民、青年人等群体供应，解决阶段性住房困难。同时，明确保障性租赁住房分为住宅型和宿舍型两类，其中住宅型保障性租赁住房建筑面积标准要求70平方米以下户型不少于80%，一般不超过100平方米；宿舍型保障性租赁住房建筑面积标准要求20 ~ 45平方米户型不少于80%。在租金标准方面，明确保障性租赁住房租金标准应按不高于同地段同品质市场租赁住房评估租金90%执行。在房源筹集方面，提出了多种筹集渠道，同时明确新开工建设的保障性租赁住房，主要安排在产业园区及周边、轨道交通站点附近和城市建设重点片区等区域，引导产城人融合、人地房联动。	杭州发布《杭州市加快发展保障性租赁住房实施方案》公开征求意见
9月27日	天津	天津市行政区域内合法建设的，闲置和低效利用的商业办公、旅馆、厂房、仓储、科研教育等非居住存量房屋，经区政府组织联合审查认定后，允许改建为保障性租赁住房。改建后的保障性租赁住房项目主要解决符合条件的新市民、青年人等群体的住房困难问题，以建筑面积不超过70平方米的小户型为主，租金低于同地段同品质市场租赁住房租金。	天津发布《关于非居住存量房屋改建为保障性租赁住房的指导意见》公开征求意见

10–6　续表 6

时间	地区	政策内容	政策来源
10 月 8 日	武汉	主要从主体登记管理、存量房屋改造改建、房源发布、网签备案、资金监管、纠纷调处、联合监管等方面做了相关规定，进一步强化住房租赁市场管理。	武汉市房管局官网发布《市房管局等八部门关于进一步做好住房租赁市场管理工作的通知》
10 月 11 日	广州	内容显示，整个“十四五”时期，广州中心城区计划供应 10 万套商品住房，南沙副中心和外围区域计划供应 55 万套商品房。落实城市更新旧村全面改造科学配建保障性住房、配置中小户型住房。广州将出台专业化规模化住房租赁企业提升城中村租赁住房品质指导性文件，支持专业化规模化住房租赁企业整租未纳入全面改造计划的城中村以及整治类城中村住房，按照保障性租赁住房标准进行品质化提升后统一运营，提高租住品质。	广州发布《关于进一步加强住房保障工作的意见》
10 月 12 日	宁波	《办法》涵盖了共有产权住房概念定义、建设筹集模式、价格权属确定、供应对象范围，以及销售、使用、退出及监督管理等要求。在产权份额和上市转让方面规定，取得不动产权证书满 10 年的共有产权住房可以上市转让，承购人、代持机构按照各自产权份额获得转让总房款的相应部分，住房性质转为普通商品住房。	宁波发布《宁波市共有产权住房管理办法（试行）》
10 月 13 日	合肥	“十四五”期间，合肥市计划筹集保障性租赁住房 15 万套 / 间，原则上年度租赁住房用地供应面积按不低于出让住宅用地供应面积的 10% 确定，力争新增保障性租赁住房占新增住房供应总量的比例达到 30% 以上。到 2025 年，以公租房、保障性租赁住房和共有产权住房为主体的住房保障体系基本完善，多主体供给、多渠道保障、租购并举的住房制度基本建立，新市民、青年人、城市基本公共服务人员等群体住房困难有效缓解，住房突出问题基本解决。	合肥发布《关于加快发展保障性租赁住房的实施意见》（征求意见稿）
10 月 15 日	上海	会议就大居所在区共有产权保障住房违规行为专项整治工作提出工作要求：一是各区要抓紧开展工作排摸，兜底梳理，建立台账；二是加大政策宣传力度，夯实属地化管理，形成常态化违规行为发现、认定和移交查处工作机制；三是要开展联合整治，通过有效查处，消除存量，并健全常态化工作机制，防止新增。	上海市房管局、上海市城管执法局联合召开“共有产权保障住房违规行为专项整治”工作会议
10 月 21 日	福州	倪虹指出，党中央、国务院高度重视保障性租赁住房工作，要求扩大保障性租赁住房供给，尽最大努力帮助新市民、青年人等缓解住房困难。吴贤德表示，福州市始终坚持“房住不炒”，初步构建了“公租房兜底、保障性租赁住房主导、共有产权住房补充”的住房保障体系。接下来，福州市将按照住建部的部署要求，认真学习借鉴各地的先进经验做法，进一步加快发展保障性租赁住房，不断完善住房保障体系。会议总结交流福州、上海、杭州、广州、厦门、西安等城市的经验做法，研究部署进一步做好发展保障性租赁住房工作。会议强调，注重把握好保障性租赁住房工作的政策导向，坚持小户型、低租金面向新市民和青年人，各地均明确保障性租赁住房主要面向无房新市民、青年人，不设收入线门槛，以 70 平方米以下的小户型为主，租金低于同地段同品质市场租赁住房租金。	住房和城乡建设部在福建省福州市召开发展保障性租赁住房工作现场会
11 月 1 日	深圳	《意见稿》指出，既有非居住房屋改造保障性租赁住房，是指将闲置和低效利用的商业、办公、旅馆（酒店）、厂房、研发用房、仓库等非居住存量房屋改造为保障性租赁住房的行为。	深圳发布《关于既有非居住房屋改造保障性租赁住房的通知（征求意见稿）》
11 月 1 日	西安	从 11 月 1 日起西安将暂停共有产权住房购房资格审核，2021 年 10 月 31 日之前（含 2021 年 10 月 31 日）已经受理的，按原标准、原程序进行审核。	西安发布《关于暂停共有产权住房购房资格审核的通知》
11 月 1 日	西安	涉及房地产开发企业配竞租赁住房项目设计文件审查、预售许可（销售备案）办理、对外公开租赁等环节的监管，规范有关工作程序和要求，确保配竞租赁住房足额建设、按期交付，并严格用于公开对外租赁。	西安发布《西安市住房租赁行业经营服务规范》

10-6 续表 7

时间	地区	政策内容	政策来源
11 月 2 日	郑州	为进一步深化和巩固中央财政支持住房租赁市场试点工作成果，提升全市住房租赁市场管理水平，结合目前工作情况，经报请市培育和发展住房租赁市场领导小组同意，计划在全市设立一批住房租赁示范点。	郑州发布《关于在全市设立住房租赁示范点的通知》
11 月 3 日	厦门	主要内容为：①加强住房租赁信息发布主体管理；②规范住房租赁房源信息发布；③加快住房租赁信息系统对接；④完善监管机制。本通知自 2021 年 11 月 28 日起施行。	厦门发布《关于进一步规范住房租赁信息发布工作的通知》
11 月 4 日	全国	住房和城乡建设部相关负责人表示，加快发展保障性租赁住房是新发展阶段住房保障工作的重中之重。当前，各地区、各部门推动发展保障性租赁住房取得初步成效，形成了一批可复制、可推广的经验。 住房和城乡建设部近日召开发展保障性租赁住房工作现场会。会议指出，按照国家层面住房保障体系顶层设计，北京、上海、深圳等城市对本地区住房保障体系进行了完善，加快完善以公租房、保障性租赁住房和共有产权住房为主体的住房保障体系。 住房和城乡建设部提供的数据显示，2021 年，全国 40 个城市计划新筹集保障性租赁住房 93.6 万套，1 月至 9 月已开工 72 万套，占全年计划的 76.9%，完成投资 775 亿元。南京、无锡、宁波、佛山、长春、南宁等 6 个城市已完成年度计划。	发展保障性租赁住房工作现场会
11 月 5 日	广东	《意见》表明，广州、深圳、珠海、汕头、佛山、惠州、东莞、中山、江门和湛江市是发展保障性租赁住房的重点城市，要根据常住人口规模、人口流入分布、公共服务设施配套和交通等条件，结合城市轨道交通站点和城市建设重点片区等情况发展保障性租赁住房。其他城市可结合产业园区、重大企业（含科研教育机构）、重大项目的实际需求，配建宿舍型保障性租赁住房，促进职住平衡。	广东省发布《广东省人民政府办公厅关于加快发展保障性租赁住房的实施意见》
11 月 11 日	青岛	《意见》拟拓宽房源筹集渠道。利用集体经营性建设用地建设、企事业单位自建、园区配套建设、盘活闲置住宅和非居住存量房屋、集中建设和商品住房项目配建多种方式来筹集房源。	青岛发布《关于加快发展保障性租赁住房的实施意见（征求意见稿）》
11 月 12 日	深圳	《通告》明确，住房租赁企业中的增值税一般纳税人向个人出租住房取得的全部出租收入，可以选择适用简易计税方法，按照 5% 的征收率减按 1.5% 计算缴纳增值税，或适用一般计税方法计算缴纳增值税。住房租赁企业中的增值税小规模纳税人向个人出租住房，按照 5% 的征收率减按 1.5% 计算缴纳增值税。住房租赁企业向个人出租住房适用上述简易计税方法并进行预缴的，减按 1.5% 预征率预缴增值税。	深圳发布《深圳市住房和建设局、国家税务总局深圳市税务局关于实施住房租赁税收优惠政策有关事项的通告》
11 月 16 日	山东	济南、青岛等人口净流入的大城市，要以新市民、青年人为重点，以实物保障为主、租赁补贴并重，多点布局带动全域，大力发展保障性租赁住房，努力实现职住平衡；淄博、枣庄、烟台、潍坊、济宁、泰安、威海、临沂、聊城等 9 个城市，要以新就业大学生、进城务工人员为重点，统筹实物和租赁补贴保障方式，结合资源禀赋和需求，合理用好相关土地支持政策，盘活存量资源，稳步发展保障性租赁住房；其他城市则要以新就业无房职工、公共服务人员为重点，以租赁补贴为主，盘活市场存量住房，利用非居住存量闲置房屋改建方式，发展保障性租赁住房。 《实施意见》还明确，建立健全保障性租赁住房基础制度。一方面是明确保障对象的范围，优先保障新就业、从事基本公共服务的新市民。另一方面，保障性租赁住房租金应坚持“可负担、可持续”原则，要低于同地段同品质市场租赁住房租金，实行动态调整，调整周期不超过 2 年。	山东省发布《关于加快发展保障性租赁住房的实施意见》
11 月 17 日	全国	《通知》指出，该项资金待 2022 年预算年度开始后，按规定程序拨付使用，专项用于城市棚户区改造，向符合条件的在市场租赁住房的保障家庭发放租赁补贴，城镇老旧小区改造，以及第二批中央财政支持住房租赁市场发展试点。	关于提前下达 2022 年部分中央财政城镇保障性安居工程补助资金预算的通知

10-6 续表 8

时间	地区	政策内容	政策来源
11月18日	广州	《办法》对新建商品房交易、存量房交易等方面作出修订，对商品房销售等环节作出了详细规定，明确提出企业应当合理确定商品房销售价格，并接受住房城乡建设主管部门的指导，销售价格不得超过销售价目表价格，更不得以装修款等其他名义变相涨价。存量房交易将同样严格通过房屋交易信息化平台监管，房地产中介服务机构接受房屋出售人委托发布房源信息的，要通过平台签订委托服务合同，取得房源信息编码，并对外明示该房源信息编码。房地产中介服务机构及其从业人员不得代收代管存量房交易资金。	广州发布《广州市房屋交易监督管理办法》
11月18日	海南	明确保障性租赁住房以建筑面积不超过70平方米的小户型为主，租金实行政府指导价，原则上不超过同地段同品质市场租赁住房平均租金的90%，加强土地政策支持，加大对保障性租赁住房建设运营的信贷支持力度，支持在保障性租赁住房领域发展房地产投资信托基金（REITs）。	海南省发布《关于加快发展保障性租赁住房的实施意见（征求意见稿）》
11月23日	上海	实施意见规定，面向社会供应的保障性租赁住房，租赁价格应在同地段同品质市场租赁住房租金的九折以下；面向本园区、本单位、本系统职工等定向供应的保障性租赁住房，租赁价格可进一步降低，并相应建立随租赁年限增加的租赁价格累进机制和管理规则。 上海市政府对保障性租赁住房租赁价格的管控主要包括初次定价和动态调价两个环节。初次定价环节，市、区房管部门加强市场租赁住房租金水平的监测，对出租单位制定的租赁价格是否处在同地段同品质市场租赁住房租金的九折以下进行监管。动态调价环节将从严控制租金涨幅，目前计划保障性租赁住房租金的年涨幅最高不得超过5%。	上海发布《关于加快发展本市保障性租赁住房的实施意见》
11月24日	全国	近期，住房和城乡建设部聚焦国务院大督查、审计发现及群众反映比较集中的部分地方城镇老旧小区改造计划不科学不合理、统筹协调不够、发动居民共建不到位、施工组织粗放、建立长效管理难、多渠道筹措资金难等问题，《清单（第四批）》聚焦上述六点问题，从难点问题、表现及原因、解决问题的举措三方面进行了详述。	住建部发布《城镇老旧小区改造可复制政策机制清单（第四批）》
11月24日	北京	条例草案对“群租房”“黑中介”“甲醛房”、哄抬租金、长租公寓监管等热点问题予以规范，特别提出，房租显著上涨时，市政府可以采取价格干预措施稳定租金水平。	北京发布《北京市住房租赁条例（草案）》首次审议
11月25日	深圳	规范住房租赁经纪机构及经纪人员行为，维护房地产市场秩序。其中提到，住房租赁经纪人员发布虚假信息，严重者将被吊销服务牌并禁业两年。	深圳发布《深圳市住房租赁经纪行业从业规范》
11月26日	广州	《办法》共六章四十二条，主要包括明确奖补工作的责任主体及资金来源，明确奖补的对象及标准，规定奖补的申报程序及要求，制定重大奖补项目的遴选审查机制，规范奖补资金的监督管理，新增奖补资金支出渠道，完善部分项目审批条件，提高新建租赁住房项目补贴标准。	广州发布《关于印发广州市发展住房租赁市场奖补实施办法的通知》
12月1日	杭州	在租房价格方面，《办法》明确，共有产权保障住房销售基准价按同地段、同类型商品住房市场价格合理优惠后确定；单套销售价格按照销售基准价及其浮动幅度确定，在售房阶段向社会公布。 在申请条件方面，《办法》提出，在符合限购前提下，市区户籍家庭需要满足：主申请人具有一定年限以上市区户籍、购房家庭一定年限内在市区无房、单身申请人需年满30周岁以及杭州市政府规定的其他条件。对于非杭州户籍家庭而言，需要满足：主申请人持有《浙江省居住证》或《浙江省引进人才居住证》、主申请人在市区累计缴纳社保或个人所得税满一定年限、购房家庭一定年限内在市区无房、单身申请人需年满30周岁以及市政府规定的其他条件。 在上市交易方面，《办法》规定，共有产权保障住房购房家庭取得不动产权证满10年的，可将其共有产权保障住房份额上市交易。	杭州发布《杭州市共有产权保障住房管理办法》

10-6 续表 9

时间	地区	政策内容	政策来源
12 月 1 日	厦门	实施办法提出，鼓励将同一产业园区中各工业项目的双控指标对应的用地面积或建筑面积集中起来，统一建设宿舍型保障性租赁住房。	厦门发布《厦门市产业园区利用自有用地建设宿舍型保障性租赁住房实施办法》
12 月 1 日	青岛	根据《实施方案》，公共租赁住房综合考虑保障对象的住房困难程度、收入水平、申请顺序、保障需求以及房源等情况的基础上，合理确定轮候排序规则。	青岛发布《青岛市公共租赁住房轮候排序实施方案》
12 月 3 日	甘肃	《意见》按照“政府引导、市场运作，因地制宜、按需定建，充分挖潜、存量优先”及“谁投资、谁所有”“只租不售”原则，由政府给予土地、财税、金融等政策支持，引导多主体投资、多渠道供给，充分发挥市场机制作用，发展以建筑面积不超过 70 平方米为主的小户型、低租金的保障性租赁住房，缓解住房租赁市场结构性供给不足，推动实现全体人民“住有所居”。	甘肃省发布《关于加快发展保障性租赁住房的实施意见》
12 月 6 日	杭州	明确杭州加大力度加快公共租赁住房筹建工作，两年内市区将集中开工建设 4 万套公共租赁住房。根据《通知》要求，自 2021 年 12 月起 2 年内，杭州市区开工建设 250 万平方米、约 4 万套公共租赁住房。其中，上城区、拱墅区、西湖区、滨江区各负责筹建 18 万平方米（含辖区内各市级做地主体筹建面积，下同），萧山区、余杭区、临平区、钱塘区各负责筹建 30.35 万平方米，富阳区、临安区各负责筹建 28.3 万平方米。商品住宅配建指标项目不计入总量。	杭州发布《关于加快杭州市公共租赁住房筹建工作的通知》
12 月 7 日	杭州	杭州市住保房管部门向 29 家规范运营的住房租赁从业企业拨付 2020 年度中央财政专项资金（第二批）6.16 亿元，大力扶持优秀住房租赁企业，引导住房租赁市场规范有序发展。本次拨付根据《关于将人才专项租赁住房项目纳入中央财政支持住房租赁市场发展试点专项资金支持范围的通知》要求，首次将人才专项租赁住房项目纳入奖补范围，13 家人才专项租赁住房项目运营企业获得财政资金奖补。	杭州发布《关于将人才专项租赁住房项目纳入中央财政支持住房租赁市场发展试点专项资金支持范围的通知》
12 月 10 日	全国	12 月 8 日至 10 日，中央经济工作会议在北京举行，会议称加快发展长租房市场，推进保障性住房建设，支持商品房市场更好满足购房者的合理住房需求。	中央经济工作会议，推进保障性住房建设
12 月 16 日	厦门	厦门市住房保障和房屋管理局印发《住房保障和房屋管理领域首次或轻微违法行为不予处罚实施办法的通知》，公布首批 21 项“首次或轻微违法行为”不予处罚事项清单，涉及房地产市场、房屋交易租赁、住房保障三方面。 首次或轻微违法行为不予处罚，是指住房保障和房屋管理部门在行政执法过程中，经依法调查取证，根据违法事实、性质、情节以及社会危害程度，对违法行为轻微并及时改正，没有造成危害后果的，或首次违法且危害后果轻微并及时改正的。而对于清单未列明的违法行为，根据《行政处罚法》和有关法律、法规、规章规定，应当不予处罚的，不得给予处罚。	厦门发布《住房保障和房屋管理领域首次或轻微违法行为不予处罚实施办法的通知》
12 月 17 日	上海	此次《实施细则》适用于上海临港新片区公共租赁住房的申请、受理、审核、配租等管理工作。临港新片区公共租赁住房包括集中新建、配建、改建的公共租赁住房及租赁期的“先租后售”公共租赁住房。	上海发布《临港新片区公共租赁住房供应管理实施细则》
12 月 23 日	海南	《规定》明确安居房每平方米销售均价按照项目所在市县上一年度城镇居民家庭房价收入比不超过 10 倍确定，或者不得高于所在市县上一年度市场化商品住房销售均价的 60%，具体价格由市县人民政府结合当地市场化商品住房均价、居民家庭收入等因素确定。同时，《规定》明确规定购房人的产权份额按照 70% 确定，政府持有的安居房产权份额的处置规定则在加快研究制定相关政策。	海南省发布《海南自由贸易港安居房建设和管理若干规定》

10-6　续表 10

时间	地区	政策内容	政策来源
12 月 24 日	北京	在 2017 年发布的《北京市共有产权住房规划设计宜居建设导则（试行）》基础上进行了 11 项修订，对共有产权住房选址、配套、户型、面积等作出调整。 在 2021 版《导则》中对社区的生活配套设施提出了“因地制宜”的设计理念，将图书馆、健身馆作为标准配置修改为“因地制宜设置图书馆、健身房等公共交流、学习、健身等场所，按照不小于 100 平方米规模配置”，可结合项目周边服务设施，为居民提供更加丰富的生活场景。原则性和灵活性相结合，从实际出发确定配套业态，更好地满足居民生活需要。	北京发布《北京市共有产权住房规划设计宜居建设导则（2021 年版）》
12 月 27 日	北京	《通知》明确，各区新供商品住房、安置房（不含“三定三限”）等产权型住宅建设项目，每年应按照新供住宅项目建筑面积的一定比例，配建公租房、保障性租赁住房及相应机动车停车位。在确保租赁住房用地年度计划完成的前提下，可结合地块情况，采取逐地块配建、集中配建两种方式。商品住房项目配建以保障性租赁住房为主，其中通过道路分割的相对独立成宗地块可配建公租房；安置房项目配建以公租房为主。其配套服务方面，配建住房应与项目其他住房同步设计、同步建设、同步交付使用。项目分期开发建设的，配建住房应安排在首期进行开发建设，并及时交付使用。此外，《通知》同步制定了《配建协议》示范文本，明确了竞得企业与回购机构双方权利义务，约定各环节要求，实现全流程严格监督管理。	北京发布《关于进一步规范本市新供住宅项目配建公租房、保障性租赁住房工作的通知》
12 月 27 日	广西	《意见》指出，公租房不能满足需求的地方，应明确“十四五”时期建设目标，切实增加供应，“十四五”期间，南宁市新增保障性租赁住房占新增住房供应总量的比例力争达到 30% 以上；《意见》提出，全面梳理城镇低保、低收入、分散救助供养特困人员家庭的住房状况，符合条件的要应保尽保，其他保障对象在合理轮候期内给予保障（一般不超过 3 年）；实物配租公租房单套建筑面积控制在 60 平方米以内，鼓励各地发展 30 平方米左右的小户型公租房，符合面积小、功能全、配套齐的要求，满足租户基本居住需要；《意见》指出，须积极争取中央财政支持，公租房维修养护费用主要通过公租房租金收入及配套商业服务设施租金收入解决，不足部分由财政预算安排解决，允许各地将土地出让净收益安排的保障性住房建设资金、住房公积金增值收益提取的公租房建设补充资金等用于公租房运营管理和维修养护。	广西发布《关于进一步加强公租房和保障性租赁住房工作完善住房保障体系的实施意见》
12 月 27 日	江西	《意见》提出因地制宜、因城施策发展保障性租赁住房，推动建立多主体供给、多渠道保障、租购并举的住房制度。其中，南昌市、赣州市是发展保障性租赁住房的重点城市，城区常住人口 100 万以上的大城市或人口净流入的城市以及确有发展保障性租赁住房需求的城市（含县城）作为省政府确定的发展城市；保障性租赁住房不设收入线门槛，在城区内无住房的新市民、青年人等可以申请承租；明确，落实土地支持政策，合理利用集体经营性建设用地、企事业单位自有闲置土地、产业园区配套用地、存量闲置房屋、新供应国有建设用地等；金融方面，鼓励加大对保障性租赁住房建设运营的信贷支持力度，支持银行业金融机构以市场化方式向保障性租赁住房自持主体提供长期贷款。	江西省发布《关于加快发展保障性租赁住房的实施意见》
12 月 29 日	上海	上海市对廉租住房相关政策标准进行调整，进一步扩大廉租住房政策受益面、提高廉租住房保障水平，新政策标准将从 2022 年 1 月 1 日起实施。据悉，此次政策标准调整主要包括放宽了收入和财产准入标准，调整了保障家庭分档区间标准，提高了租金配租家庭租赁补贴标准，限定了最大补贴面积标准。	上海市对廉租住房相关政策标准进行调整

10–7　2021年公积金政策

时间	地区	政策内容	政策来源
1月18日	长沙	《通知》明确支持部分城市异地贷款，同时开放长江中游城市群异地贷款和湖南省内异地贷款。此外，在提取政策方面，一是取消了湖南省内购房、建造、翻建、大修、还贷提取的户籍及工作地限制，二是对非限购地区购买二手房，应在产权过户满一年后，且提取时产权未注销，方可申请购房提取。	长沙市住房公积金管理委员会发布《关于统一长沙住房公积金管理中心和省直分中心业务政策的通知》
2月1日	长沙	主要内容：①夫妻离婚2年内申请公积金贷款，婚内房产无论在哪一方名下，都计入职工家庭住房套数；②办理住房公积金提取后再申请公积金贷款的，无需间隔12个月；③配偶在省公积金正常缴纳12个月以上的，可以合并计算贷款额度。	长沙发布《关于贯彻长金管委〔2021〕1号文件实施细则》
2月2日	郑州	公积金管理机构（部门）对符合住房公积金提取规定，且已办理房屋租赁登记备案的承租人，在房屋租赁合同有效期内，允许承租人住房公积金提取额度在现有基础上提高30%。	郑州市印发《关于提高租赁住房提取公积金额度的通知》
2月22日	河北	《通知》明确，职工在就业地缴存住房公积金、在户籍所在地购买自住住房的，可持就业地住房公积金管理中心出具的缴存证明，向户籍所在地住房公积金管理中心申请办理住房公积金个人住房贷款。申请异地贷款的职工，与申请本地贷款的职工享有同等权益，不得设置附加条件。	河北省住房和城乡建设厅印发《关于进一步做好住房公积金异地个人住房贷款工作的通知》
2月23日	河南	明确提出优化住房公积金缴存和使用政策，支持缴存职工基本租购房消费，开展利用住房公积金支持租赁住房发展试点，支持城镇老旧小区居民提取住房公积金用于加装电梯和自住住房改造。	河南省住房城乡建设厅印发《2021年住房公积金监管工作要点》
3月8日	郑州	为确保住房公积金贷款业务持续健康发展，郑州住房公积金管理中心拟按照“房住不炒 保障刚需”的原则，从申请条件、贷款额度、贷款比例、还贷能力、征信查询这五个方面征求广大缴存职工对住房公积金个人住房贷款（以下简称“公积金贷款”）政策调整的意见和建议。	郑州市出台《关于征求住房公积金个人住房贷款政策调整意见和建议的通知》
3月12日	北京	将调整购买域内存量住房提取住房公积金办理条件。①简化已故职工住房公积金提取办事材料。住房公积金账户余额5万元以下（不含利息）的已故职工配偶、父母、子女无需提供公证部门出具的确认继承权或受遗赠权的公证书。已故职工公积金账户余额5万元以上（不含利息）的，继承人、受遗赠人申请销户提取，按原有规定办理。②申请人应妥善保管并依法与其他全体继承人或受遗赠人分配所提取的被继承人住房公积金。	北京市发布《关于进一步优化住房公积金提取业务的通知（征求意见稿）》
3月16日	台州	为进一步规范全市住房公积金个人住房贷款业务管理，防范信贷风险，维护借贷双方的合法权益，根据《中华人民共和国民法典》、国务院《住房公积金管理条例》《浙江省住房公积金条例》、中国人民银行《个人住房贷款管理办法》和《浙江省住房公积金个人住房贷款操作规定（试行）》等有关规定，结合本市实际，制定本实施细则。	台州市印发《台州市住房公积金个人住房贷款管理实施细则》的通知
3月27日	大理	为进一步贯彻落实中央、省、州关于“房住不炒”和稳地价、稳房价、稳预期的宏观调控政策要求，深化“放管服”改革，有力支持住房公积金缴存职工合理住房消费需求，遏制使用住房公积金投机炒房，防范资金流动性风险，促进全州房地产市场平稳健康发展。根据国家、省、州住房公积金管理相关政策规定，结合当前全州住房公积金管理工作实际，对住房公积金管理使用政策进行部分调整。	大理出台《关于调整部分住房公积金管理使用政策的意见》
4月14日	贵阳	贵阳市个人住房贷款率持续超过95%以上，住房公积金流动性已严重不足。 贵阳市住房公积金管理中心决定实施住房公积金流动性风险三级响应措施。调整住房公积金个人住房贷款额度计算公式。调整第二套住房公积金个人住房贷款政策。暂停受理异地个人住房公积金贷款业务。控制“商转公”贷款规模。	贵阳市住房公积金管理中心关于启动住房公积金流动性风险三级响应的通知

10–7　续表 1

时间	地区	政策内容	政策来源
4 月 20 日	佛山	租房提取条件，职工在本市连续足额缴存住房公积金满 3 个月，本人及配偶在本市无自有住房且租赁住房的，可提取夫妻双方住房公积金支付房租。 租房提取额度，租住公共租赁住房的，按实际房租支出金额提取。租住商品住房的，最高提取额度按住建部门公布的住宅指导租金标准的 55% 乘以公租房建造标准确定。 租房提取频次，每间隔一年可提取一次，提取时须明确租赁时间段，不得重复计提。	佛山市征询调整缴存职工提取住房公积金支付房租办法
4 月 29 日	南通	结合住房公积金运行情况，对购买第二套住房公积金贷款额度进行调整，按照原标准的 50% 执行，最高贷款额度为 20 万元 / 人。	南通市《关于调整购买第二套住房公积金贷款额度的通知》
4 月 29 日	武汉	重点支持职工及其配偶购买首套自住房，有条件地支持购买第二套改善型自住房，不支持购买第三套及以上自住房。 职工及其配偶购买自住住房为存量房的，应当在《不动产权证书》办理满 6 个月，再申请提取住房公积金。 明确异地第二套自住房提取方式和额度。	武汉市拟对现行《武汉住房公积金提取管理办法》《武汉住房公积金提取管理实施细则》进行修订
5 月 6 日	广州	公积金贷款期限拟延长，公积金贷款年限从 20 年延长至 30 年，明确二手房贷款期限与楼龄之和不超过 50 年（目前现行规定为 40 年）。	《广州住房公积金个人购房贷款实施办法（征求意见稿）》
5 月 20 日	上海	公积金偿还异地住房贷款：上海缴存住房公积金的职工，在本市无自有住房，于苏州市吴江区、嘉兴市嘉善县两地购买拥有所有权的自住住房并在当地获得住房贷款（包括住房公积金贷款和商业贷款），可以申请提取本市住房公积金账户余额用于偿还异地住房贷款。	上海公积金可用于苏州市吴江区、嘉兴市嘉善县买房
5 月 31 日	佛山	租房提取条件：职工在本市连续足额缴存住房公积金满 3 个月，本人及配偶在本市无自有住房且租赁住房的，可提取夫妻双方住房公积金支付房租。 租房提取额度：租住公共租赁住房的，按实际房租支出金额提取，房租支出金额按职工提供的租金缴纳证明核定。租住商品住房的，最高可提取额度按我市住建部门公布的住宅指导租金标准的 55% 乘以 30 平方米核定。每次租房提取后个人住房公积金账户余额不少于 500 元。 租房提取频次：每间隔一年可提取一次，即每次提取的间隔时间需满 12 个月，提取时须明确租赁时间段，不得重复计提。	《佛山市住房公积金管理中心关于调整我市缴存职工提取住房公积金支付房租办法的通知》
6 月 5 日	上海、南京等 8 城	长三角购房提取住房公积金业务实现了办事指南、办事流程、办理界面的“三统一”，职工足不出户即可通过长三角“一网通办”平台申请办理购房提取住房公积金业务，实现业务全程网上办、零跑动。 职工通过长三角“一网通办”平台申请购房提取住房公积金业务时，应当依法如实在网页上填报提取人员、不动产权证、网签合同编号、银行卡号等信息，无需线下提交材料和线上上传影像材料，实现业务办理全程零材料。 职工提交业务申请时，长三角“一网通办”平台将通过跨区域、跨部门、跨层级的信息共享、业务协同，对申请人的户籍、婚姻、不动产、交易合同、公积金等信息实时核验，在线审核，实现业务办理零等候、秒办结。	上海、南京等长三角 8 城试点异地购房提取公积金服务
6 月 8 日	广州	住房公积金贷款期限应同时符合下列要求：①贷款期限不超过 30 年。②二手房贷款期限与楼龄之和不超过 50 年。公积金中心通过房地产主管部门确认的房屋信息以及具有房地产评估资质机构出具的房屋核查（评估）报告综合判断住房楼龄。③贷款期限最长可以计算到借款人法定退休年龄后 5 年，且不得超过 65 岁。④两人或两人以上购买同一住房申请住房公积金贷款的，以贷款期限最长的计算。	广州住房公积金管理中心关于印发广州住房公积金个人购房贷款实施办法的通知

10–7 续表 2

时间	地区	政策内容	政策来源
6 月 29 日	湖南	长沙、省直、株洲、湘潭住房公积金管理中心负责人共同签订长株潭住房公积金一体化发展合作公约，长株潭住房公积金一体化正式落地。其中，包含建立联席会议机制，指派专人负责日常工作联系、协调和推动；加快信息共享，在住房公积金业务数据上互联共享，协查三地房产、婚姻状态信息；推进互认互贷，做好异地转移接续工作，实现缴存信息互认，共享贷款权益；探索设立长株潭住房公积金业务专柜；共同防范资金风险以及探索开展三地资金融通使用、研究制定一体化业务政策、实施统一贷后管理等。	长沙、省直、株洲、湘潭住房公积金管理中心负责人共同签订长株潭住房公积金一体化发展合作公约
7 月 4 日	广州	广州 7 月起公积金缴存基数调整为 2100 元至 33786 元。	广州 7 月起公积金缴存基数调整
7 月 6 日	江西	在被执行人无其他财产可供执行或者查封的财产不宜处分时，在保障被执行人依法享有的基本生活、居住条件情况下，可以将被执行人住房公积金账户余额予以冻结或者扣划。	江西省公布《关于执行被执行人住房公积金账户余额若干意见》
7 月 8 日	深圳	对原缴存、提取政策进行补充和完善，明确新入职职工缴存基数的认定规则、增设其他住房消费提取业务的提取条件、设置异地购房提取业务办理条件等。	深圳住房公积金中心发布《关于进一步规范我市住房公积金缴存提取等业务管理有关事项的通知》
7 月 13 日	成都	成都住房公积金政策调整，取消二手房楼龄超过 10 年首付提高 10% 规定，对于购买再交易房办理公积金贷款的，按住建部确认的网签备案合同价、房屋评估价以及公布的成交参考价格三者中的最低值认定，计算可贷额度。	成都发布《关于调整再交易房公积金贷款相关事项的通知》
7 月 19 日	郑州	新政涉及四方面的调整，提升贷款申请条件，要求连续正常缴纳 6 个月升至 12 个月；调整还贷能力认定标准，家庭每月还款最大额度由总收入的 60% 降至 50%；开展个人征信查询以及调整了部分提取政策。	郑州发布《关于调整住房公积金使用政策的通知》
8 月 12 日	成都	关于合作项目方面，申请条件位于德眉资的新建住房项目，房地产开发企业在取得项目所在地住建部门准予销售许可，以及当地公积金中心的项目合作批复或项目合作协议后，可向成都公积金中心申请项目合作。 关于公积金贷款方面，贷款对象德眉资的新建住房项目与成都公积金中心建立项目合作关系后，成都公积金中心缴存职工可向成都公积金中心所属服务部或成都公积金中心贷款银行申请公积金贷款。	成都住房公积金管理中心印发《关于成都住房公积金管理中心缴存职工在德眉资购房办理公积金贷款相关事宜的通知》
9 月 1 日	成都	指单位和职工在公积金 5% ~ 12% 规定比例范围内，可按差异化比例缴存，其中职工个人比例部分不能低于单位缴存比例。单位差异化缴存比例事宜及比例选择需经职代会或工会通过；职工比例部分与单位协商，在不低于单位缴存比例的情况下确定。	成都修订完善《成都住房公积金缴存管理办法》《成都住房公积金提取管理办法》《成都住房公积金个人住房贷款管理办法》，实行“双向差异化”比例缴存
9 月 14 日	天津	职工家庭在本市购买第二套住房，申请个人住房公积金贷款的，贷款利率为同期首套个人住房公积金贷款利率的 1.1 倍。	天津发布《关于调整个人住房公积金贷款有关政策的通知》

10-8 2021年土地政策

时间	地区	政策内容	政策来源
1月24日	青岛	严格实行住宅用地“两集中”同步公开出让，即集中发布出让公告、集中组织出让活动，全年将分3批次集中统一发布住宅用地的招拍挂公告并实施招拍挂出让活动，引导市场理性竞争。	青岛市自然资源和规划局发布《坚决落实上级有关要求 部署2021年住宅用地供应工作》的通知
2月22日	成都	成都核心区土地容积率由平均2.5提高到3.0，一般地区土地容积率由平均2.0提高至2.5。	成都市规划和自然资源局印发《〈成都市城市规划管理技术规定（2017）〉的补充规定》
2月25日	济南	对于住宅用地“两集中”同步公开出让，即集中发布出让公告、集中组织出让活动，全年将分3批次集中统一发布住宅用地的招拍挂公告并实施招拍挂活动新的政策要求，要在深刻理解、准确把握、做好研判的基础上，合理安排供地时序，科学编制实施方案，提高集中组织能力，切实保障全市房地产市场平稳健康发展。	济南市自然资源和规划局召开全市2021年住宅用地供应分类调控工作会议
3月12日	安徽	《通知》要求科学编制实施住宅用地供应计划，坚持做好住宅用地信息公开，实行住宅用地集中出让，加强监测监管和考核评价，保障房地产市场健康稳定发展。《通知》指出，各地要高度重视2021年住宅用地供应计划（以下简称“年度计划”）的编制工作，保障供地规模，把握供地时序，稳定地价和市场预期。年度计划供应的住宅用地应当在城市建成区、城市新区均衡合理布局，促进职住平衡。年度计划按程序报经同级人民政府确认后，于2021年3月底前向社会公布，并在土地市场动态监测监管系统中填报。合肥市本级2021年住宅用地公告供应量不得低于近五年（2016年~2020年）平均完成交易量。合肥市、芜湖市、淮南市本级要在年度计划中单列租赁住房用地，占比一般不低于10%，同时，土地供应要向租赁住房建设倾斜，主动对接住房城乡建设部门提出的租赁住房用地需求，增加供地规模用于租赁住房用地，对保障性租赁住房用地应保尽保。	安徽省自然资源厅发布《关于做好2021年住宅用地供应分类调控有关工作的通知》
6月9日	成都	存在下列情形之一的开发企业，由市级相关部门纳入竞买资格限制名单，推送市公共资源交易中心。①同踩“三道红线”的开发企业；②发生严重失信情形的开发企业。	成都《关于房地产开发企业参与我市商品房建设用地竞买的主体资格审查办法（试行）》
6月9日	南昌	合理确定住宅用地房屋限价。市自然资源局按照“分类调控”的原则，结合各区域房地产市场形势，在年度土地供应计划中合理确定住宅用地规模和具体地块。 住宅用地可实行“限地价”出让。出让时一并设置房屋最高限价、土地竞价上限和一次性报价区间，交易方式采取“网上拍卖+一次性报价”复合模式。“网上拍卖”阶段竞价超过竞价上限时，转入“一次性报价”阶段；在“一次性报价”阶段，按最接近所有报价平均值的原则确定竞得入选人。 科学制定土地限价。市自然资源局根据住宅用地的房屋最高限价及土地市场形势等情况，合理确定土地出让起始价、竞价上限和一次性报价区间，并报市政府研究批准。 明确土地竞买相关要求。采取“限房价、限地价”方式出让的土地出让公告时间为30天，竞买保证金比例为60%，出让金缴纳期限为出让合同签订之日起1个月内。 严格限制关联公司参加同一宗住宅用地竞买。“限房价、限地价”地块的竞买人应满足土地出让公告中明确的竞买要求，并在报名时书面承诺其关联公司不参加同一宗地竞买。土地一次性报价结束后，将竞买人名单对外公布并接受监督，如有关联公司同时参加一宗地竞买情况被举报或投诉，经市市场监管局查实后，则依法依规严肃处理。	《南昌市人民政府办公室关于进一步加强住宅用地供应调控工作的通知》

10-8 续表 1

时间	地区	政策内容	政策来源
6 月 9 日	南昌	进一步加强住宅工程和装修质量监管。房管、建设、发改等部门根据自身职能联合加强住宅工程质量和装修价格、质量监管，确保全装修商品住宅的装修质量和房屋品质。	《南昌市人民政府办公室关于进一步加强住宅用地供应调控工作的通知》
6 月 10 日	北京	健全转让机制:（一）明确建设用地使用权转让形式和条件。（二）明确土地分割、合并转让要求。（三）明确签订转让合同要求。（四）落实差别化的税收政策。 强化出租管理:（一）规范划拨建设用地使用权出租管理。（二）规范以有偿方式取得的建设用地使用权出租管理。（三）做好建设用地使用权出租服务保障。 完善抵押机制:（一）明确建设用地使用权抵押条件。（二）放宽对抵押权人的限制。（三）依法规范和保障抵押权能。 规范市场秩序:（一）建立交易平台。（二）规范交易流程。（三）提升服务监管效能。（四）加强工作衔接。 保障措施:（一）加强组织领导。（二）积极宣传引导。（三）严格责任追究。	北京市人民政府办公厅关于完善建设用地使用权转让、出租、抵押二级市场的实施意见
6 月 11 日	东莞	新注册空壳公司不能参与土地拍卖，参拍企业实缴出资金额、员工参保人数、纳税金额均需大于 0；初次违反规则，参拍企业禁拍 1 年，再次违反规则，参拍企业母公司禁拍 1 年。	东莞《关于规范土地招拍挂竞买资格的通告》（试行）
7 月 26 日	青岛	规划期限为 2021 年至 2035 年，近期至 2025 年，远景展望到 2050 年。规划范围为青岛市行政辖区范围，包含陆域 11295 平方公里，海域 12240 平方公里。规划综合考虑人口分布、经济布局、国土利用、生态环境保护等因素，科学布局生产空间、生活空间和生态空间，构建新时代国土空间开发保护格局。规划综合考虑人口分布、经济布局、国土利用、生态环境保护等因素，科学布局生产空间、生活空间和生态空间，构建新时代国土空间开发保护格局。	青岛市自然资源和规划局发布《青岛市国土空间总体规划（2021—2035 年）》
9 月 9 日	东莞	以公开挂牌方式出让的住宅用地（含商住用地），竞买申请人需具备房地产暂定或以上开发资质，具备资质的房地产开发企业出资比例不得低于 50%。同一家开发商不得同时竞买（含联合竞买）同一宗地块。竞买申请人的购地资金须为合规自有资金。	东莞市发布《关于进一步严格住宅用地竞买有关事项的通知》
9 月 13 日	海南	①建立土地二级市场交易平台，逐步建立该平台与不动产登记信息平台的互通共享机制；②鼓励市场主体依法依规通过土地二级市场购买存量建设用地，依据规划转型用于省鼓励的产业项目建设；③对于非住宅用地与住宅用地合并的，不得增加住宅建设规模。	海南省印发《关于完善建设用地使用权转让、出租、抵押二级市场的实施意见（试行）》

10-9　2021年城市规划政策

时间	地区	政策内容	政策来源
2月1日	上海	临港新片区综合交通发展具体目标是初步实现“15、30、60、90”的出行服务，即15分钟到达浦东枢纽、30分钟可达龙阳路枢纽、60分钟可达虹桥机场、90分钟可达长三角毗邻城市。 同时，加强对外交通网建设，对内公共交通优先发展，致力于绿色和智慧交通。	上海发布《中国（上海）自由贸易试验区临港新片区综合交通“十四五”规划》
6月8日	深圳	深化深港澳全方位合作，建设现代化都市圈，充分激发整体效应、集聚效应、协同效应、战略效应、辐射引领效应，助力粤港澳大湾区加快建设富有活力、竞争力的国际一流湾区和世界级城市群。 在推进深港澳深度合作方面，共建深港澳优质生活圈，高品质推进前海深港现代服务业合作区开发建设，高标准建设河套深港科技创新合作区，高水平规划建设深港口岸经济带，推动前海、大鹏等设立新口岸，打造口岸综合改革示范城市。 在建设现代化都市圈方面，要创新都市圈发展体制机制，协同东莞、惠州优化临深片区产业、基础设施、公共服务布局。 在增强“一核一带一区”主引擎作用上，强化广深“双城联动、比翼双飞”，促进珠江口东西两岸融合互动，研究规划建设深圳－中山产业拓展走廊。	深圳市国民经济和社会发展第十四个五年规划和二〇三五年远景目标纲要
6月21日	青岛	推动非户籍常住人口全面融入城市，坚持“来了就是青岛人”的发展理念，持续深化户籍制度改革，按常住人口规模配置城镇基本公共服务，维护进城落户农民的农村合法权益，促进城镇非户籍常住人口完全市民化。 可负担住房保障方面，建立健全多主体供给、多渠道保障、租购并举的住房制度，统筹城镇中等及以下收入家庭、新市民和引进人才住房保障需求，实现城镇常住人口住房保障全覆盖。 围绕建设“工匠之城”，全面推行终身职业技能培训制度，推广“互联网+”“职业培训包”等培训模式。 提出发挥中心城市龙头带动作用，协力构建区域协调发展体制机制，打造世界知名的青岛都市圈，共建胶东经济圈，进一步增强山东半岛城市群综合竞争力。 提出围绕建设开放、现代、活力、时尚的国际大都市，实施聚湾强心、轴带展开、多级协同空间发展战略，科学布局生产、生活、生态三大空间，培育一个城市主中心、三个城市副中心和四个战略节点，形成多中心、网络化、开放型城镇空间形态，打造更具竞争力、更具发展活力、更可持续发展的现代化国际湾区。 提出加快构建便捷顺畅、智能先进、安全可靠的现代化综合立体交通网络，推进设施建设向功能建设转变，畅通物流人流，打造国际性综合交通枢纽城市。 提出坚持人与自然和谐共生，将碳达峰、碳中和目标纳入城镇化建设整体布局，稳固蓝绿相依、山海城相融的生态格局，形成节约资源和保护环境的集约紧凑低碳发展模式，促进城市发展全面绿色转型。	《青岛市新型城镇化规划（2021—2035年）（公众征求意见稿）》
6月25日	安徽	为贯彻落实《中共中央 国务院关于建立国土空间规划体系并监督实施的若干意见》，按照《省级国土空间规划编制指南（试行）》要求，着力构建国土空间开发保护战略新格局，助力加快建设美好安徽，我们组织编制了《安徽省国土空间规划（2021—2035年）（征求意见稿）》，现向全社会公开征求意见。	安徽省关于征求《安徽省国土空间规划（2021—2035年）（征求意见稿）》意见的公告

10–9 续表 1

时间	地区	政策内容	政策来源
6月29日	河南	明确提出深入推进郑开同城化等7大要点23条具体任务，包括轨道交通三期建设；推进阿里巴巴、海康威视等产业落地，河南大学郑州校区建设；推动设立豫沪合作基金和创业投资引导基金；打造“信用免押金都市圈”等。	河南省《2021年郑州都市圈一体化发展工作要点和重大项目》
7月2日	全国	会议强调，落实全国住房和城乡建设工作会议工作部署，努力保持房地产市场平稳健康发展，全面实施城市更新行动和乡村建设行动。	住房和城乡建设部党组召开（扩大）会议
7月9日	全国	推动存量国家物流枢纽高质量发展，整合优化存量物流设施，促进国家物流枢纽互联成网；加快健全国家物流枢纽网络，支持城市群内国家物流枢纽共建共享共用和一体化衔接。	国家发展改革委印发《国家物流枢纽网络建设实施方案（2021—2025年）》
7月7日	广州	《征求意见稿》主要制度包括如下几个方面：推进历史文化保护及活化利用、提升公共服务供给能力、提供高质量的产业发展空间、强化多方主体权益保障、加大对城市更新微改造的支持力度、促进土地节约集约利用。	广州关于对《广州市城市更新条例（征求意见稿）》公开征求意见的公告
7月19日	深圳	《办法》鼓励地下空间建设商业、工业、仓储、物流设施以及体育、文化等项目。但禁止地下空间建设住宅、幼儿园（托儿所）生活用房、养老生活用房等项目以及中小学普通教室。市政府可以在地下空间重点地区划定集中开发区域。集中开发区域应当对地上地下进行整体规划设计。	深圳《深圳市地下空间开发利用管理办法》
8月11日	全国	征求意见稿提出，按照城市相关规划和要求，统筹考虑城市规模、人口分布、经济发展水平、自然条件和消费层次等因素，编制城市商圈总体发展规划，合理安排商业网点空间布局、业态结构和发展规模，因地制宜确定不同层级商圈占地面积、辐射范围、建设规模、功能要求、业态配置、消防设施等建设标准。	《城市商圈建设指南（征求意见稿）》公开征求意见
8月12日	珠海	该规划重点明确“十四五”时期珠海市住房发展的指导思想、基本原则、发展目标及指引，并对2035年远景目标进行展望。《意见稿》指出“十四五”具体目标，即住房供应结构持续优化。新增供应各类住房30万套，住宅用地供应规模932公顷；房地产市场运行平稳健康。新增供应商品住房21万套，机构租赁住房1万套，新增商品住房用地（含城市更新项目供应住宅用地）供应规模721公顷。	珠海市住房和城乡建设局发布关于《珠海市住房发展“十四五”规划和二〇三五年远景目标纲要（征求意见稿）》公开征求意见的通知
8月13日	上海	主要内容包括：①健全房地产市场预警体系。加快完善监测指标体系，加强房地产市场监测信息平台建设，健全多部门联合监测机制。②加强商品住房项目销售全过程监管，加大房地产中介机构专项整治力度，严厉打击房地产经纪领域各类违法违规行为。③城市更新方面，加快完成旧区改造，加大“城中村”改造推进力度，加快推进已批实施方案及新城区域内的“城中村”项目改造。④确保保障性住房用地供应。⑤发挥住房公积金支持效应，有效支持租购居住消费和住房供应。	上海市印发《上海市住房发展“十四五”规划》
8月30日	全国	①在深化户籍制度改革方面，主要是城区常住人口300万以上城市降低落户门槛或探索差别化落户、城区常住人口300万以下城市落实取消落户限制要求并优化户籍迁移服务等。②山东济南和云南昆明全面取消城区落户限制，有产权房屋的非户籍常住人口在房屋处落户，无产权房屋的在租赁房屋处或单位集体户、社区集体户、人才集体户等落户。③广东广州7个市辖区探索实施与中心城区差别化落户政策，降低学历等落户门槛，允许全日制大专学历等符合条件人员直接落户。	国家发改委办公厅发布关于推广第三批国家新型城镇化综合试点等地区经验的通知

10-9　续表 2

时间	地区	政策内容	政策来源
8 月 31 日	北京	实施城市更新行动，聚焦城市建成区存量空间资源提质增效，不搞大拆大建，除城镇棚户区改造外，原则上不包括房屋征收、土地征收、土地储备、房地产一级开发等项目。城市更新行动与疏解整治促提升专项行动进行有效衔接，规划利用好疏解腾退的空间资源。 到 2025 年，重点推动 500 万平方米左右低效老旧楼宇改造升级，完成 22 个传统商圈改造升级；力争完成北京市 2000 年底前建成需改造的 1.6 亿平方米老旧小区改造任务。	北京市印发《北京市城市更新行动计划（2021—2025 年）》
9 月 7 日	上海	规划要求 2025 年基本建成虹桥国际开放枢纽核心承载区，全面确立中央商务区和国际贸易中心新平台功能框架和制度体系，服务长三角一体化和中国国际进口博览会两大国家战略，形成“一区五新”总体发展框架。	上海市政府介绍《虹桥国际开放枢纽中央商务区“十四五”规划》
9 月 10 日	全国	征求意见稿提到，城区常住人口 300 万人口以下城市严格限制新建 150 米以上超高层建筑，不得新建 250 米以上超高层建筑。	住建部印发《关于加强超高层建筑规划建设管理的通知（征求意见稿）》公开征求意见
9 月 13 日	福建	①到 2025 年，常住人口城镇化率达 71.5%；到 2035 年，常住人口城镇化率达 78%，基本实现新型城镇化。②深化户籍制度改革，持续放宽放开落户限制，推动有条件的地方试行以居住证为依据、在经常居住地登记户口制度。③完善城镇化战略格局，加快推进福州都市圈、厦漳泉都市圈同城化建设及城际铁路建设。	福建省印发《福建省新型城镇化规划（2021—2035 年）》的通知
9 月 13 日	全国	批复东北全面振兴“十四五”规划，同时要求内蒙古、辽宁、吉林、黑龙江政府要深化改革开放和政策保障，优化营商环境，推动实施一批对东北全面振兴具有全局性影响的重点项目和重大改革举措，增强内生发展动力。	国务院批复同意《东北全面振兴“十四五”实施方案》
9 月 18 日	全国	强调大力发展海洋经济，积极参与东北亚经济循环，以辽宁沿海经济带高质量发展推动东北振兴。	国务院批复《辽宁沿海经济带发展规划》
10 月 11 日	天津	方案明确了天津市培育建设国际消费中心城市的主要目标：到“十四五”末，全球消费资源集聚特征明显，消费升级新高地效应突出，中心城市引领带动作用增强，形成在更大范围内需求牵引供给、供给创造需求的高水平动态平衡。	天津发布《天津市培育建设国际消费中心城市实施方案（2021—2025 年）》
11 月 4 日	全国	针对我国城市发展进入城市更新重要时期所面临的突出问题和短板，严格落实城市更新底线要求，转变城市开发建设方式，结合各地实际，因地制宜探索城市更新的工作机制、实施模式、支持政策、技术方法和管理制度，推动城市结构优化、功能完善和品质提升，形成可复制、可推广的经验做法，引导各地互学互鉴，科学有序实施城市更新行动。	住房和城乡建设部办公厅关于开展第一批城市更新试点工作的通知
11 月 4 日	北京	通告提出，将全面开展群众工作；完善改造项目申报管理；鼓励创新实施方式和资金筹措机制；分类加快实施央地混合产权老旧小区改造；注重改造项目分类结构；加强工作通报机制。 除此之外，通知中提到，在明年工作计划中，按照“十四五”时期老旧小区改造以“任务制”与“申报制”相结合方式推进的工作要求，2022 年市属老旧小区改造计划安排，新确认不低于 400 个小区，新开工不低于 300 个小区，新完工不低于 100 个小区。	北京发布《关于进一步做好 2022 年老旧小区综合整治项目申报和组织实施有关工作的通知》
11 月 22 日	北京	计划指出，2022 年房地产投资计划安排重点是城市副中心、平原新城、新首钢地区，以及“三城一区”、大兴国际机场临空经济区等重点区域，人口疏解对接安置房、棚户区改造安置房、公共租赁住房、集体租赁住房等保障性住房项目，共有产权住房项目等重点领域，适度安排“高品质”住宅开发项目，以及市、区政府确定的重点开发项目。扩大居住用地与住房供应，优化住房供应结构，加快推进公共租赁住房、集体土地租赁住房、共有产权住房建设，努力实现人民群众住有所居。加快实施老城更新、棚户区改造，提高居民居住水平和生活质量。	北京发布《关于报送 2022 年房地产投资计划的通知》

10–9 续表 3

时间	地区	政策内容	政策来源
11 月 26 日	西安	《办法》提出，城市更新工作以内涵集约、绿色低碳发展为路径，严防大拆大建，加强修缮改造，补齐城市短板，注重提升功能，增强城市活力，延续历史文化传承，推进城市持续有机更新，促进高质量发展、高品质生活和高效能治理。	西安发布《西安市城市更新办法》
11 月 26 日	北京	规划预计，人口老龄化快速发展成为新常态，预计到“十四五”末，人口老龄化水平将达到 24%，从轻度老龄化迈入中度老龄化。到 2035 年，老年人口接近 700 万，人口老龄化水平将超过 30%，进入重度老龄化。	北京发布《北京市“十四五”时期老龄事业发展规划》
12 月 13 日	全国	国家发改委发布《关于同意深圳市开展基础设施高质量发展试点的复函》，其中提到，同意深圳组织开展基础设施高质量发展试点。复函提到，抢抓建设粤港澳大湾区和中国特色社会主义先行示范区、实施综合改革试点的重大机遇，按照基础设施高质量发展方向，统筹存量和增量、传统和新型基础设施，推动跨界引领发展、跨区域一体发展、跨领域协调发展、跨前沿技术融合发展，全面提高基础设施供给能力、质量和效率，打造系统完备、高效实用、智能绿色、安全可靠的现代化基础设施体系。	国家发展改革委关于同意深圳市开展基础设施高质量发展试点的复函
12 月 21 日	全国	“十四五”时期“无废城市”建设的工作思路和目标为：立足新发展阶段、贯彻新发展理念、构建新发展格局、推动高质量发展，统筹城市发展与固体废物管理，坚持“三化”原则、聚焦减污降碳协同增效，推动 100 个左右地级及以上城市开展“无废城市”建设。	住房和城乡建设部等 18 部委印发《“十四五”时期“无废城市”建设工作方案》
12 月 27 日	长沙	本规划聚焦两个方面，一是统筹推进长沙市“十四五”规划与长沙市国土空间总体规划编制工作的衔接，就国土空间发展思路形成规划共识；二是为长沙市国土空间规划落地实施提供重点项目参考。	长沙发布了“十四五”国土空间发展规划（2021—2025 年）
12 月 28 日	北京	从“保基本、扩普惠、提品质、优布局”四个方面构建“十四五”时期公共服务体系建设的任务框架，提出了 40 项重点任务举措。其中，住房方面，《规划》提出新增各类居住用地 5000 公顷，供应各类住房 100 万套左右，新增保障性租赁住房套数占比不低于 40%。	北京发布了《北京市“十四五”时期社会公共服务发展规划》

10-10　2021年人口与人才政策

时间	地区	政策内容	政策来源
1月13日	中山	人才补贴内容包括：毕业5年内的全日制本科毕业生，在本市非公有企业连续工作满1年且已落户中山的（或缴纳社保或纳税连续12个月），每人一次性发放政府津贴1万元。	中山市发布《关于落实全日制本科毕业生落户中山发放政府津贴工作实施细则（征求意见稿）》
1月15日	南京	南京市出台《南京市人才购买商品住房办法》。此政策为原政策《2020年南京市人才购买商品住房办法（试行）》的正式版。新政策主要有三个变化。 一是房屋的认定有微调，房屋的认定标准有所降低：在南京无自有产权住房或仅有1套住房。此前要求在南京无房或仅有1套房且面积在90平方米以下。 二是明确社保或个税缴纳的时间要求。对在我市登记注册并经认定的规模以上企业、高新技术企业、新型研发机构工作的，取得硕士学位的人才，需在宁缴纳社保或个税6个月；45周岁以下取得本科学历的人才，需在宁缴纳社保或个税12个月。此前这两类人才对缴纳社保或个税并没有时间要求。 三是对骗取人才购房证明的惩罚加重。伙同他人弄虚作假骗取《人才购房证明》的企业，取消该企业所有人才购房申请资格；如有弄虚作假、虚报瞒报的个人，取消其人才购房资格，未购房的注销其《人才购房证明》，已选房或认购的收回房源，已签约的不予合同备案。	南京市出台《南京市人才购买商品住房办法》
1月27日	佛山	《通知》对《优粤佛山卡人才分类认定标准》中T卡申领对象明确如下：更新内容共15条，其中最受人关注的是第12条，具有全日制大专学历证书。	佛山市人力资源和社会保障局发布《关于新冠肺炎疫情期间明确优粤佛山卡T卡申领对象的通知》
2月3日	天津	降低天津居住证门槛，简化申领《居住证》相关手续。对已在津居住六个月以上的外省市人员，简化证明材料，实行承诺制，准予直接申领《居住证》。	天津市公安局印发《进一步做好优化营商环境工作"五个方面二十项措施"》
2月6日	南京	《意见》明确，南京将全面放宽浦口、六合、溧水、高淳区城镇地区落户限制，对持有上述四区居住证、缴纳城镇职工社会保险6个月以上的人员，即可办理落户。并且，南京还将实现与苏州在积分落户时，居住和社保缴纳年限累计互认。同时《意见》提出，保障农业转移人口等非户籍人口随迁子女享有平等教育权，在年底前基本完成农村房地一体不动产登记发证工作。	南京市政府办公厅公布《关于进一步推动非户籍人口在城市落户的实施意见》
2月19日	广州	①到2035年全面建成国际化人才特区，成为粤港澳大湾区人才集聚新高地；②建立涵盖人才住房补贴、人才公寓、共有产权房的人才安居体系，力争三年内新增1万套人才公寓和共有产权房，便利境外人才和重点发展领域急需人才区内购房。	广州市印发《广州南沙新区创建国际化人才特区实施方案》
2月22日	青岛	①人才房销售价格原则上应不高于同区域商品住房价格的80%；②产权型人才住房签订购房合同满5年可上市交易；不满10年的，需将购房时以限价购买的面积，按成交价与限价差价的50%交纳土地收益；超过10年的，不需交纳土地收益。	青岛市住建局发布《关于进一步优化人才住房建设和筹集工作的意见（征求意见稿）》
2月23日	江西	全面放开全省城镇落户条件，全面取消城市落户限制，以具有合法稳定住所（含租赁）或合法稳定就业为户口迁移的基本条件，取消参加社保、居住年限、就业年限等限制。 推进基本公共服务均等化，常住人口享有与户籍人口同等的教育、就业创业、社会保险、医疗卫生、住房保障等基本公共服务。 进一步发挥城镇化促进劳动力和人才社会性流动的作用，全面落实支持农业转移人口市民化的财政政策，推动城镇建设用地增加规模与吸纳农业转移人口落户数量挂钩。	江西省发布《关于促进劳动力和人才社会性流动体制机制改革的实施意见》

10-10 续表 1

时间	地区	政策内容	政策来源
2月23日	全国	主要内容:（1）加快培养农业生产经营人才：培养高素质农民队伍，突出抓好家庭农场经营者、农民合作社带头人培育。（2）加快培养农村二三产业发展人才：培育农村创业创新带头人，加强农村电商人才培育，培育乡村工匠，打造农民工劳务输出品牌。（3）加快培养乡村公共服务人才：加强乡村教师队伍建设，加强乡村卫生健康人才队伍建设，加强乡村文化旅游体育人才队伍建设，加强乡村规划建设人才队伍建设。（4）加快培养乡村治理人才：加强乡镇党政人才队伍建设，推动村党组织带头人队伍整体优化提升，实施“一村一名大学生”培育计划，加强农村社会工作人才队伍建设，加强农村经营管理人才队伍建设，加强农村法律人才队伍建设。（5）加快培养农业农村科技人才：培养农业农村高科技领军人才，培养农业农村科技创新人才，培养农业农村科技推广人才，发展壮大科技特派员队伍。（6）充分发挥各类主体在乡村人才培养中的作用：完善高等教育人才培养体系，加快发展面向农村的职业教育，依托各级党校（行政学院）培养基层党组织干部队伍，充分发挥农业广播电视学校等培训机构作用，支持企业参与乡村人才培养。（7）建立健全乡村人才振兴体制机制：健全农村工作干部培养锻炼制度，完善乡村人才培养制度，建立各类人才定期服务乡村制度，健全鼓励人才向艰苦地区和基层一线流动激励制度，建立县域专业人才统筹使用制度，完善乡村高技能人才职业技能等级制度，建立健全乡村人才分级分类评价体系，提高乡村人才服务保障能力。（8）保障措施：加强组织领导，强化政策保障，搭建乡村引才聚才平台，制定乡村人才专项规划，营造良好环境。	中共中央办公厅、国务院办公厅印发《关于加快推进乡村人才振兴的意见》
2月23日	江西	一、推动经济高质量发展，促进社会性流动增量提质:（1）强化就业优先政策，创造更多更优流动机会;（2）推动区域协调发展，促进流动均衡;（3）优化创新创业环境，增强流动动力;（4）拓宽小微企业和民营企业融资渠道，活跃市场主体。二、畅通流动渠道，激发社会性流动活力:（5）优化户籍制度和公共服务，促进区域流动;（6）推动用人制度改革，促进单位流动;（7）完善社会保险制度，消除流动障碍;（8）完善档案服务管理，畅通职业转换。三、实施多元评价激励，拓展社会性流动空间:（9）拓展基层人员发展空间;（10）完善基层一线人员奖励激励机制;（11）拓宽技术技能人才上升通道。四、强化兜底保障机制，防止社会性流动弱化:（12）巩固拓展脱贫攻坚成果，阻断贫困代际传递;（13）推进教育优先发展，保障起点公平;（14）推进公平就业，保障困难人员发展机会;（15）强化社会救助，提高困难群众流动能力。五、组织实施:（16）强化组织落实;（17）加强法制保障;（18）营造良好氛围。	江西省发布《关于促进劳动力和人才社会性流动体制机制改革的实施意见》
3月2日	石家庄	《意见》包含18条，围绕高质量建设人才强市，打造人才绿卡升级版，营造良好人才生态，制定了务实管用的人才培养引进政策措施。其中，提高博士租房购房标准：自到石家庄工作之日起5年内，每月享受的房租补助由2000元提高到3000元，在市域内购买首套自用商品住房的，给予的一次性购房补贴由15万元提高到30万元。	石家庄印发《关于高质量建设人才强市的实施意见》。
3月6日	青岛	放宽中心城区落户政策：①人才落户：山东惠才卡、青岛市人才服务绿卡等；学历人才；技术技能人才；高校专科及以上学历大学生；党政机关、人民团体、事业单位、国有企业干部和职工。②居住落户。③亲属投靠落户。④赋权激励落户。	青岛发布《关于进一步深化户籍制度改革的意见》
4月12日	镇江	符合相应条件的初次来镇就业创业人才，在市区购买首套自住商品住房，可享受购房补贴15万～100万元。	镇江市市区人才购房补贴实施细则
4月13日	杭州	高层次人才家庭落户杭州须满5年方可购买第二套房。	杭州市收紧人才购房政策

10-10 续表 2

时间	地区	政策内容	政策来源
4月19日	南京	落户条件：①持有居住证信息管理系统记载居住地址属于浦口、六合、溧水、高淳四区的《江苏省居住证》；②正在我市缴纳，且连续缴纳六个月（含）以上城镇职工社会保险。在本省外市缴纳城镇职工社保的，可在我市累计认可。	南京市关于浦口、六合、溧水、高淳四区落户政策
5月25日	深圳	将核准类学历型人才的底线要求调整为全日制本科，技术型人才底线要求调整为“中级职称 + 全日制大专”，技能型人才的底线要求调整为技师。 夫妻投靠基本要求由结婚时间及被投靠人入深户时间满 2 年调整为满 5 年。增加高层次人才、高级职称、高级技师和硕士以上学历人员原则上只享受一次不受时间限制优先解决配偶随迁问题的条件。	深圳市发改委发布《深圳市户籍迁入若干规定（征求意见稿）》
5月31日	全国	积极应对人口老龄化国家战略，加快建立健全相关政策体系和制度框架。要稳妥实施渐进式延迟法定退休年龄，积极推进职工基本养老保险全国统筹，完善多层次养老保障体系，探索建立长期护理保险制度框架，加快建设居家社区机构相协调、医养康养相结合的养老服务体系和健康支撑体系，发展老龄产业，推动各领域各行业适老化转型升级，大力弘扬中华民族孝亲敬老传统美德，切实维护老年人合法权益。各级党委和政府要健全完善老龄工作体系，加大财政投入力度，完善老龄事业发展财政投入政策和多渠道筹资机制，为积极应对人口老龄化提供必要保障。 进一步优化生育政策，实施一对夫妻可以生育三个子女政策及配套支持措施。要将婚嫁、生育、养育、教育一体考虑，加强适婚青年婚恋观、家庭观教育引导，对婚嫁陋习、天价彩礼等不良社会风气进行治理，提高优生优育服务水平，发展普惠托育服务体系，推进教育公平与优质教育资源供给，降低家庭教育开支。要完善生育休假与生育保险制度，加强税收、住房等支持政策，保障女性就业合法权益。对全面两孩政策调整前的独生子女家庭和农村计划生育双女家庭，要继续实行现行各项奖励扶助制度和优惠政策。要建立健全计划生育特殊家庭全方位帮扶保障制度，完善政府主导、社会组织参与的扶助关怀工作机制，维护好计划生育家庭合法权益。要深化国家人口中长期发展战略和区域人口发展规划研究，促进人口长期均衡发展。	审议《关于优化生育政策促进人口长期均衡发展的决定》
6月1日	深圳	2021 年 9 月 1 日零时起，高层次人才业务（指“高层次专业人才认定”“海外高层次人才确认”“学术研修津贴”等三项业务，下同）停止申报。 市、区人力资源部门对 2021 年 8 月 31 日及之前引进的人才按原规定受理申请，对 2021 年 9 月 1 日及之后新引进人才不再受理发放租房和生活补贴。 将根据全市人才工作安排，对 2021 年 9 月 1 日及之后新引进入户并在我市全职工作的 35 岁以下的博士另行制定生活补贴政策。	《深圳市人力资源和社会保障局关于高层次人才业务、新引进人才租房和生活补贴业务相关安排的公告》
6月1日	南京	具有下列情形之一的，可申请户口迁入我市城镇地区：具有研究生及以上学历或 45 周岁以下本科学历毕业生（含同等学历的留学归国人员、非全日制研究生）；正在缴纳本市城镇职工社会保险，且已连续缴纳 6 个月以上的 40 周岁以下大专学历毕业生；具有中级及以上专业技术资格人员；具有三级及以上国家职业资格（技能类）人员。	6 月 1 日起《南京市人才落户实施办法（暂行）》正式施行
6月11日	湖北	深度放开放宽城市落户限制。取消除武汉市外全省其他地区落户限制，进一步降低武汉市落户门槛，实行省内户口迁移一地办结机制。	湖北省《2021 年全省新型城镇化和城乡融合发展工作要点》

10–10 续表 3

时间	地区	政策内容	政策来源
7 月 20 日	全国	加强税收、住房等支持政策。研究推动将 3 岁以下婴幼儿照护费用纳入个人所得税专项附加扣除。 地方政府可以研究制定根据养育未成年子女负担情况实施差异化租赁和购买房屋的优惠政策。 取消社会抚养费，将入户、入学、入职等与个人生育情况全面脱钩。 推进义务教育优质均衡发展和城乡一体化，有效解决“择校热”难题，推动放学时间与父母下班时间衔接。鼓励和支持有条件的幼儿园招收 2 至 3 岁幼儿。	中共中央国务院发布《关于优化生育政策促进人口长期均衡发展的决定》
7 月 21 日	厦门	厦门发布优化人才服务保障六条举措，包括提高补贴、配偶安置、子女入学、人才安居、个税奖励、医疗保健等，高层次人才可按现有规定以市场价 45% 的价格申购 100 ~ 200 平方米人才住房，人才住房交房入住满 5 年且在厦工作满 5 年后，政府拥有产权可按比例逐年赠送给人才，人才住房满 10 年后上市交易不再向政府缴交土地收益等费用（原为 21 年）。	厦门推出“留厦六条”引才留才，包括提高补贴、配偶安置、子女入学、人才安居、个税奖励、医疗保健等
7 月 27 日	全国	孙春兰指出，要抓紧推进相关法律法规修订工作，清理废止社会抚养费等规定，加强政策调整衔接；加快推进妇幼保健机构标准化建设，扩大妇幼健康资源供给，提升危重孕产妇、新生儿救治能力，提高优生优育服务水平；要完善托育服务体系，综合运用规划、土地、住房、财政等支持政策，发展普惠托育服务，鼓励用人单位等社会力量提供多种形式托育服务，2025 年每千人口托位数达到 4.5 个；研究推动将 3 岁以下婴幼儿照护费用纳入个人所得税专项附加扣除，扩大普惠性学前教育资源供给，推进义务教育优质均衡发展和城乡一体化，研究实施差异化租赁和购房优惠政策，降低生育、养育、教育成本；要保障计划生育家庭合法权益，尊重妇女生育价值，严格落实产假、哺乳期假等制度，依法维护妇女劳动和社会权益。	全国优化生育政策电视电话会议上，国务院副总理孙春兰指出，研究实施差异化租赁和购房优惠政策降低生养及教育成本
7 月 28 日	攀枝花	对按政策生育二、三孩的攀枝花户籍家庭，每月每孩发放 500 元育儿补贴金，直至孩子 3 岁，是全国首个也是目前唯一一个发放育儿补贴金的城市。	攀枝花市公布《关于促进人力资源聚集的十六条政策措施》
8 月 2 日	广州市黄埔区、开发区	取消此前《广州市黄埔区住房和城乡建设局广州开发区建设和交通局关于完善人才住房政策的通知》提出三条政策：经区认定的在黄埔区连续工作半年以上的各类人才，可不受户籍限制，在黄埔区范围内购买 1 套商品住房；在黄埔区工作，持有广州市人才绿卡或经区认定的杰出人才、优秀人才、精英人才、名教师、优秀医学专家、黄埔工匠，其父母、配偶父母、成年子女均可在黄埔区范围内购买 1 套商品住房；港澳居民在黄埔区范围内、在中新广州知识城工作的新加坡居民在中新广州知识城范围内购买商品住房享受与广州市户籍居民同等待遇。	广州黄埔区住房和城乡建设局、广州开发区建设和交通局发布关于取消人才住房政策的通知
8 月 15 日	佛山市顺德区	主要的内容包括：①人才专卖房购买 8 年内不得出租（借）、转让、赠与、抵押。②满 8 年转让、赠与、抵押（不含按揭），需提供在顺德区 5 年社保或累计 5 年的个人工资薪金所得税证明，并补交价款。③人才专卖房最高销售价为土地出让同时期同区域同类型市场商品住房销售均价的 80% 左右。④开发企业补交价款后的人才专卖房，可转为普通商品房销售，补交价款所涉及的税费由开发企业承担。	佛山市顺德区政府网站发布了关于印发《顺德区人才专卖房管理办法》的通知

10-10　续表4

时间	地区	政策内容	政策来源
8月17日	广州市南沙区	通知明确，广州南沙人才卡A卡、B卡的持卡人才，可在符合广州市商品住房限购总套数规定（户籍家庭2套、单身1套；非户籍家庭和单身1套，且能提供购房之日前1年在南沙区连续缴纳个人所得税缴纳证明或社会保险缴纳证明，不得补缴）的前提下在南沙区范围内购买住房；广东省人才优粤卡、广州市人才绿卡的持卡人才，购买住房按照省、市相关规定执行。港澳居民在南沙区范围内购买商品房享受与广州市户籍居民同等待遇。	广州市南沙区住房和城乡建设局、广州市规划和自然资源局南沙区分局发布关于调整人才及港澳居民购买商品房政策的通知
9月8日	沈阳	规定高层次人才（A、B、C类）及其他符合条件人才首次使用住房公积金贷款在沈购买首套自住住房的，贷款限额最高可放宽到当期贷款最高限额的1.5～4倍。根据高层次人才类别不同，单方或夫妻双方缴存公积金不同，按照现行政策计算，符合条件的人才公积金贷款最高限额在60万～240万元之间。	沈阳发布辽宁省沈阳住房公积金管理中心印发《沈阳市高层次人才住房公积金支持政策实施细则》
9月18日	海口	须提供本人在海南省累计12个月及以上个人所得税或社会保险缴纳证明，方可购买第一套住房（含二手住房，不含产权式酒店，下同），在第一套住房购房合同备案之日起满36个月，方可购买第二套住房。未落户我省的人才。本人家庭在我省无自有住房，须提供本人在海南省累计24个月及以上个人所得税或社会保险缴纳证明，可购买1套住房。非本省户籍人员。不再区分限购区域与非限购区域，实行全区域限购。非本省户籍家庭购买住房，须在我省无自有住房，且提供至少一名家庭成员在我省累计60个月及以上个人所得税或社会保险缴纳证明，可购买1套住房。离异人士。对夫妻离异的，自离异之日起任何一方3年内购买商品住房，其拥有住房套数按离异前家庭在我省拥有住房的总套数计算。	海口发布《关于调整我市购房政策和人才落户政策的通知》
9月26日	全国	国务院决定废止《流动人口计划生育工作条例》等行政法规，表示当前流动人口计划生育基本公共服务均等化已实现，基本实现流动人口和当地户籍人口的同服务、同管理，无需保留。	废止《流动人口计划生育工作条例》等行政法规
9月27日	全国	妇女纲要围绕健康、教育、经济、参与决策和管理、社会保障、家庭建设、环境、法律8个领域，妇女纲要提出75项主要目标和93项策略措施。 儿童纲要围绕健康、安全、教育、福利、家庭、环境、法律保护7个领域，儿童纲要提出70项主要目标和89项策略措施。	国务院印发《中国妇女发展纲要（2021－2030年）》和《中国儿童发展纲要（2021－2030年）》
9月28日	沈阳	与此前的政策相比，博士毕业生补贴由6万元提高到7万元，硕士毕业生由3万元提高到4万元，本科毕业生和技师由1万元提高到2万元。此次补贴范围包括，在沈阳就业创业的全日制普通高校本科、硕士、博士毕业生和2017年（含）后入学的非全日制普通高校硕士、博士毕业生首次购房，并承诺在沈阳就业创业5年以上的，申请时毕业年限、首次购房时间均不超过5年的，可享受一次性购房补贴。	沈阳发布《高校毕业生和高新技术企业人才首次购房补贴实施细则（新修订）》
10月7日	佛山	佛山拟放松落户门槛，引导非户籍人口在佛山市落户，放宽落户限制，在佛山实现珠三角城市群户籍准入年限同城化累计互认；连续一年在高明、三水区缴纳社保，并有合法居所，即可申请入户。	佛山市公安局发布关于征求《佛山市深化户籍制度改革实施方案（征求意见稿）》社会公众意见的通告
10月9日	杭州	杭州落户政策调整为具有全日制普通高校本科以上学历者（本科45周岁以下，不含45周岁；硕士50周岁以下，不含50周岁），在杭州市区落实工作单位并由用人单位正常缴纳社保的可以落户杭州市区；全日制普通高校博士研究生（55周岁以下，不含55周岁）学历者，可享受“先落户、后就业”政策。	杭州市公安局发布《关于调整杭州市大学毕业生落户政策的公告》

10–10 续表 5

时间	地区	政策内容	政策来源
10 月 11 日	宁波市奉化区	为切实解决人才住房保障问题，研究决定启动人才购房补贴申请工作，符合条件的大专学历或初级职称人才，可获最高 8 万元购房补贴；符合条件的本科、硕士、博士可获购房补贴分别为 16 万元、20 万元、40 万元；而通过奉化申报入选或全职新引进的国家级人才，最高可获 100 万元补贴。	宁波发布《宁波市奉化区人才购房补贴申请公告》
10 月 19 日	甘肃	规划对甘肃省“十四五”期间的商贸物流、户籍改革、社区服务等方面进行了明确。其中提出，深化户籍制度改革。全面放开全省落户限制，实现城市、城镇落户“零门槛”，推动户籍准入年限同城化累计互认。建立健全“人钱挂钩”“人地挂钩”“人奖挂钩”考核评价机制，加大农业转移人口市民化奖励资金支持、城镇建设用地增加规模与吸纳农村转移人口落户数量挂钩力度，推动公共资源按常住人口规模配置。	甘肃省政府办公厅印发《甘肃省“十四五”市场体系建设规划》
11 月 3 日	南宁	按照高层次人才认定的类别分类实施首次购房补贴，对 A、B、C、D、E 各类人才分别予以 200 万元、120 万元、60 万元、40 万元、20 万元购房补贴。	南宁发布《关于做好南宁市高层次人才购房补贴发放有关工作的通知（征求意见稿）》
12 月 1 日	南通	对原有人才政策再优化、再升级，包括：更大力度集聚高层次创新创业人才、加大青年毕业生就业创业支持力度、对紧缺和离岸人才给予特殊支持、加大各类人才培养力度、完善人才金融政策体系、强化引才荐才奖励、聚焦保障安居需求、创优人才服务保障生态等八个方面。其中，人才购房自住最高可享 150 万元补贴。同时，将加大力度建设人才公寓，“十四五”期间新建或筹集人才公寓 10 万套，打造 15 个精品人才社区。	江苏南通发布《关于进一步提升青年和人才友好型城市发展指数的若干政策》
12 月 9 日	东莞	市政府发布新一轮人才政策，针对特色人才优先提供租住人才公寓优惠，给予最高 2000 ~ 6000 元 / 月租房补贴，或最高 100 万 ~ 1000 万元购房补贴；针对省级以上人才，给予最高 3000 ~ 5000 元 / 月租房补贴，或最高 200 万 ~ 600 万元购房补贴。	东莞发布《关于印发东莞市特色人才特殊政策实施办法的通知》
12 月 9 日	南通	下辖海安市发布购房惠民补贴政策，主要针对人才购房、改善居住条件的购房群体。其中关于人才购房，最高按 600 元 / 平方米标准给予购房补贴；子女未满 18 周岁的二孩、三孩家庭，分别补贴 200 元 / 平方米、400 元 / 平方米。	江苏南通海安出台城乡统筹改善居住条件政策
12 月 14 日	陕西	陕西省人民政府发布《优化生育政策促进人口长期均衡发展实施方案》，提出将个人生育情况与入户、入学、入职等全面脱钩，加大税收、住房等生育支持政策力度。对多个未成年子女家庭在租房、购房方面给予帮助和倾斜。研究制定差异化租赁优惠政策，根据未成年子女数量，配租公租房时，在户型选择等方面给予照顾。多子女家庭改善、置换房屋，按刚需家庭对待。	陕西省发布《优化生育政策促进人口长期均衡发展实施方案》
12 月 15 日	芜湖	符合条件青年英才给予购房款最高 10% 的补贴。其中青年英才购、租房补贴不同时享受。根据实施细则，青年英才购房补贴支持对象为在芜湖市行政区域内的企业（不含驻芜央企、省属国有企业，城市合伙人单位根据相关规定执行）引进并于 2021 年 7 月 30 日后（含 7 月 30 日）迁入户籍的在职在岗、依法持续参加社会保险，在芜暂无自有住房的博士、35 岁以下的硕士、毕业 3 年内的全日制本科和专科（含中职、技工院校）毕业生。具体支持政策为给予购房款最高 10% 补贴。首期补贴为购房款的 3%，分 3 年平均兑现，剩余购房款补贴按申请人上年度实缴个税地方留成部分逐年兑现。购房补贴自审核通过兑现首期补贴之日起计算，总兑付期最长不超过 10 年。	安徽芜湖发布《芜湖市青年英才购房补贴发放实施细则》

10-10 续表6

时间	地区	政策内容	政策来源
12月16日	广东	《方案》提出完善落户机制，落实取消城区常住人口300万以下城市落户限制的有关政策，试行以经常居住地登记户口制度，并探索居住证互认制度，在除广州、深圳市外的珠三角城市率先探索户籍准入年限同城化累计互认。	广东省发布《广东省劳动力要素市场化配置改革行动方案》
12月23日	石嘴山	探索人才住房保障新模式，满足各类人才多样化的住房保障需求，建立公租房托底保障，人才公寓、专家公寓有效补充的人才住房保障体系。依托人才服务“一站式”窗口平台，做好人才住房保障的受理、审核、资金申请和发放工作。	石嘴山发布《石嘴山市人才住房保障实施办法（试行）》
12月24日	吉林	《方案》提出，及时做好新修订的《吉林省人口计划生育条例》与相关政策法规有效衔接，大力提倡适龄婚育、优生优育，全面依法实施三孩生育政策。强化人口和计划生育领导小组成员单位履职尽责，推动政策落实。支持各地依据现行普通公办托、幼机构保教费收费标准，对按政策生育二孩、三孩家庭，在子女3周岁或6周岁前，给予一定比例的激励奖励，省级财政将根据情况给予适当补助。支持银行机构为符合相关条件的注册结婚登记夫妻最高提供20万元婚育消费贷款，按生育一孩、二孩、三孩，分别给予不同程度降息优惠。同时，全面放开全省所有城市落户限制，省外户籍夫妇按政策生育子女在吉林省落户的，即可获得市民待遇。	吉林省发布《关于优化生育政策促进人口长期均衡发展实施方案》
12月30日	北京	文件中提出，推进“落地即办、未落先办、全程代办”人才服务体系，构建外籍人才工作服务网络。改革创新外籍人才工作证件办理模式，逐步实现签证证件业务全市通办。优化外籍人才来京就业审批办事流程，逐步下放外国人来华工作许可预审环节，进一步深化简政放权提高服务效率。加大对符合北京发展定位和引进政策的特定行业高管人才、专业技术人才办理人才引进落户和工作居住证力度。对本市急需特殊技能专业人才落户，业绩、贡献突出的，可适当放宽年龄限制。	北京市商务局印发《北京市关于进一步加强稳外资工作的若干措施》

10-11 2021年物业管理政策

时间	地区	政策内容	政策来源
2月9日	陕西	《指导意见》明确指出，要综合考虑区域面积、人口数量等因素，及时调整优化社区规模。依托街区、片区、居民小区等调整优化网格，建立网格党支部，有条件的地方可探索以居民小区为单位划分网格，建立小区党支部。推进城乡接合部、流动人口聚集地党的组织和工作覆盖。同时，要加强党组织对业委会的领导。街道党组织加强对业委会组建和换届工作的组织领导，住建部门加强指导协调，推动具备条件的居民小区依法成立业委会。	《关于加强社区物业党建联建提升物业管理服务水平的指导意见》
2月9日	济南	建立健全物业管理招标投标有关制度和评标规则；建立物业服务评标专家库；定期对评标专家进行有关法律法规、政策和业务培训。	关于加强住宅小区物业管理招标投标工作的通知
3月11日	安徽	一、坚持和加强党对物业管理工作的领导；二、不断规范物业服务市场；三、规范物业管理行为；四、加强对物业服务业扶持。	关于贯彻落实住房和城乡建设部等部门要求加强和改进住宅物业管理工作的通知
6月1日	海南	新《条例》共计七章八十一条，包括总则、物业管理区域、业主和业主组织、物业管理服务、物业的使用与维护、法律责任和附则。《条例》的实施，对于规范物业服务活动，维护业主、物业使用人、物业服务人的合法权益，提高人民群众生活质量，促进物业管理行业健康发展具有十分重要的意义。	《海南经济特区物业管理条例》
6月22日	吉林	规范物业管理活动，维护物业管理相关主体的合法权益，构建党建引领社区治理框架下的物业管理体系，营造和谐有序的生活和工作环境。	《吉林省物业管理条例》
7月8日	天津	进一步加强和改进住宅物业管理工作，坚持问题导向，严格规范物业管理行为，促进物业服务向高品质和多样化升级，不断提升物业服务质量，充分调动社会各方力量，推动物业管理融入基层社会治理，努力开创共建共治共享新局面。	《关于加强和改进住宅物业管理工作的指导意见》
7月22日	北京	物业服务人应当按照“清单”，结合项目实际情况签订物业服务合同、协议，开展物业服务工作。各区住房城乡（市）建设或房屋主管部门要加强对物业服务工作开展情况的监督，发现物业服务人提供服务不符合“清单”要求的，要责令规范改正。物业管理行业协会负责协助、指导、督促会员单位做好“清单”使用工作。	《北京市住宅物业服务项目清单》
7月30日	广东	通过开展物业管理专项整治工作，进一步规范物业管理行为，增强企业服务意识，提升物业服务水平，切实解决物业管理行业中存在的突出矛盾和热点难点问题，集中处理一批群众意见大、信访投诉多、涉黑涉恶等突出问题，依法查处一批违法违规行为，切实维护人民群众合法权益，不断提升人民群众的获得感、幸福感、安全感，促进物业管理行业健康有序发展。	《2021年广东省物业管理专项整治工作方案》
8月11日	重庆	健全业主委员会和物业服务企业等参与的联席会议机制，推进成立社区环境和物业管理委员会。推动社区管理、物业管理、商业管理深度融合，提升社区服务、卫生防疫、应急避险水平，推广智能安防、智慧停车等智能化应用。引导居民结合实际协商确定物业服务方式，鼓励优先选择专业物业服务或成立社区物业服务中心。鼓励物业服务企业走出小区、融入社区，参与社会治理，为城市运营服务，通过前期介入、全过程服务等方式参与城镇老旧小区改造提升。	《关于全面推进城镇老旧小区改造和社区服务提升工作的实施意见》
8月17日	东莞	进一步加强和改进物业管理工作，规范物业服务行为，重点查处物业服务企业违法违规行为和建设单位违法违规行为。	东莞市印发《2021年东莞市物业管理专项整治工作方案》

10-11　续表 1

时间	地区	政策内容	政策来源
8 月 26 日	杭州	本市物业管理活动纳入基层社会治理体系，坚持党建引领、政府主导、业主自治、多方参与、协商共建的工作格局。 鼓励积极运用数字化等新技术、新方法，发挥公共数据平台作用，提升物业管理质量和服务水平。 开展物业管理活动，应当依法保护业主、非业主使用人的隐私和个人信息。	《杭州市物业管理条例》
9 月 23 日	宜春	明确了物业管理工作的权责，通过明确各级政府、主管部门、职能部门等权责，为物业行业的规范管理奠定了基础。明确了物业管理工作的权责，通过明确各级政府、主管部门、职能部门等权责，为物业行业的规范管理奠定了基础。明确了业主、业主大会、业主委员会的权责关系，明确了业主大会、业主委员会的运行程序和法定责任，明晰了住宅小区业主自治工作的各项法律原则。	《宜春市住宅物业管理条例》
10 月 20 日	江门	业主委员会和物业服务企业利用物业共用部位、共用设施设备进行经营的，应当征得相关业主和业主大会的同意，不得擅自经营。委托物业服务企业或其他单位经营的，业主和业主大会可以与经营方约定收益分成，业主委员会不得擅自决定。业主委员会和物业服务企业不得挪用、侵占和擅自使用共有收益。共有收益应当主要用于补充专项维修资金，也可以按照业主和业主大会的决定使用。业主委员会和物业服务企业按管理项目对共有收益收支情况单独立账，财务资料妥善保管，在物业服务管理区域显著位置设立物业服务信息监督公示栏，每季度公示一次。	《关于规范物业管理区域共有收益管理的通知》
11 月 24 日	合肥	建设单位在项目联合竣工验收申请物业管理用房查验之前，按照项目竣工验收部分的总建筑面积和我市现行维修资金缴存标准向市物业专项维修资金管理中心缴存维修资金。项目竣工验收部分的总建筑面积以房产测绘机构提供的测绘成果为准（已进行实测的，以实测面积为准；尚未进行实测的，以预测面积计算）。	《关于进一步加强物业专项维修资金缴存管理的通知》
12 月 31 日	深圳	深圳将实行物业服务评价等级制度，物业服务评价等级分为 AAA（优秀）、AA（良好）、A（一般）、B（合格）、C（不合格）5 个等级。《办法》还公布了深圳市物业服务企业和物业管理项目负责人物业服务信息计分标准，含八大项物业管理项目负责人不良信息计分标准。对于连续两个自然年度评价等级为 C 的以及安全生产责任事故，并负直接责任的等五项情形的评价对象，将被纳入风险名单。	《深圳市物业服务评价管理办法》

10-12 2021年其他重要政策

时间	地区	政策内容	政策来源
4月8日	全国	加快金融改革创新。支持住房租赁金融业务创新和规范发展，支持发展房地产投资信托基金（REITs）。稳步拓宽多种形式的产业融资渠道，放宽外资企业资本金使用范围。创新科技金融政策、产品和工具。 增强金融服务实体经济能力。支持发行公司信用类债券、项目收益票据、住房租赁专项债券等。对有稳定现金流的优质旅游资产，推动开展证券化试点。	国务院印发海南自由贸易港建设总体方案
4月9日	全国	探索放宽个人跨境交易政策。支持在海南自由贸易港内就业的境外个人开展包括证券投资在内的各类境内投资。允许符合条件的非居民按实需原则在海南自由贸易港内购买房地产，对符合条件的非居民购房给予汇兑便利。 在房地产长效机制框架下，支持海南在住房租赁领域发展房地产投资信托基金（REITs），鼓励银行业金融机构创新金融产品和服务，支持住房租赁市场规范发展。	关于金融支持海南全面深化改革开放的意见
4月26日	全国	央行等多部委近期发文，允许符合条件的非居民按实需原则在海南自贸港内购买房地产 。 符合条件的非居民主要指在海南自贸港工作、生活的境外个人或境外机构在海南自贸港设立的分支、代表机构。 实需原则，即购买实际需要的自住、自用商品房；对符合条件的非居民在海南自贸港购房给予国民待遇，按照非海南户籍的境内居民办理，同时享受引进人才购房政策。	央行等多部委近期发文，符合条件的非居民在海南自贸港买房享受国民待遇
4月27日	全国	加强从业管理。从事住房租赁经营的企业应办理市场主体登记，取得营业执照，其名称和经营范围均应当包含“住房租赁”相关字样。 规范住房租赁经营行为。住房租赁企业开展经营活动的信息系统应当落实互联网管理各项政策要求，接入所在城市住房租赁管理服务平台。 开展住房租赁资金监管。住房租赁企业应当在商业银行设立1个住房租赁资金监管账户，向所在城市住房和城乡建设部门备案，并通过住房租赁管理服务平台向社会公示。 禁止套取使用住房租赁消费贷款。住房租赁企业不得变相开展金融业务，不得将住房租赁消费贷款相关内容嵌入住房租赁合同，不得利用承租人信用套取住房租赁消费贷款，不得以租金分期、租金优惠等名义诱导承租人使用住房租赁消费贷款。 合理调控住房租金水平。住房租赁市场需求旺盛的大城市住房和城乡建设部门应当建立住房租金监测制度，定期公布不同区域、不同类型租赁住房的市场租金水平信息。	住建部等6部门发布《关于加强轻资产住房租赁企业监管的意见》
5月10日	全国	①小规模纳税人增值税起征点由月销售额10万元提高到15万元；②继续执行企业研发费用加计扣除75%政策，将制造业企业加计扣除比例提高到100%。	《关于做好2021年降成本重点工作的通知》
5月16日	深圳	《规划纲要》提出，要形成开放弹性有机紧凑的城市发展格局，实施“东进、西协、南联、北拓、中优”战略。要打造国际性综合交通枢纽，前瞻规划建设对外战略通道，完善“南北终到、东西贯通、互联互通”综合运输网络布局，建设高密度网络化的轨道交通体系，加快深中通道建设，开展伶仃洋通道建设研究论证，规划深圳至南宁高铁，加快推进西丽枢纽、机场东枢纽、光明城枢纽等站城一体化开发，推动坪山综合交通枢纽建设。 加强普惠性、基础性、兜底性民生建设，要完善住房供应和保障体系，加大商品住房供应，持续开展大规模公共住房建设行动，到2025年建设筹集公共住房40万套。	深圳“十四五”规划和2035年远景目标纲要（草案）提交审议

10-12　续表 1

时间	地区	政策内容	政策来源
5月26日	上海	2021年到2022年，上海计划完成中心城区成片二级旧里以下房屋改造约110余万平方米、受益居民约5.6万户；“十四五”期间，计划完成中心城区零星二级旧里以下房屋改造约48.4万平方米、受益居民约1.7万户。具体到2021年旧改目标任务确定为：全市共完成成片二级旧里以下房屋改造70万平方米、3.4万户；2022年完成40余万平方米、2.2万户。	上海举行新闻发布会，表示上海今明两年计划完成成片二级旧里以下房屋改造110余万平方米
10月14日	全国	会议介绍深圳综合改革试点实施一周年主要进展成效情况。深圳市人民政府市长覃伟中介绍，深圳综合改革试点取得阶段性成效，在要素市场化配置、营商环境优化、民生服务供给等方面推出了一批改革成果。强调，将在国家有关部委和广东省的大力支持下，积极推进全国营商环境创新试点城市建设，加快制定深圳放宽市场准入特别措施清单，推出更多改革新举措。	国新办举行深圳综合改革试点实施一周年进展成效发布会
10月20日	全国	下一步将清理清单外“特色小镇”，对此前已建设或命名的特色小镇进行全面审核，对不符合要求的进行清理或更名，特别是对虚假虚拟的“特色小镇”要坚决清理。	国家发改委例行发布会
10月21日	全国	加强财政、金融、规划、建设等政策支持，推动高质量绿色建筑规模化发展，大力推广超低能耗、近零能耗建筑，发展零碳建筑。意见提出，到2025年，城乡建设绿色发展体制机制和政策体系基本建立，建设方式绿色转型成效显著，碳减排扎实推进，城市整体性、系统性、生长性增强，“城市病”问题缓解，城乡生态环境质量整体改善，城乡发展质量和资源环境承载能力明显提升，综合治理能力显著提高，绿色生活方式普遍推广。	《关于推动城乡建设绿色发展的意见》
10月23日	全国	《通知》规定，要严格管控新建超高层建筑。其中，从严控制建筑高度，各地要严格控制新建超高层建筑，一般不得新建超高层住宅。城区常住人口300万人口以下城市严格限制新建150米以上超高层建筑，不得新建250米以上超高层建筑。城区常住人口300万以上城市严格限制新建250米以上超高层建筑，不得新建500米以上超高层建筑。	《关于加强超高层建筑规划建设管理的通知》
11月18日	全国	《意见》指出要健全养老服务体系。具体包括：创新居家社区养老服务模式；进一步规范发展机构养老；建立基本养老服务清单制度；完善多层次养老保障体系。	中共中央国务院发布关于加强新时代老龄工作的意见
12月9日	全国	国新办举行新闻发布会，住房和城乡建设部建筑节能与科技司负责人汪科、国家卫生健康委老龄健康司司长王海东等介绍《中共中央国务院关于加强新时代老龄工作的意见》有关情况，并答记者问。其中，汪科表示，下一步，住房和城乡建设部将贯彻落实《关于加强新时代老龄工作的意见》，贯彻新发展理念，结合城市更新、城镇老旧小区改造等工作，大力推进老年宜居环境建设，加快构建老年友好型社会。	《中共中央国务院关于加强新时代老龄工作的意见》
12月22日	全国	为进一步推进投资项目审批制度改革，提升投资建设全流程的科学化、规范化、便利化水平，现提出以下意见。要求进一步明确和简化投资审核管理。其中强调了，要求做好基础设施领域不动产投资信托基金（REITs）项目协调服务。对拟申报基础设施REITs试点的项目，与中国证监会当地派出机构等有关方面加强沟通，深入了解前期工作进展，及时掌握项目进度和存在问题，做好政策解读，解决重点问题。与本地区行业管理、自然资源、生态环境、住房和城乡建设、国资监管等部门加强沟通交流，帮助项目依法依规办理或补充相关手续，落实发行基础设施REITs的各项条件。对基础设施REITs回收资金拟投入的新项目，加强跟踪服务，协调加快前期工作和开工建设进度，尽快形成实物工作量。	《关于进一步推进投资项目审批制度改革的若干意见》

报告篇

报告一　2022中国房地产百强企业研究报告

一、研究背景与目的

中国房地产 TOP10 研究组自 2004 年以来开展中国房地产百强企业研究，已连续进行了十九年。研究组把握行业发展脉搏，深入揭示房地产企业经营规律，为促进房地产行业健康发展发挥了重要作用，相关研究成果已成为评判房地产企业经营实力及行业地位的重要依据。

在新形势下，房地产企业应增强风险意识，强化经营管理水平，实现企业高质量发展。为此，研究组启动“2022 中国房地产百强企业研究”，以“优化模式，行稳致远”为主题，发掘行业中综合实力强、成长潜力大、经营稳健、社会责任感强的优秀房地产企业群体，鼓励企业提高风险把控能力，稳健经营，增强内生动力，促进行业平稳健康发展。

在分析总结历年研究经验及房地产企业发展现状的基础上，研究组进一步完善了研究方法和评价指标体系，继续从规模性、盈利性、成长性、稳健性、融资能力、运营效率和社会责任感等七个方面全面、客观地评价企业的综合实力，引导企业不断优化发展模式，推动行业健康、良性运行。

中国房地产百强企业研究目的包括以下三点。

① 通过对企业规模性、盈利性、成长性、稳健性、融资能力、运营效率和社会责任等指标的量化研究，发掘综合实力强、经营稳健以及具备较强社会责任感的优秀企业群体。

② 通过系统研究，打造“中国房地产百强企业”品牌，提升企业知名度和影响力，发挥百强企业的行业示范效应，推动房地产企业实现高质量发展。

③ 通过企业评价，鼓励企业为社会多做贡献，以营造行业重视社会责任的氛围，发挥房地产业作为国民经济重要支柱产业和重要民生行业的作用。

二、研究方法体系

（一）标准和门槛值

中国房地产百强企业研究坚持以数据为依据，坚持客观、公正、准确、全面的研究原则。TOP10 研究组对中国房地产百强企业设立如下筛选标准和门槛值。

① 以依法设立并登记注册的房地产开发经营企业作为本次的研究对象。

② 按照国际惯例，对进入研究范围的企业给予一个门槛指标，研究组根据近 5 年百强企业实际状况，确定近三年房地产业务销售额均值达到 30 亿元或销售面积均值达到 30 万平方米为入选门槛值。

③ 为了引导房地产开发企业做强做好做大，研究组鼓励以集团的名义参与。

④ 符合上述 1 ~ 3 条，但是有严重拖欠工程款，或有重大偷漏税等违规行为问题的企业，取消评审资格。

（二）评价指标体系

2022 中国房地产百强企业研究以 2019—2021 年度为研究时间段，涵盖 7 个二级指标、35 个三级指标，全面考量企业的综合实力。

评价指标体系的设计主要把握以下几个基本原则。

① 企业规模与运营效率相结合。规模与效率是企业向前发展的双驱动力，规模经济的获取离不开高效率的经营管理。基于资金密集型特性，房地产企业只有在不断提高经营管理的运转效率，更好地实现资本良性增值循环的基础上，才能稳健扩张规模；在市场波动明显的情况下，较高周转率对于企业的稳健经营更是具有重要意义。研究组采用净资产、房地产业务收入、总资产周转率、存货周转率等指标，综合反映企业规模化发展情况与运营效率。

② 成长潜力与经营稳健相结合。房地产是资金密集型行业，也是一个容易受政策影响的行业。企业的高杠杆运营，在市场调整期往往带来资金链断裂的巨大压力；而一旦市场向好，企业为补偿资本所承受的风险，又容易提高房价、盲目囤地，进一步推高了行业的不确定性风险，增加了企业的经营难度。此次研究继续强调，培育企业成长潜力必须建立在稳健经营的前提下，要注重短期财务风险的控制，处理好稳健经营与快速成长之间的关系，以维护整个行业的平稳健康发展。

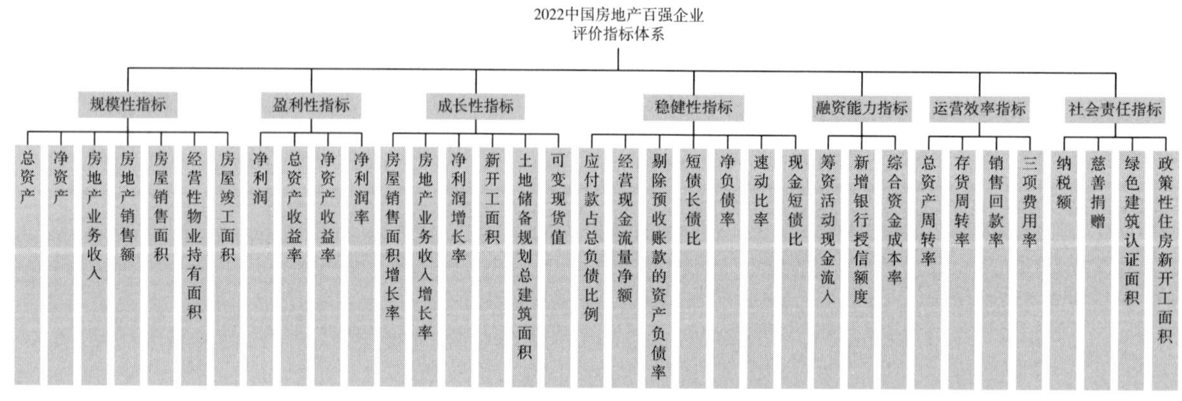

图1　房地产百强企业评价指标体系

③ 盈利能力与社会责任相结合。企业必须稳步盈利才能实现永续经营，研究组对房地产企业盈利能力的评价，将从净利润、净资产收益率、净利润率等角度来进行，更全面地衡量企业在不同市场形势下的盈利状况及成本控制水平。同时从纳税、政策性住房新开工面积、慈善捐赠等基本层面引导企业重视社会责任，积极构建和谐社会，并将其作为企业综合实力评价的重要内容。

④ 融资能力与综合实力相结合。融资能力对于房地产企业有着极其重要的意义，项目的获取、运营等环节都离不开强大的融资能力支持。本次研究通过筹资活动现金流入、本年新增银行授信额度及综合资

金成本率三个指标来分析企业的融资实力，表现突出的企业其综合实力指数相应提高。

在2022中国房地产百强企业研究中，中国房地产TOP10研究组根据企业规模与运营效率相结合、成长潜力与经营稳健相结合、盈利能力与社会责任相结合、融资能力与综合实力相结合的原则，力求全面客观地评价企业的综合实力。

（三）数据来源和复核

1. 数据来源

① 房地产开发企业填报数据。

② 中房指数系统（CREIS）数据库。

③ 房地产企业对外公布的信息（包括公司年报、企业网站公布的信息和对外派发的宣传资料）。

④ 有关政府部门（包括建委、房管局和统计局等）的公开数据。

⑤ 2019、2020、2021中国房地产百强企业研究收集企业数据资料。

⑥ 2019、2020、2021中国房地产上市公司研究收集企业数据资料。

⑦ 2019、2020、2021中国房地产品牌价值研究收集企业数据资料。

2. 数据复核

企业填报数据须如实客观。研究组通过以下方法，对填报数据进行复核。

① 通过会计师事务所出具的报表复核企业财务数据。

② 通过税单复核企业经营收入及利润。

③ 对收集的数据坚持交叉复核：通过各地房地产交易中心公开的项目交易情况复核企业提供的销售数据；通过统计局的企业直报数据进行交叉复核；对有疑问的数据，研究组可要求进行现场复核。

企业填报数据经过复核存疑的，或未提供数据的企业，未纳入本次研究范畴。

（四）计量评价方法

在研究方法上，为增加研究的严谨性，采用因子分析（Factor Analysis）的方法。因子分析是一种从变量方差—协方差结构入手，在尽可能多地保留原始信息的基础上，用少数新变量解释原始变量方差的多元统计分析方法。它将原始变量分解为公共因子和特殊因子之和，并通过因子旋转，得到符合现实意义的公共因子，然后用这些公共因子去解释原始变量的方差。计算中国房地产百强综合实力时，主要是计算各构成要素的相关矩阵，通过相关矩阵得到特征值、累计特征值及因子载荷。根据最初几个特征值在全部特征值的累计百分率大于或等于某百分比的原则，确定公共因子的具体个数，再根据因子载荷矩阵确定各个因子的现实意义并重新命名，最后根据不同企业各个因子的得分及载荷矩阵，通过加权累加构成2022中国房地产百强综合实力指数。

企业按评价指标体系排序出现相同评分时，依照慈善捐赠数据确定排序；当上述累加计算又基本相同时，按西部、中部、东部排序确定。

三、主要研究成果

表1 “2022中国房地产百强企业”名单

万科企业股份有限公司	卓越置业集团有限公司	广东粤海控股集团有限公司
保利发展控股集团	中冶置业集团有限公司	上海城建置业发展有限公司
碧桂园控股有限公司	北京首创城市发展集团有限公司	颐居建设集团有限公司
中海地产（中国海外发展）	中铁置业集团有限公司	金侨投资控股有限公司
华润置地有限公司	重庆华宇集团有限公司	郑州绿都地产集团股份有限公司
招商局蛇口工业区控股股份有限公司	武汉城市建设集团有限公司	财信地产发展集团股份有限公司
绿城中国控股有限公司	北京金隅集团股份有限公司	苏州新建元控股集团有限公司
龙湖集团控股有限公司	金辉集团股份有限公司	众安集团有限公司
金地集团股份有限公司	合生创展集团有限公司	江苏水利地产
新城控股集团股份有限公司	保利置业集团有限公司	中新集团有限公司
中国金茂控股集团有限公司	德信中国控股有限公司	天地源股份有限公司
旭辉集团控股有限公司	仁恒置地集团有限公司	永同昌集团
越秀地产股份有限公司	金融街控股股份有限公司	湖北联投集团有限公司
珠海华发实业股份有限公司	杭州市城建开发集团有限公司（大家房产）	华董（中国）有限公司
杭州滨江房产集团股份有限公司	中国葛洲坝集团房地产开发有限公司	正黄集团有限公司
金科地产集团股份有限公司	福星惠誉控股有限公司	武汉城投房产集团有限公司
建发房地产集团有限公司	北京北辰实业股份有限公司	潍坊恒信建设集团有限公司
远洋集团控股有限公司	星河控股集团有限公司	四川圣桦集团有限公司
中国铁建房地产集团有限公司	东原房地产开发集团有限公司	陕西建工房地产开发集团有限公司
中国融通集团有限公司	中国港中旅集团有限公司	东投地产集团有限公司
北京首都开发控股（集团）有限公司	深圳地铁集团	河南信友置业集团有限公司
中交房地产集团有限公司	国贸地产集团有限公司	润达丰控股集团有限公司
大悦城控股集团股份有限公司	深业集团有限公司	山东儒辰控股集团有限公司
中国电建地产集团有限公司	德杰集团	浙江建杭置业有限公司
世茂集团控股有限公司	中建三局地产	合能投资有限公司
华侨城集团有限公司	时代大地控股有限公司	中建智地置业有限公司
中骏集团控股有限公司	北京城建投资发展股份有限公司	中建七局地产集团
宝龙地产控股有限公司	上海建工房产有限公司	苏州新区高新技术产业股份有限公司
四川新希望房地产开发有限公司	上海陆家嘴（集团）有限公司	中华企业股份有限公司
路劲地产集团有限公司	深圳市南山房地产开发有限公司	深圳控股有限公司
上海中建东孚投资发展有限公司	中建信和地产有限公司	象屿地产集团有限公司
大华（集团）有限公司	爱家集团	北京建工集团有限公司
联发集团有限公司	成都兴城人居地产投资集团股份有限公司	
佳源集团	龙记泰信实业集团有限公司	

2021年，房地产市场实现了超预期增长，全国商品房销售额超18万亿元，销售规模再创历史新高。百强企业顺应市场变化，紧抓热点城市群发展机遇，运用多种营销手段并加大线上及线下营销力度促进回款，实现了销售业绩的增长。2022年房地产市场调整仍将持续，房企销售回款压力不减，未来稳健经营、

行稳致远将是房企发展的主旋律。

1. 销售额同比增长 3.9%，阵营分化继续加剧

2021 年，全国商品房销售额为 18.2 万亿元，同比增长 4.8%，销售面积为 17.9 亿平方米，同比增长 1.9%，销售额与销售面积均创历史新高。2021 年全国商品房销售呈现出先扬后抑的走势，上半年延续 2020 年末以来的市场热度，下半年政策效果显现，叠加部分企业债务违约导致购房者置业情绪回落，市场降温明显。

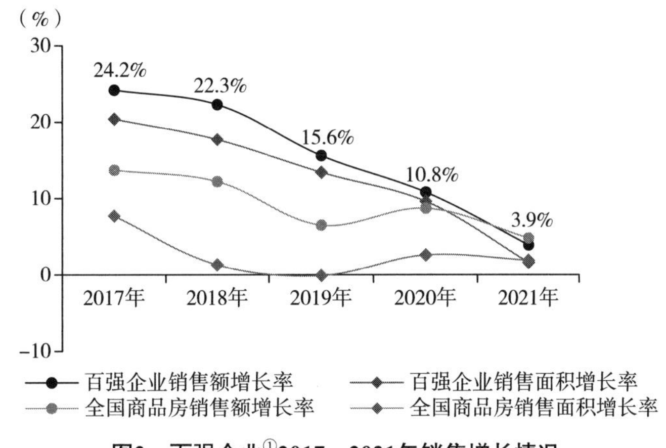

图2　百强企业[①]2017—2021年销售增长情况

在这样的环境下，百强企业精准把握市场需求释放节奏，上半年前置销售节点加速推盘，下半年加大促销力度和销售渠道合作，加速回款，销售总额、销售面积分别达 90802 亿元、56943 万平方米，同比增长 3.9% 和 1.6%。

2. 聚焦一二线城市强化深耕，因城施策把握市场主流需求

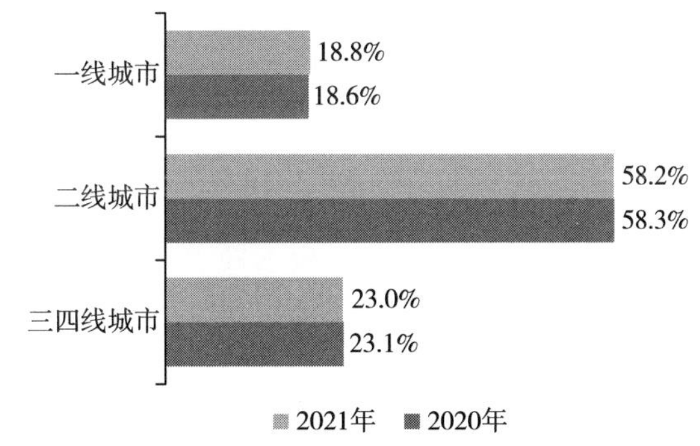

图3　百强代表企业2020、2021年各等级城市销售额分布

2021 年，百强企业继续深耕重点城市，二线城市仍是主要销售来源。从 50 家百强代表企业重点项目销售情况来看，一线城市新房供应规模加大，在旺盛需求的带动下市场成交规模增长，销售额占比小幅上升 0.2 个百分点至 18.8%；二线城市占比为 58.2%，仍是主要销售来源；三四线城市销售额占比 23.0%。

① 如无特别说明，本报告中的“百强企业”均指“2022中国房地产百强企业”；数据为“2022中国房地产百强企业”的历年数据。

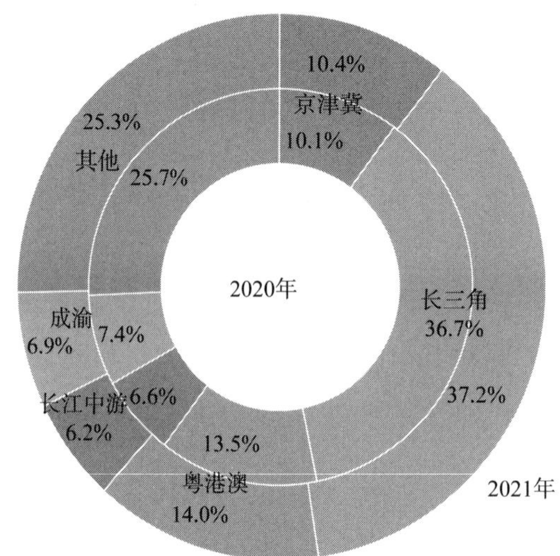

图4 百强代表企业2020、2021年城市群销售额分布

百强企业聚焦核心城市群，长三角、粤港澳、京津冀三大城市群销售贡献突出，合计占比超六成。50家百强代表企业销售结构中，五个主要城市群合计销售占比达74.7%，同比增长0.4个百分点。其中，长三角销售占比最高，达37.2%，较上年提升0.5个百分点；粤港澳大湾区销售占比为14.0%，较上年提升0.5个百分点；京津冀销售占比为10.4%，较上年提升0.3个百分点。从具体城市来看，杭州、北京、南京、上海、广州、苏州、武汉等重点一二线城市销售贡献靠前。

3. 盈利水平降至个位数，地价高企物业减值导致利润下行

2021年百强企业营业收入与净利润保持增长态势。竣工和结转稳步增长带动营业收入和净利润呈增长态势，百强企业营业收入均值达498.6亿元，净利润均值达56.2亿元，分别同比增长19.3%、0.4%，增速较上年分别增加1.6个百分点、减少1.5个百分点。由于营业成本上涨，百强企业净利润均值增速不及营业收入均值增速，“增收不增利”现象持续。

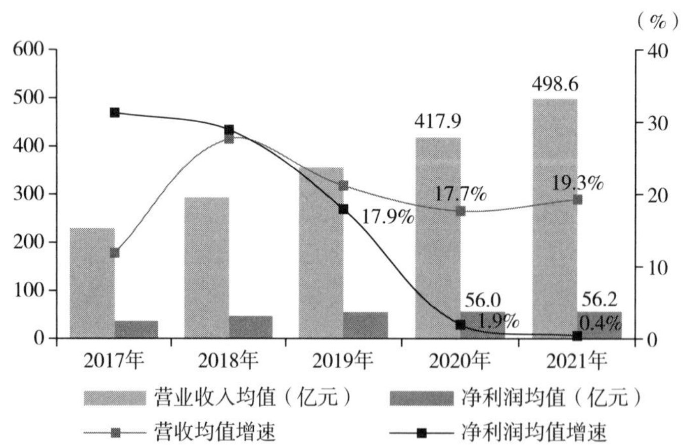

图5 百强企业2017—2021年营业收入与净利润均值变化情况

地价高企导致百强企业盈利空间持续收窄。自2016年以来，住宅用地楼面价持续上升，叠加部分城市限售价，地价房价比呈波动性上涨趋势，以百城为例，住宅用地楼面均价占新建住宅均价比重从33.9%爬升至43.6%。2017—2021年，50家百强代表企业地价占售价的比重从阶段性低点43.3%快速攀升至53.5%。企业毛利水平持续承压，限制了企业盈利水平的提升。同时，各阵营拿地均价占销售均价比重逐

渐接近，表明当前大多数房企均面临相似的盈利压力。

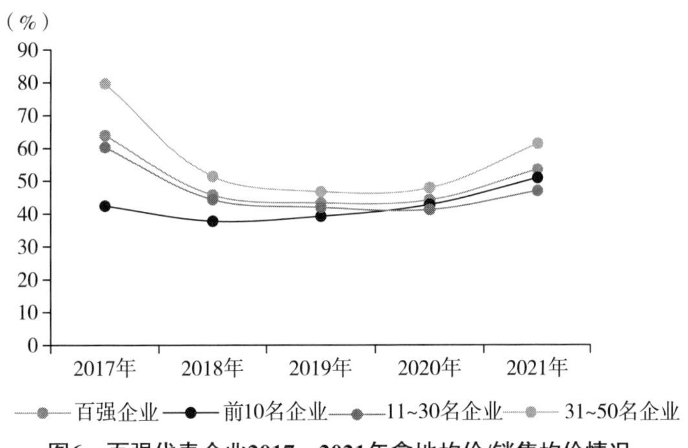

图6 百强代表企业2017—2021年拿地均价/销售均价情况

4. 负债水平稳中有降，债务结构进一步优化

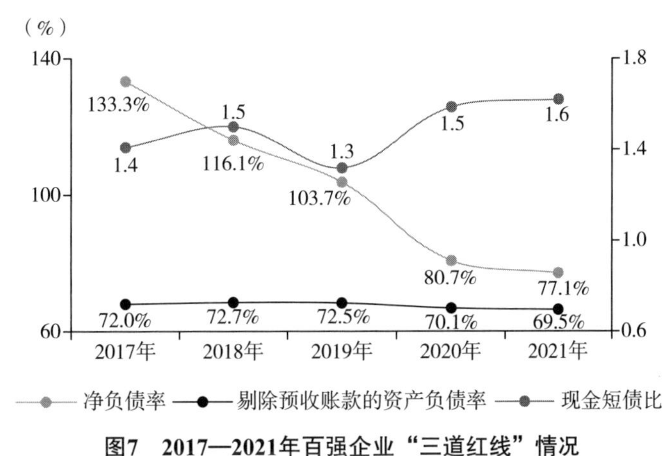

图7 2017—2021年百强企业“三道红线”情况

“三道红线”提出后，百强企业积极应对，通过提前偿还债务、调整债务结构等方式缩减债务规模，均值已经基本合规。2021 年，百强企业在满足经营需求的前提下调整债务规模及结构，整体负债水平稳中有降，三道红线指标均值得以进一步优化。百强企业剔除预收账款的资产负债率、净负债率的均值分别为 69.5%、77.1%，较上年分别下降 0.6、3.6 个百分点；现金短债比为 1.6，较上年上升 0.1，整体稳中向好。

5. 融资收紧叠加偿债高峰，抓政策窗口促回款拓渠道

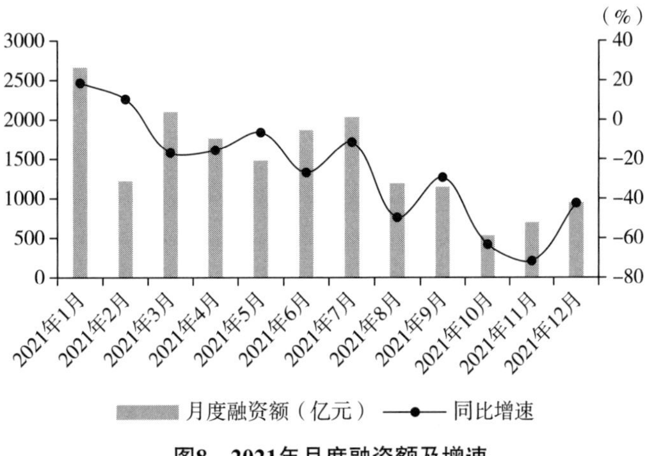

图8 2021年月度融资额及增速

行业融资规模同比下滑，融资结构发生改变。2021 年，房地产行业共实现非银类融资 17652.2 亿元，同比下降 26.3%，行业融资收紧态势显著。其中信用债全年发行 5490.3 亿元，海外债发行 2682.9 亿元，信托融资 5452.7 亿元，ABS 融资 4026.3 亿元，信用债、信托成为融资主力渠道。除 ABS 外，其余融资渠道同比均出现不同程度下滑，导致总规模出现大幅下降。

2022 年为偿债高峰，房企流动性持续加压。2022 年将有 6589.4 亿元债券到期，其中信用债占比 47.0%，海外债占比 53.0%；海外债偿债高峰集中在上半年，信用债集中在 3 ~ 9 月。海外债主要以借新偿旧形式置换到期债务，而发行低迷导致房企需动用自有资金偿债，房企将面临较大的流动性风险。此外，2020 年信托发行规模为 9231.0 亿元，平均发行期限在 1.6 年左右，2022 年同样面临较大的偿还压力。

6. 积极依法纳税，履行企业公民责任

2021 年，百强企业积极依法纳税，纳税额保持稳步增加的态势。百强企业纳税额均值达 60.2 亿元，同比增长 2.2%，其中税金及附加均值为 38.9 亿元，所得税均值为 21.3 亿元。百强企业积极响应政府相关部门的号召，扎实推进保障性租赁住房建设。同时，百强企业员工下沉到抗疫一线，积极配合地方政府防疫工作，用心守护业主的健康安全，助力打赢防疫攻坚战。

7. 坚持绿色可持续发展，推动企业转型升级

百强企业深入践行可持续发展理念，运用智慧科技及绿色环保等手段，积极探索绿色发展模式，推动企业转型升级。百强企业更加重视项目的绿色认证，同时，致力于打造绿色生活体系，助力绿色服务升级。

四、2022 中国房地产百强企业 TOP10 研究

中国房地产 TOP10 研究组在百强企业研究的基础上，深度分析企业规模性、盈利性、成长性等方面，评价产生了 2022 中国房地产百强企业“综合实力 TOP10”“规模性 TOP10”“盈利性 TOP10”“成长性 TOP10”“稳健性 TOP10”“融资能力 TOP10”“运营效率 TOP10”“年度社会责任感企业”和“年度扶贫标杆企业”。

表2　　2022中国房地产百强企业“综合实力TOP10”

排名	公司名称
1	万科企业股份有限公司
2	保利发展控股集团
3	碧桂园控股有限公司
4	中海地产（中国海外发展）
5	华润置地有限公司
6	招商局蛇口工业区控股股份有限公司
7	绿城中国控股有限公司
8	龙湖集团控股有限公司
9	金地集团股份有限公司
10	新城控股集团股份有限公司

2021 年，综合实力 TOP10 企业销售额均值达 4044 亿元，同比增长率均值为 1.3%，企业综合实力持续彰显。10 家企业的全年营业收入和净利润均值同比分别增长 24.2% 和 5.9%，超出百强企业均值 4.9 和 5.5 个百分点，综合能力提升明显。

表3　　2022中国房地产百强企业“规模性TOP10”

排名	公司名称
1	碧桂园控股有限公司
2	万科企业股份有限公司
3	保利发展控股集团
4	中海地产（中国海外发展）
5	绿城中国控股有限公司
6	招商局蛇口工业区控股股份有限公司
7	华润置地有限公司
8	龙湖集团控股有限公司
9	金地集团股份有限公司
10	中国金茂控股集团有限公司

2021 年，规模性 TOP10 企业的资产和销售规模持续扩大，总资产均值 10375 亿元，同比增长 10.5%，销售额及营业收入均值分别为 4097.3 亿元和 2443.6 亿元，规模效应凸显。

表4　　2022中国房地产百强企业“盈利性TOP10”

排名	公司名称
1	中海地产（中国海外发展）
2	保利发展控股集团
3	万科企业股份有限公司
4	中国金茂控股集团有限公司
5	招商局蛇口工业区控股股份有限公司
6	中冶置业集团有限公司
7	华润置地有限公司
8	杭州滨江房产集团股份有限公司
9	龙湖集团控股有限公司
10	金地集团股份有限公司

2021 年，盈利性 TOP10 企业的利润水平稳步提升，净利润均值同比增长 2.8% 至 260.9 亿元，是同期百强企业净利润均值的 4.6 倍，增速高于百强企业 2.4 个百分点。同时，盈利性 TOP10 企业拥有较好盈利质量，净利率均值为 15.1%，高出百强企业均值 5.3 个百分点。

表5　　2022中国房地产百强企业“成长性TOP10”

排名	公司名称
1	绿城中国控股有限公司
2	杭州滨江房产集团股份有限公司
3	越秀地产股份有限公司
4	金地集团股份有限公司
5	中国铁建房地产集团有限公司
6	招商局蛇口工业区控股股份有限公司
7	北京金隅集团股份有限公司
8	中交房地产集团有限公司
9	四川新希望房地产开发有限公司
10	河南信友置业集团有限公司

2021 年，成长性 TOP10 企业销售额均值增长率为 17.9%，营业收入均值增长率达 27.6%，超过同期百强企业均值 14.0、8.3 个百分点。成长性 TOP10 企业精准把握市场发展节奏，精准获取优质土储，畅通融资渠道，为未来发展注入强劲动力。

表6　2022中国房地产百强企业“稳健性TOP10”

排名	公司名称
1	中海地产（中国海外发展）
2	上海建工房产有限公司
3	中冶置业集团有限公司
4	上海中建东孚投资发展有限公司
5	重庆华宇集团有限公司
6	联发集团有限公司
7	大悦城控股集团股份有限公司
8	上海城建置业发展有限公司
9	爱家集团
10	天地源股份有限公司

2021 年，稳健性 TOP10 企业资产负债率均值为 72.3%，低于同期百强企业均值 2.8 个百分点，杠杆率低于行业平均水平；稳健性 TOP10 企业在 2021 年的现金短债比均值为 1.8，显著高于同期百强企业平均水平，短期偿债能力较强。

表7　2022中国房地产百强企业“融资能力TOP10”

排名	公司名称
1	保利发展控股集团
2	华润置地有限公司
3	中国金茂控股集团有限公司
4	招商局蛇口工业区控股股份有限公司
5	金地集团股份有限公司
6	杭州滨江房产集团股份有限公司
7	龙湖集团控股有限公司
8	大悦城控股集团股份有限公司
9	新城控股集团股份有限公司
10	远洋集团控股有限公司

2021 年，融资能力 TOP10 企业通过信用债融资 2301.6 亿元，平均融资成本 3.9%，低于行业均值 0.4 个百分点；海外债融资 1573.9 亿元，平均融资成本 5.4%，低于行业均值 2.2 个百分点，具有明显的融资成本优势。

表8　2022中国房地产百强企业“运营效率TOP10”

排名	公司名称
1	建发房地产集团有限公司
2	金地集团股份有限公司
3	华润置地有限公司
4	四川新希望房地产开发有限公司
5	中国金茂控股集团有限公司
6	中国铁建房地产集团有限公司
7	龙记泰信实业集团有限公司
8	联发集团有限公司
9	金侨投资控股有限公司
10	众安集团有限公司

2021 年，运营效率 TOP10 企业不断优化组织架构，提升运营效率，同时把握市场主流需求，利用线上平台和科技手段加快周转，提升企业经营效率。

表9　　2021—2022中国房地产“年度社会责任感企业”

公司名称	公司名称
保利发展控股集团	上海建工房产有限公司
绿城中国控股有限公司	中冶置业集团有限公司
宝龙地产控股有限公司	上海中建东孚投资发展有限公司
大悦城控股集团股份有限公司	金科地产集团股份有限公司
中海地产（中国海外发展）	金侨投资控股有限公司

2021 年，年度社会责任感企业积极履行纳税义务，投身社会公益活动，在保障房建设、公益捐款和抗击疫情等多领域开展公益活动，同时践行绿色可持性发展理念，全方位回馈社会。

表10　　2021—2022中国房地产“年度扶贫标杆企业”

公司名称	公司名称
碧桂园控股有限公司	宝龙地产控股有限公司
中交房地产集团有限公司	中国铁建房地产集团有限公司
上海中建东孚投资发展有限公司	大悦城控股集团股份有限公司
融创中国控股有限公司	联发集团有限公司
中冶置业集团有限公司	北京金隅集团股份有限公司

党中央、国务院将扶贫工作列为一项重要工作战略部署。2021 年百强企业积极响应党和政府号召，踊跃参与精准扶贫，带动被帮扶对象脱贫，获得了社会各界的认可和肯定。

表11　　2022中国房地产百强之星

公司名称	公司名称
北京金隅集团股份有限公司	河南信友置业集团有限公司
中国葛洲坝集团房地产开发有限公司	朗基地产集团有限公司
北京北辰实业股份有限公司	德杰集团
金侨投资控股有限公司	天地源股份有限公司
龙记泰信实业集团有限公司	华董（中国）有限公司

2022 中国房地产百强企业研究中涌现出一批独具特色的企业，在后疫情时期，这些企业顺应市场发展形势，积极深耕重点城市群，并不断响应政府号召，开发绿色产品。

表12

重庆市 TOP10	山东省 TOP10	河南省 TOP10	江西省 TOP10	河北省 TOP10	山西省 TOP10	湖北省（本土）TOP10
龙湖集团	融创中国	建业集团	东投地产集团	荣盛发展	保利发展	武汉城建集团
金科重庆	万科	碧桂园	保利发展	融创中国	万科	中建三局地产
万科	碧桂园	正商集团	绿地控股	万科	中海地产	福星惠誉
融创中国	中海地产	保利发展	碧桂园	碧桂园	碧桂园	湖北联投
香港置地	瑞马集团	信友集团	万科	美的置业	华润地产	武汉城投
华宇集团	济宁城投嘉华	融创中国	联发集团	东胜集团	融创中国	百步亭集团
旭辉集团	龙湖集团	永威置业	九颂山河集团	安联地产	中国金茂	湖北交投集团
招商蛇口	保利发展	东方今典	金科集团	家乐园地产	星河湾	湖北房投集团
保利发展	华润置地	同信地产集团	华润置地	保利发展	中铁置业	恺德集团
华润置地	山东高创	博群集团	力高集团	远洋地产	龙湖集团	鄂旅投集团

副报告一　2022 中国房地产企业新发展模式探讨

2021 年 12 月，中央经济工作会议指出，要坚持“房子是用来住的、不是用来炒的”定位，加强预期引导，探索新的发展模式，坚持租购并举，加快发展长租房市场。2022 年 3 月，国务院金融稳定发展委员会召开专题会议提出，要及时研究和提出有力有效的防范化解风险应对方案，提出向新发展模式转型的配套措施。房地产市场进入调整阶段，过去房企“高负债、高杠杆、高周转”的经营模式难以持续，房地产企业要顺应政策及行业趋势，积极探索新的发展模式。

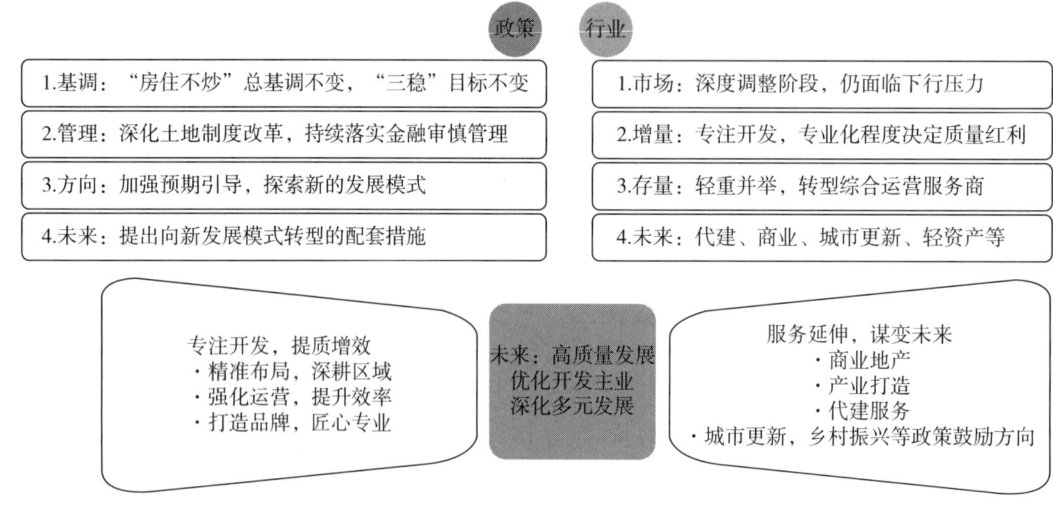

图9　房企新发展模式

一、专注开发，提质增效

1. 精准投资聚焦核心，强化深耕提升效能

房企在保持安全财务杠杆的同时可维持适量库存保证企业平稳经营，在此基础上应将现金流的价值发挥到最大，精准布局投资重点区域，并实施区域深耕策略，实现投资价值最大化与提升投资效能“一箭双雕”。

2. 优化组织降本增效，数字变革赋能管理

随着行业步入深度调整阶段，房企需要从组织建设与管理方法入手，提高企业经营周转速度，实现高效运营。一方面对组织架构进行精简整合，另一方面利用数字化技术为管理赋能，为项目开发全周期提速，驱动业务高质量增长。

3. 回归住宅开发本质，优化升级产品服务

房地产行业步入下行通道，买方市场特征逐步显现。在人民收入水平稳步提高以及新冠疫情等因素影响下，需求端对于住宅的要求更加明确和分化。在此背景下，房企需把握客户需求，聚焦改善型住宅市场，提升产品和服务品质。

表13 产品力优秀企业

企业名称	公司名称
绿城中国控股有限公司	杭州市城建开发集团有限公司（大家房产）
融创中国控股有限公司	佳源集团
中冶置业集团有限公司	瑞马集团有限公司
仁恒置地集团有限公司	北京泽信控股集团有限公司
上海中建东孚投资发展有限公司	新城控股集团股份有限公司

二、紧跟政策打造产业集群，强化运营助力服务升级

表14 产业园区运营优秀企业

企业名称	公司名称
北京联东投资（集团）有限公司	华南城控股有限公司
招商局蛇口工业区控股股份有限公司	上海张江高科技园区开发股份有限公司
金科产业投资发展集团有限公司	广东中天产城集团有限公司
中新苏州工业园区开发集团股份有限公司	永同昌集团
武汉银湖科技发展有限公司	上海临港经济发展（集团）有限公司

优秀房企从国家产业发展战略出发，重点布局创新型产业，打造一站式平台服务园区企业。集合资源打造产业集群，驱动园区产业转型升级。优秀产业园区运营商布局高精尖产业，完善产业格局，加强产业联动。

表15 中国产业（小镇）综合运营优秀企业

企业名称
绿城理想小镇建设集团有限公司
融创中国控股有限公司
华润置地有限公司
华侨城集团有限公司
复星蜂巢控股

房企遵循产业导入思路，让小镇产业持续健康发展。以生活服务为基础，针对康养、颐养、教育、文旅、科创、文创、农业等重点领域，赋能小镇产业运营和创新，构建生产、生活、生态相融合的小镇平台，致力于成为配合“特色小镇”国家战略落地的综合服务商，中国新型城镇化和乡村振兴的探索者，打造中国小镇引领品牌。

表16 代建运营优秀企业

企业名称	企业名称
绿城房地产建设管理集团有限公司	中原建业有限公司
蓝城房产建设管理集团有限公司	金地集团开发管理公司
厦门建发建设运营管理有限公司	华润置地有限公司
联发集团有限公司	中天美好集团有限公司
金科地产集团股份有限公司	德信绿建管理集团有限公司
杭州宋都房地产集团有限公司	深圳市天健（集团）股份有限公司
众安建设管理有限公司	朗基资本管理有限公司

房企凭借优秀的开发、运营和管理经验输出品牌和产品，以轻资产方式提升企业经营规模、竞争力和品牌溢价能力。

表17 政府代建运营优秀企业

企业名称	企业名称
蓝城房产建设管理集团有限公司	绿城房地产建设管理集团有限公司
金地（集团）股份有限公司	厦门建发建设运营管理有限公司
华润置地有限公司	中天美好集团有限公司
杭州宋都房地产集团有限公司	深圳市天健（集团）股份有限公司
武汉城市建设集团有限公司	上海建工房产有限公司

房企积极参与保障房项目、城市更新、未来社区等政府代建业务，助力国家的新型城镇化、城乡一体化、乡村振兴的步伐。

表18 绿色代建运营优秀企业

企业名称
北京当代绿建工程项目管理集团有限公司
金地（集团）股份有限公司
招商局蛇口工业区控股股份有限公司
联发集团有限公司
深圳市天健（集团）股份有限公司

房企将代建运营与绿色建筑有机结合，凭借前沿绿建技术与优秀绿色产品力在代建市场建立独特优势，为业主提供低碳舒适的居住环境，助力房地产行业走向碳中和。

表19 城市更新优秀企业

企业名称	企业名称
保利发展控股集团	福星惠誉控股有限公司
深圳卓越城市更新集团有限公司	中国铁建房地产集团有限公司
华润置地有限公司	星河控股集团有限公司
招商局蛇口工业区控股股份有限公司	鸿荣源集团有限公司
上海中建东孚投资发展有限公司	武汉城市建设集团有限公司
联发集团有限公司	中国葛洲坝集团房地产开发有限公司

优秀房企紧抓政策利好深化城市更新布局力度，通过对存量土地的再开发，重塑城市空间，激发城市活力。

表20 特色地产运营优秀企业

企业名称	特色领域
中冶置业集团有限公司	城市开发运营商
德杰集团	地产＋
东原房地产开发集团有限公司	社区运营
重庆桥达投资集团有限公司	区域稳健
东投地产集团有限公司	教育地产
鼎瓯控股集团有限公司	健康生活产业全域运营商
江西永康置业有限公司	县域精装住宅
博领置业有限公司	艺术智慧地产

居民对于美好生活的需求推动了房企在特色地产领域的发展。房企在教育、生态、医疗等领域发展特色业务，实现开发主业与特色产业的融合发展。

副报告二　2022 中国房地产服务优秀企业研究

2021 年，在“房住不炒”总基调下，中央和地方密集出台调控政策，中央各部委积极表态稳市场，热点城市政策亦持续完善“打补丁”，新房、二手房价格涨幅持续收窄，集中供地落地实施，叠加信贷环境收紧，全国房地产行业加速洗牌。在新竞争格局下，房地产服务行业亦迎来新的机遇和挑战。一方面，房地产市场增速放缓，开发企业风险逐步累积，新的竞争持续涌现，为房地产服务企业发展带来巨大挑战；另一方面，房地产存量市场的不断扩大也为业务拓展带来了新的发展机遇。房地产服务企业顺应时代发展需求，积极探索多元化发展的新模式，在抢占市场生存空间的同时，加快渠道合作以及大数据技术应用，在拥抱行业的变革中持续提升综合竞争力。

在此背景下，房地产服务行业加快转型升级，涌现出一批紧跟时代发展、创新向前的优秀房地产服务企业，他们顺应时代发展需求，创新服务模式，深化服务能力，成为行业的先锋。其中，策划代理企业优化服务渠道，更新服务理念，扩大交易服务覆盖范围，实现了综合实力的持续增强。

1. 策划代理企业：稳健运营、渠道下沉、多元发展

2021 年以来，房地产百强企业依然表现出强劲的发展势头，行业的市场地位依旧稳固，行业高质量发展的趋势愈发强烈。优秀策划代理企业在聚焦一二线城市的同时继续向热点区域三四线城市渗透，并积极探索多元化发展的新模式，将外部流量平台与线下资源有机结合，适时调整发展结构和业务模式，不断挖掘市场发展潜力，在新的竞争格局中占得一席之地。

表21　　2022中国房地产策划代理百强优秀企业

企业名称	企业名称
合富辉煌	北京麒麟天成资产管理有限公司
保利地产投资顾问有限公司	武汉城建置业发展有限公司
同策房产咨询股份有限公司	广州市中地行房产代理有限公司
新联康（中国）有限公司	北京亚豪房地产经纪有限公司
江苏新景祥网络科技股份有限公司	高策地产服务机构
方圆生活服务集团有限公司	经纬物业（中国）有限公司
成都正合地产顾问股份有限公司	上海华燕房盟网络科技有限公司
北京伟业联合房地产顾问有限公司	

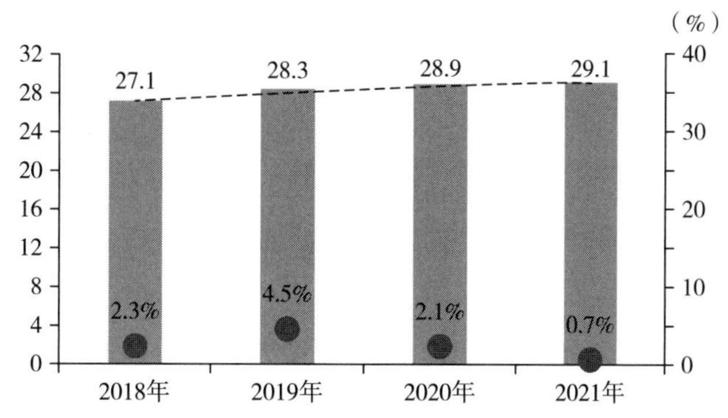

图10　2018—2021年TOP10企业营业收入均值及增长率

2021 年，房地产调控政策整体不放松，策划代理百强企业积极把握市场分化机遇，聚焦一二线城市的同时向热点区域三四线城市渗透，并加大对潜力城市群的探索。加快新智能技术应用，深化营销渠道功能，巩固与开发商间合作关系，实现业绩的稳步增长。

2021 年，全国商品房销售规模稳步提升，但代表企业营收增速有所放缓。从策划代理 TOP10 企业来看，2021 年营业收入均值为 29.1 亿元，同比上升 0.7%，增速较 2020 年下降 1.4 个百分点。

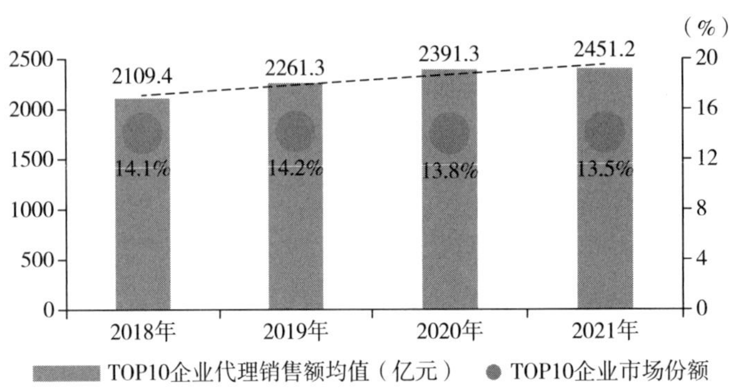

图11 2018—2021年TOP10企业代理销售额均值及市场份额

2021 年策划代理 TOP10 企业代理销售额均值为 2451.2 亿元，同比增速为 2.5%。在城市分化格局延续的背景下，策划代理 TOP10 企业积极巩固原有市场份额，敏锐洞察其他城市群发展机遇，扩大城市布局广角，实现代理销售额的稳步增长。

2. 地产基金：提高风险把控能力，积极探索创新发展模式

2021 年，中央坚持“房住不炒”定位不变，房地产金融监管整体较为严格。上半年，中央继续强化房地产金融监管力度，严查资金违规流入房地产市场，进一步完善房地产金融审慎管理制度。下半年，多种因素叠加导致房地产市场下行明显，中央频繁释放维稳信号，并对以往过度执行的房地产金融政策进行矫正和纠偏，强调满足合理资金需求，防范化解房地产风险，房地产金融环境有所改善。12 月，中央经济工作会议再次强调要正确认识和把握防范化解重大风险，压实地方、金融监管、行业主管等各方责任。2022 年，两会政府工作报告中继续强调推进重点领域风险化解，新的地产行业发展阶段也对房地产基金企业提出了更高的要求。

表22　　中国房地产基金综合能力优秀企业

企业简称	企业简称
光控安石	信保基金
国寿资本	中城投资
毅达汇景	五牛控股
保利资本	合凡资产
蔚然控股	中冀投资

房地产基金企业提高主动管理能力，强化风险管控，创新发展模式。同时，房地产基金企业拓宽投资渠道，积极布局房地产细分领域，进一步向商业写字楼、产业园区、城市更新等领域拓展。

结 语

长风破浪会有时，直挂云帆济沧海。中国房地产行业进入调整通道，过去“高周转、短平快”的发展模式亟需转变，未来应踔厉奋发，高举精细化运营管理的大旗，方能行稳致远，看到“隧道尽头的光”。房地产企业须在以下三方面着力调整。其一，借助新技术提升决策精锐度和效率，量入为出强化区域深耕。其二，加强精细化管理，优化发展模式，唯有高质量发展才能实现永续经营。其三，强基固本，回归居住属性，房企未来需要围绕美好生活需要的方方面面捕捉真正的价值市场，培育新动能。

报告二　2022中国房地产企业200强研究报告

一、研究背景与目的

中指研究院自2004年以来开展中国房地产百强企业研究，已连续进行了十九年。研究组把握行业发展脉搏，深入揭示房地产企业经营规律，为促进房地产行业健康发展发挥了重要作用，相关研究成果已成为评判房地产企业经营实力及行业地位的重要依据。

当前，统筹疫情防控和经济社会发展，宏观经济稳中向好。坚持“房住不炒”定位实现“三稳”目标，维护房地产市场平稳健康发展。在新形势下，房地产企业应增强风险意识，强化经营管理水平，实现企业高质量的发展。在此背景下，房地产行业发展面临新形势，房地产企业应增强风险意识，强化经营管理水平，实现企业高质量的发展。为此，中指研究院在百强研究的基础上拓展研究101 ~ 200强企业群体，从规模性、盈利性、成长性、稳健性、融资能力、运营效率和社会责任感等七个方面全面、客观地评价企业的综合实力，以更加宏大的视角延伸研究边界，扎实中国房地产百强企业研究。

在分析总结历年研究经验及房地产企业发展现状的基础上，中指研究院进一步完善了研究方法和评价指标体系，继续从规模性、盈利性、成长性、稳健性、融资能力、运营效率和社会责任感等七个方面全面、客观地评价企业的综合实力，引导企业不断优化发展模式，推动行业健康、良性运行。

中国房地产101 ~ 200强企业研究目的如下。

① 通过企业规模性、盈利性、成长性、稳健性、融资能力、运营效率和社会责任等指标的量化研究，发掘综合实力强、经营稳健以及具备较强社会责任感的优秀企业群体。

② 通过系统研究，打造“中国房地产101 ~ 200强企业”品牌，提升企业知名度和影响力，推动房地产企业做强做好做大。

③ 通过企业评价，鼓励企业为社会多做贡献，以营造行业重视社会责任的氛围，发挥房地产业作为国民经济重要支柱产业和重要民生行业的作用。

二、研究方法体系

（一）标准和门槛值

中国房地产101 ~ 200强企业研究坚持以数据为依据，依照国际惯例设立如下筛选标准和门槛值。

① 依法设立并登记注册的房地产开发经营企业作为本次的研究对象。

② 按照国际惯例，对进入研究的企业给予一个门槛指标，确定近三年房地产业务销售额均值须达到 10 亿元或销售面积 10 万平方米为入选门槛值。

③ 为了引导房地产开发企业做强做好做大，研究院鼓励以集团的名义参与。

④ 符合上述 1 ~ 3 条，但是有严重拖欠工程款，或有重大偷漏税等违规行为问题的企业，取消评审资格。

（二）评价指标体系

1. 评价指标体系设立原则

2022 中国房地产 101 ~ 200 强企业研究以 2019—2021 年度为研究时间段，涵盖 7 个二级指标 35 个三级指标，全面考量企业的综合实力。

评价指标体系的设计主要把握以下几个基本原则。

① 企业规模与运营效率相结合。规模与效率是企业向前发展的双驱动力，规模经济的获取离不开高效率的经营管理，基于资金密集型特性，房地产企业只有在不断提高经营管理的运转效率，更好地实现资本的良性增值循环的基础上，才能稳健扩张规模。研究院采用销售额、销售回款率等指标，综合反映企业规模化发展与运营效率的情况。

② 成长潜力与经营稳健相结合。房地产是资金密集型行业，也是容易受政策影响的行业。企业的高杠杆运营在市场调整期往往带来资金链断裂的巨大压力；而一旦市场向好，企业为补偿资本所承受的风险，又容易诱发提高房价、盲目囤地，进一步推高行业不确定性风险，增加企业的经营难度。此次研究继续强调企业成长潜力的培育必须建立在稳健经营的前提下，注重短期财务风险的控制，处理好稳健经营与快速成长之间的关系，以维护整个行业的平稳健康发展。

③ 盈利能力与社会责任相结合。企业必须稳步盈利才能实现永续经营，研究院对房地产企业盈利能力的评价，将从净利润率等角度来进行，更全面地衡量企业在不同市场形势下的盈利状况及成本控制水平。同时引导企业重视社会责任，积极构建和谐社会，并将其作为企业综合实力评价的重要内容。

④ 融资能力与综合实力相结合。融资能力对于房地产企业有着极其重要的意义，项目的获取、运营等环节都离不开强大的融资能力支持。本次研究通过筹资活动现金流入、本年新增银行授信额度及综合资金成本率三个指标来分析企业的融资实力，表现突出的企业其综合实力指数相应提高。

2. 评价指标体系

在 2022 中国房地产 101 ~ 200 强企业研究中，研究院根据企业规模与运营效率相结合、成长潜力与经营稳健相结合、盈利能力与社会责任相结合、融资能力与综合实力相结合的原则，全面客观地评价企业的综合实力。

2022中国房地产101~200强企业评价指标体系

- 规模性指标
  - 总资产
  - 净资产
  - 房地产业务收入
  - 房地产销售额
  - 房屋销售面积
  - 经营性物业持有面积
  - 房屋竣工面积
- 盈利性指标
  - 净利润
  - 总资产收益率
  - 净资产收益率
  - 净利润率
- 成长性指标
  - 房屋销售面积增长率
  - 房地产业务收入增长率
  - 净利润增长率
  - 新开工面积
  - 土地储备规划总建筑面积
  - 可变现货值
- 稳健性指标
  - 应付款占总负债比例
  - 经营现金流量净额
  - 剔除预收账款的资产负债率
  - 短债长债比
  - 净负债率
  - 速动比率
  - 现金短债比
- 融资能力指标
  - 筹资活动现金流入
  - 新增银行授信额度
  - 综合资金成本率
- 运营效率指标
  - 总资产周转率
  - 存货周转率
  - 销售回款率
  - 三项费用率
- 社会责任指标
  - 纳税额
  - 慈善捐赠
  - 绿色建筑认证面积
  - 政策性住房新开工面积

（三）数据来源和复核

1. 数据来源

① 房地产开发企业填报数据。

② 中房指数系统（CREIS）数据库。

③ 房地产企业对外公布的信息（包括公司年报、企业网站公布的信息和对外派发的宣传资料）。

④ 有关政府部门（包括建委、房管局和统计局等）的公开数据。

2. 数据复核

企业填报的数据须如实客观。与此同时，研究院对填报数据按以下方式进行复核。

① 企业财务数据通过会计师事务所出具的报表进行复核。

② 通过税单复核企业经营收入及利润。

③ 对收集的数据坚持交叉复核：通过各地房地产交易中心公开的项目交易情况复核企业提供的销售数据；通过统计局的企业直报数据进行交叉复核；对有疑问的数据研究院可要求进行现场复核。

企业填报数据经过复核存在疑义或未提供数据的企业未纳入本次研究范畴。

（四）计量评价方法

① 在研究方法上，为增加研究的严谨性，采用因子分析（Factor Analysis）的方法。因子分析是一种从变量方差—协方差结构入手，在尽可能多地保留原始信息的基础上，用少数新变量解释原始变量方差的多元统计分析方法。它将原始变量分解为公共因子和特殊因子之和，并通过因子旋转，得到符合现实意义的公共因子，然后用这些公共因子去解释原始变量的方差。计算中国房地产 101 ~ 200 强综合实力时，主要是计算各构成要素的相关矩阵，通过相关矩阵得到特征值、累计特征值及因子载荷。根据最初几个特征值在全部特征值的累计百分率大于或等于某百分比的原则，确定公共因子的具体个数。然后再根据因子载荷矩阵确定各个因子的现实意义并重新命名，最后根据不同企业各个因子的得分及载荷矩阵，通过加权累加构成 2022 中国房地产 101 ~ 200 强综合实力指数。

② 企业按评价指标体系排序出现相同时，依照慈善捐赠数据确定排序；当上述累加计算结果又基本

相同时，按西部、中部、东部排序确定。

三、主要研究成果

（一）2022 中国房地产 101 ~ 200 强企业

中指研究院依据企业规模与运营效率相结合、成长潜力与经营稳健相结合、盈利能力与社会责任相结合、融资能力与综合实力相结合的原则，运用因子分析法及相关数学模型，对 500 家房地产企业（集团）的规模性、盈利性、成长性、稳健性、融资能力、运营效率和社会责任感等进行深入的分析研究，科学计算出房地产企业综合实力指数，研究产生 2022 中国房地产 101 ~ 200 强企业。

表1　　“2022中国房地产101～200强企业”名单

汇景控股有限公司	同信地产集团有限公司	北京首钢房地产开发有限公司
湖北省交通投资集团有限公司	重庆世纪金马实业（集团）有限公司	广东珠光集团有限公司
浙江国鸿新瑞房地产集团有限公司	景业名邦集团控股有限公司	上海永业企业（集团）有限公司
港龙（中国）地产集团有限公司	广州珠江实业集团有限公司	郑州地产集团有限公司
湖北省房地产投资集团有限公司	厦门轨道建设发展集团有限公司	民发实业集团有限公司
安徽中丞控股集团有限公司	重庆尚赏居地产集团有限公司	北京东亚新华投资集团有限公司
广东珑远投资集团有限公司	重庆贝蒙置地有限责任公司	北京科技园建设（集团）股份有限公司
信达地产股份有限公司	江苏龙信置业有限公司	武汉东湖高新集团股份有限公司
长春新星宇房地产开发有限责任公司	四川省景茂置业集团有限公司	上海浦东开发（集团）有限公司
上海大名城企业股份有限公司	成都万华房地产开发有限公司	重庆康田置业（集团）有限公司
中山市大信置业有限公司	深圳市中洲投资控股股份有限公司	上海升龙投资集团有限公司
上海宝华企业集团有限公司	中锐投资集团	湖南润和城实业有限公司
九颂山河集团有限公司	河北润江房地产开发有限公司	重庆两江新区置业发展有限公司
湖北省鄂旅投置业集团有限公司	郑州航空港兴港投资集团有限公司	贵州麒龙房地产开发集团有限公司
上海城投置地（集团）有限公司	鸿荣源集团有限公司	重庆国瑞控股集团有限公司
广西云星集团有限公司	华远地产股份有限公司	上海新长宁（集团）有限公司
贵州宏立城集团有限公司	福州天福集团有限公司	恒达集团（控股）有限公司
复地（集团）股份有限公司	天誉置业（控股）有限公司	广西大都投资有限公司
河南东方今典房地产集团有限公司	安徽华地置业有限公司	四川万景融汇集团
广西荣和企业集团有限责任公司	威海威高房地产开发有限公司	深圳市天健房地产开发实业有限公司
北京中瑞恒基投资发展（集团）有限公司	天润控股有限责任公司	澳海集团
西安紫薇地产	中电光谷联合控股有限公司	上海华晟基业实业有限公司
重庆昕晖房地产开发（集团）有限公司	上海实业城市开发集团有限公司	山湖海集团有限公司
广西中鼎文华实业集团有限公司	厦门安居控股集团有限公司	吉安浩城房地产有限公司
北京北方国建控股集团有限公司	上海港城开发（集团）有限公司	河南振兴房地产（集团）有限公司
中信泰富（中国）投资有限公司	山西建设投资集团有限公司	广西兴进实业集团有限责任公司
京能置业股份有限公司	百丰房地产开发集团有限公司	同昇集团
重庆飞洋控股（集团）有限公司	陕西金泰恒业房地产有限公司	大汉城镇建设有限公司

续表

安徽置地集团有限公司	深圳市京基房地产股份有限公司	湖北三峡华翔集团有限公司
中奥地产	华安控股	泽科集团有限公司
鸿升新置业集团有限公司	长沙房产（集团）有限公司	润达集团有限公司
武汉城投联合开发集团有限公司	河北中都房地产开发有限公司	金成房地产集团有限公司
北京泽信控股集团有限公司	四川和喜安筑置业集团有限公司	
武汉恺德控股集团有限公司	上海金桥出口加工区开发股份有限公司	

（二）企业整体发展特点分析

1. 销售额同比增长 6.8%，市场份额上升 0.2 个百分点至 9.4%

2021 年，全国商品房销售额为 18.2 万亿元，同比增长 4.8%，销售面积为 17.9 亿平方米，同比增长 1.9%。销售额与销售面积均创历史新高，实现了销售业绩的增长。2021 年全国商品房销售呈现出先扬后抑的走势，上半年延续 2020 年末以来的市场热度，下半年政策效果显现，叠加部分企业债务违约导致购房者置业情绪回落，市场降温明显。

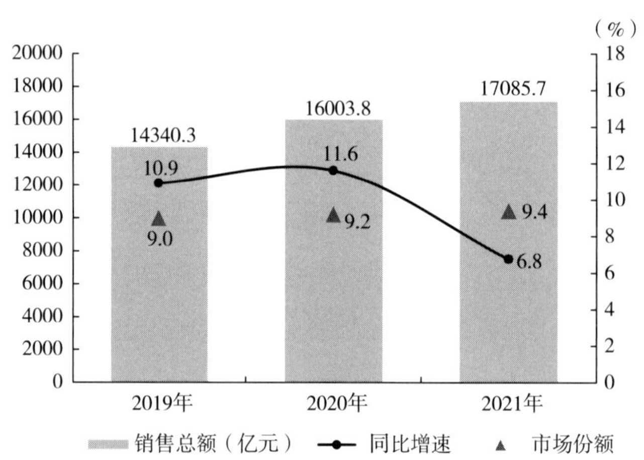

图1 中国房地产101～200强企业2019—2021年销售增长及市场份额情况

2021 年，中国房地产 101 ～ 200 强企业紧跟市场节奏变化，顺势而为主动调整战略把握主流需求，实现了销售业绩的稳定增长，销售总额 17085.7 亿元，同比增长 6.8%，较全国增速高 2.0 个百分点；市场份额为 9.4%，较上年上升了 0.2 个百分点。当前房地产市场调整态势仍在深化，随着全国市场情绪趋于稳定，部分基本面较强的城市逐渐企稳，企业通过高杠杆、高负债实现高速发展、快速扩张的模式已接近尾声。从 2021 年 101 ～ 200 强代表房企的表现来看，区域深耕型房企实现了销售业绩的逆势增长。未来企业需要顺势而为，业务层面持续拓展新模式、产品层面端持续强化硬实力，从而实现高质量发展。

2. 把握城镇化发展机遇，因城施策紧抓差异化需求

2021 年，101 ～ 200 强企业以二线、三四线为布局主战场，布局重心逐渐向高能级城市周边延伸，实现了销售业绩稳步增长。一方面，101 ～ 200 强代表企业销售额近九成来自二线与三四线城市，其中三四线城市与去年同期相比增幅最大。另一方面，居民收入提高与消费持续升级促进城镇居住需求的增

长，首置、首改类产品需求持续释放，100 ~ 200 强企业紧跟机遇升级产品线推出适销产品，销售规模再创新高。

（1）紧跟城镇化推进步伐，聚焦城市群持续深耕

从城市等级分布来看，中国房地产 101 ~ 200 强企业销售主要集中在二线与三四线城市。从 30 家代表企业重点项目销售情况来看，近九成销售来源于二线与三四线城市，其中二线城市占比 65.8%，与去年同期相比增长 4.1 个百分点，三四线城市占比 23.4%，与去年同期相比增长 6.1 个百分点。

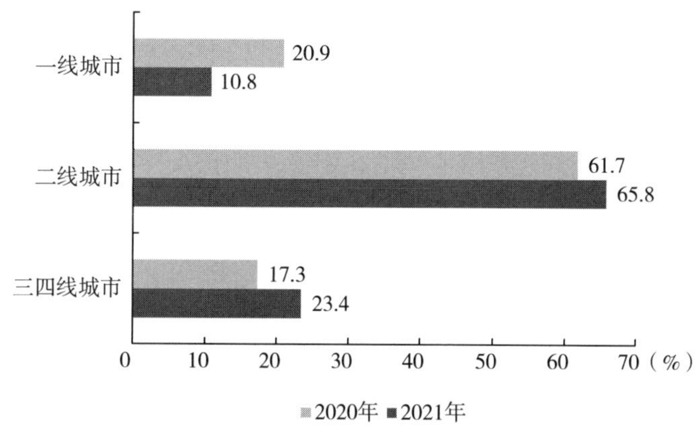

图2　中国房地产101 ~ 200强代表企业2020、2021年各等级城市销售额分布

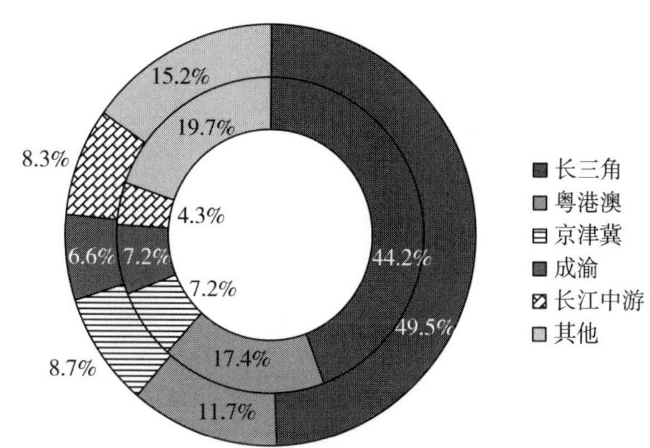

图3　中国房地产101 ~ 200强代表企业2020、2021年各城市群销售额分布

从区域分布来看，中国房地产 101 ~ 200 强企业聚焦深耕城市群，持续扩大市场占有率，实现了销售业绩的稳步增长。从 30 家代表企业重点项目销售情况来看，长三角、粤港澳、京津冀、成渝和长江中游五大城市群是其销售额主要来源区域，贡献占比总计达 84.8%，占比较 2020 年增长 4.5 个百分点。其中，长三角地区受益于疫情后供需两端支持性政策落地更早、区域内需求旺盛、市场复苏早，销售额依然占比最高，达到 49.5%；粤港澳地区中广州、深圳等地接连发布楼市调控新政，在调控政策影响下，虽然占比有所下降但仍是销售热点地区，2021 年销售额贡献率为 11.7%；京津冀地区城市群销售贡献率增长 1.5 个百分点至 8.7%。

（2）紧抓市场主流需求，打造具有当地特色的个性化产品

中国房地产 101 ~ 200 强企业加大首置类、首改类产品的推出比例，紧跟市场主流需求加速项目去化，保证销售业绩稳步增长。一方面，当前我国仍处在快速城镇化阶段，每年城镇新增就业人口 1100 万以上，随着刚需的逐渐释放，首置类产品占比提升最大。另一方面，居民收入提高与消费持续升级促进改善型需求释放，首改类产品占比最高。

2021 年，101 ~ 200 强企业把握市场主流需求，顺应需求变化加推首置类和首改类产品，助力项目的快速去化。从代表企业重点项目各面积段产品的销售占比情况来看，90 平方米以下的首置类产品销售占比为 18.8%，较上年增长 4.4 个百分点；90 ~ 140 平方米的首改类产品占比高达 62.3%，较去年增长 1.8 个百分点；140 ~ 200 平方米的改善类产品和 200 平方米以上的改善类分别下降 3.6 个百分点和 2.6 个百分点，占比为 14.3% 和 4.6%。

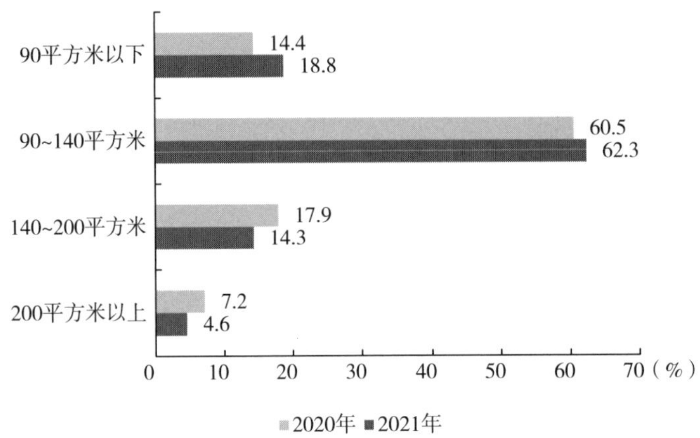

图4 中国房地产101 ~ 200强代表企业2020、2021年代表企业项目各面积段销售占比

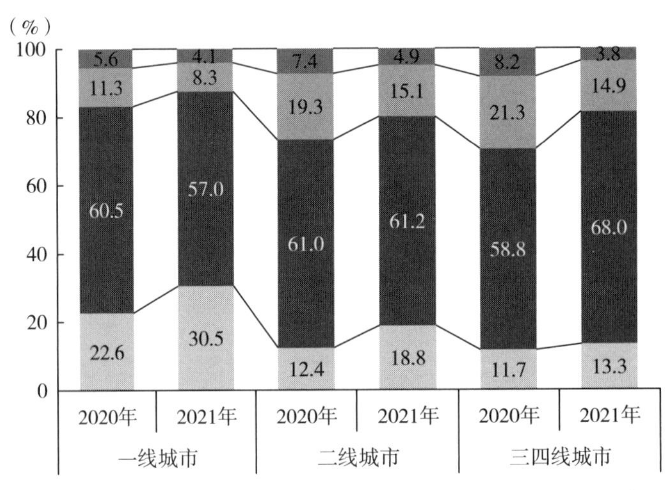

图5 中国房地产101 ~ 200强代表企业2020、2021年分城市等级各面积段销售占比

具体结合城市等级来看，101 ~ 200 强企业在一线城市加大首置类产品的供应力度，其中首置类产品占比较上年显著增长 7.9 个百分点至 30.5%。在二线城市中，首置类产品占比提升 6.4 个百分点至 18.8%，90 ~ 140 平方米首改类产品占比提升 0.2 个百分点至 61.2%。三四线城市首改类产品是最大需求，90 ~ 140 平方米的首改类产品增长 9.8 个百分点至 68.0%。

具体结合城市等级来看，101 ~ 200 强企业在一线城市加大首置类产品的供应力度，其中首置类产品占比较上年显著增长 7.9 个百分点至 30.5%。在二线城市中，首置类产品占比提升 6.4 个百分点至 18.8%，90 ~ 140 平方米首改类产品占比提升 0.2 个百分点至 61.2%。三四线城市首改类产品是最大需求，90 ~ 140 平方米的首改类产品增长 9.8 个百分点至 68.0%。

一方面，推行系列化、标准化产品线。为提高运营效率，降低企业成本，企业推进产品线的标准化和系列化，使产品在市场优化和反复雕琢中日趋成熟，形成可复制的标准化系列产品，从而使企业在规模扩张的过程中实现快速布局，节约成本。

另一方面，以市场需求为标准，打造精细化、特色化产品线。根据各区域购房者生活习惯不同，打造本地化特色产品线，紧跟客户需求，创造符合本地居民特有需求的品质人居，按风俗习惯升级增值服务以增强客户黏性。

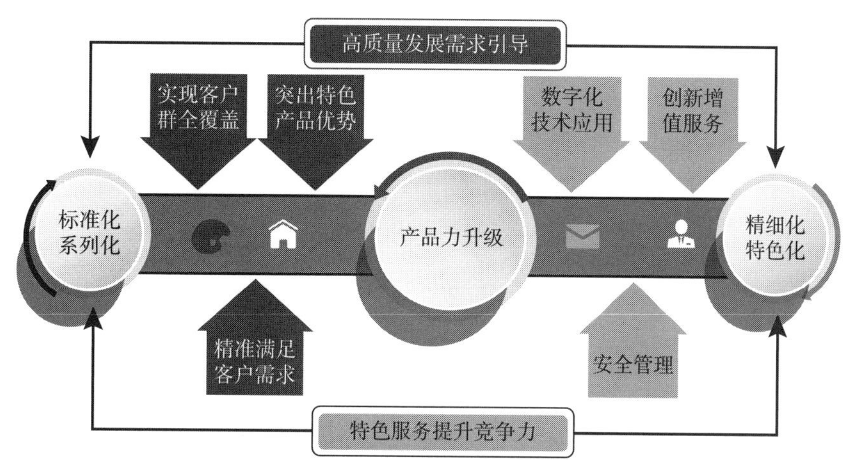

图6 中国房地产101～200强企业产品力升级示意图

3. 聚焦重点城市持续深耕，凭借自身区域优势多元拓储

2021年，101～200强企业一方面以二线及核心城市周边三四线为重点投资区域，加大长三角布局力度；另一方面在深耕区域依靠自身资源优势，通过旧改、城市更新、产业以及文旅等方式获得低成本土地储备。

（1）投资力度有所加强，重点布局二线城市

2021年受重点城市供地“两集中”政策影响，全国300城住宅用地供求规模同比缩量，而中国房地产101～200强企业拿地规模却有所提升。2021年，101～200强代表企业拿地金额总量为1521.1亿元，同比增长6.4%。

中国房地产101～200强企业继续强化重点城市的投资力度。从权益拿地面积来看，30家代表企业的新增土储权益面积中超五成位于二线城市，占比为54.4%，增长9.3个百分点。热点区域的核心二线城市有深厚的经济基础、常住人口的财富水平较高、对周边人口有虹吸效应、刚需及改善型需求都有充足的支撑，能够充分保障房企项目的去化。

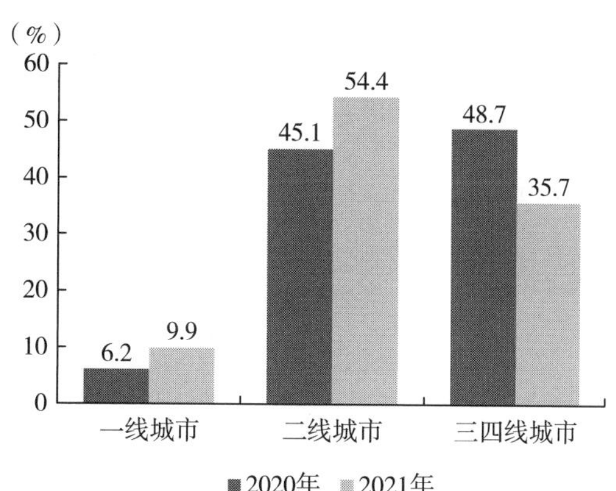

图7 中国房地产101～200强代表企业2020、2021年拿地面积城市等级分布

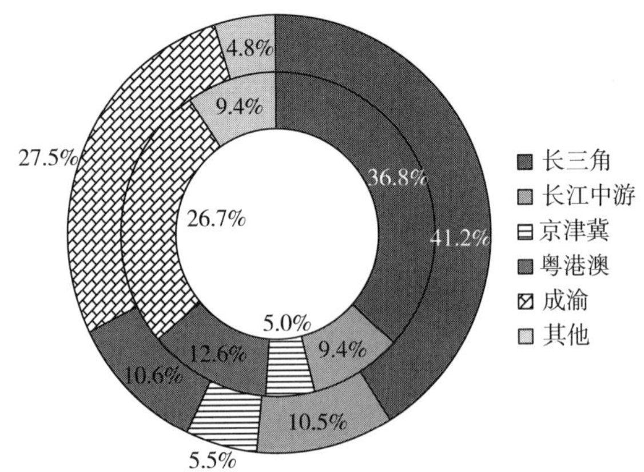

图8 中国房地产101～200强代表企业2020、2021年拿地面积城市群分布

长三角、珠三角热点区域的三四线城市投资热度上涨。总体来看，2021 年 101 ～ 200 强企业在三四线城市拿地面积比例有所下降，占比为 35.7%。其中，长三角地区的池州、金华、芜湖，珠三角地区的汕尾、阳江，京津冀地区的保定，拿地面积同比增长均高于 50%。

（2）借助深耕区域的资源优势多元扩储，谨慎选择合作伙伴

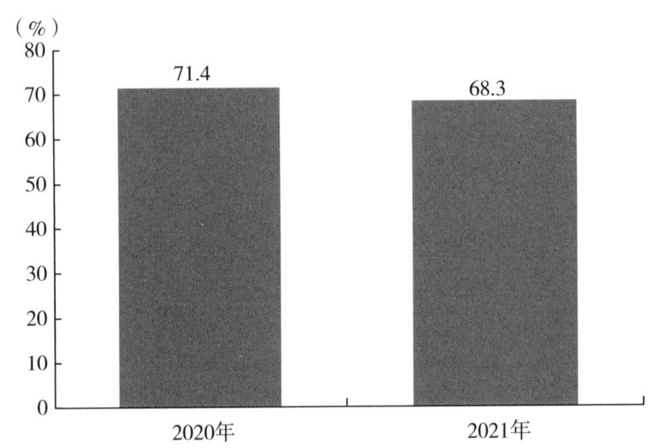

图9 中国房地产101～200强代表企业2020、2021年拿地权益金额占比

2021 年中国房地产 101 ～ 200 强代表房企拿地权益金额占比均值为 68.3%，与 2020 年相比下降了 3.1 个百分点，合作拿地力度明显增强。在金融监管和“两集中”等政策的影响下，101 ～ 200 强企业增加合作力度，以期降低风险、分摊资金成本。

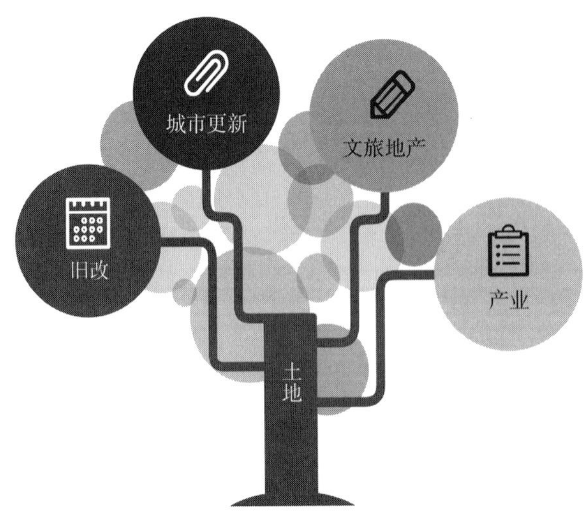

图10 中国房地产101～200强企业多元化拿地方式

此外，101 ~ 200 强企业借助自身在深耕区域的品牌和资源优势，采用旧改、城市更新、产业地产、文旅地产等方式积极扩充土地储备。当前，房企拿地方式呈现多元化，这和“招拍挂”出让规则要求增多、房企资金普遍紧张等有关。如珠光集团深耕粤港澳大湾区，紧抓建设发展机遇，拥有三旧改造先发布局优势，并在多元化产业布局上成果颇多。

4. 土地成本高企压缩利润空间，强管控提效率保增长

随着房地产长效机制的建立，行业将较长时间内处于下行周期，地价高企和房地产去金融化限制了房企盈利空间，行业长期处于低利润时代。考虑到地价是城市基础设施和城市配套服务等城市资源的体现，具有较强的刚性，因此，营业利润改善十分有限。长期来看，房地产行业长效机制逐步建立，房地产金融审慎监管框架下，房地产逐步进入去金融化通道，行业利润率可能保持在更低的水平。中国房地产 101 ~ 200 强代表企业应强化运营管控能力，向管理要效益，实现长足稳健发展。

（1）地价高企挤占利润空间，盈利下行压力较大

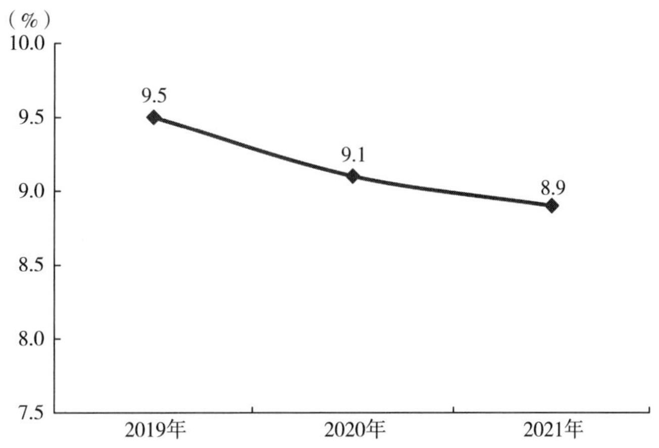

图11　中国房地产101 ~ 200强企业2019—2021年净利润率均值

受新冠肺炎疫情、房地产调控政策持续、各类成本居高不下等因素影响，企业盈利空间被进一步压缩。2021 年，中国房地产 101 ~ 200 强企业净利润率均值为 8.9%，较上年下降 0.2 个百分点。

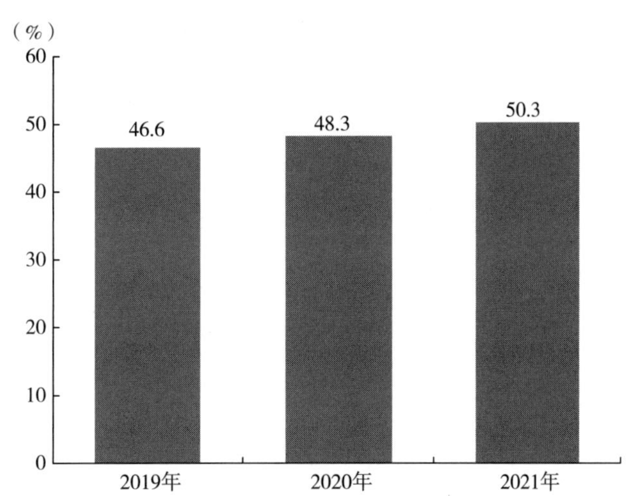

图12　中国房地产101 ~ 200强代表企业2019—2021年新增土地楼面均价占销售均价比值

随着房地产市场竞争日益激烈，土地成本居高不下侵蚀企业利润空间。101 ~ 200 强代表企业 2021 年

新增土地楼面均价占销售均价比重的均值为50.3%，同比增长了2.0个百分点。土地成本高企一定程度上挤占了企业的利润空间。

（2）推进数字化转型提升运营效率，简化组织结构强化管理能力

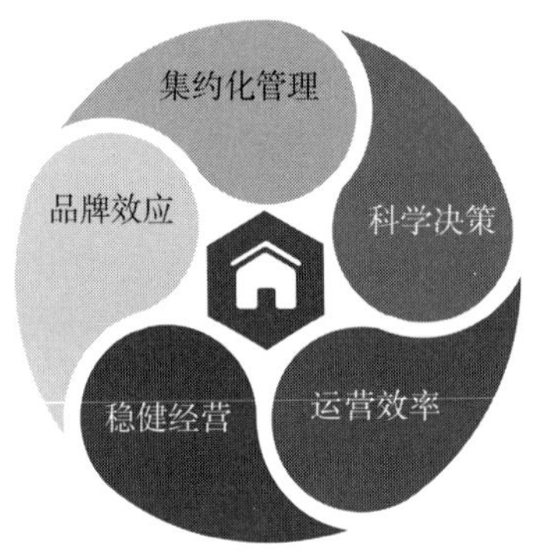

图13　中国房地产101～200强企业强化管理效能示意图

升级管理能效，降低成本提升管理效率。101～200强企业可适度尝试“数字化”转型，构建精细化管控体系，将业务在线化、数据可视化、管控精细化切实落地，可以提升决策的有效性、安全性；建设财务系统、成本系统、费用系统等信息化工具和平台，可以实现精细化管控，降低销售费用和管理费用，以科技化、系统化的服务模式降低运营成本，同时提升客户体验和经营效率。

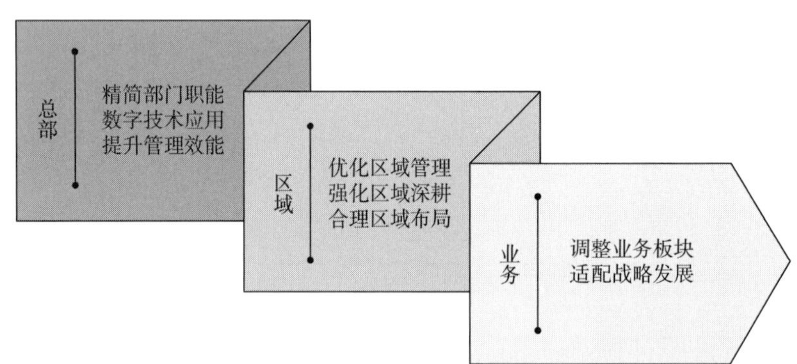

图14　中国房地产101～200强企业强化管理能力提升管理效率示意图

简化结构，深耕区域，打造区域优势。101～200强企业可在市场竞争中做出快速反应，发挥灵活机动优势。总部层面，101～200强企业实行精简化区域管理结构。房企组织架构调整的倾向于平台化发展，通过数字化技术平台赋能，在精简总部的同时，进一步明确部门职能，简化结构，实现信息、管理扁平化，提升管理效能。

区域层面，优化区域管理结构。101～200强企业打通各部门管理路径，加强跨部门跨专业沟通协调、信息交互、决策落地，通过总部统一协调，合理配置资源区域布局，从而达到强化区域深耕目标。通过地区公司精简合并区域公司，简化内部流程，提高组织效率和运营效率。

业务层面，从战略层面统筹各多元业务发展，实现资源配置优化。一方面，房企优化业务板块，裁撤或者合并部分业务；另一方面，新设部分业务事业部，加大业务发展力度，使业务适配总体战略发展。如中信泰富对未来地产业务的管理将以新成立的中信城市投资发展有限公司作为平台。

5. 持续践行企业社会责任，抗疫救灾彰显企业担当

2021年是我国脱贫攻坚和乡村振兴战略实施交汇的特殊时期，是接续推进全面脱贫与乡村振兴有效

衔接的一年，同时又面临疫情、灾情挑战。在这种背景下，101 ~ 200 强企业作为各地区经济增长的重要推动力和劳动就业稳定器，持续践行企业社会责任。

（1）出资献力，积极参与抗疫抗灾活动

面对疫情，101 ~ 200 强企业快速反应，积极捐资捐物。如北京泽信控股集团自成立，始终履行企业公民义务，践行企业社会责任，2021 年面对内蒙古自治区通辽市突发的 70 年一遇的特大暴雪，泽信人勇担社会责任，为当地政府有关部门捐赠价值 20 万元的物资。东方今典集团累计向信阳市定向捐赠 300 万元和 10 吨防疫物资，助力疫情防控。

（2）按约交付是刚性需求，政策指引助稳定市场信心

在以“保交楼、保民生、保稳定”为首要目标的政策要求下，交付是刚性需求。房地产业规模大，关联上下游产业链条长，社会影响涉及面广。房地产业为了实现良性循环和健康发展，开发企业保竣工、保交付都势在必行。为了稳定市场情绪，修复市场信心，各家房企不约而同聚焦保项目交付事项。如同信地产集团牢记对业主的承诺，严把工程节点及品质，并在 2021 年正式将“保交付”确立为集团战略之一，全力确保交付目标。

（3）紧跟碳中和脚步，推进高质量发展

“实现碳中和”是我国贯彻“十四五”发展规划、推动高质量发展的必然要求。房地产企业未来不仅本身积极尝试减少碳排，更能够带动上游节能减排，整体价值链实现“碳达峰”“碳中和”。2021 年，国务院出台《中共中央国务院关于完整准确全面贯彻新发展理念做好碳达峰碳中和工作的意见》和《2030 年前碳达峰行动方案》，建立“1+N”的核心指导体系，“双碳”工作有序推进。在 2022 年全国住房和城乡建设工作会议中提出要深入推进美丽宜居乡村建设，完善智能建造政策和产业体系，推动建筑业转型升级，大力发展装配式建筑，落实碳达峰碳中和等目标任务。随着“碳达峰”“碳中和”战略决策的深入实施，促使能源结构、产业结构和相关技术的深刻变革，推动传统产业转型升级，优化产业结构，房地产企业首先要评估自身碳排放量，其次是设定科学合理的减碳目标，最后需要匹配相应的减碳路径和措施。

6. 打造小而美优质房企，适度推进规模化发展

中国房地产 101 ~ 200 强企业应强基固本，提升自身经营能力，通过谨慎投资，开发核心产品，提升能力，制定符合自身特点的发展战略，借鉴百强企业发展经验，形成有特色的专属发展路径。101 ~ 200 强企业应响应国家战略发展需要，强化区域深耕、提升产品品质，并尝试在城市更新、乡村振兴等领域的探索，把握发展机遇构建自身综合实力壁垒。

（1）拓展融资渠道寻求合作模式，适度谨慎推进规模化

以史为鉴，方能行稳致远。101 ~ 200 强企业在未来的发展过程中，可在保持杠杆率、优化债务的基础上，寻求适度的规模扩张。当前，多家高存货、高周转、高杠杆模式房企面临流动性危机，此种模式的弊端已经显现，房企需逐步改变经营模式，以适度杠杆、适量存货、高效运营维持业务高弹性，以适应极速分化的市场。

（2）以人居需求为本，全方位提升产品品质

产品定位需要解析目标客户或目标市场需求。锁定、细分目标市场，进行明确的产品定位是企业发展

的基本内容。在核心业务的基础上，通过市场调查、研究分析以及创新构思，结合不同地区的人文风俗习惯，明确企业产品特色、功能，区别其他产品，形成差异化竞争优势。长春新星宇地产以“引领时代的产品力”为设计目标，设计理念上坚持以人为本、不断创新，让建筑设计回归到客户需求的本质，每个产品系都有自己相对独立的产品基因和品牌识别，以满足各类人群对现代生活的要求。

产品结构应适应市场需求与自身规模。前瞻市场趋势，调整产品结构，及时推出满足市场需求的适销产品，是保证业绩增长的保障。当行业深度调整时，企业能够及时调整产品对策及产品模块标准化配置，应对限价及行业下行等带来的成本压力，通过加强客研，细分客户群体，逐步适度拉开不同等级产品档次。

（3）形成区域性特色专注力，实现规模与效益的稳定增长

不同城市的产业结构、基础设施、人口人才、调控政策和房地产市场发展阶段以及市场轮动周期存在差异，房地产的区域性特征日趋明显，城市间的分化仍在继续，这给房地产企业跨区域规模化发展带来新的挑战。逆势增长依靠企业对区域的专注力。企业在对城市深入调研实践，使每一步策略能精准落子，并推出抵御行情风险的优质产品，才能获得市场的认可。

首先，依托在区域专注经营的经验，加深对政策的理解，有利于抓住市场机遇，前瞻性研判未来发展方向。其次，专注区域的企业具有资源优势：在融资新规及集中供地政策出台的背景下，地方企业具有区域优势和资源，更受本地政府和金融机构的青睐。再次，专注区域深耕为企业积累了品牌口碑与客源群体信息，在市场竞争中帮助企业获取溢价能力与品牌价值，助力产品去化和销售增长。最后，长期专注地区深耕，能形成成熟、具有本地特色的产品线：当前房地产行业已度过高标准化的产品时代，由于各地购房者固有生活习惯、文化风俗不同，具有本地化特色的产品才能满足当地人个性化的人居需求，该类企业因此具备了区域市场竞争的先天优势。

（4）充分借助自身资源优势，可适度拓展延伸服务

中国房地产 101 ~ 200 强企业可依靠在深耕区域建立的品牌优势和政商关系介入城市更新、乡村振兴等领域，强化业务运营能力，拓展服务边界，打造新的盈利增长点。

中国房地产 101 ~ 200 强企业可通过承接地方政府项目助力乡村振兴，提升产品的市场竞争力，提高项目盈利水平。实施乡村振兴战略，对于全面建设社会主义现代化国家具有全局性和历史性意义。2021 年 2 月，国务院直属机构国家乡村振兴局正式挂牌；十三届全国人大常委会通过《中华人民共和国乡村振兴促进法》；中央一号文件 2021 年与 2022 年连续两年发布乡村振兴工作意见。房企参与乡村振兴事业，以发展乡村产业为主要抓手，发挥自身技术和平台优势，充分调动产业资源，补齐乡村人才培养与基础设施短板，促进乡村可持续发展。房企经过多年探索与发展，在商业、产业等领域已有所积累，对比其他行业，在资本、规划、营销、建设等层面拥有优势，能够更大限度地将市场、技术、信息等要素与贫困地区的资源优势相结合，比如特色小镇建设、乡村旅游、教育研学示范基地、现代农业项目、民俗产业等。同时，房企可在国家政策支持的城市更新与乡村振兴等领域加大投入，开辟新的增长方向。

四、结语

2021 年全国房地产市场总体表现为超预期增长，未来房地产市场仍存在发展空间。101 ~ 200 强企业

在疫情与政策的双重压力下，通过区域深耕战略，重点布局，结合各地市场需求加推适销产品，设计开发符合区域特点的特色化产品，从而实现销售额稳步增长。

2021 年底的中央经济工作会议明确提出房地产业要“探索新的发展模式”。房地产行业进入调整通道，过去“高周转、短平快”的发展模式急需改变，未来房地产企业低负债、低杠杆的经营模式将会受到鼓励，将是新发展模式的重要方向。101 ~ 200 强企业要专注于提升运营能力，培育新动能，实现高质量发展。

一方面，101 ~ 200 强企业制定合理的战略规划，提升企业的专业化和品牌能力。101 ~ 200 强房企坚持优势区域深耕，采用多元化手段获取土地资源与资金，顺应市场形势紧抓主流需求，产品上，开发区域特色化产品，提升产品质量，完善服务体系，做强品牌。管理上，提高数字化运营能力，完善管理体系，引进优秀人才，增强企业综合运营管理能力。另一方面，发挥自身资源优势，推进服务延伸，提高业务协同效应。

报告三　2022中国商业地产百强企业研究报告

一、研究背景与目的

2021 年，我国经济运行保持在合理区间，国内消费有所恢复，但全球疫情仍在持续，外部环境更趋复杂。年末，中央经济工作会议指出，“我国经济发展面临需求收缩、供给冲击、预期转弱三重压力。”当前，我国经济尚处于疫情冲击后的恢复阶段，商业地产作为国内消费和服务升级的重要载体，在提振消费市场和促进经济结构转型中将发挥重要作用。2022 年，“稳增长”成为宏观经济工作的重中之重，而稳消费对稳住宏观经济大盘至关重要，预计扩内需、促消费政策也将逐步发力。在新形势下，商业地产企业应强化经营管理水平，增强风险意识，适应新的外部环境与消费特征，主动作为，实现高质量发展。

中指研究院、中国房地产指数系统持续深耕商业地产行业的数据分析与研究，已连续多年对商业地产优秀企业进行分析与评价，并分别于 2018 年和 2019 年开始发布中国商铺租金指数和中国写字楼租金指数。2022 年，中指研究院启动“2022 中国商业地产百强企业”研究，发掘行业中综合实力强、成长潜力大、经营稳健、社会责任感强的优秀商业地产企业群体，鼓励企业在客观认识商业地产发展现状及行业变化趋势的基础上，不断提高企业管理运营水平，促进行业平稳健康发展。

在分析总结历年研究经验及商业地产企业发展现状的基础上，中指研究院继续从规模性、成长性、稳健性、运营能力和融资能力等五个方面全面、客观地评价企业的综合实力，引导企业不断优化发展模式，推动行业健康、良性运行。

本研究的目的如下。

① 通过对企业的经营规模和商业地产业务的运营表现等指标进行量化研究，发掘商业地产业务实力强、成长性好以及经营稳健的优秀企业群体。

② 通过系统研究，打造“中国商业地产百强企业”品牌，提升企业知名度和影响力，发挥企业的行业示范效应，推动企业不断优化业务结构，实现健康发展。

二、研究方法体系

（一）标准和门槛值

中国商业地产百强企业研究以数据为依据，坚持客观、公正、准确、全面的研究原则。依照相关惯例，我们对中国商业地产百强企业设立如下筛选标准和门槛值。

① 依法设立并登记注册的以商业地产（含商业零售物业经营、写字楼经营等）为重要经营业务的企业作为研究对象。

② 按照惯例，对进入研究范围的企业给予门槛指标：企业近 3 年商业地产相关业务收入均值超 1 亿元，或持有、运营经营性物业面积超 10 万平方米。

③ 为了鼓励中国内地商业地产企业做大做强，同时鉴于境外背景商业地产企业的数据拆分问题，本次研究主要聚焦于内地背景的商业地产企业。

④ 符合上述 1 ~ 3 条，但存在严重拖欠工程款或有重大偷漏税等违规行为问题的企业，取消评审资格。

（二）评价指标体系

1. 评价指标体系设立原则

2022 中国商业地产百强企业研究以 2019—2021 年度为研究时间段，涵盖规模性、成长性、稳健性、运营能力、融资能力等指标，全面考量企业的综合实力与业务发展能力。

评价指标体系的设计主要把握以下几个基本原则。

① 企业规模和运营能力相结合。企业规模和运营能力是企业向前发展的驱动力，商业地产企业只有在不断提高资本的良性增值循环的基础上，才能稳健扩张规模；同时企业必须稳步提升经营质量才能实现永续经营。

② 成长潜力与经营稳健并重。商业地产行业受宏观经济运行影响较大，也面临周期性波动及外部环境冲击，此次研究强调企业成长潜力的培育必须建立在稳健经营的前提下，鼓励企业更好地平衡稳健经营与成长之间的关系，以维护整个行业的平稳健康发展。

③ 融资能力与综合实力相结合。融资能力是商业地产企业发展的重要因素，尤其是在当下融资监管严格的背景下，以优质商业项目为底层资产的资产证券化仍是企业融资的主要方式之一。本次研究中，融资实力表现突出的企业其综合实力指数会相应提高。

2. 评价指标体系

在 2022 中国商业地产百强企业研究中，根据企业规模和运营能力相结合、成长潜力与经营稳健并重、融资能力与综合实力相结合的原则，全面客观地评价企业的综合实力。

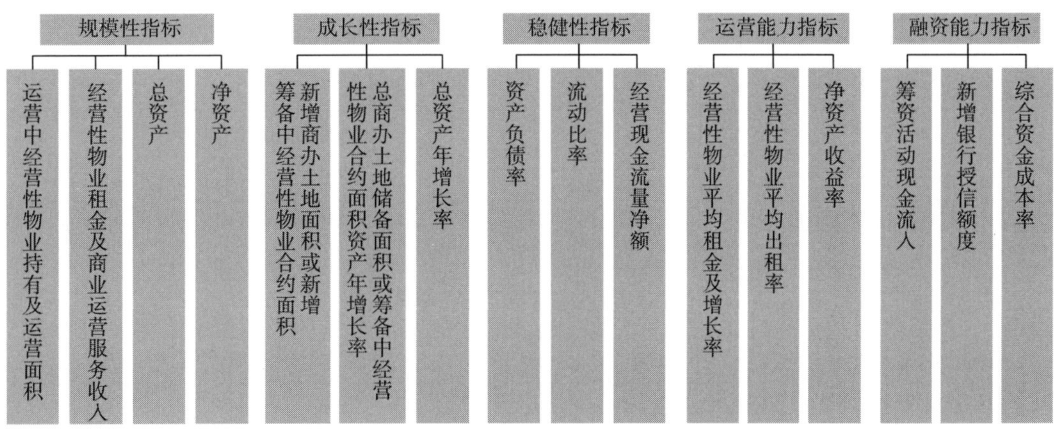

图1 2022中国商业地产百强企业评价指标体系

（三）数据来源和复核

1. 数据来源

① 企业填报数据。

② 中指数据 CREIS、中国房地产指数系统中国商铺租金指数及写字楼租金指数。

③ 企业对外公布的信息（包括公司年报、企业网站公布的信息和对外派发的宣传资料）。

④ 有关政府部门（包括建委、房管局和统计局等）的公开数据。

⑤ 2019、2020、2021 中国商业地产企业研究收集的数据资料。

2. 数据复核

企业填报的数据须如实客观，同时研究组对填报数据进行复核。

① 通过会计师事务所出具的报表复核企业财务数据。

② 通过税单复核企业经营收入及利润。

③ 对收集的数据坚持交叉复核：通过各地房地产交易中心公开的项目交易情况复核企业提供的销售数据；结合中国房地产指数系统中国商铺 / 写字楼租金指数样本复核相关租金数据。对存疑的数据，研究组可要求进行现场复核。

（四）计量评价方法

为保证研究的严谨性，本研究采用因子分析（Factor Analysis）方法。因子分析是一种从变量方差—协方差结构入手，在尽可能多地保留原始信息的基础上，用少数新变量解释原始变量方差的多元统计分析方法。它将原始变量分解为公共因子和特殊因子之和，并通过因子旋转，得到符合现实意义的公共因子，然后用这些公共因子去解释原始变量的方差。评估中国商业地产百强企业综合实力时，主要是计算各构成要素的相关矩阵，通过相关矩阵得到特征值、累计特征值及因子载荷。根据最初几个特征值在全部特征值的累计百分率大于或等于某百分比的原则，确定公共因子的具体个数。然后再根据因子载荷矩阵确定各个因子的现实意义并进行重新命名，最后根据不同企业各个因子的得分及载荷矩阵，通过加权累加构成 2022 中国商业地产百强企业综合实力指数。

表1　　2022中国商业地产百强企业（代表企业）

珠海万达商业管理集团股份有限公司	首创钜大有限公司
华润万象生活有限公司	上海陆家嘴金融贸易区开发股份有限公司
宝龙商业管理控股有限公司	广州越秀商业地产投资管理有限公司
新城控股集团股份有限公司	上海旭美商业投资管理有限公司
印力商用置业有限公司	浙江开元商业管理集团股份有限公司
大悦城控股集团股份有限公司	深圳市卓越商业管理有限公司
龙湖集团控股有限公司	远洋集团控股有限公司
世纪金源商业管理有限责任公司	上海中建东孚资产管理有限公司
中海商业发展（深圳）有限公司	中国国贸
星盛商业管理股份有限公司	环球港商业集团

续表

中骏商管智慧服务控股有限公司	北京兆泰集团股份有限公司
弘阳商业集团	北京金隅集团股份有限公司
王府井集团股份有限公司	金地商置集团有限公司
保利商业地产投资管理有限公司	深圳市京基百纳商业管理有限公司
碧桂园文商旅集团	成都圣瑞商业管理有限公司
金融街控股股份有限公司	凯华地产（中国）集团有限公司
中国金茂控股集团有限公司	瑞安房地产
北京北辰实业股份有限公司	苏州恒泰控股集团有限公司
合生商业集团	茂业国际控股有限公司
银泰置地（集团）有限公司	复星国际有限公司
招商局蛇口工业区控股股份有限公司	深圳市地铁商业管理有限公司
鸿荣源壹方商用置业有限公司	苏州圆融发展集团有限公司
上亿企业集团	南国置业股份有限公司
天虹数科商业股份有限公司	福州融侨商业管理有限公司
银座集团股份有限公司	深圳市海岸商业管理有限公司

三、主要研究成果

（一）2022 中国商业地产百强企业

在 2022 中国商业地产百强企业研究中，中指研究院根据近 3 年企业实际经营状况，依据企业规模和运营能力相结合、成长潜力与经营稳健并重、融资能力与综合实力相结合的原则，运用因子分析法及相关数学模型，对全国重点商业地产相关企业（集团）的规模性、成长性、稳健性、运营能力、融资能力等方面的指标和数据信息进行深入分析研究，科学全面地计算出商业地产企业的综合实力指数。

要特别说明的是：当前，商业地产企业分化显著，少部分专注于商业开发运营的企业运营规模突出、经营水平高，而更多的商业地产企业则依托有住宅开发背景的母公司，服务于其开发的大型商业项目或住宅社区的商业配套，发展水平有限，经营数据亦未完全拆分。因此，考虑到行业示范效应和数据研究的严谨性，本次 2022 中国商业地产百强企业研究仅列示 50 家重点代表性企业，整体分析也以这 50 家代表企业为重点样本，供行业参考。

（二）商业地产百强企业发展特点

2021 年，我国经济保持稳步恢复态势，但面临新的下行压力。2021 年，我国实现 GDP 总额 114 万亿元，同比增长 8.1%，两年平均增长 5.1%，但国内部分地区受疫情、汛情冲击，四季度经济下行压力进一步凸显。消费市场整体稳步恢复，全年实现社会消费品零售总额 44.1 万亿元，同比增长 12.5%，两年平均增长 3.9%，但部分接触式、聚集性服务消费受冲击较大。

办公楼和商业营业用房投资开工偏弱。2021 年，全国办公楼和商业营业用房开发投资额分别为 5974 亿元和 12445 亿元，同比分别下降 8.0% 和 4.8%；新开工面积分别为 5224 万平方米和 14106 万平方米，同比分别下降 20.9% 和 21.7%。

2021 年下半年，受调控政策收紧、房地产金融审慎管理制度深入推进以及“两集中”供地模式等多重因素影响，房地产行业步入深度调整阶段。从中长期来看，尽管市场总量依然有望维持高位，但新房销售面积已逐渐见顶，行业发展由增量为主转向增量存量并重阶段。同时，房地产企业原有的高负债、高杠杆、高周转模式已不再适应当前的行业环境，企业由“开发商”向“服务商”转变成为必然趋势。在“共同富裕”与“双循环”战略发展格局下，国内消费市场仍有较大空间，以运营为核心、能够提供持续现金流的商业地产业务或将成为部分房企发展的“第二增长曲线”。

商业地产百强代表企业在过去一年稳健发展、提质增效、主动作为，整体表现优于行业大势。一方面，商业地产进入存量时代，商业地产百强代表企业审慎拿地、合理布局，并通过轻资产运营、收并购等方式多渠道拓规模、稳增长；另一方面，代表企业加大数字化转型力度，着力提升运营管理能力，打造以“智慧商业”为核心的企业竞争力，并进行产品与服务升级，提升客户体验，进一步优化租户结构，保障稳健运营。

未来，随着行业由增量开发逐渐向存量服务与运营转变，预计将会有更多企业加大对商业地产业务的投入与关注，激发商业地产行业活力，推动行业实现快速发展。

1. 规模表现

（1）经营性物业持有及运营规模同比保持增长，增速略有回落

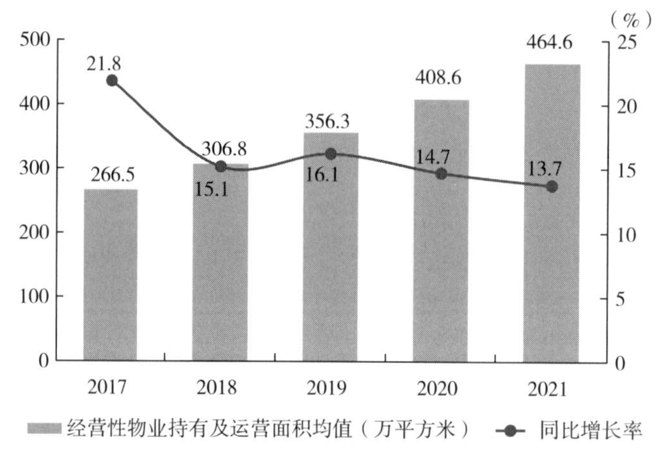

图2　商业地产百强代表企业经营性物业持有及运营面积均值与同比增速

受局部疫情冲击等多重因素影响，商办市场供需两端均偏弱，但百强代表企业经营性物业持有及运营规模保持增长态势。

2021 年，线下接触式、聚集性服务消费受局部疫情、汛情等因素影响恢复相对缓慢，叠加企业资金压力加大、防风险意愿增强等因素，一定程度上拖累经营性物业拓展力度，商业地产市场整体供需两端均偏弱。而商业地产百强代表企业凭借较强的运营能力及资金优势，经营性物业持有及运营规模保持增长态势，但增速小幅放缓。2021 年，商业地产百强代表企业经营性物业持有及运营面积均值为 464.6 万平方米，同比增长 13.7%，增幅较 2020 年收窄 1.0 个百分点。

在规模拓展过程中，为适应不同区域及不同消费场景，商业地产企业不断完善产品线体系。代表企业通过升级原有产品系列、开发新产品、强化 IP 建设等方式，打造多层次、差异化的产品体系，以覆盖更

多消费群体、适应更广泛的市场、提升产品力和品牌价值，推动规模扩张。

（2）低基数下，百强代表企业经营性物业租金及运营服务收入同比增速回升

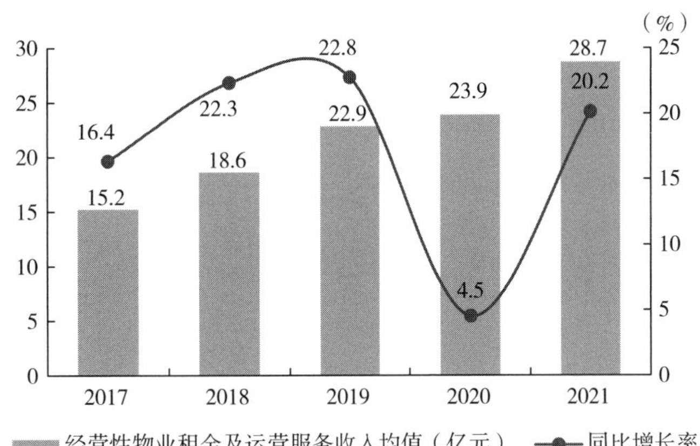

图3 商业地产百强代表企业经营性物业租金及运营服务收入均值与同比增速

注：2021 年，万达商管全面实施轻资产战略，收入统计口径由万达广场租金收入变为珠海万达商管商业运营服务收入。

商业经营逐步恢复常态，百强代表企业经营性物业租金及运营服务收入同比增速有所回升。随着疫情进入常态化防控阶段，2020 年广泛采取的租金减免政策逐步退出，2021 年，百强代表企业经营性物业租金及运营服务收入均值为 28.7 亿元，在上年低基数下，同比增长 20.2%，两年平均增长 12.1%。

（3）深耕核心一二线并适度下沉城市群优质三四线城市，助力企业实现规模扩张

据中指研究院监测数据，2021 年，全国新开业购物中心总建筑面积约 4300 万平方米（519 个），同比增长 13.6%，但新开业面积仍低于 2019 年水平。

分城市等级来看，一线城市新开业项目总建筑面积约 540 万平方米（75 个），二线及三四线城市新开业面积均在 1900 万平方米左右（新开业项目个数分别为 215 个、229 个）。从各线城市新开业购物中心面积看，二线城市同比增长最快，增幅约 25%，一线城市同比增长约 20%，增幅高于三四线城市。

从商业地产百强代表企业布局策略来看，企业更青睐于布局经济发达、消费需求强劲的一二线城市。值得注意的是，在新型城镇化战略下，随着核心城市群规划落地实施，城市群内部大中小城市更加互联互通、协调发展，部分较为发达的三四线城市在居民收入、消费能力、消费意愿等方面与一二线城市的差距不断缩小，消费下沉趋势更加明显，这部分城市商业地产市场存在发展机会。部分代表企业适度加大在强三四线城市的布局力度，实现规模快速扩张。

从区域分布来看，代表企业充分把握长三角、珠三角等核心城市群的市场机遇，采取区域深耕策略，持续巩固在重点区域领先地位的同时，向其他优势区域拓展。

2. 成长性

商业地产企业的成长离不开优质商办用地和商业项目的储备。从 2021 年代表企业拿地特征来看，由于住宅市场面临深度调整，项目资金回笼受限，部分房企债务违约导致行业信用受损，企业资金压力增加，叠加经济及产业结构调整等影响，企业拿地更趋谨慎，纯商办用地成交规模缩量。同时，越来越多的企业认识到轻资产运营模式在降低资本开支、优化资源配置方面的优势，进而加速发展轻资产业务，实现

高质量增长。此外，由于部分房企为缓解资金压力选择出售优质商业资产，收并购市场上优质标的有所增加，收并购也成为部分企业拓展的重要方式之一。

（1）300 城商办用地供需规模均下降，代表企业拿地趋谨慎

2021 年，受多重因素叠加影响，房地产行业进入调整通道，企业资金回笼明显受阻，叠加部分企业债务违约导致行业信用受损，企业融资不畅，资金压力明显增加，房企拿地趋于谨慎；同时，商办市场整体存量较大，进一步制约商办用地市场的活跃度。

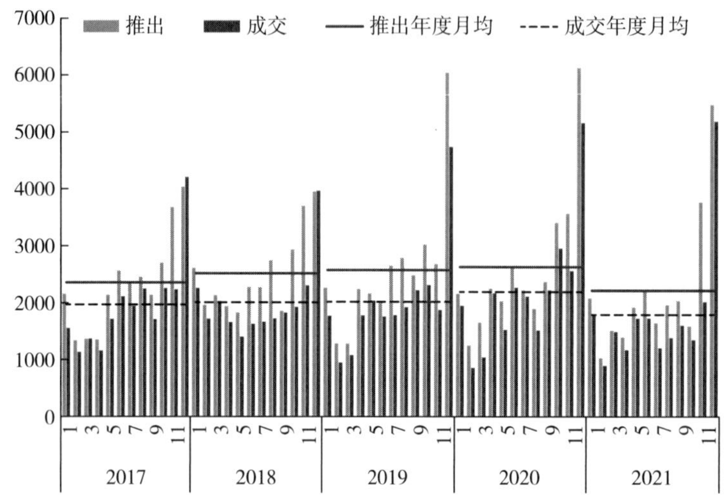

图4 2017—2021年300城商办用地推出及成交规划建筑面积（万平方米）

2021 年，300 城商办用地推出及成交规模同比均下降，但成交降幅小于住宅用地市场。2021 年，全国 300 城商办用地推出规划建筑面积为 2.61 亿平方米，同比下降 15.9%，成交面积为 2.15 亿平方米，同比下降 18.2%。尽管商办用地供需规模均下降，但成交降幅小于同期住宅用地市场（2021 年 300 城住宅用地成交规划建筑面积同比下降 23.8%），在市场下行阶段，商办用地市场表现略好于住宅用地市场。

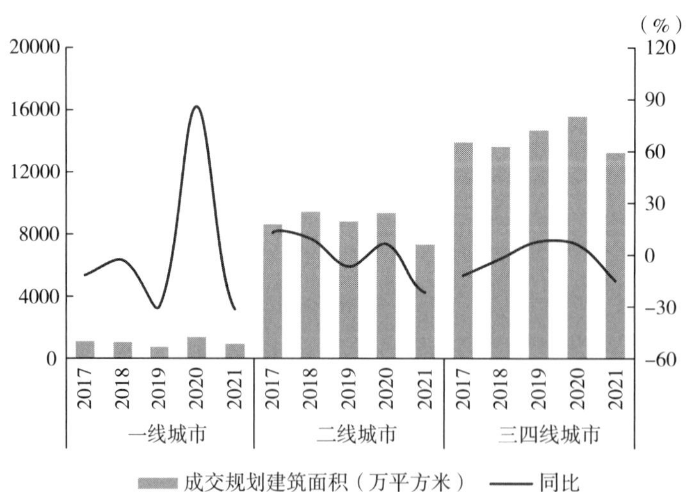

图5 2017—2021年300城商办用地各线城市成交规划建筑面积

从各线城市来看，2021 年，一线城市商办用地成交规划建面同比下降 31.7%；二线城市成交规划建面同比下降 21.7%；三四线城市商办用地成交面积同比下降 15.0%。

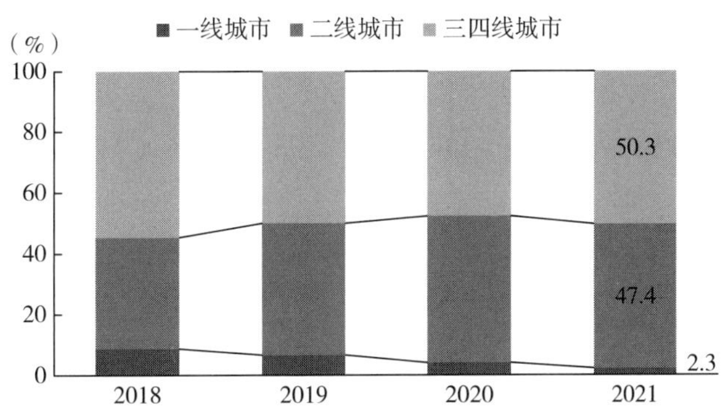

图6 商业地产百强代表企业新增商办用地（全口径）分布

注：拿地企业以地产母公司为主，数据按母公司统计。

在需求趋弱以及资金压力增加等因素影响下，商业地产企业投资布局更趋谨慎。2021 年，商业地产百强代表企业平均新增纯商办用地规模较 2020 年明显收缩。

从新增商办用地分布看，百强代表企业新增商办用地在一线城市的占比下降 1.8 个百分点至 2.3%，二线城市占比下降 0.8 个百分点至 47.4%，三四线城市占比增加 2.6 个百分点至 50.3%。

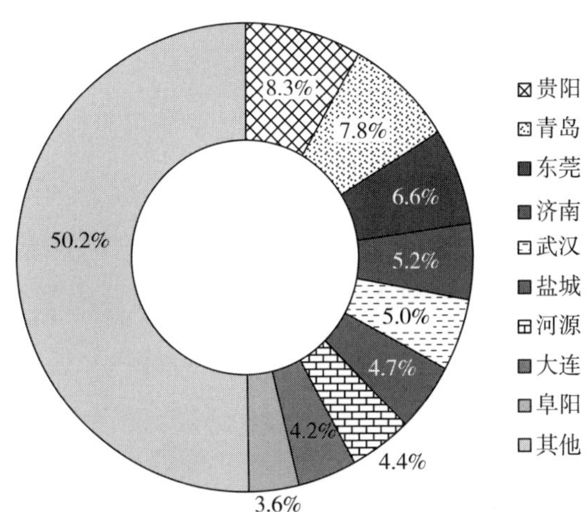

图7 商业地产百强代表企业2021年新增商办用地城市分布

从具体城市来看，2021 年，商业地产百强代表企业商办用地拿地较多的城市主要为二线城市中的贵阳、青岛、济南、武汉、大连等城市。一线城市中，商业地产百强代表企业仅在广州有商办用地获取；三四线城市中，东莞成交一宗南城街道地块。

（2）百强代表企业积极推进轻资产业务模式，加速优质项目储备

与住宅开发不同，商业地产需要通过持续稳定的经营获取租金收益并实现项目的保值增值，因此运营水平对商业地产项目的成功至关重要。然而目前市场上仍有众多缺乏商业综合体运营经验的开发商，对于自身开发的商业项目，他们更倾向于委托经验丰富或具有品牌影响力的商业运营服务商为其提供专业化服务。同时，在行业竞争日趋激烈的情况下，市场上有众多同质化现象严重、核心竞争力不突出的存量项目亟待改造。

从外部需求看，商业运营服务市场广阔，为头部企业拓展第三方项目提供了机遇。从内部发展看，由于不需要投入大量的资金获取土地并持有项目，越来越多的企业认识到轻资产运营模式在降低资本开支、优化资源配置方面的优势，发展轻资产业务基本成为行业共识。

从轻资产业务的发展过程来看，代表企业多从运营自身开发持有的商业项目开始，通过打造优质项

目，积累运营经验，提升运营能力，培养专业的人才队伍，并形成品牌效应。在此基础上，部分代表企业凭借良好的声誉和品牌影响力进行第三方项目拓展，进入“轻重并举”的发展阶段，将轻资产运营作为重资产业务的补充，并逐渐扩大轻资产业务的比重。

表2　不同轻资产运营模式对比

模式	特点
委托管理	运营方受委托全权管理商业项目，提供所有重要阶段的全面服务，运营方自主性较高。
品牌及管理输出	运营方作为专业管理人为业主管理商业地产项目，仅委聘项目核心管理团队，无需注入大量资金及人力资源，毛利率较高，有助于快速发展。
整租	运营方整租并全权管理商业项目，将商业项目内的商业空间出租给商户。该模式较为适合高增长潜力的商业项目，可以将来自项目的收入最大化。

代表企业通常会灵活运用委托管理、品牌及管理输出、整租等一种或多种模式开展轻资产运营业务，为商业地产项目提供从选址到开业后运营的综合服务，服务内容主要包括市场定位和业务规划咨询服务、设计和建筑咨询服务、租户招揽服务、运营管理服务、增值服务等。

此外，通过收并购进行资本整合是商业地产企业拓展管理规模的另一种常见方式。2021 年，房地产市场进入调整期，部分房企为缓解资金压力选择出售优质商业资产，收并购市场上优质标的增加，部分企业抓住此窗口期，实现规模扩张。同时国内大宗交易市场活跃度有所提升，部分企业选择引资本入局，与资管机构共同设立并购基金进行项目收购。

3. 经营质量

（1）百强代表企业重点项目平均出租率回升至 92.1%，运营情况较上年略有好转，但经营压力仍较大

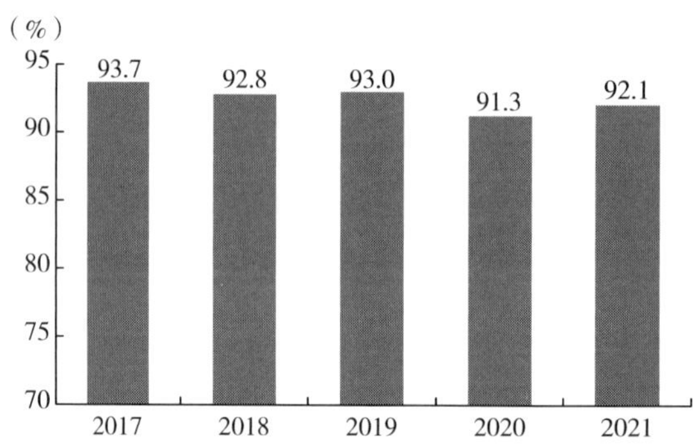

图8　商业地产百强代表企业重点项目平均出租率

百强代表企业着力提升项目经营品质，重点项目的经营情况整体保持稳定，平均出租率小幅提升。2021 年，商业地产百强代表企业重点项目经营情况稳定，平均出租率为 92.1%，较 2020 年上升 0.8 个百分点。

表3　2022中国商业地产典型项目

项目名称	城市	企业名称
万象城	深圳	华润万象生活有限公司
龙岗万达广场	深圳	珠海万达商业管理集团股份有限公司
宝龙一城	厦门	宝龙商业管理控股有限公司
朝阳大悦城	北京	大悦城控股集团股份有限公司
中建企业天地	上海	上海中建东孚资产管理有限公司

在宏观经济下行压力增加、消费市场恢复不及预期的情况下，商业地产百强代表企业通过调整业态、引进优质租户、项目分类管理等方式保障项目稳定运营，展示出优秀的运营能力。

（2）商业经营：加强数字化深度运营、专属 IP 打造与大会员系统，提升消费者黏性

在“共同富裕”与“双循环”发展格局下，扩内需、促消费成为国家战略。2021 年，从中央到地方，均在针对消费市场供需两端的发展规划、扶持政策和措施等方面持续发力，促进消费市场恢复，提升商业市场活力。新形势带来新挑战和新机遇，行业和市场变化推动商业地产企业以创新促发展，不断提升项目运营能力和企业经营能力。

表4　　2022中国商业地产运营十强企业

企业名称
珠海万达商业管理集团股份有限公司
大悦城控股集团股份有限公司
新城控股集团股份有限公司
宝龙商业管理控股有限公司
华润万象生活有限公司
星盛商业管理股份有限公司
中骏商管智慧服务控股有限公司
龙湖集团控股有限公司
世纪金源商业管理有限责任公司
众安商业集团有限公司

面对新时期和新变化，商业地产百强代表企业以用户体验为核心，通过专属 IP 打造等方式提升消费者黏性，并以科技赋能智慧运营，推进数字化平台建设，实现从消费者、租户到运营商的数据打通，形成多方联结的运营闭环，提升运营能力。

① 科技赋能智慧运营成为行业共识，代表企业加大数字化投入，以深度运营思维增强核心竞争力。

“互联网 +”浪潮的来袭给实体商业带来冲击，同时也让商业地产企业看到了数字化转型的必要性。目前，科技赋能智慧运营已经成为行业共识。商业地产百强代表企业进一步加大数字化投入，加快推动数字化进程，在打通线上线下消费渠道、搭建会员系统、利用大数据技术进行精细化运营的基础上，通过数字化平台实现企业数字化治理，提高运营能力，增强企业核心竞争力，构建行业新生态。

② 专属 IP“造节”活动增强与消费者情感共鸣，提升商业项目销售业绩。

随着消费代际变化，Z 世代引领消费风潮的时代来临。在“悦己”消费理念下，消费者更加注重在消费过程中获得“情绪价值”。购物中心注重与消费者建立情感链接，通过场景与 IP 打造、举办特色营销活动等方式，让消费者体验有情怀、有温度的消费空间，进而对购物中心产生情感依赖，专属 IP“造节”活动应运而生。

商业地产企业通过赋予特定日期的营销活动以特定的名称和意义，运用线上传播、主题营销、直播互动、塑造专属 IP 虚拟形象等方式，联动购物中心和品牌商家，打造与消费者深度共鸣的品牌“纪念日”，并将全年多个时点的标志性“品牌节日”串联构成原创 IP 矩阵，提升品牌辨识度和品牌影响力，实现营销业绩的突破。

③“以客户为中心”理念下，大会员体系建设成为运营升级的重要方向。

消费升级背景下，居民消费需求从物质消费转向服务消费成为趋势，在以客户为中心的时代，购物中心需要通过提升服务质量吸引和留住消费者，实现从引流到变现的转化，进而提升经营绩效，而会员营销

作为提高消费者黏性和忠诚度的有效方式，成为购物中心运营升级的重要方向。

（3）写字楼经营：租赁需求有所恢复，但部分城市空置率仍高，企业通过完善服务体系提升租户稳定性

过去几年，随着我国经济步入新常态，写字楼市场进入调整期，部分城市写字楼新增供应量持续增加，但需求增长相对乏力，导致市场长期处于供大于求的状态。特别是2020年初新冠肺炎疫情集中爆发，经济运行遭受明显冲击，2020年上半年写字楼租金水平加速下跌。进入2021年，随着宏观经济的稳步恢复，重点城市写字楼市场活跃度提升，租赁需求有序释放。

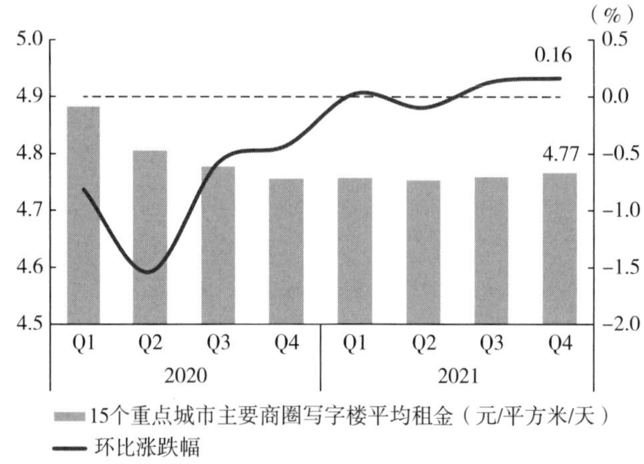

图9 2020—2021年全国重点城市主要商圈写字楼平均租金及环比变化

根据中指研究院发布的中国写字楼租金指数，2021年，全国15个重点城市主要商圈写字楼平均租金整体企稳，三季度起租金连续两个季度小幅上涨。

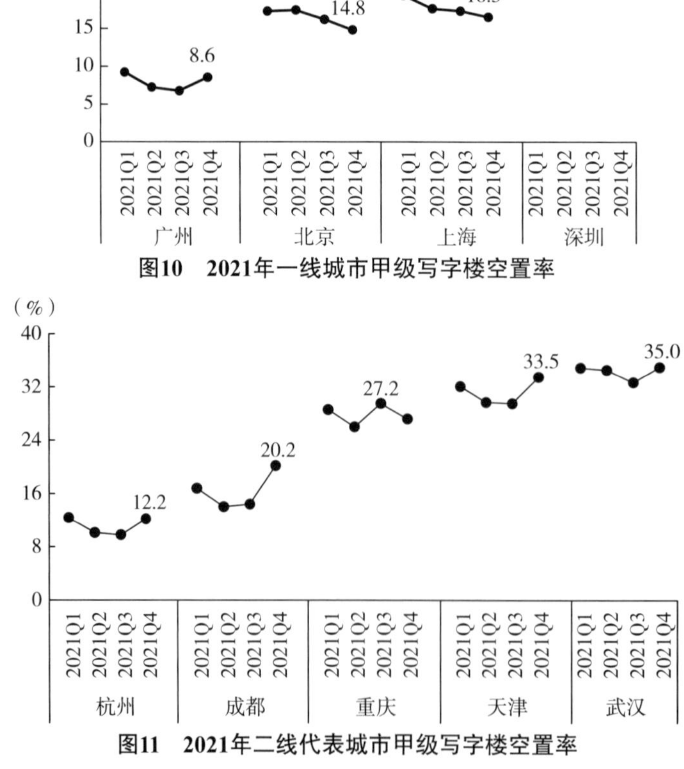

图10 2021年一线城市甲级写字楼空置率

图11 2021年二线代表城市甲级写字楼空置率

2021年，尽管写字楼租赁市场逐渐恢复，需求继续释放，但因疫情延迟入市的项目集中入市导致新

增供应增加，部分城市甲级写字楼空置率仍处高位，写字楼运营企业依旧面临经营压力。根据中指数据，2021 年四季度，一线城市甲级写字楼空置率相对较低，其中广州最低，为 8.6%；二线代表城市中，杭州甲级写字楼空置率在 13% 以内，空置压力相对较小，武汉、天津、重庆甲级写字楼空置率则在 25% 以上，空置压力相对较大。

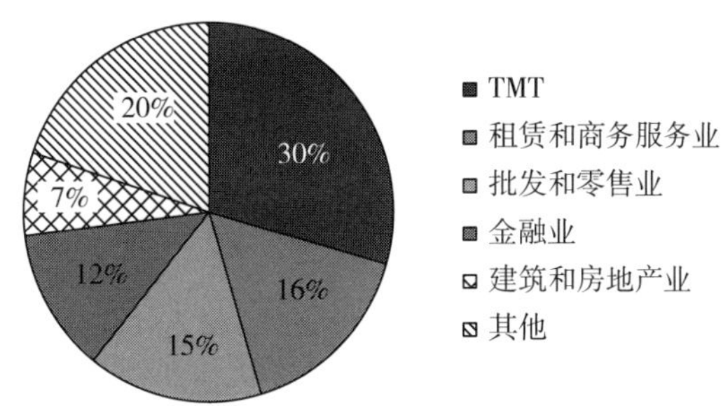

图12　2021年10个代表城市租赁成交案例租户行业占比

从租户所在行业来看，2021 年，根据北京、上海、武汉、成都等代表城市写字楼租赁成交案例的统计数据，TMT 行业租赁成交案例占样本比重为 30%，远高于其他行业。“加快数字化发展、建设数字中国”是我国“十四五”时期重大战略，人工智能、大数据等新兴数字产业加速发展。数据显示，2021 年，信息传输、软件和信息技术服务业增加值同比增长 17.2%，数字化产业的发展带动相关企业的写字楼租赁需求增长。此外，租赁和商务服务业、批发和零售业、金融业租赁成交案例占比亦超 10%，需求相对稳定。从租赁面积来看，大体量租赁案例以 TMT 行业居多，在 60 笔 5000 平方米及以上租赁案例中，TMT 行业总租赁面积约 56 万平方米，占比约 58%。此外，律所、会计师事务所等商务服务业企业，以及银行、券商等金融机构也有多笔较大面积的租赁案例。

2021 年，宏观经济的恢复为服务业企业发展创造良好的环境，进而对写字楼市场形成支撑，但同时，受新增供应增加、疫情期间被抑制的租赁需求已逐步释放完成等多重因素影响，部分城市写字楼依旧面临空置压力。在这种情况下，写字楼运营企业着力建设多元服务体系，通过“内容 + 服务”激活写字楼需求潜力，针对不同类型和不同发展阶段的租户企业提供包含基础服务、增值服务、资产管理服务等多元服务内容，并着力丰富商务空间业态，提升办公人群的舒适感、幸福感，促进老租户稳定续租，并吸引具有升级办公条件或拓展办公空间需求的新租户，实现在管写字楼的稳定运营。

4. 稳健性

（1）资产负债率均值为 70.6%，偿债能力保持平稳

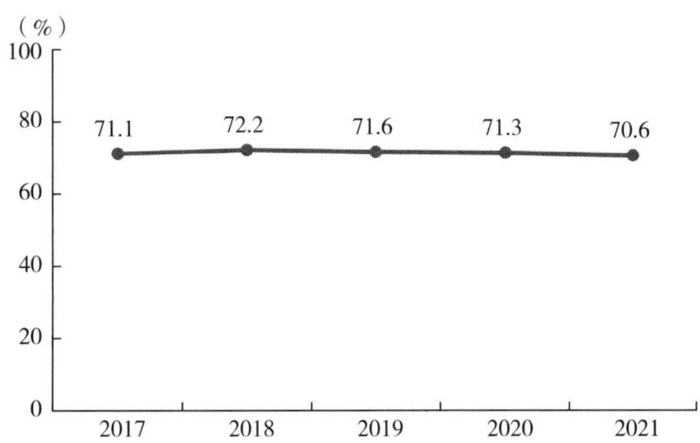

图13　商业地产百强代表企业2017—2021年资产负债率均值

商业地产百强代表企业资产负债率小幅下降，位于合理区间。2021 年，商业地产百强代表企业资产负债率均值为 70.6%，较 2020 年小幅下降 0.7 个百分点。总体来看，商业地产百强代表企业在积极降负债的同时，通过规模稳步扩张和高质量运营带来的收入提升扩大资产规模，实现稳健经营。

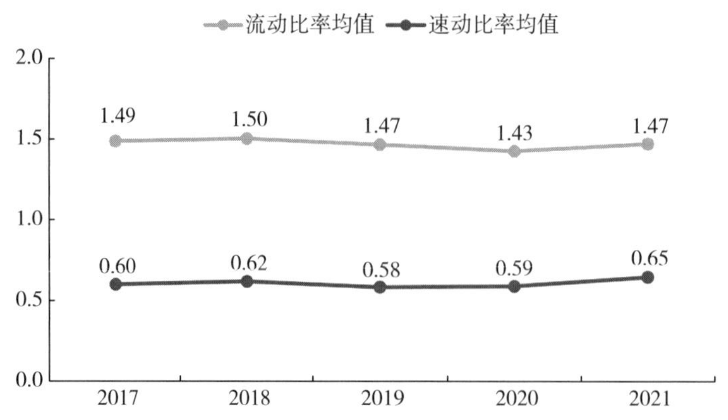

图14 商业地产百强代表企业2017—2021年流动比率与速动比率均值

百强代表企业短期偿债能力保持稳定。2021 年，商业地产百强代表企业的流动比率和速动比率分别为 1.47 和 0.65，较上年分别上升 0.04 和 0.06，基本保持稳定。“管理红利”时代，代表企业为实现降负债和促发展的双重目标，通过做优做强经营性不动产业务实现稳定的现金流入，增强短期抗风险能力。

（2）类 REITs 和 CMBS/CMBN 发行小幅缩量，底层资产中办公类物业占比提升

2021 年，房地产行业融资监管较严，从政策走向来看，房地产金融审慎管理主线不变。下半年，房地产市场下行压力明显增加，中央及各部委释放融资边际改善的积极信号，对以往部分执行过严的政策进行纠偏。尽管融资难度有所上升，但稳健型企业融资优势进一步显现，企业信用债融资成本小幅下降。同时，资产证券化是商业地产项目融资的主要方式之一，类 REITs 和 CMBS/CMBN 发行量仍处近年高位。

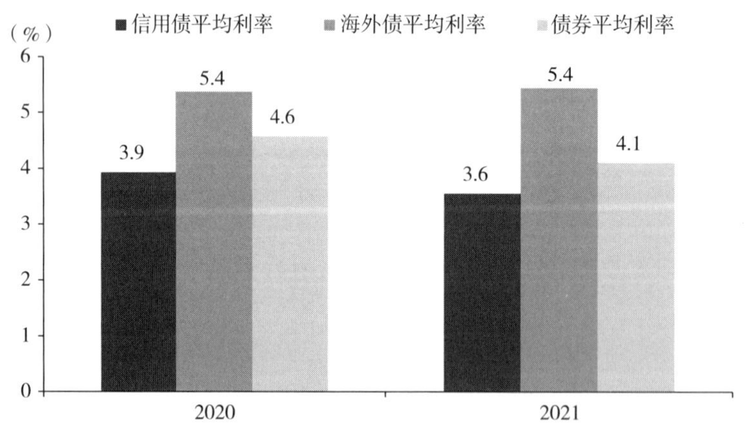

图15 商业地产百强代表企业2020—2021年发债利率均值

债券融资成本整体有所降低。2021 年，商业地产百强代表企业债券平均利率为 4.1%，较 2020 年下降 0.5 个百分点；其中信用债平均利率为 3.6%，较上年下降 0.3 个百分点；海外债平均利率为 5.4%，与上年持平。

商业地产项目依托于企业的良好运营可以产生稳定的现金流，因此近年，发行以商业地产项目为底层资产的资产证券化产品成为企业融资的重要途径之一。

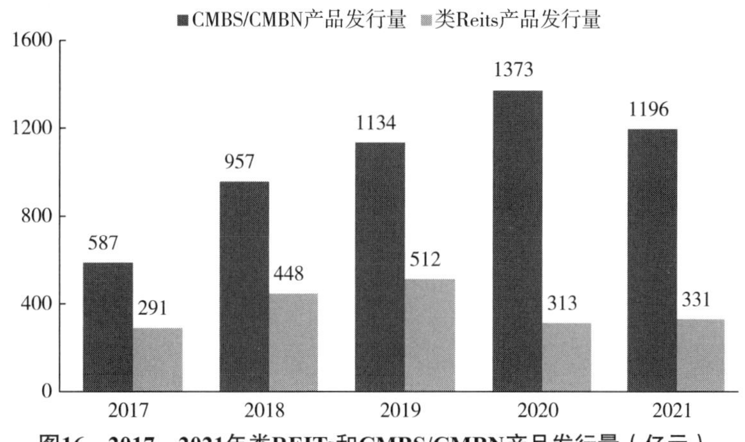

图16 2017—2021年类REITs和CMBS/CMBN产品发行量（亿元）

2017—2020年，类REITs和CMBS/CMBN产品发行量呈逐年增长趋势，2021年，受融资监管增强等因素影响，类REITs产品和CMBS/CMBN产品发行金额共计1527亿元，同比下降9.4%。其中，类REITs产品金额为331亿元，同比小幅增长5.6%；CMBS/CMBN类产品金额为1196亿元，同比下降12.9%。

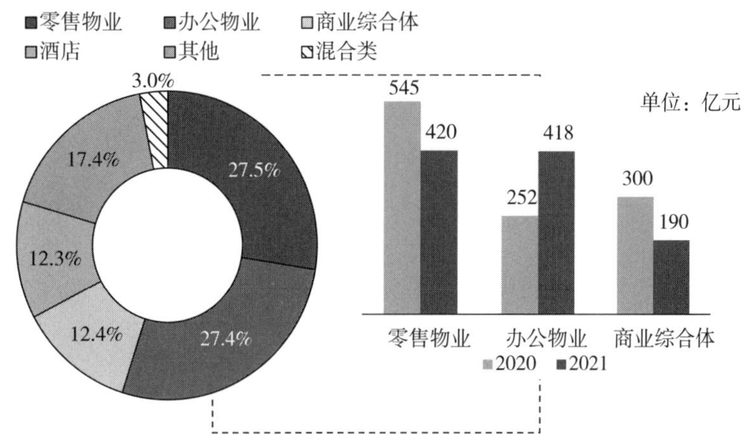

图17 2021年类REITs和CMBS/CMBN按底层资产细分发行量占比

注：统计数据包含所有企业口径，其他类包含产业园区、物流仓储、基础设施等类型

从2021年发行的类REITs、CMBS/CMBN产品的底层资产来看，零售物业、办公物业、商业综合体依旧是发行数量最多的资产类型。其中，以零售物业为底层资产的类REITs、CMBS/CMBN产品发行量为420亿元，占总发行量的27.5%，占比较2020年下降4.8个百分点；以办公物业为底层资产的产品发行量为418亿元，占总发行量的27.4%，占比较2020年上升超10个百分点；底层资产覆盖零售、办公等多业态的综合体的产品发行量为190亿元，占总发行量的12.4%，占比较2020年下降5.4个百分点；三者合计占比超65%。

在房地产行业整体信用风险有所提升的环境下，一线城市核心区位的优质零售物业资产依旧受到资本市场青睐。

此外，自2020年4月证监会、发改委联合发布《关于推动基础设施领域不动产投资信托基金（REITs）试点相关工作的通知》以来，部分城市相继落地监管和支持政策，例如2020年9月北京发布《关于支持北京市基础设施领域不动产投资信托基金（REITs）产业发展的若干措施》、2021年7月苏州发布的《关于苏州市推进基础设施不动产投资信托基金（REITs）产业发展的工作意见》等。在政策推动下，基建领域公募REITs已正式落地，2021年，首批和第二批共11只公募REITs已正式发行，资产类型涵盖产业园区、桥梁公路、仓储物流等基础设施类型，但酒店、商场、写字楼、公寓、住宅等房地产项目尚未纳入试点范围。因此，短期内类REITs和CMBS/CMBN仍将是商业地产项目资产证券化的主要方式。

四、商业地产发展趋势与展望

“十四五”时期，在“共同富裕”与“双循环”战略发展格局下，中央及各部委多次强调要实施好扩大内需战略，充分释放消费潜力，预计未来各项促消费政策或将持续发力，国内消费市场需求有望扩大、消费结构也将持续升级，叠加企业营商环境进一步优化，多个积极因素为商业地产行业的发展奠定了良好基础，也为商业地产企业带来新的发展机遇。同时，商业地产行业逐渐由增量发展进入存量运营时代，行业需要探索新的发展模式，企业发展方向也逐渐由追求规模高增长向追求高质量运营转变。

中指研究院持续深化商业地产市场研究，总结市场发展规律，以期帮助市场各类参与者更好地把握市场趋势，紧抓市场机遇。面对新的市场环境和发展阶段，商业地产企业需要及时洞悉行业变化，精准把握布局方向，探索运营模式创新，实现稳健发展。

（一）消费中心城市建设加快，核心一二线及城市群强三线城市商业地产市场仍有空间

2021 年，我国常住人口城镇化率达 64.7%，在新型城镇化战略持续推进的背景下，城市群和都市圈人口与资源不断聚集，城市空间布局也不断变化。“十四五”时期，国家提出优化提升五大城市群，发展壮大山东半岛、粤闽浙沿海等城市群的战略。未来，五大城市群中长三角、珠三角、京津冀城市群有望发展成为具有全球影响力的世界级城市群，成渝城市群和长江中游城市群相关规划不断落地，区域定位升级，未来发展亦将步入加速通道。与此同时，福州、南京、郑州等都市圈规划已落地，都市圈的发展亦是未来城镇化发展的重要空间形态。

整体来看，核心一二线城市人口和资源聚集能力强，未来城市发展活力和潜力较大，为商业地产的发展提供了重要支撑。同时，长三角和珠三角等重点城市群内部的强三线城市承接了一二线城市的外溢人口和产业转移，经济活力日渐增强，商业地产市场亦存在发展空间。未来，商业地产企业可重点关注核心一二线及城市群强三线城市的政策、规划和商业地产市场发展情况，寻找合适的拓展机会，把握城镇化发展红利，实现可持续发展。

1. 零售商业：热点一二线及城市群强三线城市居民收入水平高，购买力强，商业发展潜力突出

（1）国际消费中心城市建设进程加快，推动核心一二线城市消费市场发展

近年来，消费对经济增长的贡献稳步提升，我国建设国际消费中心城市的步伐也逐渐加快，在新型城镇化战略下，建设国际消费中心城市有助于城市聚集新的消费资源，发挥区域引领带动作用，推动区域消费市场发展，为区域经济发展提供新的动能。

自《“十三五”规划纲要》提出“培育发展国际消费中心”以来，中央陆续出台相关政策推动培育国际消费中心城市。2019 年 10 月，商务部等 14 部门联合印发《关于培育建设国际消费中心城市的指导意见》，正式明确提出“利用 5 年左右时间，指导基础条件好、消费潜力大、国际化水平较高、地方意愿强的城市开展培育建设”，北京、上海、西安等多个核心一二线城市也围绕《指导意见》，开展国际消费中心城市培育建设的相关工作。

“十四五”时期，国家对国际消费中心城市的相关提法由“培育发展国际消费中心”升级为“培育建设国际消费中心城市”。2021 年 7 月，首批国际消费中心城市试点名单公布，北京、上海、天津、重庆、

广州入围，各城市也根据发展路径和资源特色的不同，制定了各有特色的建设实施方案，例如北京通过打造优势互补、特色凸显的“消费新地标”提升“北京消费”全球吸引力，而上海则更加强调中心城市的节点作用和带动作用，着重打造“全球消费品集散中心”和“全球新品首发地”。

2022 年，部分未纳入首批试点的核心一二线城市也将创建国际消费中心城市作为工作重点加以推进，例如 2 月深圳发布《深圳市关于加快建设国际消费中心城市的若干措施》，提出建设国际一流商业载体、集聚全球优质商业资源等 8 个部分 27 项措施，推动深圳商业和消费高质量发展。此外，长沙、郑州、厦门等城市也在 2022 年推出创建国际消费中心城市相关政策，安徽提出支持合肥创建国际消费中心城市。

未来，随着核心一二线城市建设国际消费中心城市的进程加快，其消费市场或将进一步发展壮大，进而推动城市经济高质量发展，城市商业地产市场也将具备更大的发展空间。

（2）收入水平高、消费能力强的核心一二线及城市群强三线城市商业地产市场具备发展潜力

近年来，商业地产市场逐渐进入存量时代，但针对不同城市、不同区域，商业地产发展的特征也存在较大差异，存量较大的市场未来或将更加依赖运营。

表5　　各类城市人均购物中心面积与商业营业用房新开工面积对比

城市等级	2021 年末人均购物中心面积（平方米）	2018—2020 年人均累计商业营业用房新开工面积（平方米）
一线城市	0.83	0.28
二线城市	0.63	0.59
三四线城市	0.21	0.36

注：人均水平均按各城市 2020 年常住人口规模计算。

就存量而言，一线城市购物中心规模已较大，2021 年末人均购物中心面积达 0.83 平方米，未来存量项目的竞争将更加激烈。二线城市人均购物中心面积为 0.63 平方米，已接近一线城市水平，同时 2018—2020 年人均商业营业用房新开工面积较高，展现出存量与增量并行快速发展的格局，其中长沙、昆明等城市人均购物中心面积与商业营业用房新开工面积较高，未来几年或面临供过于求压力。三四线城市当前人均购物中心面积仍较小，未来具备一定增长空间。对于企业来说，未来对于三四线城市商业地产的布局应关注人口规模大、消费能力强的重点城市，避免盲目扩张。

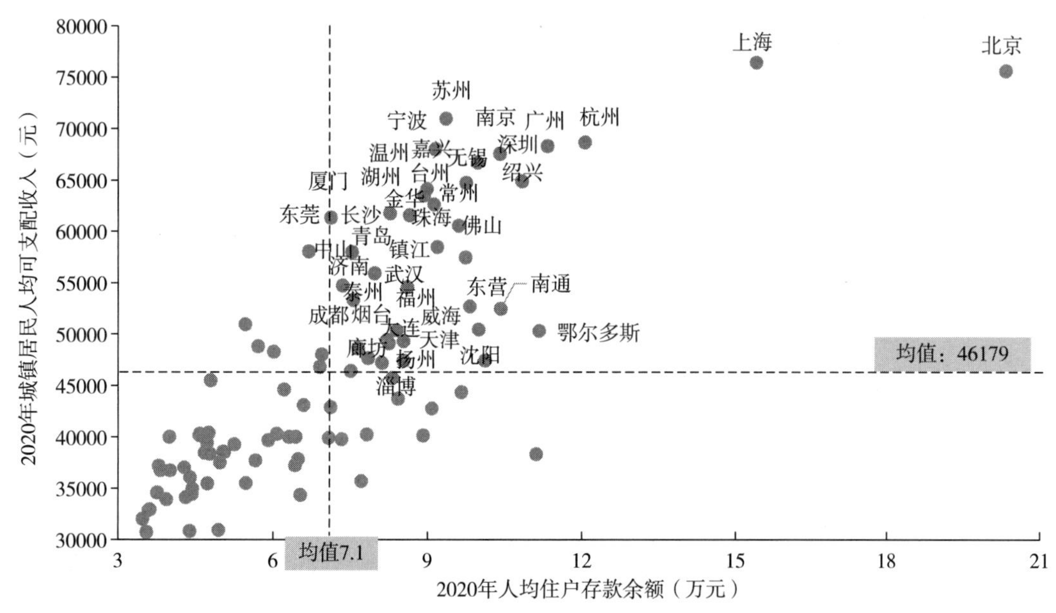

图18　2020年中国部分城市人均住户存款余额与人均可支配收入关系图

居民收入和存款余额反映了居民的购买力，居民消费支出与收入的比值则反映了居民的消费意愿。核心一二线城市，长三角、珠三角等城市群内部的强三线城市，城镇居民收入水平高、消费意愿强，零售商业未来发展潜力较大。

上海、北京等一线城市收入水平最高，苏州、杭州等长三角核心城市紧跟其后。2020 年，GDP 前 100 的城市人均储蓄存款均值为 7.1 万元，城镇居民人均可支配收入均值为 4.6 万元。上海、北京、广州、深圳、苏州、杭州、宁波、南京等核心一二线城市以及绍兴、嘉兴、台州等城市群强三线城市人均收入及储蓄均较高，此类城市具备较强的消费基础与发展空间，商业地产发展潜力突出。

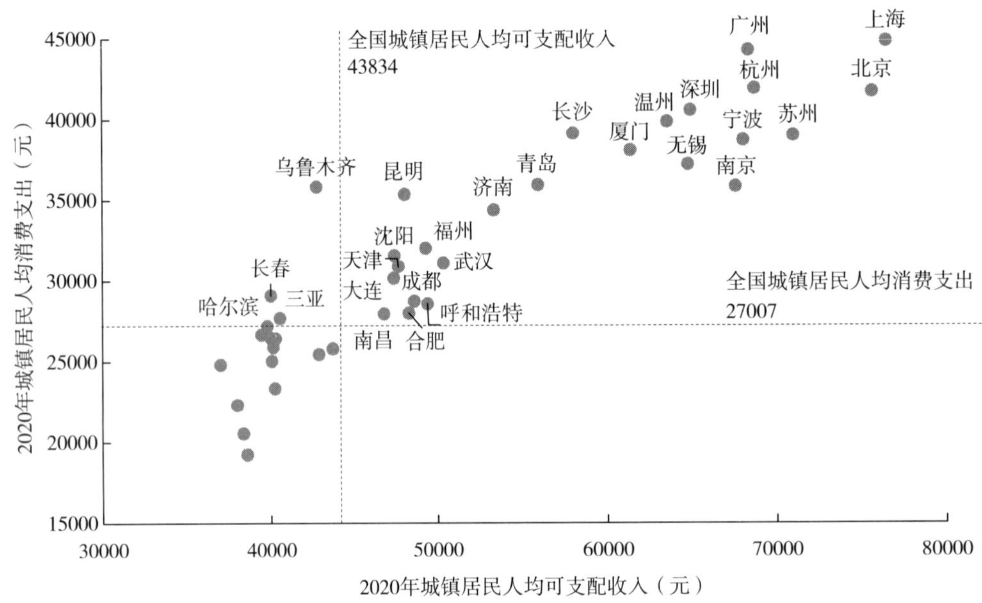

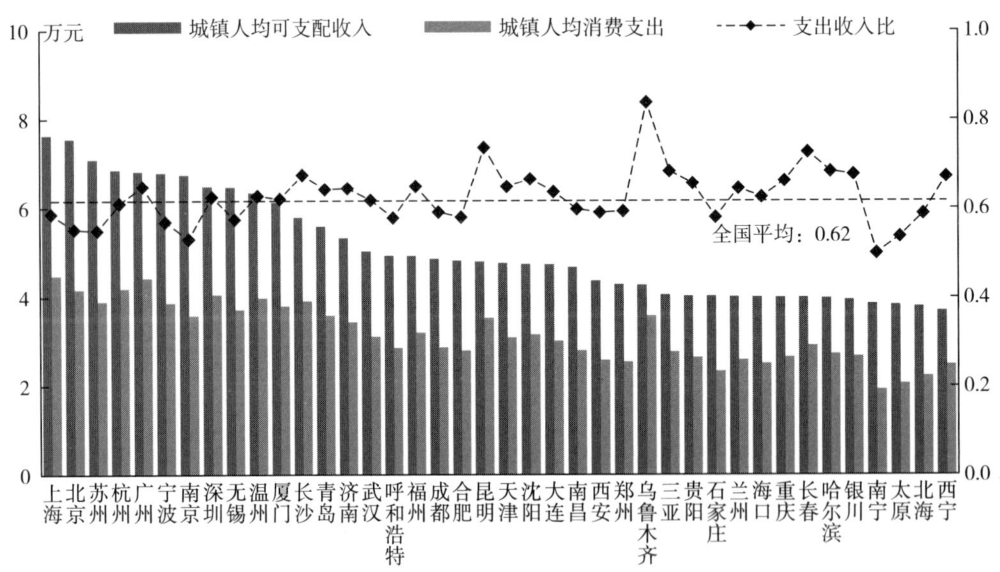

图19 2020年40个大中城市城镇人均可支配收入与城镇人均消费支出对比

注：乌鲁木齐、昆明、石家庄城镇人均消费支出为 2019 年数据。

一线城市和长三角地区二线城市居民消费意愿较高。城镇人均消费支出与城镇人均可支配收入的比值反映了当地城镇居民的消费意愿。一线城市人均消费支出在 4 万元以上，人均可支配收入在 6 万 ~ 8 万元之间，其中广州、深圳的支出收入比分别为 0.65 和 0.63，消费意愿较北京、上海更高。二线城市中，苏州、杭州、宁波、南京等城市收入超 6 万元，具备较强的消费能力；从消费意愿来看，温州、厦门比值分别为 0.63 和 0.62，高于全国平均水平；长沙、青岛、济南、武汉、福州、昆明、天津、沈阳、大连等城市支出收入比在 0.6 ~ 0.8 之间，消费意愿相对较强。

2. 写字楼：一二线城市第三产业发达，“十四五”时期数字经济发展提速，或推动写字楼需求增长

经济发展，尤其是第三产业发展，是城市办公楼需求增长的主要推动因素。第三产业规模大、发展水平高的一二线城市，办公楼市场具备发展空间。

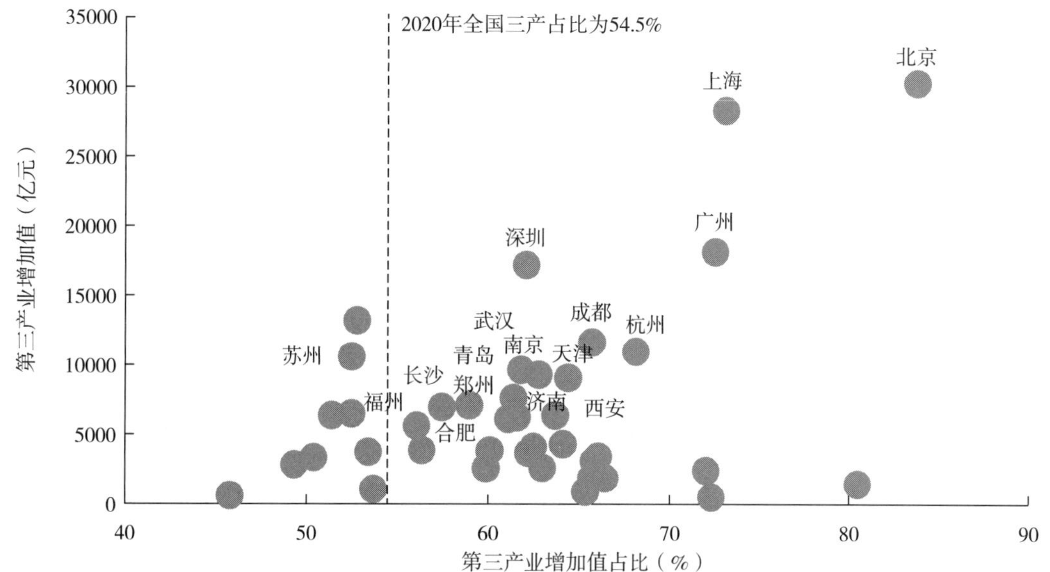

图20　2020年40个大中城市第三产业增加值及占比

2020 年，40 个大中城市第三产业增加值总计 27.9 万亿元，占全国第三产业增加值比重达 54.5%。其中，四个一线城市以及重庆、成都、杭州、苏州三产增加值均超万亿元，规模领先。青岛、郑州、长沙等 12 个城市三产增加值在 5000 亿 ~ 10000 亿元之间，第三产业发展亦相对较好。

三产占比较高的城市以一二线城市居多。2020 年，40 个大中城市中有 31 个三产占 GDP 比重超全国平均水平。一线城市中，北京、上海服务业发展迅速，三产占比分别为 83.8% 和 73.1%，广州、深圳近年来产业持续升级，创新能力增强，三产占比分别为 72.5% 和 62.1%。二线城市中，杭州致力打造中国“数字经济第一城”，服务业发展势头强劲，三产占比达 68.1%。

从产业来看，“十四五”时期，我国着重提升自主创新能力，强化各产业链供应链发展力度，提高全产业核心竞争力，并带动数字经济领域发展，聚力实现“产业数字化”和“数字产业化”。近年来 TMT 行业持续引领写字楼市场需求，金融业、专业服务业企业对写字楼的需求亦较大。未来，金融、科技、生物医药、信息技术等产业发展较好的城市写字楼市场需求或将持续释放。

但同时也要注意到，近年来我国写字楼市场迎来新一轮调整期，部分城市过去几年写字楼供应量持续增加，但需求增长乏力，市场呈现供过于求的局面。因此，企业应侧重核心城市的核心资产，重点关注北京、上海、广州等人口和经济具备较强支撑的城市，或潜在供应量较小且第三产业尤其是高技术服务业发展相对较好的城市。

从各城市 2017—2020 年办公楼累计新开工面积与 2020 年第三产业增加值的关系来看：一线城市中，

北京近四年新开工面积最小，且三产总量最大，需求旺盛，供过于求风险小于其他三个城市；二线城市中，郑州、成都、济南等城市相对于市场吸纳能力，近四年办公楼的新开工面积较大，市场普遍面临供应过剩的风险；大连、沈阳、天津、苏州、重庆等城市办公楼开发节奏有所放缓，有利于消化现有库存。

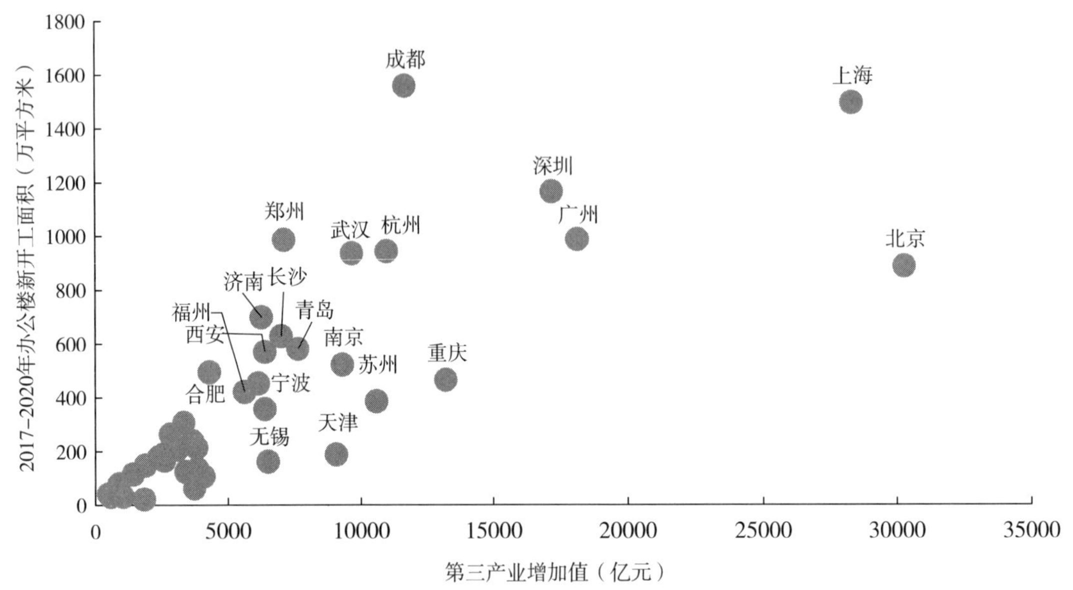

图21　2020年40个大中城市三产增加值与办公楼近四年累计新开工面积对比

（二）头部企业继续分拆商管业务独立上市，运营能力价值兑现

近年来，中国消费市场总量稳定增长，需求持续升级，消费者对优质商业项目的需求增加，运营管理在商业项目生命周期中的作用凸显，商业运营服务具备较好的发展空间。同时，房地产行业进入深度调整期，不持有土地和项目的轻资产运营模式可以为企业减轻资金压力，降低运营风险，轻重分离的运营模式也有助于企业优化资源配置。

在发展轻资产业务的过程中，头部企业逐渐形成规模效应，同时，由于商业运营管理服务行业从技术经验、品牌影响力、人才储备等方面都具有较高的进入壁垒，头部企业价值凸显，受到资本市场青睐，走上将轻资产商管业务分拆上市的道路。

长期来看，商业运营管理服务市场仍有较大发展空间，日益个性化的消费需求也推动商业地产企业更加注重向纵深方向打磨产品，预计未来市场上或将会涌现更多优秀的商管公司，商管业务分拆上市潮或将持续，推动企业拓宽融资渠道的同时提升市场化能力，获得更好的成长。

（三）房企探索新模式，转型商业运营服务商恰逢其时

2021年，中央坚持“房住不炒”总基调不变，坚持“稳地价、稳房价、稳预期”目标，下半年，房地产市场供需两端的管控政策持续发力，市场进入深度调整通道。在调控政策收紧的环境下，房企“增收不增利”的现象频现。在以“稳”为主基调的行业大势下，房企过去依靠“高杠杆、高负债、高周转”的“规模红利”时代已经过去。

未来，房企需要对开发主业强化降本增效的同时，逐步向“服务商”转型，而商业运营管理则是过去房企业务经验积累较多的领域之一。在“共同富裕”与“双循环”战略发展格局下，国内消费市场需求有望持续扩大，商业地产业务或将成为部分房企业务发展的“第二增长曲线”。

表6 头部房企多元化业务板块

企业名称	业务板块
万科集团	房地产开发、万物云、租赁住宅、海外业务、酒店度假、教育、食品、物流仓储、商业开发运营
保利发展	在“不动产生态平台”战略定位下，公司延伸不动产投资开发、美好生活综合服务（包含建筑、物业、经纪、商业、酒店、公寓、会展、康养、教育、文旅等）、产业金融服务三大产业链
碧桂园集团	地产、农业、物业（碧桂园服务）、酒店（凤悦酒店及度假村）、智慧餐饮（千玺机器人集团）、商业资产运营（碧桂园文商旅）、其他（腾越建筑）
中海地产	物业发展、商业物业、其他地产相关业务
华润置地	开发销售业务、经营性不动产业务、轻资产管理业务（华润万象生活）、生态圈要素型业务（城市建设与运营、城市更新、长租、产业、康养、影业、教育等）
龙湖集团	六大航道（地产开发、商业投资、租赁住房、空间服务、房屋租售、房屋装修）+ 医疗养老
新城控股	住宅开发、商业开发、商业运营、多元业务
中国金茂	城市运营、物业开发、酒店经营、零售商业、商务租赁、增值业务（含金茂绿建、金茂资本、金茂服务、金茂装饰、金茂教育、金茂云服等）

从头部企业的业务板块可以看出，多数房企围绕开发主业进行多元化发展，而在多元化业务模块中，商业开发运营成为“标配”。从经营数据来看，部分头部房企的商业地产业务表现亮眼，已成为“第二增长曲线”。从企业发展策略上，部分头部房企也表现出对商业地产业务的重视，并强调住宅地产与商业地产业务之间相互依托的关系。

从海外成熟市场的发展经验来看，当房地产行业进入下行周期后，投资物业等可以带来稳定现金流的业务通常表现出比地产开发业务更出色的稳定性。以美国为例，2008 年次贷危机发生后，知名地产开发商如霍顿、莱纳和帕尔迪的营业收入均显著下降，与之对比，商业地产企业西蒙地产的营业收入则并未受到次贷危机的显著影响，十几年间呈现平稳增长态势。从盈利能力来看，三家地产开发商的毛利率也显著低于西蒙地产。

同时，企业开展地产相关多元化业务，发展抗周期的业务线条，可以有效分散风险，实现稳健运营。从日本房企发展经验来看，当行业进入下行周期时，头部企业选择发展持有租赁等抗周期性较强的业务线条，以实现稳定经营。例如 20 世纪 90 年代，日本房地产泡沫破灭，房价持续下跌，给日本经济带来严重冲击的同时，也使得众多房地产企业陷入经营危机甚至破产。三家房地产头部企业三井不动产、三菱地所和住友不动产，依托财团支持度过危机后，着力发展多元化业务，业务板块涵盖了住宅、商业、办公、酒店、物流、金融等多项内容，且覆盖了开发销售、持有租赁、代建、房地产经纪、物业管理、资产管理等多个方向，基本实现了对房地产行业的全产业链布局。2003—2021 财年，住友不动产租赁业务收入占营业收入的比重由 36% 上升至 43%，销售业务的收入占比则由 34% 下降至 29%，净资产收益率由 2.3% 增长至 10.1%。

参考海外房企发展路径，目前，在国内房地产市场进入深度调整期的情况下，头部房企选择地产相关多元化发展，并将商业地产业务作为“第二增长曲线”的做法符合长期发展趋势，也值得其他企业借鉴。

此外，目前我国商业地产行业也迎来了较好的发展机遇。目前，我国仍处于城镇化快速发展的中后期，未来几年城镇化率提升幅度仍有一定保障。“十四五”时期，我国强调“深入推进以人为核心的新型城镇化战略，……，使更多人民群众享有更高品质的城市生活”，着力提升城镇化发展质量。城市发展与商业环境升级具有相得益彰、共生共荣的关系，叠加中央探索新的发展模式要求下，相关配套政策或持续跟进，未来几年，预计我国商业地产市场发展空间仍较大，是房企布局或强化商业地产业务的好时机，已经布局商业地产业务并发展较为成熟的头部企业，先发优势或更加明显。

值得注意的是，我国商业地产历经二十余年的发展，逐渐由高速增长期迈入了高质量发展阶段，头部企业在不断地探索中发展出较为成熟的模式，产品线日趋完备、运营水平不断增强。但与发达国家相比，我国商业地产市场起步较晚，市场尚未完全成熟，行业集中度不高，且尚未形成完善的退出机制，资产管理是中国商业地产企业较为薄弱的环节。在这方面，西蒙地产的发展经验值得借鉴。

西蒙地产集团是全球领先的商业地产开发和管理 REITs，成立于 20 世纪 60 年代，于 1993 年上市。公司持有、开发和管理购物、餐饮、娱乐和综合型用途商业地产。据西蒙地产 2021 财年年报，截至 2021 年 12 月 31 日，西蒙地产在美国的 37 个州和波多黎各持有、管理 199 项投资物业，其中包括 95 家 Mall（区域型购物中心）、69 家 Premium Outlets（奥特莱斯折扣店）和 14 家 Mills（大都会购物中心），6 家 Lifestyle center（生活方式中心）以及 15 家其他类型的零售物业，总可租面积达 1.753 亿平方英尺（约合 1629 万平方米）。此外，西蒙地产还在加拿大和亚欧诸国等海外市场持有商业资产。截至 2021 年 12 月 31 日，西蒙地产在美国的 Mall 和 Premium Outlets 期末出租率为 93.4%，Mills 期末出租率为 97.6%，整体经营稳定，表现良好。

从资金运作模式来看，西蒙地产打通了“融、投、管、退”全链条，在商业项目运营成熟后，打包注入 REITs 进行公开发售，实现资金回笼。在这个链条中，西蒙地产通过开发运营商业项目获取租金和管理费收入，打包注入 REITs 后，实现资金闭环，由于西蒙自身也持有部分 REITs 份额，可以享受分红和物业升值收益。

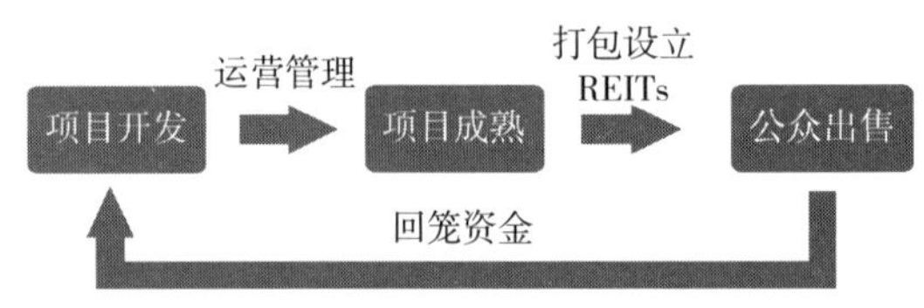

图22 西蒙地产资金运作模式

从扩张路径来看，上市后，西蒙地产借助 REITs 融资通道，通过收并购的方式开启了扩张之旅，逐渐实现多产品线、全国化布局。1996 年，西蒙地产收购 DeBartolo Realty，成为当时北美最大的上市商业地产商；1998 年，收购 Corporate Property Investors，完成收购后体量超过排名 2 ~ 5 位的公司总和，规模优势进一步扩大；2004 年和 2007 年，西蒙地产通过收购 Chelsea Property Group 和 The Mills Corporation 增添了 Premium Outlets 和 Mills 产品线。2010 年以后，西蒙地产收并购的速度有所放缓，从收购标的来看，聚焦于增持现有资产股份、补充优质资产，发展策略从“扩规模”转向“提质量”，并将更多的资金投入存量物业更新上。2011 年起，西蒙地产在美国的项目数量开始下降，且重点减持除三大产品线外的其他类型项目，聚焦核心资产。

尽管我国商业地产公募 REITs 的推出尚需时间，但西蒙地产的发展历程和业务模式仍有以下经验值得借鉴。

①由规模扩张到高质量发展：西蒙地产在不同时期采用不同的发展战略，早期通过收并购抢占市场份额，实现规模扩张，通过高效运营提升品牌影响力。在市场上获得绝对话语权后，企业开始转向高质量发展，集中资源聚焦核心资产。

②注重多元产品线打造和运营水平提升：西蒙地产的产品线较为丰富，从社区型产品到都市型产品、奥特莱斯产品均有覆盖，但重点聚焦于 Mall 和 Premium Outlets。多产品线可以覆盖更多的消费者群体和区域，也有助于在消费趋势变化时分散风险。同时，西蒙地产也十分注重项目运营质量的提升，近五年平均

月租呈稳定增长态势，近十年出租率也持续保持在 90% 以上的较高水平，资产价值获得提升。

美国商业地产已有较长的发展历史，西蒙地产在产品打造和运营管理等方面的经验较有借鉴意义。由于中国公募 REITs 尚未推行至商业地产领域，因此其基金开发模式在中国尚无法大规模复制，但通过适当的退出机制优化资产组合的方式仍值得中国企业借鉴。

结 语

2021 年，中国经济恢复发展，消费市场规模稳步扩大，但新冠肺炎疫情仍在持续，外部环境更趋复杂严峻。同时，房地产行业进入深度调整阶段，行业转型势在必行。面对复杂多变的外部环境，商业地产企业在过去一年紧抓疫情后的消费恢复期，主动作为，提升运营能力，以适应新时期的消费新需求。

从规模表现看，2021 年，商业地产百强代表企业凭借较强的运营能力及资金优势，经营性物业持有及运营规模保持增长态势，但增速小幅放缓。随着疫情进入常态化防控阶段，2020 年广泛采取的租金减免政策逐步退出，代表企业经营性物业租金及运营服务收入同比增速有所回升。

从成长性看，300 城商办用地供需规模缩量，商业地产企业投资布局更趋谨慎。同时，轻资产模式和收并购也成为企业拓展的重要方式。

从经营质量看，百强代表企业着力提升项目经营品质，平均出租率小幅提升。商业地产百强代表企业以用户体验为核心，通过专属 IP 打造等方式提升消费者黏性，同时推进数字化平台建设，提升运营能力。2021 年，办公租赁需求有所恢复，但部分城市空置率仍高，运营企业不断加快完善服务体系，提升租户稳定性。

从稳健性看，代表企业通过做优做强经营性不动产业务实现稳定的现金流入，增强短期抗风险能力。同时，资产证券化仍是企业融资的主要方式之一，以办公物业为底层资产的产品发行量占比增加。

经过多年发展，我国房地产行业逐渐由增量开发进入存量运营时代，告别过去粗放式增长方式，精细化运营将成为行业主旋律，尤其是依赖于运营能力的商业地产行业，机会与挑战并存。面对新的市场环境和发展阶段，商业地产企业需要及时洞悉行业变化，精准把握布局方向，探索运营模式创新，实现稳健发展。

消费需求旺盛的核心一二线及城市群强三线城市商业地产机会仍存。在新型城镇化战略下，建设国际消费中心城市有助于核心一二线城市聚集新的消费资源，城市群强三线城市在核心一二线城市的带动下，消费市场也有发展壮大空间，商业地产市场存在发展机遇。

头部企业继续分拆商管业务独立上市，运营能力价值兑现。通过轻资产运营实现高效扩张成为企业共识，头部企业逐渐形成规模效应，价值凸显，受到资本市场青睐，走上将轻资产商管业务分拆上市之路。未来，伴随消费需求升级，商业运营服务市场将迎来更大发展空间，商管分拆上市潮有望持续。

房企探索新模式，转型商业运营服务商恰逢其时。规模红利时代已经过去，未来，房企需要对开发主业强化降本增效的同时，逐步向服务商转型，在“共同富裕”与“双循环”战略发展格局下，商业地产业务或将成为部分房企业务发展的“第二增长曲线”。

2022 年，尽管疫情影响仍在持续，但我国经济长期向好的基本面没有改变，消费升级趋势没有改变，亿万人民追求美好生活的愿望没有改变，商业地产行业也必将在挑战中继续前行。在外部环境复杂多变与行业转型的关键之年，商业地产百强企业应积极把握行业变化，强化运营能力，挖掘新增长点，在保障自身稳健经营的同时引领商业地产行业平稳健康发展。

报告四　2022中国房地产上市公司TOP10研究报告

一、研究背景与方法体系

（一）研究背景与目的

中国房地产 TOP10 研究组的工作，自 2003 年开展中国房地产上市公司 TOP10 研究以来，已连续进行了二十年，其成果引起了社会各界特别是机构投资者的广泛关注。中国房地产上市公司 TOP10 研究的相关成果，已成为投资者评判上市公司综合实力、发掘证券市场投资机会的重要标准。

2021 年，作为“十四五”开局之年，是资本市场深化改革的关键一年。资本市场以“监管升级、脱虚入实”为主基调，夯实基础性制度，建立和完善多层次资本市场体系，全面深化资本市场改革向纵深推进，为房地产上市公司实现可持续发展提供良好的外部条件。同时房地产市场在严监管和疫情冲击下步入深度调整周期，行业进入缩表出清阶段。在此背景下，优秀公司精准把握资本市场改革机遇，踏准市场节奏，聚焦市场主流需求，强调财务安全与经营稳健，注重精细化管理和运营，追求效益的提升和高质量发展，彰显出高投资潜力。当前和今后一个时期，房地产行业机遇与挑战将有新的发展变化，房地产上市公司应坚持稳中求进工作总基调，顺应政策及行业趋势，积极探索新的发展模式，推动公司实现高质量发展。在 2022 中国房地产上市公司研究中，中国房地产 TOP10 研究组在总结历年研究经验的基础上，进一步完善了研究方法和指标体系，本着“客观、公正、准确、全面”的原则，发掘成长质量佳、投资价值大的优秀房地产上市公司，探索不同市场环境下房地产上市公司的价值增长方式，为投资者提供科学全面的投资参考依据。

中国房地产上市公司 TOP10 研究的目的如下。

（1）客观反映中国房地产上市公司的整体发展水平和最新动态，促进房地产上市公司做大做强做优。

（2）发掘综合实力强、最具财富创造能力及投资价值、财务稳健等表现优异的房地产上市公司；扩大企业在机构投资者当中的影响力，拓展企业融资渠道，帮助企业更快更好地发展。

（3）通过系统研究和客观评价，打造“中国房地产上市公司 TOP10”品牌，引领房地产行业投资良性循环和健康发展。

（二）研究方法体系

1. 研究对象

（1）依法设立且公司股份于 2022 年 3 月 31 日前在上海证券交易所、深圳证券交易所及香港联交所等境内外证券交易所公开上市的房地产企业（业务收入主要来自中国大陆，且收入构成需满足下款条件）。

由于在不同交易所上市的企业采用的会计准则存在一定差异，研究组将根据上市地点分别对在内地、香港上市的房地产企业进行研究。

（2）主营业务收入构成满足以下条件之一：①房地产相关业务收入（包括房地产开发与销售、园区开发与管理，下同）所占比重不低于 50% 或所占比重虽低于 50% 但比其他业务收入比重均高出 30%（源自《上市公司分类与代码》，中国证监会 2005 年 3 月颁布）；②如果公司收入来自两个行业，房地产相关业务收入占其总收入 60% 以上或其收入和利润均占整体比重超过 50%，或按历史和未来趋势来看，房地产业务为企业提供最主要的收入和利润；如果公司业务收入来自三个或以上行业，房地产相关业务收入或者利润占整体比重超过 50%（源自全球行业分类标准，Global Industry Classification Standard，摩根斯坦利公司和标准普尔公司联合发布，简称 GICS）。

2. 评价指标体系

在 2022 中国房地产上市公司 TOP10 研究中，研究组从经营规模、财富创造能力（EVA）、投资价值、财务稳健性四个方面对企业进行评价，对同一家企业在四个指标体系中的得分按一定的权重值（权重来自对四项得分的“方差—协方差分析”）进行加总，最终得到企业的综合实力得分，评价得出“2022 中国房地产上市公司综合实力 TOP10”。

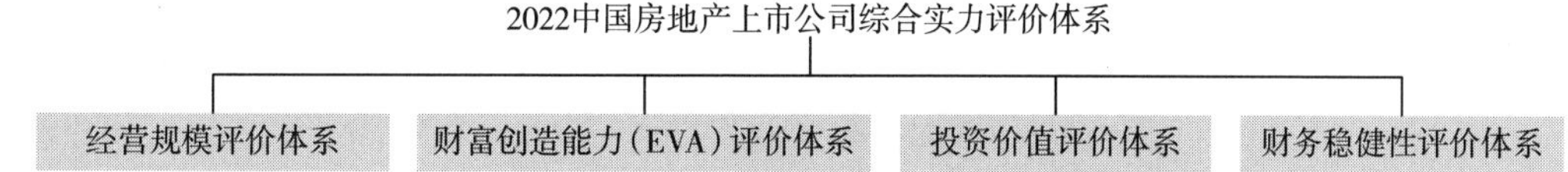

（1）经营规模评价体系

TOP10 研究组以总资产、营业收入、利润总额和总市值作为经营规模的评价指标，指标体系如下。

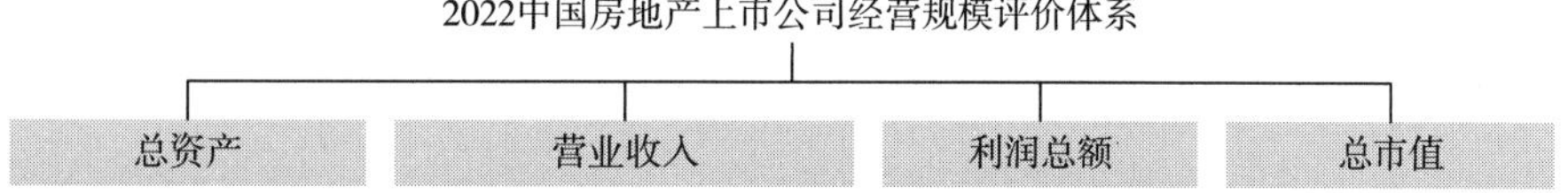

（2）财富创造能力（EVA）评价体系

研究组沿用了 2003—2021 年连续使用的财富创造能力 EVA（Economic Value Added）评价理论和方法，对房地产上市公司的经营绩效进行 EVA 评价。

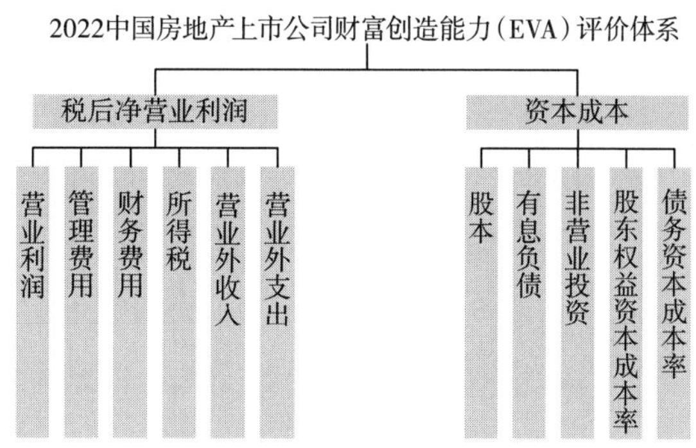

（3）投资价值评价体系

研究组从对盈利能力、成长能力、运营效率等公司基本面的深入分析出发，系统分析企业在资本市场的表现，结合企业的业绩预测，全面评价企业的投资价值。指标体系如下。

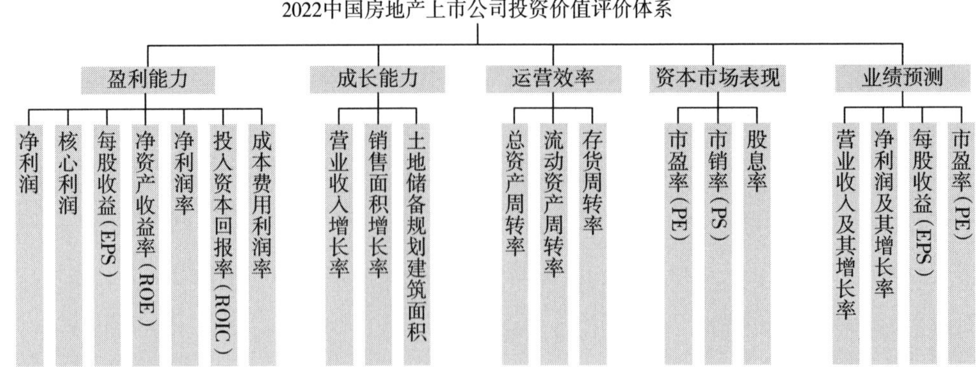

（4）财务稳健性评价体系

流动性风险（liquidity risk）是中国房地产上市公司面临的主要风险。因此，研究组将从企业的现金流风险出发，兼顾企业的中长期偿债能力指标即资产负债率和净负债率，综合分析企业的财务稳健性。指标体系如下。

（5）公司治理评价体系

研究组在充分借鉴国内外专家学者以及相关公司治理绩效评价研究的基础上，结合我国现实性的公司治理研究环境，实施量化指标分析评估，全面客观地评价上市公司的治理水平。指标体系如下。

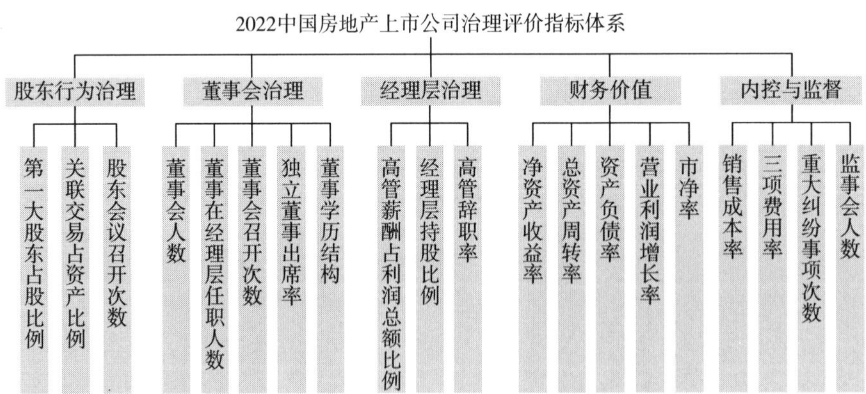

3. 数据来源

（1）中国房地产指数系统（CREIS）数据库；（2）房地产上市公司对外公布信息（包括公司年报、公告、公司网站公布信息和对外派发资料）；（3）政府部门（包括建委、房管局和统计局等）公开数据；（4）2018、2019、2020 中国房地产上市公司研究收集企业数据资料；（5）2018、2019、2020、2021 中国房地产百强企业研究收集企业数据资料。

4. 计量评价方法

研究方法上，为增加研究的严谨性，采用因子分析（Factor Analysis）方法进行。因子分析是一种从变量方差—协方差结构入手，在尽可能多地保留原始信息的基础上，用少数新变量解释原始变量方差的多元统计分析方法。它将原始变量分解为公共因子和特殊因子之和，并通过因子旋转，得到符合现实意义的公共因子，然后用这些公共因子去解释原始变量的方差。

设 x_1，x_2，…，x_p 是初始变量，F_1，…，F_m 表示因子变量。使用统计软件 SPSS 可以计算出每个研究对象的各个因子的得分，然后计算出因子综合得分：

$$A=(\alpha_1 F_1+\cdots+\alpha_m F_m)/\sum\alpha_i,\ i=1,\cdots,m$$

其中，α 表示各个因子变量的方差贡献率。

二、2022 中国房地产上市公司 TOP10 研究结果

（一）综合实力 TOP10

表1　2022沪深上市房地产公司综合实力TOP10

2022 排名	股票代码	股票简称
1	000002.SZ	万科 A
2	600048.SH	保利发展
3	001979.SZ	招商蛇口
4	600383.SH	金地集团
5	600325.SH	华发股份
6	600376.SH	首开股份
7	000031.SZ	大悦城
8	601992.SH	金隅集团
9	000069.SZ	华侨城 A
10	000402.SZ	金融街

表2　2022中国内地在港上市房地产公司综合实力TOP10

2022 排名	股票代码	股票简称
1	0688.HK	中国海外发展
2	2007.HK	碧桂园
3	1109.HK	华润置地
4	0960.HK	龙湖集团
5	0817.HK	中国金茂
6	1030.HK	新城发展
7	0123.HK	越秀地产
8	1908.HK	建发国际集团
9	3377.HK	远洋集团
10	0884.HK	旭辉控股集团

（二）财富创造能力 TOP10

表3　　2022沪深上市房地产公司财富创造能力TOP10

2022 排名	股票代码	股票简称
1	000002.SZ	万科 A
2	600048.SH	保利发展
3	001979.SZ	招商蛇口
4	600383.SH	金地集团
5	002244.SZ	滨江集团
6	000031.SZ	大悦城
7	000402.SZ	金融街
8	600325.SH	华发股份
9	600376.SH	首开股份
10	600736.SH	苏州高新

表4　　2022中国内地在港上市房地产公司财富创造能力TOP10

2022 排名	股票代码	股票简称
1	0688.HK	中国海外发展
2	0960.HK	龙湖集团
3	1109.HK	华润置地
4	0817.HK	中国金茂
5	1030.HK	新城发展
6	2007.HK	碧桂园
7	3990.HK	美的置业
8	1908.HK	建发国际集团
9	3377.HK	远洋集团
10	0123.HK	越秀地产

（三）财务稳健性 TOP10

表5　　2022沪深上市房地产公司财务稳健性TOP10

2022 排名	股票代码	股票简称
1	000002.SZ	万科 A
2	001979.SZ	招商蛇口
3	600048.SH	保利发展
4	601992.SH	金隅集团
5	000031.SZ	大悦城
6	000402.SZ	金融街
7	000926.SZ	福星股份
8	600383.SH	金地集团
9	000069.SZ	华侨城 A
10	600094.SH	大名城

表6 2022中国内地在港上市房地产公司财务稳健性TOP10

2022 排名	股票代码	股票简称
1	0688.HK	中国海外发展
2	1109.HK	华润置地
3	0960.HK	龙湖集团
4	0884.HK	旭辉控股集团
5	2007.HK	碧桂园
6	0817.HK	中国金茂
7	0672.HK	众安集团
8	3377.HK	远洋集团
9	0123.HK	越秀地产
10	1908.HK	建发国际集团

（四）投资价值 TOP10

表7 2022沪深上市房地产公司投资价值TOP10

2022 排名	股票代码	股票简称
1	600048.SH	保利发展
2	001979.SZ	招商蛇口
3	000031.SZ	大悦城
4	601992.SH	金隅集团
5	600383.SH	金地集团
6	600325.SH	华发股份
7	601588.SH	北辰实业
8	000069.SZ	华侨城 A
9	600376.SH	首开股份
10	600007.SH	中国国贸

表8 2022中国内地在港上市房地产公司投资价值TOP10

2022 排名	股票代码	股票简称
1	0688.HK	中国海外发展
2	3990.HK	美的置业
3	0960.HK	龙湖集团
4	1109.HK	华润置地
5	0884.HK	旭辉控股集团
6	1908.HK	建发国际集团
7	2007.HK	碧桂园
8	3900.HK	绿城中国
9	3377.HK	远洋集团
10	0672.HK	众安集团

表9 2022中国上市公司商业地产运营TOP10

2022 排名	股票代码	股票简称
1	1109.HK	华润置地
2	0960.HK	龙湖集团

续表

2022 排名	股票代码	股票简称
3	1238.HK	宝龙地产
4	0207.HK	大悦城地产
5	601155.SH	新城控股
6	000402.SZ	金融街
7	000002.SZ	万科 A
8	0817.HK	中国金茂
9	1966.HK	中骏集团控股
10	3377.HK	远洋集团

表10　　2022中国房地产上市公司代建运营优秀企业

2022 排名	股票代码	股票简称
1	9979.HK	绿城管理控股
2	9982.HK	中原建业
3	600383.SH	金地集团
4	1908.HK	建发国际集团
5	1109.HK	华润置地
6	000002.SZ	万科 A
7	001979.SZ	招商蛇口
8	0884.HK	旭辉控股集团
9	600048.SH	保利发展
10	0123.HK	越秀地产

（五）公司治理 TOP10

表11　　2022中国房地产上市公司治理TOP10

2022 排名	股票代码	股票简称
1	000002.SZ	万科 A
2	0688.HK	中国海外发展
3	1109.HK	华润置地
4	600376.SH	首开股份
5	601992.SH	金隅集团
6	2007.HK	碧桂园
7	000402.SZ	金融街
8	0119.HK	保利置业集团
9	001979.SZ	招商蛇口
10	600383.SH	金地集团

表12　　2022中国房地产上市公司十大金牌CEO

股票代码	股票简称	CEO
000002.SZ	万科 A	祝九胜
600048.SH	保利发展	周东利
001979.SZ	招商蛇口	蒋铁峰
601512.SH	中新集团	赵志松
0817.HK	中国金茂	李从瑞

续表

股票代码	股票简称	CEO
3377.HK	远洋集团	李明
1109.HK	华润置地	李欣
601155.SH	新城控股	梁志诚
000926.SZ	福星股份	冯东兴
600736.SH	苏州高新	沈明

表13　　2022中国房地产上市公司十大金牌CFO

股票代码	股票简称	CFO
000002.SZ	万科 A	韩慧华
0688.HK	中国海外发展	吕世杰
2007.HK	碧桂园	伍碧君
0817.HK	中国金茂	江南
1109.HK	华润置地	郭世清
0960.HK	龙湖集团	赵轶
001979.SZ	招商蛇口	黄均隆
600383.SH	金地集团	韦传军
000926.SZ	福星股份	冯俊秀
601512.SH	中新集团	龚菊平

表14　　2022中国房地产上市公司十大金牌董秘

股票代码	股票简称	董秘
000002.SZ	万科 A	朱旭
600048.SH	保利发展	黄海
001979.SZ	招商蛇口	刘宁
1109.HK	华润置地	罗志力
0817.HK	中国金茂	廖继勤
600383.SH	金地集团	徐家俊
0960.HK	龙湖集团	张蕾
0884.HK	旭辉控股集团	罗泰安
3377.HK	远洋集团	陈竞德
000926.SZ	福星股份	肖永超

表15　　2022中国房地产行业十大金牌分析师

机构名称	分析师
中金公司	张宇
国泰君安	谢皓宇
中信证券	陈聪
海通证券	涂力磊
华西证券	由子沛
兴业证券	阎常铭
招商证券	赵可
华泰证券	陈慎
申万宏源	袁豪
上海证券	金文曦

三、中国房地产上市公司整体发展状况分析

（一）经营规模：稳健优先，不同所有制企业表现分化

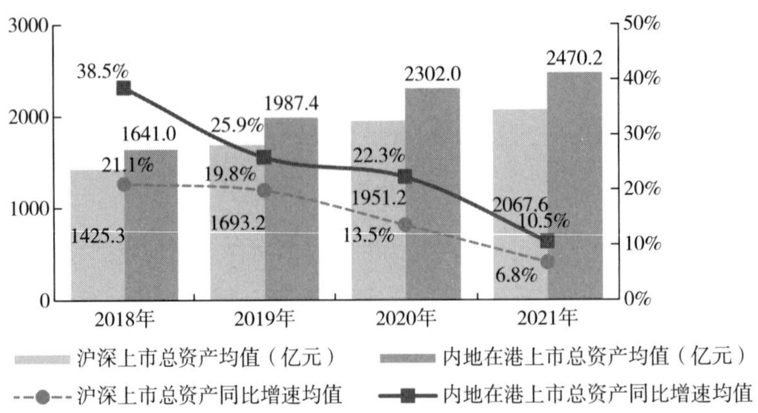

图1　2021年房地产上市公司总资产均值及增长率

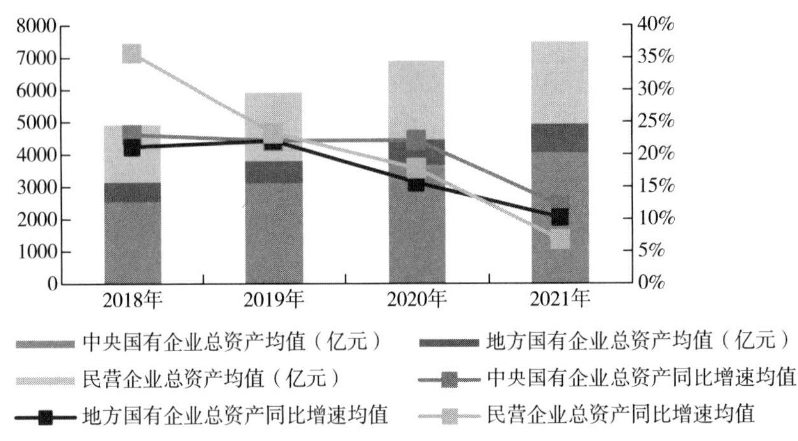

图2　2021年房地产上市公司分所有制总资产同比增长率

2021 年，房地产上市公司总资产规模增速进一步放缓。其中，沪深上市公司总资产均值为 2067.6 亿元，增速均值为 6.8%，较上年回落 6.7 个百分点。内地在港上市房地产公司总资产均值为 2470.2 亿元，同比增长均值为 10.5%，较上年回落 11.8 个百分点。沪深上市及内地在港上市房地产公司总资产增速大幅放缓，创近年新低。

（二）盈利能力：高地价和限房价双重挤压，盈利规模和能力显著下行

1. 净利润全面负增长，净利率降至个位数

2021 年，沪深上市房地产公司营收增速与上年持平，而内地在港上市房地产公司营收增速略有提升，但净利润增速创新低，增收少增利现象加剧。其中，沪深上市、内地在港上市房地产公司营业收入均值分别为 316.6 亿元、462.7 亿元，同比分别增长 15.5%、17.7%，增速较上年分别增加 0、2.0 个百分点；净利润均值分别为 17.3 亿元、43.4 亿元，同比分别下降 41.6%、18.0%，同比增速较上年减少 38.2、19.2 个百分点。

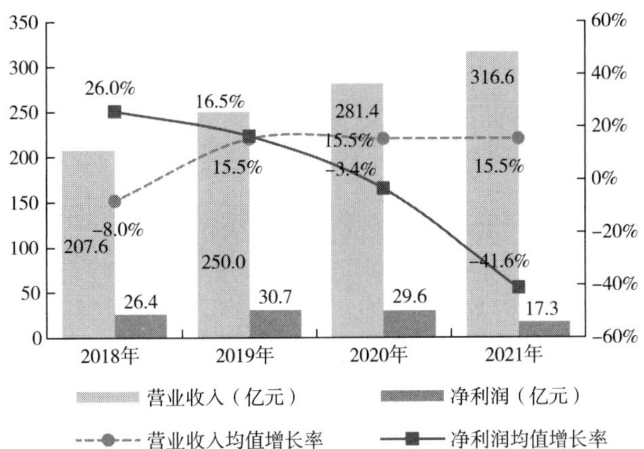

图3 2021年沪深上市房地产公司营业收入及净利润

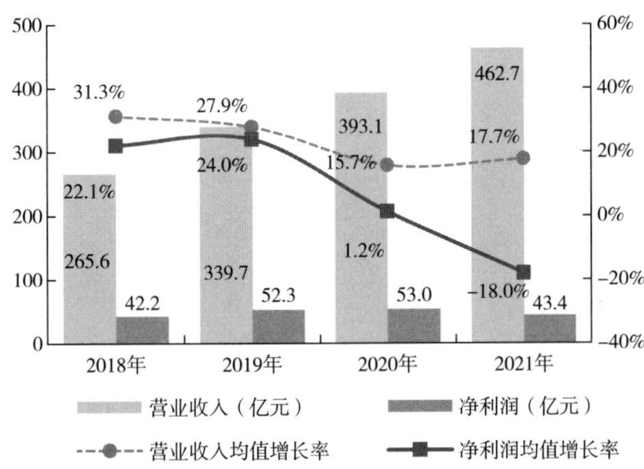

图4 2021年内地在港上市房地产公司营业收入及净利润

2. 高地价和限房价压低毛利率，物业减值加剧利润下行

分析盈利能力下滑的原因，前期高地价和重点城市限价导致毛利率持续承压是关键。自 2016 年以来，房地产开发企业数量从 9.5 万家增长到突破 10 万家，在激烈竞争下，住宅用地楼面价持续上升，叠加部分城市限售价，地价房价比呈波动性上涨趋势；2019 年以来布局回归一二线，加剧了地价房价比上行趋势。2018 年至 2021 年，不同销售规模阵营房企销售毛利率均呈现相似的下降趋势，代表企业销售毛利率从 2018 年的 30.1% 下降至 19.7%，年均降幅达 3.5 个百分点。

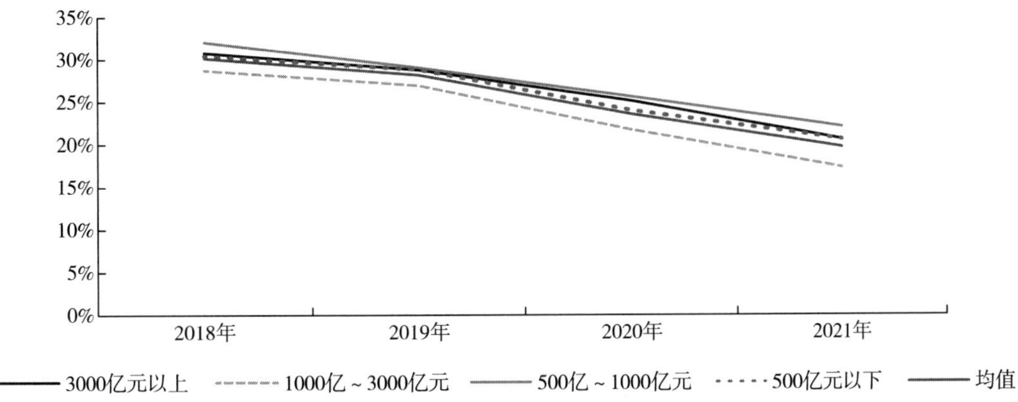

图5 2018—2021年不同销售规模阵营代表房企毛利率变化

3. 三项费用小幅下降，周转速度略有提升

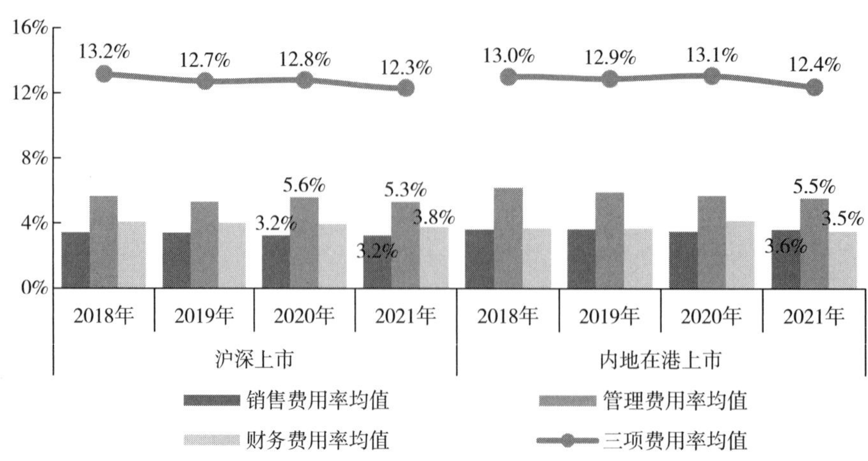

图6　2018—2021年沪深上市及内地在港上市房地产公司三项费用率均值

2021年，在新冠肺炎疫情和房地产行业进入深度调整周期的大背景下，房地产上市公司普遍严格管控三项费用率指标。沪深上市、内地在港上市房地产公司三项费用率均值分别为12.3%和12.4%，同比分别下降0.5个、0.7个百分点。

受疫情、调控趋严影响，2021年，房地产上市公司拿地力度明显减弱，并加快竣工结转，带动周转效率提升。具体来看，沪深上市房地产公司存货周转率为0.31，总资产周转率为0.20，分别较上年提升0.04、0.01；内地在港上市房地产公司存货周转率与总资产周转率分别为0.34、0.21，较上年分别上升0.03、0.01。

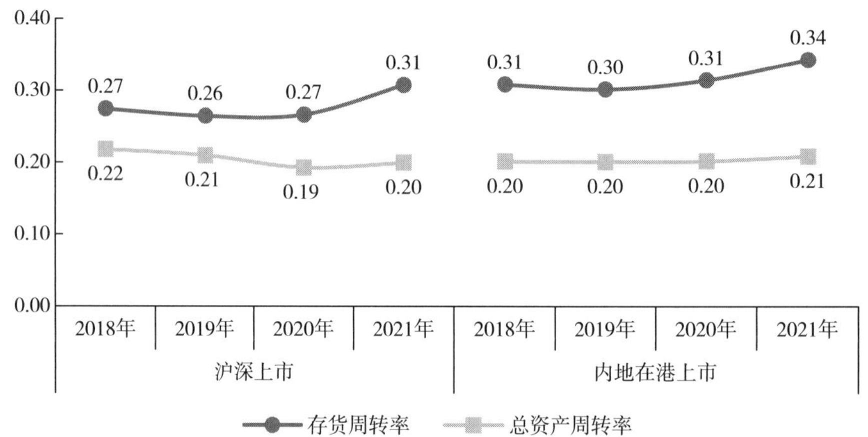

图7　2018—2021年沪深上市及内地在港上市房地产公司存货周转率与总资产周转率均值

（三）财务稳健性：行业均值全部达标，现金流呈净流出

1. 三道红线管控下，均值全部达标

2021年，受融资监管趋严和“三道红线”影响，房地产上市公司的负债规模再度缩减，负债率下降。沪深及内地在港上市房地产公司的资产负债率均值分别为71.0%、76.7%，较上年均下降0.2个百分点。2021年下半年销售市场虽然遇冷，但上半年的火热依旧保证了全年销售额2.8%的正增长，进而带动了预收账款规模的小幅上升，沪深及在港上市房企的预收账款均值同比分别增长了15.5%、24.7%，在总负债

中的占比分别上升 1.7、3.2 个百分点，占比达到 30.0%、32.7%。

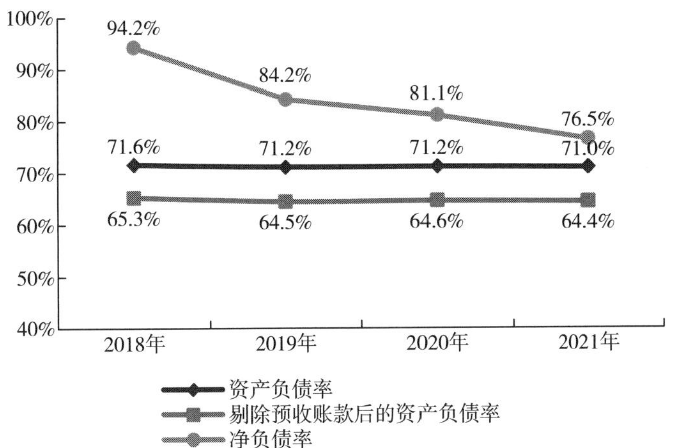

图8　2018—2021年沪深上市房地产公司负债率情况

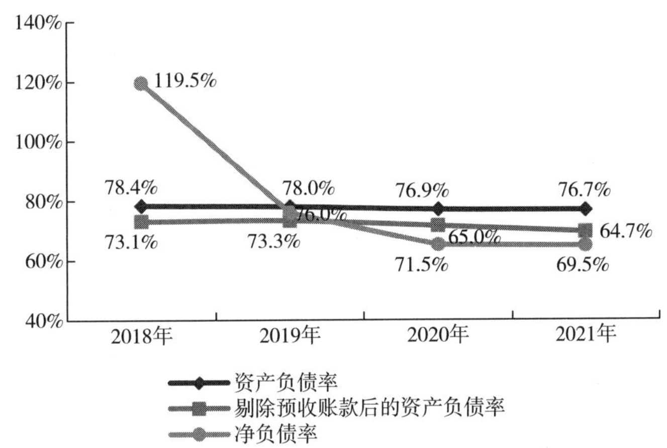

图9　2018—2021年内地在港上市房地产公司负债率情况

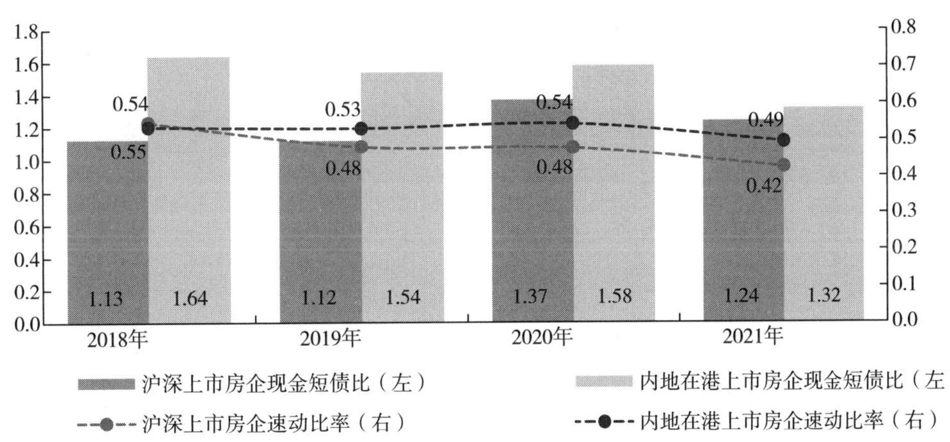

图10　2018—2021年沪深及内地在港上市房地产公司现金短债比与速动比率

2021 年部分房企出现短期流动性风险，现金的重要性再次得以体现。上市房企主动回笼资金，提升货币资金规模。沪深及在港上市房地产公司的现金短债比均值分别为 1.24、1.32，速动比率均值分别为 0.42、0.49，为短期债务提供了有力保障。如绿城中国的现金及现金等价物增长了 15%，进而推动现金短债比由 1.3 提升至 2.1；而龙湖、建发等企业长期秉承稳健的财务原则，现金短债比均超过了 5.0。

2. 市场下行叠加融资偏紧，现金流呈净流出

两地上市公司在筹资活动产生的现金流入方面出现了较大差异。沪深上市房企平均规模相对偏小，融资渠道少，筹资能力较弱，在行业融资规模骤降的情况下，筹资性净现金流为净流出，均值为 37.4 亿元；而 2021 年年中时筹资性净现金流均值为净流入 2.3 亿元。

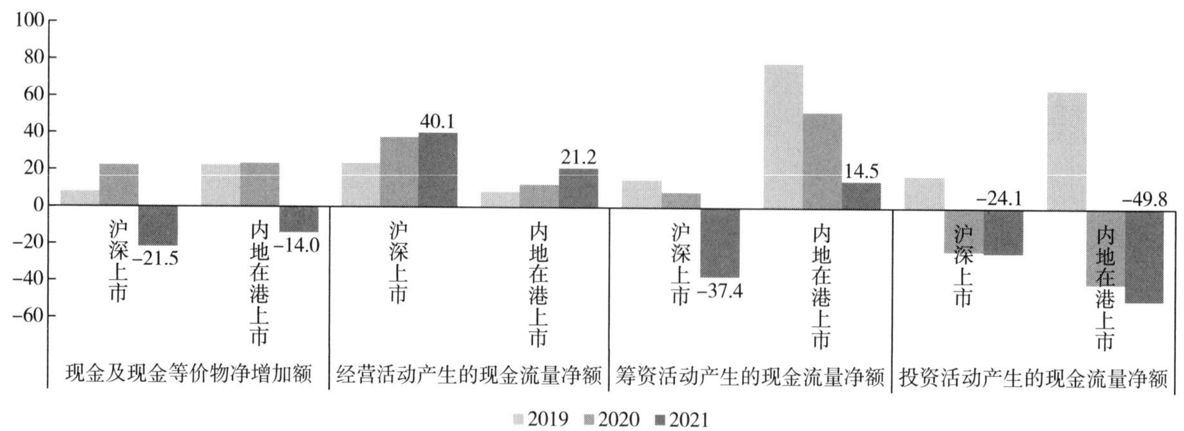

图11 2019—2021年沪深上市及内地在港上市房地产公司现金流净额均值（亿元）

（四）股东回报：每股收益水平回落，优秀企业保持稳健分红

1. 受市场下行影响，每股收益水平持续回落

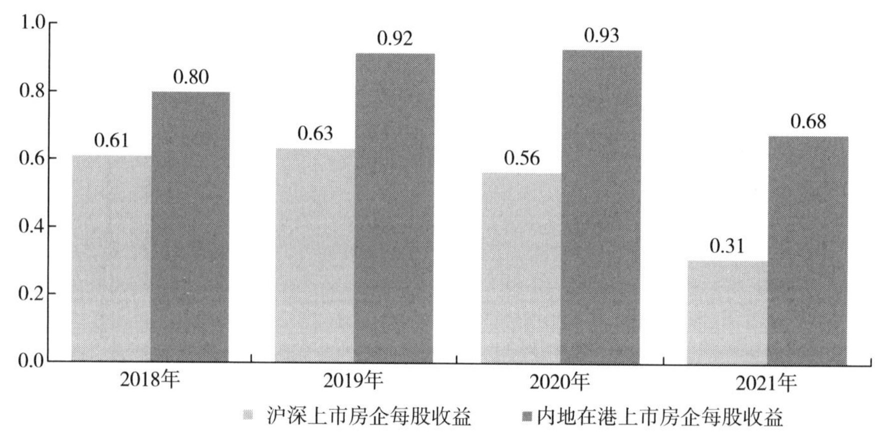

图12 2018—2021年沪深上市及内地在港上市房地产公司每股收益均值（元）

2021 年，受新冠疫情和房地产市场下行影响，房地产上市公司盈利能力显著下降，股东收益水平持续回落，部分房企逆势增长。具体来看，沪深上市房地产公司每股收益均值为 0.31 元，较上年下降 45.2%；内地在港上市房地产公司均值则为 0.68 元，同比下降 26.9%。

2. 受业绩下滑影响，经济增加值（EVA）继续下行

2021 年，沪深上市房地产公司 EVA 均值同比下降 44.1% 至 4.9 亿元，内地在港上市房地产公司 EVA 均值同比下降 40.2% 至 5.1 亿元。沪深和在港上市房地产公司两个阵营的企业财富创造能力出现分化，NOPAT 均值分别为 27.5 亿元、44.3 亿元，分别同比下降 22.6%、1.5%；资本成本均值分别为 23.1 亿元、39.2 亿元，同比下降 13.7%、增长 7.4%。

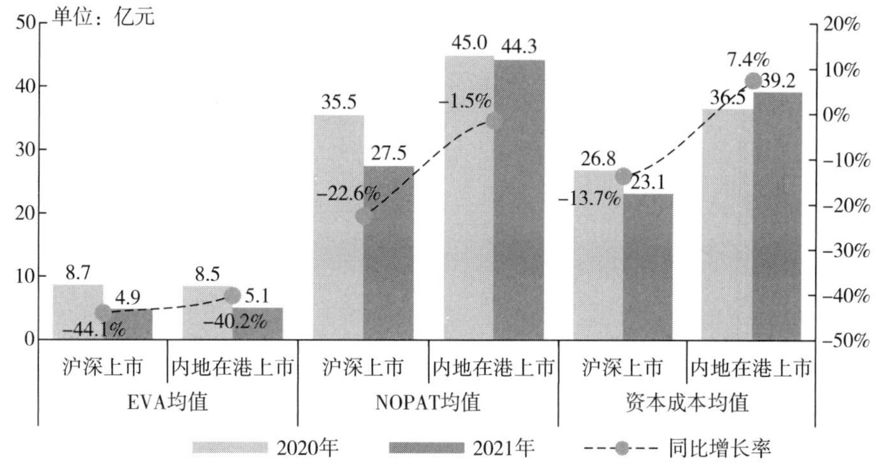

图13　2020—2021年沪深上市及内地在港上市房地产公司EVA、NOPAT与资本成本均值

3. 保持稳健分红，股东回报意识较强

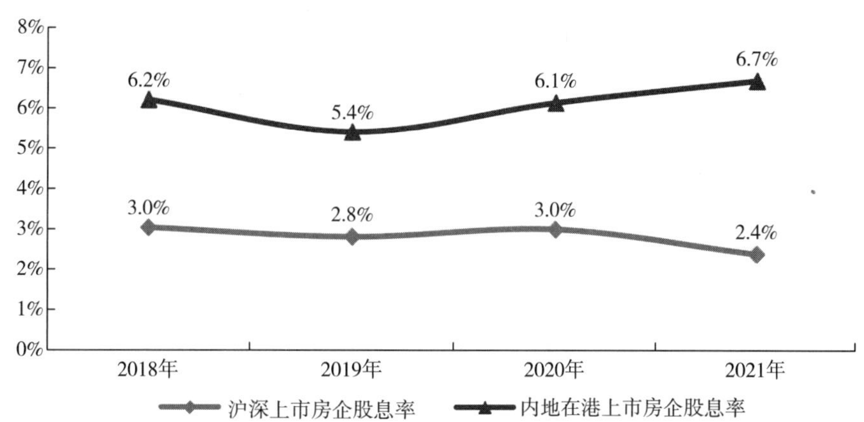

图14　2018—2021年沪深及内地在港上市房地产公司股息率均值

2021 年，房地产上市公司保持稳健分红，股东回报意识较强。沪深上市与内地在港上市房地产公司股息率分别同比减少 0.6 个百分点、增加 0.6 个百分点至 2.4% 和 6.7%。

（五）市值管理：市场进入下行周期，行业整体市值持续下降

1. 政策调控叠加市场下行，上市房企市值持续走低

2021 年，我国经济发展面临需求收缩、供给冲击、预期转弱三重压力。下半年伴随着国家宏观经济下行压力加大，房地产市场在密集调控新冠疫情影响下逐渐降温，叠加个别企业流动性风险爆发，投资者对房地产板块风险预期增加，房地产上市公司市值呈现下跌态势。沪深上市房地产公司市值均值为 169.9 亿，同比下降 10.8%，其中 68 家公司市值下跌，占 A 股房地产上市公司总量的 66.3%；内地在港上市房地产公司市值均值为 193.6 亿，同比下降 32.9%，其中 70 家公司市值下跌，占港股房地产上市公司总量的 88.6%。

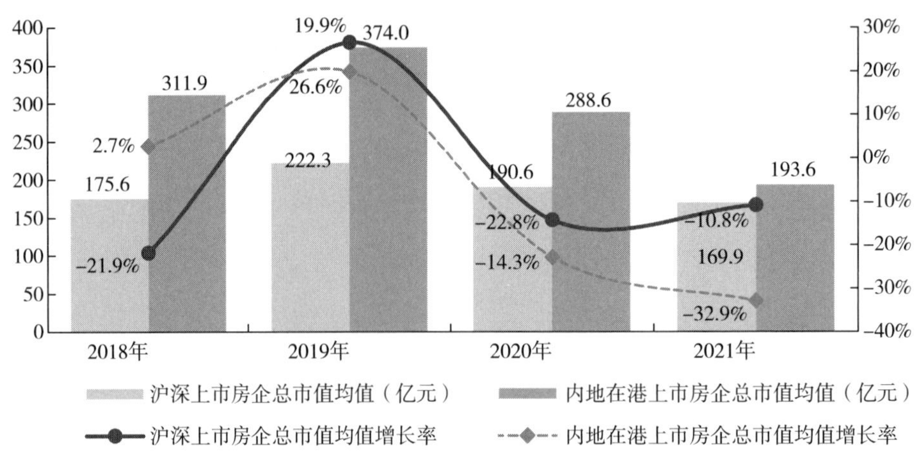

图15　2018—2021年沪深上市及内地在港上市房地产公司市值均值及其增长率

2. 多管齐下释放长期投资潜力，加强信息披露凸显企业经营成效

2021年，投资者对房地产行业和企业的信心受到冲击，上市房地产公司市值普降，凸显了市值管理的重要性。上市房地产公司完善公司的市值管理方式，加强公众媒体、投资者关系管理，通过分拆上市、并购重组、股票回购、股权激励等方式增强价值创造能力，释放长期投资潜力，同时，通过股东和高管的支持，展示对企业长期健康发展的信心，多管齐下促进企业市值向内在价值靠拢。

（六）投资价值：优秀企业估值仍有提升空间，关注具有融资优势、经营能力强的企业

2021年，房地产板块前高后低，沪深上市及内地在港上市房地产公司表现整体不如大盘。延续2020年末大盘上行态势，2021年上半年大盘高位震荡盘整，上半年末沪深300收盘于5224.04点，同比上涨25.5%，较2020年末上涨0.2%；下半年，国内经济恢复仍然不稳固、不均衡，伴随着消费偏弱、投资谨慎、预期转弱，宏观经济下行压力加大，A股资本市场震荡下行，年末沪深300收盘于4940.37点，同比下跌5.2%。房地产板块走势与大盘接近，前升后降，三季度以来受调控不断加码影响震荡下行，四季度以来，中央多次表态支持合理住房需求，房地产板块有所反弹，申万地产指数年末收盘于3371.59点，同比下降11.9%。纵观2017年至2021年第一季度，A股市场中，申万地产指数持续表现均弱于沪深300指数，2021年四季度到2022年一季度，房地产板块受政策底影响出现反弹，走出了独立于大盘的行情。

港股受疫情反复、通货膨胀、行业监管变动及全球资本市场多重因素影响，2021年全年跌宕起伏，恒生指数年末收盘于23397.67点，同比下降14.1%，跌幅较上年扩大10.7个百分点。港股房地产板块整体随大盘波动，表现强于大盘，恒生地产指数年末收盘于29580.42点，同比下降7.9%。2017年至2020年第三季度，恒生地产指数表现一直优于大盘，恒生地产指数与恒生指数走势一直表现出强关联性，2020年四季度开始，恒生地产指数持续弱于大盘，表明自此开始，海外投资者对内地房地产市场信心较早期减弱。

2. 聚焦企业永续经营能力，拥有融资优势的企业、在多赛道具有较强竞争力的企业更受青睐

2018年以来，在增速放缓、高烈度竞争的背景下，行业毛利率持续下行，显著压制了近三年来的

房地产上市公司估值表现；行业杠杆率连续处于高位，导致在市场下行周期多家房企爆发债务风险，房地产上市公司估值普遍下调；融资成本随着整体利率环境宽松而下调，但是目前的融资成本仍高于港资房企，更高的资金成本限制了企业估值的抬升；此外，伴随着开发销售业务增速逐渐下降，原有的“高杠杆、高周转、高负债”三高模式已经进入负反馈阶段，监管部门和投资者都迫切希望房地产上市公司探索出新的发展模式，中长期来看，能够完成商业模式转型升级才能为估值提升打开新的空间。

专题报告 2022 中国房地产企业经营风险分析及应对策略

（一）企业经营风险分析：销售不旺，融资不畅，债务压身

1. 近期地产利好政策密集出台，政策效果尚不明显

近期地产利好政策密集出台，政策效果尚不明显，1 ~ 4 月销售降幅接近三成，市场恢复不及预期，TOP100 房企销售额同比下降 50.2%，销售市场偏冷将为房地产企业经营性现金流入蒙上阴影。投资布局聚焦热点一二线城市的企业有望率先受益于市场复苏，资金链安全性更有保障。当前热点一二线、热点城市群的政策跟进节奏加快，而这些大城市人口规模突出且持续流入，住房需求旺盛，这部分城市基本面较好，预计在政策发力显效、疫情得到有效防控后，购房者预期和置业信心有望逐渐修复，市场有望率先企稳。

2. 融资环境偏紧，融资规模大幅下降，资金偏好国央企

（1）融资监管政策纠偏，支持房地产企业合理融资需求

2021 年房地产金融政策前紧后松，全年围绕“房地产金融审慎管理”这一主线，同时利用“打补丁”与“修正”进行完善，形成了既抑制房企过度借贷又满足合理融资需求的政策体系。2022 年以来，中央加大稳健的货币政策实施力度，保持流动性合理充裕。在房地产市场下行、疫情反复和外部局势动荡压力下，货币政策在稳增长方向继续发力。近几个月，央行再次降准、降息，1 月 20 日，1 年期 LPR 较上期下调 10 个基点至 3.7%；5 年期以上 LPR 较上期下调 5 个基点至 4.6%。

（2）融资规模大幅下降，信用债、ABS 成为主力

2021 年 3 月以来，房地产行业整体融资环境呈现大幅紧缩趋势。2021 年实体经济持续承压，社融同比增速来到疫情后低点，加之房地产金融审慎管理制度完善，市场低温运行，房地产企业开发到位资金同比增速大幅下滑，达到 2016 年最低点。2021 年四季度以来，在一系列“稳增长”措施下，社融同比增速有所回升，但房地产开发到位资金受市场低迷、上年高基数影响，同比增速仍持续下行。

随着融资环境调整，房企融资结构优化，部分优秀房企凭借其强大的综合实力、稳健的经营能力及突出的商业模式吸引了资本市场的广泛关注。其中，中海地产凭借稳健高质量发展、领先的精益管理运营和价值创造能力以及多元化业务的不断成长，核心利润规模指标在行业中保持领先，此外始终坚持审慎的财务策略，资金链安全系数高，持续受到投资者关注。金隅集团以运营为本，灵活调整营销策略，加大营销力度，坚持“好水快流”，抓销售促回款，聚焦中心城市和城市群、城市圈，深耕布局，规模发展，获得资本市

场的广泛关注。

表16　　2022值得资本市场关注的房地产公司

企业名称	企业名称
中国海外发展	北辰实业
保利发展	福星股份
金隅集团	华润置地
金地集团	远洋集团
龙湖集团	信达地产

房企绿色债券发行规模扩大。2021 年，在双碳工作背景下，绿色债券顶层设计逐步完善，各部委加快推动绿色债券标准化工作，房地产企业绿色债券发行总量飙升，品种更加丰富，为融资渠道开辟新路径，并引导房地产行业向绿色发展转型。

表17　　2022中国房地产ESG发展优秀企业

股票代码	股票简称
000002.SZ	万科 A
0688.HK	中国海外发展
001979.SZ	招商蛇口
3900.HK	绿城中国
600376.SH	首开股份
1622.HK	力高集团
2007.HK	碧桂园
1109.HK	华润置地
601588.SH	北辰实业
0123.HK	越秀地产

2021 年，中国房地产上市公司持续推动 ESG 理念，越来越多的房地产上市公司发布 ESG 报告，并不断完善 ESG 管理架构，积极承担相关责任，以更加专业化、系统化、透明化的 ESG 体系推进企业价值可持续发展。

3. 债券存量高企，违约风险或将波及上下游企业

截至 2022 年 4 月末，房地产行业存量债券余额共计 27902.4 亿元，其中信用债余额 14776.0 亿元，海外债余额 13126.4 亿元；一年内到期的债券余额为 9554.7 亿元，其中信用债为 5773.0 亿元，海外债为 3781.7 亿元。2022 年 1 ~ 4 月，房企信用债发行总额为 1531.7 亿元，同比下降 37.7%；海外债发行总额 142.8 亿元，同比大幅下降 89.6%。当前行业风险偏高，投资人普遍持审慎态度，可以预计未来债券整体发行能力难以回暖，新发规模无法覆盖到期余额。

合同负债持续增长，真实负债同比微增。2021 年，上市房地产公司总负债规模达 25.6 万亿，较上年增长 1.0 万亿。其中合同负债占比 30.3%，总额较上年增加 0.8 万亿元；剔除合同负债后的真实债务规模约 17.9 万亿，较上年增加 0.2 万亿，较上年有小幅上升。可以看出，当前房企总负债仍有扩张，但预售带来的合同负债为主要上升因素，真实负债规模同比仅增长 1.3%，增速放缓。

（二）应对策略：善用政策，抓回款、多融资，聚焦核心业务和核心城市

1. 紧抓政策窗口期，促销售、抓回款、保现金

预售资金监管进一步规范，中央支持刚性和改善性住房需求，多城优化调整房地产政策，综合以上信息，房企应抓紧政策窗口期，加大销售回款力度。2022 年 2 月，全国性商品房预售资金监管的意见出台，对监管额度、交纳范围、取用条件等内容进行了明确，确保房企可以在合理范围内支取和使用预售款。2022 年以来，烟台、南平、佛山、南京、常德等十余城相继调整预售资金监管办法，分别以加快审批效率、调整资金监管比例、银行保函等额替换等方式提高预售资金使用效率，同时降低房企重点监管资金沉淀压力。

2. 紧抓信用债、并购贷等融资窗口，改善资金结构，降低融资成本

信用债融资成本低，又符合当期政策导向，上市房企可抓住这一窗口期补充融资资金。证监会明确提出“积极支持房地产企业债券融资”。2022 年 5 月，深交所发文明确提到：“支持房地产企业合理融资需求。支持房企正常融资活动，允许优质房企进一步拓宽债券募集资金用途，鼓励优质房企发行公司债券兼并收购出险房企项目，促进房地产行业平稳健康发展。”

ABS 发行创新高，有效缓解房企融资压力。ABS 全年融资规模同比上升 4.6%，是唯一正增长的融资渠道，其中供应链 ABS、CMBS/CMBN 为主要发行模式，前者将应付款作为基础资产，后者盘活了持有型物业，均为上市房企在不增加新债务的基础上增加融资规模。4 月中旬，深圳市人才安居集团项目报送国家发展改革委，成为全国首个正式申报的保障性租赁住房 REITs 项目，保障性租赁住房 REITs 取得突破。

并购融资成为融资边际放松的重要方式，千亿资金通过多渠道快速落地，为房企补充资金、化解行业风险提供有力支持。2021 年 12 月，人民银行和银保监会联合印发《关于做好重点房地产企业风险处置项目并购金融服务的通知》，鼓励银行业金融机构做好重点房地产企业风险处置项目并购的金融支持和服务。随后各类并购融资快速落地，2022 年 1 ~ 4 月，并购债发行及计划发行 572 亿元，其中房企发行占比 21.3%，发行主体均为国央企；金融机构发行占比 78.7%，其中资管公司发行 200 亿元；银行大量授予房企并购融资额度，至今共有 1780 亿并购融资贷款额度。

保障房所获金融支持力度加大，房企在探索新发展模式与拓宽融资渠道方面齐头并进。保障性租赁住房符合中央坚持“房住不炒”的定位，是“十四五”时期住房建设的重点任务，也是房企在新周期下拓展业务的重要模式之一。房企应充分利用政策倾斜优势与金融机构支持力度，开拓租赁住房业务新赛道、融资新渠道。

3. 积极与地方国企、城投平台等合作，修复自身信用

善加利用项目收并购支持政策，调整投资布局结构。2021 年 12 月 20 日，央行、银保监会联合发布《关于做好重点房地产企业风险处置项目并购金融服务的通知》，鼓励银行业金融机构做好重点房地产企业风险处置项目并购的金融支持和服务。

房企积极引入第三方能够获得资金与资源的支持，修复自身信用水平。战略投资者还可帮助房企全面深化和拓宽合作领域，进一步提高自身业务水平。

特别地，如果民营房企能够加入混改，将提高民营房企信用水平，有助于化解房地产风险。2015 年 8

月，《中共中央、国务院关于深化国有企业改革的指导意见》指出发展混合所有制经济，推进国有企业混合所有制改革，引入非国有资本参与国有企业改革。

4. 保持团队稳定，积极行动，维护企业正常经营

在市场下行周期，房企流动性压力逐渐加大，这更要求房企保持团队的稳定性，积极开展自救行动，确保施工销售各项业务正常进行，有效化解风险，保护各方利益。

5. 调整发展战略，聚焦核心业务和核心城市，适度缩表瘦身

行业规模增长明显降速，房企将降规模。百亿以上房企销售额增速近几年持续下降，从 2018 年的 38.9% 降到 2021 年的 4.2%，行业规模增速明显进入下行通道。预计 2022 年行业规模将出现负增长，全国商品房销售面积将有所下降。房地产金融审慎管理，房企将缩表。“三道红线”和“两道红线”政策未来持续实施，对房企有息债务规模进行限制，对流向房地产领域的资金进行限制。在行业规模增长明显降速、房地产金融审慎管理下，原有的高负债、高杠杆、高周转模式已不再适应当前市场形势，房企经营节奏将会发生改变。因此，房地产企业应审视自身核心竞争优势，扬长避短，聚焦核心业务和核心城市，适度进行缩表和瘦身。同时房企通过缩表出清可以获得融资，从而补充流动性。

结　语

2021 年，在疫情反复、密集调控的背景下，房地产市场经历上半年高热逐渐转冷，四季度以来，中央仍坚持“房住不炒”的主基调，支持合理住房需求，“因城施策”持续推进，房地产上市公司业绩触及近年最低点。行业出清和优胜劣汰在市场下行周期更加显著，优秀房地产上市公司凭借前期卓越的投资开发能力和良好的财务基本面，表现出更强的稳健性；部分高杠杆房企面临流动性压力下的经营困境，部分中小房企生存空间持续受限。

2022 年疫情多点散发，宏观经济面临需求收缩、供给冲击、预期转弱三重压力，房地产政策在调整改善，市场仍在底部震荡。房地产上市公司应增强机遇意识和风险意识，趋利避害，以高市场敏感度和前瞻性精准把握城市轮动机遇，推动产品服务优化，实现业绩的稳步增长，彰显出高投资潜力。

报告五 2022中国产业新城运营商评价研究报告

一、研究背景与方法体系

（一）研究背景

2021年是“十四五”开局元年，围绕“十四五”相关政策体系在不断筑起，产业发展顶层设计强调深入实施制造强国战略和发展壮大战略性新兴产业，加快发展现代产业体系，巩固壮大实体经济根基。在此指引下，产业新城开启了新征程。与此同时，各地加速新型城镇化高质量发展，城市群和都市圈持续壮大，大中小城市朝着发展方向和建设重点稳步推进，在此过程中，城市群的引领带动作用愈发凸显。

2022年，政府工作报告强调，深入实施创新驱动发展战略，巩固壮大实体经济根基，推进科技创新，促进产业优化升级，突破供给约束堵点，依靠创新提高发展质量。报告同时提出，促进数字经济发展，培育壮大集成电路、人工智能等数字产业，推进区域协调发展和新型城镇化质量。3月，发改委印发《2022年新型城镇化和城乡融合发展重点任务》，提出依托城市群和都市圈促进大中小城市协调发展，特别是抓好超大特大城市和县城这“一大一小”的发展。4月，国务院印发《关于推进以县城为重要载体的城镇化建设的意见》，强调以县城为重要载体加快城镇化建设，培育一批具有良好区位优势和产业基础、资源环境承载能力较强、集聚人口经济条件较好的县城，这些均为产业新城提供了更大的发展契机。随着产业新城不断壮大，项目运营成功与否直接决定了产业新城未来的发展态势，因此优秀产业新城运营商的发展经验更值得借鉴。

在此背景下，中指研究院秉持客观、公正、准确、全面的研究原则，连续第七年开展“中国产业新城运营商评价研究”。我们进一步优化适用于国内产业新城运营商发展特色的研究方法和评价指标体系，从产业发展、城市建设、企业经营能力三方面进行综合评价，结合大数据方法，发掘国内综合运营实力强、创新能力突出、成长潜力大的产业新城运营商。我们希望通过总结其成功运营的核心价值要素，推广优秀发展经验，发挥其在中国产业转型升级中的标杆示范作用，为政府、业界提供更多参考依据及经验借鉴，进一步推动行业发展。

（二）研究方法体系

当前，我国新城新区数量众多，发展程度良莠不齐，而产业新城发展成败的背后，运营商发挥着不可忽视的作用。以往国内外园区开发主体的评价仅是围绕产业园区开发商进行的，产业新城运营商的评价研究尚属空白。基于此，2016 年，中指研究院首次提出并建立产业新城运营商综合实力评价体系；2022 年，我们进一步优化适用于国内产业新城运营商发展特色的研究方法和评价指标体系，以期能成为检验现有运营商实力的标尺，亦能够为行业各类参与主体提供参考依据，进一步推动产业新城建设的长足发展。

1. 研究对象

（1）产业新城样本项目筛选

我们认为，产业新城运营商的核心价值仍体现在其所运营的产业新城项目上；并且，相对于企业来说，项目的筛选、观测更加直观和清晰。因此，我们选择从产业新城项目入手，去寻找符合研究标准的运营商样本。

基于大量的理论研究和实践观察，我们认为产业新城是在市场化运营机制主导下，受中心城市或中心城区辐射并对其产生反磁力作用的、集良好产业基础及完整城市服务功能于一体的宜居宜业新城。因此，筛选产业新城项目时，我们设立了以下 3 个标准。

① 以市场化运营机制为导向。

② 受到中心城市或城市中心的辐射带动，并能够对中心城市或城区中心产生反磁力作用。

③ 产业新城除了具有良好的产业基础外，还要具备完整的城市服务功能，并以实现产城融合为目标。

基于以上 3 个标准，我们筛选全国范围内主要的新城新区，并以行业专家及中指研究院各地方分院推荐的优秀项目作为补充，同时，在后续研究中不断查漏补缺。在 2022 年的研究中，我们继续优化样本项目，最终筛选出 112 个项目作为产业新城研究对象。

（2）新城运营商研究对象的确定

一方面，通过筛选出的产业新城项目，发掘其背后的开发运营主体；另一方面，根据我们对产业新城运营商的定义来确定研究对象，即产业新城运营商是以开发运营产业新城为发展方向，提供专业化、市场化的服务平台，为产业新城的规划、投资、运营、管理等提供一体化解决方案的实体企业。

综合以上两方面的考量，我们在上一年度研究样本的基础上，继续丰富研究样本，最终确定了东湖高新、湖北高投、华南城、上海临港、市北高新、苏州高新、泰达控股、天安数码城、张江高科、招商蛇口、中新集团、中国五矿、中国宏泰、中国金茂等 72 家企业作为产业新城运营商评价的研究对象。在产业新城运营商评价研究中，我们希望竭尽所能列出全部符合产业新城标准的项目，但可能仍无法避免遗漏部分研究标的。部分尚处于开发初期的项目也未纳入本期研究样本。另外，虽然市场化机制主导的企业更加高效灵活，而且在未来将占据产业新城发展的核心地位，但这并不意味着只有民营资本主导的运营商才能进入研究样本。一些以园区开发起步的国有背景运营商不仅在开发经验以及资源利用方面更具优势，也较为注重城市配套的规划建设，并逐步引入市场化运作模式，因此也进入了本次研究的样本范围。此外，虽然部分企业并没有明确提出建设产业新城的概念，但根据我们对产业新城运营商的理解并结合实际情况，也将这部分企业列为研究对象。

2. 评价模型及指标体系

在评价模型的构建过程中，中指研究院始终围绕“产业新城运营商评价”的核心目标，依据国内外行业理论研究经验及我国产业园区、产业新城发展实践，搭建形成评价体系的雏形。在此基础上，通过大量的产业新城运营商及代表项目调研，对反映核心要素的评价体系进行了反复验证和修正。

2016 年 3 月 1 日，中指研究院召开了“中国产业新城运营商评价研究成果”鉴定会，邀请 16 位行业专家对评价体系进行鉴定，并在综合各位专家意见的基础上完善修改，最终形成产业新城运营商评价体系。

我们独创性地建立“一核两翼”评价模型，以此评价各产业新城运营商的综合实力。其中，“一核”指评价的核心主体，即产业新城运营商；“两翼”指运营商最重要的两个核心能力，即产业发展能力和城市建设能力，其中产业发展是产业新城的核心驱动力，是新城活力之源，而城市配套建设是产业新城各项生产、生活要素赖以发生发展的载体；同时，运营商经营能力是其实际运营水平与经营成效最直观的体现，与前面两个方面相辅相成，共同反映产业新城运营商综合实力。

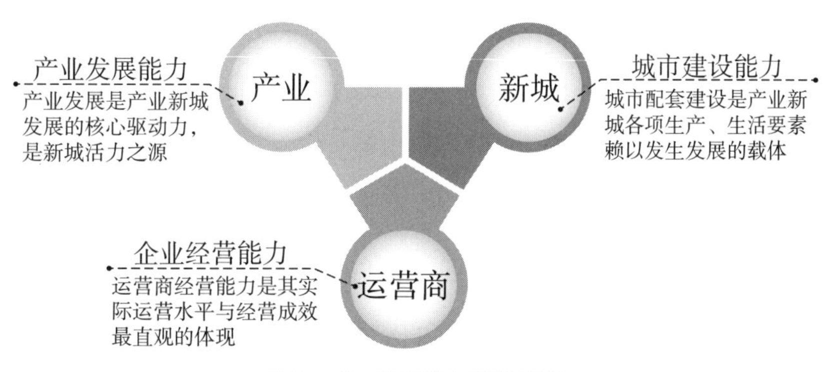

图1 “一核两翼”评价模型

依据国内外行业研究理论经验及我国产业园区、产业新城发展实践，我们梳理提炼出现阶段行业关注及实际应用的关键指标，围绕产业发展能力、城市建设能力及企业经营能力三个方面构建产业新城运营商评价体系，包括 12 项二级指标以及 30 余项三级指标。我们对反映核心要素的评价体系和具体指标进行了反复验证和修正，并吸纳专家鉴定会上各位权威专家的中肯建议，在全面性、客观性、科学性、可行性原则的指导下，搭建形成“中国产业新城运营商综合实力评价体系”。近年来，随着行业的不断发展，越来越多的产业新城运营商注重资产运营效率的提升。2022 年，我们在继承上一年研究方法、评价指标体系、研究成果以及经验的基础之上，结合更加丰富的产业新城运营商及代表项目的交流，进一步优化了产业新城运营商研究方法和评价指标体系，例如在园区运营中，增设“出租面积”和“北交所挂牌企业数量”两个指标，评价运营商产业发展能力。

产业新城运营商综合实力评价体系											
产业发展能力				城市建设能力				企业经营能力			
产业导入	产业培育	创新发展	经济贡献	基础设施	公共服务	人口集聚	生活宜居	经营规模	盈利能力	融资能力	财务稳健

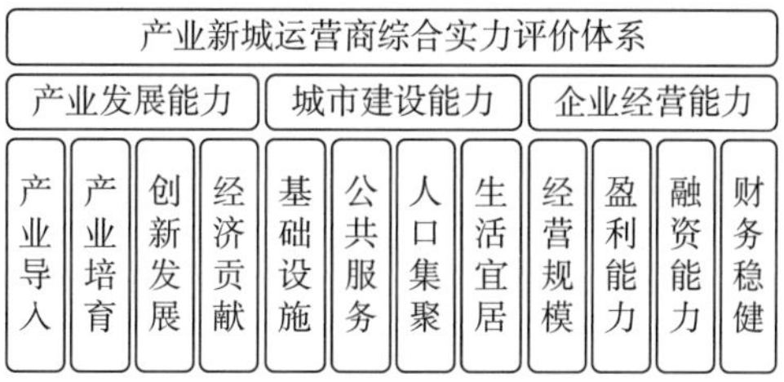

图2 产业新城运营商综合实力评价体系

①产业发展能力：产业的健康发展是产业新城的灵魂，优秀的产业新城自有一套完整的产业生态系统。在评价运营商产业发展能力时，我们以产业开发与运营流程为切入点，从产业导入、产业培育、创新发展三个方面出发，最终以产业发展对所在区域或城市的经济贡献为落脚点，全面评价运营商产业发展能力。

②城市建设能力：产业新城的“城”是其开展一切生产、生活活动的载体。评价运营商的城市建设能力时，我们首先对产业新城内基础设施以及公共配套的完善程度进行评价；同时基于园区对人口的吸纳程度以及生活宜居性，衡量产业新城运营商满足人们生活需求、提升居民生活水平的能力。

③企业经营能力：从评价企业运营的“量”和“质”两个基本要素来看，需在兼顾经营规模的同时保证运营绩效，另一方面在争取成长速度的同时保证财务稳健；同时，产业新城项目的开发周期长、资金需求量大，极为考验运营企业的融资能力。因此，我们将企业经营能力分解为“经营规模”“盈利能力”“融资能力”“财务稳健性”“运营效率”五个部分。

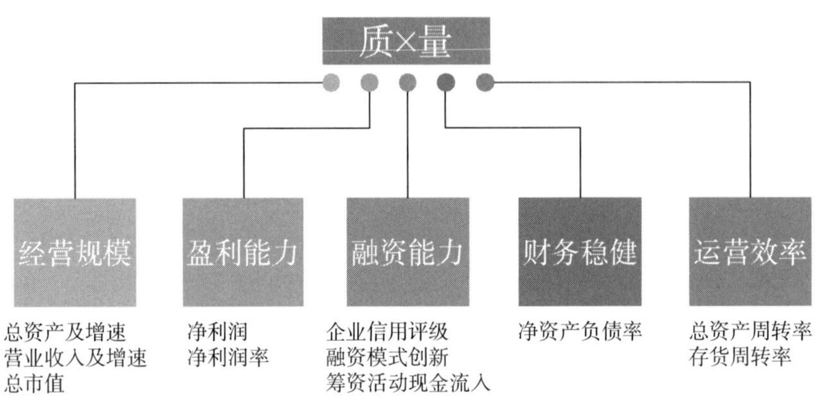

图3 企业经营能力要素

考虑到运营商的产业发展能力和城市建设能力更多地是从其具体运营的产业新城项目中体现出来，因此，在评价这两方面能力时，从运营商的产业新城项目入手，每家运营商挑选 1 ~ 3 个典型项目，并赋予项目不同权重，从项目的运营数据来评价运营商的产业发展和城市建设能力。至于企业经营能力，则直接分析运营商财务数据，同时考量其信用水平、合作模式创新等方面，综合评价其经营能力。

3. 数据来源

本次研究的资料及数据一方面通过公开渠道获取，同时为了夯实数据研究根基，中指研究院组织总部及各地机构数十位分析师，对全国范围内 41 座城市、112 个产业新城项目及 72 家运营企业进行调研，收集了大量的园区产值、产业导入、招商运营、新城建设等方面数据及调研资料，另有园内入驻企业、就业员工调查问卷。在调研过程中，行业从业者丰富的专业知识以及对行业发展的思考使我们受益匪浅，他们对产业新城项目的一线运营经验反馈也为我们数次修正评价体系提供了重要参考。此外，我们还征询了部分行业专家的意见，他们从更加宏观和广阔的视角为我们的研究提出了宝贵建议。

4. 评价步骤

（1）指标赋权

在运用指标体系进行评价时，需要使用科学合理的赋权方法对各个指标赋予不同的权重。为了克服不同赋权方法固有的缺陷，本次研究结合客观导向的因子分析法及主观导向的德尔菲法对评价体系各指标进行赋权，以使评价结构更合理和准确。

（2）指标的标准化处理

各项三级指标中，对于定量指标，由于各个指标单位不同，不能直接比较，需要对数据进行无量纲化处理，消除数据之间存在的差异。我们将数值标准化为0～100，从而得到该指标的得分。对于定性描述型的指标，我们主要采用德尔菲法进行评价，各指标打分采用百分制。

（3）计算综合得分

对三级指标进行加权平均计算，得到各二级指标的得分；然后根据二级指标权重加权平均计算，最后获得各运营商综合实力评价结果。

二、主要研究成果

（一）综合实力评价结果

表1　2022中国产业新城运营商综合实力TOP10

企业名称
中新苏州工业园区开发集团股份有限公司
上海张江高科技园区开发股份有限公司
招商局蛇口工业区控股股份有限公司
中旭恒创（重庆）科技发展有限公司（原启迪协信）
深圳市星河产业投资发展集团有限公司
珠海华发城市运营投资控股有限公司
上海临港经济发展（集团）有限公司
苏州新建元控股集团有限公司
天安数码城（集团）有限公司
粤港湾控股有限公司

从综合得分来看，中新集团、张江高科、招商蛇口综合实力位居前三。中新集团积极融入国家战略，确立了“立足苏州、深耕长三角、关注全国重点城市、适度探索‘一带一路’”的布局战略。张江高科加速实施由地产运营商向产业综合运营平台的转型，通过打造全生命周期空间载体和布局全产业链的投资基金，汇聚创新资源打造创新服务生态圈。招商蛇口深耕园区开发与运营，从主题园区到特色产业带再到生态型片区，招商蛇口赋予产业繁盛生长的能量，为城市经济多元化发展带来源源不断的活力。

（二）分项评价结果

1. 特色运营商评价结果

表2　2022中国特色产业新城运营优秀企业

企业名称	产业新城特色
万科南方产城	产城综合运营
华南城控股有限公司	现代化综合商贸物流
深圳市中集产城发展集团有限公司	产城综合运营
宝湾产城发展（深圳）有限公司	产城综合运营
上海市北高新股份有限公司	大数据云计算

2. 园区运营商评价结果

表3 2022中国产业园区运营商综合实力TOP10

企业名称
北京联东投资（集团）有限公司
中节能实业发展有限公司
中南高科产业集团
苏州苏高新集团有限公司
武汉东湖高新集团股份有限公司
中电光谷联合控股有限公司
上海新金环企业集团有限公司
卓尔控股有限公司
北京天瑞金置业集团有限公司
和谷发展（北京）科技集团有限公司

产业运营商积极响应国家政策，一方面，围绕数字经济、医疗器械、节能环保、智能制造等高新产业主题，努力打造专精特新产业园区；另一方面，联合互联网头部企业，抢抓数字经济发展机遇，打造智慧建设、智慧管理、智慧服务等多个功能模块，做好园区高质量发展。通过研究，我们筛选出具有代表意义的园区优秀运营商，这些企业在智慧园区、新兴产业、产业深耕、绿色发展等一个或多个领域表现突出，不断提升核心竞争力，未来发展潜力较大。

3. 城市运营优秀企业评价结果

表4 2022中国城市运营优秀企业

企业名称
中国金茂
中冶置业
富康集团
卓尔控股
天鸿控股

4. 产业项目运营评价结果

表5 2022中国产业运营优秀项目

项目名称
深圳・星河 WORLD
中节能・之江首座
北京西国贸园区
中南高科・智荟谷
江苏医疗器械科技产业园
新建元数谷
北京 IC PARK
北科建青岛蓝色生物医药产业园
金地威新软件科技园
西安曲江电竞产业园

产业园区运营商以产业发展为载体，积极参与中国及“一带一路”重要节点的城市化建设。运营商通过产业园区建设，在城市发展和产业升级等方面发挥着重要作用，优质的产业运营项目在吸引高端企业入驻的同时将辐射周边区域，为园区企业及周边居民的生活和工作配套提供多元化的产品服务，成为绿色城市商务园区新名片。

三、产业新城运营商发展特点分析

（一）产业发展能力

1. 产业定位：聚焦区域优势资源，“专精特新”提升产业能级

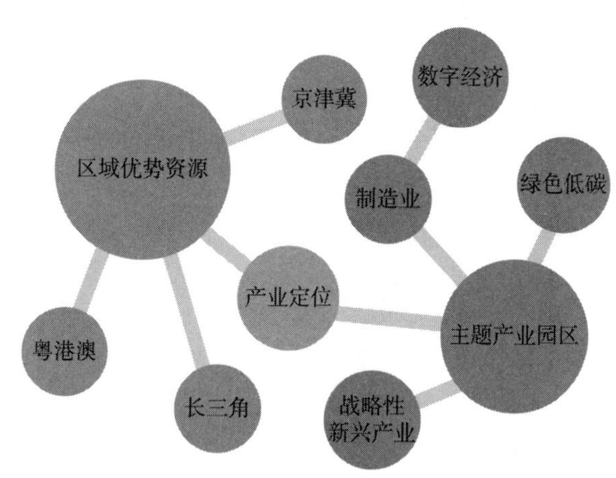

图4 产业定位方向

产业新城运营商基于区域分工协作进行产业定位，以产业支撑区域协同发展，立足长三角、珠三角等区域战略性新兴产业，打造区域产业协同发展新格局。例如，运营商围绕“长三角一体化”战略，立足以生物医药、人工智能、新能源汽车、新材料为代表的战略性新兴产业，促进跨区域产业协同发展；又例如，以珠三角及自身现有产业资源为依托，构筑战略性新兴产业和未来产业的集聚发展平台。

2. 产业招商：深耕产业链，数字化赋能全渠道招商

在产业招商上，产业新城运营商一方面深耕产业链招商，围绕“建链、强链、补链”等途径，打造完整的产业链，提高产业综合竞争力；另一方面，借助大数据、互联网等技术手段，持续完善产业云招商平台，打通产业招商线上线下全流程操作，实现产业新城和企业的无缝对接。

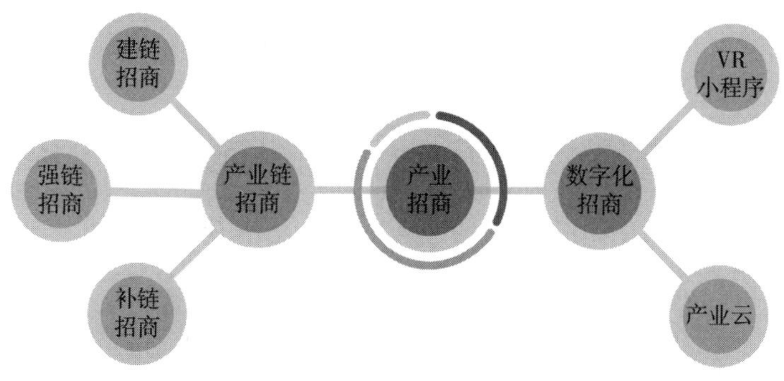

图5 产业招商模式图

3. 产业培育：产业投资上升战略高度，整合资源升级服务体系

产业新城运营商继续强化内部平台的增值服务。一方面，产业新城运营商将产业投资上升为战略高度，通过产业投资带动产业发展，有效推进产业新城高水平发展；另一方面，运营商依托集团强大的综合业务板块，协同打造高效能的产业服务体系。

图6 产业培育模式图

（二）城市建设能力

产城融合发展的核心逻辑在于“以产兴城，以城促产，产城融合”。因此，从长期发展来看，应以产业为主要动力，驱动城市更新与完善配套设施建设，努力实现城市空间布局与产业布局相协调，城市功能结构与产业功能结构相匹配，生产与生活相适应，达到产、城、人三者相互彼此促进的良性循环发展状态。

2021年，全球正进入数字经济快速发展的时期，5G、人工智能、智慧城市等新技术、新业态、新平台蓬勃兴起，深刻影响全球科技创新、产业结构调整、经济社会发展。产业新城是智慧城市的重要表现形式，它反映了智慧城市的发展模式和特征，是智慧城市的缩影。各地加强了产业新城智慧化的建设投资力度，产业新城实现从信息化到智能化再到智慧化的转变，不再局限于对产业新城的有效管理，更重要的在于实现智慧产业与城市建设的有机结合，驱动智慧城市发展。

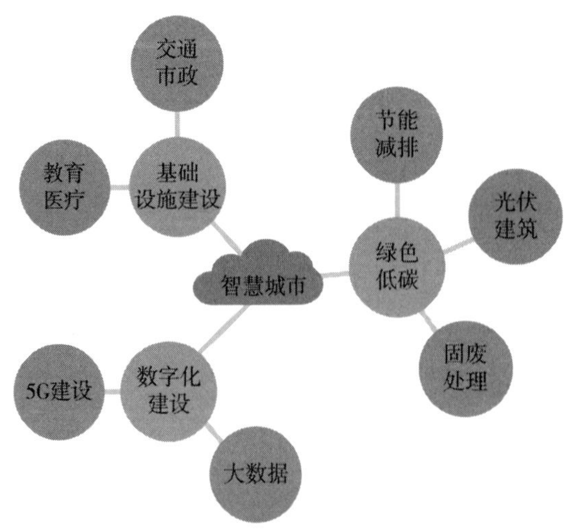

图7 城市建设的主要方向

（三）企业经营能力

1. 经营规模：整体规模持续提升，产业新城业务能力凸显

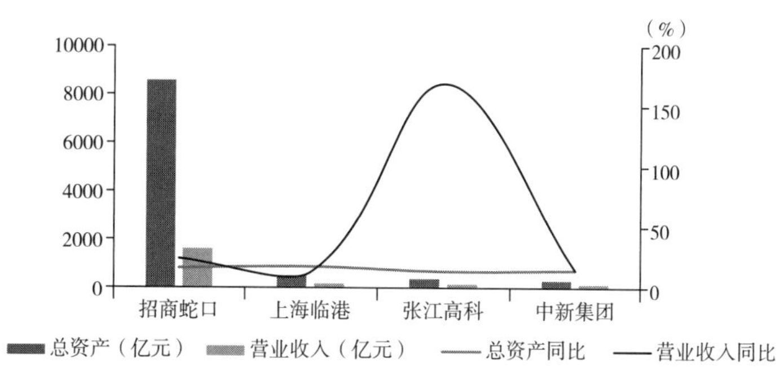

图8　2021年部分上市企业经营数据

从总资产增速来看，2021 年，随着产业新城步入“运营为王”的时代，运营商资产增速整体呈上升趋势，运营商升级发展战略，以产业投资带动产业发展。从营业收入来看，2021 年，产业新城运营商营业收入呈增长趋势。一方面，产业投资板块持续发力，带动园区开发业务发展；另一方面，运营商持续升级产业空间载体，产业新城物业销售与租赁收入较上期均大幅增加。从收入结构来看，2021 年，产业新城运营商进一步加大投资业务，通过产业基金等方式，加大产业新城内企业投资力度，通过产业投资促成投招联动有效闭环，与产业新城开发运营主业协同发展，产业新城营收在整个业务占比显著提升。

2. 盈利能力：净利润波动较大，产业投资为主要影响因素

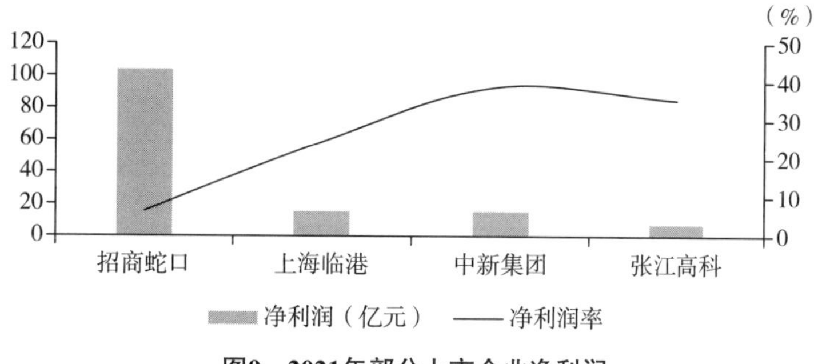

图9　2021年部分上市企业净利润

产业投资收益为运营商净利润增长主要动力。从盈利规模看，多数运营商净利润规模在 5 亿 ~ 20 亿元之间，只有招商蛇口净利润超过 50 亿元。随着运营商业务从房地产销售收入向产业运营的成功转型，产业新城投资收益和租赁收益成为净利润的重要来源。产业投资存在明显的周期性和不确定性，因此，运营商在净利润增长方面也表现出明显的不稳定性。

3. 融资能力：融资规模稳步提升，基础设施公募 REITs 拓宽融资渠道

产业园区公募 REITs 营业收入基本或超额完成预期，净利润指标表现突出。首批公募 REITs 2021 年报已出炉，我们将 2021 年 REITs 的收入、净利润与 2021 年 REITs 发行时募集说明书披露的 2021 年预期数据进行对比，结果显示，REITs 整体收入多数好于预测情况，各 REITs 收入与预测值差别较小。其中，

东吴苏园产业 REIT 表现亮眼，营业总收入 1.48 亿元，完成率达 108.8%，净利润 0.33 亿元，在三只产业园 REITs 产品中排名第一。

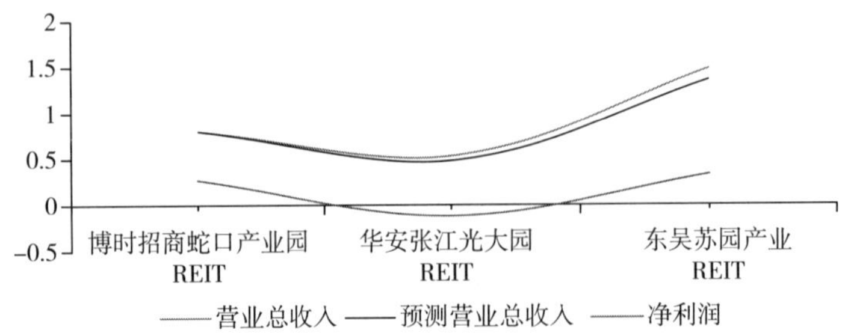

图10 2021产业园区基础设施公募REITs营收与净利润（亿元）

4. 财务稳健性：强化产业运营能力，资产负债率保持低位

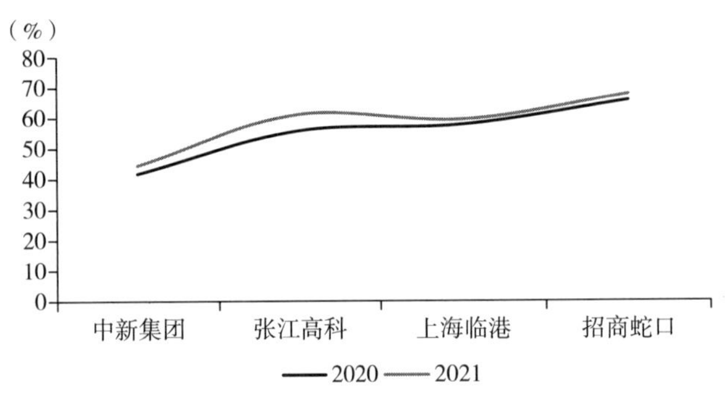

图11 部分上市企业资产负债率

资产负债率持续维持在较低水平。不同于房地产开发企业，产业新城运营商以产业运营为核心，以长期投资回报为主线。2021 年，产业新城运营商持续增强产业投资孵化能力，增值业务占比逐年提升，负债仍旧维持在较低水平。

专题报告 产业新城的城市机遇及发展趋势

（一）城市机遇：营商环境促进产业新城发展

良好的营商环境是建设现代经济体系、促进高质量发展的重要基础，各地以更优营商环境激活高新力量。2021 年，全国各地国家高新区深入贯彻落实《关于促进国家高新技术产业开发区高质量发展的若干意见》精神，全力加快创新驱动示范区和高质量发展先行区建设，致力建成一大批具有全球影响力的高科技园区，主要产业进入全球价值链中高端，实现园区治理体系和治理能力现代化，奋力推进国家高新区创新驱动高质量发展。

城市营商环境是多种因素综合影响的结果，尤以经济、交通、人口因素影响较为突出。随着城市和产业发展对国家高新区功能和定位的不断升级，我国城市发展已经进入到一个以第三产业服务型经济为主的时代，不仅需要以产业功能为主的新区增强综合服务功能，也需要以居住功能为主的新区加强产业功能，以实现城市发展、空间布局上的“产城融合”。这一转型对国家高新区的营商环境提出更高要求，其中经济、交通、人口等因素影响较为突出。

图12 营商环境评价指标

2021 年，科技部火炬中心印发《国家高新技术产业开发区综合评价指标体系》，从多个维度对全国国家高新区进行评价。结果显示，以北京、深圳、广州、合肥、上海、济南、宁波、厦门、长沙、青岛、无锡为代表的高新区位列榜单排名前 20。

人口是国家经济发展和建设的动力，人口多的城市社会生产力更足，地区发展环境更好。从人口流动来看，人口持续向东部区域及中西部核心城市聚集，人口流动速度加快，流入人口多的城市多布局有国家高新区。

经济稳定增长和高质量发展激发市场主体活动，助推营商环境持续向优发展。国家高新产业区依托城市经济高质量发展，从 2021 年运营商新拓项目所在城市来看，9 个城市经济增速均较高，运营环境优势显著。从这些城市的经济体量来看，其中大部分省会城市 GDP 较高，且为区域中心城市，城市带动能力强；其他城市 GDP 亦相对高，且其所属的都市圈中心城市整体创新实力突出，城市创新动能较大。以无锡、南通、嘉兴这类城市为例，地处长三角经济圈，相较区域中心城市上海的 GDP 总量较低，但经济增长速度较高，未来城市发展潜力巨大。

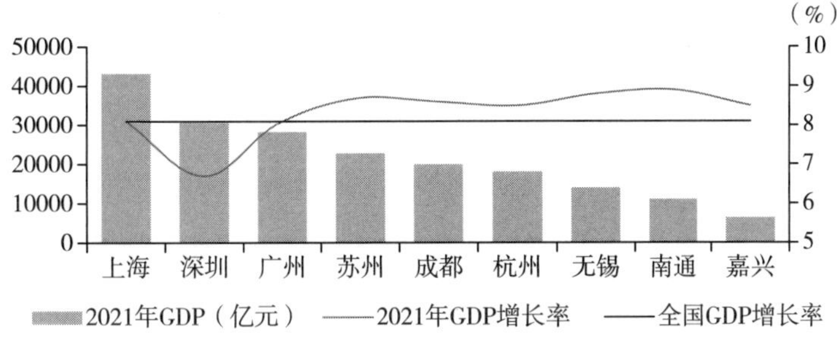

图13 2021年运营商新拓项目所在城市经济及增速

城市交通是城市经济发展的基础，也是维持城市营商环境良好运行的前提条件。完善的城市交通网络有助于打通内外营商环境。一方面，高铁的建成能够引导沿线城市产业、人口等合理布局，促进区域间交流合作和资源优化配置。另一方面，城市轨道交通将成熟生活区与国家高新区技术产业园区高效地联结在一起，能够有效缓解城市交通拥堵、污染等问题，并引导城市空间外延，提升城市开发投资潜力。

从未来城市布局趋势来看，人口、经济、交通是影响营商环境的重要指标，运营商更关注在营商环境方面具有比较优势的中心城市和城市群。2022 年《全国两会政府工作报告》中提出要深入实施区域重大战略和区域协调发展战略，推进京津冀协同发展、长江经济带发展、粤港澳大湾区建设、长三角一体化发展、黄河流域生态保护和高质量发展，高标准高质量建设雄安新区，支持北京城市副中心建设，推动西部大开发形成新格局，推动东北振兴取得新突破，推动中部地区高质量发展，鼓励东部地区加快推进现代化，支持产业梯度转移和区域合作。未来，以中心城市为引领的城市群将为产业新城带来新的发展机遇。

（二）发展趋势：多元合作、公募 REITs、特色产业

1. 合作主体持续多元化，提升产业新城运营能力

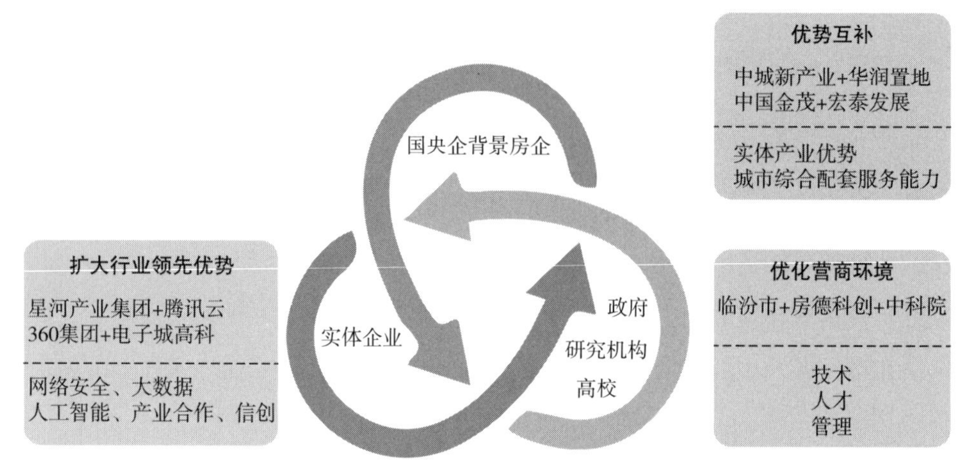

图14　产业新城运营商参与主体

为提升产业新城运营能力，运营商持续引入多元主体，涌现新的合作模式，进而提升自身竞争能力。其一，运营商与具有国央企背景的房企合作，强强联合，优势互补。其二，运营商与实体企业合作，深耕产业运营，扩大行业领先优势。其三，运营商与研究机构、高校以及政府合作，整合多方资源，优化营商环境。

2. 政策持续支持，产业新城更易受益

2022 年 3 月，中国证监会官网发布《深入推进公募 REITs 试点 进一步促进投融资良性循环》，研究制定基础设施 REITs 扩募规则。4 月，为深入推进公募基础设施证券投资基金（REITs）试点，在中国证监会的指导下，上交所和深交所就《公开募集基础设施证券投资基金（REITs）业务指引第 3 号——新购入基础设施项目（试行）（征求意见稿）》，向全市场公开征求意见，基础设施公募 REITs 试点范围持续扩大。

基础设施 REITs 试点项目明确了重点区域、重点行业、优质项目条件以及加强融资用途管理。首先，聚焦重点区域，优先支持京津冀、长江经济带、雄安新区、粤港澳大湾区、海南、长江三角洲等重点区域，支持国家级新区、有条件的国家级经济技术开发区开展试点。其次，聚焦重点行业，优先支持基础设施补短板行业，鼓励信息网络等新型基础设施，以及国家战略性新兴产业集群、高科技产业园区、特色产业园区等开展试点。最后，加强融资用途，发起人（原始权益人）通过转让基础设施取得资金的用途应符合国家产业政策，鼓励将回收资金用于新的基础设施和公用事业建设，重点支持补短板项目。

3. 产业用地趋严，特色主题园区方兴未艾

2021 年，新一轮科技革命和产业变革正在深入发展，各地政府编制的“十四五”规划纷纷对地方区域特色产业发展提出政策指导意见。3 月，上海市发布首批 26 个特色产业园区，一年新签约项目数就超过 600 个，特色产业规模超过 3000 亿元，营业收入超过 4000 亿元；4 月第二批 14 个特色产业园区正式对外发布，总规划面积超过 50 平方公里。6 月，佛山市顺德区发布了村级工业园改造十大现代主题产业

园区发展规划，每个镇街按照“一镇一主题”思路打造成实验区高质量发展新载体。9 月，天津市工业和信息化局发布《天津市主题产业园区建设实施方案（2021—2025 年）》，计划到 2025 年底，建成 30 个市级主题产业园区。12 月，广东省开展了首批特色产业园的申报评审工作，经各地级以上市人民政府推荐、专家评审、实地考察、公示等程序，共评审出 19 个特色产业园区。12 月，安徽省印发《安徽省特色产业园建设指南（试行）》，聚焦新一代信息技术、人工智能、新材料、节能环保、新能源汽车和智能网联汽车、高端装备制造、智能家电、生命健康、绿色食品、数字创意等新兴产业，坚持科技创新与产业创新联动，打造特色产业园。未来，在各地政策引导之下，创新发展要素将持续向特色园区聚焦，特色产业园区将呈现引领性的发展态势。

结 语

目前，全球正进入数字经济快速发展的时期，产业新城运营商积极布局 5G、人工智能、智慧城市等新兴领域。产业运营商持续向智能制造方向转化，把握数字经济重大趋势，以提升创新策源能力为主线，以科技和人文融合发展为特色，以突破关键核心技术和培育高端产业为主攻方向，着力打造科技创新策源地、高端产业增长极、创新生态共同体、国际都市示范区。运营商紧跟国家发展战略，创新招商模式，搭建大数据平台，打通线上线下工作壁垒，孕育更强的产业招商能力。运营商以服务创新为引领，持续升级产业服务体系，持续深耕其头部核心产业链，逐渐从“做大”向“做精”转变。

产业运营商以服务创新为引领，持续升级产业服务体系。一方面，随着市场竞争愈发激烈，产业运营商应精耕细作其产业园区，通过升级服务团队、培育产业生态、规划园区发展模式等，打造核心竞争优势，才能在竞争中谋取一席之地，助力推进产业园区高质量发展。另一方面，产业运营商应通过园区与园区之间的合作，规划产业互联布局，从产业层面拓展其市场空间，吸引更多领军企业入驻园区，在园区互联发展中创造更多的竞争优势。此外，在城市建设方面，运营商更加注重基础设施的建设和生态环境的保护，运营商应紧跟战略导向，完善城市功能，加快数字化发展，实现智慧城市。

未来，随着产业新城布局城市逐渐向东部和中西部聚集，运营商需要不断提升运营管理能力，持续创新盈利模式，提高市场竞争能力，实现园区高质量发展。在此，我们将持续跟踪行业变化，不断深化研究，希望此次产业新城及运营商研究成果能够为社会各界以及各参与主体提供更多的参考与借鉴。

报告六　2022上半年全国300城土地市场研究报告

一、300 城住宅用地供需规模同比大幅缩量，市场低温态势未改

1. 住宅用地成交规模为 2009 年以来同期最低水平，楼面价小幅上涨

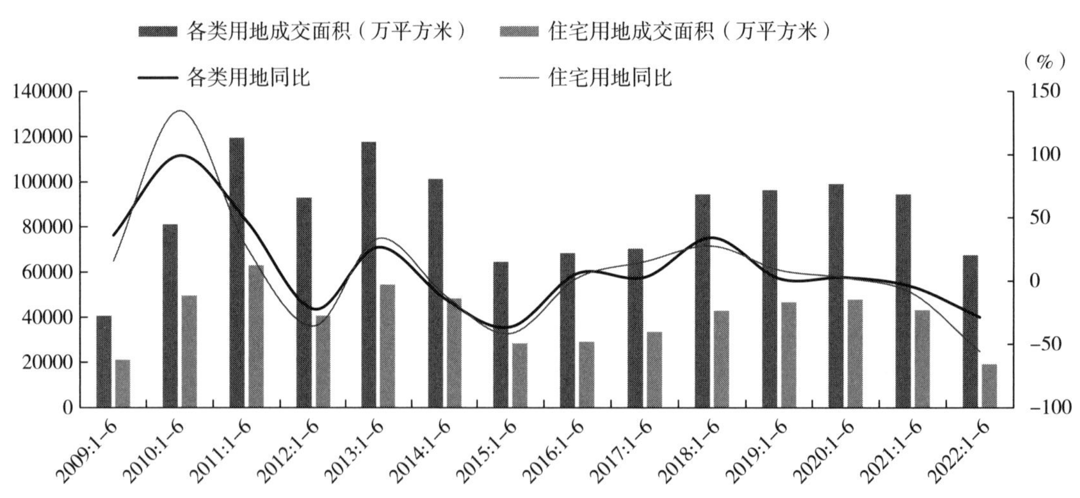

图1　2009年以来上半年全国300城各类用地和住宅用地成交面积

数据来源：中指数据 CREIS。

在房地产市场下行态势未见明显改善、房企资金承压的局面之下，政府供地力度放缓，全国 300 城住宅用地供求规模均缩量明显。根据中指数据，2022 年上半年，全国 300 城住宅用地共计推出 2.8 亿平方米，同比下降 44.3%。全国 300 城住宅用地成交 1.9 亿平方米，同比下降 55.6%，成交面积处于 2009 年以来同期最低水平。

住宅用地楼面价保持平稳，溢价率继续下探。根据中指数据，2022 年上半年，全国 300 城住宅用地成交楼面均价为 6133 元 / 平方米，同比上涨 1.4%。2022 年上半年，全国 300 城住宅用地平均溢价率为 4.3%，较上年同期下降 13.2 个百分点，溢价率维持低位。

2. 各线城市供求规模同比均下降，一线城市土地出让金占比明显提升

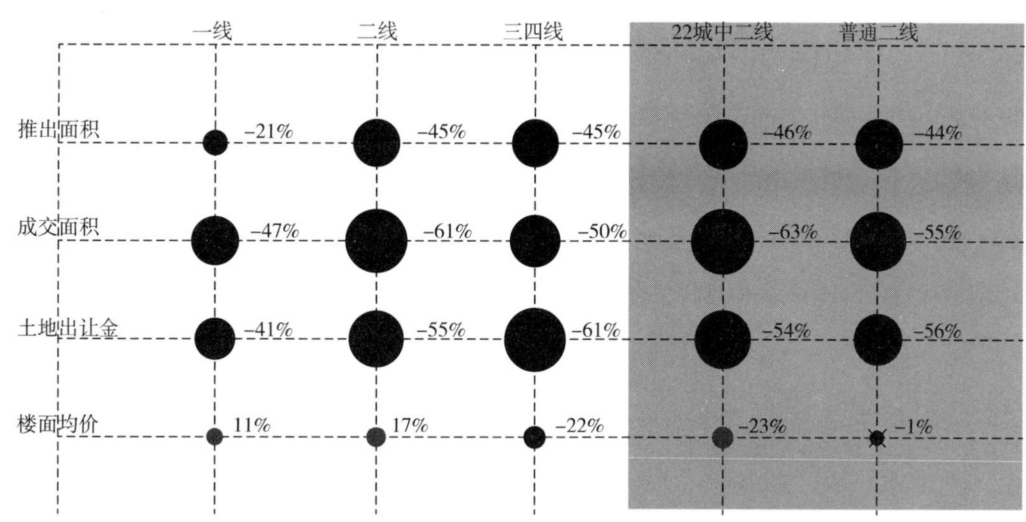

图2　2022年上半年全国300城各线城市住宅用地推出和成交相关指标同比变化

注：一线城市成交楼面价同比数据剔除了上海动迁安置房、租赁住房用地数据。
数据来源：中指数据 CREIS。

各线城市住宅用地供求规模均下降，成交规模降幅均在四成以上。根据中指数据，2022 年上半年，各线城市住宅用地供求缩量明显，一线城市推出面积同比降幅超两成，二线、三四线城市土地市场整体表现仍较低迷，推出面积同比降幅均超四成，成交面积降幅均在 50% 以上。价格方面，一、二线城市成交楼面价结构性上涨。2022 年多城市供地量虽然缩减，但为了提高企业拿地积极性，地方政府提高供地质量，优质地块增加，带动一线和二线城市住宅用地成交楼面均价结构性上涨。三四线城市受市场下行影响较大，成交楼面价同比下跌超两成。

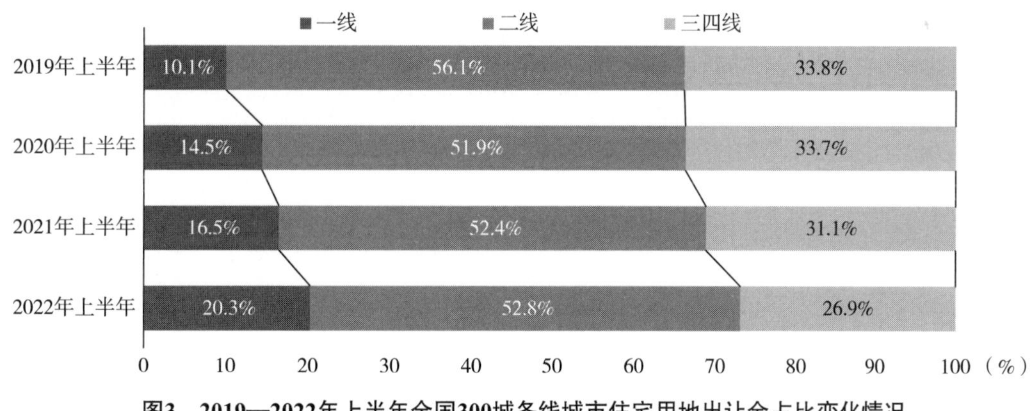

图3　2019—2022年上半年全国300城各线城市住宅用地出让金占比变化情况

数据来源：中指数据 CREIS。

出让金方面，一线城市住宅用地出让金占比持续提升，二线占比较平稳，三四线城市占比下降。2022 年上半年，一线城市住宅用地出让金占全国 300 城出让金的比例为 20.3%，较 2021 年上半年提升 3.8 个百分点；二线城市住宅用地出让金占全国 300 城出让金的比例为 52.8%，较 2021 年上半年提升 0.4 个百分点；三四线城市住宅用地出让金占全国 300 城出让金的比例为 26.9%，较 2021 年上半年下降 4.2 个百分点，出让金占比近几年持续下降。

3. 流拍撤牌率仍居高位，房企土地投资仍偏谨慎

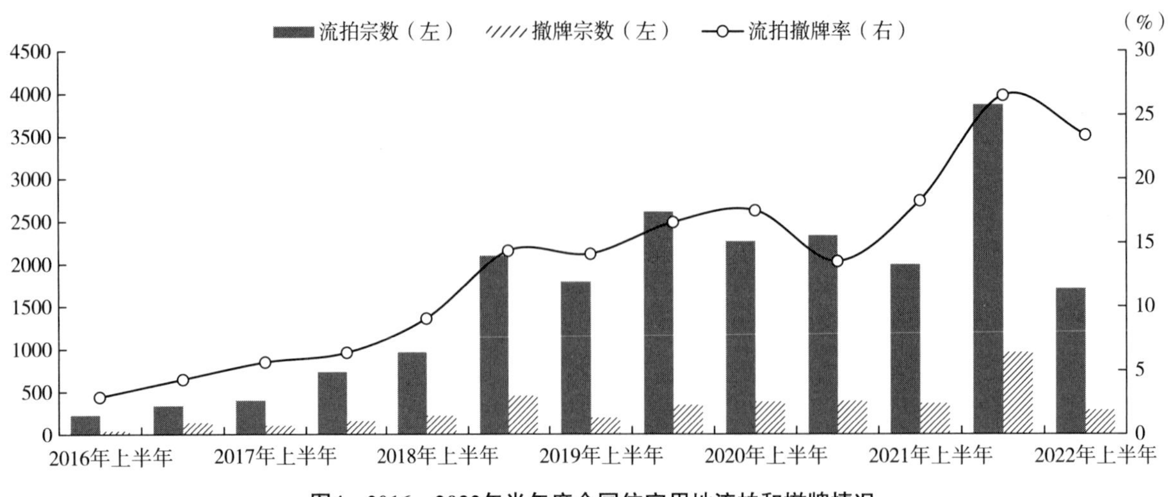

图4 2016—2022年半年度全国住宅用地流拍和撤牌情况

注：流拍撤牌率 =（流拍宗数 + 撤牌宗数）/（流拍宗数 + 撤牌宗数 + 成交宗数）。
数据来源：中指数据 CREIS。

流拍和撤牌方面，2022 年上半年土拍情绪延续 2021 年下半年的低温态势，房企拓储投资力度偏弱，全国住宅用地流拍撤牌率仍居高位。根据中指数据，2022 年上半年，全国流拍和撤牌数量合计 1995 宗，在土地供应力度减弱的影响下，流拍和撤牌地块数量同比分别下降 14.3%、21.5%，流拍撤牌率达 23.4%，较上年同期提升 5.1 个百分点。与 2021 年下半年对比，2022 年上半年多地土拍规则继续优化调整，部分城市土拍情绪有所改善，整体流拍撤牌率较 2021 年下半年下降 3.1 个百分点。

综上所述，2022 年上半年，受交易市场下行及房企资金压力影响，政府在推地规模上保持谨慎态度，300 城住宅用地推出规模缩量明显，房企拿地积极性不足，土拍市场仍低温运行，300 城住宅用地成交面积同比明显下降，成交楼面价基本平稳，全国流拍撤牌率仍处高位。各线城市住宅用地供求规模均下降，优质地块增加带动一线和二线城市住宅用地成交楼面均价结构性上涨。整体来看，土地市场短期低温运行态势未改，下半年随着交易市场的逐渐企稳，企业资金面有望修复，土地市场情绪或有好转，预计土地供求量有所提升。

二、两集中：核心城市土地缩量或导致新房阶段性供应不足，市场重启过程中房价面临上涨压力

上半年，22 城已全部完成首批次集中供地出让，北京、广州、上海、杭州、苏州、合肥、成都等 18 城公布二批次，其中北京、福州、厦门、青岛、武汉、宁波、杭州、合肥、苏州 9 城已完成竞拍。

从 22 城首批次、二批次供地结果来看，供地规模较上年同批次均缩减明显，但核心区地块推出力度增加。成交端来看，2022 年以来，各地因城施策持续优化购房需求端政策，特别是 4 月份以来，调整力度不断加大，稳定房地产市场预期。同时，“两集中”城市首批次土拍规则进一步改善，二批次土拍规则延续宽松趋势，提高房企拿地意愿，但从成交结果来看，各城市表现仍分化明显。

1. 优质地块放量，部分核心城市主城区推地规模占比提升，多宗回炉地块下调起始价

表1　　22城2022年首批次、二批次供地情况（市本级）

城市	二批次			首批次		
	数量（宗）	规划建筑面积（万平方米）	较上年二批次变化	数量（宗）	规划建筑面积（万平方米）	较上年首批次变化
南京	44	454	−11%	19	145	−80%
青岛	27	211	−63%	16	88	−70%
无锡	16	181	−18%	8	103	−40%
深圳	16	180	−36%	8	108	19%
重庆	12	226	−50%	13	147	−79%
苏州	22	215	−20%	15	165	−61%
厦门	10	85	−40%	10	74	40%
长沙	17	350	−42%	22	323	−60%
北京	17	175	−65%	18	169	−51%
成都	55	438	−42%	50	440	−6%
武汉	11	92	−89%	7	93	−91%
合肥	29	290	−3%	32	351	19%
宁波	21	204	−54%	33	256	−16%
福州	14	82	−55%	18	120	−24%
杭州	45	344	−26%	60	581	−23%
济南	16	134	−71%	31	236	−54%
广州	14	147	−83%	18	276	−70%
上海	34	235	−54%	40	446	−24%
天津	11	150	−75%	29	318	−56%
合计	431	4191	−53%	447	4441	−59%

数据来源：中指数据 CREIS。

从供地规模看，22 城首批次、二批次推出面积较上年同批次降幅均超五成。首批次推出面积较上年首批次下降 59%，其中，仅合肥、厦门、深圳增长，其余 19 城推出面积较上年首批次均下降，成都降幅 10% 以内，而广州、重庆、青岛、南京、武汉等城市降幅均在七成以上，二批次供地节奏继续放缓，22 城整体推出面积较首批次小幅下降 6%，较上年二批次下降 53%。22 城中首批次土拍表现相对较好的城市供地信心更强，如深圳、合肥、重庆、厦门、长沙二批次供地均上调规模，而首批次低温运行的城市中，除青岛外，天津、济南供地规模均大幅缩量，沈阳、郑州、长春截至 7 月未发布二批次公告。

整体来看，供应端缩量明显，一方面是受市场下行及房企资金压力影响，政府在推地规模上保持谨慎态度；另一方面，从“两集中”政策来看，部分城市增加供地批次，一定程度上分散了各批次供地面积。

多数城市的首批集中供地中，主城区推出规模占比较上年首批次提升。武汉、长沙、福州、郑州、南京主城区地块面积占比均超六成；武汉、福州、广州增幅均在35个百分点以上。在土地市场热度较低的情况下，多城市优化供地结构，提高核心区优质土地占比，以期提升房企参拍积极性。

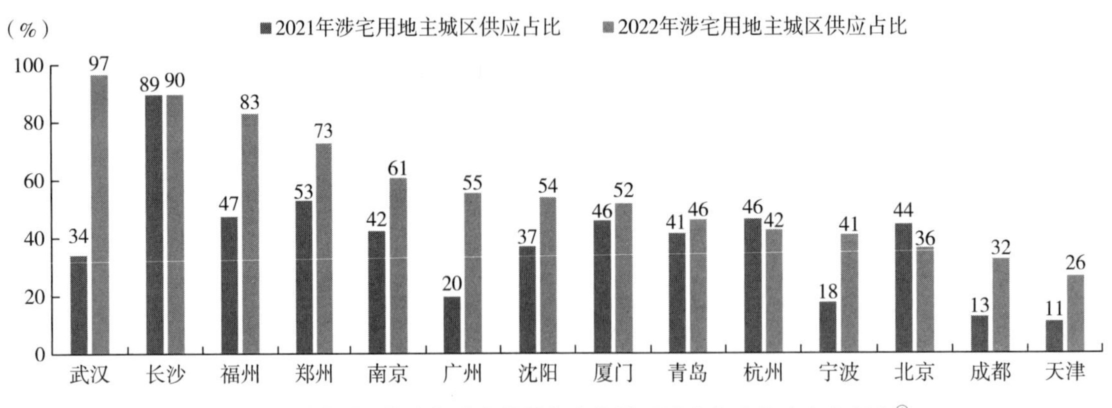

图5 部分供地“两集中”城市首批集中供地区域分布变化（市本级）[①]

注：按推出规划建面统计。

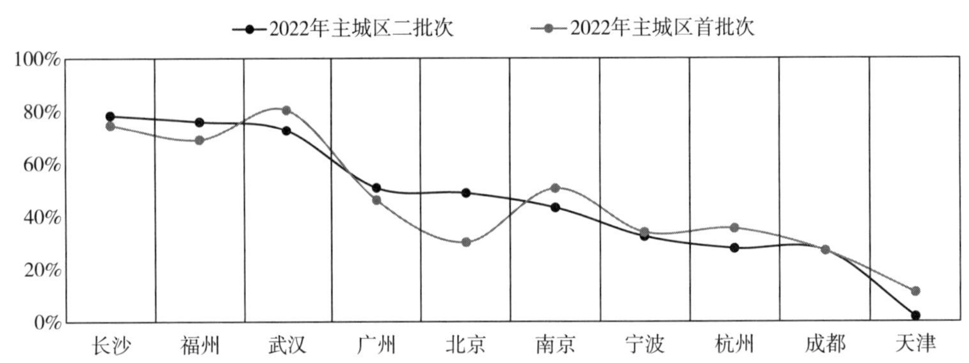

图6 22城部分城市2022年首批次及二批次供地区域分布变化（市本级）

数据来源：中指数据CREIS。

二批次多城市主城区供地占比与首批次基本持平。长沙、宁波、成都的变化幅度在5%以内，福州、武汉、南京、杭州、广州变化幅度低于10%，北京二批次增加朝阳、丰台区土地供应力度，主城区占比较首批次提升22.3个百分点。整体来看，在当前土拍市场整体情绪偏低、企业拓储布局审慎的形势下，保持或加大主城区及优质地块供地力度仍是各地稳定土拍市场的重要举措之一。

从推出地价看，2022年首批次22城中有18城推出楼面价较2021年首批次提升，但对于具体地块来说，多个地块下调起始价，特别是回炉地块，如厦门集美区中亚城、后溪回炉地块，下调起始楼面价幅度近5000元/平方米；杭州一宗地块降低起拍价，同时取消无偿移交保障性租赁住房面积。二批次已供地19城楼面价较2022首批次整体上涨5.1%。上海、青岛、广州涨幅明显，其中上海二批次整体供地进一步向核心区域集中，楼面价结构性上涨62%；青岛二批次供应区域除黄岛外，增加市北、李沧等主城区供地，推动楼面价结构性上涨超三成。

① 长沙主城区为芙蓉、开福、天心、雨花、岳麓；福州主城区为仓山、晋安、台江、鼓楼；杭州主城区为上城、拱墅、西湖、滨江、临平、钱塘；北京主城区为朝阳、海淀、西城、东城、丰台、石景山；南京主城区为玄武、秦淮、建邺、雨花台、鼓楼、栖霞；沈阳主城区为大东、和平、皇姑、沈河、铁西；厦门主城区为湖里、思明；广州主城区为越秀、海珠、荔湾、天河、白云、黄埔；天津主城区为南开、河西、河东、河北、红桥、和平；成都主城区为金牛、成华、青羊、锦江、武侯；宁波主城区为海曙、江东、江北；郑州主城区为中原、管城回族、二七、金水、惠济；青岛主城区为市南、市北、崂山、李沧、城阳；武汉主城区为江岸、江汉、硚口、武昌、青山、洪山、汉阳。

表2　　22城2022年首批供地土拍规则主要变化（市本级）

城市	供地调整至四批次	降低保障房占比	延长付款周期	降低保证金比例	下调价	取消竞人才房	优化竞自持/竞配建	化简为繁	重品质
长春			√						
郑州			√	√	√				
深圳						√		√	√
广州		√	√					√	√
济南	√		√	√				√	
天津			√	√				√	√
苏州	√	√		√					√
南京		√		√	√			√	√
宁波		√		√				√	√
杭州		√			√			√	√
重庆	√						√	√	√
长沙		√					√	√	√
无锡								√	√
沈阳							√		
成都			√			√		√	√
武汉	√	√		√			√	√	
厦门	√	√	√		√			√	√
青岛	√					√		√	√
上海		√						√	√
合肥		√						√	√
福州								√	√
北京	√	√						√	√

数据来源：中指研究院整理，中指数据 CREIS。

22 城首批次供地，多地继续优化土拍规则。武汉、宁波、南京、天津、济南、郑州等地纷纷下调保证金比例，广州、长春、济南、成都、厦门延缓出让金缴纳时间，缓解企业资金压力；同时，通过增加核心区供地，降低保障房占比、下调单宗地块地价、取消竞人才房等多方面的调整，增大地块利润空间，提高房企参拍积极性，如北京、合肥、长沙、杭州、宁波降低配建比例，青岛、成都取消“人才住房”要求，厦门、南京、杭州、郑州下调回炉地块地价等。

二批次土拍规则继续优化，但调整力度较首批次有所下降。上海、合肥、无锡、济南、天津、苏州、厦门、宁波、广州、重庆等地土拍规则无较大调整，部分城市在增加核心区优质地块供应、提高利润空间、缓解企业资金压力、降低拿地门槛等方面继续优化，提升房企投资信心。

整体来看，为提高企业拿地意愿，带动土地市场活跃度，今年以来，地方政府拿出核心区优质地块，同时减少竞配建降企业成本，并有多宗回炉地块已实质性降地价。这些优质项目未来入市后区位及成本优势明显，或将对早期拿地的项目产生直接冲击。

2. 核心城市土地缩量或导致新房阶段性供应不足，拿地企业仍以央国企、地方国资为主

表3 22城2022首批次住宅用地成交情况（市本级）

城市	成交面积（万平方米）		成交金额（亿元）		成交溢价率	
	2022年首批次	较上年首批次变化	2022年首批次	较上年首批次变化	2022年首批次	较上年首批次变化（个百分点）
深圳	108	18.7%	193	39.6%	15.0%	-15.9
厦门	61	15.2%	154	-19.2%	6.8%	-22.6
上海	425	8.0%	835	7.9%	3.3%	-2.1
宁波	256	-15.6%	265	-26.0%	5.9%	-19.2
合肥	219	-22.3%	190	-14.3%	11.2%	-8.1
成都	357	-23.9%	393	10.8%	4.6%	-2.8
杭州	565	-24.6%	827	-28.8%	6.4%	-19.6
无锡	103	-39.6%	104	-59.4%	0.1%	-12.3
北京	161	-53.4%	480	-56.7%	4.5%	-1.9
长沙	323	-57.6%	174	-53.1%	2.6%	-5.1
福州	61	-58.2%	77	-42.9%	4.2%	-14.2
苏州	165	-60.8%	234	-44.8%	3.1%	-4.2
广州	262	-67.3%	341	-62.3%	1.2%	-10.5
郑州	207	-72.0%	107	-74.4%	1.9%	-8.8
济南	131	-72.5%	92	-59.9%	1.0%	-11.3
青岛	77	-73.8%	29	-75.6%	2.0%	-0.1
重庆	147	-78.8%	100	-84.3%	5.4%	-37.6
南京	99	-86.2%	191	-80.7%	4.5%	-13.6
天津	54	-90.0%	38	-92.4%	0.6%	-10.1
武汉	72	-92.5%	84	-89.2%	1.3%	-15.9
沈阳	25	-93.2%	14	-92.9%	0.0%	-10.2
长春	8	-98.6%	3	-98.6%	0.0%	-3.4
合计	3883	-62.4%	4924	-52.9%	4.6%	-10.2

注：上海剔除保障房、租赁住房、旧改用地；成交面积指成交规划建筑面积。

数据来源：中指数据 CREIS。

22城首批次成交面积、土地出让金均明显下滑。22城首批次整体成交面积较上年首批次下降62%，出让金较上年首批次下降53%。22城中仅深圳、厦门、上海成交面积较上年首批次增长，其余19城均下降，其中广州、苏州、郑州、济南、青岛降幅超六成，天津、武汉、沈阳、长春降幅超九成。

二批次中，上半年北京、厦门、福州、青岛、苏州、合肥等9城已完成竞拍，成交面积较首批次继续下降6.0%，其中杭州、北京、宁波等热点一二线城市成交面积较首批次降幅超10%。核心城市土地缩量将限制未来新房市场供应量，或导致这部分城市新房市场阶段性供应不足，市场重启后，核心城市或面临房价上涨压力。

楼面价方面，2022年22城首批次成交楼面价较2021年首批次整体上涨两成。近半数城市成交楼面价上涨主要是由主城区优质地块供应增加带动，其中，武汉、福州、南京、成都成交楼面价结构性上涨超三成。天津土拍情绪延续低温态势，多宗土地流拍及撤牌，且成交土地多为非核心区地块，成交楼面价降

幅超两成。

表4　　2022年各城市首批次企业拿地金额占比情况（市本级）

城市	央国企	混合所有制企业	地方国资	民营企业
南京	71%	11%	15%	4%
厦门	71%	10%	13%	6%
重庆	65%	0%	17%	18%
济南	55%	0%	32%	13%
长沙	53%	2%	31%	14%
北京	51%	27%	19%	3%
上海	51%	4%	25%	21%
天津	50%	0%	48%	2%
武汉	48%	0%	24%	28%
合肥	43%	0%	2%	54%
宁波	42%	6%	41%	11%
苏州	42%	0%	58%	0%
福州	39%	0%	56%	5%
深圳	35%	18%	47%	0%
成都	35%	0%	46%	19%
广州	25%	0%	69%	6%
杭州	19%	30%	12%	39%
郑州	15%	15%	51%	19%
青岛	9%	0%	33%	58%
沈阳	0%	0%	52%	48%
长春	0%	0%	0%	100%
合计	40%	11%	31%	18%

注：长春仅成交一宗地块，为民营企业竞得。

数据来源：中指数据 CREIS。

表5　　22城 2022年二批次已成交城市（部分）企业拿地金额占比情况（市本级）

城市	央国企	混合所有制企业	地方国资	民营企业
武汉	81%	0%	16%	3%
北京	64%	0%	30%	6%
厦门	66%	0%	34%	0%
福州	46%	0%	51%	3%
青岛	31%	3%	42%	24%
苏州	0%	0%	96%	4%
合肥	36%	0%	44%	20%
宁波	38%	0%	33%	29%
杭州	7%	6%	20%	67%

数据来源：中指数据 CREIS。

拿地企业仍以央国企、地方国资为主，民营企业拿地态度整体偏谨慎。2022 年首批次，22 城央国企 + 地方国资拿地金额占比 71%，混合所有制企业拿地金额占比 11%，民企拿地金额仅占 18%。从已完成二批次竞拍的城市来看，仅宁波、杭州民企投资力度较首批次增强，其余城市民企拿地意愿仍不足。另外，部分城市地方国资拿地金额占比仍在高位，福州、苏州 2022 年前两批次地方国资拿地金额均在 50% 以上，苏州二批次地方国资拿地金额占比高达 96%，北京、厦门、合肥二批次地方国资拿地金额占比提升幅度均在 10 个百分点以上，其中合肥由首批次 2% 增至二批次 44%，当下民企拿地意愿短期难以明显缓和，部分城市地方国资托底现象或将延续。

整体来看，2022 年首批次供地规模继续缩量，土拍规则继续放宽，但多城市成交热度仍在低位。预计后续批次供应力度或有所加大，但房企在销售不畅、遭遇偿债高峰的情况下，短期投资意愿仍偏弱，整体土拍市场热度改善或有限。

值得注意的是，今年以来核心城市住宅用地大幅缩量，或导致新房供应出现阶段性不足，在市场重启的过程中，这部分城市或面临房价上涨压力。除此之外，2021 年下半年以来，国央企和地方平台拿地规模占比持续居于高位，未来企业格局亦将发生新的变化。

报告七　2022上半年中国房地产市场形势总结与下半年趋势展望报告

一、价格水平：上半年新房与二手房价格累计均微幅上涨，房价呈现企稳横盘态势

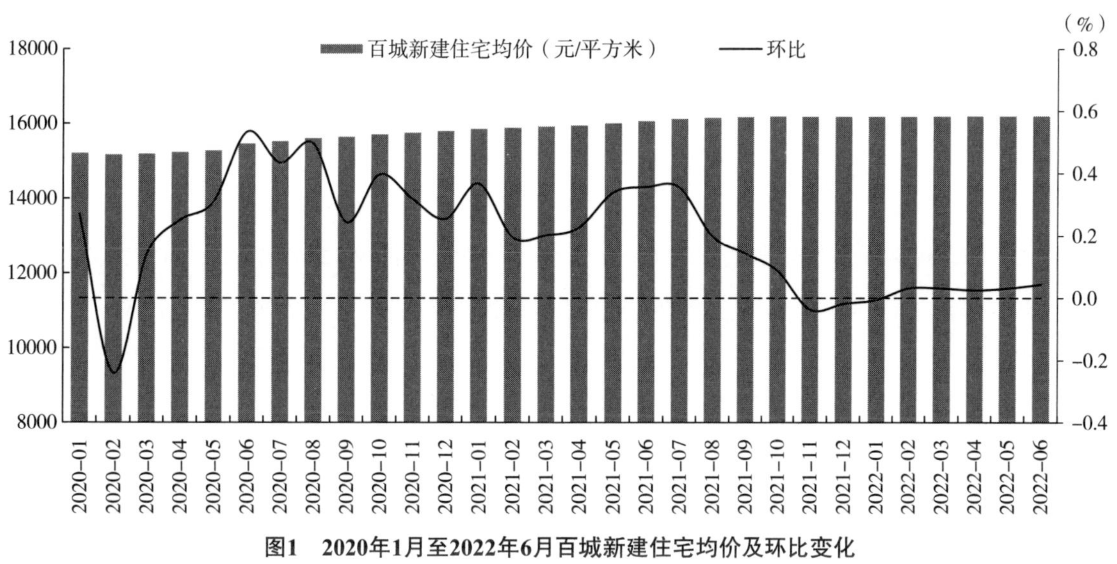

图1　2020年1月至2022年6月百城新建住宅均价及环比变化

数据来源：中指数据 CREIS。

根据中国房地产指数系统百城价格指数，2022 年上半年百城新建住宅价格累计上涨 0.15%，为 2016 年以来同期最低水平，涨幅较 2021 年同期收窄 1.55 个百分点。4 月以来，在持续性的稳楼市政策助力下，百城新建住宅价格稳中微升，6 月百城新建住宅均价 16205 元 / 平方米，环比上涨 0.04%，房价呈现底部企稳迹象。

分梯队来看，一线城市新建住宅价格持续横盘，上半年累计上涨 0.21%，累计涨幅处近五年同期较低水平；二线城市新房价格有所恢复，累计上涨 0.33%；三四线代表城市新房价格持续低迷，上半年各月价格环比均下跌。分城市群来看，长三角上半年价格累计上涨 0.24%，新房市场稳步恢复，嘉兴、宁波等城市房价累计涨幅均超 1%；珠三角价格累计涨幅较 2021 年同期收窄幅度最大，房价低位盘整，肇庆、中山等城市新建住宅价格累计跌幅居百城前列；京津冀新房市场分化，价格恢复动力不足；山东半岛新房市场仍显低迷，价格累计变化由涨转跌。

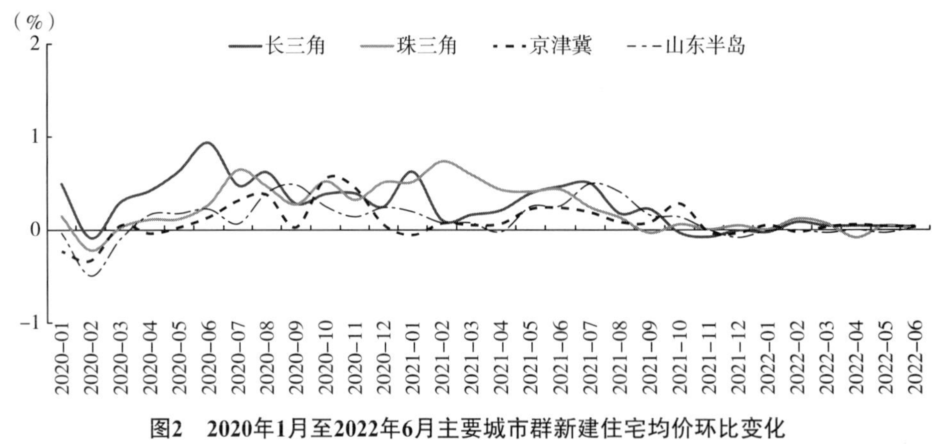

图2　2020年1月至2022年6月主要城市群新建住宅均价环比变化

数据来源：中指数据 CREIS。

百城二手住宅方面，根据中国房地产指数系统百城价格指数，2022 年上半年百城二手住宅价格累计上涨 0.17%，较 2021 年上半年收窄 2.39 个百分点，较 2021 年下半年亦有所收窄。受多地疫情反复冲击，市场信心走弱，5 月、6 月价格环比再次下跌，但跌幅有限，房价整体呈横盘态势。

二、成交规模：上半年重点城市住宅销售面积同比下降超四成，5 月起环比转增，市场底部回升

2022 年上半年，全国商品房销售面积为 6.9 亿平方米，同比下降 22.2%，商品房销售额为 6.6 万亿元，同比下降 28.9%。6 月，全国商品房销售面积、销售额同比降幅较 5 月分别收窄 13.5 和 16.9 个百分点，市场边际有所修复。

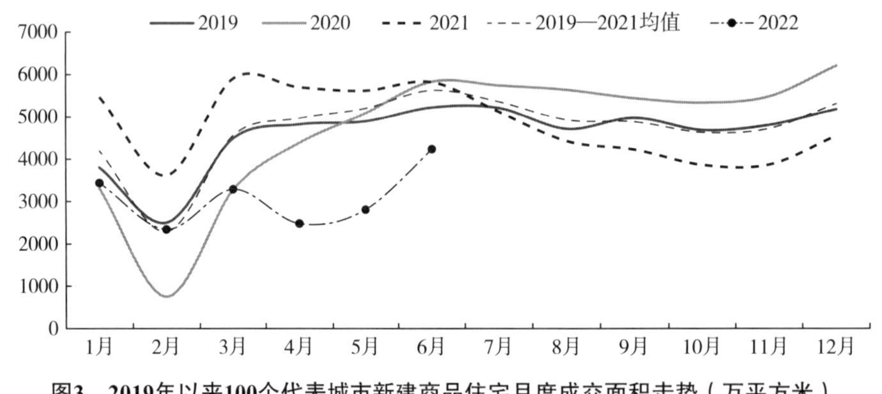

图3　2019年以来100个代表城市新建商品住宅月度成交面积走势（万平方米）

数据来源：中指数据 CREIS。

上半年，重点 100 城新建商品住宅成交面积降幅超四成，购房者置业信心不足，成交规模为近几年同期最低水平，市场延续调整态势。根据中指数据，2022 年上半年，重点 100 城新建商品住宅月均成交面积约 3099 万平方米，同比下降 42%（受部分安置房项目集中网签等因素影响，6 月广州、青岛和苏州等城市商品住宅成交规模环比明显增长，若剔除安置房数据，重点 100 城成交面积同比下降 44%），与 2019—2021 年同期均值相比下降 31%，较 2019 年同期下降 28%，市场情绪整体偏低。

5 ~ 6 月，政策优化叠加疫情影响逐渐弱化，热点城市房地产市场略有恢复，重点 100 城成交面积同

比降幅持续收窄，5 月环比转增，6 月环比继续增长。据初步统计，6 月环比增幅在五成左右，同比降幅收窄至 27%（若剔除安置房，6 月环比增长近四成，同比下降约 34%）。

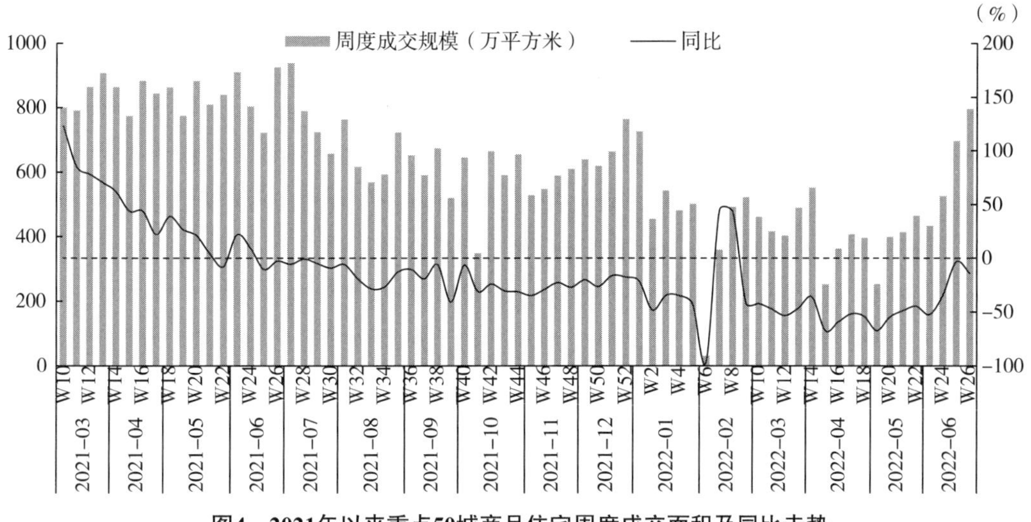

图4　2021年以来重点50城商品住宅周度成交面积及同比走势

数据来源：中指数据 CREIS。

从周度数据来看，5 月以来，重点 50 城商品住宅周度成交面积整体呈回升态势，第 26 周（6 月 20 ~ 26 日），重点 50 城商品住宅总成交面积 796.2 万平方米，同比下降 14.1%。市场成交规模的环比提升，一方面，因政策效果初显，市场情绪有所修复；另一方面，部分城市项目集中网签，一定程度亦带动交易数据回升（受部分安置房项目集中网签等因素影响，广州、青岛、苏州、温州等城市周度成交规模显著增长，若剔除安置房数据，重点 50 城第 26 周成交面积同比下降 27%）。

不同梯队城市来看，2022 年上半年，在部分地区疫情反复、政策效果不及预期等影响下，一线城市商品住宅成交面积同比下降 32.9%，二线代表城市同比下降 42.0%，三四线代表城市同比下降 43.8%。6 月，各线代表城市新建商品住宅成交面积环比均增长，但同比仍延续下降趋势，其中一线城市同比下降 8.1%，降幅明显收窄，市场信心有所改善，三四线城市同比降幅超三成。

二手住宅方面，上半年重点城市成交规模明显下行，5 月中下旬起市场情绪有所修复。2022 年上半年，15 个代表城市二手住宅累计成交面积为 4685 万平方米，同比下降 43.0%，较 2019—2021 同期均值下降 27.0%。二季度受疫情反复和市场预期偏弱等因素影响，市场成交延续低温态势，5 月中下旬以来，部分热点城市市场情绪有所修复。

三、需求结构：短期刚需观望情绪浓，改善性需求韧性强，多数城市 90 平方米以下住宅占比回落

2022 年以来，宏观经济下行压力明显加大、居民收入预期走弱，市场预期仍不稳定，对刚需置业群体的影响更加明显，购房者观望情绪更重，特别是房价较高的热点一二线城市，低总价段产品的刚需客户买房意愿下降明显，需求释放动力不足，而较高总价段产品的改善性群体入市积极性相对较好，改善型产品体现出一定韧性。

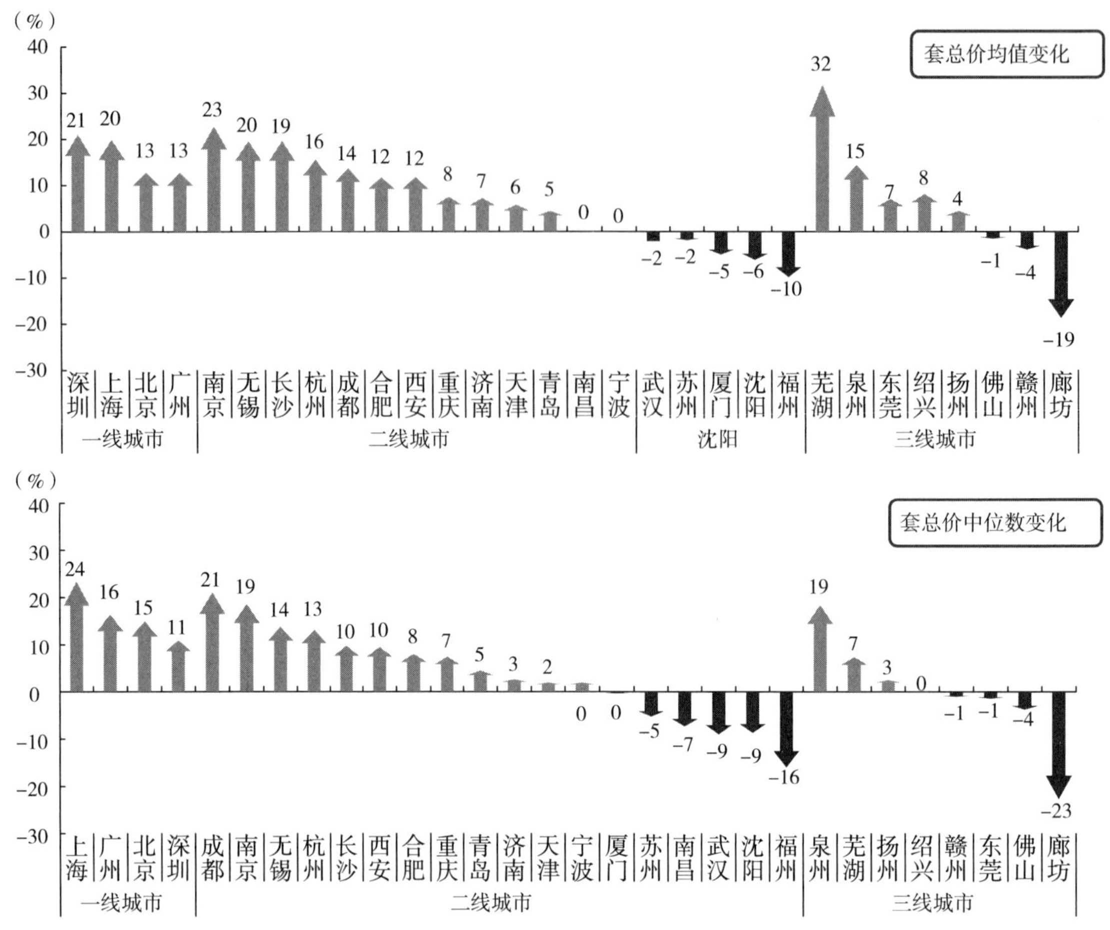

图5　2022年上半年30个代表城市套总价均值和中位数较2021年变化图

数据来源：中指数据 CREIS。

受此影响，30个代表城市中有22个城市平均套总价延续上涨趋势，其中上海、南京、无锡、成都、芜湖、泉州等城市成交套总价均值及中位数涨幅较为突出，沈阳、福州、廊坊等城市楼盘成交套总价均值与中位数均较2021年有所下跌。

市场主流需求仍聚焦90 ~ 120平方米产品，多数代表城市90 ~ 120平方米住宅成交套数占比在四成以上。从成交套数占比变化来看，多数城市90平方米以下产品占比下降，改善型产品占比有所提升。与2021年相比，30个代表城市中，21个城市90平方米以下面积段产品成交占比下降，刚需户型表现整体偏弱。21个城市120 ~ 144平方米成交套数占比有所提升；22个城市144 ~ 200平方米和23个城市200平方米以上大户型成交套数占比小幅提升，改善类产品表现出较好的韧性。

四、供求关系：供应明显走弱，库存维持高位，短期库存出清周期延长

2022年以来，企业资金压力不减叠加市场调整态势延续，房企新开工积极性不足。2022年上半年，全国房屋新开工面积为6.6亿平方米，同比下降34.4%；全国房屋施工面积为84.9亿平方米，同比下降2.8%；房屋竣工面积为2.9亿平方米，同比下降21.5%。

上半年重点城市供应端明显走弱，新批上市面积同比降幅超四成，6月房企推盘意愿提升。2022年上半年，受购房者观望情绪浓厚、疫情管控和市场销售低迷等因素影响，房企推盘积极性不足，供应节奏

明显放缓。据初步统计，2022 年上半年，重点 50 城商品住宅月均新批上市面积 1675 万平方米，同比下降 44%，与 2019—2021 年同期均值相比下降 39%，较 2019 年同期亦下降 39%。6 月，企业推盘节奏有所加快，50 个代表城市商品住宅月均供应规模同比下降近四成，降幅较 5 月收窄约 10 个百分点，环比增长 42%，市场供应端有所修复。

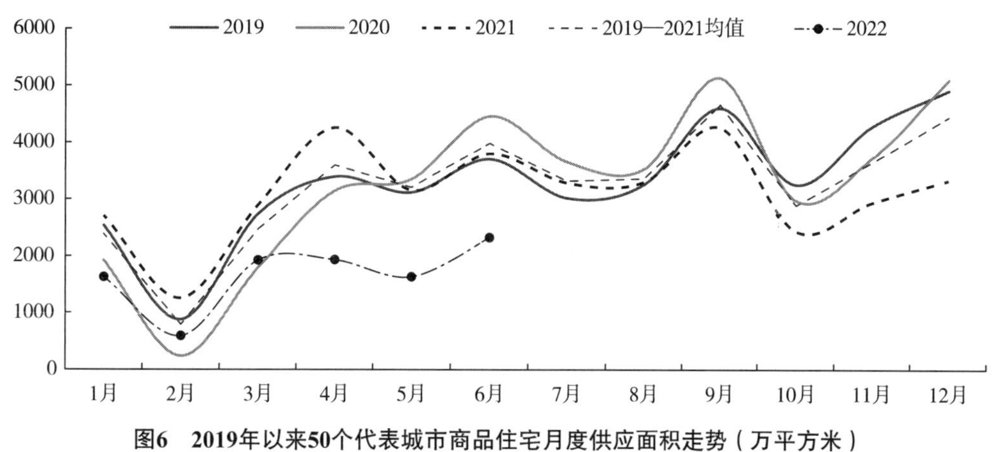

图6　2019年以来50个代表城市商品住宅月度供应面积走势（万平方米）

数据来源：中指数据 CREIS。

不同梯队城市来看，上半年，一线城市新建商品住宅供应规模同比下降近 10%，二线代表城市同比下降 45.4%，三四线代表城市同比下降超五成。6 月，一线代表城市供应规模同比下降 31.8%，二线和三四线代表城市供应规模同比分别下降 41.4% 和 32.0%。

重点城市短期库存稳定在相对高位，出清周期有所延长。截至 6 月末，50 个代表城市商品住宅可售面积处于 2017 年以来的相对高位，按近 12 个月月均销售面积计算，短期库存出清周期为 15.5 个月，较 2021 年末延长 3.4 个月；若按近 6 个月月均销售面积计算，短期库存出清周期为 18.6 个月，较 2021 年末延长 4.8 个月。

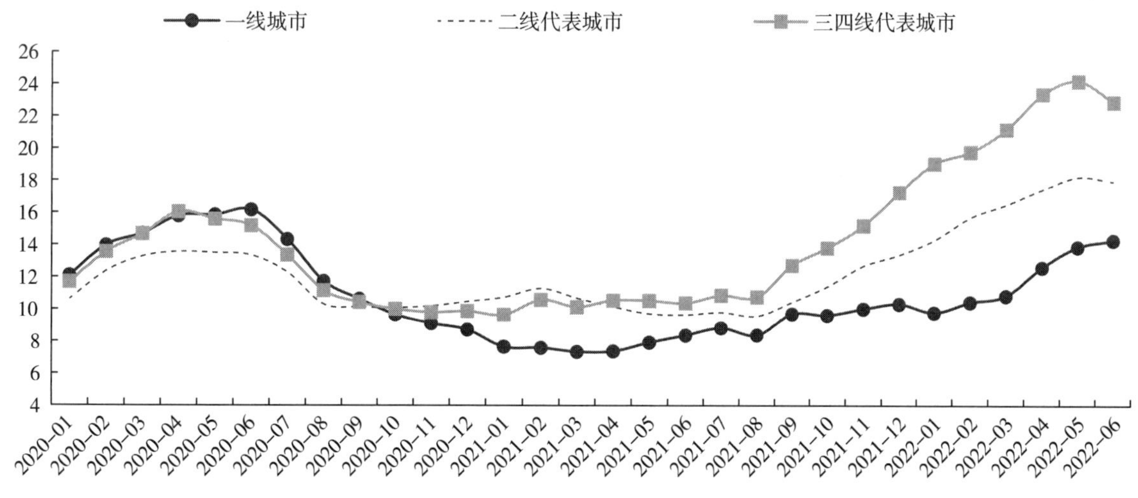

图7　2020年以来各线代表城市商品住宅短期库存出清周期（月）

注：按近 6 个月月均销售面积计算。
数据来源：中指数据 CREIS。

分梯队来看，截至 2022 年 6 月底，按近 6 个月月均销售面积计算，一线城市短期库存出清周期 14.3

个月；二线代表城市出清周期 18.0 个月，较 2021 年末延长 4.6 个月，短期库存面临一定压力；三四线代表城市出清周期 22.9 个月，较 2021 年末延长 5.6 个月，市场库存去化压力较大。

五、开发投资：房地产开发投资额同比负增长，房企到位资金同比大幅下降

受市场成交恢复不及预期、企业资金压力大等因素影响，房地产开发投资同比下降。2022 年上半年，全国房地产开发投资额为 6.8 万亿元，同比下降 5.4%。6 月，房地产开发投资额为 1.6 万亿元，同比下降 9.4%，单月降幅较 5 月扩大 1.6 个百分点。

上半年房企到位资金同比下降超 25%，降幅较 1 ~ 5 月有所收窄。除利用外资外，各项资金来源同比均下降，企业资金压力不减。2022 年上半年，房地产开发企业到位资金为 7.7 万亿元，同比下降 25.3%。其中，国内贷款为 1.0 万亿元，同比下降 27.2%；定金及预收款为 2.5 万亿元，同比下降 37.9%；个人按揭贷款为 1.2 万亿元，同比下降 25.7%。

2022 年上半年，中央和各部委积极表态释放维稳信号，多次强调支持合理住房需求释放。各地政府落实因城施策，从供需两端积极优化房地产调控政策，促进各类住房需求积极释放，但政策效果尚未明显显现，且多地受疫情反复影响，购房者置业意愿偏弱，房企推盘积极性不足，市场供需两端低温运行，高基数下重点城市新房市场成交规模同比降幅超四成，各线代表城市成交规模同比均下降，三四线城市降幅最大。但 6 月以来，在政策优化发力以及疫情影响减弱下，部分城市市场情绪有所好转，热点城市房地产市场活跃度企稳回升带动重点城市整体市场边际改善。预计下半年，在政策发力显效、疫情影响进一步减弱等利好因素带动下，购房者预期和置业信心将会逐渐修复，基本面较好的热点一二线城市市场有望率先复苏。

六、市场趋势：全年商品房销售面积降幅或超 10%，全年投资或下降

表1　　2022年全国房地产市场主要指标预测结果

不同情形	商品房销售面积（亿平方米）	同比（%）	房地产开发投资额（万亿元）	同比（%）
乐观	16.6	−7.5	14.8	0.5
中性	16.1	−10.5	14.7	−0.6
悲观	15.5	−13.5	14.3	−3.1

预计全年市场规模同比回落，悲观情形下，商品房销售面积同比降幅或超 13%。短期来看，全国市场恢复节奏仍依赖于宏观经济的修复节奏、疫情防控效果、政策优化力度等方面。乐观情形下，预计下半年商品房销售面积同比小幅增长，带动全年销售面积同比降幅在 7% 左右；中性情形下，下半年商品房销售面积与去年同期基本持平，全年同比降幅或超 10%；悲观情形下，下半年全国商品房销售面积同比仍小幅下降，全年商品房销售面积同比降幅或超 13%。

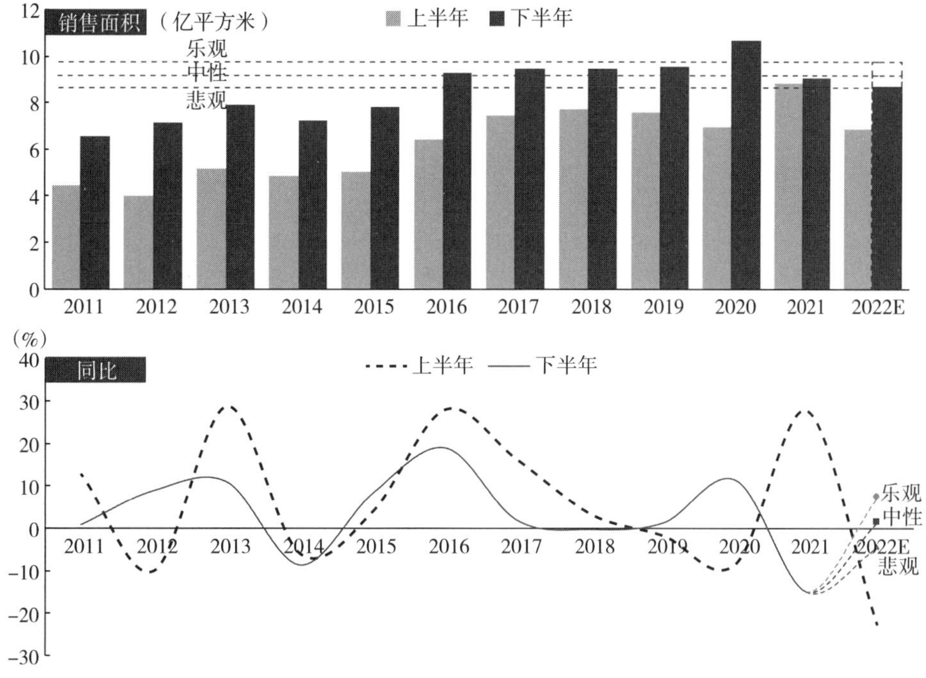

图8 2011年以来全国商品房半年度销售面积及同比增速（乐观、中性和悲观情形）

数据来源：国家统计局，中指研究院综合整理。

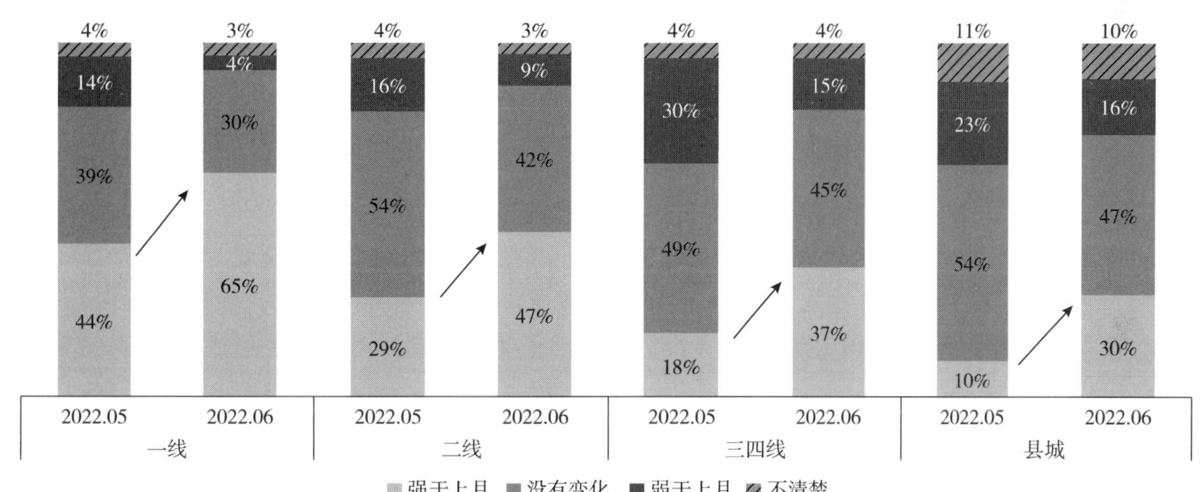

图9 各线城市购房者置业意愿变化

数据来源：中指·调查，中指数据 CREIS。

分梯队来看，根据中指调查数据，2022 年 6 月，各线城市置业意愿均有所提升，一线置业意愿强烈，二线持续改善。

一线城市市场有望继续恢复。6 月以来，北京、上海市场呈现复苏态势，商品住宅周度成交规模上行，在房贷利率下行、引才政策发力等因素影响下，北京、上海市场或将进一步恢复。广州、深圳当前市场情绪整体不高，但 6 月以来广州楼市政策有所松动，政策效果有待进一步显现。

预计二线和三四线城市分化将加剧，热点二线及东部核心城市群内部三四线城市市场或将率先企稳。二线城市中，城市基本面较好、经济韧性强、人口流入量大、突出的住房需求对房地产市场形成有力支撑的城市，如杭州、成都、苏州等，在政策的持续显效下，市场或将继续好转。而太原、天津、贵阳、南宁等城市购房者置业情绪未见明显好转，市场活跃度不高，短期市场调整压力仍在。

三四线城市中，佛山、东莞、昆山、湖州等城市市场活跃度有所好转，购房者置业意愿提升，市场信心有所修复。但对于大多数三四线城市来说，当前市场仍处于深度调整阶段，短期继续优化政策的空间和力度均较弱，市场修复动力不足，预计短期市场规模继续探底，市场恢复仍需时间。

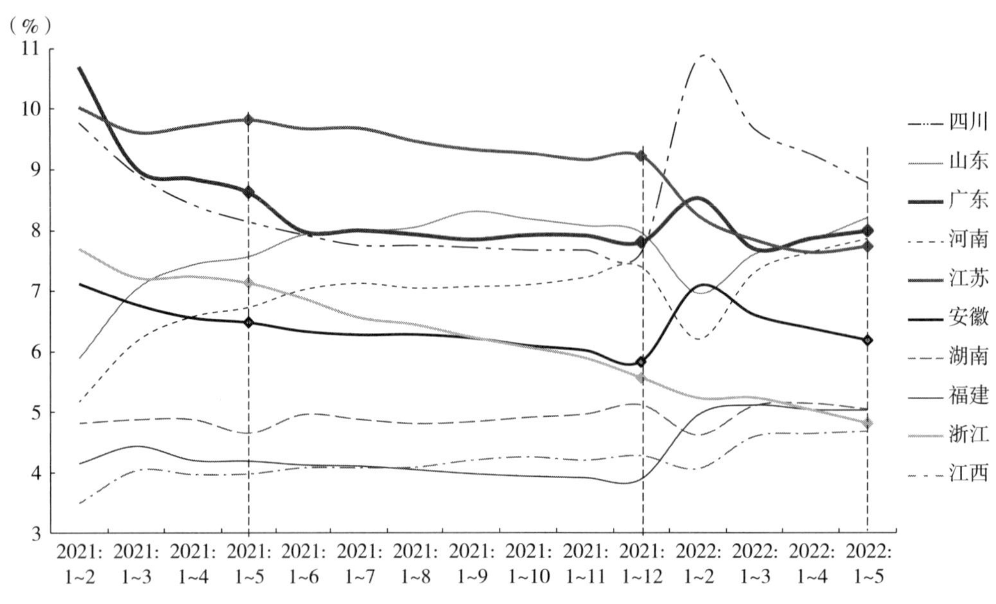

图10　2021年以来部分省商品房销售面积占比变化情况

数据来源：国家统计局，中指研究院综合整理。

价格方面，优势地区市场份额有望提升，如江苏、广东、浙江、安徽等地，对下半年全国房价形成结构性带动，全年商品房销售均价或处于横盘状态。

新开工方面，短期来看，在市场销售未出现明显复苏及房企融资端得到改善之前，开工或仍面临较大下行压力，但随着房地产市场的逐渐企稳恢复，企业新开工积极性或将有所修复，特别是热点城市新开工节奏有望加快。另外，土地规模的缩量或成为下半年新开工修复的主要拖累项之一。全年来看，新开工面积难改下降趋势，悲观情形下，全年新开工面积同比降幅或超 20%。

投资方面，下半年竣工或逐渐修复带动投资好转，但全年仍面临调整压力。2022 年下半年，随着交易市场的进一步修复，企业投资积极性有望提升，特别是地方政府“保交付”要求下，在施工程建设或逐渐修复，竣工或将对投资形成一定支撑。另外，2022 年以来土地出让金大幅度下滑，下半年土地购置费或难有明显改观。悲观情形下，若交易市场修复不及预期，企业资金面压力未得到更好改善，企业投资端或仍面临调整压力。

总体来说，2022 年下半年，房地产市场整体仍面临较大挑战，市场恢复节奏依赖于宏观基本面修复程度、疫情防控效果、政策端优化力度等方面，短期来看，热点城市在政策端较为友好的带动下，市场有望率先企稳恢复，从而带动这部分城市新开工、投资端改善修复。全年来看，全国商品房销售面积同比下降趋势难改，悲观情形下降幅或超 13%；在优势地区市场份额逐渐增加支撑下，全国商品房销售均价或处于横盘状态。供给端，土地明显缩量预计将拖累新开工修复节奏，新开工或仍处于深度调整阶段；竣工逐渐修复进一步带动投资好转，但全年投资仍面临调整压力。

报告八　2022上半年中国房地产政策盘点与趋势展望报告

2022 年，中央和地方频繁优化房地产调控政策，力促房地产市场平稳运行。上半年全国有超 180 个城市放松了房地产调控政策，出台频次近 500 次。4 月以来，信贷政策持续改善以及各地高频优化楼市政策，标志着地产政策进入实质性放松阶段。

对比历史周期，政策进入实质性宽松到市场企稳恢复一般需要两个季度左右，因此本轮市场企稳恢复尚需一定时间。

一、回顾历史周期，从调控全面放松到市场企稳恢复需要传导时间

房地产行业在过去 20 多年的快速发展过程中，经历了多次周期性波动，在市场进入深度调整阶段，政府通常会进行逆周期调节，放松优化政策，促进市场恢复。2008、2014 年两次下行周期中，房地产交易冷淡，投资开工低迷，中央均通过多次降准降息，全面放松需求端限制性政策等手段进行逆周期调节。在政策优化调整下，2009、2015 年房地产市场均回归到量价增长的路径中。我们通过参考 2008、2014 年的政策路径，并结合当时的市场环境及恢复节奏，对本轮市场周期趋势进行分析判断。

值得注意的是，相比 2008、2014 年，当前市场所处的行业阶段已完全不同，且受到疫情冲击以及近两年房地产供需两端政策持续深化的影响，市场波动趋势更为复杂。

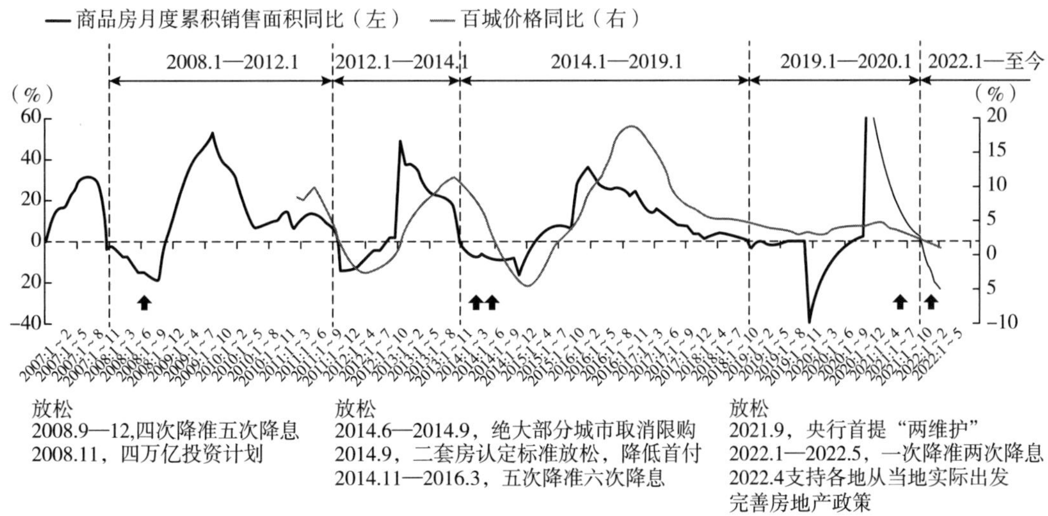

图1　2007—2022商品房销售面积累计同比及百城价格同比对比图

数据来源：国家统计局，中指数据 CREIS。

从周期拐点来看，房地产市场成交面积在深度调整期出现转折的时间点与中央房地产政策调控存在密切关系。对比历史周期，在中央较大力度政策出台，同时各地跟进后，全国商品房销售面积同比降幅将在短期内完成筑底。从政策传导时间来看，从政策发布到房地产市场销售同比实现正向增长通常会经历两个季度左右的时间。

1. 2008年为应对金融危机影响，房地产政策放松力度加大，政策放松到市场成交规模同比回正的时间间隔约5个月

2008年次贷危机爆发，美国楼市股市双双大跌，之后迅速演变为全球性金融危机。国内的房地产市场受到影响，以深圳为代表的城市房价明显下跌，成交规模下降。为应对危机，2008年下半年中国宏观政策基调转变，房地产调控政策进入了短暂的放松阶段，支撑本轮周期回归上升趋势。

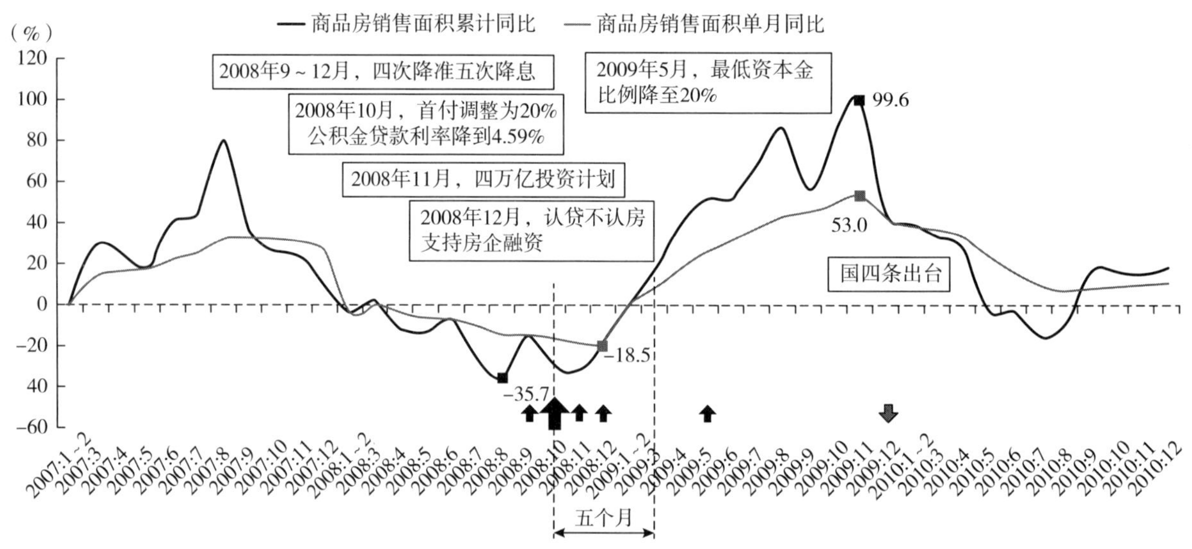

图2　2007—2010年商品房销售面积累计同比及单月同比增速

数据来源：国家统计局，中指数据 CREIS。

货币信贷方面，2008年9～12月，央行四次降准五次降息，期间五年以上贷款基准利率从7.74%降至5.94%，大型金融机构调低法定存款准备率2个百分点。政策导向方面，2008年11月国务院常务会议宣布了四万亿投资计划，其中保障性住房投向的预算约4000亿元。中国经济增速探底回升，GDP增速由2009年一季度的6.4%回升至2009年三季度的10.6%，2010年一季度达到12.2%。

房地产调控上，需求端通过调整限贷、交易税费等降低了购房门槛。2008年10月，央行提出“商业性个人住房贷款利率的下限扩大为贷款基准利率的0.7倍；最低首付款比例调整为20%”，公积金贷款利率“五年期以上由现行的4.86%调整为4.59%”。同月财政部、国家税务总局表示“对个人销售或购买住房暂免征收印花税，对个人销售住房暂免征收土地增值税，对个人首次购买90平方米及以下普通住房的，契税税率暂统一下调到1%”。2008年12月，国办加大了对二套改善住房的信贷支持。供给端对房企合理融资需求进行支持。2009年5月，国务院调整保障性住房和普通商品住房项目的最低资本金比例至20%，其他房地产开发项目的最低资本金比例为30%。直到2009年6月，银监会收紧“二套房贷”认定标准；2009年12月，国务院常务会议上“国四条”出台，标志着本轮房地产宽松调控周期结束。

从市场表现来看，2008年12月，商品房销售面积出现拐点，2009年3月，商品房销售面积单月及累

计同比均转增。在 2008 年的房地产周期中，货币信贷政策于 9 月最先进行调整，房地产政策 10 月限贷放松跟进，直到 12 月商品房销售规模同比出现拐点，2009 年 3 月销售面积回归正增长，从政策发力到商品房销售面积实现同比正增长的传导时间约 5 个月。

2. 2014 年经济增速放缓，房地产库存快速上升，政策开启新一轮宽松周期

2014 年后，我国经济增速逐步放缓，由高速增长下降为中高速增长，GDP 增长率由 2012 年的 7.9%、2013 年的 7.8% 降至 2014 年的 7.4%。房地产市场经过一系列的调控收紧政策后，2014 年商品房销售转向下行通道，房地产开发投资持续滑落，商品房库存不断积累，市场风险增大。在此背景下，2014 年 3 月，政府工作报告提出“针对不同城市情况分类调控”，2014 年 4 月，南宁率先放松限购，6 月底呼和浩特取消限购，此后至同年 10 月，除北上广深外，其余城市均已取消限购。

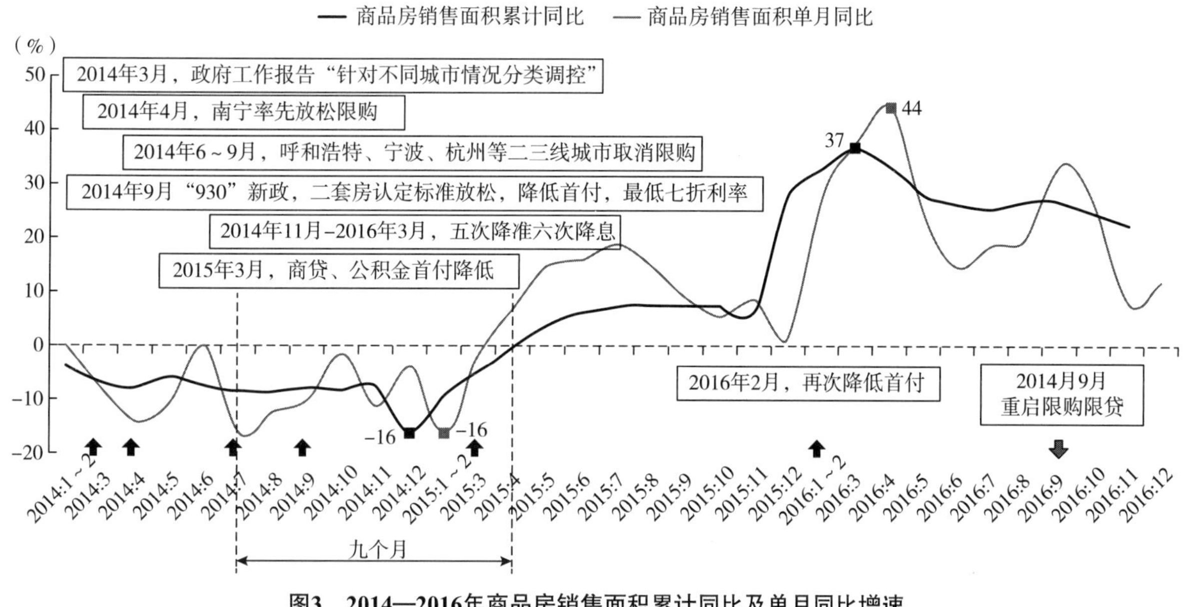

图3 2014—2016年商品房销售面积累计同比及单月同比增速

数据来源：国家统计局，中指数据 CREIS。

货币信贷政策方面，中央多次降息降准，坚持稳健的货币政策化解房地产库存。2014 年 11 月至 2016 年 3 月五次降准六次降息，五年以上贷款基准利率由 6.15% 调整至 4.9%。大型金融机构调低法定存款准备率 3 个百分点。政策导向方面，2014 年 7 月，国开行获 3 年期 1 万亿 PSL 支持棚户区改造。住建部座谈会提到“千方百计地消化库存”。

房地产需求端，中央和地方均开启放松通道，2014 年 4 月，南宁率先局部调整限购政策，放松购房户籍要求，6 ~ 9 月，呼和浩特、宁波、杭州等二三线城市跟进并取消限购，截至 10 月仅北上广深限购未取消。2014 年 9 月央行、银监会发布“930 新政”，“对于贷款购买首套普通自住房的家庭，贷款最低首付款比例为 30%，贷款利率下限为贷款基准利率的 0.7 倍，具体由银行业金融机构根据风险情况自主确定。对拥有 1 套住房并已结清相应购房贷款的家庭，为改善居住条件再次申请贷款购买普通商品住房，银行业金融机构执行首套房贷款政策。”

2015 年 3 月，央行、住建部、银监会发布关于个人住房贷款政策有关问题的通知，调整公积金首付比例，提出购买第二套自住房商贷首付降至最低 40%，公积金购买首套自住房首付最低 20%，公积金购买

第二套房首付最低30%。8月，央行、住建部、银监会继续调整公积金首付，决定“对拥有1套住房并已结清相应购房贷款的居民家庭，为改善居住条件再次申请住房公积金委托贷款购买住房的，最低首付款比例由30%降低至20%”。2016年2月，贷款限制进一步放松，央行及银监会指出，在不实施“限购”措施的城市，首套房首付比例最低可降至20%，二套房最低首付比例降至30%。直至2016年9月，20多个一二线城市密集出台收紧政策，重启限购限贷，标志着本轮政策宽松周期结束。

从供给端来看，2014年5月，央行在住房金融服务专题会上要求保证正常房地产融资需求。2015年9月，下调除保障性住房和普通商品住房以外的房地产开发项目的最低资本金比例至25%。

与此同时，2015年，“去库存”成为房地产工作重点之一，同年制定“棚改三年计划（2015—2017年）”，计划改造住房1800万套，且政府开始推动棚改货币化安置比例的提升，2015年8月，住建部、国开行要求各地区按照原则上不低于50%的比例确定棚改货币化安置目标。此后，2017年国家再次推出“3年棚改攻坚计划（2018—2020年）”，再改造各类棚户区1500万套。期间，大规模棚改带动居民居住环境改善的同时，也使房地产市场进入快速增长期。

整体来看，2014年房地产的放松周期始于各城市全面取消限购，政策放松后，虽然供需两端双双发力，但数月内市场反应仍不理想，在2015年2月销售同比降至阶段性低点，待至4月商品房销售面积单月同比转增，6月累计同比转增。从2014年7月多城市全面取消限购到2016年4月商品房销售面积单月同比转增计算，政策传导时间约9个月。

二、自2021年下半年起，市场进入下行周期，2022年4月政策进入实质性宽松期，全国商品房销售面积同比转增仍需时间

2021年上半年房地产市场热度较高，中央及地方政府持续加码收紧房地产政策，调控方式、力度及精细化程度均出现了显著升级，调控“工具箱”不断完善，政策效果显现叠加部分企业风险暴露，导致购房者置业情绪明显回落。7月，全国商品房销售面积单月同比转降，下半年各月同比降幅均较大。2022年以来，市场信心未见明显好转，房地产市场延续低迷态势。

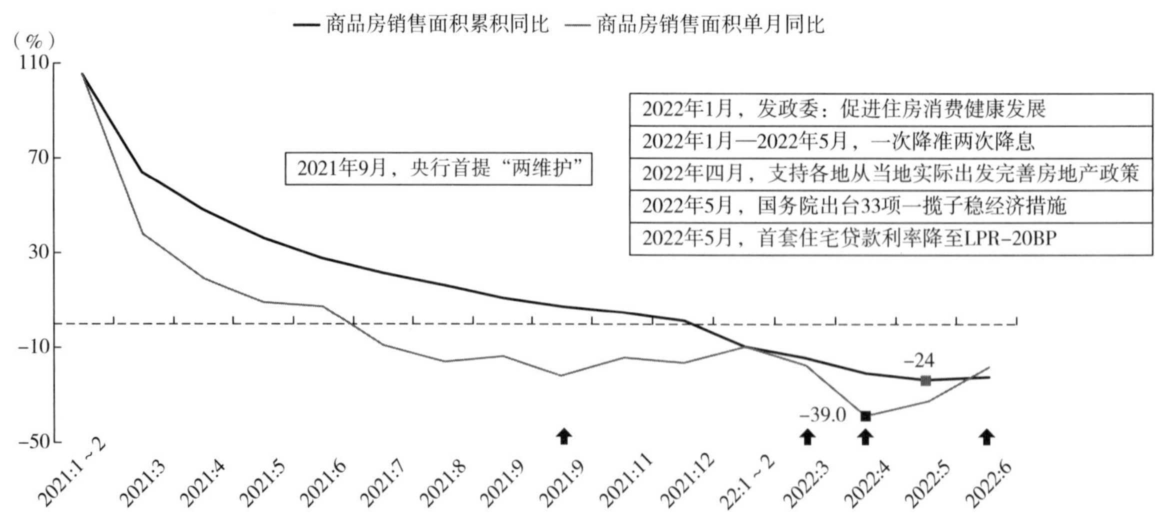

图4 2021—2022年商品房销售面积累计同比及单月同比增速

数据来源：国家统计局，中指数据CREIS。

本轮房地产的放松周期始于2021年9月央行“两维护”。2022年二季度以来，地方政府优化政策的频次明显加快，5月央行降低首套房贷利率下限且大幅下调5年期以上LPR，政策宽松力度明显加大。商品房销售面积同比下降趋势在5月有所减缓，同比筑底迹象显现，但销售同比恢复正增长仍需时间。

（一）中央层面，2022年上半年中央频繁释放积极信号，稳增长前提下满足合理购房需求

1.“房住不炒”“因城施策”仍是政策主线

2022年以来，“房住不炒”仍是政策底线，坚持“稳地价、稳房价、稳预期”目标，同时，中央支持各地从当地实际出发完善房地产政策，促进已出台政策尽快落实到位，保持房地产融资平稳有序，有效满足居民合理住房需求。

3月，两会强调支持合理住房需求，因城施策促房地产行业良性循环，多部委积极表态防范化解房地产企业风险。4月，中央政治局召开会议，要求坚持“房住不炒”，要有效管控重点风险，守住不发生系统性风险底线。支持各地从当地实际出发完善房地产政策，支持刚性和改善性住房需求，优化商品房预售资金监管，促进房地产市场平稳健康发展。

2. 房地产信贷环境持续改善，供需两端支持力度均加大

2022年，在房地产市场持续低迷以及防范化解系统性金融风险的背景下，监管部门逐渐优化政策并支持房企合理融资。一季度，央行提出“支持房地产企业合理融资需求”。4月，央行、银保监会表示“做好重点房地产企业风险处置项目并购的金融服务”。中央政治局会议亦强调“及时优化房地产信贷政策，保持房地产融资平稳有序，支持刚性和改善性住房需求”。

5月，一行两会一所发声传达学习贯彻中央政治局会议精神“及时优化房地产信贷政策，保持房地产融资平稳有序”“做好重点房地产企业风险处置项目并购的金融服务”。证监会“积极支持房地产企业债券融资”，“允许优质房企进一步拓宽债券募集资金用途，鼓励优质房企发行公司债券兼并收购出险房企项目”。同月，碧桂园、龙湖、美的置业3家民营房企被监管机构选为示范民营房企，监管部门对民营房企的支持政策实质性落地。

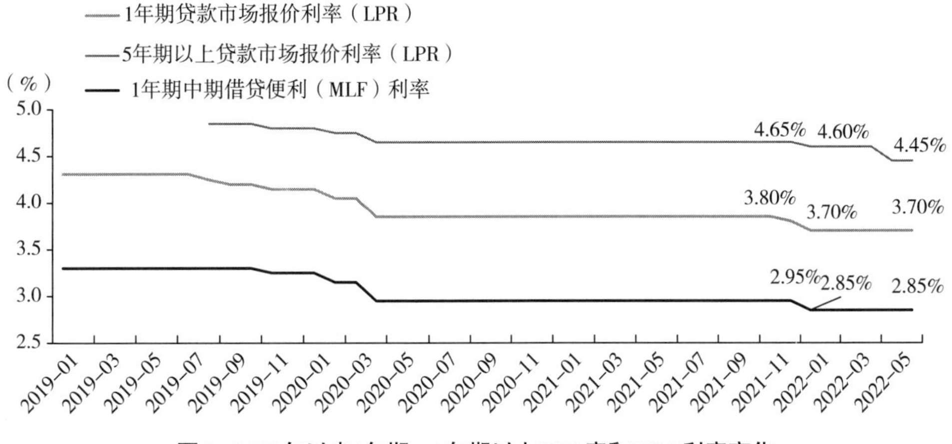

图5 2019年以来1年期、5年期以上LPR率和MLF利率变化

数据来源：央行，中指数据CREIS。

另外，2022 年以来，央行一次降准两次降息，5 年期以上 LPR 降为 4.45%。2022 年 5 月，央行和银保监会发布通知，降低首套住房商贷下限为不低于当期 LPR 减 20 个基点。5 月，国务院出台 33 项一揽子稳经济措施，支持对疫情影响的企业和个人纾困，引导金融机构将存款利率下降效果传导至贷款端，继续推动实际贷款利率稳中有降。

（二）地方层面，优化调控政策频次创新高，力度不断加大

根据中指数据，2022 年上半年全国有超 180 个城市从降首付比例、加大引才力度、发放购房补贴、提高公积金贷款额度等方面放松了房地产调控政策，需求端政策不断发力，政策出台频次近 500 次。热点一二线城市需求较为旺盛，因此政策调控优化较为谨慎；普通二线及三四线城市房地产市场调整压力较大，政策调控频次较高，但市场对调控措施优化的敏感性弱，政策效果不明显。

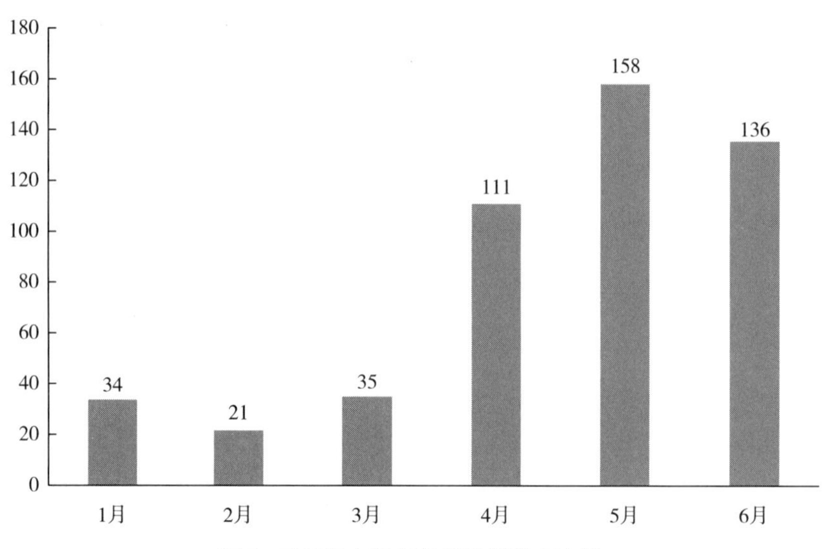

图6　2022年上半年各月政策发布次数

数据来源：中指研究院综合整理。

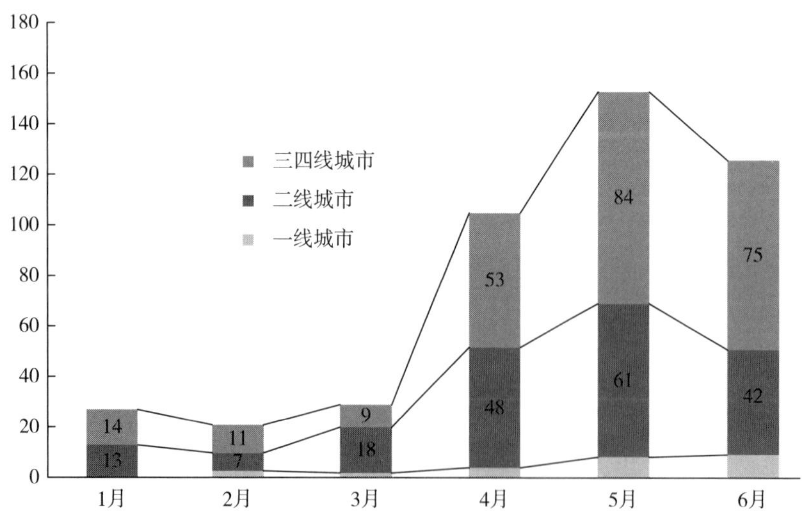

图7　2022年上半年各月各线城市政策发布次数

数据来源：中指研究院综合整理。

表1　　2022年上半年地方房地产宽松政策汇总（不完全统计）

政策分类	一线城市	二线城市（涉及35个城市）	三四线城市（涉及128个城市）
优化限购（超40城）	上海（临港新片区）、广州	厦门、大连、南京、苏州、宁波、兰州、无锡、郑州、福州、南昌、天津、沈阳、合肥、长沙、成都、杭州、银川、武汉、济南、太原、青岛	衢州、秦皇岛、佛山、东莞、廊坊、中山、惠州、淮安、绍兴、扬州、嘉兴、九江、泸州、赣州、句容、淄博、唐山、张家口、珠海、江门、焦作、瑞金
优化限售（超30城）		大连、苏州、兰州、哈尔滨、青岛即墨、南京、海口、银川、大连、济南、青岛、西安、西宁	衢州、芜湖、宜昌、绍兴、徐州、三明、德州、常州、东莞、泰州、六安、扬州、金华、唐山、张家口、江门
优化限贷（超80城）		兰州、郑州、重庆、温州、南宁、贵阳、南京、无锡、长春、沈阳、合肥、海口、石家庄、银川、济南、杭州、苏州、太原、厦门、西宁、呼和浩特、西安	菏泽、佛山、赣州、宜昌、廊坊、南阳、连云港、洛阳、惠州、徐州、上饶、中山、钦州、台州、宿州、黄石、常州、南通、延吉、张家口、秦皇岛、绍兴、大同、晋中、朔州、吕梁、阳泉、梅州、岳阳、资阳、湘潭、驻马店、六盘水、镇江、唐山、遵义、淮南、蚌埠、九江、遂宁、商丘、珠海、德阳、湛江、阳江、茂名、肇庆、汕尾、宜春、濮阳、鄂州、宝鸡、临沂、漳州、广水、焦作、瑞金、宜宾
下调房贷利率（超50城）	广州、北京、上海、深圳	苏州、郑州、南京、沈阳、厦门、西宁、呼和浩特、重庆等	惠州、佛山、徐州、唐山、安庆、资阳、赣州、黄石、阳泉、大通、晋州、朔州、吕梁、秦皇岛、盐城、延吉、大同、晋中、南阳、连云港、岳阳、六盘水、绍兴、淮南、蚌埠、九江、商丘、濮阳、珠海、廊坊、临沂等
优化公积金政策（超百城）	北京、上海	无锡、宁波、南宁、贵阳、南昌、福州、青岛、济南、北海、兰州、昆明、天津、海口、长春、银川、南京、西宁、杭州、成都、武汉、合肥、乌鲁木齐、温州、长沙、苏州、太原、西安、郑州、重庆	马鞍山、东莞、中山、达州、九江、晋中、唐山、自贡、绵阳、安顺、鹰潭、南平、宜昌、荆门、湖州、资阳、泉州、景德镇、钦州、德州、安阳、金华、莆田、安庆、常州、赤峰、烟台、台州、泰州、宿州、惠州、宜春、黄石、泰安、楚雄、池州、枣庄、六安、南通、郴州、丽水、盐城、龙岩、常德、赣州、扬州、株洲、淮安、芜湖、南阳、泸州、衡阳、连云港、洛阳、上饶、梅州、徐州、嘉兴、句容、镇江、乐山、鹤壁、吉林、贵港、包头、韶关、湘潭、淄博、湛江、宣城、六盘水、遵义、肇庆、淮南、蚌埠、秦皇岛、漳州、商丘、遂宁、廊坊、潮州、南充、阜阳、邵阳、来宾、德阳、汕尾、滨州、珠海、东营、沧州、清远、滁州、孝感、濮阳、佛山、鄂州、宁德、三明、宝鸡、开封、广水、永州、宜宾
优化限价政策（超10城）	深圳	郑州、长沙、温州、大连、福州	东莞（征求意见稿）、洛阳、绵阳、东莞、赤峰、宿州、六安
放宽落户加大引才（近70城）	上海	天津、大连、郑州、长沙、无锡、海口、南京、太原、苏州、长春、厦门、青岛、昆明、合肥、杭州	嘉兴、中山、绍兴、佛山、徐州、洛阳、中山、岳阳、上饶、梅州、景德镇、扬州、日照、江门、湘潭、淄博、唐山、蚌埠、商丘、盐城、鹤壁、鄂州、宝鸡、临沂、广水、瑞金、永州
发放购房补贴（近80城）	上海金山区	苏州、昆明、大连、兰州、长沙、沈阳、无锡、天津、太原、合肥、郑州、长春、温州、南京	玉林、湖州、泸州、资中、惠州、湖州、怀化、珠海、绍兴、绵阳、南阳、黄石、上饶、岳阳、景德镇、钦州、周口、南通、连云港、泰州、张掖、南浔、佛山、常德、东莞、句容、乐山、资阳、鹤壁、扬州、吉林、江门、镇江、湘潭、德州、淄博、黄山、驻马店、唐山、淮南、蚌埠、九江、阜阳、商丘、金华、盐城、宜春、濮阳、鄂州、漳州、衢州、宝鸡、淮安、临沂、台州、莆田、广水、焦作、瑞金、永州、宜宾
多孩家庭住房支持（超20城）		无锡、宁波、沈阳、兰州、杭州、天津、苏州、合肥、武汉、济南、太原、厦门、西安、南京、福州、成都、温州	资中、张掖、绵阳、九江、上饶、梅州、景德镇、扬州、鹤壁、淄博、滨州、南平、鄂州、宁德、莆田、宜宾

续表

政策分类	一线城市	二线城市（涉及35个城市）	三四线城市（涉及128个城市）
货币化安置（超10城）		南宁、郑州、兰州、昆明、无锡	绵阳、南阳、资阳、商丘、安庆、鄂州、丽水、永州、焦作
降低交易税费（超10城）		郑州、杭州、厦门、沈阳、无锡、宁波、成都	九江、资阳、商丘、景德镇、东莞、衢州、焦作

数据来源：中指研究院综合整理。

1. 超40城市优化限购政策，南京、武汉、合肥等补缴社保可购房

沈阳、成都、武汉等城市放宽限购政策，降低居民购房门槛。3月，郑州率先放宽限购，规定子女和近亲属在郑州工作、生活的，鼓励老年人来郑投亲养老，允许其投靠家庭新购一套住房。4月，沈阳发布通知，非沈阳户籍居民在沈限购区域购房不再提供个人所得税或社保证明。5月，成都规定近郊区住房不纳入中心城区购房套数计算，无自有产权住房且2年内无住房转让记录的，认定为无房居民家庭。宁波、南京、合肥等城市对购房社保年限购进行放松，允许补缴部分社保。

2. 地方政府贷款支持力度加大，满足购房者合理住房需求

伴随着央行多次降息以及下调房贷下限，各地贷款利率持续走低。目前已有无锡、常州等超50城首套房贷利率降至4.25%下限，部分热点一二线城市商业房贷利率下调幅度亦较大，如西安从3月的5.76%降至4.7%，降幅超过一个百分点。

表2　　重点城市贷款利率政策汇总

城市	是否认房认贷	商业性贷款 贷款利率		公积金贷款 贷款利率		城市	是否认房认贷	商业性贷款 贷款利率		公积金贷款 贷款利率	
		首套	二套	首套	二套			首套	二套	首套	二套
北京	认房认贷	5%	5.50%	3.25%	3.58%	武汉	认房认贷	4.80%	5.05%	3.25%	3.58%
上海	认房认贷	4.80%	5.50%	3.25%	3.58%	苏州	认房认贷	4.25%	5.05%	3.25%	3.58%
重庆	认房认贷	4.25%	5.25%	3.25%	3.58%	无锡	认贷不认房	4.25%	5.05%	3.25%	3.58%
深圳	认房认贷	4.75%	5.05%	3.25%	3.58%	常州	认贷不认房	4.25%	5.05%	3.25%	3.58%
广州	认房认贷	4.65%	5.05%	3.25%	3.58%	杭州	认房认贷	4.70%	5.05%	3.25%	3.58%
佛山	认贷不认房	4.25%	5.05%	3.25%	3.58%	西安	认房认贷	4.70%	5.05%	3.25%	3.58%
东莞	认房认贷	4.85%	5.05%	3.25%	3.58%	青岛	认房认贷	4.25%	5.05%	3.25%	3.58%
珠海	认房认贷	4.25%	5.05%	3.25%	3.58%	济南	认房不认贷	4.25%	5.05%	3.25%	3.58%
成都	认房认贷	4.6%–4.9%	5.2%–5.6%	3.25%	3.58%						

数据来源：中指研究院综合整理。

多地调整“认贷认房”政策，通过商贷首付比例、公积金政策优化调整等方式支持居民改善性需求。3月，郑州在二线城市中率先放松二套房认定标准，对拥有一套住房并已结清相应购房贷款的家庭执行首套房贷款政策。4月，呼和浩特二套住房商业性个人住房贷款首付比例由现行40%调整为30%。5月，银川出台政策，包括个人通过商贷公积金贷首付最低20%，二套房最低30%；二套已结清购房贷款的家庭，执行首套房贷款政策。6月，温州发布通知，在本市拥有1套住房但无住房贷款记录的或住房贷款已结清

的，购买普通住房执行首套首贷优惠政策。

3. 限售、限价、人才政策频频放松，货币化安置与房票安置重启，部分城市供给端预售资金监管有所优化

苏州、南京、六安、西宁等超 30 城市对限售政策进行优化，畅通二手房交易循环链条，促进改善性住房需求释放。

郑州、长沙等城市放松限价政策，另有超 20 城发布“限跌令”。郑州、长沙、东莞、洛阳、宿州等城市对高品质住宅放松限价。赤峰、绵阳、六安等城市签发限跌令，控制实际销售价格在备案价格上下幅度内。

黄石、如皋、岳阳等近 80 城市对购房者发放补贴，补贴方式主要涉及按套一次性补贴、一次性或分期拨付契税补贴、发放消费券补贴、人才房票奖励、购房价款的一定比例补贴等。人才政策频发，近 70 省市发布 90 余条相关政策。

出台人才政策的城市不仅包含上海、广州、南京等一二线城市，也包括上饶、岳阳、日照等普通地级市。主要包括放宽落户条件、放宽购房资格、发放创业 / 求职补贴、放宽限购及限贷、优化公积金贷款额度及首付比例、租房及购房补贴等多项举措。

南宁、怀化、兰州、绵阳、昆明、南阳等城市提出鼓励货币化安置，另有郑州、宁波、温州等地重启“房票”安置。虽然房票安置给予奖励可能带动居民购房积极性，但房票安置同样降低了杠杆的使用效率，削弱了安置户的选择性，因此实际选择房票安置的居民比例仍有待观察。

南京、宁波等超 30 城对预售资金监管进行放松，主要涉及预售资金可用银行保函替换、资金提前申请解控、降低监管资金金额、按栋支取重点监管资金等。

4. 部分城市持续完善政策工具箱，住房政策与人口、租赁政策等方面结合

表3　2022年上半年创新型房地产政策汇总（不完全统计）

多孩家庭支持，可多购一套房	租赁破限购
仅 5 月以来，已有苏州、扬州、景德镇、合肥、绵阳、杭州、武汉、淄博、济南、太原、厦门、西安、南京、福州、成都宁波、滨州、九江、南平、鄂州、宁德、泉州、三明、温州、莆田、宜宾、永州等超 20 城，通过放松限购、放松限贷、调整公积金、发放补贴等方式为多孩家庭购房提供相应支持。	长沙 5 月 11 日发布政策，存量房盘活供作租赁住房后，不纳入家庭住房套数计算。 成都 5 月 31 日发布通知，住房出租用于保障性租赁住房，可新增购买一套住房。
一人购房全家帮（公积金）	鼓励养老投靠
天津、长春、楚雄、池州、珠海、沧州、赣州、秦皇岛、资阳、潮州、邵阳、六安等城市支持父母提取住房公积金为子女购房。	郑州、无锡、宁波、兰州、武汉、济南、大连、厦门、赣州合肥等地鼓励父母来当地养老居住，一般允许其家庭在限购区域内新购一套住房。

数据来源：中指研究院综合整理。

目前已有苏州、扬州等超 20 城对多孩家庭优化购房限制，主要涉及放松限购和限售、提高公积金贷款额度、实施优惠利率以及发放购房补贴等。长沙、成都将住房政策与租赁政策结合，盘活存量的同时精准激活改善性住房需求。15 城市提出“一人购房全家帮”的公积金购房政策。

另外，南京取消二手房限购、山东德州齐河县降低首套首付比例至 10% 等部分地方政策被叫停，“房

住不炒”仍是底线。

整体来看，2022年上半年，宏观经济下行压力加大，“稳地产”对“稳经济”重要性有所提升，中央多次表态支持地方政府因城施策稳定房地产市场。在市场销售继续下行的情况下，政策力度有望进一步加强。短期来看，房地产市场恢复稳定运行前，各地因城施策频次或将维持在较快节奏，供需两端政策均仍有空间。

具体来看，需求端，一是，预计住房政策与人口、人才、租赁政策结合仍是各地因城施策优化调控政策的重要方向，跟进城市的范围有望继续扩大；二是，优化“认贷认房”标准、降低首付比例和房贷利率、降低交易税费等政策或持续，降低购房者的置业成本；三是，热点城市有望继续优化限购政策，允许补缴社保或个税成为样板，企业、法拍房等限购政策均存在优化空间；四是，各地政策或更加精细化，因城施策、因区施策，出台更加精细化、针对性强的政策促进刚性和改善性住房需求释放；五是，预计一线城市仍以微调为主，二线及三四线城市政策优化力度有望继续加大。供给端，一是预计将继续优化调整预售资金监管政策，更好地为企业补充资金流动性，提高预售资金使用效率；二是降低企业税费支出，减轻企业资金压力。

报告九　2022年中国地级以上城市房地产开发投资吸引力研究报告

自 2016 年中央经济工作会议首次提出“房住不炒”以来，住房、土地、金融、财税等房地产长效机制不断完善，房地产与经济、房地产与金融、市场与保障、增量与存量的关系也在发生改变。

经过 20 多年的快速发展，当前房地产市场的发展环境与过去相比发生了明显变化，新房市场规模继续向上突破的动能减弱。中长期来看，尽管新房市场总量见顶，但城市与区域之间差异明显，全国每年新增城镇人口仍超千万，人口持续流入的高能级城市房地产开发投资潜力突出，同时，随着生活水平的不断提高，居民改善性住房需求尚未得到充分满足。总体而言，住房的刚需和改善性需求仍有空间，但城市与区域之间分化或将进一步加剧。

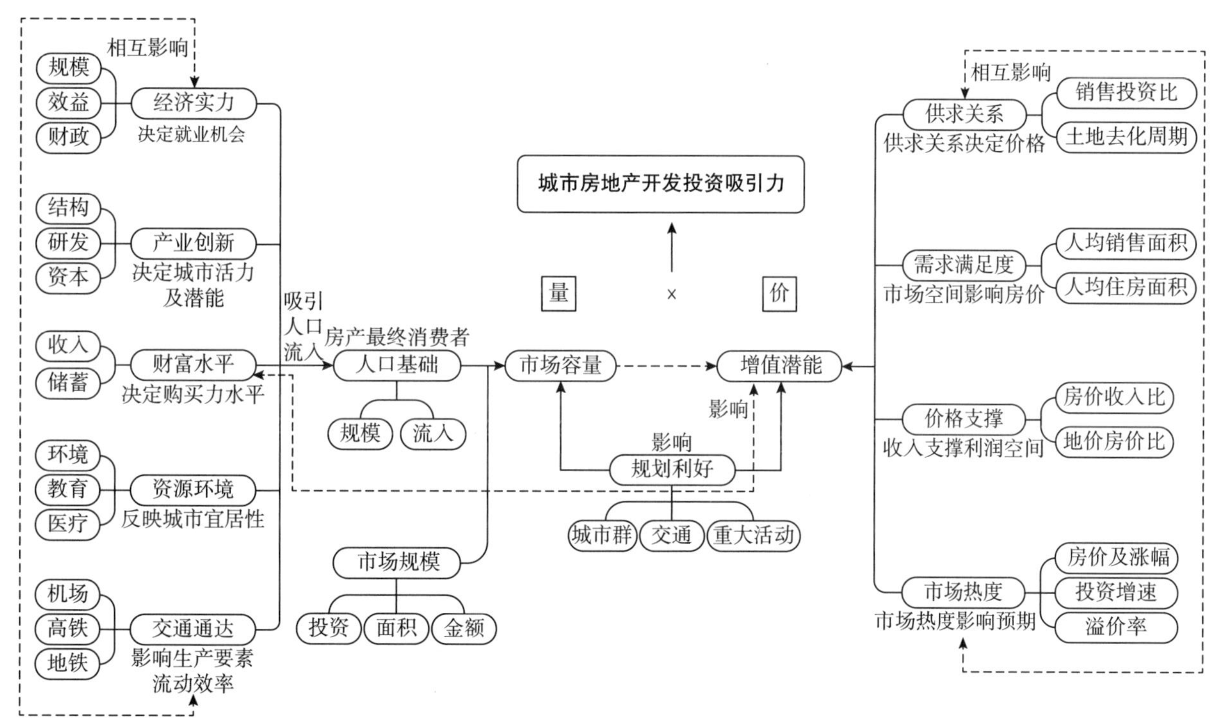

图1　城市吸引力评价体系

2022 年，我们继续通过量、价两大维度来研判城市房地产开发的价值及发展潜力，并结合城市及房地产市场在新阶段呈现出的新特征，对方法体系进行完善和迭代优化，以期更精准地挖掘城市房地产开发投资吸引力。在本期研究中，为更加全面地反映城市人口基础、产业与创新实力，我们增加了“人口出生率”“金融机构本外币各项存款余额”“500 强企业数量”等指标，构建形成了包括 2 个维度、12 个方面、近 50 项具体指标的“城市房地产开发投资吸引力评价模型”。基于此模型，对全国 31 个省（直辖市、自治区，不含港澳台地区）的 297 个地级以上城市[①] 进行投资吸引力评价。

表1　2022年房地产开发投资吸引力TOP50城市

排名	城市	省（区、市）	排名	城市	省（区、市）
1	北京	北京	26	温州	浙江
2	上海	上海	27	南昌	江西
3	深圳	广东	28	常州	江苏
4	广州	广东	29	沈阳	辽宁
5	杭州	浙江	30	石家庄	河北
6	成都	四川	31	惠州	广东
7	武汉	湖北	32	南宁	广西
8	南京	江苏	33	嘉兴	浙江
9	苏州	江苏	34	绍兴	浙江
10	重庆	重庆	35	海口	海南
11	西安	陕西	36	南通	江苏
12	长沙	湖南	37	泉州	福建
13	宁波	浙江	38	大连	辽宁
14	佛山	广东	39	贵阳	贵州
15	合肥	安徽	40	金华	浙江
16	郑州	河南	41	太原	山西
17	青岛	山东	42	三亚	海南
18	天津	天津	43	台州	浙江
19	东莞	广东	44	中山	广东
20	济南	山东	45	哈尔滨	黑龙江
21	福州	福建	46	徐州	江苏
22	无锡	江苏	47	烟台	山东
23	厦门	福建	48	长春	吉林
24	珠海	广东	49	乌鲁木齐	新疆
25	昆明	云南	50	兰州	甘肃

研究结果显示，2022 年，北京、上海、深圳和广州四个一线城市房地产投资吸引力排名保持领先，杭州、成都、武汉等城市紧随其后。具体来看：

北京投资潜力超过上海位列全国首位，深圳、广州投资吸引力排名保持不变，一线城市继续稳居前四位置。

杭州、成都、武汉、南京、苏州、重庆位列第 5 ~ 10 位。其中成都凭借成渝双城经济圈规划落地、人口持续大规模增加等有利因素，投资潜力仅次于杭州；武汉因疫情过后经济稳步复苏、人口持续回流，投资潜力有所提升；苏州装备制造、电子信息和生物医药产业发达，城市依托完备的产业结构和较强的人口吸引力，投资潜力保持不变。

西安、长沙、宁波、佛山、合肥、郑州、青岛、天津、东莞和济南位居第 11 ~ 20 位。其中宁波经济

① 本报告研究范围为“地级及以上城市”，不包括自治州、盟等地级行政区。

总量突出、产业基础强，人口吸引力较大，投资吸引力排名提升至第13位；天津产业发展仍处在转型阶段，经济发展增速较低，人口出现外流，投资吸引力降至第18位。

一、城市潜力核心要素分析

面对行业新的发展阶段，2022年我们沿用“人口+产业+交通”的分析框架，并从住房需求的影响因素及城市群发展等多角度解读城市发展潜力，为企业布局提供决策参考。

判断城市房地产开发投资潜力的关键要素在于需求，而人口趋势是决定住房需求规模及增长空间的最核心指标。一个城市人口的持续增长，一方面依赖于城市能否吸引和留住更多外来人口，另一方面也依赖于本地出生人口的增长潜力。

产业是城市发展的底层动力。经济、产业、交通等因素通过影响人口流向，进而对房地产市场容量产生影响。在人口流动更加自由的情况下，城市的产业能级、交通便捷性都决定了城市对外来人口的吸附能力。

此外，近两年国内新冠肺炎疫情反复给各城市经济发展带来重重挑战，也深刻影响着人们对工作、居住地的选择。未来，疫情或将加速部分产业布局重构，进而带动区域间人口流向发生变化，影响城市发展潜力。

1.人口

与2011—2020年相比，我国人口向东南沿海发达城市群及中西部核心城市聚集的趋势没有发生改变，但除个别城市外，2021年人口增量普遍低于过去十年的年均增量。

表2　2021年重点城市常住人口规模及增量（万人）

城市	2021年常住人口	2021年常住人口增量	2011—2020年常住人口年均增量	城市	2021年常住人口	2021年常住人口增量	2011—2020年常住人口年均增量
武汉	1365	120.1	25.4	合肥	947	9.5	19.1
成都	2119	24.5	58.2	济南	934	9.4	10.9
杭州	1220	23.9	32.4	佛山	961	9.4	23.0
西安	1316	20.4	44.9	南宁	883	8.0	20.8
南昌	644	18.3	12.1	太原	539	7.3	11.0
长沙	1024	17.8	30.1	广州	1881	7.0	59.8
青岛	1026	15.1	13.6	常州	535	7.0	6.9
郑州	1274	12.5	39.7	泉州	885	6.0	6.5
宁波	954	12.4	18.0	温州	965	5.8	4.5
贵阳	610	11.3	16.6	金华	712	5.8	16.9
嘉兴	552	10.5	9.0	东莞	1054	5.3	22.5
南京	942	10.4	13.1	廊坊	554	5.2	11.1
福州	842	10.0	11.8	湛江	703	5.0	-0.1
厦门	528	10.0	16.3	深圳	1768	4.8	71.4
苏州	1285	9.8	22.9	绍兴	534	4.6	3.6

数据来源：各省市统计局。

长三角城市群核心城市杭州、宁波、南京、苏州、合肥及区域内部分强三线城市人口吸引力较强。杭州数字经济产业持续发展，生物医药、新材料等先进制造业实力不断增强，加上城市近年来积极引才，2021 年常住人口突破 1200 万，较 2020 年增加 23.9 万人，是长三角人口增量最多的城市。

珠三角城市群内部城市之间经济关联度高，文化互通互联，各城市产业分工高效互补，城市间协同发展趋势增强。2021 年，珠三角九市常住人口共增加 37.1 万人，其中佛山增加 9.4 万人，人口增加最多；广州常住人口增加约 7 万人，位居第二。

粤闽浙沿海城市群核心城市经济总量较大、产业基础好，福州、厦门、泉州等城市人均 GDP 超 12 万元，显著高于全国平均水平。其中，福州千亿产业集群不断壮大，2021 年常住人口增加 10 万人；厦门高端制造业发达，现代物流、文旅会展、金融服务等现代服务业也发展较快，2021 年常住人口亦增加 10 万。

长江中游城市群是长江经济带的重要组成部分，也是实施促进中部地区崛起战略的重点区域。2021 年，随着疫情得到有效控制，武汉经济迅速恢复，人口回流，常住人口较 2020 年增长 120.1 万，居全国首位；南昌人口增量超 18 万，位列长江中游城市群第二。

近年来，中西部地区步入快速发展通道，中西部核心城市在区域发展中发挥着重要带动作用，城市战略地位提升，经济规模突出，人口吸引力较强。2021 年，成都、西安常住人口增量超 20 万，郑州、贵阳等城市增量超 10 万。

2. 产业经济

经过多年发展，我国经济由高速增长迈向高质量发展阶段，产业结构也在调整中不断优化。“十四五”时期，新一轮科技革命和产业变革推动全球产业链、供应链、价值链加快重构，以大数据、物联网、人工智能、区块链等为代表的数字科技已成为推动产业转型升级的核心力量。

同时，全球疫情对产业链的冲击持续显现，全球范围内产业转移步伐加快，我国部分劳动密集型产业或将继续向东南亚国家转移，倒逼我国产业转型升级。在新的发展阶段，东部发达城市将持续推动高技术新兴产业发展，加快培育经济增长新动能；中西部核心城市在产业基础、创新资源、市场潜力等方面优势突出，或将加快承接部分技术密集型产业，全国区域间产业转移或将加速。

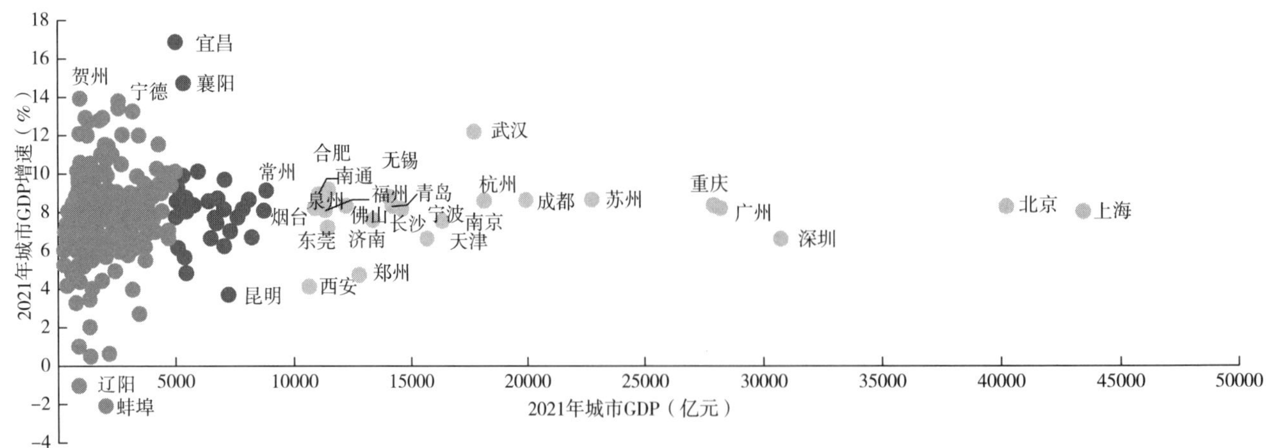

图2 2021年各城市GDP及增长率

GDP 万亿城市领先优势突出，东莞首次迈上“万亿 GDP 台阶”。2021 年，我国共有 105 个城市经济总量在 3000 亿元以上，较 2020 年增加 14 个；其中，24 个城市 GDP 超万亿，较 2020 年增加 1 个，经济总量占全国的比重为 38.4%。具体来看，上海、北京两地经济总量迈上“4 万亿台阶”，深圳经济总量突破 3 万亿，广州、重庆、苏州 GDP 亦在 2 万亿元以上；武汉经济呈现全面恢复态势，GDP 排全国第 9 位；东莞首次迈上“万亿 GDP 台阶”，成为广东第 4 个、全国第 24 个万亿 GDP 城市。

从增速来看，2021 年全国多数城市经济复苏势头明显。2021 年，我国经济加快复苏，36 个城市 GDP 实现两位数增长。具体来看，湖北在疫情后经济快速复苏，宜昌、襄阳、黄冈、孝感等多个城市 GDP 增速居全国前列，其中，宜昌 GDP 同比增长 16.8%，居全国各城市首位。2022 年以来各城市 GDP 增速表现有所分化，武汉、福州、长沙等城市 2022 年一季度经济平稳开局，而天津、上海、深圳等城市受疫情等因素影响增速放缓较为明显。

在产业集群化发展过程中，龙头企业的产业集聚带动效应越发凸显。龙头企业不仅为当地带来更多就业机会和税收贡献，同时能够吸引上下游企业聚集，形成集群效应。此外，龙头企业通常研发投入高，技术创新实力强，能够带动区域加快产业转型升级，形成良性循环。我们通过梳理上市公司及 500 强企业分布来分析各地龙头企业现状及产业发展潜力。

“北上深”企业实力明显领先于其他城市。截至 2021 年末，北京、上海、深圳 A 股上市公司数量均超过 300 家，其中科创板 / 创业板上市公司数量均超过 100 家，中国 500 强企业数量均超过 30 家，几项指标均明显高于其他城市。

长三角企业发展潜力大。多数科创板 / 创业板上市公司主要属于新一代信息技术、生物医药、高端设备等战略新兴行业，与国家主导的产业发展方向高度契合，公司未来发展潜力较大，对城市未来的产业升级和经济发展也具有一定的引领带动作用。截至 2021 年末，科创板 / 创业板上市公司数量排名前 10 的城市中，长三角城市占一半，分别是上海、苏州、杭州、无锡、南京。长三角地区科创企业数量庞大，未来产业持续发展和升级的潜力较大。

3. 交通

交通运输条件是影响城市经济发展、产业格局和人口迁移的重要因素之一，是衔接生产与消费的桥梁。近年来，随着交通基础设施的不断完善，人们长距离出行和商品长途运输更加便捷，交通物流通畅也进一步推动城市之间产业分工协作。近两年，因疫情冲击，出行（航空、高铁）需求急剧下滑，预计疫情影响消除后需求将明显反弹。

《“十四五”规划纲要》中明确提出“要加快构建以国内大循环为主体、国内国际双循环相互促进的新发展格局”。《加快建设全国统一大市场的意见》中也提到要“促进商品要素资源在更大范围内畅通流动”。生产、分配、流通、消费各环节的畅通，劳动力等各项资源要素的流通，都离不开现代流通网络的支撑。交通物流发展对城市竞争力的影响不言而喻，交通枢纽城市的优势也将在未来构建国内大循环过程中得到发挥。

表3　重点建设的国家综合交通枢纽城市

综合交通枢纽类型	重点建设的国家综合交通枢纽城市
优化提升20个左右国际性综合交通枢纽城市	提升北京、天津、上海、杭州、南京、广州、深圳、成都、重庆、沈阳、大连、哈尔滨、青岛、厦门、郑州、武汉、海口、昆明、西安、乌鲁木齐等枢纽城市全球联通水平和辐射能级，拓展海陆空多元化交通网络，增强国际门户功能。
加快推进80个左右全国性综合交通枢纽城市建设	提高石家庄、太原、呼和浩特、长春、宁波、合肥、福州、南昌—九江、济南、长沙-株洲-湘潭、南宁、贵阳、拉萨、兰州、西宁、银川等枢纽城市集聚辐射能力，增强宁波、合肥、长沙等枢纽城市国际服务功能。
	推进唐山—秦皇岛、雄安、邯郸、大同、包头、通辽、营口、吉林、齐齐哈尔、连云港—徐州—淮安、苏州—无锡—南通、温州、金华（义乌）、蚌埠、芜湖、泉州、赣州、上饶、烟台、潍坊、临沂、洛阳、商丘、南阳、襄阳、宜昌、黄冈—鄂州—黄石、岳阳、怀化、衡阳、珠海、湛江、汕头—揭阳—潮州、柳州、桂林、钦州—北海—防城港、三亚、攀枝花、泸州—宜宾、万州—达州—开州、广元、遵义、曲靖、大理、宝鸡、榆林、安康、酒泉—嘉峪关、格尔木、中卫、喀什、库尔勒、伊宁等枢纽城市建设，优化枢纽港站及集疏运体系、连接系统布局，提升跨区域人员交往和物资中转组织功能。
	鼓励和支持都市圈功能互补的城市，根据发展需求和现实条件共建组合型枢纽。

资料来源：《现代综合交通枢纽体系“十四五”发展规划》，中指研究院综合整理。

北上广深及天津、杭州、南京、成都、重庆等20个城市定位为国际性综合交通枢纽城市，未来集聚辐射能力有望进一步提升。《“十四五”现代综合交通运输体系发展规划》提出：提升北京、天津、上海、广州、深圳、成都、重庆等枢纽城市的全球辐射能级，增强南京、杭州、沈阳、大连、哈尔滨、青岛、厦门、郑州、武汉、海口、昆明、西安、乌鲁木齐、宁波等枢纽城市的国际门户作用，提升石家庄、太原、合肥、济南、长沙、南宁、兰州等枢纽城市全国集聚辐射功能。

高铁、民航、轨道交通网建设持续推进，带动劳动力等资源要素流动更加顺畅。2021年，我国新开通运营10条高铁线路。2022年，“八纵八横”线路中郑济高铁、中兰高铁和昌景黄高铁安徽段预计开通运营。此外，近两年疫情对航空运输业冲击明显，中长期来看，“十四五”期间，重点地区仍将继续加大民航基础设施投入力度，民航运输中长期发展向好，将继续为城市赋能。未来我国继续加大力度构建现代化基础设施体系，高铁、高速、民航齐头并进，全力建设立体交通网络，在此过程中，核心城市群、都市圈对资源、人口等要素的吸引力有望得到进一步提升。

另外，现代物流业作为中国现代服务业的重要组成部分，对提高国民经济运行质量、调整经济结构、扩大内需、增进社会福利等都具有全局性的影响。2022年，在国内多地疫情反复及国际地缘政治冲突影响下，物流运行有所趋缓，物流企业经营压力明显加大。伴随着新的经济发展需要，我国物流体系建设或面临新的布局调整，物流园区基础设施建设的重要性凸显，人口密集地区的物流资源或进一步集聚，同时在“双循环”格局下，物流资源集聚将逐步形成枢纽战略支点，物流枢纽城市或迎来更大发展空间。

二、城市群发展趋势

聚焦核心城市群及都市圈，把握城市结构性机会。

2021年末，我国常住人口城镇化率已达到64.7%，城市群作为新型城镇化的主体形态，在新的发展阶段下将会迎来新的发展机遇。《“十四五”规划纲要》提出，要“以城市群、都市圈为依托促进大中小城市和小城镇协调联动、特色化发展”。城市群和都市圈已经逐渐成为支撑和带动我国城镇化发展的重要载体。

目前，京津冀协同发展、粤港澳大湾区建设、长三角一体化发展有序推进，成渝地区双城经济圈建设开局起步，长江中游、北部湾、关中平原、兰州—西宁等城市群建立省际协调机制，总体已经形成了以城市群为主体的城镇化空间格局。2021 年，五大城市群 GDP 占全国 GDP 比重为 54%，常住人口占比为 42%，区域集群优势显著。

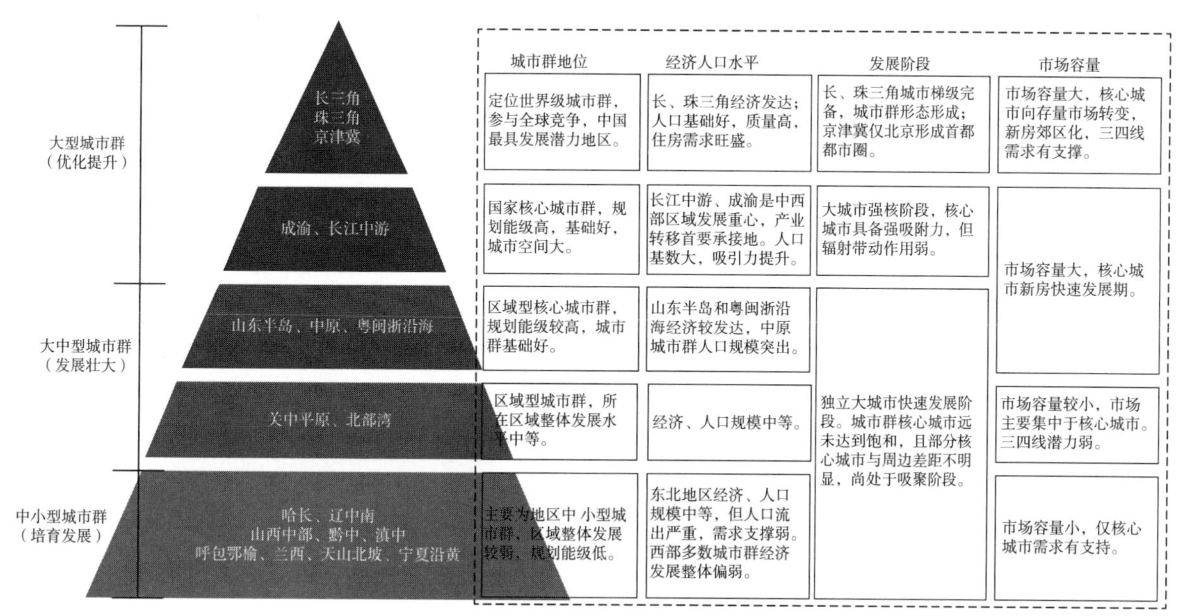

图3　19个城市群地位及发展阶段①

值得注意的是，近两年新冠肺炎疫情时有反复，各城市在疫情严峻阶段普遍对人员流动、交通运输等采取管控措施，使城市间的经济和人口往来受到限制，尤其是在超大城市周边，跨城通勤人口较多，限制性措施对环都市圈的居民通勤带来较大影响。虽然疫情管控是阶段性的，但对需求预期可能带来长远影响，大城市周边单纯提供居住功能的“睡城”开发投资潜力或将下降。

长三角城市群：区域基础设施体系建设取得新进展，科技产业融合程度持续深化，短期疫情冲击不改长期发展潜力，城市群内有 14 个城市位居全国投资吸引力前 50。

2021 年是“长三角一体化发展”上升为国家战略的第三年，“一体化”和“高质量”成为区域发展底色，上海龙头带动作用凸显，苏浙皖各扬所长，产业竞争力不断增强。

2022 年 4 ~ 5 月，以上海为核心的长三角地区受疫情影响超预期，企业生产经营和居民生活出行都受到波及，短期经济下行压力加大。随着疫情得到控制，预计区域经济将逐步企稳。过去高度专业化分工、供应链聚集为产业带来高效率的同时，也在疫情封控阶段暴露出一定的脆弱性，部分高端产业可能为抵御风险而寻找替代产能区域。但从长期来看，长三角仍是我国经济发展最活跃、开放程度最高、创新能力最强的区域之一，发展潜力突出。区域经济实力为房地产市场率先恢复奠定了基础。

珠三角城市群：区域经济发展持续向好，“十四五”规划带动下，珠三角城市群加强城市间产业联动及经济联系度，区域一体化水平高，9 城中 7 城位居投资吸引力榜前 50。

《粤港澳大湾区发展规划纲要》发布三年来，大湾区的建设不断取得新突破、新进展。以基础设施建设为内涵的“硬联通”和以规则机制对接为内涵的“软联通”正在不断加快、加深，促进了大湾区的互联

① 粤闽浙沿海城市群因具体包含城市未公布，本次报告沿用海峡西岸城市群覆盖范围统计；长江中游城市群和成渝城市群均出现规划中只含某城市部分县、区的情况，为方便计算，本次研究中城市群面积、GDP和人口等指标均按地级市全市计算；为避免重复计算，中原城市群未统计与京津冀、山东半岛城市群重叠的城市。

互通。珠三角城市群经济发展水平高，各城市产业优势互补，区域协调发展动能强劲。从房地产角度来看，珠三角九市在核心城市带动下，近些年房地产市场实现快速发展，而市场升温后房地产政策的强力跟进，导致本轮周期中区域内各城市市场调整较早，但随着政策逐步改善，预计核心城市市场将企稳，未来房地产市场空间仍在。

京津冀城市群：区域人口导入能力弱化，疫情等多重因素影响下，环京城市潜力阶段性下降。

近些年京津冀三地协作加速推进，产业衔接、项目合作更加多元，区域协同发展进入新阶段。但各城市对产业、人口的导入能力差异明显，房地产开发投资潜力分化，北京房地产开发投资优势突出。京津冀房地产市场经历前几年的深度调整后，近两年缓慢恢复，2021 年下半年市场行情随全国大势下行，当前在疫情严格防控下，环京跨城通勤多有不便，未来大城市周边单纯提供居住功能的城市潜力或将下降。短期来看，各地市场分化态势或更加明显。

成渝城市群和长江中游城市群中排名位居全国投资吸引力排名前 50 的城市均为核心城市。

2021 年 10 月，《成渝地区双城经济圈建设规划纲要》印发，成渝城市群战略地位不断升级，区域或迎来快速发展期。尤其是成都、重庆两大国家中心城市的发展能级显著提升，在未来产业创新、产业转移承接等方面均具备优势，人口虹吸效应有望得到进一步提升，住房需求或将得到继续拓展，短期来看，在地方政策继续优化的背景下，成渝两地房地产市场有望逐渐企稳。

长江中游城市群地跨湖北、湖南、江西三省，承东启西、连接南北，是推动长江经济带发展、促进中部地区崛起、巩固“两横三纵”城镇化战略格局的重点区域。2022 年 2 月，《长江中游城市群发展“十四五”实施方案》出台，区域发展进入实质性建设阶段。未来城市群内部核心城市凭借经济、人口、产业和交通等优势，房地产开发投资潜力仍较大，特别是武汉和长沙，住房需求较为旺盛，市场规模优势明显。

结　语

对于房地产企业来说，新房市场空间仍较大，但全国普遍性机会已结束。新时期，企业更需科学决策，甄别潜力区域与城市，把握结构性机会，顺应城市群大势布局，抓住城市小周期机会，修炼内功，提升产品力与服务力，实现稳健增长。同时，房地产行业经历新旧模式的转变是必然的，这是行业发展阶段所决定的，因此，企业在做好开发业务的同时也需要沿着住房服务链条进行转型升级，探索新的发展模式，尤其是未来存量市场空间巨大，向服务商转型或是房企发展的重要趋势。其中，开发代建业务、物业和商业管理服务、租赁住房等有望成为企业实现高质量发展的重要赛道。

报告十　2022中国住房租赁市场发展白皮书

前　言

住房租赁市场是房地产市场的重要组成部分，租赁住房是居民解决住房需求的重要途径之一。美国、德国等发达国家，住房租赁市场的比重都较高，相当规模的人口选择租房居住。长期以来，因为市场不规范、缺乏机构出租人等问题，我国住房租赁市场发展较为缓慢。随着我国社会经济的不断发展，人口流动愈发频繁，租房人口规模逐渐增加，住房租赁市场的重要性也持续提升。

近年来，我国住房租赁相关政策不断完善，住房租赁市场快速发展。2016 年，国务院出台《关于加快培育和发展住房租赁市场的若干意见》，提出“以建立购租并举的住房制度为主要方向”。2019 年，财政部、住建部先后分两批在北京、上海、广州、深圳、重庆等 24 个重点城市进行试点，由中央财政提供资金，支持住房租赁市场发展。2021 年 7 月，国务院办公厅印发《关于加快发展保障性租赁住房的意见》，强调加快建设保障性租赁住房，重点解决城市新市民、青年人住房难题。“十四五”期间，全国 40 个重点城市计划新增保租房 650 万套（间）。

随着住房租赁市场的持续发展，越来越多的企业开始关注并涉足住房租赁业务。万科泊寓、龙湖冠寓、华润有巢、链家自如寓、魔方公寓等各类型长租公寓品牌涌现出来。当然，风口往往与风险并存，住房租赁市场的企业参与者也正在经历大浪淘沙的过程。

在此背景下，中指研究院秉持“客观、准确、科学、合理”的理念，在分析总结历年研究经验及住房租赁市场发展现状的基础上，编制了 50 城住宅租赁价格指数，并发布《2022 中国住房租赁市场发展白皮书》。《白皮书》旨在梳理分析住房租赁市场的市场运行、政策趋势、企业格局等方面现状，客观反映行业的发展情况，并总结未来行业发展的新趋势，为各市场参与者提供决策参考。

一、50 城住宅租赁价格指数走势

1. 指数走势：上半年 50 城住宅平均租金累计下跌 1.05%

2022 年上半年，受疫情散点暴发、经济增速下行压力加剧等因素影响，全国重点 50 城住宅平均租金有所回落，1 ~ 6 月累计下跌 1.05%。6 月，全国重点 50 城住宅平均租金为 37.3 元 / 平方米 / 月，环比下跌 0.19%，跌幅较上月收窄 0.04 个百分点，同比下跌 1.98%。

从月度走势看，2022 年初受春节假期等因素影响，住房租赁市场处于传统淡季，50 城住宅平均租金 1 ~ 2 月环比连续下跌。3 月，随着外来务工人员返城叠加节后“换岗季”等因素，租赁市场行情略有升温，连续两个月租金环比上涨。但随后因上海、北京等多地疫情反复，人口流动受限，住房租赁需求有所减弱。在此行情下，个人业主出租房源空置期加长，业主信心有所不足；经济下行压力加大、毕业生求职难度增加等因素，也导致租金上涨动力不足；5 ~ 6 月，50 城住宅平均租金持续回落。

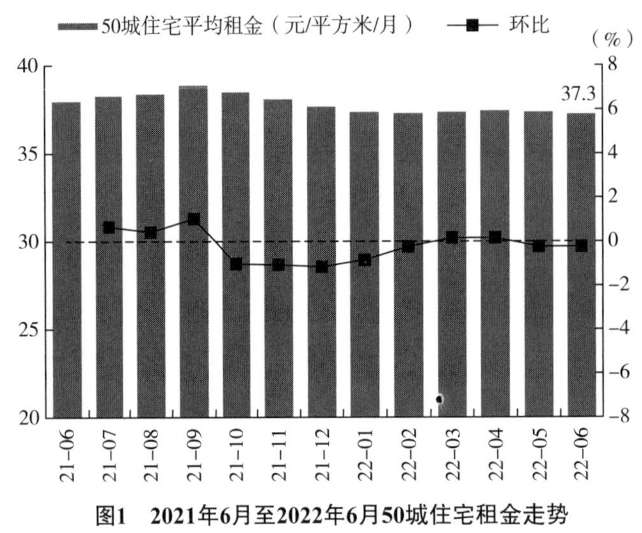

图1 2021年6月至2022年6月50城住宅租金走势

数据来源：中指数据 CREIS。

2. 城市租金：北京、深圳、上海租金水平明显高于其他城市

城市间租金水平明显分化，北京、深圳、上海租金水平处于领先梯队。6 月，北京、深圳、上海三个一线城市住宅平均租金均在 80 元 / 平方米 / 月以上，租金水平明显高于全国其他城市；杭州、广州、厦门、三亚和南京等 5 个城市租金在 40 ~ 60 元 / 平方米 / 月之间；苏州、成都、天津、武汉、重庆、西安等 37 个城市租金在 20 ~ 40 元 / 平方米 / 月之间；太原、徐州、呼和浩特、银川、北海租金均在 20 元 / 平方米 / 月以下。

从上半年租金累计涨跌幅看，多数城市租金出现回落。2022 年 1 ~ 6 月，5 个城市平均租金累计上涨，45 个城市平均租金累计下跌。

在租金上涨的城市中，石家庄、北京平均租金分别上涨 0.81%、0.45%，涨幅排名前两位；银川、太原、沈阳涨幅在 0.15% ~ 0.3% 之间。在租金下跌的城市中，三亚、西宁、厦门、温州、哈尔滨和南宁等 6 个城市跌幅在 2.0% 以上；西安、深圳、成都、苏州、广州、上海等 26 个城市跌幅在 1.0% ~ 2.0% 之间；济南、南京、武汉、青岛等 13 个城市跌幅在 1.0% 以内。

3. 租金收入比：一线城市租金收入比高，租金负担较重

近年来，随着流动人口规模持续壮大，大城市住房租赁需求日益旺盛，不断高涨的租金已成为困扰城市新市民、青年人的一大难题。

在全国重点 50 城中，有 22 个城市租金收入比在 20% 以上。其中，深圳、北京、上海、三亚等 4 个城市的租金收入比均在 30% 以上，深圳、北京、上海等一线城市受房价较高、供给不足等因素影

响，是全国租金最高的城市，居民租金负担相对较重；三亚作为著名的旅游城市，整体租金也处于相对较高水平。此外，成都、重庆、西安等中西部核心城市人口流入规模较大，城市租金收入比也在 20% 以上。

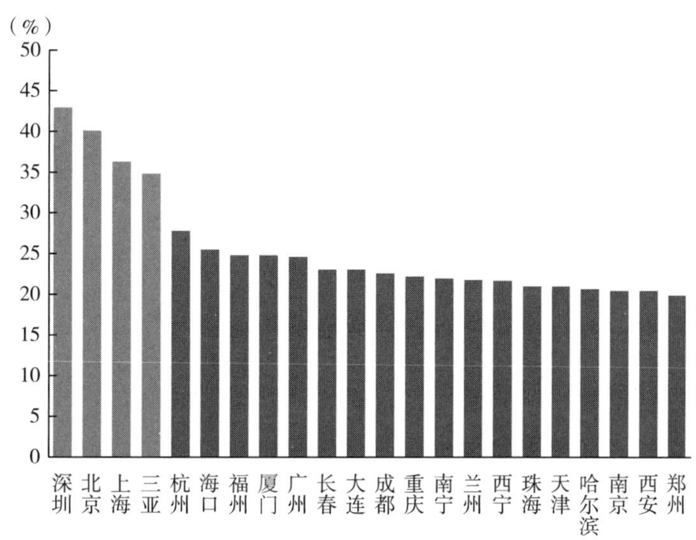

图2　租金收入比高于20%的城市

注：租金收入比按人均住房建筑面积 30 平方米估算，租金为 2022 年 6 月城市平均租金，收入为 2021 年月度人均可支配收入。
数据来源：中指数据 CREIS。

4. 租金房价比：整体处于较低水平，住房租赁投资回报率有限

随着我国房地产市场的快速发展，重点城市房价普遍较高，使得主要城市租金房价比长期处于较低水平。

在全国重点 50 城中，有 28 个城市租金房价比在 2% 以下，主要以房价高企的东部沿海发达城市为主。其中，厦门租金房价比仅为 1.0%，排名 50 城末位；深圳、北京、广州、上海等一线城市房价处于全国领先梯队，租金房价比在 1.4% ~ 1.6% 之间。

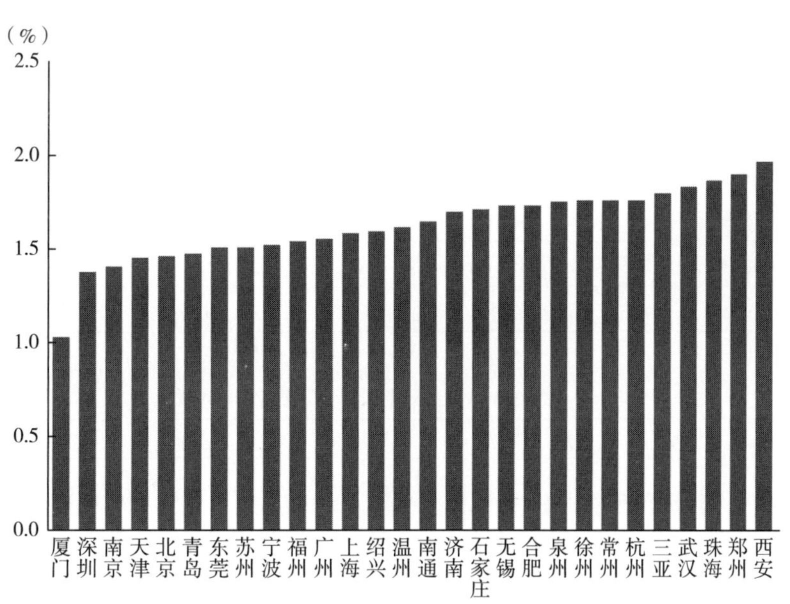

图3　租金房价比低于2%的城市

注：租金房价比 =2022 年 6 月城市平均租金 ×12 ÷ 2022 年 6 月城市二手房均价。
数据来源：中指数据 CREIS。

租金房价比与住房租赁投资回报率有密切关联。对于买房出租模式而言，其投资回报率约等于租金房价比与每年租金涨幅之和。在租金涨幅相对固定的情况下，租金房价比越低，投资回报率也越低。

住房租赁投资回报率较低，长期以来都是制约我国机构出租人发展的重要因素之一。近年来，政府对住房租赁市场的政策支持力度不断加大，降低租赁住房获取成本、运营成本以及适当提高租赁投资回报率，成为政策支持的重要方向之一。

表1　2022年6月50城住宅租赁价格指数（元/平方米/月）

城市	平均租金	环比	同比	年内累计涨幅	城市	平均租金	环比	同比	年内累计涨幅
北京	91.0	-0.01%	0.98%	0.45%	兰州	26.3	-0.22%	-6.84%	-0.79%
深圳	84.6	-0.11%	-3.42%	-1.47%	济南	26.0	-0.15%	-1.12%	-0.87%
上海	83.3	0.20%	-2.79%	-1.05%	佛山	26.0	-0.49%	-1.60%	-1.81%
杭州	57.7	-0.31%	-1.01%	-1.55%	南宁	25.4	-0.53%	-4.63%	-2.19%
广州	51.2	-0.15%	-1.74%	-1.17%	常州	25.3	-0.21%	-3.95%	-1.28%
厦门	46.5	-0.43%	-1.93%	-2.55%	郑州	25.1	-0.44%	-2.39%	-1.17%
三亚	42.9	-0.74%	-4.26%	-2.95%	哈尔滨	24.7	-0.23%	-5.41%	-2.28%
南京	42.3	-0.12%	-1.30%	-0.72%	嘉兴	24.7	-0.10%	-2.38%	-0.53%
珠海	37.6	-0.48%	-2.39%	-1.76%	沈阳	24.6	-0.01%	0.18%	0.19%
福州	37.0	-0.23%	-2.00%	-1.79%	泉州	24.4	-0.05%	-2.34%	-1.52%
宁波	35.4	-0.18%	-1.67%	-0.65%	昆明	24.0	-0.60%	-7.01%	-1.85%
苏州	35.1	-0.08%	0.09%	-1.20%	长春	23.7	-0.29%	-3.09%	-0.42%
温州	33.2	-0.39%	-8.23%	-2.34%	西宁	23.7	-0.54%	-5.94%	-2.56%
成都	33.2	-0.51%	-0.75%	-1.22%	南昌	23.5	-0.42%	-2.96%	-1.79%
大连	32.5	-0.31%	-3.39%	-1.18%	绍兴	23.4	-0.15%	-2.78%	-0.53%
海口	31.0	-0.48%	-2.84%	-1.61%	贵阳	22.9	-0.47%	-3.55%	-1.45%
天津	30.1	-0.18%	-1.74%	-1.03%	乌鲁木齐	22.6	-0.20%	-3.01%	-0.61%
武汉	29.0	-0.13%	-0.82%	-0.54%	南通	22.1	-0.11%	-3.32%	-1.22%
青岛	28.4	-0.17%	-0.93%	-0.06%	惠州	21.1	-0.33%	-4.04%	-1.27%
东莞	27.7	-0.41%	-3.96%	-1.58%	石家庄	20.3	0.02%	-0.80%	0.81%
无锡	27.1	0.00%	0.18%	-0.20%	太原	19.7	-0.10%	-3.63%	0.21%
重庆	27.0	-0.51%	-1.79%	-1.91%	徐州	19.7	-0.34%	-3.33%	-1.68%
西安	26.8	-0.22%	-1.88%	-1.58%	呼和浩特	19.6	-0.21%	-2.95%	-0.44%
长沙	26.7	-0.44%	-1.85%	-1.53%	银川	15.8	0.02%	-2.05%	0.23%
合肥	26.6	-0.22%	-1.97%	-1.81%	北海	12.0	-0.37%	-5.61%	-0.80%

数据来源：中指数据 CREIS。

表2　2022年6月50城住宅租赁价格分类指数

城市	平均套租金（元/月）					环比涨跌				
	$30m^2$以下	30～$60m^2$	60～$90m^2$	90～$140m^2$	$140m^2$及以上	$30m^2$以下	30～$60m^2$	60～$90m^2$	90～$140m^2$	$140m^2$及以上
深圳	1625	3875	5937	8430	23291	-0.41%	-0.48%	-0.18%	-0.15%	-0.87%
北京	2284	5073	5768	8530	25056	-0.34%	-0.24%	-0.11%	-0.01%	-0.19%
上海	1889	4060	5226	8387	22013	-0.31%	-0.06%	0.13%	0.16%	-0.07%
杭州	1385	3190	4343	5776	11793	-1.01%	-0.60%	-0.40%	-0.29%	-0.58%
广州	1164	2637	3876	4867	12348	-0.55%	-0.49%	-0.37%	-0.38%	-0.27%

续表

城市	平均套租金（元 / 月）					环比涨跌				
	30m² 以下	30 ~ 60m²	60 ~ 90m²	90 ~ 140m²	140m² 及以上	30m² 以下	30 ~ 60m²	60 ~ 90m²	90 ~ 140m²	140m² 及以上
厦门	1196	2408	3545	4771	9423	-0.55%	-0.37%	-0.22%	-0.20%	-0.31%
南京	1017	2686	3021	3899	9077	-0.81%	-0.26%	-0.13%	-0.14%	-0.05%
珠海	-	2221	2977	3679	7715	-	-0.81%	-0.40%	-0.64%	-0.44%
三亚	-	2161	2963	4278	11446	-	-0.84%	-0.93%	-0.84%	-0.54%
福州	1152	2048	2782	3623	6147	-0.95%	-0.60%	-0.27%	-0.43%	-0.42%
温州	1282	1833	2668	3507	5527	-0.07%	-0.36%	-0.29%	-0.54%	-0.16%
苏州	924	1984	2664	3491	7074	-0.30%	-0.05%	-0.03%	-0.37%	-0.11%
宁波	916	1893	2568	3779	6632	-0.40%	-0.36%	-0.16%	-0.18%	-0.04%
海口	-	1762	2491	3197	5728	-	-0.32%	-0.61%	-0.63%	-0.53%
成都	662	1838	2480	3254	7649	-0.57%	-0.31%	-0.22%	-0.24%	-0.82%
武汉	729	1726	2242	2813	6340	-0.82%	-0.05%	-0.15%	-0.19%	-0.04%
大连	723	1659	2239	3325	7582	-0.55%	-0.32%	-0.33%	-0.36%	-0.15%
东莞	867	1536	2164	2756	4959	0.32%	-0.39%	-0.37%	-0.46%	-0.26%
佛山	829	1453	2151	2573	4482	1.03%	-0.45%	-0.45%	-0.55%	-0.49%
天津	963	1786	2149	2685	7132	-0.39%	-0.22%	-0.31%	-0.19%	-0.20%
西安	627	1545	2113	2605	5266	-0.78%	-0.47%	-0.35%	-0.45%	-0.45%
青岛	775	1692	2072	2687	7234	-0.49%	-0.31%	-0.08%	-0.16%	-0.17%
无锡	759	1556	2056	2679	5307	-0.26%	-0.39%	-0.22%	-0.19%	-0.04%
长沙	658	1520	2053	2717	4851	-0.74%	-0.45%	-0.36%	-0.52%	-0.15%
泉州	835	1332	2052	2594	4771	0.53%	-0.34%	0.10%	-0.35%	0.12%
合肥	626	1450	2046	2593	5170	-0.09%	-0.15%	-0.31%	-0.34%	-0.52%
绍兴	-	1672	2033	2385	3789	-	-0.19%	-0.19%	-0.17%	-0.06%
南宁	-	1375	2032	2633	5160	-	-1.19%	-0.98%	-0.62%	-0.33%
郑州	600	1342	2011	2472	4586	-0.64%	-0.77%	-0.46%	-0.33%	-0.34%
济南	654	1592	2008	2509	4493	-0.82%	-0.49%	-0.25%	-0.24%	-0.16%

注：部分城市房源样本较少的居室套租金暂不公布。

数据来源：中指数据 CREIS。

二、住房租赁市场租客画像

为充分反映居民的租房状况，了解居民当前的租房偏好和痛点问题，中指研究院于 2022 年 6 月对全国租户开展了问卷调查，共收回 9810 份有效租客样本。根据调查结果，我们从租客基本特征、租赁行为特征和租房偏好与观念三大方面，绘制租客画像。

1. 租客基本特征：90 后、未婚、高学历、刚毕业

（1）年龄结构：主力租客集中在 25 ~ 29 岁

调查结果显示，主力租客群体年龄集中分布在 25 ~ 29 岁，占比 25.0%，其次为 30 ~ 34 岁，占比

21.1%。

分城市能级看，城市能级越高，租客群体年轻化趋势越明显。一线、强二线城市中，30 岁以下的租客占比近 6 成，三四线城市中，30 岁以下租客占比不足五成。这也反映出年轻人更愿意去到一线、强二线等经济发达城市进行打拼。

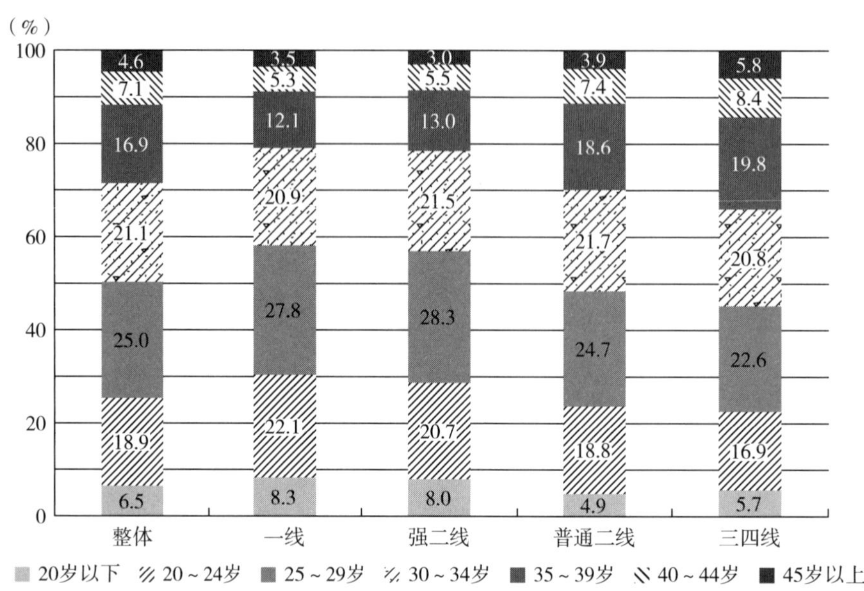

图4 租客年龄结构分布

注：强二线城市包括天津、杭州、南京、武汉、成都、重庆、苏州。
数据来源：中指数据 CREIS。

（2）婚恋现状：55% 租客未婚，超 30% 恋爱中

从租客群体婚恋现状看，受访者中有 32.8% 的租客目前处于恋爱状态，22.2% 的受访者目前为单身，已婚租客占比 45.0%，其中已婚已育租客占比为 21.8%，已婚未育租客占比 23.2%。

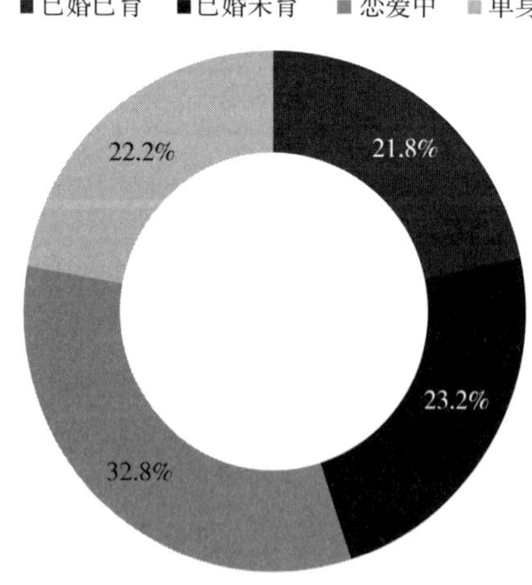

图5 租客婚恋现状分布

数据来源：中指数据 CREIS。

（3）学历水平：65% 租客学历在本科及以上

从租客学历水平看，受访者中有 48.7% 的租客学历为本科，23.5% 的学历为大专；65% 的租客学历在本科及以上，近 90% 的租客学历在大专及以上。

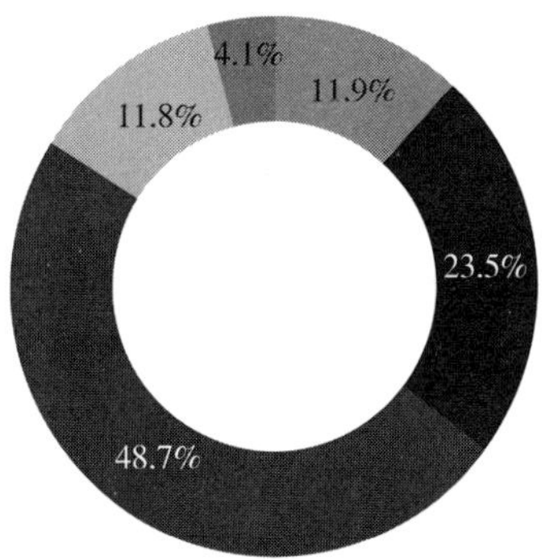

图6 租客学历水平分布

数据来源：中指数据 CREIS。

（4）毕业年限：约 60% 租客毕业 3 年以内

从租客的毕业年限看，在学历为大专及以上的租客中，40.3% 的租客毕业年限在 1 ~ 3 年，20.3% 的毕业年限在 3 ~ 5 年；毕业年限在 3 年以内的租客共计约 60%。

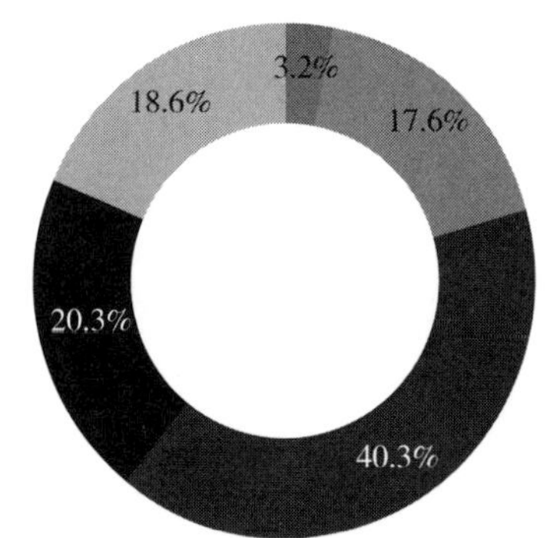

图7 大专及以上学历租客毕业年限分布

数据来源：中指数据 CREIS。

（5）家庭收入：38.9% 为 5000 ~ 10000 元

调查结果显示，38.9% 的受访租客群体家庭收入集中分布在 5000 ~ 10000 元，其次为 10001 ~ 15000 元，占比 25.0%。受访群体中，20.4% 的租客家庭收入不足 5000 元，家庭收入在 20000 元以上的租客群体占比 5.2%。

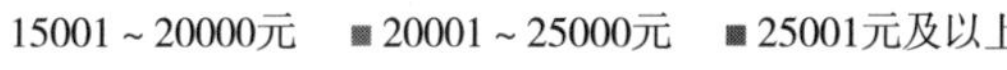

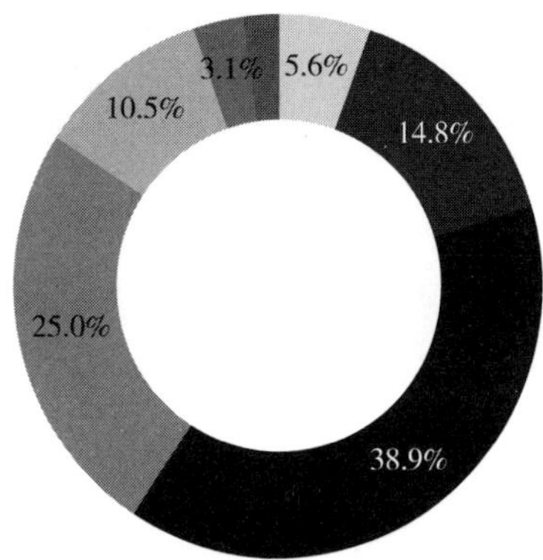

图8 租客群体家庭收入分布

数据来源：中指数据 CREIS。

2. 租赁行为特征：整体月租金主要分布在 1000 ~ 5000 元；一线及强二线城市租住 30 平以下的占比超 40%

（1）共同租住的家庭人数：一线城市独住占比 32.2%，三四线城市 3 人以上同住占比 47.9%

调查结果显示，多数租户是以 2 ~ 3 人为单位的家庭成员共同租住，占比六成以上。分城市能级看，一线城市独自租房居住占比最高，为 32.2%。强二线城市中，家庭成员中 2 人一起租住的占比最高，为 33.5%。普通二线及三四线城市中，家庭成员中 3 人一起租住的占比最高，分别为 36.9%、34.3%。三四线城市 3 人以上家庭成员共同租住占比 47.9%。

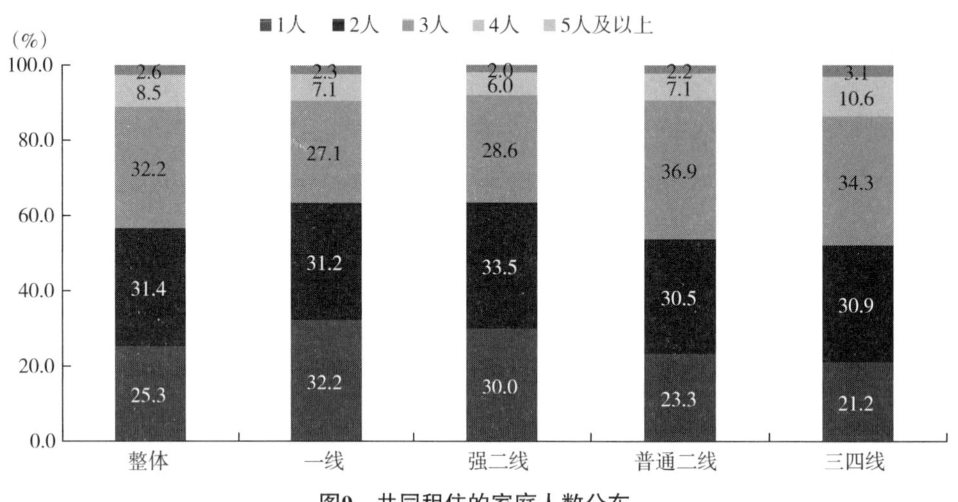

图9　共同租住的家庭人数分布

数据来源：中指数据 CREIS。

（2）租赁面积：一线及强二线城市主力租住面积为 30 平方米以下

从租住面积分布来看，一线及强二线城市主力租住面积段集中分布在 30 平方米以下，占比超过 40%。随着城市能级的降低，租房面积逐渐提升，三四线城市中 60 平方米以上租住面积段占比相对较高，占比超四成。

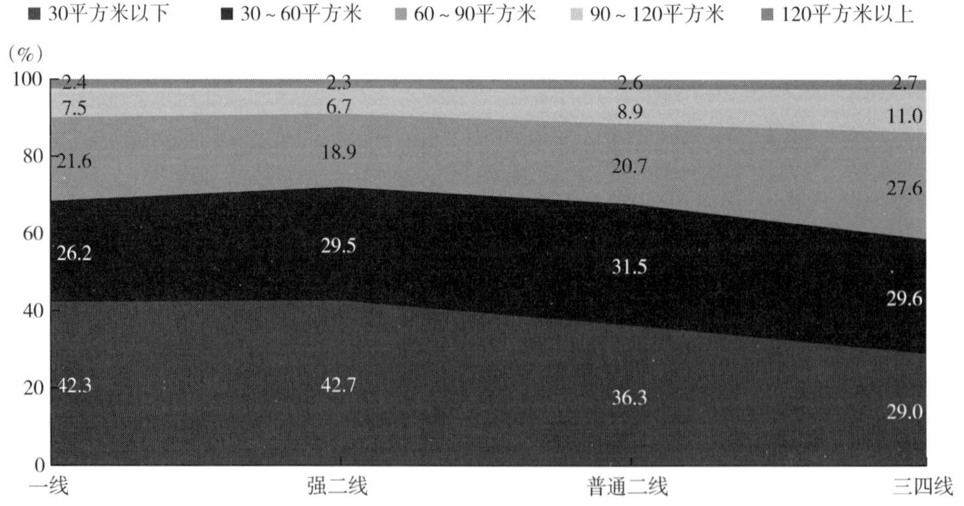

图10　租赁房屋面积分布

数据来源：中指数据 CREIS。

（3）租金水平：30.7% 分布在 2001 ～ 3000 元

调查结果显示，月租金主要集中分布在 2001 ～ 3000 元区间，占比 30.7%；其次为 1001 ～ 2000 元区间段，占比为 24.7%；3001 ～ 5000 元区间段占比为 21.4%。

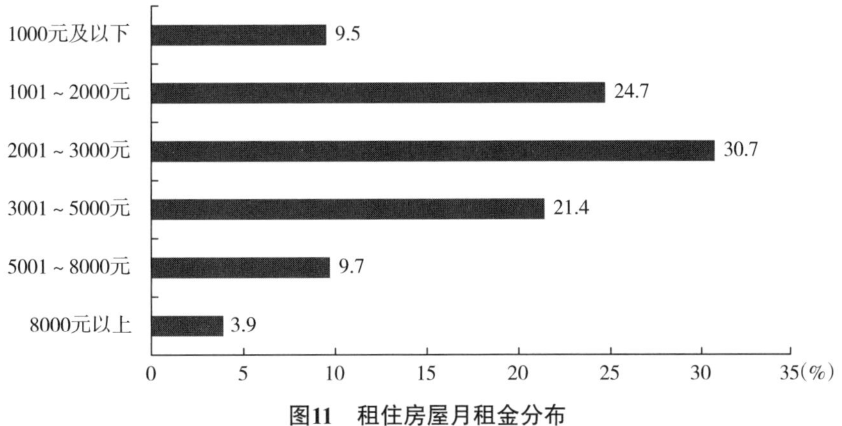

图11　租住房屋月租金分布

数据来源：中指数据 CREIS。

（4）租金收入比：28.2% 为两至三成

调查结果显示，28.2% 的租客月租金占收入的比重在两至三成，租金收入比超三成的租客占总样本的 43.8%。

另外，租客对于租金的主观承受度是较高的，即使租金收入比高于 30%，但当租金收入比不超过 50% 时，多数人对于租金水平的感知是“合理，但有些压力”。

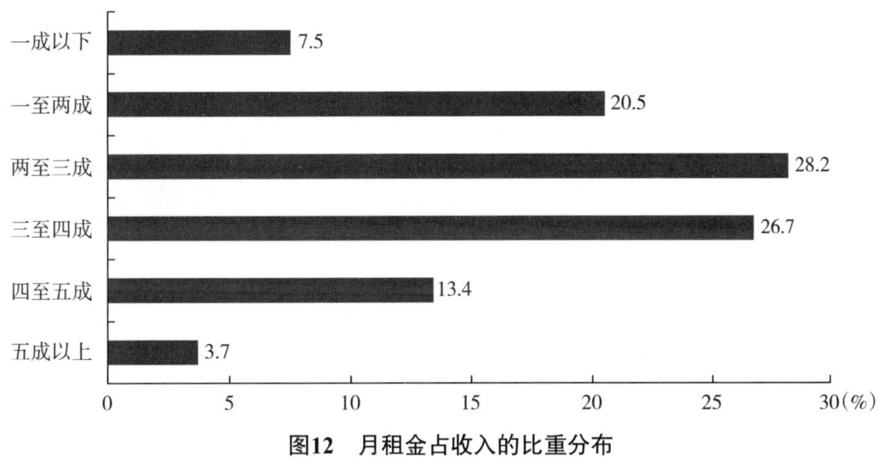

图12　月租金占收入的比重分布

数据来源：中指数据 CREIS。

3. 租房偏好与观念：通勤距离是租房的首要考虑因素；年轻人计划未来长期租房的比例较高

（1）租房关注点：通勤距离排在首位

调查结果显示，44.8% 的受访者表示通勤距离是其租房时考虑的重要因素之一，位居各因素首位。其次为商场医院等周边配套、地铁便利性、小区环境等因素。另外，女性租客对于配套情况、租金水平、物业服务、室内条件等方面因素关注度明显高于男性租客。

表3　　租客租房关注因素

关注因素	整体	男性	女性
通勤距离	44.8%	45.1%	44.5%
商场、医院等配套	40.7%	38.8%	43.7%
距离地铁近	39.5%	39.7%	39.4%
小区环境	33.6%	32.0%	36.0%
租金水平	29.0%	26.3%	33.1%
物业服务	26.8%	25.3%	29.1%
室内装修 / 家具条件	23.2%	18.2%	27.8%
楼龄	15.6%	16.2%	14.6%
楼层	12.2%	11.3%	13.5%
朝向	9.6%	10.1%	9.2%
居室类型	8.4%	8.7%	8.1%
房屋面积	6.3%	5.4%	7.7%
室友 / 租赁机构口碑	2.9%	2.4%	3.6%
其他	0.8%	0.7%	1.0%

数据来源：中指数据CREIS。

（2）租房痛点：室友或房东不好相处、房屋质量差是主要的痛点问题

调查结果显示，室友不好相处、房东不好相处、房屋质量差是排名前三的租房痛点，其后是遇到黑中介、看房时抬高房价、维修责任无人承担等问题。

表4　　租客租房痛点分析

痛点因素	占比
室友不好相处	32.2%
房东不好相处	32.0%
房屋质量差	31.9%
遇到黑中介	29.6%
看房时，房东或中介抬高租金	28.7%
维修责任无人承担	27.7%
存在安全隐患	18.5%
虚假房源信息	18.2%
房东扣留押金	12.6%
续租时涨价太多	7.9%
经常搬家	4.3%
其他	1.9%

数据来源：中指数据CREIS。

（3）单程通勤时间：39.8% 在 30 分钟到 1 小时之间

调查结果显示，39.8% 的租客单程平均通勤时间在 30 分钟到 1 小时之间，29.5% 的租客单程平均通勤时间在 15 ~ 30 分钟。近 80% 的租客可接受的单程通勤时长上限为 1 小时。

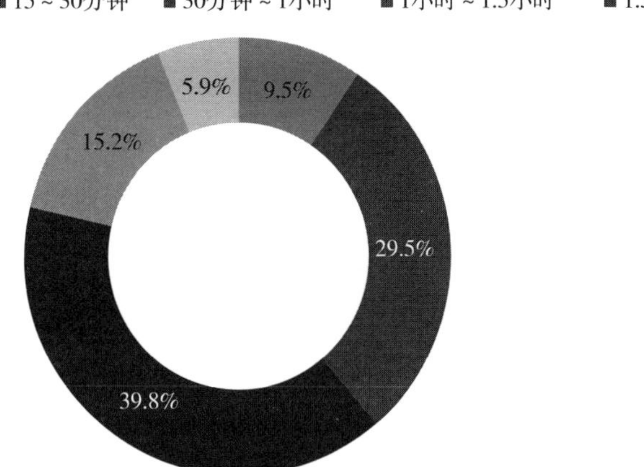

图13 租客单程平均通勤时间分布情况

数据来源：中指数据 CREIS。

（4）租房原因：本地无房是一线、强二线城市租房的主因，通勤远是普通二线及三四线城市租房的主因

调查结果显示，一线城市中因本地无房而选择租房的租客占 56.3%，此比例在强二线城市中为 49.6%。三四线城市中，七成以上租客本地有房，因距离公司远而租房的占比为 40.4%，因不想与父母同住而租房的占比为 25.1%。

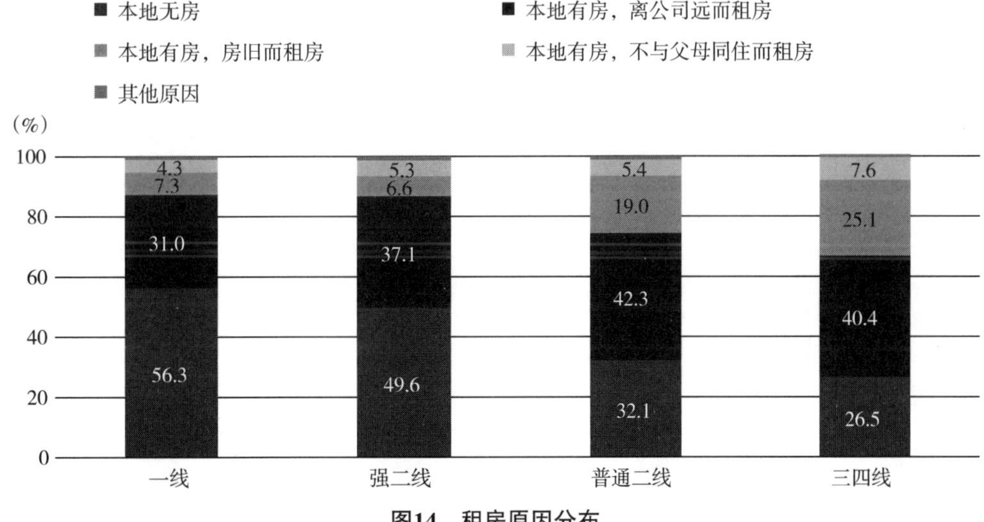

图14 租房原因分布

数据来源：中指数据 CREIS。

（5）本地有房租客：42% 选择将个人房源出租

通过调查本地有房租客自有住房现状得出，42.0% 的租客选择将个人房源出租，12.9% 的租客选择将房源挂牌出售，父母或亲属居住占比为 28.0%，偶尔自住占比 14.3%。

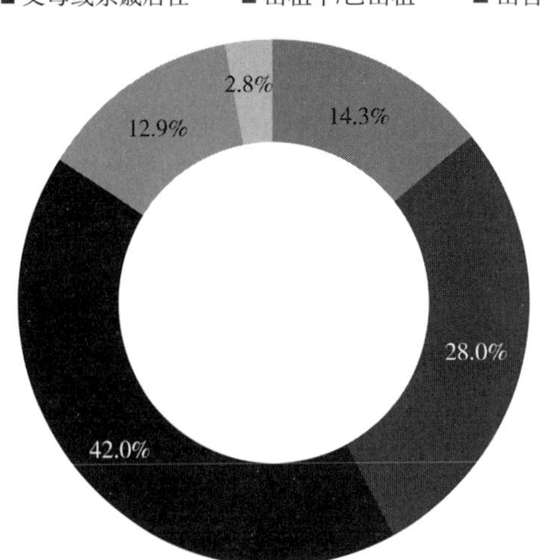

图15　本地有房租客个人房源规划

数据来源：中指数据 CREIS。

（6）本地无房租客：五成以上租客未来计划在本地置业，年轻租客未来计划长期租房的比例较高

对本地无房租客未来购房规划进行分析，五成以上租客选择未来攒够首付后在本地置业，近三成租客选择未来长期租房，14.2% 的租客选择回老家或房价更低的城市购房。

通过与年龄结构交叉分析发现，租客越年轻，选择未来长期租房的比重越高，20 岁以下的租客中，选择长期租房的比重为 44.1%，这表明年轻人的住房观念在逐渐转变，越来越多的年轻人会愿意选择长期租房。同时，45 岁以上租客群体中，超三成选择未来长期租房，这一方面可能是其主动选择，另一方面也可能是迫于收入等因素的被动决定。

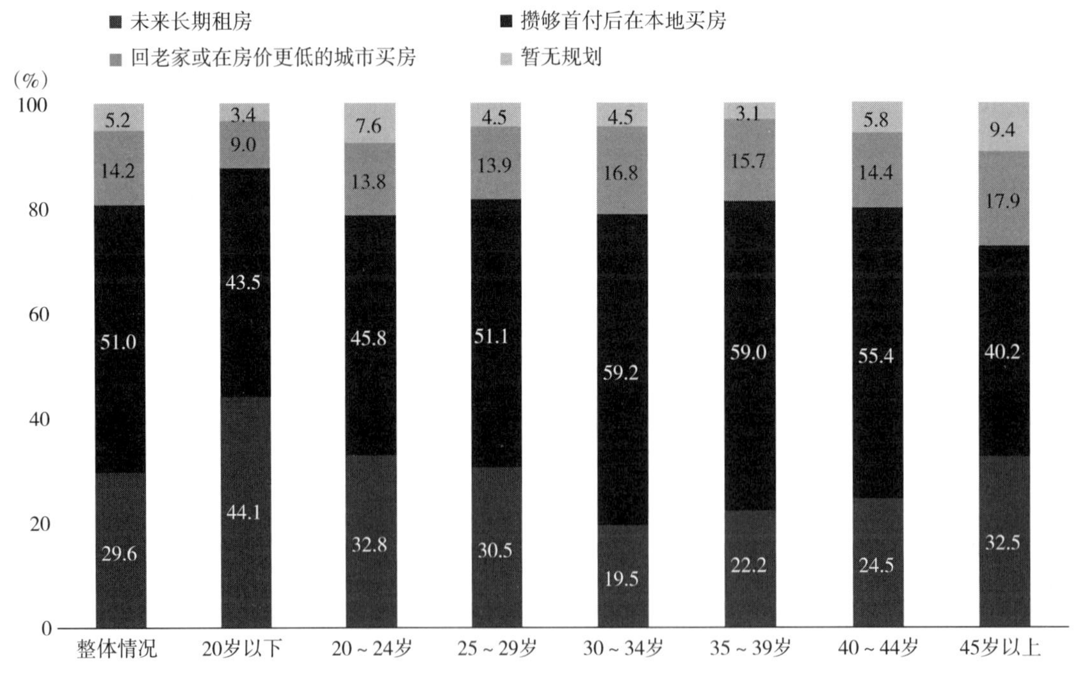

图16　本地无房租客未来住房规划

数据来源：中指数据 CREIS。

三、住房租赁市场发展历程与政策趋势

- 1995年，建设部印发《城市房屋租赁管理办法》，提出加强城市房屋租赁管理，进一步保障房屋租赁当事人的合法权益。
- 1998年，国务院印发《关于进一步深化城镇住房制度改革加快住房建设的通知》，提出最低收入家庭租赁由政府或单位提供廉租住房。
- 2007年，国务院印发《关于解决城市低收入家庭住房困难的若干意见》，提出进一步建立健全城市廉租住房制度。

- 2010年，国务院印发《关于加快发展公共租赁住房的指导意见》，提出大力发展公共租赁住房，培育住房租赁市场。
- 2013年，住建部等多部门印发《关于公共租赁住房和廉租住房并轨运行的通知》，提出公共租赁住房和廉租住房并轨运行，并轨后统称为公共租赁住房。
- 2015年，中央经济会议首次提及发展住房租赁市场，并将“购租并举”确立为我国住房制度改革的主要方向。

- 2016年，国务院出台《关于加快培育和发展住房租赁市场的若干意见》，提出“以建立购租并举的住房制度为主要方向，健全以市场配置为主、政府提供基本保障的住房租赁体系”。
- 2019年，财政部、住建部先后分两批在全国24个重点城市进行住房租赁市场试点。
- 2021年7月，国务院印发《关于加快发展保障性租赁住房的意见》，强调加快建设保障性租赁住房，重点解决城市新市民、青年人住房难题。

图17　我国住房租赁市场发展的三大历程

数据来源：中指研究院综合整理。

1. 发展历程：我国住房租赁市场经历三大发展阶段，2016 年后进入发展加速期

长期以来，我国房地产市场处于“重售轻租”的局面，住房租赁市场发展缓慢。近年来，随着我国经济社会的持续发展，城镇化进程不断加快，流动人口规模持续扩大，带动城市住房租赁需求快速增长，住房租赁市场的地位不断提升。纵观我国住房租赁市场的发展历程，大体经历了三大发展阶段。

（1）2009 年之前：住房租赁市场发展雏形期

房改后，住房租赁市场逐步发展，租赁住房供应以廉租房为主。受住房分配制度、人口流动性低、经济发展水平有限等因素影响，早期我国住房租赁市场发展缓慢，城市居民以租赁公房为主。直至 1995 年，建设部印发《城市房屋租赁管理办法》，我国住房租赁市场相关政策才正式出台。1998 年房改以后，我国住房租赁市场逐步发展，但整体发展水平仍十分有限。这一阶段，政策侧重点以廉租房为主，主要解决低收入家庭的住房问题。2007 年，国务院发文提出进一步建立健全城市廉租住房制度。

（2）2010—2015 年：住房租赁市场发展推进期

住房租赁市场重要性逐渐显现，租赁住房供应以个人住房和公租房为主。2010 年以来，随着我国经济的快速发展，流动人口规模增至 2 亿人以上，住房租赁市场的供需矛盾逐步显现，市场重要性愈发凸显。2010 年，国务院发文提出大力发展公共租赁住房。2014 年，公租房和廉租房并轨运行。2015 年底，中央经济工作会议首次提及发展住房租赁市场，并强调将“购租并举”确立为我国住房制度改革的主要方向。这一阶段，租赁住房供应以个人住房和公租房为主，虽然魔方公寓、链家自如寓等长租公寓品牌在这一时期出现，但机构出租人的整体规模仍十分有限。

（3）2016 年至今：住房租赁市场发展加速期

“租购并举”制度方向得以明确，住房租赁市场加快发展，机构出租人开始涌现，保租房政策出

台。2016 年，国务院发文强调“以建立购租并举的住房制度为主要方向，健全以市场配置为主、政府提供基本保障的住房租赁体系”。2019 年，住建部等中央部委先后在 24 个重点城市试点，住房租赁市场发展驶入快车道。2021 年 7 月，国务院印发《关于加快发展保障性租赁住房的意见》，强调加快建设保租房，重点解决城市新市民、青年人住房难题。这一阶段，众多企业开始进入住房租赁市场，涉足长租公寓业务，万科泊寓、龙湖冠寓、旭辉瓴寓、建行 CCB 建融家园等长租公寓品牌均在这期间创立。

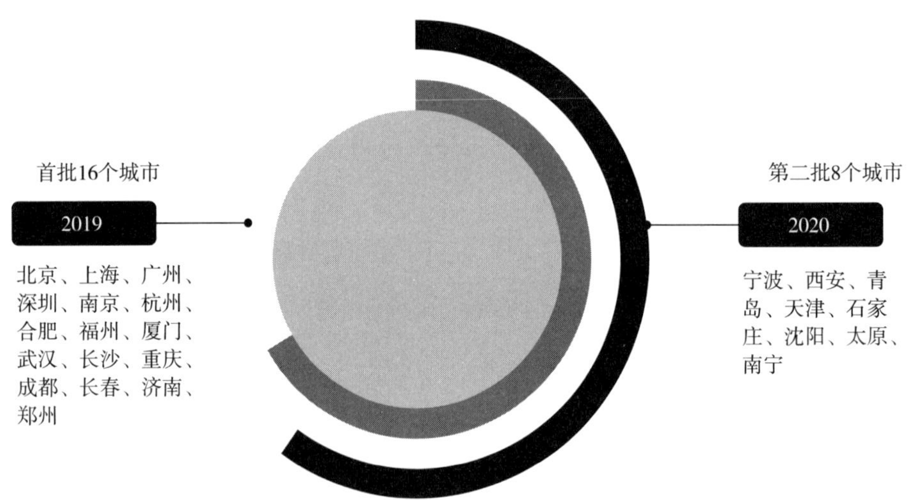

图18　我国住房租赁市场发展试点城市

资料来源：中指研究院综合整理。

2. 政策趋势：2021 年来以发展保租房为核心，各项支持政策加快推进

2020 年底，中央经济工作会议提出重点关注解决大城市住房问题，将保租房建设作为 2021 年重点工作。2021 年来，以推动保租房建设为契机，我国住房租赁市场发展不断提速。中央和地方政府围绕保租房为核心，在财税支持、金融支持、存量盘活、市场监管等重点领域配套出台了多项政策。

随着保租房的推出，我国租赁住房供给体系进一步丰富。目前，我国租赁住房供给体系主要包括个人房东提供的分散式个人租赁住房、长租企业等机构提供的分散式和集中式长租公寓、政府主导的公租房以及多主体参与的保租房。其中，保租房作为我国住房保障体系的重要补充，与公租房都属于租赁型保障房。

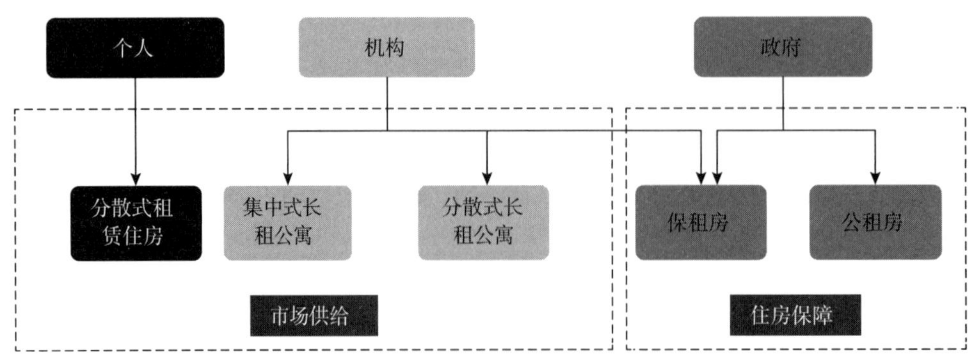

图19　我国租赁住房供给体系

资料来源：中指研究院综合整理。

我国住房保障体系顶层设计明确，保租房成“十四五”解决城市住房难题重要抓手	加强行业规范、市场监管，推动住房租赁市场发展环境不断优化	重点领域配套政策频出，住房租赁市场发展的政策支撑持续加强
●2021年初以来，全国住房和城乡工作会议、《2021年政府工作报告》、《中华人民共和国国民经济和社会发展第十四个五年规划和2035年远景目标纲要》等都重点提出聚焦解决城市新市民、青年人等住房难题，推动保租房发展。 ●7月，国务院印发《关于加快发展保障性租赁住房的意见》，强调加快建设保障性租赁住房，首次在国家层面明确了我国住房保障体系的顶层设计，并进一步阐明了保租房基础制度及相关支持政策。 ●地方政府积极响应，截至2022年6月，全国已有北京、上海、厦门、成都、武汉等85个省市出台了关于推动保租房发展的地方性文件，保租房建设驶入快车道。	●2021年4月，针对从事转租经营的住房租赁企业的监管缺失问题，住建部、发改委等6部门发布《关于加强轻资产住房租赁企业监管的意见》提出了加强从业管理、规范住房租赁经营行为等7方面监管意见。 ●2022年4月，北京住建委、北京市规自委印发《北京市保障性租赁住房建设导则(试行)》，对保租房的整体规划、配套设施、单体设计、室内装修等方面提出了基本要求； ●2022年4月，广州市住建局发布《关于规范住房租赁市场的通知》，提出加强和规范住房租赁资金监管。	●存量盘活：2022年5月，国务院印发《关于进一步盘活存量资产扩大有效投资的意见》提出积极探索多种方式盘活保租房等基础设施资产。地方沿着中央的政策思路，加大政策创新力度，如长沙创新性地全面打通新房、二手房、租赁住房市场“通道”，盘活存量住房供作租赁住房后。 ●金融创新：2021年7月，国家发改委明确将保租房纳入基础设施领域不动产投资信托基金项目(RET Is)口2022年5月，证监会、国家发改委等部门发文，加快明确公募REITs相关规则，打推动保租房REITs业务规范正有序开展。 ●财税支持：2021年7月，财政部等多部门联合发文，租赁企业向个人出租房屋按1.5%计算缴纳增值税，企事业单位等向个人、规模化住房租赁企业出租住房，减按4%征收房产税。

图20　2021年以来住房租赁政策趋势

资料来源：中指研究院综合整理。

表5　　　　重点城市住房租赁市场财政支持政策梳理

城市	住房租赁市场财政支持政策
上海	1. 新建租赁住房项目按照平均 200 元 / 平方米的标准予以奖补。 2. 非居住存量房屋改建和转化租赁住房项目按照平均 0.75 万元 / 套的标准予以奖补。 3. 租赁住房项目专项测量的房屋调查机构，对新建、“非转租”项目测量，按照 1.5 ~ 2.1 元 / 平方米的标准予以奖补。 4. 住房租赁企业规范开展住房租赁经营业务，根据专业化、规模化住房租赁企业举借的对公贷款利息支出进行贴息，贴息金额不超过企业当年实际贷款利息总支出的 40%，且贴息利率不超过 2 个百分点。
广州	1. 利用集体、国有建设用地新建和商业、办公等非住宅改建租赁住房的，按建筑面积 500 ~ 1200 元 / 平方米补贴。 2. 城中村租赁住房、闲置住房经品质化提升作为租赁住房，按 300 ~ 350 元 / 平方米给予补贴。 3. 为城市重要公共服务群体提供租赁住房，新建、改建、品质提升的，按建筑面积 600 ~ 1200 元 / 平方米给予补贴。
深圳	1. 新建、改建、盘活存量项目按 150 ~ 800 元 / 平方米标准发放补贴。 2. “稳租金”商品房项目申报企业承诺连续租赁五年或十年以上，按 600 ~ 800 元 / 平方米发放补贴。 3. 对运营管理租赁住房的企业，符合住房租赁合同期限条件的，按照 400 ~ 1000 元 / 套（间）的标准发放专项资金。 4. 对使用开发建设贷款或经营性贷款的企业，在试点期间产生的贷款利息，按照银行发放的贷款额度，以实际发生贷款利息百分之三十的标准一次性发放专项资金。
杭州	1. 居间式租赁住房项目：按建筑面积 4 元 / 平方米给予一次性奖补。 2. 企业自持商品房屋、托管式租赁住房、改造筹集租赁住房、集体建设用地建设租赁住房、蓝领公寓：按建筑面积 100 ~ 1000 元 / 平方米给予一次性奖补。 3. 示范性企业运营管理项目：按租赁住房 25 元 / 平方米 / 年给予奖补。
成都	1. 新建、改建租赁住房按 600 ~ 1200 元 / 平方米标准补助。 2. 年度住房租赁企业租赁房源合同网签备案面积符合条件的，增量部分按 30 元 / 平方米的标准对住房租赁企业进行奖补，最高不超过 200 万元。 3. 出租自持租赁住房的住房租赁企业，按自持出租面积，按 100 元 / 平方米 / 年的标准进行经营奖补。
宁波	1. 对新建类、改建类按 600 ~ 1000 元 / 平方米奖补。 2. 盘活类按建筑面积 5 元 / 平方米、最高 150 元 / 套（间）给予一次性奖补。 3. 对规模化住房租赁企业按 40 元 / 平方米 / 年且不高于 1200 元 / 套（间）的标准子以运营管理奖补。
厦门	1. 新建项目按 700 ~ 1200 元 / 平方米给予补贴，利用农村集体预留发展用地建设租赁住房的，每平方米再增加 300 元。 2. 改建或盘活项目按照每平方米不高于 400 元给予补贴。 3. 运营项目符合条件的情况下，每新增 1 套（间）给予不高于 600 元补贴；每家企业补贴累计总额上限为 300 万元。
西安	1. 利用国有建设用地新建和商业、办公等非住宅建筑改建的租赁住房，按 400 ~ 1500 元 / 平方米进行奖补。 2. 存量住房经品质化提升盘活后作为租赁住房，按 200 元 / 平方米给予奖补。 3. 住房租赁企业、房地产经纪机构代理个人租赁房源的通过住房租赁交易服务平台进行网签合同备案的，按 50 元 / 宗给予奖励，年网签备案奖补最高不超过 50 万元。 4. 租赁企业受监管的有效网签备案合同数，按 100 元 / 宗给予奖补，年资金监管奖补最高不超过 100 万元。 5. 对年度信用评级 A+ 和 A 级企业分别给予 100 万元和 50 万元的信用奖补。

资料来源：中指研究院综合整理。

四、保障性租赁住房筹集规模与发展模式

1. 保租房特征：多主体投资、多渠道供给，建筑面积以不超过70平方米的户型为主

我国目前的住房保障体系由公共租赁住房、保障性租赁住房和共有产权住房组成，保租房的建设进一步完善了我国的住房保障体系。保租房是由政府提供政策支持，充分发挥市场机制作用，由多主体投资、多渠道供给的政策性租赁住房，建筑面积以不超过70平方米的户型为主，租金低于同地段同品质市场租赁住房，主要保障对象是符合条件的新市民、青年人群体。保租房、公租房、共有产权住房在保障对象、建筑面积、投资主体、房源筹集等方面都有一定的区别，保租房在一定程度上填补了公租房和共有产权住房之间的空白。

表6　我国住房保障体系各类型住房对比

项目	共有产权住房	公租房	保障性租赁住房
房屋性质	产权型保障房	租赁型保障房	租赁型保障房
保障对象	有一定经济承受能力但又买不起商品住房的家庭	城市中等偏下收入住房困难家庭	城市新市民、青年人
建筑面积	以90平方米以下的中小型户型为主	单套建筑面积严格控制在60平方米以下	以建筑面积不超过70平方米的小户型为主
租金水平	由地方政府根据区域市场租赁价格和共有产权住房政府产权比例份额确定	由市、县人民政府统筹考虑住房市场租金水平和供应对象的支付能力等因素合理确定	租金低于同地段同品质市场租赁住房租金，一般为70%～90%的同品质市场租金
退出机制	有限定转让期，之后转让收益与代持机构按比例共享	租赁期限一般不超过5年	退出条件由地方政府确定
投资主体	政府主导	政府主导	多主体
用地供应	国有建设用地	大部分为国有建设用地	主要利用集体经营性建设用地、企事业单位自有闲置土地、产业园区配套用地和存量闲置房屋建设，适当利用新供应国有建设用地建设
房源筹集	通过新建、配建和转用符合要求的在建和未销售的经济适用住房、限价商品住房、直管公房等方式多渠道筹集	通过新建、改建、收购、在市场上长期租赁住房等方式多渠道筹集	采取新建、改建、改造、租赁补贴和将政府的闲置住房用作保租房等多种方式筹集

资料来源：中指研究院综合整理。

2. 筹集规模："十四五"时期40个重点城市计划筹集保租房650万套（间）

保租房筹集规模大，推进速度快。自国务院《关于加快发展保障性租赁住房的意见》印发以来，各地方政府快速跟进，截至2022年6月，全国有超80个城市出台了关于推动保租房发展的地方性文件。"十四五"期间，全国40个重点城市计划新增保租房650万套（间），其中，2021年已完成94.2万套（间），2022年计划筹集240万套（间）。除40个重点城市之外，另有34个城市公布了"十四五"期间保租房筹集计划，共约123万套（间）。

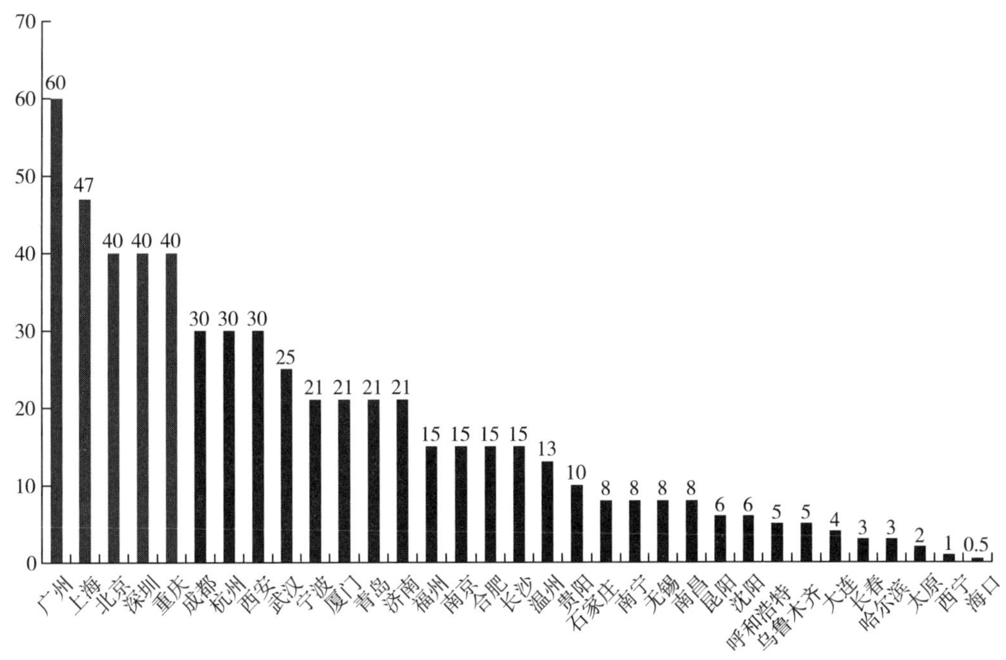

图21 “十四五”期间重点城市保障性租赁住房筹集计划（万套）

注：数据更新至 2022 年 6 月。

数据来源：中指研究院综合整理。

3. 发展模式：保租房公募 REITs 加快推进，“融投管退”模式初步形成

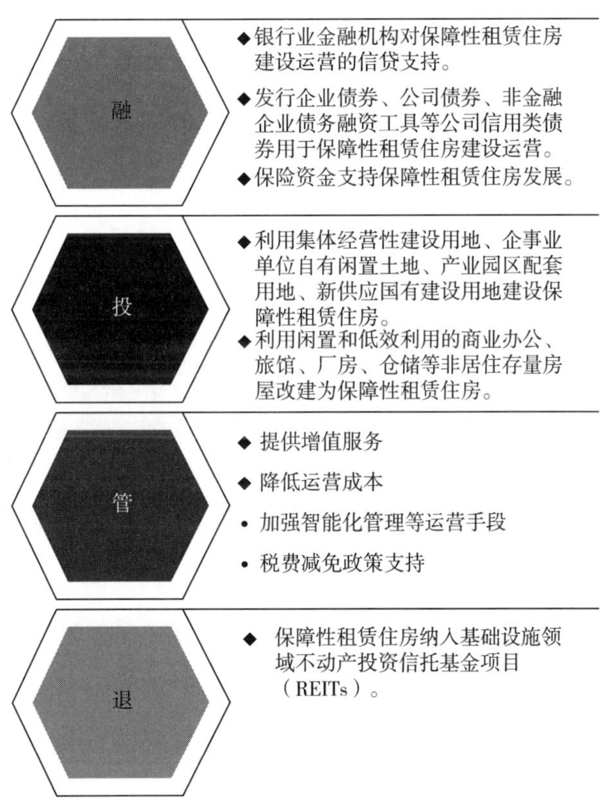

图22 保障性租赁住房“融投管退”的发展模式

资料来源：中指研究院综合整理。

随着保租房顶层设计的不断推进，其发展模式的雏形也逐渐明晰。保租房的发展要引导多主体投资，积极运用市场化手段来实现保障目标，这就要让市场主体在项目发展模式上能“算得过来账”。在租金水平受到限制的情况下，如何降低成本成为保租房发展模式的关键。随着相关政策的出台，在降低土地成本、降低

运营成本、增加融资渠道、增加退出渠道等方面都提供了支持，保租房“融投管退”的模式闭环初步形成。

（1）融资环节

与市场化租赁住房项目相比，保租房在融资环节获得了更大力度的政策支持，主要表现在以下三个方面。

① 更宽的融资渠道。除了传统的商业银行信贷、债券、保险资金外，以国家开发银行为代表的政策性银行资金将对保租房提供中长期的信贷支持。

② 更低的资金成本。根据目前政策，保租房享有更低的资金成本。银行等金融机构将对保租房项目提供定向信贷资金支持，且可按照基准利率下浮并提供最优惠利率支持，同时中长期贷款期限最长可达 25 年。

③ 更充足的信贷投放空间。根据《关于保障性租赁住房有关贷款不纳入房地产贷款集中度管理的通知》，银行业金融机构向保租房项目发放的有关贷款，不纳入房地产贷款集中度管理，意味着金融机构有充足的空间加大对保租房项目的信贷投放。

（2）投资筹集环节

保租房的筹集渠道可以分为新建和存量盘活两大类。

新建方面，可以利用集体经营性建设用地、企事业单位自有闲置用地、产业园区配套用地、新供应国有建设用地来建设保租房，不同的土地来源会对应不同的开发模式。

存量盘活也是保租房的一个重要筹集渠道。存量盘活的主要对象是现有闲置和低效利用的商业办公、旅馆、厂房、仓储、科研教育等非居住存量房屋，市场主体主要通过收购、租赁等方式获取闲置房产所有权或利用自持闲置房屋进行改造。据住建部公布数据，2021 年筹集的保租房中，约 70% 是利用了存量土地和房屋。

各地政府积极出台政策盘活存量住房用作保租房。重庆、西安、东莞等城市将闲置的公租房、公有住房等转化为保租房。长沙、成都等探索保租房存量盘活新模式，出台新政促进个人盘活自有住房用作租赁住房，打通新房、二手房、租赁住房市场“通道”，为进一步推动“租购并举”制度建设提供了新的思路。湖北探索先租后售模式，比如房地产开发企业未售商品住房，自愿可纳入保租房，允许先租后售。

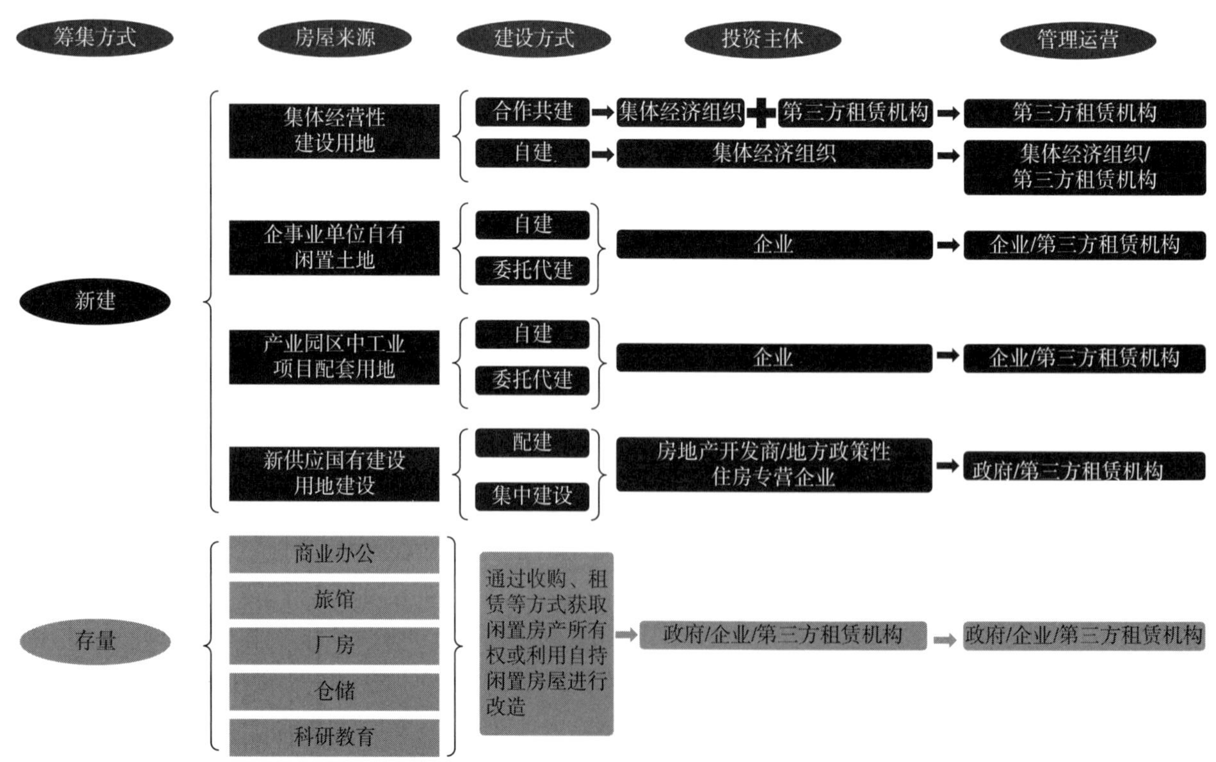

图23　保障性租赁住房的投资筹集模式

表7 长沙和成都关于个人自有住房转做租赁住房的相关政策

城市	时间	政策文件	政策要点
长沙	2022/5/11	《关于推进长沙市租赁住房多主体供给多渠道保障盘活存量房的试点实施方案》	业主可以将自有存量住房盘活转作租赁住房，交由试点企业管理运营，运营年限不低于10年；盘活后，家庭在另购住房时，家庭住房套数可核减1套。
成都	2022/5/31	《关于进一步优化完善房地产政策促进市场平稳健康发展的通知》	居民自愿将自有存量住房用于保租房，承诺遵守保租房相关政策规定且5年内不上市交易，并纳入成都市保租房管理服务平台管理的，可一次性新增购买一套住房。

资料来源：中指研究院综合整理。

（3）运营管理环节

在租金水平受到限制的情况下，保租房的运营管理更加注重提供增值服务和优化运营成本。

一方面，目前市场化长租公寓已经积累了运营管理的相关经验，比如：通过规划健身房、便利店、阅览室、洗衣房等公共配套设施提供运营增值服务，拓展营收渠道；借助智能化基础设施和管理系统，实现出租、押金、物业、水电等日常运营流程的智能化管理，降低项目运营人房比，优化运营成本。

另一方面，当前的支持政策重点加强了保租房运营阶段的税费减免力度，以进一步对市场主体提供支持，推动保租房模式闭环的形成。

（4）投资退出环节

公募REITs作为金融创新工具，打通了保租房的权益融资渠道，为优质项目提供了退出渠道，大幅缩短了投资回收周期。具体而言，保租房REITs是将保租房项目作为底层资产，通过金融手段将投资规模大、流动性低、投资回报周期长的保租房项目转换为灵活的证券资产，从而实现原有权益人的退出。与此同时，公募REITs对保租房运营主体的运营能力、资产管理能力也提出了更高的要求，这也将驱动保租房的运营主体去探索建立微利可持续的运营模式。

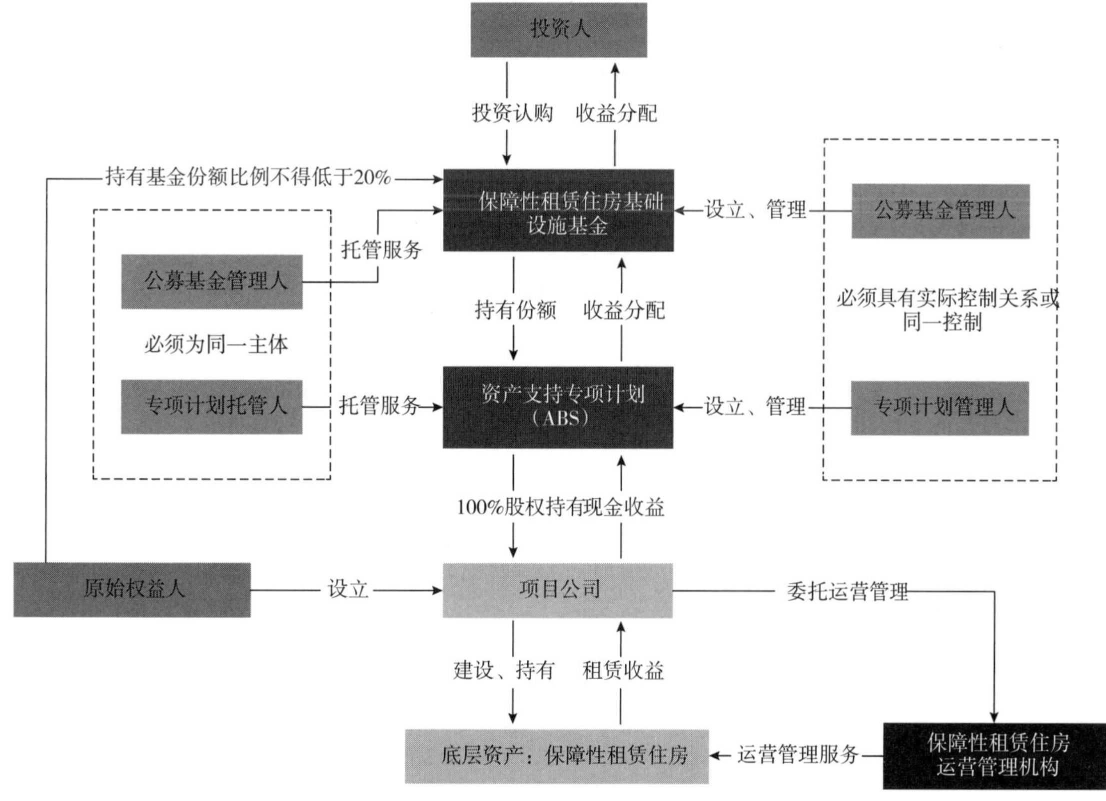

图24 保障性租赁住房REITs的典型架构

资料来源：中指研究院综合整理。

保租房公募 REITs 的申报需要一定的基本条件。根据国家发改委公布的《基础设施领域不动产投资信托基金（REITs）试点项目申报要求》，基础设施项目应成熟稳定，满足以下条件：① 权属清晰、资产范围明确；② 土地使用依法合规；③ 项目具有可转让性；④ 项目成熟稳定；⑤ 资产规模符合要求；⑥ 发起人（原始权益人）等参与方符合要求。其中，对于项目成熟稳定的要求有以下几项原则。第一，项目运营时间原则上不低于 3 年；第二，项目近 3 年内总体保持盈利或经营性现金流为正；第三，项目收益持续稳定且来源合理分散；第四，预计未来 3 年现金流分派率（预计年度可分配现金流 / 目标不动产评估净值）原则上不低于 4%。

五、长租公寓市场企业格局

随着住房租赁市场的快速发展，越来越多的企业踏足长租公寓领域，开启了租赁市场大浪淘沙的过程。机构发展住房租赁业务主要分成集中式和分散式两种经营模式。分散式起步成本较低，规模扩展速度较快，但经营风险也较高，部分品牌由于经营不善而导致资金链断裂。目前住房租赁市场中，除少数部分品牌仍采用分散式模式外，多数企业采取了集中式长租公寓的经营模式。

1. 品牌类型：六大类长租公寓运营企业各具优势

依据运营企业的背景不同，长租公寓品牌大致可以分为房企系、中介系、酒店系、金融系、创业系和地方国企系六大系别。

房企系在房源、招采、资金等方面拥有明显优势。借助房地产开发的业务优势，房企系运营企业在城市拓展、房源拓展等方面具有优势，尤其是全国性布局的规模化房企，凭借房源、招采、资金等方面的优势，更容易切入新市场。

中介系在房源及租客渠道方面优势突出。中介企业在做二手房屋交易或租赁业务的同时，可将房源与客户资源引至自身的长租公寓业务，有利于公寓业务的快速规模化扩张。尤其是房源信息优势，对于分散式经营具有重大裨益，所以目前仍在采用分散式经营模式的主要是中介系企业。

酒店系拥有丰富的运营经验。在经营方面，酒店系品牌从酒店的短租模式向下占领长租市场，丰富的酒店运营经验能够在一定程度上对长租公寓的运营形成指导；同时，在城市布局上，依托原有的酒店业务，也可快速实现规模化扩张。

金融系拥有雄厚的资金实力。凭借银行等金融机构背景，金融系运营机构在资金实力、资金成本等方面具有明显优势，也更容易实现规模扩张，强化在企业合作、收并购等方面的业务。

创业系的强项在公寓运营。创业系品牌在运营方面，已经积累了大量的实战经验，区域内客户渗透率较高，可以有针对性地抓取目标客户。创业系品牌的产品有设计感，追求个性化定制，服务方面更加注重租户体验感，以租户租住体验为核心，运营效率较高。

地方国企系拥有丰富的本地资源。依托地方国企的资金实力和丰富资源，国企系长租公寓品牌具备突出的地缘优势，在所属城市进行项目获取、享受政策支持等方面都具有一定的竞争优势。

表8 集中式长租公寓品牌分类

分类	品牌名称	创立时间	总部
房企系	金地草莓社区	2015	深圳
	万科泊寓	2016	深圳
	旭辉瓴寓	2016	上海
	龙湖冠寓	2016	北京
	朗诗寓	2016	南京
	碧桂园碧家国际社区	2017	佛山
	保利公寓	2017	广州
	华润有巢	2018	深圳
	招商伊敦	2020	深圳
中介系	链家自如寓	2012	北京
	我爱我家相寓 Park	2015	北京
酒店系	铂涛窝趣	2015	广州
	华住城家公寓	2015	上海
金融系	建行 CCB 建融家园	2018	北京
创业系	魔方公寓	2009	上海
	you+ 国际青年社区	2012	广州
	安歆公寓	2013	上海
	乐乎公寓	2015	北京
地方国企系	东南青年汇	2016	南京
	广州城投住房租赁	2017	广州
	上海城方	2018	上海

数据来源：中指研究院综合整理

2. 品牌规模：万科泊寓、龙湖冠寓、CCB 建融家园开业规模领先

经过几年的发展，长租公寓品牌开业规模逐步扩大，行业龙头企业规模已超 10 万间。截至 2021 年底，万科泊寓开业规模达 15.95 万间，龙湖冠寓开业规模达 10.6 万间，CCB 建融家园集中式长租公寓开业规模达 10.1 万间。

随着住房租赁支持政策的持续出台，长租公寓品牌也在加速布局。2022 年上半年，华润有巢公寓新增开业规模达 1.1 万间，整体规模迅速扩大；合景公寓、窝趣新增开业规模超 5000 间，旭辉瓴寓、上海城方、乐乎公寓等新增开业规模接近 4000 间。

3. 城市布局：核心一二线城市是长租公寓品牌的主要布局地区

我们选取了万科泊寓、龙湖冠寓、CCB 建融家园、魔方公寓等 23 家全国布局的主流长租公寓品牌，统计其所进入的城市，结果显示，核心一二线城市是各品牌主要的布局对象。上海、深圳均有 20 家长租公寓品牌进入，是品牌数量最多的 2 个城市。广州、北京、杭州、南京、成都、苏州、天津等城市排名也比较靠前，品牌数量均超过 10 家。

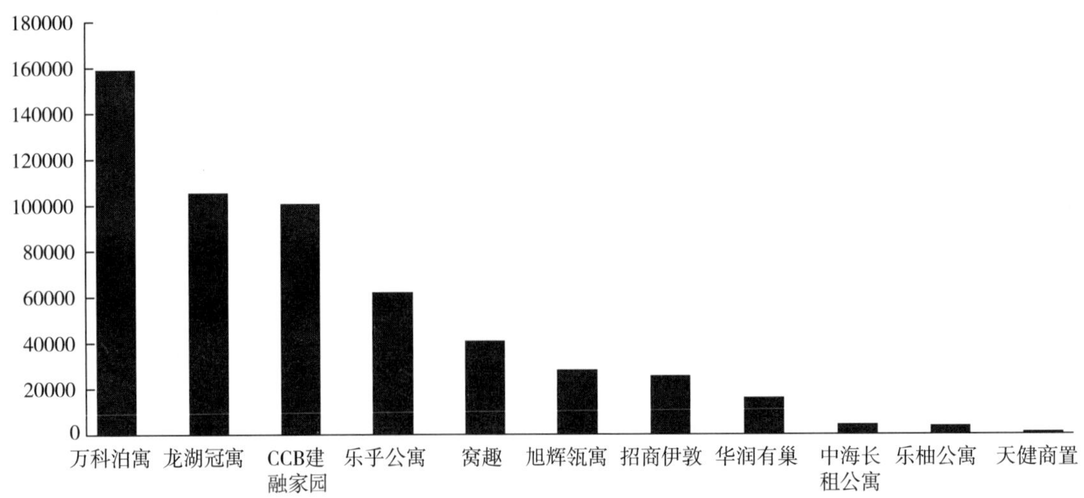

图25 2021年底典型集中式长租公寓品牌开业规模（间）

数据来源：中指数据 CREIS。

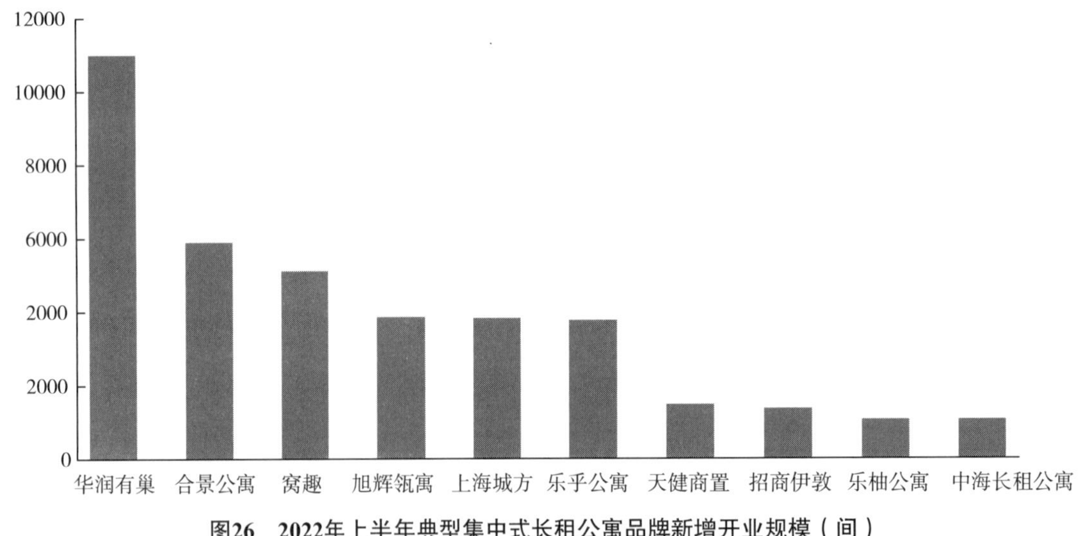

图26 2022年上半年典型集中式长租公寓品牌新增开业规模（间）

数据来源：中指数据 CREIS。

六、住房租赁市场未来趋势

1. 行业趋势：政策持续支持，规模逐步扩大，产品提质升级

（1）政策端：政策红利持续释放，市场监管逐步完善，住房租赁市场发展环境加快优化

随着“租购并举”住房制度建设的持续深化，保租房发展的不断推进，住房租赁市场相关支持政策预计将进一步完善，政策红利或将持续释放。

同时，租赁市场监管也有望进一步加强。当前，我国住房租赁市场已步入快速发展期，行业规范化发展势在必行。从当前的政策看，中央及地方政府将施策重点聚焦在规范住房租赁行业发展，加快明确行业规范、加强市场监管已成为未来推动住房租赁市场高质量发展的主要抓手。

与此同时，加强保障承租人在公共服务领域的基本权利也是政策探索的重点，这对未来建设“租购并举”的住房制度具有重要意义。

（2）需求端：流动人口规模扩大，居住观念转变，城市住房租赁需求迎来新的增长空间

当前，我国城镇化进程已步入新的发展阶段，人口流动性进一步加强，2021 年流动人口规模达 3.85 亿人。据估计，目前我国住房租赁市场的规模约 2 万亿元。随着我国经济社会的持续发展，流动人口规模仍有望逐步扩大，城市住房租赁需求将迎来新的增长空间。

同时，伴随着社会观念的持续变化，年轻一代的住房观念也在逐渐发生改变，对于租房的态度更趋于理性和从容，以租代购的生活方式也更受年轻群体欢迎，这将成为未来城市住房租赁需求增长的重要驱动因素之一。

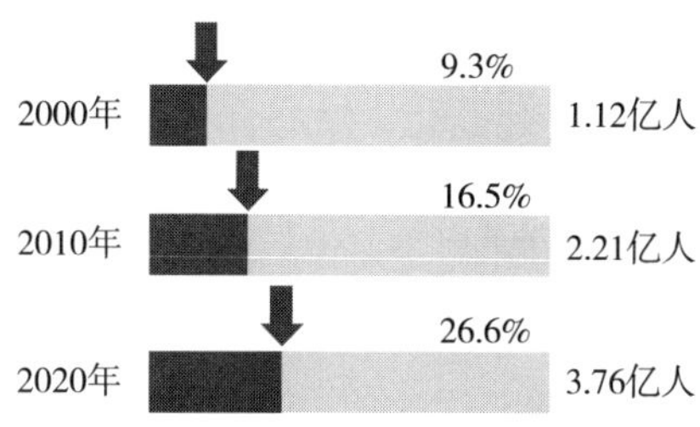

图27 我国流动人口规模变化

数据来源：中指数据 CREIS。

（3）供给端：消费升级、机构入局，住房租赁产品提质升级有望加速

近年来，随着经济社会取得长足发展，我国消费升级趋势日益显著。人们对于租赁住房品质要求逐渐提高，其中以 90 后为主体的消费群体对租赁体验和居家品质的要求不断提升，正加快推动住房租赁产品的升级迭代。

智能化管理、私密空间打造、简约化家装设计等正成为租赁产品设计的核心要素。同时，多元化社交空间、宠物友好社区等个性化延伸性服务的不断优化也是将租赁产品升级的重点。

此外，随着住房租赁市场的不断发展，租赁住房供给结构正加快发生变化，机构出租人比重的不断提升，将进一步丰富高品质租赁住房产品供给，并持续优化租赁住房供给结构。

2. 企业机会：住房租赁市场提供了发展机遇，企业应紧抓政策红利，寻求新的增长点

（1）全新机遇：租赁市场发展提速，企业迎来发展新机遇

随着住房租赁市场的快速发展，保租房、长租公寓等住房租赁细分领域为各类相关企业的转型发展提供了新的机遇。

房地产开发企业：在我国房地产市场逐步迈向存量时代的大背景下，快速发展的住房租赁市场是难得的新增长空间，特别是在保租房被纳入公募 REITs 底层资产的情况下，“融投管退”的行业闭环已经打通，为开发企业提供了转型轻资产运营的新机遇。

住房租赁运营企业：随着租赁住房供给量的不断提升，未来大量的保租房将需要由专业化、规模化住房租赁企业来负责运营，这将成为租赁运营企业扩大规模的良好契机。

上下游装修装饰企业：多地保租房均强调配备必需的生活服务设施，达到“拎包入住”条件，这将给家装、家具、家电等企业带来一个广阔的增量市场。

金融机构：住房租赁市场的快速发展为住房租赁 REITs 的发行提供了肥沃的土壤，我国公募 REITs 处

于起步阶段，保租房也被纳入基础设施领域不动产投资信托基金项目，金融企业可以通过保租房进一步探索住房租赁 REITs 的模式，未来发展前景广阔。

（2）城市布局：重点城市群内核心城市住房租赁市场最具发展潜力

根据第七次人口普查数据，我国流动人口规模持续扩大，并加快向区域核心城市集聚。截至 2020 年底，长三角、珠三角、京津冀等 8 个重点城市群常住人口规模达 8.9 亿人，占全国常住人口比重达 63%。

2021 年，人口继续向东南沿海发达城市群及中西部省会聚集，长三角、珠三角、粤闽浙沿海城市群以及武汉、成都、西安等城市人口增量最大。

庞大的流动人口规模将催生大量住房租赁需求，特别是在重点城市群、核心城市，住房租赁需求将更加旺盛。在此背景下，住房租赁企业应持续优化区域布局，重点关注区域核心城市的住房租赁市场发展机会。

（3）政策红利：长租公寓资产证券化方兴未艾，保租房公募 REITs 加速落地，租赁住房商业模式愈发清晰

在住房租赁"融投管退"的商业模式中，"融"和"退"是十分关键的环节，住房租赁业务的投资回收期较长，特别依赖合适的融资渠道和退出路径的支持。随着保租房的推出，各项支持政策加速落地，租赁住房商业模式愈发清晰。

银行贷款和住房租赁专项债，一般融资期限相对较短，与租赁住房长期运营的模式匹配度较低。目前随着保租房政策的推出，政策鼓励银行提供与租赁住房相符的长周期贷款，未来租赁住房债权融资的渠道有望更加丰富。

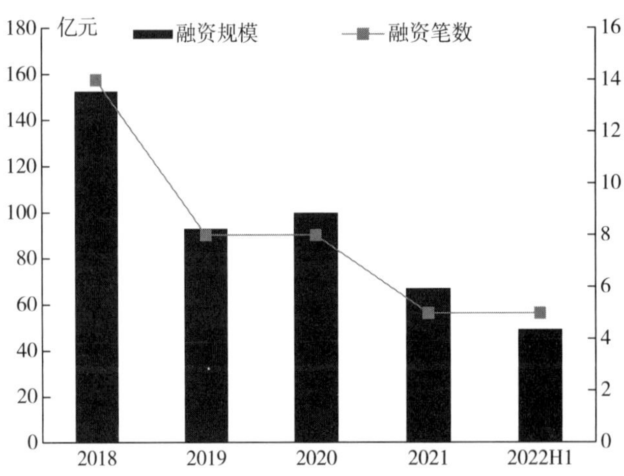

图28　我国住房租赁资产证券化融资规模

数据来源：CNABS。

资产证券化包括 CMBS、类 REITs 等融资方式。自 2018 年证监会和住建部联合发布《关于推进住房租赁资产证券化相关工作的通知》后，我国住房租赁资产证券化融资开始蓬勃发展。根据 CNABS 的数据，2018 年以来我国住房租赁资产证券化融资规模超 400 亿元（含公租房）。2020—2021 年，由于部分长租公寓企业暴雷的影响，住房租赁资产证券化融资规模有所下降。2022 年，随着保租房政策的推出，住房租赁政策支持力度加大，住房租赁资产证券化融资开始重启。

虽然 CMBS、类 REITs 等资产证券化仍然具有明显的债权融资属性，但对于长租公寓持有者而言，已经是一个很重要的融资渠道。目前，随着保租房政策的推出，保租房公募 REITs 加快落地，为租赁住房提

供了全新的融资渠道和重要的退出路径。

保租房公募REITs加速落地。2022年5月，厦门安居集团和深圳人才安居集团两单保租房公募REITs分别在上交所和深交所正式申报，标志着我国保租房公募REITs取得突破性进展。虽然目前住房租赁领域的公募REITs仅限于保租房，但对于普通的长租公寓项目而言，一方面可以申请成为保租房项目，享受政策支持；另一方面，随着住房租赁市场的进一步发展，未来不排除公募REITs底层资产向普通长租公寓进行扩容的可能。

随着融资渠道不断丰富和退出机制的逐渐落地，未来租赁住房"融投管退"的商业模式将会愈发清晰。长租公寓相关企业应紧抓政策红利，充分利用融资、补贴、退出路径等支持政策，提高整体的经营效益和可持续发展能力。

表9　中金厦门安居保障性租赁住房封闭式基础设施证券投资基金基本信息

	底层资产	园博公寓	珩琦公寓	合计
基本信息	原始权益人	厦门安居集团有限公司		
	公募基金管理人	中金基金管理有限公司		
	公募基金托管人	兴业银行股份有限公司		
	资产专项计划管理人	中国国际金融股份有限公司		
底层资产运营情况	总建筑面积（平方米）	112875	85679	198554
	房源规模（套）	2614	2051	4665
	投入运营时间	2020年11月	2020年11月	–
	月租金（元/平方米/月）	32.35	30.52	–
	出租率（2022年3月末）	99.42%	99.11%	–
	资产总估值（亿元）	7.04	5.10	12.14
	估值单价（元/平方米）	6237	5952	6114
预计现金分派率	2022年4～12月（年化）	–		4.27%
	2023年			4.28%

资料来源：招募说明书。

表10　红土创新深圳人才安居保障性租赁住房封闭式基础设施证券投资基金基本信息

	底层资产	安居百泉阁	安居锦园	保利香槟苑	凤凰公馆	合计
基本信息	原始权益人	深圳市人才安居集团有限公司				
	公募基金管理人	红土创新基金管理有限公司				
	公募基金托管人	招商银行股份有限公司				
	资产专项计划管理人	深创投红土资产管理（深圳）有限公司				
底层资产运营情况	总建筑面积（平方米）	53606	35131	16457	51554	156748
	房源规模（套）	594	360	210	666	1830
	投入运营时间	2022年1月	2021年11月	2020年7月	2020年11月	–
	月租金（元/平方米/月）	59.74	44.38	14.52	17.23	–
	出租率（2022年3月末）	99%	99%	100%	98%	–
	资产总估值（亿元）	5.76	3.01	0.68	2.13	11.58
	估值单价（元/平方米）	10747	8554	4150	4134	7388
预计现金分派率	2022年7～12月（年化）	–				4.24%
	2023年					4.25%

资料来源：招募说明书。

结 语

随着我国社会经济的持续发展，人口流动加速，住房租赁市场的重要性愈发凸显。近年来，随着“租购并举”住房制度建设的不断深入，住房租赁相关支持政策加快出台，住房租赁市场迅速发展。2021 年保租房政策推出，围绕保租房建设配套出台了一系列支持政策，逐渐形成了住房租赁“融投管退”的商业模式闭环。住房租赁市场的发展为开发企业、运营企业、装饰装修企业、金融机构等相关企业提供了新的发展机遇。我们相信，随着住房租赁需求的逐步扩大，政策红利的不断释放，住房租赁市场必将迎来一个蓬勃发展的风口。相关企业抓住机遇，防范风险，也有望在住房租赁市场取得长远发展。

报告十一　2022年上半年中国房地产代建发展报告

一、中国房地产代建运行分析

近几年，房地产代建日益受到房企关注，从中外房地产行业发展规律来看，未来房地产代建将是大势所趋。从海外房地产行业发展来看，海外成熟房地产市场，房企业务重心从前端开发向后端服务和资产管理方向转移，这对我国房企发展转型有重要借鉴意义；从国内房地产行业发展来看，房地产企业从开发商向服务商转型也是行业趋势，其中，代建在房企多元化发展模式中尤为瞩目。

（一）政策分析

2022 年上半年，代建行业城市层面不断有利好政策出台，为代建行业良性健康发展提供有力支持。目前，城市级别相关代建政策主要分布于存量市场和城市更新需求较多的城市，相关内容主要体现在以下几个层面。其一，完善代建企业名单库。如昆山市为代建企业名录库扩容，新增代建企业。其二，颁布代建制度，使代建政策更适合后期市场发展需求，利于投资项目的高质效达成。如济南市新增投资项目代建制管理办法，更加规范代建相关制度；东莞市颁布政府投资建设项目代建制管理办法，提升政府投资项目效益。

表1　　2022年上半年部分代建政策梳理

序号	时间	城市	政策	重点内容
1	2022.1.25	昆山市	《关于公布昆山市政府投资项目代建单位名录库新增代建单位名单的通知》	将昆山高新置业发展有限公司新增纳入昆山市政府投资项目代建单位名录库。
2	2022.5.26	济南市	《济南市政府投资项目代建制管理办法》	为进一步深化投资体制改革，提高政府投资项目管理水平和投资效益，济南市就代建单位管理、职责分工、资金管理等事项制定详细管理细则。
3	2022.6.7	东莞市	《东莞市政府投资建设项目代建制管理办法》	规则的颁布，有利于东莞市健全政府投资管理体制，充分利用社会化专业技术和管理力量，完善政府投资建设项目代建制管理模式，创新体制机制，提升市政府投资建设项目的建设管理水平和投资效益。

资料来源：中指研究院整理。

（二）规模分析

近五年，代表企业代建项目的累计合约总建面高达 3.6 亿平方米，特别是 2018 年，随着典型企业在代建行业发力，推动代建新签约项面积爆发式增长，新签约项目面积同比增长率高达 31.3%。2021 年，代建企业代建项目新签约建筑面积为9951万平方米，较2020年同比增长18.6%，近三年新签项目建面增速的均值为17.2%。

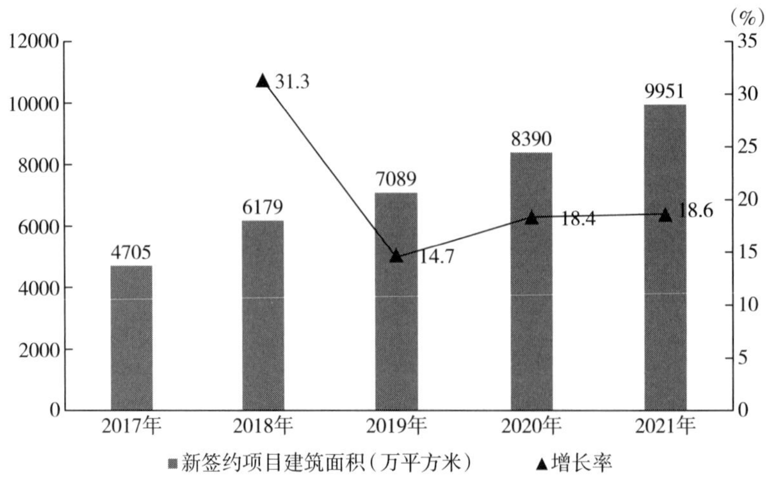

图1 2017—2021年房地产代建新签约项目面积与增长率情况

二、典型房地产代建企业分析

（一）经营业绩分析

1. 业务发展势头强劲，保持较好韧性

房地产代建代表企业业务发展势头强劲。2021年绿城管理代建项目数量由去年同期的296个增加至345个，三年均复合增长率约为15%；合约项目总建筑面积为84.7百万平方米，同比增长11.3%，四年均复合增长率约为16%。此外，公司2021年新拓代建项目代建费预估71.1亿元，同比增长约22.3%；在建面积44.0百万平方米，较去年同期增长8.7%。2021年中原建业新增代建合约建筑面积1002.2万平方米，同比增长16.8%；新签代建项目87个，同比增长8.8%，实现新签约规划建筑面积1002.2万平方米，为近5年来最高水平，同比增长16.8%，复合增长率为17.5%。

2022年上半年，房地产行业规模增速整体下滑，代建企业依旧保持较好韧性，代建规模保持稳定。其中，绿城管理新拓代建项目的合约总建筑面积达1323万平方米，较去年同期增长约9.9%；新拓代建项目代建费预估人民币40.6亿元，较去年同期增长约26.1%。中原建业新增9个合约项目，新增合约建筑面积约111.68万平方米。

2. 营业收入持续增长

房地产代建代表企业营业收入持续提升。其中，2021年，绿城管理营业收入22.4亿元，与2020年的18.1亿相比增长23.7%；中原建业营业收入实现13亿元，同比增长13.0%，增速较2020年提高1.1个百分点。

3. 利润率远高于传统房地产开发和物业服务

房地产代建代表企业的净利润率远高于传统房地产开发和物业服务。其中，绿城管理2021年净利率为 25.2%，近 3 年来始终保持在 15% 以上水平，中原建业 2021 年净利率为 59.2%，连续 3 年保持在 60% 左右，盈利能力强劲。

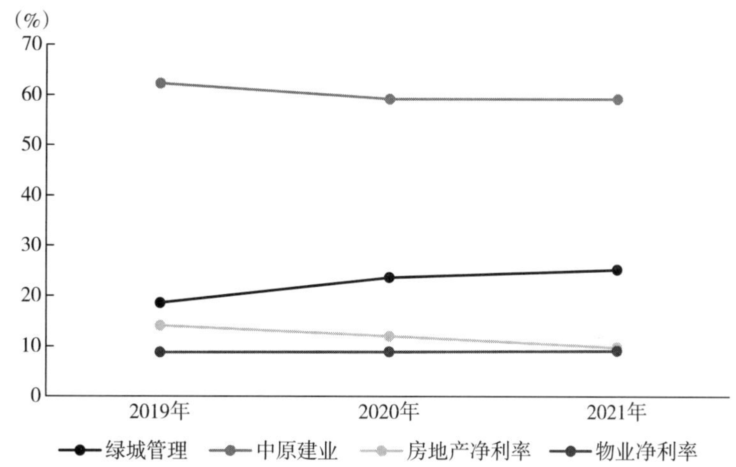

图2　2019—2021年房地产百强企业净利率、代建代表企业净利率及物业百强企业净利率对比

（二）经营管理能力分析

1. 构筑代建标准化体系，绿色代建持续发力

房地产代建代表企业持续构建代建标准化体系，提升管理效率和产品质量。继绿城管理的“绿星标准”和金地管理的“代建共赢 G 体系”之后，房地产代建企业纷纷打造自己的代建标准化，提升管理效率的同时，强化产品品质。如中原建业对项目全流程实行精细化管理，对土地获取阶段、项目签约阶段等多个阶段进行精细化标准化管控，并通过对整个项目全流程工作的梳理，形成了涵盖整个项目运营全流程的逻辑框架图，对项目全流程中关键环节、关键工作的研究、提炼，拟定了项目全流程精细化管理中的七项重点管理举措，以标准化管理体系，为代建赋能。鲁商发展积极向标准化的轻资产模式转型，从产业资源、全过程开发服务、供应商三个维度打造全过程开发管理代建平台，对全过程进行全面标准化管控，同时，实行“26912 节点标准化”，2 个月开工，6 个月开盘，9 个月融资现金流回正，12 个月经营现金流回正，采用高周转操盘模式，快开工、快回款、快交付、快运营、快发展，实现客户利益最大化。

迎合低碳发展方向，绿色代建企业持续发力。绿色代建成为房地产代建企业寻求业务突围的一个发力方向，房地产代建企业结合自身优势，为代建项目注入绿色、科技等元素，凭借独特的竞争优势获得委托方青睐。

2. 三四线城市成为代建企业高溢价发力区域

在房地产行业利润率整体下滑、竞争日趋激烈的情况下，良好的溢价水平无疑是代建企业优势之一。一方面，代建企业凭借自身品牌、产品力等方面的优势，溢价较高，保持了良好的盈利空间，有助于代建企业进一步夯实品牌竞争力，赢得中小企业、投资者等代建委托方的青睐；另一方面，随着一二线城市限价等政策的限制，三四线城市成为代建企业溢价能力主要发力区域，如绿城玫瑰园项目位于安徽亳州，项目内部设置人车分流规划，中心园景布局，超 30% 绿化率，保证家家户户景观视野，其溢价率较周边竞品高出 4.9 个百分点；中原建业的建业书香门第位于河北邯郸，通过云巡更系统、园区求助九重智能体系等缜密而细致的安防体系，为业主打造安全贴心的居住环境，溢价率高出周边竞品 8.8 个百分点。

表2　典型代建企业项目溢价率①情况

企业名称	项目名称	城市	销售均价（元 / 平方米）	竞品项目销售均价（元 / 平方米）	溢价率
绿城管理	绿城中湖明月	淮北	8100	7720	4.9%
	绿城玫瑰园	亳州	8800	8100	8.6%
中原建业	建业书香门第	邯郸	6200	5700	8.8%
中天美好	丽水遂昌古亭二期	丽水	20800	15600	33.3%

3. 紧抓消费需求，多元营销渠道加速项目去化

随着城市发展的日趋成熟，城镇化进程逐渐进入新阶段，行业已步入存量竞争时代，市场从卖方市场转变为买方市场，全国商品房市场库存量依旧高企，市场进一步分化，加大项目去化压力。

紧抓销售者需求，不断调整产品类型，以适销性产品加速项目去化。如在“限墅令”不断升级的大环境下，低密墅质产品渐渐退出市场的舞台，但是随着人们生活水平的提高和对院墅的渴望，改善性需求依旧旺盛。绿城在海口的桃李春风，通过创新研发低层中式空中院墅，升级之处围绕“墅感”打造，从整体退台设计、院落空间、入户升级、私密性升级、采光格局、赠送率等多个方向都做了全面提升，满足客户需求。

打造专业营销团队，多种灵活渠道加速去化。如金地管理营销团队综合成本、可调配资源、能力成长等诸多方面考虑，为委托方节约营销费用，组建近 50 人自销、自渠团队，通过梯队建设、PK 机制、奖励机制等管理动作，充分激发了人员积极性，金地 · 翰林艺境项目月均去化速度高出片区平均去化速度 30%，从获证到首开仅仅 2 天时间内，开盘转化率达到 87%，赢得了委托方信赖。

4. 代建业务服务范围持续扩大

随着代建业务的升级和不断深化，代建代表企业不断拓展业务边界。一方面，通过业务结构的拓展，优化和完善代建业务模式。中原建业积极对接金融机构、资产公司、政府投资平台等，逐步形成政府代建、资本代建的成熟业务模式。另一方面，扩大代建业务服务范围，拓宽服务边界。如绿城管理构筑“3+3”业务模式，即在三项代建主业基础上叠加金融服务、产城服务及产业链服务三项配套服务，不断拓展未来社区、城市更新、共有产权房、总部基地、环境改造、学校等多元服务；旭辉建管以资源优势和良好业务合作模式，输出园区品牌代建实力，已陆续承接上海德邦快递新总部园区、西安浐灞、连云港灌南等项目。

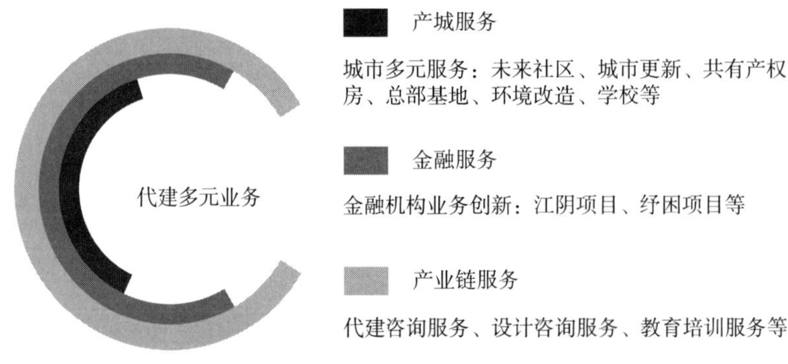

图3　绿城管理代建多元业务情况

① 溢价率=代建项目价格/竞品项目均价–1

三、优秀代建项目分析

（一）杭州富阳区秦望安置房项目

代建企业：绿城管理

项目类型：政府代建，安置房

杭州富阳区秦望安置房项目是政府作为委托方的政府代建，项目位于杭州市富阳区秦望区块，是富阳老城区里最大的城中村地块，占地500亩的土地上集聚了6000多户、2万多人。2017年启动拆迁，2021年10月竣工，历时4年，拆迁规模之大、回迁速度之快都创造了该区域的记录。

1. 代建难点

杭州富阳秦望区块，是富阳老城区里最大的城中村地块，由于建设年代较早，这里一直以来建筑密度高，房屋结构老化，破旧危房多，再加上配套设施不完善、消防安全隐患也多，居住环境亟待改善，但区域占地面积大，搬迁人口多，成为该区域搬迁改造的主要难点。

2. 代建环节

为了加快工程进度，秦望区块安置房项目建设前期与搬迁工作同步启动，绿城建设理念和管理团队很早便参与到项目中，实行全过程代建。

（1）全流程数字化，实现征迁安置与百姓零距离

2017年秦望区块大规模拆迁时，富阳区住建局创新推出征迁补偿管理系统，并运用数字化手段一步步完善，形成房屋征迁补偿安置全流程服务系统，该系统通过全流程服务实现征迁安置与百姓零距离，将房屋征迁、补偿、安置等多个阶段当作“一件事”来做。

在征迁补偿阶段，征迁工作人员利用手机APP实时上传被征迁房屋的基础资料及上门走访、评估的照片，做到入户调查“零遗漏”，提高整体工作效率。同时，征迁工作人员将被征迁户的房屋面积、安置人口、评估价格等相关信息实时录入，系统可根据内置算法自动计算补偿金额，并生成电子协议，保证全区政策精准、口径统一、数据精确。在安置房建设阶段，通过该系统，安置户还可以实现“在线监工”，第一时间了解安置房的工程质量、施工进度等情况。在回迁安置阶段，安置户在选房之前就可以和家人做足功课。通过系统，不仅可以“VR看房”研究所有房型，还通过“预约看房”现场看房。

（2）高品质+好配套，让安置房业主感受美好生活

绿城管理在项目代建过程中，全程采用高标准进行管控。例如，按照最新标准，高层房屋内设置避难间，或为小房间或为厕所，根据屋内格局实际情况而定。避难间的房门和窗户都采用防火材料，可在短时间内有效隔离火情，方便人员进入躲避。

项目“颜值”高，多场景打造媲美商品房。整个安置房主体外立面呈浅灰色，简洁大方且耐看，“颜值”系数颇高。整个小区停车位总量达7400多个，配置比例为1 ∶ 1.34，超过一般商品房小区的车位配置比例，地下室预留充电桩安装条件、电表箱位置，足以满足驾驶电动车的业主需求。此外，小区还规划

宽敞的篮球场和长 1100 米的胶粘石跑道，方便居民休闲健身需要，即使是安置房，功能场景打造都可与商品房媲美。

配套设施齐全，保障业主多方面需求。小区内配建两个办学规模 12 个班的现代化幼儿园，家长接送更加方便，也更加安全。同时，各个区块都配套有邻里中心、居家养老等公共用房。同时，小区两个区块共设有 370 多个商铺、总面积达 7 万多平方米，通过引进不同商业业态，保障居民的基本生活需求。

（二）广州新华保险大厦项目

代建企业：金地管理

项目类型：商业代建，写字楼

新华保险大厦项目是广州国际金融城起步区新华保险超甲级写字楼代建项目，项目总建筑面积 13.4 万平方米，总投资约 30 亿元，将建设成为一座 180 米高的超高层甲级写字楼。项目采用 VAV 变风量空调系统，办公区设置 CO2 传感器，保证人体所需新风的充足供应，空调回风设置静电除尘和光氢离子空气净化装置，杀菌除尘，阻断病毒通过空调传播的途径，有效控制 PM2.5 浓度。

（1）组织模式创新提效

广州新华项目采用了商办代建市场上少有的“交钥匙代建”模式，在法律和实际操作层面方面都有较深程度的探索和创新，清楚界定了委托方与代建方的权责，充分发挥了双方的优势所在：委托方作为保险机构主控项目风险，代建方作为专业单位主抓建设效率。委托方只需对项目最终目标进行管控，过程中关注跟踪，不介入具体管理；代建方代为履行绝大部分建设单位的义务和责任，如合作方招标、付款审批等，避免了部分建设单位决策难、流程长的问题；代建方还能从前期方案到后期运营维护提供全周期的专业支持，保证合法、合规性，保障项目经营目标实现。同时，本项目在组织架构上又向前进一步探索，采用设计大总包和工程大总包的“双包模式”，为代建行业将来所需的专业化独立实体的逐步成熟做出了有益的尝试。

（2）专业创造价值

由于接手项目时施工图设计已接近尾声，全面调整设计会对整体工期、成本造成巨大的影响，从保护委托方项目整体收益的角度出发，价值挖掘只能在有限的框架下进行。金地管理按照独创的“双模块、两分册”设计指标体系，执行标准设计管理动作，对建筑产品进行多角度细节推敲。优化办公区硬件配置及材料选择，在保证 5A 品质的前提下，节约成本 2000 万元，并将此成本直接用于自用办公区的装修，采用经济实惠的准 5A 标准，实现“不加钱、多办事”的增值操作；乙级变甲级，原方案净高为 2.5 米（乙级办公标准），后经多轮优化，在标准层结构层高不变的情况下，净高提升至 2.75 米，达到甲级办公标准，地下电梯厅净高由 2.2 米提升至 2.7 米，体现出金地管理专家全专业的统筹能力和系统解决问题的能力，使办公楼的整体租金水平提高至少 10%；凭借多年开发经验，对社区配套的交付标准进行全面优化，保证政府满意的前提下，节约直接成本近 600 万元；面对复杂的地质情况，结构专家有效处理局部超挖处理和桩基选型难题，节约工期 20 天（仅利息价值一项就节约至少 500 万元）、筏板和锚杆的直接施工成本节约近 150 万元。

（3）项目品质提升

其一，建筑立面多方案选择，利用自身优质的国际、国内设计资源，从塔冠、塔身、基座等主要形象部位分别给出改变模数、增加金属线条、斜切、材料替代等多种建筑手法，以保证设计方案精益求精、可靠落地，给委托方更多选择。其二，公共空间优化，大堂公共区域增加小品与装置，丰富大堂空间效果，并结合休息区的设置，有效提高了大堂的空间氛围与实用性；在不改变原总成本情况下，对内装成本进行重新适配调整，提高公共区域装修标准，设置“光厅”，提升地下室电梯前厅设品质，增加体验感。其三，幕墙开启扇优化，通过专家论证，采用上部开启，临空面不设置护窗栏杆，室内视野效果好。其四，灯光增加模式，设置了 RGB+W 灯源，满足节日模式下灯光色彩的丰富变化。随着项目进程的深入，金地管理将持续投入专业力量，把好每一道品质关，抓紧每一个品质提升的机会。

（三）嵊州开元名都大酒店项目

代建企业：开元建设

项目类型：商业代建，酒店

嵊州开元名都大酒店是浙江嵊州超高层高星酒店项目，项目建筑总面积为 13.74 万平方米，建筑高度 190 米。其中五星级酒店区域总面积 5.3 万平方米，其中包含 383 间各类型客房、1200 平方米宴会大厅以及 2000 平方米集健身、泳池、休闲为一体的综合区域。项目同时配套高端办公写字楼层（办公区域面积约 2.85 万平方米），以及集餐饮、购物、娱乐为一体的综合商业街区。

1. 代建难点

嵊州开元名都大酒店项目包含多项难点。其一，该项目是嵊州、新昌地区“第一高楼”，政府关注度高，社会影响面大，项目从代建之初即定下力保“钱江杯”争创“鲁班奖”，安全零事故的方针目标；其二，酒店需在项目定开工之日起 36 个月内营业，工期紧张；其三，项目建筑结构复杂，安装设备品类多，对装修工程质量等要求均较高；第四，总承包单位为嵊州本地一家建筑企业，第一次承建超高层项目，对于代建公司作为管控主体的专业性要求较高。

2. 代建环节

（1）体系支撑，全穿插作业，“串联”变“并联”

项目仅用时 648 天便实现了主体结顶，创下了开元超高层酒店建设史上的最快纪录，与完善的保障体系密不可分。穿插施工的本质是“串联”作业改为“并联”作业，它贯穿了整个高层酒店的施工过程，包括主体结构、二次结构、幕墙施工等各环节。按正常的“串联”施工工序，在主体 46 层主体结顶后，二次结构施工完成并在结构中间验收完成后才能进行精装施工，而“并联”穿插施工则要求主体施工到 28 层左右，6 层以下酒店部分精装修要同时进行。在这个总体思路的指引下，项目打破常规，采用“空间分段”（在 24 层设置硬隔离层把上部空间和下部空间分开）、“竖向”幕墙工程、外墙 ALC 大板和主体施工穿插、室内精装修隔墙由总包单位提前施工和主体工程进场穿插等方法；同时后期在“横向”上，景观和市政、供电、煤气等综合管网穿插，由空间换时间一体化施工，避免了传统意义的“抢工”和“赶工”在工程质量上难以保证的通病。

同时，要确保“穿插”施工的落地，多项体系措施的应用也至关重要。项目提前策划了 24 层硬隔离的设置，并在幕墙招标文件上明确报价；采用全程碰撞 BIM 体系、外墙 ALC 大板的全面应用等多项措施。

（2）策划先行，精细化管理

穿插施工整个项目的组织策划要求非常高，必须对设计策划、招采策划前置管理，各种图纸的出图时间和合约的签订都有明确的时间表，这是项目进行穿插施工的基础性保障。项目团队根据酒店开业目标，编制工程总体策划，理清总体施工逻辑，找到关键控制点，在此基础上对项目的计划进行倒排，明确了细分节点目标，然后分解到月－周进度目标并下发到各个施工单位加以实施，实施过程中加以监督，充分利用网络媒介，以各个模块组建微信群，对施工情况和遇到的问题在项目层面上一天一报，对公司层面一周一报，实施有效的反馈，针对问题进行分级处置。

（四）西安金地·乐华翰林艺境项目

代建企业：金地管理

项目类型：商业代建，商住公寓

金地·乐华 翰林艺境项目位于西安市西咸新区泾河新城，项目总占地约 192.2 亩，分布在黄冈泾河学校东西两侧，总建筑面积约 40 万平方米，拟打造为金地首个学院派的褐石风情、品质人居大盘。项目开盘在售价高出片区均价 10% 的情况下，月均去化速度高出片区平均去化速度 30%，从获证到首开仅仅 2 天时间内，开盘转化率达到 87%，占据当地销售 TOP 排行榜，赢得了委托方的信赖。

金地管理采用了行业领先的铝膜工艺和新型拉杆式悬挑架体系，用毫米级的误差标准升级建筑工艺，外墙采用优质隔热材料，既保护墙面，又起到防水、防晒、隔热等功能。在建筑选材上，采用装配式建筑构件，实现装修随着主体施工同步进行，在最大程度上节省人力资源的同时，响应国家环保节能的号召。通过智慧化信息管理手段，用全面、精细、高效、可视的工程管理体系，满足合理周转需求下严格保障项目品质。

金地管理将项目 2.5 的容积率价值发挥到最大化，高层＋洋房的搭配也提升了整个社区的居住舒适度。项目建造标准采用 2019 版《西咸新区住宅建筑标准 A 级》打造，窗地比达到 0.2，层高达到 3.15 米，建造标准属于西安市最高标准。

项目引入金地 360° 健康家及 PLUS 玩呗体系，兼顾 0 ～ 12 岁儿童、中青年、老年等各年龄段的品质生活所需。为了尽量实现人车分流，地面车位全部规划于地块的西南边缘，尽量规避对人流动线的干扰，打造独有的乐学园林。

四、代建企业重大事件梳理

2022 上半年，房地产代建企业在积极开展业务的同时，不断提升业务水平，为房地产代建的更好、更快发展不断集聚能量。其一，获取新的代建项目，积累代建实力。金地管理中标青岛市市北区三大项目代建服务，为委托方提供全过程开发管理服务；华润置地中标沈阳中德开置业服务有限公司旗下 5 个安置项目。其二，多方合作，不断拓展代建业务。旭辉建管与常瀛置业在北京、石家庄、邯郸三地同步举行了战略签约仪，将在代建等领域展开合作。其三，助力不良项目纾困，携手多方共赢。在房地产行业进入调整期，代建企业也在项目纾困和房企自救方面发挥着重要作用。绿城管理已携手各类金融机构、资产管理公司等介入众多不良纾困项目，6 月同奥园签署战略协议，代建奥园广州项目，迈出纾困重要一步。

表3　2022上半年典型代建企业重大事件

序号	时间	企业	重点内容
1	2022.1	金地管理	金地管理成功中标深圳光明科学城重大科研项目过渡场地建设工程代建服务项目，为其提供全过程代建管理服务。
2	2022.1	宋都股份	宋都股份全资子公司受托方与丽水勇安房地产开发有限公司签订了《丽水“碧云雅苑”项目商业代建合同书》，获取碧云雅苑的代建项目，总代建费暂定为1050万元。
3	2022.2	金地管理	金地集团成功中标景德镇黑猫集团九玺庭院项目全过程开发管理服务，为委托方提供项目开发建设及销售全过程的品牌代建服务。本次中标的项目总建面约17.8万方，是集合院、叠墅与洋房为一体的高品质住宅类项目。
4	2022.2	金地管理	金地管理成功签约山西省太原市敦化南路项目。
5	2022.3	金地管理	金地管理成功签约西安市国际港务区代建项目，为委托方提供全过程开发管理服务。本次签约项目总建筑面积约12.4万平方米，将建设成西安国际港务区北中心·品质舒居社区，焕新西安人居精品。
6	2022.4	宋都股份	宋都股份全资子公司作为承包人签订了《瑞安南滨江景观带一期拆迁安置地工程（A）地块建设施工合同》，获取瑞安南滨江景观带一期拆迁安置工程（A）地块项目的代建工作。
7	2022.5.6	金地管理	金地集团与深圳市建安（集团）股份有限公司在深圳金地管理总部签署战略合作协议，双方将在工程项目总包、股权项目合作、联合参与招投标、代建业务拓展与实施等领域开展全方位、多元化、深层次的合作。
8	2022.5.20	绿城管理	绿城管理集团与中原集团完成战略合作签约仪式，双方将加快合作步伐，快速推进工作落地开展。同时，双方在营销代理合作之外，拓宽业务合作边界，实现战略双赢。
9			绿城管理与世联行完成战略合作签约仪式，双方将在各自擅长的业务领域、空间区域上通力合作，优势互补，携手并进。
10	2022.5	金地管理	金地管理中标青岛市市北区三大项目代建服务，为委托方提供全过程开发管理服务。
11			金地管理成功中标启东市紫薇三村西侧居住地块代建项目，项目总建面约19.2万平方米。
12	2022.6.4	当代绿建	当代置业间接全资附属公司与独立第三方腾云筑科置业有限责任公司及目标公司北京当代绿建工程项目管理集团有限公司订立股权转让协议，同意出售当代绿建工程全部股权，交易对价为4947.4万元。
13	2022.6.6	旭辉建管	邯山区梨园公园旁常盟俪璟（地块）住宅项目开发商与旭辉合作，旭辉将以轻资产的方式负责该楼盘的代建及操盘，并将引入旭辉的品牌及物管服务。
14			旭辉建管与常瀛置业在北京、石家庄、邯郸三地同步举行了战略签约仪式。双方将从华北区域的邯郸项目起步，在战略投资、商业代建、物业服务等多方领域，强强联合，开展全方位、深层次的合作。
15	2022.6.8	绿城管理	绿城管理与江苏边城发展集团正式签署合作协议，将代建代管南京中和桥G124、句容畔岛两个项目。
16	2022.6.21	华润置地	华润置地东北大区沈阳公司中标辽宁省肿瘤医院沈抚示范区院区I期全过程工程咨询服务项目。
17	2022.7.14	绿城管理	绿城管理与中国奥园签署战略合作协议，双方拟就广州奥园云和公馆项目代建等多层面展开深度友好合作。
18	2022.7	金地管理	金地集团与乐清城投集团签署乐清胜利社区代管代销协议，该项目是乐清市首个新建类未来社区。
19	2022.7	华润置地	华润置地中标沈阳中德开置业服务有限公司旗下5个安置项目。

资料来源：中指研究院整理。

报告十二　2022年中国城市居民居住满意度普查报告

第一部分　中国城市居民居住满意度调查概述

（一）调查背景与目的

2022 年两会政府工作报告重申“房住不炒”的主基调，自 2017 年党的十九大报告首次提出“坚持房子是用来住的、不是用来炒的定位”以来，经过近五年的调控，住房重新回归居住属性，房地产长效机制逐步建立和完善，房地产行业运行逻辑发生了根本变化，房企从享受改革红利、土地红利、金融红利向理性发展回归。同时，居民购房逻辑也悄然转变，产品与服务的品质成为衡量住房价值的基础，房企的品牌、信用、口碑则在购房决策中扮演着愈发重要的角色。

过去的一年中，受多重政策叠加影响，房地产行业加速出清，逐步跨入“黑铁时代”。在这一时代嬗变过程中，市场规模持续萎缩，行业竞争格局面临重塑，高质量发展成为各大房企应对这一局面的共识，而专业能力，尤其是能提供高质量产品与服务的专业能力，正是高质量发展的核心竞争力。想要提供高质量的产品与服务，就需精准掌握客户感知，深度挖掘客户需求。作为最直观反映客户对房企产品、服务感受的指标，客户满意度的价值愈发凸显。2022 年中指研究院继续推进全国居民居住满意度大普查，以建立权威、公益的行业标尺，为房企高质量发展提供参考，同时为居民“住有优居”贡献力量。

中国城市居民居住满意度调查目的如下。

① 基于多年全国性满意度调查实践，动态追踪行业整体、不同调查对象、城市各层面满意度真实水平，分析房地产行业发展周期不同阶段满意度水平的波动趋势；

② 通过建立行业标尺，帮助企业定位自身在行业内所处位置，发现优势方面，寻找竞争差距；同时通过城市层面的对标帮助企业了解自己在已进入的城市里所处城市位置，为企业决策提供科学参考；

③ 挖掘各城市满意度优秀企业，尤其是在行业下行的大背景下，进一步发挥领先企业行业示范效应，全面提升行业整体满意度水平。

（二）调查时间

2022 年 4 月 8 日至 2022 年 5 月 31 日。

（三）调查指标

在借鉴ACSI理论模型框架基础上，对已购买新房的居民从顾客忠诚、质量感知、价格感知三个方面进行有效定量调查，客观反映居民对于产品及服务体验的满意度评价。与往年相比，2022年的调查指标更聚焦不同调查对象评价的“精确性”，通过调查对象的进一步细分，让受访者对当前感知最深的指标进行评价，以确保满意度评价更客观，同时也进一步缩短了答题时间，提升了受访者的答题体验。

表1　2022年中国城市居民居住满意度调查指标体系

调查指标	准业主1	准业主2	准业主3	磨合期1	磨合期2	稳定期	老业主
总体满意度	★	★	★	★	★	★	★
再购意向	★	★	★	★	★	★	★
推荐意向	★	★	★	★	★	★	★
销售服务	★						
签约后需求	★	★					
签约后服务	★	★	★				
交付服务				★			
现场快修				★			
房屋质量				★	★	★	
精装质量				★－精装	★－精装	★－精装	
公区质量				★	★	★	
整改维修				★	★	★	
房屋设计			★	★	★	★	
户内装修设计				★－精装	★－精装	★－精装	
户内智能化设施需求						★	★
规划设计			★	★	★	★	
园区配套设施需求							★
物业服务－装修管理				★	★		
物业服务－基础服务					★	★	★
物业服务－社区文化活动						★	★
物业服务－入户维修						★	★
物业服务－疫情管控						★	★
投诉处理	★	★	★	★	★	★	★
物有所值	★	★	★	★	★	★	★

（四）评分体系

对于定量问卷实际测评题目，采用5级李克特量表评价体系。李克特量表是评分加总式量表最常用的一种，该量表由一组陈述组成，每一组陈述有“非常满意”“比较满意”“一般”“不太满意”“非常不满意”五种回答，分别记为5分、4分、3分、2分、1分，在最终的满意度评分百分制转化中，分别对应100分、75分、50分、25分、0分。

表2 评分体系

5分	4分	3分	2分	1分
非常满意	比较满意	一般	不太满意	非常不满意
100分	75分	50分	25分	0分

（五）调查方式

为保证调查实施的高质量与样本的有效性，本次调查严格遵守随机抽样原则，综合运用多种采样方式以获取目标样本，具体使用的调查方式如下。

① 借助房天下平台开展线上调研。

② 以微信扫码为主的“互联网+”调研。

③ 重点城市安排访问员在固定地点筛选符合条件的受访者进行拦截访问，以获得被访者真实评价。

考虑到居民生活习惯的改变及疫情期间的安全问题，本次调研以“互联网+”方式为主，降低了现场拦截访问的比例。同时对调查流程、问卷形式也进行了相应地优化，进一步提升答题效率与样本质量。

（六）社区选择标准

为建立科学统一的中国城市居民居住满意度研究体系，形成行业调查规范，满足连续测评与不同城市及企业间对比测评的要求，研究组对调查社区进行了全面、严格的筛选，入选社区需满足以下条件。

（1）全国房地产百强企业开发以及全国物业服务百强企业服务的社区。

（2）当地主流房地产企业开发以及主流物业服务企业服务的社区。

（3）以商品住宅类社区为主。

（七）受访者选择标准

为获得有效定量数据，客观反映居民对于产品及服务体验的满意度评价，研究组严格筛选受访对象，目标群体需满足以下条件。

① 自有住房，且购买的是新房。

② 对目前居住的社区物业状况比较了解。

（八）样本分布

2022年中国城市居民居住满意度调查在全国30个省份、206个城市同步推进，累计收集三百余家房企近45万有效样本，其中地产百强企业回收样本量占总样本量比例6成以上。

（九）受访者背景

本次调研中，男性受访者占比53.0%，女性受访者占比47.0%；从受访者年龄分布来看，80后占比最多，达37.7%，90后次之，占比30.1%；从居住居室情况来看，三居仍是主力户型，占比41.8%；从居住面积来看，91 ~ 120平方米户型受访者数量远超其他户型，占比达43.6%。这些情况也客观反映出当前主力购房人群的画像以及住房消费需求的特征。

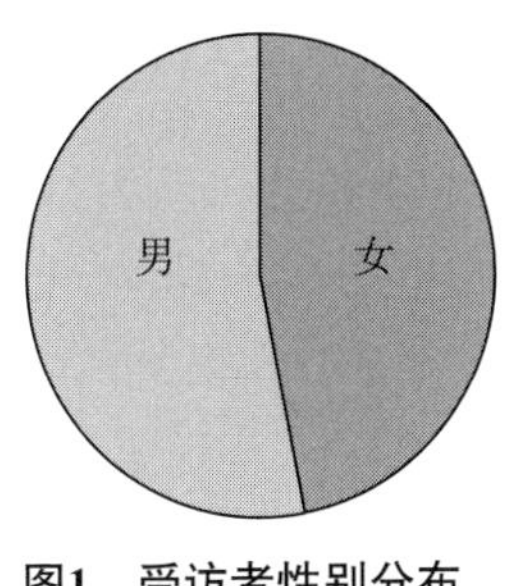

图1 受访者性别分布

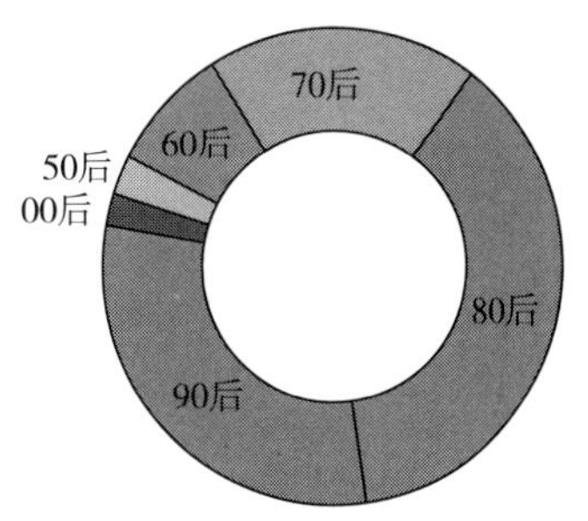

图2 受访者年龄分布

数据来源：中指研究院·中指调查。

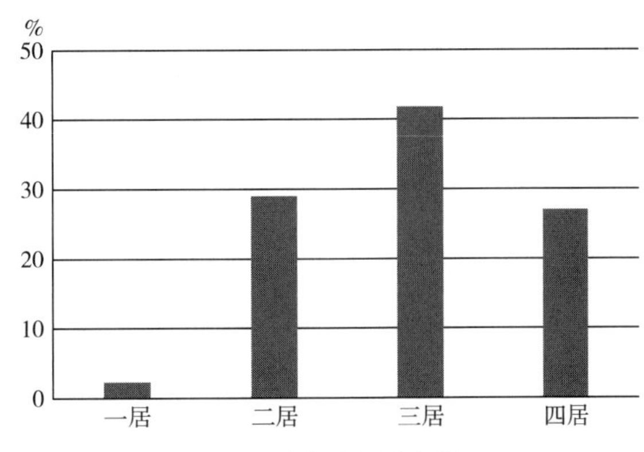

图3 受访者居住居室情况

数据来源：中指研究院·中指调查。

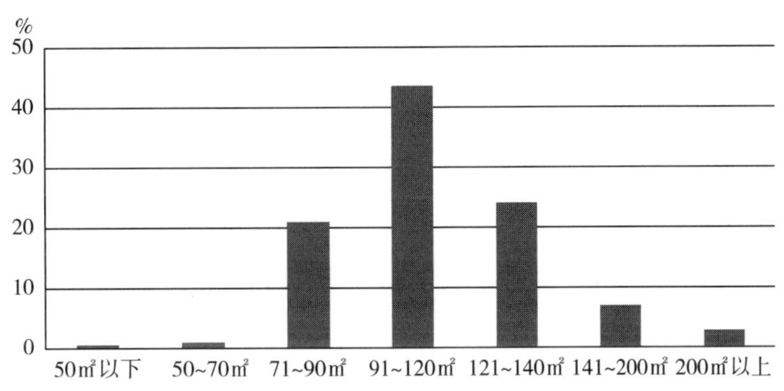

图4 受访者居住面积情况

数据来源：中指研究院·中指调查。

第二部分 中国城市居民居住满意度调查结果

一、全国总体评价结果

1. 中国城市居民居住总体满意度降至75.0分，五年来首次出现下滑

居民居住总体满意度客观、整体地反映了居民对房地产产品、服务及居住感受的总体评价，是居民居住满意度调查的核心指标，总体满意度得分的变化是房企口碑的晴雨表，对房地产市场发展的展望、评估具有较强的参考价值。

2022年，研究组基于近45万有效样本计算得出居民居住满意度数据，并结合往年普查结果进行趋势分析。调查结果显示，2022 年中国城市居民居住总体满意度为 75.0 分，相比 2021 年下降 1.6 分，这是 2018 年以来居民居住总体满意度首次出现下滑。

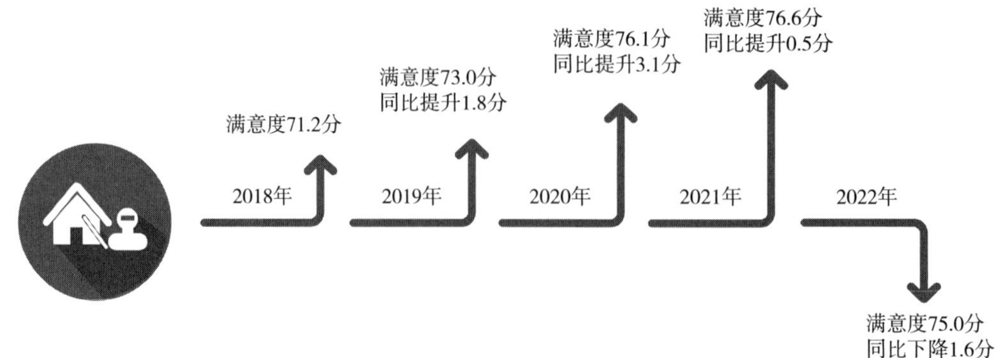

图5 近五年中国城市居民居住总体满意度变化情况

数据来源：中指研究院 · 中指调查。

2. 行业变革期房企“节衣缩食”，“满分”客户变少，“差评”客户增加

从总体满意度评价分布情况来看，给出满意评价的客户占比 74.5%，同比减少了 2.5%，其中表示非常满意的客户占比 42.2%，认为比较满意的占比 32.3%，前者较后者降幅更大；给出一般评价的客户占比 14.4%，同比增加了 0.9%；表示不满意的客户占比 11.1%，同比增加了 1.4%；其中不太满意客户占比 5.5%，同比增加 0.3%；非常不满意客户占比 5.6%，同比增加 1.3%，相较 2021 年变化明显。通过这一分布情况可看出，“满分”评价变少，“差评”客户增加，是总体满意度下滑的主要原因。

结合行业背景来看，这一变化与行业变革期来临后房企的“节衣缩食”息息相关。自 2021 年下半年以来，房地产市场快速降温，进入下行周期，“焦虑”“内卷”成为行业关键词，房企相继“控规模”“调节奏”。在此过程中，房企“爆雷”“债务违约”等事件时有发生，因降价、无法按时交付等引发的客诉也越来越多，遭遇这些事件的客户评价往往趋向极端负面，而受到舆论环境或身边亲友遭遇的“踩雷”经历影响，其他客户给出“满分”评价的概率也有所降低。

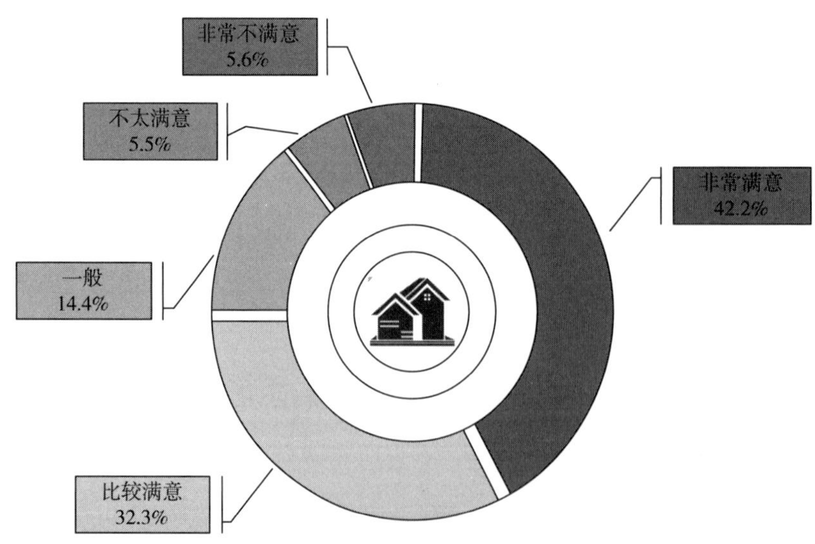

图6 2022年中国城市居民居住总体满意度评价分布

数据来源：中指研究院 · 中指调查。

3. 不同梯队房企表现：头部企业优势持续扩大，品牌价值、口碑效应凸显

2022 年地产百强企业中，各层级房企满意度均值都高于行业整体，且满意度得分随着层级同步提升，其中 TOP51 ~ 100 房企满意度为 75.6 分，TOP31 ~ 50 房企满意度为 79.8 分，TOP30 以内各层级满意度均值均高于 80 分，其中 TOP10 房企满意度达到 88.7 的历史高值，相对行业均值的优势达到了 13.7 分。这一情形说明市场下行的大背景下，不同梯队房企间的客户评价分化愈发明显，头部房企得益于多年累积的口碑效应，客户评价不降反升，领先优势进一步扩大。

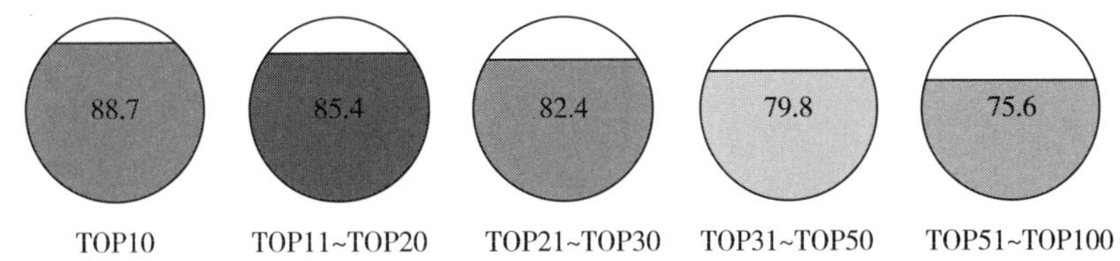

图7 不同梯队房企总体满意度调查结果

数据来源：中指研究院・中指调查。

4. 不同属性房企表现：市场下行环境下，国央企重责任、有担当收获更高评价

在新的行业周期中，高负债、高周转模式难以为继，国央企相对平稳的运营模式更利于生存发展。在加强负债率管控、量入为出、长远布局谋发展的同时，国央企保交付、保品质、保服务等一系列举措赢得了客户更高的评价。2022 年调查所覆盖的企业中，国央企总体满意度达 75.8 分，高于行业均值 0.8 分，也实现了对民企的超越，对比民企总体满意度高出 1.4 分。在国央企中，央企收获更多认可，总体满意度达 80.1 分，在当前大环境下很好地发挥了表率作用；地方国企表现相对一般，得分落后央企 9.1 分，仍需持续提升产品与服务水平。

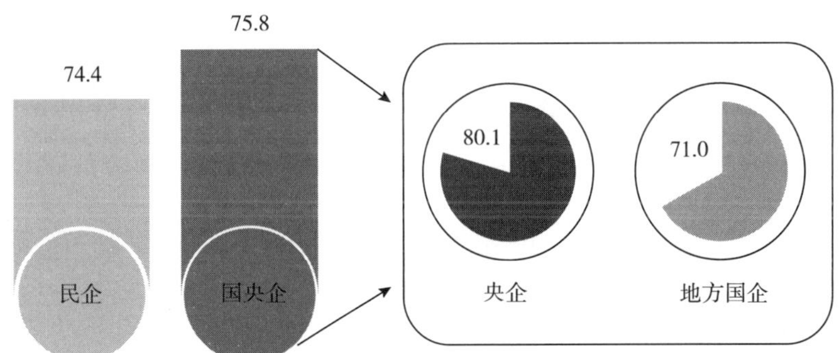

图8 不同属性房企总体满意度调查结果

数据来源：中指研究院・中指调查。

5. 不同业主类型表现：准业主维持稳定，交付后各类别均下滑，磨合期降幅最大

根据城市居民居住生命周期特征，研究组将受访者按照购房、交付、入住等关键节点分为“准业主－磨合期－稳定期－老业主”四个业主类型。其中，准业主（签约未交付）总体满意度最高，达 80.8 分；交付后往往出现预期悖离，甚至因质量、配套等实际情况与承诺不符导致客户投诉，因此磨合期业主（交付时间 <1 年）满意度最低，降至 66.2 分；随着交付时间的延长，客户评价也随之变好，稳定期（1 年 < 交付 <2 年）满意度回升至 73.3 分，老业主（交付 >2 年）满意度进一步提升至 76.5 分。

对比 2021 年，准业主是唯一满意度上升的业主类型，同比微升 0.5 分，在高位水准上稳中有进，但值得注意的是，该阶段业主呈现出“签约时间越长，满意度越低”的特征。本次调研中，研究组依据签约时间将准业主细化为准业主 1（签约 1 个月以内）、准业主 2（签约 1 个月至 6 个月）、准业主 3（签约 6 个月以上，未交付）三个细分类型。调查结果显示，准业主 1 总体满意度达 85.6 分，准业主 2 得分下滑 10.5 分，降至 75.1 分，准业主 3 得分再降，满意度仅 68.0 分，各阶段间分差明显。导致这一情况的原因主要是房企在业绩压力下，将更多精力集中到营销端，签约后的人力物力进一步“缩水”，市场频发的负面信息更让签约较长时间后等待交付的业主陷入焦虑之中，更容易产生不满意情绪。

交付后各类别均出现 2 分以上的下滑，其中磨合期降幅最大，下滑 3.5 分，具体到磨合期的细分，磨合期 1 业主满意度为 65.8 分，磨合期 2 业主评价有所回升但仍较低，得分为 68.4 分。这说明市场下行过程中，交付阶段业主受到的冲击最大，对产品、服务的感知也更为敏锐。

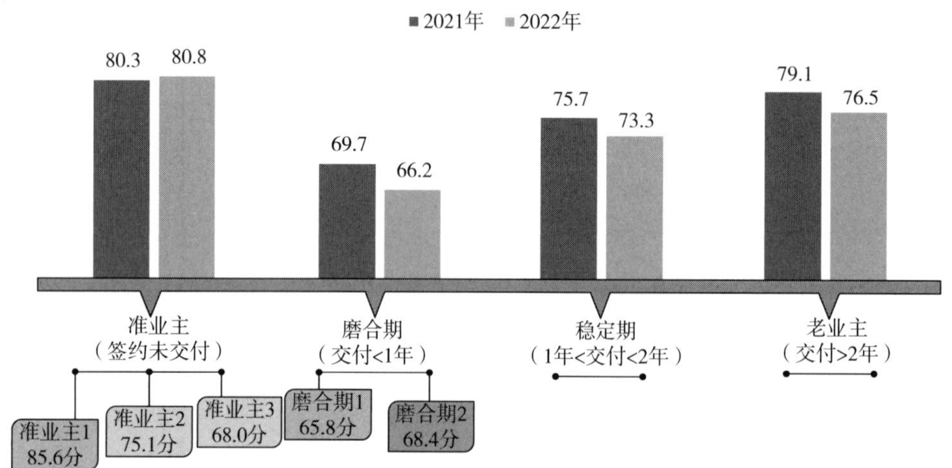

图9　各业主类型总体满意度调查结果年度对比

数据来源：中指研究院·中指调查。

6. 不同产品类型表现：精装房满意度表现不佳，交付后口碑急剧下滑且较难修复

随着中国房地产行业愈发成熟，主打“省力、精品”的精装房成为越来越多消费者的选择，特别是疫情后对于居住环境的新需求，让精装产品的市场规模得到进一步扩展。但精装产品的口碑却并未能随规模同步提升，2022 年精装房业主总体满意度为 71.5 分，相较毛坯房业主有 4.6 分的差距。

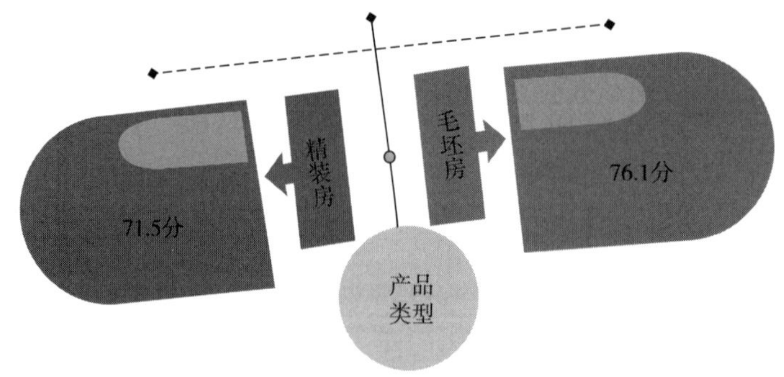

图10　不同产品类型总体满意度调查结果

数据来源：中指研究院·中指调查。

深入到各阶段客户对精装房的评价来看，准业主阶段的客户对精装房满意度更高，得分接近 82 分，且得分高于毛坯房准业主评价；但进入交付阶段，得分出现急剧下滑，磨合期满意度得分仅 63.7 分，降幅接近 18 分；稳定期虽有回升，但得分也仅略高于 69 分，老业主满意度得分仅 71.2 分。相较毛坯房，精装房交付前和交付后的满意度落差明显更大，且入住后评价回升幅度较小，说明口碑易损坏却难修复。这一情况与精装产品的销售策略及交付现实有关，精装产品销售时往往会搭配着高端的效果图和诸多品质保障，拉升消费者预期，在交付后，不仅产品质量往往与预想不一致，诸多承诺也难以兑现，加之整改维修、投诉处理等流程复杂、权责不清，客户满意度就会遭遇滑坡。随着市场中的精装产品越来越多，如何规范前期销售宣传，加强交付风险管控，为客户提供品质更高、符合预期的精装产品和相应服务，成为房企必须解决的课题。

二、忠诚度评价

1. 居民置业、推荐意愿同步趋弱，忠诚度回落至 57.8%

2021 年下半年以来，市场大环境趋紧，房企负面新闻频发，冲击了客户对房地产行业的信心，再加之政策调控与疫情压力下收入预期下降，客户的置业与推荐意愿明显变弱。这一情况体现在了再购意向、推荐意向指标上，2022 年，居民再购意向为 66.6%，推荐意向为 71.5%，同比均出现下滑；通过总体满意度、再购意向、推荐意向这三要素综合计算得出居民忠诚度为 57.8%，同比下降 2.6%，这也是自 2018 年以来，居民忠诚度首次出现下降。

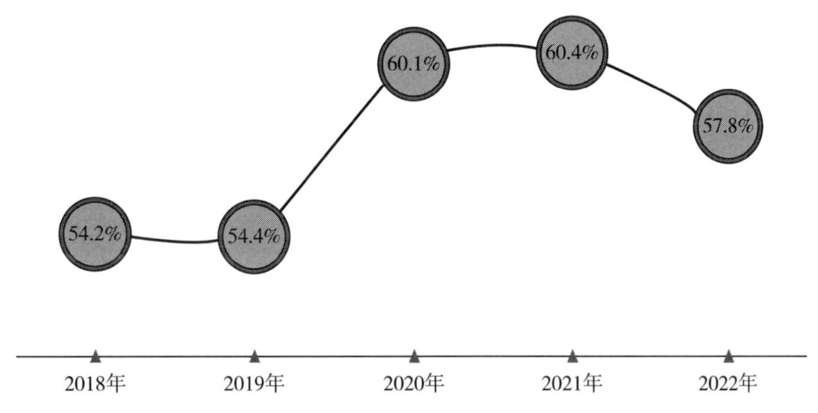

图11 近五年中国城市居民忠诚度变化情况

数据来源：中指研究院 · 中指调查。

2. 开发商品牌是百强房企客户推荐的主要原因

通过对百强房企受访者中推荐者推荐原因与贬损者不推荐原因的对比分析，开发商品牌是净正面提及率最高的因素，净正面提及率达到了 17%，明显高于其他因素。在整体大环境下行的背景下，受访者对房企的品牌口碑更加重视。百强房企多年经营“以客户为中心”策略，品牌效应在行业变革期进一步凸显，成为客户推荐的主要原因。

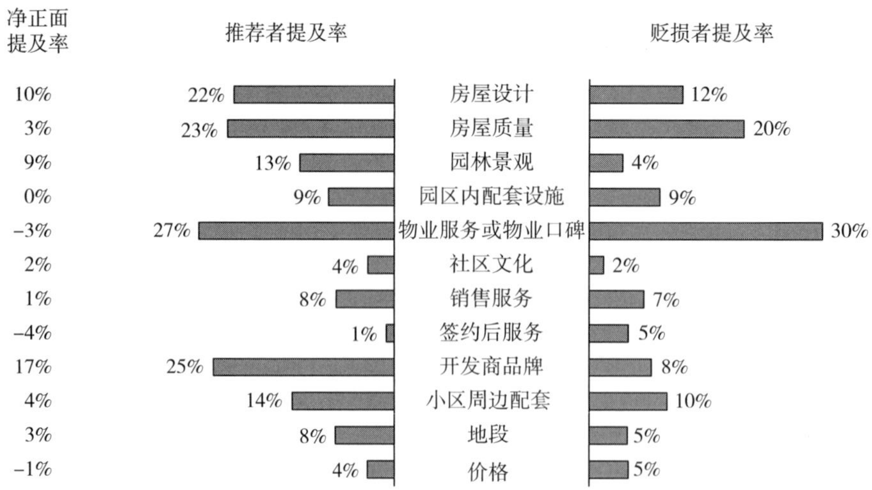

图12 百强房企受访者推荐原因净正面提及率分布

数据来源：中指研究院·中指调查。

三、关键指标评价

1. 关键指标概览：销售服务维持高位，其他指标均出现不同程度下滑

2022年中国城市居民居住满意度调查指标体系与往年一致，共涉及10项关键指标，包括售前售后服务、产品设计、产品质量、物业服务、投诉处理等房地产消费、居住链条上的各项指标。

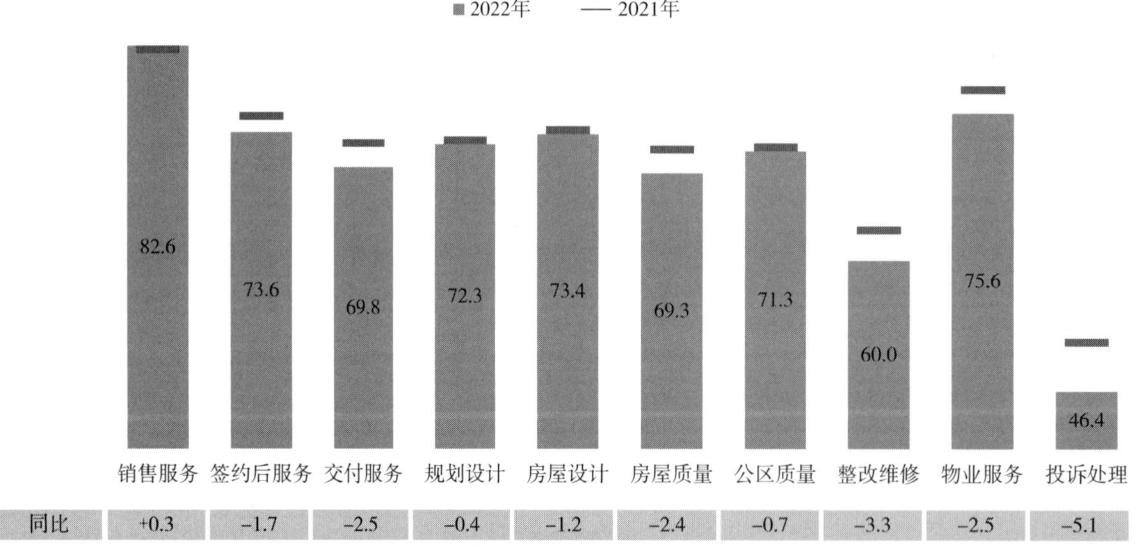

图13 2022年关键指标满意度表现及年度对比情况

数据来源：中指研究院·中指调查。

调查结果显示，10项二级指标中，销售服务满意度得分依然最高，达82.6分，较2021年微升0.3分，仍然维持在高位水准；其他9项指标均出现不同程度的下滑，其中服务端指标的下滑幅度普遍要大于产品端指标。投诉处理满意度46.4分，在10项指标中排名末位，同比下降5.1分；整改维修满意度60.0分，排名倒数第二，同比下降3.3分。此两项指标均为触发型指标，满意度得分最低，下滑幅度也最明显。除此之外，交付服务、物业服务均出现2.5分的下滑。产品端指标中，房屋质量下滑幅度相对最大，达到2.4分。

2. 销售服务：业绩压力下，房企更关注销售阶段服务，满意度水平仍维持高位

（1）销售服务总体满意度提升 0.3 分，是唯一得分未下降的二级指标

2022 年，销售服务满意度达 82.6 分，在所有二级指标中得分最高，较 2021 年提升 0.3 分，是唯一实现提升的二级指标。自 2018 年以来，销售服务满意度连年提升，2022 年相比 2018 年高出 8.5 分，在所有二级指标中表现最佳。

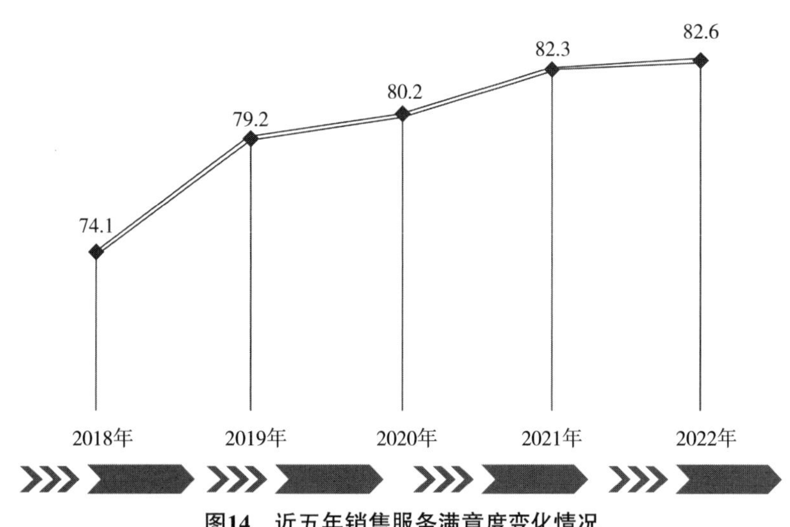

图14　近五年销售服务满意度变化情况

数据来源：中指研究院・中指调查。

（2）业绩压力敦促房企精进销售服务，月度满意度 + 月度神秘客“双保险”加强考核

市场下行过程中，房企销售业绩普遍承压，对销售阶段的服务、考核、效能也更为关注。越来越多的房企缩短满意度调研周期，丰富调研方式，扩大调研范围，通过“月度满意度 + 月度案场神秘客暗访”的“双保险”来加强考核。该方式通过月度滚动调研及时了解在售项目的客户感知变化情况，精准定位问题，提升处理效率；配合月度神秘客暗访，以专业视角检查集团销售服务标准在各案场的落地情况。相关举措卓有成效，客户对销售服务的评价仍维持在高位。

但也应该看到，客户签约后，房企的产品与服务受资金压力影响，相较以往更易出现降价、减配、延期交付、产品品质与销售承诺不符等问题，导致客户产生现实与预期不符的感知，拉低其后各环节的评价，甚至因此产生群诉事件，损伤企业品牌美誉度。精进销售服务水平的同时，如何自销售阶段就做好全流程风险管控，成为房企的“必修课”。

（3）关键指标：置业顾问满意度进一步提升，销售诚信仍是相对薄弱环节

销售服务相关 5 项关键指标中，案场物业满意度最高，达到 84.8 分，虽依然维持在高位，但较 2021 年微降 0.2 分，这与企业在案场物业投入上的缩减有一定关系。在强考核的趋势下，置业顾问满意度同比提升 1.2 分，达到 83.8 分，在所有销售服务关键指标中进步最大。中指研究院在 2021 年下半年以来的神秘客暗访过程中发现，开展销售案场神秘客暗访的企业明显增多，这种强考核方式对推进置业顾问服务升级、收获顾客更高评价的效果明显。案场环境及设施微降 0.1 分。签约服务提升 0.7 分，突破 80 分的关口。销售诚信是唯一低于 80 分的关键指标，在原本就与其他关键指标有差距的情况下，2022 年又下滑 0.6 分。当前大环境下，降价、减配等问题的发生概率变大，随着客户获取信息渠道的扩宽，这些情况也更易被提前得知甚至在社媒圈群中广泛传播，因此导致的不信任感是销售诚信满意度下滑的重要原因之一。

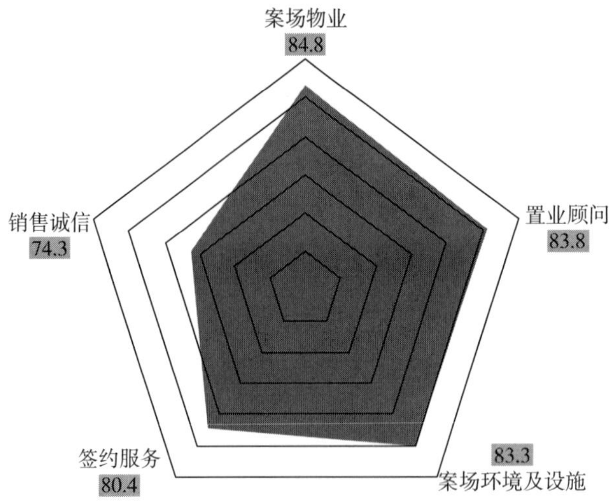

案场物业
84.8
置业顾问
83.8
83.3
案场环境及设施
签约服务
80.4
销售诚信
74.3

图15 销售服务各关键指标满意度表现

数据来源：中指研院·中指调查

3. 签约后服务：签约后满意度降至 73.6 分，与前期销售评价差距拉大

（1）连续提升后出现得分下滑，与销售服务差距重新拉大

2022 年，签约后服务满意度为 73.6 分，较 2021 年下降 1.7 分，这是五年来该指标首度出现下滑。与销售服务满意度相比，签约后服务有 9.0 分的差距。客户在完成签约后进入等待期，这段时间内，关怀、服务的频次及服务人员的态度都会出现一定程度的下降，因此签约后服务与销售服务在客户评价上一直存在一定的落差。但在 2021 年二者差距实现缩小后，2022 年差距再度拉大，究其原因，一是受制于房企人员配置与资金面的压力，导致签约后服务人力不足，另一方面，房企出现的“爆雷”、降价等负面新闻也导致了客户在等待期的担忧情绪加重。

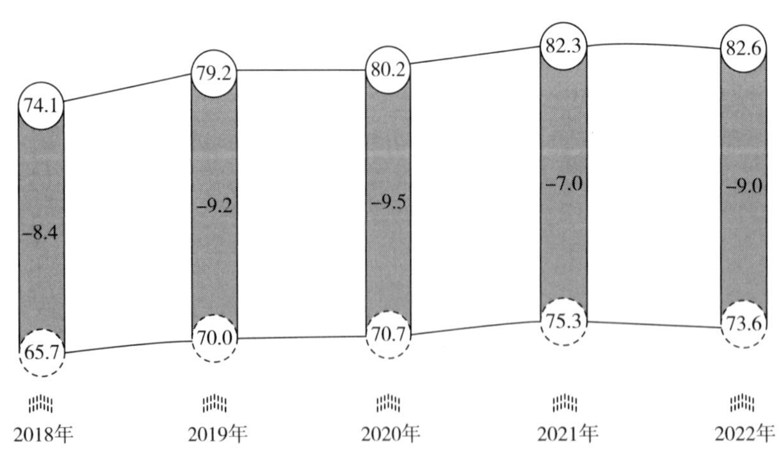

图16 近五年签约后服务满意度表现及签约前后落差情况

数据来源：中指研究院·中指调查。

（2）业主类型：签约时间越长，客户评价越低，准业主 3 签约后服务满意度低于 70 分

2022 年，准业主 1 签约后服务满意度为 78.4 分，准业主 2 下降至 76.3 分，准业主 3 得分仅为 67.1 分。通过对比三种准业主细分类型的签约后服务满意度，可看出，随着签约时间的拉长，签约后服务满意

度越来越低。这一满意度变化趋势提示着房企需重视在签约后较长时间内保持服务水平的一致性，尤需关注签约6个月以上业主，及时沟通，积极服务，做好客户关系维护工作。

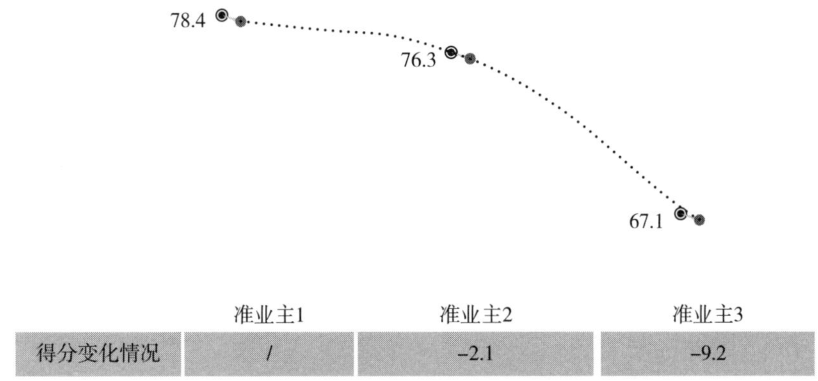

图17 准业主细分类型签约后服务满意度表现

数据来源：中指研究院·中指调查。

（3）签约后关怀措施落实率均出现下滑

签约后关怀的三项关键措施落实率方面，客户接到告知楼盘建设进度的比例为60.5%，同比下滑4.9%；客户收到节日/生日祝福的比例为60.9%，同比下滑1.7%；客户收到活动邀请的比例为69.1%，同比下滑3.9%。通知不到位、关怀措施落实不到位情况的变多，影响了客户对签约后服务的总体评价，未来仍需从“关怀到位，通知到位”这些基础动作做起，提升客户口碑。

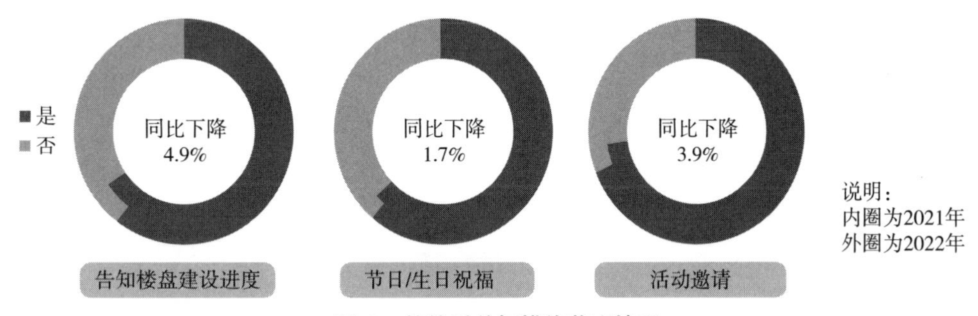

图18 签约后关怀措施落实情况

数据来源：中指研究院·中指调查。

4. 交付服务：五年来满意度首次降至70分以下，交付现实与预期落差大是低评价主因

（1）满意度仅69.8分，连续两年出现下滑，降至近五年来最低得分

2022年，交付服务满意度为69.8分，较2021年下降2.5分，连续两年下滑后，已跌破70分关口，降至近五年来的最低水平。近两年交付阶段客户评价的明显下降，一方面源于前期“高调”销售激发的高预期无法在交付阶段得到落实，另一方面则是由于房企资金紧张等情况导致了不同程度的“减配交付”“延期交付”。

深入观察交付后各环节现实与客户预期差距，可看出规划设计是交付现实与客户预期差距最大的指标，尤其在近年因资金压力导致的“减配交付”事件中，规划设计中的绿化率、园区公共设施配套、水系等常出现与销售承诺不符的情况，去化任务完成后更换沙盘、不及时公布公区设计图等行为更让客户产生“上当受骗”的感觉，对交付服务评价产生一定负面影响。

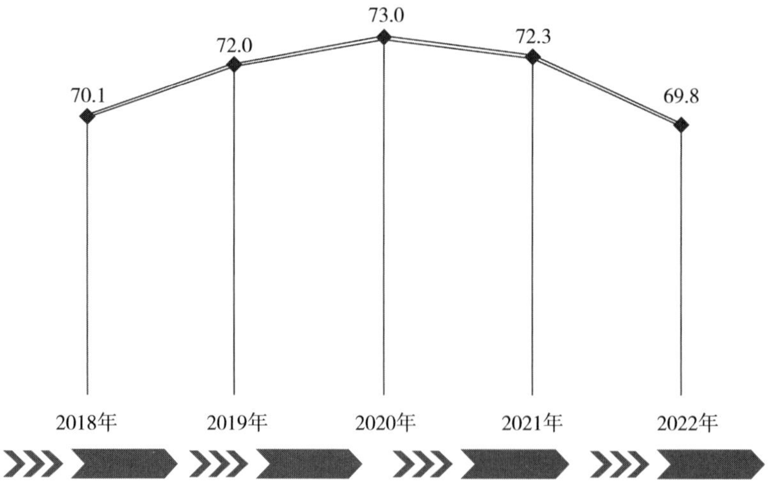

70.1 72.0 73.0 72.3 69.8

2018年 2019年 2020年 2021年 2022年

图19 近五年交付服务满意度变化情况

数据来源：中指研究院·中指调查。

（2）精装修产品交付问题突出，需警惕精装变“惊装”

对比精装房与毛坯房受访者交付服务满意度表现，精装房交付问题更为突出，满意度为66.8分，相比毛坯房有5.3分的差距，明显拉低了交付服务总体满意度的表现。近年来，新房市场中精装产品的比例不断上升，诱人的前期承诺、“高大上”的效果图也让相关产品在销售阶段取得较好表现。然而，这些美好畅想往往在交付现实面前被击碎，精装施工质量不佳、精装用料缩水、精装配套不符合销售时承诺的标准等问题令客户感到不满，甚至有客户反馈“精装的房子交付后还要打成毛坯自己重新装”。随着精装产品的市场占比越来越大，其对交付满意度的影响也逐步加深，房企需重视精装交付的风险管控，避免精装变“惊装”。

图20 精装房、毛坯房受访者交付服务满意度对比

数据来源：中指研究院·中指调查。

5. 产品设计：规划设计与房屋设计满意度同步下降，房屋设计降幅更大

（1）规划设计近五年满意度水平相对稳定，但连续两年下降需引起重视

2022年，规划设计满意度得分为72.3分，较2021年微降0.4分。近五年规划设计满意度始终在70分至73分之间波动，整体表现较为平稳，但连续两年的下降也需引起关注。根据受访客户反馈，规划设计与前期宣传存在差距是不满客户较多提及的原因，另外，受疫情影响，部分项目赶工交付也导致了园区配套无法落实到位的情况，相关受访者因此产生不满。

从规划设计两项关键指标来看，园林景观2022年满意度为73.8分，同比下降1.0分。规划设计的减配以及部分赶工交付情况容易导致客户不满，其中最直观可见的便是园林景观问题，如绿化率低于宣传、绿植树木品类及质量不达标等，部分项目甚至出现刷漆当草坪的荒唐行为。社区配套2022年满意度为68.8分，同比下降1.4分，降幅相比园林景观更明显。健身、老人/儿童娱乐器械等便民配套设施不足，

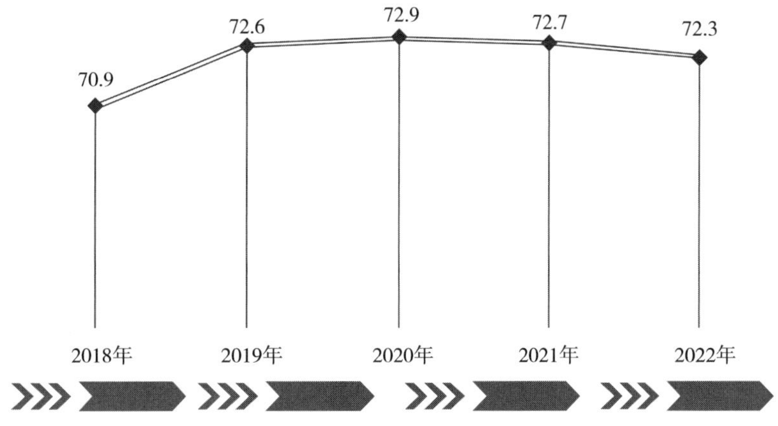

图21 近五年规划设计满意度变化情况

数据来源：中指研究院·中指调查。

不能匹配社区居民的日常锻炼、休闲所需；充电桩、非机动车车棚等设施不完善易导致居民生活不便。这些配套设施的不足均会产生不满，导致评分下降。

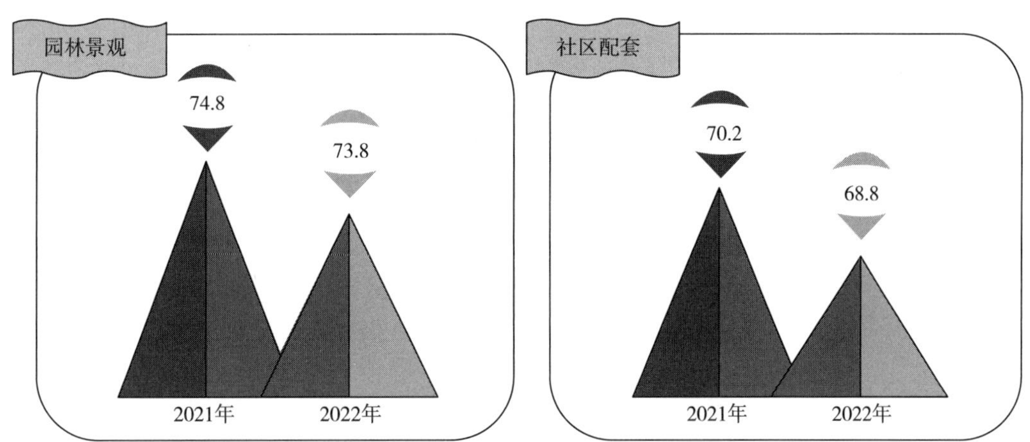

图22 规划设计关键指标满意度表现

数据来源：中指研究院·中指调查。

（2）房屋设计满意度降幅更为明显，同比下降 1.2 分

2022 年，房屋设计满意度为 73.4 分，同比下降 1.2 分，处在近五年来相对较低的位置，得分仅高于 2018 年。相比规划设计，居民对房屋设计的感受更为直观，房屋设计的问题也更容易被感知到，因此满意度降幅也更大。疫情暴发后，业主对房屋设计有了新的需求，室内智能健康设备广受关注，但市场上的该类产品还不够成熟，尚无法完全满足这些新需求，部分为了销售业绩“赶工上马”的新设备也容易出现各类与实际生活场景不符的问题，给居民的日常居住带来不便，这些情况都对客户评价产生了较大影响。

从关键指标来看，建筑外观满意度最高，达 77.4 分，其他指标均与建筑外观有不少于 3 分的差距。客户对户型设计合理适用的满意度为 73.2 分，对楼内公区设计合理性的满意度为 72.9 分，精装修产品的户内装修设计满意度最低，为 72.0 分。精装房业主对户型期待更高，也更关注装修设计的最终效果，但目前精装产品实际交付情况与前期宣传有较大差别，常常导致客户产生不满。

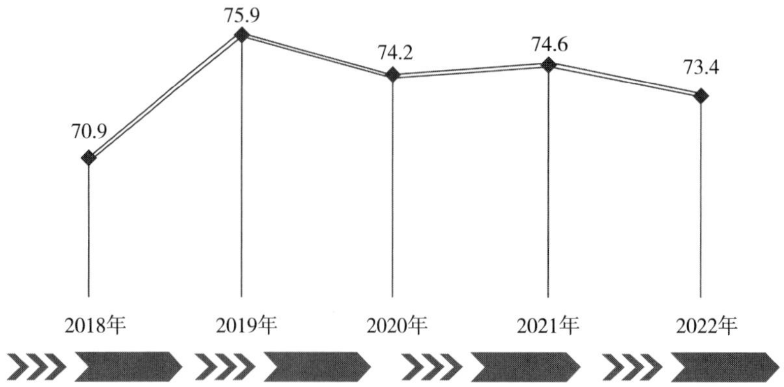

75.9
74.2
74.6
73.4
70.9
2018年
2019年
2020年
2021年
2022年

图23 近五年房屋设计满意度变化情况

数据来源：中指研究院·中指调查。

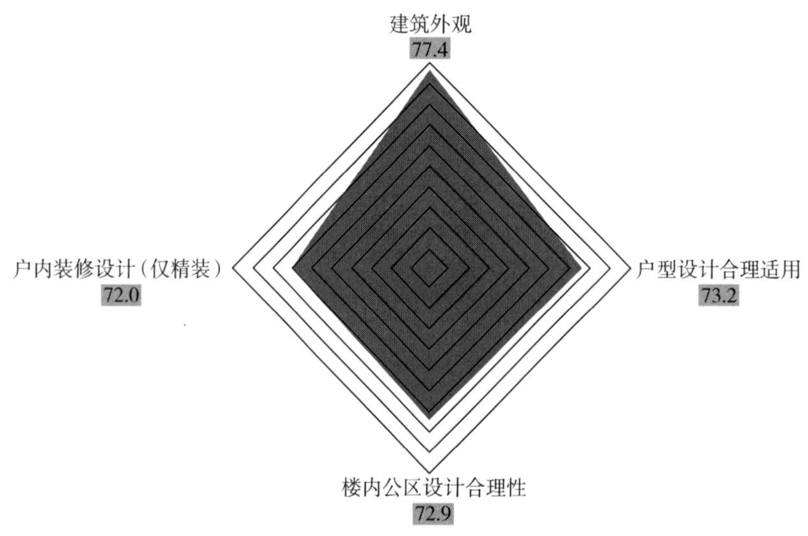

图24 房屋设计关键指标满意度表现

数据来源：中指研究院·中指调查。

6. 工程质量：相比设计端，工程端满意度下降更为明显，房屋质量问题突出

（1）房屋质量：满意度得分69.3分，结束连年提升势头，再度降至70分以下

2022年，房屋质量满意度为69.3分，同比下降2.4分，结束了得分连续三年上升的势头，重新降至70分以下。良好的房屋质量是令人满意的住房的基础，该指标也一直是满意度评价体系中最受关注的环节之一。

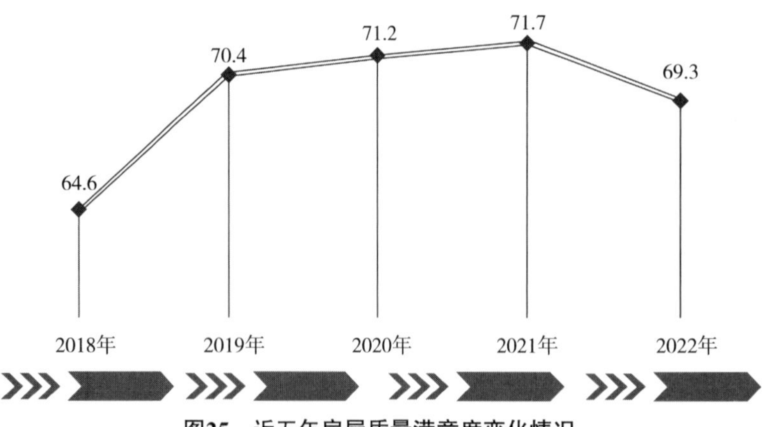

图25 近五年房屋质量满意度变化情况

数据来源：中指研究院·中指调查。

近年来，房地产行业调结构、塑生态，力求可持续、高质量发展，强调在保障“住有所居”的同时追

求“住有优居”。不少房企逐步将精力投注在更优质的产品和服务上，房屋质量作为核心指标，实现了连年增长；但2021年下半年以来，随着市场降温，房企压力剧增，“爆雷”事件时有发生，一些项目交付房屋的质量明显下滑，客户满意度水平也随之走低。

（2）新交付的精装房房屋质量满意度评价最低

业主类型方面，磨合期受访者对房屋质量的满意度较低，为65.1分，稳定期升至71.8分。购买不同产品类型的受访者对房屋质量的评价也有较大差异，毛坯房受访者对房屋质量的满意度达71.7分，精装房受访者满意度仅64.0分，相较毛坯房有7.7分的差距。将业主类型与不同产品类型的满意度结果进行交叉分析，可看出磨合期、稳定期的精装房受访者对房屋质量的满意度均低于毛坯房受访者6分以上，磨合期差距更大，且磨合期的精装房受访者对房屋质量评价最低，满意度仅60.9分，这说明新交付的精装产品的房屋质量问题较为突出。在控成本的大环境下，精装减配、装标与承诺不符的问题频频发生，再加之精装房维修流程更为复杂，人力压缩与疫情因素又进一步影响了房修效果，导致质量问题在较长一段时间内无法得到修复，这些问题对口碑形成较大影响。

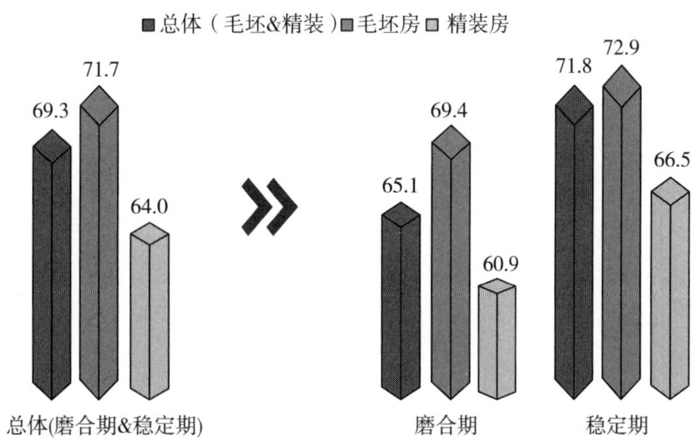

图26　各业主类型、产品类型房屋质量交叉比对情况

数据来源：中指研究院·中指调查。

（3）公区质量满意度降幅相对较小，但降至近五年最低值

2022年，公区质量满意度为71.3分，同比微降0.7分，虽然降幅小于房屋质量，但客户对公区质量的评价在近年来始终处于小幅波动状态，2022年得分已是五年来的最低水平。通过分析不满受访者的反馈，针对电梯、楼内墙地面、路面质量的负面反馈较多，这些居民日常接触最多、感触最深的环节也是房企满意度提升工作中最需要关注的方面。

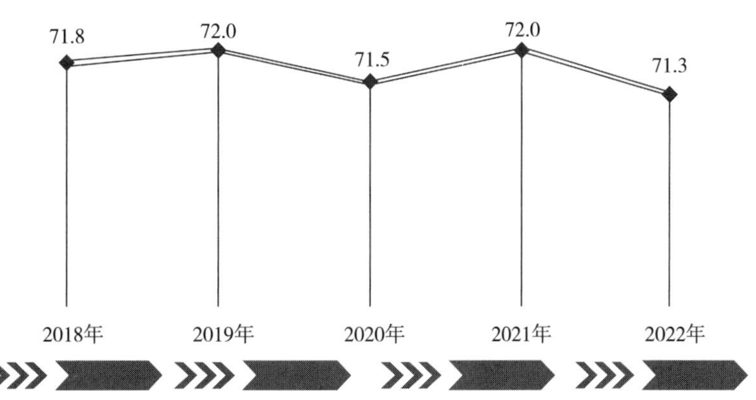

图27　近五年公区质量满意度变化情况

数据来源：中指研究院·中指调查。

7. 整改维修：报修率的提升叠加房企投入的缩编导致客户满意度出现明显下滑

（1）满意度得分下降 3.3 分，降至近五年来最低值

2022 年整改维修满意度得分 60.0 分，同比下滑 3.3 分，降至近五年来最低值。深究背后原因，一方面是报修率的提升，给本就高度承压的房修部门进一步增加了负担，2022 年报修率达到 40.7%，同比提升了 4 个百分点，其中新交付房屋的质量问题更高发，报修更多更频繁，磨合期报修率已接近 5 成；另一方面，市场上精装产品越来越多，精装物料采购流程本就相对复杂，再叠加疫情影响，整体上拉长了整改维修周期，形成资金流动性压力，房企为脱困，往往不得不减少维修端人力物力配置，但相关举措也让整改维修的及时性、有效性进一步受到影响，这些都导致了更多客户对整改维修不满。

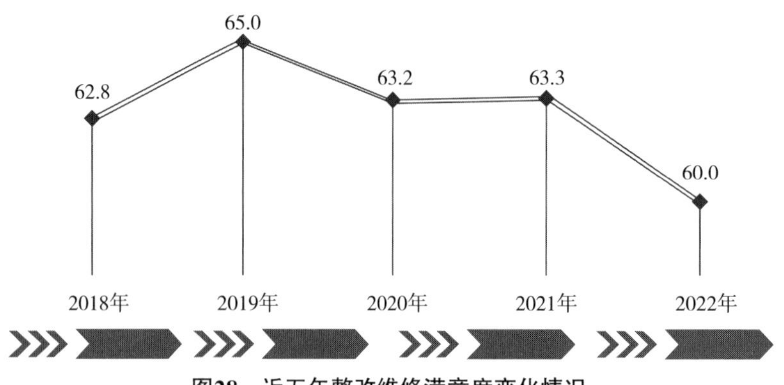

图28　近五年整改维修满意度变化情况

数据来源：中指研究院・中指调查。

（2）业主类型：磨合期 1 评价最低，稳定期降幅相对较大

业主类型方面，2022 年磨合期业主对整改维修的满意度为 57.7 分，同比下降 2.4 分，近五年来首次跌破 60 分。其中刚完成交付不久的磨合期 1 受访者满意度评价最低，得分仅为 56.0 分，磨合期 2 受访者满意度评价略有提升，但也仅有 59.2 分，不足 60 分；稳定期随着整改维修进度的逐渐推进，满意度得分相较磨合期有所提升，整改维修满意度为 61.7 分，但相比 2021 年下降 2.9 分，相比磨合期降幅更大，这很大程度上源于近一年来房企在房修端的投入压力叠加疫情的影响，导致此前承诺的维修节点或维修效果在过渡到稳定期后无法顺利兑现，加剧了客户的不满。

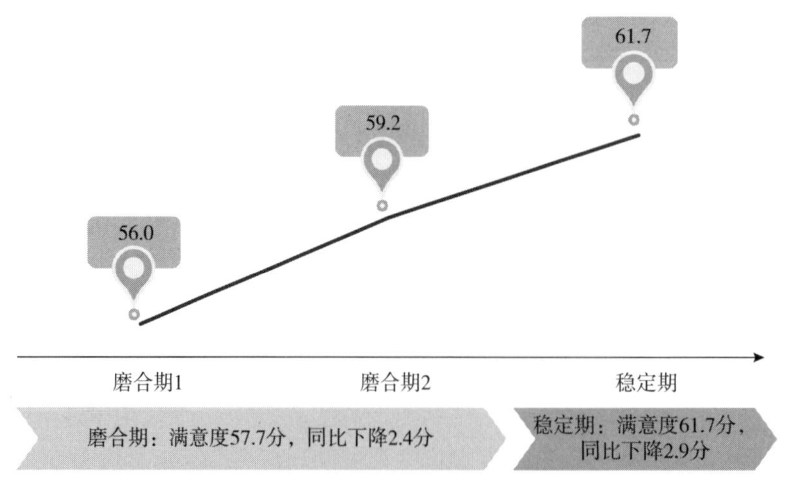

图29　各业主类型整改维修满意度表现

数据来源：中指研究院・中指调查。

（3）产品类型：精装房受访者满意度评价明显低于毛坯房受访者

2022年，毛坯房整改维修满意度为61.3分，精装房整改维修满意度仅58.2分，与毛坯房有3.1分的差距，整改维修不满情况明显更多。结合调研中不满受访者的反馈可以看出，精装产品的整改维修本就相对复杂，客户报修后常面临权责不清、标准不明的问题。权责方面，精装产品易出现开发商、供应商、物业互相推诿、不愿承担责任的问题；标准方面，精装房缺少行业统一的验收标准，为后续整改维修带来较多麻烦。疫情暴发以来，本就耗时耗力的精装物料采购变得更加困难，再加之房企受资金压力影响，导致整改维修工作到位率下降，使得精装房整改维修客户评价受到较大冲击，满意度评价更低。

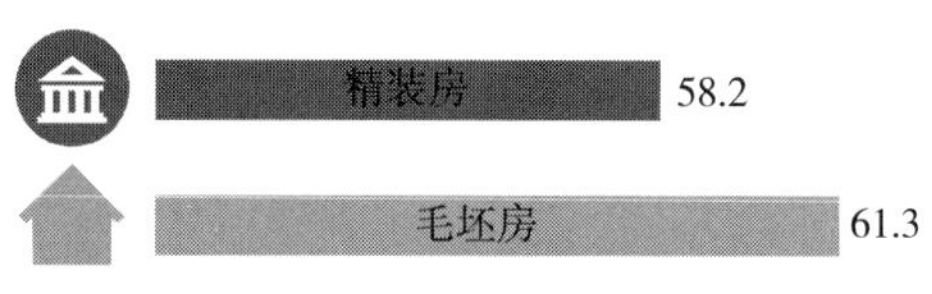

图30　精装房、毛坯房整改维修满意度情况

数据来源：中指研究院·中指调查。

8. 物业服务：满意度水平下探至75.6分，安保、保洁等基础服务问题需引起重视

（1）物业服务总体满意度75.6分，连续两年出现下降

2022年，物业服务满意度为75.6分，较2021年下降2.5分。从近五年物业服务满意度得分走势来看，经历2018年至2020年连续不少于3分的提升后，2021年开始出现下降，2022年降幅扩大，下探至基本与2019年齐平的水准。从业主反馈来看，基础服务相关负面反馈较多，在整个行业不景气的大背景下，物业在人力、物力上的投入也有所减少，居民在日常生活中感知到了服务的“降级”，导致满意度评价随之变差。

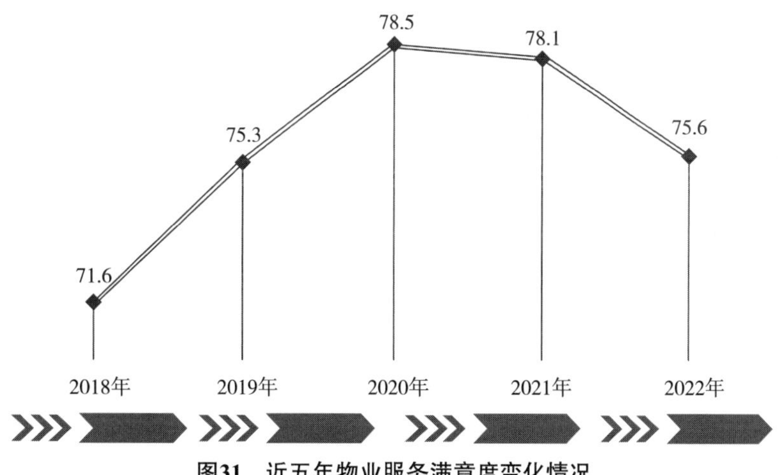

图31　近五年物业服务满意度变化情况

数据来源：中指研究院·中指调查。

（2）业主类型：三类业主评价同步走低，老业主满意度降幅最为明显

物业服务调研涉及磨合期、稳定期、老业主，其中磨合期满意度最低，为70.2分，较2021年下降1.9分；进入到稳定期，业主评价有所提升，满意度提升至73.9分，但同比同样出现下降，降幅为1.6分；老业主阶段满意度最高，为78.1分，但相较2021年退步最多，得分下滑2.6分，降至80分

以下。老业主日常与物业打交道最多，居住感触最深，对物业服务的变化也更易感知到，因此满意度降幅相对更大。此外，物业服务调研中，老业主的基数最大，对总分的影响也较大，是需要重点关注的群体。

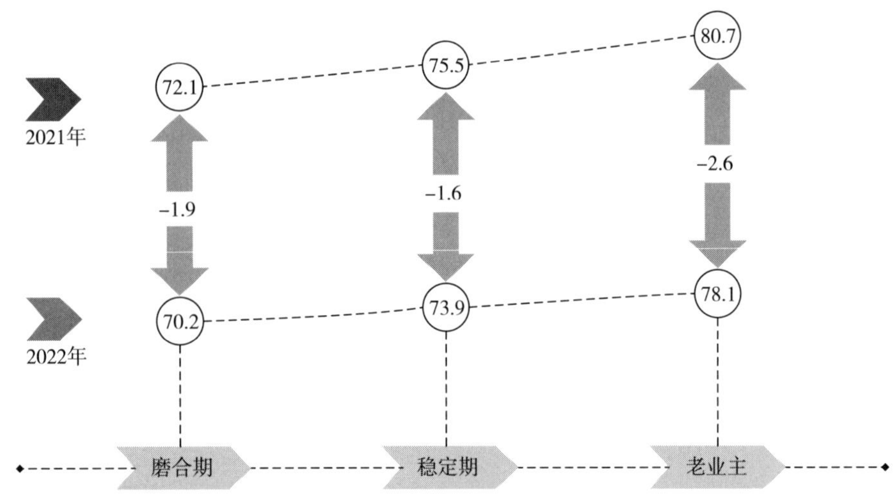

图32　不同业主类型物业服务满意度年度变化情况

数据来源：中指研究院·中指调查。

（3）关键指标：上门维修、客服中心满意度最高，车辆管理评价仍最低，除上门维修外均出现下降

物业服务共调研10项关键指标，其中上门维修、客服中心满意度最高，均为79.1分；公共设施维护、装修管理、车辆管理排名后三位，其中车辆管理仍是客户评价最低、负面问题反馈最多的环节。相较2021年，仅上门维修微升0.1分，其他9项指标均出现下降，尤其是与居民日常生活关系最紧密的4项指标，下降幅度均超过1.5分，降幅相对明显，其中清洁卫生下降2.3分，降幅最大。

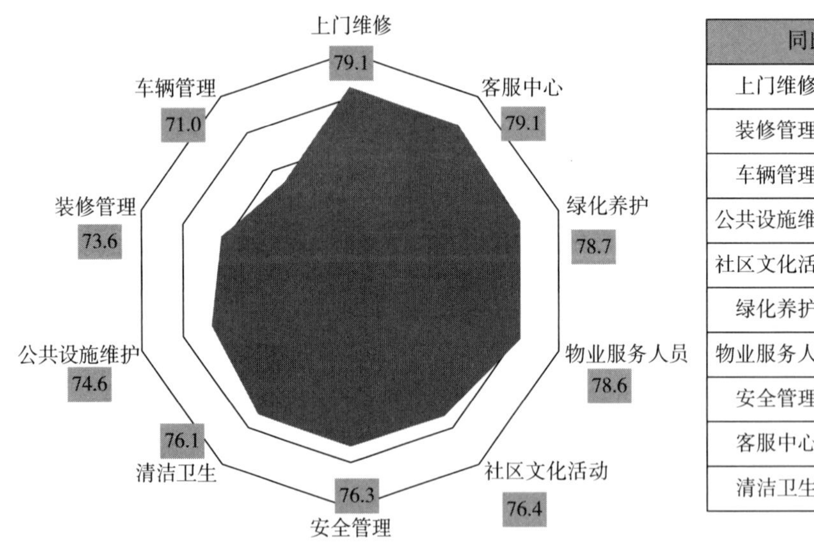

同比变化	
上门维修	+0.1
装修管理	-0.3
车辆管理	-0.7
公共设施维护	-1.0
社区文化活动	-1.2
绿化养护	-1.2
物业服务人员	-1.7
安全管理	-1.8
客服中心	-1.9
清洁卫生	-2.3

图33　物业服务关键指标满意度情况

数据来源：中指研究院·中指调查。

（4）降幅相对明显指标问题分析：基础服务问题需引起重视

居民对物业服务人员的满意度评价下降1.7分，从不满意的人员来看，保洁、保安人员等与业主接触

较多的基础服务人员更易引发不满，细究具体不满原因，基础服务人员不足、人员形象态度不佳等问题较为突出。

安全管理满意度下滑 1.8 分。作为最基础的物业服务，安全管理关注度高，对总体评价影响较大。本次调研中，不少居民因物业安全管理存在疏漏，而在总体满意度评价中直接给出了差评。在对安全管理不满意原因反馈中，外来人员管理不严格、巡查不到位的负面反馈较多，此外，有关严格管理电动车上楼、禁止堵塞消防通道等的建议也越来越多。

客服中心满意度虽在物业服务各关键指标中依然得分较高，但同比出现了接近 2 分的下滑。分业主类型来看，磨合期满意度最低，与稳定期、老业主均有不少于 3 分的差距，该阶段，业主往往存在较多地产前期遗留问题需与客服中心进行沟通，而对于这些问题如何解决，业主与物业常存在意见分歧，因此更易产生不满意。通过具体指标来看，前台接待满意度最高，客服人员服务态度得到多数人的认可，信息通知的及时性略低于客服中心整体得分，而对问题的及时有效处理评价最低，也提示着物业客服工作需更关注问题响应的及时性和解决问题的有效性。

清洁卫生是满意度降幅最大的指标，较 2021 年下降 2.3 分。社区环境直接关系到居住感受，对清洁卫生不满的居民往往也更容易在总体评价上持负面态度。通过分析清洁卫生不满客户的反馈可看出，楼内卫生问题引发最多不满，具体来看，保洁人员人手不足、无法贯彻保洁工作标准等影响了清洁卫生效果，这与当前物业缩减保洁人员或倾向雇用年龄较大的保洁人员有关，同时，对外包供应商的管理不到位也易导致清洁卫生频次低、工作标准难落地等问题。居民明显感受到自身社区环境卫生水平的下降，对满意度评价产生较大负面影响。

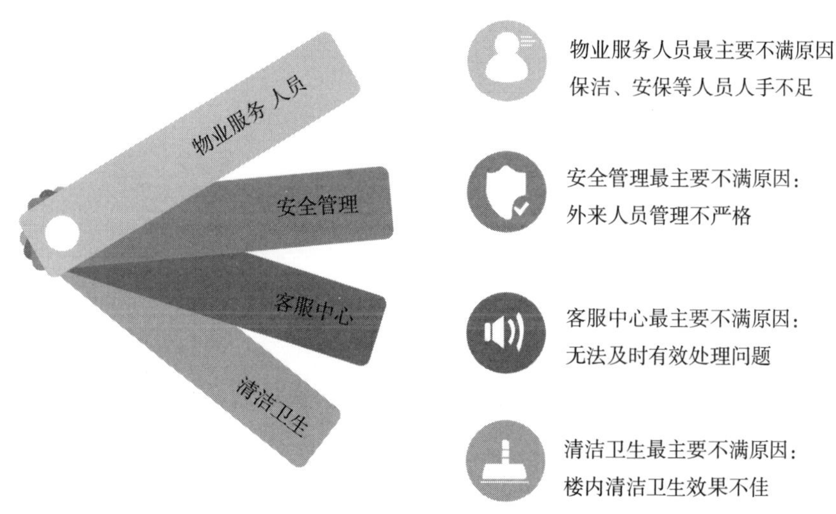

图34 物业服务降幅相对明显关键指标主要不满原因分布

数据来源：中指研究院·中指调查。

9. 投诉处理：各二级指标中得分最低、降幅最大，满意度滑落至 50 分以下

（1）投诉率：整体维持稳定，但涉及交付货不对版、房屋质量等投诉往往难以得到根本解决

2022 年投诉率为 12.5%，相较 2021 年下降 0.7%，基本维持稳定。在投诉问题分布方面，交付货不对版、房屋质量问题、整改维修问题投诉率较高，且这类问题往往处理难度较大，处理结果难以达到业主预期，这也造成了较多投诉客户对投诉处理结果无法感到满意，导致满意度得分大幅下降。

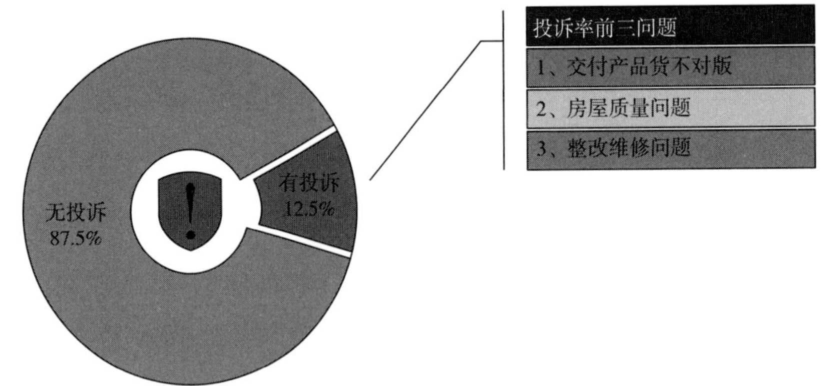

图35　2022年客户投诉率及投诉主要问题分布

数据来源：中指研究院・中指调查。

（2）满意度仅46.4分，同比下滑5.1分，降至近五年最低水平

2022年，投诉处理满意度为46.4分，相较2021年下滑5.1分，在所有二级指标中得分最低、降幅最大。观察近五年来的投诉处理满意度走势，2022年是该指标2019年以来首次未达到50分，且相比2018年水平还要低3.4分，为五年来的最低水平。不满客户较多反馈投诉处理效果不佳，达不到投诉时的期待。

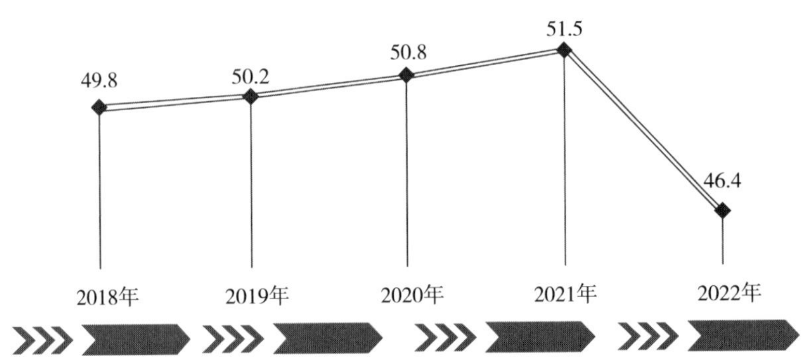

图36　近五年投诉处理满意度变化情况

数据来源：中指研究院・中指调查。

（3）业主类型：磨合期满意度最低，稳定期降幅最明显

2022年，准业主投诉处理满意度为46.7分，磨合期遭遇投诉、差评均较多，得分降至41.1分，过渡到稳定期，满意度再度回升至46.0分的水平，老业主满意度最高，达到49.2分。相较2021年，四大业主类型均有不少于4分的下滑，其中满意度最高的老业主降幅相对较小，稳定期下降最多。

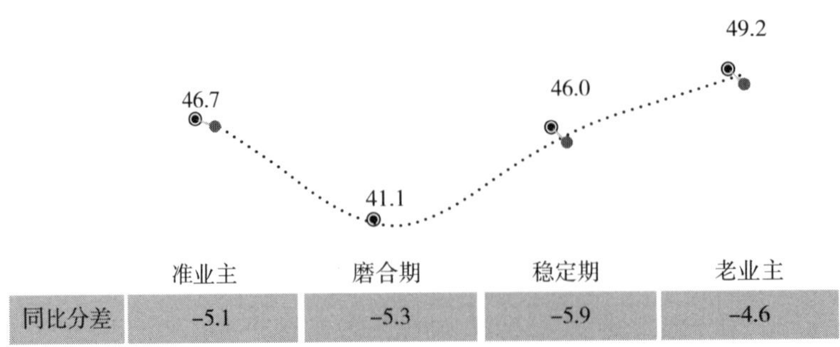

图37　各业主类型投诉处理满意度情况

数据来源：中指研究院・中指调查。

四、各省份满意度调查结果

1. 福建、浙江、天津总体满意度最高，八成省份得分同比走低

根据调研结果来看，华东地区居民居住满意度相对较高，该区域的福建、浙江连续两年位列前两名；天津在4个直辖市中表现最佳，在总体排名中位列第三；涉及调研的省份中，有13个总体满意度低于行业均值75.0分，其中华南地区的海南，西北地区的青海、宁夏满意度最低。

相较2021年，仅6个省份实现总体满意度的同比提升，其中江西提升2.3分，升幅最大；其余省份总体满意度均有所下滑，占比达80%，其中广东、青海、湖北、山西下滑超过3分。

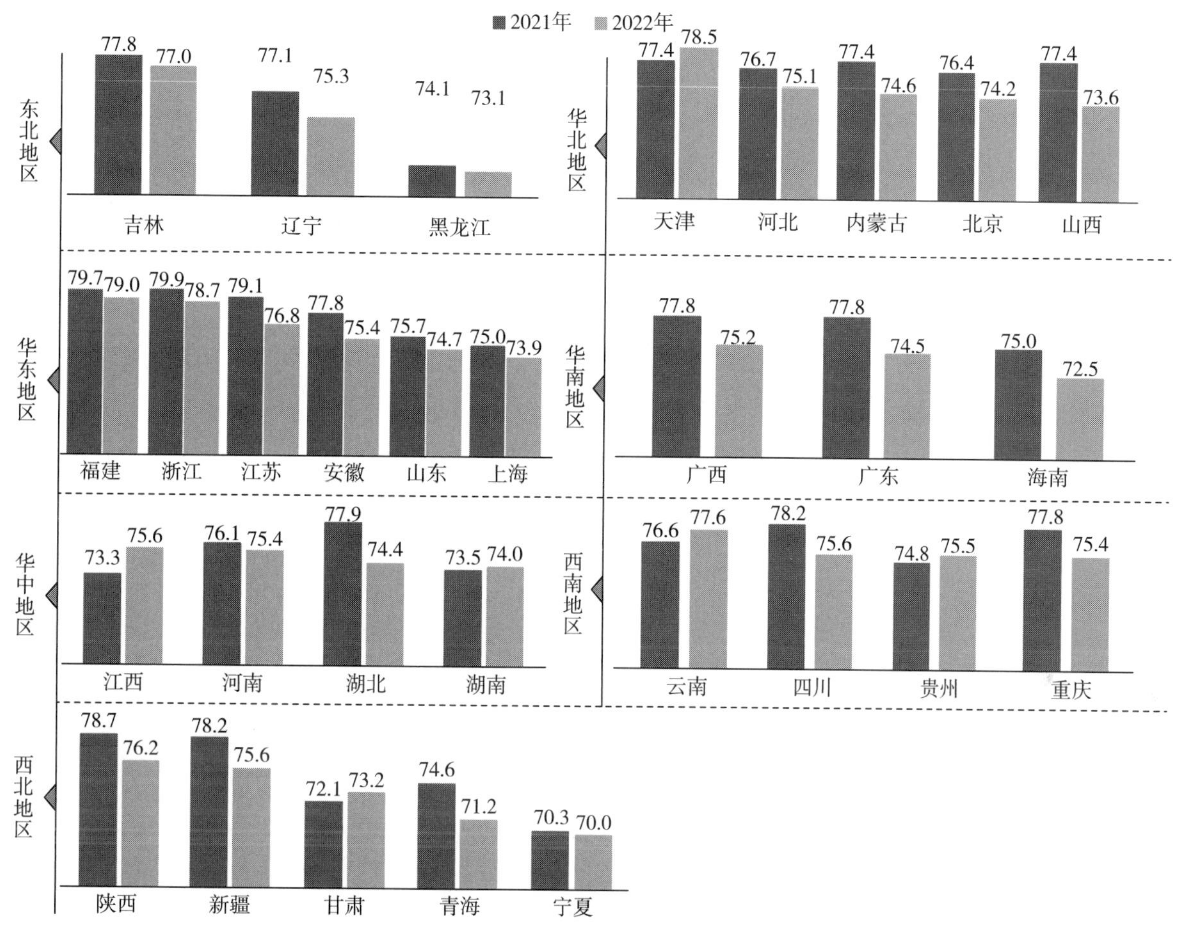

图38 2022年各省份居民居住总体满意度表现及同比情况

数据来源：中指研究院·中指调查。

2. 华东地区居民忠诚度相对较高，30个省份中26个同比出现下降

居民忠诚度方面，华东地区平均水平相对较高；调研涉及的30个省份中，天津、福建、浙江排名前三，海南、宁夏忠诚度不足55%，排名最低。

相较2021年，忠诚度的下滑更甚于满意度，30个省份中，仅江西、云南、甘肃、天津实现提升，其余26个省份忠诚度均走低，其中新疆、青海下降不少于4%，降幅高于其他省份。

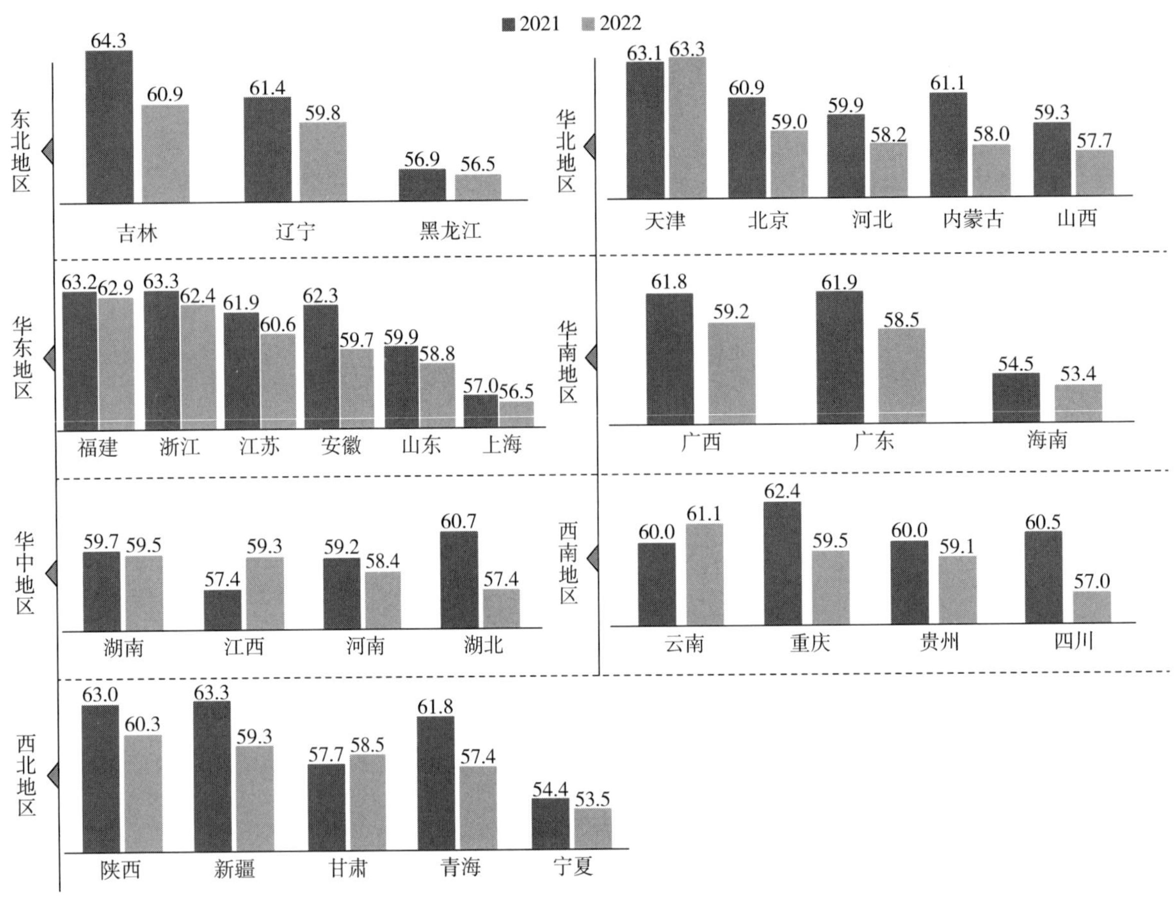

图39 2022年各省份居民忠诚度表现及同比情况（%）

数据来源：中指研究院·中指调查。

结 语

2021年下半年以来，中国房地产市场持续低迷，房企纷纷“节衣缩食”应对困难，这也导致了降价、减配、延期交付、服务“降级”等问题，使得客户评价出现了显而易见的下滑。2022年中国城市居民居住总体满意度同比下降1.6分，近五年来首次下滑。居民满意度评价走低，置业、推荐意愿也趋弱，随之而来的是忠诚度的整体低迷，2022年居民忠诚度同样出现了近五年来的首次下滑。这些满意度一级指标数据的变化提示着客户口碑、美誉度、信任感正在流失。

值得注意的是，在市场下行、满意度回落的大趋势下，仍然能够看到一些“逆势”上行的表现。2022年TOP10企业总体满意度不降反升，达到88.7分的历史最高分，相较行业均值的优势扩大到13.7分，马太效应愈发凸显。依靠相对平稳的运营模式，在交付质量、服务质量上着力的国央企也在下行周期内建立起了口碑优势，2022年国央企总体满意度领先民企1.4分，其中央企总体满意度达80.1分，成为口碑最好的企业类型。这些结果无不体现着满意度评价的一条基本准则：优质的产品和服务才是客户口碑、品牌美誉的基础。此次调查中，接近6成的准业主表示在购房前接受过他人的推荐，而受访者中乐于向亲朋推荐的主要是对当前房企的产品和服务感到满意的业主，乐于推荐的比例超过6成，尤其是总体非常满意的受访者，乐于推荐比例更是超过7成。在这种乐意推荐与参考推荐置业的对比中，房企口碑的价值得以凸显。从这个基点出发展望未来，虽然市场走出低迷还需要时间，但这段等待期、洗牌期也正是积累客户口碑、塑造品牌价值的机遇期。风物长宜放眼量，坚守产品、服务的品质，做好客户关系的维护，“满意”的评价终将转化为实际的回报，成为企业发展的富矿。

这些优秀企业为了进一步推进“以客户为中心”的策略，近年来通过更进一步的客户细分来掌握不同阶段的客户感知，如准业主在准1、准2的基础上新增准3，进一步填补交付前的客户关怀空窗期，加强交付前的客户关系管理，以确保项目的顺利交付。另外，部分优秀企业在常规节点调查的基础上进行客户触点的调查，如客户报修后通过小程序推送问卷，请客户对本次服务进行评价，及时了解客户与企业每一次接触触点的评价，随时从客户视角掌握自身产品与服务的水平。这种更高频的满意度调查需要更多元化的调查方式供客户选择，让客户自主参与，避免对客户形成过度的打扰。中指研究院·中指调查依托自身的平台优势，持续优化调查方式，支持多种渠道的“互联网+”回收方式，可以支持房企在尊重客户意愿的前提下推进更高频的满意度调查。另外，越来越多的房企，尤其是优秀企业，开始进行不同阶段的神秘顾客暗访，从客户的角度监测企业服务标准的落地情况，与满意度调查互相补充。中指研究院·中指调查为了协助房企更高效及时地掌握各项目服务标准的落地情况，在满意度调查系统的基础上又自主研发了“中指神秘客调研系统”，实现从问卷设计–项目报备–数据采集–实时质检–项目申诉–统计分析的一站式神秘客数据采集与服务提升解决方案。

在行业发展逻辑逐渐重构的大背景下，客户资源的价值进一步凸显，加之主流客户群体向80后、90后转移，客户需求也随之改变。中指研究院·中指调查愿进一步协助房企关注客户需求、反馈客户建议，帮助企业提升产品力与服务力，为行业健康可持续发展、城市居民“住有优居”贡献自身力量。

报告十三　2022中国物业服务百强研究报告

中国物业服务百强企业研究自 2008 年以来已连续进行十五年，引起了社会各界的广泛关注，同时也得到了行业内优秀企业的认可，相关研究成果已经成为评判物业服务企业综合实力及行业地位的重要标准。2022 中国物业服务百强企业研究，以“新价值 · 新担当 · 新征程”为主题，发掘一批规模大、实力强、服务品质高的物业服务企业，发挥示范带头作用，引领行业快速、健康发展。

一、管理规模

（一）TOP10 管理面积均值达 3.55 亿平方米，是百强企业的 6.2 倍，市场份额提升至 12.84%

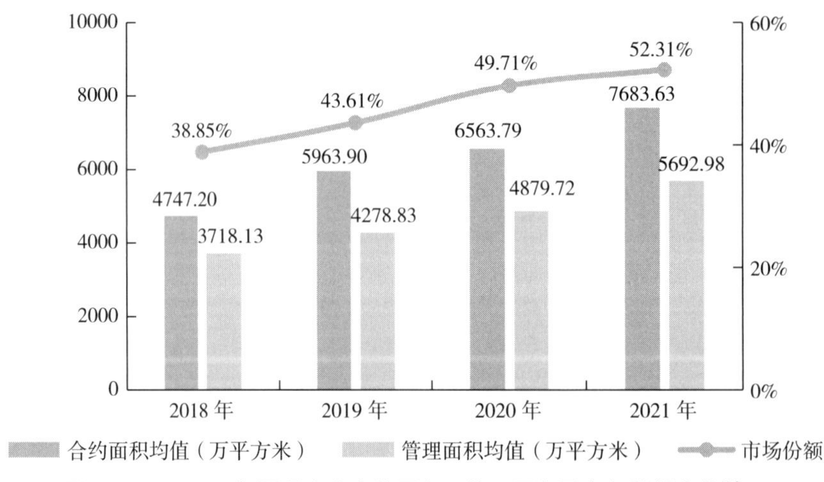

图1　2018—2021年百强企业合约面积、管理面积及市场份额变化情况

管理规模加速增长，行业集中度进一步提升。2021 年，百强企业管理面积达到 5692.98 万平方米，同比增速达 16.69%；合约管理面积增至 7683.63 万平方米，高出管理面积近 2000 万平方米，奠定了未来增长的坚实基础。市场份额方面，百强企业市占率上升至 52.31%，较上年增长 2.60 个百分点。

头部效应愈加明显，TOP10 企业管理面积增速远超百强企业。2021 年，TOP10 企业管理面积均值达 3.55 亿平方米，是百强企业均值的 6.2 倍，市场份额提升至 12.84%，头部效应凸显。从增速方面看，TOP10 企业在如此高基数的基础上仍然实现了 34.23% 的同比增速，高出百强企业同比增速 17.54 个百分点，远远拉开与百强企业整体的差距。

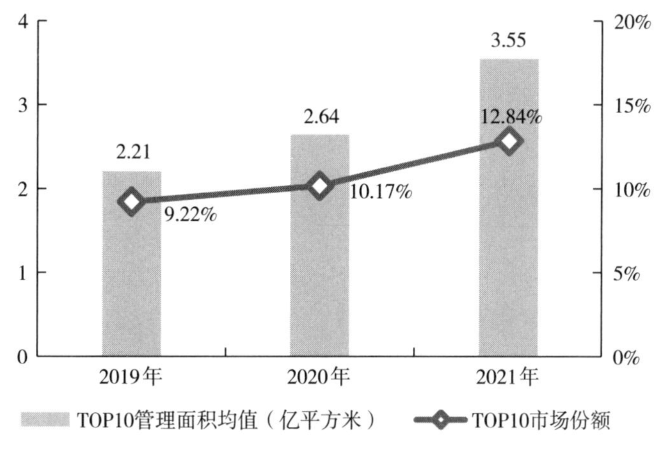

图2　2019—2021年TOP10管理面积及市场份额

（二）并购迎来机遇期，优质标的涌现，估值回归理性

2021 年，百强企业新增管理面积中超过半数来源于第三方项目，并购为首要驱动力。地产变局加速百强企业并购节奏，并购扩张迎来战略机遇期。第一，优质标的众多，诸如嘉宝服务、富力物业等规模大、质量优的标的屡见不鲜，为并购方增加选择机会，减少筛选成本。第二，并购标的估值理性回归，性价比提升。第三,百强企业，尤其上市企业资金充沛，现金流稳定，为并购提供重要资金支持。

表1　　2021年部分百强企业收并购情况（不完全统计）

并购方	披露交易总金额（亿元）	涉及在管面积（百万平方米）	收并购宗数	并购标的估值倍数（均值）
碧桂园服务	189.64	279.98	7	14.14
雅生活集团	18.04	82.03	7	10.70
合景悠活	18.08	104.00	2	14.68
旭辉永升服务	7.54	20.00	2	9.02
融创服务	14.2	19.27	2	13.97

部分百强企业顺势而为，紧抓并购机遇，管理规模高速增长。2021 年，百强企业共发生超百宗并购案例，交易金额近 400 亿元，涉及约 10 亿平方米管理面积，创历史新高。头部企业资金实力更强劲，多宗大额交易刷新行业纪录，借力并购拉开与中小企业的距离，实现高基数管理面积的进一步跃升。中型百强企业也择机而行，并购优质标的，甚至以小并大，实现“弯道超车”。

（三）市场拓展能力显著提升，竞标与战略合作并举

百强企业通过及时掌握市场公开信息，寻求竞标机会等方式，以优质的服务、良好的市场口碑及专业、高效的管理模式，赢得招标方青睐，进一步提升外拓比例。大部分百强企业成立专门的市场拓展团队，关注市场招投标信息，提前沟通、介入，中标第三方项目尤其是非住宅业态项目，独立市场化能力显著提升。

（四）关联公司面积供给仍是压舱石，但占比明显减少

地产关联公司对物业公司的支持在逐步弱化，目前仍是稳定的项目来源。首先，百强企业承接关联

开发企业开发的项目仍是管理面积增长的重要基础。其次，从房地产销售面积数据看，2021 年房地产开发百强企业的销售面积均值同比增长 1.6%，这些销售面积在未来 2 ~ 3 年内仍然可以支撑关联物业公司规模的稳步增长。最后，百强企业接管关联企业开发项目后，通过“以点带面”形式产生良好的外部效应。长远来看，百强企业只有加速提升外拓能力，才能在行业的快速发展中夯实竞争力，实现可持续发展。

（五）深耕优势区域，战略布局核心城市群，服务密度持续提升

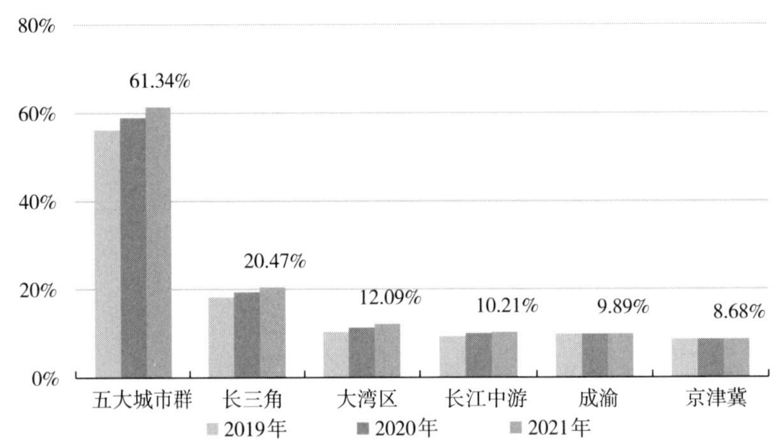

图3 2019—2021年百强企业不同城市群管理面积分布情况

从百强整体布局看，百强企业紧抓国家重点城市群发展机遇，合理分配资源要素，降本增效，提速规模化发展。2021 年，百强企业 61.34% 的管理面积位于五大城市群，较 2021 年上升 2.41 个百分点。从具体战略布局看，一方面，百强企业不断加大对已有核心区域的布局，提升区域密度和运营效率，为进一步开展市场化外拓，发展多元业务筑牢基础。另一方面，百强企业根据自身发展战略，在深耕核心区域的基础上进行适度的外延，进入新城市，以巩固整体的竞争优势。

二、经营绩效

（一）营业收入均值同比增长 14.21%，马太效应显著

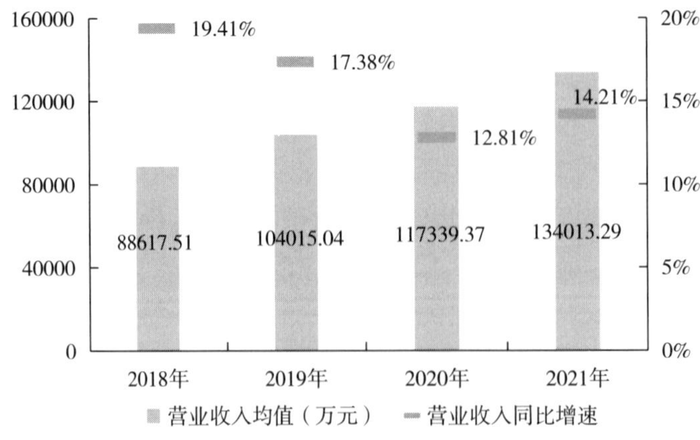

图4 2018—2021年百强企业营业收入均值及同比增速

2021 年，百强企业营业收入均值达 13.40 亿元，同比增长 14.21%，同比增速较上年提升 1.4 个百分

点，经营绩效整体呈现良好增长态势。TOP10 企业营业收入均值达 107.78 亿元，同比增速达 50.17%，是百强企业的 3.53 倍，进一步拉开与其他企业的差距。从收入构成看，2021 年，百强企业基础物业服务收入持续增长，均值高达 10.22 亿元，首次突破十亿大关，同比增长 11.72%。多种经营收入均值 3.19 亿元，同比增幅达 23.01%，增速约为基础物业服务收入的两倍。

（二）多种经营收入均值达 3.19 亿，业主增值服务占比达 55%

2021 年，百强企业多种经营收入均值为 3.19 亿元，同比增幅达 23.01%，增速较上年提升 6.93%。多种经营收入结构改变，业主增值服务收入占比超过非业主增值服务，成为多种经营收入增长主要动力。

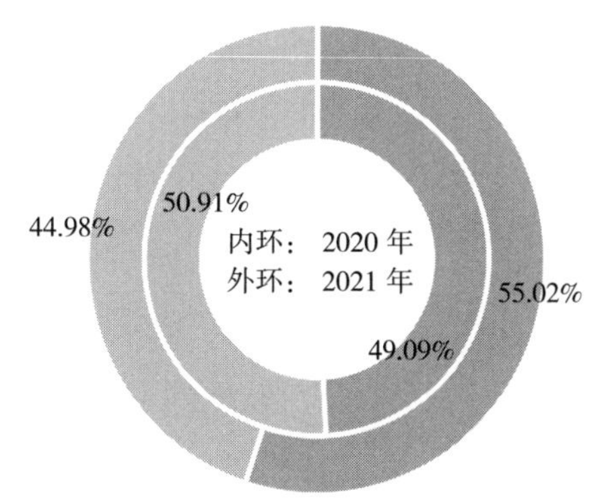

图5 2020—2021年百强企业多种经营收入结构

2021 年，百强企业业主增值和非业主增值服务收入均值分别为 1.76 亿元、1.43 亿元，占多种经营收入的比重分别为 55.02%、44.98%。与 2020 年相比，业主增值服务收入占比提升了近 6 个百分点，增长引擎作用愈发凸显。

（三）毛利润均值同比增长 16.97%，多种经营利润贡献占比超 50%

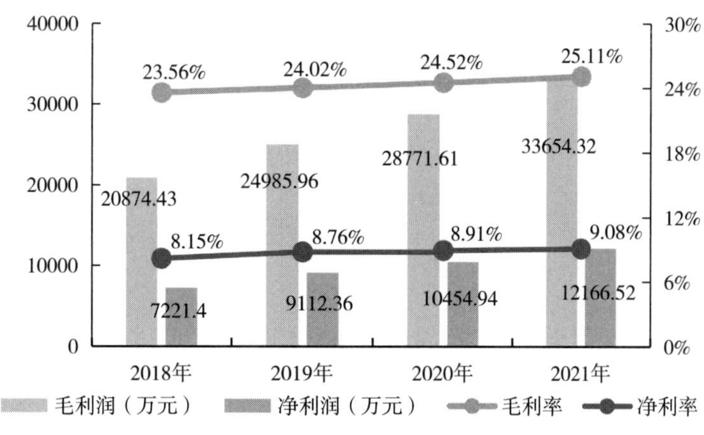

图6 2018—2021年百强企业毛利润（率）、净利润（率）情况

2021 年，百强企业毛利润均值及净利润均值分别为 3.37 亿元及 1.22 亿元，较 2020 年分别增长 16.97% 及 16.37%。与此同时，百强企业盈利能力持续稳健提升，毛利率均值和净利率均值分别为 25.11% 及 9.08%，较 2020 年均有小幅度提升。

多种经营成为毛利润增长的第一驱动力。2021 年，在百强企业多种经营收入占比 23.77% 的情况下，毛利润占比高达 50.27%，较 2018 年累计增长 5.64 个百分点，体现出非常好的创富能力，是百强企业提升利润的主要抓手。

（四）人力成本占比近 60%，智能化对冲成本刚性上涨

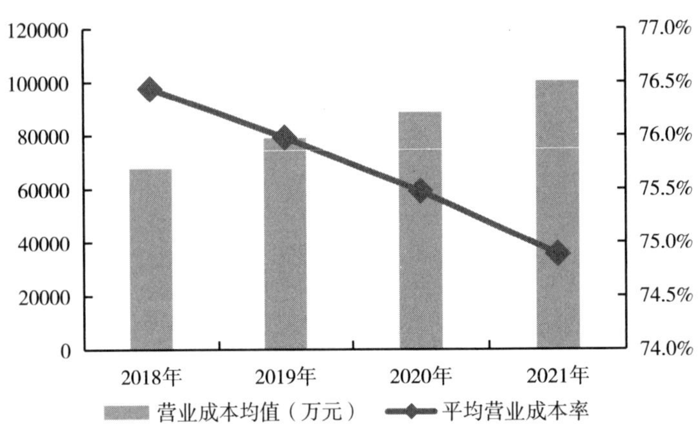

图7　2018—2021年百强企业营业成本均值及平均营业成本率情况

降低营业成本率遭遇瓶颈。2021 年，百强企业营业成本均值为 10.04 亿，同比增长 13.31%。同时，百强企业不断探索降低营业成本率的方法，多措并举，降本增效，将平均营业成本率减少至 74.89%，较 2020 年小幅下降 0.59 个百分点。

随着部分企业引入“智慧物业”等相关系统及设备，在一定程度上实现了对人员的替代，形成对冲效应。在此背景下，2021 年百强企业人员费用占总营业成本的 58.39%，基本与上年持平。

三、服务质量

（一）标准化建设筑基，差异化服务保障品质服务精准触达业主

物业管理行业正处于向现代服务业转型升级的关键时期，企业积极通过标准化建设奠定物业服务品质基础，标准化对行业的推动作用已经显现。百强企业通过标准化建设，坚守品质服务的同时，也积极探寻针对不同业主，提供差异化服务，确保优质服务精准触达业主。部分百强企业根据业主的年龄、职业等不同维度，主动对业主描摹画像，搭建出多样化、有层次的产品服务体系，显著提升业主服务体验。

（二）坚持疫情防控常态化管理，加强与业主的情感联络

我国疫情防控常态化背景下，优质的物业服务不仅体现在为业主提供高品质服务，更体现在遇到突发情况时能够及时解决问题，守护业主生命健康与财产安全。在全国疫情防控“动态清零”总方针的指导下，百强企业坚持疫情防控常态化管理不松懈，用实际行动诠释物业人在抗击疫情过程中的价值，是值得信赖的主力军之一。

（三）品质服务助力资产保值增值，百强企业二手房价格高出同等项目 10.39%

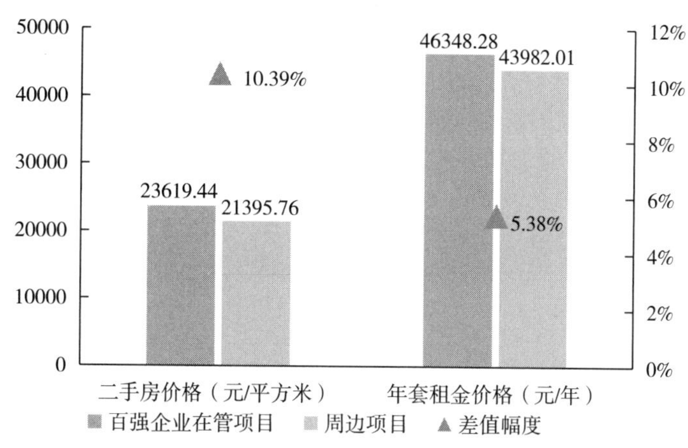

图8 2021年百强企业在管项目二手房售价、租金与周边项目均价比较

2021 年，百强企业在管项目二手房价格为 2.36 万元 / 平方米，高于周边项目二手房价格 10.39%；百强企业在管项目年套租金价格为 4.63 万元，比周边项目租金高 5.38%，高品质的物业服务对业主房屋增值保值效果会愈发凸显。

（四）重点企业满意度得分 80.8，优质优价服务赢得业主认可

根据中指研究院对全国 200 多个城市的调研结果显示，2022 年全国重点企业整体服务水平满意度评价得分约 80.8 分，连续五年保持 80 分以上的高位。在物业管理行业市场化程度不断提升的背景下，业主对于优质物业服务的支付意识逐渐觉醒，支付意愿明显提升。

四、发展潜力

（一）从住宅到非居，从社区到城市，服务空间多维延伸

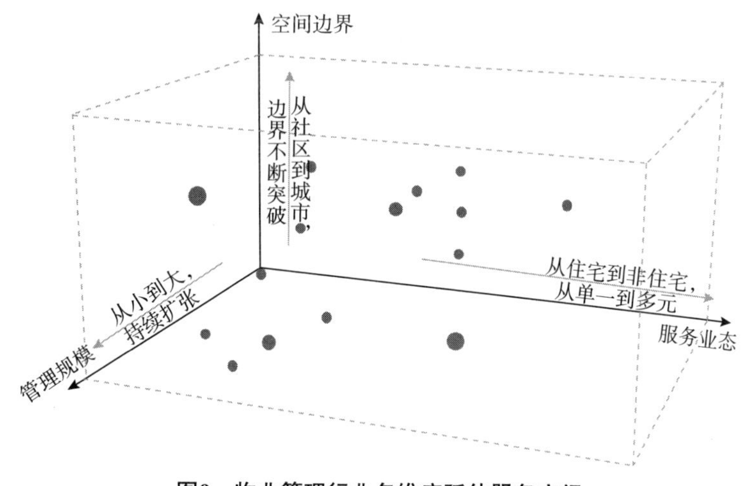

图9 物业管理行业多维度延伸服务空间

物业管理行业之所以备受关注，非常重要的一点在于其服务的空间边界不断延伸，并且突破了物业管理传统服务的天花板，表明行业的发展潜力不可限量。第一，管理规模扩张是当前行业发展的主旋律，奠定了服务空间延伸的基础。第二，非住宅业态已成百强物业服务企业布局的重点方向，是服务空间的横向

扩张。第三，伴随城镇化进程推进以及城市治理需求的持续增长，百强企业的服务空间由社区逐步走向城市，争相布局城市服务赛道，服务空间实现纵向扩大。

（二）满足业主多元需求，布局“全生命周期＋全生活场景”服务

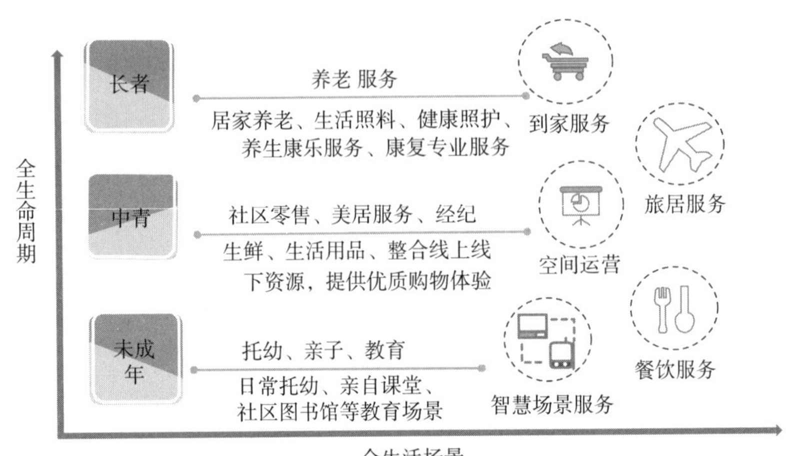

图10 百强企业“全生命周期+全生活场景”服务体系

物业管理服务已从最初的“四保”服务，逐渐延伸至为业主和客户提供各类增值服务。一方面，百强企业以“未成年、中青、长者”整个生命周期为线索，针对不同群体打造“全龄段”多元服务，布局托幼、亲子、零售、美居、养老等领域，满足不同人群的需求；另一方面，以居家、旅游、餐饮、空间运营、智慧服务等多元生活场景为基础，持续衍生出各种相关的服务品类，为业主提供便捷、舒适、高效的一站式生活服务。

百强企业围绕业主生活需求开展社区增值服务具备得天独厚的优势。第一是资源优势，第二是近场优势，第三是保障优势，第四是基于人的日常生活能产生大量的服务需求。物业公司可挖掘的服务空间非常广阔。

（三）资本赋能优质企业，特色赛道潜力可期

尽管资本市场整体回归理性，对整个行业发展仍起到重要的推动作用。最主要的体现在资本为上市企业并购扩张提供了重要的资金支持。同时，基于资本市场的关注，越来越多的特色赛道被打开，具备特色服务的优质物业公司迎来发展契机，不断为行业开辟更多细分蓝海市场，诸如高端服务、商业运营、城市服务、TOD 物业管理、绿色物业、工地物业等细分市场空间逐步打开。

表2　　　　部分上市百强企业特色服务赛道

特色领域	代表性企业	主要服务内容及表现
高端服务	绿城服务	高满意度、高品质服务领军企业
	滨江服务	高物业费、星级服务管理体系、高端服务
	金茂服务	质价相符、“府、悦、墅”三大产品线标准统一
商业运营	华润万象生活	“万象城”、“万象汇”“万象天地”三大产品系，打造商业运营管理品牌
	合景悠活	高品质的消费场景和内容，重在体验和社交
TOD 运营	越秀服务	以公共交通为导向，开展 TOD 物业管理项目，打造独特优势
绿色物业	朗诗绿色生活	绿色低碳、有温度的社区、可持续发展理念
工地物业	京城佳业	施工现场物业化

（四）“外引”+“内生”，人才结构持续优化

2021 年，百强企业从业人员本科及以上人员占比 11.82%，增长 0.59 个百分点，持续调整人才结构，员工平均学历程度不断增长，不断提高企业员工的工作能力及素质，为企业高质量发展提供人才支撑。

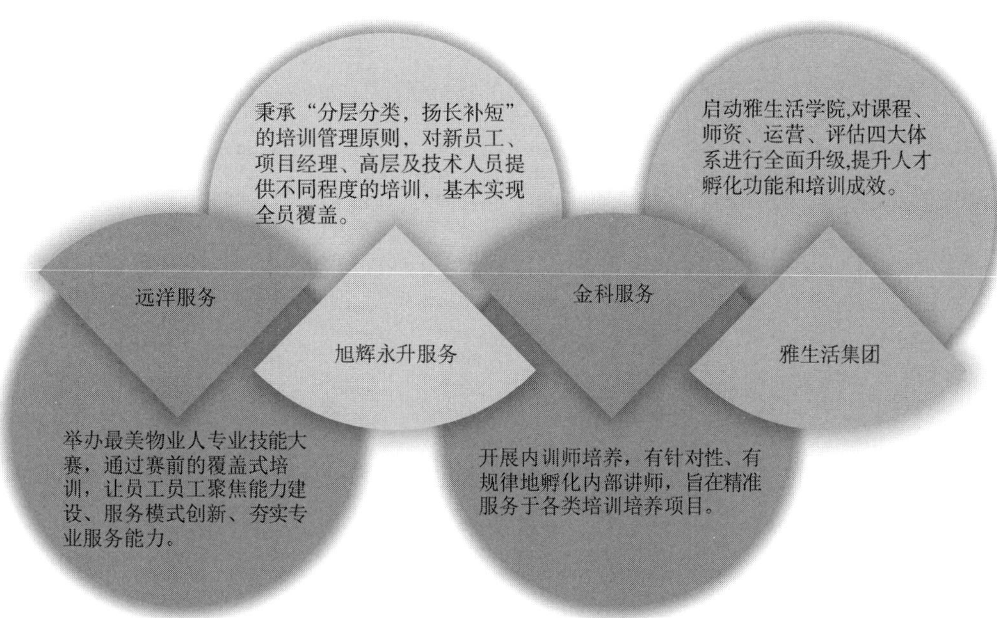

图11　部分百强企业员工培训计划

“内生”培养是百强企业获得人才的重要途径。百强企业通过建立完善的内部培训计划，聘请专业人员或实践经验丰富的员工进行内部培训，加强员工的专业能力建设，提高员工的综合水平。此外，百强企业也针对细分招聘需求，采取猎头、网站招聘、政府公益性联介网络、日常招聘会、校园定向培养与培训机构推荐相结合的多元化的人才获取方式。

五、社会责任

（一）诚信经营纳税总额达 261.24 亿元，积极参加社会公益活动

税收是国家经济发展的支柱，百强企业高扬诚信依法纳税的旗帜，促进税企良性互动，形成融洽的征纳关系，推进和谐社会建设。2021 年，百强企业共纳税总额达 261.24 亿元，同比增长 23.08%，约为 2021 年全国税收收入增长率（11.9%）的 2 倍。

同时，百强企业以实际行动回馈社会，持续关注社区服务、环境保护、社会援助等领域的重点问题，承担起应尽的企业社会责任，在公益事业的道路上坚定前行，以公益力量推动社会发展进步。

（二）提供就业岗位超 200 万个，缓解基层及应届生就业问题

百强企业发挥带头作用，积极承担社会责任，增设工作岗位，吸纳社会劳动力。2021 年，百强企业提供就业岗位 150.06 万个，员工数量均值为 5908 个，提供外包岗位约 60 万个，其中多数为秩序维护、

保洁、绿化等基础服务岗位，在解决基层就业、促进社会和谐稳定方面发挥了重要作用。此外，百强企业纷纷实施相应的人才计划，将校园招聘作为主战场，大力招收本科学历以上员工，在一定程度上缓解了毕业生就业难的问题。

（三）党建引领红色物业，有效应对疫情灾情

红色物业一般围绕“党建引领”以街道为核心，利用当地的社区组织，处理居民普遍反映的问题，为当地居民解决生活困难等。部分百强企业积极参与红色物业建设，将物业管理服务融入到党的基层治理工作中，持续推动物业服务品质和基层治理水平提升。在疫情、灾情等考验面前，百强企业的基层治理能力得到体现。百强企业遵循疫情防控与民生保障“两手抓”的工作原则，坚持物资保供不停运、环境消杀不停步，以有力度的管理和有温度的服务让居民能够安心居家。

（四）加强 ESG 建设，推动企业可持续发展

百强企业践行社会责任，参与环境保护，努力实现和谐发展。在“双碳”背景下，企业在节能环保方面充分发挥带头作用，积极响应国家政策。在管理的项目中，采取节能光源逐步替换普通光源，推行园林绿化自动喷洒，避免过度喷灌造成浪费，实行垃圾分类等节电、节水及环保措施。

中国物业服务百强企业十五年发展报告

——砥砺奋进十五载，向阳而生新时代

一、砥砺奋进十五载：拥抱变化，日新月异

2007 年至今，伴随着我国城市化建设的持续推进、居民消费升级动能加速以及相关鼓励性政策的大力推动，叠加科技赋能与资本红利，物业管理行业谱写出了波澜壮阔的发展篇章。十五年的风云际会、大浪淘沙，时代下的物业管理行业正在从幕后走向台前，作为推动行业发展的中坚力量，中国物业服务百强企业始终以务实、包容、开放的态度把握发展机遇，拥抱市场变化，实现了规模发展和综合实力的全面跃升。

（一）成长：百强企业引领行业高效发展，关键指标增长十余倍

1. 管理面积 15 年增长 11 倍，市场份额提升至 52.3%

2007—2021 年，百强企业管理面积均值从 468 万平方米激增至 5693 万平方米，增长了约 11 倍，年均复合增长率达 19.54%，与此同时，百强企业管理项目数量均值从 46 个增加到 256 个，累计增长约 4.57 倍；单项目管理面积均值由 10.17 万平方米增加至 22.24 万平方米，提升了约 118.67%，增长速度显著。

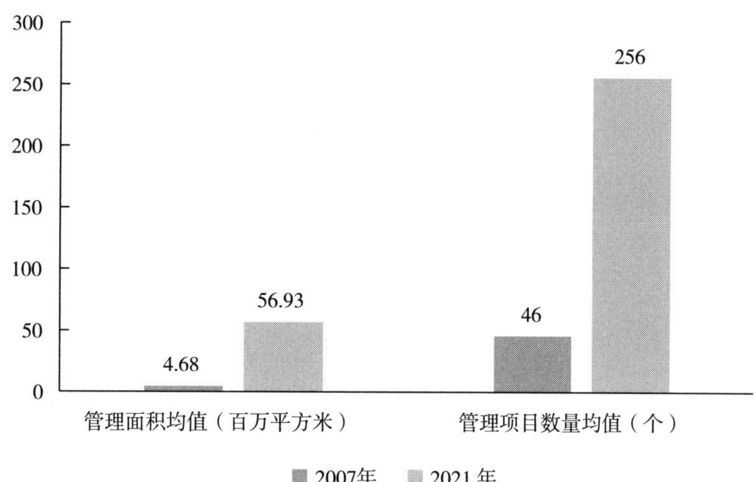

图12　2007—2021年百强企业管理规模增长情况

在管理规模加速扩张的带动下，百强企业的市场占有率持续提高。2007 年百强企业市场份额不足一成，约为 7.83%，2021 年百强企业市场份额首次超过 50%，达到 52.31%，较 2007 年增长超过 44 个百分点，物业管理行业集中度明显提升。TOP10 企业管理面积均值从 2007 年的 1600 万平方米增长至 2021 年的 3.55 亿平方米，增长超过 21 倍，市场占有率由 2007 年的不足 2% 提升至 2021 年的 12.84%，增长超过 10 个百分点，TOP10 企业的行业领先地位进一步强化。

2. 营收 15 年增长 15 倍，多种经营收入贡献度提升至 23.8%

管理面积的扩张和多种经营业务的开展为百强企业创收带来了持续增长的动力。百强企业在过去十五年里营业收入均值增长超过 15 倍，2021 年达到 13.4 亿元，年均复合增速为 22.01%，良好的经营业绩展示出百强企业充沛的发展活力。

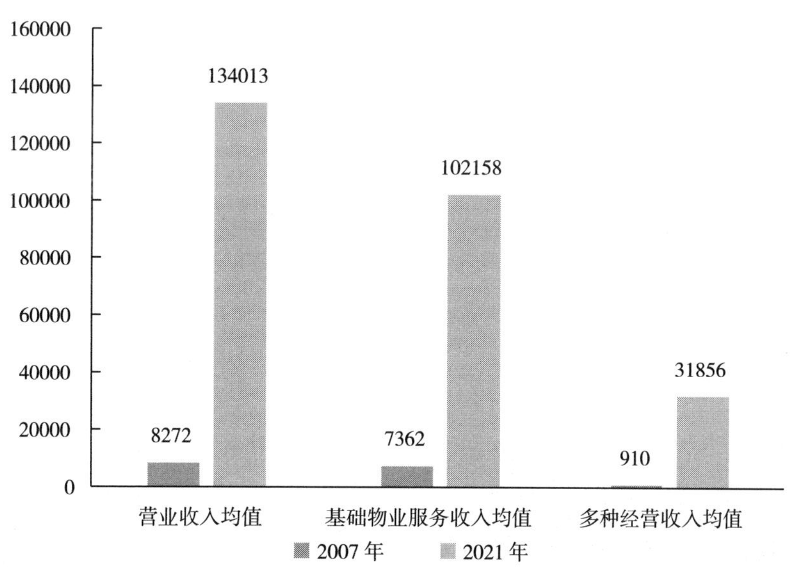

图13　2007—2021年百强企业营业收入及构成（万元）

3. 利润 15 年增长 19 倍，企业人均产值扩大约 3.7 倍

十五年来，百强企业在政策利好和资本市场的推动下，积极拓展和布局多元增值服务，不断探索和打磨高利润率的业务模式，实现了企业净利润的快速增长。2007—2021 年，百强企业净利润均值从 610 万

元跃升至 1.22 亿元，十五年间增长近 19 倍，年均复合增速约为 23.84%，其中基础物业服务净利润均值从 488 万元增长到 6000.54 万元，增长了超 11 倍；多种经营净利润均值由 122 万元增长到 6165.99 万元，增长了近 50 倍。

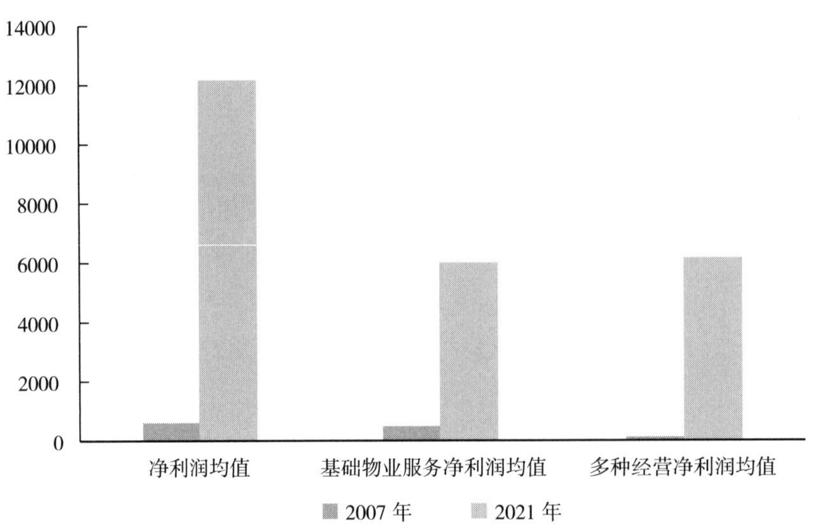

图14 2007—2021年百强企业净利润均值及构成（万元）

（二）蝶变：借资本东风，促行业升维

1. 行业变化：从“助力”到“主力”，从“附属”到“担当”

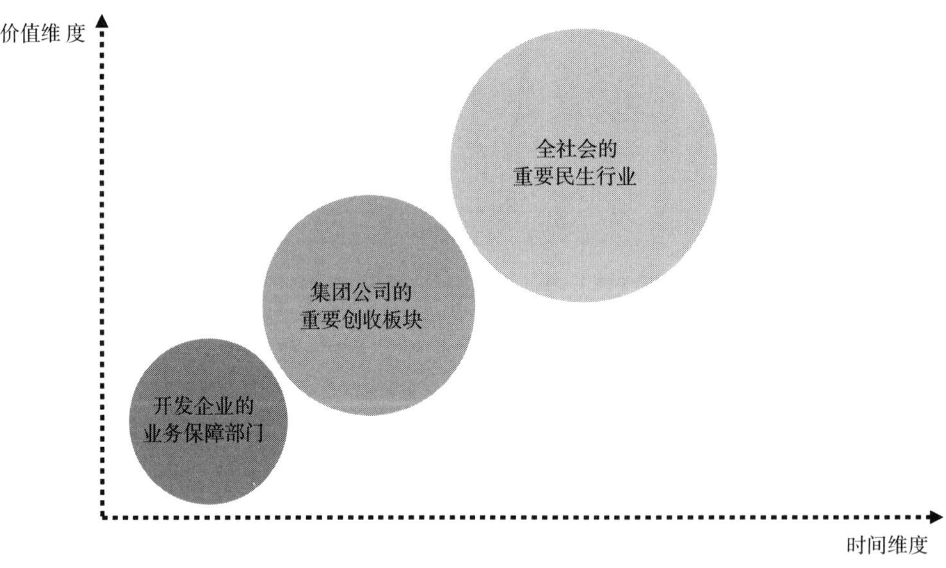

图15 物业管理行业价值成长示意

十五年来，物业服务已经从开发企业的业务保障部门成长为独立的行业板块。

十五年来，百强企业引领行业逐步从主要依靠基础物业服务费收入的微利经营模式向规模化、智能化、多元化的创新模式发展，物业服务企业在管理规模、经营业绩和盈利能力等方面都获得了快速提升，引起了市场前所未有的高度关注，房地产存量时代，物业服务被市场视为房地产行业的“未来”。

十五年来，百强企业从服务社区到参与社会治理，承担起越来越多的社会公共服务职能，特别是在疫情防控方面，百强企业竞显责任与担当，创造了行业光辉而伟大的动人时刻，赢得了全社会的认可，行业的社会地位显著提升。

2. 资本变化：上市企业数量近 60 家，总市值近万亿

十五年来，物业百强企业在资本市场从无到有，物业管理行业在资本市场从青涩走向成熟。截至 2022 年 4 月底，物业管理行业上市企业数量已达到 59 家，其中港股上市企业 55 家，A 股上市企业 4 家，行业板块市值最高时突破万亿元，涌现出碧桂园服务、中海物业、保利物业、绿城服务等优秀企业，个别企业的市值甚至超过了开发母公司。

3. 业务变化：从“基础”到“多元”，从“社区”到“城市”

十五年来，百强企业从最开始主要提供“四保一服”基础物业服务到后来通过积极拥抱智慧科技、牵手资本市场，创造出了属于自己的更大舞台：开辟多元社区增值服务、把握非住宅业态机会、发力商业运营领域、涉足城市服务万亿蓝海、参与老旧小区改造等，百强企业发展每一步都迈得铿锵有力，踩在了时代发展的足迹上。

4. 人才变化：从“内生”到“外引”，群英荟萃共谋发展

在行业品质化、精细化发展的背景下，百强企业的人才结构持续优化，促进了企业服务效率的快速提升，保障行业长期健康发展。2021 年百强企业员工中拥有本科及以上学历的人员占比达到 11.82%，较 2007 年提升了 7.28 个百分点，与此同时，高中以下学历的人员占比从 2007 年的 54.92% 稳步下降到 43.24%，降低了 11.68 个百分点。百强企业人才学历结构的“一升一降”见证了物业管理行业发展的不断突破、革新。

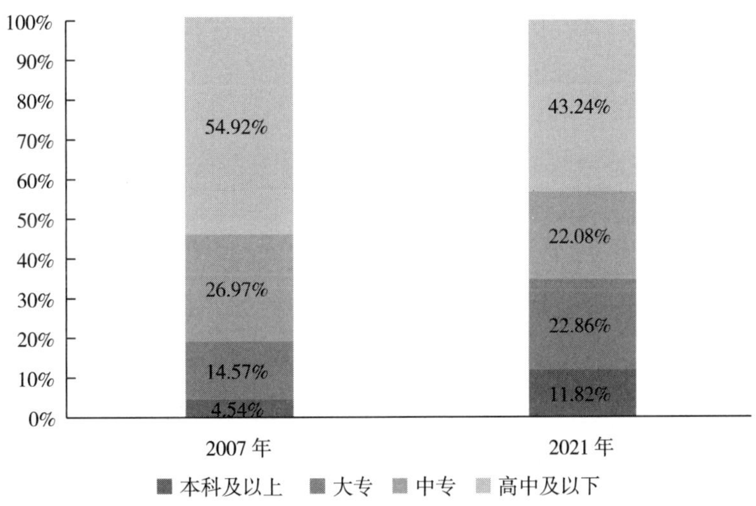

图16 2007年与2021年百强企业员工学历结构对比

5. 企业变化：市场竞争大浪淘沙，百强企业淘汰率高达 56%

“浪花淘尽英雄”，过去十五年是物业管理行业狂飙突进、快速革新的重要阶段，十五年的大浪淘沙，百强企业淘汰率高达 56%，行业竞争激烈。分阶段来看，2007—2013 年、2014—2020 年和 2021—2022 年百强企业留存率分别为 38%、51% 和 72%，递增的留存率表明百强企业的阵容逐渐稳定，强者恒强的市场格局正在形成。

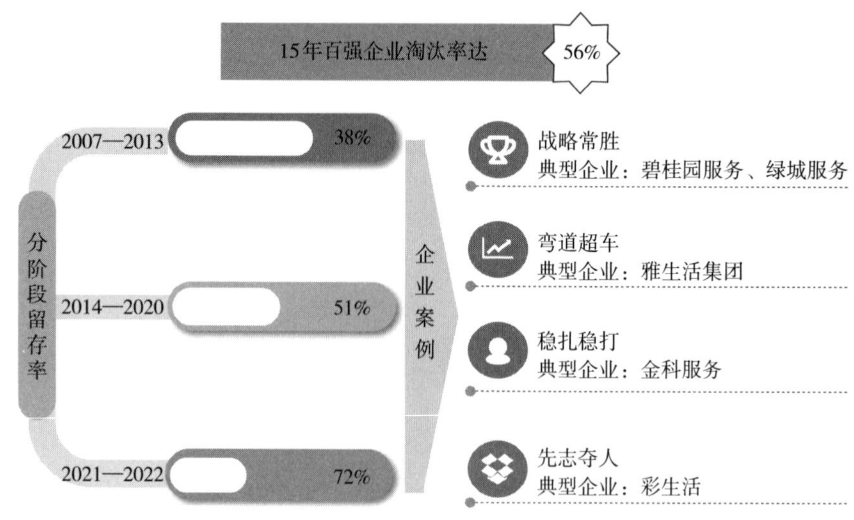

图17 中国物业服务百强企业十五年淘汰率①和各阶段留存率

（三）共生：立足空间价值，聚焦业主需求，顺应时代发展

1. 与空间共生，横向完善城市布局，纵向拓展业务边界

● 从区域到全国，百强企业进入城市数量创新高

十五年间，百强企业持续优化自身空间布局，并取得了显著的成效，进入城市数量均值由 2007 年 10 个增加到 2021 年的 35 个，增长了 2.5 倍；单个城市管理项目数量均值由 2007 年的 4.6 个增长至 2021 年的 7.3 个，几近实现翻番。

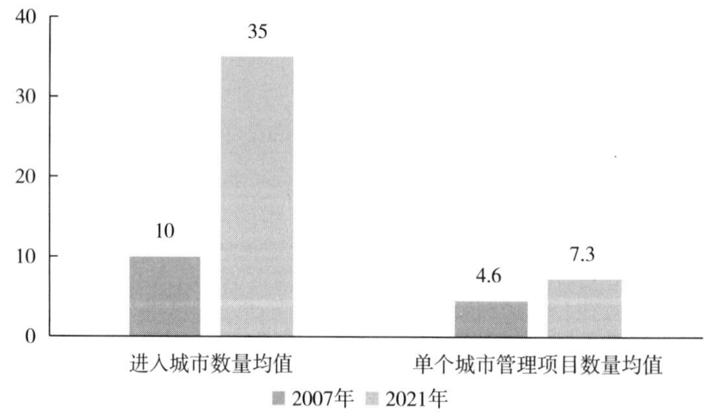

图18 2007—2021年百强企业进入城市数量、单个城市管理项目情况

● 从社区到城市，百强企业引领空间服务边界拓展

2016—2021 年百强企业在非住宅领域的管理面积占比从 26.79% 稳步提升至 33.89%，增长了 7.1 个百分点。从住宅到非住宅，百强企业服务业态不断拓展，带动物业管理行业服务空间不断向外延伸、突破。紧贴城市发展脉搏，洞察城市发展风向，百强企业在深入积累传统住宅空间及非住宅领域的服务基础上，由点及面，将物业服务的作业面从社区空间扩展到城市空间。

① 综合评估2008—2021年百强企业名单，并以2021年百强榜单为基准，未纳入榜单的则记为淘汰。

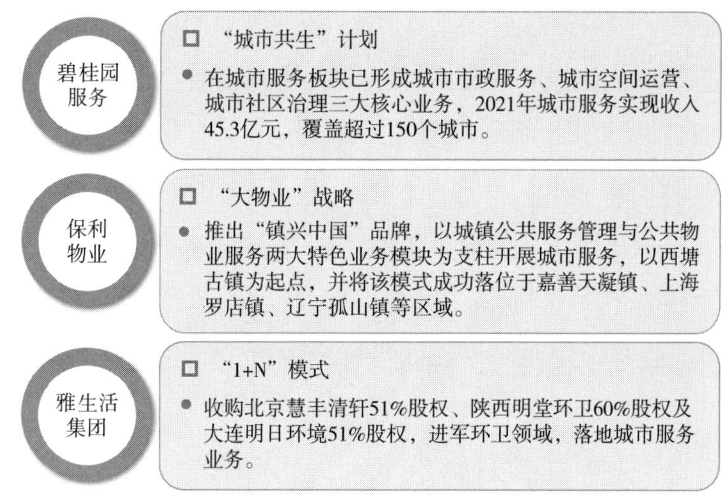

图19 部分百强企业城市服务业务开展情况

2. 与业主共生，打造高品质、多元化服务，守护疫情下社区安全

● 品质服务，礼赞生活

物业管理作为准公共服务行业，服务范围涉及千家万户，服务品质直接影响着居民的生活水平和幸福体验。十五年来，物业百强企业紧跟民众美好生活的发展方向，通过不断打磨服务产品、创新服务模式，以高品质的物业服务为民众的幸福生活保驾护航。2018—2021 重点百强企业的客户满意度评价连续四年保持在 80 分以上，并呈现稳步上升的趋势。

● 增值服务，场景多元

百强企业围绕业主"全生命周期"的不同社区生活场景，纵向精研服务的深度，横向拓展服务边界，打造"全龄化"增值服务产品体系，满足不同年龄段业主对多元社区增值服务的需求。基于业主社区生活场景的多元化，百强企业在提供高品质的基础物业服务同时，持续引领社区增值服务创新，不断探索新的服务场景和业务模式，为促进社区发展和满足业主多样化的社区生活需求增添了靓丽的物业底色。

图20 百强企业围绕业主"全生命周期"生活场景提供多元社区增值服务

● 面对灾难，勇于担当

"天地不仁以万物为刍狗"，在社会发展过程中难免会遭遇突发事件，从 2003 年的"非典疫情"到 2008 年的"汶川地震"，再到 2020 年的"新冠肺炎疫情"及 2021 年的"郑州水灾"，每当灾难来临时，物业服务企业始终选择与民众勇敢地站在一起，共克时艰，特别是在抗击新冠疫情期间，物业百强企业勇于担当，创造了属于全社会的光辉而伟大的动人时刻。

3. 与时代共生，从"人文"到"绿色"，持续丰富公共服务内涵

● 以人文服务构筑社区文化

随着社会的发展，人们对美好生活的向往，已经不再局限于物质生活方面的满足，追求精神世界的富

足或价值观认同，成为很多业主和客户关注的焦点，而时代的进步与发展也不仅体现在人民物质生活条件的丰盈上，更体现在普通民众应该拥有鲜活的人文精神。社区作为社会的微单元，是新时代人文建设之重镇。物业百强企业紧跟时代发展步伐，以人文服务滋养社区文化，有效促进社区文明建设与发展。

- 以绿色服务倡导环保低碳

在我国社会经济发展步入新时期，面对资源和环境的现实问题，物业百强企业果断按下低碳减碳“快进键”。倡导低碳，践行环保，既是物业服务企业作为社会主体应履行的社会责任，也是企业实现高效运营、持续发展的必然选择。

- 以公共服务助力乡村振兴

党的十九大明确提出“乡村振兴战略”，努力实现“产业兴旺、生态宜居、乡风文明、治理有效和生活富裕”，打造“美丽乡村”，百强企业不负时代赋予的使命，积极投身乡村振兴的伟大事业中

二、向阳而生新时代：心有信仰，脚有力量

从幕后到台前，从粗放到精益，已过不惑之年的物业管理行业仍处于快速发展的黄金时期。未来，在新的时代背景下，物业百强企业既要心怀信仰，始终坚信服务改变中国，在纷繁复杂的市场变化中洞察市场潜力机会；也会脚下有力量，路虽远行则将至，积跬步而至千里，通过持续挖掘自身资源禀赋，强化企业核心竞争力，引领行业创新求索，携手时代，向阳而生，谱写属于百强企业新的光辉岁月。

（一）赤金：规模为王，强者恒强

1. 未来5年管理面积再翻番，市场份额有望接近三分之二

根据“中国房地产业中长期发展动态模型”，结合国内外宏观经济环境，商品房竣工面积、产业园区和医院、学校、交通枢纽站等建成面积，并参考近五年全国物业管理面积的年均复合增长率6.98%，综合测算得出，2026年全国物业管理面积将达到355.40亿平方米，未来五年百强市场占有率预计将突破64%，行业集中度显著提高。

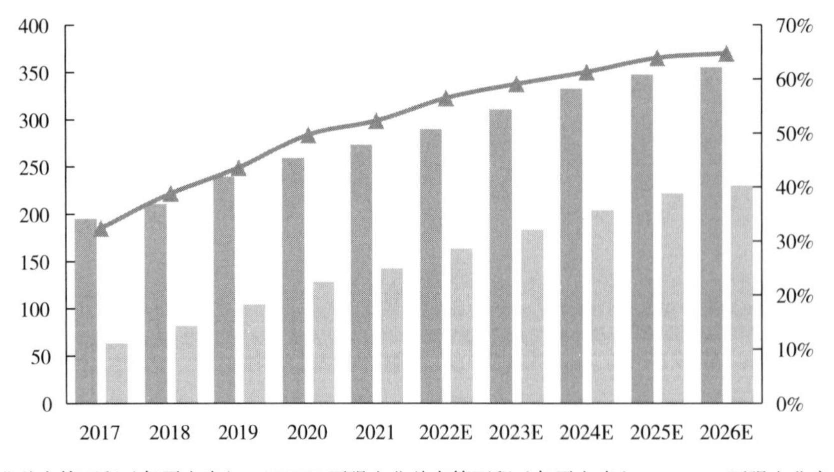

图21 2017—2026年全国物业管理面积及百强企业市场占有率情况及预测

2. 企业规模加速分化，TOP10 企业市占率或将突破四分之一

按照目前头部企业的扩规模动作，未来 5 年，预计物业百强 TOP10 企业管理面积有望继续保持高速增长。我们参考近五年物业百强 TOP10 企业管理面积增速均值 13.93%，结合当前行业加速整合的现实情况，综合测算，预计到 2026 年，物业百强 TOP10 企业管理面积总值将接近 90 亿平方米，市场占有率达到 25.10%。

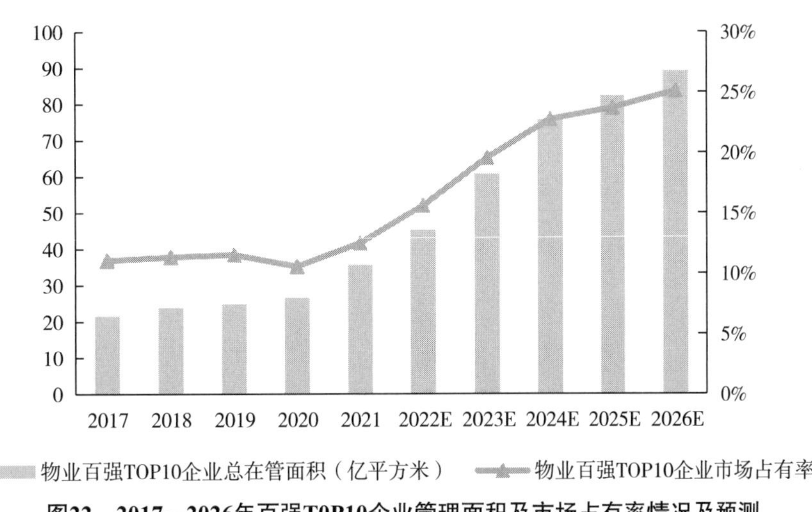

图22　2017—2026年百强T0P10企业管理面积及市场占有率情况及预测

3. 规模与提效间寻求平衡，国资企业或将发挥主力作用

未来几年，物业管理行业仍将处于加速成长的关键阶段，百强企业一方面会抓住市场的结构性机会寻求规模的快速扩张，另一方面将以更审慎的态度寻求规模增长与效率提升之间的平衡点，将更加重视企业内部资源的协同效应，在此过程中，一批勇于担当、敢于作为的国资企业可能会来到行业舞台中央。

首先，百强企业在行业“规模为王”的信念驱动下，结合战略发展的需要，短时间内不会停下规模扩张的步伐。2021 年以来，物业百强企业争先提出未来三五年的规模实现超 5–10 倍的增长目标，可见扩规模是各家企业尤其是头部企业的主流需求，收并购依旧是企业直接快速获得管理面积的有效途径。

表3　　部分百强企业未来几年发展计划

企业	未来 3 ~ 5 年发展目标
碧桂园服务	20212025 年，收入、利润实现年复合增长率 50% 以上，达成 1000 亿营收，合约面积超过 18 亿平方米。
恒大物业	2021 年合约面积不低于 8 亿平方米，在管面积 6 亿平方米；未来三年，在管面积复合增长率不低于 50%。
绿城服务	2021 年储备面积增加 1.5 亿平方米，5 年内营业收入保底增长 5 倍，2025 年营收达成 500 亿元。
雅生活集团	2021—2023 年市值突破千亿元，及孵化新的千亿元产业平台；未来三年收入复合增长率 40%。
保利物业	2021 年，不低于 30% 的收入增长，净利润不低于 25% 增长。未来 2 ~ 3 年，营收保持 30% 的增速，净利润 20% ~ 30% 的增速。

其次，受内外部潜在风险因素影响，企业间的收并购行为将越发谨慎，百强企业关注的重点将转向收并购完成后子母公司间及集团内部资源间的协同效应。随着行业集中度的快速提升，百强企业主导的收并购事件总量可能会有所减少，但是行业将会更加期待高质量的收并购事件。并购企业通过与被并购公司的

续表

地域协同、业态互补、业务协同和文化协同，将现有资源的利用效果发挥到最佳状态，使被收购企业获得远远超过其独立时期的发展水平，从而达到 1+1>2 的战略目标，实现集团利益的最大化。

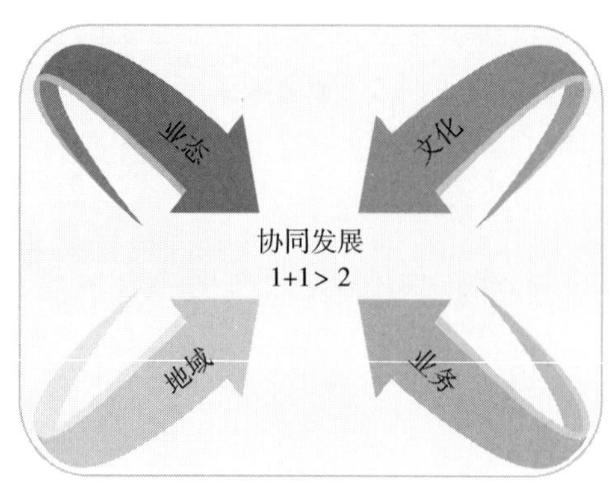

图23　百强企业开展收并购完成后需整合内容

再次，百强企业的规模拓展方向仍将以住宅业态为基础，并且扩展布局多元业态。虽然百强企业具体的业务布局情况主要取决于自身的业务规划与战略需要，但是可以确定的是，住宅业态仍将是百强企业的业务基础，此外商业、办公等为代表的非住宅领域，因其具备物业服务费单价高、收缴率高等优势，将愈发成为企业竞相角逐的黄金赛道，值得百强企业优先布局。

最后，国资背景的物业百强企业将加速崛起，物业服务企业国家队会来到行业收并购和企业战略合作的舞台中央。当前地产行业发展承压下行，潜在风险传导至关联物业服务企业，导致相关企业运营不确定性加大。相对而言，国企和央企对企业发展风险的把控相对更加严格，运营相对更加稳健，面临的潜在风险较小，抗风险能力较强。此时出手，恰是实现企业高质量收购的绝佳时机，能够帮助企业实现快速扩张。例如，具有国资背景的华润万象生活就曾明确向市场公布了自己的发展目标：在我国“十四”五规划末期，即 2025 年，管理面积达到 4 亿平方米以上，开业购物中心 150 个左右。在明确规模扩张目标后，华润万象生活相应的市场动作也已及时跟上，在 2022 新年伊始宣布将以不高于 10.6 亿元的代价全资收购禹州物业，作为国资背景企业率先打响了 2022 年物业管理行业收并购的第一枪。

（二）菁木：运营升级，精益管理

1. 夯实物业服务品质，筑牢企业运营根基

未来五年，物业管理行业仍将加速整合，企业之间围绕多方资源会展开更加激烈的竞争，面对环境与市场的双重高压，百强企业在扩张规模的同时，将会更加聚焦服务品质，着力构建以客户为中心的产品和服务体系，稳步提升服务质量，牢筑企业运营根基。

2. 智慧科技方兴未艾，激发行业创新活力

“科学技术是第一生产力”，过去几年，物业百强企业积极拥抱智慧科技，引领行业掀起了智慧化建设的浪潮，未来几年，物业管理行业可能将迎来与智能科技加速融合发展的价值爆发期，从服务人员角色定位的转型升级，到企业管理工具的创新应用，再到行业服务体系的优化革新，智慧科技赋能下的物业管理行业创新发展潜力十足。

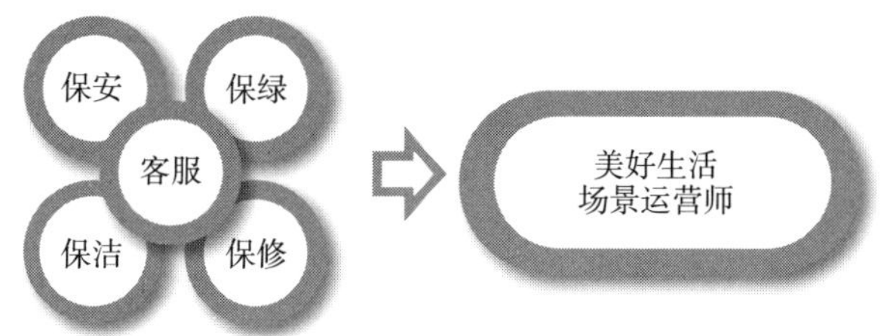

图24 中国物业管理行业基层从业者角色转化情况

3. 人均效能持续提升，营业成本率稳步下降

物业管理行业作为劳动密集型行业，大部分员工主要聚集在基础物业服务领域，随着物业服务企业智慧化建设的推进，机器取代人工成为可能，企业运营效率更高，精细化管理成为可能，此外随着企业多种经营业务的快速发展，更高利润率的增值服务不但能够摊薄物业服务企业的整体运营成本，更能促进企业经营效益整体水平的提升。

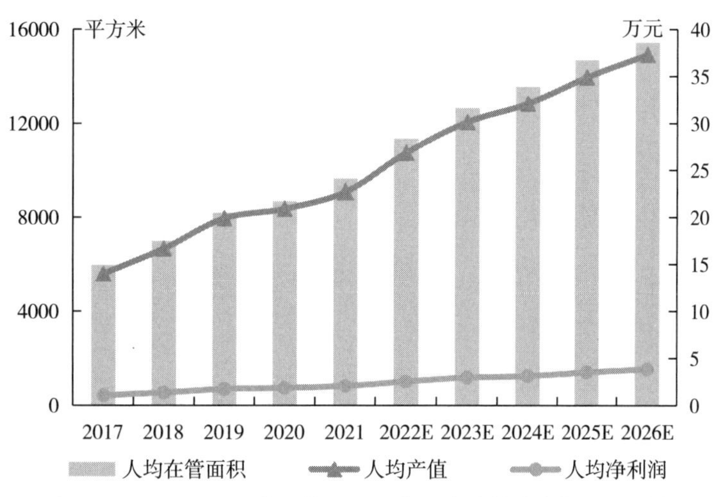

图25 2017—2026年中国物业百强企业人均效能变化及预测情况

根据当前物业管理行业发展的现实条件，并结合百强企业近五年的人均效能变化情况综合测算，未来五年，百强企业人均管理面积将由 2021 年的 9636.33 平方米增长至 2026 年的 15430.50 平方米，增幅约为 60.13%，人均产值由 22.68 万元增长为 39.29 万元，将再扩大约 0.73 倍。

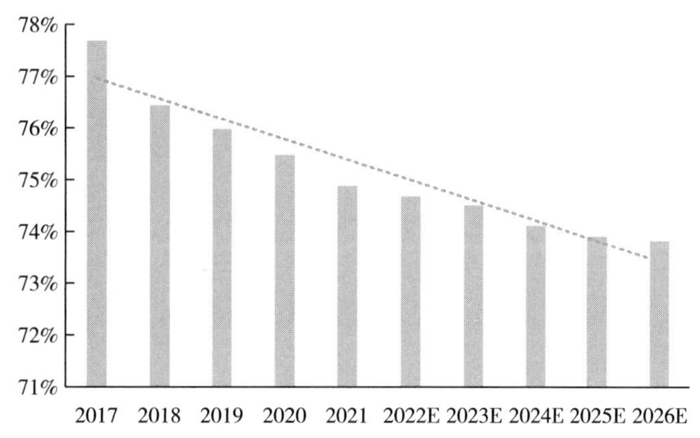

图26 2017—2026年中国物业百强企业营业成本率变化及预测情况

智慧科技与物业管理行业的加速融合，有助于帮助百强企业实现降本增效的目标；行业不断提高的市

场化水平，有利于百强企业实现更高的品牌溢价；此外，增值服务和多种经营业务的快速发展，有可能吸引百强企业尝试更高利润率的业务。综合各项因素，未来几年百强企业的营业成本虽然可能将保持高位，但企业的营业成本率绝对值有望继续下降，保守估计到 2026 年百强企业的营业成本率为 73.82%，企业运营效率提升显著。

（三）慧水：创新驱动，激发活力

1. 多种经营潜力释放，成就增长第二曲线

过去几年，物业百强企业在多种经营方面进行了很多勇敢的尝试和广泛的布局，已经形成了丰富的积累，未来几年，将是百强企业多种经营潜力释放的重要阶段，企业发展将在追求务实和创新之间寻求平衡，并激发商业模式创新的活力，为企业的长远发展提供持久驱动力。

（1）多种经营大有可为，未来收入占比或近三成

在利好政策和资本市场的推动下，百强企业继续积极拓展布局多元增值业务，探索和打磨高创收的盈利模式，并提高企业运营效率，增强企业盈利能力，实现多种经营收入占比稳步提高。2017—2021 年，百强企业多种经营收入贡献度从 18.20% 提升至 23.77%，且呈现逐年上升的态势；未来，百强企业的增值服务收入仍将保持稳定增长的趋势，预计 2026 年，百强企业多种经营收入均值将达到 6.48 亿元，对营业收入的贡献度将从当前的不足 24% 提高至 28% 以上。

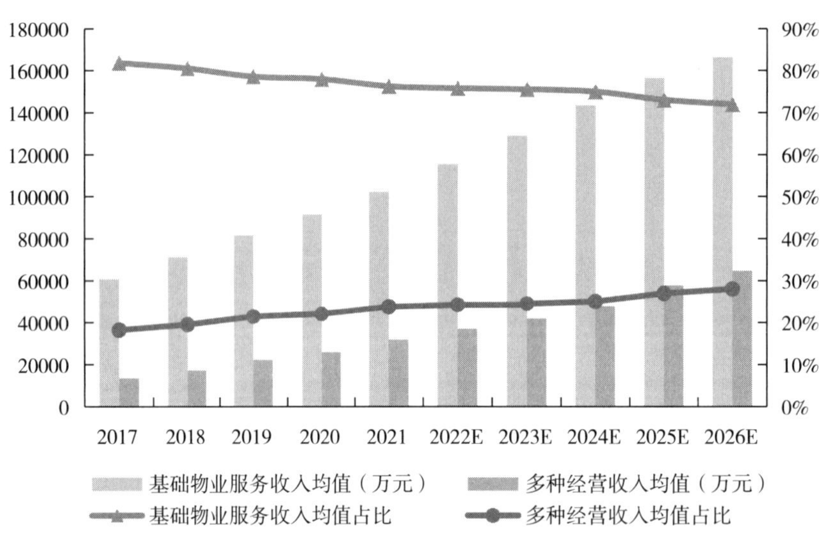

图27 2017—2026年中国物业服务百强企业收入结构情况及预测

（2）基于市场多元需求，商业模式寻求创新

目前，物业服务企业之间的竞争主要聚焦在规模、效益及运营等层面，企业竞争看似风起云涌，行业创新实则波澜不惊，未来，企业围绕商业模式创新展开的竞争才会真正成为滋养行业持续发展的一湾活水。

物业管理行业朴素的创新之路经历了从管理“物”到服务“人”，再到赋能“空间”，每一步都伴随着物业服务企业对服务对象的深刻认识和重新定义；未来，企业商业模式的创新需统筹起包括服务对象在内的更多要素，可能将会主要围绕智慧物业和增值服务生态两方面展开竞争。

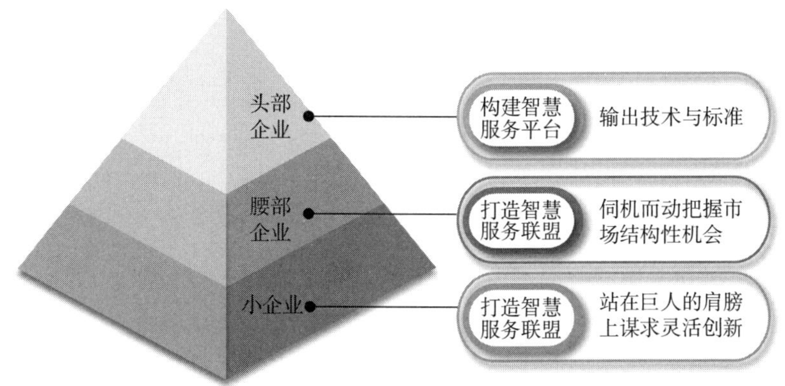

图28 不同层级物业服务企业围绕智慧物业开展商业模式创新的策略

基于消费升级的需求，物业服务企业的商业模式创新可以聚焦社区增值服务生态，在这方面，行业先驱已经进行了很多尝试，但目前的实践仍多局限于互联网商业的社区化，在商业模式方面尚未实现真正的创新。未来，物业服务企业需要针对社区的独特生态打造出差异化创新增值服务体系和独特产品，也许在不久的将来，物业百强企业基于社区增值服务的商业模式将会迎来新的突破。

2. 把握非住宅领域机会，优选赛道加速布局

“一枝独秀不是春，百花齐放春满园”，物业管理行业发展到今天，住宅物业虽然仍是行业发展的重要基石，但已不再是一枝独秀，物业服务企业在非住宅领域的规模扩张和资本化加速，正在逐渐吸引更多的焦点。

非住宅物业的高物业费、高收缴率和单一业主优势吸引物业服务企业竞相布局，目前已经有 8 成以上的百强企业进入商业物业领域，7 成以上的企业进入办公物业领域，5 成左右企业服务产业园区物业、公众物业、学校物业等。与此同时，百强企业在非住宅领域的管理面积占比也在稳步提升，从 2018 年的 26.06% 上升至 2021 年的 33.89%，另外，根据近几年全国商品房竣工面积情况，并结合百强企业未来在非住宅领域的战略布局情况综合推测，未来五年，百强企业在非住宅领域的管理面积占比有望突破四成。

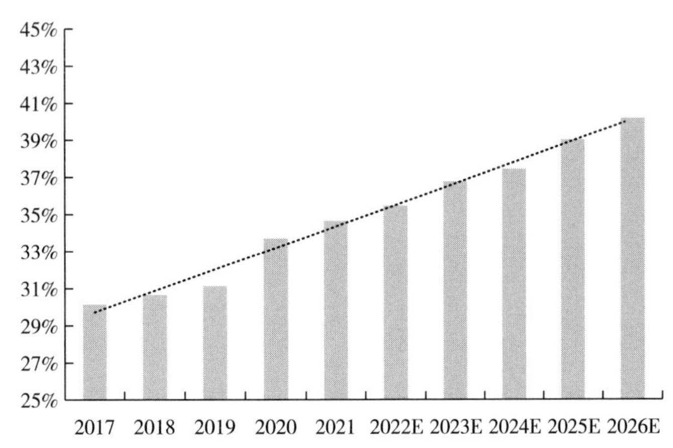

图29 2017—2026年百强企业在非住宅领域的管理面积占比情况及预测

当前，物业服务企业在非住宅领域的市场竞争虽然激烈，但由于非住宅物业本身的多样化特性以及企业服务产品供给的不平衡，导致行业在各细分领域尚未真正出现处于绝对领导地位的企业，乾坤未定的局面下，战略布局非住宅领域的企业皆有可能成为行业未来的黑马。

此外，随着行业在非住宅领域的业务边界延展，未来新兴市场机会不断涌现，现阶段战略布局的企业

在相关业务方面还有很大的提升空间，例如在城市公共建筑和公共空间服务方面，目前物业服务企业的管理实践时间较短、服务模式相对粗放，未来仍存在较大的标准化和规范化的改善空间。现阶段，物业服务企业需要守正出奇，努力抓住市场机会，相信未来在非住宅领域会大有可为。

3. 专业服务万亿蓝海，锚定企业战略方向

在物业管理行业的优质赛道中，以城市服务等为代表的专业服务领域，已经形成了诸多万亿规模的蓝海市场，正成为百强企业竞相追逐的业务布局方向。

虽然物业管理行业对城市服务蓝海市场的认可度和期待值极高，但该万亿赛道的入场券并非唾手可得。城市空间对物业服务企业综合能力提出了更新更高的要求，城市服务物业类型丰富，场景多元，专业服务能力、技术能力要求高，前期投入多等，这些因素在一定程度上成为限制企业进入城市服务领域的壁垒，但也是百强企业升级运营能力，实现精益化管理的磨刀石，更是百强企业业务布局的战略方向。

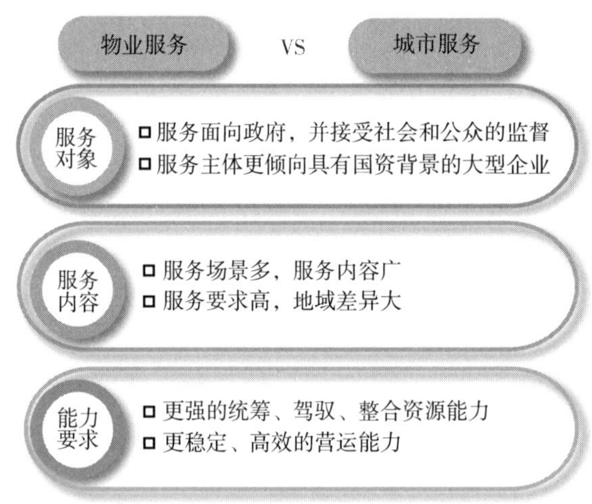

图30 物业服务企业开展城市服务相较于物业服务的更高要求内容

从目前百强企业布局城市服务赛道的实践情况来看，入局者以综合实力出众的头部企业及具备区域资源优势的本地企业为主。未来，在城市服务领域仍将是以头部企业为主，此外，具有特色业务优势或资源优势的物业服务企业也将广泛参与其中。不同企业应该从各自的实际条件出发，打造出与自身适配的城市服务发展路径。

（四）盛火：服务升维，价值彰显

1. 从粗放到精益，企业价值逻辑转轨

物业管理行业与资本市场的牵手，在加速物业服务企业价值成长的同时，也催化出一套全新的企业价值评估体系。行业资本风起时，企业竞相追逐“互联网 +”与社区经济风口，实现了企业价值的华丽升级，未来，随着行业板块的成熟，物业服务企业的价值逻辑将被重塑，企业不但需要对外捕捉市场机会，更要对内强化内功，在不确定性中寻求企业价值的确定性。

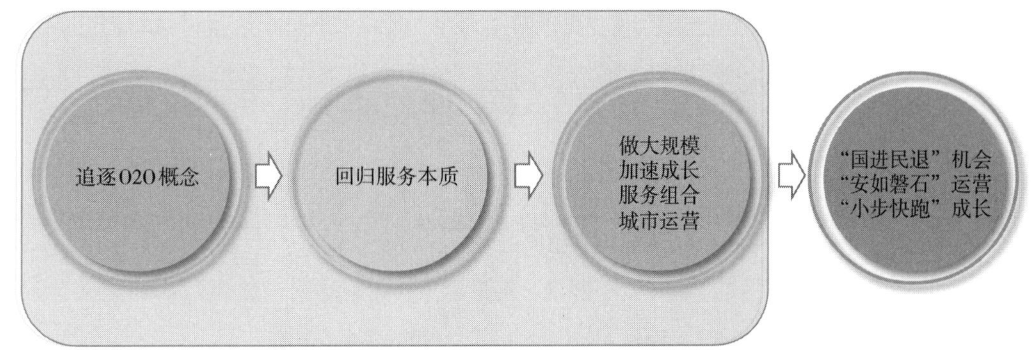

图31 资本市场关注物业服务企业价值点的变迁

随着我国房地产步入存量时代，物业服务企业将加速迎来价值成长期，此阶段，虽然物业管理行业发展势能不减，但是企业所面临的内外部环境和市场机会均发生了翻天覆地的变化，相应的企业价值逻辑也将从之前的规模增长重速度、轻质量，业态布局重多元、轻特色而向更加均衡、可持续的方向发展。

未来几年，将是我国房地产行业信用重构的重要时期，由于国资背景的企业更具信用保障，且目前运营稳健，或将在市场上拥有更多机会，国资背景的物业服务企业要抓住机会，勇于作为，实现企业价值突破。

存量时代背景下，物业管理行业在经历数次规模扩张高潮后，正逐渐步入“强运营”阶段，同时行业发展依然面临着波动的市场周期，因此，物业服务企业的价值突出表现在“稳如磐石”的运营能力。稳健的运营能力既能帮助企业在不确定的市场环境中给予企业价值投资者以信心，保障融资，又能帮助企业持续改善盈利能力，为企业谋取更大的价值积蓄力量。

物业服务企业价值成长在求“稳”同时，也要强调“小步快跑”的持续发展能力。在物业管理行业快速发展的现实情况下，企业“起跑快”或短期内“跑得快”都不能准确衡量企业的实际价值，而“跑得慢”又容易被“吃掉”，成为竞争对手提升自身价值的“能量”，所以持续且有节奏的“小步快跑”或成为企业兑换更高市场价值的制胜法宝。就目前的市场表现和企业实践情况来看，强调企业规模增长速度和质量并举、业务布局特色鲜明和优势突出的企业有望实现稳定且可持续发展。

2. 从幕后到台前，行业价值寻求更大舞台

2022 年物业管理行业可能会迎来新的头部企业登陆资本市场，在资本的助力下，百强企业或将打破上游开发企业的支配格局，迎来独自“登台演出”的时刻，实现从“幕后”到“台前”的跨越，从而追求更大的企业价值。

就目前行业发展情况看，政策层面的规范和支持内容不断出台，社会层面的关注和认可程度不断提升，有效提高了行业的发展水平并促进行业价值的实现。预计未来五年，物业管理行业仍将处于快速发展的黄金时期，将面临更多的机遇和挑战，所谓“海阔凭鱼跃，天高任鸟飞”，物业管理行业在百强企业的引领下，将会取得更大的发展成就，行业价值或将迎来前所未有的高光时刻。

（五）厚土：人才筑基，组织保障

1. 人才队伍建设，奠定企业发展基础

在行业科技含量不断提升、业务多元化发展需求的引导下，物业服务企业将会进一步加快人才队伍建

设，储备和积累更多具备信息化、智能化管理能力的高素质人才，驱动企业效益持续提升。

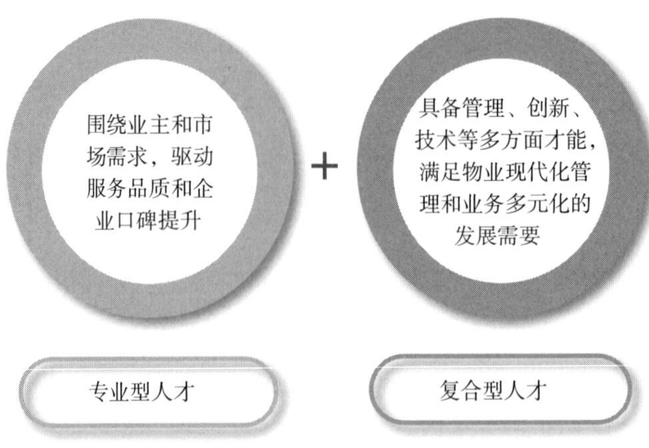

图32　物业服务企业人才队伍建设方向示例

未来，随着物业服务企业愈发注重专业化、高素质人才的培养和引进，物业管理行业将会涌现出一批业务能力强、综合素质高且具国际视野的优秀职业经理人，作为卓越的舵手，他们与快速发展的物业服务企业互相成就，并最终引领行业的风帆驶向深蓝。

2. 组织能力提升，保障行业稳步前行

物业服务企业在扬帆起航，破浪前行的征程上，既需要卓越舵手的高瞻远瞩，决胜于千里之外，更需要摇橹划桨的组织队伍精诚团结，攻克企业发展中遇到的具体问题，因此物业服务企业的组织能力建设至关重要。

图33　物业服务企业组织能力建设示例

首先，企业组织能力建设要以人才队伍建设为基础，物业服务企业不但要注重企业自身的人才培养，更要广纳天下贤才，吸引多层次人才，为企业发展注入活力；其次，物业服务企业组织能力建设要关注企业资源整合效果，从行业发展的实践情况来看，物业服务企业的发展进阶离不开收并购，特别是在资本市场的助力下，物业服务企业收并购热情高涨，而被收购企业的加入可能会影响收购企业原有的组织生态，如何整合企业内外部资源，实现“1+1>2”的效果，是物业服务企业组织建设的关键；最后，物业服务企业的组织能力建设要强调人均效能的优化提升，人均效能是检验物业服务企业组织能力的唯一真理。现代企业的生产力和创造力不取决于个人能力，而是主要来自于团队成员之间的协作。物业管理行业作为劳动密集型行业，物业服务企业人力成本占企业营业成本的很高比例，因此发挥团队组织力量，提升整体效益，提高人均效能，实现人员成本可控，是企业持久发展的必然选择。

报告十四　2022中国物业服务上市公司TOP10研究报告

一、研究背景与方法体系

（一）研究背景与目的

2022年，资本市场物业服务板块规模进一步壮大，截至5月13日，共有59家物业服务企业登陆资本市场，另有6家已交表并在上市进程中，处于冲刺阶段。在市场波动、关联方影响、业绩压力持续增加、竞争日趋激烈、企业发展分化的背景下，优秀公司不断把握行业发展机遇，借助资本市场壮大自身规模、拓展服务边界，引领行业快速发展，蕴藏着丰富潜力。在2022中国物业服务上市公司研究中，中指研究院针对公司规模、盈利能力、服务品质、成长潜力、财富创造能力等方面制定了研究方法和指标体系，本着“客观、公正、准确、全面”的原则，发掘综合实力强、成长质量佳、投资价值大的优秀物业服务上市公司，探索不同市场环境下物业服务上市公司的价值增长方式，为投资者提供科学全面的投资参考依据。

中国物业服务上市公司TOP10研究的目的如下。

① 客观反映中国物业服务上市公司的整体发展水平和最新动态，促进物业服务上市公司做大、做强、做优；

② 发掘综合实力强、投资价值高的物业服务上市公司；扩大企业在机构投资者中的影响力，拓宽企业融资渠道，帮助企业更快更好地发展；

③ 通过系统研究和客观评价，打造“中国物业服务上市公司TOP10”品牌，引领物业管理行业投资良性循环和健康发展。

（二）研究方法体系

1. 研究对象

依法设立且公司股份于2022年4月30日前在上海证券交易所、深圳证券交易所及香港联交所等境内外证券交易所公开上市的物业服务企业（业务收入主要来自中国大陆，且收入构成需满足下款条件）。

主营业务收入构成满足以下条件之一：① 物业管理相关业务收入（必须包括基础物业服务收入）所占比重不低于50%或所占比重虽低于50%但比其他业务收入比重均高出30%（源自《上市公司分类与代码》，中国证监会2005年3月颁布）；② 如果公司收入来自两个行业，物业管理相关业务收入占其总收入60%以上或其收入和利润均占整体比重超过50%，或按历史和未来趋势来看，物业管理业务为企业提供最主要的收入和利润。如果公司业务收入来自三个或以上行业，物业管理相关业务收入或者利润占整体比重超过 50%（源自全球行业分类标准，Global Industry Classification Standard，摩根斯坦利公司和标准普尔公司联合发布，简称 GICS）。

2. 评价指标体系

在 2022 中国物业服务上市公司 TOP10 研究中，中指研究院从公司规模、盈利能力、服务品质、成长潜力和财富创造能力五个方面对企业进行评价，对同一家企业在五个指标体系中的得分按一定的权重值（权重来自五项得分的“方差－协方差分析”）进行加总，最终得到企业的综合实力得分，评价得出“2022 中国物业服务上市公司综合实力 TOP10”。

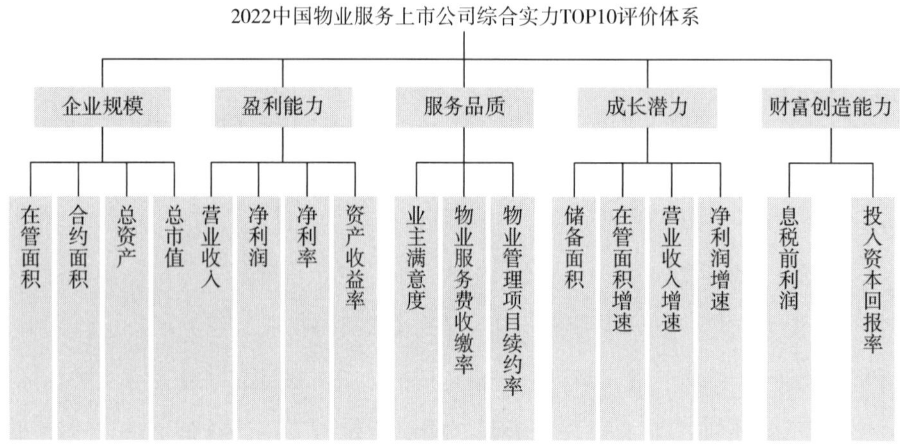

3. 数据来源

① 中国房地产指数系统（CREIS）数据库，包括物业版数据库及其他相关的数据库板块；

② 物业服务上市公司对外公布的信息（包括公司年报、公告、公司网站公布的信息和对外派发的资料）；

③ 有关政府部门（包括建委、房管局和统计局等）的公开数据；

④ 2019、2020、2021 中国物业服务上市公司研究收集的企业数据资料；

⑤ 2019、2020、2021 中国物业服务百强企业研究收集的企业数据资料。

4. 计量评价方法

研究方法上，为增加研究的严谨性，采用因子分析（Factor Analysis）方法进行。因子分析是一种从变量方差—协方差结构入手，在尽可能多地保留原始信息的基础上，用少数新变量解释原始变量方差的多元统计分析方法。它将原始变量分解为公共因子和特殊因子之和，并通过因子旋转，得到符合现实意义的公共因子，然后用这些公共因子去解释原始变量的方差。

设 x_1，x_2，…，x_p 是初始变量，F_1，…，F_m 表示因子变量，使用统计软件 SPSS 可以计算出每个研究对象的各个因子的得分，然后计算出因子综合得分：

$$A=(\alpha_1 F_1+...+\alpha_m F_m)/\sum\alpha_i\,,\quad i=1,\cdots,m$$

其中，α 表示各个因子变量的方差贡献率。

二、2022中国物业服务上市公司TOP10研究成果

1. 2022中国物业服务上市公司综合实力TOP10

表1　　2022中国物业服务上市公司综合实力TOP10

2022排名	股票代码	股票简称
1	6098.HK	碧桂园服务
2	3319.HK	雅生活服务
3	2669.HK	中海物业
4	6049.HK	保利物业
5	9666.HK	金科服务
6	001914.SZ	招商积余
7	2869.HK	绿城服务
8	1209.HK	华润万象生活
9	9983.HK	建业新生活
10	6626.HK	越秀服务

综合实力TOP10企业在管理和储备规模、多元业务布局、盈利能力、成长速度、财富创造、内部管理和运营等方面不断突破，在复杂多变的市场环境中脱颖而出，引领行业发展。

中海物业以“1115”战略目标为指引，以擦亮“第一管家”的金字招牌为目标，坚持夯实基础物业主航道上的优势，将现有的市场做透，建立护城河，并大力孵化创新业务，持续积极开拓外部增量市场，利用科技驱动数位化、智能化转型，推动物业管理服务向高品质和多样化升级。越秀服务通过组建专业的投资拓展团队强化对市场端的整体把控，在高端写字楼物业管理领域继续保持领先优势的同时，立足本土，辐射周边，与地方地铁公司建立业务联系，积极推进战略合作，为其TOD物业管理模式全国化发展进一步夯实基础。

2. 2022中国物业服务上市公司规模TOP10

表2　　2022中国物业服务上市公司规模TOP10

2022排名	股票代码	股票简称
1	6098.HK	碧桂园服务
2	3319.HK	雅生活服务
3	6049.HK	保利物业
4	2869.HK	绿城服务
5	2669.HK	中海物业
6	001914.SZ	招商积余
7	9666.HK	金科服务
8	1209.HK	华润万象生活
9	3913.HK	合景悠活
10	1995.HK	旭辉永升服务

规模扩张是物业服务上市公司巩固当前竞争优势、进行多元业务布局的重要根基，未来一定期间内仍将是行业竞争的主旋律。

雅生活服务凭借领先的市场拓展能力及丰富的产业链整合经验，通过多元化的增长来源，实现管理

规模的平稳增长。收购新中民物业和山东宏泰后，公司在管面积和合约面积增至为 4.9 亿和 6.6 亿平方米，集团的在管项目已达 4143 个，覆盖 31 个省、直辖市及自治区，以及 217 个城市。

招商积余在 2021 年也持续开拓，通过招投标、收并购、“总对总”模式、合资合作等模式，实现稳健优质扩张。公司在管项目达到 1717 个，在管面积 2.8 亿平方米，同比增长 47%。

3. 2022 中国物业服务上市公司市场拓展能力 TOP10

表3　2022中国物业服务上市公司市场拓展能力TOP10

2022 排名	股票代码	股票简称
1	6098.HK	碧桂园服务
2	3319.HK	雅生活服务
3	9666.HK	金科服务
4	1516.HK	融创服务
5	2669.HK	中海物业
6	6049.HK	保利物业
7	9928.HK	时代邻里
8	001914.SZ	招商积余
9	1995.HK	旭辉永升服务
10	2205.HK	康桥悦生活

2021 年以来，地产变局引发物业行业并购节奏加速，超 10 亿并购案频发，头部企业抓住此次历史性机遇，大力开启并购模式。碧桂园服务是 2021 年当之无愧的“并购王”，仅 3 宗大型收并购的交易金额就达 205 亿元，占全行业成交金额的近六成。通过并购，碧桂园服务实现管理规模的大幅增长，除三供一业以外的合约面积和在管面积分别达到 14.4 亿和 7.7 亿平方米，同比增长 75% 和 103%。

受物业服务上市公司的高速增长目标及关联地产公司的流动性危机影响，上市公司亦通过招投标及成立合资公司等形式，加快独立市场化步伐。保利物业综合运用合资合作、股权投资等多种方式，加大推进区域内大型、优质资源整合，推动更多城镇全域、城市服务合作项目落地。

4. 2022 中国物业服务上市公司成长潜力 TOP10

表4　2022中国物业服务上市公司成长潜力TOP10

2022 排名	股票代码	股票简称
1	6098.HK	碧桂园服务
2	2869.HK	绿城服务
3	6049.HK	保利物业
4	3319.HK	雅生活服务
5	9666.HK	金科服务
6	9928.HK	时代邻里
7	1755.HK	新城悦服务
8	9983.HK	建业新生活
9	1995.HK	旭辉永升服务
10	3913.HK	合景悠活

储备面积是企业未来发展的重要基础，储备面积越充足，企业未来发展的确定性越强，未来的成长性越有保障，是上市公司成长潜力的首要体现。2021 年末，绿城服务的储备面积约 3.5 亿平方米，是在管面

积的 1.1 倍，储备面积和在管面积大体相当，未来公司管理规模可能实现翻倍式增长。增长速度同样体现了物业服务上市公司成长潜力，2021 年时代邻里深耕四大城市群，在管面积和营业收入分别实现 53.3% 和 54.7% 的高增长，未来发展可期。

5. 2022 中国物业服务上市公司社区增值服务能力 TOP10

表5 2022中国物业服务上市公司社区增值服务能力TOP10

2022 排名	股票代码	股票简称
1	6098.HK	碧桂园服务
2	6049.HK	保利物业
3	3319.HK	雅生活服务
4	9666.HK	金科服务
5	2669.HK	中海物业
6	1995.HK	旭辉永升服务
7	1755.HK	新城悦服务
8	6677.HK	远洋服务
9	2168.HK	佳兆业美好
10	1778.HK	彩生活

社区增值服务不仅想象空间广，更是企业扩营收、增效益的重要手段。物业服务企业围绕业主生活需求开展社区增值服务具备得天独厚的优势。第一是资源优势，物业服务企业可以利用既有资源诸如电梯、公区、车场等开展空间运营服务，也可以与地产合作，在物业项目开发阶段提供前置的精装服务；第二是近场优势，物业服务企业对所管理的社区最熟悉，距离业主最近，对开展到家服务、社区零售、房屋经纪等服务占据极大的优势，亦可通过此类多元服务拉近与业主间的关系；第三是保障优势，物业服务企业全天 24 小时服务于每一位业主，不论开展哪类增值服务，售后服务有保障，出现问题可以更方便找到企业来处理，解决业主的后顾之忧；第四是需求巨大，基于人的日常生活能产生大量的服务需求，而物业服务企业守住了社区流量入口，可挖掘的服务空间非常广阔。

6. 2022 中国物业服务上市公司非住宅物业服务 TOP10

表6 2022中国物业服务上市公司非住宅物业服务TOP10

2022 排名	股票代码	股票简称
1	6049.HK	保利物业
2	001914.SZ	招商积余
3	3913.HK	合景悠活
4	9928.HK	时代邻里
5	1502.HK	金融街物业
6	2107.HK	第一服务控股
7	2168.HK	佳兆业美好
8	2669.HK	中海物业
9	2869.HK	绿城服务
10	1895.HK	鑫苑服务

非住宅业务主要基于两个原因受到物业服务上市公司重视。首先，非住宅业态存量市场空间广阔，进军非住宅业态是上市公司扩充规模的有效手段。其次，与住宅项目相比，非住宅项目的物业费较高，是上

市公司提升营业收入的重要抓手。物业服务上市公司在非住宅领域多面开花，招商积余非住宅业务涵盖办公、园区、公共、政府、学校、商业、城市空间等业态，实现营业收入 50 亿元，在管面积 1.7 亿平方米，拓展了四川大学华西天府医院、济南环贸中心、深圳中心公园等规模及影响力均较大的高品质项目，千万级以上项目数量同比增幅 43%。

7. 2022 中国物业服务 ESG 发展优秀企业

表7　　2022中国物业服务ESG发展优秀企业

2022 排名	股票代码	股票简称
1	6098.HK	碧桂园服务
2	3319.HK	雅生活服务
3	2669.HK	中海物业
4	001914.SZ	招商积余
5	1209.HK	华润万象生活
6	1778.HK	彩生活
7	6626.HK	越秀服务
8	1502.HK	金融街物业
9	2168.HK	佳兆业美好
10	6677.HK	远洋服务

ESG 是指环境、社会和管治的综合指标，企业提高 ESG 管理水平有助于实现与社会的双赢。香港联交所也在不断提升 ESG 管理标准，经修订后的《企业管治守则》及相关《上市规则》条文已于 2021 年 12 月刊发。

物业服务上市公司积极践行社会责任，参与环境保护，努力实现和谐发展。在“双碳”背景下，上市公司在节能环保方面充分发挥带头作用，积极响应国家政策。在管理的项目中，采取节能光源逐步替换普通光源，推行园林绿化自动喷洒，避免过度喷灌造成浪费、实行垃圾分类等节电、节水及环保措施。在公司内部，建立相应章程，督促员工落实环保行动，树立环保理念：推行无纸化办公，提高线上办公效率；提倡双面打印及二次用纸，提升纸张利用率；无人区域及时关闭照明设备等。

8. 2022 中国上市物业服务投资价值优秀企业

表8　　2022中国上市物业服务投资价值优秀企业

股票代码	股票简称	股票代码	股票简称
2669.HK	中海物业	9928.HK	时代邻里
0816.HK	金茂服务	6098.HK	碧桂园服务
1755.HK	新城悦服务	6677.HK	远洋服务
3316.HK	滨江服务	6093.HK	和泓服务
9983.HK	建业新生活	6668.HK	星盛商业

2021 年下半年，资本市场风云变幻，物业服务上市公司也经历了理性回归的过程。在这个过程中，优秀物业服务上市公司在业务模式、管理规模、服务水平、盈利能力等方面彰显实力，具备优秀的投资价值，资本市场也在股价、估值等方面不吝回报。2021 年初至 2022 年 5 月 13 日，中海物业和和泓服务股价分别上涨 117% 和 85%，经受住了资本市场考验。金茂服务在做好主营业务的基础上积极谋求多元发展，探索新的利润增长点，未来会继续深化和拓宽提供给业主和住户及物业开发商的增值服务，借以持续提升

服务的多样性和价值创造能力，满足客户的多元化需求，构建个性化的社区生态圈，不断提升投资价值。

9. 2022 值得资本市场关注的物业服务企业

表9 2022值得资本市场关注的物业服务企业

企业名称	企业名称
广州珠江城市管理服务集团股份有限公司	中电建物业管理有限公司
山东省诚信行物业管理有限公司	苏新美好生活服务股份有限公司
中铁建物业管理有限公司	北京亦庄城市服务集团有限公司
北京中铁慧生活科技服务有限公司	弘阳服务集团有限公司
四川悦华置地物业管理有限公司	厦门合嘉源生活服务集团有限责任公司

山东省诚信行物业管理有限公司根植中国大陆与香港，深耕亚太，服务全球，集团业务遍及 20 多个国家和地区，全球拥有近百家分子公司，致力于将全球优质资源进行整合，通过物业管理同行及产业上下游，应用于中国市场和海外市场。苏新美好生活服务股份有限公司深耕长三角地区，是苏州地区城市服务及物业管理服务提供商，为公共基础设施提供城市服务，为商业物业及住宅小区提供基本物业管理服务及增值服务，协助地方政府及公共行政部门提供城市服务，2021 年合约面积为 790 万平方米。

三、中国物业服务上市公司整体发展状况分析

（一）资本表现：市场估值整体回落，优质标的价值彰显

2021 年至今，受内在调整需求、外部环境以及关联企业影响，物业管理行业在资本市场上先扬后抑，优秀上市公司在不利的市场环境下仍表现突出，依靠高质量增长、稳健的关联企业和广阔的市场前景彰显价值，劈波斩浪。

1. 物业服务板块先扬后抑，市盈率与 2018 年持平，仍高于市场整体水平

截至 2022 年 5 月 13 日，物业服务行业共有 59 家主板上市公司，其中香港主板 55 家，A 股 4 家。港股物业服务板块总市值在 2020 年四季度一路高歌猛进，进入 2021 年之后维持高位，6 月末突破万亿港元。但随后迎来了较大幅度的调整，到 2022 年 5 月 13 日下降到 4464.9 亿港元。

图1 港股物业服务板块总市值（亿港元）

碧桂园服务以总市值 946.1 亿港元位列首位，华润万象生活其次，为 871.9 亿港元，100 亿～ 300 亿港

元的公司仅有 9 家，其余上市公司总市值均在 100 亿港元之下，平均总市值为 21.1 亿港元。

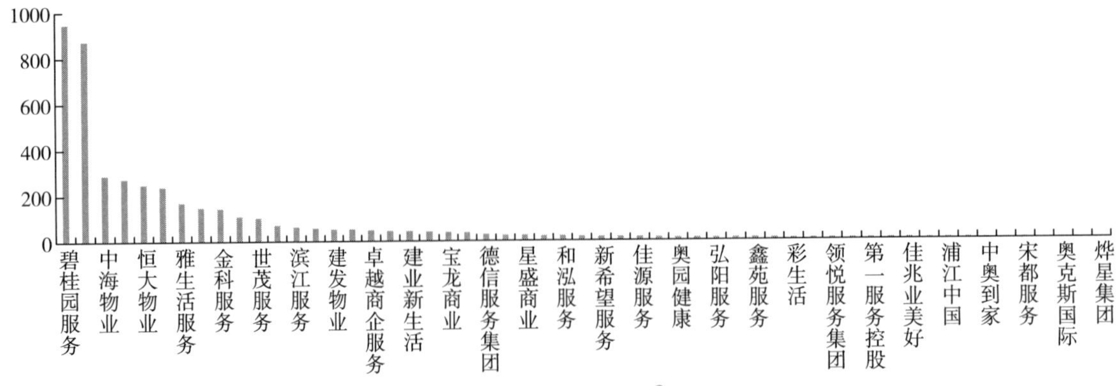

图2　港股物业服务上市公司总市值①情况（亿港元）

从股价波动来看，2021 年一季度，港股物业服务板块与恒生指数波动相对接近，在 2021 年二季度超过恒生指数增长幅度，在年中达到阶段性的高点。但 2021 年 6 月底出现拐点，恒生指数和物业服务上市公司股价一路下挫，二者走势形成的剪刀差逐步扩大，物业服务板块一直处于下跌通道，在 2022 年 2 月后加速赶底，3 ~ 4 月份跌幅有所收窄，但仍没有改变下降趋势。与房地产板块相比，港股物业服务板块走势较弱。

图3　港股物业服务板块和恒生指数走势对比

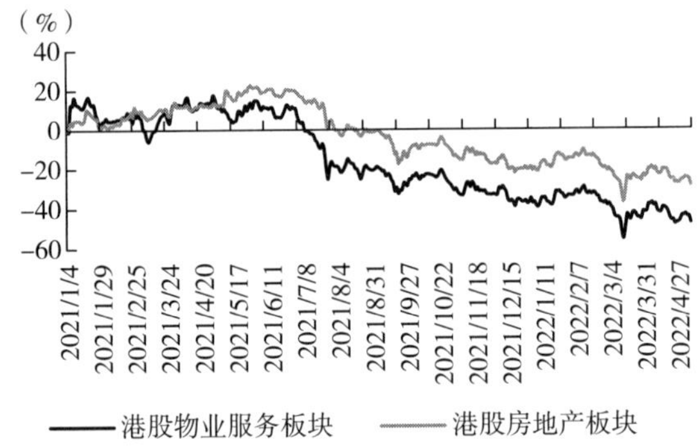

图4　港股物业服务板块和房地产板块走势对比

2020 年末已在香港上市的 39 家物业服务上市公司中，有 6 家公司实现了股价正增长，其中，涨幅最高的是中海物业，上涨 117.3%。此外，和泓服务、奥克斯国际、滨江服务、建发物业也实现了超过 50% 以上的增长，经受住了资本市场的考验。

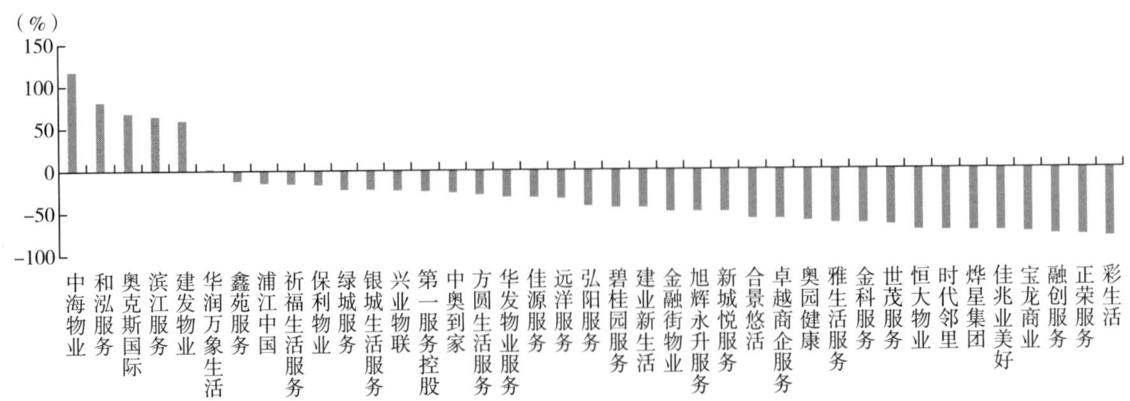

图5　2021年1月1日至2022年5月13日港股物业服务上市公司股价涨跌幅

① 注：2022年5月13日数据。

2021 年之后新上市的 17 家公司中，仅力高健康生活的股价相对于发行价实现上涨，涨幅为 107.3%，而剩余公司均跌破了发行价，平均跌幅 27.5%。

从市盈率水平来看，2021 年 1 月至 6 月，港股物业服务板块整体估值水平依然较高，年初达到 41.3 倍。但接下来估值水平回落明显，至 2022 年 1 月初才进入相对稳定状态。截至 2022 年 5 月 13 日，港股物业服务板块平均市盈率为 13.0 倍，高于恒生指数平均水平（9.1 倍），资本市场仍保持对物业服务板块的关注度。

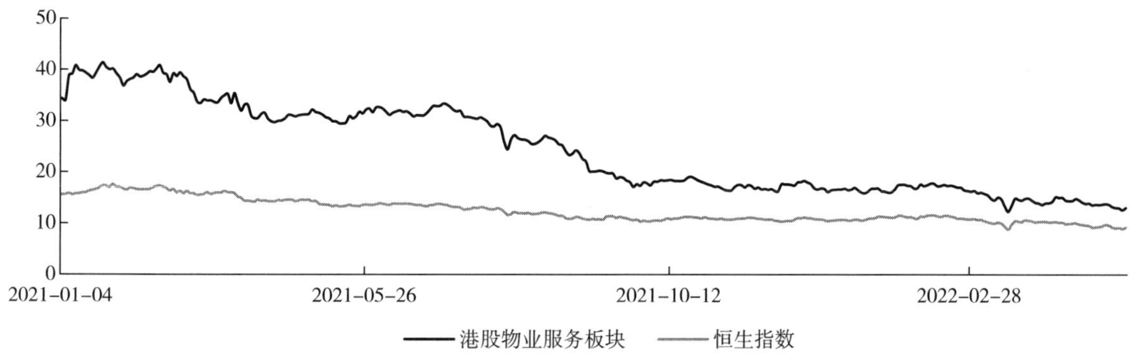

图6 港股物业服务板块和恒生指数市盈率

具体来看，截至 2022 年 5 月 13 日，奥克斯国际、力高健康生活、华润万象生活的市盈率仍相对较高，超过了 40 倍，排名前十的公司市盈率均值为 30.3 倍。自 2021 年初以来，第一服务控股、中海物业和建发物业实现了市盈率正增长，涨幅分别达到 49.2%、25.4% 和 0.8%。

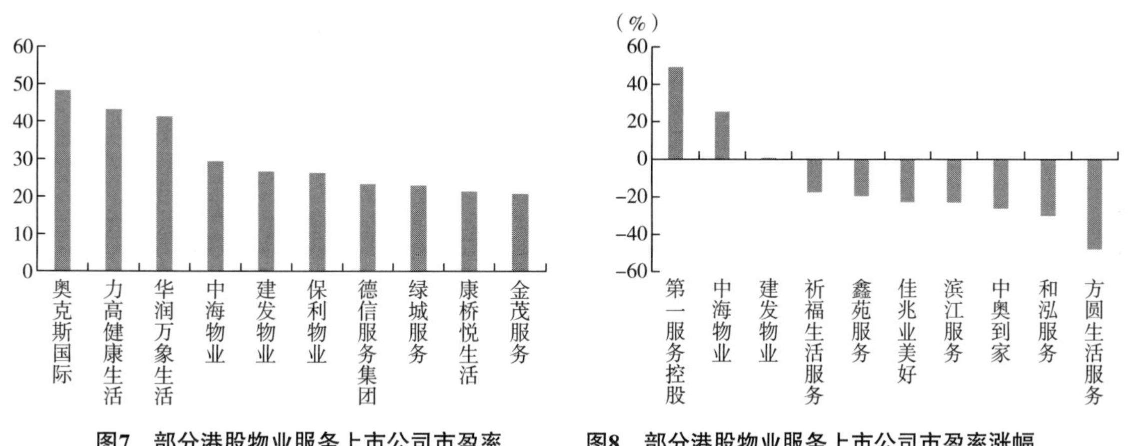

图7 部分港股物业服务上市公司市盈率

图8 部分港股物业服务上市公司市盈率涨幅

在并购市场方面，2021 年也实现并购标的估值理性回归。2020 年并购标的的平均估值超 15 倍，而 2021 年这一指标下降至约 12 倍。

将港股物业服务板块市场表现与历史比较可以发现，总市值与 2020 年 8 月水平相当，而市盈率均值回到 2018 年 11 月水平。

表10 港股物业服务板块资本市场当前表现与历史比较

港股物业服务板块	2022 年 5 月 13 日	相同水平所处历史时期
总市值	4464.9 亿港元	2020 年 8 月
股价均值	6.1 港元	2019 年 10 月
市盈率均值	13.0 倍	2018 年 11 月

2021 年，物业服务板块新股发行数量 14 家，均在香港主板，较 2020 年下降 4 家，但仍高于 2019 年

的 11 家，新上市公司数量依然维持高位。

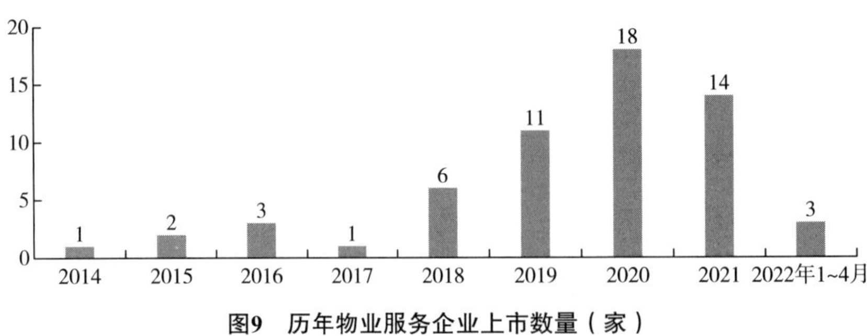

图9 历年物业服务企业上市数量（家）

2021 年新上市公司规模相对较小，公司募集资金数额出现了较大的回撤，通过 IPO 从香港资本市场融资 108.1 亿港元，均值 7.7 亿港元，较 2020 年的均值 38.6 亿港元下降明显，也低于 2014—2021 年物业服务上市公司募集资金的平均值 11.4 亿港元。

具体而言,14 家公司中募集资金数额超过 20 亿港元的有两家，分别为越秀服务和中骏商管,10 亿 ~ 20 亿港元区间的为荣万家和星盛商业，其他公司募集资金均不足 10 亿港元。

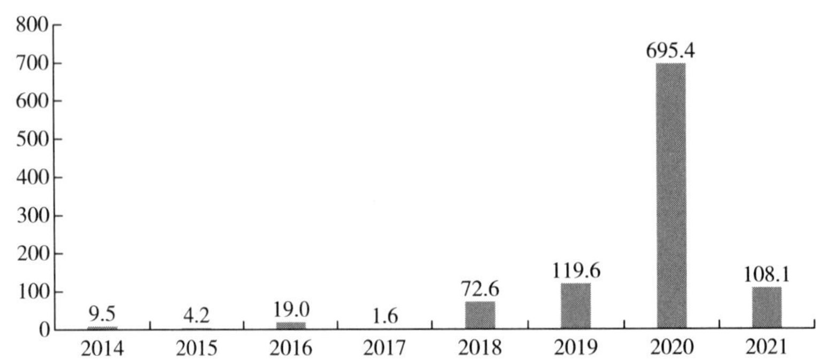

图10 历年物业服务企业IPO募集资金总额（亿港元）

2021 年至今，向香港联交所交表以及在 A 股递交招股书的企业一共 39 家，其中 17 家成功上市，占比 44%，仍坚持筹备上市并且上市程序有实质进展的企业有 6 家，分别是万物云、融汇悦生活、苏新美好生活、鲁商生活服务、润华智慧、龙湖智创生活，在规模体量、经营指标、企业背景、科技服务等方面各具特点。

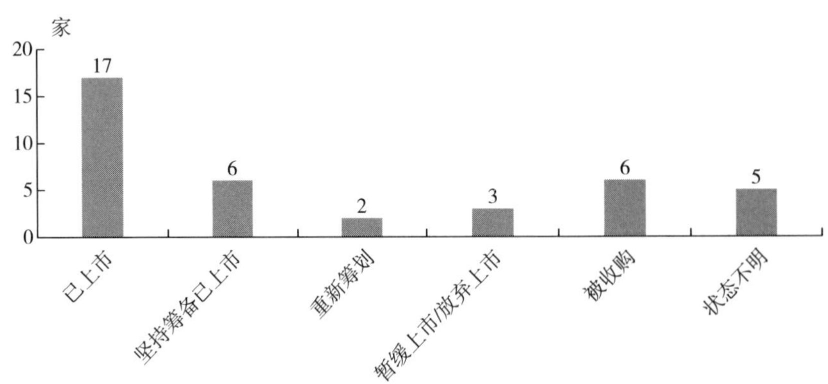

图11 2021年至今交表物业服务企业上市状态

2. 外部环境 + 关联企业 + 前期市场过热，合力引发估值回调

从资本市场整体表现来看，2021 年至今物业服务上市公司先扬后抑，实现总市值突破万亿港元的

辉煌之后，整体市值、股价、市盈率进入下降通道，新股发行也出现大面积破发。究其原因，可以从三方面考虑。

（1）前期高增长带来内在调整需求

港股物业服务板块在2021年上半年一路高歌猛进，2021年二季度股价涨幅持续高于恒生指数整体水平，已实现了较长时间快速增长，积累了大量获利盘，自身即存在较大回调压力。

（2）外部环境拖累

受全球疫情、俄乌冲突等事件影响，世界经济发展面临隐忧，国内持续稳定增长态势不断受到挑战，香港资本市场也不能幸免，物业服务板块在大盘整体带动下进入下降通道。

（3）投资者信心受到部分关联企业影响

物业管理作为房地产开发的后端服务，从房地产生命周期来看，物业管理所提供的维护、养护、管理等一系列服务占据了整个房地产生命周期90%以上。近年来越来越多的房地产企业选择将物业服务业务分拆上市，分拆后房地产企业依然保留了物业服务上市公司大部分股权，借此来影响和控制上市公司的经营决策，确保自身战略意图得以实现。

截至2022年5月13日，港股和A股的物业服务上市公司中，第一大股东持股比例超过50%的有37家，多为关联房地产企业及其附属企业。第一大股东持股比例较高，对上市公司的经营决策具有绝对的话语权，有力确保了物业服务和房地产企业的融合发展。这种安排对双方助力颇多：第一，降低政策影响，物业服务业务可轻装上阵，独立运作。第二，物业服务上市公司可以通过深挖存量资源，借助资本的力量迅速发展壮大，反哺集团发展。第三，房地产企业积累的品牌价值可以快速地为物业服务上市公司赋能，最大化利用品牌力量。第四，保证物业服务上市公司治理架构的稳定性，并最大限度地贯彻房地产企业的战略意图。

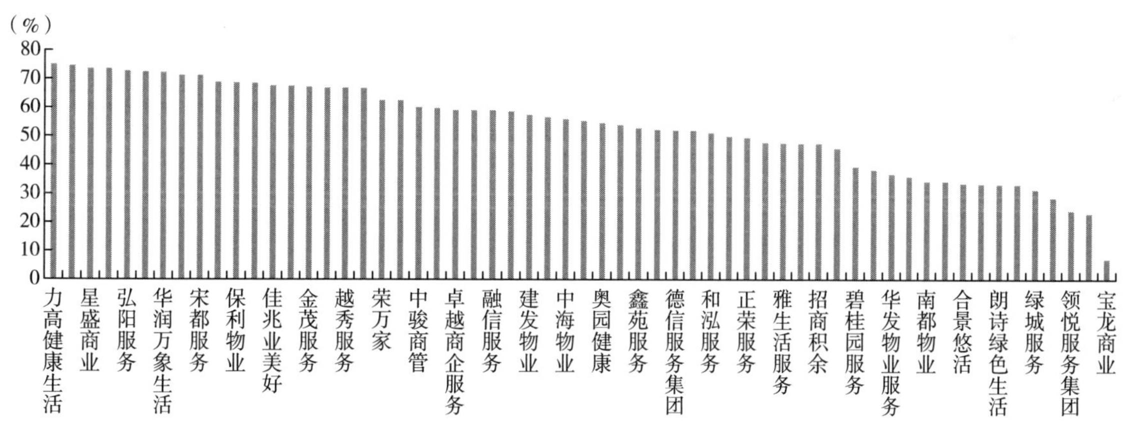

图12 物业服务上市公司第一大股东持股比例

但随着房地产行业销售增速放缓、融资渠道收紧，房地产企业经营压力显著增大，部分房地产企业为了缓解危机，控制物业服务上市公司为其“输血”，甚至铤而走险采取违规手段，为物业服务上市公司带来经营隐患，同时在一定程度上打击了投资者信心，恐慌情绪有所蔓延，使物业服务板块加速探底。

3. 稳健关联企业护航，自身高质量增长，铸就坚如磐石高价值公司

尽管物业服务板块整体进入下降通道，但也应看到，依然有优质物业服务上市公司在这个过程中经受住了资本市场考验，表现可圈可点。

表11 2021年至今在资本市场表现优秀的港股物业服务上市公司

上市公司	股价涨幅	上市公司	总市值涨幅	上市公司	市盈率
中海物业	117.3%	奥克斯国际	121.3%	奥克斯国际	48.3
和泓服务	81.4%	中海物业	117.3%	力高健康生活	43.2
奥克斯国际	68.3%	和泓服务	111.6%	华润万象生活	41.3
滨江服务	64.3%	建发物业	81.3%	中海物业	29.3
建发物业	59.7%	滨江服务	64.3%	建发物业	26.6

高水平的企业经营和高质量的业绩增长是获得资本市场关注的基石。2021 年，和泓服务在管面积为 0.3 亿平方米，同比增长 90.3%，合约面积达 0.5 亿平方米，同比增长 104.9%，第三方收入贡献超 50%，多种业务持续拓展，社区增值服务收入 1.38 亿元，同比增长 79.2%。在社区管理运营平台、业主服务平台和集团内部数字化中后台等方面，数字化水平不断提高。稳定经营的关联房地产企业是物业服务企业发展的有力保障。中海地产以稳健的经营风格和审慎的投资策略著称，2021 年销售面积逾 2000 万平方米，并连续多年破千万平方米，为中海物业管理面积的稳定增长提供支持。建发物业的关联房地产企业建发国际集团 2021 年净利润 35.2 亿元，增长 51.5%，显著提振投资者信心。

优秀物业服务上市公司通过发展多种经营业务，增强公司发展潜力。建发物业在养老健康、房地产经纪及资产管理服务、家居美化服务、生活服务等领域不断拓展，社区增值服务收入增速 110.8%，成为营业收入的重要增长点。公司在 2021 年首次完成并购业务，并在学校、医院、政府公建等物业管理服务有所突破。

（二）经营业绩：规模与效率齐飞，财富创造后劲充足

1. 管理规模：规模之争依然是主旋律，第三方拓展与收并购作用凸显

物业管理行业当前仍处于规模快速扩张阶段，并购市场的火热促使物业项目加速向头部物业服务企业靠拢，“规模为王”的市场判断仍然适用。

（1）在管面积均值 1.1 亿平方米，承接关联方面积与外拓并举

截至 2021 年底，物业服务上市公司在管面积均值 1.1 亿平方米，同比增长 44.3%，合约面积均值 1.6 亿平方米，同比增长 37.6%。快速拓展的规模为物业服务上市公司创收带来持续的增长源动力，同时也成为上市公司在资本市场上乘风破浪的强有力底牌。

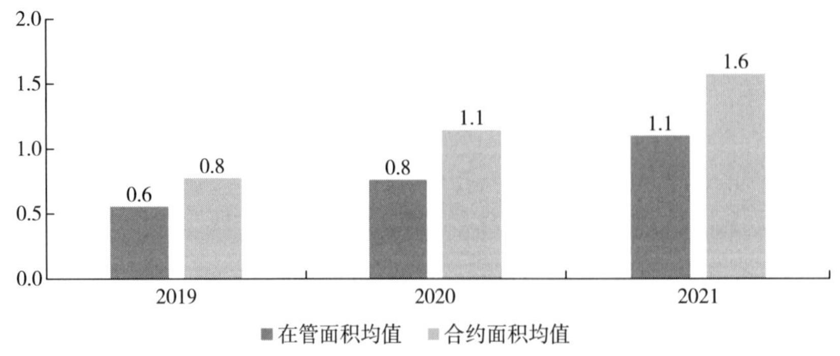

图13 2019—2021年物业服务上市公司管理规模均值[①]（亿平方米）

2021 年，物业服务上市公司在管面积突破 3 亿平方米的企业共 4 家，分别为碧桂园服务、雅生活服

① 注：未发布2021年年报和业绩公告以及未披露相关信息的上市公司没有纳入，以下采取同样口径。

务、保利物业及绿城服务。碧桂园服务在管面积为 8.5 亿平方米，成为国内首家在管面积突破 8 亿平方米的物业服务上市公司。在管面积排名前三的企业门槛值为 4.7 亿平方米，均值达 6.0 亿平方米，较 2020 年增加 48.3%；排名前十的企业在管面积门槛值为 2.1 亿平方米，均值为 3.5 亿平方米，较 2020 年增加 53.0%。

从合约面积角度看，2021 年，物业服务上市公司合约面积突破 5 亿平方米的企业共 4 家，分别为碧桂园服务、雅生活服务、保利物业和绿城服务，其中碧桂园服务合约面积最大，达 15.2 亿平方米，较 2020 年同比激增 68.2%，远超第二名的雅生活服务（6.6 亿平方米），排名前十的上市公司合约面积均值达 5.3 亿平方米，较 2020 年增加 44.2%。

2021 年，在管面积排名前十的上市公司，分为三种情形：第一，中海物业、融创服务主要通过承接房地产关联公司的项目增加管理面积，来自关联公司的在管面积比例分别为 72.4%、62.88%；第二，碧桂园服务第三方拓展和承接房地产关联公司项目双轮驱动，来自关联公司的在管面积比例为 50.72%，二者旗鼓相当。第三，雅生活服务、保利物业、世茂服务主要通过市场化手段拓展在管面积，来自第三方的管理面积占比分别为 82.4%、60.0% 和 75.8%。个别物业服务上市公司正在逐步摆脱对房地产关联公司的依赖，逐步加大第三方拓展在管面积占比。如中海物业 2021 年全年新增项目涉及的在管面积中，来自房地产关联公司的在管面积为 0.2 亿平方米，占比 34.2%；来自独立第三方的在管理面积为 0.5 亿平方米，占比为 65.8%，第三方拓展面积远超过来自房地产关联公司的规模。总体来看，2021 年物业服务上市公司第三方拓展面积占在管面积平均达到了 57.1%，较上年度增加 10.3 个百分点。

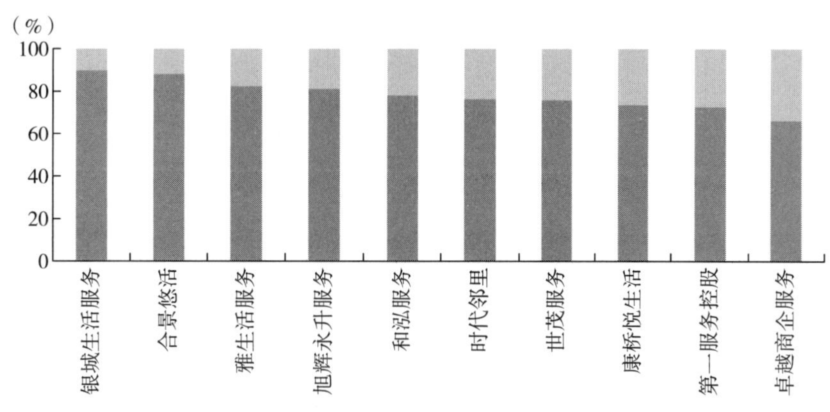

图14 部分物业服务上市公司项目来源分析

物业服务上市公司也会采取新设合资公司的方式拓展管理面积，通过产业合作的方式与外部产业单位设立合资公司，以求获取政府类、公建类项目和城市服务类项目。

（2）并购规模刷新历史，优质标的涌现，估值回归理性

2021 年，物业服务并购市场异常火爆，物业管理行业全年已披露相关信息的并购交易数量约 71 笔，涉及交易金额约 333.3 亿元，并购数量和并购规模刷新行业历史记录。2021 年并购市场呈现如下特点：第一，并购的绝对金额再创新高，单笔并购额度行业空前，如碧桂园服务豪掷约 100 亿元收购富力物业成为行业迄今为止最大的并购事件。第二，优质标的众多。房地产行业受监管政策变化影响，部分房企出现了流动性危机，并选择出售旗下优质的物业服务业务板块缓解流动性紧张局面，如富力物业整体出售、彩生活出售部分优质资产等。第三，头部企业频频出手。典型的是碧桂园服务，收并购渠道贡献的合约面积高

达4.5亿平方米，收购富力物业、嘉宝服务、邻里乐控股3笔交易涉及金额205.3亿元。第四，物业服务上市公司成为并购对象。

高速扩张的管理规模助力物业服务企业在资本市场高歌猛进，而物业服务上市公司融资所得资金又多用于市场收并购等相关业务上，以加快企业规模扩张，形成良性循环。2021年上市的物业企业中，除宋都服务用于战略收购的资金比例低于50%外，其他公司均计划将上市所得款项的50%及以上用于战略收购，领悦服务集团和新希望服务这一比例高达70%。

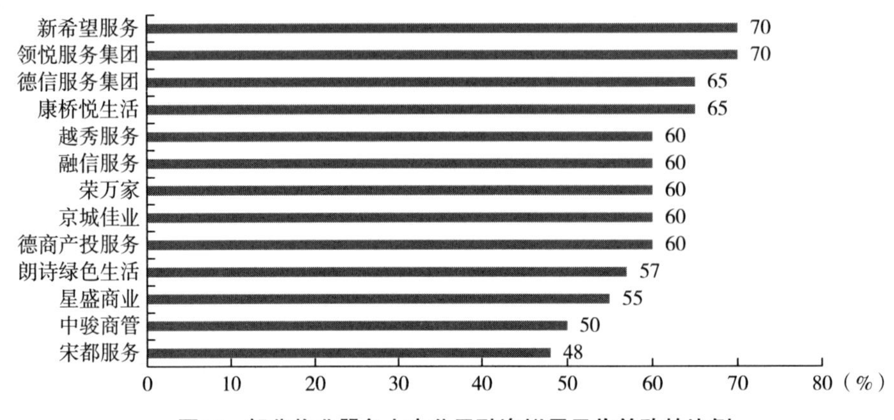

图15 部分物业服务上市公司融资拟用于收并购的比例

2021年，高质量、规模化的标的成为物业服务上市公司并购首选，此类交易有利于上市公司快速完成业务布局，切入优质赛道。被并购方具备的竞争优势，可全面提升并购主体的综合实力，降低整合风险。

表12　2021年部分物业服务上市公司收并购情况

并购主体	披露交易总金额（亿元）	涉及在管面积（亿平方米）	交易宗数（笔）	主要标的
合景悠活	19.8	1.0	3	上海申勤、悠活智联、广东特丽洁
雅生活服务	18.0	0.8	7	广州粤华、新中民物业、陕西明堂、北京慧丰
旭辉永升服务	7.5	0.2	2	华熙鑫安、星悦物业、山东鑫建、美中环境、美凯龙物业、郑州锦艺
融创服务	14.2	0.2	2	融乐时代、彰泰服务

2021年物业服务上市公司逐步加大在非住宅业务领域的并购力度，快速切入院校、商业办公大楼、仓储和物流公建项目、城市服务等优质赛道，打造新的利润增长极。如旭辉永升服务2021年共进行5项并购交易，其中有4项和非住宅业务的布局相关，涵盖商业地产、大型运动场馆、家居卖场、仓储物流等诸多业态。

表13　2021年部分物业服务上市公司通过并购拓展业务领域

企业名称	并购标的	业务领域
雅生活服务	北京慧丰、陕西明堂、山东宏泰	城市服务领域、院校服务
合景悠活	广东特丽洁	城市服务领域
旭辉永升服务	山东鑫建	仓储、物流公建项目

2021年并购市场的活跃加速了行业整合进程，头部和中小物业服务企业均期望通过并购优质标的快速抢占市场份额，完善业务布局，与竞争对手迅速拉开差距或跟紧发展步伐。长此以往，物业服务行业将向着集中度逐步提升、市场分化加剧的方向发展。

2. 盈利能力：毛利润均值 9.1 亿元，同比增长 44.1%，毛利率和净利率均值分别为 29.1% 和 13.2%

（1）营业收入均值 33.7 亿元，多种经营收入占比 40.24%

2021 年，物业服务上市公司营业收入均值达 33.7 亿元，较上年增加 11.1 亿元。营业收入破百亿的物业服务上市公司达到 4 家，分别为碧桂园服务、雅生活服务、绿城服务和保利物业，其中碧桂园服务营业收入独占鳌头，为 288.4 亿元，比排名第二的雅生活服务高出 147.6 亿元。

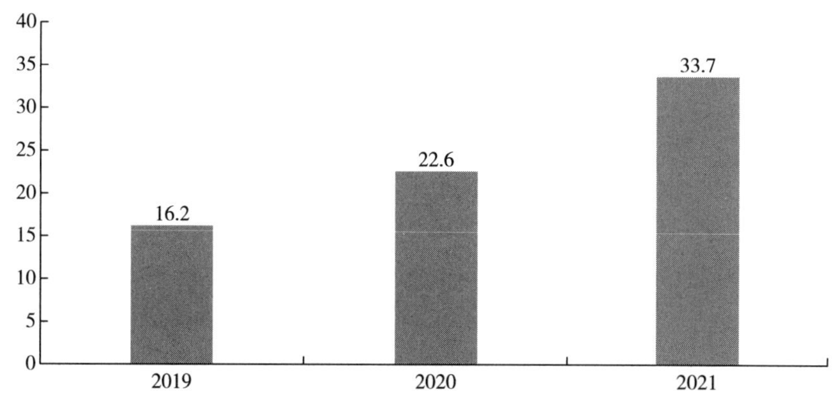

图16　2019—2021年物业服务上市公司营业收入均值（亿元）

从收入构成看，多数物业服务上市公司收入主体仍然是基础物业服务。2021 年物业服务上市公司基础物业服务收入均值为 21.8 亿元，同比增长 37.0%，2020 年增幅为 29.3%。2021 年物业服务上市公司多种经营收入均值 14.0 亿元，同比大幅增长 55.5%，2020 年增幅为 23.0%，增速显著提高。多种经营日益成为物业服务企业拓展利润空间的重要赛道。

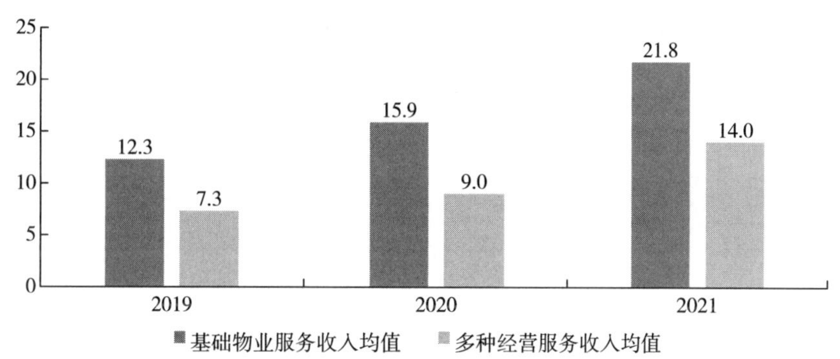

图17　2019—2021年物业服务上市公司基础物业服务与多种经营业务收入均值[①]（亿元）

2021 年，物业服务上市公司多种经营收入占比均值为 39.6%，较 2020 年上升 0.2 个百分点，与之对应的是，2021 年多种经营收入占比超过 50% 的上市公司数量持续增长，目前已达 14 家，比 2020 年增加 3 家。物业服务上市公司的业务发起于基础物业但是超脱于物业服务本身，越来越多的上市公司致力于打造多元化发展格局。多种经营业务拥有更高的盈利能力和更广泛的服务半径，势必为物业服务上市公司打开第二增长曲线，未来将成为竞争的主要焦点。

（2）毛利润和净利润大幅增长，毛利率和净利率较上年基本持平

2021 年，上市公司毛利润均值 9.1 亿元，同比增长 44.1%，净利润均值 4.5 亿元，同比大涨 50.1%。以碧桂园服务、雅生活服务和华润万象生活为代表的头部物业服务上市公司所获得的净利润较为亮眼，分别为 43.5 亿元、25.7 亿元和 17.3 亿元。2021 年物业服务上市公司毛利率均值和净利率均值分别为 29.1%

① 注：个别上市公司未分别披露基础物业服务收入和多种经营业务收入，不纳入统计，与上市公司营业收入均值产生偏差。

和 13.2%，实现持续稳健发展。

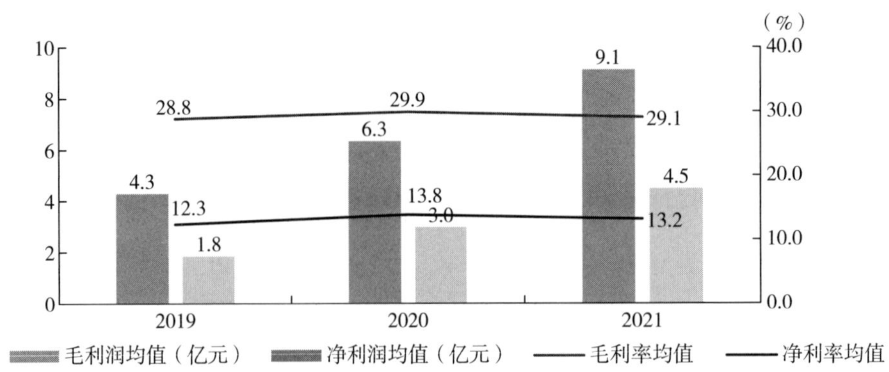

图18　2019—2021年物业服务上市公司毛利润（率）和净利润（率）

2021 年物业服务上市公司基础服务板块的盈利能力保持稳定，基础服务毛利率均值为 24.1%，与 2020 年保持一致，多种经营毛利率均值达到 35.6%，较 2020 年上升 1.3 个百分点。

（3）智慧化建设压缩成本，营业成本率较上年度下降 0.4 个百分点

2022 年 1 月 21 日，国务院办公厅印发了《“十四五”城乡社区服务体系建设规划》，文件中提到要加快社区服务数字化建设，更加突出城乡社区服务体系技术支撑；推动“互联网＋政务服务”向乡镇（街道）、村（社区）延伸覆盖，实施“互联网＋基层治理”行动，完善乡镇（街道）、村（社区）地理信息等基础数据；开发社区协商议事、政务服务办理、养老、家政、卫生、托育等网上服务项目应用，推动社区物业设备设施、安防等智能化改造升级；推进数字社区服务圈、智慧家庭建设，促进社区家庭联动智慧服务生活圈发展；深入组织开展智慧社区、现代社区服务体系试点建设；同时鼓励社会资本投资建设智慧社区。

这一系列倡议为物业管理行业的智慧化转型升级提供更多的应用场景和改良方向。物业管理行业是劳动密集型行业，人力成本在其总营业成本中份额较大。当下人力成本持续攀升是各行各业都面临着的共同难题，物业服务企业面临更大压力。另外，物料成本的逐年上涨，也是物业服务企业当前所面对的难题。然而相比成本的逐年上升，物业服务企业难以提升物业管理费的价格，这就陷入了僵局。于是部分企业通过在业务中融入数字化、科技化、智慧化等智能系统和智能设备赋能行业的发展，探索对冲或者降低成本的新渠道。代表企业如华润万象生活每平方米在管面积净利润从 2020 年的 6.9 元增长到 2021 年的 10.6 元，增幅 53.8%；宝龙商业由 2020 年的 13.4 元增加到 2021 年的 15.9 元，增幅也达到了 18.5%。

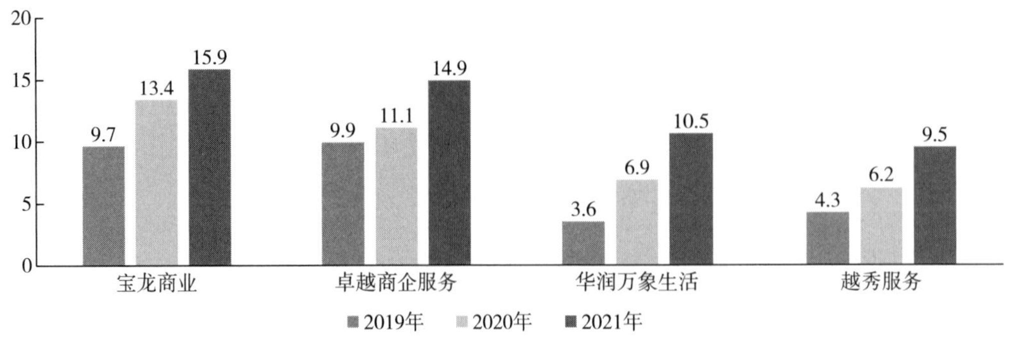

图19　2019—2021年部分物业服务上市公司每平方米在管面积净利润（元）

2021 年物业服务上市公司营业成本率均值为 70.2%，较 2020 年降低约 0.4 个百分点。随着物业服务上市公司在智能化领域探索的逐步深入，越来越多的增量物业服务场景有望实现智能化替代，智慧化软硬件的研发成本或者外采成本可能在短期内制约公司的降本效果，但是站在中长期的角度来看，物业管理行业的智慧

化发展是大势所趋，智慧物业平台的使用，不仅让物业管理更专业，也可在一定程度上降低物业管理成本。

3. 成长潜力：高增长、高储备；服务深度、广度双向延展

物业管理行业经过多年发展，仍具备显著的增长潜力。2021 年，物业服务上市公司储备面积增长超两成，在管面积、营业收入、毛利润和净利润增速在 50% 左右，随着物业服务上市公司进一步深耕增值业务，拓宽服务空间边界，充分发挥物业服务强延伸性的优势，物业服务上市公司仍面临广阔的市场空间。

（1）储备面积均值 5800 万平方米，增长率为 24.1%，增速显著提高

储备面积是企业未来发展的重要基础，储备面积越充足，企业未来发展的确定性越强，未来的成长性越有保障，是企业成长潜力的首要体现。

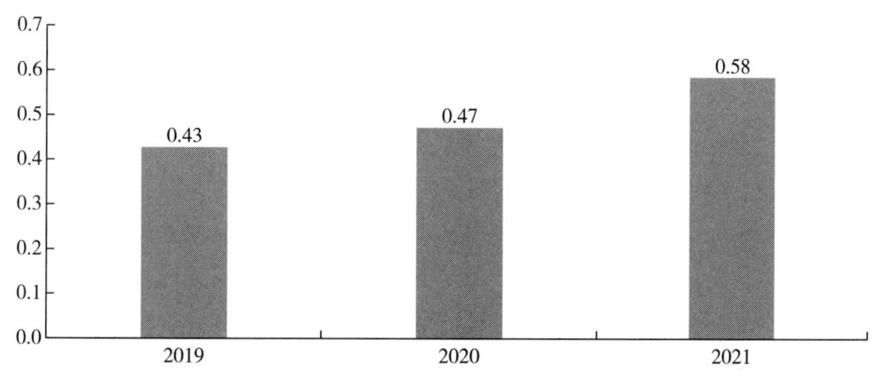

图20　2019—2021年物业服务上市公司储备面积均值（亿平方米）

2021 年，物业服务上市公司的储备面积均值为 0.58 亿平方米，同比增长 24.0%，增速较 2020 年增加 13.6 个百分点，储备面积占在管面积均值的 53%。2021 年之后上市的物业企业储备面积相对较小，均值约 0.13 亿平方米，拉低了储备面积均值整体水平。只考虑 2020 年末已上市的物业服务企业，2021 年储备面积均值达到 0.81 亿平方米，同比增长 27.6%。

储备面积排名前十的企业均值达到 2.05 亿平方米，是物业服务上市公司均值的 3.4 倍。其中，绿城服务、新城悦服务、建业新生活等 3 家企业的储备面积和在管面积大体相当，未来企业的在管规模可能实现翻倍式增长。

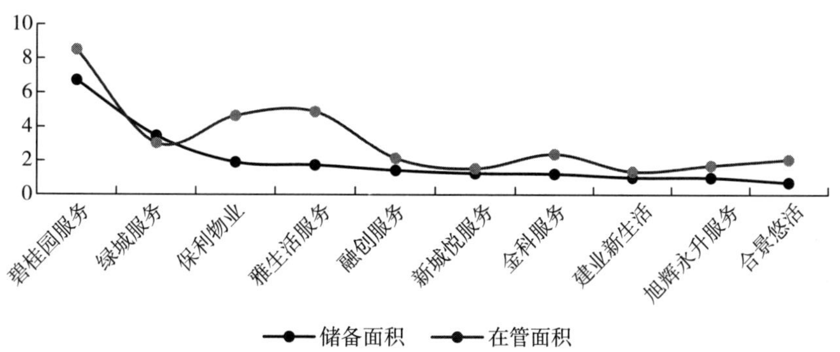

图21　2021年部分上市公司储备面积（亿平方米）

（2）在管面积、营业收入、净利润均值增速超 44%，超过百强企业同期水平

2021 年，房地产行业融资收紧影响也传导至下游物业管理行业，引发物业管理行业并购热潮，呈现出优质标的多、并购标的估值理性回归等特点，物业服务上市公司利用资本市场融资优势大力开展收并购，抓住机遇扩大管理规模，与 2020 年相比增速进一步提高。

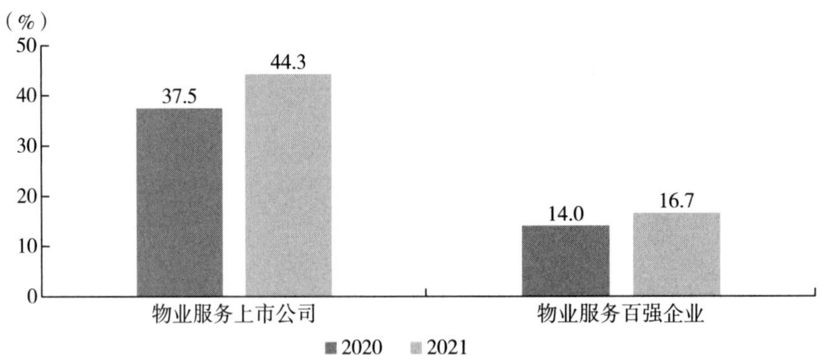

图22 2020—2021年物业服务上市公司与百强企业[①]的在管面积均值增长情况

2021年，物业服务上市公司在管面积均值同比增长44.3%，并远超同期百强企业增速（16.7%）。2021年至2022年4月上市的物业服务企业管理规模相对较小，拉低了在管面积均值水平，只考虑2020年末已上市的物业服务企业，在管面积均值达到1.5亿平方米，同比增速达到50.8%。

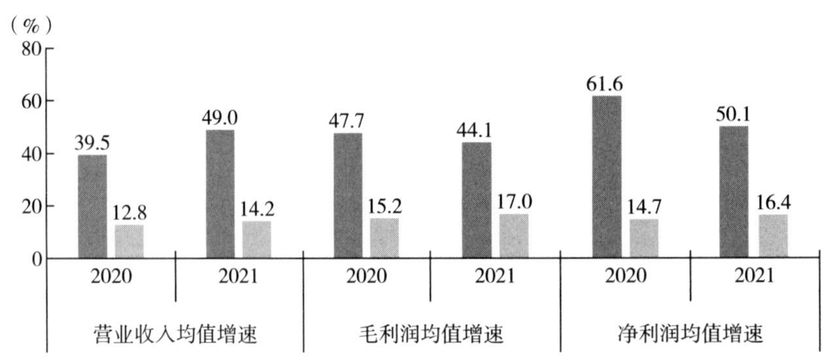

图23 2020—2021年物业服务上市公司与百强企业的经营指标增长情况

2021年，物业服务上市公司的营业收入均值、毛利润均值、净利润均值同比增速分别为49.0%、44.1%和50.1%。营业收入均值增速相较2020年进一步提高，但受疫情补贴减少、并购项目和部分新增业务毛利率水平较低影响，毛利润均值和净利润均值增速有所下滑，有8家上市公司的净利润不同程度下滑，经营业绩压力增加。随着新增项目消化吸纳和数字化手段应用推广，未来毛利润和净利润均值仍有增长空间。

作为参考，2021年百强企业的营业收入均值、毛利润均值、净利润均值分别为13.4亿元、3.4亿元和1.2亿元，同比增速分别为14.21%、17.0%和16.4%，物业服务上市公司仍旧凸显了强大的成长性优势。合景悠活成为营业收入增长最快的物业服务上市公司，2021年营收大增114.6%。

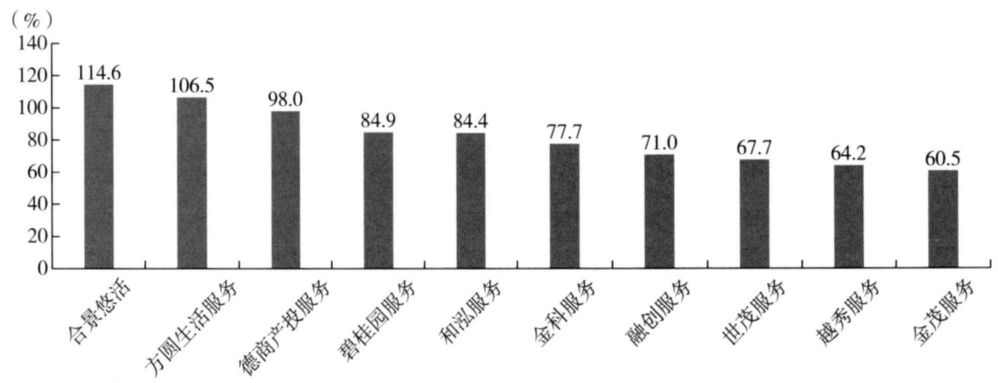

图24 2021年部分物业服务上市公司营业收入增长情况

① 百强企业：中指研究院根据管理规模、经营绩效、服务质量、发展潜力、社会责任等指标体系评选出的“2022中国物业服务百强企业”。

此外，对比上市公司 2021 年的在管面积均值增速及营业收入均值增速可以发现，随着前期新增在管项目的逐步消化以及增值业务推广，2021 年营业收入增速提高。企业在管面积增速的进一步提升，将为未来物业服务上市公司的营业收入带来持续的增长动力。

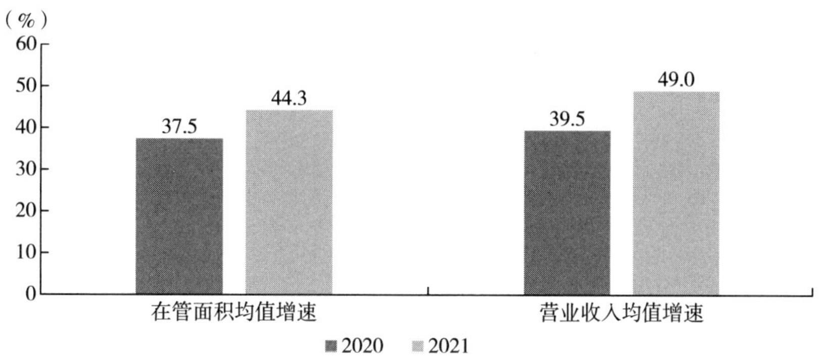

图25　2020—2021年物业服务上市公司在管面积与营业收入增长情况

（3）多种经营收入增长超 50%，城市服务成为上市公司的重要战略部署

物业管理行业服务内容可延展性强，想象空间广阔。物业服务上市公司的服务内容也不断拓展，以基础物业服务为依托，不断突破业态边界、内容边界和空间边界，增加多种经营收入来源，实现业务收入不断提升。

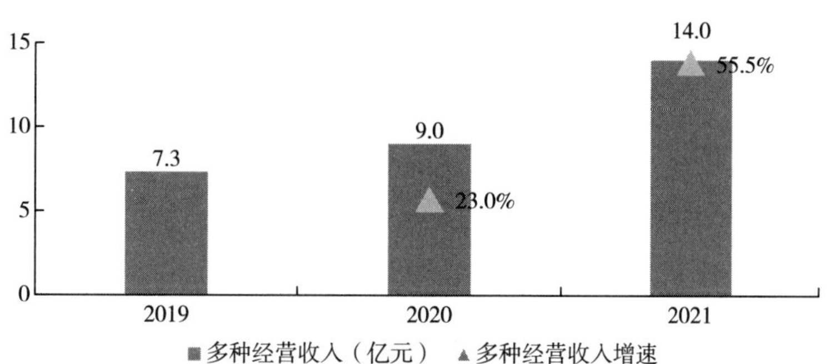

图26　2019—2021年物业服务上市公司多种经营收入均值和增速

2021 年，物业服务上市公司的多种经营收入均值为 14.0 亿元，同比大幅增长 55.5%，显著高于 2020 年的 23.0%，也高于 2021 年物业服务上市公司 49% 的营业收入增长率。

经过多年发展，物业服务上市公司社区增值服务业务布局已相对丰富，业务深耕以及收入规模扩张成为重点工作。2021 年社区增值服务收入均值达到 6.2 亿元，较 2020 年大幅增长 68.6%。社区增值服务均值占多经收入均值的比例由 40.6% 提升到 44.1%，占营业收入均值也进一步提升到 18.3%。

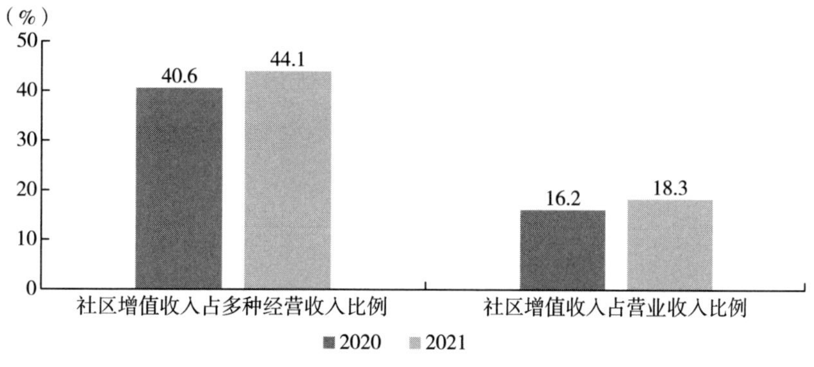

图27　2020—2021年物业服务上市公司社区增值收入占比情况

在规模扩张的发展要求下，物业服务上市公司社区增值服务实现了跨越式增长，主要集中在社区生活服务、房产经纪、社区零售、家装服务等领域。远洋服务的社区生活服务围绕客户食、住、行、休闲、教育、健康、养老等生活场景，紧密联动线上线下渠道和多方优质资源，为业主提供各类生活配套服务与日常消费服务，2021 年实现收入 2.6 亿元，同比增长 567%。

表14　　2021年部分上市公司增速较快的单项增值服务

企业名称	业务类型	业务收入同比增速
远洋服务	社区生活服务	567%
建发物业	养老及健康	524%
建发物业	房产经纪	372%
世茂服务	社区零售	317%
德信服务集团	美居服务	274%
碧桂园服务	社区传媒矩阵	179%
滨江服务	房产经纪	155%
新希望服务	本地生活服务	149%
融创服务	家装服务	142%
和泓服务	居家服务	90%
建发物业	家居生活服务	77%

从服务空间延伸角度，物业服务上市公司走出社区，走进城市广阔空间。物业管理企业服务内容与城市管理的需求重合度较高，如社区治理、保洁、设施维护、公建服务经验，为进一步拓展城市服务打下基础。此外，头部物业管理企业将新的数字化管理手段引入物业服务场景，积累经验后进一步向城市范围拓展。对政府来说，将大量的招投标流程转化为战略合作，一方面可大幅降低管理成本，另一方面也可充分利用物业服务企业的资源能力和智慧化管理手段，为基层治理和智慧城市建设提供重要支撑。从市场潜力来看，以全国城乡社区服务事务财政支出为基础，参考物业服务上市公司城市服务业务类别，保守估计 2025 年我国城市服务市场规模将超过 7600 亿元。因此，城市服务成为上市公司的重要战略部署，也是扩张规模、提升营业收入的重要抓手。

2021 年，碧桂园服务的城市服务收入为 45.3 亿元，占营业收入的 15.7%，同比增速高达 412.3%。保利物业出资 9750 万元和普邦股份共同组建了保利环境服务公司，通过实施“一体两翼”战略布局，以环卫服务为基础，以“垃圾分类 + 再生资源回收利用”及“园林绿化养护 + 市政基础设施维护”为两翼，快速切入环卫赛道，2021 年保利物业城市服务收入为 19.62 亿元，占营业总收入的 13.6%，同比增长 81.8%。2021 年，雅生活服务、旭辉永升服务的城市服务板块首年产生营业收入，分别为 7.0 亿元、0.8 亿元。

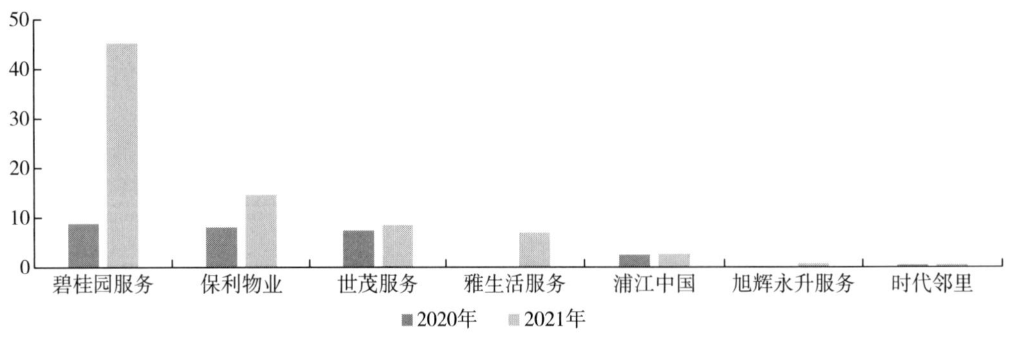

图28　物业服务上市公司城市服务业务收入（亿元）

4. 财富创造：财富创造规模和效率水平优异，超过市场整体水平

2021 年，物业服务上市公司扩大经营规模，抢夺市场份额，夯实企业的价值创造能力，同时加强人才队伍建设，提高 ESG 发展水平，提升企业精细化管理和运营效率，为广大的股东创造更高的经济价值。

（1）合理利用财务杠杆，净资产收益率超过市场整体水平

2021 年，物业服务上市公司不断提升自己的营运能力和资产管理能力，财务杠杆进一步下降，财务健康水平提升。

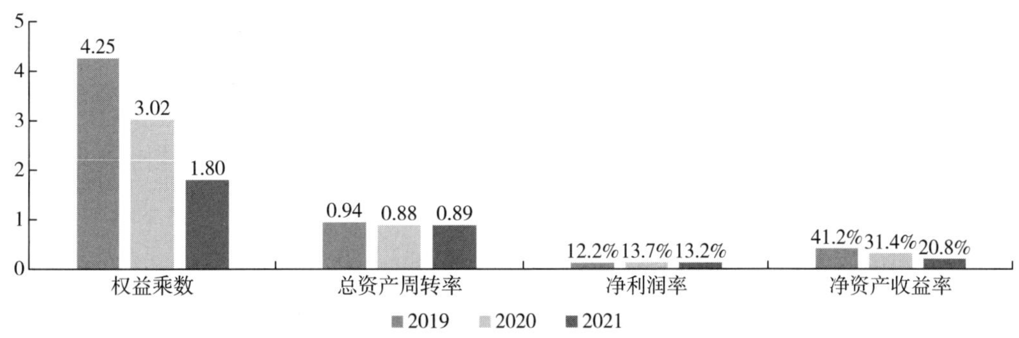

图29　2019—2021年物业服务上市公司ROE三因素杜邦分析

根据杜邦分析法，将 ROE 分解为权益乘数、总资产周转率与销售净利率的乘积，从图 29 可以看出，驱动 ROE 变化的主要因素是权益乘数，而总资产周转率和销售净利率的变化相对温和。

具体来看，权益乘数由 2020 年的 3.02 下降到 1.80，上市公司负债水平显著降低，进一步提升公司财务健康水平。从 2021 年物业服务上市公司平均资产负债率由 51.7% 下降到 45.3%，也可以印证物业服务上市公司负债水平变化。物业服务上市公司的负债水平与其经营特点密切相关。一般来说，物业管理企业属于轻资产运营，负债水平相对较低，尤其是中骏商管、星盛商业等商业管理业务突出的上市公司，负债水平处在底部，权益乘数不超过 1.26。金茂服务和银城生活服务负债水平较高，充分利用杠杆资金推动公司发展。碧桂园服务的流动负债规模最大，达到 247.9 亿元，有力支持企业并购和管理规模的提升。

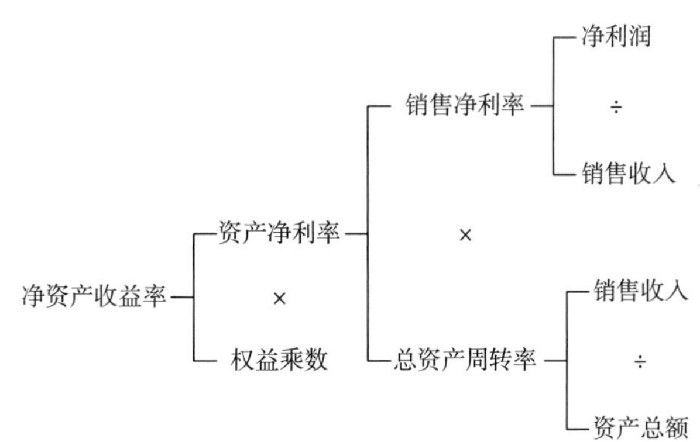

图30　ROE杜邦分析三因素拆解

物业服务上市公司的净资产收益率受权益乘数变动影响，由 2020 年的 41.2% 下降到 20.8%，但仍高于恒生指数成分股 14.5% 的净资产收益率均值[①]，具备显著的盈利水平和投资价值。

① 注：计算剔除净资产收益为负的恒生指数成分股。

（2）EBIT5.4 亿元，ROIC20%，财富创造规模和效率水平优异

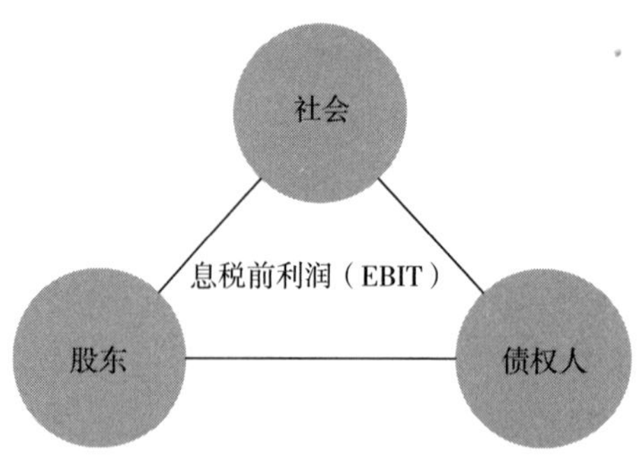

图31　息税前利润（EBIT）财富构成

物业服务上市公司的健康可持续成长，可以为社会、股东和债权人持续创造大量财富。从资金角度，社会获得的财富可以以国家税收体现，股东获得的财富以利润体现，债权人获得的财富以利息体现，而息税前利润（EBIT）可以有效反映物业服务上市公司为社会、股东和债权人直接创造的资金财富总和。

2021 年，物业服务上市公司 EBIT 达到 5.4 亿元，较上年度增长 47.1%。未来随着公司规模不断扩大，经营效率不断提升，物业服务上市公司的财富创造水平仍将进一步提升。

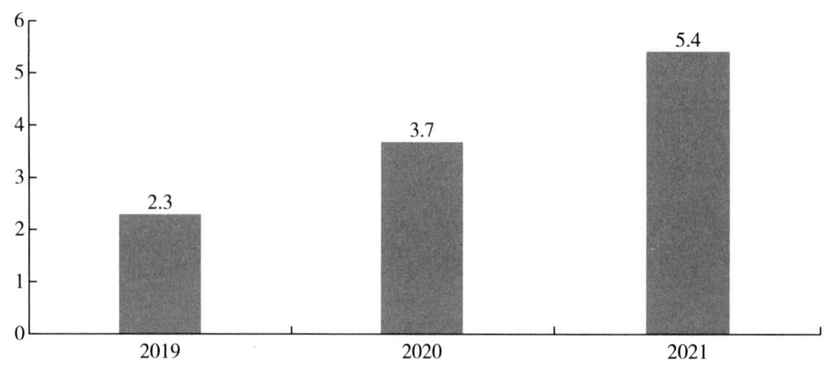

图32　2019—2021年物业服务上市公司息税前利润（EBIT）（亿元）

投入资本回报率（ROIC）衡量股东和债权人向企业投入资本的回报效率，高 ROIC 意味着企业可以用更少的投资资本产生更高的回报，也即“低投入、高回报”。物业服务上市公司近三年 ROIC 呈下降趋势，2021 年由 26.4% 降低到 20.0%，但仍保持着高于 15% 的优异水平，并且显著高于香港市场平均水平，为股东和债权人的资本投入高效创造财富。

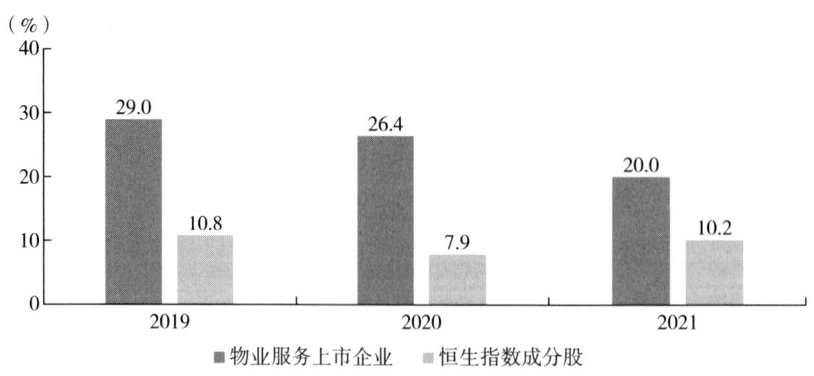

图33　2019—2021年物业服务上市公司投入资本回报率（ROIC）

2021 年，物业服务上市公司加强对新增项目的整合力度，提高资本利用效率，未来股东回报的增长

潜力持续攀升，新扩张的管理规模对每股收益产生了一定的拉升影响，也为未来完成整合后的效率提升和回报增加打下了基础。

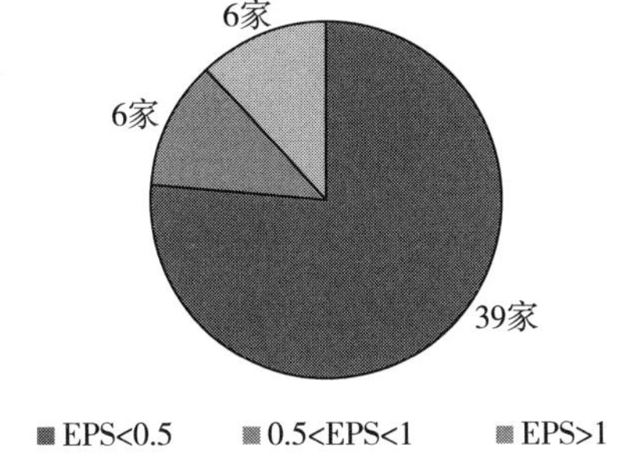

图34 2021年物业服务上市公司每股收益（EPS）分类统计

在每股收益方面，2021 年末已上市且披露信息的上市公司中，EPS 超过 1.0 元的企业有 6 家，ESP 超过 0.5 元但不足 1 元的有 6 家，其他企业的 EPS 均小于 0.5 元。物业行业上市公司平均每股收益为 0.41 元，与恒生指数成分股平均值 0.77 元相比，仍有较强业绩弹性和增长想象空间。

具体来看，雅生活服务、金科服务、保利物业、碧桂园服务和滨江服务的每股收益超过 1 元。在每股收益增速方面，华发物业服务、融创服务、华润万象生活、合景悠活、方圆生活服务等企业展示出了较高的成长性，每股收益增长率超过 50%，为股东创造的价值不断提升。

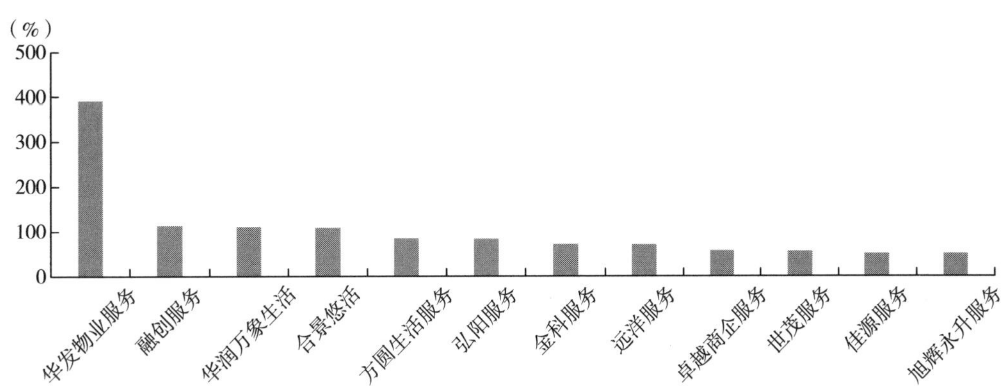

图35 2021年部分物业上市公司每股收益增速

（三）发展研判：行业发展基础扎实，创新业务有望突破，资本市场期待价值回归

1. 行业发展基本面未动摇，平台经济、非住宅业务和城市服务前景广阔

（1）发展基础扎实，作为民生行业的基本属性不断强化

经过多年发展，至 2021 年，物业服务上市公司已具备雄厚的发展基础，在管面积均值达到 1.1 亿平方米、营业收入均值达到 33.7 亿元，公司规模迅速扩大，盈利能力不断提升，主要指标以 50% 左右的速度突飞猛进，平均 0.58 亿平方米的储备面积保障了未来成长潜力。

在基础物业服务以外，物业服务上市公司通过多种方式进行创新发展。物业服务上市公司作为行业龙头企业，带领行业逐步从主要依靠基础物业服务费收入的微利经营模式向规模化、专业化、标准化、智能化、多元化的创新模式发展，并向更深、更广的业务领域延伸。

从全社会来看，物业管理行业目前已经成为全社会重要的民生行业，关系到人民群众美好生活愿望的实现，行业价值达到了新高度。物业服务上市公司从服务社区到参与社会治理，承担起越来越多的社会公共服务职能。特别是在疫情防控方面，上市公司竟显责任与担当：一方面积极配合政府进行疫情防控，另一方面，通过社区服务平台，为业主提供蔬菜生鲜配送、口罩等防疫物资配送服务，创造了行业光辉而伟大的动人时刻，赢得了全社会的认可，行业的社会地位显著提升，未来仍将在社区治理、城市治理中发挥重要作用。

（2）创新业务具有广阔发展空间，有望引领行业突破发展边界

第一，平台经济。物业服务上市公司联结社区业主、住户与各类服务提供者、联结政府部门与城市服务专业提供商，天然具备发展平台经济的条件。比如通过社区服务平台，物业服务上市公司为业主提供蔬菜生鲜配送、口罩等防疫物资团购服务，一方面解决业主在疫情之下可能面临的突发问题，另一方面也可以实现平台经济生态的繁荣。

物业服务上市公司围绕业主食、住、行、休闲、教育、健康、养老等多种多样的生活场景，依靠管理规模优势和平台经济便利，可以孕育孵化出一批具有发展前景的增值服务提供商。

此外，物业服务上市公司在数字化运营系统、智慧社区平台、智慧城市平台等领域的建设，也有助于提升管理水平，降低经营成本，符合数字化经济发展潮流。

第二，非住宅业务。物业服务上市公司从住宅社区开始，随着市场的发展逐渐向外延伸至商场、办公楼、政府公建、学校、医院等非住宅空间领域。2021 年，物业服务上市公司非住宅在管面积平均占比为 28.5%，还有广阔的发展空间。如把握“机关及企事业单位后勤服务社会化改革”和“公共服务领域鼓励社会资本参与投资和运营”的政策机会，积极承接政府机关、国有企业、事业单位等相关物业管理服务，可顺势切入交通枢纽、体育场馆等公共服务领域。

第三，城市服务业务。物业服务上市公司在深入积累传统住宅空间及非住宅领域的服务基础上，由点及面，可将物业服务的作业面从社区空间扩展到城市空间。部分上市公司已经将城市服务业务视为重要的战略方向，通过并购、合资、战略合作、自研等多种形式进行能力建设，并根据自身经营特点，由不同的业务领域和目标区域切入。但总体来看，上市公司城市服务业务仍处于初期阶段，与庞大的市场容量相比，项目渗透率仍然较低，仍需扎实推进业务开展，不断提升服务水平，为我国城市治理、基层建设提供支撑。

（3）积极加强 ESG 建设，实现企业与社会双赢

ESG 是环境（Environmental）、社会（Social）及公司治理（Governance）的缩写，反映了企业在促进经济可持续发展、履行环境与社会责任等方面的贡献，已经日益成为衡量企业可持续发展能力、影响投资者决策的关键因素。财务报告反映了企业当下的经营状况，而 ESG 则衡量了企业长期的可持续发展能力，为投资者完整了解企业长期绩效水平提供了更加有效的途径。从披露要求来看，港交所对上市公司的 ESG 信息披露已上升至强制披露层面，物业服务上市公司的整体 ESG 披露水平较高。

物业服务上市公司根据 ESG 指标体系建立健全公司的治理结构和信息披露机制。在公司治理方面，物业服务上市公司陆续按照要求构建完善的可持续发展管治架构，如可持续发展委员会、ESG 工作小组等专门机构，并由高级管理人员担任管理角色，依照董事会所确定的发展方针、目标和优先级而编制相关的 ESG 规章制度，并推广及执行相关的管控措施，确保具备 ESG 工作开展的组织基础和制度支撑，持续推动公司健康可持续的发展。在信息披露方面，港股上市公司形成了差异化的 ESG 信息披露方式：碧桂园

服务、保利物业、中海物业、雅生活服务、旭辉永升服务、第一服务控股等公司每年专门发布《环境、社会及管制报告》，其他在港上市公司虽然没有针对 ESG 事项单独形成报告，但是其在年度报告中单独形成章节对公司在环境、社会和管治方面所做的努力、取得的成就及公司的特色做法等方面予以披露。

物业管理行业作为服务业，在环境管理和履行社会责任方面具备较强的履职机遇和作为空间。一方面，可以在环保方面充分发挥能动作用和带头作用，促进人与自然的和谐发展，特别是在污染物的防治、资源能源的优化配置等方面，将绿色理念、节能减排、资源节约、环保制度规划融入企业可持续发展的核心序列，打造差异化的服务品类，提升品牌优势和品牌辨识度。如华润万象生活为有效降低能源使用量和碳排放，在中国华润大厦率先采用智慧运营，人机结合的方式，投入运营 BIM 系统，构建了线上与线下三维可视化智能管理体系。利用大数据、云计算、物联网技术、BIM 系统实现了对日常运维子系统的集成服务，通过对电梯系统、空调系统和照明系统的实时监控，对设备启停进行智能化控制，实现了物业管理的智能化、精细化、高效化和无纸化，有效缓解了大厦用电量激增的不利局面，大幅降低了能源的使用量和碳排放。

另一方面，上市物业公司应该在保持传统物业服务的同时，打破公司的业务边界，通过相关或者非相关多元化涉入增值业务领域，通过科技赋能，智慧引领，推动物业公司线上线下融合发展，全方位、多层次地满足居民的多元需求，承担更多的社会责任。

表15　部分物业服务上市公司ESG表现

企业名称	ESG 运营分析
社会责任	建业新生活以现代农业产业园、田园综合体建设运营为核心，通过市场化的方式将人力、资金和智力导入到乡村，依靠科技、整合、连接、物联网以及人工智能，大力发展三产融合的高技术农业和高效农业，并推动农村人才培养和促进农民就业，带动农民致富。
环境保护	金科服务实施了车库 LED 智能感应灯升级，铺设 LED 智能节能灯具超 47000 盏，实现车库、园区公共区域（车库、人行道、球场等）的智慧照明，能源使用效率提升超 60%。
公司治理	星盛商业成立了董事会领导下的 ESG 工作小组，工作小组由集团不同部门的核心人员组成，形成董事会 – 工作小组 – 业务板块三级联动的自上而下领导治理和自下而上信息反馈的双向工作机制。

随着 ESG 发展理念逐步深入，国内越来越多的基金公司成立 ESG 为主题的投资基金，包括 ESG 主题、低碳及碳中和主题、新能源主题、环保主题和可持续发展、公司治理等其他符合 ESG 理念的主题基金几大类别。2021 年，我国 ESG 公募基金新成立 62 只（A、C 份额按同一只基金统计）。物业服务上市公司主动承担社会责任，与环境友好相处，打造和谐共荣的生态体系，有助于增强国内外投资者对公司价值的理解，获得更多资本关注，促进物业上市公司的价值挖掘和释放。

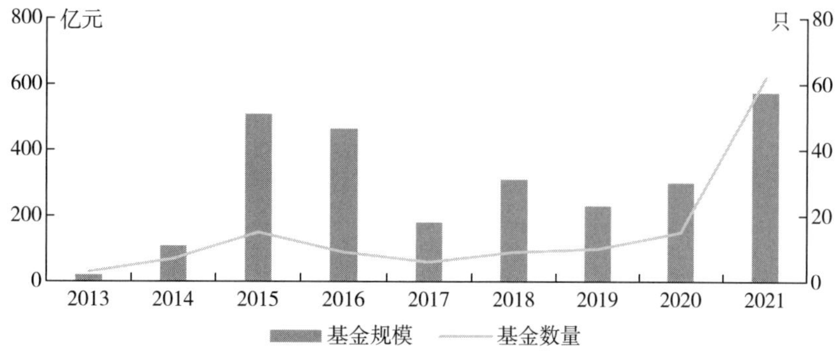

图36　国内ESG概念投资基金规模和成立数量

2. 资本市场表现背离板块基本面，蕴含价值向上回归动因

将港股物业服务板块市场表现与历史比较可以发现，当前板块市盈率与2018年11月水平相当。回顾2018年末，物业服务上市公司只有13家，营业收入均值22.1亿元，净利润均值2.8亿元，净利润率均值11.4%，每股收益0.2元，均低于当前水平。

因此，受内在调整需求、市场环境与关联房地产企业影响，港股物业服务板块表现已脱离公司基本面，存在超跌现象。资本市场当前的过度反应孕育着未来价值向上回归的动因，随着外部环境好转，港股物业服务板块也将进入估值修复。

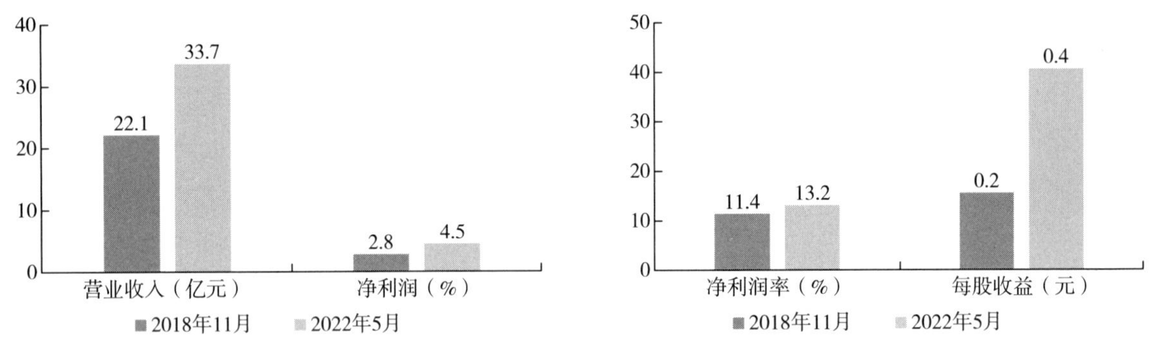

图37　2018年11月与2022年5月物业服务上市公司重要均值对比

房地产行业形势有所缓和。2022年4月中央政治局会议定调支持各地从当地实际情况出发完善房地产政策。全国多个城市适度放松房地产调控政策，内容包括放宽限购资格、降低首付比例等，利好房地产企业销售回款。金融管理部门也提出加大对房企融资支持，要求金融机构不盲目抽贷、断贷、压贷，并通过并购债券、并购贷款等纾困资金帮助房地产企业化解风险。在这个过程中，房地产企业逐步出清资产和负债，在负债出清后，行业整体的债务风险也随之下降。在信用事件与利差方面，2022年4月份有5只债券违约、4只债券展期。无主体和债券的信用级别被下调，未来出现大面积违约情况的可能性下降。

经过本轮洗礼，物业服务上市公司将进一步增强业务的独立性和经营的规范性，通过提升第三方在管面积占比和拓展各类多种经营业务等方式，逐步摆脱对关联房地产企业的依赖，并依靠行业的优质前景，在资本市场摆脱房地产企业“暴雷”的影响，走出独立行情。

政策支持促进行业加速成长。2021年1月以来，《关于加强和改进住宅物业管理工作的通知》《关于推进城市一刻钟便民生活圈建设的意见》《“十四”五规划纲要和2035远景目标》《“十四五”公共服务规则的通知》等一系列政策措施将为物业服务上市公司带来新的动力。而2022年加大退税和减税力度、略有宽松倾向的货币政策及其他强有力的经济刺激措施，也为物业服务上市公司进一步发展奠定基础。

结　语

过去的一年，对物业管理行业来说，是经历磨砺的一年，也是机遇空前的一年。外部环境变化、关联企业压力、前期市场过热，合力引发估值回调。但优秀的上市公司以高质量增长为基石，不断探索，劈波斩浪。在行业属性未变，发展逻辑未变的背景下，物业服务上市公司不断夯实自身竞争力，打

下扎实的发展基础，坚定前行，持续推动行业快速发展。2022 年，国家实施跨周期调节的顶层设计，体制机制改革红利将进一步释放。《“十四五”公共服务规则的通知》和《关于促进服务业领域困难行业恢复发展的若干政策的通知》等相关利好政策发布，奠定了物业管理行业在社区治理中的核心地位，引导行业健康、规范和可持续发展。随着外部环境逐渐稳定，物业服务上市公司也将在资本市场重回价值中枢。

路漫漫其修远，物业服务上市公司应借助资本加持，不断汇聚优秀人才、先进技术和优秀的管理方式，以基础物业服务为根基，不断探索，开拓创新，扎实推进平台经济、非住宅服务、城市服务等业务布局，投身更加广阔的发展空间，为企业和社会价值创造提供卓越贡献。

报告十五　2022年上半年中国物业服务价格指数研究报告

一、概要

2022 年两会工作报告强调“加大社区养老、托幼等配套设施建设力度，促进家政服务提质扩容”“发展智慧城市、数字乡村”等工作要点，物管行业利好政策频出。同时，在经历房地产市场流动性危机之后，物业企业更加注重自身业务独立性，成为存量时代下的民生服务担当。站在新的起点，紧抓新的机遇，行业开启“服务升级、奋斗不止”的新征程。

在此背景下，中指研究院秉持“客观、准确、科学、合理”的理念，在分析总结历年研究经验及物业管理行业发展现状的基础上，开展“中国物业服务价格指数系统”和“中国物业服务星级评价标准体系”研究，并对五星级物业服务标杆案例进行剖析。

本次研究有以下主要结论。

整体来看，2022 年 6 月二十城物业服务价格综合指数为 1075.48，同比上涨 0.14%，涨幅较去年同期收窄 0.27 个百分点；环比上涨 0.06%，涨幅较上期收窄 0.02 个百分点。二十城各星级物业服务价格指数同比大部分呈上涨趋势。

物业服务收费方面，二十城物业服务均价为 2.48 元 / 平方米 / 月；从不同星级物业服务收费来看，各星级物业服务收费同比均上涨。三星级物业服务收费为 2.01 元 / 平方米 / 月，同比上涨 0.20%；四星级物业服务收费为 2.73 元 / 平方米 / 月，同比上涨 0.10%；五星级物业服务收费为 3.80 元 / 平方米 / 月，同比上涨 0.03%。

样本方面，整体来看二十城物业服务水平仍以三星为主，占比 45.58%，四、五星级项目占比 54.42%。从城市分级看，一线城市的四、五星级项目占比为 64.29%，环比上升 1.30%；从区域看，珠三角地区和西南地区四星级与五星级样本之和占比均超 60%，分别为 60.61% 和 61.92%，占比领先于环渤海地区、长三角地区和中部地区；从城市角度看，北京、上海、深圳、南京、武汉、天津、重庆、昆明八个城市的四、五星级样本占比均超过 60%，领先于其他城市；二十个城市的软件和硬件平均得分分别为 81.48 分和 80.85 分，软件平均得分略微高于硬件平均得分，2022 年上半年软件、硬件服务水平均有提高。

二、主要研究成果

本次研究基于“中国物业服务星级评价标准体系”，对北京、上海等二十个代表城市 2022 年上半年的项目物业服务水平进行打分、评级，并计算其物业服务价格指数，得到研究结论如下。

1. 指数：二十城综合指数环比上涨 0.06%，涨幅较上期收窄 0.02 个百分点

表1　　2022年6月二十城物业服务价格指数（按环比降序排列）[①]

序号	城市	2021 年 6 月	2021 年 12 月	2022 年 6 月	同比	环比
	二十城	1073.93	1074.79	1075.48	0.14%	0.06%
1	杭州	1064.43	1070.38	1074.83	0.98%	0.42%
2	宁波	1065.12	1067.33	1069.33	0.40%	0.19%
3	无锡	1104.85	1104.85	1106.46	0.14%	0.14%
4	常州	1118.05	1119.70	1121.12	0.27%	0.13%
5	苏州	1092.25	1092.25	1093.61	0.12%	0.12%
6	南京	1094.80	1096.22	1097.47	0.24%	0.11%
7	上海	1052.55	1054.09	1055.03	0.24%	0.09%
8	广州	1020.86	1021.87	1022.73	0.18%	0.08%
9	南昌	1057.15	1058.53	1059.02	0.18%	0.05%
10	济南	1027.35	1027.89	1028.34	0.10%	0.04%
11	武汉	1099.78	1100.10	1100.48	0.06%	0.03%
12	天津	1027.89	1028.11	1028.34	0.04%	0.02%
13	长沙	1100.71	1103.81	1103.81	0.28%	0.00%
14	重庆	1109.05	1109.10	1109.10	0.00%	0.00%
15	北京	1132.55	1132.60	1132.60	0.00%	0.00%
16	合肥	1040.65	1040.65	1040.65	0.00%	0.00%
17	青岛	1077.92	1077.92	1077.92	0.00%	0.00%
18	昆明	1116.01	1116.01	1116.01	0.00%	0.00%
19	深圳	1042.70	1042.70	1042.70	0.00%	0.00%
20	成都	1047.93	1047.93	1047.93	0.00%	0.00%

数据来源：中指数据 CREIS，www.cih-index.com。

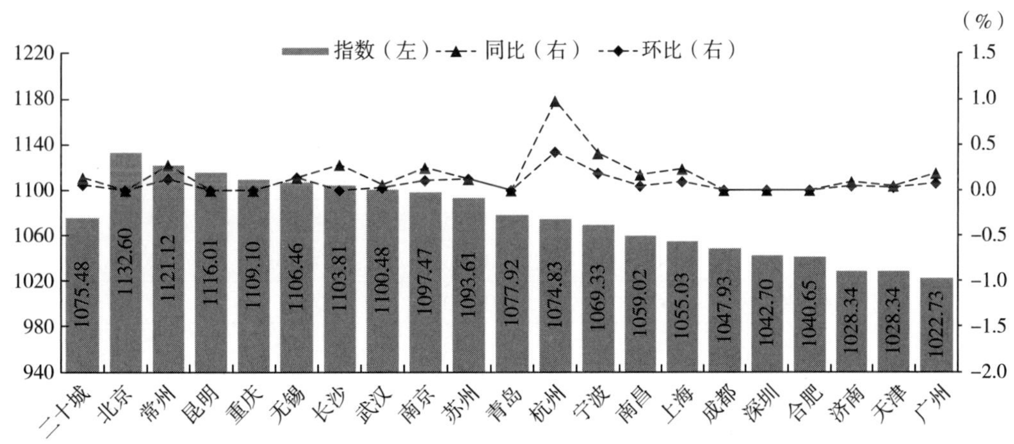

图1　2022年6月二十城物业服务价格指数

数据来源：中指数据 CREIS，www.cih-index.com。

2022 年 6 月，二十城物业服务价格综合指数为 1075.48，同比上涨 0.14%，涨幅较上年同期收窄 0.27 个百分点；环比上涨 0.06%，涨幅较上期收窄 0.02 个百分点。同比来看，二十城中，杭州、宁波、长沙等 13 个城市物业服务价格指数上涨，上涨城市数量较上年同期减少 6 个；重庆、北京、合肥等 7 个城市物

① 各城市以各自2012年12月为基期，基点为1000点。

业服务价格指数与上年同期持平。其中杭州同比上涨 0.98%，涨幅较上年同期收窄 0.27 个百分点；宁波、长沙等 10 个城市涨幅在 0.1%（含）～ 0.5% 之间；武汉、天津同比涨幅均在 0.1% 以内，其中天津涨幅相对较小，为 0.04%。

与 2021 年 12 月相比，二十城中，杭州、宁波、无锡等 12 个城市物业服务价格指数上涨，上涨城市数量较上期增加 1 个；长沙、重庆、北京等 8 个城市环比持平。其中，杭州环比上涨 0.42%，涨幅较上期收窄 0.14 个百分点；宁波、无锡等 5 个城市涨幅均在 0.1% ～ 0.2% 之间；上海、广州等 6 个城市环比涨幅均在 0.1% 以内，其中天津涨幅相对较小，为 0.02%。

分区域[①]来看，近半年来，长三角地区物业服务价格指数环比上涨 0.16%，较上期收窄 0.01 个百分点，环比涨幅居各区域前列，区域内杭州和宁波涨幅相对较大，环比分别上涨 0.42%、0.19%；珠三角地区环比上涨 0.05%，涨幅与上期持平，区域内广州环比上涨 0.08%，深圳环比持平；中部地区环比涨幅为 0.02%，较上期收窄 0.09 个百分点，区域内南昌、武汉环比分别上涨 0.05% 和 0.03%；环渤海地区环比上涨 0.01%，与上期持平，区域内济南、天津环比分别上涨 0.04% 和 0.02%；西南地区环比与上期持平，区域内各城市物业服务价格指数均与上期持平。

表2　2022年6月不同星级物业服务价格指数（按三星环比指数值降序排列）

序号	城市	环比指数（上期 =1000）			同比指数（上年同期 =1000）		
		三星级	四星级	五星级[②]	三星级	四星级	五星级
	二十城	1000.69	1000.62	1000.18	1001.94	1001.17	1000.59
1	宁波	1003.17	1000.68	—	1006.87	1001.27	—
2	杭州	1003.01	1006.49	1001.10	1007.41	1014.53	1003.71
3	常州	1002.79	1000.00	1000.80	1002.79	1000.00	1007.63
4	无锡	1001.96	1000.17	1000.00	1001.96	1000.17	1000.00
5	广州	1001.44	1000.45	1000.00	1003.80	1000.45	1000.00
6	苏州	1001.34	1001.25	1000.00	1001.34	1001.25	1000.00
7	南昌	1000.94	1000.00	—	1003.56	1000.00	—
8	天津	1000.64	1000.00	1000.00	1000.64	1000.00	1001.11
9	济南	1000.60	1000.00	1000.00	1001.31	1000.00	1000.00
10	上海	1000.58	1001.23	1000.00	1004.78	1001.36	1000.00
11	南京	1000.18	1001.27	1002.25	1002.06	1002.80	1002.25
12	武汉	1000.00	1000.58	1000.00	1000.85	1000.58	1000.00
13	长沙	1000.00	1000.00	1000.00	1002.96	1002.96	1000.00
14	重庆	1000.00	1000.00	1000.00	1000.00	1000.07	1000.00
15	北京	1000.00	1000.00	1000.00	1000.00	1000.00	1000.23
16	合肥	1000.00	1000.00	1000.00	1000.00	1000.00	1000.00
17	青岛	1000.00	1000.00	—	1000.00	1000.00	—
18	昆明	1000.00	1000.00	—	1000.00	1000.00	—
19	深圳	1000.00	1000.00	1000.00	1000.00	1000.00	1000.00
20	成都	1000.00	1000.00	1000.00	1000.00	1000.00	1000.00

① 本报告城市区域划分标准如下：环渤海地区包括北京、天津、青岛和济南；长三角地区包括上海、杭州、南京、常州、宁波、苏州和无锡；西南地区包括重庆、成都和昆明；中部地区包括武汉、长沙、合肥和南昌；珠三角地区包括广州和深圳。

② 宁波、南昌、青岛、昆明共4个城市因五星样本较少，不具代表性，暂未纳入指数计算；20城五星级物业服务价格指数根据其余16城计算，下同。

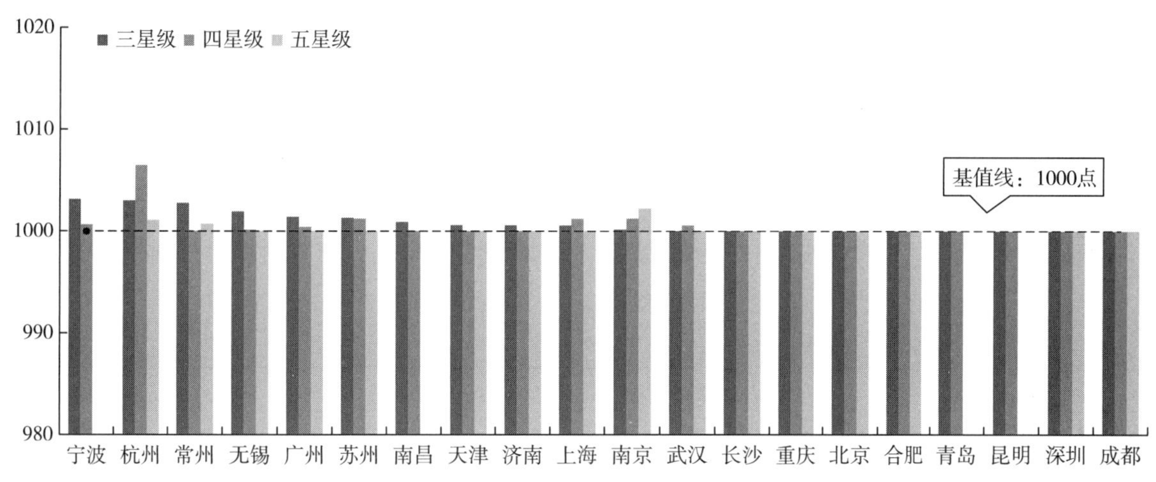

图2 2022年6月不同星级物业服务价格环比指数

数据来源：中指数据 CREIS，www.cih-index.com。

从不同星级物业服务价格指数来看，二十城各星级物业服务价格指数同比均上涨，三星级同比涨幅相对较大。2022 年 6 月，二十城三星级物业服务价格指数环比上涨 0.07%，同比上涨 0.19%；四星级物业服务价格指数环比上涨 0.06%，同比上涨 0.12%；五星级物业服务价格指数环比上涨 0.02%，同比上涨 0.06%。同比来看，三星级物业服务价格指数中，杭州、宁波、上海等 13 个城市较上年同期上涨，其中杭州、宁波涨幅相对较大，均超过 0.5%。四星级物业服务价格指数中，杭州、长沙、南京等 10 个城市较上年同期上涨，其中杭州涨幅超过 1.0%。五星级物业服务价格指数中，常州、杭州、南京等 5 个城市较上年同期上涨，常州涨幅相对较高，超 0.5%。

2. 价格：二十城均价为 2.48 元 / 平方米 / 月，各星级物业服务收费同比均上涨

表3　　2022年6月城市物业服务均价（单位：元/平方米/月）

城市	深圳	北京	杭州	上海	广州	天津	宁波	武汉	青岛	苏州	—
样本均价	3.84	3.36	2.84	2.78	2.65	2.60	2.51	2.49	2.29	2.26	—
城市	成都	重庆	无锡	长沙	南京	济南	合肥	南昌	昆明	常州	二十城综合
样本均价	2.25	2.24	2.21	2.11	1.93	1.80	1.61	1.60	1.51	1.26	2.48

＊注：本报告南京物业服务价格不含公摊费，下同。

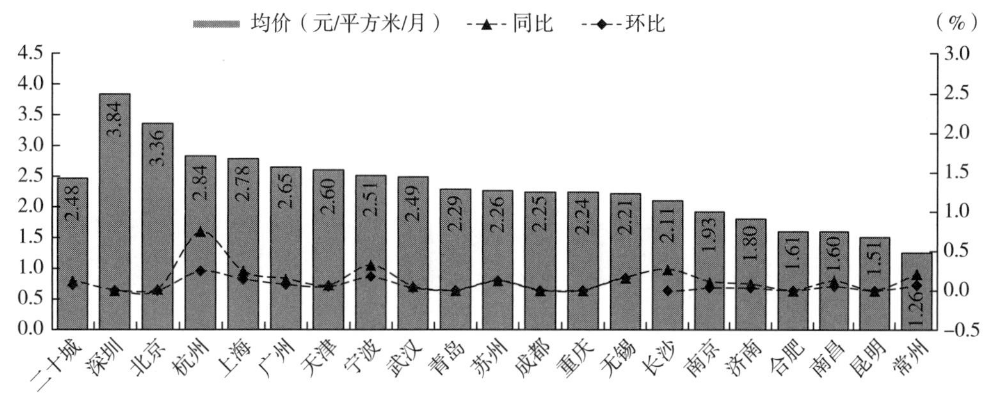

图3 2022年6月二十城物业服务均价

数据来源：中指数据 CREIS，www.cih-index.com。

2022 年 6 月，二十城物业服务均价为 2.48 元 / 平方米 / 月。一线城市物业服务价格水平居前列，其中深圳均价最高，为 3.84 元 / 平方米 / 月；北京次之，为 3.36 元 / 平方米 / 月；杭州、上海、广州、天津、宁波均价分别为 2.84、2.78、2.65、2.60 和 2.51 元 / 平方米 / 月；武汉、青岛等 7 个城市均价在 2.0 ~ 2.5 元 / 平方米 / 月之间，其中武汉均价相对较高，为 2.49 元 / 平方米 / 月；南京、济南等 6 个城市均价在 1.0 ~ 2.0 元 / 平方米 / 月之间，其中常州物业服务均价水平仍相对较低，为 1.26 元 / 平方米 / 月。

表4　　2022年6月不同星级物业服务收费（单位：元/平方米/月）（按三星收费降序排列）

序号	城市	三星级	四星级	五星级
	二十城	2.01	2.73	3.80
1	深圳	3.44	3.98	4.82
2	北京	2.64	3.65	4.76
3	广州	2.28	2.82	3.77
4	杭州	2.20	3.34	4.73
5	武汉	2.18	2.58	3.25
6	上海	2.09	2.84	4.81
7	天津	2.08	2.58	3.60
8	苏州	2.06	2.68	3.18
9	青岛	1.99	3.18	——
10	长沙	1.95	2.20	3.58
11	无锡	1.93	2.89	3.44
12	宁波	1.90	3.07	——
13	重庆	1.73	2.38	3.11
14	成都	1.68	2.48	3.62
15	济南	1.63	2.25	2.89
16	南昌	1.38	1.83	——
17	南京	1.37	1.98	2.61
18	合肥	1.36	2.10	2.61
19	昆明	0.97	1.78	——
20	常州	0.78	1.22	2.22

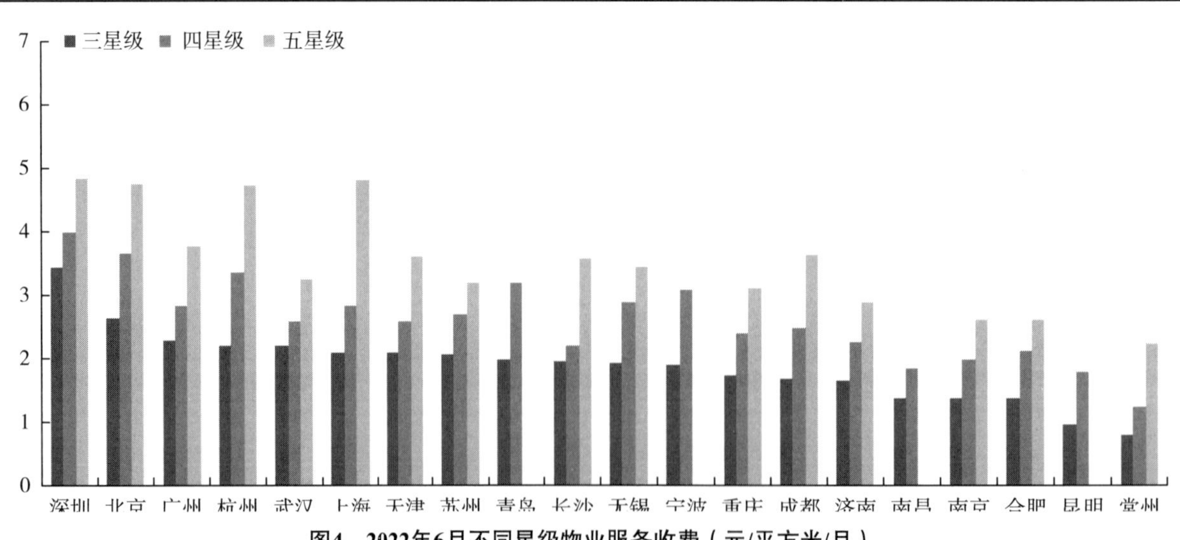

图4　2022年6月不同星级物业服务收费（元/平方米/月）

数据来源：中指数据 CREIS，www.cih-index.com。

从不同星级物业服务收费来看，各星级物业服务收费同比均上涨，三星级同比涨幅最高。2022 年 6 月，二十城整体三星级物业服务收费为 2.01 元 / 平方米 / 月，同比上涨 0.20%，其中深圳收费最高，为 3.44 元 / 平方米 / 月；北京、广州等 7 个城市收费介于 2.0 ~ 3.0 元 / 平方米 / 月之间；青岛、长沙等 10 个城市介于 1.0 ~ 2.0 元 / 平方米 / 月之间；昆明和常州收费分别为 0.97 元 / 平方米 / 月和 0.78 元 / 平方米 / 月。四星级物业服务收费为 2.73 元 / 平方米 / 月，同比上涨 0.10%，其中深圳、北京、杭州、青岛、宁波收费相对较高，均在 3.0 元 / 平方米 / 月以上；无锡、上海等 11 个城市介于 2.0 ~ 3.0 元 / 平方米 / 月之间；南京、南昌、昆明、常州均在 2.0 元 / 平方米 / 月以下，其中常州最低，为 1.22 元 / 平方米 / 月。五星级物业服务收费为 3.80 元 / 平方米 / 月，同比上涨 0.03%，其中深圳收费最高，为 4.82 元 / 平方米 / 月；上海、北京、杭州收费亦超过 4.0 元 / 平方米 / 月；广州、成都、天津、长沙、无锡、武汉、苏州以及重庆收费在 3.0 ~ 4.0 元 / 平方米 / 月之间；济南、合肥、南京、常州收费均低于 3.0 元 / 平方米 / 月。

3. 样本：四星级项目占比持续上升，一线城市四、五星项目占比超六成

中指研究院严格按照样本选择规范要求，于 2022 年 4 月至 6 月对二十个城市进行了物业服务星级评价研究工作，样本数量为 6738 个，其中达到物业服务价格指数编制要求的合格样本数量为 3374 个，占比为 50.07%。伴随物业服务越来越受到社会各界的关注，物业服务企业管理愈加规范，服务质量不断提升，合格样本占比环比略有上升。本期物业服务价格指数评价体系覆盖范围广泛，样本选择标准严格谨慎，研究成果持续引领行业发展方向。

表5　2022上半年中国物业服务星级评价样本统计

调查项目数：6738 个，合格样本数量：3374 个					
城市	调查项目数	合格样本数	城市	调查项目数	合格样本数
北京	544	265	上海	478	234
广州	459	251	深圳	573	272
杭州	416	213	南京	427	200
武汉	350	160	天津	426	221
重庆	501	258	成都	391	210
昆明	204	115	苏州	193	102
无锡	208	106	长沙	217	108
宁波	275	140	青岛	226	120
南昌	195	88	济南	211	109
合肥	222	99	常州	222	103

数据来源：中指数据 CREIS，www.cih-index.com。

（1）二十城样本整体仍以三星级项目为主，四星级项目占比上升，五星级项目占比保持稳定

整体来看，二十城物业服务水平仍以三星为主，占比 45.58%，四星级和五星级项目占比分别为 45.26%、9.16%，五星级项目占比保持稳定；从城市分级来看，一线城市的四、五星级项目占比为 64.29%，环比上升 1.30%；一线城市中四星级项目占比为 51.08%，环比上升 2.85%。二线城市四星级项目占比为 42.73%，环比变化不大；五星级项目占比为 7.40%，三星级项目占比 49.87%，四、五星级项目占比之和仍超过三星级项目。

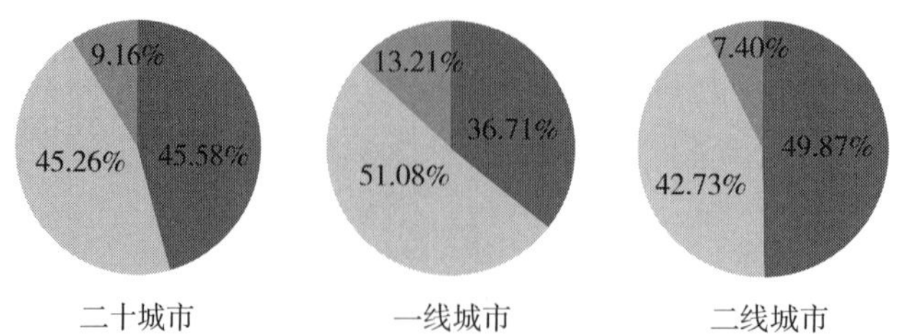

图5　二十个城市物业服务星级评价情况

数据来源：中指数据 CREIS，www.cih-index.com。

一线城市的四星级项目占比上升，或受以下因素影响。年初至今疫情不断反复，伴随国家层面政策出台，物业服务企业被纳入当地疫情防控体系，疫情防控加速物业管理行业融入社会基层治理。物业服务企业不断提升软、硬件服务质量，规范各项服务流程，加强保洁消杀等服务，四星级项目占比环比上升。

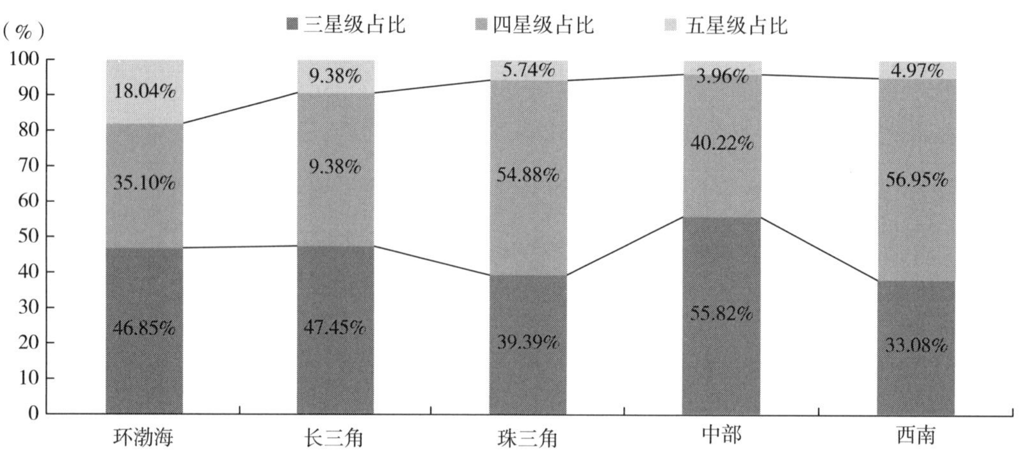

图6　区域物业服务星级评价情况

数据来源：中指数据 CREIS，www.cih-index.com。

从区域分布来看，珠三角地区和西南地区四星级与五星级样本之和占比均超60%，分别为60.61%和61.92%，占比领先于环渤海地区、长三角地区和中部地区。环渤海地区、中部地区和长三角地区四星级样本占比分别达35.10%、40.22%、43.17%，较去年均环比上升，其中长三角地区和环渤海地区经济更为发达，具备较好的物业服务发展基础，服务水平居全国前列，环渤海地区的五星级样本占比最高达18.04%；中部地区四星级与五星级样本之和占比相对略低，仅达44.18%，但较上年实现小幅上涨。

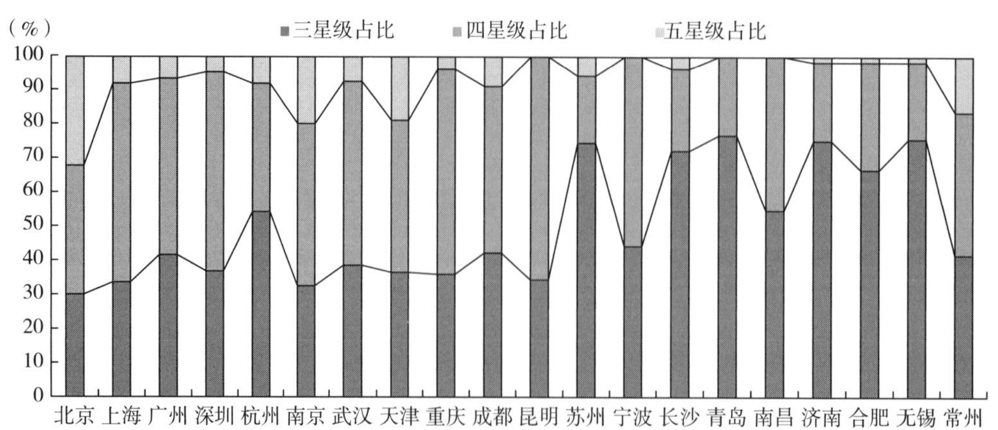

图7　二十个城市综合物业星级评价

数据来源：中指数据 CREIS，www.cih-index.com。

从城市方面看，北京、上海、深圳、南京、武汉、天津、重庆、昆明八个城市的四、五星级样本占比均超过 60%，领先于其他城市。其中北京、上海、南京、昆明四座城市四、五星级样本占比超过 65%。北京的五星级样本占比为 32.08%，仍居于所有城市首位，南京、天津和常州的五星级项目占比也均超过 10%，分别为 20.00%、19.00%、16.50%。此外，广州、成都、宁波、常州的四、五星级样本占比均超过 50%。

（2）物业服务软硬件整体发展均衡，软件、硬件服务双提高

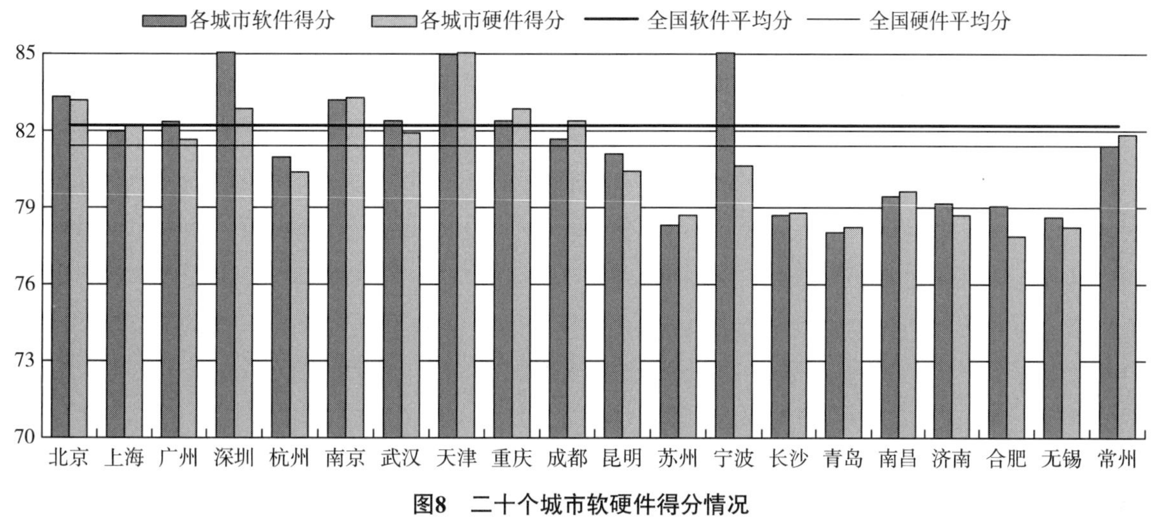

图8　二十个城市软硬件得分情况

数据来源：中指数据 CREIS，www.cih-index.com。

物业服务软件、硬件服务双提升，均衡发展。根据调研结果来看，二十个城市的软件和硬件平均得分分别为 81.48 分和 80.85 分，软件平均得分略高于硬件平均得分。2022 年上半年宏观经济环境骤变叠加各项调整政策频出，物管板块承压但长期向好基本面未变。截至 2022 年 5 月末，已有三家物业服务企业在港交所上市。年初至今物企收并购更趋精细化，企业更加注重业务协同及品牌输出。一方面，不断升级硬件系统；另一方面，物业服务企业持续加大软件方面投入，不断提升公共秩序、保洁、绿化等软件服务质量，除此之外企业还通过聚焦增值服务不断满足业主个性化、多元化需求，提高软件服务水平。2022 年上半年软件、硬件服务水平均有提高。

多数城市软硬件服务水平差距不大，深圳、宁波软硬件得分差绝对值较大。深圳、宁波软件得分分别比硬件得分高 6.03 分、4.62 分，为二十个城市中软硬件得分差绝对值最大的两个城市，主要原因为深圳、宁波硬件得分在二十城均值附近，软件得分明显领先，居二十城前列；其余城市软硬件得分差绝对值较小，除合肥外，硬件得分与软件得分的差值为 1.20，其余十七个城市软硬件得分差绝对值均小于 1 分，匹配程度较高。

不同星级项目软件、硬件得分均值差距较小。2022 年上半年分星级来说，三星级、四星级和五星级项目的软件得分均值均仍高于硬件得分均值，分别高出 0.80 分、0.81 分、0.21 分，但部分城市如天津、重庆、成都等各星级项目的硬件得分均高于软件得分。深圳不同星级项目的软件、硬件得分均值差值均超过 1 分。

物业管理行业的服务质量越来越被重视，“质价相符”逐渐成为评判物业服务企业的重要因素。软硬件得分的上升反映出物业服务质量在不断提高。此次研究为进一步明晰高质量物业服务的共性和特征，继

续选取五星级项目中有代表性的标杆项目进行深入挖掘。凭借高品质的物业服务，五星级物业服务样本标杆的收费价格仍高于所在城市的五星级物业服务项目收费均值。

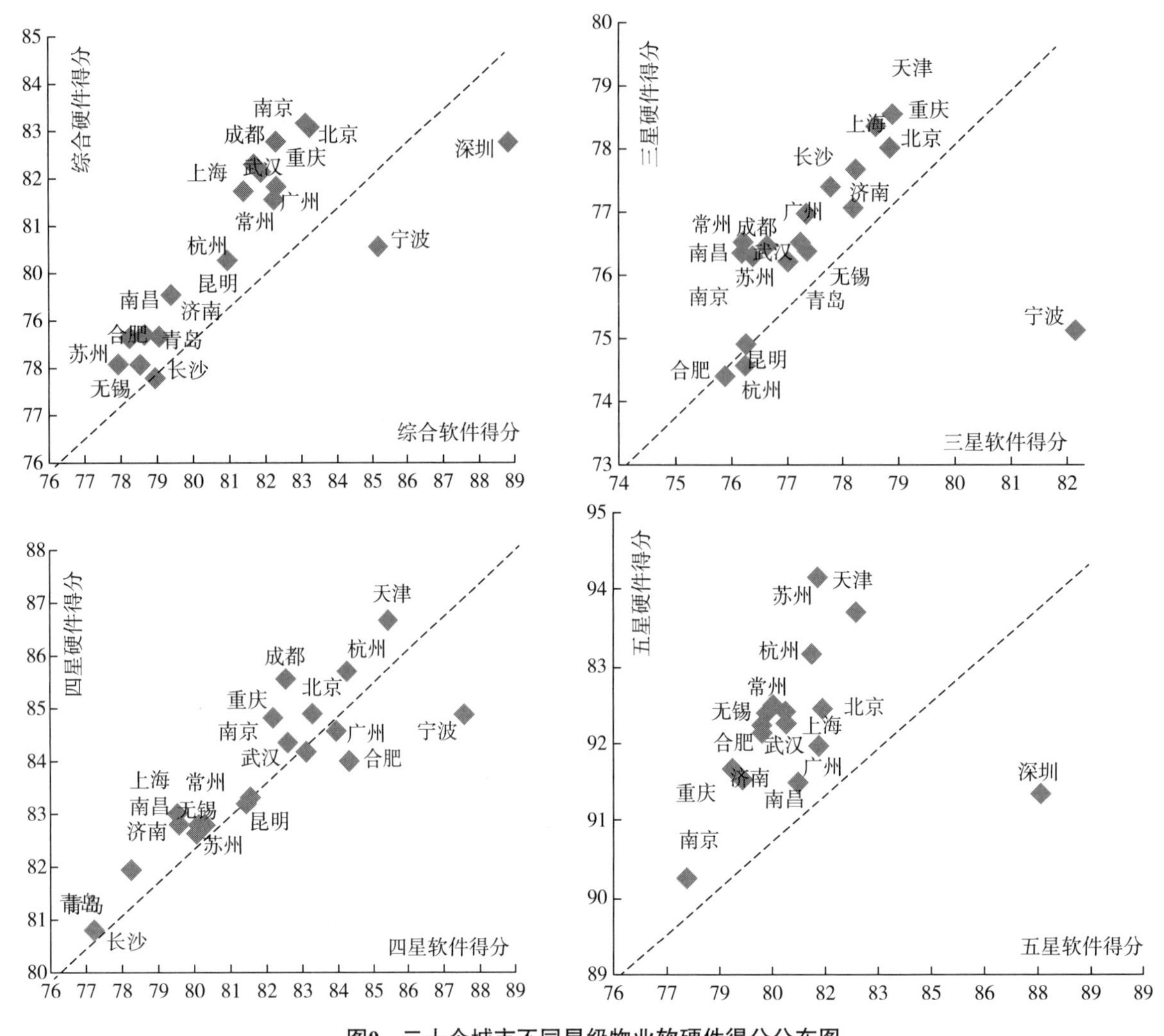

图9　二十个城市不同星级物业软硬件得分分布图

数据来源：中指数据 CREIS，www.cih-index.com。

表6　　部分城市五星级物业服务标杆项目服务收费

项目名称	城市	项目规模（万平方米）	物业服务收费	城市五星级样本均价
北京 • 西山燕庐	北京市	约 28.8	高层：4.68 元 / 平方米 / 月 小高层：4.98 元 / 平方米 / 月 洋房：5.48 元 / 平方米 / 月	4.76 元 / 平方米 / 月
华润深圳湾悦府	深圳市	约 29.49	物业费（一期）：12.8 元 / 平方米 / 月 物业费（二期）：11.8 元 / 平方米 / 月	4.82 元 / 平方米 / 月
商丘 • 建业天筑	商丘市	约 17	物业费：3.98 元 / 平方米 / 月	—
东原璞阅	昆明市	约 22	物业费：2.5 元 / 平方米 / 月（综合测算）	—
尚峯壹號	北京市	约 34	物业费：4.8 元 / 平方米 / 月	4.76 元 / 平方米 / 月
楚天都市 • 诚园	荆州市	约 30.4	大平层：1.68 元 / 平方米 / 月 商业：3.5 元 / 平方米 / 月	—

数据来源：中指数据 CREIS，www.cih-index.com。

标准化、多元化、智能化已成为高品质物业服务的显著特征。通过观察标杆项目，高品质五星级物业服务已具有以下几点特征：一是建立系统的标准化服务体系，从源头抓好服务品质建设；二是智能化管理水平不断提升，智慧软硬件设施设备管理不断优化，以科技赋能管理与服务；三是发展多元化、日益满足业主个性化需求的特色增值服务；四是文化理念与社区生活深度融合，结合节日、纪念日等时点开展多类型的社区活动，丰富精神生活。

三、五星级物业服务样本标杆

1. 北京·西山燕庐——为业主打造贴心生活服务

北京西山燕庐是北京绿城物业管理有限公司位于北京市门头沟区新城东街的物业项目。西山燕庐为住宅小区，总建筑面积达 28.8 万平方米，项目于 2016 年开盘，按照精装修标准进行交付。其中物业外观完好率、各种机械设备完好率、园林绿化养护率、清洁保洁度、投诉回复满意率等均达 95% 以上。

（1）项目基本情况

项目位置	项目规模	物业服务收费价格
北京市门头沟区新城东街 21 号院、22 号院	约 28.8 万平方米	高层：4.68 元 / 平方米 / 月 小高层：4.98 元 / 平方米 / 月 洋房：5.48 元 / 平方米 / 月

北京西山燕庐为业主打造贴心的生活服务配套。小区具备 20 个功能分区，拥有独具特色的 9 大核心景观组团，并以功能主题设置了三大组团，分别为高氧四季景观公园组团、轻松休闲娱乐生活组团、放松运动阅读健康组团。园区拥有 3200 平四季花厅，同时在小区的主入口及东西两个地块分别单独建有恒温、恒湿、恒氧高标准为一体的四季景观会所，作为业主的第三会客厅深得业主的称赞及喜爱。

（2）项目服务亮点

✓ 服务亮点一：生活服务系统

西山燕庐小区管理处物业人员配备充足，各服务条线组织架构及各项制度健全，人员配置到位，小区的智能化设备、监控设备设施运作、维修良好。生活服务中心含客户服务前台、报修、投诉中心和管家接待窗口，24 小时受理住户服务诉求。绿城物业服务质量及口碑一直位居全国前列。从物业公司进驻小区至今，共收到业主赠送锦旗五十余面。公司全面推进智慧园区建设工作，有效利用物联网技术，通过大数据、云计算、新一代的技术，依托“智慧物管”系统及“绿城生活 APP”，打造智慧运营平台，开启园区管理、运营、服务的智慧之门。

✓ 服务亮点二：健康服务系统

通过多种形式的健康活动，为老人、青少年、中青年亚健康人群等各年龄段的业主群体提供健康服务，建立业主健康档案，逐步实现业主健康动态管理和干预。具体服务内容含健康体检、健康咨询、健康养老、体育健身等。针对65周岁及以上的长者，每年至少探望一次，生日时于当日送上生日祝福；对需特别关注与照顾的长者，如行动不便长者出门应及时提供帮助，患阿尔茨海默病的长者，在其家人同意的情况下，将长者照片给生活服务中心人员辨认，并放置园区出入口岗亭内（隐秘处），便于门岗保安队员及时告知生活服务中心长者出行状况，并通知长者家人。对一直予以关注、照顾的长者如因病住院的，公司安排人员至医院进行探望、问候。

✓ 服务亮点三：文化教育服务系统

公司每年举办海豚计划、百家宴、端午节包粽子、长者生日宴、“一碗长寿面”、年货节等文化活动丰富园区生活，围绕老人、孩子、YOUTH 重点业主群体，增加园区艺术、文化、公益活动内容，营造高雅艺术文化氛围，创新特色联动主题与社团活动。根据业主的兴趣、爱好需求，由生活服务中心搭建健康养生、文化教育、娱乐生活方面的平台，让拥有共同兴趣爱好的业主主动参与组织，形成各具特色的社团，现有油画社、国画社、养生社、摄影社、旗袍社、瑜伽社等不同社团。

2. 华润深圳湾悦府——高端项目典范

悦府塔楼高约176米，是深圳黄金地段——后海“深圳湾”的一颗珍珠；它是2016年上半年楼盘销售的全国第一；大楼由日本AXS佐藤、美国SWA参与规划；由两岸三地的设计师参与建筑、室内和园林设计的精品住宅；该项目是华润置地TOP系列的明星产品，是领衔其在深圳区域乃至全国范围内高端项目的代表作。

（1）项目基本情况

项目位置	项目规模	物业服务收费价格
深圳市南山区滨海大道3099号柏宁花园（一期）	约14.51万平方米	物业费：12.8元/平方米/月
深圳市南山区粤海街道科苑南路2800号柏瑞花园（二期）	约14.98万平方米	物业费：11.8元/平方米/月

（2）项目服务亮点

✓ 服务亮点一：智能化管理

悦府外立面加装高空抛物摄像头带轨迹追溯功能，如有高空抛物，系统自带报警录像功能，通过轨迹快速找到抛物点。西大门及各栋门口停车场出入口门禁加装人脸识别开门设备，通过人脸设备开门，替代了之前使用的IC卡刷卡开门，业主进出更加方便，业主体验感更好。悦府一、二栋大堂配备了智能机器人，防疫期间实现了无接触配送，降低了人工成本，提升了配送及时率。

✓ 服务亮点二：三维设备管理

通过专业化管理、闭环的设施设备维保体系预防性运维、合理节能降耗，对设施设备实施全生命周期的科学管理，实现资产保值增值。在节能降耗管控方面，各栋B1 ~ B3层电梯厅优化调整照明。持续优化车库照明，靠近采光井位置照明增加定时器，白天不亮设置时间调为夜间亮。避难层照明目前采用定时器方式，夜间长亮，可替换微波感应或人体感应。

✓ 服务亮点三：全阶段客户关怀系统

以智慧平台为连结工具，以多元服务为内容，构建专属服务体系，为各住户提供最专业、最体贴、最智能的服务。专属礼宾为住户提供全方位服务，搭建住户分级服务体系，为重要客户提供个性化定制服务及接待支持。以专业团队陪伴式服务为中心，以优质团队、高端服务提升客户满意度，增强客户黏度，打造核心竞争力。

在住户接待方面，建立并完善客户服务体系，为有需求的业主提供专项服务体验，指定专人与需求单位无缝对接，了解住户需求，建立住户档案，提前获得住户信息，提高员工对住户识别度，制造温馨体验；确定住户接待参观路线，预订专梯服务，建立接待联动小组 。同时，结合住户生活制定安全、工程、环境、礼宾、会所多方位服务内容确保住户体验到VIP服务的专属尊享特点。人机联动确保全程有专人关注、照顾和协助，全方位体现出物业悉心服务。

✓ 服务亮点四：全方位疫情防控措施

制定《关于新型冠状病毒感染肺炎疫情一级响应管控方案举措》《悦府一期住宅小区疫情现场处置流程图》等体系文件，通过更前置的防疫系统建立、更精密的复核管控、更科技的测温手段、更高频次的消毒方法、更温暖的业主关怀，使防疫工作做到更高品质的服务和管控。在主要进出口配备电子哨兵系统，利用智能访客测温机器人对小区出入人员进行温度监控，实现小区访客体温电子化管理，建立疫情档案。主要门岗、大堂礼宾台提供独立包装医用防疫口罩、消毒酒精等物品，供客户使用、消毒。落实访客现场扫描行程码，按照防疫管控要求进行核查。对外来快递、外卖人员实行不进小区业户式管理，小区快递、外卖统一放入门口岗，由物业人员进行统一配送上门，减少交叉感染。截至今日未接到任何确诊和疑似病例报告，疫情防控工作得到社区街道、业户公司层面的广泛认可。

3. 商丘·建业天筑——为业主打造建业式新型生活方式

商丘·建业天筑是建业第四代TOP系产品。项目位于商丘日月湖CBD上位，宋城东路与睢阳南路交汇处，俯瞰2000亩日月湖，正对商丘文化艺术中心，周边有丰富优质的教育资源和高端城市配套。宋城路是连接商合杭高铁和商丘古城的交通主干道，项目周边景色优美、交通便利、配套丰富。项目总占地面积约66亩，由10栋住宅楼、1栋配套会所组成，住宅共计669户，小区绿化率37%，容积率2.9。

（1）项目基本情况

项目位置	项目规模	物业服务收费价格
商丘市睢阳区宋城东路与睢阳南路交叉路口	约 17 万平方米	物业费：3.98 元 / 平方米 / 月

商丘·建业天筑在建筑、景观、科技、奢装层面采用了超规格的豪宅标准。建筑本身材质以鼎豪立面为设计蓝本，辅以排布大块的玻璃材质立面，营造出非同寻常的人居体验。该项目由建业物业提供物业服务，建业物业以“新型生活方式服务商”为定位，通过物业基础服务、管家幸福服务、“建业 +”增值服务、物业云智慧服务四大服务体系，为业主提供地域、时间、功能无盲点的服务。

（2）项目服务亮点

✓ 服务亮点一：管家幸福服务

建业物业以酒店式礼仪不断提升服务标准，提供一站式管家服务，小区每个单元均有五星级酒店式入户大堂。物业管家作为家居生活的全方位“助理”，服务细致入微，可提供圈层活动策划等高端定制服务，并定期提供房屋清扫、配送外卖 / 快递 / 信件等家政服务，为业主生活提供多重便利，构筑有温度的质感生活。

✓ 服务亮点二：智慧服务与高端配套

小区引进世界级先进科技体系，包括家庭智控中心系统、社区电子巡更系统、视频监控系统、周界防范系统、车辆管理系统、一键求助系统、蚊控系统、社区医疗健康系统等先进科技设备，通过全方位物业智慧服务，为业主带来超前的现代生活体验。同时，小区配备有 i 康生活与安亲讲堂、影音体验、活力人文的全龄体验，为业主提供安静的学习休闲氛围。近 1400 平方米的地下一层配置有半国标四季恒温泳池，设施完备的瑜伽室、健身房、棋牌室，为业主提供全龄的健康生活环境。

✓ 服务亮点三：社区文化建设

建业物业积极开展社区文化建设，致力于营造“邻里美美，和而不同”的邻里氛围，倡导“明礼、传习、亲睦、向善”的社区文化理念，通过搭建并落地“建业幸福时光里”社区文化建设体系，让睦邻友好成为日常。物业定期开展“金婚盛典”、“百家宴”、传统节日活动、公益活动、党建活动等主题活动，实现“月月有主题，节节有活动”，用“活动 + 社群 + 文化”的方式，打造中国式新型邻里关系。

4. 东原璞阅——绿色建筑二星 + 生态小区

东原 • 璞阅位于云南省昆明市官渡区太平路，占地面积 325621 平方米，建筑面积 215294.53 平方米。园区由 7 栋高层住宅组成，于 2020 年 12 月 28 日交付。小区属于双绿色标识认证小区：绿色建筑二星 + 生态小区。小区具备全龄化活动场地，打造不同的活动场地满足不同人群需求，含成人康体及儿童游乐设施，提供业主健康式陪伴。小区配套东原子品牌——“童梦童享”，在全国地产商中最早建设并运营专业儿童场地，分龄设计，安全可靠，关注孩子身心成长，打造孩子们自己的“小社会”。

（1）项目基本情况

项目位置	项目规模	物业服务收费价格
云南省昆明市官渡区太平路	约 22 万平方米	物业费：2.5 元 / 平方米 / 月（综合测算）

（2）项目服务亮点

✓ 服务亮点一：客户服务

客服中心是小区住户服务需求的“一站式”服务平台，实行 24 小时电话值班服务制，全天候地受理住户的需求，住户只需拨打公司统一客服热线，客服中心将及时处理，并跟踪回访处理结果。同时，建立客户首问责任制，所有客户的投诉和需求都有专人负责跟踪、落实和回访，直至客户满意为止，避免客户逐一找各部门而带来的繁琐和不便，简化服务流程，保障客户的需求得到及时、有效的解决，让客户真正体会到专业的物业管理服务。东原微管家定期向客户推送社区文化活动邀约、暖心祝福、节日问候等图文信息，朋友圈推送文明宣导、停水电气、温馨提示等；根据实际需求设计制作形象生动的 H5、小视频等，多样化方式促动客户感观感知，提升客户感受度。

✓ 服务亮点二：秩序安全管理

秩序门岗人员对业主识别率达到 100%，小区实行封闭式管理并 24 小时巡逻。配置电子巡更系统、远红外线报警监控系统、可视对讲系统等。重点培养工作人员工作能力、学习意识、服务品质等。针对综合表现突出的关键岗位员工，立标杆，带动整个团队的工作自驱力，通过公司岗位认证统一岗位任职标准，保证员工专业素养，保障服务品质。

✓ 服务亮点三：环境管理维护

打造园区新环境，让业主住着舒心。在园区环境品质服务上，制定园区绿化保洁服务标准。对于区域内房屋公共部位的清洁卫生、垃圾的收集清运，实行标准化清扫保洁，垃圾日清，按计划消杀。通过对小区的清洁卫生管理的过程控制，确保向业主提供干净、整洁、宜居的环境。

✓ 服务亮点四：社区文化活动

打造东原社区特制生活方式，让社区里人与人的链接更好地发生，增进业主与业主之间、业主与物业之间互动与联系。促动社区文化氛围的永续活性与温度，践行东原仁知服务的社区活动理念——“给您幸福有趣的生活”。多类型高频次的社区文化活动不仅丰富了居民文化生活，还为居民搭建了相互熟识、学习的平台，形成“邻里一家亲”的浓厚氛围，也让业主们的居家生活更加安全、舒服、舒心。

针对社区活动，企业推出童梦童享——优配社区儿童成长系统。该系统是全国首个将儿童作为服务对象的社区服务系统，从硬件到软件，全方位提供儿童社区配套产品和服务，引领孩子健康快乐地成长。打造原聚场，倡导“聚在一起，让美好发生”的生活理念，用社群的方式集合社区居民，以多样的社群活动落实精细化服务，按居民兴趣属性分类开展组织趣味社群。

✓ 服务亮点五：便民增值服务

随着经济的发展，人民生活水平的不断提高，人们对生活所在的社区的成熟度要求也越来越高，社区成熟的硬件配套，可靠、高效、安全的服务，不仅能够更便利、快捷、有效地满足业主的日常需求，还能提升业主的社区生活幸福感，同时也是业主、商家和社区经营者多赢的结果。其中，“i 神马东东”是东原仁知服务直营的综合性线上服务平台，服务内容涵盖社区生活服务、家政保洁、旅游出行、电商购物、美居美家等多类内容，同时提供免费服务——三送服务，即送重物、送老幼、送晚归女士，为住户提供有温度的增值服务。

5. 晟邦物业——尚峯壹號“品质生活、悉心为你”

尚峯壹號是晟邦物业在管的高品质项目之一，项目邻北京绿色通道——京承高速，交通接驳北三环，面临温榆河，多个景区环抱，环境优越。项目与未来科技城相望，环享赵全营板块规划的商业服务区生活配套，呈现舒适空间。

（1）项目基本情况

项目位置	项目规模	物业服务收费价格
北京市顺义区京承温榆河高端低密生活区京承高速 11 出口	约 34 万平方米	物业费：4.8 元 / 平方米 / 月

项目占地面积 17 万平方米，建设用地 12 万平方米，总建筑面积 34 万平方米，共 1465 户，车位数量 1679 个，园区绿化面积达 20 余万平方米，绿化率 85%。项目自 2016 年 6 月交付使用，物业费收费标准为 4.8 元 / 平方米 / 月，多年持续的高品质服务得到了业主的认可，自 2016 年至 2022 年连续六年物业费缴费率完成 100%，项目交付至今物业费无欠费记录。

（2）项目服务亮点

✓ 服务亮点一：关注客户感受、提供贴心服务

尚峯壹號物业致力于规范化、专业化、亲情化管理，关注服务细节，营造物业服务特色，不断提升服务品质，真诚为每一位业主服务。为了更好地理解客户对产品和服务的体验及需求，利用家访、走访及年度满意度调查等方式，征询业主对服务工作的意见和建议，倾听客户的声音，连续 6 年年度业主满意度达 98% 以上。尚峯壹號物业为业主配备售前、售后双管家，售前地产营销专人对接，专业化服务，业主收房后物业专属楼宇贴心管家以“严格苛求、自觉奉献”的工作精神全心全意为业主、客户服务，遵循“业主至上，服务第一”的服务原则，及时、有效地处理业主的投诉、求助和咨询。

✓ 服务亮点二：创造优美环境、打造一流社区

小区绿化层次感分明，做到“四季有绿，三季有花”，园区内 2.2 万平方米的人工湖，景色优美，成为很多业主休闲散步的好去处，园区内公园和超大型音乐喷泉也为小区业主休闲娱乐提供一处绝佳之地。小区建有超大儿童乐园，迷宫、蹦蹦床、滑梯、沙池等娱乐设施满足不同年龄段儿童休闲娱乐，并在环境优美的人工湖畔，设置一处供业主邀上三五好友休闲聚餐的烧烤平台，让业主体会远离喧嚣都市的静谧时光。

✓ 服务亮点三：智能安保服务、打造安全社区

尚峯壹號物业采取封闭式管理，配备专业的秩序维护队伍，24 小时不间断为业主提供门岗值守、巡逻服务、停车管理、消防防控等服务。在岗人员优先录取部队退伍人员，采取半军事化管理，严格要求，提升服务标准，同时充分利用小区远红外报警系统、消防中控报警系统、电子巡更系统、可视对讲系统等科技手段，采用人防、技防相结合的方式为小区业主提供安全、稳定的居住和生活环境。

✓ 服务亮点四：丰富社区文化、打造多彩生活

尚峯壹號充分挖掘社区资源，利用园区优势，因地制宜修建社区文化活动场所，提供乒乓球室、舞蹈室、培训室等场所，满足业主社区参与和文化生活需要。积极组建尚峯壹號合唱团、乒乓球社团、交谊舞队、太极队、朗诵队，鼓励业主积极参与各类文化体育活动，每年依托各类节日开展丰富多彩的社区文化活动，丰富业主的精神文化生活。小区合唱团多次代表属地政府参加歌咏比赛、文艺汇演等演出，取得优异的成绩。

6. 楚天都市 • 诚园——楚天中大物业用心铸就品质人居标杆

楚天都市 • 诚园，位于湖北省荆州市明珠大道与工农北路交汇处，占据荆州未来的城市中心地段，总建筑面积约 30.4 万平方米，项目于 2019 年 1 月交付。楚天中大物业用高标准、人性化的物业服务，打开

业主的生活艺术之门，用心极致、竭尽所能，为业主创造更多的满意 + 惊喜。

（1）项目基本情况

项目位置	项目规模	物业服务收费价格
湖北省荆州市沙市区明珠大道 9 号	约 30.4 万平方米	大平层：1.68 元 / 平方米 / 月 商业：3.5 元 / 平方米 / 月

楚天都市 • 诚园规划为大平层，容积率 2.2，小区绿化率超过 50%，采用人车分流设计，园林规划大气端庄。小区每一栋楼都坐北朝南，楼间距宽，高低错落，观景视野无遮挡，构筑荆州市度假型社区。楚天中大物业秉承“用心服务，满意 + 惊喜”的服务理念，始终以业主为中心，不断提升服务品质，满足广大业主的不同需求，楚天都市 • 诚园项目连续 4 年业主满意度达 95%，创造了荆州市品质人居项目的良好口碑。

（2）项目服务亮点

✓ 服务亮点一：小区环境优美

在环境卫生上，楚天中大物业执行高标准管理制度，道路、广场、绿地、停车场、共用大厅、电梯厅、楼道、楼梯扶手等保持清洁，无积灰，每日循环保洁清理环境卫生；休闲、健身设施每日清洁 4 次，根据季节和气候情况，每半月进行消杀、病虫防害防治。在园区管理方面，垃圾分类投放，并每日进行垃圾清运和处理，垃圾桶每日清扫 4 次，清洗 1 次，保持垃圾桶及地面无油污污染。小区的绿化覆盖率高，植物多达 100 种，楚天中大聘请了专业的绿化管理团队，定期修剪、栽植，让园区四季常青、四季有花香。

✓ 服务亮点二：打造智慧社区

用智慧科技赋能物业服务，小区内全面部署智能监控系统，对小区出入口进行全天候监控。当业主发送求救信息时，小区服务管理中心可以及时到达事发地点，进行规范的处理操作，大大改善小区环境安全的同时，也让业主在小区中居住更加安心。业主归家的门禁系统可使用人脸识别、远程联网、蓝牙等，方便、快捷又安全；通过智慧社区物业管理系统，业主可以直接通过线上渠道进行一键投诉报修、线上缴物业费等操作，节省时间成本，工单不仅能实现直接派单到工作人员，还实现全程监督，以监督高效执行和及时反馈。

✓ 服务亮点三：做业主们的贴身“护卫”

楚天中大物业和业主志愿者一起组建了一支爱心“护学小分队”，楚天都市诚园南门－楚天都市佳园北门段的斑马线是沙北实验学校孩子们上学放学的主要通道之一，每到上下学高峰期，该路段车流量大，容易造成安全隐患。为避免交通拥堵，保证学生出行安全，楚天中大物业工作人员和小区的业主们组织成立爱心“护学小分队”，共建“荆州最美斑马线”。小区有部分行动不便、独居的老人，楚天中大物业从项目经理、管家到秩序部的工作人员，大家对这类业主贴心照顾，定期上门嘘寒问暖，老年业主生病时会毫不犹豫背送老人就医，物业成了业主们的贴身“护卫”。每逢佳节，楚天中大物业会精心策划互动活动，平均每月举办一次艺术类、体育类社区文化活动，满意度连续四年达 95%。

此外，在本次物业星级评价中，涌现出一批优秀的物业服务特色项目。在企业、项目团队的不断努力下，物业服务向高品质和多元化不断升级。

表7　2022年上半年星级物业服务项目

物业项目	所在区域	物业服务企业	物业服务星级
北京天文馆	北京	北京亿展资产管理有限公司	★★★★★
国家法官学院	北京	北京亿展资产管理有限公司	★★★★★
北京诺德阅墅	北京	北京中铁慧生活科技服务有限公司	★★★★★
中国移动国际信息港园区	北京	北京网信物业管理有限公司	★★★★★
中国移动通信有限公司信息港中心	北京	北京网信物业管理有限公司	★★★★★
鼎好 DH3	北京	北京丰汇物业管理有限责任公司	★★★★★
金地天御	上海	深圳市金地物业管理有限公司	★★★★★
东亚威尼斯公馆	上海	北京东亚时代物业管理有限公司	★★★★★
广州中冶・逸璟台	广州	中冶置业集团物业服务有限公司	★★★★★
中国华润大厦	深圳	华润万象生活 物业深圳中心	★★★★★
金地龙城中央	深圳	深圳市金地物业管理有限公司	★★★★★
莲馨家园	深圳	深圳市彩生活物业管理有限公司	★★★★★
花郡花乡	深圳	深圳市彩生活物业管理有限公司	★★★★★
富御花园	深圳	深圳市新银物业管理有限公司	★★★★★
联发龙洲湾 1 号	重庆	厦门联发（集团）物业服务有限公司重庆分公司	★★★★★
鎏金香榭	重庆	重庆世纪金马智慧生活服务有限公司	★★★★★
财信・北岸江山	重庆	财信智慧生活服务集团有限公司	★★★★★
苏州博物馆西馆	苏州	苏新美好生活服务股份有限公司	★★★★★
保利・堂悦花园	成都	保利物业服务股份有限公司成都分公司	★★★★★
保利・大都汇	成都	保利物业服务股份有限公司成都分公司	★★★★★
金地悦澜道	成都	深圳市金地物业管理有限公司	★★★★★
成都中铁西城	成都	北京中铁慧生活科技服务有限公司	★★★★★
乐虹湾	杭州	深圳市金地物业管理有限公司	★★★★★
杭州奥克斯中心	杭州	宁波奥克斯物业服务有限公司	★★★★★
金地格林东郡	武汉	深圳市金地物业管理有限公司	★★★★★
花样年・花郡	武汉	深圳市彩生活物业管理有限公司	★★★★★

续表

物业项目	所在区域	物业服务企业	物业服务星级
花样年・花样城	武汉	深圳市彩生活物业管理有限公司	★★★★★
中鄂联・翰林紫园	武汉	武汉天源物业管理有限责任公司	★★★★★
光谷奥山府	武汉	武汉福赛德物业管理有限公司	★★★★★
武汉世茂锦绣长江	武汉	世茂天成物业服务集团有限公司武汉第二分公司	★★★★★
联投瑞园	武汉	湖北联投城市运营有限公司	★★★★★
天津市世茂御龙湾	天津	世茂服务华北区域事业群	★★★★★
金地铂悦花园	长沙	深圳市金地物业管理有限公司	★★★★★
中建大厦	长沙	湖南中建物业服务有限公司	★★★★★
金地格林小城	郑州	深圳市金地物业管理有限公司	★★★★★
郑州康桥香溪郡9号院	郑州	康桥悦生活服务集团有限公司	★★★★★
力高君御世家	济南	力高健康生活有限公司	★★★★★
银丰玖玺城・宸和府	济南	银丰智慧物业服务集团有限公司	★★★★★
永和・璞玉	西安	西安锦天物业管理服务有限公司	★★★★★
高科・尚都	西安	西安高科物业管理有限责任公司	★★★★★
安联檀悦府	石家庄	河北安信联行物业股份有限公司	★★★★★
安联印象	石家庄	河北安信联行物业股份有限公司	★★★★★
唐公馆	石家庄	河北安信联行物业股份有限公司	★★★★★
紫御府小区	石家庄	石家庄市东胜物业服务有限公司	★★★★★
金地湖光雅苑	南昌	深圳市金地物业管理有限公司	★★★★★
力高滨湖国际	南昌	力高健康生活有限公司	★★★★★
绿地国际博览城二期海珀玉隆	南昌	成都嘉诚新悦物业管理集团有限公司南昌分公司	★★★★★
江西理工大学红旗校区	赣州	江西嘉和物业有限公司	★★★★★
中交申蓝宝坻	湛江	中交物业有限公司	★★★★★
维多利亚港湾	宜昌	深圳市彩生活物业管理有限公司	★★★★★
东亚翰林世家	沈阳	北京东亚时代物业管理有限公司	★★★★★
商丘・建业天筑	商丘	河南建业新生活服务有限公司	★★★★★
厦门世茂璀璨天城	厦门	世茂服务海峡区域公司	★★★★★
三亚中铁子悦臺	三亚	北京中铁慧生活科技服务有限公司	★★★★★
南宁世茂龙岗花园	南宁	世茂服务海峡区域公司	★★★★★
兰州海亮滨河一号	兰州	世茂服务中西部区域公司	★★★★★
领秀・星辰园	昆明	云南城建物业集团有限公司	★★★★★
山西晋中介休市润苑	晋中	世茂服务华北区域事业群	★★★★★
金地悦峰	贵阳	深圳市金地物业管理有限公司	★★★★★
东泰・翡翠郡	广汉	四川嘉泰物业管理有限公司	★★★★★
恩施奥山世家	恩施	武汉福赛德物业管理有限公司	★★★★★
雄安新区容东片区E组团	保定	北京中铁慧生活科技服务有限公司	★★★★★
安阳・建业世和府	安阳	河南建业新生活服务有限公司	★★★★★

数据来源：中指数据 CREIS，www.cih-index.com。

表8 2022年上半年物业服务行业示范基地

物业项目	所在区域	物业服务企业
中华艺术宫	上海	雅生活・上海明华物业管理有限公司
上海中铁中环时代	上海	北京中铁慧生活科技服务有限公司
广州南沙环球中心	广州	中铁建物业管理有限公司
深圳市民中心	深圳	雅生活・龙城城市运营服务集团有限公司
大沙河生态长廊	深圳	华润万象生活 物业深圳中心
深圳人才公园	深圳	华润万象生活 物业深圳中心
香年广场	深圳	深圳市彩生活物业管理有限公司
宽窄巷子	成都	成都蜀信物业服务有限公司
武汉大学	武汉	雅生活・广州粤华物业有限公司
武汉学院	武汉	深圳市金地物业管理有限公司武汉分公司
天汇龙城	武汉	武汉城市东方物业服务有限公司
武汉产业创新发展研究院	武汉	武汉天源物业管理有限责任公司
百步亭花园	武汉	武汉百步亭花园物业管理有限公司
新时代商务中心	武汉	中建壹品物业运营有限公司
中国建筑科技馆	武汉	中建壹品物业运营有限公司
武汉建工科技中心	武汉	武汉长富物业管理有限公司
武汉市黄陂区人民法院	武汉	世茂天成物业服务集团有限公司武汉第二分公司
湖北省档案馆	武汉	湖北联投城市运营有限公司
苏州寒舍	苏州	深圳市万厦世纪物业管理有限公司
无锡运河湾现代产业发展中心	无锡	康桥悦生活服务集团有限公司
吉林化工学院	吉林	吉林瀚星物业服务有限公司
昆明中铁大厦	昆明	北京中铁慧生活科技服务有限公司
金荣・学府壹号	灵璧	抱朴物业集团（深圳市抱朴物业服务有限公司）
柳州万达广场	柳州	深圳市彩生活物业管理有限公司
洛阳・建业尊府	洛阳	河南建业新生活服务有限公司
安吉万达广场	南宁	深圳市彩生活物业管理有限公司
中铁西安中心	西安	北京中铁慧生活科技服务有限公司
雄森国际	益阳	深圳市万厦世纪物业管理有限公司
郑州康桥知园	郑州	康桥悦生活服务集团有限公司

数据来源：中指数据 CREIS，www.cih-index.com。

中指研究院对本次物业星级评价中表现突出的星级物业服务项目及示范基地进行深入分析，星级物业服务项目软、硬件服务发展均衡，示范基地特色鲜明。

亿展资产始终坚持“为亿万家服务，展金管家风采”的经营理念，竭力满足客户需求。近年来，亿展资产凭借科学管理体系、亿展特色服务模式快速成长，并在其服务领域赢得客户认可。其管理项目北京天文馆、国家法官学院荣获五星级项目。

北京中铁慧生活科技服务有限公司是中铁置业集团有限公司的全资子公司，其依托央企品牌的雄厚实力，实行全国性开发战略，以新发展战略为引领，以中国中铁物业板块为基础，以营造美好空间、造福社会大众为社会使命，致力于打造“国内一流综合服务商”，为城市发展和国家经济建设添注新动力、作出新贡献。其管理的北京诺德阅墅、三亚中铁子悦臺、雄安新区容东片区 E 组团、成都中铁西城项目均获评五星级。

北京丰汇物业公司以首都金融街为起点，服务布局首都核心商圈，涉足金融街商圈、朝阳门商圈、中关村商圈、木樨园商圈、三山五园皇家园林等，始终秉承“以客户关注为服务核心、以智慧物业为内驱动力”的理念，汲取欧美服务的高端、尊贵之标准、日式服务的精巧、细腻之灵魂，致力于成为“都市空间智慧运营服务商”，服务城市更新项目亦是相得益彰。Mandy’s 品牌建立，将咖啡厅、生活馆、车辆美容、餐饮等等囊括其中，助力物业服务。其管理的鼎好 DH3 项目获评五星级。

东亚时代物业始终把“做中国最有服务价值的物业品牌”作为公司的愿景目标，结合客户服务需求不断创新和提高服务内涵。为持续提高社区服务品质及管理水平，东亚时代物业探索出一套完善的“物业管理前置”运营模式，与拟服务项目的开发设计单位、工程施工单位以及营销部门形成了有效衔接，站在业主和物业使用人的角度，同时以物业管理的视角，为开发企业提供优化产品设计建议，提高物业使用功能，促进工程质量，致力于业主与开发企业的双赢。同时根据准业主的需求，开发出一系列项目接管以后的物业服务产品，使物业管理企业在房地产开发产业链条中发挥越来越重要的作用。 其管理的东亚翰林世家、东亚威尼斯公馆项目均获评五星级。

中冶物业广州分公司是中冶置业集团物业服务有限公司在华南地区的城市分子公司之一，公司成立之初便加入了国际金钥匙联盟。目前在管项目有:“中冶·逸璟台”项目和“中冶·逸璟公馆”项目，分别是广州市黄埔区和海珠区的高端代表项目。中冶物业广州分公司秉承“用心守护美好生活”的服务理念，为业户提供高品质的物业管理服务，包括秩序指引、客户接待、清洁环卫、工程管理、绿化养护等。“中冶·逸璟台”项目在交付和业主陆续入住的物业管理工作中，加强人员培训，推出“金牌管家服务”，一对一帮助业主解决交付、入住和后续生活中发生的问题，因细致、周到和专业的服务，受到业主广泛好评。

联发物业以“和你亲密相伴”为服务理念，聚焦客户服务全过程，以客户需求为出发点，打造“温情九度”全生命周期服务体系，为客户提供涵盖前介、销售、签约、等待、交付、乔迁、居住、焕新、相伴九个阶段的温情服务，用持续且有温度的关怀，见证每一份幸福。其管理的联发龙洲湾 1 号获评五星级项目称号。

世纪金马智慧服务秉承“用心创造佳生活”的服务理念，不仅倡导让员工成为骄傲和受人尊敬的物业人，更努力让更多人享受品质生活。其管理的鎏金香榭项目获评五星级。

财信智慧服务集团秉承“专为您的品质生活”企业使命，切合业主实际需求，整合多元化服务，线上线下相结合，为财信业主的幸福生活做加法，打造最有温度的社区生活。财信·北岸江山作为重庆北滨路上超 100 万平方米的高品质滨江景观社区，依托城市核心区域位置和江山景观、森林公园等稀缺自然资源，将被打造成为国际级滨水生活区，代言未来重庆的滨水住区典范。

苏新美好生活服务股份有限公司深耕城市服务与物业服务两大领域，打造“一体两翼多轮驱动”战略格局，完成了向“综合性城市服务及物业管理服务提供商”的转型，实现了规模与品牌的共同提升。其管理的苏州博物馆西馆项目获评五星级。

保利物业成都公司是保利物业旗下的全资分公司，公司遵循“人文社区，价值生活”的品牌理念，致力于实现家庭和美、邻里和睦、社区和谐的理想目标，其服务的保利·堂悦花园、保利·大都汇项目均获评五星级。

建业新生活以“新型生活方式服务商”为自身定位，通过物业基础服务、管家幸福服务、“建业 +”增值服务、物业云智慧服务四大服务体系，根据业主在人生不同阶段的个性化需求提供全生命周期服务，依托“建业 +”幸福生态系统为业主私人定制新型生活方式，提供地域、时间、功能无盲点的服务。凭借完善的服务体系、优质的特色服务，建业物业在管的安阳 • 建业世和府、商丘 • 建业天筑被评为五星级服务小区。

银丰物业秉承“银丰 • 诚信与品质的保证”的经营理念，坚持“物业服务 + 多元化服务”的经营战略。不断创新，通过建立标准化、专业化、信息化的项目运行体系，不断优化物业服务流程，形成了独具特色的银丰物业综合服务模式，其管理的“济南银丰玖玺城 • 宸和府”项目获评五星级。

西安锦天物业管理服务有限公司深入贯彻生态文明思想，落实绿色创建精神要求，开展绿色社区创建行动。从设施、设备整治，到社区绿色文明建设，引导居民践行绿色生活文明公约。其在管项目永和 • 璞玉分别于 2019 年荣获“陕西省 2019 年度物业管理示范项目”“西安市生态园林式居住小区”称号，并获评五星级。

西安高科物业管理有限责任公司始终恪守“业主至上、服务至诚、安全文明、舒适满意”的服务理念，以匠心促创新，努力打造“匠心高科，初心为您”红色家园，为广大业主共筑幸福生活蓝图，为人民对美好生活的向往贡献高科力量。其管理的高科 • 尚都获评五星级。

安信联行物业以科学的经营管理模式，专业化、人性化的管理手段，践行以人为本的物业服务理念，以“私人定制，美好优先，品质卓越”为发展定位，以“始于热爱，止于至善”为服务理念，全心全意为业主和住户营造安全、舒适、优美的生活空间。其管理的安联檀悦府项目、安联印象项目、唐公馆项目获评五星级。

东胜物业服务有限公司为东胜集团旗下全资子公司。东胜物业推出了奥瑞威克高端物业服务，以“细节化、全面化、智慧化”打造“以人为本”的高端物业服务体系，通过搭建业主专属的“睦邻 • 家”邻里社交服务、“B2C 生态服务”、“晨夕管家服务”、“5G+ 智慧生活”等增值服务产品，用有温度的服务，打造有温度的社区空间。其管理的紫御府小区项目获评五星级。

嘉诚新悦物业南昌分公司以业主需求为导向，以“用持续满足并超越客户不断增长的物业服务需求，让物业服务更美好”的服务宗旨规范化地服务业主，是一家锐意进取的公司。其管理的项目绿地国博二期海珀玉隆是国博城高端住宅小区，嘉诚新悦以精益求精的创新服务理念为业主提供优质物业服务，项目获评五星级。

江西嘉和物业有限公司非常注重科学管理和提高技术含量，加大资金和人力投入，开发智慧云物业系统，从机电维修保养、绿化保洁、安全防范到日常管理、分层管理，全方位作业。嘉和物业秉承“你的需要，就是我的追求”之服务宗旨，保障高水准服务质量，在传统物业基础上结合自身特点，利用现有的条件和资源打造出环境优美的校园生活。其管理的江西理工大学红旗校区获评五星级。

康桥悦生活服务集团有限公司，坚持“感恩、精细、惊喜”的核心价值观，围绕“悦服务”和“智科技”两大核心价值，以全业态、全龄人群、全服务场景为核心内容，涵盖物业管理全生命周期，现代管理结合数智化技术，打造一个完整的大服务生态圈。

云南城建物业集团有限公司秉持“为客户创造更有价值的生活空间”进行物业服务。其项目——领秀 • 星辰园，位于昆明南市核心区域，由 19 栋高层住宅、3 栋商业公寓一体式建筑组成，小区基本属于封闭式管理。区内共有 120 多种植物，乔木多达 2380 多株，四季常绿，季季有花开，处处可见风格各异景观小品。同时周边教育、医疗、商业、景观配套齐全。

雅生活集团秉承“呵护一生，温暖一城”的企业使命，践行“开放多元、精益求精、同创共赢、成就价值”企业价值观，不断探索、提升服务品质标准化、智能化、个性化水平，致力于成为中国卓越的品质服务运营商，为每一座城、每一个人缔造幸福生活。其旗下成员企业在管项目中华艺术宫、深圳市民中心以及武汉大学均获评 2022 年上半年物业服务行业示范基地荣誉称号。

中铁建物业管理有限公司努力践行“情系业主，从心开始”服务理念，牢记维护中国铁建地产品牌的光荣使命，矢志“做中国最具价值的美好生活服务商”。旗下管理项目广州南沙环球中心始终秉持对高端商务建筑的品质追求，涵盖办公、酒店、文化、购物、娱乐，是南沙自贸区“城市客厅”的名片项目，并获评 2022 年上半年物业服务行业示范基地荣誉称号。

蜀信物业遵循“为您想得更多，为您做得更好”的服务理念，秉承客户满意度至上的服务初心，为客户镌刻卓越生活，为业主构筑幸福之家。宽窄巷子是成都最具人气的旅游目的地，蜀信物业精于细，诚于心，以心做好细节，以诚赢得信赖，用贴心的服务，带给游客别样的温暖，让物业服务成为最有温度的一种体验。其服务的宽窄巷子获评 2022 年上半年物业服务行业示范基地。

吉林瀚星物业服务有限公司，作为瀚星集团旗下全资子公司，秉承“爱润万家”的企业理念，为多元化业态提供标准化、规范化、专业化服务，严格做到有标准、有跟踪、有检查、重评价。其管理的吉林化工学院成立于 1958 年，总占地面积约 115 万平方米，被誉为“共和国化工人才的摇篮”，本次获评示范基地称号。瀚星物业致力为客户提供全方位、立体化的品质服务，营造贴心细致的生活礼遇。

结　语

2022 年上半年物业服务价格指数变化反映出全国重点二十城价格大部分上涨的趋势，同时从调研样本星级分布来看，四星级物业服务项目占比稳中有升，伴随物业服务企业软件服务与硬件服务质量的提高，中高端物业服务项目逐渐增多，物业服务高质量发展稳中向好。

政策方面，2022 年上半年，宏观环境不断变化但物管行业仍处于发展黄金期，中央到地方层面物管行业各项利好政策频出，涉及疫情防控支持、社区增值服务、城市服务、智慧社区建设等领域。国家层面出台相关政策，将物业服务企业纳入当地疫情防控体系，疫情防控加速物业管理行业融入社会基层治理，成为防控体系中的重要一环。同时，2022 年以来，各地政府及住建部门出台相关政策规范物业服务收费，促使服务质量不断提高。

除此之外，物业管理行业拥抱资本市场的势头不减。截至 2022 年 6 月 30 日，共有 59 家物业服务上市企业，其中香港主板 55 家，A 股 4 家，本年内新上市企业数量为 3 家。尽管年初以来宏观环境急剧变化，物业企业上市节奏有所放缓，但行业长期向好的基本面未变。2021 年，百强企业新增管理面积中超过半数来源于第三方项目，其中，并购为管理面积增长的首要驱动力，行业内收并购提速。地产变局加速百强企业并购节奏，并购扩张迎来战略机遇期。

展望未来，物业管理行业前景可期。并购加速行业整合，扩规模仍将延续，市场拓展将成为物业公司重要的扩规模手段。物业管理行业智能化愈加成为当前行业发展的重要趋势，多种经营服务场景将更加多元，业务模式趋向成熟。品牌觉醒与品牌焕新的时代已经来临，新时期不同规模体量的物业企业在品牌建设方面面临着不同的选择，找到一条适合企业自身的品牌发展道路是关键。

在此背景下，我们将以此研究为基础，通过物业服务星级评价工作持续挖掘和传播优秀项目的服务经验和服务标准，彰显标杆项目的特点和优势，发挥优秀星级物业服务项目的示范带头作用。同时，通过对国内主要城市项目的物业服务水平和价格进行持续的跟踪调查和研究，客观反映行业发展变化，探讨物业服务价格定期调整机制的建立和落实，促进物业服务价格与服务水平统一，推动行业健康平稳发展。

附录　中国物业服务价格指数编制说明

基于物业管理行业需要，中指研究院在中国房地产指数系统的基础上，结合多年积累的研究经验，参考国内外相关研究成果，形成了“中国物业服务星级评价标准体系”和“中国物业服务价格指数系统”等理论体系，并在2013年上半年进行了调研和试算。2013年6月28日，住房和城乡建设部政策研究中心主持的“中国物业服务价格指数专家鉴定会”在北京召开。由国家统计局、国务院发展研究中心、北京大学、清华大学、北京物业协会等中国房地产业界及物业服务行业的权威专家组成的评审委员会对“中国物业服务价格指数理论与实践”研究成果进行了评审。评审委员会听取了成果汇报，形成评审意见，并一致通过研究成果的评审。会后，研究组根据专家意见对理论体系进行了完善，最终形成了中国物业服务价格指数研究方法体系。2013年12月20日，中国物业服务价格指数研究报告首次对外发布。

1. 样本选择

“质价相符”的定价原则要求物业服务价格与服务水平要相适应，在编制指数时必须区分不同标准物业服务对服务价格的影响，选择具有一定服务水平的物业项目作为指数研究的样本。基于此，研究组制定“中国物业服务星级评价标准体系”，根据该评价标准选择数量充分的、符合要求的在管物业项目作为物业服务价格指数编制的样本。

“中国物业服务星级评价标准体系”分为软件和硬件两个方面的标准体系。软件标准体系由基本要求、房屋管理、公共设施管理与维修、协助维护公共秩序、保洁服务、绿化养护管理和其他管理组成；硬件标准体系包括基本要求、综合配套、绿化及景观、车位、文体娱乐设施、公用设施设备、安保系统、物业管理硬件及人员配备、物业标识等内容。

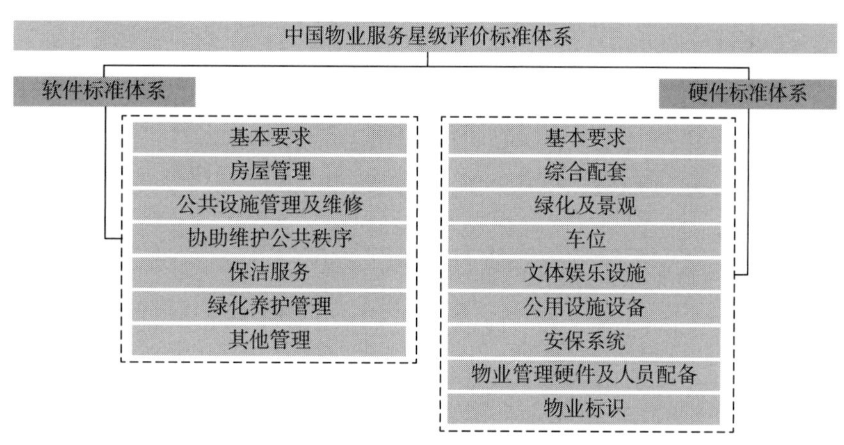

图10　中国物业服务星级评价标准体系图

资料来源：中指研究院综合整理。

根据星级评价标准体系，软硬件满分均为 100 分，满足 70 分≤考核评分 <80 分，则符合三星级标准；满足 80 分≤考核评分 <90 分，符合四星级标准；如果考核评分≥ 90 分，其符合五星级标准。最终样本项目的物业服务评级取软件评价和硬件评价中较低者。如果项目物业服务的软件或硬件评价低于三星级水平，则将其录入数据库中，但不作为样本用于物业服务价格指数的计算。

在“中国物业服务星级评价标准体系”基础上，本次研究的样本选择标准如下：①位于各市城区（不包含下辖县和县级市）；② 2000 年后竣工验收，入住时间 1 年（含）以上的商品住宅项目，其中一线城市（北京、上海、广州、深圳）的项目建筑面积需在 10 万平方米以上，其他城市在 5 万平方米以上；③由合法注册的物业服务企业在管；④根据“中国物业服务星级评价标准体系”，物业服务水平和硬件设施的评价结果均在三星级以上（含三星）。

考虑到数据的可获得性和在全国的代表性，遵循典型性原则，选择二十个代表城市作为研究对象：北京、上海、广州、深圳、天津、武汉、重庆、南京、杭州、成都、长沙、常州、昆明、宁波、青岛、苏州、无锡、济南、合肥、南昌。

2. 指数模型

（1）指数系统的结构

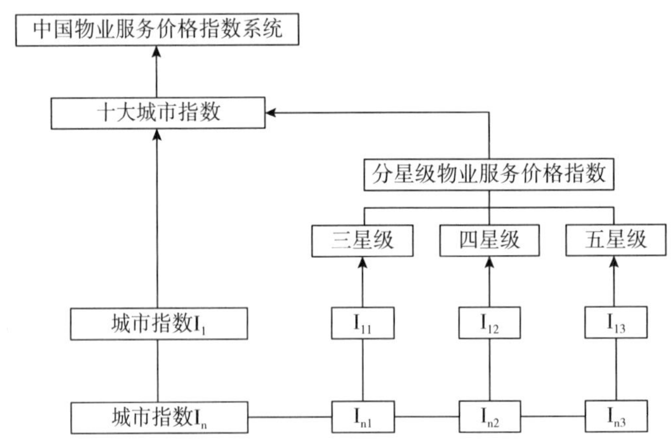

图11　中国物业服务价格指数系统

资料来源：中指研究院综合整理。

中国物业服务价格指数系统以城市各星级服务价格指数为最低层级，逐级生成城市物业服务价格指数、二十城物业服务价格综合指数。根据研究分析需要，还可以扩展构建城市分城区物业服务价格指数等。

（2）指数编制方法

表9　中国物业服务价格指数计算模型

类别	基本分类及以下类别环比价格指数	基本分类以上各类别环比价格指数
公式	$K_{t,t-1}=\frac{\sum_{i=1}^{n}(\frac{p_t^i}{p_{t-1}^i})w_{t-1}^i}{\sum_{i=1}^{n}w_{t-1}^i}$	$K_{t,t-1}=\sum_{i=1}^{n}K_{t,t-1}^i\frac{w_i}{\sum_{i=1}^{n}w_i}$

资料来源：中指研究院综合整理。

计算物业服务价格指数时，以每个物业项目的建筑面积占样本库中所有合格物业项目建筑面积总和的比重为该物业项目权重。①环比价格指数，以三星级物业、四星级物业、五星级物业价格为基本项计算；②城市物业服务价格指数，根据城市各星级的物业服务价格指数按各星级样本项目建筑面积加权平均计算；③二十城物业服务价格综合指数，根据二十个重点城市的城市物业服务价格指数按各城市样本项目建筑面积加权平均计算。

3. 数据采集

物业服务价格指数的数据采集工作以企业填报、电话调研、实地调查为主。

① 调查内容。一是物业服务水平，包括物业项目的软件及硬件两大方面，具体细分项参见《中国物业服务星级评价标准体系》。二是物业服务价格及建筑规模等基本信息，物业服务价格指项目的月均每平米物业服务费用；建筑规模指项目总建筑面积，是计算样本物业项目权重的指标；其他基本信息包括项目名称、竣工时间、入住时间、所在区域等。

② 数据来源。一是通过中国房地产指数系统（CREIS）数据库，获取该城市住宅项目名单及基本信息。二是通过对物业项目实施电话访问和调查，收集物业服务价格等相关信息，对有地址但无联系方式的项目实施实地调查。三是通过物业服务企业填报其在管项目的相关信息。

③ 数据补充。对于无法取得价格数据等基础资料的样本，将采取两个方式补充，一是将没有价格数据的样本项目用同区域、同星级样本项目的价格推算；二是对无法获得当前建筑面积的样本项目通过批准上市面积等资料来估计。

④ 数据整理。调查所得的原始数据需进行必要处理。第一，对原始数据只有单户物业服务价格数据的项目，根据项目的户型面积等估计项目的月均每平方米物业服务价格，以便于指数计算；对原始数据中的项目进行统一的区域划分，并根据分析需要对数据范围进行适当的调整等。第二，对异常数据进行检验。按照所在区域和物业服务星级进行划分，计算每档样本均值 X 和标准差 S，正常样本数据应在两个标准差（X-2S，X+2S）即 95% 的置信范围内，超出此范围的数据应剔除，剔除后再计算样本新均值和标准差；再检验，再剔除，直到无异常数据为止。

报告十六　2022中国物业服务满意度研究报告

第一部分：2022 中国物业服务满意度研究概述

（一）调查背景与目的

随着在中国房地产市场步入“存量时代”，物业服务在人们生活和工作中的作用愈发重要，物业服务满意度正在成为衡量人民美好生活实现与否的重要标尺。我国疫情防控常态化背景下，人们的社区生活方式发生了一些变化，业主对物业服务企业的服务内容和服务标准提出了新的要求。面对新形势，物业服务企业能否赢得业主满意，实现企业品牌美誉度的提升，进而实现对业主资源的深入挖掘，已经成为衡量企业综合竞争力的重要标准。

为持续推动物业管理行业服务水平提升，助力企业更好聚焦客户，打造“大服务战略”，自 2007 年开始至今，中指研究院连续 16 年组织实施了中国房地产顾客满意度研究工作，其中物业服务指标始终是衡量中国房地产顾客满意度的核心指标，相关研究成果得到了社会各界广泛关注。

2022 年两会工作报告强调要“加大社区养老、托幼等配套设施建设力度，促进家政服务提质扩容”等工作要点，都与物业管理行业息息相关。此外，越来越多的政策和规范陆续出台，明确了提升物业管理服务水平的标准和内容，为满足物业管理行业快速发展的实际需要，中指研究院凭借对物业服务百强企业 40 余年的专注研究和数据积累，依托强大的中指云调研平台，系统开展中国物业服务满意度研究，力求为我国物业管理行业健康发展提供指引，为物业服务企业精益发展提供权威和高效的参考意见。

中国物业服务满意度研究目的如下。

① 基于多年全国性满意度研究实践，建立独家数据资源库，获得全国整体、各级城市、物业服务具体细项内容等各层面满意度真实水平。

② 立足行业调查标准，帮助企业发现优势方面，寻找竞争差距，客观调查全国各城市企业满意度水平所处行业位置，为企业决策提供科学参考。

③ 挖掘各城市满意度优秀企业，发挥优秀企业行业示范效应，全面提升行业整体满意度水平。

（二）调查时间

2022 年 4 月底—6 月中旬。

（三）调查社区选择标准

为建立科学统一的中国物业服务满意度研究体系，形成行业规范，满足可连续测评与不同城市及企业间对比测评的要求，研究组对调查的社区进行了全面、严格的筛选，入选的社区需满足以下条件。

① 城市主流物业服务企业服务的社区。

② 以交付满两年以上的商品住宅类社区为主。

（四）受访者选择标准

为获得有效定量数据，客观反映居民对于产品及服务体验的满意度评价，我们严格筛选受访对象，目标群体需满足以下条件。

① 自有住房，且购买的是新房，非二手房屋。

② 收房满两年以上的老业主。

③ 对目前居住的社区物业状况比较了解。

（五）满意度研究模型及测量指标

借鉴 ACSI 理论模型框架，分析总结历年经验及业主对物业服务各细项内容的感知情况，从客户期望、质量感知、价值感知三个方面进一步优化完善了指标体系，力求全面、客观评价业主对物业服务满意度水平。

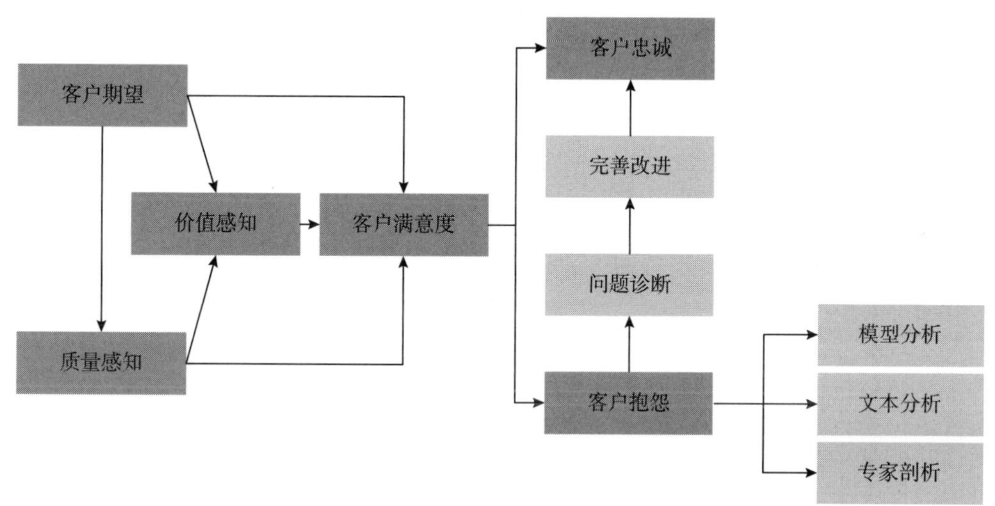

图1　2022中国物业服务满意度研究模型

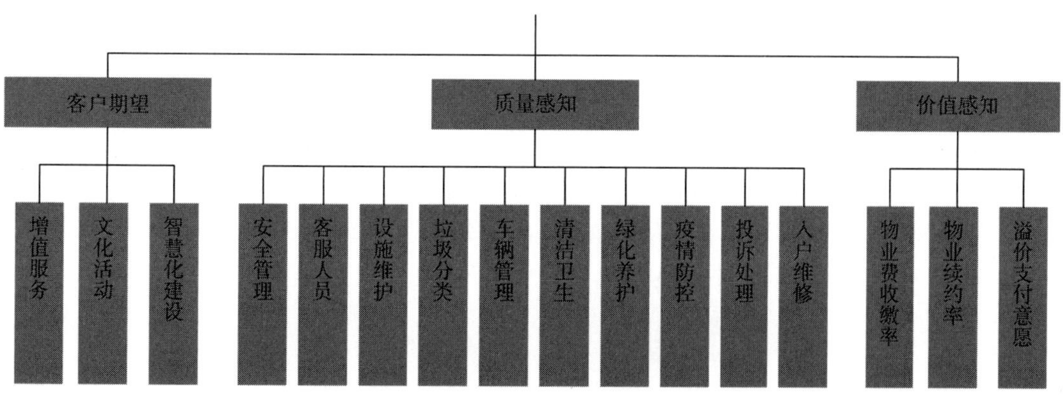

图2　2022中国物业服务满意度研究指标

指标说明：

满意度（RECSI）=“总体满意度”单项指标得分均值

有效样本量（N）= 对该指标给出有效回答的被访者人数，即在总人数中剔除回答“不清楚”“不知道”“拒答”或其他无效答案的被访者人数

（六）评分体系

对于定量问卷实际测评题目，采用 5 级李克特量表评价体系。李克特量表是评分加总式量表最常用的一种，该量表由一组陈述组成，每一组陈述有“非常满意”“比较满意”“一般”“不太满意”“非常不满意”五种回答，分别记为 5、4、3、2、1。

5 分	4分	3 分	2 分	1 分
非常满意	比较满意	一般	不太满意	非常不满意
100 分	75 分	50 分	25 分	0 分

（七）样本分布

为了确保参与调查的城市符合全国重点房地产企业的分布特征，最大程度反映全国及各城市的居民居住满意度水平，2022 年重点参考了中指研究院物业百强企业城市进入现状，将调查范围扩大到了全国 31 个省份，200 个城市，1 ~ 3 线城市覆盖率超过 80%，各城市样本量确定以科学的统计学测算为依据，以城市为单位进行抽样调查。参与调查的企业涉及全国 290 家物业服务企业，其中物业服务百强企业达到 61 家，非百强企业 229 家；全国累计调研样本量高达 31 万，其中百强企业样本超过 16 万，占总样本量一半以上，调查结果具有代表性，可以确保高精度统计分析要求，准确、真实反映当前物业服务业主满意度水平。

（八）调查方式

为保证调查实施的高质量与有效性，本次调查严格遵守随机抽样原则，综合运用多种采样方法，获取目标样本，具体操作中使用的采样方法如下。

① 借助中指云调研开展线上调研。

② 运用微信、QQ、邮件等现代通讯手段开展线上调研。

③ 重点城市安排访问员在固定地点筛选符合条件的受访者进行拦截访问，以获得被访者真实评价。

（九）受访者背景信息

从参与调研的人群基本特征来看，本次调研男性、女性受访者比例基本持平；受访业主群体以 80 后、90 后为主，占比超过 7 成，符合当前中国购房群体特征。

图3　受访者性别分布

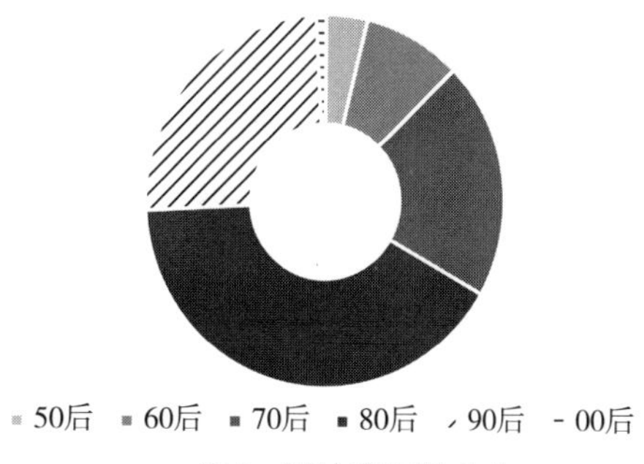

图4　受访者年龄分布

数据来源：中指研究院。

第二部分：中国物业服务满意度研究结果

（一）全国总体评价结果

考虑到新业主在做出满意度评价时，受房屋交付情况影响较大，而房屋交付结果的作用因素大部分来自于开发单位。因此，为了更加科学、准确地衡量业主对物业服务满意度的真实情况，2022年，研究组对所调查社区和受访者的标准进行了略微调整，调查社区为交付满两年以上的商品房住宅小区，受访者为收房满两年以上的老业主。

调查对象的精准化，使得调查结果能够最大限度地真实反映我国物业服务企业的服务水平，整体来看，2022年全国物业服务满意度评价结果未能延续前两年的得分趋势，行业满意度评价总体承压明显，值得注意的是，行业标杆企业[①]的满意度评价得分在今年首度出现回落。

1. 行业满意度评价承压下行，标杆企业得分首度回落

2022年全国物业服务满意度评价得分呈现下行态势，其中行业整体的满意度得分为78.1分，较上年[②]下滑2.6分，标杆企业得分为86.7分，同比下降0.5分。近几年行业满意度评价得分稳步上升的趋势在今年首次被打破，也印证了行业在急速狂飙成长后需要回归服务本质的深层诉求。

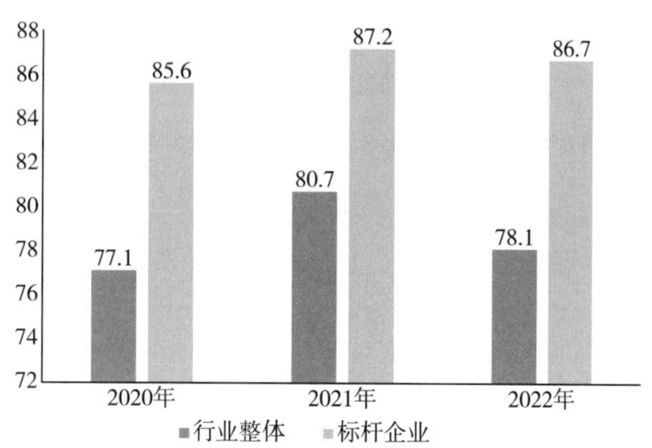

图5　近三年全国物业服务满意度变化情况

数据来源：中指研究院。

---

① 标杆企业：百强TOP10企业，下同。

② 2022年物业服务满意度调研中，有效数据的取值范围将受访者规定为收房满两年以上的业主，这与往年对老业主的调研口径一致，因此本报告中的数据对比将以此前历年老业主的满意度得分为标准，下同。

经过与疫情斗争的三年，疫情防控已经成为人们社区生活的重要组成部分，物业服务企业凭借在疫情防控中的默默付出和出色表现，一方面培育了业主追求健康、高效的社区生活习惯，推升了其对物业服务整体水平的预期，另一方面，随着国内疫情防控常态化的部署，以及受零星散发的疫情影响，各地相继采取的封控措施，在一定程度上造成了物业服务人员和物资供应的流动受阻，导致物业服务企业经营面临成本刚性上升的现实问题。

此外，上游开发企业囿于市场变化，企业现金流趋紧，经营问题传导至相关物业服务企业，导致物企面临市场与环境双重高压，因此，2022 年部分物业服务企业被迫在服务质量和成本控制之间找寻新的平衡点，个别企业采用了比较激进的做法，例如直接削减与服务外包单位的合同金额、裁撤部分服务岗位的人员数量、降低清洁耗材产品标准等，而与之相伴的是物业服务颗粒度被动放大，而疫情防控又在一定程度上延长了业主在社区的驻留时间，业主对物业服务的敏感度提高，因此导致了行业整体满意度评价承压下行的现状。

当前物业管理行业仍处于加速扩张和整合阶段，企业在扩规模过程中，收并购成为众多企业的战略选择。2021 年年初至今，物业管理行业围绕规模和业务优化展开的收并购事件频发，70% 以上的并购企业是行业头部的标杆企业，其管理规模在短期内实现激增，而叠加与被收购企业间的业务磨合，使得标杆企业物业服务品质输出的稳定性面临挑战；此外，由于标杆企业的标准化服务体系较为完备，服务能力突出，而被并购中小企业通常在标准化建设和服务能力方面存在相对不足，这也可能会导致短期内被并购企业对并购企业整体服务能力的拖拽，造成业主整体满意度评价水平下降。

2. 市场呼唤行业回归服务本质，高质服务仍存溢价空间

物业管理行业的快速发展正在对传统物业服务模式形成冲击和改造，资本加持下的物业服务，业务边界变得愈发模糊，在这样的行业背景下，那些专注于做好基础物业服务，但没能在市场变化中求新求变的企业，正在成为行业的“保守派”，仅仅做好基础物业服务并不能使企业“一劳永逸”；而与之相对的另一个极端是过度强调业务的多元化，追求“百花齐发”的业务布局，却相对忽略了基础物业服务的品质和底层价值，这些企业是行业的“先锋派”，虽然他们的一举一动总能吸引市场的关注，但容易陷入脱离服务品质谈服务价值的悖论。无论是行业的“先锋派”还是“保守派”，都可能相对忽视了物业管理行业当前所面临的诸多现实问题，例如，目前企业所提供服务及产品过于基础、服务效率偏低、服务标准化程度有待提升等。要解决这些问题，需要物业服务企业重新聚焦行业发展的本质——服务品质提升带动市场预期持续向好。

市场正在呼唤行业回归服务本质。研究组通过分析过去一年中上市物业服务企业市值变化率与物业服务满意度变化率的关系，发现两者呈现出一定的正相关关系，即样本企业在过去一年中的市值变化趋势与企业的物业服务满意度变化趋势基本保持一致，通过线性回归分析，研究组可以初步得出过去一年中，样本上市企业市值的整体变化率是企业整体满意度得分变化率的七倍。虽然企业在资本市场的市值表现更大程度受到市场环境和企业经营情况及投资者预期影响，但是那些业主满意度水平较高且相对稳定的企业，其市值表现韧性明显更强。

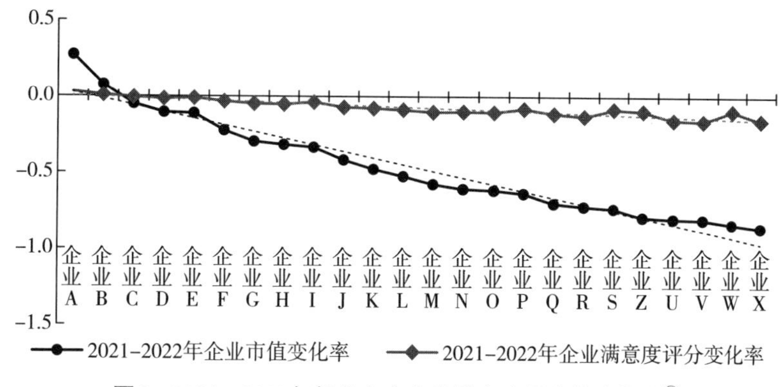

图6 2021—2022年部分上市企业满意度及市值变化率①

数据来源：中指研究院。

2022 年全国物业服务满意度普查数据显示约 65% 的受访业主认为在综合考虑所在小区的物业服务品质后，觉得当前小区物业价格收费标准处于正常水平，约 18% 的受访业主认为物业服务费价格偏高，因此企业在进行物业服务满意度建设前，首先要对相应社区的物业服务收费标准进行衡量，进而提供让业主感觉是质价相符甚至“物超所值”的物业服务，才可能赢得业主满意。

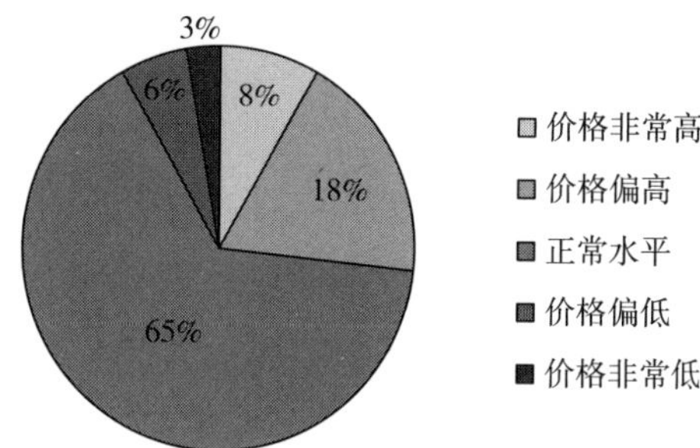

图7 关于业主认为当前小区物业价格收费标准如何的调查结果

数据来源：中指研究院。

此外，今年全国物业服务满意度普查数据显示有超过 67% 的受访业主表示愿意为更高品质的物业服务支付相对较高的物业服务费，其中 34% 的受访业主表示非常愿意为高质量服务支付更多物业服务费，可见高质服务仍存溢价空间。

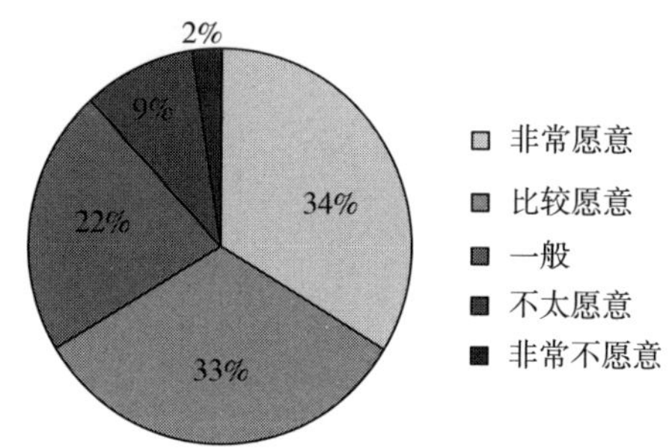

图8 关于是否愿意为更高品质的物业服务支付相对更高物业服务费的调查结果

数据来源：中指研究院。

3. 保洁、养老和教育成为业主最期望开通的社区增值服务内容

近距离的服务更能收获业主的信任，社区增值服务特别是生活服务能够直击业主日常生活的实际需

① 企业市值取值时间于对应年份的6月中旬，满意度评价得分取值于对应年份该企业的得分。

求，有助于拉近企业与业主关系，物业服务企业通过深度触及业主在社区生活中的各类场景，聚焦生活服务业务，营造“贴心、贴身”的用户体验，有助于提升业主对物业服务的整体满意度。

2022 年全国物业服务满意度普查数据显示，超过 82% 的社区开通了社区增值服务，业务内容主要涵盖保洁服务、社区零售、房屋经纪、空间运营、美居服务、养老服务、餐饮服务、教育服务和社区金融等，其中保洁服务是社区开通率最高的业务，占社区样本总量的 27% 左右，其次是社区零售，占社区样本总量的 13%，社区金融、教育服务、餐饮服务和养老服务的开通率相对较低，不足社区样本总量的 10%。

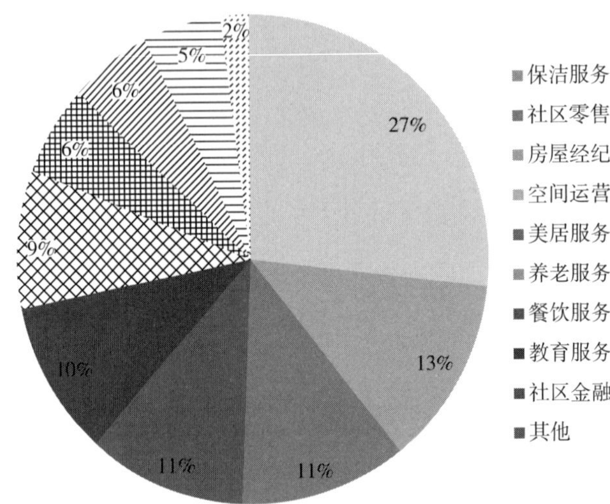

图9 关于各项社区增值服务项目开通情况的调查结果

数据来源：中指研究院。

2022 年全国物业服务满意度普查结果显示业主对社区增值服务的满意度评分是 81.3 分，高于行业整体满意度约 3.2 分，在社区增值服务的各细项内容中，保洁服务的评价得分最高，为 84.6 分、其次是社区零售，得分为 76.7 分，得分最低的是社区金融服务，得分为 63.8 分。

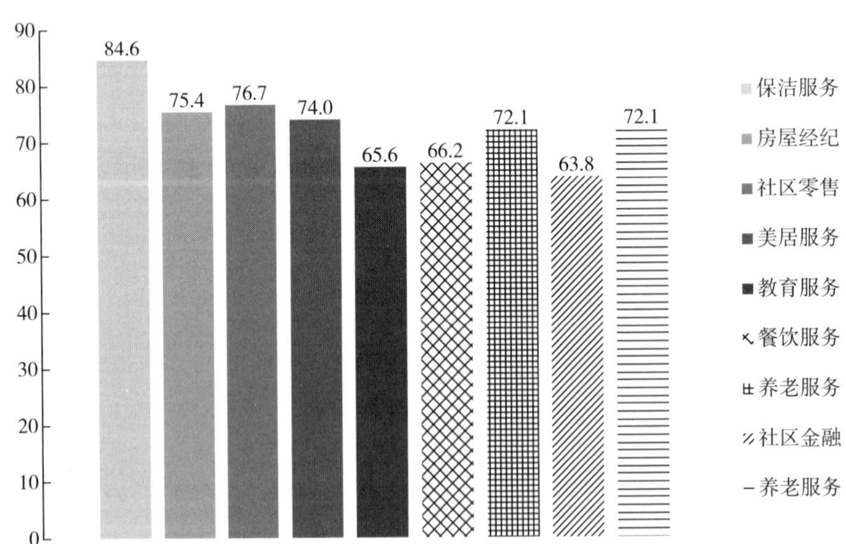

图10 关于社区增值服务细项满意度评价得分情况

数据来源：中指研究院。

关于业主最期待所在小区物业能够开展哪些增值服务项目的调查结果显示，保洁服务、养老服务和教育服务位列前三，分别占本次调研有效样本总量的 26%、17% 和 11%。

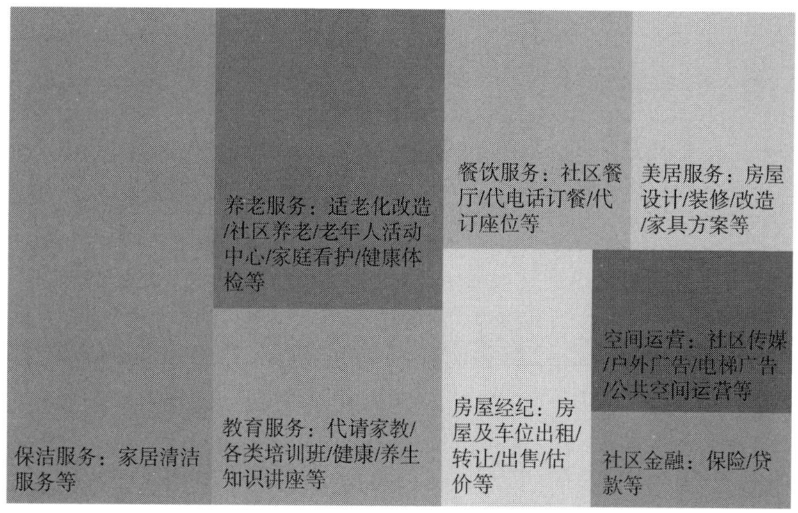

图11　关于业主最期待所在小区物业能够开展哪些增值服务项目的调查结果

数据来源：中指研究院。

（二）物业服务细项评价结果

从业主对物业服务企业提供的各分项服务的满意度来看，入户维修、增值服务和客户服务人员三项满意度评价最高，得分均超过 81 分，疫情防控、绿化养护和安全管理的满意度评价较高，得分超过了 80 分；此外，业主对物业服务企业的投诉处理、文化活动、智慧化建设和车辆管理的满意度评价较低，得分均不足 77 分，与物业服务整体评价存在一定差距，其中投诉处理满意度评价得分最低，存在较大提升空间。

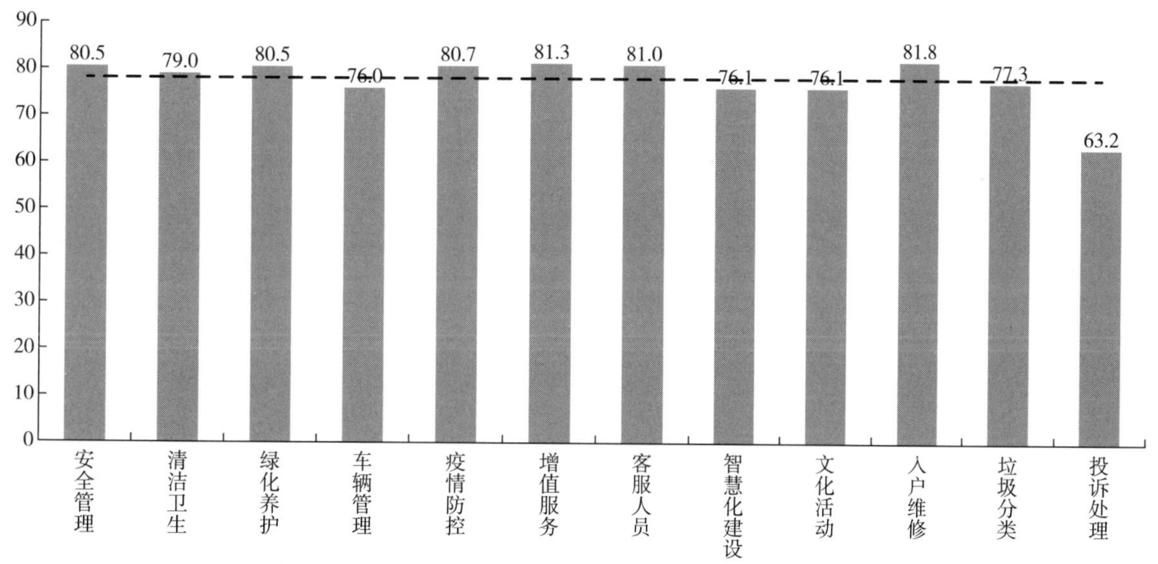

图12　2022年中国物业服务满意度研究关键端口及指标表现

数据来源：中指研究院。

1. 安全管理：对业主整体满意度体验影响较大，2022 年仍保持较高评价水平

2022 年全国物业服务满意度普查结果显示，安全管理细项的满意度评价得分为 80.5 分，超过行业整体满意度评价 2.4 分，虽然相较于上年微降 0.2 分，但是仍保持较高的业主满意度。安全管理作为物业服务的基础服务细项，是物业管理过程中最容易暴露问题的端口之一，且对城市居民的生活体验影响较大，

无序、宽松的安全管理制度，是业主人身和财产安全的巨大隐患。

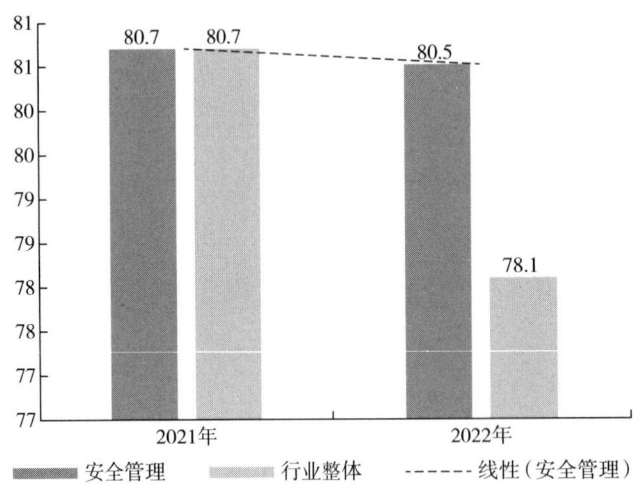

图13　2021—2022年全国物业服务满意度普查部分细项得分情况

数据来源：中指研究院。

近年来，随着智慧科技在物业服务中的广泛应用，企业对所服务社区的安全管理方式也在创新，例如绿城服务通过加强与海康威视的战略合作，积极引进最新的智慧安防设备，提高对社区安全的高效监控，实现了对社区安全问题的预判、预警；金的智慧服务对所服务社区的安全管理突出表现在“定期排查，宣传引导”，将排查、宣导和公示作为防范社区安全问题的三大动作，通过定期排查抽检安全隐患，定期宣导消防事件和定期公布违规业主名单，时刻守护社区安全。

2. 清洁卫生：业主敏感度较高，满意度评价保持较高水平

2022年物业清洁卫生评价得分79分，同比下滑超过2.1分，但是高于行业整体评价水平0.9分，仍处于较高的满意度水平。清洁卫生是业主日常接触最密切、感受最敏感的服务指标，稍有变化就容易引起业主满意度评价的起伏，尤其是经历此次疫情，业主习惯了高标准的卫生服务，对物业清洁卫生工作的颗粒度变化异常敏感。社区出入口、电梯、楼道是业主日常的重要触点，问题也多在此产生。从业主的重要触点着手改善卫生状况，关注卫生死角，是有效提升业主满意度的重要手段。

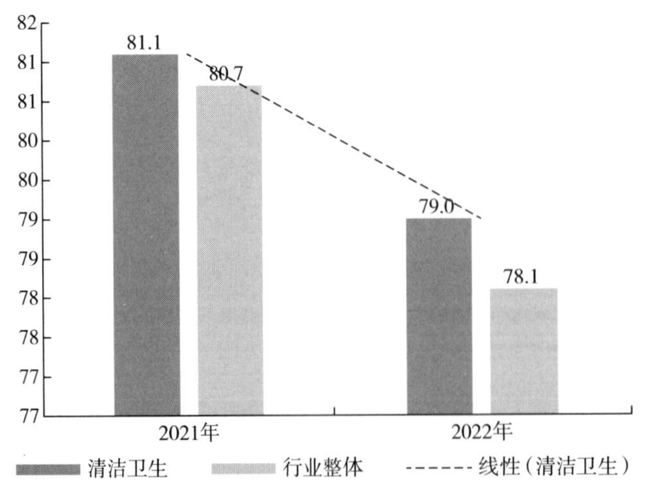

图14　2021—2022年全国物业服务满意度普查部分细项得分情况

数据来源：中指研究院。

清洁卫生是体现物业服务企业管理水平的重要标志。高质量的物业清洁保养能够为业主和用户提供整洁、舒适、优美的工作与生活环境，此外，通过清洁保养，可以延迟和减缓物业装饰物表面自然老化及人为磨损，延长物业再装修翻新的周期，既经济又能保持物业美观。绿城服务始终坚持为所服务社区提供高标准的清洁卫生服务，通过实行 16 小时两班组保洁制度，早晨 6：00 上班直至晚上 10：00 下班，每日的卫生全面清扫在人流低谷时进行，尽量减少对业户的影响，努力为业主营造舒适、整洁、明亮的居住环境，保证社区的卫生状况能够达到高标准的要求。

表1　绿城服务某项目清洁卫生工作检验标准和方法

分类	项目	检验标准	检验方法
楼层公共卫生	地面	无废弃杂物、纸屑，无污迹，无泥沙，大理石地面有光泽，地毯平整、干净，无污渍	抽查
	墙面	大理石墙面用纸巾擦拭 50CM，无明显灰尘，乳胶漆墙面无污迹，目视无明显灰尘。脚踢线、消防排烟口、警铃、安全指示灯、各种标牌表面干净，无灰尘、无水迹、无污迹、无斑点。	抽查
	电梯厅	墙面、地面、门框、电梯指示牌表面干净，无油迹、无灰尘。	抽查
	电梯内	干净、无污迹、无积尘、无脏杂物。	抽查
	垃圾桶	外表干净，无积垢、无臭味。	目测
	玻璃窗	包括玻璃、窗框、窗帘、窗台：明净、光亮、无积尘、无污迹、无斑点。	目测
	天花、灯罩	目视无明显灰尘，无污渍。	目测
	风口百叶	目视无明显灰尘，无污渍。	抽查
	各种设施外表	包括大堂前台、广告牌、灯箱、消防栓箱、楼层分布牌等：表面干净，无积尘、无污迹、无斑点。	抽查
楼梯及门	楼梯	所管区域内的楼梯、防火梯、电扶梯、栏杆：无灰尘及杂物。	抽查
	扶手、栏杆	扶手、栏杆光洁、无积尘，玻璃无污迹。	抽查
	楼梯走廊	楼梯走道及其墙上各种设施如应急灯、水管、出入指示牌、凸物等：无积尘、无污迹、无脏杂物。	抽查
	门	干净，无灰尘、无污迹。	检查

3. 绿化养护：虽然得分仍处于高位，但满意度同比下滑明显

2022 年物业绿化养护评价得分 80.5 分，同比下滑超过 2 分，高于行业整体评价水平 2.4 分，虽仍处于较高的满意度评价水平，但相较于上年满意度下滑明显。社区园林“三分栽、七分养”，绿化养护是物业服务周期内频率相对较高的项目，看似简单但却非常重要。物业的绿化养护工作若不到位，会使社区内花费很大成本建造的园林景观不能很好地保持，严重情况下可能会出现草地退化、树木枯亡，直接影响社区品质和业主对物业服务的满意度，因此绿化养护要实行科学化、规范化的养护管理。

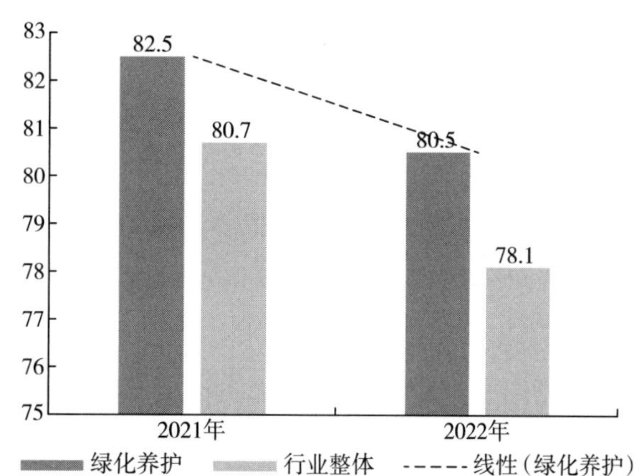

图15　2021—2022年全国物业服务满意度普查部分细项得分情况

数据来源：中指研究院。

万科物业坚持社区绿化“养护为主、补种为辅”的原则，首先做到保持小区客户集中区域的绿化观感，例如主出入口、大堂、广场等区域，选择叶子颜色不同的植被搭配开花植物栽种；其次是加强对植物绿化养护的科学管理，针对季节制定绿化养护计划，并落实到位；最后是加强对园丁的专业技能培训，掌握小区内植物的生长属性与养护要求，做好病虫害预防工作。

表2　某标杆企业服务社区绿化养护工作手册目录

序号	文件名称	序号	文件名称
1	概述	10	草坪养护操作规程
2	保洁员的操作规程	11	乔木、灌木的修剪规程
3	常用保洁物品的功能	12	松土、除草的操作规程
4	保洁常用机械设备、设施及工具	13	地毯保养的方法
5	闲置空房的保洁养护规定	14	建材保养、护理方法
6	保洁服务分包管理办法	15	废弃物分类处理规定
7	绿化、消杀服务分包管理办法	16	保洁绿化服务质量日检表
8	花木品种与养护特性	17	消杀服务质量记录表
9	花木养护操作规程	18	绿化服务质量日检表

4. 车辆管理：虽现存问题仍然较多，但改善明显

2022 年物业车辆管理满意度评价得分 76 分，虽然仍低于行业整体评价水平，但是较上年满意度提升了 1.7 分，评价改善明显。目前，停车管理在物业服务中的满意度评价问题依然突出，细项满意度得分连续两年低于行业整体水平，2021 年低于行业整体水平 6.4 分，2022 年低于行业整体水平 2.1 分，需要物业服务企业继续优化提升相应服务。

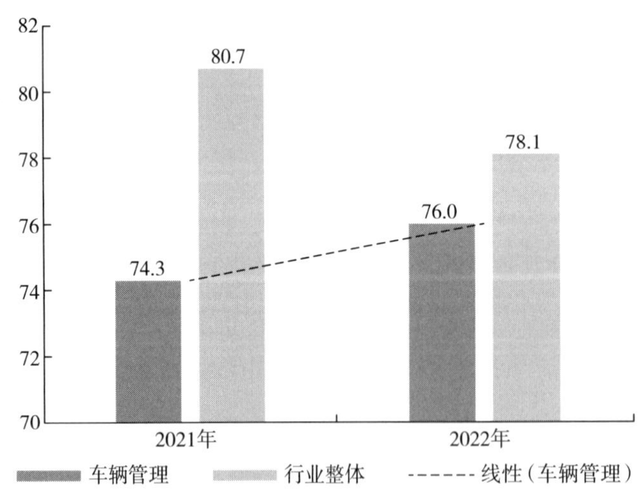

图16　2021—2022年全国物业服务满意度普查部分细项得分情况

数据来源：中指研究院。

车辆管理是物业服务中存在问题最复杂的服务细项，受到停车秩序差、外来车辆进出管理松散等多方面的因素影响，此外，在疫情防控常态化背景下，部分小区对车辆的出入管理更加严格，查验“两码”和核酸报告成为常态，特别是部分社区对业主的车辆管理和外来车辆的管理措施趋于一致，使得业主的归属感和服务体验下降，可能影响了相关满意度评价。此外，部分社区可能存在车辆管理的形式化问题，社区的规范停车秩序受到了不同程度的破坏，也在一定程度上影响了业主对物业在社区车辆管理方面的满意度评价。

万科物业对服务社区的车辆管理采取“因势利导，主动作为”的策略，在高峰期主动引导业主在社区内合理停车，同时在停车管理的相关岗位间形成互动，车辆驶入、引导、停放均有岗位跟进，此外，还会定期举行社区文明停车的专项宣传，取得了良好的效果。

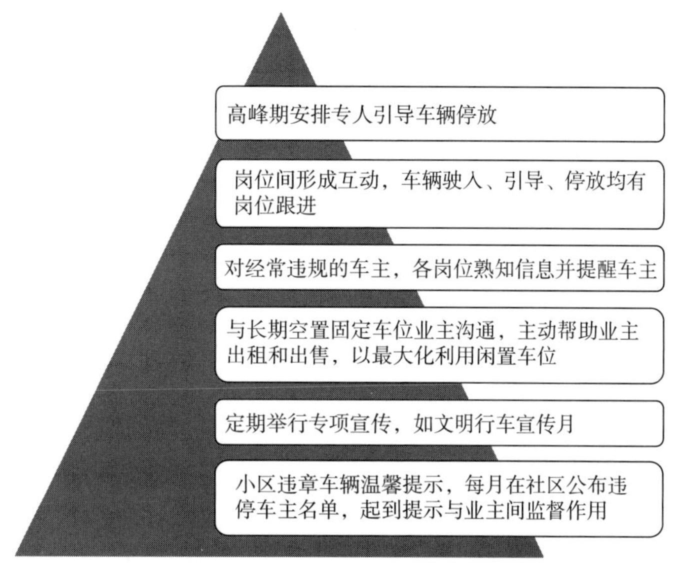

图17　万科物业服务住宅社区的车辆管理措施

5. 疫情防控：作为拉近物企与业主关系的纽带，满意度评价保持高位

2022年物业疫情防控评价得分80.7分，高于行业整体评价水平2.6分，同比上年略微下降了0.9分。在我国疫情防控常态化背景下，优质物业服务不仅体现在日常生活中能够持续向业主提供高品质服务，也体现在遇到突发情况时能够及时解决问题，守护业主生命健康与财产安全。

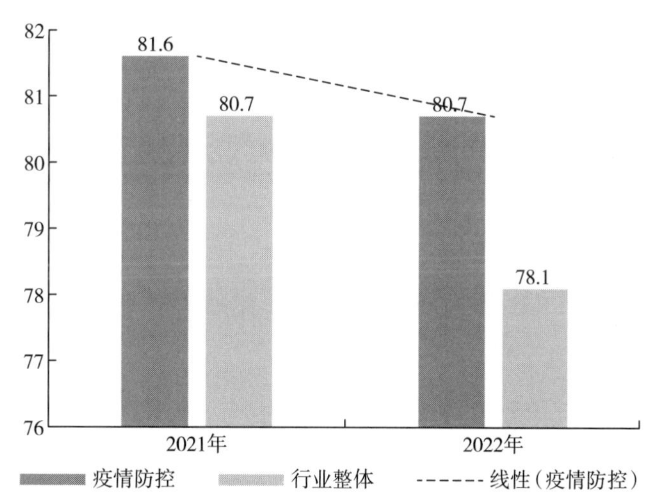

图18　2021—2022年全国物业服务满意度普查部分细项得分情况

数据来源：中指研究院。

面对全国各地零星散发的疫情，标杆企业敢作为、能作为，进一步加强了与业主之间的关系，服务价值得到认可。标杆物业服务企业一方面继续做好消杀、宣传、封闭管理等全方位部署，严把社区进出口，构筑群防群治的严密防线；另一方面，标杆企业主动承担起部分公共服务的内容，配合政府和相关组织机构，针对所服务社区的人员开展核酸检测、疫苗接种等工作，尽量为业主生活提供便利。例如，碧桂园服务、保利物业等企业和当地政府、卫健委以及相关的医疗机构联动，结合防疫要求，在小区或街道设置核

酸检测点，方便业主在小区就能做核酸检测，受到了业主的广泛好评。

表3　部分企业疫情防控常态化管理服务内容与标准

防控项目	标准及内容
严控严筛	来访人车采取实名登记，并测量体温，查看“健康宝”
	通过线上渠道与隔离业主建立沟通，并根据需要提供相应服务
公区消杀	定时定点定量严格消毒，重点部位高频消杀
	社区出行班车使用 1 次消杀 1 次
物资安排	确定采购周期，建立战略供应商，确保采购地位
	为防止交叉感染，尽量避免上门发放物资
宣传共享	线下宣传：在出入口、楼宇门前等公共场所，张贴宣传海报
	线上宣传：通过业主群、APP 公告栏等平台发布防疫信息

此外，部分社区在实施封闭管理后，业主隔离在家无法出门采购，面临着生活物资逐渐匮乏等问题。标杆企业在做好社区防疫工作的基础之上，自发为业主提供代买生活用品、代拿快递等便民服务，并积极协调生活物资，优化线上购买平台，保障业主日常生活，实现社区“最后 100 米”服务的精准触达，赢得了业主的满意评价。例如，中海物业在“优你家”APP 实时发布《社区防疫日报》，为业主提供代购配送、家居垃圾处理、快递消毒代送等创新服务；融创服务在受到疫情封控的社区采取集中代买食物及生活用品服务措施，用消毒处理后的小推车将业主所需物品送上门，还通过前期采购，为业主提供急需物品，并在电梯内提供业主专用纸巾。

6. 客服人员：历年满意度评价的高分细项，2022 年得分下行压力较大

客户中心作为社区日常物业管理的中枢单位及业主与物业沟通交流的窗口，其服务人员的表现在某种程度上能够放大业主对物业服务总体评价的结果，所以普遍受到了标杆物业服务企业的重视，总体来看，业主对客服人员的满意度评价在各细项指标中排名较为靠前，历年都保持在 80 分以上。

2022 年物业客服人员的满意度评价仍然保持高位，得分 81 分，但较上年下滑 1.9 分。研究组通过对该服务细项低满意度业主的抽样回访发现，导致业主不满的一个原因是业主认为今年客服中心的服务人员数量明显减少，并且部分业主反映存在业主到社区客服中心办事，而物业相关负责员工不在岗的情况。以上问题的出现，可能与部分物业服务企业严格控制成本，精简服务岗位人员数量有一定关系。

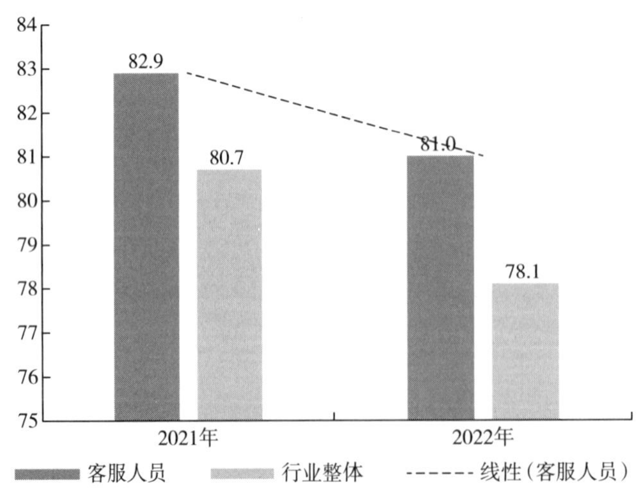

图19　2021—2022年全国物业服务满意度普查部分细项得分情况

数据来源：中指研究院。

倾听业主诉求，了解业主关注点，并及时做出响应，最大限度满足业主需求或对业主进行感情安抚，是拉近业主与物业关系，实现业主满意的关键。绿城服务特别重视对客户服务人员的培训和考核，公司每季度至少会对社区物业的客服人员进行一次服务礼仪、服务意识等方面的培训和考核，此外，还会定期与业主代表沟通，协商解决服务中存在的问题，获得了业主的肯定。

7. 智慧化建设：表现中规中矩，但对业主满意度提升作用潜力较大

2022 年全国物业服务满意度普查指标增设了智慧化建设，业主的满意度得分为 76.1 分，低于行业整体水平 2 分。智慧化建设是物业管理行业转型升级的重要抓手，是物业管理行业规模化、专业化、标准化发展的必由之路。智慧物业为服务提供了更多的应用场景和改良方向，随着智慧物业在行业管理工作中的普及化程度不断提升，智慧物业管理带来的生活、工作便利也为更多业主所认可，在科技引领的时代背景之下，智慧物业的红利时代也正在来临。

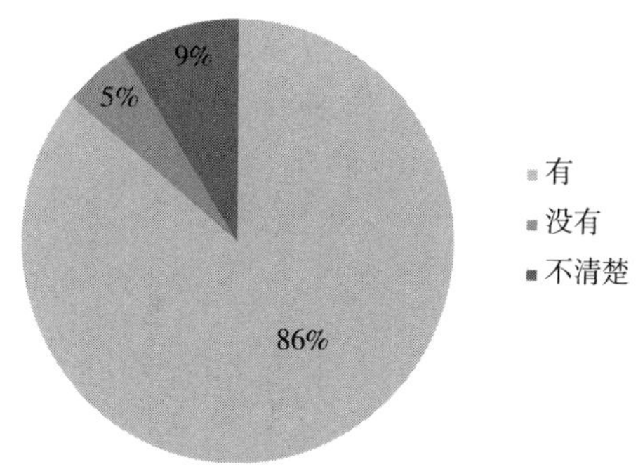

图20 关于小区是否存在智慧化建设情况的调查结果

数据来源：中指研究院。

2022 年满意度普查结果显示约 86% 的样本社区存在智慧化建设情况，主要建设项目包括服务微信小程序、智慧停车、智慧门禁等，从业主对物业服务企业的智慧平台使用情况来看，智慧门禁和线上缴费提及率最高，均超过了 76%；其次是智慧停车，提及率为 69.8%；再次是线上报修，提及率约为 42.8%；其余各功能的使用率均不高。

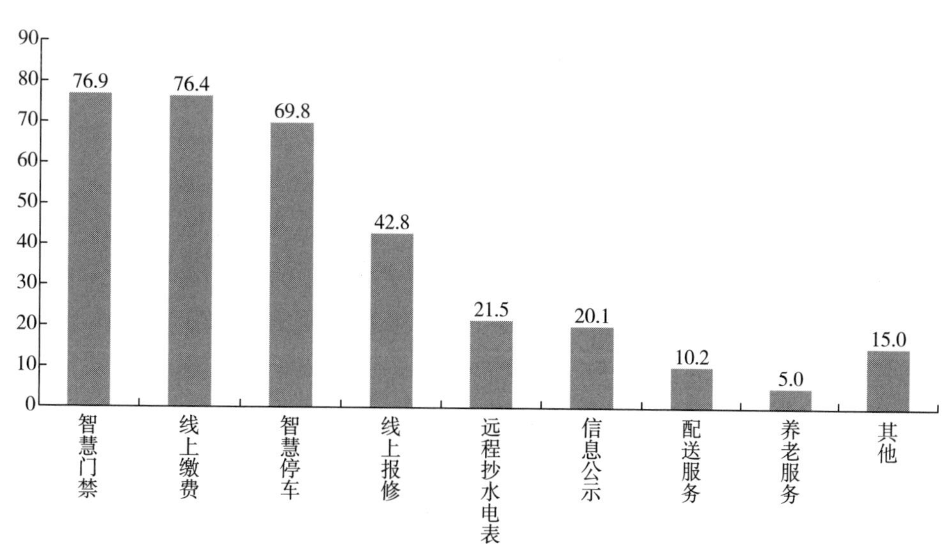

图21 关于业主使用智慧物业服务相关产品情况的调查结果

数据来源：中指研究院。

物业管理行业的智慧化建设方兴未艾，物业服务企业在涉及业主工作、生活较多的板块，如抄水电表、信息公示、生活配送、教育医疗、居家养老等，还需要继续加大投入，着力突破，打造真正的“一站式”线上服务平台，用智慧系统连接物业管理、居民生活的各个方面，实现物业管理的高效发展和居民生活的便利化、智慧化，从而提升业主对物业服务的整体满意度。

越秀服务通过智能化与信息化建设全面打造智慧社区，不断优化客户体验，提升服务品质，获得了业主认可。越秀服务打造的智慧服务平台“悦秀会”，功能涵盖产品营销、社区服务、活动社交、增值服务和会员体系，能够全方位满足客户和业主的需求，同时提高了企业内部的业务流转效率，降低了运营成本，给业主带来了美好的体验。

8. 文化活动：受疫情影响，业主满意度评价处于历史性低位

2022 年业主对物业的社区文化活动满意度评价得分 76.1 分，低于行业整体水平 2 分，同比 2021 年大幅下滑 4.1 分。受疫情影响，物业服务企业减少了对线下社区文化活动的组织，将工作的重心聚焦到疫情防控中来，可能导致了业主的体验发生变化，影响了满意度评价。未来，随着疫情控制向好，物业服务企业开展的文化活动大概率会回归到正常水平，届时业主的满意度评价有望实现回升。

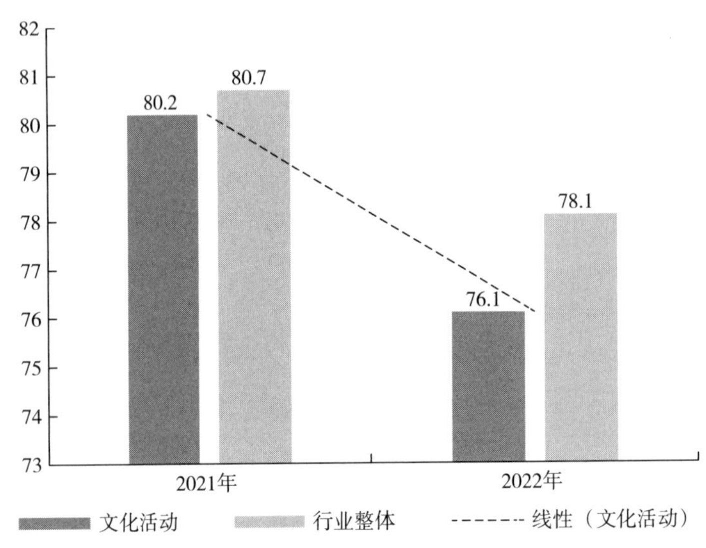

图22　2021—2022年全国物业服务满意度普查部分细项得分情况

数据来源：中指研究院。

通过社区文化活动建设，不但能够拉近业主与企业的关系，提升业主对物业服务的满意度，也能够将企业的品牌文化渗透到业主群体，为企业开展增值业务积蓄力量。万科物业通过连续多年举办“朴里节”活动，缩短了邻里之间的心理距离，让业主发自内心地感到温暖，提升业主满意度的同时促进了企业增值业务的发展；绿城服务的社区文化活动聚焦关键人群，致力于打造全龄幸福四季，通过节日关怀、生活关怀、重点关怀、主题系列活动赢得了业主的广泛好评。

9. 入户维修：2022 年得分最高的服务细项，具备明确的满意度反馈功能

入户维修是 2022 年全国物业服务满意度普查得分最高的服务细项，达到 81.8 分，超过行业整体满意度 3.7 分，同比 2021 年小幅提升 0.2 分。入户维修作为物业服务企业向业主提供的重要服务，是业主正常

社区生活的重要保障，具有明确的满意度反馈表现，每一次专业的入户维修都是物业服务企业与业主建立起信任关系的绝佳机会，而业主的信任在很大程度是企业开展其他增值服务的基础，因此标杆企业格外重视入户维修服务的口碑，不断努力提高上门服务的响应速度和维修成功率，同时，很注重提升维修队伍的专业技能，借此持续强化与业主的关系。

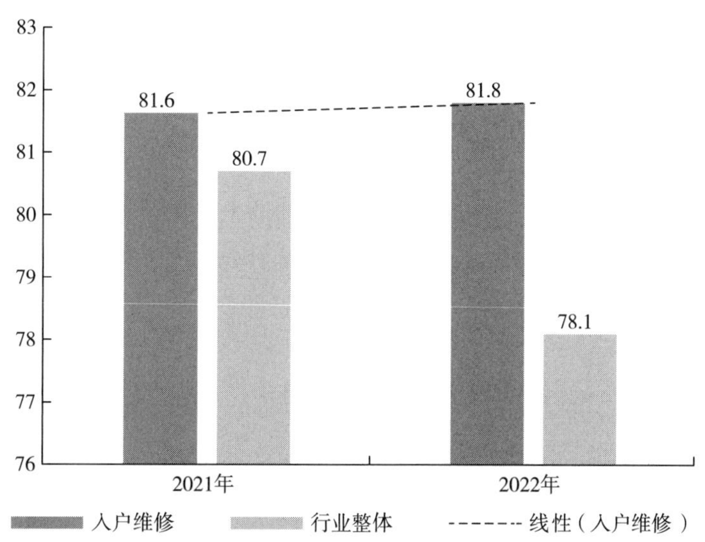

图23　2021—2022年全国物业服务满意度普查部分细项得分情况

数据来源：中指研究院。

10. 垃圾分类：首次增设的服务细项指标，重点城市物业服务满意度评测的重要内容

2022 年全国物业服务满意度普查指标增设了垃圾分类细项，业主的满意度得分为 77.3 分，低于行业整体评价水平 0.8 分。垃圾分类是检验物业服务企业综合服务能力的重要指标，近年来，在“双碳”目标的指导下，全国一线城市率先开展了社区、街道垃圾分类试点工作，各地也陆续出台了相关政策指引物业服务企业履行垃圾分类的主体责任，例如北京在《北京市物业管理条例》第六十五条就明确了物业服务人员有履行生活垃圾分类管理责任人责任，指导、监督业主进行生活垃圾分类的职责。

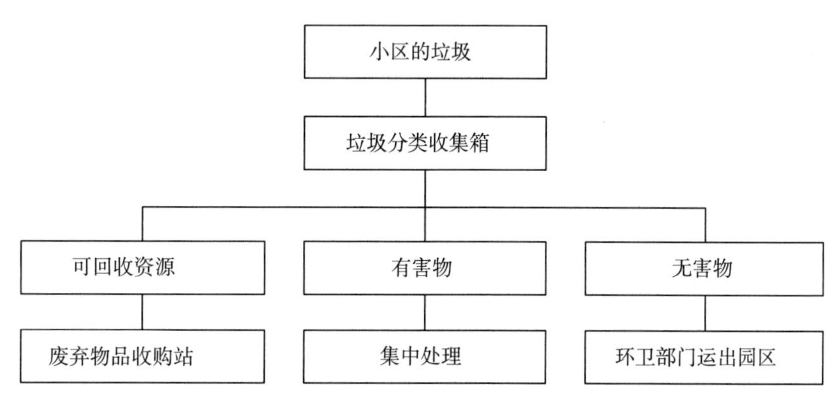

图24　某标杆企业垃圾分类及清运方法

中海物业积极响应垃圾分类相关政策，通过优化小区内的垃圾桶站设置，大幅提升了社区垃圾分拣效率；保利物业根据各社区业主的不同需求，为方便业主分类投放，配置了定滑轮拉环式垃圾桶和脚踏式垃圾桶两种类型，便于业主参与到垃圾分类的事务中，受到了业主的广泛好评。

11. 投诉处理：历年得分最低的服务细项，警惕“灰犀牛”事件

2022 年受访业主中有 8% 左右的人在近一年内曾向物业服务企业进行过投诉，该部分业主对物业投诉处理给出的满意度评价为 63.1 分，此分值远低于行业整体满意度评价水平，同时也是历年来满意度研究所有评价指标中得分最低的服务细项。

投诉作为业主对企业服务表达严重不满的表现，该行为本身附带有极大的负面情绪，处理不当会严重破坏业主对企业的信任度。物业服务企业应正确认识和妥善处理业主投诉，客户的需求决定企业的服务方向，物业管理作为一种服务行为，难以避免存在投诉行为，企业在遇到业主投诉时若能及时妥善处理问题，不但能够有效提升业主满意度，同时也有助于企业找准业主服务方向，便于企业开展更加优质的基础物业服务和社区增值服务，助力企业在激烈的市场竞争中脱颖而出。

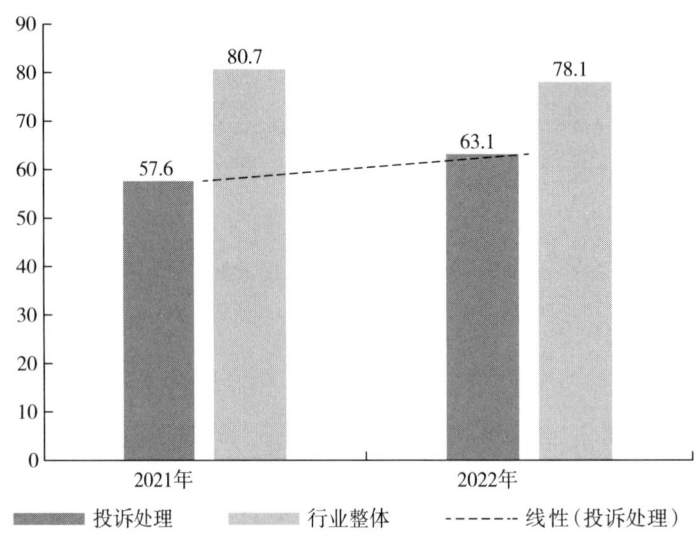

图25 2021—2022年全国物业服务满意度普查部分细项得分情况

数据来源：中指研究院。

在满意度的相关调研中，投诉处理得分普遍偏低，但值得注意的是，物业服务企业可能已经意识到了投诉处理所反映出的企业服务问题和潜在风险，但出于成本、管理等方面考虑，企业针对投诉处理尚未建立起有效的改善机制，长此以往，投诉处理或将成为对物业服务整体满意度破坏影响最大的“灰犀牛”，需引起行业的重视。

（三）典型城市评价结果

1. 上海、北京、深圳获得物业服务满意度城市得分前三

2022 年的全国物业服务满意度普查中，11 个城市的满意度得分在 80 分以上，分别是：上海、北京、深圳、杭州、广州、嘉兴、南京、天津、大连、重庆和苏州；12 个城市的满意度得分在 75 ~ 80 分，分别是：成都、昆明、佛山、宁波、西安、南昌、金华、青岛、武汉、无锡、南宁和绍兴；7 个城市的满意度得分不足 75 分，分别是：长沙、合肥、郑州、沈阳、海口、太原和石家庄。

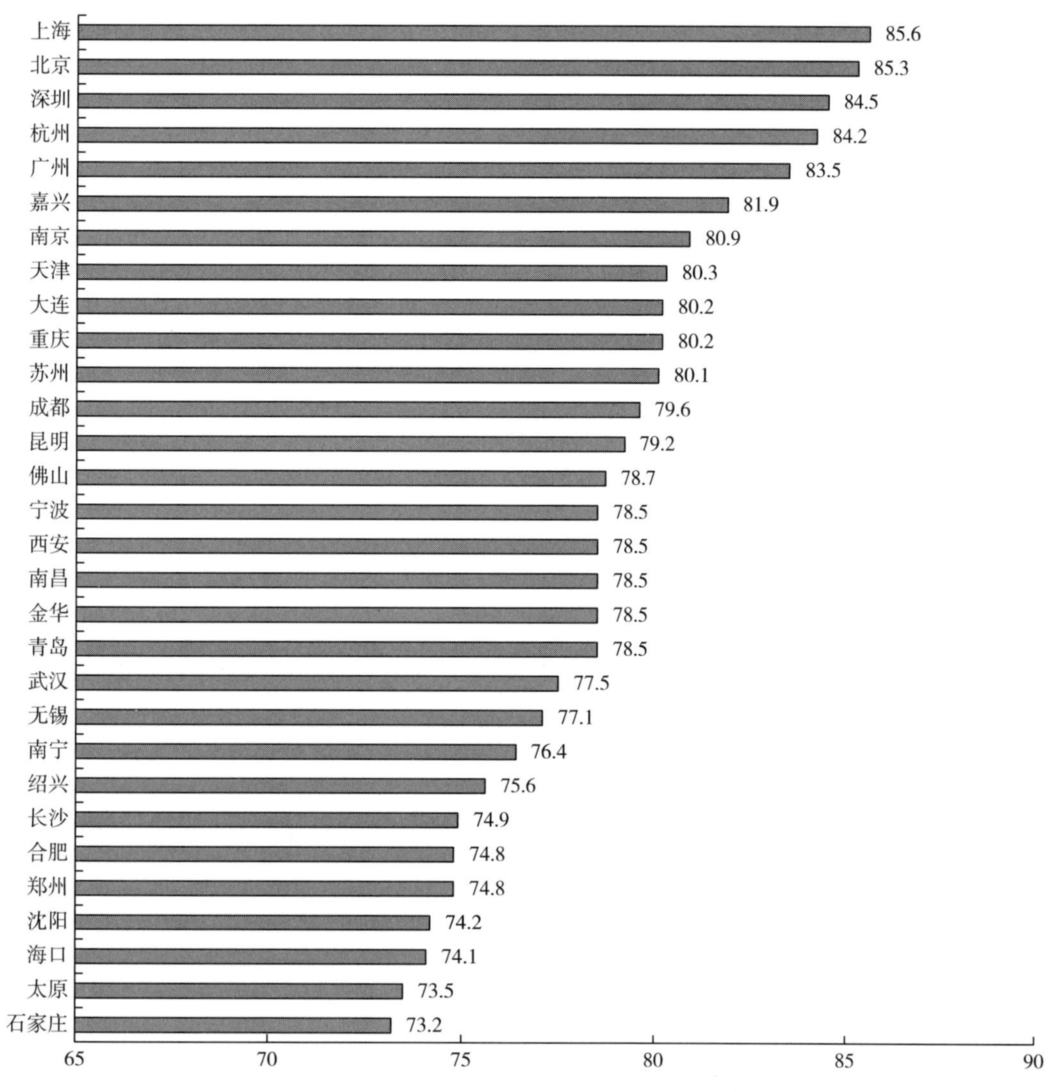

图26　2022年全国物业服务满意度普查典型城市得分情况

数据来源：中指研究院。

整体来看，上榜城市满意度平均得分均值 78.8 分，超过行业整体满意度得分约 0.7 分。北京、上海、深圳和广州四个一线城市物业服务满意度得分均值为 84.7 分，远超上榜企业平均得分，且综合得分均在 80 分以上，具体来看，上海满意度得分最高，分数为 85.6 分，其次是北京 85.3 分，排名第三的深圳 84.5 分，广州以 83.5 分排名第五。杭州作为新一线城市，物业服务满意度得分 84.2 分，超过了一线城市广州，与北京、上海和深圳共同跻身物业服务满意度城市排名前列。

2. 2022 中国城市物业服务满意度优秀企业

当前物业管理行业正处于加速整合、快速发展的重要阶段，市场中涌现出一批为满足业主对社区美好生活向往而持续奋斗的优秀企业。中指研究院秉承公正、客观、全面的原则，基于科学的方法体系对全国典型城市业主对物业服务企业的满意度进行综合研究，结合客户期望、质量感知、价值感知等客户满意度评测关键指标，综合评选出各城市业主满意度优秀企业，希望能够发挥优秀企业的示范效应，并营造良好的行业竞争氛围，从而全面提升行业整体业主满意度水平，助力行业健康、高效、高质发展。

表4 2022中国城市物业服务满意度优秀企业

北京	上海	广州	深圳	重庆
万科物业	世茂服务	中海物业	中海物业	金科服务
金茂服务	绿城服务	万科物业	金的智慧服务	龙湖智创生活集团
保利物业	中海物业	保利物业	万科物业	东原仁知服务集团
中海物业	万科物业	越秀服务	长城物业	华润万象生活
绿城服务	金茂服务	时代邻里	深业物业	金茂服务
杭州	天津	南京	成都	武汉
绿城服务	融创服务	银城生活	万科物业	碧桂园服务
滨江物业	万科物业	弘阳服务	保利物业	中海物业
龙湖智创服务集团	保利物业	苏宁银河物业	龙湖智创生活集团	华侨城物业
万科物业	联发物业	金茂服务	华润万象生活	嘉信物业
融创服务	天房物业	莲花物业	蜀信物业	东方物业
苏州	宁波	嘉兴	长沙	南昌
中海物业	绿城服务	绿城服务	万科物业	万科物业
绿城服务	荣安物业	佳源服务	保利物业	新力服务
万科物业	龙湖智创生活集团	万科物业	绿城服务	恒兴物业
招商积余	奥克斯物业	金都物业	金茂服务	保利物业
融创服务	亚太酒店物业	鸿城服务	中建物业	嘉诚新悦物业
郑州	石家庄	沈阳	西安	青岛
绿城服务	万科物业	龙湖智创生活集团	万科物业	绿城服务
建业新生活	恒辉物业	万科物业	绿城服务	海尚海服务
华润万象生活	安信联行物业	华润万象生活	龙湖智创生活集团	融创服务
鑫苑服务	东胜物业	金的智慧服务	华润万象生活	保利物业
正弘物业	润江物业	碧桂园服务	天地源物业	碧桂园服务
昆明	南宁	太原	海口	合肥
俊发七彩服务	华润万象生活	万科物业	绿城服务	绿城服务
万科物业	彰泰物业	华润万象生活	鲁能物业	信联物业
龙湖智创生活集团	联发物业	中海物业	雅生活集团	融创服务
招商积余	安信物业	保利物业	中海物业	中铁建物业
中海物业	中铁建物业	碧桂园服务	保利物业	德信服务
佛山	无锡	大连	金华	绍兴
碧桂园服务	绿城服务	万科物业	绿城服务	绿城服务
中海物业	金科服务	绿城服务	滨江物业	万科物业
保利物业	龙湖智创生活集团	龙湖智创生活集团	德信服务	滨江物业
时代邻里	万科物业	中海物业	万科物业	金的智慧服务
信豪服务	顺茂物业	远洋服务	中天美好服务	金昌物业

结　语

从幕后到台前，从粗放到精益，已过不惑之年的物业管理行业正处于快速发展的黄金时期。短期来看，规模扩张和业务多元化仍是多数物业服务企业为争取现阶段行业竞争优势而确立的战略目标；长远来看，物业管理行业的服务属性特征，决定了企业所创造的商业价值基础是服务，所以服务品质及由此产生的业主满意度将是支撑企业在行业长期竞争中脱颖而出的关键。

物业服务满意度评价不同于其他多维度的科学评测模型，业主对于物业服务企业的评价往往受到周期内单项因素的影响较大，整体满意度评价的“木桶效应”显著，在物业服务企业提供的众多服务内容中，任何一个细项出现问题，都有可能导致业主对企业整体服务水平的“一票否决”。因此企业应该及时补足服务短板，避免因个别服务细项表现不佳，影响业主对企业整体满意度的评价结果。

物业服务企业不但要努力提升服务品质，将真诚服务客户升级为企业遵循的基本准则，更应该重视提升业主满意度的方法和策略，要及时补足影响业主满意度评价的服务短板，在服务边界范围内及其适当延伸方向为业主提供更加全面和均衡的优质服务。我们相信，在行业市场化程度不断提高的背景下，那些真诚服务业主并能够持续赢得客户满意的企业，其商业价值必将在未来市场上获得超额兑现。

新常态·新课题·新机遇——2022 中国物业管理行业服务品质提升专题报告

20 世纪 80 年代，物业管理作为舶来品在深圳特区落地生根，此后的四十余年里，我国的物业管理行业蓬勃发展，特别是近些年在资本市场的助力和智慧科技的赋能下，物业服务企业的业务发展取得了突出成绩，经营业绩稳步增长，品牌价值不断突破，可以说我国物业管理行业正处于一个最好的时代。当行业加速奔跑，开始面临更多的机遇和挑战时，我们需要回望行业发展的基石，即品质服务本身，它应该成为物业服务企业在市场中远航的信仰灯塔，企业唯有守住服务品质的底线，才能够赢得业主的信任，进而获得长远发展的机会。

一、新常态：疫情防控成企业服务能力试金石，服务品质磨刀石

（一）坚持疫情防控常态化管理，积极谋求服务标准升级

在我国疫情防控常态化背景下，优质的物业服务不仅体现在日常生活中能够持续向业主提供高品质服务，更体现在遇到突发情况时能够及时解决问题，守护业主生命健康与财产安全。2022 年，面对全国各地零星爆发的疫情，物业服务企业敢作为、能作为，以疫情为服务品质提升的磨刀石，积极谋求服务标准升级，物业服务企业用精细化、高品质的服务获得了广大业主的高度认可。

表5　　部分优秀企业采取的社区疫情防控举措

企业名称	防疫措施
雅生活集团	推出疫情防控指引，为疫情防控设立标准及提供重要参考；提供生鲜配送、送货上门等服务；持续提升服务品质标准。
中海物业	利用人工智能疫情客服机器人，为业主提供智慧而有温度的疫情防控服务。在“优你家”APP 实时发布《社区防疫日报》，为业主提供代购配送、家居垃圾处理、快递消毒代送等创新服务。
华润万象生活	推动落实经营困难小微企业和个体工商租金减免，保障复工复产。
旭辉永升服务	成立了“好物研究院”，加大了对不同物业业态的需求和疫情后业主、租户可能存在的潜在需求和服务方式的探索。
佳兆业美好	推出全自动、非接触、异常预警、远程多人、高精准的测温产品，为社区、学校、医院、商业、写字楼、车站等保驾护航。

部分企业将疫情期间执行的防疫服务内容内化为企业标准化服务，通过严控严筛、公区消杀、物质安排、宣传共享等措施建立起社区防疫屏障，此举客观上虽然会造成企业服务成本的刚性上升，但是却能够最大限度地保障业主生命健康安全，因此也成为标杆企业提供优质物业服务的必然选项。

在全国疫情防控“动态清零”总方针的指导下，物业服务企业坚持疫情防控常态化管理不松懈，用实际行动诠释物业人在抗击疫情过程中是值得信赖的主力军之一。物业服务企业一方面积极配合政府进行疫情防控，做好消杀、宣传、封闭管理等全方位部署，严把社区进出口，构筑群防群治的严密防线；另一方面，物业服务企业主动承担起部分公共服务的内容，配合政府和相关组织机构，针对所服务社区的人员开展核酸检测、疫苗接种等工作，尽量便利业主生活。

碧桂园服务、保利物业等企业和当地政府、卫健委以及相关的医疗机构联动，结合防疫要求，在小区或街道设置核酸检测点，方便业主在小区就能做核酸检测，得到了业主的广泛认可。物业服务企业通过积极参与疫情防御工作，能够检验自身在面临突发状况时的服务能力，并不断磨砺和提高自身管理能力和服务水平。

此外，物业服务企业凭借在疫情防控工作中的默默付出和优秀表现再次向社会及政府充分证明了自身巨大的价值，也促使业主对优质服务的认识更加具象，同时使得物业管理行业的从业人员，特别是基层管家和服务人员认识到了自身服务的价值，这些都将成为未来推动物业管理行业健康发展的强大动力。

（二）加强与业主的情感联络，提升业主对物业服务的感受力

部分优秀企业在严格配合开展防疫工作同时，愈发关注服务的温度，将人性光辉和人文精神注入到服务中，通过对所服务社区的“情感投资”，提高业主对物业服务的感受力，缓解业主面对疫情防控产生的负面情绪和精神压力。绿城服务秉持“真诚、善意、精致、完美”的服务理念，为社区疫情防控工作注入情感的温度，面向社区“一老一少”特殊业主群体，提供更具针对性、更加细致的服务，受到了业主的广泛好评；金茂服务充分发挥自身“四色管家”的业务优势，扩大招募掌握心理学、基础医学等方面专业知识的管家，为业主提供科学防疫和心理辅导服务，获得了业主的高度认可。

部分社区在实施封闭管理后，业主隔离在家无法出门采购，面临着生活物资逐渐匮乏等问题。百强企业在做好社区防疫工作的基础之上，自发为业主提供代买生活用品、代拿快递等便民服务，并积极协调生活物资，优化线上购买平台，保障业主日常生活，实现社区“最后100米”服务的精准触达。例如，中海物业在“优你家”APP实时发布《社区防疫日报》，为业主提供代购配送、家居垃圾处理、快递消毒代送等创新服务。

表6　　部分百强企业对封控社区业主提供的便利服务

企业名称	防疫措施
雅生活集团	推出疫情防控指引，为疫情防控设立标准提供重要参考；提供生鲜配送、送货上门等服务；持续提升服务品质标准，将疫情防控工作常态化。
中海物业	在“优你家”APP实时发布《社区防疫日报》，为业主提供代购配送、家居垃圾处理、快递消毒代送等创新服务。
融创服务	采取集中代买食物及生活用品服务措施，用消毒处理后的小推车将业主所需物品送上门，还通过前期采购，为业主提供急需物品，并在电梯内提供业主专用纸巾。

疫情防控常态化背景下，物业服务的品质的提升需要企业的持续经营与付出，企业只有主动加强与业主的情感联络，提升业主对物业服务的感受力，才能获得业主的认可。

二、新课题：标准化建设牢筑品质基础，创新理念引领服务升级

（一）以标准化建设牢筑服务品质基础

当前，物业管理行业正处于向现代服务业转型升级的关键时期，企业积极通过标准化建设奠定物业服务品质基础，标准化对行业服务品质建设的推动作用已经显现，以绿城服务、中海物业等为代表的优秀物业服务企业借助互联网思维，加快推进基础物业服务产品化，使物业服务以统一、标准的形式“打包输出”，进一步推进物业管理标准化、规范化进程，使得物业服务品质得到大幅提升，同时赋能物业服务企业内部管理和品牌建设。

1. 标准化建设铸就服务品质，差异化服务保障品质服务精准触达业主

近年来，物业管理行业加速整合，企业之间围绕多方资源会展开更加激烈的竞争，面对环境与市场的双重高压，企业在扩张规模的同时，更加聚焦服务品质，着力构建以客户为中心的产品和服务体系，稳步提升服务质量，牢筑企业运营根基。

“十四五”期间，我国的经济建设主题是高质量发展，对物业管理行业来说，尤其将“服务品质化建设、标准化建设升级”作为了关键词，部分物业服务企业正在积极探索打造全新的服务标准和企业运营标准，保障物业服务品质，提高企业运营效率，引领行业发展。

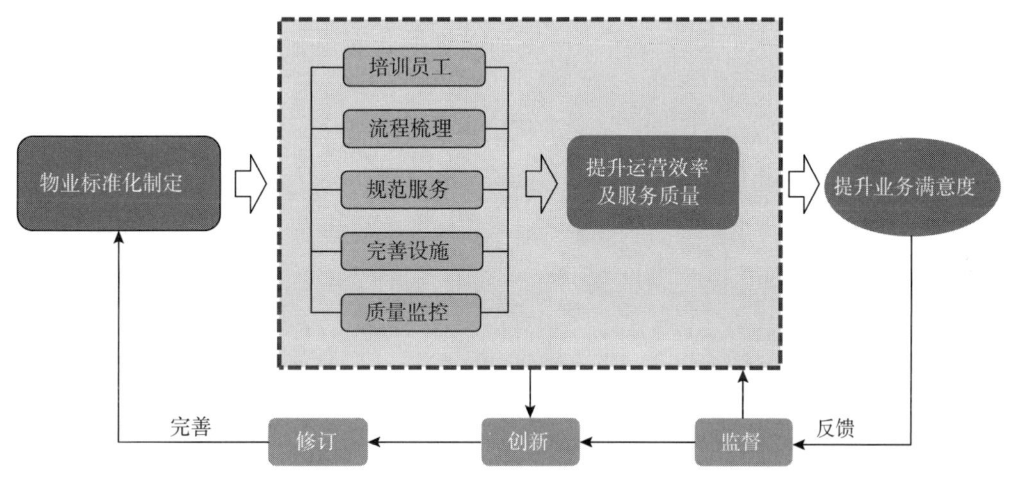

图27 物业服务企业标准化建设与实施模式

标准化建设是物业服务企业实现有序扩张和高效运营的重要基础，也是物业管理行业的发展趋势。物业服务企业正在积极通过完善标准化运作流程，使物业服务产品以标准化的形式触达业主，从而提升服务品质。立足当下，那些率先建立起与企业适配标准化体系的物业服务企业，将会在未来市场竞争中处于更加主动和有利的地位。

融创服务针对集团高端项目国宾壹号院，系统打造标准化服务体系，通过极致的基础服务和专属的尊享服务打造了融创“白金服务”标准化服务体系，以人居为基准点，从基础服务、增值服务、定制服务、专属服务四个方向全面营造业主高端生活，“白金”超越传统物业服务模式，通过整合内外部优质服务资源，为业主创造美好生活体验。

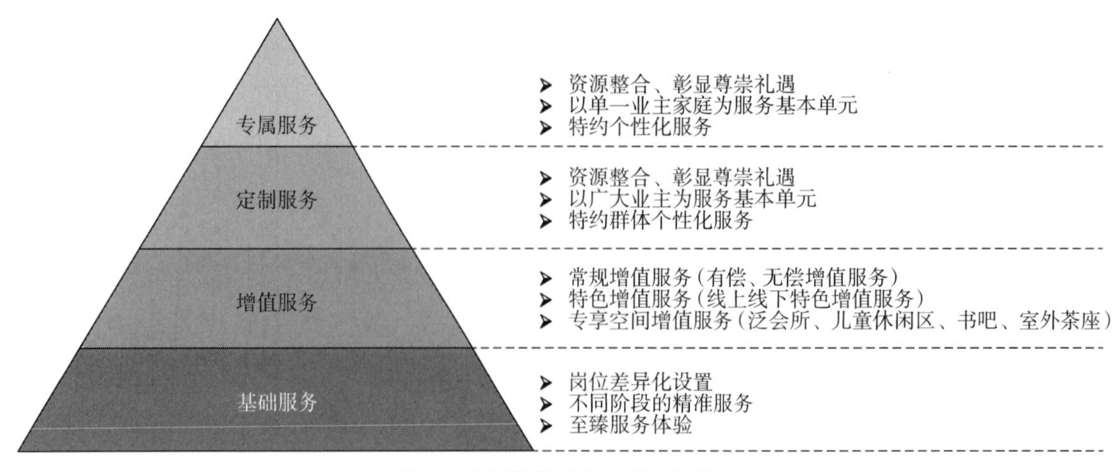

图28　融创服务“白金服务”体系

物业服务企业通过标准化建设，坚守品质服务的同时，也积极探寻针对不同业主，提供差异化服务，确保优质服务精准触达业主。部分百强企业根据业主的年龄、职业等不同维度，主动对业主描摹画像，然后整合公司资源，搭建出多样化、有层次的产品服务体系，显著提升业主服务体验。同时，也有助于企业沉淀品牌力。例如，保利物业推出了面向优质住宅、高端住宅、商业物业和公共服务的四大服务品牌，满足不同顾客群体的市场需求与服务特性；中海物业针对不同年龄层的业主，每年均组织举办不同主题的活动，并且借助智慧科技实现社群活动的平台化管理，持续构建和谐社群关系，获得了业主的好评。

2. 标准化建设与品牌建设及企业内部管理相结合，高效提升服务品质

从市场实践情况看，百强企业正在尝试将标准化建设与品牌建设及企业内部管理相结合，以标准化建设为抓手，持续夯实基础物业服务品质，提升客户满意度和品牌美誉度的同时，将可量化的服务标准内化为内部员工严谨的工作精神，并逐渐形成质价相符的服务体系，从而满足快速发展的市场需求。

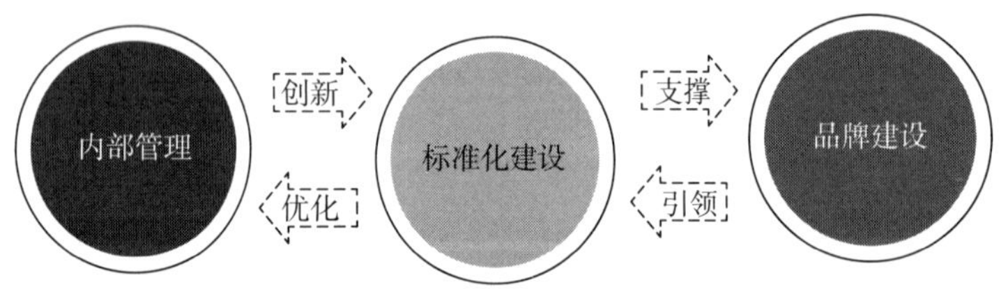

图29　物业服务企业标准化建设与内部管理及品牌建设关系示意

金茂服务从业主的实际体验出发，将原先的“金葵花五好社区”服务体系创新升级为“MOCO 服务体系”，一方面支撑起自身高端物业的品牌定位，另一方面通过“四色管家”服务制度强化对内部员工的管理，高品质的服务赢得了业主的广泛好评。

此外，企业的品牌理念和核心价值观差异造就了物业服务企业间不同的服务模式，业主满意度较高的企业，普遍追求为业主创造美好生活的品牌理念和企业价值观，从而能够有效拉近企业与业主之间的关系，为物业服务品质提升奠定思想基础。

近几年“扩规模”作为物业管理行业发展的主旋律，部分企业规模迅速扩大，为了快速消化整合新拓得的项目，确保服务品质的高水平和统一性，物业服务企业不断升级服务理念，一方面将创新服务理念作为企业在市场化竞争中的重要策略，另一方面引导企业服务形成标准化、立体化的多层次服务体系，帮助

企业赢得业主口碑。保利物业秉持“全心全力，说到做到”的品牌理念，主动服务业主，在疫情期间积极配合政府组建社区基层防控力量，用坚守与责任筑起疫情防控墙，有效地保障了社区业主的生命健康；建业新生活以“一切以业主为中心”的品牌理念指导日常基层物业服务，针对社区不同业主群体，提供细致、周到、超预期的品质服务，受到了行业高度关注和业主的广泛好评。

表7　部分企业服务理念/核心价值观

企业名称	品牌理念 / 核心价值观
保利物业	全心全力，说到做到
绿城服务	真诚、善意、精致、完美
建业新生活	一切以业主为中心

3. 创新物业服务培训，推动标准服务向品质服务升级

优质的标准化服务始于物业服务企业对员工的有效培训。为确保物业服务品质，夯实企业运营根基，标杆物业服务企业尝试创新对基层管家的标准化服务培训，以确保对业主的服务到位。标杆物业服务企业尝试将服务标准以基层员工喜闻乐见的形式展现出来，便于员工的学习和掌握，如绿城物业推行各项服务标准实施“简明化、可视化”管理，拍摄完成“门岗管理”“秩序维护”“客户服务”等12个关键服务流程视频演示片，各一线岗位标准要求实行文字配合图片。

（二）以绿色服务、人文服务引领服务品质升维

行业的发展要紧贴时代的脉搏，物业管理行业的快速发展也正是因为踏准了时代的节奏，未来行业要寻求更大的进步和发展，就要坚定的以时代发展为导向。物业服务企业从最初为社区提供安全防护、环境卫生等基础服务到现阶段主动升级服务标准，拓展业务边界，服务理念不断创新和丰富，业主满意度领先企业以时代发展为导向，创新物业服务理念，打造主动服务的企业文化，引领服务品质升维，在激烈的市场竞争中逐步赢得业主信任。

1. 以绿色服务践行低碳环保，契合品质服务的社会价值主张

我国社会经济发展步入新时期，面对资源和环境的现实问题，优秀物业服务企业果断按下减碳“快进键”。倡导低碳，践行环保，这既是物业服务企业作为社会主体应履行的社会责任，也是企业实现高效运营、持续发展的必然选择。

绿色建筑作为全球公认的实现低碳社会的解决方案之一，近几年愈发受到了市场的关注，物业服务企业作为绿色建筑的运营者，正加速迈向可持续发展和ESG方向转型之路。从上市企业披露的ESG报告中可以看出，越来越多的百强企业努力投身到绿色服务体系的构建中，例如，金融街物业编制了《金融街物业绿色建筑专修管理手册》，引入LEED体系对装修过程实施有效推进，指导业户按LEED体系标准进行作业；远洋服务积极推行《有害及无害废弃物处置制度》，对日常服务中产生的垃圾进行分类处理，减少环境污染，对项目运营过程中产生的废气、废水和噪音进行有效控制，持续改进周边环境；朗诗绿色生活坚持绿色生活理念，开展垃圾分类、废品回收、节约能源等主题活动，打造绿色环保社区。

表8　　部分百强企业ESG报告披露的绿色环保举措

企业名称	推行绿色节能环保举措
金融街物业	构建绿色物业，积极推行 LEED 体系管控。
朗诗绿色生活	坚持绿色生活理念，开展垃圾分类、废品回收、节约能源等主题活动。
远洋服务	推行《有害及无害废弃物处置制度》，对日常服务中产生的垃圾进行分类处理，减少环境污染。
荣万家生活服务	开展物业管理项目用水规划，对业主及集团员工开展节约用水宣贯，增强其节约用水意识。

部分企业通过绿色服务探索能源管理和废物处理优化路径，为企业的可持续发展注入活力。在节能减排方面，物业服务企业通过规范化管理、提高物业设备设施营运效率、开展节能设备改造、利用智慧手段监测能耗等系列措施，有效降低能源消耗；在废物处理方面，部分企业严格推行垃圾分类，并宣传和引导业主进行垃圾分类，对有害垃圾进行回收处理，循环使用绿化垃圾用作园林施肥，促进资源再利用，开展环保宣传讲座、社区种植等活动，让业主切身参与其中，提高环保意识。

- 定时巡查，发现无需求时，及时关闭电耗较大的设备，如电梯及空调等；
- 楼内采用中央控制，恒定空调运作温度；
- 绝大部分项目应用节能灯具，对未采用节能设备的项目进行节能改造；
- 定期检验设备装置并对能耗过高设备进行更换或保养。

- 在试点社区，推行全方位智能系统，如AI智慧安防、EBA系统，智能抄表等，通过EBA系统，实现消防、强电、给水及排水等不同系统功能的24小时实时监测，并可在完成数据分析后将数据反馈至集团及区域本部，实现系统联动。

- 在项目园区内为新能源车预留单独充电位置，规范新能源汽车充电桩及配套设备建设，积极配合新能源汽车的应用；
- 在社区配合相关政策推进新能源基础设施设备改造。

图30　部分物业服务企业采取优化能源管理措施列举

此外，部分企业在内部管理方面也积极倡导绿色办公，督促员工落实环保行动，树立环保理念，如推行无纸化办公，提高线上办公效率；提倡双面打印及二次用纸，提升纸张利用率；无人区域及时关闭照明设备等。

不同时代对物业服务品质的追求在某种层面上存在微妙的差异，从“守好门”的基本安全诉求到“扫干净地”的基础服务诉求，再到后来的“社群生活”“低碳服务”等更高层次的追求，都是业主对于物业服务品质的评价指标，因此企业对服务品质的追求不应仅拘泥于“四保一服”的基础服务，而应该深入到企业战略发展和价值主张的层面，紧跟时代发展和进步的方向。目前，低碳环保的服务理念已经深入人心，物业服务企业应将其纳入到自身品质服务建设中来，进而提升服务的客户满意度。

2. 以人文服务构筑社区文化，满足品质服务的基本精神追求

时代的进步与发展不仅体现在人民物质生活条件的丰盈上，更体现在普通民众应该拥有鲜活的人文精神，社区作为社会的微单元，是新时代人文建设之重镇，因此，企业的服务品质建设要紧跟时代发展步伐，以人文服务滋养社区文化，有效促进社区文明建设与发展。

优秀物业服务企业的人文服务既强调通过有温度的服务实现对社区的“情感投资”进而推进服务模式创新，又追求构建符合时代发展方向的优质社区文化。近年来，优秀企业不断实践并引领了物业管理行业在构筑优质社区文化方面的潮流。例如招商积余在服务社区每年连续举办“家文化节”品牌活动，旨在延续“家

在情在·人本文明”，用心为业主提供“温情到家”特色服务，在夯实服务品质的基础上，持续提升业主们的获得感、幸福感。金茂物业致力于为业主打造四邻文化，将友、德、悦、善的文化基因注入基础物业服务，为不同类型业主打造多样化社团活动，与业主一起践行环保公益事业，营造金茂物业所辖社区独特的文化氛围，建立睦邻友好、人文底蕴深厚的文化社区。保利物业将“亲情和院”品牌全面升级，借力社区共建共治共享新模式，通过“亲情和院”的温情服务落实到每一个服务细节当中，紧紧围绕“真、善、美、和”四大维度延伸保利特色亲情服务，在守护美好生活的道路上与业主同行，收获业主的一致好评。

物业服务应以业主需求为核心，但不能只是机械、简单地迎合业主需求，而是要通过不断创新服务机制，摸索构建以人为本的服务理念，进而形成对所服务社区的文化氛围营造，这样才能保持物业服务的鲜活，从而赢得市场机遇，同时获得业主满意。

三、新机遇：智慧科技提升业务效率，营造多元服务场景

近年来，物业服务企业出于规模化扩张及业务发展需要，逐步加大在智慧科技方面的投入力度，通过运用互联网、大数据、云计算等新技术手段，对内提升管理效率，对外拓展增值服务，强化企业盈利能力的同时，显著提升了物业服务品质。智慧科技在物业管理行业的广泛应用，开启了业主生活、生产场景中的“万物互联”新世界，为人们所憧憬的未来智慧社区建设提供了更多可能性和想象的空间。在此背景下，物业服务企业要提高服务品质，就必须加快拥抱智能科技，借助智能设备扩展服务边界，提高物业服务效率，同时迎合业主猎奇体验的心理需要，助力业主满意度评价提升。

（一）智慧科技应用加速物业服务提质增效

智慧科技的加速应用首先能够帮助企业解决服务效率的问题，在效率提升的基础上企业营业成本得到一定程度的控制，进而企业才会有更大的动力去提升基础物业服务品质。从目前企业的实践来看，智慧科技对物业服务企业经营提质增效的目标正在成为现实，科技优势对物业服务品质提升的预期也在加速兑现，突出表现为两方面：一是智慧化程度较高的企业人均效能显著提高；另一方面智慧科技的应用为业主提供更加安全、优质和便捷的物业服务，有效提升业主满意度。

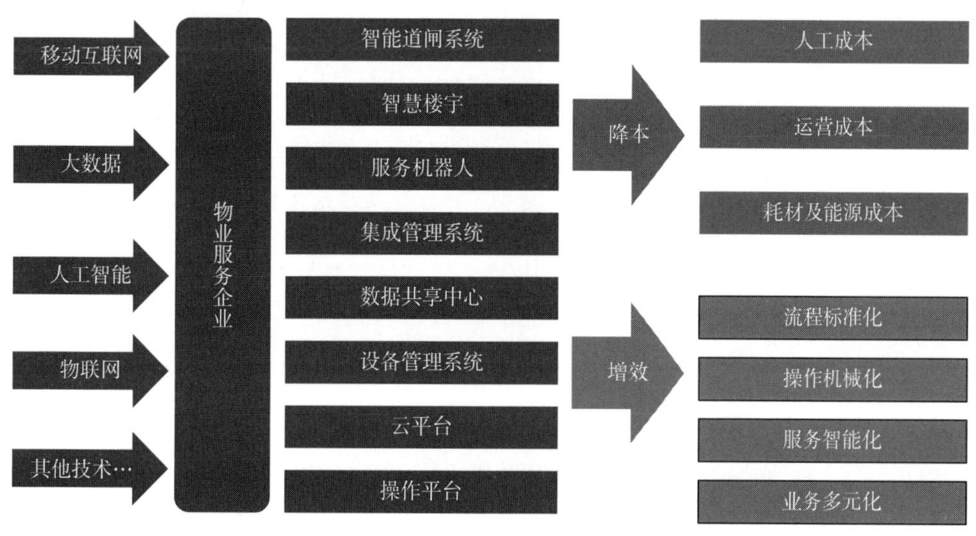

图31 物业服务企业借助科技实现降本增效目标示意

业主满意度优秀企业积极拥抱科技，更加注重数字化运营系统和智慧社区平台的建设，积极打造线上化、即时化、全景化物业服务体验，为业主带来全新、高效、智能的生活体验。例如，融创服务通过深入挖掘社区资源，通过智慧科技应用，建设线上线下一体化服务平台，构建涵盖“业主生活需求 + 房屋资产服务 + 社区空间运营”的多元服务业务体系，具体为业主提供包括快递到家、家政保洁、到家维修、二手租售、美居软装、文化旅游等在内的服务内容，以深度的服务收获业主信任，赢得业主满意评价。雅生活集团在更名为“雅生活智慧城市服务股份有限公司”后，更加强调企业的智慧化建设，雅生活集团通过与科技巨头深度合作，网络化技术赋能，积极推进“智慧城市服务商”战略；2021 年 2 月 28 日，新城悦服务智慧运营中心揭幕，组建专业团队，与当地公安智慧警务平台互联互通，在社区中落地科技应用，为业主提供温暖安全的服务体验。

截至 2021 年底，物业服务企业首先实现了业务管理线上化，其中 100% 的百强企业开通了微信公众号（微信小程序），线上集成部分生活服务功能，包括房屋报修、一键呼叫、社区公告、线上缴费等；约 80% 左右百强企业实现了内部管理信息系统的体系化，能够统筹流程报批、人事、财务、行政等绝大多数管理模块，大幅度提升企业运营效率，降低管理成本；约 60% 左右的百强企业已外购或自主研发 APP 应用程序，对内可以让企业办公更加效率化，对外可提升物业服务质量；约 10% 左右的百强企业打造智慧物联网平台，将在管小区、设施设备、花草苗木，以及管理工作、员工数据等各类资源，通过智能平台连接在一起，并在后台进行运营数据收集及整合优化，实现万物互联，全方位赋能物业服务。

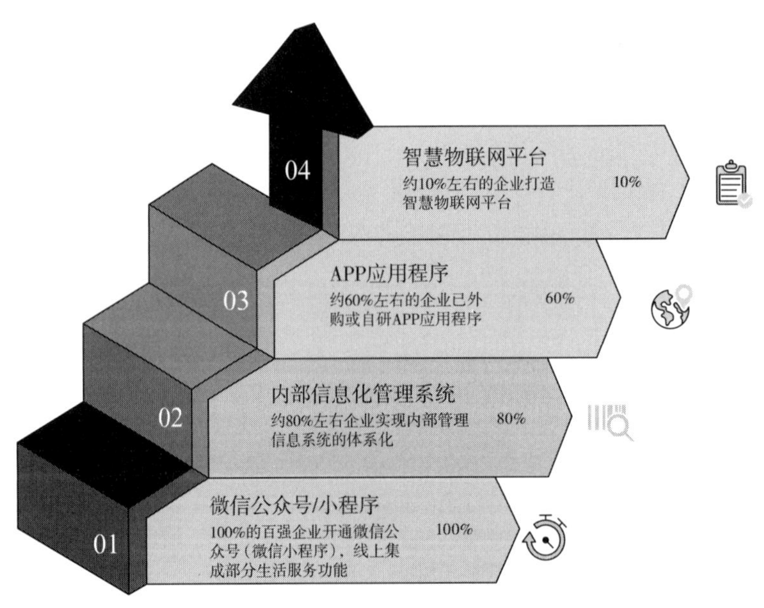

图32　截至2021年底百强企业智慧化建设情况

人力成本问题始终是物业服务企业的“老大难”。作为劳动密集型行业，人员成本一直是物业服务企业最大的费用开支，企业规模扩张及业务布局的拓展，对人员需求量也随之增加，叠加工资刚性上涨，人员成本始终是物业企业的一大挑战。随着部分企业开始引入“智慧物业”等相关系统及设备，在一定程度上实现了对人员的替代，形成对冲效应。在此背景下，2021 年百强企业人员费用占总营业成本的 58.39%，基本与上年持平。秩序维护费、绿化养护费、物业共用部分共用设施设备及公众责任保险费用占比分别为 4.21%、2.26% 和 0.93%。其他费用、物业共用部分共用设施设备日常运行和维护费用、清洁卫生费及办公费用分别为 13.19%、9.74%、8.46% 和 2.82%。

随着百强企业智慧化建设的深入，基础物业服务领域的机器替代人工水平不断提高，百强企业尝试引领行业从劳动密集型向技术密集型转型，百强企业在面临人员、物料耗材等刚性成本上涨的压力下，却实现了单位成本的持续下降，企业营业成本率由 2014 年的 80.25% 稳步下降至 2021 年的 74.89%。百强企业借助智慧科技手段降低经营成本的同时，能够给业主带来全新的物业服务体验，有助于企业经营步入良性发展道路。

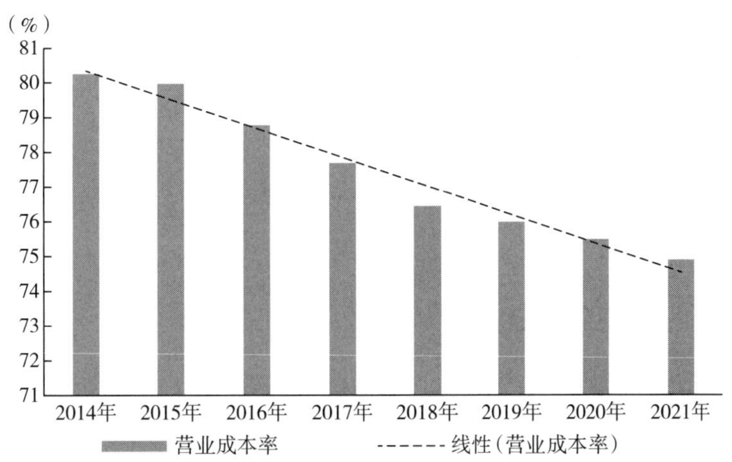

图33 2014—2021年物业百强企业营业成本率变化情况

目前，物业管理行业的服务模式已经基本完成了由传统的“人工服务”模式向现代的“人机协作服务”模式的转变，行业基层从业者的角色定位正加速从传统的“四保一服”升级为现代的“美好生活场景运营师”，从业者角色的转变是科技赋能的企业发展的必然结果，也折射出物业管理行业“以人为本”的发展理念及创新驱动的发展趋势。

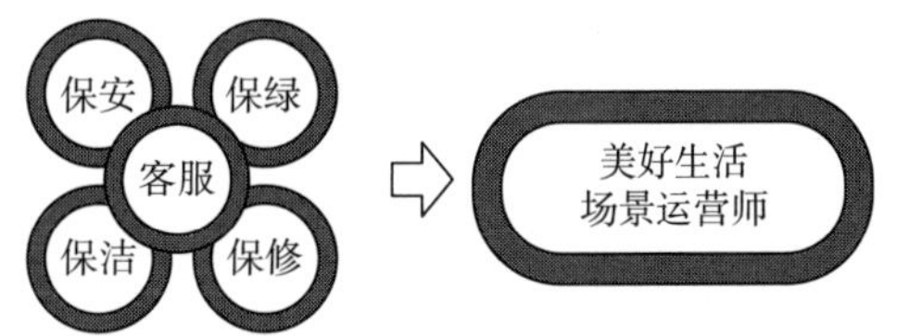

图34 中国物业管理行业基层从业者角色转化情况

（二）科技创新服务体验，创造全新服务模式

智物业管理行业与智慧科技的深度结合不但帮助企业实现了降本增效的目标，而且有效催生并优化了多元增值服务，为业主提供了全新的服务体验。近几年是物业管理行业增值服务取得突破发展的关键阶段，从聚焦业主日常生活的社区 O2O 业务，到盘活业主资产及社区空间资源的运营服务，行业的科技含量持续增加，智慧科技赋能下的社区生态圈越来越精彩，为行业的纵深发展积蓄了强大的力量。

图35 智慧科技赋能下的社区生态示意

部分企业围绕业主“全生命周期”的不同社区生活场景，纵向精研服务的深度，横向拓展服务边界，打造“全龄化”增值服务产品体系，满足不同年龄段业主对多元社区增值服务的需求。金茂服务推出“悦邻 +”社区增值服务体系，共包括 5 个业务线条，分别为“悦邻资产”“悦邻到家”“悦邻优选”“悦邻美居”和“悦邻仓”，从日常衣食住行不同维度为业主提供全生命周期的体验式增值服务项目；绿城服务秉承“幸福生活服务商”的企业愿景，重点面向“一老一小一健康”布局社区增值服务，提供全新的服务内容，赢得了业主满意评价。

图36 标杆企业围绕业主“全生命周期”生活场景提供多元社区增值服务

基于业主社区生活场景的多元化，部分企业在提供高品质的基础物业服务同时，持续引领社区增值服务创新，不断探索新的服务场景和业务模式，为促进社区发展和满足业主多样化的社区生活需求增添了靓丽的物业底色。

附录：指标说明

附录一 土地数据指标解释

1. 土地篇 300 城数据统计口径

共包含地级市 203 个，县及县级市 76 个，其中地级市的统计口径为市本级范围。

2. 单宗地块指标项

建设用地面积：即净用地面积，指开发商可以用于建设的土地面积，不包括代征地的面积。

规划建筑面积：规划设计方案在某一区域内规划的各类建筑的建筑面积之和，即规划方案的“总建筑面积”。

成交楼面价 = 成交价 / 规划建筑面积

溢价率 =（成交价 – 起始价）/ 起始价

3. 统计数据指标项

推出土地统计：“起始时间”在统计时间内的土地数据；

成交土地统计：“成交时间”在统计时间内的成交土地数据；

推出土地均价：“起始时间”在统计时间内的地块（起始总价 / 建设用地总面积），无起始价数据的地块不参与计算；

推出楼面均价：“起始时间”在统计时间内的地块（起始总价 / 规划建筑总面积），无起始价或规划建筑面积数据的地块不参与计算；

成交土地均价：“成交时间”在统计时间内的地块（成交总价 / 建设用地总面积）；

成交楼面均价：“成交时间”在统计时间内的地块（成交总价 / 规划建筑总面积），无规划建筑面积数据的地块不参与计算；

平均溢价率：“成交时间”在统计时间内的地块 [（成交总价 – 起始总价）/ 起始总价]，无起始价数据的地块不参与计算；

土地出让金：“成交时间”在统计时间内的地块成交价汇总数。

附录二　开发经营数据指标解释

（1）本年完成投资：是指从当年 1 月 1 日起至当年最后一天止完成的全部用于房屋建设工程、土地开发工程的投资额以及公益性建筑和土地购置费等的投资。其中土地购置费在实际统计工作中如难以区分，可放在“商品房建设投资额”中。

（2）商品住宅：是指房地产开发企业（单位）建设并出售、出租给使用者，仅供居住用的房屋。

（3）土地开发投资额：是指房地产开发企业完成的前期工程投资，即路通、水通、电通、场地平整等（也称“七通一平”）所完成的投资。一般指生地开发成熟地的投资。在旧城区（老区拆迁）的开发中，如果有统一的规划，如政府有关部门批准的小区建设的前期工程中，有场地平整，原有建筑物、构筑物拆除，供水供电工程等工作量也可计算。未进行开发工程，只进行单纯的土地交易活动不作为土地开发投资统计。土地开发投资额在房屋用途分组中能分摊的部分就分摊，不能分摊的全部计入其他。

（4）土地购置费：是指房地产开发企业为取得土地使用权而支付的费用。土地购置费按当期发生数计入投资，如土地购置费为分期付款的，可分期计入投资；不计入新增固定资产。土地购置费包括：①通过划拨方式取得的土地使用权所支付的土地补偿费、附着物和青苗补偿费、安置补偿费及土地征收管理费等；②通过出让方式取得土地使用权所支付的出让金。

（5）住宅：是指专供居住的房屋，包括别墅、公寓、职工家属宿舍和集体宿舍（包括职工单身宿舍和学生宿舍）等。但不包括住宅楼中作为人防用、不住人的地下室等。

经济适用房：是指根据国家经济适用房计划安排建设的住宅。由国家统一下达计划，用地一般实行行政划拨的方式，免收土地出让金，对各种经批准的收费实行减半征收；出售价格实行政府指导价，按保本微利的原则确定。

（6）办公楼：指企业、事业、机关、团体、学校、医院等单位使用的各类办公用房（又称写字楼）。

（7）商业营业用房：是指商业、粮食、供销、饮食服务业等部门对外营业的用房，如度假村、饭店、商店、门市部、粮店、书店、供销店、饮食店、菜店、加油站、日杂等房屋。

（8）本年资金来源小计：是指房地产开发企业（单位）实际拨入的，用于房地产开发的各种货币资金。包括国家预算内资金、国内贷款、债券、利用外资、自筹资金和其他资金。

（9）国内贷款：指报告期房地产开发企业（单位）向银行及非银行金融机构借入的用于房地产开发与经营的各种国内借款，包括银行利用自有资金及吸收的存款发放的贷款、上级主管部门拨入的国内贷款、国家专项贷款（包括煤代油贷款、劳改煤矿专项贷款等），地方财政专项资金安排的贷款、国内储备贷款、周转贷款等。

（10）利用外资：是指报告期收到的用于房地产开发与经营的境外资金（包括外国及港澳台地区），包括外商直接投资、对外借款（外国政府贷款、国际金融组织贷款、出口信贷、外国银行商业贷款、对外发行债券和股票）及外商其他投资（包括补偿贸易和加工装配由外商提供的设备价款、国际租赁）。不包括我国自有外汇资金（包括国家外汇、地方外汇、留成外汇、调剂外汇和中国银行自有资金发行的外汇贷款等）。

（11）自筹资金：是指各地区、各部门及企事业单位筹集用于房地产开发与经营的预算外资金。

（12）其他资金来源：是指在报告期收到的除以上各种资金之外其他用于房地产开发与经营的资金。包括社会集资、个人资金、无偿捐赠的资金及用征地迁移补偿费、移民费等进行房地产开发的资金。

（13）定金及预收款：指房地产开发企业（单位）预收的购买者用于买房的定金及预收款。定金是为了使签订合同的甲乙双方履行经济合同，根据有关规定由购房单位在报告期交纳的押金。预收款是甲乙双方签订购销房屋合同后，由于经营活动的需要，在报告期由购房单位提前交付的购房款（包括预收购房款中的外汇）。

（14）本年完成开发土地面积：是指报告期内对土地进行开发并已完成“七通一平”等前期开发工程，具备进行房屋建筑物施工或出让条件的土地面积。

（15）本年购置土地面积：是指在本年内通过各种方式获得土地使用权的土地面积。

（16）房屋施工面积：是指报告期内施工的全部房屋建筑面积。包括本期新开工的面积和上年开工跨入本期继续施工的房屋面积，以及上期已停建在本期恢复施工的房屋面积。本期竣工和本期施工后又停建缓建的房屋面积仍包括在施工面积中，多层建筑应填各层建筑面积之和。

（17）房屋新开工面积：是指在报告期内新开工建设的房屋面积。不包括上期跨入报告期继续施工的房屋面积和上期停缓建而在本期恢复施工的房屋面积。房屋的开工应以房屋正式开始破土刨槽（地基处理或打永久桩）的日期为准。

（18）竣工房屋面积：是指报告期内房屋建筑按照设计要求已全部完工，达到住人和使用条件、经验收鉴定合格（或达到竣工验收标准）、可正式移交使用的各栋房屋建筑面积的总和。

（19）实际销售面积：是指报告期已竣工的房屋面积中已正式交付给购房者或已签订（正式）销售合同的商品房屋面积。不包括已签订预售合同正在建设的商品房屋面积，但包括报告期或报告期以前签订了预售合同，在报告期又竣工的商品房屋面积。

（20）空置面积：是指报告期末已竣工的可供销售或出租的商品房屋建筑面积中，尚未销售或出租的商品房屋建筑面积，包括以前年度竣工和本期竣工的房屋面积，但不包括报告期已竣工的拆迁还建、统建代建、公共配套建筑、房地产公司自用及周转房等不可销售或出租的房屋面积。

（21）实际销售额：指报告期内出售房屋的总收入（即双方签署的正式买卖合同中所确定的合同总价）。该指标与实际销售面积同口径，包括正式交付的商品房屋在建设前期预收的定金、预收的款项及结算尾款和拖欠款。不包括未交付的商品房所预收的款项。收取的外汇按当时外汇调节市场价折算在其中。如果商品房是跨年完成的，应包括以前年度所收的定金及预收款。

附录三　企业运营指标解释

（1）销售面积：购房者所购买的套内建筑面积与应分摊的公用建筑面积之和，房企销售面积即上述购房者的合约销售面积，也就是合同中约定的销售面积。

（2）销售金额：即销售面积所得额，所谓的合约销售金额，就是合同中约定的单位销售面积的销价。但因会计确认时点的不同，常常造成合约销售金额和实际销售金额的差别。

（3）总资产利润率：总资产利润率代表的是一种企业利用资金进行盈利活动的基本能力，这一比率多应用于讨论企业资产负债的情况，由资产负债表中可以提取并计算出来。总资产利润率 = 利润总额 / 资产平均总额。

（4）总资产净利润率：又称总资产收益率，是企业净利润总额与企业资产平均总额的比率，即过去所说的资金利润率。它是反映企业资产综合利用效果的指标，也是衡量企业利用债权人和所有者权益总额所取得盈利的重要指标。总资产净利润率 = 净利润 / 平均总资产。

（5）总资产增长率：总资产增长率是企业年末总资产的增长额同年初资产总额之比。本年总资产增长额为本年总资产的年末数减去本年初数的差额，它是分析企业当年资本积累能力和发展能力的主要指标。

（6）净利润增长率：净利润增长率是指企业当期净利润比上期净利润的增长幅度，指标值越大代表企业盈利能力越强。

（7）固定资产周转率：也称固定资产利用率，是企业销售收入与固定资产净值的比率。固定资产周转率表示在一个会计年度内，固定资产周转的次数，或表示每 1 元固定资产支持的销售收入。

（8）存货周转率：又名库存周转率，是企业一定时期营业成本（销货成本）与平均存货余额的比率。用于反映存货的周转速度，即存货的流动性及存货资金占用量是否合理，促使企业在保证生产经营连续性的同时，提高资金的使用效率，增强企业的短期偿债能力。存货周转率是对流动资产周转率的补充说明，是衡量企业投入生产、存货管理水平、销售收回能力的综合性指标。

（9）资产负债率：又称举债经营比率，它是用以衡量企业利用债权人提供资金进行经营活动的能力，以及反映债权人发放贷款的安全程度的指标，通过将企业的负债总额与资产总额相比较得出，反映在企业全部资产中属于负债比率。

（10）流动比率：是流动资产对流动负债的比率，用来衡量企业流动资产在短期债务到期以前，可以变为现金用于偿还负债的能力。一般来说，比率越高，说明企业资产的变现能力越强，短期偿债能力亦越强；反之则弱。一般认为流动比率应在 2∶1 以上，流动比率 2∶1，表示流动资产是流动负债的两倍，即使流动资产有一半在短期内不能变现，也能保证全部的流动负债得到偿还。